森羅万象のささやき

―民俗宗教研究の諸相―

鈴木正崇 編

風響社

まえがき

本書は民俗宗教研究の現状を多岐に亘って広く展望することを意図した論集である。二〇一五年三月に編者が慶應義塾大学を定年退職する記念の論文集として研究会OBが企画して実現した。内容は第一部海外編、第二部日本編、第三部理論と実践からなる。海外編では南アジア、東南アジア、東アジア、中南米、アフリカに関する論考を一八本、日本編では神と仏、巡礼と講、祭礼と風流、民俗芸能、沖縄に関する論考を一八本、理論と実践の論考を六本、総計で四二本を収録した。多くの方々のご協力によって幅広く論考を集めることができた。関係者各位の周到な準備と粘り強い編集力に感謝申し上げたい。

副題に掲げた民俗宗教とは、教祖・教典・教団から構成される「宗教」概念とは異なり、この三つの構成要素がないものも広く「宗教」に包摂しようとした拡張概念である。特に、日本のように西欧のキリスト教とは異なる歴史と文化をもつ社会に、西欧由来の「宗教」概念を適用しようと試みた時に起こる違和感を克服しようとする意図をもっている。その点では、日本に止まらず世界各地の状況にも適用できる。宗教人類学の視野からいえば普遍的な概念の提示によって比較の視野が開けたと言える。本書に収録された論文の全てが「民俗宗教」に関わるとは言えない。しかし、編者の専門分野が宗教人類学であることから、論集の作成にあたっては民俗宗教を論題に掲げて、各人には自由に書いてもらうことにした。収録論文は、文化人類学・宗教学・民俗学という学問の視野は共有するものの、近年の研究動向を反映して広範囲に展開している。ただし、副題を「民俗宗教研究の諸相」とした以上、学説史を紐解いて、本書の位置付けを試みておくことにする。

民俗宗教の概念が広く普及したのは、一九八〇年代以降である。それ以前は民間信仰が使用されていた。その提唱者こそ日本における宗教学の祖といわれる姉崎正治である。ただし、学術用語として民間信仰を一般的に普及させたのは宗教学者の堀一郎である（堀一郎『民間信仰』岩波書店、一九七一）。民間信仰とは成立宗教とは異なり、自然発生的で教祖・教典・教団がないこと、呪術も含み、成立宗教と融合するとした。自然宗教が中核にあり外来宗教との混淆や複合も生じる。民間信仰論は、柳田國男が日本文化に関して、外来から伝わった仏教や意図的に創出された神道の要素を排除して、固有信仰を抽出する試みを行ったことへの批判が含まれている。固有信仰の探究は、国学者の本居宣長や平田篤胤の系譜に立つ柳田國男にとっては必然の方法論であったが、民衆の世界を把握する視点としては狭すぎ、抽出は不可能である。あまりに極端な本質主義である。堀一郎は宗教学の立場から現実に即した研究視野を提示したと言える。ただし、民間信仰の用語は徐々に民俗宗教へと変わっていった。文化人類学者で都市も視野に入れたR・レッドフィールドが提唱した「都市」と「農村」の間に形成される「民俗社会」の概念に示唆を受けたからである。

一方、日本民俗学を専門とする櫻井徳太郎は民間信仰を「成立宗教の領域に属さないで、地域社会共同体の一般民衆の間に成立し、育成された日常的な庶民信仰」と定義して数多くの事例研究を積み重ねた。そして、堀一郎の民俗宗教論を視野に入れて、成立宗教と基層信仰の間の混淆形態を「民俗宗教」とし、現実に機能している混淆の実態にこそ日本人の信仰生活の特質を見出すべきだとした（櫻井徳太郎『日本民俗宗教論』春秋社、一九八二）。

固有信仰は非実体的な幻想であるとして柳田民俗学の超克を試みたのである。かくして、学問分野では、民間信仰から民俗宗教への移行が進んだ。その理由は信仰には個人の内面的な心情を含むので集合表象の把握には適さないことと、民間の概念は曖昧模糊としていて範囲を定めるのが難しいことの二点である。ただし、信仰も宗教も共に明治以降の翻訳概念なので、西欧の視点が含まれどちらにも難があることは事実である。

他方、宗教民俗学を専門とする宮家準は「生活の中の宗教」の研究を提唱し、民俗宗教の再定義をおこなった。民俗宗教とは、「地域社会の人々の生活のなかに深く根づいていて、いわば彼らの生活体験にもとづく宗教的世界観を物語る」「生活慣習として営まれる民間信仰」と、「民間宗教者が民衆の救済に応じるような形に超克、再編した習合宗教」の二つを含むとする（宮家準『日本の民俗宗教』講談社、一九九四）。「民間信仰」と「習合宗教」の双方を含む「民俗宗教」という見方は、日本・海外を問わず、地域社会の実態や民衆の行動と思想を把握する場合には有効に働く。その成果は、宮家準の退職記念論文集『民俗宗教の地平』（春秋社、一九九九）に収録された諸論文で示された。

それから一五年の歳月がたち、今回、再び本論集の副題に民俗宗教研究を掲げた。その意義は何か。明らかに学問状況の質的な変化がある。インターネットの普及により、情報量は飛躍的に増大し、航空機の発達によって人々の移動は加速した。様々な文化の交流は、異種混淆の状況を常態化すると共に、客体化や資源化によって文化が流用・活用されるようになった。現代では、インターネットを利用すれば、かつては苦労して収集した資料が瞬時に得られる。もちろん、その内容には慎重な吟味が必要である。専門家養成のための大学院は、師匠から弟子へ秘儀的に知識を伝達し共有する場ではなくなりつつある。学問分野も領域性が薄れ、学説史が顧みられなくなり、方法論も確固たるものを喪失しつつある。また、グランドセオリーが無くなったので、大局的な視野を見通せなくなり、小さな分野の細かい議論に閉じ籠る傾向がある。特に地域研究にこの状況が顕著である。

編者の立場はどうか。実はグランドセオリーが好きなのである。一挙に全体が把握できる場所に立ちたい。方法論を越える「ものの見方」にこだわりたい。その願いが本書の題名の「森羅万象のささやき」に籠められている。ここ至るまでには明らかに岩田慶治の影響がある。編者が東京工業大学に助手として勤務していた時代、研究会やシンポジウム、そして対馬やスリランカでのフィールドワークを通じて、折々の対話の中で独自のアニミズム論をうかがう機会があった。その中には異次元へのワープのような体験も含まれる。道元の『正法眼蔵』の屹立する言葉を独自の解釈で読み解く独特の方法は、宗門の方々にとっては冒瀆にも等しい行為かもしれないが、世界の全体を一挙に把握する見方がちりばめられている。「尽十方世界是一顆明珠」。森羅万象がキラキラと光り輝く宝石になる一瞬に出会う。そこに世界が一挙に開陳される。道元は中国唐代の玄沙師備の言葉を手掛かりにして、世界の真の姿に迫る。自然と人間が照応する「呼べば応える世界」を探究して人間の在り方を考える。細かいことにこだわらず、宇宙と自己、自然と人間を同時に見つめる「心の眼」を養う。「森羅万象のささやき」とはその願いを籠めるのにふさわしい言葉だと思う。この願いに応えて素晴らしい本を造って頂いた関係者各位と、風響社の石井雅氏に深く感謝申し上げたい。

二〇一五年一月一日

鈴木正崇

●目次●森羅万象のささやき——民俗宗教研究の諸相

●第二部　日本編

〈神と仏〉

〈巡礼と講〉

装丁＝佐藤一典・オーバードライブ

●第一部　海外編

民族衣装を読む
——インド、アルナーチャル・プラデーシュのモンパの事例から

脇田道子

はじめに

アルナーチャル・プラデーシュ州[1]（以下、アルナーチャルと略す）はアッサム平原とヒマラヤ山脈にはさまれた山岳地帯に位置し、数多くの民族集団が住んでいる。これらの民族集団は、英国植民地時代には、アッサムの丘陵部に住む「野蛮な部族」として扱われ、現在、その大多数は、指定トライブ（Scheduled Tribe）に範疇化されている。指定トライブとは、独立後のインド憲法三四二条に基づき、教育、雇用、議席など留保措置の対象とされているトライブ（部族）のことで、モンパ（Monpas）もその一つである。主たる居住地のひとつタワン県[2]は、西はブータン、北は中国の西蔵《チベット》自治区と国境を接し、もうひとつの西カメン県は、ブータンとアッサム州と接している。

モンパとは、かつては、チベット中央部から見てヒマラヤ南麓一帯のモン[3]〈mon〉、あるいはモンの地を意味するモンユル〈mon yul〉に住む人びとの総称であったが、現在は、インドの指定トライブとしてのモンパの民族名称となっている。中国では、モンパは、国家が認定した五五の少数民族のうちの「門巴族（Ménbāzú）」と同じ民

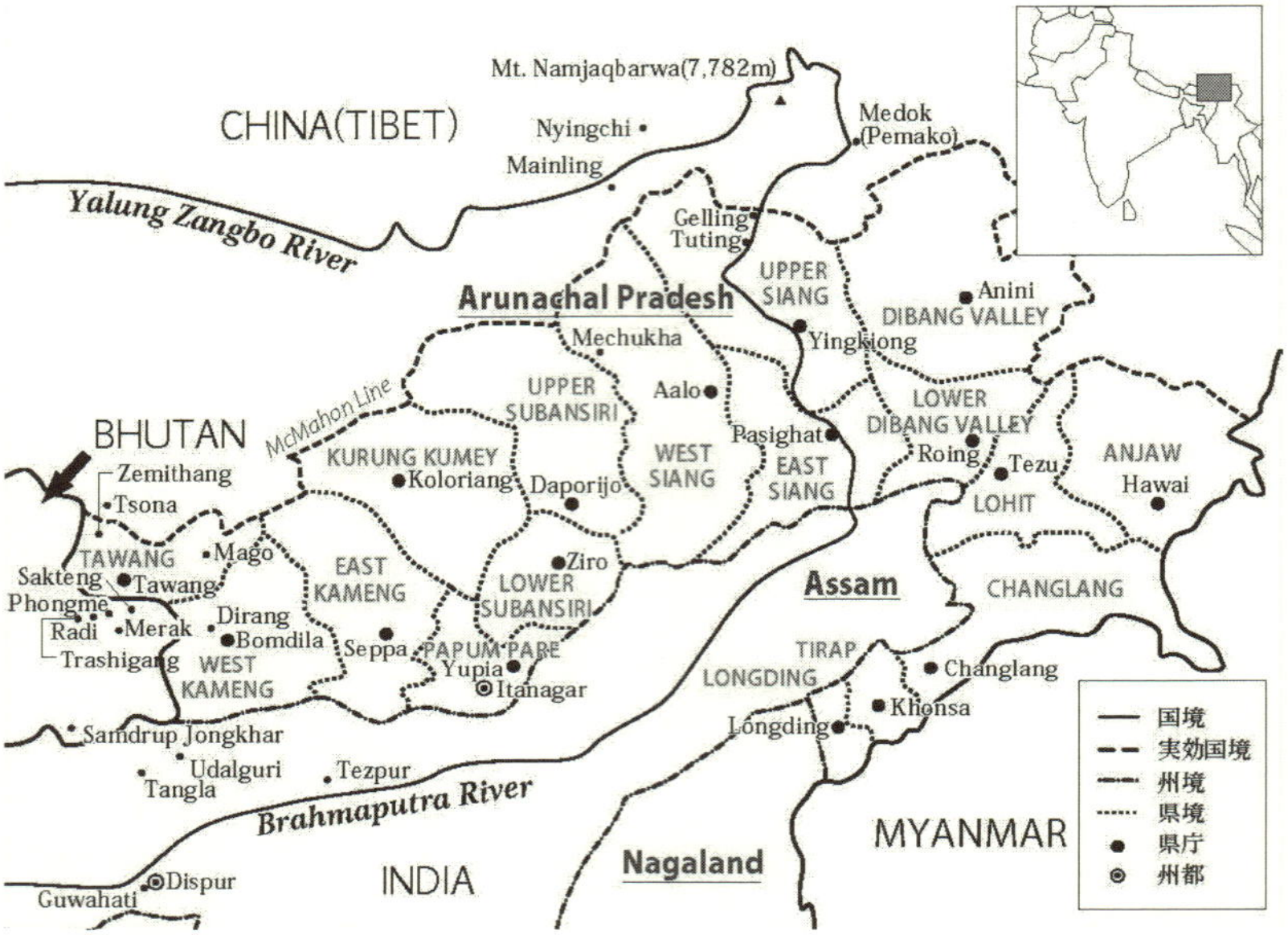

関係地図

族集団に属す「跨境民族」とみなされている。本稿でモンパと書く場合は、インドの指定トライブとしてのモンパを意味している。モンパの居住地は、長い間チベットの支配下にあり、イギリス植民地政府とそれを引き継いだ独立後のインドの行政下に置かれてからほんの半世紀あまりである。かつての漠然とした総称を民族名としたことからもモンパの内部がさまざまな集団を内包していることは容易に想像がつく。[4] しかし、現在、ほぼすべてのモンパ女性がシンカ（*shingkha*）と呼ばれる貫頭衣、[5] その上に羽織るトゥドゥン（*tudung*）、そして腰当て布一式を民族衣装としている。この衣服は、チベット側には見られないが、国境を隔てたブータン東部のブロクパ（Brokpas）、ダクパ（Dakpas）と呼ばれる人たちのものでもある。言語の異同に関しては、近年の言語研究[6]により、整理されてきたが、同じ衣服が、ブータン東部とインドとの国境を跨って共有されている理由は、明確ではない。さらに、シンカとトゥドゥンの材料となるシルクや自然染料がそれを身に着ける人びとの居住地で生産されるものではないことに注目すると、この衣装が、しばしば「土着の」、「伝統的な」と形容される民族衣装ではなく、新たに取り入れられたものではないかという別の視座が生まれる。

「衣装はモノであるだけでなく、何かを示す記号でもあり、その社会的機能を認識することは、言語を理解し、学ぶと同じようにその記号（衣装）の読み方を学ぶことが不可欠だ」と述べているボガトゥイリョフ(7)に従い、本稿では、民族衣装のうち、特に貫頭衣のシンカと腰当て布を取り上げ、それらが持つ民族表象としての機能に焦点を当ててそれを読み、民族衣装とモンパというトライブの生成との関わりを考察する。(8)

モンパやブロクパの衣服に注目した先行研究としては、インドでは模様や素材について部分的に触れているもの(9)以外には本格的な研究はない。ブータンでは、豊富な文献や資料を駆使した質の高い織物研究が行われ、その中で、ブータン北東部の人びととモンパの織物や衣服の類似性・共通性が研究されてきた。(10)だが、これらのブータン側からの研究に見られる特徴は、モンパやブロクパに関して現地の状況や地域的な違い、変化について具体例が示されず固定的な記述になっていることである。

本研究に関しては、三〇年近くミャオ族の研究を続けてきた鈴木正崇の研究から多くの教示を受けた。その第一は、「民族とは、必ずしも固定的ではなく、他の民族とりわけ多数民族との関係の在り方によって民族の境界や文化的な特徴を変えてゆくものであり、その対応は民族ごとに異なる」［鈴木　一九九三：二三〇］という基本的な視点である。また、ミャオ族が「グローバル化」の荒波の中で急激に変化してゆく諸相を観光化に焦点を当てて描き出し、その中で、特に民族衣装に注目して、公と私、政府と地域社会、国家と個人などの中間領域に現れる「公共性」との接合や葛藤を検討している［鈴木　二〇一二：四五三―五〇五］。そして、民族衣装について考える場合の指標として、以下の五点を挙げている。その第一は、衣装の実態の把握、第二は作る人とその内容の考察、第三は着る人についての考察、第四は、表象の諸相への考察、第五は生産と消費の過程への注目と外部の関与についての考察である［鈴木　二〇一二：四九一］。これらは、民族衣装という変化しやすいものを考察の手がかりにする場合には、常に意識してゆかなければならない重要な指標である。モンパやブロクパの居住地も観光化への模索が始まっており、いずれ似たような変化が起こる可能性もある。

本稿は、これらの視点や指標を意識しつつ、現地のフィールドワークで得られた情報にもとづいて考察したものである。

一　モンパとは

1　モンユルの住人「モンパ」からインドの指定トライブ「モンパ」へ

インドの文献[11]の多くが、モンを「南の低地」あるいは単に「低地」と訳しているが、チベット語では南はロー〈lho〉で、モン〈mon〉には、低地の意味はない。モンは中国語で南の異民族を意味する蠻（蛮）〈Mán〉と関係があり、チベットでは、「モンパには、南部、あるいは西部の山岳地帯に住む非インド人、非チベット人の蛮族の含意があった」［Aris 1980: xvi］［Pommaret 1999: 52］とされる[12]。

現在のタワンや西カメンのモンパは、一九世紀後半のイギリス人の記録では、ブーティア（Bhutias）と呼ばれていた[13]。一九一三年にチベットを探検測量したベイリーは、タワンを訪れた最初のイギリス人政府関係者だとされている［Kri 2010: 141］。彼は現在のチベットのヤルツァンポ河の大湾曲部、メトク（墨脱）地区のペマコ〈pad ma bkod〉の門巴族について、「彼らはチベット人からモンバ（Monba）と呼ばれていた」［Bailey1957: 74］と書き、テンバン、タワンの人びとについてもモンバと記述している。［Bailey 1957: 232, 239］。

モンユル[14]の範囲は、時代と資料により異なるが、ダライ・ラマ五世（一六一七―一六八二）の時代には、チベットのツォナ（錯那）から南、ブータンの東部からアッサム平原に至る地域にまで狭まっていたとみられる［Bodt 2012: 7］。

ダライ・ラマ五世の弟子ロデ・ギャムツォ[15]はモンユルにゲルク派の拠点を作るために東ブータンのサクテンとメラにゲルク派の寺院を建設したが、チベットから亡命してきたシャブドゥン・ンガワン・ナムゲル（一五九四―一六五一）とその後継者によってブータン統一を進めていたドゥク派勢力に押されてタワンへ退却し、一六八〇年から一六八一年にタワン僧院[16]を建設し、ゲルク派はここを基地に現在のタワンおよび西カメン一帯の支配を強めていった[17]。タワン僧院は、宗教的な事務管理だけでなく、モンユル一帯の行政の中心でもあり、争議の調停や徴税の任を担っていた[18]。当時のチベットはこの地域から米、薬草、竹細工、野生動物の皮、紙などを輸入していたが[19]、これらはモンパがチベット政府から税として徴収されていたものでもある。

一九一四年のシムラー会議で、イギリスとチベットの間でタワンの北を通る国境[20]が合意され、モンパの地は、イギリス領に入ったが、実際にインドの行政官がチベット人官吏を追放し、タワンを制したのは、一九五一年のことである。一九五六年の大統領令により、当時北東辺境州に含まれていたアルナーチャルの人びとも指定トライブのリストに含まれることになったとされているが［Mohanta 1984: 7］、具体的にいつ、どのような手続きが行われたか、その過程はわかっていない。

2 モンパの言語

インド部族問題省（Ministry of Tribal Affairs）のリストには、モンバ（Monba）と記載され、西シアン県のメチュカと上シアン県のゲリンに居住するメンバ（Memba）を含んでいるようなあいまいな表記となっている。だが、東西に分かれて住むモンパとメンバは、同一性を共有してはおらず、州行政においても、別の集団だとみなされている。[21] モンパの自称は、地名にパをつけた、たとえばタワンパ、ディランパという言い方が一般的だが、地名にモンパをつけたタワン・モンパ、ディラン・モンパなどの呼称もある。部族問題省のリストに関しては、一九五〇年に最初に作られたものからトライブ集団からの異議申し立てにより何度か改正が行われている。[22] モンパの場合には、二〇一三年一〇月になって、初めて異議を唱える声が上がっている。その理由は、二〇〇〇年代になって、モンパがインド政府に対して自治地域を要求する運動を起こしていることと無関係ではない。

モンパの言語はすべてチベット・ビルマ語系であるが、方言を無視してかなり大雑把に分けても母語は六つの系統に分かれている[23]［Bodt 2012: 8］。西カメン県のモンパの言語は、ツァンラ語で、メンバ、東ブータンの多数派を占めるシャルチョッパと呼ばれる人たちや、中国のペマコに住む門巴族も多くがツァンラ語話者である。タワンのモンパの言語であるダクパ語[24]（ブラーミ語）は、東ブータンのダクパと呼ばれる民族集団の言語でもあり、東ブータンでは、タワンのモンパは「ダクパ」と他称されている。タワン、西カメンの牧畜民のモンパは、ブロクパ語話者であるが、これはブータンのブロクパの言語でもある。あとの三言語は、リシュ、チュグ、ブトゥなどの西カメンの少数派のモンパの言語である。異なる言語集団間の会話には、現在は、リンガ―フランカとなっているヒンディー語が使われるほか、多数派のモンパ集団の言語を近隣の少数派が受容している場合もある。

言語が三ヵ国を跨って拡散しているのは、人びとの歴史的な移動によるものである。[25] 現在、シンカ、トゥドゥンを共通の民族衣装にしているのは、モンパとダクパ、ブロクパだけで、言語と民族衣装は、一対一の対応を必ずしもみせてはいない。

二　民族表象としての衣服

1　シンカとトゥドゥン

女性の筒型の貫頭衣は、これを着る人びとの言語が異なっても、シンカ、同様に上着はトゥドゥンとよばれている。モンパの生業は、大きくは、農業と牧畜、そして商業であるが、女性の農作業、山岳地帯での放牧や搾乳作業、そして家事労働の際に前がはだけ、脱げてしまうことのない貫頭衣は適している。

シンカは、モンパがエリ（*eri*）あるいはエレン（*erren*）とよぶ手紡ぎの絹糸をカイガラムシの分泌物ラック(26)（lac）で染めた臙脂色を土台に白糸で縦縞を入れ、地機や高機などの織り具で織った平織り布から作られる。エリ・シルクはブータンではブラ（*bra*）、アッサムではエンディ（*endi*）あるいはエリ・シルク、日本では一般的に野蚕糸の中の、エリ蚕糸(27)と呼ばれている。かつて、エリ・シルクはアッサムでは貧乏人のシルクとよばれ、工場製の布ができる前は、冬の衣類やベッドカバーに使われたという［Ghosh & Ghosh 2000: 10］。確かにエリ・シルクは見かけよりも暖かいが、標高千メートルから二千メートル台の西カメンでは十分でも、標高三千メートルを超えるタワンでは、冬はウールの上着をその上に着ないと寒い。さらに、エリ・シルクはアッサム、ラックはアッサムやメガラヤ、東ブータンのモンガルがその生産地であり、モンパやブロクパの居住地では生産されないものである。この点に注目して、タワンや西カメン、メラ、サクテンなどで聞き取り調査を進めた結果、以下のことがわかった。

2　東ブータンやアッサムからきた衣服

まず、第一は、モンパは基本的には、シルクの布は織らない人たちであることである。エリ・シルクは、モンパにとっては、ブータンやアッサムから運ばれる高級品で、周辺民族から上納される一種の威信財であったと考えられる。[28] ブータン側からの研究では、「シンカ、トゥドゥンは、モンパも製作するが、主として東ブータンで織られたものである」という報告［Myers & Pommaret 1994: 49］がある。だが、モンパが製作しているのは九〇年代であれば西カメン県のディランなどで観察された例外的なケースである。ディランには、筆者の二〇〇五年の調査時に、若いころからシンカやトゥドゥンを織っていたという六〇～七〇歳代の女性が二人いたが、彼女たちは自分たちが例外であることを認めている。タワン県では、シンカやトゥドゥンを織る人びとはおらず、過去にいたことも確認されていない。ブータン東部のタシガン県、ラディ村やポンメ村でモンパのためにシンカ、トゥドゥンを織る女性が数人いること、それを男たちがインドのモンパの町や村に売りに行っていることは現地で確認している［脇田　二〇〇九：四四―四五］。現在でも、タワンでこうした人びとが織った布をモンパの家々を回って売り歩いているのに出会うことがある。

　ディランでは、二〇一二年現在、三カ所の工房がシンカとトゥドゥン作りに携わっているが、すべて二〇〇〇

写真１　貫頭衣シンカ（メラ、ブータン）

写真２　上着のトゥドゥンと赤い腰当て布（タワン、インド）

年代に始まったもので、オーナーはモンパであるが、織り子は、アッサムやマニプルから住み込みで働きに来た女性のグループである。糸のラック染めだけをオーナー自身がして、アッサムで織らせるという一種のアウトソーシングも始まっている。

ブータンのブロクパの場合は、もともとは麓のラディ村やポンメ村などから売りに来たものを着ていた。だが、それらの村に滞在し、バターやチーズなどを売り、穀物や野菜、日用品に換えるという伝統的な関係があり、その滞在中にシンカやトゥドゥンを織ることを覚えたというが、織ることのできる世代が現在、二〇代から四〇代以下の女性たちであることを考えると、やはりそれほど古い話ではない。

3　以前はなにを着ていたか、その転換期はいつか

そして第二は、現在のシンカやトゥドゥンの前は、タワンやメラ、サクテンの人びとは自分たちで織ったウール製の貫頭衣を着、西カメンの人たちはウールそして後にアッサムからもたらされた白いエリ・シルクや木綿の貫頭衣を着ていたということである。(29) 現在のものを着はじめた時期は正確にはわからないが、生存している高齢者の女性たちの話を総合すると、一九三〇年前後であると推定される。当初は、東ブータンのシャルチョップが売りに来たが、その後、アッサムのウダルグリやタンラなどで織られたブータン製よりも安価なものが普及するようになったとのことである。

一九三〇年前後にモンパがシンカとトゥドゥンを着はじめたとすれば、その契機はなんだったのか。二〇世紀の前半は、それまで北東の辺境にあるこの地域に無関心だったイギリス植民地政府が、中国との国境を画定することに腐心し、ようやくマクマホン・ラインの線引きによってタワンを含む現在のアルナーチャルを自領にした頃である。実際には、その後もチベット人によるモンパからの税の徴収は続いていた。一九三八年四月にライト

フット大尉がタワンに赴き、チベット人に対してタワンからの撤退を要求して拒否されているが、五一年にはチベット人は退却させられ、一九五九年にはインドの行政管理が始まっている［Kri 2010: 144-145］。この時期は、モンパにとっては彼らのチベットかインドかの帰属がかかる不安定な時期であった。それまで、チベットの支配下にあったモンパが、インドへの帰属を意識したときに、選んだのが、同じゲルク派を信奉し、文化的な親和性の強いブータンのブロクパあるいはダクパの衣服だった可能性が考えられる。メラ、サクテンのブロクパは、ロデ・ギャムツォがタワンに去った後もゲルク派を信奉し、現在でも毎年チベット暦一一月に開かれるタワン僧院でのトルギャ祭や三年に一度のドンギュル祭には雪の山道を歩いて、大挙して参詣に集まってくる。ブロクパと大半のモンパとは言語が異なるにも関わらず、ゲルク派という共通点そして衣食住を含めた文化の共通性が互いの親和性の根本にある。かつては、ダクパ、ブロクパとモンパの婚姻が盛んであったが、一九八五年にブータン市民法[30]が改正されてからは、減少している。

４　新たにシンカを着るようになった人びと

タワン県ゼミタンサークルのパンチェン・モンパの女性たちは、一九六二年の中印国境紛争以降に道路ができてからタワン僧院の祭に行くようになり、タワンのモンパに習ってシンカをとりいれたという。かつては自家製のウール地を縫い合わせたひざ丈の貫頭衣（レウ）で、背中に子牛の皮を肩から背中にかけていたが、現在は、年配者の一部に着用が見られるだけで、大多数は、シンカを着るようになっている。彼らは現在でも男女ともに赤い縁のある帽子を被るが、子牛の皮と共に、国境の北、西蔵《チベット》自治区側の錯那県勒布区の門巴族のものと同じである。この帽子と子牛の皮は他のモンパにはないものである。パンチェン・モンパの中には、国境紛争前後に中国側から逃れてきた人もいると聞くが、現地でそういう人びとのことを話題にすることはタブーになっている。

タワン県東部のティンブー・サークルの牧畜民、マゴウ・モンパの女性の衣服は、他にはないユニークなものである。マゴウは、タワンから東へ車と徒歩で二日間を要する山奥にある。黒と赤二色の厚手のウールを交互にはぎ合わせて作ったワンピース型の衣服リゴー（*rigo*）で、スカート部分を広げると四メートル以上ある。前開きになっていて和服のように右前に合わせ、帯をする。ヤクの毛の帽子もバケツのように深く、二五本前後の細い房がついている。タワンの町へ買い物や祭見物に来た時など、一目でそれとわかるほど目立つ服装である。多くのモンパは、マゴウの人びとをモンパの仲間としてではなく、チベット人に近い牧畜民だとみなしている。一九一二年にマゴウを訪れたベイリーも人びとがチベット語を話し、チベット人であると話していたと記録している［Bailey 1957: 226］。だが、マゴウの人びとも新たにリゴーを作る人は少なくなっており、タワンのモンパと結婚した女性たちは、シンカを着るようになっている。

5　だれが着はじめたのか

シンカとトゥドゥンをだれが最初に着はじめたのかは、わかっていないが、筆者が確認できた最も古いシンカの写真は、一九三三年のMan誌に掲載されたイギリス人植物研究家クーパー（R. E. Cooper）の論文である［Cooper 1933: 125-128］。撮影地は東ブータンのタシガンで、牧畜民のダクタ（Dakta）だと書かれているが、これはダクパの聞き間違いの可能性がある。ダクパは、先にも述べたように、ダクパ語を話す東ブータンの民族集団で、ブータンからのタワンのモンパの他称でもある。現在も東ブータンのチャリン（Chaling）のダクパは、シンカやトゥドゥンを身に着けている。一九六四年に東ブータンを旅した西岡夫妻が訪ねたダクパの村での衣服の部分の名称は、ブロクパ語ではなく、タワンのモンパと同じ名称である。「女性は赤と白の縞模様の野生絹のシンカを着て、赤いウール地の腰当て布をしている」［西岡・西岡　一九七八：一五二―一五五］と書かれている。

ダクパやブロクパが、東ブータンの織物をする人びととの交流を通じて、シンカやトゥドゥンを着はじめ、後にそれがアルナーチャル側にも広がっていった可能性が考えられるが、まだ確証はない。

６　貫頭衣という共通衣服

シンカのような貫頭衣型の衣服は、モンパやブロクパだけのものではない。モンパと隣接して暮す西カメン県のシェルドゥクペン（Sherdukupen）やブグン（Bugun）、ミジ（Miji）、アカ（Aka）などのトライブ集団にも共通したものとなっている。それぞれの民族集団の衣服については、変化の跡が見られるのでさらに詳しい調査が必要であることと紙幅の都合で詳しくは書かないが、それがすべて白で、腰当て布がないことが注目点である。さらに視野を広げてゆくと、モンユルという地域は、貫頭衣文化圏を形成していることがわかる。

西シアンのメチュカのメンバと上シアン県のゲリンのメンバは、現在は、一般のチベット族の女性が着るチュバを着るようになっているが、本来の衣服は、貫頭衣でグシーまたはグシュプ（*gushi/gushup*）と呼んでいる。グシーはチベットのコンボ地方でも見られる脇を縫っていない貫頭衣で、素材はウール地、色は黒か茶褐色などである。メンバは、チベット側のコンボやメトク（墨脱）地区から移住してきたといわれているが現地での聞き取りもそれを裏づけるものであった。

現在、ブータンではブロクパや一部の少数民族を除き、一枚布を身体に巻きつけるキラ（*kira*）が女性の民族衣装となっているが、ボットは、二〇世紀初頭まで、ブータン東部のツァンラ語を話す人びともグンツマ（*guntsuma*）と呼ぶ貫頭衣を着ていたと報告している［Bodt 2012: 438］。ブータンでは、この他にも北東部クルテ地方の女性が一九世紀から二〇世紀ごろクシュンとよばれる貫頭衣を着ていたことがわかっている。マイヤーズは、ブータンの古い時代の貫頭衣が、仏教以前の宗教儀礼に結びついていたのではないかという考察をしている［Myers 1994:

106-116]。アダムスも、一九世紀あるいはそれ以前の製作と伝えられるブータンの貫頭衣に仏教のマンジ（万字、卍）とは逆向きのボン教由来のマンジが織りこまれていることを写真とともに紹介している［Adams 1984: 92-93］。これらボン教に結びつく貫頭衣がモンパのシンカと関係があるのかどうかは、まだわかっていないが、貫頭衣が仏教以前の地元のボン教と結びついていたとしたら興味深い。モンパにもボン教由来の信仰を日常生活や祭などで見ることができるからである。(31) いずれにしても、貫頭衣は、モンユルの広い地域に共有されていた衣服の型式であったことが推察される。

7　モンパとブロクパ、そしてダクパだけがする腰当て布

前述のように、西カメンのモンパ以外のトライブ集団も貫頭衣を身につけている、あるいは過去に着ていたが、腰当て布をするのはモンパとブロクパだけである。これまでこのことに着目した研究はない。その理由は、防寒、床や地面に座る際の座布団代わり、あるいは汚れ防止といった機能的側面だけに注目したからであろう。機能的側面だけを考えるならば、白いシンカを着るモンパ以外の人びとも地面や床に座る生活をしているので、着けるほうが自然だと思えるが、それを着けない理由を女性たちに尋ねても、明確な返事はない。

チベットの既婚女性は、パンデン〈*pang gdan*〉というカラフルな縞柄のエプロンを前に着ける、モンパは、尻を覆うように後ろに着ける。この腰当て布は、日常着、晴れ着、既婚、未婚を問わず、子どもから老婆までシンカを着る場合には欠かしてはならない必須の衣装である。防寒用、汚れ防止などの機能的側面は確かにあるが、地面に座る必要のない室内でのパーティーや、民族舞踊の衣装となる場合にも必ず着用し、完全にシンカの一部となっている。モンパ女性にとって、これを着けずに人前にでることは「恥ずかしい」ことである。その理由を聞いても明確に答えられる人はいない。この布のことを話題にすると、まるで下着の話でもするかのように赤面

して家に引きこもってしまう女性もいる。最近になって、商店で売られるようになった洋装の下着をつけるようになったが、以前は、シンカの下にはまったく下着を着けていなかったという。シンカを着る時には、ギャザーを前面に寄せるので、臀部の線が露骨に出ないようにするためではないかと答える女性もいた。前述のように、ゼミタンのパンチェン・モンパは、近年になってシンカを着るようになったが、そのせいか、ごく稀ではあるが、腰当て布を着けないことがある。他の地域のモンパが、それを見て目をそむけるという場面に出会ったこともある。

腰当て布の素材には地域差があり、名称も集団ごとに異なる。たとえば、タワンのモンパの腰当て布テンキマ（*tengkima*）はほとんど赤いウール地である。だが、かつては白いエリ・シルク布を使っていたという女性の話もある。チベットのエプロンと同じ縞柄の布パンテン（*pangten*）は一般的には西カメン県のモンパが着ける。ただし、西カメンのモンパで赤や黒のウール地のものを着ける場合もあり、モンパにおいては、色の選択は、それほど厳格なわけではない。しかし、ブータン側のサクテン、メラのブロクパ女性は、例外なく、すべてが黒色の腰当て布である(32)。その理由を女性たちに聞いても、理由はわからず、「とにかく他の色を着けることは考えられない」という返事であった。だが、ブロクパの人びとになんども尋ねるうちにようやくヒントが得られた。それは、一九五〇年代後半にはブロクパもモンパと同じように赤や縞柄の腰当て布をしていて、黒い腰当て布は、黒毛のヒツジをたくさん所有している家庭の女性だけが身に着けるものであった。つまり、経済的な豊かさを示すシンボルであったということである。赤い腰当て布は、ラック染料で染めることができ、縞柄の物は、タワンなどで売っていた。黒い腰当て布が一般化したのは、インド製の化学染料が安価で得られるようになってからで、すべての女性が黒だけを身に着けるようになったのは、九〇年代の初めごろだという。メラの人びとは、一九八七年にサクテンとメラに小学校ができた時に、初めてブータンの国民服でもあるゴーを着た役人を見たと記憶している。それまでまちまちな色やデザインの腰当て布を着けていた女性たちが外来者を迎えるようになった時に、外からのまなざしを意識して自発的に色を統一した可能性と、中央から派遣された役人や教師によるなんらかの助言があった可能性などが考えられる。しかし、ダクパも西岡夫妻が出会った時には、赤い腰当て布を着けていたというが、現在は、赤と黒の両方を着用していて、ブロクパのような黒一色の状態ではない。

まとめ

もともと貫頭衣を着ていた人びとにとって、その形状は親しみのあるものであり、牧畜や農耕に向いているという機能性をもっている。腰当て布をすることによってその機能性は、さらに高まるが、この衣服の受容や色の変化は、国家への帰属意識を持たなくてはならなくなった時期に重なっている。多様なアイデンティティを包含する総称が、優遇政策の対象となる指定トライブとしてのモンパの民族名称になった時に、その帰属意識は強化され、言語の違いを越える表象記号としての民族衣装を人びとが着るようになったと考えられる。それが戦略的な選択だったのか、自然の成り行きだったのかは明らかにできない。

インド全体においても、サリーは多様な出自を覆い隠すのに都合のよい「国民衣装」として近代に入って、新たに選択、採用されたもので、特に南インドにおいては「創られた伝統」であるという小林勝の指摘がある［小林　一九九九：一三二］。モンパのシンカは、伝統的な貫頭衣という形状を保っているが、外部からもたらされたものので、自ら製作を始めたのも近年のことである。

中国のミャオ族の場合の「衣装の共通性は相互の帰属意識を高め、結果的には、服装が異なると言語が違うことになり、通婚圏を明示する指標としても機能した」という分析［鈴木　二〇一二：四六六］は、モンパの場合にも将来あてはまるかもしれない。もとは、色もデザインもバラバラだった腰当て布が、ブータンのブロクパの地では黒に統一されたことは、今後、モンパの腰当て布がいまよりもっと厳格に差異化される可能性を示唆している。それが、地域や言語、出身地の違いを隠すものになるのか、その一部を明確に表象するものになるのかは、モンパの社会統合の進展によるが、注目に値する。

小泉潤二によれば、グアテマラのマヤの例では、異なる共同体には異なる衣装の人びとがいて、共同体のユニフォームとして基本的に外されることがないが、実際には、数十年間で色がまったく変わった、ズボンが長くなったなどの変化（揺らぎ）がみえるという。そしてその揺らぎにもかかわらず衣装が共同体の境界に深く関わっているという［小泉　一九九六：三二七―三三〇］。ここでいう境界は、「エスニックな境界」について、フレデリック・バルト［Barth 1969］が示した一つの集団が持っている文化の中身ではなく、複数集団間の境界に焦点を合わせ直そうとする発想をもとにしている。モンパの民族衣装の変化を動態的に観察することにより、その集団間の境界の創造と維持が見えるのではないかと思うが、まだ結論を導くまでには至っていない。また、周辺の他のトライブ集団との表面化しない関係がモンパの民族衣装に影響を与えていることはある程度わかっているが、さらに詳しく調べる必要がある。これらは、今後の課題である。

現状に目を転じてみると、シンカ、トゥドゥンは年配者を除き、日常着から晴れ着へと徐々に変化しつつある。伝統文化の保持を訴える指導的な立場にある高僧などによって、着用が奨励されているため、寺院の祭や法要では、多くの人が着用しているが、若い女性たちは、日常着としてシャツやジーンズパンツ、あるいはインドで一般的なシャルワール・カミーズなどを好んで着るようになっている。これは、明らかにテレビや平原のインド人との接触が進んでいる影響であるが、シンカ、トゥドゥンが高価になっていることもその理由の一つである。エリ・シルクやラック染料が、自然素材の需要の高まりによって、インド市場での値段が上がっている。そして、晴れ着化は、新たに、ディラン・シンカという高級ブランドを生みだしている。ディランの工房で作られるシンカ、トゥドゥンは、ラック染料をふんだんに使った濃い臙脂色で、織り方も繊細になっている。その分、高額になり、トゥドゥンと合わせると、学校の新任教師の一ヵ月の給料では買えない値段である。だが、それに身を包んだ女性たちは誇らしげだ。モンパの一体感を示すはずの民族衣装が、貧富の差を表象するという機能へと変化しつつある。

アルナーチャルは一九九二年に外国人観光客を受け入れるようになったが、開発は州政府が主導していて、その成員は多様なトライブ出身者である。観光政策はコミュナルな利害に対する配慮もあり、なかなか進展していない。その中でもタワンは最も人気のある観光地となっていて、仏教寺院での祭を見学する内外からの観光客の姿は少しずつ増えている。そのカメラの被写体となるのは、鮮やかな仮面舞踊だけでなく、それに食い入るように見入っているシンカとトゥドゥンをまとったモンパやブータンからやってきたブロクパである。今後の観光化の進展によって、彼らの衣服がどう変化してゆくのか気になるところである。特に注目しなければならないのは、二〇一〇年にメラとサクテンが観光客に解禁されたことである。ブロクパ女性たちは、二〇一二年夏の調査時、まだそのほとんどが民族衣装を日常着として着用していたが、同地は、ブータン政府がインフラ整備を急速に推し進めており、過去四年の間に携帯電話、電気が通じるようになっていて、自動車道路も数年後には完成する予定である。当然その生活は大きく変容するはずである。その変化が民族衣装にも及び、それがモンパの民族衣装にも影響を与えることは想像に難くない。まだ当分、国境地帯から目が離せない。

注

（1）一九七二年一月にアルナーチャル・プラデーシュとして中央政府直轄地となるまでは、北東辺境管区（North-East Frontier Agency：通称 NEFA）と呼ばれていたが、一九八七年に州に昇格した。

（2）一九八四年にタワン県がカメン県から分割され、タワン県、西カメン県の二つになった。

（３）本稿ではチベット語については、拡張ワイリー式に基づいたアルファベットを〈　〉内に表記する。
（４）押川文子の「行政用語として『部族』という語が今日も使われているが、その一応の基準とされている孤立性、後進性、独自の文化伝統のいずれをとっても絶対的なものではなく、多くの少数民族集団は平地の一般社会となんらかの関係を結びつつ内部に分化が生じている」［押川　一九九五：三四］という指摘は、モンパにも当てはまる。本稿では、「指定トライブ」、「トライブ」という用語をインドの行政用語としてカタカナ表記で使用する。
（５）シンカのように布の中央に頭を通す穴をあけた布は、服装史の分類ではポンチョ型（貫頭衣型）、あるいは腕を通す部分だけを残して両脇を縫い合わせたものとして貫頭衣型から派生したチュニック型（筒型）に分けられている［丹野　一九九九：一一一―一一二］。シンカについて書かれた英語文献では、［Myers & Pommaret 1994］のように tunic と書かれたものが多いが、英語の tunic が必ずしも筒型の貫頭衣を意味していないため、本稿では、貫頭衣という用語を用いる。
（６）［van Driem 2001］や［Bodt 2012］など。
（７）［ボガトゥイリョフ　二〇〇五：一一五］
（８）本稿は、［脇田　二〇〇九］を大幅に改稿したものである。紙幅の都合で、省略した部分も多いので、詳しくは同論文を参照されたい。
（９）［Elwin 1959］、［Ghosh & Ghosh 2000］など。
（10）［Adams 1984］、［Aris 1994］、［Pommaret 2002］、［Myers 1994］、［Myers & Pommaret 1994］などの研究。
（11）たとえば［Sarkar 1981: 4］、［Norbu 2008: 23］など。
（12）エドマンド・リーチが「ビルマ人にとってのカチン範疇はもともと北東辺境部の蛮族をおおまかにさす漠然たるものだった」［Leach 1954: 41］という状況に類似した概念といえる。
（13）タワン・ブーティア、テンバン・ブーティアなどの記述がある［Mackenzie 2001 (1884): 15-19］。テンバンは、西カメン県ディラン・サークルに現在もある村の名である。
（14）張江華は、七世紀前半にソンツェン・ガンポ王によって建国された吐蕃王国の時代にはモンユル（中国語では門隅）は王国の支配下にあったとしている［Zhang 1997: 13］。
（15）メラに住んでいたためメラ・ラマの通称がある。タワン生まれだとされているが［Sarkar 1981: 5］、メラの人びとは、彼をメラ生まれだと信じている。
（16）正式名は、Ganden Namgyel Lhatseling Monastery。
（17）［Bodt 2012: 128-129］

(18) [Sarkar 1981: 4-15]

(19) [Pommaret 2002: 180]

(20) この国境マクマホン・ラインを中国は認めず、北西部のジャンムー・カシュミール州のアクサイチンとともにその領有を主張し、一九六二年の中印国境紛争の一因となった。現在でも中国の地図では、アルナーチャル・プラデーシュの大部分は中国領として表記されている。本稿では、その是非については論じない。

(21) 州政府の統計では、二〇〇一年の国勢調査による州のトライブ人口七〇万五一五八人のうち、モンパは、四万三三四四人、メンバは一万二六五五人となっている。モンバ、メンバ、そしてモンパはアドホックな発音の違いだけで、本来の意味は同じである [van Driem 2001: 989]。

(22) 二〇〇八年にニシはかつての蔑称だったダフラ（Dafla）からニシ（Nishi）に、二〇一二年にガロン（Galong）はガロ（Galo）に改められている。

(23) Bodt の個人的な教示によれば、モンパの言語は、細かく分けると一一に分類される。

(24) Bodt の最近の研究では、タワンの西のダクパ語（Dakpa'ket）とタワンのモンパのモンパ語（Mon'ket）とは分けられている（二〇一四年二月の個人的な教示による）。

(25) たとえば、ツァンラ語とダクパ語話者がブータン、アルナーチャルだけでなく中国のペマコにもいるのは、東ブータンのツァンラ語話者たちが、仏教の聖地として有名だったペマコへ移住する途中で、アルナーチャルのダクパ語話者と合流して一緒にペマコに住みついたからだと考えられている [Bodt 2012: 158-160]。

(26) モンパはラック染料を「ラー」、あるいは「ツォース」とよんでいる。

(27) エリ・シルク糸を作るためのカイコの原産地はアッサムで、日本では「エリ」とよばれトウゴマの葉で育つので「蓖麻蚕《ヒマサン》」の別名がつけられた。日本には他にも樗蚕《チョサン》というヤママユガ科、サミア（samia）属の昆虫が古くから生息していて、明治になってからシンジュサンと命名されたが、エリサンはこのシンジュサンの亜種と考えられている [伊藤　一九九二：四九七—五二七]。

(28) エルウィンは、「かつてモンパにはシルクを使用することの規制があった」[Elwin 1959: 49] と述べている。シェルドゥクペンが、三年ごとにタワンの領主に一八枚のエリ・シルク布を貢納していた [Sharma 1960: 7] という記述もある。

(29) タワンの八〇歳前後の高齢者は、以前は、ウール製の紺色や黒色の貫頭衣を着ていたと話していたが、ノルブも同様に「今は残っていないが、その名前をンゴウ・シン（*ngou-shing*）と呼んでいた」[Norbu 2008: 35] と書いている。西カメンのモンパの場合は、高齢者の一部がウールや白いシンカのことを記憶していた。

（30）一九五八年末以前にブータンに住み、かつ内務省に登録してあった者に国籍が与えられるなどの規定がある［Sharma & Sharma 1997: 251］。
（31）西カメン県のモンパの自然信仰に基づく祭りに関しては、小林の報告がある［小林　二〇一三：一四〇―一五四］。
（32）ダクパはタワンのモンパと同じくテンキマ、ブロクパはメーケム（*mehkhem*）と呼んでいる。どちらも「尻を覆う」という意味である。

文献

伊藤智夫
　一九九二　『絹Ⅱ』（ものと人間の文化史）六八―Ⅱ、東京：法政大学出版局。
押川文子
　一九九五　「序章　独立後の『不可触民』」押川文子編『フィールドからの現状報告』叢書カースト制度と被差別民第五巻、東京：明石書店、一九～一一一頁。
小泉潤二
　一九九六　「現代マヤの衣装と政治――グアテマラの場合」『大阪大学人間科学部紀要』二二：三二一～三三九頁。
小林尚礼
　二〇一三　「『森のチベット』アルナーチャル・プラデーシュ州西部における自然信仰の聖地の今とその特色」『ヒマラヤ学誌』一四：一四〇～一五五頁。
小林　勝
　一九九九　「サリー／サリー以前――カーストと着衣規制、そして国民化」鈴木清史・山本誠編『装いの人類学』京都：人文書院、一二七～一四五頁。
鈴木正崇
　一九九三　「創られた民族――中国の少数民族と国家形成」飯島茂編『せめぎあう「民族」と国家――人類学的視座から』、京都：アカデミア出版会、二一一～二三八頁。
丹野　郁
　二〇一二　『ミャオ族の歴史と文化の動態――中国南部山地民の想像力の変容』東京：風響社。

一九九九 『西洋服飾史』増訂版、東京：東京堂出版。
張江華（Zhang Jian Hua）
一九九七 『門巴族』中国知識叢書、北京：民族出版社。
西岡京治・西岡里子
一九七八 『神秘の王国――ブータンに〝日本のふるさと〟を見た夫と妻一一年の記録』東京：学習研究社。
ホブズボウム・E／レンジャー・T編
一九九二 『創られた伝統』前川啓治、梶原景昭他訳、東京：紀伊國屋書店。（Hobsbawm, Eric and Terence Ranger eds.1983 *The Invention of Tradition*. Cambridge: Cambridge University Press.）
ボガトゥイリョフ、ピョートル・グリゴリエヴィチ
二〇〇五 『衣装のフォークロア』増補・新訳版、桑野隆・朝妻恵里子編訳、東京：せりか書房。
脇田道子
二〇〇九 「表象としての民族衣装――インド、アルナーチャル・プラデーシュのモンパの事例から」『慶應義塾大学大学院社会学研究科紀要』六八、三五～五八頁。

Adams, Barbara. S.
1984 *Traditional Bhutanese Textiles.* Bangkok: White Orchid Press.
Aris, Michael
1980 *Bhutan: The Early History of A Himalayan Kingdom*. New Delhi: Vikas Publishing House.
1994 Textiles, Text, and Context : The Cloth and Clothing of Bhutan in Historical Perspective. In *From the Land of the Thunder Dragon: Textile Arts of Bhutan.* Diana K. Myers and Susan S. Bean (eds.). pp. 23-45. New Delhi: Timeless Books.
Bailey, F.M.
1957 (1968) *No Passport to Tibet.* London: The Travel Book Club.（『ヒマラヤの謎の河』諏訪多栄蔵・松月久左訳、東京：あかね書房）
Barth, Frederik (ed.)
1969 (1996) *Ethnic Groups and Boundaries: The Social Organization of Cultural Difference.* Oslo: Universitetsforlaget.（青柳まちこ編・監訳『「エスニック」とは何か――エスニシティ基本論文選』東京：新泉社）。

Bodt, Timotheus A.

2012 *The New Lamp Clarifying the History, Peoples, Languages and Traditions of Eastern Bhutan and Eastern Mon.* Wageningen: Monpasang Publications.

Cooper, Edgar

1933 Bhutan: Tailed People. 'Daktas' People with a Tail in the East Himalaya. *Man* 33: 125-128. Anthropological Institute of Great Britain and Ireland.

van Driem, George

2001 *Language of the Himalayas: An Ethnolinguistic Handbook of the Greater Himalayan Region,* Vols. I & II. Boston, Leiden, Köln: Brill.

Elwin, Verrier

1959 *The Art of the North-East Frontier of India.* Shillong: North-East Frontier Agency.

Ghosh, G, K & Shukla Ghosh

2000 *Textiles of North Eastern India .* Calcutta: FIRMA KLM.

Kri, Sokhep(ed.)

2010 *State Gazetteer of Arunachal Pradesh(Vol.1).* Itanagar: Government of Arunachal Pradesh.

Leach, E.R.

1954 (1987) *Political System of Highland Burma: A Study of Kachin Social Structure.* London: University of London. （『高地ビルマの政治体系』関本輝夫訳、東京：弘文堂）

Mackenzie, Alexander

2001 (1884) *The North East Frontier of India.* (Reprint) New Delhi: Mittal Publications.

Mohanta, Bijan

1984 *Administrative Development of Arunachal Pradesh 1875-1975.* New Delhi: Uppal Publising House.

Myers, Diana K.

1994 Women, Men, and Textiles. In *From the Land of the Thunder Dragon: Textile Arts of Bhutan.* Diana K. Myers and Susan S. Bean (eds.), pp. 81-141. New Delhi: Timeless Books.

Myers, Diana K. & Françoise Pommaret

1994 Bhutan and Its Neighbors. In *From the Land of the Thunder Dragon: Textile Arts of Bhutan.* Diana K. Myers and Susan S. Bean (eds.), pp. 47-69. New Delhi: Timeless Books.

Norbu, Tsewang

2008 *The Monpas of Tawang: Arunachal Pradesh.* Itanagar: Department of Cultural Affairs, Directorate of Research, Government of Arunachal Pradesh.

Pommaret, Françoise

1999 The Mon-pa revisited: In search of Mon. In *Sacred Spaces and Powerful Places in Tibetan Culture: A Collection of Essays.* Toni Huber (ed.), pp. 52-73. Dhalamsala: Library of Tibetan Works and Archives.

2002 Weaving Hidden Threads: Some Ethno-historical Clues on the Artistic Affinities between Eastern Bhutan and Arunachal Pradesh. *The Tibet Journal* 27 (1 & 2) : 177-196.

Sarkar, Niranjan

1981 *Tawang Monastery.* Shillong: Director of Reserch, Government of Arunachal Pradesh.

Sharma, R.R.P.

1960 *The Sherdukpens.* Itanagar: Directorate of Research, Government of Arunachal Pradesh.

Sharma, S.K. & Usha Sharma

1997 Encyclopaedia of Sikkim and Bhutan vol.1: Documents of Sikkim and Bhutan. New Delhi: Anmol Publications Pvt. Ltd.

神々に贈られるバター
――ラダックの遊牧民による乳加工と信仰

宮坂　清

はじめに

本稿の目的は、インドのラダック南東部、チャンタンと呼ばれる地域を移動しながら暮らす遊牧民が、家畜とともにいかなる生活を送っているか、特にその乳の加工をどのように行っているかを検討し、そのうえでその生活が彼らの民俗的な信仰に及ぼしている影響の一端を明らかにすることである。特に、生活の場に密接に関係する身近なラー（神）への信仰と、そのラーへの供物について検討する。

鈴木は「宗教の生命・環境観」（二〇〇四）のなかで、宗教的な自然認識のあり方について考察を行い、西洋的に対象化される自然（nature）ではなく、「おのずから」「なる」という意味の自然観を提唱している。東アジアでは、自然は近代西欧のように人間と対立するものとされたり征服の対象とされたりすることはなく、人間と親密な関係にあり、外在化する自然だけでなく、人間の内部に入り込んで内なる自然ともなるという。また南アジアには、スリランカのジャフナ・タミルに「招かれた神」と「自生の神」の観念と、その両者を統合するムルガン神という三つの関連しあう神の観念があり、そのなかで人々にとって日常の切実な願いを最もかなえてくれるのは「自生の神」であり、大地から生まれ自ら生成された神こそが根源にあるという認識があるとする［鈴木 二〇〇四］。大地との密接な関わりあいのなかから神や神への畏怖が生まれてくるという考え方は、筆者がフィールドとしているラダックのルー信仰にもみられる［宮坂 二〇〇七］。これらをふまえ、本稿では、ラダックのなかでも最も自然環境の厳しいチャンタン地域をとりあげ、極限的な環境下で人々がどのように大地と関わりあい、そこにどのような神をみているかを考えてみたい。

一　ラダックの遊牧民

ラダックはインドの最北端、北西から南東へと並行して連なるヒマラヤ山脈とカラコルム山脈の間に位置する。この地域にはカイラス山付近に源流をもつインダス川が北西へ貫流しており、そのインダス渓谷を中心に古代から文化が栄えてきた。このうち、中国（チベット自治区）との国境に近いラダックの南東部は、地形上はチベット方面から張り出すチャンタン高原（青蔵高原）の西端である。筆者のこれまでのラダック研究は、政治経済的な中心都市であるレーおよびインダス川沿いに点在する周辺の村落を対象としてきたが、そのラダック中心部とチャンタンはさまざまな面で異なっている。チャンタン（Chang-thang）は「北の平原」を意味し、文字通り平原ないし緩斜面の山々が果てしなく続いている。ラダックのチャンタン地域は四五〇〇～六五〇〇メートルと標高が高いうえに降水量が年間約一〇〇ミリと少なく、気候と自然環境の厳しさゆえに農耕は困難であり、古くからチャンパ（Changpa）と呼ばれる遊牧民[1]が各地を移動しながら暮らしてきた。彼らはチベット語の方言のひとつであるラダック語に近い言語を話す。中国（チベット自治区）との国境や係争地のごく近くであるため入域は厳しく制限されており、外国人の入域は一九九四年に解禁されたものの、一部の地域のみに限られ、期間も七日間のみであり、現地調査に基づく研究は、［Bhasin 1999; 2012］、［Dollfuss 1999］などわずかである。

筆者は二〇〇九年八月にこの地域のコルゾク村とその周辺で遊牧民の調査を行った。ラダックの中心都市レーからジープでインダス川沿いに南東に向かい、途中から南下して、目的地であるツォモリリ（Tso moriri）という湖に向かう。先述のように外国人の入域は七日間に制限されており、またレーから二四〇キロメートルの距離にあり車で一日かかるため、実質的な滞在は五日間となった。なお峠の積雪のため、車両での入域はおよそ五月〜九月に限られる。レーから出発してしばらくは村落が点在しているが、インダス川から分かれた後、目的地のツォモリリ西岸にあるコルゾク村に至るまでの約九〇キロメートルの道程には、チベット難民のために一九八二年に建設された村、スムド(Sumdo)があるだけである。コルゾクは標高約四六〇〇メートルのツォモリリ西岸に位置し、ラダックで最も高地にある村のひとつである。五〇軒ほどの家屋から成るが、「住民」のほとんどは遊牧民ないし半遊牧生活を送る人々であり、人口は流動的である。概して生活条件の厳しいラダックのなかでも、人々はひときわ過酷な環境下で生活を送る。

ラダックのチャンタン地域は、行政上は北部のダルブク（Durbuk）と南部のニョマ（Nyoma）という南北二つの地区（District）からなり、あわせて二三の村があり、人口は約八〇〇〇人である［Census of India 2011］。このうちニョマ地区のインダス渓谷にある、比較的標高が低く、かつ水が得やすい村々では、他のラダックの地域と同じように夏期の強い日差しを利用してオオムギを中心とした農耕が行われており、相対的に規模は小さいが牧畜も行われている。それ以外の、標高が高く、寒さが厳しく、まとまった水を得ることが困難な広大な地域には、遊牧民／半遊牧民が暮らす。ニョマ地区には三つの遊牧民共同体があり、それぞれコルゾクパ（Korzokpa）、サマドパ（Samadpa）、カルナクパ（Kharnakpa）と呼ばれている。三つの遊牧民共同体はそれぞれ数百人からなり、広大な範囲に散らばりながらもある程度まとまって、季節ごとに毎年ほぼ決まった牧草地を移動する。このうち考察の対象とするのはコルゾク周辺を夏の拠点とするコルゾクパである。コルゾクパは年に十回近く野営地を移すが、大きく二つの拠点がある。夏期にはコルゾク村周辺に滞在し、冬期はまた別の「村」の周辺に滞在するのである。二つの村に家屋を所有しており、それぞれに家財道具を収蔵したり、一時的に滞在したりする。

次にこの地域の歴史を概観する。現在の中国チベット自治区西部を中心に広がるチャンタン高原（青蔵高原）は、古代よりシャンシュン（Zhang zhung）と呼ばれる王国が栄えた地として、また古来チベットの「土着宗教」であるボン教（bon）が信仰されていた地として知られる。一方、仏教もラダックやチベットと同時期（五世紀頃）には知られていたと考えられる。シャンシュン王国は七世紀にチベット（吐蕃）に滅ぼされ、代わって九世紀にはチベットの王族によりグゲ王国（Guge）が興された。王たちはカシミールに僧を派遣し、仏教が栄えたという。グゲ王国は北西のラダック王国と争うがやがて衰え、一七世紀にラダック王国により滅ぼされる。だがその後、チャンタン高原の大半がチベットの支配下に入り、チベットとラダックとのあいだに戦争が起こった［Petech 1977］。この戦争の際の停戦ラインが、現在のインドと中国の国境線の根拠とされる。このようにみてくると、チャンタン高原は環境の厳しい辺境の地ではあるものの、隣接するチベットやラダックと影響を及ぼし合いながら、古代よりボン教や仏教などの宗教文化が栄えてきたという面もあることがわかる。

チャンタン高原の西端に位置するコルゾク周辺では、かつてルプシュ・ゴバ（Rupshu goba：「ルプシュの長」の意）と呼ばれる強大な領主がこの地域を支配していたといわれる。ゴバは遊牧民集団をとりまとめ、組織的に資源利用を行ったという。一七世紀になると強大なゴバによる支配は衰え、人々はより小さな単位でまとまってそれぞれで首長を選ぶようになった［Bhasin 2012］。一九四七年にインドが独立しこの地域を含むラダックがインド領に組み込まれた結果、チベットとラダックを結ぶキャラバン交易は行われなくなり、また、それまで「国境」を意識せずに往来していた遊牧民は、チベット領（後に中国領）とインド領に分断された。

二　遊牧生活と家畜

ラダックの村落における一般的な生業は、オオムギ（ハダカムギ）を中心とした農耕とヤクやヒツジなどの牧畜を組み合わせた半農半牧であり、遊牧を中心とする生業がみられるのはチャンタン地域のみである。特徴的なのは、チャンパが移動を繰り返す生活を送っているという点、そして基本的に農耕を行わず牧畜に集中しているという点である。これらの点は、彼らの生活、そして信仰実践をどのように規定しているのだろうか。

写真1　コルゾク村（手前）とツォモリリ

コルゾクパとは「コルゾクの人々」の意である。年間をとおしてコルゾク村（写真1）に定住する者（yulpa）は約一割に過ぎず、九割は他の季節は他所で放牧し夏期にこの村やその周辺に滞在する［Bhasin 2012: 91］。定住者のほとんどは引退した老人たちである。夏期にはその周辺の緑地に遊牧民がテントを張っており、それらも合わせると、筆者が訪れた時点で人口は百人程度と思われる。村には湖西岸の丘陵地にある僧院を中心に、石や土レンガでつくった家屋が広がり、首長（goba）の家屋や、八年生までの初等学校がある他、村のはずれには国境警備隊のキャンプ地がある。常設の近代医療施設はないが、チベット医学医（amchi）、民間の巫者（lhaba）がおり、人々の相談にのっている。彼らも遊牧民である。近年はツォモリリ観光が盛んになりつつあり、夏期には食堂やゲストハウス、雑貨店を営む家もある。乾燥したこの地域にあって湖の周辺には湿地帯があるなど例外的に緑が豊かで[2]、村と湖のあいだにはわずかな面積ではあるがオオムギや豆類の畑がある。ただし近年は利益の大きい牧畜に労力を割くようになったため、ほとんど耕作されていないという。穀類や野菜はトラックで運ばれてくる。

　コルゾク周辺の牧草地のほとんどは、ツォモリリに注ぐ河川沿いにある。湖の東西には六〇〇〇メートルを超える山々がそびえており、夏期にはそれらの山々から雪解け水が流れ出て緑地をつくるのである。一方ツォモリリそのものは出口のない湖であるため塩分濃度が高く、湖畔の湿地帯は牧草地には適さないという。調査ではコルゾク周辺の牧草地に遊牧民の野営地を二箇所確認した。本稿の記述は、主にそのうちの一つの遊牧民集団で、三日間、参与観察と聞き書きを行った際のデータに基づいている。野営地にはテントが五張りあり、人々はそれぞれのテントで、三〜五人の「核家族」「老夫婦」単位で生活し、共同で放牧を行っていた。この遊牧集団は親族集団（phaspun）と重なってはおらず、二つの親族集団の構成員から構成されていた。ただし、そのうち一方は身寄りのない子どもを引き取って育てており、もう一方は（親族ではないが）住み込みの手伝いがいるなど、必ずしも親族だけが集団を構成する単位であるわけではなく、また集団の構成員はある程度流動的であると推測される。

　筆者が訪れた夏期は、コルゾクの周辺に共同体の成員が集まり、仏教儀礼や政治的な話し合いが行われる賑やかな季節である。九月中旬になると、コルゾクの遊牧民共同体は家畜とともにツォモリリの北へ向かい、タツァンツォ（Tatsang tso）という湖の周辺で二ヶ月半を過ごすという。冬になると、ひと月かけてツォモリリの南東、中国との国境付近に位置するテガジュン（Tegajung）やチュムル（Chumoor）へ移動し、その周辺で厳寒期の五ヶ月を過ごす。チュムルには、コルゾクにあるのと同じような貯蔵庫や家畜の囲い、牧草地があるという。六月初旬に共同体は二群に分かれ、一方はツォモリリ周辺に向かい、もう一方は南下する。ひと月後、ツォモリリで再び合流する。

野営地から家畜の群れを放牧に連れて行くのは主に成人男性の仕事であり、女性や老人、子どもは野営地の周辺で一日を過ごす。放牧される家畜の主たるものは、ひとつの遊牧集団で百頭以上が所有されるヤギとヒツジであり、そのほかヤクやゾ（ヤクとウシの交配種）、荷役用にロバ、家畜番用にイヌが飼育されるほか、「奢侈品」としてウマが飼育されることもある。高標高地域に適応したヤギの種、チャンタンギ（changthangi）の毛は保温性に優れるカシミアとして知られ、喉から胸にかけての部位の下毛はパシュミナ（pashmina）と呼ばれ特に高値で取引される（写真2）。ヒツジからはヤギより多くの毛がとれるものの粗く安価であるため、飼育数が少ない。彼らの現金収入のほとんどは家畜の毛の売却によるものである。太く硬質なヤク、ゾ・ゾモ（雌のゾ）の毛は主に自家用で、テント、敷物、綱を編むのに用いられる。筆者が訪れた時点で、黒いテント（rebo）と、白い綿製のテントが約半数ずつあり、内部はそれぞれ六〜八畳ほどある。ヤクの毛のテント（写真3）は女性たちによって織られたもので、保温性に優れとくに昼間は暖かく、また耐久性に優れるが、一方で織るのに手間がかかり、風を通しやすく、重いことから、徐々に既成の綿製テントを購入するようになってきている。ただし、冬期用の厚手のテントはいまも全てヤクの毛で編んだものであるという。衣類の素材は伝統的には自家製の毛織物と毛皮であり、年配者は男性も女性も

写真2　ヤギ（チャンタンギ）の放牧

写真3　　ヤクの毛で編んだテント

写真４　機織り

写真５　ヤギの搾乳

えんじ色の毛織の伝統衣装（gonche）を着用していることが多く、冬期にはヒツジやヤギの毛皮製の伝統衣装を纏う。しかし中年以下になるとほとんどが男女ともにズボンとシャツの洋装である。毛織物の技術は高く、女性たちが正装時に着用するショールは、レーやその周辺ではみられない、独特なデザインの繊細な織物である（写真４）。

ヤギやヒツジはその毛から現金収入を得るためだけに飼育されるのではない。その乳（oma）は彼らにとり、最も重要な食料のひとつである。搾乳や乳の加工は主に女性の仕事である。牧草が豊富で乳量の多い夏期には、放牧に出かける前後、朝と夕方に搾乳が行われる（写真５）。そのまま飲用に供されることは稀で、ヨーグルト、チーズ、バターなどに加工され、主食といっていいほど大量に消費される。乳を採るのはディモ（雌のヤク）、ゾモ、ヤギ、ヒツジからであり、それぞれ乳の成分や特性が異なるが、一般に以下のように加工される。まず加熱し、やや冷ましてから残しておいたバターミルク（tara）を少量加え、容器ごと布で包み一日おくとヨーグルト（zho、酸乳）ができる。ヨーグルトを入れた容器を固定し、羽のついた攪拌棒を入れ、紐を棒の周囲にまわし両端を交互に引いて攪拌すると、バター（mar）とバターミルクに分離する。バターミルクを火にかけて温めると、原チーズが浮かび上がる（写真６）。原チーズの水分を絞り、小さくちぎって天日に干すと乾燥チーズができる［山田　二〇〇九：一四八―一五二］（写真７）。

平田によれば、チベット牧畜民の乳加工は、酸乳をチャーニングする（攪拌してバターを分離させる）とともに、バターミルクを加熱・脱水しチーズに加工するという、発酵乳系列群の乳加工技術が共有されている［平田 二〇一二：二九三］。ラダックのチャンタン地域の遊牧民の乳加工も、やはりこの系列群に属するものと理解できる。

遊牧民の食事はバター茶（sorja, gurgurcha）を主とする乳加工品と、麦こがし粉（sganphe）を中心としている。バター茶を飲むだけであっても食事に含めるとすれば、食事は一日およそ五回である。例えばある日の食事は、朝、起床後にバター茶、朝食にバター茶とコラック（kholag：麦こがし粉にバター茶を加えて練ったもの）、昼にバター茶とコラックとヨーグルト、夕方にバター茶、夕食に煮込み料理（skiu：野菜、チーズ、麦こがし粉などを煮込んだ料理）であった。バター茶は、磚茶を煮出しバターと塩を加え、ドンモと呼ばれる攪拌機で混ぜてつくる（写真8）。バター茶を、大人は夏期に一日二〇杯、冬期には四〇杯も飲むという。磚茶や穀類は彼らの食事になくてはならない食材であるが、自分たちではつくることができず、現金で購入している。近年ではインド製のミックスマサラなどスパイスを使った炒めものや煮物をつくることも増えてきている。冬期は家畜の乳が乏しくなるため、夏の間に乾燥チーズをつくり、保存しておく。

夏期は乳が豊富にあるため家畜の肉を食べることはないが、冬期にはしばしば食卓

写真6　バターミルクに浮かび上がる原チーズ

写真7　天日干しによる乾燥チーズづくり

写真8　攪拌機を用いたバター茶づくり

写真9　石で組まれた炉

にのぼるという。夏の終わりに、肥えたヤギやヒツジ、ヤクをつぶして食べ、余ったぶんは乾燥させて干肉にし、乾乳期である冬に、乾燥チーズなどとともに煮込み料理に入れて食べる。

家畜の糞は燃料として用いられる。放牧地で籠を背負い、糞を集めるのは女性の仕事である。テント内の中央部には石を組んだ炉が設置され、乾燥させた家畜の糞が燃料に用いられている（写真9）。テントの上部に穴が開いており、煙はそこから排出される。[3]

以上のように、遊牧民の生活はその労力の多くを家畜に費やし、家畜から多くを受け取っている。食物という点からみれば、農耕によって大地から野菜や穀類を得ることができない土地で人間が食物を得るには、大地と人間のあいだに家畜を置くほかない。大地から得られる牧草を家畜に食べさせ、その家畜から得られる乳（や肉）を人間が食する。衣料そして住居という点からみれば、極端に寒冷な気候であるため動物の毛や皮からつくられる衣料と住居（テント）が重要である。燃料という点からみれば、植生が極めて乏しいなかで、調理や暖をとるのに火を使うとすれば、糞を用いる他ない。遊牧民は牧畜により、食物、衣料、住居、燃料の大半を得ているのである。寒冷かつ乾燥したチャンタン地域では、生き延びるためには遊牧の他に選択肢は存在しないといってよい。ただしもちろん彼らは生活に必要なもの全てを家畜から得ているわけではない。たとえばオオムギや茶葉といった農作物は彼らにとって必需品であるが、彼らはこれをつくることができず、余剰の毛と交換するか、あるいは毛を販売することで得た収入により購入することが必要である(4)。

三　仏教信仰とラー信仰

ラダックのチャンタン地域に暮らす人々はすべてチベット仏教徒である。ラダックの西部にはムスリムが多数暮らすが、レーよりインダス川沿いに南東に向かうにしたがってチベット仏教徒の割合が高まり、中国チベット自治区に接するチャンタン地域に入るとすべてチベット仏教徒である。途中の村々の家屋は石と土レンガでつくられたレー近辺のものと似た建物で、屋上には祈祷旗がはためき、岩壁に磨崖仏が彫られ、仏塔が築かれ、峠や村の境界にはラー（lha：神）を祀った祠ラト（lhatho：写真10）がある点も同じである。チャンタン地域でも、半農半牧の定住生活を送るこれらの村々における信仰生活は、外見上はレーの近辺とそれほど大きな違いはないようにみえる。遊牧民もまた仏教徒である点は共通しているが、家畜とともに移動しながらテントで生活を送るということは、やはり信仰のありようにも影響すると考えられる。

写真10　峠の頂上に設置されたラト（ラーの祠）

三〇〇年以上前、ルプシュ・ゴバの時代からコルゾクには僧院があり、また数軒の家屋があったという。現在のコルゾク僧院の本堂は一九世紀に改築

写真11　コルゾク僧院

写真12　遊牧民のためにテントで行われた供養祭の祭壇

されたものである（写真11）。ラダックのチャンタン地域最大の僧院で、ドゥク派[5]（drukpa）に属し、三五人の僧がおり、ラダックのヘミス僧院から二名の僧が派遣されている。ヘミス僧院の傘下にあるということは政治的にラダックの影響下にあるということになるが、いつからヘミス僧院の傘下に入ったかは不明である。毎年七〜八月に行われる寺院の祭礼（gstor）は、コルゾクの遊牧民共同体の構成員がほぼ一堂に会する場であり、多くの人々で賑わう。僧院は主に地域の遊牧民の布施によって運営されているが、一方で僧院もまた家畜を保有し、遊牧民に委託して飼育しているという。灯明の燃料に用いるバターはその家畜の乳からつくられるという。

テントに暮らす遊牧民の信仰はいかに営まれているだろうか。先述のように遊牧民のテントの内部は、中央に炉が置かれ、それを囲むように調理器具や寝具など様々な品が置かれているが、テントの入口の反対側にあたる最奥部の西面に祭壇が設置されている。祭壇が東を向いているという点はレー近辺の家屋の仏間と同じである。一世帯が複数のテントに分かれている場合は、主要なテントにのみ設置されている。テント内で最も高い位置になるようにしつらえられた台に、布が敷かれ、その上に仏画や、カルマパ一七世をはじめとしたカギュ派やドゥク派の高僧のフレーム入り肖像写真が置かれ、その前に灯明、器に入れられた水やツァンパが供されている。朝夕に礼拝を行うという。筆者がみた祭壇はいずれも、肖像写真がいくつも置かれているのに対して仏像や仏画が置かれておらず、少なくとも祭壇の外見上は人物崇拝の趣きが強い。レー近辺の家屋の仏間や仏教祭壇は仏像や神像を中心にし、仏画や高僧の写真がその周囲に置かれるが、それとは異なっている。

その仏教祭壇より一段低いところに、木製の棒に布を巻きつけたものが、やや無造作に置かれていた。棒は一五～二〇センチメートルほどの長さで、先端部分を中心にバターが複数箇所、塗りつけられており、長年かけて染みこんだバターにより鈍い光を放っている（写真13）。バターは、乳からつくられるたびに、つくった女性によって塗られ、また朝、男性主人によって行われる浄化儀礼（sang）の際にも塗られるという。棒の下部には黒ずんだ仏教の儀礼布（kathak）ないし祈祷旗（darchor）が巻きつけられていた。年長の男性家長によれば、この棒はラーであるとのことだったが、ラーの名称については聞くことができなかった。そして、この棒が一本だけ置かれているテントのほか、似たものが二本置かれているテントがあった（写真14）。そのテントの家長によれば、それらはそれぞれ「親族のラー」（phas lha）と「かまどのラー」（thap lha）であるとのことだった。また別のインフォーマントの男性は、これらはラーの「魂の木」（srok shin）であるといった。

写真13　ラーのご神体（手前）と高僧の写真

写真14　バターが塗られた２本のラーのご神体

仏教の祭壇とラーの「ご神体」の位置関

係から、両者の関係が把捉できるであろう。すなわち、仏教の祭壇はテント内の最も高く、奥まった位置に東向きに置かれる。これはラダックの空間構造において最上の位置にあたる。台の上に据えられ、ひと目でそれが重要な場であることがわかる。それに対しラーの「ご神体」はその近くの、だがやや低い位置に、なかば無造作に置かれている。形式ばっていないぶん、荒々しい雰囲気を漂わせている。このような棒を拝む信仰形態をレーやその近辺の地域の家屋で目にすることはなく、遊牧民のラー信仰の特徴を示すものと考えられる。次節で、遊牧民のラー信仰とその供物にされるバターについて、レー近辺と比較しながら考察してみたい。

四　ラー信仰とバター

ラー（lha）はラダックやチベットの言語で「神」を意味する。ラーへの信仰はその他の精霊への信仰とともにラダックの仏教徒たちにとり馴染み深いものであり、仏教と習合しながら人々の生活に溶け込んでいる。チベット文化圏で信仰されるラーは無数にあげることができるが、分類がなされる場合、現世的な「外的な神」と悟りに至った「内的な神」という軸に分けられるか、もしくはこのうちの「外的な神」がさらに「土着的」と「仏教的」の軸によって二つに分けられるか、このうちの「外的な神」がさらに「土着的」と「仏教的」の軸によって二つに分けられ、計三つに分類される［宮坂　二〇〇八：五七］。このうち「外的」で「土着的」なラーは、一般に人々の暮らす村をとりかこんでいる山の頂にいるといわれ、チャンタン高原の遊牧民の移動範囲にも、特定の地域と地域のあいだの境界となる峠に、特定のラーが祀られたラトが設置され、定期的に供養が行われる［Dollufus 1999］。

人々の生活の場にも小さなラーたちがいる。レー近辺の村々において、とくに重要なのはファス・ラーとタプ・ラーである。親族集団（phaspun）にはそれぞれ守護役のラーがおり、一般に親族集団長の家の屋上には仏間（chos khan）とともにファス・ラーを祀ったラトがある。ラダックにおける空間構造には上中下の三層からなるヒエラルキー的な構造がみられ、家屋の屋上は家屋空間のなかで最も上等な位置である。そこに部屋がしつらえられてその中に仏教の祭壇がおかれる一方、屋外の吹きさらしの場所にラトが置かれる。これは遊牧民のテントの中において、仏教祭壇が最上の位置におかれ、その脇にラーのご神体がおかれるのと類似している。どちらにおいても、並置はされるものの、仏教の祭壇は豪奢で上位におかれるのに対し、ラーの祠やご神体は素朴だが野性的な力を感じさせる。

だが異なる点もある。筆者が観察した遊牧民テントのうち一方は、外見上ほとんど同じラーのご神体が二本あり、その主人によればそれぞれがファス・ラーとタプ・ラーであるとのことだった。これはどのように理解すべきであろうか。タプ・ラーは、レー近辺の村々においては、かまど（thab）やかまどの近くにある柱がその居所であるとされる。家屋の三層構造において、かまどのある部屋（nang）は中間に位置し、人間の生活の中心となる空間である。ファス・ラーが男神であるのに対し、タプ・ラーは女神であるといわれることがあり、しばしばこのふたつのラーは一対のものとして扱われる。遊牧民のテント内においてはその最上の位置（最も奥）とかまどの位置が接近しているために、ファス・ラーとタプ・ラーが一緒に祀られているとみることができるかもしれない。

しかしまた、遊牧民のテントにあるラーのご神体が「魂の木」（srok shin）であるという説明もあり、そうだとすると齟齬が生じる。「魂の木」は、レー近辺の村落のファス・ラーのラトにおいては「矢」で表わされる。ラトは土レンガでつくられた立方体の祠の上部に、シュクパ（shupa, ラーが好む香木）の枝を束にし差し込んだものであり、その下にはオオムギが入った壺が納められている。シュクパの束のなかに矢、つまり「魂の木」が差し込まれている。この矢は山から招かれてやってきたラーの「魂の木」であり、ラー（男性）の性的な象徴による大地（女性）の征服を暗示するといわれることがある［宮坂　二〇〇八：六五］。矢ではないが細長い棒である遊牧民のラーのご神体もやはり男根を想起させ、女神であるはずのタプ・ラーと同じ形状であることには疑問が残る。

遊牧民によるラーへの供物のうち、バターは間違いなく最も頻繁に供されるもののひとつである。もちろんレー近辺の半農半牧の村落においても、バターはラーへの供物の主要なもののひとつである。女性たちは家畜の乳からバターをつくると、まずタプ・ラーの居所とされるかまどや柱にバターの塊を塗りつける。また、年一回、新年に屋上に設置されているラトのつくりかえが行われるが、その際に差し込まれる「魂の木」にもバターが塗られる。先述のように、屋上のラトの内部には供物としてオオムギの入った壺が入れられるが、その蓋に用いられるのもバターである。だが、遊牧民にとって家畜への依存度がさらに高いことを考えれば、彼らがラーに何よりもバターを供することの意味が理解できるだろう。乳加工の入念なプロセスを経て最後に取りだされるのが、乳から抽出される最も重要な食料であるバターである。[6]それは身体に熱を与え、身体に直に活力を与えるエネルギーの凝集体である。遊牧民は大地から得られる最上の恵みを神に贈るのである。

注

（1）チャンパはインドの指定部族のリストに挙げられており、二〇〇一年現在、人口は四九二六人である［Census of India 2001］。伝統的にはチャンパは遊牧民とされるが、本文で述べているように、現代では定住して農耕を生業にしている例や半農半牧の例もみられる。

（2）ツォモリリはラムサール条約で保護の対象に指定されている。

（3）一方で液化ガスのボンベを利用したガスコンロも普及してきている。またテントの周囲には太陽光発電パネルが置かれていることが多いが、これは主に夜間の照明ランタンに用いる電池を充電するためのものである。

（4）ただし、近代化が急激に進行している。ジープを所有している者がおり、放牧しながら携帯電話で通話する光景もみられるなど、環境の厳しい辺境地域の遊牧民という言葉から想像されるイメージでは捉えきれない、急激な変化が起きている。

その背景には、パシュミナを中心に毛の売値が上昇し、また観光が盛んになったことにより、現金収入が増えたことがある。また、夏期に限定されるが、レーやヒマーチャル・プラデーシュ州からのツォモリリ観光ツアーはコルゾクの遊牧民共同体に大きな収入をもたらす。村はずれにテント・ホテルが設置され、バードウォッチングに訪れる欧米やインドからのツアー客が多額の現金を落としていく。

（5）チベット仏教カギュ派の分派のひとつで、ブータンの国教が属することで知られる。ラダックでは一六世紀以降、支配者層がドゥク派を支援したことから勢力が強くなり、ヘミス僧院を中心に現在も最大の宗派である。

（6）これは全くの主観であるが、この調査の際に遊牧民のテントで味わったバターは、これまで筆者が食したバターのなかで最も芳香かつ美味であった。極限の大地が、そこに暮らす人々そして神々に極上のエネルギーを与えることに、ひどく感動した覚えがある。

参考文献

阿部治平
　一九八三「チベット高原の農牧業分布と最近の動向」『人文地理』第三五巻第二号、四三～五八頁。
鈴木正崇
　二〇〇四「宗教の生命・環境観」池上良正ほか編『岩波講座　宗教〈第7巻〉生命──生老病死の宇宙』東京：岩波書店、五九～八九頁。
　一九九九「大地から神へ」『大地と神々の共生──自然環境と宗教』（講座　人間と環境）京都：昭和堂、五～二八頁。
平田昌弘
　二〇一二『ユーラシア乳文化論』東京：岩波書店。
松原正毅
　一九八八『青蔵紀行──揚子江源流域をゆく』東京：中央公論社。
宮坂　清
　二〇〇七「ラダックにおけるルー信仰と病い」『人間と社会の探究　慶應義塾大学大学院社会学研究科紀要』六一号。
　二〇〇八『病いの構築に関する医療人類学的考察──北インド、ラダック地方における巫者を事例として』慶應義塾大学大学院社会学研究科博士論文。

山田孝子
二〇〇九　『ラダック――西チベットにおける病いと治療の民族誌』京都：京都大学学術出版会。

Bhasin, V.
1999　*Tribals of Ladakh: Ecology, Human settlements and Health*. Delhi: Kalma-Raj Enterprises.
2012　Life on an Edge among the Changpas of Changthang, Ladakh. *Journal of Biodiversity* 3(2): 85-129.

Dollfuss, P.
1999　Mountain Deities among the Nomadic Communities of Kharnak (Eastern Ladakh). In *Ladakh: Culture, History, and Development between Himalaya and Karakorm*. Martin van Beek, etc. (eds.), Aarhus University Press, Aarhus, pp. 92-118.

Office of the Registrar General & Census Commissioner, India
2011　*Census of India 2011*. Administrative Atlas Jammu and Kashmir.

Petech, L.
1977　*The Kingdom of Ladakh c.950-1842*. Instituto Italiano per il Medio ed Estremo Oriente.

Phuntsog, S.
1997　Sacrificial Offerings to Local Deities in Ladakh. In *Recent Research on Ladakh 6*. Osmaston & Nawang Tsering (ed.), The International Association for Ladakh Studies (IALS).

姉妹の儀礼的守護
――インド・ベンガル地方のバイ・フォタ儀礼における兄弟姉妹関係

外川昌彦

一　問題の所在

本稿は、インド・ベンガル地方に伝承されるバイ・フォタ儀礼を通して、ヒンドゥー社会の親族名称の拡張に関する人類学的議論を、儀礼的な兄弟姉妹関係の検証を通して検証する。具体的には、北インドの親族名称に関わるデュモンとヴァトゥクの論争と、ベンガルの事例からその論争に介入したフルッツェッティとエスターの議論を踏まえることで、兄弟姉妹関係の儀礼的結び付きが強調されるバイ・フォタ儀礼を通して、その検証を行うものである。特に、フルッツェッティらの文化カテゴリーとしての親族名称の議論ではデュモンの親族理論の課題を克服することは難しく、婚姻連帯（alliance）理論の例外的な事例を通した検証よりも、むしろ実践的な親族関係の検証を通して、その議論は検証されるべきであることが論じられる。そこで、はじめにヒンドゥー社会における兄弟姉妹関係の議論を整理して述べて見たい。

１　ヒンドゥー社会における兄弟姉妹関係

Ｌ・デュモンは、カースト社会の構造的原理のひとつとして、ハイパーガミー（上昇婚）によって基礎づけられるヒンドゥー社会の親族組織を取り上げ、南インドのタミル社会の親族名称の検証を通して、浄・不浄の構造的原理に規定されるカースト社会論を、親族組織の観点から説明した［Dumont 1953(83), 1957］。その後、デュモンは、南インドで得られた仮説の妥当性を検証しようとして、北インドでの親族組織の調査を試みている［Dumont 1966］。しかし、現地調査での様々な制約から、その十分な検証を行うことはできず、当初の試みであった南インドの親族名称との比較という点では、北インドのヒンディー語圏の親族名称に「構造」原理を適用することに否定的な考えを持つに至った。すなわちデュモンは、北インドの親族名称に、嫁の与え手と受け手という南インドと共通する構造的関係を見出すことはできたが、タミル社会に見られたような明確な構造的対立を、そこに抽出することはできなかったのである。このことをデュモンは、ヒンディー語では、「親族名称は、必ずしも親族組織の領域を表現しない」と結論づけたのである。

シルヴィア・ヴァトゥクは、一九六九年の論文で、このデュモンの結論に対して、それはデュモンの「基本的類別用語」の定義に起因する問題であり、ヒンディー語圏にも、姻族と血族とを区分する諸規則が存在しない訳ではない、と反論した［Vatuk 1969］。特に、デュモンが経験的なものであり論理的ではないと見なした「バーイ（兄弟：bhai）」を類別名称（classificatory term）として捉えると、そこには婚姻の可能性が排除される一貫した規則が適用されると論じている。具体的にはヴァトゥクは次のような議論を展開した。

北インドで「バーイ（兄弟）」の名称が適用されるのは、実際には「同じ性のキョウダイと結婚した者は、相互にキョウダイとなる」という「キョウダイの規則」に基づくものである。すると、北インドの親族組織では、妻の姉妹の夫は「バーイ」に含まれるのものとなり、姻族とは明確に対立することになる。このような血縁関係の拡大された適用は、通婚を忌避する集団としてのキョウダイ関係が類別的体系として認識されることを示す。このキョウダイの規則に見られる擬制的血縁関係は、姻戚関係と明確に対立するものであり、そのことは南インドの事例と同様に北インドの親族組織でも、嫁の受け手と与え手とを規定する「構造的原理」を、そこに指摘することが可能になるとする。こうしてヴァトゥクは、親族名称の実践的適用と、その類別的体系としての柔軟な用法に注目することで、北インドにも「構造的原理」が適用可能であると主張したのである。

その後、デュモンは、一九七五年の論文で、このヴァトゥクへの再反論を試みている［Dumont 1975］。ここでは、「バーイ」の概念は、「親族構造」ではなく、様々なレベルでの人々の関係を規定する「複合的概念」として把握すべきであると述べると、次のような議論を展開した。

たとえば、市場（バジャール）などの公共の場では、誰もが「バーイ」と呼びかけられ、親密さが強調される。そのため、ヒンディー語の親族名称では、明らかに姻族であり血縁が介入する余地のない「妻の兄弟であるシャラもまた、『バーイ』になる」と指摘する。すなわち、姻戚関係に対して拡大して適用される血縁名称としての「バーイ」を、姻戚関係が親子関係を通して次世代には血縁関係に変容するという、記述的に共有される祖先への二重親子関係（double filiations）を通して説明することで、結果として姻戚関係は、血縁関係に包摂されると述べている。デュモンは、こうしてヒンドゥー社会の親族構造を、異なるレベルの関係性が交錯する「複合的概念」として把握することで、血縁関係の原則に基づいた親族名称の、整合的な説明を試みたのである。

2　ベンガルにおける兄弟姉妹関係

このような北インドの親族名称に関わるデュモン・ヴァトゥク論争に対して、フルッツェティとエスターは、ベンガルの事例からの批判的な検証を試みている［Fruzzetti & Ostor 1975, 1976, 1984］。フルッテェティらは、特に上記の「バーイ」の概念について、ベンガルの親族名称から、次のような事実を指摘する。すなわち、ベンガルにおいては、擬制的な血縁名称としての「バーイ」は、妻の姉妹の夫（ＷＺＨ）には適用可能であるが兄弟の妻の兄弟（ＢＷＢ）には適用できず、このことはヴァトゥクの「キョウダイの法則」の指摘にも関わらず、ＢＷＢは血縁でも姻族でもなくなってしまう、と論じている。ヴァトゥクは、このＢＷＢについて、北インドではそれに言及する親族名称が存在しないという状況から、それは親族名称の「ゼロ・ターム（無名称）」によって回避されると説明する。しかし、その結果、ヴァトゥクの議論では、擬制的血縁関係の法則とハイパーガミーの法則が状況に応じて使い分けられることになり、このような例外的な規則を認めてゆく議論は「あまりに煩雑」であり、結局のところデュモンと同様の見地に立つものであると、フルッツェッティとエスターは批判するのである。

以上の議論を踏まえることで、フルッツェッティとエスターは、ベンガルの親族名称の立場から次のような提起を行っている［Fruzzetti & Ostor 1975］。第一は、ヴァトゥクが「無名称（zero term）」と考えた親族を、ベンガルでは「バイ（bhai）」や「ボン（bon）」として「明確に識別している」という事実である。第二は、母方のオジ・オバ関係においても、ヒンディー語では母方のオジの妻である「マミマー」について、やはり「マミマー」と姻戚関係のカテゴリーが延長されて適応されるのに対して、ベンガル語では、母方のオバを指す「マシ」と呼ぶという事例である。このことは、ベンガルの親族名称の拡張では、両親のキョウダイ関係がその姻戚関係に優先して適用されることを意味している。つまり、ＢＷＢやＺＨＺは、記述的名称からは「バイ」や「ボン」と見なされるが、しかし実践的な規定においては姻戚関係となり、それ故に通婚が忌避されると説明する。

ここでフルッツェッティとエスターは、通婚を禁止する類別的用語とは別に、通婚を規定しない記述的用語を区別することで、「血縁関係を通した姻戚関係の再定義というこのシステムが、それ自体には通婚の規定は何もないということを認識すれば、すべての問題は解決する」と結論づけるのである。

しかし、このようなフルッツェッティとエスターの議論についても、やはりいくつかの疑問点が残されるだろう。具体的には、第一は、フルッツェッティとエスターの事例の提示の仕方であり、親族名称の拡張を通して親族名称を検討し、結局親族名称では親族関係は十分には説明できないと結論することは、あまり現実的ではないだろう。第二は、インデンとニコラス［Inden & Nicholas 1977］が述べているように、ベンガルの通婚関係が構造的であるよりもより親族間の戦略に基づく実践的組織として説明されるのであれば、ベンガルの親族組織の特徴は、婚姻連帯理論の希薄な事例による検証を通してよりも、むしろそれ以外の領域での説明が重要になるといえるだろう。第三は、フルッツェッティとエスターは、インデンらの議論を踏まえることで、デュモン流の親族構造と同時に、デイビット・シュナイダーの記述的用語としての親族名称の必要性を強調するが、その論証には、特定の調査資料が提示されず、ベンガルの民族誌的な記述としては、十分な説得力に欠けていることである。以上の観点を踏まえると、フルッツェッティとエスターにおいても、やはりデュモンの構造論の課題を、十分には克服されたとはいえないと考えられるのである。

本稿は、以上のような議論を踏まえることで、兄弟姉妹関係の「延長」の範囲を検証する試みとして、ベンガル地方に伝承されるバイ・フォタ儀礼の実践過程に注目する。バイ・フォタ儀礼は、ベンガルでも特にキョウダイの結びつきを強調する儀礼として知られており、その実践過程における親族間関係の「定義」を通して、ベンガルの親族関係の議論もまた、より開かれた場で再検討することが可能になると考えられる。

そこで、はじめにベンガルのバイ・フォタ儀礼を概観し、コルカタ（カルカッタ）の家庭で実践された実際の事例の検討し、最終的に調査で集計された一一五件の兄弟姉妹関係の統計的な分析に基づくことで、ヒンドゥー社会の親族論において長年の論争となっていた兄弟姉妹関係の問題の再検討を行う。

二　バイ・フォタ儀礼（兄弟姉妹の儀礼）

バイ・フォタ儀礼（兄弟姉妹の儀礼）は、ベンガル暦カルティック月の白分二日に、姉妹から兄弟に対して聖別の印としての額の印（フォタ）を与える儀礼である。姉妹の手によって兄弟（バイ）の額に聖別の印（フォタ）が与える所作を中心とした一連の儀礼体系を構成する。この白分二日は、カルティック月の新月に行われる、ベンガルではポピュラーな秋のカリ女神祭の、二日後にあたる。コミュニティの祭祀として発展をみた今日のドゥルガ女神祭祀とは対照的に、その約二週間後に行われるバイ・フォタ儀礼は、家庭祭祀としての性格を今も強く留めている。離れていた親族が集まり、特に婚出していた姉妹が生家との結びつきを確認することで、兄弟との変わらぬ愛情を確認する儀礼的機会となる[1]。

核家族化が進むコルカタ（カルカッタ）などの都市部でも、親族とのつながりを確認する年間の儀礼的な機会のひとつとして、むしろ近年においても一層盛んに行われるようになっている。

このバイ・フォタ儀礼の儀礼形態はベンガル地方の他の儀礼と比べて、いくつかの興味深い特徴が指摘できる。たとえば、バラモン（ブラフマン）司祭が主導するプジャ儀礼とは異なり、バイ・フォタの儀礼には、通常はバラモン司祭が参加せず、女性が主体となって行われ、家のベランダなどの家庭内の任意の場所で行われる。また、ベンガル地方には女性が主体となる様々な儀礼が見られるが、特にバイ・フォタ儀礼は、既婚か未婚であるかを問わず、兄弟を持つ女性が担い手となることから、既婚女性による「既婚女性の儀礼（ストゥリ・アチャル）」とは大きく性格が異なっている。既婚女性の儀礼は、女性の通過儀礼としてライフサイクルと密接に関わり、同時に年中行事の中に織り込められた構造的な可逆性を持つ点に特徴がある[2]。さらに、女性が単独で行うブロト儀礼とも相違が認められる。特にブロト儀礼は、女性がライフサイクルに応じて、あたかも男子のサンスカーラのように振る舞うべき儀礼行為が規定され、また基本的には結婚後は姑の儀礼を継承する「通過儀礼」という形で、父系的な社会構造に大きく規定されている点から見ると、その違いは明白である。

以上のバイ・フォタ儀礼の特徴を整理すると、次の三点に集約される。第一は、一般的な親族や社会的な結びつきではなく、同世代であるキョウダイ関係（siblings）が儀礼的結合を通して強調されること。第二は、このキョウダイ関係を通して、婚出した女性の生家との血縁的な結びつき（consanguinity）が強調されること。第三は、血縁的結びつきとキョウダイ関係の強調の結果、ライフサイクルの変化には影響を受けず、基本的には出生からその当事者の死に至るまで、この儀礼が毎年繰り返し行われることである。

このようなことから、バイ・フォタ儀礼は、広い意味ではベンガルの年中行事として位置づけられるが、父系的な血縁が祭祀組織の基盤となる既婚女性の儀礼とは異なり、独自の儀礼領域を構成していることが指摘できる。特に、フォタ（額の印）の授受関係においては、与え手と同時に受け手としての兄弟が想定され、姻戚関係（affinity）に対して、兄弟姉妹関係を通した血縁関係（consanguinity）の親密さが強調される。以上のことは、この儀礼が、単なる年中行事を越えた、ベンガルの親族組織の中で独自な意味を占めている可能性を示しているだろう。次に、具体的な儀礼過程を見てゆこう。

三　バイ・フォタ儀礼の過程

バイ・フォタ儀礼の行われる日は、早朝から姉妹たちは沐浴・断食をし、儀礼の場を清めて準備に入る。家のベランダや床にゴザが敷かれ、訪れた兄弟たちは、その場に一列に並んで座る。ホラ貝が吹かれると、姉妹は兄弟の額に、白檀のペーストでフォタ（額の聖別・祝福の印）を与えてゆく。丁寧に行う程、クシャ草、お菓子、コインなども与えられる。最後に姉妹が兄弟に礼拝をし、儀礼は終了する。その後、兄弟から姉妹に、お菓子や果物などの儀礼の贈り物が与えられる。このバイ・フォタ儀礼に関して、ベンガル地方では次のような韻文が引用される。

「兄弟の額にフォタを与えましょう／エンマさまの扉に落ちないように」

エンマとは、ヒンドゥー神話でよく知られた死を司る神である閻魔天（ジョム：*jam*）である。ここから、この姉妹による儀礼が、兄弟たちが、この閻魔天の守護する場所である地獄に落ちてしまわないようにという祈願に由来するものであることが分かる。(3) 姉妹たちはこのフォタの授与を通して、兄弟をその閻魔天から守る儀礼的な守護者として立ちあらわれているといえるだろう。このバイ・フォタは、基本的には兄弟が姉妹の嫁ぎ先を訪れて、印を受けるものとされる。そのため兄弟は、正装であるドゥーティを身に付け、お菓子などの供物を携え、義理の父母の家を訪れる。しかし、一度に回り切れないほど多くの姉妹がいる場合などは、姉妹から兄弟を訪ねることも多い。またかつては、フォタの授与は、決して婚家の人々の前で行わず、隠された場所で行われていたともいわれている。

四　兄弟・姉妹の範囲

このバイ・フォタの儀礼でしばしば問題となるのは、バイ（弟）とボン（妹）の範囲が、同世代の親族の広い範囲に拡張される点である。最も基本的なパターンは図―1のような兄弟姉妹関係である。この両親が共有されている同一世代内でのフォタの授受においては、フォタが与えられる順番は、通常、年齢順となる。すなわち、年長の姉が年長の兄から年少の弟へと行い、次に次姉が同じ順番を繰り返す。また、フォタの授受は一回が原則であり、このフォタの授受の一回性と兄弟姉妹間での網羅性が、授受の基本パターンとして指摘される。次に、「兄弟」の範囲がイトコ兄弟に拡張される場合であるが、これは図―2aの父方平行イトコ関係、図―2bの母方平行イトコ関係、及び図―3a、図―3bのような交叉イトコ関係の三つに分類できる。これらの兄弟とイトコ兄弟は、母方、父方を問わず、ベンガルでは基本的な兄弟姉妹関係と見なされ、バイ・フォタ儀礼でも基本的な対

図1　兄弟姉妹関係

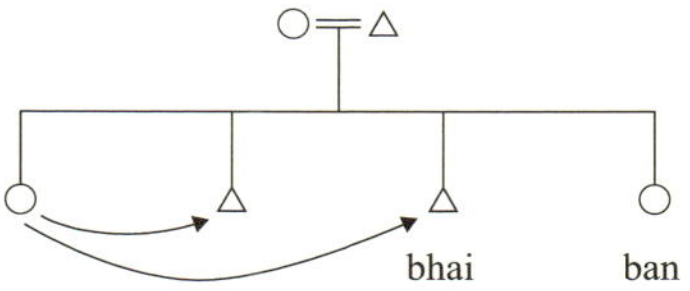

図2a　父方平行イトコ関係

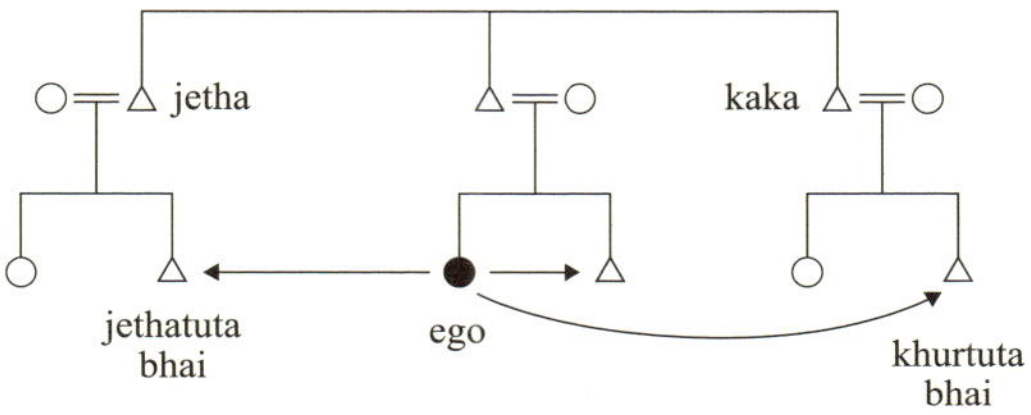

図2b　母方平行イトコ関係

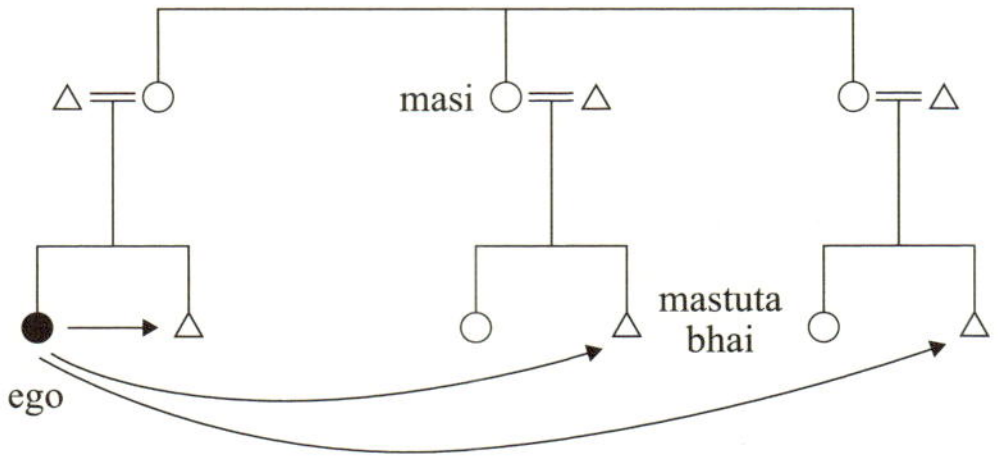

図3a　父方交叉イトコ関係

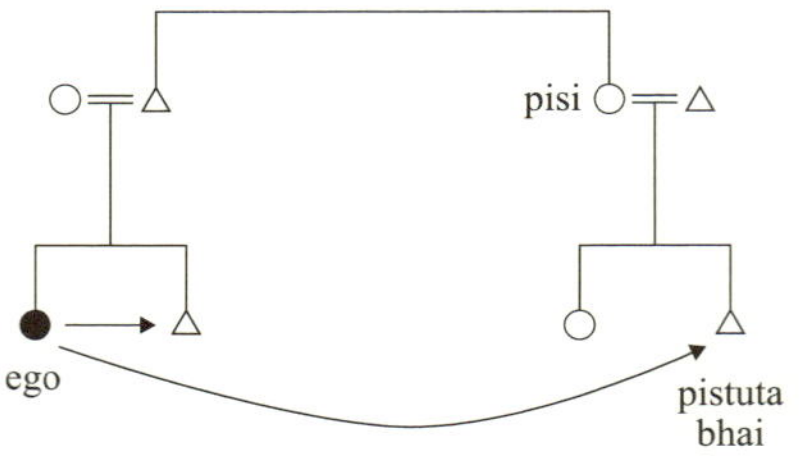

図3b　母方交叉イトコ関係

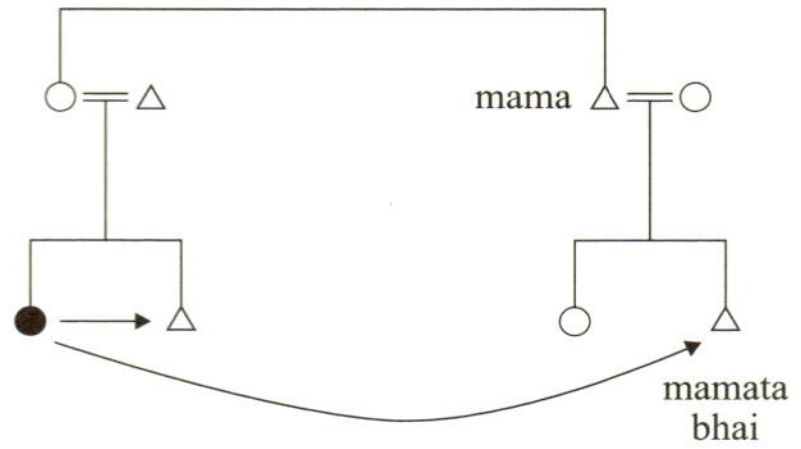

象とされる。逆に言うと、フォタの授受が行われる兄弟、及びイトコ兄弟によって構成される儀礼集団が、ベンガルにおける兄弟姉妹関係の範囲を明示するものとなっている。

　ここで興味深いのは、イトコ兄弟の場合、父系と母系とで親族関係上の区別は明示されず、むしろ実質的な日常的な関係の近さが問題にされることである。関係性が同じものであれば、兄弟とイトコ兄弟とが序列上で区別される訳ではない。その背景として、父母の兄弟姉妹が健在であれば、父母の世代でのフォタの授受関係が続けられていることが挙げられる。つまり、兄弟を訪れた姉妹の子供たちは、母方のイトコ兄弟として交叉イトコと関わることになる。生活の共同という点で、大家族になるほど父方の交叉イトコ同士のフォタ授受関係の頻度が高くなることは当然と考えられる。しかし多くの事例を検討すると、同時に母方の交叉イトコとの授受関係も非常に多く見られるのは、このような事情からといえるだろう。

　このような兄弟姉妹関係は、様々な親族関係を通して延長されて、儀礼的実践がなされている。これをベンガル語では、「パタノ・バイ」（延長された兄弟　patano bhai）、「パタノ・ボン」（延長された姉妹　patano bon）と呼んでいる。次節では、この親族関係の延長を４つのパターンに分けて整理してみたい。

五　兄弟・姉妹関係の延長

1　祖父・孫娘／祖母・孫息子

バイ・フォタ儀礼における兄弟・姉妹関係の延長で興味深いのは、祖母が孫息子に対して、さらに孫娘が祖父に対して、フォタを与えることである。図―4が、このパターンである。このことをベンガルでは、お婆さんは孫息子と、おじいさんは孫娘と、とても親しい関係にあるので、それは兄弟姉妹関係と見なされる、と説明する。ここでは、兄弟とイトコ兄弟に加えて、祖父・孫娘、及び祖母・孫息子が、フォタの授与関係を構成する。この関係は生涯続けられ、毎年の儀礼で実践される。しかし、祖父との関係はやがて失われ、それは晩年に近づいて孫息子との関係に再現される。

図4　祖父母孫関係

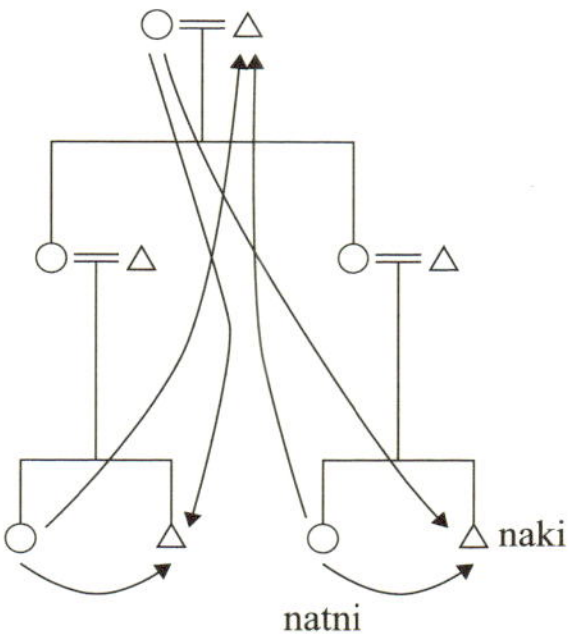

図5　継承される兄弟姉妹関係

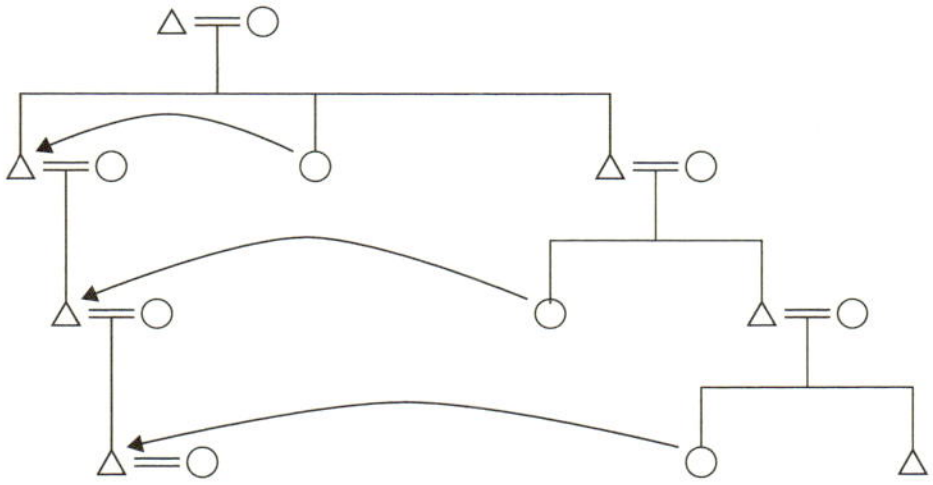

2　又イトコ・キョウダイ

兄弟姉妹関係の延長として、最も多いのが、次の又イトコ兄弟である。特に大家族が同居し、日常的にも接触が多いという場合には、儀礼の場に又イトコ兄弟が一堂に会し、たくさんの姉妹からフォタを受け取ることにある。理念的には図―５のように、世代ごとに延長される兄弟姉妹関係のすべてを含むことが可能である。しかし、一般的には三世代目より離れると、親族の結びつきは明確には意識されにくく、都市の核家族では遠縁の兄弟との日常的なやり取りも少なくなっている。実際に調査でも、一件が見られただけである。

３　夫の兄弟と妻の姉妹

次に、バイ・フォタの延長の原理を明確にするために、反対にバイ・フォタを行ってはいけないとされる、親族関係のパターンを検討してみたい。具体的には、図―６のように、同世代の兄弟には拡張可能だが、次の世代への授受は禁止されているが、しかしこの場合には、孫と祖父母との関係で述べたように、隔世代間の授受は再び可能になっている

次に図―７ａは、ヒンドゥー社会では冗談関係の典型例とされるエゴとエゴの夫の弟であるデオルとの関係であり、図―７ｂは、エゴの妻の姉妹であるシャリとの関係である。この二つの関係は、通常自らの婚姻関係が延長される配偶者の血縁である弟や姉妹という特殊な関係におかれ、バイ・フォタ儀礼では、フォタの授受が明確に禁止されている。デオルはエゴにとって潜在的な夫であり、かつては実際に再婚の対象ともなったとされることが背景にあると考えられる。ここでは、姻族である婚家の兄弟は潜在的な配偶者とされ、そのためインセストを想起させるフォタの授受関係は忌避されるのである。

同様に、エゴにとっての妻の姉妹であるシャリは、妻の延長としてやはり姻戚関係の中でも特に潜在的な配偶者と見なされる。ここでもやはり、インセストが想起されるフォタの授受関係は忌避される。妻の病死によってシャリと結婚するという例もベンガル地方では知られている[4]。実際、エゴの妹が、エゴのデオルと結婚する事例、裏を返せばエゴの弟がエゴのシャリと結婚するという例は珍しくない。

図8

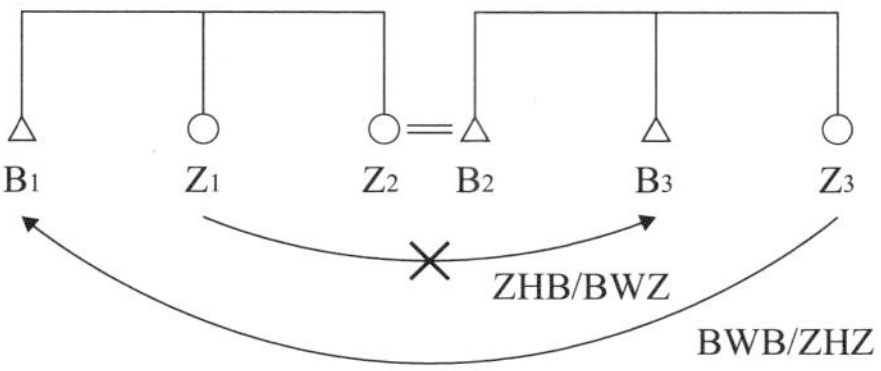

図6

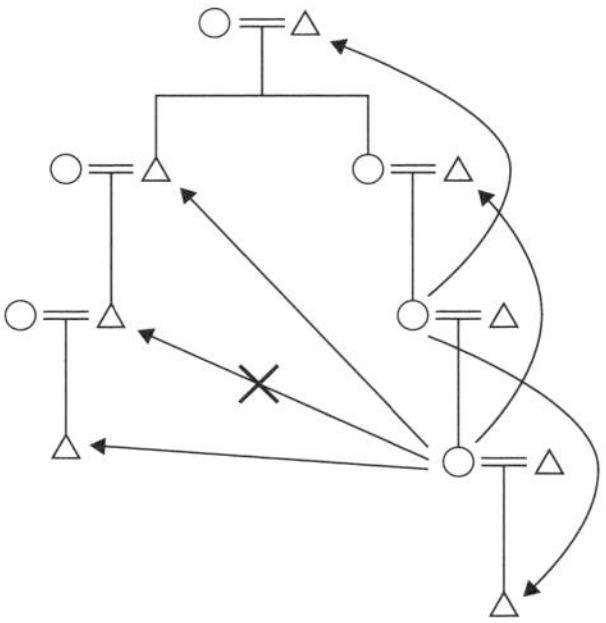

図7a

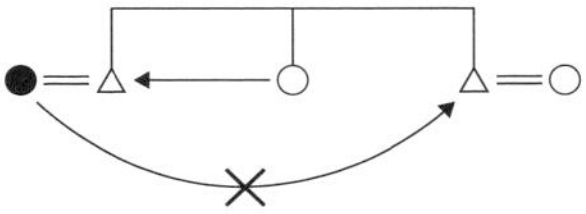

図7b

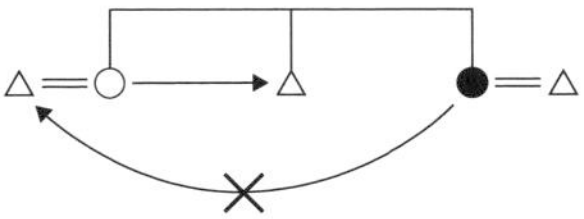

4　ＢＷＢ／ＺＨＺ

この夫の兄弟と妻の姉妹の関係が延長されるとどうなるだろうか。図—8のように、バイ・フォタ儀礼においては、一般にＺＨＢ／ＢＷＺの間ではフォタの授与が禁止されているが、ＢＷＢ／ＺＨＺとの間では可能とされる。このことを説明するためには、やはりデオル・シャリ関係を考慮する必要がある。具体的には、Ｚ２とＢ２の通婚関係に続いて、ＺＨＢ／ＢＷＺ関係にあるＺ１とＢ３は通婚関係に入ることが可能であり、そのような例は珍しくない。すると、潜在的な夫となるＢ３に対して、Ｚ１がフォタを与えることは、潜在的な配偶者に擬制的な兄弟姉妹関係を導入することとなり、インセスト・タブーに触れることになるのである。

反対に、ＢＷＢは、通常潜在的な婚姻の対象として避けるべきだとされ、その理由はハイパーガミーの原理によって説明されている。すなわち、ヒンドゥー社会の嫁の与え手と受け手との関係では、ＺＨＢ／ＢＷＺ間の通婚は上昇婚となり、嫁いだ長女は、婚家での人間関係の強化や不安の軽減などの理由から、積極的にＺＨＢ／ＢＷＺ間の通婚を行うように働きかけることができる。逆に、ＢＷＢ／ＺＨＺの関係においては、もしひとたび通婚が生じた時には、それはハイポガミー（下降婚）となり、特にベンガル社会では、忌避

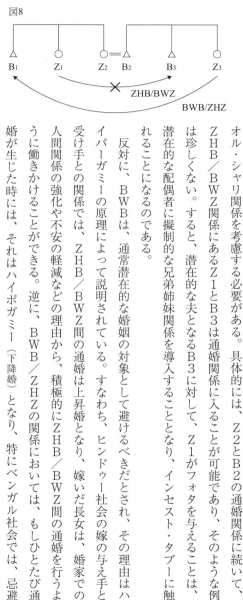

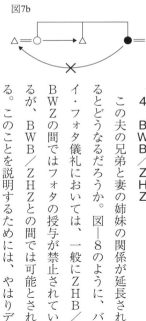

関係にあるシャラとジャマイとの関係に、妹を通したもうひとつの通婚関係は考にくいものとされる。すなわち、兄が自分の妹を、妻の実家に嫁に遣ることは忌避されるのである。このように、ＢＷＢ／ＺＨＺの間では、ＺＨＢ／ＢＷＺ関係とは反対に、潜在的な配偶者の対象として、理念的には忌避関係に置かれていることが分かる。

それでは、バイ・フォタの授受関係ではどうだろうか。ＢＷＢ／ＺＨＺにおける儀礼の忌避の有無について質問すると、ＺＨＢ／ＢＷＺ関係に見られたような積極的なインセスト・タブーの危険を考える必要が無いため、かえって個人的な関係の親密度に応じて、儀礼を行っても構わないという回答が多く見られた。ここでは、キョウダイ関係をモデルとして、親密さに応じて血縁を越えた延長がなされるという原理と、同時に潜在的な配偶者は忌避されるというインセストの原理の規定が、個々の儀礼の場で選択的に実践されていることが想定される。つまり、ＢＷＢ／ＺＨＺ関係の場合には、必ずしも積極的なインセストを想定する必要はなく、結果として親密度の程度に応じたフォタの授受が可能となり、実際にフォタの授受が行われているという説明が可能になる。すなわち、構造的原理だけで儀礼の実践を説明するのには十分ではなく、しかし単なる文化的カテゴリーとして説明しても、構造的原理が消極的な作用を果たしているという状況を説明できないという問題が、指摘されるだろう。

六　事例分析

１　事例分析

次に、実際の事例を分析してみたい[5]。はじめに特徴的ないくつかの世帯におけるバイ・フォタ儀礼におけるフォタの授受関係を検討する。事例は、次の四件である。

〈事例―1〉ボドル・ダス家の事例（父方平行イトコ）

この家では、同居している父方のイトコ兄弟（ジェットト・バイ／カカト・バイ）に対して、イトコ姉妹たちは自分たちの兄弟と同様にフォタを与えている。始めにここでは、年齢順に従い、父親の世代（G＋1）でのフォタの授受が行われた。ここでは。G＋2から見れば父方のオバにあたる人が、その二人の兄弟にフォタを与えている。続いてその子供たちの世代（G＋2）が続く。始めにG＋1における長男の長女が、この日に家に集まることの出来た同世代の兄弟とイトコ兄弟の全員にフォタを与えた。そして次女がそれに続く。この家族と非常に親しい友人が、擬制的な兄弟としてフォタを受ける。そしてそれに続いて、G＋1の次男の娘たちが、父方の平行イトコに対して、自分たちの兄弟と同様にフォタを与えている。フォタの授受の序列は、長男の長女が与えた順番と同様であった。

〈事例―2〉プロディプ・セングプト家の事例（母方交叉イトコ／父方交叉イトコ）

この事例は、母方・父方双方の交叉イトコが、参集した兄弟とイトコ兄弟の全員に対してフォタを与える複合的な事例である。はじめに、エゴから見て、母方交叉イトコ（ママト・バイ）にあたる長女が、キョウダイの最年長のG＋1の長女の息子であるイトコにフォタを与える。続いて、G＋2に属する次女が、この長

姉妹の儀礼的守護

事例1　ボドル・ダス家（父方平行イトコ）

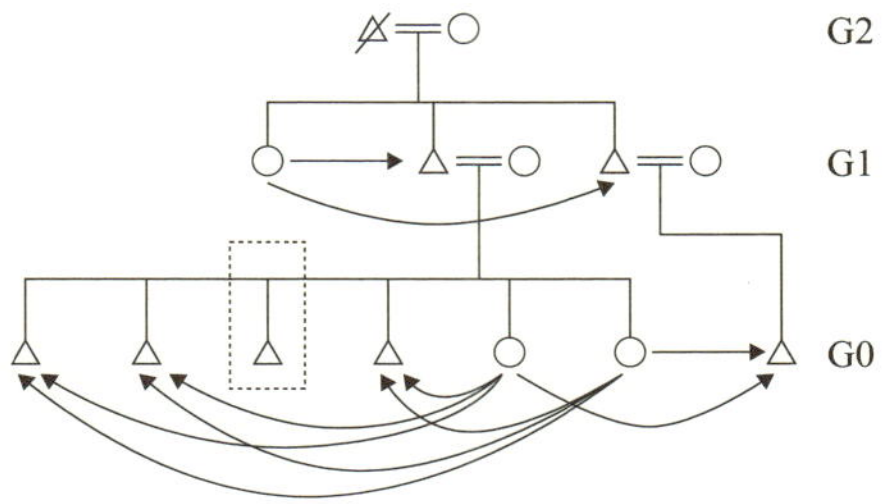

事例2　プロディプ・シェングプト家（父方交叉イトコ）

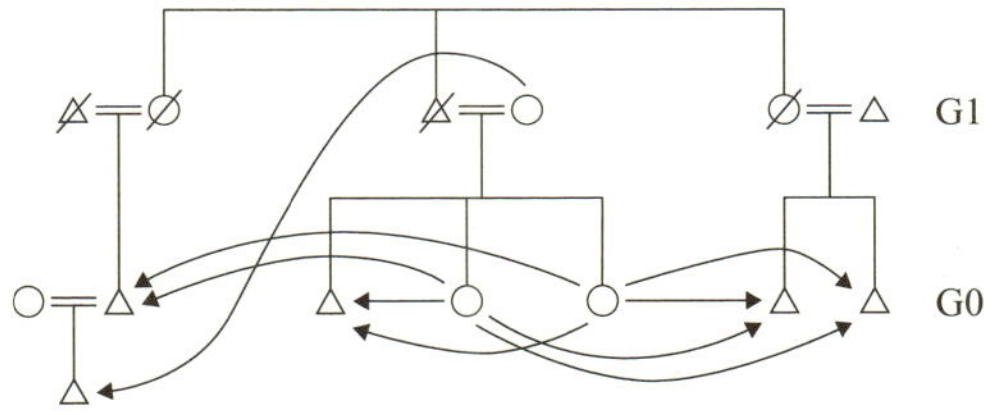

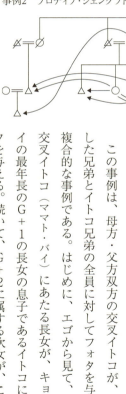

事例3　オニット・ムカルジ家（母方平行イトコ）

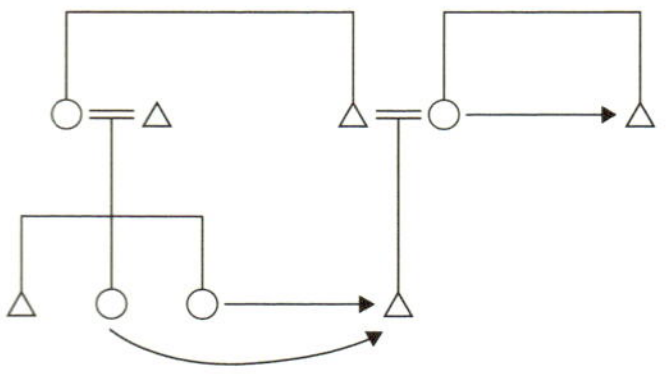

事例4　S.D.家（BWBの例）

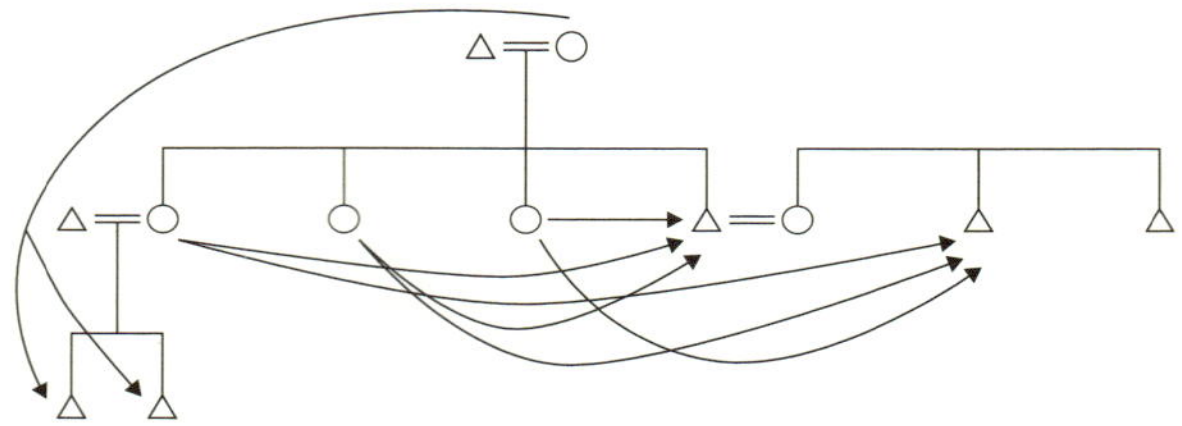

女の息子に与える。再び、G＋2の長女が、年齢順に兄弟へフォタを与え、次女が続く。さらに、父方の交叉イトコ（ピストゥト・バイ）、最初のエゴから見ると母方の平行イトコにフォタを与える。その後、祖母から孫娘にも、フォタが与えられる。

〈事例―3〉オニット・ムカルジ家（母方交叉イトコ）

この家の事例は、典型的な母方交叉イトコ（ママト・バイ）の関係が、バイ・フォタ儀礼に現れている。姉妹の母方の兄弟（オジ：*mama*）の息子に対して、フォタを与える儀礼が行われる。ここでは、息子の家に二人の姉妹が訪れてフォタを与えたので、母親からその兄弟へのフォタと並んで、母方交叉イトコへのフォタが行われる。

〈事例―4〉SD家（BWBの例）

このSD家では、兄弟の姉妹の兄弟との関係が、バイ・フォタ儀礼に現れた、数少ない事例である。これはベンガル語では、「バエラ・バイ」と呼ばれる。

2　統計資料

このように、主にコルカタの中間層のヒンドゥー世帯を中心に集められた資料から、一一七件のフォタの授受関係の事例が得られた。これらの関係性の頻度を表に整理すると、表―1のようになる。すなわち、図―1の兄弟姉妹関係は五七件、図―2aの父方平行イトコ関係は九件、図―3aの父方交叉イトコは九件、図―3bの母方交叉イトコは七件、図―4の祖父母孫関係は一一件、関係の延長が六件、その他の規定外の延長が一八件であった。

このうち、関係の延長の事例を見ると、BWB／ZHZ関係が三件。HZH／WBW関係が一件見られた。また規定外の延長は、たまたま非常に親しい友人が訪ねていた場合に、他の兄弟と並んで儀礼に列席し、フォタを受けた事例である。このような直接の親族関係を持たない二人の親しい知り合いを通して四件のフォタが、さらに隣人の世帯でフォタをやり取りする事例がひとつあり、これが一四件のフォタを交換しているので、合わせて一八件が規定外の延長となった。

七　まとめ

本稿で提示されたバイ・フォタ儀礼は、ベンガル社会の中でも特にキョウダイの結びつきを強調する儀礼として知られるものであり、その儀礼の場での参加者による親族間関係の儀礼実践は、このようなキョウダイ関係の議論をより開かれた場で検討することを可能にするだろう。特に、南アジアのヒンドゥー社会構造を規定する上で争点となってきた親族名称における兄弟姉妹関係の「延長」の問題を、より具体的な事例を通して分析することを可能にする。

具体的には、本稿の資料から明らかになる儀礼的なキョウダイ関係の適用パターンとして、次の五つの類別が整理できる。すなわち、①は、両親を共有するキョウダイであり、基本となる「キョウダイ」関係としての「バイ」と「ボン」に適用される儀礼関係である。②はイトコ・キョウダイであり、これはより細かくは、父方の年長の兄弟の子供（ジェトゥトト・バイ／ボン）、父方の年少の兄弟の子供（カカト・バイ／ボン）、父方の姉妹の子供（ピシトト・バイ／ボン）、母方の兄弟の子供（ママト・バイ、ママト・ボン）、母方の姉妹の子供（マシュトト・バイ、マシュトト・ボン）の五つに分類される。③は、孫に対する擬制的な適用であり、儀礼的な実践や親しみを込めた関係として実践される。④は、これらの関係の延長である。⑤は、それ以外の親密な関係に対する適用である。

このようなベンガルの親族名称について、最も体系的な民族誌的研究として知られるインデンとニコラス[Inden & Nicholas 1977]は、「バイ」・「ボン」概念をベンガルの親族関係の八つの基本概念のひとつに取り上げているが、ここでは血縁原理としての類別概念に留まり、その実践的な概念の適用については言及していなかった。冒頭でも指摘したように、インデンとニコラスはベンガルでは親族関係が、構造的原理よりもむしろ戦略的な実践組織として組織されている点を強調しているのだが、具体的な親族関係の実践例に基づいた検証が限られていたとしたら、その有効性が問われることになるだろう。それに対して、フルッツェティとエスターは、類別概念と記述概念とを区別することで、より実践的な親族関係の解釈が可能になると論じているが、しかしながら、それを裏付ける事例がフルッツェティらの議論にはあまりに乏しく、むしろ議論の「煩雑さ」をますます拡大した印象さえ与えるものとなっているのである。

本稿の事例は、その議論の「煩雑さ」を克服し、ベンガルの親族関係を、より実践的な側面から捉えなおすための、ひとつの手掛かりを与えるものと言えるだろう。その本稿での論点はなお限られたものではあるが、本稿の事例から、儀礼研究を通してヒンドゥー社会の動態を明らかにするという、文化人類学的な方法的射程のひとつの可能性を示すことができたとしたら幸いである。

注

（1）なお、儀礼の開始年齢は、親の助けを受けず出来るようになる五才くらいから始めるものだという説明と、結婚後の女性が生家に戻って行うものだという説明が存在した。

（2）この点に付いては、［外川　二〇〇一］を参照されたい。

（3）しかし、ヤマ・ヤミの兄弟姉妹の話の起源は古く、リグ・ヴェーダに現れている。ここでは、原初の人類であるヤマとヤミの兄弟姉妹が、子孫を残すために性交を行っている。この近親相姦の神話は、ヒンドゥー社会の親族の基本構造を考える上でも興味深い。

（4）*Shali-ban*, Saradindu Bhandapadaya.

（5）本稿の資料は、主に一九九二年の秋にコルカタ（カルカッタ）の中間層のヒンドゥー世帯で行われた調査資料による。

文献

外川昌彦
二〇〇一　「司祭の儀礼と女性の儀礼——インド・ベンガル地方における女神祭祀と女性」『アジア・アフリカ言語文化研究』東京外国語大学アジア・アフリカ言語文化研究所、六一号、一一六～一二七頁。
二〇〇三　『ヒンドゥー女神と村落社会——インド・ベンガル地方の宗教民俗誌』東京：風響社。
馬淵東一
一九七四　「姉妹の霊的優越」『馬淵東一著作集　第三巻』東京：社会思想社、一六三～一九一頁。
Dumont, L.
1953　The Dravidian kinship terminology as an expression of marriage. *Man* 53, Article 54: 34-39.
1957　Hierarchy and marriage alliance in south Indian kinship. Occasional paper Royal Anthropological Institute of Great Britain and Ireland. (12 巻)

1961 Marriage in India: the present state of the question, part 1. *Contributions to Indian Sociology* 5: 75-98.

1964 Marriage in India: the present state of the question, part 2. *Contributions to Indian Sociology* 7: 77-98.

1964 A note on locality in relation to descent. *Contributions to Indian Sociology* 7: 71-76.

1966 Marriage in India: the present state of the question, part 3. Contributions to Indian Sociology 9: 90-114.

1975 Terminology and Prestation revisited. *Contributions to Indian Sociology(n.s.)* 9 (1) : 197-215.

Fruzetti, Lina & Ostor, Akos

1984 Is there a structure to north Indian kinship terminology? *Kinship and Ritual in Bengal*: *Anthropological Essays*. New Delhi: South Asian Publishers.

Inden, R.

1976 *Marriage and Rank in Bengali Culture*: *a History of Caste and Clan in Middle-period Bengal*. Berkeley: University of California Press.

Inden, R. & Nicholas, R.

1977 *Kinship in Bengali Culture*. Chicago: University of Chicago Press.

Vatuk, S.

1969 A Structural analysis of Hindu kinship terminology. *Contributions to Indian Sociology* 5: 75-98.

1975 Gifts and affines in north India. *Contributions to Indian Sociology(n.s.)* 9(2) : 155-96.

Wadley, S .

1976 Brothers, Husbands and Sometimes Sons: Kinsmen, *Eastern Anthropologist* 29-2: 149-170.

農耕祭祀から都市祭礼へ
――インド・カルカッタのチョロック・プジャの場合

澁谷俊樹

はじめに

ベンガルの農耕祭祀チョロック・プジャ（Cadak Puja）についてカルカッタの都市の事例から考察する。この祭祀は、灌頂儀礼（Abhisheka：アビシェーカ）を受け、一時的にゴートラ（Gotra：父系出自）をシヴァ神の出自に変化させたサンニャーシー（Sannyasi：現世放棄者）たちが、棘の生えた木の上を転がり、並べられた刃物の上にジャンプするなど自己犠牲的な儀礼によって神との合一を果たし、最終的にはシヴァとその配偶神とを結婚させて豊穣と安寧をもたらすと説明されてきた。本稿は地域に生きる人々にとって、この儀礼は如何なる意味を持つのかを、儀礼に関する「由来譚（Utpatti）」の語りに着目して考察する。そこから明らかになるのは、周辺社会の変化に応じて人々がシヴァ神の夢を見て、夢見に基づいて正統性を主張し、ローカルな祭祀を再構築しようとしている実態である。

写真1　チョロック・プジャ

一　祭祀の概要

祭祀の舞台は、二〇世紀初頭までカルカッタの南部郊外の村であったが、都市の拡大に伴い中心部に含まれたチェトラである。人々はこの祭祀を「チョロック・プジャ」と呼ぶ。一般にチョロック・プジャとは、ガジョン[1]の最終日に行われる、サンニャーシーを空中に吊り旋回させる儀礼（写真1）をいう[2]。ガジョンは、ベンガル地方ガンジス河以南に広がる「ラル地方」を中心にベンガル暦の大晦日（西暦四月一五日頃）にかけて数日間行われる農耕祭祀である[3]。王権や都市エリートに関わる他の祭祀に比べ、農民や漁民との関わりが強い。一方で、「ラル地方」の赤土は鉄分を多く含み、雨の降らない西暦四～六月の夏季には暑くなり易く、旱魃に弱いため農業に適さない。人々は悪条件の土地で、この農耕祭祀に願いを託すことになる。中核となる神格はシヴァ神やラル地方に普及する男性民俗神ドルモと説明されている［Nicholas 2008: 3］。

「チョロック」とは、「チャクラ」など「回転するもの」を意味する語から派生したと考えられている［Oddie 1995: 151; Ferrari 2010: 146］。現地では、最終日に池から取り出される二本の木を「チョロックの木」と呼び、両者を組み立て旋回させる儀礼をチョロック・プジャと呼ぶ。農村では、縄の先端に括りつけた二本の鉄鉤をサンニャーシーの背中に刺し込んで旋回させる。これが特に一八三〇年代より宣教師や現地エリートから非難され、一八九四年より「犯罪」として法的に禁止された［Oddie 1995: Ch. 5］。こうした経緯から、都市を中心にチョロック・

プジャは行われなくなったとされてきた。しかし、カルカッタのチェトラ地区では、現在も鉤で吊らず縄に括り付けた竹にサンニャーシーが座り旋回する儀礼が行われており、この事例を紹介して検討する。一方、近隣のカーリーガート（以下カリガト）寺院近郊はチョロック・プジャの中心地ともいわれたが［Oddie 1995: 118］、現在は市場を除き全て閉鎖しており、チョロック・プジャの前日までの儀礼のみを行う地域が残る。

二　先行研究

チョロック・プジャに関する先行研究では、この祭祀が、入門儀礼（Diksha：Initiation）を受けたサンニャーシーが、一般にシヴァと同一視される男神と、大地と同一視される女神とを結婚させ、統合に導く農耕祭祀であるとされてきた。また地域ごとに多様な民俗祭祀であり、サンニャーシーの期間は一般に一週間以下、最長でも一ヶ月である［Bhattacharya 1977: 57-59; Nicholas 2008: 130-131; Ferrari 2010: 6-8］。

ベンガルの仏教学者シャーストリを中心に、本祭祀の中核となるドルモ神やガジョンの儀礼に、仏教タントラの残滓を見る議論があったが［Sarkar 1917: 87］、現在は疑問視されている［Nicholas 2008: 13; Ferrari 2010: 25-26］。現地の人類学者バッタチャールヤは、鉤吊りを始めとする自傷行為を人身供犠の名残と解釈する［Bhattacharya 1977: 67］。

ニコラスは、サンニャーシーが行う儀礼は儀軌にないものが多く、儀礼に関わるとされるテクストは実は後代に編纂されており、儀礼をテクストに還元して解釈したのでは不十分と論じる［Nicholas 2008: 6］。モッロ王朝下の秋の女神祭祀と同地域のガジョンの階層構造を基本的に同一と論じたエステル［Ostor 1980: 146］とは対照的に、彼は、秋の女神祭祀とガジョンとは、階層構造の点でもテクストと儀礼との関係の点でも対照的であると分析する［Nicholas 2008: 7, 10; 2013: 172-175］。彼はガジョンとは、農耕や漁撈に携わる人々による、モンスーンの適切な到来と豊穣を祈願する平等主義的な祭祀であるとする。サンニャーシーたちは、男女の神格を結婚に導くために、太陽神ドルモに自己犠牲を捧げた吉祥詩の主人公や、貧しい農民としてのシヴァのように苦行を行い、死と再生の奇跡を体現する。しかし儀礼の大部分を記したテクストはない。口伝や儀礼で伝えられ、起源はイスラム王朝以前のベンガル文化の生成期を示唆する［Nicholas 2008: 130-132, 140-141］。

フェラーリは、テクストでも人々の言葉でもなく無意識に分析の根拠を求める。彼は、ガジョン本来の神格は、ラル地方の非ヒンドゥーの大地女神であり、現在祭祀の中核とされる男神は豊穣を回復させるべく配偶神として彼女に捧げられる犠牲だったが、後代に女神の存在が無意識の次元に隠されたという［Ferrai 2010: 6-9, 120］。ガジョンとは、男性の信徒が、土地と女性に期待しまた思い描く四つのステージ――①耕作、②種蒔、③収穫、④休閑／①性交、②妊娠、③出産、④閉経――を、彼ら自身の身体に対して先行して行う儀礼である。こうして男性性を放棄し、彼らのジェンダー上の表象としての女性性を経験することで、男たちは、女神に対して行った歴史的な隠蔽と、彼らが土地であるところの女神と女性に期待しまた気負い続ける、耕土と性交に関わる不均衡を埋め合わせようとする［Ferrai 2010: 17-18, 147-152, 219］。

本稿は、テクストでも人々の無意識でもなく、人々が語る夢見にまつわる儀礼の由来譚に着目する。調査は、チェトラのベンガル人宅に下宿しながら二〇一二年四月より開始した。報告する祭祀を運営するのは、偶然にも二〇〇八年に女神祭祀を調べた集落と同じである［澁谷　二〇一一］。主な情報は、サンニャーシーの経験があるSさんの家を訪ねて収集している。まず祭祀の組織と規則について整理した上で（三節）、具体的な儀礼次第を記述し、その意味と由来譚を聞き取り資料に基づいて説明する（四、五節）。

地図1　チェトラ北部

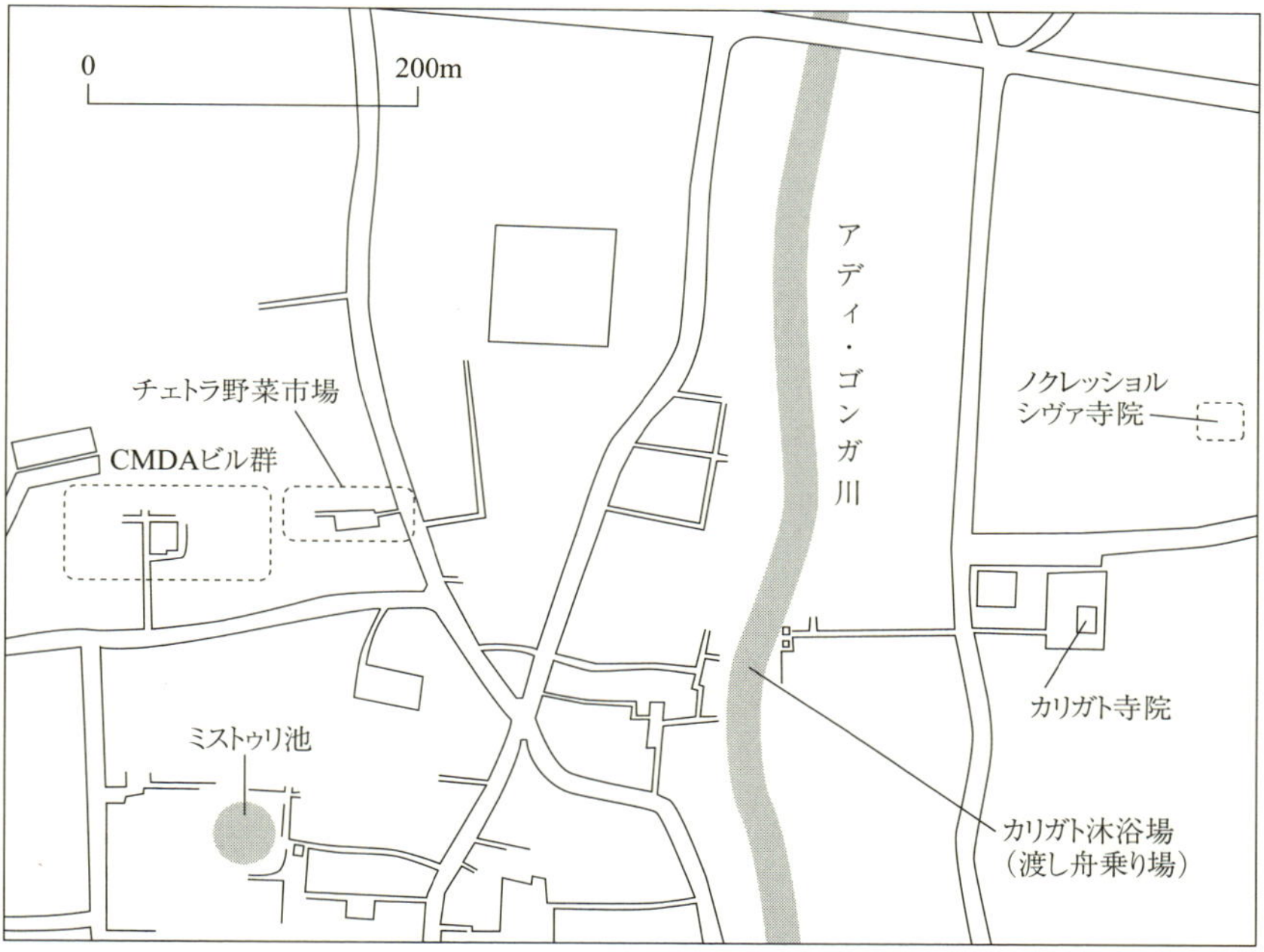

三　祭祀組織の概要

1　地域の概況

チェトラ地区は、カリガト寺院の沐浴場[4]の西岸に位置する。地図1のドルモラジ寺院の十字路界隈に、現在でも「チェトラ・ハト（チェトラ定期市）」という名称号の二五〇年程の歴史をもつと伝承される定期市が開催される。一九一一年および六一年の地図を参照すると、今日のチェトラは当時カルカッタ南部の植民地行政施設が集まるアリプル地区の南に接していた。チェトラ・ハト一帯には、無数の小池に囲まれた土壁と藁葺きの家屋や市場からなる集落があった［Bose 1968: 311-316］。現在、土壁と藁葺きの家屋はない。二〇世紀初頭の民族誌では、ガジョンなどシヴァ信仰が盛んなカルカッタ南部郊外の小村として描かれている［Sarkar 1917: 74］。

祭祀が行われる集落は「チェトラ野菜市場」と

呼ばれ、中央に広場がある。かつてはチェトラ・ハトに含まれ、水曜日と土曜日に漁獲用の網や罠を売る定期市が開かれた。かつて書記をつとめたSさんによると、現在約一〇〇世帯が暮らし、大半はヒンドゥーで、約五％がムスリムである。チェトラ・ハト一帯は約一二〇年前より在地領主ラカル・ダス・アディの所有地であった。領主の親族Mさんによると、六〇年程前まで野菜市場の居住者の多くは御者や漁師だった。馬小屋の一部は現在も残るが、御者を行うものはおらず、南二四ポルゴナ県やシアルダ駅などから早朝に野菜を仕入れ広場で販売している。チェトラ・ハトや野菜市場一帯はボスティ⑤（スラム）と呼ばれ、近隣のＣＭＤＡビル群もカルカッタ都市開発局により貧困層向けに建てられたアパートである。

２　祭祀組織の概況

「チェトラ市場商人組合」が祭祀を運営する。集落の主な行事は、①チョロック・プジャ、②ポンチョムンダ・カーリー女神祭祀、③サラスワティー女神祭祀である。Sさんは、かつてチョロック・プジャには領主が招かれたことがあったが、現在集落で行われている祭祀は何れも領主に属さないという。祭祀形態はショルボジョニン（全ての人々のための）と呼ばれる共同出資型である。これは、領主が祭祀の資金を負担するバリルプジャ（家庭祭祀）に対して、カルカッタでは二〇世紀初頭以降に、秋の女神祭祀を中心に拡大した都市の町内会やクラブなどを祭主とする形態で、寄付金を収集し祭祀を運営する。農村のチョロック・プジャでは、モンドル（Mandala）姓の首長を中心とする祭祀形態も報告されており［Bhattacharyya 1977: 59］、かつてはチェトラも例外ではなかったようであるが［Sarkar 1917: 74］、現在の市場にはモンドルについて知る者はいないようである。寄付金の領収書には、「チェトラ市場チョロック・プジャ」と題し、一一九周年（二〇一三年）と記載がある。同年度は二〇〇弱の世帯から合計約二万ルピー（約四万円）が徴収された。

地図2　チェトラ野菜市場

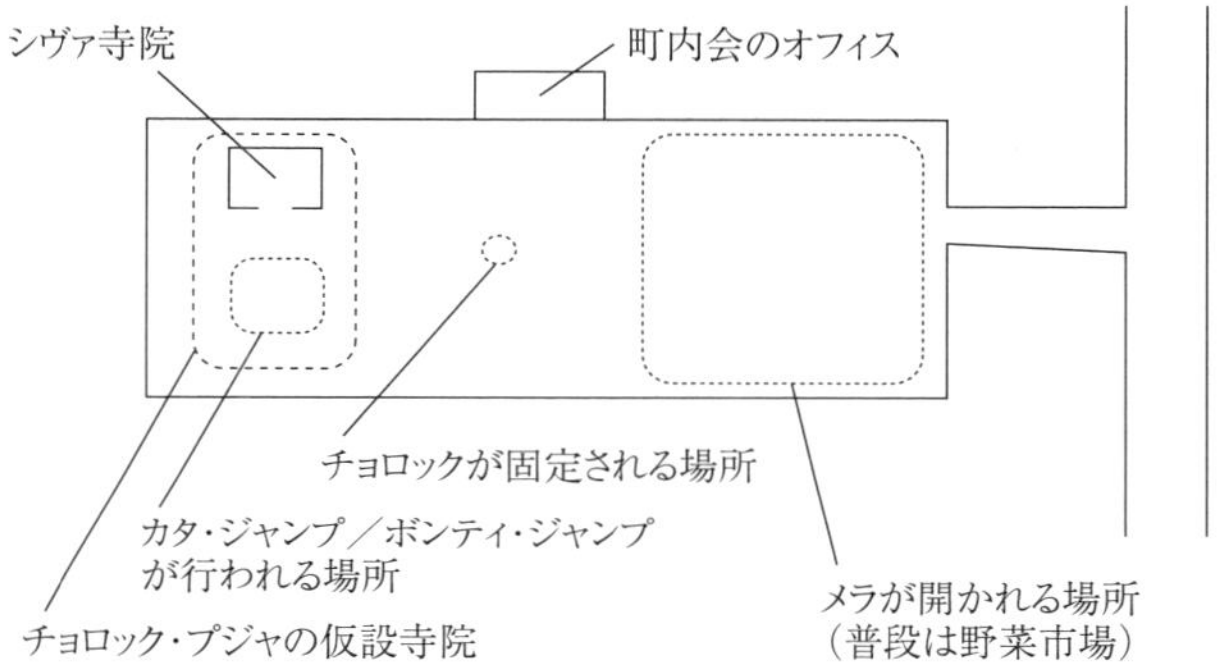

祭祀の中核となる神格は「シブ（シヴァ）」、「ババ（父神）」、「モハデブ（マハーデーヴァ）」等と呼ばれ、市場の広場にある寺院（地図2）では、シヴァの男根を象徴する「リンガ」で表される。

二〇一三年度の司祭はミストゥリ池近郊に住むサーマ・ヴェーダ・リネージのバラモンRさんである。ムール・サンニャーシー[6]一名を含め、三〇才以下の男性六名がサンニャーシーになった。この他、彼らをサンニャーシーへと転ずる灌頂儀礼[7]を行う司祭がおり、司祭からのゴートラの問いかけに対し、一人はハリジャン[8]、二人がカヨスト（書記）と答えた。この間、市場の一部は催し場（Mela：Fair）となり、玩具や民芸品が売られ、射撃や小型の観覧車が並んだ。

3　サンニャーシーの規則

Sさんによると以下のような規則がある。

（A）チョロック・プジャが終わるまでの一週間ほどサンニャーシーになれる。

（B）詳しい規則はムール・サンニャーシーから教わる。

（C）神への祈願（Manshik：Vow）がある者であれば、誰でもなることができる。未婚、不妊、就業に関わる動機で志願する者が多い。

（D）サンニャーシーとなった者は、家に入ってはならない。靴やサンダルを履いてはならない。マットや布団の上で寝てはならない。寝起きは寺院やアシュラム、火葬場で行う。
（E）飲食を規制する。一六～一八時、水と果物を食べてよい。午前三時頃、菜食のホビッシの他、生の果実を食べることができる。肉、魚、ニンニク、タマネギ、油などを使った料理は食べてはならない。調理は土製の壺で行い、薪に火をつけて焚く。
（F）司祭がいる場合は司祭に、いない場合はムール・サンニャーシーに倣い順に儀礼を行う。
（G）サンニャーシーは「人間ではないもの（Amanush）」であるため、人々は彼らの足に手を触れ挨拶する。

四　祭祀の起源伝承

１　シヴァからの夢告

祭祀の起源は次のように説明された。

約一五〇年前、地域の富裕な紳士がシヴァから夢を受けた。「私はガンジスの中を流れている。君たちは私を取りに来て、プジャを始めなさい」。そこでアディ・ゴンガ川（地図１）に行くと、二本のチョロックの木が流れてきた。一本は引き上げることに成功したが、もう一本は流れていってしまった（Sさん）。

先述のように寄付金のレシートには一一九周年とある。設立年である一八九五年とは、チョロック・プジャの鉤吊が法的に禁止された翌年である［Nicholas 2008: 118］。

2　地域の開発とチョロックの移動

チョロックの木は、祭祀の期間を除いてはミストゥリ池の底に安置されている。なぜ水中にあるのか？

チョロックの木の内の一本はシヴァ神である。シヴァ神は寒い地域の住人で、眠りを妨げると狂ってしまう。そのため彼を水中で冷やし、寝かせておかなければならない。昔はミストゥリ池ではなく、CMDAビル（地図1）が建っている所に昔あった池に安置されていた（Sさん）。

一方で次のような語りも聞かれる。

現在のCMDAビルが立つ五〇年前、チョロック・プジャのあと、ミストゥリ池の住民にミストゥリ池に木を安置するように夢告があって、以後この池に安置されるようになった（司祭Rさん）。

夢告のあと、木が以前の池からミストゥリ池まで自ら移動した（ミストゥリ池近隣住民）。

ボースの地図を確認すると、一九一一年にはチェトラ北部に無数に点在していた池が、六一年にはCMDAビルの前にあった池とミストゥリ池を除いて残っていないことが分かる［Bose 1968: 311-314, 315-316］。これらの言説によれば、「開発への抵抗」の痕は見られないようであるが、地域の変化に応じてシヴァ神の夢を見、祭祀を正統に継続させようとする人々がいることがわかる。

３　事故、規則の違反、憑依

チョロックはシヴァ神の依り代である一方で、死ぬこともある。樹木そのものが生命体なのである。

以前、野菜市場に横たえられていたチョロックに米を炊いた熱湯をかけた女性がいた。どういう理由かはわからない。彼女自身も熱湯をかぶっていて、チョロックも彼女も亡くなってしまった。その後、近所の富裕な紳士がチョロックの夢告を受けて、資金を出すと申し出てきたので、私たちは新しいチョロックを作ることにした。作ったのは私だ（Ｓさん）。

こうした事故は、サンニャーシーの規則の違反に絡むものが多い。禁忌を犯す者がいると必ず何かが起こる。

昔私が刃物へのジャンプをしたとき、胸を深く切ってしまった。傷跡は今も残っている。水を飲んでよい規則がないのに飲んでしまったからだ（Ｓさん）。

禁忌の違反に因む憑依の話も聞かれる。

以前、チョロックを探しにサンニャーシーがミストゥリ池に入ったとき、なかなか木が見つからなかったことがある。夜遅くなって、近所に住む少女三、四人にシヴァが憑依し、食事の規制が破られたため、私は隠れていると語った。この事態に司祭とサンニャーシーたちは憑依した少女たちを前にプジャを行った。次第に怒りが静まると憑依が解け、彼女たちは気絶した。その後池から木を引き上げることができた（司祭Rさん、Sさん）。

このように、シヴァと同一視されるチョロックの木は、人々の夢や憑依を通して現われ、人々に語りかけ、しばしば自ら移動する。禁忌の違反が動因となることが多い。しかし、次の語りに見られるように、行為主体性は神格だけにあるわけではない。

五　二〇一三年の祭祀

市場のシヴァ寺院は幅三m、奥行き二mほどの祠堂である。内陣だけを持ち、中央のクンドゥと呼ばれる四角い枠の中に本尊であるシヴァのリンガ等が祀られている。以下では、二〇一三年に行われた祭祀を、時間をおって記述する。

【一日目（四月一〇日）】

① 灌頂儀礼

一六時一五分から二五分頃、カリガト沐浴場（地図1）の寺院で、希望者の青少年らが司祭から両手にガンジスの水を受け取り、マントラのあと各々の頭にかけ、サンニャーシーのウットリヨ（Uttariya：紐帯）を受け取って自らの首にかけ、司祭と共に「罪あるゴートラを放棄し、シヴァのゴートラを得る」とマントラを唱える。この司祭は、自身には灌頂儀礼以外の儀礼的役割はないと語る。

②　太陽神への儀礼

日が沈む前に儀礼を始める規則であるが、この年は司祭が遅刻し、一九時五〇分頃より始められた。Ｓさんが市場のシヴァ寺院の外の地面に粘土で子供と鰐のモチーフを作り終えていた。口を開いた鰐とその前に寝そべる子供の間に、太陽神を象徴する壺が置かれる。シヴァ寺院の中でサンニャーシー一人あたり七枚の菩提樹の葉を一人分ずつ分けて用意し、米と花を添える。これを持って子供と鰐のモチーフの前に出てきた彼らは、司祭の太陽神の儀礼が終わると、モチーフを左回りに七周し、太陽神の壺の上に一人ずつ崩さないように葉を重ねていく。最後にシヴァ寺院に戻り短い儀礼を行い、二〇時四〇分頃に終えた。

③　シヴァの奇跡

この儀礼の由来譚は次のように語られる。

昔、サンニャーシーをする子供たちが海に沐浴に行くと、腹を空かせた鰐が襲って来た。子供が叫んで自分を呼ぶ声を聞いたシヴァ神は、太陽に言った。「あれは私の弟子たちである。何とか助けてくれないか?」。すると、太陽は一瞬にして沈み、闇が訪れた。何も見えなくなった鰐は引き返し、子供たちは無事沐浴を済ませて帰ってくることができた。その時以来、はじめに太陽に礼拝するようになった（Ｓさん）。

太陽神の儀礼は、『ドルモ神の吉祥詩（Dharma Mangal）』において太陽を西の空に立ち上げるために自己犠牲を捧げた主人公ラウセンの物語との関連が指摘されているが[9]［Nicholas 2008: 132］、詳細が全く異なる上、地域の人々はこの話を知らない。テクストはチェトラの儀礼では意味を持たない。市場の人々の語りに基づけば、この儀礼は、シヴァが起こした奇跡としての由来譚を再演していることが分かる。

【二日目（四月一一日）】

① 棘の生えた木の調達

一一時より三〇分間、市場のシヴァ寺院で司祭とサンニャーシーたちが儀礼を行い、伐採に使う鉈三本を聖化する。炎天下の日中、司祭を伴わずにタルタラ地区の空地に棘の生えた木（Banici Katha：Ribes Ura-crispa）の調達に向かう前に、一三時二五分頃、シトラ／ポンチャノン寺院（地図1）で短い儀礼をする。同五〇分頃、トラック二台で空地に到着し木を調達する。市場に戻る前の一五時、サンニャーシーたちはチェトラ最古のシトラ寺院（一七八三年設立）に調達したての木を持って詣で、境内のシトラとシヴァに短い儀礼を行う。この後徒歩で一五時一〇分頃に市場のシヴァ寺院に戻った。

② シヴァへの呼びかけ

二〇時三五分頃、市場のシヴァ寺院での司祭の儀礼のあと、サンニャーシーが一人一人リンガの上に花を添えていく。これが落ちればジャンプができるという規則がある。置き終えた彼らは大声でシヴァを呼び、太鼓や鐘が打ち鳴らされるが、ここでは花は落ちない。二〇時五〇分頃、サンニャーシーは寺院の外に出、シヴァが見えるように地面に座し、両掌を地面について前後に擦り、首を左右にふる動作を繰り返す。この間司祭は内陣でリンガの上に匙で水をすくってかけ、花を落とす。霊力によって落とすことで人々は感動に満たされる。全て落ちると、司祭はサンニャーシーを率いて積み上げた木の前に座し儀礼を行う。

写真２　Banti

③　棘の生えた木へのジャンプ

二一時一〇分から二五分まで、ジャンプするサンニャーシーを先頭に積み上げられた木の周りを左に三周しては、ジャンプする一人を除いてシヴァ寺院に戻り、一人ずつジャンプするという動作を繰り返す。このとき、二人一組八人ほどの若者が補助する。彼らはタオルを長く結び、二人でその端を持って敷き詰めた木の上にクッションのような機能を果たすラインを作る。サンニャーシーが木の上にジャンプすると、その上を何度も転げ回る。補助者たちも彼がそこに深く沈まないようにしつつ、タオルを波打たせる。サンニャーシーはその後自ら内陣に戻りシヴァに挨拶する。六人全員が終えると二一時半から五〇分までシヴァ寺院の内陣で短い儀礼を行いこの日の儀礼を終えた。

この日の儀礼の諸動作や由来譚は翌日の儀礼と重複するため、次節の最後に説明する。

【三日目（四月一二日）】

刃物へのジャンプは見せ場の一つであり、最終日に匹敵する観客が訪れる。

①　刃物の浄化

一一時一〇分から四〇分まで昨日同様にシヴァ寺院で司祭が儀礼を行い、司祭がジャンプに使う刃物（Banti、写真２）を浄化する。一三時よりサンニャーシーたちだけで刃物を持ってカリガト寺院（地図１）の池[10]に向かい、池に入って刃を研ぐ。このあとカリガト寺院の舞台に入り、二日目の②の儀礼と同様にカリ女神への呼びかけを行い、内陣の司祭から刃を聖化してもらい、供物を受け取り、一三時五〇分に市場のシヴァ寺院に戻った。

② 刃物へのジャンプ

二一時一〇分から二〇分まで昨日同様シヴァへの呼びかけと花落しが行われる。この日はシヴァ寺院の中で刃物に赤いシンドゥルが塗られる。同じ頃、Sさんがシヴァ寺院の正面にジャンプ台を作成していた。それは、竹と縄だけで作られた漢字の「月」のような形の台で、サンニャーシーの足場となる梁の高さは二・二mほどある。足が2本だけの台であるため、彼らはこれをブランコのように前後に振って、刃の上に飛び込む。

二二時二五分、サンニャーシーがシヴァ寺院からバナナの幹に刺し込まれた刃物を持ち出すと、ジャンプ台を左に三周した。この刃物をSさんが受け取ると、野菜を詰める麻袋で拵えたクッションの上に固定し、若者たちを六人ほど呼んでクッションを担がせ、台の上で待つサンニャーシーに近づいていく。サンニャーシーは台の上から広場に集まった観衆に向けて果物や砂糖菓子を投げると、刃物を担いだ若者たちに身振り手振りを交えて、自分が飛び込むのにちょうど良い位置を指示する。準備が整うと、彼は顎を左右に振って合図し、台を前後に揺すって、並んだ刃をめがけて胴体から飛び降りた。

胴体を刃に密着させたままピクリとも動かない彼を、若者たちが御輿のように担いで広場からシヴァ寺院まで運んでゆく。雰囲気は相変わらず和気藹々としている。そして寺院の階段の前で初めて下ろされた彼は、膝をついて手を合わせ、シヴァ神に挨拶する。するとそこへ、老若男女の観衆が近づいてくる。彼らはサンニャーシーの胸についたシンドゥルと汗と血の混じった赤い体液に触れ、それを自分や子供、知人の額に塗っていく。二三時頃、全員が終えると、サンニャーシーと司祭はシヴァ寺院で短い儀礼を行い一五分間ほどで終えた。

③　儀礼の起源の変質：イギリス人の介入と夢見

これらの自己犠牲的な儀礼の由来譚は次のように語られる。

イギリス人がやってくるまで、私たちは普通のプジャをしていたものだった。昔は棘ジャンプも刃物へのジャンプもなかった。そんなある日、イギリス人たちがやってきて言った。「ここでプジャをしてはいけない。どうしてもしたい、というのなら条件がある。お前たちの神を信じて、ジャンプをして見せなさい」。当初私たちは、棘の生えた木の上に飛び込んで見せようと言ったが、彼らは刃物の上に飛べと要求して来た。私たちは最終的に両方の上に飛び込むことにしたが、飛び込みはその日ではなく、次の日にして見せようと告げた。私たちはそのあと、シヴァ神に呼びかけた。するとその方は、夢の中に現れた。「明日、鳶となってお前達の近くにゆこう。しばらく旋回してから、木の上にとまるから、そのときジャンプしなさい。そうすれば何ともないでしょう」。イギリス人たちは自ら刃物を用意してきた。彼らが見ているなか、サンニャーシーたちが地面に掌をついてシヴァを呼ぶと、どこからともなく鳶が飛来した。空中を旋回し続け、木の上に降りた時、いわれた通りにジャンプをすると、誰も何事もなく終えてしまった。イギリス人は驚いて言った。「いいでしょう、ここでプジャを続けなさい。君たちの神はここにいますから」。以後、棘ジャンプと刃物へのジャンプをするようになった（Sさん）。

犠牲を捧げているのではなく、むしろ無事を示しているというわけである。これらのジャンプは、『ドルモ神の吉祥詩』の主人公の母親が、息子の誕生を望んで苦行に着手するが、失敗したと考え、針（Kanta）の上に投身するものの、ドルモ神の恩寵で復活させられる物語との関連が指摘されているが［Nicholas 2008: 118; Ferrari 2010: 134-135］、地域の人々はこのテクストを知らない。そもそもこのテクストにイギリス人は登場せず、先行研究の事例で入植者との交渉を縁起とする報告はない。テクストはチェトラの儀礼では意味を待たないことは明らかである。刃物へのジャンプは、地域の一部の人々には人身供犠（Narabali）と蔑称されている。実際この縁起は、二日後のチョロックの鉤吊が、かつて内外から人身供犠として批判され法的禁止の対象となったこととは対照的である。この由来譚に、忘却されたスティグマや抵抗の痕が沈んでいる可能性も否定はできないが、推測の域は出ない。ただこの儀礼は、現在の市場の人々にとって、決してイギリス人の命令だけで行われるようになったのではない。この語りには、人々に呼びかけられ、夢に現われたシヴァが引き起こした奇跡の話が含まれており、それゆえ正統な儀礼として続けられているからである。

【四日目（四月一三日）】

ニル・プジャ（Nil Puja）と総称されるこの日は、三つのグループが儀礼に参加する。第一は主に女性たちが行うゴンディ（Gandi）であり、第二は子供が神々に扮装して馬車で行進するゴラガリ、第三がサンニャーシーが行う炎のジャンプである。

①　ゴンディとゴラガリ

一二時よりニルショシュティ・ブロト[11]を行う女性たちが新調のサリー姿で市場のシヴァ寺院に供物を届けに訪れる。一五時、濡れてもよい格好で市場に集まった女性たちが、カリガト沐浴場に向かい、同時一五分頃より沐浴場から市場のシヴァ寺院に向けゴンディを始める。彼女たちが通る道を補助者の女性たちがガンジスの水で清めると、女性たちは両手を頭の上に伸ばして路面にうつ伏せに倒れこみ、その姿勢のまま両手に握った一ルピーで地面に弧を描いてから立ち上がり、この動作を反復しながらシヴァ寺院に向かう。

途中、見物者が倒れこんだ彼女の足に触れて挨拶したり、彼女たちの前に幼い子供を連れて来ると、倒れこんだ女性の上に子供を乗せたり、地面に子供を横たえる。するとゴンディをする女性が子供の上を跨いで通過する。彼女たちは寺院の周りを右に三周して内陣に入り、司祭から壷に入った水を受け取り、リンガに水を注ぎ供物を受け取る。

ゴラガリは、主にラーマーヤナを舞台とする神々に扮装した市場の子供たちが、事項に説明するサンニャーシーたちに続いて馬車に乗り行進する儀礼である。Ｓさんによると、ゴンディは誓願（Manshik）のある者が行い、また馬車は子供の無病息災を願って行う。

② 炎のジャンプ

「ハトル」と呼ばれる、先端に可燃物を詰められる大きな金属製の鋏のような道具に火をつけたサンニャーシーたちが、歌い踊りながらカリガト寺院とノクレッショル寺院に詣でる。先端には綿状にしたジュートと油を混ぜたものが詰められる。一八時、市場のシヴァ寺院より炎のジャンプが開始される。司祭がガンジスの水でサンニャーシーを清めると、Ｓさんがハトルに点火する。市場のシヴァ寺院からシトラ／モノシャ寺院、シトラ／ポンチャノン寺院、ノボグロホ寺院を経由し（地図１）、カリガト寺院沐浴場まで各地で炎のジャンプを行う。沐浴場までの道中、何度も「竹」と「遺体」のイベントが発生する。それに合わせサンニャーシーたちは次項に引く詩を歌う。このあと彼らは、炎を手にしたまま参詣客で混雑したカリガト寺院とノクレッシュル・シヴァ寺院の境内に入り、それぞれ右に五周走り回る。この時彼らは内陣に入ることはできず、寺院の外から短い儀礼をし、一九時四〇分頃に市場のシヴァ寺院に戻った。

二〇時半、司祭を伴わずにミストゥリ池に移動し、近隣のシトラ寺院（地図1）とシヴァ寺院で短い儀礼をしたあと、池の前に立ち、水中に眠る二本の木に歓待を行い、二一時半に市場のシヴァ寺院に戻った。

③　シヴァの奇跡による再生

この儀礼の由来譚は次のスローカ（Shlok：詩）である。ある日、サンニャーシーたちがカリガト寺院に詣でに行く途中、竹が落ちていた。そこで次の詩を歌った。

火を灯してカーリー女神に詣でに行く道すがら、なぜか竹が落ちている
嬉しくなったサンニャーシーたちは、心ひそかに命を吹き込んだ
楽器を打ち鳴らし、明りを灯して、剣をかざすと
老壮なるシヴァの恩寵により、竹は自ら立ちあがった

また、道中に遺体が倒れていたとき、上述の歌詞の「竹」を「遺体」に替えた詩が歌われると、遺体が息を吹き返したと伝えられる。実際の儀礼では、道中各地の集落から人々が竹を持って出てきては横たえ、サンニャーシーがその前で詩を歌う。遺体の場合は実物ではなく、主に子供が地面に寝そべる。この他、経由する各地の寺院では、道中でサンニャーシーが何か過ちを犯した場合に、その許しを請うための詩を歌う。

【五日目（四月一三日）】

① 父神と母神の結婚式

午前三時一〇分、司祭が市場の寺院に到着する。リンガがシヴァを表し、その正面に置かれた壷がパールヴァティを表す。そして人間の結婚式で新郎新婦に行うのと同様の儀礼を行う。詳細は省くが、五時五〇分頃まで新郎新婦の花輪の交換や、調理した供物の贈与等が行われると、供物の残りが居合わせた二五名ほどの参会者に配られた。

② 父神と母神の捜索

一三時四五分から一〇分間ほど市場のシヴァ寺院で儀礼をしたあと、司祭を伴わずにチョロックの木を探しにミストゥリ池に移動する。池のシトラ寺院とシヴァ寺院で短い儀礼をしたあと、一四時五分頃に池に入ると、間もなくババ（父神）とマ（母神）が見つかった。ババはチョロックの柱となる一〇mほどの棒状の木で、シヴァ神であり、太陽神でもある。またマはババを挿し込める構造をしており、様々な女神に同一視される。マの構造がチョロック・プジャの回転を可能にしている。

③ チョロック・プジャ

二一時半、広場に深さ二m程の穴ができると、マにババを挿入する。マの両端には縄が吊り下げられ、縄の途中に彼らの子であるサンニャーシーが一人座れるよう短い竹が括り付けられている。住民総出で漸くチョロックを立ち上げると、二三時半から四五分までチョロックを聖化する儀礼を行う。司祭の儀礼が終わると、サンニャーシーたちはチョロックの周りを左に七周する。

二二時五〇分頃、二人一組になったサンニャーシーがシヴァ寺院から袋いっぱいに詰めた供物を持って出て来ると、順にチョロックの縄につかまる。二人が縄に吊られると、地上で縄の端を手にした補助役の若者たちが走り出し、チョロックを左に旋回させる。サンニャーシーはそこから広場の観客に向かって果物や砂糖菓子を投げる。縄から降ろされると自ら寺院に向かい、シヴァ神に挨拶する。その後二三時二五分から三五分まで司祭とサンニャーシーがシヴァ寺院で儀礼をすると、「来年もまた会おう」という掛け声がかかり、儀礼が終了した。

元旦の夜明け前の午前五時、市場の広場で寝ていたサンニャーシーたちは起き上がり、カリガト沐浴場の寺院に移動し五時一五分から五分間ほど灌頂儀礼を受け、司祭と共に「シヴァのゴートラを放棄し、罪あるゴートラを得る」と唱え、首に巻いていたサンニャーシーの紐帯（ウットリヨ）を返す。寺院を出た彼らの額にサンダル・ペーストを塗ると、司祭は自ら「百ルピーをよこしなさい」と伝えた。これに彼らは全員分で三五ルピーをまとめて手渡し、市場の家々に戻って行った。

六　考察

今日ラル地方を中心としてベンガル暦の最終日に行われることの多いこの祭祀は、カルカッタでは植民地化、都市化の影響で大きく変容した。チェトラ近郊のガジョンを含めて鑑みても、大部分のチョロック・プジャは閉鎖され、祭祀形態は都市で最も多い共同出資型となり、サンニャーシーごとに異なる儀礼的役割もかつてほど細分化されてはいない。しかし、外見上は整備され均質化され、「飼いならされて」しまったかに見えるこれらの儀礼は実は複雑な経緯をたどって都市祭礼として再生したとみることも出来る。

この祭祀の基本は、ヒンドゥー儀礼の立場から見れば、灌頂儀礼を受け、ゴートラを一時的に変化させたサンニャーシーたちが、食事や生活の規制を通して自らを浄化し、シヴァ神に身を捧げてバクティを表現する。言い換えれば、階層社会を離脱し、「人間でないもの」に変容して、現世を一時的に離脱した非日常的な状況によって初めて、供犠を通して神との合一が可能になるのである。[12]

しかし、「由来譚」に目を向ければ全く異なる世界が見えてくる。夢告がその中で大きな働きをする理由は、文字テクストとは逆の民衆の側からの意図や伝承が表現されているからである。中でも重要なのは刃物へのジャンプを行う儀礼の「由来譚」である。「昔は棘ジャンプも刃物へのジャンプもなかった」のに、イギリス人が強要して「お前たちの神」の威力を見せよといわれて窮地に陥った時に、夢の中にシヴァ神が出現した。その夢告の指示に従って、鳶に化身して表れた神の守護によって棘や刃物の上に飛び込む苦行を見事に達成し、奇跡的に傷を負わなかった。それ以後、毎年チョロック・プジャをガジョンの最後に行うことになった。現在のチェトラのガジョンが、一八九五年を第一回とし二〇一三年は一一九周年であるという伝承の意味は明らかである。一八九四年は鉤吊が全インドで法的に禁止された年である。イギリスがプジャを禁止した年、まさしくこの時にチョロック・プジャが始まったと説く。これは「本来の」「土着の」祭祀をイギリス人によって承認された、「正統的な」儀礼として意味付け直すことで、植民地支配への「ソフト・レジスタンス」を行っているのである。「ソフト・レジスタンス」によって精神的に統治者たるイギリス人を圧倒する。「野蛮」「未開」と思われる習俗をイギリス人が承認したと、逆手にとって新たな正統性の言説を生み出したことこそが民衆の心意であった。[13]

この象徴的な逆転の儀礼は、民俗社会で伝承されてきた死と再生の儀礼と連動している。基盤にあるのは水に「冷やされた」二本の木を地上に取り出して「再生」させ、男神と女神として性的に結合し、大地の豊穣を祈る祭祀である。最終日にあたる五日目に、ババ（父神）とマ（母神）が取り出され、マはババに差し込まれる。そしてマの両端から吊されるサンニャーシーたちは自らを両神格の子供（Santan：Child）と呼ぶ。一本の木はシヴァ神に仮託された男性の象徴で大地の神の豊穣性をリンガに託して人格化したと考えることが出来る。もう一本の木は明確でないが、池の近くにシトラ神が祀られるという連動性を重視すべきであろう。池から木を取り出す前には、天然痘などの熱病を司るシトラ女神を入念に祀る。ヒンドゥー儀礼は「外被」に過ぎない。神として人格化される前は自然崇拝が根底にあり、樹木や水、気候の変動、病気を治す信仰も混淆する。「冷やす」ことの意味は、三月以降は急速に乾燥し、暑くなって天然痘がはやる時期になるので、その前に病を齎す女神を「熱く」ならないように和めることであった。シトラはチェトラ地区の各所に祀られている。乾季から雨季に移行する「境界の時間」に自然との繋がりを取り戻す。ベンガルの風土に根差した農耕祭祀が都市祭礼として新たに再生し再構築された様相を、チェトラのガジョンは重層し混淆する民俗祭祀として動的に見せているのではないか。

注

（1）ガジョンの語源は、吼える、叫ぶ、（雷などが）轟くなどの Garjana、あるいは村人（Gram Jan）に求めるなど諸説がある［Nicholas 2008: 21］。

（2）本稿で使用する「祭祀」と「儀礼」は何れも現地語の Puja である。プジャは儀礼全体を示すことも一部を示すこともある。これを現地語のまま用いると、記述・説明する段階で「このプジャは……」とした時、儀礼全体を示すのか一部を示すのか不明確になる。これまで秋の女神のプジャを「女神祭祀」としてきたため、本稿では暫定的に、年中行事及びに儀礼全体としてのプジャを「祭祀」とし、人々が神格を前に行なう具体的な諸作を「儀礼」としている。

（3）ラル地方外部や西ベンガル隣接州でも類似の祭祀が報告されており［Ferrari 2010: 4-5］、スリランカでも形式の異なる鉤吊が見られる［鈴木　一九九七：五八九］。

（4）「カリガト」とは、直訳すればカーリー女神の沐浴場（ガート）である。

（5）ボスティ（Basti）は「スラム」と訳されるが、開発を企図する立場の側から都合良く与えられる政治的な概念でもあるため、実体を定義しがたいことを断りたい。

（6）その他のサンニャーシーに先行して儀礼に着手する人物。

（7）精進潔斎してシヴァ神に仕えようとする志願者の頭頂にガンジスの水を注ぎ、彼らをサンニャーシーへと転ずる儀礼は灌頂儀礼（Abhisheka）と呼ばれ、カリガト沐浴場の寺院にこれを担当する司祭がいる。

（８）マハトマ・ガンディーが不可触民を指して用いた語で、「神の子」を意味する。

（９）この吉祥詩は、一七世紀半ばから一八世紀半ばにかけて、ラル地方の各地で口承から文字化されたテクストとされる。物語の要旨については、ニコラスと共著のカーレイ［Curley 2008: 142-144］、バッタチャーリヤ［Bhattacharyya 1977: 85-89］を参照されたい。

（10）この池は霊場としてのカリガト寺院の由来譚に関わる。神話の中でヴィシュヌ神のチャクラにより体を切断されたサティー女神の足の指がこの池に落ち、霊場が生まれた。

（11）ニルショシュティ・ブロト（Nilshashthi Brata）とは、幼い子供を持つ女性が、夫と子供の無病息災を願って断食し、リンガにミルクを注いだあと、菜食のニラミシを食する儀礼である。詳述できないが、このブロトとゴンディは、それぞれガジョンとは分けて行われることの方が多い。

（12）テクストとの照合をあえて試みれば、その一部は、テクストに描かれた神格への犠牲と再生を部分的に擬えて見える一方で、人々はテクストについて一切語らなかった。様々な地域のガジョンを調査してきたフェラーリは、ガジョンの背景とされるテクストの内容を人々に尋ね、また司祭やサンニャーシーのマントラに着目し、人々が両者の意味を全く理解せずに儀礼を繰り返していると論じた［Ferrari 2010: 36-41］。

（13）人身供犠が行われていた可能性を完全には否定できない。植民地支配によって「野蛮な」儀礼として中止された儀礼の中には明らかにその要素を留めるものがある。それが言説に止まるのか、実践されていたのかについては更に議論を要する。「蔑視」される習俗としたのもイギリスによる「植民地支配」の眼差しによることが大きい。

文献

澁谷俊樹
　二〇一一　「インド・コルカタの都市祭礼の変容――カリ女神祭祀を中心として」『人間と社会の探究　慶應義塾大学大学院社会学研究科紀要』七〇号、九九～一一七頁。
鈴木正崇
　一九九七　『スリランカの宗教と社会――文化人類学的考察』東京：春秋社。
Bhattacharyya, Asutosh

1977 *The Sun and the Serpent Lore of Bengal*. Calcutta: Firma KLM.

Bose, Nirmal Kumar

1968 *Calcutta 1964: A Social Survey*. Bombay: Lalvani Publishing House.

Ferrari, Fabrizio, M.

2010 *Guilty Males and Proud Females: Negotiating Genders in a Bengali Festival.* Calcutta: Seagull Books.

Nicholas, Ralph W & Curley David

2008 *Rites of Spring: Gajan in Village Bengal, and Battle and Self-sacrifice in Bengali Warrior's Epic: Lausen's Quest to be a Raja in Dharma Mangal*. New Delhi: Chronicle Books.

Nicholas, Ralph W.

2013 *Night of the Gods: Durga Puja and the Legitimation of Power in Rural Bengal*. New Delhi: RCS Publishers.

Oddie, Geoffrey A.

1995 *Popular Religion, Elites and Reform: Hook-Swinging and its Prohibition in Colonial India, 1800-1894*. Delhi: Manohar.

Oster, Akos

1980 *The Play of the Gods*. Chicago: the University of Chicago Press.

Sarkar, Benoy Kumar

1917 *The Folk-Element in Hindu Culture: A Contribution to Socio-Religious Studies in Hindu Folk-Institutions*. London: Longmans.

インド舞踊の表現とジェンダー
——男性ダンサーとマスキュリニティ

古賀万由里

序

従来の南アジアにおけるジェンダー研究は、主に女性を対象として行われてきたといえる。例えば、その中で取り上げられてきたテーマは、女性の身体とライフサイクル、浄・不浄の概念と女性の地位、吉祥性の保持者としての女性、シャクティ[1]という概念と女性の関係、ダウリーやサティーなどの女性問題、植民地主義的女性観、女性の主体性、開発と女性などがみられる。近年では、トランスジェンダーに関しても注目されるようになり、ヒジュラと呼ばれる女性化した男性の共同体に関しても研究報告がなされており、ジェンダーを多角的にみていく必要性が提示されてきた。

だが、ジェンダー研究の中で男性らしさとは何かが問われだしたのは最近である。ジェンダーを考察するには、様々な性からアプローチすることにより、より多角的な視点をもった見解が可能となるであろう。

本稿では、インド舞踊界における男性ダンサーの地位と、マスキュリニティに対するまなざしから、西洋のジェンダー観とは異なるインドのジェンダー観念を提示する。インド舞踊には、地域によって様々な形態があり発展の歴史も異なるが、中でも南部タミルナードゥ州のバラタナーティヤムはグローバル化の傾向が強く、男性ダンサーも増加傾向にある。男性ダンサーの地位の変化を世代別に見ていき、インド舞踊におけるマスキュリニティとは何かを明らかにする。

一　南アジアのマスキュリニティにまつわる言説

インドでは、禁欲主義的な生活（菜食主義、質素な生活、性交を断つなど）がマスキュリニティを高めるといった考え方がある。特に性交による精子の喪失は、力を弱めるとされ恐れられてきた。インド思想によると、精子は四〇日間かけて製造されるため、精子を漏出することは、無駄にエネルギーを浪費することになる。精子の喪失への危惧は、病気の原因となるというアーユルヴェーダ医学の健康観や、精子を蓄えることが力の増大と獲得につながるとされるヨーガの思想にも起因している［Alter 1994, 2000, 2011］。

古来インド思想に起因する禁欲主義的マスキュリニティは、ナショナリズムと結びついて、近代化に抵抗する形で発展している［Alter 1994: 48-49］。ガンディーは、禁欲主義（ブラフマチャリア）を実践することにより心身ともに健康となり、ナショナリズム運動に適した心と体が築かれるといった。女性に関しては、すでに禁欲主義的生活に慣れているので、あえて実践する必要はなく、そのままで非暴力運動に参与するのにふさわしいとしている。ナンディは、ガンディーの中に両性愛急進主義を見出す。植民地時代、インドは植民地主義的ハイパーマスキュリニティに対抗して、両性的な宇宙観を維持していた。ガンディーの反植民地主義、菜食主義、近代文明の嫌悪、非暴力は、異性愛主義基準のマスキュリニティを厳しく否定していた［Nandy 1983; Gandhi 2002: 93-94］。ここで用い

られる ハイパーマスキュリニティとは心理学用語で、女性への性的態度や暴力性、危険性などの男性の特質である［Mosher and Sirkin 1984］。それが一般に、男性の強さや攻撃性などを示すステレオタイプ化された特徴として用いられるようになった。

こうした禁欲主義的なインド人男性は、植民地時代には「女々しい」と評されるようになる。シンハによると、イギリスの植民地行政は、公的サービス機関にインド人を雇用する際、『カースト・ハンドブック』を参照にしていた。ベンガル人には、「意気地なし」で「女性らしい」というレッテルが張られていた。植民地行政のマスキュリニティのモデルは、「紳士的行政官」であった。イギリス人男性は「男性らしい」とされ、その反対にベンガル人男性は「女性的」であるとされていたのであった［Sinha 1995: 100-107］。

インド人男性は女性的であると表されたのに対し、トロント在住の男性ダンサーで舞踊研究者のクリシュナンは、独立期にインド人男性がハイパーマスキュリニティの保持者として創造されているという。クリシュナンは、サディール[2]の時代はレパートリーが女性を主人公としているものだったので、男性が踊るときは女性を模倣していたが[3]、二〇世紀の初頭にバラタナーティヤムとして再創造されると、ジェンダーは植民地主義的な高位カースト・ナショナリストの枠組みの中で、男性ダンサーはハイパーマスキュリンでスピリチュアルであり、愛国主義のイコンとして再創造されるようになったという［Krishnan 2009 : 378］。

二〇世紀以降バラタナーティヤムとして再生する時期に、ハイパーマスキュリニティの例として挙げられている男性ダンサーはラーム・ゴーパール（一九一二―二〇〇三）である。ラーム・ゴーパールの創作舞踊である「踊るシヴァ」はハイパーマスキュリニティのイコンであるというのだ。もう一つの例は、舞踊家学校カラークシェートラの創設者のルクミニー・デーヴィーが、男性ダンサーに男らしい踊り方を教えるため導入した、ケーララ州の舞踊劇であるカタカリの訓練である［Krishnan 2009: 384］。神話の中で踊るシヴァ神は、ターンダヴァという激しい踊りをしていたとされるが、ラーム・ゴーパールは、頭飾りと短い腰巻をつけ、腕と手をくねくねと回しながら踊っており、いわゆる西洋の筋肉質なマスキュリニティというよりは、優雅な神の踊りである。また、カタカリは男性のみによって演じられる舞踊劇で、女性役も男性が演じる。顔の表情はバラタナーティヤムが自然に近い表情なのに対し、カタカリの表現方法は演劇的である。カタカリは、インドの叙事詩を顔の表情と手の印相（ムドラー）で説明し、男性役は足を広げて立つのが特徴であるが、カラークシェートラでは、カタカリの微細な顔の表現方法と開脚するポーズが取り入れられた。ラーム・ゴーパールもカタカリも男性神を表現しているが、そこで表されるマスキュリニティは、攻撃的で暴力的な西洋のハイパーマスキュリニティとは異なるマスキュリニティである。

インドの舞踊におけるマスキュリニティとはいかなるものか。男性ダンサーの立場はいかなるものか。バラタナーティヤムが創造された頃のダンサーから、現在活躍する若手ダンサーまで、文献とインタビュー[4]から得られた知見により、男性ダンサーの直面している状況と問題を理解し、彼らの求めるマスキュリニティとは何かを考察する。

二　バラタナーティヤムにおける男性の地位

1　初期の男性ダンサー

バラタナーティヤムとは、一九三〇年代に元々サディールと呼ばれ、寺院や王宮で踊られていた踊りが、芸術舞踊として再生したものである。サディールは、寺院に捧げられたデーヴァダーシーと呼ばれる女性によって踊られていた。舞踊の師は男性で楽師も男性であるが、踊り手は女性というように、ジェンダー役割が明確であった。デーヴァダーシーは神と結婚したため、寡婦となることがなく、吉祥性の高い女性とされながら、司祭や王族、地主などのパトロンと性的関係を持っていた。そのため、一九世紀以降ヴィクトリア朝的道徳観から、デーヴァダーシーの活動は売春行為であるとみなされるようになり、一九四七年にデーヴァダーシー制度は廃止された。一九三〇年代、サディールをインドの芸術舞踊として復興させる動きが生じた。そうした運動の筆頭に立ったのは、ルクミニー・デーヴィーというブラーマンの女性で、彼女は神智学協会会員(5)として活動している際、ロシア人バレリーナのアンナ・パブロアに出会い、彼女の勧めで、サディールをバラタナーティヤムとして復興させた。そして一九三六年にインド初の舞踊研究所、カラークシェートラを創設し、以降性別、カーストや宗派、国籍を問わず生徒を受け入れ、バラタナーティヤム・ダンサーの育成と普及に務めた［Srinivasan 1985: 1869-1875, Samson 2010: 70-112］。

同時期、同じくアンナ・パブロアの助言を受けて「インド舞踊」を創作し始めたダンサーに、ウダイシャンカール（一九〇〇—一九七七）がいる。彼は、パブロアのために、「ヒンドゥーの結婚式」と「ラーダー＝クリシュナ」を振り付け、彼女と共に、一九二三年と二四年にアメリカに遠征する。一九三〇年にインドに帰ってからは、民俗舞踊の動きを習得し、自らの舞踊団を結成して欧米諸国を回る。彼は最初の「インド舞踊」の創作者であったが、古典舞踊の復興派からは、古典舞踊と民俗舞踊から自由にきりとり、「オリエンタル」なイメージを西洋に売っていると批判された［Katrak 2011: 37-39］。

ラーム・ゴーパールは、ウダイ・シャンカールの影響を受けており、一九三六年よりアメリカのエスニックダンサーのラ・メリのダンス・パートナーとして、マレーシア、シンガポール、日本、ロシア、フランスなどに遠征する。そしてインドに戻ってさらに大きな舞踊団を作り、一九三九年にロンドンに行くが戦争がはじまり、インドへ再び戻ってくる。一九四七年から再びヨーロッパに向かい、北欧やスイスで公演した後アメリカにも渡る。

彼はロンドンに住み、国際的には有名なダンサーであったが、インドではあまり知られていなかった［Sruti 2003 230: 19-24］。彼らの着る衣装は、ヒンドゥー神を模倣した冠や短い腰巻きであり、踊りのスタイルはバラタナーティヤムというよりも、インド的なオリエンタルダンスであった。

一方、カラークシェートラでは、それまでデーヴァダーシーが踊っていた舞踊から、官能的な表現を取り除き、ヒンドゥー神への信仰を重視した宗教的な踊りへと変えていった(6)。また、サディールの時代はダンサーは主に女性であったが、男性も踊るようになった。だがカラークシェートラでは、男性がソロで踊る機会はほとんどなく、舞踊劇の男性役として適用されていた。その中で、V・P・ダナンジャヤン（一九三九—）は、数多くの男性役をこなし、一九五五年から一九六七年までカラークシェートラで活躍した。ダナンジャヤンは八番目の子供としてケーララの家庭に生まれ、家計が苦しかったことから、寄宿制のカラークシェートラに入れられた。ダナンジャヤンはカラークシェートラをやめてからは、妻で同じくカラークシェートラ出身のシャンタと共に、舞踊学校を開設する。そして生徒に教えると同時に、自らソロまたはデュオで舞台に出るようになった。彼はカラークシェートラから独立して自らの舞踊研究所を設立して成功し、男性ダンサーとして活躍するようになった数少ない例である。彼は、カラークシェートラではルクミニー・デーヴィーがカタカリの訓練を取り入れているので、男性らしい動きを獲得できるという。

C・V・チャンドラシェーカラ（一九三五—）も、同時期に出た代表的な男性ダンサーである。チャンドラシェーカラは音楽好きの父の勧めで、一九四七年から一九五〇年まで、カラークシェートラで音楽と舞踊を習う。一九五八年よりバナーラス・ヒンドゥー大学で舞踊を教え、一九八〇年から一九九六年までバローダ大学芸能学科の部長を務める。その後チェンナイに戻り、バラタナーティヤムを教え始める。二〇一一年にはインド政府から、国家勲章のパドマ・ブーシャンを受賞している。その彼ですら、他州や海外からの公演依頼は多い一方で、チェンナイの主な劇場で、音楽・舞踊シーズンに踊る機会はなかなか得られないという。

2　次世代の男性ダンサー

ダナンジャヤンやチャンドラシェーカラ以降は、男性ダンサーも徐々に認知され始め、女性に比べ数はまだ少ないが、増えつつある。しかし、多くのダンサーには、女性ダンサーにはない障壁があった。それは、第一に、男性が踊ることへの偏見である。バラタナーティヤムの発祥は女性の踊りであったため、王やパトロンへの愛を歌った詩が用いられたり、ヒンドゥーの信仰表現の特徴である、女性信徒から男性神への信愛を歌うものがレパートリーの中心であった。それらを男性が踊ると、舞台の上だけでなく私生活でも女性らしくなるという理由で、息子が踊りの世界に入るのに反対する両親も少なくなかった。元ジャーナリストで女性演出家のガウリ・ラムミャナーラーヤナンは、男性が踊ると、何かよからぬことが生じると人々は考えおり、そのため両親は娘を男性ダンサーと結婚させたがらないことを示唆する。

第二に、男性ダンサーの家庭的背景である。女性ダンサーの多くは、ブラーマンのような高いカーストの出身であり、経済的に豊かで、師匠への月謝や舞台の費用などを払う余裕のある両親をもっている。親の意図で子供が七、八歳の時から踊りを習い始めているのに対して、男性ダンサーの場合は両親が踊りを勧めるのは稀なため、本人の意志で踊りを始める場合が多い。チャンドラシェーカラの弟子であるK・クリシュナ・クマール（一九七四―）は、タミルナードゥ州のマドゥライ周辺の村で生まれ育つ。踊りが好きだったので、七歳からマドゥライのチトラ・ラーマナーダンに習い始めるが、家が貧しかったため、レッスン代は自分で働いて稼いだ。ダンサーになりたいと言ったが、両親には踊りでは食べていけないといって反対された。一九九三年から九七年にカラークシェートラで学んでいた時、バローダからチェンナイに戻ってきたチャンドラシェーカラが、日本からの留学生、巽幸子に教えている姿を見て、この人が自分の師（グル）だと感じ、内弟子になった。師はお金をとらず教えてくれて、代わりにクリシュナ・クマールは師の身の回りの世話をした。アランゲーットラム（初舞台）は、故郷の村で、テープ音楽を用いて踊った。チェンナイで踊る場合、生演奏で踊るのが通常であるが、費用がかかるためである。

第三に、インドにおける男性の役割である。インドではかつてから、男性は外で働き、女性は家の中の仕事をするといった、ジェンダーの役割分担があった。特に上層階級の女性が外で働くことは少なかった。現代では、女性も外で働くようになったが、まだ男性が一家を支えるという風習は変わっていない。そのため、男性がダンサーの道を選んだとすると、舞踊で生計を立てることが求められる。だが、ほとんどのダンサーは自費でリサイタルを行い、収入は教えることによってのみ得られるため、公務員や会社員に比べ不安定な職業である。女性ダンサーの場合は、父親〈または母親〉や夫がパトロンとなり、舞踊を創作したり発表したりと、舞踊活動に打ち込める時間が多いが、男性ダンサーの場合は、生徒を沢山もって収入を得なければならない。クリシュナクマールは、平日はチェンナイの下宿先で四〇名程度の生徒に教え、週末は郊外の村で、一二〇名程度の生徒に教えている。ケーララ出身の男性ダンサー、ビネーシュ・マハーデーヴァン（一九七五―）は現在、百人近くの生徒を教え、上級の生徒と一緒にグループダンスを演出し、発表している。

第四の壁は、サバー(7)（公演を組織する団体）と観客の趣向である。毎年のプログラムは、各サバーのパネルによって決められる。音楽・舞踊シーズンのマールガリ月（一二月半ば～一月半ば）の中でも、クリスマス前後は、海外居住インド人もインドに戻るため、最も公演数が多い時期である。この時期に由緒あるサバーで夜の部（七時以降）に踊れるのは、人気の高いダンサーである。なぜならば午前や昼の部で踊るには、ダンサーは登録料を支払うかまたは無料で出演し、その代わり観る人は入場料を払わなくて済むが、夜の部で踊るダンサーは、サバーから呼ばれギャラを支払われる立場にあり、チケットが売れるダンサーでないと、サバーも採算が合わなくなってしまうからである。二〇一二年一二月一日から二〇一三年一月二五日の間に、主な七つのサバー[8]でギャラのもらえる時間帯で踊られたソロの回数は六五回で、その内男性ダンサーによるものはわずか三回[9]であった。三回以上ソロで踊った女性ダンサーは六人おり、中でもマラビカ・サルッカイの出演回数は最多の五回に及ぶ。あるサバーのメンバーによると、パネルの委員は誰でも知っているダンサーを呼ぶという。多くの観衆が求めるバラタナーティヤムは女性による踊りであり、それに応えるためサバーでは女性ダンサーの出演が大多数を占める結果となっている。

なぜ女性ダンサーを観衆もサバーも求めるのであろうか？　ラムミャナーラーヤナンは、同じレベルの踊りなら、人々は男性ダンサーではなく、女性ダンサーの公演を見に行くという。コンテンポラリー・バラタナティヤム・ダンサーで、ダンス関係のイベントの企画をよく行うアニタ・ラトナムは、観衆は美しいものを求めており、美しさは女性にあると断言する。社会に氾濫する様々な商品の広告は、歯磨き粉にしても車にしても、女性を登用していないものはない。これらは男性の視線（male gaze）によるものだが、女性も男性の視線を取り入れ、父系主義に同調しているという。ダナンジャヤンは、ある芸術のプロモーターが、彼の友人に「誰が男性ダンサーを見たいと思うかね？　結局、我々はダンスを理解していない。もし女の子が踊れば、少なくともその女の子を見ることができる。」と言うのを聞いた［Dhananjayan 2007: 17-18］。男性の視線では、女性ダンサーはアーティストとしてだけでなく、女性として見られている。七つのサバーの内、女性が権威をもつものは一つのみで、後は男性によって支配されている。よって女性の方が選択されやすい傾向にある。

このように様々な条件が、男性ダンサーを女性ダンサーに比べ、不利な状況においている。ギャラをもらって踊れるダンサーは一握りであり、他は楽師やホール代など持ち出しでなければ踊ることは難しい。シーズンに由緒あるサバーで踊るには、プロフィールと過去の舞台のDVDなどを添えて、サバーの審査を受けなければならない。サバーによっては、寄付金を受け取るところもあり、経済的に豊かな人に公演機会がまわってくる傾向にある。そのため、経済的問題を抱える男性ダンサーにとっては、不利な状況となっている。

三　男性ダンサーの葛藤と挑戦

圧倒的に女性人口の多い舞踊界で、男性ダンサーはいかにしてその立場を維持し開拓しているのか。男性が抱える特有の問題に対して、どのようにアプローチしているのかをみていく。

第一に、曲の中に出てくる女性をいかに表現するかということである。ソロの踊りでは、一人のダンサーが同じ衣装を着て、複数の役柄を踊ることになる。曲には様々なテーマのものがあり、神への信愛（バクティ）を表すものから、女性が男性神や恋人に恋愛感情[10]（シュリンガーラ）を表すものがある。

A・ラクシュマン（一九六三—）は、女性役の名手として名高い。彼によると、シュリンガーラ（恋愛感情）は教わるものではなく[11]、ある人にとっては、自然と表現できるものである。ラクシュマンの弟子である山元彩子は、ラクシュマンにはもって生まれた「才能」があるとみる。「才能」という言葉で全て説明するわけではないが、女性役で人々を魅了するか否かは、演技だけではなく、女性性というものをどれだけもっているかということに関わってくる。それは、ラクシュマン以外の男性ダンサーが、いかに女性役をつくっているかを見てもわかる。

女性が主人公となる詩をあえて踊らないダンサーもいる。幼少の頃から踊るのが好きだったというヴィジャイ・マーダヴァン（一九七六—）は、「私は女主人公（ナーイカ）の曲にはこだわらない。鳥、木々の自然など、テーマは沢山ある。シュリンガーラは極力避ける。」という。ムンバイ在住のパビトラ・バート（一九八六—）も、女性が主人公の曲は避けており、代わりにバクティ・シュリンガーラ（信仰愛）を好んで選択している。バクティ・シュリンガーラは、男性ダンサーに適したものだといわれ、男性によく選ばれるテーマである。彼は女性役を踊っている最中、体は女性を演じるが、感情移入はしないと感じている。ビネーシュ・マハーデーヴァン（一九七五—）は、女性の動きは、母親や師など周りの女性の行動を見たり、指示を得ながら獲得している。曲は、男主人公（ナーヤカ）のものが好きで、女性役も演じるが、男性役に集中するようにしている。例えば、クリシュナとラーダーを演じる時は、ラーダーはクリシュナとの違いを示すために表すが、すぐにクリシュナに戻るのである。

ダナンジャヤンは、男性役にも女性役にも等しく重要性を置いており、クリシュナから即座にラーダーに変わるには、技術と経験が必要であるという。女性役を演じる時、女性を模倣するのではなく男性らしさを維持すべきであり、自分が成功したのも男性性を維持したからであると自負している。ダナンジャヤンは、女主人の詩（パダム）はあえて踊らない。だが男性中心の詩は少ないため、自作して振り付けをした[12]。チャンドラシェーカラは、女性役を演じる時は、女性であることを感じとり考えるようにしている。感情がまずあるべきで、それに伴って身体言語も使うが、それは女性を模倣することではなく、女性の気持ちになることが大切だという。シャンムガ・スンダラム（一九七三—）も、男性性と女性性は半々に保つように努めている。自分はマスキュラーなダンサーだと言われるが、それは男性性を維持しながら女性性を表現しているからだと分析する。

次に、男性の師が弟子に、女性表現を教えるときはどのようにするのだろうか。男子生徒と女子生徒では、教え方が異なるであろうか。ダナンジャヤンは、男子生徒に教える時は、力強く踊るように指示するという。女子の動きが柔らかなのに対し、男子は男性らしいポーズをさせる。また振付けるときも、女子には柔らかに、男子には力強く、よりジャンプやストライクを取り入れ、リズミカルになるようにする。ダナンジャヤンは、男子生徒が女性の師につくと、フェミニンになりがちなので、男子は男性の師につくのが望ましいと考える。カラークシェートラ出身のシージット・クリシュナ（一九七〇―）は、男性と女性では体格が異なるので、同じポーズをとったとしても、男性の場合はマスキュリニティが自然に出てくるという。だが、もし女子生徒が自分を真似してマスキュリニティになったら、そうならないようにアドバイスするという。日本のバラタナーティヤム・ダンサーの巽知己は、師のC・V・チャンドラシェーカラから、女性役になるときは体の中心（丹田）を起こした状態でしなるようにと、具体的な技法を指導されている。

このように、自然に女性役を演じているラクシュマンを除いては、それぞれ女性役つくりには試行錯誤しており、異性を演じるというのは容易ではないことがうかがえる。また、男性が女性役をオーバーに演じすぎるとフェミニンになりすぎてよくないという批判を受けるため、男性性を維持しながら女性となることが求められている。

第二に、経済的に不利な状況とサバーの女性偏重にはいかに対処しているであろうか。男性ダンサーの多くは、寄付金を出してまでサバーで踊ることを望んでいない。シャンムガは、「お金を払ってまで舞台に出たくない。サバーは舞踊に献身的なダンサーを選ぶべきだ」とサバーを批判する。シーズン中に踊るには競争率が高いが、それ以外の時期で踊るのは難しくない。バンガロールやデリーなどの音楽祭に呼ばれて踊った経験のあるナレンドラ・クマール（一九七六―）は、「我々はシーズンオフに、サバーのプレッシャーがないときに踊って楽しむのだ。」という。シーズン中は確かに公演数が多くインド内外の観衆が最も集まるが、インドの各地を見渡せば一年を通して舞踊・音楽祭りがどこかで行われているため、踊るチャンスには事欠かないのである。男性ダンサー同志のネットワークは強力で、お互い評価し合っている。だが、内輪だけで評価され、チェンナイ以外の場で踊っていても知名度は上がらない。バンガロール在住のパルシュワナータ・ウパディエ（一九八二―）は、二〇一三年の一月にチェンナイで生演奏ではなく、録音音楽で踊った。バンガロールから楽師を連れて来るには三万ルピーかかり、チェンナイの楽師はシーズン中忙しく、打ち合わせを行うのが難しいからである。それでもチェンナイで踊ることの意義は、人々に知ってもらうためである。

さらに、男性ダンサーを奨励し促進する目的で、二〇〇七年からナルタカ・フェスティバルが、シャンムガの発案でナティヤンジャリ・トラスト主催により始まった。ナルタカとは[13]、男性ダンサーを意味し、公演は全てインド内外の男性ダンサーによるものである。マレーシア在住のダンサー、ラムリ・イブラヒムも公演開催に携わった。二〇一二年までチェンナイで毎年行われている。このように、男性ダンサーたちは自ら結託して、舞踊界に挑戦している。

男性ダンサーの中には、豊かで舞踊に理解ある家庭に生まれたものもいる。キラン・ラージャゴーパーラン（一九八五―）はアメリカ在住のタミル人で、舞踊家であった母の下に育ち、歌や踊りに親しんでいた。アメリカで三人の先生について舞踊を学び、大学卒業後、両親の支援を受けて二〇〇七年からチェンナイに来て、A・ラクシュマンに弟子入りし、舞踊家として自立することを目指している。ムンバイで育ったパビトラは、インド古典音楽をたしなむ母親や親族の中で、幼少の頃から舞踊に興味を持ち、四歳から母の勧めでバラタナーティヤムを習い始めた。両親は現在にいたっても、彼の舞踊活動をサポートしている。

インド全体が豊かになっている現在、古典音楽や舞踊の素養のある親が、男子でも舞踊の世界に入ることを支援する場合が出てきた。まだ全体の女性ダンサーの数に対して男性ダンサーは少ないため活躍は女性に比べて劣るが、徐々に認知されつつある。

四　インド舞踊におけるマスキュリニティとは何か？

女性ダンサーが大半を占めるインド舞踊界の中で、男性ダンサーたちは、マスキュリニティの魅力を追及しながら、試行錯誤している。マスキュリニティと、マスキュリニティの美についてダンサーたちはいかに意識しているであろうか。ダナンジャヤンによればマスキュリニティとは、男性のように強くふるまうことで、フェミニンではないことだ。男性と女性では生物学的に異なるので、同じ仕草をしても異なって見えるのである。

マスキュリニティの美を表すために、ビネーシュは優雅さよりも力と踊りを魅せ、アビナヤ(14)は微細にし、表現をコントロールしている。なぜなら表現を大げさにするとフェミニンになるからだ。ヴィジャンによるマスキュリニティの美とは、感情的で、心にふれ、優雅であることである。ウパダイエの定義は、見た目がいいことだ。またパビトラは、優雅さは女性にだけあるのではなく、孔雀やライオン、象のオスのように、美しさと優雅さは男性ももっていて、男性は、「男性的優雅さ（male grace）」を踊ることができると表現する。彼は、舞台の上では男性の感情をコントロールして、気品を見せようとしている。

バラタナーティヤムの踊りやダンサーを称賛するとき、例えば、「パンダナルール・スタイルは、優雅である」という様に、「優雅（grace）」という言葉をよく使う。特に女性の踊りの特徴として、優雅さが挙げられる。舞踊の古典の書の中では、男性的な踊りはターンダヴァで、女性的な踊りはラシアとされる。『ナーティヤシャーストラ』についてのクマールの注釈によれば、ターンダヴァは「荒々しい踊り」と訳されるのは誤りで、「古典舞踊」の意味である。女性によって踊られるラシアは、ターンダヴァの柔らかな（gentler）形である［Kumar 2010: 198］。確かに『ナーティヤシャーストラ』に書かれている「ターンダヴァ・ダンスの記述」の章を見ると、一〇八のカルナ（踊りのポーズ）の説明がなされているが、一〇八のカルナは、寺院の彫刻にも描かれており、男性だけでなく女性の踊り手も多い。ターンダヴァの踊りとは、男性の踊りというわけではなく、形式の決まった踊りであり、男性性も女性性も含まれた踊りであるといえる。

ターンダヴァとマスキュリニティについてのダンサーたちの見解はどうであろうか。ラクシュマンは、ターンダヴァは、ただ力強く踊るのがターンダヴァではないとみる。つまり、ターンダヴァにも優雅さが必要なのである。シージットによれば、ターンダヴァとラシアは基本的なキャラクターであり、カーリー女神は魔物のキャラクターだが男の魔物と女の魔物では怒り方が違う。同じターンダヴァでも、男性がやるのと女性がやるのでは、タッチが異なるというのだ。チャンドラシェーカラは、全てのアダヴ（ステップ）はターンダヴァでもラシアでも踊ることができ、ターンダヴァの方がより力強いが、男性にも優雅さが必要で、女性にも力強さが必要であると解釈する。

すると、ターンダヴァ＝マスキュリニティではないということになる。そもそも、「古典の」インド舞踊では、西洋的なマスキュリニティは求められていないのである。ランミャナーラーヤナンは、男性のワイルドでセクシーなマスキュリニティは映画俳優には求めるが、古典舞踊家には求められていないとみる。インド舞踊で求められる男性性、それはキャラクターによって、神であり、信徒であり、魔物であり、動物であるが、スピリチュアルであり、力強く、かつ男性的な優雅さをもっていることであるといえる。

結び——今後のジェンダー研究に向けて

インドのマスキュリニティに関する議論では、植民地時代、イギリス男性が紳士的で男性的であるのに対し、インド人男性は臆病で女性的であるといわれた。だが、インド人男性は単に「女々しく」、支配者に従属していたわけではなかった。ガンディーは、禁欲や自制、規律を実戦することでインド的男性性を体現した。そこで求められたのは、男性性だけでなく、女性性の特質も取り入れることであった。

西洋文化が流入する中で、現在では、ハイパーマスキュリニティという観点も導入され、インド人男性舞踊家の中にもハイパーマスキュリニティを見出そうとする動きもある。しかし、筋肉質で攻撃的な西洋のハイパーマスキュリニティは、インド古典舞踊界で求められているマスキュリニティとは異なる。男性舞踊家は、力強さだけでなく、優雅さも求められる。それは、女性の優雅さとも異なる、「男性の優雅さ」である。また、舞踊家は信徒にもなり神にもなるため、献身的な信仰（バクティ）を体現しなくてはならない。時に男性も女性信徒となって神への信仰を表示する。マスキュリニティとフェミニティとに二分化されず、相互を行き来し、時に半分女性で半分男性になるところに、インド舞踊の特徴がある。

もともとインドの思想では、一人の人間の中に男性性と女性性が共存し、男性性と女性性を合わせて完全な人間になるという考えがある。インドの神話上のシヴァの一つの形は、半身女性のアルダナーリーシュワラである。それが、近代西洋のヘテロセクシャルな概念が入ってきて、男性・女性の区分が明確になり、女性らしい男性が排除されるようになる。

現実のインド社会では、トランスジェンダーやホモセクシャリティは一般的に受け入れられていない。ナルタキ・ナタラージ（一九六四―）は、男性として生まれながら、自らの性に疑問を感じ、家族から勘当された。だが、女性として踊ることによって女性性を表現し、一流のソロダンサーとして認められるようになった、数少ないトランスジェンダーの成功者である。ナルタキは、ダンスを踊っているときにフェミニティを感じるが、ダンサーは登場人物のジェンダーを演じるのであって、本当のジェンダーは見せるべきではないという(15)。また、舞踊評論家のリーラ・ヴェンカートラーマンとスニル・コタリは、ダンサーのジェンダーよりも、呼び起されるマスキュリニティやフェミニティが大切であるという［Sruti 1994: 116: 8］。海外で称賛されるようになってから、後にインドでも伝説の男性舞踊家となったラーム・ゴーパールは、舞踊家で舞踊研究者のガストンに対して、自分は男性性を師匠からすべて教わっており、男性ダンサーは男性化された宦官のようなものであるとコメントしている［Gaston 1996: 177］。

彼ら以外でも、ほとんどの舞踊家は、誰でも男性性と女性性を合わせもっていると認識している。自らの体内にある男性性と女性性は、いかに表現されれば受け入れられるのであろうか。見る者が男性か女性かによって、また個人によって趣向も異なるため、一概には言えない。見る者の視線によっても、舞踊家の価値づけが異なってくる。支配的な視線が男性の視線であれば、「美しい女性」が選ばれることになる。だが現在、男性舞踊家も自らのマスキュリニティの美の表示の仕方に、試行錯誤しながら取り組んでいるし、そうした活動を支持する動きもある。男性舞踊家のマスキュリニティは、今後も舞踊家と観衆とのやりとりの中で創造され、構築されていくであろう。今後さらに、舞踊のジェンダー的側面の理解のため、フェミニティとマスキュリニティの表現にとりくむ様々な性をもつ舞踊家たちの活動から、ジェンダーと身体表現の関係を再考していく必要がある。

注

（1）シャクティとは、エネルギーや力を示し、神々に対して用いる際には、女神を指す。特に女性に優勢な力とされる。
（2）寺院、王宮で踊られていた踊り。三―1で詳しく述べる。
（3）サディールは女性によって踊られていたというのが一般的な見解であるが、クリシュナンの調査によると、サディール時代にも男性ダンサーがわずかながらいたという。
（4）二〇一一年一二月、および二〇一二年一二月から二〇一三年一月にかけてインドのチェンナイ市において調査を行う。調査にあたっては、科学研究費助成金基礎研究（A）「多言語重層構造をなすインド文学史の先端的分析法と新記述」（代表水野善文　二〇一一―二〇一四）の助成を受ける。
（5）アメリカで発足した心霊主義団体で、後にインドのマドラスに拠点を移し、インドの宗教改革および社会改革に力を入れた。
（6）シュリンガーラという恋愛感情を表現するのに、デーヴァダーシーは目や唇を使って官能的に表現したが、ルクミニー・デーヴィーは、控えめに表現するようにと、生徒たちに指導した。
（7）サバーには、独自の劇場をもつ団体と、そうでない団体がある。劇場をもたないサバーは、他のサバーの劇場や、学校のホールなどを借りて公演を組織する。

（８）The Music Academy, Sri Krishna Gana Sabha, Bharat Kalachar, Narada Gana Sabha, Kartik Fine Arts, Brahma Gana Sabha, Bharatiya Vidya Bhavan.

（９）いずれもムスリムのザキール・ハッセンによるものだった。

（10）ナヴァ・ラサの一つ。ナヴァ・ラサとは、芸能で表現する９つの感情を指し、それには恋愛、笑い、同情、怒り、勇敢、怖れ、嫌悪、驚愕、平穏が含まれる。

（11）C・V・チャンドラシェーカラによると、初期の男性グルは、シュリンガーラを若い女子生徒に教えることはなかったという。

（12）ダナンジャヤンはケーララ出身であるため、母国語のマラヤーラム語で詩を作り、それに振り付けをした。

（13）ナルタキが女性ダンサーを示し、それに対してナルタカは男性ダンサーを示す。

（14）詩の内容を、顔や手の動きで表現する技法。

（15）二〇一二年一二月三一日、チェンナイ市のクリシュナ・ガーナ・サバーが主催した、ナティヤ・カラー・コンファレンスでのコメント。

文献

Alter, Joseph S.

1994　Celibacy, Sexuality, and the Transformation of Gender into Nationalism in North India. *The Journal of Asian Studies* 53 : 45-66.

2000　*Gandhi's Body: Sex, Diet, and the Politics of Nationalism*. Pennsylvania: University of Pennsylvania Press.

2011　*Moral Materialism: Sex and Masculinity in Modern India*. New Delhi: Penguin.

Dhananjayan, D.P.

2007　*Beyond Performing Art and Culture: Politico-Social Aspects*. Delhi: B.R.Rhythms.

Gandhi, Leela

2002　Homosexuality and Utopian Thought in Post/Colonial India. In *Queering India: Same-Sex Love and Eroticism in Indian Culture and Society*. Ruth Vanita (ed.), pp.87-99. New York: Routledge.

Gaston, Anne-Marie

1996　Attitudes towards Genders in Bharata Natiyam. *The Journal of the Madras Music Academy* 67 : 172-186.

Katrak, Ketu H.

2011　*Contemporary Indian Dance: New Creative Choreography in Indian and the Diaspora. Hampshire*: Palgrave Macmillan.

Krishnan, Hari

2009　From Gynemimesis to Hypermasculinity: The Shifting Orientations of Male Performers of South Indian Court Dance. In *When Men Dance : Choreographing Masculinities across Borders*. Jennifer Fisher and Anthony Shay (eds.), pp.378-391. New York: Oxford University Press.

Kumar, Pushpendra

2010　*Natyasastra of Bharatamuni I*. Delhi: New Bharatiya Book Corporation.

Mosher Donald L. and Sirkin Mark

1984　Measuring a Macho Personality Constellation. *Journal of Research in Personality* 18 : 150-163.

Nandy, Ashis

1983　*The Intimate Enemy: Loss and Recovery of Self under Colonialism*. New Delhi: Oxford University Press.

Samson, Leela

2010　*Rukmini Devi : A Life*. New Delhi: Penguin Viking.

Shinha, Mrinalini

1995　*Colonial Masculinity: The 'Manly Englishman' and the 'Effeminate Bengali' in the Late Nineteenth Century*. Manchester: Manchester University Press.

Srinivadan, Amrit

1985　Reform and Revival: The Devadasi and Her Dance. *Economic and Political Weekly* 20(44): 1869-76.

Sruti: India's Premier Magazine for the Performing Arts.

1994　Issue 116.

2003　Issue 230.

多文化主義の中のチベット仏教
——スイスにおける異文化の共存についての一考察

久保田滋子

はじめに

ヨーロッパでは多くの移民を抱え、異文化がいかに共存しうるかが模索されている。中でもムスリムとホスト社会の関係など、対立の起きるところに注目が集まっているが、事件や暴力が起こらなければ何も問題がないというわけではない。在外チベット人の総数は、全世界で約一〇万人と言われている。これは、ヨーロッパだけで約一二〇〇万人とも言われるムスリム移民に比べれば一％にも満たず、しかも彼らは移民先の欧米諸国で、特に表立って文化的、感情的な対立を抱えているわけでもない。チベット仏教は、ダライ・ラマの講演や仏教思想等の本の影響で関心を持つ人も多く、大きな町にはたいていチベット仏教センターがある。ダライ・ラマのイベントは高額チケットにもかかわらず、一万人を収容できるアリーナが満杯になるほどの人気である。インドやネパールに再建されたチベットの僧院でも、そのようなブームを受けて、欧米に多くの活動拠点を作ってきた。チベット仏教はかつてラマ教と言われ、ヨーロッパから見れば異端な文化であったが、一九六〇年代以降、欧米においては異なる英知を持つひとつの宗教として認知され受け入れられるようになってきた[1]。ここでは一見、異文化の共存が理想的な形で達成されているように見受けられる。しかし、このように受け入れられたチベット文化は、本当に両者の良き接点になっているのだろうか。

移民の受け入れについては、次の全く異なる二つのアプローチがあると考えられてきた。一つは同化 **assimilation** で、ホスト社会の文化に馴染み、その価値観を共有することによって異文化間の宥和をはかるという視点。もうひとつは多文化主義 **multiculturalism** である。多文化主義という言葉は一九六〇年代に出てきたと言われているが、それにはある地域、国家、共同体に複数の文化が共存している状態を認め、それを好ましいものとして推進する政策や思想的立場という意味がある。現在、ヨーロッパでは、ムスリムなど外部からの移民の増加に伴い、世俗化したキリスト教の価値観[2]［Casanova 2006: 189-191］と、異文化共存の価値観という二つの自己認識の競合に苦しんでいるという。異文化への姿勢という点からみれば、前者は同化主義的であり、後者は多文化主義と同義である。一般に多文化主義は同化主義にくらべ、よきものという考え方があり、たとえばスイスのように、移民はさまざまな側面を備えた市民ではなく、生産者、消費者、社会保険加入者、納税者という、社会、経済上の市民にすぎない［Bolzman et al. 1996］という国では、法律的な権利に変わるホスピタリティとして、実際の政策とは別に、多文化主義という一種のポーズが出回っている。しかし、必ずしもそれが移民とホスト社会の距離を縮めているとは限らない。オランダでは公共放送にもムスリムの番組枠を持つほどにその権利が尊重されているが、それでも国家による処遇とは別のところで、彼らはムスリムとしての覚醒を促されるのだという。それは、ヨーロッパの人間観や宗教観に、日常のさまざまな場面で軋轢を感じることに原因があるという。つまり、ここには近代ヨーロッパが創りだした観念の中に包摂されることへの反発がある。

アメリカの多文化主義が、移民をはじめとするマイノリティ自身による異議申し立てと、かれらの自己意識の変革を含んだ社会運動であったのに対し、ヨーロッパの多文化主義は、キリスト教とは相容れない価値観を受け入れるか否か、どのように共存していくのか、そもそもヨーロッパとその外部はどこで線引きされるのかという、いわば文明の問題も含んでいるため［Casanova 2006: 188］、上からの政策として、また異なる文化や宗教に対する理解を促すキャンペーンとしての色彩が強い。つまり、ヨーロッパではマイノリティ側からの運動ではなく、ホスト社会からの移民の統合の論理という側面がある。しかし、多文化主義と同化主義が両極端にあるという考え方は両者に共通している。同化主義にはどことなくうしろめたさがあり、多文化主義には奇妙な明るさがある。方法は未完成だが、これを続行していけば、異文化・異宗教が理解し合い、明るい未来につながるような雰囲気が、多文化主義言説のまわりに漂うのである。しかし、常日頃、フィールドワークで移民と接している人間から見ると、またヨーロッパ外部の文化圏で育った身からすると、この明るさはどことなく落ち着かず納得しがたい気持ちに襲われる。多文化主義を取り入れ、またその重要性について広報活動を行っても、必ずしもその思惑通りにいかないのは、もしかしたら、この外部の人間が感じる落ち着きのなさと通底するものがあるのかもしれない。

多文化主義は、それが社会においてどうあるべきか、それをいかにして推進すべきかという点が論じられる。つまり、「いかにして」が問われてきたのである。しかし、なぜ多文化主義がその思惑に反して、移民にとって必ずしもよきものではないのかという点を考えるには、イデオロギーとしての多文化主義に内在する認識的な問題を考えてみる必要がある。本論では、スイスにおける多文化主義への言及とチベット仏教をめぐる事例を見ながら、両極端であると考えられている同化主義との関連について考察を試みる。次の節で、多文化主義と問題系が重なる宗教の多様性を歓迎する言説を取り上げてみたい。

一　多宗教は社会の損害にはならない

二〇〇五年一月二九日の Neue Zürcher Zeitung[3] に「多宗教は社会の損害にはならない——宗教多様性の危機とチャンス」（Viele Religionen schaden der Gesellschaft nicht – von den Gefahren und Chancen der Religionspluralität）と題するルツェルン大学教授[4]の投稿記事が載った。それは要約すると以下のような内容である。

二〇〇四年に出版されたチューリヒ宗教案内には、かつてのプロテスタントの牙城に三七〇もの教会、宗教グループ、センターが存在すると記されている。特に目立つのはキリスト教内部の多様化である。しかし、キリスト教とは異なる宗教の数もかなりにのぼる。スイスでも西ヨーロッパでも、それは今にはじまったことではない。外来の宗教は教会の尖塔のように目には見えないだけで、狭い部屋に押し込められてきたのである。そこで、このような質問が出るであろう。一体いくつの宗教がひとつの社会、ひとつの街に存在しても大丈夫なのか。多くの宗教は社会の安定を壊すのではないか。しかし、宗教にそのような力があると思われているのは意外である。つい三〇年前まで、宗教は非近代的で非力なものと思われていた。イスラームという敵を持つことで宗教は過大評価された。

そして著者は、歴史的に見ても宗教の多様性が社会の結束を脅かした確証はない、むしろキリスト教の単独支配が例外的であるとして、キリスト教がローマ帝国の国教になる四世紀末以前、特にヘレニズム時代の事例をあげる。それによると、当時は多くのカルトや宗教的団体が存在していた。多神教で多くの神々が存在し、人々は状況に応じて違う神を崇拝し、同時にいくつかの宗教集団に所属することも稀ではなかった。そのうち徐々に宗教集団が互いに排除しあい、また一人の信徒が多くの宗教に同時に所属しないという思考が現れてきたのだという。また、著者はヨーロッパ外にも目を向ける。アジアでは多宗教は歴史的にも現在でも、むしろ当然のことであるとして、インドと中国の事例が挙げられている。中国文化圏では紀元一世紀の半ば以来、儒教、道教、仏教が同時に存在しており、ここでは宗教多元性のモデルが提示されている。そして、宗教が混在せずに共存しえたこと、また宗教史的には多宗教の共存は多くの文化圏で特徴的であったと述べている。

後半では、現在のヨーロッパの多宗教状況は移民の流入により加速されたこと、特にムスリムとのさまざまな問題が可視化したことにより、多宗教であることに対する危機感が高まったが、こうした新しい宗教多元主義は問題ばかりではなく、チャンス、挑戦、利益をもたらすものであると述べている。

ここには問題が二点ある。ひとつは、宗教という言葉を使うしかないにせよ(一部で教義 Lehre と言い換えているが)、キリスト教の宗教概念を紀元一世紀の中国に当てはめて、三つの宗教の共存が可能であったと言っている点。二つ目は、この記事の主題は、移民によって加速された「新しい宗教多元主義」についてであるが、それが社会を脅かすとは限らないという事例としてヘレニズムやインド、中国は適切であろうかという点である。

二 「チベット仏教」という名づけとその「宗教」化

日本における仏教や神道も宗教と呼ばれているが、日本では、宗教という言葉はヨーロッパから入ってきたもので、明治以降にできた翻訳語である。われわれの仏教や神道への関わり方は、ヨーロッパの人々のキリスト教への関わり方とは違っている。たとえば、「あなたの宗教は何ですか」と聞かれて、それに答えられない日本人も多い。日本人が「無宗教」というわけではない。西洋の religion に由来し日本語に翻訳された語を用いて、自分たちの精神文化のある局面を言い表すことが難しいのである。中国でもやはり「宗教」は西洋から輸入された言葉である。それも、直接入ってきたものではなく、日本の翻訳語をさらに輸入した。当然、中国の文化も「宗教」という言葉で説明するのは難しい面もあるだろう。特に儒教は倫理体系であり、支配者と非支配者の間のあるべき振る舞い、関係を規定する道であった。道教や仏教と同列にあるものではないし、ましてや宗教の概念でとらえられるものではない。現代のヨーロッパの多宗教と同じ状況があったと考えることはできないであろう。それは、宗教という概念の違いであるとともに、その宗教の社会におけるありかたの違いでもあるからである。

言葉の問題とは異なるが、移民とホスト社会の宗教に対する感覚の違いは、現代のヨーロッパでも観察することができる。スイスには難民として受け入れられたチベット人のコミュニティがある。チベット語で宗教に相当する言葉はチュー chos である。チューとは森羅万象の秩序であり、また人間社会の秩序でもある。ゆえに、学問、政治、医学、人の生き方など、生活全般にかかわりをもってきた。移民した人々がそのような観念を持って暮らしているわけではないが、かれらの「宗教的な場面」は、チベット仏教に関心を持っているスイス人の実践とは大きく異なっている。チベット人が集まって行う儀式は非常に簡素である。ダライ・ラマの誕生日や憲法記念日、婦人会の集会などでは、インドから派遣されている僧侶を呼んで読経してもらうが、このとき「宗教的」な雰囲気が漂っているかというと、必ずしもそうとは限らない。子供が走り回ったり、誰かが写真を撮っていたり、混沌とした雰囲気がある。これは、インドのチベット寺院で行われる法要のときの雰囲気と同じである。ときに、インドから高僧がやってきて一日中説法を行うが、集中力の続く短い時間に、人をひきつけるような話をするのではなく、朝から夕方までほぼ一日中、一般には難しい話をし続けるのである。その間、目を閉じて瞑想している人もいるし、お茶を飲んでいる人もいる。話の内容を理解するというよりも、高僧と同じ場にいて、その声を聞いていることに意味があると言う人もいる。

一方、私が訪ねたスイス人向けのいくつかの仏教センターでは、あらゆるものが整然と配置されている。美術館の展示のようにライトアップされた仏像が整然と並び、儀礼は静けさに満ち、説教は集中力が続く短い時間に限られ、内容は誰もが理解しやすいように工夫されている。あるセンターでは、キリスト教のミサそっくりの「礼拝」が日曜日の朝に行われている。ドイツ語訳された経典を聖歌のように合唱し、在家の僧侶が仏典から引用した話を基に説教をし、祈りと瞑想を行い、最後には聖体拝領を模したかのような赤ワインと干し肉ひと切れを一口ずついただく。私は思わず参加者に奇妙だと正直な感想をもらしたが、その答えは「何か形がないと集会にならない。これがキリスト教のようだということはわかっているけれど、内容が仏教であれば、接近する形は何でもいいのではないか」ということだった。チベット人の集会とは異なり、チベット人僧侶とスイス人僧侶が率いるこのセンターでは、宗教的でおごそかな雰囲気が大切にされ、理解と形式があってこそ内容も深まると考えられているのである。

何をもって宗教と呼ぶのか、果たして定義は可能なのかという点に関してはさまざまな議論がなされてきた。私は、ここでスリランカ出身でタミル人の文化人類学者ダニエル・ヴァレンタイン Daniel E. Valentine の考え方を参照しようと思う。それは、キリスト教世界で成立した、宗教と信仰の結びつきである。キリスト教の信仰を支えるものは、存在論ではなく認識論であり、ムードではなくマインド、そして何かであること（is-ness）ではなく何かについて（about-ness）であると彼は言う［ヴァレンタイン　二〇〇一：一四五〜一七八］。そしてさらに付け加えれば、身体よりは理解であろう。チベット人の集会では何かについて理解しようという雰囲気はあまりなかった。経典の朗誦の最中に走り回る子供も、六時間も続く僧侶の説法も、その雰囲気（ムード）がそのまま宗教の場であった。しかし、スイス人が集まる仏教センターでは、参加する意味や仏教理論を理解することが重要であった。西洋に入ってきたチベット人の思想は「チベット仏教」と名づけられ、キリスト教概念に基づく「宗教」の一つになったといえるだろう。

チベット人と仏教センターに通うスイス人の間は、「二つの仏教」[5]［Baumann 2002; Numlich 2006］と言われるほどに全く交流がない。その理由は、コミュニティの違いや移民のアイデンティティと宗教の関係で説明される。しかし、両者の宗教に対する感覚の違いにも注目すべきである。この論考のはじめに、オランダのムスリムが、多文化主義政策の中にありながら、ヨーロッパの人間観、宗教観に、日常のさまざまな場面で適合できない感覚を抱いているという例を出したが、「チベット仏教」という名で括られるということは、単に言葉の問題だけではなく、西洋の観念に包摂されていくということでもある。知り合いのチベット人は、スイス人の通う仏教センターを不気味なもの（unheimlich）と語った。

難民となったチベット人僧侶の中には、この状況を利用しながらみずからの教団を作り成長させてきた者もいる。チューリヒで一週間にわたり一万一千人を集めてダライ・ラマの講演が行われたとき[6]、会場の付近にはいくつかのキリスト教団体が「神の道は真理の道である」などと書かれたプラカードを持って繰り出してきた。中には通りかかる参加者に議論をふっかけてくる人もいたが、誰も反応を返すことなく通り過ぎていった。私が見ていた中で、ただひとり受けてたったのは西洋人向けの仏教センター **Rigpa** を率いるチベット人僧侶ソギャル・リンポチェ **Sogyal Rinpoche** であった。しばらく言い合ったのち、その僧侶は周りをとり囲んでいる人々に笑いながらこう言った。「別に戦争をしようっていうわけじゃない。でも、宗教というのは対立するものだよ。誰か彼を説得する人はいないのか」。チベット仏教はかつてラマ教と呼ばれ西洋からは好奇の目で見られていた。しかし、一九六〇年代、西洋近代への懐疑や抵抗、非西洋的な伝統、文化への関心が巻き起こったカウンターカルチャー全盛のころに、難民として海外に出たチベット人僧侶の中には、西洋人相手の仏教センターを作る者もいて、やがて世界中を布教して歩くようになった。今や多くの僧侶が欧米に出向いている。布教とはまさに、「チベット仏教」という「宗教」を育てる行為である[7]。

三　宗教を数え上げる

さて、ローマ時代初期やヘレニズム時代、またインド、中国における宗教の共存と、現代のヨーロッパの多宗教状況を連続させる場合の問題点はどこにあるのか。それは移民の存在である。多宗教という同じ言葉を使っているが、現在の問題は宗教そのものではなく、それを担う人（移民）にある。もし、この記事が、キリスト教の内部の多様性は社会を脅かさない、あるいは上述のような移民以外のヨーロッパ人の仏教徒とキリスト教徒の共存は社会を脅かさないという話ならば、同じ文化圏の人々の間の宗教の多様性という意味で、ローマ初期、ヘレニズム、あるいはインド、中国の多宗教状況とつながるだろう。また、ローマの初期と現代のインドならば共通点があるかもしれない。ヴァレンタインはもちろん移民だけに限定したわけではなく、現代の宗教の多様性を述べ、その中に移民の問題を含めたのであり、それがゆえに、時間と空間を異にする事例が出てきたのであろう。しかし、ならばさらにその事例は適切ではないであろう。

現代の宗教の多様性に関する議論は、移民とホスト社会だけではなく、キリスト教の多様化など、さまざまな局面を取り上げる。キリスト教もイスラーム教も、チベット人のチベット仏教も西洋人のチベット仏教も、すべて同じ土俵にのせて宗教の多様性とみなす。それは実際の活動にも反映されている。たとえば、スイスでは「ルツェルン州における宗教の多様性」（Religionsvielfalt im Kanton Luzern）、「スイスの宗教」（Religionen in der Schweiz）、Inforel「宗教インフォメーション」（Information Religion）、Remid「宗教学からの広報活動」（Religionswissenschaftlicher Medien- und Informationsdienst）などがさまざまな広報活動を行っており、また最近ではベルン市が遊閑地を買い取って「宗教の家　文化のダイアログ」（Haus der Religionen Diolog der Kulturen）を建設中である。どこも、インターネットや各種イベントを通じて、いわゆる伝統的なキリスト教ばかりではなく、街にはさまざまな宗教が同居していること、それはただ多様であるばかりでなく、対話や交流の可能性もあることを示唆する。

二〇〇四年に出版された『チューリヒ宗教案内』（Religionsführer Zürich）には市内に三七〇の宗教施設、グループが存在すると書かれている。それらは各宗教の解説の下に分類され、事典形式に編集されている。Inforel は同様にバーゼル市内に四〇〇の宗教施設、グループを見出し、同じく編集出版している。それに類する宗教辞典は他に何種類か出版されている。たとえば『教会とセクト宗教』（Kirchen, sekten Religion）の仏教の項目では、仏教の大まかな歴史の記述のあとに、テーラワーダ（上座部）、マハーヤーナ（大乗）、ヴァジラヤーナ（金剛乗）の三つの流れ、西洋の仏教、その他セクトの項目があり、それぞれの宗旨や状況が解説されている。そのあとに、三つの流れに禅を加えてさらに細分化し、ドイツ語圏でそれらに属するグループを並べて、それぞれの簡単な解説が載っている。ちなみに、チベット仏教の項目に載っているグループは、ほとんど全部西洋人を対象としたものである。

宗教の多様性を宣伝する広報活動は、だいたいこの事典の考え方に即している。多くの宗教を見出し、分類し、その最もエキゾチックな部分を見せ、多宗教共存のポジティブな側面を積極的に宣伝していく。ルツェルン市では大学が中心となって、市内の宗教の多様性を市民に広く知らせる活動を行っている。その象徴でもあるカラーの写真入りパンフレットには、ルツェルン州、市内、市郊外で見つけ出された宗教グループと施設が、ユダヤ教、イスラーム教、仏教、ヒンドゥー教、その他に分類されて、それぞれアイコンがつき、地図に所在地が記載されている。また、すべてのグループの解説が写真入りで載せられている。これを、観光案内所をはじめとして市内随所で配布して、宗教の多様性のアピールに努めている。もっとも人気があるのは、それらの宗教施設をめぐるバスツアーで、年に三、四回開催されている。私は二〇〇五年一一月にこのツアーに参加して、タミル系の移民が集うヒンドゥー教の集会所、ベトナム移民が一軒家を買い取って開設した寺院、マケドニア、コソボ出身のムスリムの祈祷所（文化センター）を訪れた。どこも外からは、その存在がうかがい知れないようなところにあるので、市内に知られざる異宗教が数多く存在していることを知るには、格好の体験であった。それぞれの場所で、コンダクターの学生がその宗教の解説を読み上げ、参加者は各所で小一時間の見学をする。はじめに、それぞれの歴史や教義、儀礼などの話を聞くので、団体での観光旅行のような感じでもあった。時々地元紙(8)の取材が同行し、異文化、異宗教に接する大切さと感動を述べる参加者の声を載せる。

広報活動自体は重要なものであるが、ヨーロッパの外部から見ると、これらの宗教の多様性への手放しの礼賛が気になるのである。ヨーロッパが宗教の複数形に気づいたのは一九世紀と言われている。それまでも、キリスト教のほかに、ユダヤ教、マホメット教、その他の偶像崇拝という区別はあったが、それは今のようなキリスト教と同じ土俵で考えられていたのではなく、大きく分ければ、唯一の神を正しく信仰するキリスト教徒とそれ以外であり、宗教は唯一キリスト教徒のものであった。増澤知子によれば、ヨーロッパが仏教を発見したこと、またそれと前後したアジア地域の言語研究が盛んになったことから比較言語学が興隆し、ヨーロッパのアイデンティティがさまざまに議論されてきたのだという［Masuzawa 2005］。「世界宗教」という観念が生まれたのもこの当時であった。はじめは普遍宗教という意味でキリスト教のみの単数形で使われていたが、やがて二〇世紀の前半には仏教、イスラーム教を取り入れて複数形になり、さらに「世界宗教」と分けられていた「民族宗教」の概念も消えていったのだという。キリスト教以外の宗教をキリスト教と同列に置き、宗教の複数性を取り入れたことが、ヨーロッパの近代形成の一つの側面であったとすれば、現在の多文化主義・宗教多元主義は、キリスト教の衰退とともに、さらに宗教の複数性が強調されるという、ヨーロッパの新たな文化形成なのかもしれない。これらの広報活動の明るさは、将来の先取りというイメージでもある。しかし、それはまたヨーロッパの観念で、ヨーロッパの内部にさまざまな宗教が発見されていく契機のようにも見える。二〇〇六年五月に、異宗教間対話をめざした「スイス宗教協議会」（Schweizeriche Rat der Religionen）が発足したが、ここに召集されたのはキリスト教、イスラーム教、ユダヤ教のみであった。これに対して、なぜ仏教とヒンドゥー教は招かれないのか、さらにもっとたくさんの宗教があるのに、なぜ宗教というと三つ、五つしか数えないのかというクレームも出た［Rutisbauser SJ 2006: 798］。宗教の多様性は、多くの宗教を数え上げ、同じ土俵に立ってたがいに理解しあおうという側面がある。たとえば、禅とかヨガのように、それを生んだ地域では宗教概念にもあたらないものも宗教に格上げされていくし、本来、「宗教」という言葉がなく、この言葉で自分たちの精神文化を言い表せない人々の日常も、宗教として育て上げられていく。

二〇〇五年五月、ルツェルンでは「ルツェルンの宗教、市内と郊外」という催しがあった。そのときもバスツアーが企画されたが、このときはスイス人が通うチベット仏教センターが含まれていた。移民の宗教施設ではなく、街中の建物の中の簡素な部屋である。そこは主に仏教教義の講義を受ける場であるが、多分チベット人から見れば、やはり自分たちの「宗教」と同じものとは思えないであろう。この節のはじめに、「多宗教という同じ言葉を使っているが、現在の問題は宗教そのものではなく、それを担う人（移民）にある」と書いた。これは多文化主義のかたちであり、多文化主義には普通、西洋人の仏教徒は含まれないからである。それに対し、宗教多元主義はむしろ人ではなく文化を優先している。チベット仏教を担う人は誰であれ、チベット仏教という宗教がポイントである。こうして見ると、現在の宗教の多様性とヘレニズム文化、インド、中国をつなげたのは、決しておかしなことではないかもしれない。しかし、何をもって宗教とするのか、誰がそれを決めていくのかということを考えると、遠い昔の事例を参照することができないのは明らかである。

四　階層性

多文化主義あるいは宗教多元主義とは何なのか。それは、ローマ時代初期、ヘレニズム時代やインドや中国で見られた宗教の多様性の例とは根本的に異なる。多文化主義とは、たとえば宗教がある地域、社会に混在していることではなく、移民とホスト社会、マイノリティとマジョリティという階層性 hierarchy の中に現れるものである。これは、非西洋と西洋の階層性と言い換えてもよい。逆にいえば、この階層性がなければ多文化主義はあまり意味をなさない。むしろ、その階層性を見えにくくするために、文化の差異の尊重という装いをもつものである。本論で取り上げた宗教の多様性の広報活動は、一見、多文化主義とは異なり、ローマ時代初期、ヘレニズム時代や古代中国のような宗教の混在をイメージさせる。移民とホスト社会は同じ土俵に立ち、あるいは横並びになって多様性を歓迎しているように見える。しかし、ここにも非西洋と西洋という階層性は同じように存在するのである。こちらは知の階層性と言うべきかもしれない。そこでは、さまざまな文化にキリスト教的な宗教概念があてはめられ、数え上げられていく。ダニエル・ヴァレンタインは、かつてキリスト教が世界に及ぼした影響について、「『被征服者たち』もまた、征服者と同じように『宗教』をもっていると証明されることを望んだ。オリエンタリスト、インド学者、比較宗教学の専門家、そして人類学者の格別な努力によって、西洋と西洋化された人々は、世界中のすべての人々が『宗教』をもっているわけではないにもかかわらず、それをもっていると理解するようになった」［ヴァレンタイン　二〇〇一：一四九］と述べている。かつて植民地経営や布教、また翻訳を通して世界に広まったキリスト教的な宗教概念が、現代においては、多文化主義と言うイデオロギーを通して、なお継続していると考えるのは極端な発想であろうか。しかし、かつてヨーロッパの外部で展開された知の階層性は、現代もヨーロッパの内部で継続しているという点には目を向ける必要がある。多文化主義が階層性をなくすのではなく、多文化主義自体が階層性を内在している。ゆえに、必ずしも同化主義の対極にあるものではないという点を私は指摘したい。

　これは決して西洋的思考や広報活動に対する異論ではない。むしろ、非西洋と西洋は常にそうした関係の中にあり、日ごろ意識されていないにすぎない。日本人は宗教を問われて答えに窮すると述べたが、われわれはその原因が翻訳語にあるとは思っていない。ほとんどの場合、自分たちの「宗教意識」が薄いと考える。ヨーロッパで仏教が宗教として認められ、数え上げられることは、ふと立ち止まって考えれば不思議なことである。布教を行うチベット人僧侶が自分たちの精神文化を「宗教」と認識し、スイス在住のチベット人が西洋人の実践を正統な「宗教」ではないと感じるのも不思議なことである。キリスト教に基づく「宗教」概念が逆転したかのようである。多文化主義が同化主義の対極ではないという認識に立つならば、宗教を数え上げ、同列に並べるのと同時に、キリスト教以外の宗教が、西洋の概念で語れるのかどうか問い直すこと、また多様性を裏付けていくよりは、その要素を相対化する作業が必要であろう。

　それは、多文化主義の大きな課題のひとつとされている「対話」と「理解」にもあてはまる。アメリカのハーバード大学を基点にした〝The Pluralism Project〟という宗教多元主義に関する研究ネットワークがあるが、そのウェブサイト[9]には、ダイアナ・エック Diana L. Eck による「宗教多元主義とは何か」という解説が最初に載っている。そこでは、①多元主義（pluralism）は単なる多様性（diversity）ではなく、多様性に関する精力的な取り組みである。②多元主義は寛容や容認ではなく、差異を通して理解する積極的な探求である。③多元主義は相対主義ではなく、コミュニティ同士の出会いである。④多元主義は対話に基づく、という四点が宗教多元主義（Pluralism）の課題としてあげられている。これは、アメリカに限らず最近の多文化主義の考え方に共通しているように思われる。スイスでも、カトリック司祭による「宗教多元主義から対話へ」[Rutisbauser SJ 2006]という論文が出たが、ここでも単に宗教の多様性を認識するだけではなく、積極的に対話の場を設け、理解につなげる場が多く出てきたことが記されている。「宗教」が、その意味を問われることのない透明な言葉として他文化をすり抜けていくように、「理解」もまた自明のこととして語られる。「近代の西洋においては、理解と知識が権力の象徴であり、誤解[10]、無知、混乱は無用のもので好ましくなく、それがゆえに克服すべきもの」とされてきた。誤解、あるいは理解不可能な状況は好ましくないものであり、それを前提にして何かを考えることはなかった。理解にはさまざまな要因が重なる。言葉、表現、知識、自己と他者の距離。非西洋からやってきた移民は、西洋で教育を受けたとしても、これらの尺度が西洋人と同じとは限らない。だとすれば、ここで前提にされている理解は、誰にとっての理解なのか。ここでもまた知の階層性が生じるのである。宗教概念を相対化する必要があるように、ここでも理解ではなく、誤解や理解の相違を前提にすべきではないのだろうか。

おわりに

二〇〇四年一〇月二二日から二〇〇五年二月二八日まで、チューリヒにおいて〝Hinduistisches Zürich: Eine Entdeckungsreise〟(ヒンドゥーのチューリヒ：発見の旅)という催事が行われた[Belz 2005: 251-263]。開催の準備にあたって主催者は考えた。三千年の歴史をどこから始めればいいのか、どこで終わればいいのか。ヒンドゥーイズムは一九世紀に西洋で創られた概念である。すべての解説書は西洋の学問によってできたものだ。一見してわかる姿はない。ヒンドゥーイズムとは、実践も観念も宗教でさえも、さまざまなものが入り混じっているのだ。どうやってこの内部の複合性を見せていけばいいのだろうか。主催者はそれらを、現在スイスに住んでいるヒンドゥーの人々の中に見出そうとする。哲学や儀礼を持ち出さずに、ヒンドゥーイズムに対する彼らの個人的な意味を取り上げようとした。準備段階で〝Hindu way of life〟を集めたところ、普通ならヒンドゥーイズムの展示に重要ではないことが大勢をしめたが、それをそのまま生かすかたちで、会場で各人に料理教室を開いてもらったり、ヨガの指導をしてもらったりした。宗教的なアイデンティティもグループやエスニックな集団単位ではなく、あくまで個人の理解に焦点をあてた。それは、ヒンドゥーという言葉によって表れる無意識的なステレオタイプの排除をねらったものだった。つまり、「統一性あるいは弁証法的統合に照準を合わせるのではなく、彼らの表現の中に多様性を見出すべき」[Belz 2005: 253]ということであった。

そのような考え方を反映させるために、主催者はスイス人のヒンドゥー実践者も参加させることにした。ヒンドゥーはエスニックなものばかりではないからである。しかし、これは主催者の意に反するトラブルも引き起こす。個人に焦点を当てているにもかかわらず、たとえばハレ・クリシュナ（Hare-Krishna）のように西洋人の参加するグループは、セクト間のトラブルを起こすことがある。そのようなセクトの参加やサイババ信奉者への非難もあったが、主催者は、まず住所と名前を持った個人として参加することを要請して、トラブル回避を図った。こうして、あくまでヒンドゥーイズムの個人的意味の解釈を重視したのである。

この催しはヒンドゥーイズムが宗教であるという前提にたっていない。その中に生きる人々の漠然とした全体的世界を個人の視点から表現し、ある人には宗教かもしれず、ある人には宗教ではないかもしれない状況を浮き彫りにした。日本や中国など非西洋文化圏では、religion を自国語に翻訳し、それ以降、自分たちの文化をそれにあてはめて説明してきたが、同時にヨーロッパは非西洋の精神文化を宗教という概念にあてはめてきた。しかし、移民とのよき関係を模索するならば、ホスト社会がそれに疑問をもって、ときにはヨーロッパが作り上げた観念を解きほぐしてみる必要もあるのではないだろうか。

＊本原稿は、二〇〇七年二月一〇日にカールスルーエ大学（ドイツ）で行われた国際シンポジウム〝Europe: Insights from the Outside〟で筆者が行った発表〝What is Cultural Collectivity〟に基づく。

注

（1）チベット難民の第一陣は、一九五九年のダライラマの亡命を契機に、中国からヒマラヤを越えてインドやネパールに流出した。一九六〇年代は、アメリカやヨーロッパで、西洋近代への懐疑や抵抗、非西洋的な伝統や文化への関心がわき起こり、また東西冷戦の時期でもあった。そのため、チベット難民への関心は高く、衣食住のみならず、寺院再建などのさまざまな文化的支援が行われ、それがチベット仏教の欧米進出の足がかりにもなった。

（2）カサノヴァによれば、世俗化したキリスト教では、宗教の選択は個人の自由であるというリベラルな考え方が主流になっている。しかし、ヨーロッパでは宗教の個人化とは裏腹に、ムスリムに対しての脅威から、イギリスやアメリカほど他宗教に対する寛容度は高くない。

（3）スイスのチューリヒで発行されている日刊紙。一七八〇年創刊でヨーロッパ屈指の高級紙として知られている。

（4）宗教社会学（Religionswissenschftliches Seminar）の教授であるMartin Baumann氏。移民の宗教と宗教多元主義について研究している。

（5）海外に布教されたキリスト教は、現地の文化と習合して形を変えたもの以外、教会が現地の人とキリスト教文化圏からやってきた人との共通の場になっているケースが多い。しかし、チベット仏教の場合、場も集会も含めて両者はほとんど交流がない。その理由として、宗教は移民のアイデンティティの中核であり、ホスト社会に対して排他的であるという考察がなされている。しかし、スイスのチベット人と現地のチベット仏教のあり方を細かく観察すると、移民のアイデンティティだけでは説明できないことも多い。

（6）The Dalai Lama in Switzerland 2005. 八月五日から一二日まで、チューリヒで行われた。ダライ・ラマの説法を中心としたThe Dalai Lamaは、ヨーロッパやアメリカ、オーストラリアなどで開催されている。詳細については、久保田［二〇一三：二九五～三三七］。

（7）キリスト教が能動的布教であるとすれば、チベット仏教は相手に合わせることによって信者を獲得する受動的布教と言えるだろう。上述のスイス人向け仏教センターの奇妙な儀礼も、チベット人僧侶が率いる教団で行われている。

（8）　たとえば、Neue Luzerner Zeitung 二〇〇五年五月二三日「聖なる場所を探して」（Gebetshäusern auf der Spur）、Neue Luzerner Zeitung 二〇〇六年二月二〇日「モスクを訪ねて——熱いテーマに言葉を失う」（Besuch in der Moschee Kein Wort zu heissen Themen）。

（9）　http://www.pluralism.org/pluralism/what_is_pluralism.php

（10）　Misunderstanding 論文全体の趣旨からすると、誤解だけでなく、理解不可能性という意味合いも含む。

文献

久保田滋子

二〇一三　「アジアの外部のアジア」片岡樹・シンジルト・山田仁史編『アジアの人類学』横浜：春風社、二九五～三二七頁。

増澤知子

二〇〇六　「比較とヘゲモニー——『世界宗教』という類型」磯前順一編『宗教を語りなおす——近代的カテゴリーの再考』高橋原訳、東京：みすず書房、一三〇～一四九頁。

ヴァレンタイン、ダニエル

二〇〇一　「『信仰』の確立と集合的暴力」加藤哲郎・渡辺雅男編『二〇世紀の夢と現実——戦争・文明・福祉』久保田滋子訳、東京：彩流社、一四五～一七八頁（Daniel E. Valentin; The Arrogation of Being by The Blind-Spot of Religion. Hitotsubashi Journal of Social Studies, No.1, Vol.33, pp. 83-102.）。

Baumann, Martin

2002　Zwei Buddhismen. *Herder Korrespondenz* 56 Heft 8. pp. 423-428.

2005　*Viele Religionen schaden der Gesellschaft nicht – von den Gefahren und Chancen der Religionspluralität. Neue Zürcher Zeitung.* 29 January, 2005.

Belz, Johannes

2005　Hinduistisches Zürich: Eine Entdeckungsreise. *International Asienforuml* 36(3-4): 251-263. Arnold Bergstrasser Institut.

Bolzman, Claudio

1996　La population âgée imigrée face à la retraite. Probème social et problématiques recherche. In *Das Fremde in der Gesellschaft.*

Migration, Ethnizität und Staat. Wicker, Hans-Rudorf (ed.). pp.123-142. Seismo Verlag.

Casanova, José

2006 Einwanderung und der neue religiöse Pluralismus: *Leviathan-Berliner* Zeitschrift für Sozialwissenschaft 34 Heft2. pp.188-191.

Humbert, Claude Alain

2004 *Religionsführer Zürich.* Orell Füssli.

Numrich, Paul David

2006 Two Buddhisms Futher Considered. *Buddhist Studies from India to America: Essays in honor of Charles S Prebish.* Damien Keown (ed). pp.207-233. Routledge.

Rutisbauser SJ, Christian M.

2006 Vom Religionspluralismus zum Dialog. *Stimmen der Zeit.* Heft12. Vol.131. pp. 795-808.

Schmid, Georg Otto (ed.)

2003 *Kirchen, Skten, Religionen.* TVZ.

人びとを結びつけ隔てる
――タイ北部のムスリム・コミュニティに見るイスラームの力と限界

高田峰夫

はじめに

宗教（を信仰すること）は、人々を堅く結びつける一方、そうして人々を結びつけるがゆえに、それらの人々を他の人々から隔てる効果をもたらす。また、多民族・多言語社会かつ多宗教の環境では、この作用が非常に複雑な様相を見せる。人々が日々積み重ねる宗教実践が、いったいどのような形で人々を結びつけるのか、そうした宗教実践が他の要素（特に言語、エスニックなアイデンティティ意識、等）と、どのように関わるのか、さらには、それがある社会の形成と持続にどのような意味と役割とを持つのだろうか。本稿では、北部タイにおける南アジア系（バングラデシュ系）ムスリム・コミュニティの形成プロセスにおけるイスラームの働きをみることで、この問題を検討してみたい。

一　イスラームとムスリム・コミュニティ

イスラームは長い歴史を持つが、キリスト教や仏教のような他の世界宗教と比べれば、後発とも言える。そのイスラームが現在のような形で世界に広く分布するに至った経緯について、かつては暴力的な勢力拡大と強制的な改宗を主因とする主張する議論も見られた。しかし、最近の研究では、イスラームが持つ「文明」としての側面やイスラームが人々の間に共通の基盤をもたらし交流や商業活動を促進した点を強調し、人びとが自発的にイスラームを受容した傾向を重視する見方が支持されつつあるようだ。ともあれ、一定数以上の人びとの間でイスラームが信奉されるようになれば、そこにムスリム（イスラーム教徒）のコミュニティが形成されるようになる。

ところで、宗教的には非イスラーム的な環境に、どのようにイスラームが入り込み、徐々にコミュニティを形成し、一定規模のムスリム・コミュニティとして当該社会の中で認知されるに至るのか。管見の限り、このようなプロセスを詳細に描き出した研究は、さほど多くはないようだ。タイ北部、特にその中心都市チェンマイにおけるムスリム・コミュニティの場合は、こうしたプロセスを具体的に例証する興味深い事例といえる[1]。チェン

図1　タイ全図とチェンマイ

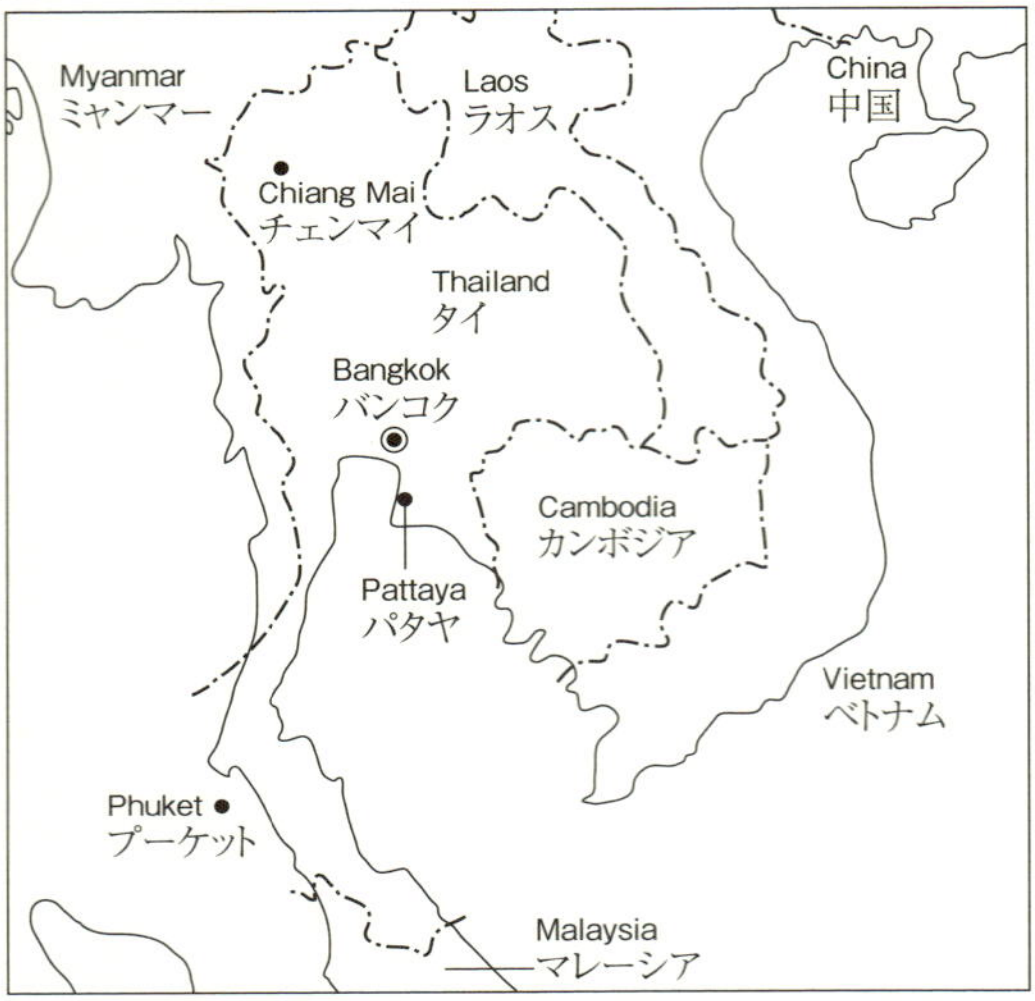

（出典：http://abroad.travel.yahoo.co.jp/tif/bin/country_guide/areacd=0100/countrycd=TH/）

図2　チェンマイ市街と三つのモスク

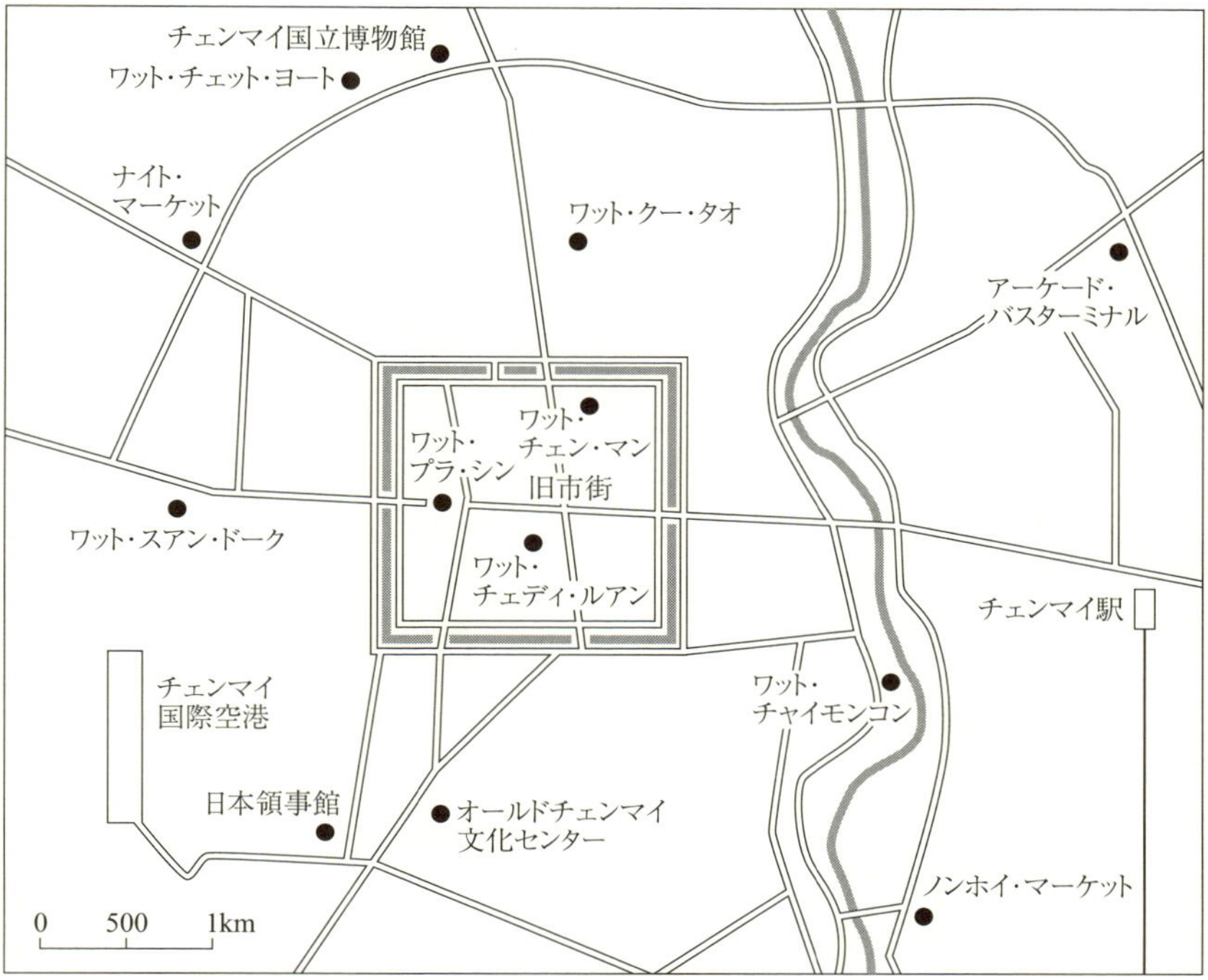

（http://thailanding.zening.info/map/Chiang_Mai_Map.htm に加筆・加工）

マイを中心とするタイ北部には、主に二系統のムスリム・コミュニティが存在することが知られている。そのうち、「中国雲南系ムスリム」（現地では一般に「チン・ホー」と称されるムスリム集団）については、これまで一定の研究が積み重ねられてきた。(2) 他方、もう一つの系統、すなわち「南アジア系ムスリム」については、様々な研究で「インド系」［横山　一九九二］とか「インド・パキスタン系」［王　二〇〇九］等と言及され、その存在は確認されてきたものの、これまでほとんどその実態について掘り下げた研究は見られない。(3)

ここでは、チェンマイ都市域南部に位置するチャーンクラン・モスクとその周辺を中心に分布する南アジアからの移民子孫のムスリム・コミュニティに焦点を当て、彼らの社会の形成プロセスと、周辺社会や他のムスリム・コミュニティとの関係に目を向けることの中から、イスラームの社会編成原理ないし社会的機能の側面に注目してみたい。

二　タイ北部のムスリム・コミュニティ

1　概況

チェンマイはタイ北部の中心都市である。同市では基本的には仏教徒が多数を占めるものの、ムスリム人口も一定数存在する。チェンマイとその周辺には多数のモスクがあり、それらを核としてムスリムたちは暮らしている。市内で主要なモスクは、①旧市街（市壁と水路で囲まれた、一辺がほぼ二キロ程度の正方形の部分）の北側、チャーンプアク門のすぐ北に位置する「チャーンプアク・モスク」、②旧市街の東方、観光地としても有名なナイトバザールの裏手に位置する「バーン・ホー・モスク」、③旧市街から東南方向にやや離れたチャーンクラン通りに位置する「チャーンクラン・モスク」の三つである。(4) このうち、バングラデシュ系を中心とする南アジア系ムスリムはチャーンプアク・モスク周辺とチャーンクラン・モスク周辺に集中し、バーン・ホー・モスク周辺には（バーン・ホー＝ホー［河＝中国雲南系］のムラ、という）名前の通り、中国雲南系ムスリムが集中するとされる。このため一般的には、チャーンプアク・モスクとチャーンクラン・モスクが「南アジア系」、バーン・ホー・モスクが中国雲南系、とされてきた。

しかし、チェンマイ市の市域拡大、特に旧市街から北西方向への展開が進み、そこにビジネス・チャンスを見出してタイ国内ばかりでなく国外企業・外国ビジネスマンが進出していること、さらに近所にトルコ系インターナショナルスクールが登場したこと等の状況変化を反映してであろうか、チャーンプアク・モスクでは集まるムスリムが多国籍化・多様化しており、その結果、バングラデシュ系の比率は大きく低下している。[5] 他方、チャーンクラン・モスクに集まるのは圧倒的に「バングラデシュ系」であり、それにビルマ系ムスリムである。しかも、ビルマ系ムスリムの人々は、ビルマ系とはいえ同じベンガル東部出身者の子孫で、容貌では見分けがつかない。つまり、現在でもチャーンクラン・モスクは圧倒的に「南アジア系」、とりわけ「東部ベンガル（現バングラデシュ）系」の人々が担い手である。

2 チャーンクラン・モスクに集う人々

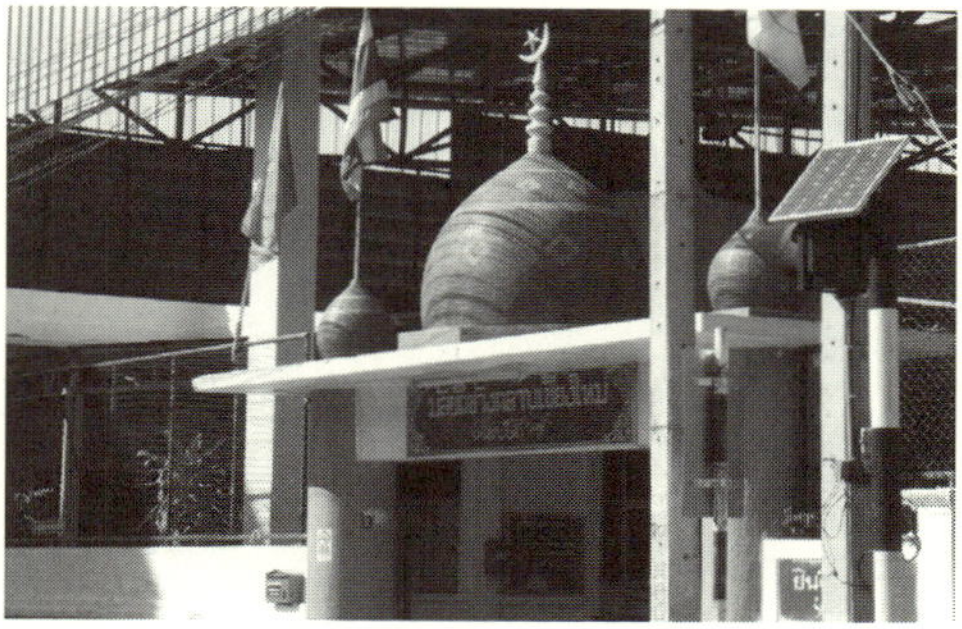

写真1　チャーンクラン・モスク

チャーンクランの人々は、通常自分たちを単に「ムスリム」と呼ぶだけである。外部の人間が彼らの出自や系統について質問した際にのみ、東部ベンガル系子孫の人々は「バングラ」（ベンガル）ないし「バングラデー」（タイ語発音のバングラデシュ）と説明し、ビルマ系ムスリムの人々は「バマー」（ビルマ）と自らの出自を説明する。以下では便宜上、チャーンクラン・モスクに集う人々を広く「バングラデシュ系」と呼ぶことにして、必要に応じてそれ以外の呼称も併用することにしたい。[6]

バングラデシュ系のムスリムは、チャーンクラン・モスク周辺を中心に市域南部に広く分散して居住し、世帯数で約三〇〇程度、人数は市内で一〇〇〇人程度、周辺地域を入れると一五〇〇人程度、とされるが、実のところは不明としか言いようがない。[7] そこには様々な要因が絡んでいる。①現地で混血が進んでおり、容貌や血筋では単純に規定できない。②同じ理由から、エスニック・カテゴリーも輪郭が（自他共に）曖昧である。③熱心にモスクに集まる人々についてはある程度正確に把握できるものの、そうでない人々については主要メンバーの中でも把握が曖昧である。④近代化、特に高学歴化が進むとともに、他地域（特にバンコク周辺）に一時的・長期的に移動する人々が増え、それらの人々の居住実態や帰属実態が曖昧になりつつある。⑤ビルマ系ムスリムが多数いるが、一部は同地での居住が長期化し、すでにバングラデシュ系と混ざり始めている例も見られる。⑥近年、（④の移動の結果として）新たに他所で他地域出身のムスリム（タイ・ムスリムやマレー系ムスリム、「パターン」と呼ばれるパキスタン系ムスリム等）と結婚する例が増え始め、逆にますます出自の持つ意味合いが薄れ始めている。⑦そもそも彼らはすでにタイ語を母語とし、ベンガル語を話せる人はほぼ皆無に近い。(8) それゆえ、彼らが自らの集団を「バングラデシュ」や「バングラ」と言っても、それはあくまで彼らの記憶にある祖先の出自（祖父はチッタゴン出身だった、曾祖父はノアカリ出身だと聞いている、等）を基に自らのアイデンティティと、その同じアイデンティティに基づく集団（曖昧な括り）を、漠然とこのように主張しているに過ぎないのである。にもかかわらず、こうした曖昧なアイデンティティは実質的な意味を持つ。この点については、以下で説明することにしたい。

彼らの生業は現在では非常に多様である。公務員や大学教師、ビジネスマン、さらにはホテル経営等、成功した人々もいる。しかし、移入初期の人々の歴史的生業を反映して、現在でもなお牧畜・家畜飼育、精肉（屠殺）、牛肉を使用する各種の飲食業、チャイやスナックを提供する食堂、ロティ売り等に従事する人の割合が多い印象を受ける。

彼らは、チェンマイ以外では、チェンマイ周辺の小都市であるサンカンペーンやドイサケットを中心に、さらに小規模な集落まで一〇か所前後に散らばって居住している。それらの地点では、彼らが集中する地区の一部にスラウ（小規模な礼拝所）を設置・維持管理している。ただし、小規模集落ではスラウも小規模で目立たない。数か所を見たが、彼らに連れて行かれなければ、そこがバングラデシュ系ムスリムの居住地域とは全く気付かぬ、ごく普通のタイ農村風景であり、ほぼ完全にタイ社会に溶け込んでいる。

三　チャーンクランと「バングラデシュ系」ムスリムの歴史

一説によると、すでに一八五〇年にはチェンマイにベンガル系ムスリムの一行が登場していたとされる[9]［AREE n.d.］。他方、時期に関しては確定できないが、チェンマイを中心とするタイ北部での聞き取りの結果、ほぼ再構成できたチェンマイの東部ベンガル系（現バングラデシュ系）ムスリム・コミュニティの歴史は次のようになる[10]。

一九世紀の中頃、または後半、ベンガル東部（現在のバングラデシュ東部）のムスリムがチェンマイやその周辺地域に登場した[11]。彼らの多くは何らかの形で交易を目的とした冒険商人や牧畜関係者だったようだ。両者は、牛に乗せて荷を運ぶという形で、もしかすると表裏一体だったかもしれない。チェンマイでは、当初、旧市街の南東角にほど近い市壁の外側に彼らのキャラバンの集結地があり、彼らはその周辺に定着したらしい。そこには（恐らくは木造の簡単な作りの）小規模なスラウもあったようだ。ところが、家畜が多く、かつ、王宮（かつての王の子孫で一種の藩王？の居城）に近すぎる、との理由から、同地から立ち退くことを求められ、代わりに当時はほとんど何もなかったチャーンクランの土地を分け与えられたため、バングラデシュ系（当時では東部ベンガル系）のムスリムたちはチャーンクランに移動し、同地に定住を始めた。時期的には一九世紀後半のことのようである[12]。

これが現在のチャーンクラン・ムスリム・コミュニティの始めである。なお、聞き取りを行った人々の口からは語られなかったが、タイでは仏教信仰の影響で殺生は忌避される傾向にあり、バングラデシュ系の人々が同地に比較的スムーズに参入できたのも、彼らが牛やヤギ等の家畜を飼育するだけでなく、現地の人々が忌避する屠殺・精肉化の役を担ったからだ、とする説明が一部になされている。この説明は恐らく正しいだろう。すると、彼らが旧市街の一角に住居を構え、家畜の集積、屠殺等を行うことを一般の人々が嫌った可能性は高く、「王宮に近い」云々のみならず、一般住民の住区からの放逐という意味合いが、この移動の背景にあった可能性は高いのではないか。また別の理由もあったようだ。チャーンクラン・モスクからチャーンクラン通りを越えて東に向かうと、ほどなくピン川に突き当たる。かつてそこは船着場であったという。一部の人の話では、そこに船で牛を運んできた、とのことである。交易・放牧生活から定着を始め、家畜飼育・屠殺・精肉に業態転換すると、当然、安定的な家畜の供給が問題になる。周辺地域から家畜を買い集め、それをピン川水系を利用した水運でチャーンクラン船着場まで運び、適当な月齢になるまで飼育し、屠殺・精肉化して販売するためにも、同地は便利だったはずである。同時に、現在のチェンマイの主要市場である（旧市街から東方、バーン・ホー・モスクの北方に位置する）ウォロロット市場の東側には、かつて主要な船着場があり、各地から物資が集積した、とされる。家畜は排泄物で汚れ、臭気を発する上に、上述の通り一般の人から屠殺は嫌われる。したがって、一般貨物とは別扱いで、距離的にも離れており、なおかつ下流に位置するチャーンクランの船着場は、この点でも都合が良かったのだと思われる。こうして定住を始めたバングラデシュ系の人々は、現地女性と結婚した[13]。その場合、ほぼ例外なく現地女性がイスラームに入信する形で改宗し、子孫は全てムスリムになった。

チェンマイ以外の周辺小都市やバングラデシュ系を自認する人々の小集落では、チェンマイからさらに足を延ばす形で、小規模な冒険商人として来た人々が最初は個人的に現地に仮住まいを始めたようだ。彼らの登場には二つの形態があったとされる。①放牧を続けて、放牧適地として滞在するうちに定着した。②（恐らく、チェンマイを流れるピン川を起点として）小河川沿いに小舟による小規模な交易を行なう中で、ある船着場周辺に現れ、そのままそこで定着した。いずれにしても、チェンマイの場合と同様、彼らは定着と前後して現地で現地女性と結婚したようである。先行者がこのような形で定着すると、それを聞きつけた人々が交易に現れ、彼らの一部も徐々に定住した。こうしてチェンマイ周辺にも小規模なバングラデシュ系ムスリムの小集落・小住区が成立したようである。

ただし、非常に興味深いことに、チェンマイでも周辺の集中地区でも、第一世代のムスリムたちは、現地で結婚し、家族を形成するものの、その多くは交易のため等の理由で家を離れ、そのまま戻ってこなかったらしい。恐らく、多くの場合、それらの人々は交易の出発点である彼らの故郷、現在のバングラデシュ東部へと戻り、そこで人生を終えたのだろうが、今のところ具体例は確認できていない[14]。はっきりしているのは、第一世代の多くは亡くなる前に現地から姿を消したこと、にもかかわらず、残された妻と子供たちやその子孫が「ムスリムとして」、現地のムスリム・コミュニティを形成し、維持してきている、という事実である。

この結果、チャーンクランのムスリム・コミュニティには大きな影響が生じた。①ムスリムになるキッカケを作ったためか、現地の人々は第一世代のことに言及はする、②しかし、出身地や素性について詳しく語らぬまま姿を消したため、現代の人々の間で第一世代の人々については詳しい記憶や言い伝えが残っていない。せいぜい「バングラ（ベンガル）から来た」、やや詳しくても「チッタゴン」「ノアカリ」等の地名が断片的に言い伝えられているだけである[15]。③第一世代が（北）タイ語環境の中に個人で入ってきたため、彼らの母語であるベンガル語（チッタゴン方言）は全く伝えられず、現在の子孫たちにはベンガル語についての知識がほぼ皆無である。④他方、第一世代の移入者たちが「ムスリム」として子供たちを育てることを意識したためか、現在の子孫たちのムスリム意識は確固としている。また、モスクのイマームやマドラサを通じてクルアーン（コーラン）やアラビア語について学ぶ人が多く、アラビア語の知識は一定程度ある、等々である。

ここで疑問になるのは、移入第一世代のバングラデシュ系ムスリムが、自らは完全定住したわけでもないのに、「現地妻」でしかなかった女性や置き去りにした子供たち、さらにはその子孫を、なぜこれほどまでに「ムスリム」

化することにこだわったのか、である。筆者の知見の範囲では、このような場合、自分個人は元の信仰を維持するものの、妻子は現地の風習に委ねたままにする例も少なくない。にもかかわらず、なぜ彼らは、あえて妻や子をムスリム化することに執着したのか。そこには、チェンマイではなく、彼らの故郷の東部ベンガルという地理的背景と、彼らが生きた時代という歴史的背景があるように思える。一九世紀後半から二〇世紀にかけて、当時の東ベンガル（特に現在のチッタゴンからノアカリにかけての地域）では、一種のイスラーム覚醒運動である「ワッハーブ運動」が力を持っていた[16]。これはベンガルの歴史の中でも重要なエポックとされ、この運動によるムスリム意識の強まりが、二〇世紀前半のコミュナルな対立の、さらには後の印パ分離への、要因（少なくともその一部）になったと指摘する論者も多い。このような背景を考えると、北タイへの移入第一世代は、こうしたワッハーブ運動の直接の担い手ではなくとも信奉者であり、強くムスリム意識を自認した人々であった可能性は十分考えられる。とすれば、彼らが自分の妻子・子孫をムスリム化することにこだわった理由も理解できるのではないか。

　ともあれ、以上の歴史的経緯の結果、自分たちを「バングラ」「バングラデシュ」系と自称するものの、現在の「バングラデシュ系」の人々には自らの容貌以外にそれを証するものがない。つまり、実態を見ると彼らは、基本的にタイ人意識を持ち、タイ語を母語とする、「タイ・ムスリム」なのである。しかも、その容貌さえも決定的なものではない。混血が進み、一部には結婚相手に仏教徒タイ人を（改宗の手続きを経たの上で、だが）複数世代続けて選ぶ場合もあるため、同コミュニティの中には明らかに一般のタイ人と同じ容貌の人々や、中にはバンコクから結婚・移入した中国人の改宗ムスリムまでおり、それらの人の場合には、すでに容貌も決め手とならない。つまり、彼らが自らの出自を漠然と「バングラ」「バングラデシュ」と主張するその言葉だけが彼らを「バングラデシュ系」としているほぼ唯一の要因だ、としか言えないのが現状なのである。

四　イスラームの力

1　イスラームの強さ——結びつける力

チャーンクランのムスリム・コミュニティ形成の歴史を見ると、そこにイスラームの強い力を認めないわけにはいかない。ベンガル東部のムスリムたちが、基本的には仏教徒のタイ人や山地系少数民族ばかりが暮らすチェンマイや周辺の小都市、さらには小規模集落に到来する。恐らく、本人たちにはそもそも移民として来た意識はなく、単にチャンスを求めて陸路で移動を繰り返しただけなのだろう。ともあれ、彼らは非イスラーム的環境に到来し、そのままそこで結婚し、家族を形成する。その際、伴侶とした仏教徒のタイ人女性をイスラームに改宗させ、ムスリムとする。こうして非イスラーム的社会の中にムスリム家族が登場する。これが第一段階である。後続の人々が似たような経緯で現地に定着を始め、小規模なスラウを建て、そこで礼拝し、イスラームについて簡単な教授を行うようになる[17]。こうして非イスラーム社会の中にムスリム・コミュニティが登場する。これが第二段階である。このムスリム・コミュニティがある程度安定的に確立した頃、第一世代の移入ムスリムたちは故郷（恐らくは現在のバングラデシュ東部）の村に帰り始めたのだと思われる。彼らは現地に二度と戻ることはなかったが、すでにその時点では出生時にムスリムとして生まれてきた彼らの子ども達（＝第二世代）や呼び寄せられたイマームたちが中心となってムスリム・コミュニティを支える段階に入っていたと考えられる。これが第三段階である。ただし、この時点で、ベンガル語ネイティヴの第1世代が去ってしまったため、残されたのは元々がタイ語を母語とする改宗ムスリムの妻たちとタイ語環境に育った第二世代がほとんどであった。こうして非イスラーム的環境の中にムスリム・コミュニティが登場したものの、すでに言語的にはタイ語が中心のコミュニティになっていたのではないか。その後、現在まで二～四世代ほどを経ている。若干の後続する東部ベンガル系の移入者もいたようだが、後の移入者の多くはビルマ系になっている。

彼らはモスクを核にムスリム・コミュニティを形成し、そのことによって同時に周囲のタイ社会から自らを「分け隔て」、「独自性」を主張している。内部には「バングラデシュ系」の直接の子孫から、改宗ムスリム、ビルマ系ムスリム等も含むものの、何らかの形で東部ベンガル系に繋がりを持つという意味で、自らのコミュニティを広く「バングラデシュ系」と位置付けているのである。ここでは、非イスラーム的環境にゼロからムスリム・コミュニティを登場させ、安定的に継続するまでにしたという意味で、イスラームの持つ凝集力の強さが顕著に現れている。

2　限界——近隣ムスリム・コミュニティとの比較から

こうしたイスラームの力には、しかし、他の近隣ムスリム・コミュニティと比較してみる時、明らかな限界があることにも気づかせられる。上述のように、チェンマイ中心部近辺には他にチャーンプアクとバーン・ホーにモスクがあり、それぞれ異なるエスニック集団が集まっている。チャーンプアクでは極めて多国籍的な人々が集い、すでに「バングラデシュ系」という色合いは薄れつつある。他方、バーン・ホーでは圧倒的に中国雲南系のムスリムが集まる。言語にも違いが見られる。チャーンプアクは多言語環境で、イマームはタイ語で説教をするものの、一部はアラビア語を交えるし、参会者の中では英語をリンガ・フランカとして会話を行う人びとさえ見られる。これに対し、バーン・ホー・モスクは圧倒的に中国語環境であり、モスク内には中国語の掲示が目立つばかりでなく、参会者同士が中国語で話をしている姿があちこちに見られる。「中国人」だが、ビルマ北東部のコーカン地方出身のムスリムなのか、ビルマ語で話す人々もいる。[18] 他方、チャーンクラン・モスクでは一転して、圧倒的にタイ語が優勢であり、ビルマ系ムスリム同志がやや肩身を狭めてビルマ語で話をしている程度である。

出自意識や外見（容姿）、歴史的な生業等も複雑に関係しているようだ[19]。チャーンプアクの場合には、多国籍的であるだけでなく、多人種・多民族である。元々の南アジア系もいるが、マレー系から中東系、アフリカ系黒人、ヨーロッパ系白人まで、実に多彩な人が集う。職種も近代的な職種の人々（勤め人、ビジネスマン、教員や大学生等）が多数含まれるという。バーン・ホーでは、圧倒的に「中国人」の姿が目立つ。職種も、元々が雲南との交易を中心に始まった経緯があり、今でも商業活動、それも比較的伝統的商業に従事することが多いようだ。これらに対しチャーンクランでは、混血が進んでいるとはいえ、やはり南アジア系の外貌をした人々が優勢である。職種は、すでに記した通り。

こうして、同じムスリムであり、同じようにムスリム・コミュニティを形成しながら、核とするモスクと、そこに集まる人々のエスニシティ、言語文化、形質、職種等々の違いから、それぞれのコミュニティ同士は内部で固まり、相互の交流は極めて限定的なようである。つまり、イスラームを信奉することで働く凝集力も、それ以外の様々な要因が絡むことで、その効力には限界があるのである。

3　ビルマ系ムスリムの人々

他方、一つのムスリム・コミュニティ内部も、実は必ずしも一つにまとまっているわけではなく、微妙な分裂の芽が萌している様子がうかがえる。チャーンクランの場合、特に狭義の「バングラデシュ系」とビルマ系との間の亀裂に注目したい[20]。

チャーンクランのビルマ系ムスリムはビルマ生まれでビルマ育ちである。その多くは初等教育をビルマで受けたが、それ以上の教育を受けた者は少なく、一部は最初からマドラサで学んだという。当然、ビルマ語の読み書きはできるものの、タイ語の能力は限定的である。彼らの祖先はベンガル東部の出身らしいが、すでに多くの場合には移住第一世代から時間を経ており、祖先の出身地に関して地名さえも記憶していない。当然、ベンガル語は一切話すことができない。ただし興味深いことに、ビルマでは元々の移民コミュニティの規模が大きく、固まって暮らし、その中で結婚相手を得ていたためだろうが、チャーンクランの人々以上にベンガル人の外貌を強く残す場合がほとんどである。したがって、彼らの大部分は外見上バングラデシュのムスリムやロヒンギャ（ビルマ西部のヤーカイン［ラカイン＝アラカン］州のムスリム）と区別がつかないが、ベンガル語が話せない点で、それらの人々とは異なる[21]。

ビルマ系ムスリムは仕事以外の時間には、同じビルマ系が開く店等に集まり、彼らだけで過ごすことが多いようだ。ビルマ語で自由に会話ができて気楽な上に、お互い仲間意識を持つせいらしい。もう一点、興味深いのは、一部の人々がチャーンクランの「バングラデシュ系」に対して反発する姿勢を見せていることである。その理由は、彼らのことをビルマ系であるがゆえに見下す、同じムスリムなのに仲間扱いしない、安い金でこき使う、等である。ただし、バングラデシュ系の人々がビルマ系の人々を「見下す」というのは、実は多くのタイの人々がビルマ系の人々に対して示す優越意識を彼らも共有しているからにすぎない。また、「仲間扱いしない」「安い金でこき使う」というのも、これまた多くのタイの人々がビルマからの移民に対して示す扱いと同じである。つまり、この文脈では、表面的にはバングラデシュ系ムスリムとビルマ系ムスリムの対立のように見えるが、実はタイとビルマ、タイ人とビルマ人の違いが顕在化しているにすぎない、とも言える。

ともあれ、バングラデシュ系に対する反発から、彼らは同じビルマ系ムスリムの間で資金を集め、自分たちだけのためのモスクを建設する計画を立てていた。すでに土地は選定済みという。このままであれば、近い将来、ビルマ系ムスリムが独自のモスクを持つことでチャーンクラン・モスクからは姿を消すことになる可能性が高い。そうなれば、皮肉にもチャーンクランは再び「バングラデシュ系」のコミュニティとしての色彩を強めることになろう。

4 ムスリム・コミュニティに「される」側面

同時にイスラームの凝集力がそれに反発する力を生んでいる側面にも目を向ける必要があろう。具体的には、ムスリムと結婚するため改宗した周辺の仏教徒コミュニティ出身者をめぐる問題である。彼らは、ごく近くに家族や近親者がいるのに、両者の間で日常的な交流は限られているようだ。改宗者自身に聞くと、交流はある、と主張するが、それでは具体的にどのような交流があるのか、と問うと、「結婚式や葬式にはお互いに往き来する」と答える程度である。逆に言えば、やはり日常的な交流は限定的なのであろう。お互いが積極的に交流「しない」と決めているのではないようだ。また、ムスリム側の多くが何らかの商売を行っており、改宗ムスリムの人々が売り子として働いている例も多いから、そこに「客として」仏教徒の側が来ることはごく普通の光景である[22]。ただし、その範囲を超えた行き来がほとんど見られないのである。ここには周辺社会である仏教徒コミュニティ側が改宗してムスリムになった人々を、さらにはムスリム・コミュニティ全体を、さりげなく避ける形で「緩やかな排除」を行っている様子がうかがえる[23]。結果的に、現地ではムスリム・コミュニティ自体が被差別集団に類似する側面を多少なりとも有することになっている。

つまり、イスラームの強さによりムスリム・コミュニティを形成「する」ばかりでなく、同時に周辺社会からの緩やかな排除によりコミュニティと「される」側面があることも、また確かなのである。

おわりに

以上、チャーンクランを中心にチェンマイのムスリム・コミュニティについて一通り見て来たわけだが、際立つのはイスラームの持つ社会的凝集力の強さである。全くの非イスラーム的環境の中に入り込み、ついには一つのムスリム・コミュニティを作り上げ、それを確固としたものとして維持・発展させる。そこにイスラームが果たした役割は決定的である。そのコミュニティの形成は、きっかけこそ東部ベンガル（現バングラデシュ）系の移入者がもたらしたものであるが、その後の実質的な維持発展は改宗ムスリムである妻たちと混血の子孫たちの手によるものであった。彼らをコミュニティ形成へと動かしたのは、ひとえにイスラームを信奉すること、ムスリムである（ムスリムになった）こと、である。

他方、同じイスラームを信奉するコミュニティであるものの、チャーンプアクやバーン・ホーとの差異や関係を見る限り、イスラームの凝集力には明らかに限界がある。エスニシティ、言語、形質、歴史、職業等、複数の要因が絡み、どれか一つに還元できるわけではないが、それぞれのモスクを核に集まった集団は、皮肉にも、モスクを核にして固まったまま相互に分立している。また、ビルマ系ムスリムとの関係で見られるように、一つのコミュニティ内部にも分裂の契機は含まれている。さらに、イスラームの持つ凝集力の強さが、周囲からの微妙な疎外を生み、それが逆にコミュニティを強化している側面もあるようだ。

本稿では、チェンマイの「バングラデシュ系」ムスリム・コミュニティの事例から、宗教が持つ人々を「結びつける力」とその限界について検討してみた。ここでは宗教に焦点を当てたが、別の文脈で考えてみるならば、これは移民コミュニティとホスト社会の関係、そのそれぞれのコミュニティ形成、維持、変容の問題になる。現在、グローバル化がますます進展し、それに伴って世界的に移民の数も増える一方である。移民が移動・定住するプロセスでの宗教が持つ意味、移民コミュニティとホスト社会相互の関係について、さらに様々な角度から考える必要があろう。

注

(1) タイにおけるイスラームについては、[Forbes (ed.) 1988]、[Bajnid 1999]、[Gilquin 2005]、[チットムアット 二〇〇九] 参照。[Forbes 1988]、[今永 一九九二]、[横山 一九九二]、[王 二〇〇九] 等。

(3) チェンマイよりさらに北の地方都市チェンライには、現地で「パターン」と呼ばれる現在のパキスタン出身パシュトゥーン人の子孫のムスリム・コミュニティがあるが、チェンマイではパターンは極めて数が少ないので、本稿の議論では扱っていない。パターンについて概略は [村上 二〇〇五] 参照。

(4) 各モスクの正式名称は別にあるが、タイ語名以外に複数の名称があり、そのそれぞれが異なる。そのため、ここでは現地で通称として用いられている呼称を使用する。

(5) 金曜礼拝の際に実見した限りでは、バングラデシュ系を中心とする南アジア系は、容貌や振る舞いから見て、せいぜい3割以下程度であった。また、イマームの話では、バングラデシュ系以外ではタイ南部のマレー系ムスリムや東南アジア各地からのムスリムが多いものの、アラブ系、中央アジア系やロシア南部のムスリム、トルコ人、さらには少数だがアフリカやヨーロッパのムスリム [白人の改宗者を含む] まで、非常に多様な系統の人々が集まる、とのこと。

(6) 厳密に言えば「バングラデシュ系」と「ビルマ系」の違いは、前者がタイ語を母語とするタイ国籍保持者であるのに対し、後者はビルマ語を母語とするビルマ国籍保持者である。ただし、見た目や振る舞い方では両者はほとんど区別がつかない。そのため、ここでは広義で両者を「バングラデシュ系」と一まとめにし、区別が必要な場合のみ「ビルマ系」と記すことにする。

(7) この数は一見すると小さいように見える。しかし、チェンマイの人口は約二七万人であること、他方、チャーンクランという市内の限られた場所に「バングラデシュ系」ムスリムが集中していること、さらにビルマ系ムスリムの数がここには数えられておらず、彼らを加えればこの数はかなり膨らむこと、等々を勘案すると、同コミュニティはチェンマイ市において相応の存在感を持つ。

(8) これまで筆者の調査中に判明した限りで言えば、ベンガル語が通じるのはバングラデシュ系で三名、ビルマ系で一名。チェンマイ近郊でバングラデシュ系の一名のみである。

（9）この資料はタイ字紙への寄稿原稿を基にした修正版を著者から個人的に提供されたものである。非常に興味深い内容を含むが、出典等の記載が一切なく、曖昧な部分が多いため、ここでは参考程度に留める。

（10）以下の部分、チェンマイ関連は主にチャーンクラン、チャーンプアクの両モスクやその周辺での聞き取り、及び、サンカンペーン、ドイサケット等での聞き取りを基に再構成したもの。調査は二〇一〇年から二〇一二年に数回実施。また、そこにタイ北西部メーサリアンやバングラデシュのミルショライ、ダッカでの聞き取り調査（同時期から二〇一三年）の結果も加味してある。タイ語に関しては和田理寛、竹口美久、ビルマ語については長田紀之の各氏の協力を得た。記して謝意を表したい。

（11）彼らの出身背景をごく簡単にまとめておく。英領期、主に一九世紀末から二〇世紀初頭かけて、英領ベンガル東部地域（現在のバングラデシュの東部地域）、それも恐らくはチッタゴン県とノアカリ県の県境であるフェニ川河口に近い地域を中心とする人々の一部が、チッタゴンから定期航路でラングーンへ移動し、一時定着した。（ベンガル語の歴史書［A・Choudhury 1982; M・Choudhury 2004］に関連する記述がある）。その中の一部の人が、英領ビルマ東部（現在のカイン州北東部）の小都市パープン、さらにはその先のタイ側の国境の村メーサムレープや地域の中心地メーサリアンの情報を入手。移動を開始し、メーサリアンに定着。さらに、その一部がチェンマイに移動したようだ。

（12）一説によればチャーンクラン・モスクの創建が一八七〇年とされるから、その前後か。ちなみに、二つの土地は直線距離で一・五キロメートルほどである。

（13）相手は北タイ人の仏教徒が一般的だったらしいが、具体例を確認できていないものの、シャン人や少数民族の女性がいた可能性はある。事実、メーサリアンではそうした例を確認した。

（14）一部の人からは、「祖父は自分の村に帰ったと聞いている」との証言は得たが、証拠は見いだせていない。

（15）興味深いのは、同コミュニティのある有力者が、祖父は「ノアカリ」という所から来たと聞いているが、実はそれが県なのか市や町なのか、村なのか、それとももっと大きな地方を指すのか、自分たちには全く分からない、と筆者に説明したことである。それほど曖昧な伝承・記憶が、しかし彼らのアイデンティティの一部、仲間意識の源泉の一部となっているのが何とも印象的であった。

（16）アラビア半島で発生したイスラーム主義の運動が植民地インドに伝わり、英植民地当局から激しい弾圧を受けたことは、歴史的に良く知られている［Ahmad 1966］。その影響はベンガル地方にも及んだ［Khan 2003］。しかし、その運動が東部ベンガル（現バングラデシュ、特に西部と南東部＝ノアカリやチッタゴン）でイスラーム原点回帰の運動として根を張り、一時は大きな影響力を持っていたこと、さらにノアカリからチッタゴンの地域には現地で「ワッハービ」と呼ばれる保守的なムスリム村落が現在でも広く散在していることは、あまり知られていないようだ。一例を挙げれば、現在のバングラデシュで著名な百科事典の記述でも、「ワッハービはバングラデシュでは数的に大していない」[Zaman and Uddin 2003] と記されている。

(17) 当初は恐らく専門のイマームではなく、到来したムスリムの中でイスラームについて若干の造詣がある人がイマーム役を務めていたであろう。その後、コミュニティの規模が大きくなり、スラウが正式のモスクとなるにつれ、専門のイマームを外部（恐らくベンガル東部ないし当時の英領ビルマ）から呼び寄せたのだと思われる。

(18) 印象的だったのは、バーン・ホー・モスクを訪れた際の出来事である。ビルマ語話者を伴って行った際には、喜んで話し込み、モスクから併設のマドラサまで建物を隅から隅まで案内してくれた。ところが、タイ語話者を伴って行った次の訪問の際には、イマームは片言のタイ語で、自分はアラビア語は出来るが、普段は中国語とビルマ語しかはなしていないから、と答えて、ほとんど聞き取りができなかった。

(19) ここでは論じられなかったが、移動経路等の違いや、外部世界とのネットワークの違いもあるようだ。

(20) ビルマ系ムスリムは非常に多様で、その数も多く、一概には語れない。また、筆者の調査も不足している。そのため、ここでは必要最低限の説明に留める。なお、誤解を避けるため付記するが、ここでビルマ系ムスリムとしているのは、[斉藤二〇一〇] が「バマー・ムスリム」として論じている対象とは異なる。氏の記述では「インド系ムスリム」とされている人々である。

(21) ロヒンギャについては、出身地に関し、ロヒンギャ自身やその支援者たちはヤーカイン州に古くから暮らすことを主張し、他方、ビルマ政府は不法に移入したベンガル人ムスリムであると主張して、彼らにミャンマー国籍を認めようとしない。ここでその当否を論じるつもりはないが、行論の関わりから言えば、少なくとも彼らの話す言葉は明らかにベンガル語系統である。ロヒンギャについて概要は [I.Ahmed (ed.) 2010] 参照。

(22) ただし、その逆はそれほど多くない。雑貨等の店では問題ないが、食事に関してはムスリムにイスラームが許す（＝ハラールな）食品・食事を取ることが義務付けられているため、そうした規制を持たない仏教徒コミュニティの食堂に行ったり、屋台から食品を買い求めたり、ということができないためである。

(23) 改宗者を出した仏教徒の家族の側が、仏教徒コミュニティとの交流を維持するため、もしくは周囲からの排除を避けるために、ある程度意識して改宗した元の世帯員との交流を抑えている、との側面が強いのかもしれない。

参考文献

今永清二
一九九二『東方のイスラム』東京：風響社。

王柳蘭
二〇〇九「北タイにおけるイスラーム環境の形成過程――中国雲南系ムスリム移民の事例から」、林行夫編『〈境域〉の実践宗教――大陸部東南アジア地域と宗教のトポロジー』京都：京都大学学術出版会、七二九～七八一頁。

斉藤紋子
二〇一〇『ミャンマーの土着ムスリム――仏教徒社会に生きるマイノリティの歴史と現在』東京：風響社。

チットムアット、サオワニー
二〇〇九「タイ・ムスリム社会の位相――歴史と現状」（高岡正信訳）、林行夫編『〈境域〉の実践宗教――大陸部東南アジア地域と宗教のトポロジー』京都：京都大学学術出版会、六七七～七二八頁。

村上忠良
二〇〇五「タイ国におけるムスリム・アイデンティティの行方――宗教・民族・国家のはざまで」北原淳編『東アジアの家族・地域・エスニシティ――基層と動態』東京：東信堂、三〇五～三二二頁。

横山廣子
一九九二「タイ国における中国系ムスリムの現状――国家と宗教と文化のはざまで」、黒木三郎先生古希記念論文集刊行委員会編『アジア社会の民族慣習と近代化政策』東京：敬文堂、三〇九～三三八頁。

Ahmad, Qeyamuddin
1966 *The Wahabi Movement in India*. Firma K.L. Mukhopadhyay, Calcutta.

Ahmed, Imtiaz, ed.
2010 *The Plight of the Stateless Rohingyas: Responces of the state, society & the international community*. The University Press Ltd., Dhaka.

Aree, Srawt
n.d. *Kanopphayop khong chao India chuasai Bangkhlahet nai cangwat Chiang Mai*（チェンマイ県におけるバングラデシュ系インド人［直訳：バングラデシュ血統インド人］の移住）、和田理寛訳、私家版（著者からの提供。原文［発表推定二〇一〇年］に加筆、タイ語）。

Bajnid, Omar Farouk

1999 The Muslims in Thailand: A Review *Southeast Asian Studies* (Kyoto Univ.), 37(2): 210-234.

Choudhury, Abdul Haq

1982 *Chattagramer Itihasa-Prasanga*. (History-Topics［Historical Topics］of Chittagong) Revised edition, Part 1, Sayema Akhtar Choudhury Private Edition, Chittagong. (Bangla)

Choudhury, M.M. Emran

2004 *Mirsarai-r Itihas*. (History of Mirsarai), Author's Private Edition, Dhaka. (Bangla)

Forbes, Andrew D.W.

1988 The Yunnanese ("HO") Muslims of North Thailand. In *The Muslims of Thailand*, Vol.1 (Historical and cultural studies). Forbes (ed.) Centre for Southeast Asian Studies, Gaya (India), pp.87-103.

Forbes, Andrew D.W., ed.

1988 *The Muslims of Thailand*, Vol.1 (Historical and cultural studies). Centre for Southeast Asian Studies, Gaya (India).

Gilquin, Michel

2005 *The Muslims of Thailand*. Irasec and Silkworm Books, Bangkok (translated by Michael Smithies from original French edition published in 2002).

Khan, Muin-ud-Din Ahmad

2003 Muslim religious movement. *Banglapedia* Vol.7. Sirajul Islam (ed.), Asiatic Society of Bangladesh, Dhaka, pp.175-178.

Zaman, Niaz, and A.T.M. Musleh Uddin

2003 Wahabis. In *Banglapedia* Vol.10. Sirajul Islam (ed.), Asiatic Society of Bangladesh, Dhaka, p.339.

流動のなかの文化的持続
――フィリピン南部スールー諸島のサマ人における民間信仰と儀礼

床呂郁哉

はじめに――移動社会のなかの文化的持続

筆者の調査対象であるフィリピン南部スールー諸島の住人は、歴史的に漁撈や海上交易など海に強く依存した生業を営み、現在でも移動性や社会的な分散性の高い生活を営んできたことで知られる〔床呂 一九九九〕。とくに本稿で取り上げる「海のサマ人（Sama Dilaut：以下、サマ人と記）」は、伝統的には家船とよばれる船を棲み家として船上生活を営み、漁撈や海産物採集に従事しながら島から島へ、漁場から漁場へと移動するいわゆる漂海民としての生活様式を営んでいたことで知られる。

現在では、そうした漂海生活を営む者の数は極めて少なくなっており、大半のサマ人たちは沿岸の遠浅の海岸に高床式の杭上家屋を建てて住み、一種の水上集落を形成していることが多い。しかしながら、サマ人は現在でも国境を越えた移住や出稼ぎ、交易などの活動を盛んに実施しており、移動性の高さやそれに伴う分散的な社会という特徴は現在でも顕著であると言えるだろう。

本稿ではこれを踏まえて、移動・流動性の高さや移住に伴う分散居住を顕著な特徴とするサマ人の社会において、当事者たちが、いかにして、こうした流動性の高さにもかかわらず、一見すると一定の文化・社会的なまとまりや同一性を持続し、あるいは再生産している（かのように見える）のか、という問題に関して民族誌的データに依拠しながら記述・検討を行いたい[1]。

なおサマ人の多くは、現在では概してイスラームを信仰し、「モロ（Moro）」と称されるフィリピンのムスリム諸集団のひとつを構成する。フィリピンにおけるイスラームは、原則として中東や他の地域と同様にアッラーを信仰の対象とする一神教信仰であり、いわゆる六信五行[2]を中心とする信仰と実践が営まれている点においては、他の地域と大差はない。

しかし、スールー諸島のムスリムであるサマ人の村に住み込み、生活のなかのイスラームのあり方を観察していくと、そこには多様な民間信仰が営まれていることにも気づかされる。たとえば、樹木や石、海といった存在にも霊魂などが宿ることを信じるいわゆるアニミズム的信仰、精霊がシャーマンないし霊媒などの人物に憑依して託宣を行うシャーマニズム、あるいは祖霊が生者へ影響を与えると信じて儀礼を実施するといった祖霊信仰などを挙げることができる。

こうした信仰や儀礼は、サマ人のあいだで概してアダット（addat）の一部として語られることが多い。アダットとは総じて慣習、伝統、しきたり、方法など意味するが、とくに祖先から受け継がれてきたさまざまな社会・文化的伝統や慣習などを含む。ここでは、とくに信仰と儀礼的実践に関するアダットについて紹介する。そのなかでもシャーマニズムにまつわる実践やマゴンボ（magombo）と呼ばれる一種の祖先祭祀の儀礼、さらには紛争処理にまつわる儀礼であるとか、またそうした儀礼と深く結び付いている想起の原理や「熱さ」と「冷たさ」をめぐる信仰の事例の紹介と検討を通じて、それらの信仰や実践が、サマ人の社会文化的な再生産において果たす中心的な役割に関する考察を行っていきたい。本稿ではスールー諸島南部S島のサマ人の集団の事例を中心的に取り上げつつ、また必要に応じてS島以外のサマ語系集団の事例も適宜、取り上げていくこととしたい。以下、まずはサマ人のアダットに関する紹介から始めたい。

一　アダットまたは「祖先のやり方」

アダットとは、サマ人社会一般において大まかに慣習、伝統、しきたり、方法など意味するが、なかでも祖先から受け継がれてきた文化的伝統や規範、ふさわしいとされる行動様式などを指すことが多い。アダットは東南アジア島嶼部で広く存在する概念で、しばしば「慣習法」といった訳語が当てられることもある。サマ人の社会においては、社会的・集合的慣習や規範という側面だけではなく、個人の人徳や性格であるとか、半ば無意識化・身体化された個人の身のこなしや作法、立ち振る舞いまでを含みこんだものである。たとえば冠婚葬祭の方法やその場での相応しい振る舞い方はもちろんのこと、親族同士での社交の作法、家の建て方、料理や食事の仕方、そして歩き方や座り方、性交から排泄の仕方に至るまで、それぞれ相応しいアダットがあるとされ、それは必ずしも言語的に明示化ないし意識されていなくとも、成人のサマ人であれば身につけていることが暗黙のうちに了解され期待されている。[3] とりわけ「祖先のやり方」ないし「祖先のアダット」(addat bai kamattoahan) と表現される場合などには、先祖から受け継がれてきた社会・文化的伝統や慣習といったニュアンスが強調される。

また信仰の領域においては、アダットはしばしばアガマ (agama ないしウガマ ugama「宗教」) と対比させられて語られることが多い。この際、アガマはイスラームなどの外来の世界宗教を指すことが多く、これに対してアダットとは、後で紹介するような、サマ人に伝わる各種の民間信仰や儀礼的実践、とくにシャーマニズムや祖先祭祀的儀礼などを指す場合が多い。この、アガマと対比させた文脈におけるアダットはンタン（ntan 雑駁に訳せば「伝統」）という言葉とほぼ置換可能である。

流動のなかの文化的な同一性の再生産という文脈において言えば、現在のスールー海域世界においてイスラームはアガマ、すなわち外来の世界宗教であり、それは少なくともイスラーム化した集団の間に関して言えば、総じてムスリム（ないし「モロ（Moro）」）という、どちらかと言えば包摂的でトランス・エスニックなアイデンティティに結びつく傾向が強い。これに対してアダットの諸実践、とりわけマゴンボ儀礼などサマ人に固有の儀礼的実践やそれに結びついた民間信仰は、むしろ（同じムスリムであってもタウスグ人などと区別された）他ならぬサマ人という個別の民族集団のアイデンティティや伝統を自覚させるマーカー（他ならぬ「サマ人の伝統」addat Sama）として作用する傾向がある。(4)

次にこうした民間信仰の諸相に関して、より具体的に民族誌的資料をもとに紹介していきたい。

二　民間信仰をめぐるアダット

スールー諸島の住民であるサマ人のほとんどの者が、ムスリム、すなわち唯一の神アッラーを信じるイスラーム教徒であるとされる。しかしながら、彼らの信仰生活をよく観察してみると、先に述べたように、そこには厳密なイスラームの一神教的側面に混じって、多様な精霊への信仰やシャーマニズム、さらには祖先崇拝、聖者崇拝といった民俗宗教的な色彩もまた強いということが分かる。(5)

とくにタウスグ（Tausug）人であるとかサマ・デア（Sama Dea）人など他のムスリム集団と比較すると相対的に近年（第二次大戦後）になってイスラーム化が始まったＳ島（ないしサバ側ではセンポルナなど）のサマ人の間では、

超越的な存在としての神（Tuhan）の他にも、きわめて多様な霊的存在が根強く信仰されており、こうした霊的存在に関わる多くの儀礼が実践されている。

たとえばスマガット（sumangat）やイニャワ（inyawa）などの霊魂、ンボ（mbo）と呼ばれる祖霊や、ジン（jin）ないしドゥワタ（duwata）などと総称される精霊にまつわる信仰と、その信仰に関連した儀礼はこの地域で極めて盛んである。

このうち、まずスマガットについて述べると、これは生きとし生けるもの全てに備わる霊魂的存在であるとされ、人間以外の生物はもちろん、非生物である岩や布などにも、スマガットが存在するとされる。

S島のサマ人にとってスマガットのなかでとくに重要なのが、かつて生きていた人間のスマガットであり、それは生者に対してときに祝福、ときには災禍をもたらすエージェントとして死後も活動し続ける。イニャワとスマガットの違いについては、イニャワは「息」であり、人の呼吸とともにある生命のようなものだが、スマガットは生命の影のような存在だとして対比的に語られる。概してイニャワは生命活動を司る存在であるのに対して、スマガットはむしろ死後に故人の身体を離れても活動し、ときには夢の中で生者に姿を見せたり、生者の態度に応じて祝福や不幸をもたらしうるとされる。スマガットと似たものとしてンボという概念がある。両者は同義語のように扱われる場合もあるが、厳密に言えば、死者ないし祖先の霊のうちスマガットは固有名をもった特定の具体的な個人の霊であるとされる。これに対してンボは固有名のない集合的でより抽象的な祖先を指す場合が多い。

ジンやドゥワタと総称される精霊は、人間やスマガットと同様に神の被造物であるとされ、もともとは「上の世界（awan「空」「天」なども意味する）」に由来する存在であるとされる。また同時に精霊は自然界のさまざまな場所を移動したり、ときには海や浜辺、森や樹木、岩など特定の場所を棲み家とする複数の霊的存在であり、それぞれが固有名を有しているとされる。ただしその数があまりに大量なので熟達したシャーマンなどでないかぎり、こうした無数に近い精霊たちの名前を数え挙げることができるものは稀である。ときに精霊は人に憑依したり、あるいは人の夢に入り込んでメッセージを告げる。

精霊のなかでも、とくに強力であり、ときに人間に病気や各種の不幸などの災禍をもたらすこともある部類のものはサイタン（saitan）と呼ばれる。これは精霊を意味するジンという語の場合と同様、アラビア語起源であり、もともとは悪魔を意味するシャイターンという言葉に由来する。

サイタンは自由に空間を移動するものもあるが、大きな岩、木、海の大きな珊瑚礁といった具合に、それぞれサイタンごとに宿る場所が決まっているとされることもある。

サイタンは危険な存在であるので、その棲み場所とされる特定の岩や樹木などはなるべく避けるべきとされ、近づく必要がある場合には緑色や白、黄色の小旗を立て、タバコや香水、ベテルナッツなどの供物を奉げるなどのかたちで敬意を払う必要がある。

こうした敬意を払うことを怠ると、最悪の場合、死や各種の病気、あるいは不漁や事故などの不幸を招きかねないとされる。S島で筆者が長期滞在していた家の隣家に住む若者の肩に腫瘍ができた際にも、それは近隣の者からは「サイタンの病（saki saitan）」ないし「ジンの病（saki jin）」であるとされた。こうしたサイタンの病は、しばしば風に乗って来たサイタンによって引き起こされるとされ、そうしたサイタンを運ぶ風を「悪い風（alaat baliyu）」と呼ぶ。また結膜炎などの眼病もサイタンの病とされる。眼病も風に関係しているとされ、サイタンと風の連想がここにも背景にある。シャーマンのなかにはサイタンについて「サイタンはときどき人を殺す。これはタウスグ人と同じだ」といった語り方をする者もいる。また純粋な精霊であれば良きことを為すが、サイタンは悪しきことを為すと説明する者もいるが、また精霊であっても人間が敬意を払うことを怠ればやはり病気などの不幸をもたらすと語られることもあり、サイタンとそれ以外の精霊の性質の区別は必ずしも明瞭ではないことも多い。なお、こうした各種の精霊の世界と人間の世界を媒介する者として特殊な霊的能力を備えるとされるシャーマンが存在し、さまざまな儀礼を実践している。[6]

三 シャーマニズムの信仰と実践

1 S島のシャーマニズム

S島のサマ人の間におけるシャーマニズムは、ジンやサイタンなどの精霊であるとか先に挙げたスマガットやンボなどの霊的存在への信仰を基盤としたものであり、シャーマンは、この不可視の霊的存在と交信し、また精霊などが憑依することによって、予言や治療などに能力を発揮するとされる。

シャーマンの多くは専業ではなく、儀礼などの場においてだけシャーマンとして務め、他の時間はふつうの者と変わらない生活を送ることが一般的である。女性のシャーマンは、産婆を兼ねることも多い。通常は、病気に罹って苦しみ、他のシャーマンから治療してもらって回復した経験であるとか、夢でのお告げといった神秘的啓示を契機として、シャーマンとしての能力を発揮し始める場合が多い。S島ではシャーマンはワリジン（walijin）ないし単にジンと呼ばれる。[7]後者のジンという語は先に述べたように精霊自体を指す言葉と同一であり、そのため日常会話においては、シャーマンとシャーマンに憑依する精霊がとくに区別されずに言及されることも少なくない。シャーマンによっては固有名を持つ複数の別々の精霊が憑依するシャーマンもいないではないが、たいていの場合、それぞれのシャーマンには特定の一人の精霊だけが憑依することが多い。

多くのシャーマンは、儀礼の場において踊りや歌によるトランス状態を通じて精霊と交信する。精霊は「上の世界」からやってきてシャーマンの身体に憑依してくるという。何人かのシャーマンは、「ジンの言葉（ling jin）」と呼ばれる、トランス中だけ使用する特殊な言語で精霊と交信する。何人かのジンは、ジンだけが理解で

写真１　儀礼中に踊るＳ島のサマ人シャーマンたち

きる文字でメッセージを紙に書く[8]。

概してシャーマンは、トランスにおいて痛みを伴う非日常的な独特の身体感覚に包まれており、後で詳しく述べる「祖先の時間（waktu bai kamattoahan）」のイメージ（必ずしも視覚的ではない）に全身が包まれ、強い感情に突き動かされて、思わず泣いてしまう場合もある。トランスの際にシャーマンは、精霊から各種のメッセージやヴィジョンを得る。

２　シャーマン集団とシャーマンの技能習得過程

Ｓ島のサマ・ディラウトには、主な儀礼を主宰する単位として、一〇人前後のシャーマンを擁する複数のシャーマンの集団が存在し、それぞれのグループごとに、ナクラ・ジン（nakura jin「ジンのリーダー」）と呼ばれる特定の一人のリーダー格のシャーマンが存在する。なお一九九〇年代前半のＳ島では、こうしたシャーマン集団が一〇グループほど存在し、それぞれナクラ・ジンのもとで独自に儀礼を実施していた。シャーマン集団は一人のナクラを中心に古参のシャーマン、新参者のシャーマン、そしてまだシャーマンではないが、「精霊の病」に罹ってナクラの家に住み込み中の患者、そして全く病気ではないが年期儀礼などの機会において儀礼参加者となる近所の一般の村人などがその構成メンバーとなる。ただしこうした区分は必ずしも絶対的ではなく、また村人など周辺部に行けば行くほどそのメンバーシップは流動的である。こうしたシャーマンの地位は必ずしも世襲ではなく、個人ごとにシャーマンになるまでの過程も多様である。

シャーマンの個々の治療場面は、病気の種類やその段階、患者個人の状態などに応じて異なってくる。治療者であるシャーマンは薬草やその他の「薬」（必ずしも近代医学的意味における薬ではない）を使用したり、マッサージを施す、患者を入浴させる、音楽を演奏し、ともに踊る・歌うなどといった身体的実践（身体的相互行為）を組み合わせて治療を実施していく。

シャーマンの治療儀礼は、患者の家で行われることもあるが、病いが長期に渡り、それが「精霊の病」であると見なされる場合などには、患者はシャーマンの家に移され、そこでシャーマンと生活しながら治療を受けることもある。そのなかで憑依などを統御する技法の習得とともに、その治療者シャーマンが帰属するシャーマン集団が主宰する、各種の年期儀礼などにおいても患者は一定の役割を果たして行く。

典型的な「精霊の病」の場合、患者は長期に渡り各種の身心の失調に襲われる。これはある特定の精霊がその患者にとりつき、体内へ憑依することに対して、患者が抵抗したり、うまく受け入れる術を知らないがためだと説明される。この場合、「治療」とは何よりもその精霊を受け入れ、自らも憑依を自在に統御しうるシャーマンになる過程である。こうしてある種の病においては患者が治療場面へ参加することは、そのままシャーマンへとなる成巫過程の一段階であり、治療への参加はこうして憑依など身心の変調を統御するシャーマンの身体技法を学習する過程として見ることができる(9)。

村人の主観的意識においては、村人の誰が「精霊の病」に罹ってシャーマンになるかはそれこそ精霊の気まぐれな意思次第であるが、しかし実際には、親子やオジ・オバからオイ・メイなど比較的近い親族内でシャーマンが続いて出ることは少なくない。そしてそうした場合、治療も自動的に自宅やオジ・オバの家でシャーマンである親や親族の手で行われる。こうした場合に典型であるが、患者の生活の場と治療場面は重なっており、シャーマンとしての技能も長い期間をかけて、そのシャーマン集団の活動に参加することで身につけていく。

３　シャーマニズム儀礼の諸相

現在では住民の大部分がイスラーム化したＳ島のサマ人の場合、その宗教生活のなかで今日ではイスラーム系の儀礼が占める割合は大きなものがある。なかでも金曜日のモスクにおける集団礼拝や、一日五回の礼拝、あるいは断食月明けの大祭などの実施は、Ｓ島のサマ人も他のスンニ派ムスリムと概ね共通している。[10]

しかしながら、Ｓ島においては、現地でアガマというカテゴリーで括られるこうしたイスラーム系の儀礼的な諸実践とは別個に、それと並行して、アダット（とくにアダット・バイ・カマットアハン）すなわちサマ人の慣習（伝統）、ないし「祖先のやり方」に即したさまざまな儀礼も、引き続き実践され続けている。こうしたアダットに即した儀礼のなかには、たとえば漁師が漁を行う際に個人的に行う呪術的実践など、必ずしもシャーマンが介在しないような儀礼も存在するが、ここでは、とくに先に紹介したシャーマニズムと結びついた儀礼のうち、先に挙げた治療儀礼以外の主要なものについて取り上げて紹介したい。

４　マギガジン儀礼

マギガジン（magigajin）、あるいはパグジン（pagjin）、イガルジン（igaljin）などと称されることもあるこの儀礼は、精霊（ジン）に対して踊りを供物として奉げる儀礼であり、ほぼ三ヵ月に一回の頻度で、月齢一三日目から一五日目にかけての期間、夜の八時から一〇時頃の時間帯に実施されることが多い。この儀礼では複数のシャーマンの他に一般の村人も含めて平均して約一〇人から三〇人の参加者が参加する。

儀礼の場は特定のシャーマンの家（Ｓ島で一般的な杭上家屋）のベランダであることが多い。参加者の多くは精霊が好む色とされる黄色や緑色の服、白い頭巾などを身につける。参加者はナクラ・ジンの周囲に集う。ナクラ・ジンは精霊へ祈祷する。そして精霊がシャーマンの体内に憑依する。他のシャーマンや村人の参加者は伝統的なクリンタガン（鉄琴の一種）などのパーカッションの合奏に合わせて激しく踊る。すると精霊はシャーマンや一般の村人の参加者にも次々と憑依していく。

この儀礼の目的は病や死を起こす悪霊を追い払い、大漁や長寿を精霊ジンに願うものだと語られる場合もあれば、S島の学校教師をしているインフォーマントは、英語を交えて「精霊を楽しませるためのエンターテイメント」だと説明することもある。なお、このマギガジン儀礼の前には参加者はエイの一種など特定の魚の食用が禁止される。これに違反すると、儀礼の後で体が疲労困憊するのだとされる。

5　マグパカン・スマガット儀礼

マグパカン・スマガット（magpakan sumangat）とは文字通りには「スマガットに食べさせる」ことを意味する。これは雑駁に言えば死者の霊（スマガット）への追悼・供養儀礼の一種であると言うことができる。具体的には、比較的最近に亡くなった故人を偲んで、その残された家族や子孫がシャーマンとともに故人の墓に赴き、その故人が好物だったタバコや食べ物をお供えしたり、墓に水を注ぐような儀礼を主に指す。

このマグパカン・スマガット儀礼では、その場でシャーマンや家族が次のような文句を唱える事が多い。

「ここにあなた方（故人）のキョウダイや父方、母方の親戚などが集まっています。彼らに長寿を与えたまえ。この儀礼を続けますから。そしてあなた方（死んだ祖先）を忘れずに思い出し続けますから。彼ら（生者）に長寿を与えてください。なぜなら私たち（生者）はこうして全員が儀礼に参加しているのですから」。

なお、この儀礼は次に述べるマゴンボとは異なり、あくまで固有名をもった特定の具体的な個人の霊（スマガット）を対象とした儀礼である。

6　マゴンボ儀礼

マゴンボと称されるこの儀礼は、S島のサマ人の伝統的な宗教的実践にとってもっとも中心的な儀礼であると言っても過言ではない。なおンボとは、サマ語において祖父母ないし祖先のことであり、マゴンボとは「祖先への儀礼」を意味する。祖先の霊の救済と喜びのために実施されると説明されることもある。先に挙げたマグパカン・スマガット儀礼とは異なり、マゴンボでの対象は特定の固有名を持った特定の祖先の霊（スマガット）というよりもむしろ、より抽象的・集合的な祖先の霊（ンボ）、ならびに精霊（ジン）が儀礼での主な対象であるとされる。

この儀礼は多様な機会に実施され、しばしば病気や不漁などの不幸な状態や出来事を解消し、異常を正常化するよう祈願するために実施される。また旅の安全を祈願したり、不幸や病気からの回復のためにも実施される。こうした不定期のマゴンボとは別に、年に1回だけ、特別のマゴンボが実施される。これを他のマゴンボからとくに区別して言う際にはマゴンボ・パイ・バハウ（magmbo pai bahau）すなわち「新稲のマゴンボ」と呼ばれることもある。

このマゴンボはスールー海域世界においてS島以外のサマ人の間でも広く実践されているが、ここではとくにS島におけるマゴンボ・パイ・バハウ儀礼（以下、マゴンボと記）に関する一九九〇年代前半における観察と聞き書きによる資料をもとに、その概要を記すこととしたい。

S島ではマゴンボは年に一度、新米の収穫される九月中旬から一〇月にかけて実施される。儀礼の場所は原則としてシャーマンの集団がその歴代のナクラ・ジンの家で順番に実施する。シャーマンでない一般の村人、とくに治療儀礼をしてもらった患者なども参加し、儀礼の準備を手伝う。家のなかには木の皮で囲まれたなかにタウィタウィ島から運ばれてきた米を備え、そしてココナッツの果実もお供えしておく。またパニャム（panyam）と呼ばれるお菓子やウコンで着色した御飯も供物として用意する。マゴンボで使用する米は、タウィタウィ島から来たものを使用しなくてはならないとされる。これは太陽の方向（東）から来た米だから、という理由づけがされることもある。こうしたココナッツ果実や米や着色した御飯、お菓子などの供物はワリジンのクライアント（過去に治療してもらった患者）や親せきなどが準備する。

なおマゴンボなどの儀礼で使用するシャーマンの衣裳であるとか、テポ（tepo）と呼ばれるパンダヌスの葉で編んだマットレスなど儀礼で使用される道具や備品などは総じてドゥワアン（duwaan）と呼ばれ、同じ家で保管される。マゴンボ儀礼の本番ではイマム（モスクの礼拝指導者）やパキル（pakil イスラームの儀礼を司る者）も参加する。

写真２　Ｓ島でのマゴンボ儀礼の様子

儀礼が始まるとまずパキルがキターブ（kitab アラビア語で書かれたイスラームの書物）の一節を読誦する。これは典型的なのはムハンマドの生涯についての本の一節などである。次にブイス（buis）と呼ばれる寄付金をシャーマンに渡す。これは過去に治療してもらったクライアントが感謝のしるしとして支払うものである。シャーマンはその（元）患者の名を混ぜた呪文をサマ語とアラビア語、タウスグ語などの混じった特殊な儀礼用の言葉で唱える。もう一度パキルがキターブを読誦（アラビア語）し、またアナミン（anamin）というアッラーの恵みを受けるしぐさを皆で実施する。さらに精霊に関する歌（lugu）をパキルらがサマ語で歌う。この歌はカンドリ（kandli）と呼ばれる。この歌の詠唱の際には強いお香が焚かれる。

このカンドリの途中で、トランスしたシャーマンがお供えされたココナッツの実などの質を批評して告げる。具体的には、このココナッツは良いとか悪いといった評価である。ココナッツの実は、概して色が緑色でかたちの整ったものが良いのだとされる。ときには供物の米についても、その量や質を批評するメッセージをワリジンが告げる。この時の言語は「ジン（精霊）の言葉」と呼ばれる特殊な儀礼語であり、この儀礼語をシャーマンの助手が通訳して皆に伝える。

こうしたお告げに前後してシャーマンが、その場に倒れこんで吐くようなしぐさをしたり、あるいは突然、感極まったかのように泣き出してしまい仲間のワリジンに抱きかかえられたりするようなことが、しばしばある。これは精霊（ジン）がワリジンの体内に憑依（atakka「到着」）してトランスし、あるいは逆に身体から精霊が離れた際の典型的なしぐさであるとされる。

この他にトランス中のシャーマンの口を借りて精霊は、マゴンボ儀礼の手続きが正当であり、ゆえに満足しているとか、逆に儀礼が間違っているので不満だとか、あるいは親族間での紛争について、それが解決しないと特定の人の病気が治らない、ある人の病気は儀礼に参加しないゆえの祟り（busung）だ、などといった内容のお告げを儀礼に応じて告げる。場合によっては水不足や犯罪の発生などを予知し人々に予告する。

この後、マゴンボ儀礼では、シャーマンによるトランスとそのお告げが済み、精霊が去った後で、パキルらの主導でまた皆でアナミンをして儀礼は終わる。ある家でのマゴンボが済むと別の家にシャーマンらは移動して、そこでも同じ手順で儀礼を実施していく。そのシャーマンの集団の歴代のナクラ・ジンの家で儀礼を済ませてからすべての行事が終了となる。

7　「祖先の時間」――想起としてのトランス

マゴンボなどの儀礼の場でトランスに入ると、シャーマンは強い感情に突き動かされて泣いてしまうことがある。このときシャーマンは、遥か昔の人々や精霊のいる場所についてのイメージやヴィジョンに身体を包まれ、とても奇妙で非日常的な感覚を抱くという。トランス中に精霊自身の姿を見ることができないが、それを感じることはできると語るシャーマンもいる。トランス中はイマジネーションに満ちた、イマジナリーな時間であり、「祖先の時間」という特殊な様態の時間として意識されている。

この「祖先の時間」は、サマ語においてワクト・バイ・カマットアハンと呼ばれる時間であり、字義通りには「過去の祖先の時間（時代）」を意味する。このうちワクト（Waktu）という語は、アラビア語起源で「時間」「時代」を意味する。このワクトは、外部の出来事や政治家の名前などと合わせ時代区分のマーカーとなりうる。たとえば **Waktu Kastila**（スペイン時代）、**Waktu Milikan**（アメリカ統治時代）、**Waktu Bono Jipun**（太平洋戦争期）、**Waktu Markos**（マルコス大統領期）等々である。この「**Waktu** ＋固有名」の系列は、西暦による年表の体系のように、時間に関する哲学者マクタガートの言うB系列的な側面（出来事の先後関係の序列）を有するが、ただし西暦とは異なり定量的ではない[11]。

これに対して「祖先の時間」は、B系列的な時間軸上のどの特定の時点にも限定されず、逆にどこでもありうる時間として存在し、B系列的な時間軸とは別の次元において現在と共存するような、いわば「現在する過去」、ないし「未完了の過去」とでも言うべき側面を有している。言い換えれば「祖先の時間」は 現在から見ると既に失われた大昔の先祖たちが生きていた過去の時間・時代であるとともに、また同時にそれは現在と並行して、ある意味では現在も別の次元では「ジン（精霊）の場所（lahat jin）」という潜在的（ヴァーチャル）な空間のなかに存在しつづける時間でもあるとされ、それゆえにシャーマンがトランスを通じてアクセス可能な時間としても捉えられている。

このトランス中の感覚はとても奇妙で非日常的なものであり、シャーマンがこの身体感覚を解釈する技術は、漁師が漁場で自然の徴候から次に来る状態を予測するのと同じだと説明する者もいる。たとえば熟練の漁師は雲がとても厚いことから凪の季節が近く、ゆえに暑く、風が無くなることを知ることができるが、それと同じように、身体に起きた感覚を通じて、シャーマンは霊のメッセージを人間へ伝えるのだという。

精霊メッセージはその都度の儀礼に応じて多様であるが、概してジン（精霊）が望むのは、共同体がいつも平静で平穏（asannang）であること。言い換えれば共同体のなかが騒がしくなく（mbal ahengol）、とくに親族内で犯罪や諍い・ケンカ・対立などがないような状態（後で紹介する概念で言えば、「冷たい（adingin）」状態）であることを精霊は望んでいるとされる。

シャーマンのトランスは、潜在的な過去である「祖先の時間」へ現在からアクセスし、「祖先の時間」とそこにおける「祖先のやり方」を思い出す（angentom）、想起するような行為としても捉えられている。こうしてトランスにおいて「祖先の時間」を想起することには、道徳的、倫理的な含意を伴っている。というのは「祖先の時間」こそ、サマ人の「祖先のやり方（祖先のアダット）」（アダット・バイ・カマットアハン）が模範的なかたちで維持・実践されていた時代であるとされ、この「祖先の時間」でのあり方に照らして、儀礼の場で精霊はシャーマンへその望ましい本来の生活の実践の仕方（アダット）を人々へお告げとして伝えるからである。

こうしたマゴンボなどのシャーマニズムの儀礼は、シャーマンによるトランスを通じて、「祖先の時間」での模範的な過去のアダットを人々に想起させ、人々が過去の祖先たちのアダットに従い、それを反復することを促していくための記憶の媒体のような役割を含みこんでいると言える。移動性と分散性を特徴とするサマ人の社会において、マゴンボに代表されるシャーマニズムの儀礼は、そうした流動の状況のなかにあっても、潜在的な「祖先の時間」を繰り返し現在に反復し、アクセスすることを通じて模範的な祖先たちのアダット、つまり「祖先のやり方」を現在に再生産する装置のひとつとして位置づけることができる。

この事情は、次に紹介する儀礼に参加しないことによる「祟り」や、祖先を忘却することをめぐる「想起の病(saki nientoman)」をめぐる信仰、「熱さ」と「冷たさ」をめぐる観念などを検討するなかで、より一層、明瞭になってくるものと考えられる。

8 「想起の病」と祟りをめぐる信仰

S島のサマ人の間では、ここで挙げたマグパカン・スマガット儀礼やマゴンボ儀礼など各種の祖先祭祀的な儀礼が現在でも実践されている。そして生者がこうした祖霊への儀礼を怠ると、祖霊が「想起の病」と呼ばれる病気を、子孫である生者に引き起こしうると信じられている。この「想起の病」において留意すべきなのは、想起するという行為の第一の主体は、生者である患者ではなくむしろ死んでしまった祖先(の霊)であると想定されている点である。たとえばある種の病気は、シャーマンらによって、患者の病が「想起の病」であると診断され、その病気は特定の亡くなった祖先のことを患者が忘却してしまったために罹ったと説明される。

この背景には、死者は生者から忘却されることを嫌がり、病を通じて生者に忘却を反省させ、再び死者を思い起こさせる、という論理が存在する。たとえば、子孫が長期にわたって故郷の生家に帰らないと、生家の祖先の霊が子孫を思い出し、その結果、子孫に病気を招き、あるいは働いても収入が少ないといった不幸の出来事が起きるとされる。ゆえに子孫は祖先を忘れないために定期的に故郷を訪問し、墓参りや祖先祭祀を実施すべきだとされる。

故人の記憶が病という身体症状に出たり、夢に出たり、つまり生者のエージェンシーに回収できないような出来事として噴出してくる。夢や病気は当事者の身体に生起する出来事や現象でありながらも本人のエージェンシーによって制御しえないような現象ないし出来事であり、その意味では憑依現象などに通じる契機があるといえるだろう。

いずれにしてもサマ人社会は既に述べたように移動性が高く、家族や親族がS島を離れてマレーシア領サバ州の各地に分散居住するといった事態は珍しくない。しかしながら、こうした移動分散性にもかかわらず、ときには出身地であるS島に戻って祖先の墓に墓参したり、マゴンボなどの重要な儀礼に参加することは、S島のサマ人にとって欠かせない重要なアダットの一部を構成するとされる。そしてS島での墓参や、マゴンボなどの儀礼への参加を怠った者には先述の「想起の病」や、祟り（busungないしnilotok）による病気や不漁その他の不幸な出来事が襲うことがあるという観念が流通していることも事実である。

ちなみに、スールー海域世界の住人のなかでもタウスグ人や、同じサマ語系集団のなかでもサマ・デア人（「陸のサマ」人）の間では、一九九〇年代以降は一部の島々を除けば相対的にこうした祟りの信仰は希薄化の傾向にある。これに対してS島のサマ（サマ・ディラウト）人の間では、この祟りに対する畏れは一九九〇年代以降も根強いものがあり、この信仰ゆえに、あまり長期にわたって祖先の地を離れたり、過度に分散する（magkanat）のは良くないとされ、仮に移動・分散していても定期的にマゴンボやその他の儀礼などの機会に祖先の墓のある地であるS島へ里帰りすることがふさわしいと意識されている。

以下に挙げるのはこうした信仰をめぐる語りの一例である。

【マイダニの語りの要約・抜粋】

S島で現在は小学校の教師を務めるマイダニは、若い頃は、祟りという「迷信」の存在のせいでS島のサマ人はタウスグ人やサマ・デア人などに比して出稼ぎなどの頻度や期間が短くなり、そのために経済的に他民族より立ち遅れたのだ、と考えていた。このため彼は、国境を越えてマレーシアのサバ州の東海岸に渡ってアブラヤシ農園などで出稼ぎをした。サバでは一年間以上に渡って出稼ぎをし、その間故郷のS島には一度たりとも戻らなかった。すると妻とともに残してきた幼い長男が病死したという知らせを、マイダニは聞いた。この出来事でマイダニ自身も祟りを確信した。長男の死は、数年前に亡くなったマイダニの母のスマガット（霊）祟りによるものだったのだ。

結語――流動性のなかの文化的再生産

筆者が一九九二年から一九九三年にかけてS島のサマ人の家に長期滞在していた際にも、センポルナ周辺などサバ側に移住している家族や親戚が結婚式や葬儀、あるいはマゴンボへの参加や墓参などの名目で訪問してくることは日常的な出来事であった。また時には、病人が国境を越えてサバ側からS島に運ばれてくることもあった。これは長期にわたってS島を離れてサバに移住していた者が病気に罹り、それがS島に埋葬されている近親の故人による「想起の病」だと診断されて、その治療のためにS島に戻ってきたという場合が少なくなかった。

なおS島のサマ人は第二次世界大戦後に家船生活を放棄して陸地定住化を開始し、現在では一部の例外を除きほとんどの者が遠浅の岸辺に建てた杭上家屋で生活をしているが、かつて家船での漂海生活をしていた時代でも、死者を特定の陸地に埋葬し、定期的に墓参するなどの慣行が存在していたと語られる。

またマゴンボなどの儀礼の際に使用されるシャーマンの衣裳やマット、楽器などの道具をドゥワアンと呼ぶが、このドゥワアンは、シャーマン集団のなかでも特定のナクラ・ジンの家で保管され、できる限り他の場所に移動させるべきではないとされる。たとえシャーマン自身が一時的に移動しても、そのドゥワアンは移動するべきではないともされる。たとえばS島のシャーマンがセンポルナに移住しても、その際にドゥワアンだけはS島のもともとの家で保管され続け、マゴンボなど重要な儀礼のときにはシャーマンはセンポルナから戻って来て、あくまでS島で実施するべきだとされる。そしてドゥワアンは非生物の「もの」ではあるが、ある種の潜在的なエージェンシーを発揮する独特な「もの」であるとされ、定期的に儀礼などを通じてドゥワアン自体へ敬意を払うべきであり、それを怠るとドゥワアン自体が人間を祟ることもありうるとされる。

さて、シャーマンと同様に一般の村人においても、普段は数ヵ月から半年以上に渡って漁や交易の旅などでS島を離れてスールー海域世界のなかを移動し、分散居住するのが常態であったとしても、定期的にS島に戻ってマゴンボなどの儀礼や墓参を忘れないことがアダットとしてふさわしいとされ、それを怠ると「想起の病」などを含む祟りの可能性を逃れ得ない。

こうしてマゴンボなどのシャーマニズムの儀礼と、それにまつわる各種の信仰、あるいはそのマテリアルな基盤としてのドゥワアンは、普段は移動性や遠心性、離散性の高いS島のサマ人の社会のなかにあって一種の求心性や凝集性の核ないし不動点のような存在として捉えることができるだろう。

ちなみに家船での漂海時代でも、このドゥワアンは特定の家船で保管されてきた。その家船は特別なものであり、日常の漁などに使用することはせず、できるかぎり根拠地となる停泊地の中心にいつも置かれているべきとされていた。また家船での漂海生活をしていた当時は、基本的に故人の持ち物は墓に死者とともに埋葬してしまうことが多かったが、シャーマンの儀礼用の道具であるドゥワアンだけは、シャーマンの集団のなかで相続され保管されていった。この事情は現在でも変わらない。

このように、概してマゴンボに代表されるような伝統的な儀礼や、ドゥワアンなどの物などの存在は、一方では移動性の高さを顕著な特徴とするS島のサマ社会のなかにあって、そうした流動性のなかにおいても「祖先の時代」との連続性を担保し、「祖先のやり方」を反復ないし再生産するための儀礼的ないし物質的な基盤のひとつと見ることができるだろう[12]。

注

（1）本章の記述は、主として筆者による一九九〇年代前半（とくに一九九二年から一九九三年にかけて）のスールー諸島S島周辺における現地調査、および一九九〇年代後半以降の比較的短期の補足調査によって得られた資料に基づく。同島のサマ人は、第二次世界大戦後に陸地定住化ならびにイスラーム化した集団という点で、サマ語系集団における文化の変化と持続の両側面を考える上で格好の試金石となると考えられるためである。より具体的に言えば、同島のサマ人は現在ではその約九割以上が名目上はムスリムでありながらも、他方で漂海生活を営んでいた時代の社会・文化的慣行や特徴も強く残している。言い換えれば、S島のサマ人は、漂海生活を営む（たとえばマレーシア側のセンポルナ地区のO島のサマ人のような）より伝統的なサマ人のハビトゥスと、より最近の傾向であるイスラーム復興の影響を受けた（たとえばT島などの）イスラーム主義的なものを含む外部文化の影響が相対的に強いサマ人のハビトゥスとの、ちょうど中間的で移行的な状況にある存在として位置づけることができるだろう。この意味で、S島のサマ人の状況は、流動のなかでの文化の維持（ないし再生産）と変容（ないし生成）の二面性を検討する上で重要な対象だと考えることができる。

（2）ムスリムが信ずべき六つの信仰対象（アッラー、天使、啓典、預言者、来世、運命）と実践すべき五つの行（信仰告白、礼拝、喜捨、断食、巡礼）を指す。

（3）サマ社会におけるアダットは、単に外部から個人を拘束する規範といった概念の外延だけに収まるものではなく、ブルデューの提唱するハビトゥスの概念とある面で類比的な特徴を含んだものと暫定的には言えるかもしれない［ブルデュー一九九一：一〇六］。

（4）ただしスールー海域世界において、全ての民間信仰が個別的で民族的なアイデンティティの自覚に結びついているわけではない。たとえば民間信仰のうちに数えられるイルムと称される秘儀的・呪術的知識の場合には、むしろトランス・エスニックな性格を有している。また逆にイスラームのトランスエスニックで包摂的・普遍主義的志向性に関しても、それはあくまでイスラーム化した集団の信者内のものであり、たとえばO島のサマ・ディラウト人のような未だイスラーム化していない集団に対しては、イスラームはむしろ（包摂的原理ではなく）排除するマーカーとして作用することがある。しかし一般論として言えば、本章で扱うS島の「祖先のやり方」に沿った儀礼的実践は、とくにイスラームと対比させた場合には、サマ人としてのエスニックな文化・民族的同一性や境界を強く意識させるものであると言える。

（5）スールー海域世界の信仰に関する報告や先行研究としてはニッモ、キーファー他の諸研究がある［Casino 1974; Nimmo 1975; Jundam 1983; Kiefer 1985; Bottignolo 1995］。

（6）また超自然的な霊的存在の頂点には神（トゥハン）が位置する。イスラーム化したサマ人にとってはイスラームにおける神アッラー（Allah）はトゥハンとほぼ置換可能な概念であるが、Ｓ島のサマ人の日常的な会話の文脈では現在でもアッラーよりトゥハンの語を用いることの方が一般的である。

（7）なおＴ島ではシャーマンをパパガン（papangan）と呼ぶが、その技能の習得過程などの概容はＳ島におけるシャーマンの場合と多くの点で共通している。

（8）シャーマンが憑依中に書いたメッセージの記された紙をトゥンブック（tumbuk）と言う。トゥンブックの内容は主に儀礼の式次第などだが、憑依中でない限りシャーマンでもその文字を読むことはできないとされる。というのはトゥンブックを書いたエージェントは人間としてのシャーマンではなく憑依した精霊自身であるとされるからだ。

（9）当然だが全ての「ドゥワタの病（saki duwata）」の患者が治療可能な訳ではなく、憑依や身心の失調が続いたあげくにシャーマンの治療の甲斐なく遂にその状態をコントロールできずに「狂人（binelau）」となってしまう患者や、最悪の場合、治療の途上で亡くなってしまう患者もいる。

（10）ただしスールー海域世界一般においては、同じムスリムであってもイスラーム系の儀礼や実践への参加・実施の頻度や度合い、敬虔さ、また儀礼の詳細などに関しては地域や個人ごとの差も認められる。なお二〇世紀の後半以降フィリピン南部ではイスラーム復興運動の影響が徐々に拡大し、モスクでの礼拝者数やメッカ巡礼者の増加などイスラーム系の儀礼や実践の拡大・強化の傾向を一般的には指摘できる。

（11）マクタガートは、時間の構成におけるＡ系列（現在、過去、未来の系列）とＢ系列（出来事の先後関係）の区別を提唱した哲学者として知られ、その議論は人類学における時間論の文脈でもしばしば言及されている［Gell 1992 151-160、床呂 二〇一一］。

（12）なお、本稿で記述した一九九〇年代前半のＳ島のサマ人における「祖先のやり方」をめぐる民族誌的構図は、基本的にはその後も傾向性としては持続していると考えられる。しかし敢えて違いを強調すれば、とくに二〇〇〇年代に入るとイスラーム復興運動などによるダッワ（布教・啓蒙活動）の影響力がＳ島を含むスールー諸島の各地で、より目立つようになってきた傾向があることを指摘できるだろう。現地のシャーマニズム信仰の担い手と、イスラーム復興運動の担い手などとの間での摩擦や葛藤、に関しては拙稿［床呂　一九九六、床呂　二〇一二］などを参照。

文献

床呂郁哉

一九九六　「アガマをめぐる『日常の政治学』」『社会人類学年報』二二、八一～一〇四頁。

一九九九　『越境——スールー海域世界から』東京：岩波書店。

二〇一一　「複数の時間、重層する記憶——スールー海域世界における想起と忘却」西井凉子編『時間の人類学』京都：世界思想社、二七八～三〇〇頁。

二〇一二　「フィリピンにおけるムスリム分離主義運動とイスラームの現在」床呂郁哉・西井凉子・福島康博編『東南アジアのイスラーム』東京：東京外国語大学出版会、九七～一二〇頁。

ブルデュー、ピエール

一九九一　『構造と実践——ブルデュー自身によるブルデュー』石崎晴己訳、東京：藤原書店。

Bottignolo, Bruno

1995　*Celebrations with the Sun: An Overview of Religious Phenomena Among The Badjaos*. Quezon City: Ateneo de Manila University Press.

Casino, Eric

1974　Folk-Islam in the Life Cycle of the Jama Mapun. In *The Muslim Filipinos*. Going, P. & Mcamis, R. (eds.),pp. 165-181, Manila: Solidaridad Publishing House.

Gell, Alfred

1992　*The Anthropology of Time: Cultural Constructions of Temporal Maps and Images*. Oxford: Berg.

Jundam, Mashur gin-Ghalib

1983　*Sama (Asian Center Field Report Series 2 No.1)*. Quezon City: University of the Philippines Press.

Kiefer, Thomas.

1985　Folk Islam and the Supernatural. In *TheReadings on Islam in Southeast Asia*. Ibrahim, Ahmad & Siddique, Sharon (eds.), pp. 323-325, Singapore: Institute of Southeast AsianStudies.

Nimmo, Arlo H.
1975 Shamans of Sulu *Asian and Pacific Quarterly* 7: 1-9.

バリにおける階層変動と浄・不浄
——食物のコントロールに見る上下の意識

中野麻衣子

はじめに

「イスラムの中のヒンドゥー」と呼ばれ、インドネシア随一の観光地として発展してきたバリ島（バリ州）は、現在、国内でも首都ジャカルタに次ぐと言われる経済的繁栄を享受している。人々の生活水準はここ二、三十年ほどの間に飛躍的に向上し、社会内部では消費を舞台に激しい社会的競争が展開している。「新中間層」と呼び得る新興富裕層が台頭し、社会内部の経済的格差が広がるとともに、旧来の身分階層即ち「カースト *kasta*」は、少なくとも政治経済的には、意味を失っている。社会階層の上から下までが社会的上昇を目指す競争に参加していく中で、いわゆる「消費社会」がバリでも幕を開け、その中で、階層構造に変化が生じている。

本章の目的は、バリで生じているこの階層変動のローカルな諸相の一端を明らかにすることである。具体的には、人々が自らの階層的な移動をどのように経験しているのか、そのバリ的なあり方の一面を示すことである。今日、バリの人々が認識する人々の間の階層差は、日常的な視線で捉えられる経済的な差異を反映している。

貨幣（価格）を尺度に階梯化されたモノの体系が社会階梯を定義しており、それが社会的競争の土俵になっている。バリ人の観念においてモノの秩序と人間の秩序は不可分な関係にあり、またモノの観念には力の観念が切り離し難く結びついている。したがって、モノの階梯におけるより上位の（つまり、より高価な）モノを所有・消費することが即ち社会的上昇を意味し、人々は、そうしたモノ――オートバイ（自動二輪車）よりも上位である車（自動四輪車）や、「中 *madya*」ではなく「上 *utama*」の供物を使った高ランクの儀礼など――を顕示することによって、まさにモノに備わった力を行使し、上昇した新しい自分を社会的に承認させる。このように文字通りモノの階梯を登るようにして、人々は社会的上昇を実現していく［中野　二〇一〇ａ、二〇一〇ｂ］。

しかし、バリ人の内心においては、周囲より上位のモノを所有・消費し、上昇したことを社会的に認められるというだけでは、階層移動は完結していない。いかに突出した上昇（富裕化）を果たし、社会的に尊敬を得ても、とりわけ平民層出身である場合、おそらくまだどこか納得していない、あるいは自分自身を説得できていない。周知のとおり、バリには称号として固定化されたかつての身分の位階（カースト）が存在する。[1] 今日では、高い称号を持つというだけでは何の特権も持てないのは事実であるが、経済的政治的にいかに上昇しようが、称号は基本的に変えられない。「民主化」が進んだとはいえ、従前の称号に基づく位階的秩序は、敬語の使用法や儀礼の領域で存続している。「伝統 *tradisi*」または「慣習 *adat*」として存続する従前の位階的秩序を乗り越えて、どのように人々は本当に階層的に上昇したと自ら納得するのであろうか。

実は、極めてセンシティヴでバリ社会内部でも公には決して語られないが、人々が上昇した自らの地位をいかに意識しているかが窺われる、バリ人独特と言える私的な行動がある。それは筆者も偶然目にしなければ知り得なかったかもしれない事実で、まさに人々が旧来のカーストの位階を説明する際に用いる概念――即ち浄・不浄、具体的には、他人の供物のお下がりを食べるか食べないか――に即した行動である。つまり、人々は、金銭的な努力によってモノの階梯を登り、獲得したモノを熱心に顕示するにとどまらず、公には「見えない」ところで供物即ち食物を操作することによって、自身の新しい階層的地位を確認しているのである。

本章では、「見えない」ところで行われるこの食物のコントロールについて記述することによって、今日のバリ人の階層的な上下の意識の深い部分に接近したい。同時に、これを通して、現在のバリ人の競争の土俵となっている社会階梯が、旧来の身分階梯とどのような関係にあるのかという疑問にも一部答えることになろう。

一　バリの位階と世界観――水の流れの隠喩が支える上下の秩序

従来の研究において、バリの位階と言えば、一般に「カースト」と呼ばれる、称号に基づく歴史的な位階の体系を指していた〔e.g. ギアツ　一九九〇、Schulte Nordholt 1996；Howe 2001〕。称号に基づいて、インドと同様の四つのカーストから成る身分階層――上から、ブラフマナ *Brahmana*、サトリア *Satria*、ウェシア *Wesia*、スードラ *Sudra* ――が存在するが、これはオランダによる植民地統治の中で実体化したものとされる〔Schulte Nordholt 1996〕。インドのカーストとは多分に異なり、高位祭司を輩出するブラフマナ層を除けば、職業との結びつきはない。また、特に旧貴族層（「内の人 *wong jero*」と呼ばれる上位三カースト）のうちの下位貴族において、称号とカーストの対応関係は明確ではなく、カーストの序列それ自体――ブラフマナ層とカーストとしては二番目に位置づけられる旧王族のどちらが上なのか――についても、バリ社会内部では議論のあるところである。

しかし、いずれにせよ、それが従前のカーストであるかは別として、バリ人の持つ位階の観念（上下・高低の意識）それ自体は、筆者の実感としても、知れば知るほど強烈である。それは人間の間の上下のみならず、人間の身体や着物、乗り物、建物などのモノにおける上下、屋敷や寺院、村という空間における高低など、生活空間全体を貫いている。バリに長く関わるほどに、面積は愛媛県ほどの、島の中央に三〇〇〇メートル級の山々が聳えるバリ島全体が、実に立体的で、位階化された宇宙なのだと感じられる。

よく知られるように、バリの世界観において極めて重要な対立として、山と海の対立がある。「山の方 *kaja*」はより浄なる方向であり、「海の方 *kelod*」はより不浄な方向である。だが、これは単なる方位上の対立ではない。この対立において重要なのは、「山の方」が「高い *tegeh*」ということ、つまり山と海の高低差である。「山の方」が「高く」、「上流 *luan*」であるから、より「浄 *suci*」なのである。バリ人の位階の観念と上下の秩序は、一部の研究者が示唆してきたように、山から海へと流れる水の流れの隠喩で説明可能である［Hobart 1978; Schulte Nordholt 1996］。即ち、「上流の水は清く、下流の水は汚い」。これが、物理的な高低・上下の感覚と不可分に結びついて身体化されたバリ人の浄・不浄観を端的に説明していると言える。そして、水は高い所から低い所へとしか流れない、つまり「水は上には流れない」［Hobart 1978: 13-23］。これが、バリ人の位階的秩序を規定している、いわば自然の原理であると言える。

Ｈ・シュルト・ノルドホルトは、この水の流れの隠喩に注目して、植民地時代以前のバリの王国を捉え直し、その本質的に流動的で虚弱な政治体系を説得的に描き出した［Schulte Nordholt 1996］。彼によると、王国の位階的秩序に形を与えていたのは、（生殖の）精液、（儀礼用の）聖水、（灌漑の）水という、下方へのみ流れる三種の「水」の流れであり、この水の流れに責任を持ち、統御するのが王であった［Schulte Nordholt 1996: 151-158］。精液も聖水や灌漑の水と同様に下方へとのみ流れる「水」と見なされたとは即ち、男性は自身と同等もしくは下位の階層の女性とのみ結婚可能であったことを意味する。水が上方へと流れることが不可能であるように、男性は自身より上位の階層の女性を娶ることは不可能であった。この婚姻（及び性関係）の規則に違反することは[2]、社会の秩序を脅かすのみならず、宇宙論的な秩序全体への挑戦となるものであった［Bellows 2003］。

しかし、今日では、称号・カーストの位階に基づくこの婚姻規則は完全に意味を失っている。独立後も巧みに観光経済に乗った富裕な旧貴族が多く、バリの中でも伝統的な権威が比較的強く保たれていると言われるウブドUbud〈郡〉に属するP村でも、筆者が調査を始めた一九九〇年代半ばにはすでに、旧貴族の女性と結婚した平民の例は数知れず、何も珍しいことではなくなっていた。筆者も当初は意外に思ったが、旧貴族層においても、結婚相手の条件として最も重視するのは、相手の経済力であり、旧来の身分ではない。

また、バリの他地域の状況に違わず、P村でも村の要職（行政村長、慣習村長など）には、スハルト体制崩壊後の二〇〇一年から旧平民が就くようになった［cf. 鏡味 二〇〇六］。L・ハウは、二〇〇一年の著書において、現代のバリ社会においても権力と影響力を持つ役職の大半を高カーストの人々が占めていることから、カーストの位階関係は今なお広範な意義を持ち続けていると主張していたが［Howe 2001: 3］、二〇〇八年には州知事も平民層出身者が就き、現在も二期目を務めている。バリ人たちが断言するように、今日、重要な役職に旧貴族が就いても、それは教育程度や実績や人柄によるものであり、カーストの権威そのものによるものではない。

旧来の称号やカーストの地位は、少なくとも政治経済的な実生活においては、有名無実となったと言える。現在も人々は、旧高位貴族、特に支配の頂点にあった旧王家（領主家）の人々には敬意を表するが、彼らはあくまで人々が敬意を表する数ある対象の一つにすぎない。王国の秩序を支えた階層としてオランダの間接統治の中で特権を与えられた貴族三カーストの権威は、事実上、過去のものとなっているのである。旧貴族の側でも、貴族として何らかの特権を求めることは時代錯誤と理解されており、旧来の身分に今も固執する者は「狂信的 *panatik*」と言われ、周囲からの冷ややかな視線を免れ得ない。

二　従前の身分階層と上下の秩序――浄・不浄と食物に関する禁忌

それでもなお、旧来の身分関係が見えなくなったわけではない。称号に基づく従前の身分の上下は、日々の生活の中では、まず、少なくとも三つのレベルに区別される敬語の使い分けや、どこに座ってもらうか（座る位置の高さ）といった礼儀作法の中に現れる。ただし今日では、旧平民であれ、社会的に尊敬される地位にある人々には、旧貴族に対してと同様に高位の敬語を用い、屋敷の中でも最も基壇の高い建物（東屋）に席を勧めるのが一般化しており、礼儀作法においても旧来の身分がそれほど目立つことはない。

旧来の身分は今日ではむしろ、儀礼の場面での次のような慣習的な行為・行動によって可視化する。即ち、自分より下位の者の私的寺院（屋敷寺や親族集団の寺院）では祈らない、つまりそこに祀られた祖先神からの聖水を受け取らない。そして、そこで捧げられた供物のお下がりは食べない。結婚式などの人生儀礼では人間に贈る供物もあるが、自分より下位の者に対する供物のお下がりは同様に決して食べない。

この背後にある理由を尋ねたならば、身分が高い者ほど「上に座っている *malinggih di duur*」からだといった簡単な言葉が返ってくるのみである。「上」ということは、より「高い」所、つまりより「浄」なる位置にいるということである。バリ人にとっての「上」という概念には、すでに「浄」という意味が含まれており、言語的に分ける必要のないものであるが、詳しく追究すればこのような説明が得られる。したがって、下位の者の特に供物のお下がりを食べることは永久的な穢れを被り(3)、伝統的にはその者と同じ地位まで降格するとされる［cf. Hobart 1978: 19］。実際、P村には、旧王家と同じ親族集団に属するにもかかわらず、例外的に低い称号を持つ一族がいるが、それはかつて先祖が騙されて下位の者の寺院の供物のお下がりを食べてしまったからだという。旧貴族が今なおとるこうした行動については、内心では「封建的（尊大）*piodal*」であると批判的に捉えている者も実際にはいるが、一般には「伝統」として容認され、表立った議論の対象となることはない。そして今日の旧貴族は、このような行動をとり続けてしかるべき儀礼的な浄・不浄による身分的格差を強調する傾向にある。

他方、旧貴族、旧平民を問わず、旧来の身分（カースト）の上下関係について筆者がこれまで人々から聞いてきた最も普遍的で日常的な説明は、従来の人類学者による説明とは多少違って、まさに今しがた述べたような浄・不浄に関わる食べ物の禁忌に関するものである。即ち、下位の者は上位の者の食べ残しを食べることができるが、上位の者は下位の者の食べ残しを食べてはならない、というものである。[4] これはもちろん普段の食事についてのみを言うのではなく、儀礼の供物も含む。バリ人の観念において供物とは基本的に「食べ物」である［cf. Nakamura 1989: 103］。そして、供物のお下がりとは、神々の（時に人間の）「食べ残し」に他ならない。実際、自分より下位の者の私的寺院や人生儀礼の供物のお下がりを食すことは、想像するだけでも「汚い *daki, jijik*」という身体感覚を覚えるという[5]。

写真１　台所に置かれた供物のお下がり（2014年）

食べることに困らなくなった今日では、普段の食事において、人が皿に食べ残したものを食べることは、家族同士でもほとんどあり得ないことである。それは残飯として、バリ人の観念において人間より下の存在である動物（豚や犬）にやる。人々が日頃から細心の注意を払っているのは、供物の扱いである。供物のお下がりは、一見してもそれとはわからない。だが人々は、台所に置かれた食べ物が、「未使用の（きれいな）*sukla*」ものなのか、供物のお下がりなのか、どこからのお下がりなのかを常に意識して食している。お下がりの果物や菓子はそれとわかる器に入っているが、日々のおかずにもお下がりの卵や椰子の実（油）を使って料理したものがある。それらは間違っても再び供物に使ってはならない。また、上位の者に誤って自分の属する私的寺院や人生儀礼の供物のお下がりを差し出したりすることがないよう、供物に用いる果物は果皮の一部を切り取るなど区別できるようにしており、その区別が重要であることは幼い子供でも理解している。

Ｌ・デュモン［Dumont 1980］が説明したインドのカーストとは違って、バリのカーストにおいて、浄と不浄の対立は相対的なランクを組織する第一の基準ではない。しかし、バリにおいてもそれは位階を説明する重要なイディオムの一つであるには違いなく［Howe 1984；2001］、今日ではとりわけ、以上に述べたような食物に関する禁忌をめぐる語りの中で、人間の間の浄・不浄は強調されているように思われる。ここでの浄・不浄観は、上位の人間が本質的に浄であるから下位のより不浄な人間のお下がりを食べないというよりは、下位の者が手をつけたものを食べないことで上位の者の浄性が保証されると説明する方が正しい。下位の者のお下がりを食べないという規則は、下位の者の寺院からの聖水を受け取らないという規則と並行する。供物（食物）も聖水と同じく、上から下へとしか「流れない」のである。別の言い方をすれば、供物（お下がり）の授受には常に、与え手が上で受け手は下であるという非対称的な関係が想定されるということである。

三　「平らになった」社会と社会的競争――モノの階梯を登る競争

以上に述べた食物に関する禁忌をめぐる説明や観察事実は、筆者があくまで旧来の身分階層（カースト）における上下関係について人々に尋ねたことを契機に得られたものである。しかし一方で、人々は近年の急速な経済発展に伴う階層構造の変化を認識している。その変化を人々は、「平らになった *suba marata*」と表現する。「平らになった」とは、まさにかつての王を頂点とした山が崩れたというヴィジョンであり[6]、端的には、富裕な者が多数現れ、旧王家の一族が突出している状況がなくなったことを意味する。今では、かつての王宮に匹敵する、あるいはそれをしのぐ威光を放つ立派な屋敷が村のあちらこちらに存在する。典型的にはこれが日常的なまなざしで捉えられる「平らになった」景観である［中野　二〇一〇a］。

ただし、「平らになった」という言説は、位階が消滅したということを述べているのではない。この言説は、位階そのものを否定しているのではなく、かつての位階に伴っていた規制が外れ、誰もが努力次第で上昇可能になったという機会の平等を謳うものである。かつて、少なくともP村では一九六〇年代まで、旧支配貴族による暗黙の、いわゆる奢侈規制があり、上位の身分の者と「同じにする（同じ高さにする）*mamada*」こと、つまり同じくらい高い屋敷塀や同じランクの東屋を建てたり、同じ衣装を着用したりすることはタブーであった[7]。しかし、一九七〇年代頃からこのタブーを破る平民層出身の富豪が現れ、今や、かつては高位の身分のみに許された屋敷・家屋の様式、儀礼・供物の規模や内容、その際の衣装や髪形など一通りのものはすべて、財力次第で誰にでも実現可能になっている［中野　二〇一〇a］。

従前の身分とは無関係に構成される富裕層が可視的な形で人々の間に存在している中で、今や誰もが富裕願望を持ち、上昇志向が、特定の一部の層に限定されず、下々の層まで広がっている。人々のモデルとなっているのは、従前の支配貴族ではなく、可視的な消費によってその圧倒的な富裕さを顕示している新興の富豪たちである。彼らに目標を置いて、上の階層はさらに上を目指し、下の階層も少しでも上昇しようという意識を強く抱いている。言うなれば、富裕願望と上昇志向それ自体が「平らになった」のである。

この中で、現在のバリ社会を特徴づけているのは、凄まじい社会的競争である。「ゲンシー *gengsi*」（尊厳、威信）と呼ばれる、いわゆる「顕示的消費」に相当する行動が、バリ社会を席巻している。その背景には、金銭を尺度に徹底して序列化・階梯化されたモノの体系があり、それぞれに階梯化されたモノ同士がセットになった固定的なモノのセットの階梯が、人間の間の階層構成を定義し、人々の消費行動を規制している。車を所有すれば、儀礼の供物は「上」でなければならず、衣装も「上」であるべきである。こうして人々は、自己の階層を定義しているモノのセットのさらに上のモノを所有・消費し、それを周囲に誇示することによって、上昇した事実を社会的に認知させ、社会階梯を登っていく。人間の地位が本質的にモノに依存している現代バリにおいて、人々はこのようにモノの階梯を登るようにして、社会的上昇を達成していく［中野　二〇一〇a、二〇一〇b］。

基本的には、これが人々の目に見える形での階層変化である。バリ人にとっては未だ垣根の高い車を所有し、かつては高位貴族のみが所有していた家屋を建て、「上」の供物による儀礼を行う。それで十分に周囲からは「上流」と見なされる。普通のバリ人には手の届かない高級車を何台も所有し、かつての王宮と見紛う豪華な屋敷を構えれば、その人は成功者として尊敬され、周囲の態度は変わる。ところが、社会的に上昇したという個々人の経験は、そうした「見える」ところで完結しているのではなかった。階梯を登ったという自己の意識、あるいは自分はここまで上がったという個々人の「尊厳・威信」つまりゲンシーは、むしろ「見えない」、語られないところで強く働いていたのである。

四　新しい地位の意識と食物のコントロール――「見えない」ところで持続する価値観

筆者は長らく、先述のように今日の旧貴族が浄・不浄による身分的格差を強調することを、政治経済的に急速に権威を失墜してきた彼らの最後の矜持のようなものだと思っていた。しかし、二〇〇〇年初めからP村の中でも「中流」と言える――オートバイは所有するが車は所有していない――旧平民Y氏の屋敷に住み始めてまもなく、そのような上下の意識と結びついた浄・不浄の観念は、かつての身分階層のみに備わった要素なのではなく、現在の新しい階層意識にも内在することを知った。結婚式から持ち帰った供物のお下がりの処理を偶然目にしたことから、他人の供物のお下がりを食べるか食べないかといった浄・不浄に関わる上下の意識は、称号やカーストの序列とは異なる、自転車―オートバイ―車―高級車とどんどん上に伸びていくようなモノの階梯による今日の新しい階層意識にも同様に存在することを知ったのである。

Y氏一家とは親戚関係にあるが異なる親族集団に属する村内のある屋敷の結婚式に出席した日の晩のことである。筆者がたまたまY氏の妻Lと台所にいると、そこへ日頃からよく行き来している隣の屋敷――周囲からは「持たざる者 *ane sing ngelah*」と見なされている屋敷[8]――の奥さんがふらりとやって来た。すると、Lはいつものように陽気に彼女とたわいない会話を交わしながら、その日新郎新婦への贈物として持って行き、（少額の金銭のみを渡して）お下がりとして持ち帰った供物――結婚儀礼において儀礼用東屋の供物台の上に並べられ、最高祭司の導きによって新郎新婦が二人で一緒にそのエッセンスを両手で扇ぎ寄せるようにして「食べる」（実際に口に入れて食べるわけではない）――の中身を、器からビニール袋に全部移して彼女に持ち帰らせたのである。筆者は、おすそ分けではなく全部あげてしまうことに何か不自然さを感じた。

写真２　新郎新婦が二人で目の前の供物を「食べる」。「ナタブ natab」という儀礼的行為。（2010 年）

隣の奥さんが帰った後にLに尋ねると、彼女はためらいがちに、なぜか声を潜めて、あれは人のお下がりだから自分は食べられないが、彼らは食べる、だからいつも隣の家にあげているのだと述べた。つまり人間への供物のお下がり、スルダン *surudan* ――それは供物台に置かれただけで実際には新郎新婦は触れてもいないものである――を食べることにはある種の不浄観が付きまとい、Lでも相手によっては食べられない、あるいは食べたくないという感覚があることがわかった。Lは最初は多くを語らなかったが、後日、次第に明らかにしてくれたところによると、要は他人に対して自分を低めたくないからだという。神々は人間より高い、上の存在であるため、寺院（屋敷寺を含む）で捧げた、つまり神々に捧げた供物のお下がり（ルンスラン *lungsuran*）は食べられる。しかし人間への供物のお下がり（スルダン）を食べるということは、その人間よりも低いことを認めることになる。したがってLは、同じ親族集団に属する親族以外の平民のスルダンは決して食べないのである。

これを知った時、筆者は少なからずショックを受けた。それまで筆者は何年も、誰からも、結婚式や削歯儀礼（成人式）などの人生儀礼の供物は、カーストが異なる場合を除き、皆食べるものだと聞いていたからである。しかも、それを食べることは、親族や近隣の人々との絆を強める非常に重要なことであると言う者もいた[9]。実際、バリ人同士の間でも、表向きの言説レベルでは、同じ称号・カーストであれば互いに食べていることになっている。しかし蓋を開けると、実はほとんどの人が食べていない。人生儀礼の――たとえば結婚式における新郎新婦の――お下がりを持ち帰った人たちが、それぞれ実際にそれを食べているのか否かを調べることは困難である。実際この問題は、バリ人にとって非常にセンシティヴであると、ある友人は述べた。人のお下がりを食べないことは、自分が尊大と思われるし、相手にとっては侮辱になるからだという。しかし、他の村民には口外しないことを条件に、親しい友人一人一人に本当のところを尋ねてみると、やはり誰も食べていなかった。

新郎新婦へ贈る供物などはあくまで他の屋敷に持っていく供物であるから、人々は村の寺院への供物と同様、ゲンシーゆえに地元産の数倍もする高価な輸入果物なども使用している。供物は儀礼における典型的な顕示的消費の対象である［中野　二〇一〇b］。しかし、そのお下がりは捨てるか豚にやる、あるいは先のY氏の隣の住人の

写真３　儀礼用東屋の供物台に並べられた新郎新婦への供物。親族や近隣から贈られる。（2003年）

ような、それを食べることに抵抗のない人――それは皆、「持たざる者」と見なされている人々である――に与えている。そして実は、同じ称号・カーストの者同士でも、お下がりを食べていないであろうことをお互いに暗黙のうちに知っているのである。

Y氏一家は、上位カーストはもちろん、同じ親族集団であれば他の平民の人生儀礼のお下がり（スルダン）も食べている。しかし同じ旧平民でも、Y氏より豊かな、つまり車を所有するレベルの筆者の友人たちは、人間のお下がり（スルダン）は誰のものでも食べない、つまり同じ親族のものであろうが、上位カーストのものであろうが、決して食べないと述べた。彼らも屋敷寺で捧げられたもの（ルンスラン）であれば、他の屋敷のものでも抵抗はない。しかし、さらに豊かな旧平民は、人間のお下がり（スルダン）は言うに及ばず、神々に捧げられたもの（ルンスラン）であっても、他の平民の屋敷寺のお下がりは食べないという。そして誰もが、P村出身の富裕な旧平民の中でもバリ中で名を馳せているような突出した富豪については、かつての王の屋敷寺のルンスランであろうと、親族集団の寺院のルンスランであろうと、絶対に食べているはずがないと断言するのである。モノが定義する社会階梯の上位に位置する者ほど、お下がりを許容する範囲は狭くなるという傾向があることは明らかである。

一九七〇年代生まれの筆者の友人たち（旧平民）は、他人のスルダンを物心ついた時から食べた記憶はないという。[10] しかし彼らの親は、かつては（一九七〇年代頃まで）食べていたという。彼ら曰く、今日多くの人がスルダンを食べなくなったのは、「時代の発展 *perkembangan zaman*」ゆえである。かつて食べていたのは貧しかったからであり、今も食べているのは一部の

写真４　火葬の場に必ずいる供物拾い（tukang parid）。（1999 年）

貧しい人だけだと、彼らは異口同音に説明する。そして、その究極のところに彼らが位置づけるのが、火葬の度にどこからともなくやって来て、焼き場（墓場）に捨てられた死者への供物を拾う人々である。[11] 人生儀礼の中でも、葬式の供物、即ち死者への供物のお下がりは、スルダンよりいっそう「汚い」として、P村では特に「パリダン *paridan*」（「お下がり」を意味する最低位の語）と呼ばれ、[12] これについては、死者が自分の家族の場合でも食べる人はいないという。このパリダンを拾う（つまり食べる）人々は、経済的に非常に貧しい地域から来るとP村の人々は一様に述べる。

階層意識と浄・不浄の観念はやはり切り離し難く結びついている。バリの位階を支えていた「上流の水は清く、下流の水は汚い」という隠喩、つまり高／低＝上／下＝浄／不浄の原則は、今日のバリ人の社会的競争の軸となっている社会階梯、即ちグローバルな経済の中で新しいモノを取り込んで常に革新されていく現代のモノの階梯にも通用するのである。つまり、金銭的な努力によってモノの階梯を登れば、その社会的に上昇したという感覚は、より「浄」なる位置についたという感覚と不可分に結びついていることがわかる。

今日、豊かさを顕示するゲンシーの競争の中で、人々はより盛大で華麗な儀礼を行うようになっているが、まさにそのような儀礼の実現によって社会的上昇を達成した者ほど、供物のお下がりを食べることに伴う不浄性（穢れ）に敏感になる。激しい階層変動が生じているからこそ、おそらく人々は、以前にも増して食物（供物）にまつわるタブーを意識するようになっているのであろう。

供物のお下がりを食べないことも、一種のゲンシーである。筆者が当初驚いたことの一つに、バリ人がしばしば訪問先で出された飲み物や食べ物に全く手をつけないで帰ることがあったが、これもゲンシーと呼ばれる。他人から施しを受けたと思いたくない、つまり自分を低めたくないという心理だという。供物のお下がりを食べないことも、このようなゲンシーの一環として説明されたことがある。しかしそれは「見せないゲンシー」である。人の供物ましてや寺院の供物のお下がりを拒否する（食べない）という行為は、今日では旧貴族の「封建的」態度つまり尊大さを非難する際に言及される典型的な例の一つである。近代国家の平等主義的言説が浸透している現在において、そのように旧貴族を非難してきた当の旧平民が自ら同様の行為をしていることは、大声で言えることではない。バリ人の間で微妙な問題である所以である。その中で、人々は、人のお下がりを食べないという行為によって、上昇した自らの新しい地位をいわば内心で確認していると言える。所有する車や家屋、儀礼の供物などによって顕示した地位は、こうした行為によって、伝統的価値観によるより確実な心理的保証を与えられるに至っている。

社会階梯を登る競争の中で、儀礼は肥大化し、その外観は急速に「モデルン *moderen*」（進んだ、豊かな、モダンな）なものに変化している[13]。しかしそうした華やかな外見からは見えない、公に語られることもない、儀礼の隠れたところでは、上下の意識と結びついた浄・不浄の価値観が今なお作用し続けている。とりわけ結婚儀礼をはじめとする人生儀礼においては、食物（供物）をめぐるタブーが組み込まれており、人々は水面下で常にそれをコントロールすることによって、今も変わらず位階化された社会における自分の位置を確認しているのである。

おわりに

ここで見てきたように、かつての身分階層における上下の意識に結びついていた浄・不浄の観念に注目すると、今日のバリ人の階層的な上下の意識は、従前の称号・カーストの序列から、モノの階梯が定義する上下に変化していることが、改めて理解される。同時に、人々の意識する上下の基準は変わったとしても、水の流れの隠喩で説明できるような、浄・不浄の価値と不可分に結びついた地位の上下の観念そのものは変化していないことが理解される。地位の上下と浄・不浄の観念の結びつきは、ここで見た他人のお下がりを食べるか否かという問題の他にも、たとえば、今日のバリ人の職業（仕事）の選択の傾向にも見て取ることができる。モノの階梯を登るほどに、人々は穢れや不浄と結びつく「下での *di beten*」（低位置での）仕事——掃除、洗濯、炊事、皿洗い、俗に言う「粗野な仕事 *kerja kasar*」——を厭い、離れていく傾向が顕著である［中野　二〇〇七：六四、二〇一二：三五八］。

以上からはまた、現在のバリ人の顕示的競争の土俵となっているモノの階梯が、貨幣を尺度としつつも、貨幣に還元されるような純粋に経済的な階梯ではないことがいっそう明らかになる。バリ人を顕示的消費に走らせている今日のモノの階梯は力の階梯であり、モノを媒介にした人間の階梯でもあるが［中野　二〇一〇b］、さらに、それは同時に浄・不浄の階梯でもある。つまり、今日のモノの階梯は、バリ的消費社会なる「平らになった」社会に出現した新しい社会階梯ではあるが、それはかつての階梯と同様に、経済的、政治的、宗教的要素が不可分に結びついた階梯であると言える。

今日のバリにおける階層変動をどのように理解するかについては、今後も様々な角度から詳細に検討し、議論していく必要があろう。しかし、少なくともここで見たことからも明らかなのは、バリ人の認識する位階つまり社会の階層構造はあくまで一元的なものであるということである。外部の研究者には往々にして、現代バリにはあたかも二つの階梯（階層体系）——旧来のカーストと現代の新しい経済的（世俗的）な階層——が存在するように見えているが［e.g. Howe 2001; MacRae 2003］、バリ人自身の認識と経験のレベルでは、社会階梯は常に一つである。結局、バリ人の世界では、モノや空間に対する〈美的・身体的〉感覚と階層の認識とは分離できるものではなく、モノに対する豪華／質素、あるいはここで見た食物に対する浄／不浄という感覚的経験と階層の絶えざる再認識・確認は不可分に結びついているのである。

注

（1）今日称号として残っている身分の位階は、オランダによる植民地支配を通して固定化されたものであり、植民地時代以前は流動的なものであった［Schulte Nordholt 1996］。
（2）かつては死刑にもなり得たという［cf. Hobart 1978: 19］。
（3）この場合の穢れは「トゥラ *tulah*」と呼ばれる。この語は子供が親の頭を掴んだ時や洗濯物の下を潜った（人間の頭より高い位置に頭より下に身に着ける衣類が位置する）時、あるいは、たとえば一番高い位置に干すべき頭巾を最も低い位置に干すべき下履きよりも低い所に干した時にも使われるように、特に上下の秩序の転倒による穢れを指すと言える。
（4）ギアツ夫妻も記しているように、バリでは基本的に「誰かと同じ食べ物を一緒に食べることは、その両者がまったく対等な立場にあることを示す」［ギアツ・ギアツ　一九八九：一五五］。同じ皿から一緒に食べることを許されるのは、ごく近親の者同士だけであり、それも年齢的に大きな差がない場合のみである。食事の仕方には地位の上下に関わる細かい規則・禁忌が存在する事実は、従来の民族誌の中でも言及されてきたものの、これがバリの位階（カースト）を説明する重要な事実として注目されることはなかった。
（5）慣習村の共同寺院など公的な寺院への供物のお下がりは、他人が捧げたものであれ、誰もが食すことができる。
（6）ここには、バリ人の高低・上下の秩序感覚やそれと結びついたコスモロジカルな観念が少なからず関わっている。
（7）一九五〇年にバリ社会がインドネシア共和国に参加する以前は、実際に罰せられたという。
（8）隣の屋敷は、屋敷の成員全員が今なお水田耕作に従事し、その他に、近隣の木彫ビジネスのオーナーから請け負った木彫製作、画廊の掃除人、重い荷物を運ぶ人夫、池の魚に餌をやる仕事などで賃金を得ており、バリの中では比較的豊かなP村の中では明らかに低所得層に入る。二〇〇〇年当時、所有する乗り物はオートバイが一台のみで、外目にも、周囲の屋敷が次々と屋敷の建物を新しく立派なものに建て替えている中で、この屋敷には新しい建物が一つもなく、ようやく屋敷寺の祭壇の一つを建て替えようというところであった。
（9）従来の民族誌の中にも同様な記述が見つかる［e.g. Howe 2001: 85、中谷　二〇〇三：九二］。たとえば一九九〇年代初めにカランガスム Karangasem 県の一村で調査した中谷は、「パリダン」——当地では人生儀礼の当事者が受け取った供物のお下がりや死者への供物のお下がりを指すという――を「ともに食べること」が、儀礼に参加する父系親族及び同等または下位カーストの姻族の「重要な義務」の一つであると記している［中谷　二〇〇三：九二］。しかし、実際に現在でも食べているのかは、疑問の余地があろう。少なくとも、筆者の親しい友人の一人でカランガスム県の比較的貧しい村落の旧平民の中流家庭（車は所有していない）出身の女性（一九七〇年代生まれ）は、顔をしかめて、パリダンなど――彼女は死者のお下がりを念頭に置いていた――聞いただけで「汚い」と感じると述べた。自分の祖母の葬儀の供物でも家族は誰も食べなかったという。

（10）旧貴族層に属する友人たちも、下位の称号・カーストの者のスルダンは言うまでもなく、同じ称号集団・親族集団に属する者のスルダンも食べたことがないという。

（11）火葬の際に、遺体を掘り出した墓穴や焼き場に散乱した中国古銭ケペン *kepeng* や供物を拾い集める人々の姿は、バリ中で見られる。火葬後に灰を流す海岸にも常にいる。通常人々は、彼らがどこから来ているのかは知らない。これに関連して、L・パーカーが調査したクルンクン Klungkung 県の一村には、「犬人 *Wong Anjingan*」と呼ばれる人々の集落が存在するという。彼らはゴミ漁り、犬食い、物乞いの慣習を持ち、バリ中を回って食べ物の残り、人生儀礼（特に葬式）の供物のお下がり、服、金、犬を求め、火葬の場で供物やケペンを拾う。他の村民からは、その不浄な行為によって嫌悪され、あるいは「汚く遅れている」と見なされ、近寄られないが、他方で特別な力を持ち、黒魔術が使える人々として恐れられてもいるという［Parker 2003: 40］。

（12）「ルンスラン」「スルダン」「パリダン」という語はいずれも「お下がり」を意味する語で、それぞれの違いは基本的には敬語のレベルの違いでしかない。P村を含むウブド地域では通常、三つの語をそれぞれ「神々のお下がり」「人間のお下がり」「死者のお下がり」の意味で用いる。地域によっては、人間のお下がりと死者のお下がりをともに「パリダン」と呼ぶところもあれば、両者をともに「スルダン」と呼び、「パリダン」という語はあまり使わないところもある。

（13）今日のバリ人の顕示的な消費競争を方向づけているのは、「モデルン」の語で表現される志向である。これは同じく「モデルン」の語で表現されるジャカルタ新中間層の価値志向と共通する要素を多く含み、インドネシアの価値志向のバリ版と理解し得る［中野　二〇〇七］。

文献

鏡味治也
　二〇〇六「地方自治と民主化の進展――バリの事例から」杉島敬史・中村潔編『現代インドネシアの地方社会――ミクロロ

ジーのアプローチ』東京：NTT出版、八九～一一六頁。

ギアツ、クリフォード

一九九〇『ヌガラ――一九世紀バリの劇場国家』小泉潤二訳、東京：みすず書房。（Clifford Geertz, 1980, *Negara: The Theatre State in Nineteenth-Century Bali*. New Jersey: Princeton University Press.）

ギアツ・C／ギアツ・H

一九八九『バリの親族体系』鏡味治也・吉田禎吾訳、東京：みすず書房。（Clifford Geertz and Hildred Geertz, 1975, *Kinship in Bali*. Chicago: The University of Chicago Press.）

中谷文美

二〇〇三『「女の仕事」のエスノグラフィー』京都：世界思想社。

中野麻衣子

二〇〇七「バールとゲンシー――バリにおける資金集め活動と消費モダニズム」『くにたち人類学研究』二、四二―六八。

二〇一〇ａ「バリにおける消費競争とモノの階梯的世界」中野麻衣子・深田淳太郎編『人＝間の人類学――内的な関心の発展と誤読』東京：はる書房、一四五～一六五頁。

二〇一〇ｂ「モノの消費のその向こうに――バリにおける顕示的消費競争と神秘主義」吉田匡興・石井美保・花渕馨也編『来たるべき人類学③　宗教の人類学』横浜：春風社、三七～六四頁。

二〇一二「不可視の暴力と『バリ文化』――モダニズムをめぐる言説の一面」風間計博・中野麻衣子・山口裕子・吉田匡興編『共在の論理と倫理――家族・民・まなざしの人類学』東京：はる書房、三四九～三七四頁。

Bellows, Laura J.

2003 Like the West: New Sexual Practices and Modern Threats to Balinese-ness. *Review of Indonesian and Malaysian Affaires* 37(1): 71-106.

Dumont, Louis

1980 *Homo Hierarchicus: The Caste System and its Implications*. Chicago: Chicago University Press.

Hobart, Mark

1978 The Path of the Soul: The Legitimacy of Nature in Balinese Conceptions of Space. In *Natural Symbols in South East Asia*. G.B. Milner (ed.), pp.5-28. London: SOAS.

Howe, Leo

1984　Gods, People, Spirits and Witches: The Balinese System of Person Definition. *Bijdragen tot de Taal-, Land-en Volkenkunde* 140: 193-222.

2001　*Hinduism & Hierarchy in Bali.* Oxford and Santa Fe: James Currey, School of American Research Press.

MacRae, Graeme

2003　Art and Peace in the Safest Place in the World: a Culture of Apoliticism in Bali. In *Inequality, Crisis and Social Change in Indonesia: The Muted Worlds of Bali.* Thomas Reuter (ed.), pp.30-53. London: Routledge-Curzon Press.

Nakamura, Kiyoshi

1989　Ebatan: Ritual Meal Menu in Bali. *Man and Culture in Oceania* 5: 93-114.

Parker, Lyn

2003　*From Subjects to Citizens: Balinese Villagers in the Indonesian Nation-State.* Copenhagen: Nordic Institute of Asian Studies.

Schulte Nordholt, Henk

1996　*The Spell of Power: A History of Balinese Politics 1650-1940*. Leiden: KITLV Press.

民族集団間の関係に見る「民族文化」の動態
――中国貴州省雷山県ミャオ族地域の一事例の考察

陶 冶

はじめに

「文化」の概念は、現代世界において、さまざまな社会でいろいろな生き方と結びついて構築されてきた。中国では、近年の市場経済化の波の中、特に観光開発において、「民族文化」や「民族伝統文化」は、儀礼や彫像や民族衣装などの表象を媒体として、政治性を帯びながら展開されている〔鈴木 一九九八、二〇一〇、曽士才 二〇〇一、陶冶 二〇一〇〕。しかし、「民族(1)」と「文化」は、両方とも近代に構築されてきた概念で、いろいろな基準でほかの概念と関連付けてとらえられるが、現代社会で多くの場合には曖昧かつ恣意的に使用されている。「民族文化」という概念の構築過程の探求には、言説や表象の解読と、現地日常生活の実態における実践の把握が連携し、特に多様な時間認識の枠組のもとで社会と文化の変化の動態とその行方を追究する、いわゆる「想像力」の人類学〔鈴木 二〇一〇〕のパースペクティブが必要である。

本稿では、中国貴州省雷山県に居住するミャオ(苗)族の一支系であるガノォウ人(短裙苗(2))を事例として、地域社会をめぐる各民族集団の状況と民族集団（支系）間の関係、特に民族集団の構成と主要な民族の移住史を踏まえ、民族相互（民族下位集団間も含む）の通婚と婚姻儀礼の現状を考察する。そこで、現地の社会・歴史の文脈において、言説や表象のほか、「民族文化」の実態的な一側面を提示する。

一　民族集団の構成と民族間の関係の変化

1　雷山県地域における民族構成と各民族の移入

貴州省黔東南州政府統計局の資料によれば、二〇〇六年に雷山県に登録した常住の人口は一五万二八〇〇人で、ミャオ族、漢族、スイ（水）族、トン（侗）族、ヤオ（瑶）族、イ（彝）族、プイ（布依）族などの民族集団がある。その中で、ミャオ族の人口は一二万八七〇〇人で、県の総人口の約八四・二三％を占める。県域内のミャオ族の支系は、女性の服飾の様式によれば、「長裙式」、「中裙式」、「短裙式」、また「青苗」及び「八寨苗」と分別できる。各々の正確な統計数字はないが、(3)長裙ミャオ（自称「モォウ」）と短裙ミャオ（自称「ガノォウ」、三万人未満と推定される）が県域内のミャオ族の主要な二つの下位集団である。

雷山県地域に分布する主要なミャオ族の支系である「長裙式」、「中裙式」、「短裙式」の民族下位集団のそれぞれの移入に関しては諸説があるが、父子連名の世代の計算によれば最も古く遡るのは、各々について一七〇〇―一八〇〇年前、南北朝（四三九～五八九）の初期、南宋の初年（一二世紀初頭）と推定される。また、ほかの少数民族に関しては、『雷山県誌』［一九九二：一二五―一三二］によって、スイ族の場合は、清朝の雍正一〇年（一七三二）、戦乱が原因で貴州省と広西チワン族自治区の辺境地区に移住した後、現在の茘波県、三都県地域に集まって住居した。トン族の場合は、来源が複雑で移入の時期が不明であり、一部が江西省から湖南省を経由して清水江に

表1　雷山県に居住する主要な民族の人口と移入(2006年現在)

民族		人口(%)	分布	移入の時期	移出の地区
移出の地区	長裙ミャオ	10万(約70%)	県の北部、東北部、東南部	1700－1800年前	江淮地区→広西の融水→榕江→雷山
	中裙ミャオ	資料欠如	県の西北部	南北朝(420－589)の初期	資料欠如
	短裙ミャオ	1.5-2万(10%-13%)	県の南西部山地に集合的に分布	南宋の初年(紀元12世紀初頭)	江西
	青ミャオ、八寨ミャオ	資料欠如	県の南部に点状の分布	1000年前と自称	江西
スイ(水)族		0.61万(3.99%)	県の南部に点状の分布	清朝の雍正10年(1732)	広西
トン(侗)族		0.32万(2.09%)	県の南端に点状の分布	不明	江西省、天柱県、榕江県
ヤオ(瑶)族		0.10万(0.65%)	県域内で散乱に点状の分布	清朝の仁宗嘉慶期(約180年前)	広西、荔波県、三都県
イ(彝)族		199人(0.1%)	県域の南北端に点状の分布	清朝の道光11年(1831)	四川省(本籍)
漢族		1.32万(8.64%)	雷公山主峰周囲の山奥に点状の集落、県の南部にミャオ族と雑居	明朝の末、清朝の初頭	資料欠如
			県城の周囲と北部南部の「屯堡」集落	乾隆3年(1738)から	江西、四川、広西、湖南など(本籍)
			各定期市の町	各時期	資料欠如

※現在雷山県に居住する主要な民族集団の人口と移入に関して、『雷山県誌民族誌』(1987)、『雷山県誌』(1992)と貴州省黔東南州政府統計局の公開データ(2008年)によってまとめた。

遡って移住してきたと自称し、一部が天柱県から、また一部が榕江県から移入してきたとされる。ヤオ族の場合は、清朝の仁宗の嘉慶年間（一七九六〜一八二〇）に現在の広西、貴州の荔波県、三都県から遷移してきた。イ族の場合は、清朝の道光一一年（一八三一）にミャオ族蜂起を掃討する四川省出身の兵士の後裔として流入した。いずれも、先住のミャオ族より随分遅い時期に、清朝が雷山県地域での「改土帰流」（在地の支配者にかえて、中央政府の役人を送り込む）を実施した後に、移入してきた。

2　漢民族の移入

二〇〇六年の資料によれば、雷山県に居住する漢族の人口は一万三二〇〇人で、総人口の八・六四％を占め、主要な民族のミャオ族に次ぐ二番目に人口が多い民族集団である。『雷山県誌民族誌』［一九八七］、『雷山県誌』［一九九二］、［唐千武　二〇〇六：三五―四六］の資料によってまとめれば、漢族が初めて雷山県地域へ移入したのは、明代末期以前であった。当時、雷公山地域は中央政権の管轄に入っていなかったため、引き続く戦乱や名目の多い税負担を逃避するなどが原因で、少数の漢族はミャオ族のルフォ（方老）やルガン（寨老）など首領の同意を得て、ミャオ族の村から離れた雷公山主峰の周囲の山奥に定住し、未開発の土地にトウモロコシ、南瓜、にんじんなどの農作物を栽培して暮していた。彼らは「客家」と自称し、ミャオ語で「デュダォユ」と呼ばれ、「森に住む漢人」という意味である。彼らの家屋の敷地を「ガダゼデュ」と呼ぶ。彼らが栽培するトウモロコシ、南瓜、にんじんは、それぞれ「ナデュ」、「ファンデュ」、「ヴォバンデュ」と呼ばれ、「漢人の糧食」、「漢人の瓜」、「漢人の大根」という意味である。また豆腐の作り方もその時期に雷公山地区に導入されてきたという。現在、雷公山の山奥に、彼らの村の遺跡や後裔の集落が残っている。

また、清朝の雍正七年（一七二九）に丹江庁が設立され、それまでは在地に土司と流官の両方ともなかった雷公山地区は清王朝の中央政権の管轄に入った。清王朝は、軍事掃討に伴って乾隆三年（一七三八）から、「安屯設堡」を開始した。当時の丹江庁の下の二五個の軍事「屯堡」では、本籍が湖南、四川、江西、湖北、浙江の屯軍の兵士がおり、平時は農業生産にも従事し、一部の漢族の平民も召募されて、余った「余田」を耕作していた。清朝の穆宗の同治年間（一八六二～一八七四）以後、商人や漢方医や手工芸の職人などが次々と屯堡の集落に移住してきた。現在、県域北部の県城の周囲で「堡」と名づけられた集落には、当時の漢族兵士と平民の後裔が集まって居住している。更に、各定期市の町と県の南部地域でミャオ族と雑居している漢族も分布している。

３　民族間の関係と各民族の人口の変動

雷公山地区での清朝の乾隆年間（一七三六～一七九五）の軍事掃討と「軍屯」の設置、租傜の免除は、当時の貴州ほかの地域で実施された「改土帰流」の政策を伴わずおこなわれており、王朝国家と縁辺地域社会の緊張関係を反映していると言える。当時のこの地域の先住民のミャオ族と、遷移してきた漢族の移民の間では緊張関係が続いていて、道光一〇年（一八二三）に清王朝政府は、外部の漢族によるミャオ族の村への移住や商売などを禁止する諭告を再び出した〔『雷山県誌』一九九二：九〕。にもかかわらず、咸豊二年（一八五二）から同治一二年（一八七三）までのミャオ族の蜂起は、その一部が現在の雷山県地域で起きている。その後の中華民国の時期でのミャオ族と漢族の衝突は、主に税収の問題をきっかけとして地方政府への反抗となるが、これは地方政府による民族差別の政策[4]がその原因の一つと考えられる。

一九四九年の中華人民共和国成立以後、雷山県地域でのミャオ族と漢族間の関係は、早い段階で、国家権力が少数民族の地位を認めながらも、儀礼を含むミャオ族の文化を遅れたものと考えて抑圧したきたという両面が共存する。[5] 一九八〇年代以後の改革開放の進展に伴い、祭祀儀礼の慣習を核とする「民族文化」の復興があり、市場経済化によるミャオ族社会の激しい「漢化[6]」（「漢族化」ではない）の現象が並行して起こり、両者の動きは同時に進行してきた。

各民族間のそれぞれ互いの呼称は、民族間の歴史上の交流の一側面を反映している。先住民族のミャオ族が人口の主体である雷山県地域では、ミャオ族は漢族を「デュ」と呼び、まだ現在でも漢族の最初の自称であった「客家」を借用し、ミャオ族ではない外来人の間で通用する汎称になっている。他の民族に対しては、トン族を「グ」、スイ族を「グオゥ」と呼び、ヤオ族とイ族などの民族には、漢語の呼び方を借用している。また、短裙ミャオは、長裙ミャオをその氏族（クラン）の名称を用いて「ヒャ」と呼ぶ。長裙ミャオは、短裙ミャオを「フォバイ」と呼んでいるが、これは「高い山に住む人」という意味である。

長い期間の民族間の交流においては、民族間の通婚や養子縁組などにより、民族の身分が変更されることはよくあるという。〔『雷山県誌』一九九二：一三三―一三四〕では、『苗疆聞見録』〔徐家幹　一八七六〕の記述を引用して、清水江の南北の岸に分布するいわゆる「熟苗」のほとんどは、「其他有漢民変苗者」と提示している。本論の主要な調査地の一つであるＺＰ村での短裙ミャオの張姓リネージの一つは、元々は清朝の乾隆年間に、軍事基地「屯堡」の「余田」の耕作を行なってきた漢族移民の後裔であるとしている。また、長裙ミャオ出身の現地学者の李国章は、ミャオ族の家系であるが、漢族の養子による第五世代の後裔という〔李国章　二〇〇六：三一三〕。

中華人民共和国になってからの人口統計の資料（表二）から見れば、雷山県での行政区画の変動を踏まえて考えても、ミャオ族と漢族の人口の変動は、一九五三年から一九六四年まで、それぞれ一七・九二％と五六・七二％の増加である。ミャオ族以外の漢族とトン族及びヤオ族などの民族の人口の圧倒的な増大は、その時期での民族識別工作の展開と行政区画の変動が主要な原因と見られる。[7] 資料のうち、一九六四年から一九八〇年までの期間は、「文化大革命」（一九六六〜一九七六）の影響があり、各民族の人口の変動はイ族を除いて目立つ特徴がないと言える。一九八〇年から一九八七年までの期間は、「改革開放」の初期で、漢族の人口の非常な低増加率と、トン族やイ族人口の著しい増加となった。その状況に対する解釈は、『雷山県誌』〔一九九二：九八〕によれば、一九八二年に実施した国家の第三次人口調査において、過去の民族識別の工作の中で誤って弁別した民族の身分を改正したからであるという。一九八七年から二〇〇六年までの期間は、市場経済化による雷山県地域の急激な社会変化をもたらす時期であり、この期のミャオ族人口の増加率（二一・〇四％）は県域での全体の人口の増加（一九・二一％）と同じレベルと言える。一方で、漢族の人口は一四・〇五％減少し、スイ族とトン族及びヤオ族の人口増加は、それぞれ三三・八％、四〇・〇九％、四一・九％となり、ほぼ同じレベルで人口の平均増加率の倍となった。その原因は、「改革開放」以来国による「少数民族」に対する「計画生育」の特別政策[8]が、一定の影響を与えたからであると見られる。民族間の通婚によって生まれた子供は、少数民族の身分を選択[9]した比率が高いと思われる。

連続的に見れば、漢族の人口変動は、文化大革命時期の前に爆発的に増加したが、一九八〇年代の改革開放の

表2　雷山県中華人民共和国時期における各民族の人口の変化

年度	総人口（増長率）	ミャオ族	漢　族	水族	トン族	ヤオ族	イ族
1953	50, 827	46, 707	3, 760	—	321	11	—
1964	68, 636（25.95%）	56, 901（17.92%）	8, 687（56.72%）	2, 003	717（55.23%）	263（95.82%）	13
1980	110, 192（37.71%）	89, 949（36.74%）	14, 871（41.58%）	3, 740（46.44%）	1, 134（36.77%）	443（40.63%）	15（13.33%）
1987	123, 447（10.74%）	101, 621（11.49%）	15, 055（1.22%）	4, 038（7.38%）	1, 917（40.85%）	581（23.75%）	119（87.39%）
2006	152, 800（19.21%）	128, 700（21.04%）	13, 200（14.05%）	6, 100（33.8%）	3, 200（40.09%）	1, 000（41.9%）	—

※ 雷山県誌』［1992：134］と貴州省黔東南州政府統計局の公開の統計資料によってまとめた。
（）の中の数字は人口の成長率であり、「—」は資料欠如とする。

時期に入ってから、県域の人口変動の平均的レベルより非常に低い増加率で変化し、二〇〇六年の時点では、激しく減少しているのは興味深い。その変動の一要因は、漢族と非漢族の通婚関係の増大と思われる。雷山県地域では歴史上でも、ミャオ族と漢族の葛藤的な関係が続いていたが、明朝末期に移住してきた漢族とミャオ族との通婚現象は少なくなかった［『雷山県誌』 一九九二：一三九、唐千文 二〇〇六：三七］。現在、県城とその周辺の町では、異民族間の通婚が極く普通と見られ、従来は漢族が主体で暮していた屯堡の集落では、ミャオ族と漢族の間の通婚は活発化して、非漢族化する動向がよくわかる。

村落社会では、祭祀圏と関わる伝統的な通婚圏が保持されながらも、民族下位集団間や異民族間では従来から通婚は少ない。しかし、ミャオ族の村の中で住む漢族との通婚関係において、ミャオ族との通婚はごく一般的である。次に、ガノォウ人の村落における伝統的通婚圏と婚姻儀礼及び諸変容について考察する。

二　通婚圏の変化と慣習の変容

1　伝統的通婚圏

ガノォウ人の社会では、一夫一妻婚と父系出自集団の範囲の外部婚を保持している。伝統的には、同じガノォウ人の下位集団の内部で通婚する習慣があったが、現在は弱化している。村落社会において、父系出自集団のリネージ「ゼ」[10]の村での分布に応じて、単一の父系出自集団による自然村を構成する場合はいうまでもなく、村で複数の父系出自集団が共存する場合には、村内の異なる「ゼ」の間での通婚は婚姻規制に違反しないが、総じて村外婚の傾向がよく見られる。たとえば、本論文の主要な調査地の一つであるＺＰ村では、父系出自集団の「ゼ」は幾つかあるが、現在に至るまで昔の村外婚の慣習は厳守されている。祭祀儀礼の「ノンニャウ」（苗年）[11]などの行事には、三日間ある祝日を各々の村を回って過ごす慣行は通婚と関係がある。そのときに、通婚集団の範囲を確認するのが苗年の機能の一つであると思われる。

村の間で通婚を禁止する場合は、同じ父系出自集団（昔の一三年に一回の祖先祭祀「ノンニョ」[12]の単位「ニョ」〈鼓〉に属す）によって分節したという原因以外に考えられるのは、歴史上において婚姻や山林土地などの紛争の原因で訴訟或いは結盟（埋岩会議などで決定する）したためである。以下の表３には、主要な調査地であったいくつかの村の通婚と通婚禁止に関する状況を列挙する。

２　村落の中での婚姻規制と行事

（１）結婚の二つの形式

雷山県地域の長裙ミャオと比べれば、自由な恋愛結婚と父母による包辦結婚という二種類の形式[13]があるが、昔は一般的にいって父母の同意の上で婚姻が成立するため、父母による意見が権威をもつ。現在いずれの場合も、自由恋愛の段階のユフォ（遊方）を通して、双方の父母の許可を得て結婚に至るという過程を辿る場合が多く見られる。また、結婚の習俗は、村によって習慣と手順には多少の相違があるが[14]、以下の記述は、筆者が二〇〇五年の一二月に掌雷寨で直接観察と聞き取りによって得た資料をまとめたものである。

表3　いくつかの村による通婚と通婚禁止の村

自然村	主要の通婚の村	通婚禁止の村
羊果（桃江村）	烏兌、橋兌、桃良、田壩、排里、掌批、橋港、幹脳	掌雷、南脳（上寨の李姓のゼにとって）橋仿、山湾、幹角の李姓のゼ
南八（龍河村）	掌雷、連顕、掌批	無
掌雷（掌雷村）	排莽、橋兌、南脳、南八	羊果、掌批
掌批（掌批村）	橋港、排里、南八、羊果、	掌雷、新橋、楊烏（丹寨県）、排莽、蘭群、汪少

自由結婚の場合は、男女双方はユフォ（遊方）によって知り合い、交際を通じて双方が愛情のしるしとなるものを取り交し、一緒になる約束をする。そして、兄と兄嫁を通じて父母に伝え、もし許可をもらえなくても結婚する決意があれば、二人が密かに結婚の期日などを決める。その日の夜に、女性が両親の目をごまかして、家から衣装・首飾り・稲の種少量・傘一本を村の女性の友達に頼んで迎えにきた男性に渡す。男性が先に自分の家に帰る。その後、女性は同伴する女性と一緒に、男性側の迎える人たちと待ち合わせて、集まると男性の年長者が祝福の言葉を語って糯米や魚で簡単に会食する。その後、新郎と新婦は同伴の女性に一人ずつ五元を贈答し男性側の村に行く。男性の家から、当事者の妹、あるいはイジェゼ（小房）の同輩の若い女性が出て、新婦の女性を出迎える。新婦から傘を渡してもらってから、新婦を連れて家の門に入る。当夜、新郎の家で鶏を殺して祖先を祀り、ルガン（寨老）やイジェゼ（小房）の親戚の代表と会食する。一般的に、当日の夜か三日後に、新郎の父母は「ゼ」の中の能弁な叔父や兄弟二人に頼んで、糯米、雄鶏一匹、豚肉五キロ、酒を持って新婦の家に知らせる。もし新婦の家が新郎とその家の状況に満足する場合には、贈り物を受け取って、自分の村のルガンやイジェゼの親戚の代表何人かを集めて招待する。会食の時、新婦の「回門」の期日や結納金（ションベセ）などを交渉する場合もある。四、五日後、女性の家側の父親と父方の叔父や兄弟の何人かは、一緒に新郎の家に赴き「認親」と結納金について相談し、その場合には、新郎の家は豚を殺して招待する。回門と結納金は決まってから定めた日に（一般的に七、八日後）、新郎の家は結納金と豚一頭

と糯米及びほかの贈り物をもって、新婦を実家に戻し、新婦の実家の村でその「ゼ」の家を回って連続二日間会食する。その後、新郎が自分の家に帰り、新婦が実家に残る。また七、八日間の後、新婦の実家側の父親と父方の叔父及び兄弟は糯米、豚一頭、家具、農具などを持って、新婦を新郎の家に送る。同様に、来客は新郎の村での「ゼ」の家を回って連続二日間会食する。この形式の結婚は、現地語で「ギュニュウ」と呼ばれ、直訳すれば「嫁を盗む」という意味で、漢語で「偸婚」と呼ぶ。もし、この縁談に同意しない場合は、鶏などを受け取らず、来た人を家から追い返す。また、イジェゼの親戚と一緒に新婦を新郎の村から奪って、実家に戻させる場合もある。

昼間に行われる結婚の手続きは、最初から親の意思によって相談をして婚姻を成立させるという方式で、現地語では「ナニュウ」と呼ばれ、直訳すれば「嫁を相談する」と言う意味である。「ギュニュウ」（偸婚）と違って、一般的には昼間に新婦を新郎の家に迎えるので、漢語で「昼間の結婚」や「大路婚」や「講婚」とも呼ばれる。この形式の結婚には、「提親」、「択日」、「迎親」、「回門互訪」の手順がある。まずは、男性の家側は自分の村での能弁の知人か父方の叔母を頼んで傘一本を持って女性側の家に行って、意思を表明し相手側の態度を試す。女性の家側が同意しない場合は頼んだ人の任務が終わる。女性の家の側が同意する場合は、男性の家の側の父親や兄弟は、結婚の吉凶や結納金や期日などを確かめに行く。女性の家は雌の鶏を殺して水で煮る。鶏の二つの目が同時に開くか、閉じていれば吉兆と見なされ、一つが開き一つが閉じる場合は凶兆と見られる。その場で、宗教的職能者アシャンを頼んで、祖先を祀ったり呪文をかけたりする。現在では、鶏の目を見る手順を抜くことはないが、昔のように婚姻に対して権威を持つことはないようである。結納金はその場ですぐ交付する場合もあり、女性の家の側は糯米五〇キロを贈答する。そして、結婚の時期や結納金などの事項について相談する。一般的には、ノンニャウ（苗年）の期間中（旧暦一〇月から二月まで）を結婚の季節として、戌、亥、巳、辰の日は対応する動物が吉祥とされるので結婚の吉日とされ、寅や申の日は回避される。定めた日に「迎親」する時に、男性の家の側は男女二人（女性の方は一三、一四歳の未婚の者で、男性は一般的に新郎の「ゼ」の兄弟）を派遣して、それぞれ刀と傘一本を持って女性の家に新婦を迎えに行く。女性の家の側の父方の叔父と叔母、そして「ゼ」の兄弟姉妹を合わせて奇数の人数を選び、糯米一〇〇キログらい、アヒル一匹、魚七—九匹を担いで、新婦を新郎の家まで見送る。持ってきた糯米は、新郎の家に近づくと、村人に奪われて食べられるが、少し残して新郎の家で祖先を祀る。新郎の家で会食の後、各自の家に帰る際には、新郎の家側から一人ずつ五元の謝礼をもらう。その四、五日後、新郎と新婦は、新郎の父方の叔父や兄弟と一緒に新婦の実家を訪れ、糯米一〇〇—一五〇キロ、豚一頭、酒、爆竹などを贈る。新婦の実家の村で「ゼ」の家を回って連続二日間会食する。その後、新郎は自分の家に帰り、新婦は自分の実家に泊まる。七、八日間後、新婦と自分の父親と兄弟は、糯米、豚一頭、家具、農具などを担いで、新婚の家に戻り、新郎の「ゼ」の家を回って連続二日間会食する。七、八日間後、或いは一年後、新婦の家の側の父と「ゼ」の兄弟は、糯米、豚一頭、家具、農具などを担いで、新郎の家に訪れ、新郎の「ゼ」の家を一軒一軒回って連続二日間会食する。

（2）幾つかの慣習とその変容

ガノォウ人の村では、村落間の通婚圏があること、村落内婚の禁忌以外に、婚姻関係に関していくつかの習慣があり、色々な変化も見られる。

①　ユフォ（遊方）

ユフォは、現在ガノォウ人村落で維持されている青年男女の交流の主要な方式である。ユフォは村で一定の場所でしかできない。現地語で「ガダユフォ」（漢語「遊方場」）と呼ばれる所である。村での父系出自集団と婚姻習慣によって、「ガダユフォ」の設置が異なる。村が一つの父系出自集団のみで構成されているか、村外婚が規定されている場合は、村の規模にもよるが、一つ或いは二つの「ガダユフォ」がある。複数の父系出自集団がある村では、各々の父系出自集団の「ゼ」には、それぞれの「ガダユフォ」が設置される場合が多い。同じ「ゼ」に属す青年男女がユフォすることは回避すべきと考えられている。

また、ユフォの時間は村によって色々な慣習がある。一般には、農閑期の夜は許可されることが多いが、祭祀の祝日しかできない村があり、昼間しかできない場合もある。男性は女性の村にユフォにいくのが、ごく一般的であり、女性は、「ガダユフォ」で自分の父や兄と会うことを回避すべきである。ノンモォ（吃新）やノンニャウ（苗年）などの祝日には、禁忌を無視してもかまわないという村もある。ガノォウ人の村では、毎年の収穫後の農閑期に、男性の青年が集団的に村を回ってユフォする。各村の親戚の家に泊まり、一〇日間ないし半月にわたって家に戻らないことはよく見かける出来事である。近年においては、ノンニャウ（苗年）などの祭祀儀礼は、観光開発による節日のイベント化へと変化していく傾向があり、ガノォウ人の男女のユフォする範囲は、以前よりかなり広がっている。

ユフォの場で、男女は歌の掛け合いで交流し、気に入れば相互に意思を表明する物を相手に贈ることになる。現在では、一般には、女性から腕輪や刺繍の「花帯」などを男性にあげ、男性は女性に指輪や頭巾や衣服などを贈答する。相互の贈り物は、愛情の証となる。

②　家系と年の干支に関する禁忌

ユフォの場で、始めて会った男女は、自分の属す村と「ゼ」の状況を自己紹介する。父系出自集団を通婚範囲以外とするほか、母方のおばの子供（姨表）も通婚禁止の対象とする。異なる「ゼ」に属していても、姻戚の世代（輩分）

が異なる場合は通婚できないという。また、ガノォウ人の村では、「ジャ」（蠱）の家から出た人は、普段の結婚の相手としては厳しく回避される（憑物筋に類似する）。「ジャ」は元々は母系で受け継がれ、女性しか持たないというが、「ジャ」の家筋の男女両方とも、一般の人には結婚の相手にならないので、同じ「ジャ」の家筋同士が「ナニュウ」（講婚、昼間の結婚）の形式で婚姻を結ぶ。現在、ガノォウ人の村では、異なる民族集団、あるいは同民族の下位集団（長裙と短裙）と通婚する習慣は漸次に変化しているが、通婚の習慣での「ジャ」の家に対する禁忌は、全く崩れていない。

更に、結婚の相手に対して、干支には一定の相応と相克の関係が認識される。たとえば、主要な調査地の一つであったZP村では、一九五八年の民族社会経済の調査によれば、干支が寅と亥、戌と子は、結婚すると不吉とされるが、亥と子が寅と戌の捕獲物だからという理由によるという〔『苗族社会歴史調査』二　一九八七：二二三〕。現在、干支が寅（または戌年）の人は、年の枝が牛、羊、豚とする人と結婚するのは不吉と認識され、年が犬（戌年）とする人と年が鼠とする人（子年）は結婚してもかまわなくなった。しかし、それらの禁忌は、現在の村落の中では、昔と違って婚姻の受諾には決定的な影響を与えられないように見られる。

③「ションベセ」（結納金）と「バォメイフォウ」（還娘頭）

ガノォウ人が結婚する際に、男性の家側が一定の金額を女性の家側に渡す慣習がある。その金は、「ションベセ」と呼ぶ。「ションベセ」（結納金）の金額は、中華民国の時代に銀貨七―一二元であったが、一九五〇、一九六〇年代に四〇、五〇元を必要とした。現在、一般的に、四、五〇〇元―一〇〇〇元の程度が目安という。ただし、ガノォウ人の村落では、親の同意をもらわず完全な自由結婚とする「ギュニュウ」の形式では、「ナニュウ」（昼間の結婚、講婚）より、高い金額の「ションベセ」が女性の家側から要求されるのはごく普通であり、必要なのは一〇〇〇元―二〇〇〇元の程度という。

結婚する際に、女性の家側から「ションべセ」を要求するのは、昔に普遍的に存在した「舅権婚姻」に関わる。それは、ミャオ族の各支系から中国南西部におけるいろいろな少数民族の社会において存在した一種の婚姻規制である［鈴木・金丸　一九八五：九〇―九二］。簡単に言えば、父方のおばの娘が、母方のおじの息子に優先的に嫁に選ばれる規定交差イトコ婚である。現地語で「バォメィフォウ」と呼び、直訳すれば「還娘頭」という。もし、母方のおじの家に息子がいない場合は、おじの家の許可をもらった上で、姪が嫁にいけるようになる。その際、結婚の相手の男性の家からもらった「ションべセ」は、母方のおじの家に渡さなければいけない。その金は「外甥銭」という。「外甥銭」は、一般的に「ションべセ」の最高の金額となる。昔は、銀貨の一一元であったが、現在、ガノォウ人の村落では、「バォメィフォウ」の婚姻は、非常に低い比率で行われ、姪が嫁に行くための「外甥銭」は、絶対に必要としない。母方のおじの家は甥の娘を気に入る気に入らないに限らず、一般に姪が母方のおじの家以外に嫁に行く時には、おじの家に象徴的に一定の金額を渡す。母方のおじの家に息子がいない場合は、父方のおばの家の娘が長女一人に対して「外甥銭」を払わなくてもかまわない。主要な調査地の一つのZP村では、二〇〇三年の時点で、約二八〇世帯のうち、「バォメィフォウ」の婚姻によって形成された家族は一〇世帯しかなく、払った「外甥銭」の金額は平均で四〇〇元であったという。

④　坐家、回門と出産

ガノォウ人の婚姻習慣は、長裙ミャオや貴州省に分布する他のミャオ族の支系に存在している「坐家」（不落夫家）の習慣［鈴木・金丸　一九八五：八六―八七］とは異なり、女性が婚出後は、結婚当初と第一年目に何回か夫と一緒に実家に帰る（回門）以外は、あまり自分の実家に戻らない。女性が実家に戻っても、家事の手伝いはできないという。しかし、婚姻関係を結んでも、特に「ギュニュウ」（偸婚）の場合には、子供の出産前には婚姻関係を社会的に完全に認めない。この段階では、女性が実家に戻ったら、ユフォの場に出かけて歌を歌ったり遊んだりできる。ガノォウ人の村落では、離婚率は極めて低いが、子供が生まれる前に婚姻関係を解除して、別の男性と婚姻を結ぶことは、社会的に差別されない。逆に言えば、子供の出産は、婚姻関係の最終の成立条件と見られる。村によっては、女性が嫁に行って子供を産む前に、毎年実家は稲を収穫した後、五〇キロの稲を婿の家に担いで行く。これは婿の家にいる娘がまだ夫の家の客であるという意味である。女性は子供が生まれてから、初めて実家に戻って、再度夫の家に帰る時には、実家は五〇〇キロの稲を送る。その後、そのような贈与は必要としない。実際、ガノォウ人の村落では、行政の登録に婚姻届を提出することには消極的で、行政による人口と婚姻関係の統計でも、子供の出産が婚姻関係の最終的成立の要件とされる「民族習慣」はある程度認められている。

3　民族（下位集団・支系）間の婚姻

前述したように、昔はガノォウ人の通婚範囲は、ほぼ民族下位集団内（短裙ミャオ内）であった。しかし、ガノォウ人、つまり短裙ミャオと長裙ミャオの二つの集団は、長い歴史上の長い交流の過程の中で、互いに相手の村に移住したり通婚したりすることは、決して珍しくない。たとえば、主要の調査地の一つとしたYG村では、李姓の親族集団の「ゼ」は、長裙ミャオとして村に移住して、短裙ミャオと通婚し続けて、今は女性が短裙ミャオに変化して、「ガノォウ」と自称している。彼たちは、長裙ミャオの「ノンモォ」（吃新）と「ノンニョ」（吃鼓臓、鼓社節）での祖先祭祀の習慣を保ちながら、短裙ミャオと長裙ミャオの両方とも通婚し、移住以前の長裙ミャオの父系出自集団との通婚は禁忌としている。短裙ミャオが集まって居住する長裙ミャオの村では、短裙ミャオが移住してきて、長裙ミャオと通婚をし続けて、女性が長裙ミャオに変化する事例もある。

また、ガノォウ人の村落、特に自然村（寨）における民族集団の構成から見れば、雷山県地域の短裙ミャオは、漢族と混住する場合があるが、長裙ミャオとの混住は稀である。それは、昔の民族下部集団、つまり支系内の通婚慣習⑮を反映しているだけでなく、二つの支系の集団間の交流は漢族との交流のあり方と異なることを示唆していると考えられる。しかし、近年では、短裙ミャオと長裙ミャオが通婚する場合には、出入する女性が父系血縁に従って変化するのはごく一般的な状況となった。

雷山県地域全体から見れば、前述したように、現在、県城とその周辺の町や他民族集団が雑居する定期市の町では、異民族間の通婚はごく普通に見られる。県域内の人口の主体であるミャオ族と漢族の通婚は、従来漢族が主として居住していた屯堡の集落では、活発化している。例えば、雷山県城から四キロ離れた治安堡では、五二・六％の漢族の青年女性がミャオ族の男性に嫁ぎ、三七・八％の漢族の青年男性がミャオ族の女性を娶っている［唐千文　二〇〇六：四四］。

民族集団の選択に関しては、ミャオ族が主体として居住する地域での政治経済の利点を目指してミャオ族になるなど「非漢族化」する動向が明らかである。ガノォウ人の村落の中で漢族と雑居している場合は、ミャオ族の男性が漢族の女性を娶るのはごく一部に留まるが、強い父系出自の意識によって、その後はほとんどミャオ族の民族身分を継承する傾向が見られる。村での漢族は、ミャオ族が主体である環境の中では、現在は普通にミャオ族の女性を娶る。その後、子供たちは、父系出自の理念によって主に漢族の身分を選択するが、一部では母方の民族であるミャオ族の身分を引き継いだり、ミャオ族の嫁をとることや分家によって、漢族の家からミャオ族の世帯が分節することもある。

四　村落社会におけるミャオ族と漢族の現在

ガノォウ人が集まって居住する雷公山（二一七八メートル）主脈の南西麓と南麓にある猫鼻嶺（一六二〇メートル）—冷竹山（一九一二メートル）—白竹山（一八〇二メートル）を結ぶ地区を炉榕公路が通過している沿線地区では、長裙ミャオの村が交錯して分布する以外に、幾つかの独立した漢族の村が点在し、少数の漢族がミャオ族と雑居している村もある。長い歴史を通じて、相互交流によって互いに影響を与え合い、祭祀や儀礼の面も色々な点でその状況を反映している。ここでは、主要な調査地の一つであるZP村の中に居住する漢族と、近くにある漢族の独立の村の孔勇村を事例にして、雷山県地域の村落社会におけるミャオ族と漢族間の関係の状況を一側面として提示する。

1　漢族の村の孔勇村

孔勇村は、付近のミャオ語の発音に基づく「コンヨン」河によって命名された自然村で、海抜八三二メートルの山の尾根に点在する家々で構成されている。掌批村から東南へ三キロメートル離れ、龍河行政村に属している。二〇〇七年八月には地域内におけるダム建設をきっかけにして、村には掌批村に連結する簡易公路が完成した。

孔勇村の全ての住民は、周囲にある里送村（ミャオ語の「山間の平地の田の傍」という意味）と白水村（漢語で、村の対面に滝があるため名づけた）という二つの自然村の全体と、略果村（ミャオ語の「銅鼓」の意味）でガノォウ人と雑居する一部の住民と、丹寨県の排調鎮の一部の住民と共に、漢族の同じ張姓の親族集団（宗族）に属すという。現在、龍河行政村に属す、里送、白水、略果の三つの自然村の張姓の親族集団（小房）との間では、葬送や結婚などの儀礼における来往があるが、丹寨県の排調鎮に住む分節集団の小房との儀礼的往来は途絶えている。孔勇村では、世帯の数が三五戸（二〇〇六年）で、ガノォウ人の家の末子継承と違って、長子継承の核家族を形態とする。以前は、周りのミャオ族との通婚関係が少なく、丹寨などの周辺地区の漢族の村と嫁出入りの関係で結びついたが、現在では、ミャオ族の女性の婚入は多く、女性は漢族の衣装に変化する。それらの家の家屋では、周りのガノォウ人と同じのように「ドォウシャ」（花樹）を祀ったりする習慣もあるが、周囲のガノォウ人の家屋の間取りとは違って、堂屋に祖先の位牌が設置され、「七月半」という漢族の「鬼節」の行事を行なう。ミャオ族の女性を娶った家では、普段では周りのガノォウ人の宗教的職能者アシャンに依頼して、「ディデュウ」（抵門）や「アシャ」（花樹を植える）などの儀礼が行われる。

一九九〇年代半ばに、孔勇村と周辺の里送村、白水村、略果村の張氏集団は祖籍である湖南省新晃県の張氏宗族と連携して族譜を再編成した。現在、湖南省の新晃県における祖籍の張氏宗族がトン族に再認定されたことに伴って、孔勇村の村民は自分もトン族であるはずであると主張し、省や県の民族事務委員会と民政局などの管理機構と交渉しているが、民族の身分の改定に関する政策が厳しくなったため、難航しているようである。

張氏の宗族は孔勇村に移住して来て、一五世代になり、当時雷山県地域では中央政権の管轄範囲以外の「チャンフォ」（自然地方）に属している時期であったと推算できる。現在の村には、最初に来た祖先の墓があるという。ガノォウ人の村に囲まれている独立的な漢族の村として、近年における周囲のガノォウ人の村との交流の拡大に伴って、民族間の関係には、いろいろな出来事があったようだ。二〇〇五年六月には、隣の連顕行政村に属するガノォウ人が集まって居住する連顕村との間で、橋に関わる紛争があった。もともと、連顕村と孔勇村がつながる山道には木造の橋があり、連顕村のガノォウ人のもっとも人口の多い親族集団金氏の「ゼ」によって祀られる「ゼデュ」（出自集団の橋）となっていた。その道は、主に孔勇村の村民が丹寨県の排調鎮の定期市と略果村の小学校

表4　ZP村の人口と世帯数及びミャオ族·漢族間の通婚状況

民族	人口数（人）	世帯数（戸）	民族変更の世帯数（戸）	民族間通婚の夫婦数（ペア）	民族間通婚の後代による民族の選択
ミャオ族	1, 198	278	（漢→ミャオ）2	3	ミャオ族（7人） 漢　族（0）
漢　族	65	13	（ミャオ→漢）0	11	漢　族（18人） ミャオ族（3人）
合　計	1, 263	291	2	14	—

※ 2004年時点での「計画生育」の統計資料に基づいてまとめた。民族変更の世帯数について、二世帯のうち一世帯は両親の民族身分が確認できないが、村落での姓氏と民族の対応関係によって判断した。ただし、両親が漢族とある一部の世帯は、末子の家主夫婦が両方ともミャオ族と登録され、しかも子供の中で漢族と登録した人もいる。これは、中国の民法による民族認定の規定に矛盾するので、民族間通婚の夫婦の項目に記入した。

に通う唯一の道路として利用していたが、橋は長年補修されないままになって人の通過には危なくなった。そこで新しい道路を作ることにして、孔勇村の村民は子供の通学の安全のためという理由で、政府の許可を得た上で、古い橋を解体した。そこで、連顕村のガノォウ人の村民は、自分の祖先祭祀の「ゼデュ」が盗まれたと考えて、村落での「ゼ」の範囲を超えた出自集団と連携して、孔勇村の村民に橋の再建と祖先への水牛の供犠を強く要求した。しかし、孔勇村の村民は、政府の許可を得たこと、橋が村境にあたるので、再建してもその費用は両村で等分すべきであると主張した。最後には、郷の政府が介入して、双方の協議に基づいて、孔勇村と連顕村は、それぞれ橋柱と橋床に出資して再建することで解決した。この事例では、漢族とミャオ族の橋に関する考え方の違いが明確に示されている。

2　ZP村の中のガノォウ人と漢族

⑴　人口の構造と民族間の婚姻

雷山県のミャオ族が集まって居住する地域では、ガノォウ人の村の中に、少数の漢族の親族集団が雑居している。上の表4に提示したように、主要な調査地の一つのZP村では、漢族の人口は村の総人口の四·四％しか占めないが、Y姓とW姓の二つの親族集団があり、ガノォウ人を含むミャオ族と通婚しながら、漢族の身分を保持している。村落でのそれらの動きは、雷山県域での全体的な動向と相応して、ミャオ族と漢族の人口の変動や民族間の通婚状況を説明できるであろう。ここでは、二〇〇四年の時点で、ＺＰ村での民族の人口と世帯状況とミャオ族・漢族間の通婚状況について提示している。

（２）「房」、相続と婚姻

ＺＰ村で漢族のＹ姓の親族集団を一事例にして、雷山県でのガノォウ人の村に移入してきた漢族の状況やミャオ族との関係の現状を紹介しておきたい。

Ｙ氏の族譜には、宗族は「祖」の輩行字を持つ「祖福」、「祖寿」、「祖全」という三人の祖先による三つの「房」と記録されているが、現実的には、「複」の輩行字の「複福」と「複貴」の二人の祖先による二つの「房」と自称している。複貴→紹堂→祖全→本智→小平の房族が周縁化される原因は、漢族の長子による家の継承と養子縁組による血縁の関係以外に、一九五〇年代の「土地改革」と「階級闘争」の中で、当時Ｙ氏宗族の祖先「祖全」と「祖福」、「祖寿」が反目したことによる。実際、Ｙ氏の宗族が「祖」の輩行字になっていて、「祖全」の房族は雇われて農作業によって生計を立て、一九五〇年代の「土地改革」によって「貧農」の階級と認定された。「祖全」が当時の村長を務めていて、「階級闘争」の中で、「地主」の階級と認定された「祖福」の家の土地を奪って、村民に分配したり族譜を焼いて壊したりする行為にも参加したという。

Ｙ氏の宗族は、ＺＰ村の村外婚の習慣を厳守し、村での他の漢族の集団とも通婚しない。族譜には、歴代の祖先の婚入と婚出先は、周囲の孔勇、略果、雄虎（丹寨県）、孔慶（丹寨県）などの漢族の村と、白安堡、長豊堡、羊常堡、南平堡などの漢族が集まって居住する「屯堡」であったが、近年においては、ミャオ族が行なっていた、昔の親族慣行である父母の取り決めた包辦婚姻と漢族のユフォ（遊方）への参加の禁止の規制が緩められ、漢族はミャオ族の女性を娶り始めた。漢族のある世帯の主人はミャオ族の身分を選択して、ミャオ族の嫁を娶り、その家の子供もミャオ族の身分として登録し、世帯全体が完全に漢族からミャオ族に変更した事例もある。また、家の長子継承の規制には、色々な変化が見られる[16]。

Y氏の宗族の族譜では、漢族の名づけの「輩行字」の設置によって、親族集団内の長幼の秩序が整然としているが、村での周囲のガノォウ人の「父子連名」による家筋の重視とは違う。また、ガノォウ人のようにリネージ「ゼ」の分節が、祭祀儀礼や崇拝物の「バニュン」（墓）、「デュ」（橋）、「イェ」（岩媽）の連関によって柔軟的に分けられるのと違って、長子の「房」と分家の「房」の分け方を基準にする。更に、家の継承にあたっては、周囲のガノォウ人の家では末子継承を厳守してきており、この習慣とも随分違う。

（3）祭祀儀礼の慣習

Y氏の集団では、ZP村に移住してきた初代の祖先「発興」を初めとして歴代の祖先の墓を族譜に記録している。祖先祭祀の行事としては、毎年の四月五日の清明節に初代の祖先の墓を始め房族内の祖先の墓を祀りに行く。ただし、新しく亡くなった人の墓は、三年間以内は、四月五日の当日に祀る必要があり、他の祖先への墓参りは、村でのガノォウ人のように、四月中で任意の日に行っても構わないという。墓参りの時、村での漢族の「鬼師」に依頼するとは限らない。墓には、経済の状況によって、墓碑を建てない場合もある。「積徳」のため山道に橋をかける家はあり、毎年の旧暦の二月二日に、ガノォウ人のように橋参りをするが、ガノォウ人のように出自集団と特定の祖先に結び付く祖先祭祀の意味は薄いように見られる。昔は、村でのガノォウ人が「ノンニョ」（鼓社節）のときに、爆竹を鳴らし周囲の家を訪れて祝ったという。

葬送儀礼では、ミャオ族のアシャンに頼むことはなく、雷山県の県城にいる漢族の道士や村での漢族の「鬼師」

に依頼して、道教の儀礼によって埋葬や「焼七」[17]などを行う。普段は、病気治療には、西洋医や漢方医やミャオ族の民族医以外に、村での漢族の「鬼師」やミャオ族の宗教的職能者アシャンを頼んで「駆鬼」や「搶魂」の儀礼を行なう。

家の中で、ドォシャ（花樹）を植える慣行はなく、家の入口にある敷居の橋も埋めないのが本来の慣行であった。しかし、近年においては、ミャオ族の嫁を娶った家では、ドォシャ（花樹）を植えたり、敷居の橋も埋めたりし始めた。家の間取りには、堂屋の正中に「香火架」、香炉と神位を設置し、木造の祖先の位牌（木主）はない。

ガノォウ人の家では、男子の子供の健康と家の繁栄や、災いの除去につながるドォシャ（花樹）と敷居の橋を設置して祀るが、漢族の家では「香火架」と神位に祀る神は、上の左から右へ、順次に、宗族の祖先、観音、灶王、関帝、孔子、財神を祀り、真ん中には「天地国親師位」の木版がかけられている。その中の「国」は、昔の王朝の皇帝の「君」とも書けるが、時代の変遷に応じて変容した結果と思われる。その下の聯は、家に財の運の発達と婚姻の円満及び土地の神の加護を祈願する内容を書く。

近年では、村でのガノォウ人の家の堂屋では、漢族風の「香火架」と神位の設置もときには見られる。

（４）「鬼師」（漢族のアシャン）の事例

Ｙ氏宗族の長房のＹ本仁さんは、七四歳で（二〇〇六）、学歴は小学校の卒業であり、村での唯一の漢族の「鬼師」である。祖父、父親と岳父（義理の父親）から、道教の張天師に由来する「劃符」の業を学んだ。祖師爺（教祖）は李複生であるという。

一九五〇年に家が「地主」と認定された後、中国人民解放軍に加入して、一九五二年に朝鮮半島の戦争に参加した。一九五七年に帰国して、ＺＰ村の家で農業に従事しながら、学んだ道教の説によってひっそり「算命先生」

を務めていた。一九五八年に、「算命頭子」として批判されて闘争に巻き込まれた。後に「反革命」の罪を問われ、刑務所で五年の実刑に処された。一九八〇年頃に、政府の政策の緩和に伴い、再び村で「算命先生」を務め始めた。普段は、地相や風水は行なわず、「修陰功」として、村での漢族とガノォウ人の依頼に応じ、主に期日や人生の運命の吉凶を測算し、葬送儀礼や病気治療のための「駆鬼」、「劃符」などの儀礼を主宰する。村では、漢族の村民からは「師傅」と呼ばれ、ガノォウ人の村民に「漢族のアシャン」と呼ばれる。

五　小括と課題の展望

以上のように、雷山県地域での全貌と村落社会の具体的状況を照合して、県地域での民族集団間の関係と儀礼的慣習を連携する考察によって、一八～一九世紀にかけて国家行政の主導の強化に伴う黔東南地域でのミャオ族社会の「漢化」における多様の動き[18]の中で、ミャオ族を主体とするこの地域ではミャオ族の「漢化」と漢族の「ミャオ化」或いは「非漢族化」の動きが見えてくる。現在、ガノォウ人の村落社会では、歴史上の漢民族の移入による村落の構造、民族間通婚による人口の民族構成における変化と民族間の関係、村落社会での婚姻儀礼と祭祀慣習など、つまり民族集団間の関係の存在状況において、「民族文化」の社会・歴史的な側面における様相が錯綜的かつ動態的に呈示されている。

そこで、民族間の交流に伴う「民族文化」の構築においては、祭祀儀礼慣習が重要な内容となる。民族集団間における儀礼の根本的な差異と、民族集団間の境界を跨いだ祭祀儀礼的要素が同時に存在するのは、祭祀・儀礼の地域性（基層文化）の一側面のあらわれであるが、漢族とミャオ族との相互影響と同時に独自的に存在するという事実でもある。それは、「両者の二極対立的な側面のみならず、連続性の側面が見出されるのである」［竹村

卓二　一九九四：二］とし、漢族とミャオ族のエスニシティにおける複雑の様相が露呈しているながら、「民族文化」の多層的構造が見えてくる。

また、ミャオ族の内部においても、それぞれの下位集団は、地域内での移住、通婚関係の変化、漢族との交流、祭祀儀礼の習慣などの面で、決して一枚岩ではなく差異が見られる。特に、村落社会において、儀礼と民族下位集団との関係には、いろいろな特例も存在する。(19) 民族下位集団間においても、儀礼をはじめとする「民族文化」が出自と婚姻規制を記憶する装置となり、アイデンティティとの関係が薄いそれらの事例は、地域での漢族／非漢族の間における状況とは相違が明らかになっている。

「民族文化」は、民族の世界観やエスニシティを浮き彫りにする重要な文化要素としても、民族間のそのような錯綜する存在状況から見れば、歴史上の民族間の多様な交流と関連する経済的側面を含む多様な様相を呈示している。そこで、言説や表象と民族集団間の関係の考察のほか、市場・経済的な要素を含む多次元的角度が必要であることを示唆している。それは、文化の概念を研究主題とする「想像力」の人類学のもう一つの課題かもしれないと考えられる。

注

（1）「民族」、「民族集団」の概念について、鈴木［二〇〇六］を参照されたい。

（2）「短裙苗」については、陶冶［二〇〇五、二〇〇六、二〇〇八］を参照されたい。

（3）各下位集団の人口に関して正確な統計数字はない。ここで提示したのは、現地学者、政府の人口管理の幹部、職能者アシャンにインタビューして得た推測の数字である。

（4）中華民国三六年（一九四七年）三月一日、当時の雷山設治局による命令では、ミャオ族を含む非漢族の婦人は一定の期間で民族の衣装を改装しない限り、県城の定期市に入城できないとされた［『雷山県誌』一九九二：一六、一七、唐千武二〇〇六：四二］。

（5）例えば、一三年に一度行う盛大な祖先祭祀の「ノンニョ」（吃鼓臓）が一九四九年以後は、水牛の大量の屠殺は農業生産に障害を生じるという理由で政府に禁止された。近年において、他の支系のミャオ族の村、特に長裙ミャオで「ノンニョ」の儀礼が復活しているが、ガノォウ人の村では約六〇年以上にわたりその儀礼は行なわれなかった。

（6）「漢化」と「漢族化」の違いについては、［鈴木　二〇〇六］を参照されたい。

（7）一九五九年一月、雷山県の行政編制は取り消された。一九六一年八月に回復され、丹寨県に属する永楽区と排調区が雷山県に組み込まれた［『雷山県誌』一九九二：九八］。

（8）漢族に対する「一人っ子」の政策と違って、国に認定された少数民族の場合は、二人の子供が成育できる。

（9）中国の民法によって、父母が異なる民族である場合は、子供が一八歳以前に両親によって一つの民族を選択してもらって、一八歳になってから、自分の意識で父母の民族の身分どちらか一つを決める。

（10）ガノォウ人の「ゼ」について、［陶冶　二〇〇六］に詳しい。

（11）ガノォウ人の「ノンニャウ」について、［陶冶　二〇一〇］を参照のこと。また、ミャオ族の苗年行事については［鈴木　一九九八］を参照されたい。

（12）ミャオ族の一三年間に一度行う盛大な祖先祭祀の「ノンニョ」（吃鼓臓）については［鈴木　一九九九、二〇〇二、二〇一二］を参照されたい。

（13）ミャオ族社会における自由の結婚と父母による包辦の二種類の結婚の形式については、［鈴木・金丸　一九八五：八三―九四］を参照されたい。

（14）ガノォウ人の結婚について、［李廷貴　一九九二：二三―二六］による記述もある。

（15）特に、長裙ミャオの一部の親族集団（房族　リネージ）では、民族の下位集団内の範囲だけで通婚する傾向が存在する。

（16）例えば、長房の「本仁」の扶養に際しては、次男の「源光」の家族と同居すると登録しているが、家族の扶養の契約によって、実際老人の夫婦は別居し、名義の下の田圃が「源和」、「源光」によって耕され、各人が毎月老人夫婦に二〇元の扶養費を付与する。更に、「源和」と「源光」は、それぞれ老人夫婦の葬礼の費用を負担し、家屋や田圃などの財産を平等配分する。末子の「源祥」は、老人の扶養と家の財産の分配に関しては、責任と権利がないと約束した。

（17）ガノォウ人の「バゲネイノォ」（ご飯を送る）に相当し、死者が埋葬した後七日目に行われる。

（18）武内房司は、一八―一九世紀の黔東南地域におけるミャオ族社会での婚姻と相続の習俗や、木材交易における商人の活動などの面について、ミャオ族社会における「漢化」の多様な状況を考察した［武内　一九九三、一九九四］。

（19）例えば、調査地である桃江村の羊果寨（岩寨）では、余と李の姓の親族集団の中で、李の姓の親族集団の一部がもともと

「長裙式」のミャオ族として移転してきたが、この村に移入してきてから、言語や服飾や自称やアイデンティティーまですべてが完全に「短裙式」のガノォウに変容したが、稲の成熟を祝う行事の「ノンモォ」（吃新）には、その期日をまた「長裙式」の「モォウ」のように旧暦六月の卯（兎）の日に固持している。それから、雷山県の掌坳村では、一部の余姓の親族集団が掌雷や、橋兑などの村から移住してきて、現在では長裙ミャオのアイデンティティを持ち、短裙ミャオのガノォウ人の「ノンモォ」（吃新）の祭りを旧暦八月に行なう習慣しか残らず、転出する村での親族集団との通婚は禁忌とする。

文献

鈴木正崇
　一九九八　「『民族意識』の現在――ミャオ族の正月」可児弘明、国分良成、鈴木正崇、関根政美共編『民族で読む中国』東京：朝日新聞社、一四三～一八二頁。
　一九九九　「祖先祭祀の変容――中国貴州省苗族の鼓社節の場合」宮家準編『民俗宗教の地平』東京：春秋社、三〇一～三二六頁。
　二〇〇二　「死者と生者――中国貴州省苗族の祖先祭祀」『日吉紀要　言語・文化・コミュニケーション』二九号、慶應義塾大学（日吉）、五五～一〇二頁。
　二〇〇六　「民族・宗教から見た東アジア」国分良成編『世界のなかの東アジア』東京：慶應義塾大学出版会、一〇三～一四六頁。
　二〇一〇　「中国貴州省の観光化と公共性――ミャオ族の民族衣装を中心として」藤田弘夫編『東アジアにおける公共性の変容』東京：慶應義塾大学出版会、三〇三～三三九頁。
鈴木正崇・金丸良子
　一九八五　『西南中国の少数民族――貴州省苗族民俗誌』東京：古今書院。
曽士才
　二〇〇一　「中国における民族観光の創出――貴州省の事例から」『民族学研究』第六六巻一号、日本民族学会。
武内房司
　一九九三　「清代苗族の相続慣行――貴州省東南部苗族社会における姑娘田習俗について」『柳田節子先生古稀記念　中国の伝統社会と家族』東京：汲古書院。
　一九九四　「清代貴州東南部ミャオ族に見る〈漢化〉の一側面――林業経営を中心に」竹村卓二編『儀礼・民族・境界――華南諸民族「漢化」の諸相』東京：風響社、七九～一〇三頁。

竹村卓二編
一九九四『儀礼・民族・境界――華南諸民族「漢化」の諸相』東京：風響社。
陶　冶
二〇〇五「ミャオ族村落社会における二種類の宗教的職能者――中国貴州省東南部等雷山県の事例」『人間と社会の探究　慶應義塾大学大学院社会学研究科紀要』第五九号、六七～七九頁。
二〇〇六「歴史の中の親族と儀礼――中国貴州省東南部ミャオ族の支系『ガノウ』人の祖先祭祀をめぐって」『人間と社会の探究　慶應義塾大学大学院社会学研究科紀要』第六二号、一二一～一三七頁。
二〇〇八「社会変化の中の中国ミャオ族の占い儀礼――『災因論』的考察を主として」『人間と社会の探求　慶應義塾大学大学院社会学研究科紀要』第六六号、六九～九〇頁。
二〇一〇「観光開発に見る『民族文化』の表象」『人間と社会の探究　慶應義塾大学大学院社会学研究科紀要』第六九号、一一七～一三〇頁。

雷山県県志編纂委員会編
一九九二『雷山県志』貴州人民出版社。
雷山県苗学研究会編
二〇〇三『雷山苗学研究文集』第一集。
雷山県民族事務委員会民族誌編纂領導小組
一九八七『雷山県誌民族誌』。
李廷貴
一九九二『雷公山上的苗家』貴州民族出版。
苗族社会歴史編写組
一九八七『苗族社会歴史調査』二、貴州民族出版社。
唐千文
二〇〇五「丹江地区設治前苗族自理時期的社会管理」雷山県政協文史資料委員会編『雷山県文史資料之六』（悠悠歳月）。

神話から伝説へ、そして史実へ——西南中国のヤオ族の場合

鈴木正崇

はじめに

古代中国の文献では神話は断片的で総合化は難しい。しかし、中国南部の諸集団、「西南夷」については具体的な始祖神話が伝えられ、文献を時代的に辿って後世への変化を考察できる事例がある。本論文では西南夷の始祖神話を中心にそのあり方を検討する。

中国南部の情報が具体性を帯びて漢族の正史に登場するのは司馬遷の『史記』（紀元前一世紀）以後で、班固の『前漢書』（紀元後一世紀）がそれに次ぎ、西暦紀元前後の西南中国に関して地理的位置と漢族側から見た歴史的事件が叙述されている。その後、第三の正史である范曄の『後漢書』（五世紀）の記述では様相が大きく変化する。『後漢書』「南蛮・西南夷列伝」（巻一一六列伝第七六）には、史実の記録に先立って各集団の起源を語る神話や伝説が記されている。『前漢書』から『後漢書』までの約四〇〇年の間は華南の情報は空白であったが、五世紀の時点で各部族の始祖神話が正史に記録されたことの意義は大きい。正史に「辺境」の情報を盛り込むことで自己と

異なる集団の「野蛮」「未開」の状況を記述して対比し、中央の権威を示す意図もあったかもしれない。

西南夷のうち記録が残るのは「長沙・武陵蛮」「夜郎」「哀牢」で、当時の部族にあたるとみられる。このうち、「長沙・武陵蛮」は犬祖神話を伝え、その後も変形や脚色を加えられたが文献上は命脈を保ち、「生きた伝承」として現在でも広西・湖南・貴州などに住むヤオ族（瑤族）の始祖神話として語り継がれ、『過山榜』という文書にも記されている。浙江や福建に住むショオ族（畲族）の祖図も同系統で神話の内容を図化し説明が加えられている。湖南のミャオ族（苗族）の一部にも犬祖神話は口頭伝承で伝えられ、村の守護神として祀られている。本論はヤオ族を事例として、神話と伝説と史実の動態を検討する。

一　『後漢書』西南夷伝――始祖神話

『後漢書』西南夷伝に記された古代神話のうち「哀牢」と「夜郎」は当時の中国西南部の有力な部族の神話である。雲南西南部の居住民と推定される「哀牢」の神話は「龍子生誕譚」で、川を流れ下って来た流木に女性が触れて妊娠し、男子十人を生む。流木は龍の姿を現し、末っ子の背中を舐めた。この子は才智に優れていたので王に推戴されたという。一方、貴州西部の居住民と推定される「夜郎」の神話は「竹中生誕譚」で、ある女性が川で水浴していた所、竹が流れ下り足の間に入った。竹の中には男の子がいたので連れ帰って養育すると才智と武芸に優れていたので、自ら夜郎侯となって、竹を姓としたという。「龍子生誕譚」や「竹中生誕譚」は、西南夷の非漢族の有力者たちの始祖神話で王権神話の性格もある。優れた才能を発揮する始祖としての王が、空ろな容器から生まれる、あるいは龍による水中での感精という霊性を帯びた存在として語られる。王権という権力の正統性を保証する権威の源泉を霊的な力や自然力に求める。しかし、双方とも「生きた神話」としては継続しなかった。

「龍子始祖」は現在は雲南の西部で口頭伝承として語られ、[1]「竹王始祖」も貴州の西部で語られ文書もあるが、古代からの連続性は文献では辿れない。[2]歴史的連続性は保証されず、「生きた神話」として辿るのは難しい。

一方、『後漢書』の「長沙・武陵蛮」の内容は始祖神話、具体的には犬祖神話で、現在のヤオ族の神話と連続性があり、ある程度は文献上で辿ることも出来る。当時の居住地は湖南の西部の長江（揚子江）中流域で、「荊楚」ともいい、住民は「荊蛮」と呼ばれた。「荊」とは紀元前三世紀に秦が滅ぼした楚に対してつけた呼称である。中原からは未開野蛮な人の住む土地とされていたが、「夜郎」（貴州）や「哀牢」（雲南）の居住地に比べると漢族と非漢族との接触・交渉は遥かに密な地域と推定される。概略は以下である。「昔、高辛帝[3]の時に、犬戎[4]が中原に侵攻してきた。帝は討伐にあたったが撃破できず、天下に布令を発して犬戎の大将・呉将軍の首を獲ったものには、幾千両もの黄金と一万の采邑とともに、年少の公主を妻として与えようと公約した。これを高辛帝が飼っていた五色の体毛を持つ犬の盤瓠が聞いており、敵方へ忍び込み見事に呉将軍の首を取って帰ってきた。まさか畜生に公主をめあわせるわけにはいかず、封地や爵位を下賜できないとして協議したがまとまらず、逆に公主は一旦公にした布令に違背してはいけないとして犬に随行することを懇請した。そこで公主は盤瓠に嫁した。盤瓠は公主を背に乗せて疾駆して南山に赴き、人跡未踏の峻嶮な絶壁の中の石室に新居を構えた。公主は髪型も衣服も変えた。高辛帝は皇女の境遇を悲しみ、使臣を遣わして捜索したが、風雨地震に遭遇して暗闇となり行く手を阻まれた。三年の後、二人の間には六男六女併せて一二人の子供が生まれた。盤瓠の死後はお互いに婚を結んだ。彼らは樹皮を織り紡ぎ、草の実で染色し、盤瓠の体毛に因んで五色の衣服を着用し、犬の尾の形状を施した。後に公主は故郷に戻って帝に子供たちを引見させたが、着衣はけばけばしく（斑蘭）、言語の意味が通じなかった（侏離《しゅり》）。山や谷で生活することを好み、平地の生活を潔しとしなかったので、皇帝は由緒ある山岳と豊かな沼沢を下賜した。彼らは『蛮夷』と称した。外面は痴呆を装い内実は狡知にたけている。その地に安住して旧慣を順守する。父祖の勲功と公主出自のおかげで、田畑の耕作や、商業を営むにあたっても、通関手形や営業手形の必要がなく、租税の義務も免除された。蛮夷の村邑には、君長が居て、朝廷から印綬を賜り、獺の皮の冠を被っている。その頭目を『精夫』といい、仲間内では互いに女央徒と呼び合っている。今日の長沙・武陵蛮がこれである」と記されている。

内容は犬祖神話で、子ども六人ずつの兄妹による近親相姦による始祖神話であり、この十二姓が現在のヤオ族の始まりだと説く。兄妹婚は神婚の様相が色濃い。ヤオ族は山中で暮らしているが、朝廷の血筋の貴種を説いて、平地民に対する山地民の優越を説く。ただし、朝廷側から見ると衣装も言葉も異なり、独自の慣習を維持していたと当時の状況が記されていて、明らかに蛮族として見下す視線が感じられる。重要なことは皇帝によって山中往来の特権や山中での生活の保証を得て、租税も免除されていたという山での生活を正統化する言説が語られていることで、後世にはこの由来を文書にして『過山榜』という証書を作り出して持ち伝えてきた。皇帝からの権利の保障を核にして、最近まで「生きた神話」として機能してきたと言える。

盤瓠神話には異伝がある。『後漢書』よりも一世紀遡る干寶撰『捜神記』（四世紀。二〇巻本の巻一四「蛮夷」の条）の記述では犬祖神話は『後漢書』とほぼ同一だが、冒頭では盤瓠の出生譚や盤瓠の名称の謂れを述べていて神話の性格が顕著である。この部分は既に散逸した魚豢の『魏略』（三世紀）が『後漢書』南蛮伝の注に引かれている部分と一致し、年代は更に古くなる。『捜神記』によると、盤瓠の由来は以下の通りである。「高辛氏に年老いた婦人がいた。王宮に住んでいたが、耳の病気にかかって長い間苦しんだのを、医者が治療して、繭ほどの大きさの虫をほじり出した。婦人が帰ったあと、その虫を瓠の種子を収めるざるの中にいれ、盤をかぶせておいたところ、たちまち犬に変わってしまった。その毛並みには五色の色があった。そこで盤瓠と名づけて飼っておいたのである」。犬祖神話の部分はほぼ『後漢書』と同じだが、『捜神記』の最後の部分は生活状況の記述が詳しくなっている。それによると「村の酋長があり、全て朝廷の綬が授けられている。冠には獺の皮を用いているが、それはこの獣が水を泳いで食べ物を取ることからきている。いま梁漢、巴蜀、武陵、長沙、廬江の諸郡に住む蛮族がそれである。米の粉のあつものに魚や肉をまぜ、樋を叩いて呼びながら盤瓠を祭る。その風習は今でも続いている。だから世のことわざに〈赤髀横裙、盤瓠子孫〉という」と記されている。盤瓠は「虫が犬に変わった」、「獺にたとえる」、冠には「獺の皮を用いる」など、盤瓠は昆虫や魚類など自然のメタモルフォーゼである。盤瓠神話は奥が深いのである。

盤瓠神話の特徴をヤオ族研究者の竹村卓二は六点にまとめた［竹村　一九七一：二三八］。それは、（一）蛮夷の始祖となるべき異類（虫→犬）の異常な出生の顛末と隷属的な地位（中国帝王の畜犬）、（二）政治的主権者への勲功（中国の権威を脅かす有力な外敵の将軍の首級の獲得）に対する代償（公主の降嫁）に基づく異なる社会体系の間の縁組関係の成立、（三）蛮夷の各クラン（clan）の鼻祖（六男六女）の誕生と種族内婚、（四）〈漢〉と〈夷〉との文化的境界の画定（特異な言語・習俗）、（五）居住環境（山地）の限定（棲み分けの原則）、（六）政治的主権者（漢民族）からの身分と特権（山地の自由な用益権、諸種の租税の免除）の保障とする。ヤオの存立に関わる地位や権利を漢民族の支配社会との関係において秩序付け、正当化する。要を得たまとめで付け加えることはないが、移動を常態とする人々の存在理由の根拠を説く言説となった。最近まで生業形態と適合して「生きた神話」が維持されてきた。

二　『後漢書』以後——莫徭と五渓蛮

『後漢書』以後の西南夷の記録については、『梁書』（姚思廉撰、六二九年）に洞庭湖付近に住んでいた「莫徭《モウヤオ》」の記録が残り、原文では「零陵・衡陽等郡、有莫徭蛮者、依山険為居、歴政不賓服」と記されている。唐代の正史『隋書』巻一三一志二六（唐・魏徴等勅撰、六三六年）は具体的に「莫徭」を記述する。それによれば、諸蛮はみな盤瓠の子孫で衣服を斑紋様の布で飾る。長沙には雑多の「夷蜑」がいて「莫徭」という。これは先祖に手柄があったので、常に故事に因んで徭役を免除されているとある。原文は「諸蛮本其所承盤瓠之後、故郷章多以班布為飾。……長沙郡又雑有夷蜑、名曰莫徭。自云。其先祖有功、常免徭役、故以為名……武陵、巴陵、零陵、桂陽、澧陽、衡山、熙平皆同」である。当時の湖南の地に漢族側からの他称として「莫徭」と呼ばれる蛮がいたのである。他称であるが、多くの学者は後代の「徭」、現在の「瑤」の語源だとする［竹村　一九八一：二四四、姚舜安　一九九一：四］。しかし、徭役を免除された人々という一般化した内容を「瑤族」のみに限定することはできない［岡田　一九九三：四一四～四一五］。集団の機能の記録として読むべきなのだろう。

『隋書』以後、南方の蛮の記述は四〇〇年の長い空白がある。文献上で、「猺」という特定の集団の記述が現われるのは宋代に入ってからである。宋代の朱輔『溪蠻叢笑』（一二世紀末）は、長江中流域に五渓蛮がいて、「皆盤瓠種也」と記し、貓、猺、獠、獞、犵狫の五種の集団名称が明記された。原文は「五渓之蛮、皆盤瓠種也。聚落区分、名亦随異。沅其故壌、環四封而居者、今有五、曰貓、曰猺、曰獠、曰獞、曰犵狫、風声気習大約相似、不巾不履、語言服飾率異乎人」と記して、『後漢書』の犬祖の盤瓠の末裔とする。五渓の名称は、沅江が五つの支流に分かれていることに由来する。沅江は貴州に源を発し、洞庭湖に注ぐ長江右岸の支流で、貴州から湖南へと貫流する。宋代、特に一二～一三世紀の南宋時代以後の大きな変化は、この時代を境にして集団の表記名が「地名と蛮の組み合わせ」から「個別名」に変化して現代との連続性が顕在化することである［竹村　一九八一：二四五］。ただし、当時の記述はケモノ偏がつく蔑称の表記で、「蛮」の下位集団の位置付けであった。一二～一三世紀は漢族による辺境の民への認識が大きく転換した時代である。

北宋（九六〇～一一二七）から南宋（一一二七～一二七九）にかけての漢族の南下政策によって、南方の民の詳細な情報が得られるようになってきた。南宋時代の蛮族討伐を名目とする漢族の南部への進出が顕著になると共に、中国南部の人間集団に関する情報が増えた。非漢族の山地への移動が促進された状況も推定される。山わたらいを保証した文書の『過山榜《かざんぼう》』の年代も、宋代の景定元年（一二六〇）が多いのは時代状況をある程度は反映しているとみられる。実年代とは言い難いが宋代に大きな転換があったのであろう。ヤオ族に深く入り込んでいる民間道教の梅山教の成立もほぼ同年代で[5]、ヤオ族の祖型の形成が宋代になされ、それ以後の連続性の中に現在のヤオ族が位置付けられる。この時代に集団への分化と儀礼の確立が同時並行で生じたことが推定される。

三　口頭伝承から文字記録へ、絵画へ――『過山榜』以後

ヤオ族の犬祖神話は文書に書き写されるようになった。焼畑による移動を盛んにおこなってきた過山瑤は『評皇巻牒』、俗称『過山榜』に由緒を記した文書を伝えてきた[6]［黄鈺　一九八八：四六］。皇帝が与えた契約書の意味で、ヤオ族の身分保証書のような意味があった［竹村　一九八一：二六〇］。所有者はほぼ盤瑤、つまりミエン（ユーミエン）の有力者に限られ外部の者には見せない[7]。内容はヤオ族の始祖は犬の盤瓠（盤護）で皇族の娘を娶って山中で生活したが、高貴の血筋で、かつて夷族を討伐した功績で、時の権力者から山地を居住地として渡り歩く特権を保障され、山林開拓の自由と租税の免除の特権を保証した証書である。内容は具体的で、租税を納めないで田を耕作してよい、川を渡る時にお金を払わなくてもよい、役人に会っても跪かなくてもよい、田から三尺以上離れて水を引いていない所は自由に耕してよいなどの規定があり非現実的な事項も多く含まれる。ヤオ族の女性が漢族に嫁ぐことを禁じる規定を記すものもある[8]。中国国内だけでなくベトナムやタイのミエン系統の人々の所にもあって、特に北タイに住むユーミエンについては詳細な報告がある[9]［白鳥編　一九七五、一九七八］。

漢族が平地を居住するのに対してヤオ族が山地に居住するという「棲み分け」を正統化し、相互の境界を設

定するというイデオロギーが垣間見られる。文書に記される最古の年号は唐の貞観二年（六二八）であるが史実とは言えない。最も多い年号は正忠景定元年（一二六〇）で、南宋の理宗元年にあたる。[10] 清の康熙五三年（一七一四）正月重修などの表記もある[11]〔《過山榜》編輯組　一九八四〕。文書の奥書の年号は宋代が多いが、大半は清朝以後の文書である。漢族の支配者、つまり皇帝から賜与される証明書類と目されてきたが、実際はヤオ族側が作成した偽文書であると推定される。景定元年という年号の由来は、南宋の後期にあたり中国南方への漢族の展開に伴って、ヤオ族が大挙して移動を開始した時期かもしれないが〔饒宗頤　一九八七：一五八〕、史料上で確定することはできない。皇帝の交代に合わせての賜与という形式をとっている。

日付は中国の事例は同年一〇月二一日が多く、現行の盤王節の祭日（一〇月一六日）はこれに近づけた可能性はある。ただし、四月八日、一一月一一日、一二月一二日などもある。『過山榜』は、日本の山地に住み轆轤を使用して木工製品を作ってきた木地屋の持つ文書（惟喬親王を祖先とし、自らの山地での生業の由来を権威付けて平地民に対しての優越を説く文書）との類似性が指摘されている〔竹村　一九八一：一二五〕。偽文書であるが自らの血筋の高貴さの権威を説き、課税をされない特権を主張する点でも共通する。『過山榜』は平地民から蔑視されがちであったヤオが山地での生活を維持して繁栄をもたらすために、自らの生活様式を正当化して権利を確保し、漢族への対抗として「文字」という媒体を逆利用して後世に受け継ぐことで、民族としての矜持を支える精神的支柱とした。『過山榜』はヤオ族の独自性が強いが、類似しているのはショオ族（畲族）の「祖図」である。「畲」（ショオ）は湖南・貴州の山地から広東へ、そして福建から浙江へと焼畑耕作を行いつつ移動した。元々漢語の「畲」は焼畑耕作の意味で、自称はシャンハー（山哈）で、ハー（哈）の原語の意味は「客人」で、「山に居るよそ者」のことである〔《畲族簡史編写組》　一九八〇：七〕。焼畑と狩猟を生業とし、山わたらいを常態としていたと推定される。

『過山榜』によれば、盤瑤の先祖は南京の十宝殿から海をわたり、[12] 広東の韶州府楽昌県に移動して、その後に湖南の千家峒へ移り、そこで漢族に追われて散り散りになって、今から四百年前の明代にこの地に至ったという。盤瑤は、その由来を系譜上に位置付け、盤瓠に由来する十二姓があり、盤・黄・趙・李・馮・鄧・胡・龐・包・瀋・周・雷などはそれにあたると主張する。毎年三月三日に黄花、紅藍、楓葉、石榴で染めた黄・藍・黒・紅の米と白米からなる五色の糯米飯を食べるのは、十二姓のうちの有力な五大姓の団結を表すためだという伝承もある。これは海南島の「ミャオ族（苗族）」（元来は広西の百色から移住させられたヤオ）の伝承とも共通する〔鈴木　一九八五：三九―四〇〕。

『過山榜』は口頭伝承の文字化という以上に大きな意味を持つ。通常は非漢族に関する記述は漢族が文字で書き記すので偏見や差別も多く含まれるのに対し、『過山榜』はヤオ族が漢字を使って自己の主張を行いしかも皇帝の証書という権威性を帯びている。抵抗文書でもあり、自らの「移動生活」の正統性を主張し権威の維持につながった。

四　「瑤族」への道

時代は下るが、清代の『皇清職貢図』（乾隆二六年・一七六一）巻四「広東省」と「広西省」の条には県ごとに「瑤人」が共に八集団ずつ記されている。近代以前の広西でのヤオ族の名称は、集落の立地（山地猺・高山猺）、服飾（白褲猺）、結髪・頭飾（狗頭猺・紅頭猺）、信仰（盤古猺・狗猺）、生産（藍靛猺）[13]など文化的特質で識別しようとした〔劉錫蕃　一九三四：二〕。「猺」とケモノ偏がつき、漢族からは人間よりは動物に近いと蔑まれていた。一九四九年の解放後は、一九五三年以後の民族識別を経て、社会主義政権下の「民族」として再画定が行われ、漢字表記を「瑤族」に統一し総称として確定された。

彼らは漢族に吸収・同化されることなく自らのアイデンティティを保持し、外部との文化的境界を維持してきた〔竹村　一九八一：六〜七〕。中国のヤオ族の人口は、一九九〇年の統計では二一三万四〇一三人で、そのうち約六二・一%が広西壮族自治区、湖南省に二一・五%が住み、その他は雲南、広東、貴州に居住し、東南アジアの大陸部では、ベトナム、タイ、ラオスの山岳地帯にも同系統の民がいる。(14) ヤオ族の伝承の多くは故地を長江中流域に求め、漢族の南下の圧迫を受けて、平地部から山間部へ移動して、各地に散らばったと伝える。ミャオ族が焼畑耕作と水田農耕を併用し、貴州など内陸部の石灰岩地帯に多く分布して漢族と対立する傾向を帯びたのに対し、ヤオ族は広西・広東・湖南など沿岸部に近い海洋モンスーンの影響を受ける地域を中心に居住し、豊富な森林地帯で狩猟・焼畑に林業を合わせ営み、かつては移動性が高かった。一方、ヤオ族の中にも天水による棚田での稲作栽培や田畑でトウモロコシ栽培を主として生活する人々もいる。竹村卓二は、ヤオ族は平地の漢族と生態系を異にすることで、生産物の交換による共生関係を確立し、「客民」として、「主民」たる漢族から保護されて生き延びたという〔竹村　一九八一：八四〕。犬祖神話は姿を変えつつも口頭伝承として、古代から現在に至るまで命脈を保ち、ヤオ族の系統の人々の間では「生きた神話」であり続けている。ヤオ族は固有の文字は持たず、基本は口頭伝承で歴史を伝えてきた。ただし、漢字に習熟しており、道教の影響を受けた複雑な儀礼を頻繁に行い、膨大な漢字文書を駆使する。その意味では漢族から保護されてきたというよりも相互に変容しつつ共存してきたというべきなのかもしれない。

五　ヤオ族とミャオ族

元々ヤオ族とミャオ族とは同系統とされるが、実際にミャオ族の一部にも犬祖神話を伝える所がある。それは湖南省麻陽のミャオ族で、盤瓠廟が建立され、湖南省麻陽県高村郷の錦江流域には一八ケ所の盤瓠廟があるという。ミャオ族がすむ漫水村には明代の永楽二年（一四〇四）建立と伝える盤瓠廟があり、陰暦五月一一日の龍船節には盤瓠を祀って、舳先に犬頭を頂く龍船を出し、接龍歌、謁見歌、根源歌、謝茶歌、送神歌を歌って祭祀する［譚子美・李宜仁　一九九一：五三～五六］。一九九八年八月二九日に現地の盤瓠廟を訪問した時には、祭壇正面に「本祭盤瓠大王位」、左右に「本新息大王位」と「本祭四官大王位」の三人兄弟の位牌が据えられていた。祭日ではなかったが、我々の訪問の為に供物を供えて飾った。三六個の盃を天神地神と観音に捧げ、三人兄弟には豚が一頭と粽があげられて「接龍歌」が歌われた。田連炎（支部書記）が話した由来譚では「高辛王は娘を龍犬に与えると、娘と婿を湘西地方に住まわせた。夫婦はここにきて三男三女に恵まれた。長男が盤瓠《バンフー》、次男が新意《シンイー》、三男が四官《スークワン》という。後に沅江一帯で戦闘があり、三兄弟は雄々しく闘ったが戦死した。彼らの子供たちが父親を偲んで龍船祭祀をはじめ、一代一代と受け継がれていった」という。三つの位牌は三人兄弟であった。皇帝の娘をめとったのは龍犬で、その長男が盤瓠とされていた。五月一一日が盤瓠の誕生日で祭祀をして、龍船を水上に浮かべてゆっくり往来する「試船」を一一、一二、一三日に行う。一四日から一六日が競渡の日であるという。漕ぎ手は四八人、太鼓打ち・銅鑼打ち・指揮官、舵取りが一人ずつ、喇叭二人が乗り、総勢五四人が乗る。錦江の沿岸には一五の郷があり百艘余りの龍船を保持し、高村鎮は八艘を所持している。龍船は山神を祀ってから杉木で作るといい、祭祀には色々な神々が混淆しているようだ[15]。

　犬との関係では貴州省黔東南雷山県のミャオ族の一部では自らの先祖は犬であり、解放前までは犬の尻尾をかたどった紐をつけていたが、解放後は周囲の他の民族から侮辱されたのでつけなくなったという人々もいる。始祖とは逆に、犬の磔刑による供犠の話は台江県施洞で聞いたが、犬は魔よけのための供犠の対象であり、漢族の習俗を受け入れたのだという。

六　現代のヤオ族――広西の大瑤山

広西の金秀瑤族自治県はヤオ族の集住地として名高く、大瑤山と呼ばれる。一九八八年三月に行った調査に基づいて現代のヤオ族の在り方を検討する。[16] ここに住む盤瑤は、犬祖である盤瓠の子孫であると自称して、金秀には盤瓠の子供の六男六女に因む十二姓のうち、現在でも六姓が残るという。『後漢書』以来の犬祖神話が現代でも継続してきた。金秀での聞書きでは、盤、黄、趙、李、馮、鄧、胡、包、周、雷、瀋、唐が十二姓で、盤、黄、趙、李、馮、鄧が金秀に住んでいるとされる。その後、鄭と龐が加わったが、いずれも漢族がヤオ族の女性と結婚してできた姓である。人数は盤、黄、趙、馮が多いが、盤と趙が優勢で古いという。ただし、『過山榜』には、盤・黄・趙・李・馮・鄧・胡・龐・包・瀋・周・雷を十二姓という記述もあり、対応が異なる。地方によっては鳳や奉があり、これは類似音の馮が変化したという。基本は文字を持たない人々なので、融通無碍に漢字を活用する。瀋が現在はいない理由としては、移住の途中、船に乗って川を渡っていた時に遭難して沈んだので消滅したという説明が聞かれる。瀋と沈は同音（shen）なので関連付けたと推定される。

金秀のヤオ族は五種に分かれ、盤瑤、山子瑤、拗瑤、花藍瑤、茶山瑤である。各々の自称は、盤瑤はミエン（mjen、あるいはユーミエン iu-mien）で「人」[17]、山子瑤はケムティムン（kem di mun、あるいはムン mun）で「山里の人」[18]である。[19] 拗瑤はピャオムン（bjau mun）で「山の中の人」、花藍瑤はキャンネィ（kiong nai）で「山に住む人」、茶山瑤はラキア（lak kja）で「山に住む人」の意味だという。自称から判断すると、総じて山の民の意識が共有されているといえる。吉野晃が二〇〇二年以後に断続的に行った調査では、この地域の漢族はカン（kan）といわれるが、茶山瑤も同様にカンに属するとされ、壮族もカンチアン（kan-tsoang）と呼ばれる。これに対し拗瑤、山子瑤、花藍瑤はカンを（kan）つけず、ユー（iu）をつける〔吉野　二〇〇五：四九〕。従って、「漢族」と、三つの集団「茶山瑤・壮族」「山子瑤・拗瑤・花藍瑤」「盤瑤」から成り立つ。言語の観点からいうと、漢族から最も遠いのがユーミエン（iu-mien）の盤瑤となる。

言語系統は漢チベット語族であるが、盤瑤、山子瑤、拗瑤は苗瑤派の瑤語支でヤオ語であるが、花藍瑤は苗瑤語派の苗語支でミャオ語、茶山瑤は壮侗語派の侗水語支でトン語である。これらの人々は時期や経路を違えて大瑤山にきたと推定され、族譜や口頭伝承に基づいて茶山瑤が約六〇〇年前、拗瑤と花藍瑤が約四〇〇年前、盤瑤が約三〇〇年前、山子瑤が約二〇〇年前と推定されているが確定的ではない。花藍瑤の伝承では、大瑤山への入山は明代初頭（一四世紀）という説もある〔王同恵　一九三六：二七〕。

各ヤオ族のうち、拗瑤、花藍瑤、茶山瑤は地主で、川の畔や狭い平地を利用したり、棚田を作って水稲耕作を営み、山林・田畑・河川流域などを所有する地主で「山主」という。特に茶山瑤は漢族との商品作物の交易で利益を得て社会階層の最上位を占めた。この三種の瑤族は男性が頭髪を長く伸ばして頭の上で束ねて髷にしていたので「長毛瑤」とも呼ばれる[20]。灌漑による棚田（梯田）の水田耕作を主体として土地の所有権を確立し、大規模な集村を形成していた。これに対して、盤瑤と山子瑤は「長毛瑤」の土地を小作して焼畑と狩猟を営み移動が前提で、「過山瑤」ともいう。一定の土地を耕作すると三～五年で別の場所に移動する生活であった。彼らは遅れて大瑤山に移住してきたので、土地を余り所有せず、田畑や山林を「山主」から借り受けて税を支払い小作として生活し「山丁」（山民）と呼ばれた。耕作だけでなく山菜の採集にも課税されたという。「過山瑤」は焼畑への依存度が高く村落は分散的で、戸数も二〇戸以下で規模は小さい。「過山瑤」は「山丁」から高額の「山租」を取り立てられて「種木還山」と呼ばれる請負作業をさせられていた。戦前の報告には「過山瑤」が「長毛瑤」に隷属して苦しい生活をしいられた状況が描かれている〔王同恵　一九三六：四六〕。漢族商人からも略奪に近い扱いをされていたようである［唐兆民　一九四八：二〇一～二〇六］。現在の盤瑤の生活を見てみると、住居は竹や木で作り、簡単に移動できるような暮らしでかつての面影を濃厚に留めている。「過山瑤」は政府の定住化推進政策が進められ、高度の低い所に移住させられて、棚田で水稲耕作を営み常畑でトウモロコシを栽培して暮らすようになった。経済的に困窮した場合は政府から穀物の援助が届けられるなど優遇措置が与えられる。歴史的には、大瑤山のヤオ族は定着型の「長毛瑤」と移動型の「過山瑤」に分かれ、前者は低地の「水村」、後者は高地の「山村」と棲み分け、相互は支配・従属関係に基づく階層分化をなしていて、優位と劣位、地位の上下が明確であったが、社会主義政権下では大きな転換が生じた。漢族との社会的経済的関係が濃いか薄いかによって、個々の瑤族の状況が異なることになった。

以上を社会的地位、言語系統、漢族との距離の三つの観点からまとめておく。

「過山瑤（山丁）＝盤瑤＋山子瑤」⟺「長毛瑤（山主）＝拗瑤＋茶山瑤＋花藍瑤」

「瑤語支＝盤瑤＋山子瑤＋拗瑤」⟺「苗語支＝花藍瑤、侗水語支＝茶山瑤」

「ユーミエン＝盤瑤」「ユー＝拗瑤＋山子瑤＋花藍瑤」⟺「カン＝漢⫴茶山瑤＋壮族」

大瑤山のヤオ族の内実は複雑であり、多くの移住の波の重層的な累積によって形成されてきたと推定される。現在では、定住を移動より優れているとみなす潜在意識が横溢する。これは大きな変化である。移動するヤオ族、特に『過山榜』を携えて、盤瓠からの出自を誇り、皇族の子孫としての矜持を維持してきた盤瑤は本質的に動く民であった。しかし、政府は焼畑耕作を禁じ、定住化を促進させてきた。現代に生きる戦略として定住の重視へと価値観を転換したのであろうか。いずれにせよ、総称としてヤオ族と名付けられた集団は決して固定したものわれた民族識別工作によって一元化され固定化されてきた結果の到達点である。ではなく流動性の中で形成されてきた。現在の状況は解放後の民族政策、特に一九五〇年から五二年にかけて行われた民族識別工作によって一元化され固定化されてきた結果の到達点である。

七　始祖の祭り——盤王節

大瑤山では始祖を祀る盤王節は現在も行われている。しかし、その内実は大きく変質した。元々始祖の盤瓠は古代の帝王と同格とされ尊称で「盤王」とよばれて、始祖を祀る盤王節を毎年一〇月頃の収穫終了後に執行してきた。祭日は吉日を師公（法師）に占っていたので固定した日付はなかった。また祭祀の単位も、盤瑤は一軒ごとに家の祭り、拗瑤は一村か数村が中心で、山子瑤は他の神々の祭りと合わせて盤王を祀った。伝説によれば瑤族の先祖が離散して旅を続けて海を渡っていた時に、大嵐に遭遇し、盤王（盤護）に願をかけて天候の回復と航海の無事を祈ったところ、願い事が通じて穏やかになり、海を無事に越えて現在地にたどりついたという。その御礼として盤王を祀る。「盤王大歌」がうたわれて〔湖南少数民族古籍辨公室主編　一九八八〕、天地開闢や盤王の事績、先祖の移動の歴史が語られた。数年に一度大きな「還盤王願」を行う。基本は盤瑤、ミエンの祭りである。花藍瑤と茶山瑤は盤王を祀らない。

しかし、一九八四年以降は国家民族委員会からの指令で陰暦一〇月一六日に統一され、民族団結の祭典として祝われるようになった(21)。祭日の固定化にあたっては、広東省の連南排ヤオ族(22)の「要歌堂」の祭り、湖南のヤオ族の祭りなど過山瑤系の人々の日付を考慮したようである。かつては盤王節は盤瑤の始祖神を祀る重要な儀礼であり、盤瑤を主体とし、山子瑤・拗瑤の祭りであったが〔張有雋　一九八六：九三〕、現在では大瑤山に住む五種類のヤオ族が共同で祭りを行なう。大瑤山に居住して民族識別でヤオ族と認定された人々は、政治的にだけでなく、文化的にも「瑤族」として纏まりを持たせられたのである。実際には内部にトン族（侗族）やミャオ族（苗族）に近い者を含むにも拘わらず、民衆側も大瑤山に住む限りはお互いがヤオ族として協力しあうことが好ましいと判断して、あえて民族帰属の変更をする動きは見せない。むしろ、上からの政治的意図を意識的に利用しながら「ヤオ族になる」ことで団結を誇示し、自らの主張を行なう。このような経過に見られるように、「創られた民族」が、新たに自らを形成し直す動きが中国各地に起こってきた〔鈴木　一九九三〕。「生きた神話」に基づく盤王の祭りも行政の関与によって大きく変質し、民族識別以後に人工的に作り上げられたヤオ族像に合わせられて再構築されてきた。上からの力学と下からの力学の境界面において新たに生じてくる葛藤や対立、変容と創造の今後はどうなるのか、予測を許さない状況が続いている。

八　故郷の創出——千家峒

『過山榜』に記された千家峒については各地に様々な伝承が伝わっている。湖南省江永県の上江墟鎮の西方には集住地「千家峒」があり、伝説ではヤオ族は長江中流域から移住してこの地に留まった。ヤオ族の始祖は犬の盤瓠で、その子孫の十二姓が住み、唐代には漢族と対抗する勢力があったが、元の大徳九年（一三〇五）に大軍が押し寄せた。千家峒に集結して平和な生活を営んでいたヤオ族は、突然に襲撃してきた元の大軍に敗れ再会を期して散り散りになったという。上江墟とその周辺の村々では漢族、ヤオ族を問わず、収穫期の一〇月には盤瓠を祀る盤王節を行う村が多く、ヤオ族の文化的影響が今でも強い。ヤオ族は明代の石碑には扶雲瑤、清渓瑤、古調瑤、勾蘭瑤とあり、清代以降は平地のヤオ族は民瑤、熟瑤、平地瑤と表記されてきた。一方、山地のヤオ族は現在の通称は高山瑤、自称ミエン（勉 mien）の盤瑤が主流で、森林を焼畑で開いて耕地を作り、陸稲やトウモロコシ（玉蜀黍）を栽培して山々を移動する「過山瑤」であり、龍犬の盤瓠の直系という。他方、上江墟の漢族は山西、山東、江西、浙江から移住した役人や兵士の末裔、広西、広東、四川からの移住者も混ざる複雑な構成を持つ。先住民文化の上に、ヤオ族と漢族などの融合が重なり、変容と創造の過程が継続してきた。江永県のヤオ族の人口は一九四九年の解放時には一〇万人と伝えられているが、一九九一年現在では三万四九五〇人で、県内の四七・二%を占めていた。千家峒はヤオ族の集住率が高く、解放時は五〇〇〇人であったが、一九九一年現在では七八七九人で地域の九七・三%がヤオ族であった。

ヤオ族の原郷は『評皇券牒』や『過山榜』では浙江の会稽山の記載が多いが、後世の付会であろう。一方、古記録では南京十宝殿（十宝店）を故地とする文献もある〔《過山榜》編輯組　一九八四：一〇八～一一六〕。湖南ヤオ族の古歌『盤王大歌』は武昌府から移動して景定元年に海辺に達し海を渡って千家峒に至ったといい〔少数民族古籍辨公室主編　一九八八：一六二、二一七〕、同様の伝承は寧遠県〔宮哲兵　一九八六：二六五〕、江華県、藍山県にある〔広西壮族自治区編輯組　一九八六：二〕。広西、広東、雲南のヤオ族にも千家峒伝説は広がる。ヤオ族は原郷としての千家峒に愛着を持ち各地で故地回復の動きを起こし、一八四四年に雲南蒙自県、一九三三年に湖南紅華県、一九四一年に広西金秀大瑤山、一九五七年に広西恭城県のヤオ族が千家峒の発見を試みた。千家峒伝説の記録は江永県では手稿本『千家峒』（大遠郷趙徳彪宅蔵）、『千家洞源流記』（橋頭舗郷瑤族蔵）、『千家洞源流記』（界牌瑤族郷水口営村李姓蔵）が残るが年代の確定は難しい〔宮哲兵　二〇〇一：一八四〕。千家峒候補地は湖南の江永県以外では、道県、江華県、零陵県にある。千家峒は実在か、架空の土地か、長期の議論が続いていた。

大遠郷を千家峒に同定したのは宮哲兵で、一九八二年から八五年まで調査して結論を出した。一九八六年五月一八日から二二日まで江永県で「瑤族千家峒故地問題シンポジウム」が開催され、各地から四三名のヤオ族研究者が集まり現地踏査と討論を重ねて決定事項となる。この知らせは東南アジア（ベトナム、ラオス、タイ）のヤオ族に広まり、アメリカのヤオ族（ラオス難民）も一九九六年に千家峒を訪問した。一九七五年にラオスでパテトラオ政権が成立し、共産主義の政権下での生活を望まないヤオ族は、タイに逃れて政治難民となり、アメリカを初め世界の各地に散った。その子孫が現地で適応して豊かになり、故地を求めて戻ってきた。一九八六年に江永県大遠郷はヤオ族の故地として「発見」され、これ以降、徐々に既定事実として固まり、ヤオ族にとっては有名な場所になった。

千家峒伝説はシェ族や客家や広東の漢族に伝わる移住伝説と共通した枠組みを持ち、移動という行動形態を正当化する論理を基軸に、漢族との関係の中で生成された伝説とも考えられる。牧野巽は「祖先同郷伝説」として、「広汎な地方の住民のなかに、その祖先が元来、同一の地方から移住して来たという伝説」［牧野　一九八五：四］が同じ言語集団（客家、広東人、閩南人）に伝わることに注目した。この伝説は移住や文化の伝播の方向を示すが、史実というよりも、「過去において祖先が同じ故郷から移住してきたという、共通の歴史を有することによって、二重の同郷観念」［牧野　一九八五：一六二］を持つという、過去に遡及して作り出された伝承だと考える（二重とは現在の定住地と過去の故地）。瀬川昌久も客家の族譜に記された、祖先を同郷とする移住伝説を検討し、共通の災厄を生き延びた子孫と語ることで連帯意識を作り出す働きがあり、故地は「漢族世界の周縁に位置する最前線の場」［瀬川　一九九六：二二八］という境界上の地点（客家の福建省寧化県石壁、広東人の南雄珠璣巷など）であるという。千家峒も類似する場所である。恐らく、同類型のこれらの移住伝説は、実際の移動の記憶を基盤に置きながらも、漢族を焦点として中原と周縁の差異を際立たせる、或いは結び付けることで正当性を主張し、自らの社会的紐帯を強化しようとする伝承であろう。しかし、研究と調査の結果、江永の千家峒はヤオ族の故地として「発見」され、実在化されて、定説になろうとしている。千家峒はヤオ族の拠点であったことは確かだが、史料上からは確定できない。また、焼畑が主体であれば千家峒のような定住地は必要ないはずである。しかし、漢族への対抗言説としてヤオ族の民族意識を高める効果を持つ。

現在の土地の伝承では、ヤオ族は中原で黄帝と戦って敗れた蚩尤の子孫で、洞庭湖付近に落ちのびて長沙武陵蛮となり、南方に移動して千家峒のヤオ族になったという。しかし、古代との連続性は実証出来ず、蚩尤の伝承は漢族が打ち出した「黄帝始祖」という伝承への対抗伝説と見られ、後世の文献の知識による補強がある。黄帝を漢族の祖とする伝説は清末以降に華僑など海外に出た漢族の間で広まったが、一九九四年に中国共産党の中央宣伝部が起草した「愛国主義教育実施要綱」に基づいて、全国的に愛国教育が制度化されて以後、黄帝に関する伝説が愛国教育に利用され、特に黄帝陵は「全国愛国主義教育モデル基地」となって、「民族聖地」とされた[23]。

貴州のミャオ族（苗族）の知識人は、ヤオ族と同様に「黄帝始祖」に対抗するために、黄帝と戦って負けた蚩尤を民族の始祖とする伝承を、一九九五年以降に展開するようになった。蚩尤に類似した音表記の始祖の伝承「格蚩爺老」が黔西北に伝わることを根拠に[24]、現在のミャオ族が蚩尤の子孫であるという主張を行っている［鈴木二〇一二：八一～九七］。現在は「蚩尤始祖」を否定する主張をミャオ族の知識人が繰り広げれば、袋叩きにあうという。ミャオ族の知識人は民族の歴史を断片的な文献を辿って遡及し、古代における原型を設定して、現代のミャオ族はその子孫であるというアイデンティティ（中国語は認同）を作り上げ、一体性を強化しようとする。極めて政治性が強い民族論である。雷秀武（黔東南民族研究所所長）は、これを「心史」と表現し、独自の歴史の表象と考えている。そこには反論する余地はない。

ミャオ族にしてもヤオ族にしても、先祖は長江中流域で生活していた可能性は高いが、北中国、特に中原にいた記録はない。現代の伝承は様々な知識で過去を再構築しようとする。神話から伝説へ、そして史実へという各地にみられる現象は、ヤオ族においては古代と現代を結びつける力として巨大な力を発揮してきた。始祖神話は口頭伝承から文字テクストとなり、複雑に変化しつつも歴史化することで伝承の連続性を維持すると共に、「生きた伝承」として記憶を過去に結び付けて歴史を再構築してきたのである。

注

（1）九隆伝説は雲南の西部の保山や永勝県合慶村で口頭伝承として伝わる［百田　二〇〇四：一〇二～一一二］。ただし、古代とは隔たりが大きく歴史的連続性は確証できない。

（2）竹王の神話は五世紀以後の記録は『黔游記』（康熙一〇年・一六七一）で、竹王祠や竹王廟が貴州の福泉にあると伝える。祠や廟は現存する［尤中　一九八三：一四二～一四三］。実際に現地で体験したこととして筆者が二〇〇六年三月一三日に貴州西北部の威寧県龍街区の馬街村を訪れた時、竹筒を三本置いて祀ってある森へ案内され、先祖を竹の出生とする伝承を聞いた。この地のイ族（彝族）は竹を先祖とする。夜郎王の末裔と称する人々は貴州西南部鎮寧県革邦村のミャオ族の金氏［百田　二〇〇四：六〇～六四］、貴陽市金竹鎮のプイ族の金氏、長順県広順鎮のプイ族の金氏等で、広順では「竹王送子」の儀礼を行うという［弋良俊　二〇〇二］。湖南では劭陽地区新寧県の八峒瑤山の阿黎人（ヤオ族の一支系）の巫師が竹王祭を行い、天地開闢・人類起源・遷徙の歴史を語り先祖を祀る。巫師は竹根の面具で仮装して竹王や盤王に扮して魔物を村境に送り、盤古大王を祀る［林河　一九九七：四九四～五〇四］。

（3）伝説上の皇帝で帝嚳、名は高辛という。『史記』五帝本紀によれば黄帝の長子・玄囂（少昊氏）の孫で、黄帝の曽孫に当たる。

（4）古代中国の西戎の一つで、殷・周・春秋の時代に陝西省方面で勢力を誇った。秦に圧迫されて衰えたとされる。

（5）梅山の史料は『宋史』巻一六「神宗紀」に「熙寧五年一一月、……章惇開梅山、置安化縣」、巻四九四「梅山峒蠻」、巻四七一「章惇傳」に記され、開梅山は、北宋が熙寧五年（一〇七二）が猺蠻に対処した歴史的な史実である［饒宗頤　一九八七：一六〇～一六二］。

（6）名称は盤古聖皇牒、過山牒、白録敕帖、瑤人榜文、祖途来歴など二〇種の名称がある［黄鈺　一九八八：四六］。秘蔵され外部に見せないので調査は難しい。

（7）貴州省従江県斗里郷台里村高留組の盤家の『過山榜』は詳細な移動経路を記している。原文は［田畑・金丸　一九九五：二一五～二一六］に翻刻された。拝見には鄭重な拝礼が行われ、保管場所は秘密とされた。内容は、盤古聖皇の天地開闢、六男六女の山林居住の許可、十二姓形成、洪水と移動、焼畑（刀耕火種）で山を切り開く許可と租税の免除などが券牒の榜文として記され、景定元年四月八日の日付がある。記載は洪武五年（一三七二）とあるが、明代の記録ではない。盤瓠の名称や犬祖神話は記されていない。

（8）ベトナムでヤオ族と同系統の人々はマン族（蠻族）と呼ばれた。慶應義塾大学の松本信廣は、一九三三年にハノイのフランス極東学院を訪問し、書籍集成「安南本」の中にトンキン（Tonking）の山地に居住していた蠻《マン》族の所有の『諒山省平州蠻書』の中に小冊子「世代源流刀耕火種、評皇巻牒」で、盤瓠伝説の記録を発見して報告し［松本　一九四一］、後に目録を作成した［松本　一九四三］。洪水伝説が記載されミャオ族との類縁性を示唆した。山本達郎もパリのアジア協会（**Société Asiatique**）のマスペロ（**Maspero, H**）教授の収集本を「山関簿」として紹介して盤瓠伝説と洪水伝説を報告して分析した［山本　一九五五］。蠻族は現在はベトナム北部ではダオ族（**dao**、以前はザオ **zao**）にあたる［菊池　一九八九：五五～五九］。

（9）『瑤人文書』は一九七〇年一二月に上智大学教授白鳥芳郎が調査した時に発見した。この時に収集した文書は、評皇券牒、家先単、超度書、大堂魂像（十八神像）など多数に上る。白鳥芳郎、竹村卓二の研究は、吉野晃によって引き継がれている。

（10）タイの文書では、巻頭に「景定元禩」とあり、「元年」という表記ではない。中国では「景定元年」と記載されたものが多い。

（11）中国国内で発見された一〇〇以上の『過山榜』のうち、主として湖南、広西、広東に所在があり、雲南は一件のみである［《過山榜》編輯組（編）一九八四］。

（12）実際には大海を渡らず故地に近い洞庭湖を渡って移住した記憶ではないかと推定されている。

（13）藍靛とは木綿に藍染する技法に優れていたことに由来する呼称である。

（14）一九七五年以降、ラオスから脱出して政治難民となったヤオ族の支系のユーミエンがアメリカ、カナダ、フランスなどに定住して、相互に国を超えたネットワークを構築しつつある。ラオスのヤオ族に関する先駆的な調査としては、［岩田　一九六〇］がある。

（15）貴州省黔東南施洞の龍船祭では山の龍は山神、川の龍は水神で双方の合体が意図される。

（16）大瑤山の概要は［胡起望・范宏貴　一九八三］に詳しい。ヤオ族の全容は［《瑤族簡史》編写組　一九八三］を参照されたい。

（17）ミエンの呼称の起源は、漢族からの他称である「蛮」に由来していた可能性がある。

（18）ケムは山、ティは下、ムンは人の意味である。

（19）ベトナムやラオスでランテン・ダオ（藍靛瑤、**Lantien Dao**）と呼ばれる人々と共通する［菊池　一九八九：五八～六〇］。自称はムンである。

（20）茶山瑤は髪の毛の前方で結び、花藍瑤は後方で結ぶ。拗瑤は頭の頂点で結ぶという。

（21）毎年陰暦一〇月一六日に盤王節を行うという決定は一九八四年八月一七日から八月二〇日まで南寧で開催された「全国瑤族幹部代表座談会」で決定された。第一回盤王節は一九八五年一一月二七日（旧暦一〇月一六日）に金秀で行われた。参加者は一四〇人で、招待客には全国政治協商会議副主席で一九三〇年代にヤオ族の調査を行った人類学者の費孝通も呼ばれていた。功徳橋をかけ盤王の大きな画像が掲げられた［蘇勝興　一九九〇：二二五〜二二九］。行事の内容は黄泥鼓舞、狩猟舞、耕山舞、白馬舞、出兵収兵舞、釣魚舞、捉亀舞、花王舞、双刀舞、招兵舞、女游舞、三元舞など三〇演目であった。ただし、「盤王歌」を歌うことは不可とされた。恐らく迷信活動として制限が加えられていたためであろう。

(22) 八排瑤といい盤瑤と並ぶ典型的なユーミエンである。広東省西北部の珠江流域に住み、「深山瑤」に属するとされ、海抜高度の高い急峻な尾根筋や山頂に居住して定着している。「排」とは集落のことで住み着いた時に八ケ所の集落を形成したことに由来する。自らがヤオ族の正統だという強い自負を持つ［胡耐安　一九六八：一八六］。

(23) 黄帝は初代の皇帝で、華夏の礎を築いたとされる。陝西省の黄陵は一九六一年に国務院公布により第一次全国重点文物保護単位となり、古墓第一号である。第一次全国愛国主義教育モデル基地とされ、国家第一次五A観光区となり、炎黄子孫（中華民族）が参拝して始祖を祀る民族聖地となった。黄帝は「人文始祖」で、文明や人倫の秩序を作ったとされる。『史記』五帝本紀によれば、神農氏（炎帝の子孫）が天下をとっていたが、諸侯の横暴を鎮めることはできず、黄帝が鎮定して神農氏を支えた。しかし、炎帝が諸侯を侵したので、黄帝は炎帝と戦って勝利し、さらに乱を起こした蚩尤を殺して、ついには諸侯からおされて、神農氏に代わって天子の位についたとされる。現在の中華民族は「炎黄子孫」といわれている。河南省新鄭市の黄帝祭典と陝西省炎帝祭典は、二〇〇六年に第一批国家級非物質文化遺産に登録された。あきらかに「創られた伝統」の極限である。

(24) 報告は［楊漢先　一九八〇］であるが、これ以前の記録には遡らない。

文献

岩田慶治
　一九六〇　「北部ラオスの少数民族――特にヤオ族について」『史林』第四三巻一号、七〇〜一〇三頁。

岡田宏二
　一九九三　『中国華南民族社会史研究』東京：汲古書院。

菊池一雅
　一九八九　『インドシナの少数民族社会誌』東京：大明堂。

饒宗頤
　一九八七　「タイの『瑤人文書』読後記」『東方學』第七三輯、百田弥栄子訳、東京：東方學會、一五六〜一六五頁。

鈴木正崇
一九八五『中国南部少数民族誌――海南島・雲南・貴州』東京：三和書房。
一九八八「山住みの民――広西壮族自治区の瑤族」『季刊　民族学』大阪：千里文化財団、四五号、一〇四～一一一頁。
一九九三「創られた民族――中国の少数民族と国家形成」飯島茂編『せめぎあう「民族」と国家』京都：アカデミア出版会、二一一～二三八頁。
二〇〇二「漢族と瑤族の交流による文化表象――湖南省の女文字『女書』を中心として」吉原和男・鈴木正崇編『拡大する中国世界と文化創造――アジア・太平洋の底流』東京：弘文堂、五五～八七頁。
二〇一二『ミャオ族の歴史と文化の動態――中国南部山地民の想像力の変容』東京：風響社。
白鳥芳郎編
一九七五『瑤人文書』東京：講談社。
一九七八『東南アジア山地民族誌――ヤオとその隣接種族』東京：講談社。
竹村卓二
一九八一『ヤオ族の歴史と文化――華南・東南アジア山地民族の社会人類学的研究』東京：弘文堂。
田畑久夫・金丸良子
一九九五『中国少数民族誌――雲貴高原のヤオ族』東京：ゆまに書房。
牧野　巽
一九八五『牧野巽著作集』第五巻（中国の移住伝説・広東原住民考）東京：御茶の水書房。
松本信廣
一九四一「盤瓠伝説の一資料」『加藤博士還暦記念　東洋史集説』東京：冨山房、七六九～七八四頁。
一九四三「河内仏国極東学院所蔵安南本書目」『史学』二三巻四号、慶應義塾大学史学会、一一七～二〇四頁。
山本達郎
一九五五「マン族の山関簿――特に古伝説と移住経路について」『東京大学東洋文化研究所紀要』第七号、一九一～二七〇頁。
吉野　晃
二〇〇五「中国におけるユーミエンの民族間関係に関する調査報告：広東省北江瑤山と広西壮族自治区金秀大瑤山におけるユーミエンの事例」山路勝彦編『中国少数民族のエスニック・アイデンティティの人類学的研究』（平成一四年度～一六年度科学研究費補助金研究成果報告書）関西学院大学、三八～五五頁。

外文

干　寶
　一九七九『捜神記』（汪紹楹校注）北京：中華書局（『捜神記』（竹田晃 訳、東京：平凡社、一九六四）。
広西壮族自治区編輯組
　一九八六『湖南瑤族社会歴史調査』南寧：広西民族出版社。
宮哲兵
　一九八六『婦女文字和瑤族千家峒』北京：中国展望出版社。
　二〇〇一『千家峒運動与瑤族発祥地』武漢：武漢出版社。
《過山榜》編輯組（編）
　一九八四『瑤族《過山榜》選編』長沙：湖南人民出版社。
胡耐安
　一九六八「説瑤」張其昀（主編）『辺疆論文集』第一冊、北京：国際研究院・中華大典編印会、五六八～五八七頁。
胡起望・范宏貴
　一九八三『盤村瑤族』北京：民族出版社。
湖南少数民族古籍辨公室（主編）
　一九八八『盤王大歌』上・下（鄭徳宏・李本高　整理訳釈）長沙：岳麓書社。
黄　鈺
　一九八八「瑤族評皇券牒初探」喬健・謝劍・胡起望編『瑤族研究論文集』北京：民族出版社、四六～六二頁。
林　河
　一九九七「古夜郎国的竹王祭」『古儺尋踪』長沙：湖南美術出版社、四八七～五〇五頁。
劉錫蕃
　一九三四『嶺表紀蛮』上海：商務印書館。
譚子美・李宜仁
　一九九一「〝漫水龍歌〟与〝盤瓠崇拜〟」『貴州民族研究』一九九一年第四期、貴陽：貴州民族学院、五三～五六頁。
《畲族簡史》編写組

一九八〇『畲族簡史』福州：福建人民出版社。

蘇勝興

一九九〇「歓楽的盤王節」胡徳才・蘇勝興編『大瑤山風情』南寧：広西民族出版社、二二五～二二九頁。

唐兆民

一九四八『傜山散記』上海：文化供応社。

王同恵

一九三六『花藍猺社会組織——廣西省象県東南郷』廣西省政府特約研究専刊。

弋良俊

二〇〇一『夜郎探秘——古夜郎・今貴陽』貴陽：貴州民族出版社。

楊漢先

一九八〇「貴州省威寧県苗族古史伝説」『貴州民族研究』一九八〇年一期（胡起望・李廷貴編『苗族研究論叢』貴陽：貴州民族出版社、一九八八に再録）。

《瑤族簡史》編写組

一九八三『瑤族簡史』南寧：広西民族出版社。

姚舜安

一九九一『瑤族民俗』長春：吉林教育出版社。

張有雋

一九八六『瑤族宗教論集』南寧：広西瑤族研究学会。

尤　中

一九八三「夜郎民族源流考」『夜郎考』貴陽：貴州人民出版社、一三三～一八七頁。

旧植民地にて日本語で礼拝する
――台湾基督長老教会国際日語教会の事例から

藤野陽平

はじめに――国際日語教会という場

グローバル化が進み、国外でも日本人が多く暮らす場所では、日本語を使用するキリスト教会や礼拝があることが多い。文化の異なる土地に暮らし、外国語で生活する環境では母語によるコミュニケーションがとれる場は貴重であり、大切にされている場合が多い。それが宗教活動となればなおさらで、日本語による礼拝を重要視するキリスト教徒も多い。台北市内にも台湾基督長老教会に属する国際日語教会という日本語で礼拝をおこなう教会がある。世界各地に存在する日本語礼拝の一つとして位置付けられるのだが、他の場所と大きく異なる点が存在する。一般的に国外の日本語礼拝の参加者は留学生や駐在員、国際結婚をした人などの現地の在留邦人が中心で、現地の人は日本に留学経験のある人、日本人と国際結婚をした人等で少数であることが多い。ところが、台北の国際日語教会は日本人のメンバーもいるが、台湾人の会員が多く、台湾人のための日本語教会という点である。当時の資料には以下のような記述がみられる。

「日本人だけでなく、地元の方や他の国籍の方でも、日本語でみことばを聞き、日本語で主を讃美したいと希望する方が少なくありません。礼拝における一致と、国際的な交わり、それがこの日語礼拝の性格と言えるでしょう。」（一九七三年一〇月七日の『週報』より[1]、傍線、引用者、以下同）

「地元の方」つまり台湾人にとって日本語は旧宗主国の言語である。どうしてその「日本語」で「みことばを聞き」、「主を讃美」する必要があるのだろうか。参加者へのインタビューを進めてみると理由の一端は見えてくる。参加者の多くは「日本語族」と呼ばれる戦前に日本語教育を受け、現在でも日本語が第一言語であるという台湾人たちで、日本語での礼拝が一番都合がいいからというものである。比較的親日的であるとして知られる台湾で、こうした人たちが集まって日本語で礼拝していることは特段奇異ではない。本稿で扱いたいのは、彼らが日本語で礼拝する、単に日本語が便利だから、好きだからという以外の意味や社会的構造である。

使用する資料は設立当初から一六年分の『週報』（一九七三〜一九八八）である。『週報』とはキリスト教会で毎週配布され、その週の礼拝の式次第や行事・活動のお知らせ、報告、前週の礼拝出席者数、献金の総額等が記されるもので、これを見ればその教会の動向をつぶさに把握できる。また、当初から一六年に限定した理由は二点ある。一つは本教会の初期の動きの中で特に重要である堂会設立までの動向を追いたいという点と、もう一つは当時の台湾社会は戒厳令・白色テロの時代から民主化の時代へと変動した頃であるという点である。この一六年の動向を追えば、台湾社会、ひいては国際社会の動向と一個別教会の動きが関連している姿を描き出せる。

本論に入る前に本資料の特性と限界を確認しておきたい。今日、日語教会に集う台湾人信徒の大多数は自らを台湾人であるというアイデンティティを持ち、中国人と呼ばれることを嫌い、台湾は中国の一部分であるという考えに反対している人たちである。しかし、『週報』（一九七三年一〇月七日の第一号）に掲載された「国際日語礼拝規則」には本教会の目的として「中日基督者の協力により、中華民国に在住する日本人に伝道」とされている。どうして「中日基督者」や「中華民国」というような台湾でなく中国という表現を使っていたのか。この頃と今日では考え方に変化があったということであろうか。参考になるのは同時代の他の日本語による集まりの動向である。例えば台湾歌壇という台湾で和歌を読むグループ（一九六七年発足）があるが、彼らは当初は「台北」歌壇と名乗っていた。というのも「台湾」の名を冠したかったが、戒厳令下ではそれができず、単に地名を表す「台北」を使用したという[2]［「台湾歌壇について」］。言論の自由が制限されていた頃に出された『週報』の内容が、必ずしも当事者の本心を反映しているとは言い切れない。本資料には限界があり、文字面を鵜呑みにすることはできない。しかし、当時を知ることができる他の資料もないことから本資料をベースとして他の資料、当時の社会背景、現在の証言等と突き合わせながら考察する。

もう一つの問題点として、この『週報』を誰がどういった意図をもって記述したのか正確にはわからないという点である。日語教会が創立されて四〇年がたった現在、当初の動向を語ることのできるインフォーマントは多くない。また、当時を知る人にインタビューをしたところで、それは現在から振り返った当時の様子であり、必ずしも当時の状況そのままとは限らない。しかも、『週報』を作成したのは当時の教会の指導者である。当然、一般の参加者たちと志向性に微妙なズレがあったとみるべきだろう。この資料をもとに当時の一般参加者の感情をくみ取ることはできない。以上の限界点に留意しつつも、その資料的価値を重要視し、論を進め、むしろ指導者たちの意図をくみ取るという風に目的を限定することで議論を明確にする。

一　組織・略史

本教会が設立されていく社会背景について述べておきたい。一九七一年一〇月二五日に国連第二六回総会で、アルバニア決議と呼ばれる中国代表権問題についての決議が可決され、代表権を中華民国が失い、中華人民共和国が代表になり、合わせて中華民国は国連を脱退した。これはもし中華人民共和国が台湾に侵攻を始めた場合、国連、ひいてはアメリカのバックアップが得られないということを意味しており、台湾社会を大きく揺るがす決議であった。こうした国際社会からの孤立という不安が社会全体を覆う中、一九七二年三月に三名の牧師を中心として、国際社会から孤立する台湾を、キリスト教の国際的なネットワークを利用することで世界とのネットワークを構築することを目的に、「国際伝道会」というグループが設立された。これに参加するメンバーの多くは日本語リテラシーが高く、自然と日本語礼拝を行うようになっていく。その直後の一九七二年九月には、いわゆる日中国交正常化によって日本と中華民国が国交断絶する。中華民国にしてみれば国交「非」正常化のこの時代、台北市内各地で反日運動、特に外省人による日本大使館攻撃、商店焼き打ち等が起きる反日感情が高まった。ここで注意しておきたいのは、反日運動を行っていた中心は外省人のグループであり、本省人の中には沈黙していた人たちが少なくなく、国際伝道会のメンバーらもそうした人々であったということである。

そうした中、一九七三年一〇月七日、国際伝道会の日本語礼拝は国際日語礼拝として新生教団新生会館礼堂にて発会式を行う。当初の組織は執行委員として国際伝道会の理事会が国際日語礼拝準備委員会を組織し、準備委員の人選で執行委員会を発足させている。伝道委員会の理事会は頼炳烔会長、高俊明副会長、胡茂生総幹事で、頼会長は新生教団監督、国際伝道会董事長、高副会長は当時の長老教会総幹事、胡総幹事は南門長老教会、元長老教会総幹事という当時の台湾プロテスタント界を代表する面々である。創立時の執行委員として、戦前に東京大学医学部に留学し矢内原忠雄から無教会主義を通じてキリスト教を学んだ医師の郭維租を委員長に、台湾聖教会議長で三重聖教会牧師の林異雷が副委員長、日本基督教団所属在外教師の加藤実が日本人の協力牧師として教務を担当した。その後の略史として一九七九年三月には国際伝道会から自立し国際日語礼拝として再スタートを切る。一九八五年五月二六日には国際日語「礼拝」から南門教会が母会となり国際日語「教会」として開設典礼を行った。同年一一月三日の一二周年感謝礼拝時に岡村松雄を牧師として迎え就任式を行い、一九八八年一一月二七日には堂会の設立式を行った。

当初は三〇~四〇名ほどの参加があり、後に会員数も一〇〇名を超え徐々に会員数を増やしたが、自前の教会を持っていなかったために、場所は新生教団新生会館礼堂を借りて礼拝をはじめ、一九七五年一一月九日には現在も日語教会で利用している城中教会に移転している。礼拝の他にも多くの活動が行われている。この頃の『週報』からはクリスマス、聖書研究(一九七四・一・六~一九七八・一二・三一)、聖歌隊(一九七四・九・一五~)、創立記念礼拝、家庭集会、証しと祈り、婦人会(一九七七・八・一八~)、未信者のための「聖書とお祈り」の会(一九七八・一〇・二九~)、礼拝後の讃美歌練習、教会学校、聖会、青年会などが行われていたことが確認できる。

スタッフには日本基督教団、鴨島教会の伊藤栄一牧師(一九八〇・一~一九八五・一二)、聖経書院教師の片山和郎牧師(一九八一・六~一九八一・一二)、黄舜徳牧師(一九八三・九~一九八四・一二)が協力牧師として、また一九八五年九月からは日本基督教団の岡村松雄牧師が初代主任牧師として赴任している。その他、在台湾の日本人宣教師ら[3]も説教やその他の活動に参加している。

この時期の日語教会は錚々たる面子のゲストスピーカーを招いた。紙幅の関係上、全員の紹介はできないが、台湾人説教者としては、台湾神学院院長の黄加盛、台南神学院教授で後述する鄭児玉、東門長老教会牧師で社会互談会の主任を務めた鄭連徳、松山教会牧師で家庭協談中心主任を務めた鄭連坤、聖経公会駐華主任の蔡仁理、李登輝の母教会でもある済南教会牧師で長老会前総会議長として『台湾基督長老教会人権宣言』の発表にも関わった翁修恭等がいる。日本人説教者として、当時の無教会の指導者の一人であり、台湾宣教に力を入れた高橋三郎、三浦綾子の小説『ちいろば先生』のモデルとしても知られ日本においてアシュラム運動を行った榎本保郎、ルーテル神学大学（現ルーテル学院大学）教授で、後に日本キリスト教協議会議長、日本エキュメニカル協会理事長、ルーテル学院大学学長を歴任する徳善義和、日本キリスト教団の総幹事（当時）の中島正昭等、枚挙に暇がない。

日語教会は出席者数がたかだか数十名の教会で、数百名の参加者を集める教会も少なくない台湾キリスト教界にあって、過分に錚々たるメンバーであるといえる。他の同規模の教会や集会でこれほどの著名なゲストを集めたところは多くはなかっただろう。もちろん本教会の礼拝が午後行われているために、説教者にとって自分の担当教会での礼拝を終えてからも来ることができ、招聘に応じやすかったということもあるのだろうが、単にそれだけではなく、当時の台湾キリスト教界にとってこの小さな集団が重要視されていたことを示してもいる。

二　長老教会や日語教会と国民党政権との関係性

本教会の動向を理解するうえで、当時の台湾社会における政治と宗教の関係性について理解しておく必要がある。ただし、詳細は［藤野　二〇〇八、二〇一二］にゆずり、ここでは概要を述べるにとどめる。

前提となるのは台湾社会における省籍矛盾という、戦前から台湾に暮らす本省人というグループと、戦後国民党と共に移住してきた外省人というグループの間にあるコンフリクトである。本省人の多くは戦後、祖国である中国人になることを歓迎していたが、実際に台湾に移住してきた外省人は政府の要職を独占し、賄賂、汚職が蔓延するなどし、「狗（犬）が去ったら豚が来た」[4]と本省人から揶揄される状況で、大きな期待は大きな失望に変わる。その後、一九四七年に発生する二二八事件〔何義麟 二〇〇三〕で本省人のエリート層は迫害を受け、長老教会関係者も多くの被害を受けた。これに続いて約四〇年間続いた戒厳令下では、事実上国民党の独裁政権下となり、政治的な問題について自由に発言できず、政府に対立する行動をとれば身の安全が保障されない白色テロの時代となった。しかし、長老教会は本省人の立場に立つ教会として、時に政府に対立する行動をとる。例えば一九七一年の『国是声明』、一九七五年の『われわれの呼びかけ』、一九七七年の『人権宣言』という三つの宣言を出しているが、いずれも台湾島の地位[5]は、台湾に住む住民が決めるべきであるというもので、国民党や共産党の方針とは対立する。当時の台湾社会でこうした発言をすること自体、政治犯とされる可能性のある非常に危険な行為であった。

当然、こうした反体制的な動きに対して政府は指をくわえてみているというわけではなく、様々な対応をとってくる。例えば一九七五年には台湾語聖書とタイヤル語聖書が没収される。当時、公用語は国語（いわゆる北京語）であり、それ以外の言語を公共の場で使用することは禁じられていたのだが、長老教会は国語以外の現地語を重視し、礼拝等の場で台湾語を使用し続けた。日本語による教会運営も容易ではなく、一九八〇年一二月七日の『週報』には「日本の一牧師より日語礼拝で使ってください」と聖書と讃美歌が送られたというのだが、翌週の一四日にはその聖書二〇冊は「没収か返送」ということになり、返送したということである。本件が現地語聖書の没収と関係があるかは不明だが、少なくとも当時北京語以外の言語に対する規制は厳しく、日本語の聖書も没収の対象で、こうした言語を使うこと自体、政府にとって好ましいものではなかったことは確かである。

また、当時の長老教会の総幹事で日語教会の顧問でもある高俊明は一九七九年の美麗島事件の主犯施明徳の逃亡に手を貸したとして、一九八〇年軍事法廷で蔵匿人犯の罪により懲役七年、公民権停止五年の判決をうけ、一九八四年まで収監された［宋泉盛編　一九八六］。こうした国民党政府と長老教会の対立に関する事例は枚挙にいとまがない。これに関しては別稿を用意したいが、いずれにせよ、戦後台湾社会には台湾独立の志向が強い長老教会と、大陸との統一を目指す政府国民党との良好ならざる関係があり、今日もこの対立関係に変化はない。日語教会は、こうした社会背景の中、長老教会の強い影響下で設立されたのである。

1　蒋介石を追悼

以上を踏まえて以下の記述をご覧いただきたい。一九七五年四月五日に中華民国総統の蒋介石が没する。この直後の四月一三日の『週報』には双連教会で日本語による故蒋総統追悼礼拝が行われ、加藤牧師が司式、片山牧師が説教を行ったと記録されていて、同時期に行われた国際聖書研習会に参加した日本人の声として「総統のご逝去をこの国の方すべてが深く悲しんでおられるのに、強く心を動かされた」と掲載している。翌週の四月二〇日には「政治的開放と霊的開放」と題して説教を行っている。蒋介石没後間もなくこのタイトルである。説教の内容は不明だが、国民党により日本植民地から解放されたという政治的開放が霊的な開放と類義に語られていたと推測される。同日の『週報』にも「蒋総統の御逝去を悼んで」として追悼集会の様子が紹介されている。また、蒋介石没後一年の一九七六年三月二八日には「中華民国基督教紀念総統蒋公安息週年礼拝」が行われているが、そのチラシと入場券を先着一〇名で配っている。

日本の植民地主義への態度：三つの「コウフク」

次に触れておきたいのは日本による植民地統治への態度である。当時、戦後史（つまり国民党政権期）を視野に入れて再検討するということは不可能であった。こうした時代には日本の植民地統治を非難する表現が終戦記念

日の近い八月に散見される。例えば一九七六年八月八日の『週報』には、

「三一年前の八月までは日本は誤った信念—悪霊にとりつかれて、中国大陸や東南アジヤ各地に残忍な侵略戦争を展開し、アジヤの人々に暴虐の限りを盡しましたが、敗戦という神の審きによって初めて自らの罪の深さを知らされ、真実を尊ぶ新しい生き方へと導かれました。」

ここでは日本の植民地主義を誤った信念とし、これは悪霊が原因であり、敗戦は残忍な侵略戦争という暴虐を行ったことに対する神の裁きであって、その後に真実を貴ぶ生き方ができるようになったと結論付けられている。この時代の『週報』のモチーフは日本の敗戦によって正義が回復されたというもので三つの「コウフク」を使った表現がみられる。例えば、一九七五年の八月一〇日の『週報』には「降伏によって光復し、幸福になった」とあり、一九七六年八月一五日には「降伏、光復、幸福—八月十五日の意味」という表現がみられる。なお、「光復」とは日本の敗戦によって祖国中国へ復帰するという意味である。日本統治という不幸な状態から降伏によって幸せな生活を送ることができるようになったという歴史観が見て取れる。なお、民主化以降の時期になると蔣介石や国民党に対して好意的な表現や、日本統治期に対する過度なマイナス表現というのは見られなくなる。また今日の日語教会で参与観察を続けても本省人参加者からこうした意見を聞くことはない。

ただ、こうした記述が上辺だけのもので、『週報』の制作者たちの本心とは異なると言えるかというと、そうとも言えない。というのは、この時期の『週報』を作成していたのが本省人参加者ではなく、日本人牧師の加藤実であるということである。本省人と外省人の他に日本人というもう一つのアクターが存在しており、本省人の本音を隠していた。一般的に言って、日本人牧師の多くは左派寄りの思想を持つ傾向が強く、実際に加藤も侵

華日軍南京大屠殺遇難同胞紀念館が編集した『「この事実を……」――「南京大虐殺」生存者証言集』という本を日本語に訳していることからも左派とみていいだろう。当時の左派日本人の意見が社会情勢と結びつきオフィシャルな意見として発表されることで本省人指導者たちの意図を覆い隠していたとみることができる。

日語教会と政府の関係を考えるうえでもう一点触れておく必要があることがある。それは上記の一九八〇年から一九八四年の間の高俊明牧師逮捕収監に関する記述が一切見られないということである。当時、長老教会の総幹事である高俊明牧師は日語教会の顧問でもあり、年に何度となく説教を担当している。その牧師が四年間政治犯として収監されていたにもかかわらず、そのことに一言も触れらないということに当時の無言の緊迫した雰囲気を感じ取らざるを得ない。一方、日本で出版されていた資料には高俊明逮捕のニュースは毎号のように紙面を大きく割いてとりあげられ［日本基督教団台湾協約委員会編　一九九七等］、決して本件が取り上げる価値のない小さなニュースであったとは思われていなかった。

２　民主化以降の表現変化

このように行間から緊迫感を感じさせる当時の資料であるが、民主化の時代に入り状況は一変する。台湾の民主化は蒋経国総統が急死し、副総統で本省人出身の李登輝が総統に就任した一九八八年一月一三日以降急速に進む。その直後の一九八八年一月一七日の『週報』には今週の祈りとして「中華民国と台湾の前途のために」、「李登輝新総統（済南教会員）のために」という記述が、翌週の一月二四日には「台湾の前途のために、李総統はじめ為政者・指導者のために」、「台湾の全教会の祝福のために」という記述がみられる。また、半年後の七月一七日には「国民党首席《ママ》に就任された李総統のために」、「李登輝総統は去る八日の大会において国民党首席《ママ》に選ばれました。今後の祝福を祈ります」と李登輝総統の国民党党首就任を好意的に伝えている。一月一七日の時点では台湾の他にも中華民国という表現も併記されていたが、二四日には「台湾の前途」、「台湾の全教会の祝福のため」と中国ではなく台湾のためという、それまでの沈黙の時代と比較すると一気に台湾の民主化が芽吹いたかのようである。この後の『週報』には台湾島の住民を「中国人」、自らの国家を「中国」とする表現は息をひそめ、「台湾人」・「台湾」とする表記が使われる。ここまでの『週報』（一九七八―一九八八）を見てみると蔣介石の没後は追悼礼拝をした（せざるを得ずしていた）。蔣経国時代には政治に何も触れなかった。その上に民主化後に蔣経国の追悼礼拝という話も見られない。そもそも蔣経国という人物が『週報』に記載されることは一度もなかった。触れずに済むなら触れないでおきたいということだろう。それと対比して、その後の李登輝就任にこれほど紙面が割かれていることは特筆すべきである。そしてこの時期以降、日本の植民地統治を三つのコウフクのような否定的にとらえる表現は見られなくなるのである。

こうした民主化直後の雰囲気をよく表しているのは一九八八年三月二〇日の礼拝である。台南神学院記念日にあたるこの日には同神学院教授の鄭児玉牧師が「二つのアイデンティティ」と題して説教を行い、この日だけは普段信仰告白に使われる「使徒信条」を「台湾基督長老教会制定文」（資料）に代え、賛美歌に現在も台湾独立派のキリスト教徒が好んで歌う「わがふるさと」［水野　一九八四］の日本語版も歌われた。鄭児玉牧師は長老教会を神学者の立場から思想的にリードしてきた牧師の一人で、多くの讃美歌や台湾民主運動の歌を作詞した［鄭著、呉編　二〇〇二］ことでも知られ、美麗島事件で逮捕されていた林義雄宅が監視下にあるのもかかわらず、何者かに襲われ母と双子の娘が殺害された林家事件の事件現場である林家を買い取り義光教会としたことにも関わった人物である［鄭児玉編　一九八二］。なお、長老教会制定文は一九八五年に制定されているが、日語教会は長老教会傘下に入ったにもかかわらず、この日まで使われることはなかった。その本文は文末の資料に掲載したが、最後の部分で以下のように締めくくっている。

「このために、人には社会、政治、経済的制度があり、文芸、科学もあり、真の神を追い求める心も与えられています。しかし人には罪があって、これらの賜物を誤用し、人間、万物、および神との関係を破壊しています。それ故に人は、イエス・キリストの救いの恵みに依り頼まなければなりません。主は人を罪から解き放ち、抑圧されたものに自由と平等を得させて、キリストにあって新しく創られたものとし、世界を、正義と平安と喜びに満ちた神の国とされます。」

人間社会の社会、政治、経済や、文芸、科学、神を求める心、こうしたものは神からの賜物であるのに、人間は罪があるので誤用し、人、万物、神の間の関係が壊れされているので、神の恵みによって抑圧されたものに自由と平等を得させなければならないと主張するのである。ここでいう罪のために破壊された人間関係とは暗に戦後の国民党統治のことを指しており、抑圧されたものとは国民党政権下の本省人、彼らに自由と平等を得させるとは国民党政権を脱して台湾の独立を目指すということなのだろう。また、このとき歌われた「わがふるさと」も二番の歌詞に「したわしたいわん／わがはらからよ／めさめてたたかえ／じゆうのひまで」とみられるように制定文と同じ価値観に基づいている。このように見てみると、民主化初期の価値観と民主化以前の三つの「コウフク」という価値観とが見事な対照となっている。

三　国際日語「礼拝」から国際日語「教会」へ

今日の日語教会の『週報』をみると「創立（一九七三年一〇月）」と「開設（一九八五年五月）」と書かれているが、

表　日語礼拝から日語教会への展開と台湾社会の動向

	-1978.5.20	1978.5.20-1988.1.13	1988.1.13-
総統	蒋介石	蒋経国	李登輝
国際・台湾社会の状況	国際社会からの孤立 →対日感情悪化	緩やかな独裁政権 民主化前夜	民主化萌芽期
日語礼拝から日語教会へ	国際伝道会の所属	国際日語礼拝	国際日語教会
メンバーシップ	緩やかで無教会的		確固たる会員を持つ長老教会の所属
日、中、台への態度	消極的親日による無言の反中		積極的親日・台湾独立

創立と開設の時期が異なるというのはどういうことであるのか。日語教会は当初、国際日語「礼拝」という名称を使っていたが、現在は国際日語「教会」となっている。この「礼拝」から「教会」へという名称変更の背景にある意味合いは小さくない。例えば一九七四年四月七日の『週報』には「日語礼拝はその特殊事情の故に、これまで努めて週間の集会や、礼拝の中での聖礼典は企画しないようにしています」という。それでは、「教会」とはどういうものとされているのかといえば一九七五年一一月九日に「日語教会の性格」と題し、教会であるには、聖礼典があり、会員制をとることがその要件であるとし、日語教会は教会のようであって教会ではなく、教会でないと自認していながら教会に準ずる働きをしているとされている。聖礼典とはラテン語のサクラメント、ギリシャ語のミュステリオンの翻訳で、神の恵みを感じることのできる儀礼のことで、カトリックと東方正教会では洗礼、堅信、聖体、告解、塗油、叙階、婚姻の七つだが、多くのプロテスタント教会では洗礼と聖餐の二つであるとされている。『新キリスト教辞典』の「礼典」の項目には礼典の執行は「組織としての見える教会に命じられた儀式」「宇田進ほか編　一九九一」とされているように、聖礼典を行うことができるのは教会であるとみなされている。つまり、日語「礼拝」は「教会」ではないので、会員もいなければ聖礼典も行わないということである。

どうしてこのことがそれほど重要なのであろうか。上記の四月七日の週報には「その特殊事情の故に」こうしているというが、特殊事情とは何なのだろうか。

ここで参考にしたいのは台湾における同志社大学の卒業生の会の動きである。坂口によれば台湾の同志社同窓会は当初当局の弾圧を恐れて名簿を作らなかったという。親日的な集まりを作ることは社会的にも政治的にも危険だったからである［坂口　二〇〇二：一一九］。当時在台湾の宣教師であった片山も「公に日本語の使用を禁止され、『日本語集会をしたら、本国へ追放』とも聞かされ」［片山　一九九三］ていたという。つまり、日本語を公の場で使うこと自体咎められる時代であり、公式な集団としての「教会」ではなく単にボランタリーな「礼拝」であるとすることで、危険性を回避していたということができるだろう。

１　教会開設に向けて

しかし、日語「礼拝」は一九八五年五月二六日に日語「教会」と名称を変更する。ここで理解しておきたいのは当時、蒋介石が没し、息子の蒋経国が総統を務めていたということである。蒋経国総統（任期は一九七八年五月二〇日から一九八八年一月一三日）は、国民党による一党独裁状態を継続したものの、父蒋介石とは異なりリベラルな独裁者とも評される［本田　二〇〇四等］。例えばそれまで外省人に独占されていた政府の要職に本省人エリートを抜擢した。この流れで採用されたのが李登輝で、彼は一九八四年五月に蒋経国政権下で副総統に就任する。また、それまで国民党以外の政党の結成を禁止する「党禁」政策がとられていた中、一九八六年には民進党が結成されるのだが、それを黙認、ついに四〇年ほど続いた戒厳令を一九八七年に解除した。日語教会との関係では、この時期に懲役七年の刑を宣告されていた高俊明牧師が四年で仮釈放された。刑期が短縮されたことについて日本基督教団の見方では「政治的考慮」があったものと捉えている［日本基督教団台湾協約委員会編　一九九七：六三］。日語「礼拝」が日語「教会」へと組織づくりを行ったのはこうした民主化の萌芽期であったということは注意が必要である。

それでは実際の動向を確認していこう。一九八二年九月二六日には「国際日本語教会設立」について「誓約書」を礼拝中に配布したとあり、この頃より公式に教会化へ向けた動きが表面化している。翌一九八三年の二月一三日には「私共、国際日語礼拝は台湾基督長老教会国際日語教会として長老教会に加入する願いをこめた申請書を二月七日の長老教会台北中会会議に提出、討議なされました。」とあり、かなり具体的な話になっている。一九八五年二月三日には「教会設立のため城中教会の支会として台湾長老教会の組織に加入すべく公文を城中教会及長老教会総会に提出し」、二月二四日には城中教会で日語礼拝教会設立についての座談会を行った。

2 日語教会開設

一九八二年ごろから徐々に教会設立に向けて準備が進められてきたが、遂に一九八五年五月二六日に国際日語教会開設典礼が行われ「礼拝」から「教会」へと、その立場をより公的なものへ変更させた。週報での記述もこれ以降「国際日語教会」で統一される。当日の様子として開設典礼の翌週六月二日の『週報』には「本教会は五月二六日（聖霊降臨節）に正式に長老教会台北中会南門教会の支会として誕生し当日は台北中会伝道部の主持で式典が行はれ参式者一六〇名に及び多数の花輪、花籠及び祝辞祝電等に祝され式典後は和やかなお茶会があり隆昌盛大な式典でした」という。

3 教会組織作り・典礼の開始

教会設立に向けて、組織作りも徐々に進めている。創設当初の組織としては「執行委員」という役職名が与えられ、国際伝道会の理事会が国際日語礼拝準備委員会を組織し、準備委員の人選で執行委員会が発足するという形を取っていた（一九七三年一〇月七日の『週報』より）。これは国際伝道会に属するグループとしての立場がとられており、独立したグループではないという意味である。その後、国際伝道会から独立した後の一九八一年四月一九日には、委員・委員会を役員・役員会と改称し、教会設立後の一九八八年三月二七日には長老教会に属する教会として長老執事が就任した。執行部の名称を当初運営・執行委員から独立した教会組織を感じさせる役員という名称を経て、長老教会に属することを示す長老・執事という名称へと変化していった。

また、当初、教会ではないので行わないとしていた典礼も徐々に実施している。最初は聖餐で、一九七八年七月二日に日語礼拝として初の聖餐式を行い、一九八一年四月一九日には初めての洗礼を行い、四名が受洗したという。

しばらくの間「礼拝」であり続け、「教会」とならなかった（もしくは、なれなかった）状態を受け入れる土壌として無教会主義の影響を指摘しておきたい。無教会主義では制度としての「教会」を批判し、建築物としての教会を設置せず、会員制度を取らず、聖礼典も行わない［赤江　二〇一三］。当初から委員長などを歴任し、中心人物であった郭維租は元々無教会主義のキリスト教徒で、洗礼も受けていなかったし、特定の教派に所属することもなかった。当時は日語教会以外にも郭等を中心に日本語による無教会の集会も持たれていた。こうした人脈から当時、無教会の指導的立場にあった高橋三郎を招くなどにつながった。また、日本留学を経験した当時の長老教会の指導者達は内村、矢内原などの無教会主義の著作を読み、影響を受けている。このように見てみると当初の日語「礼拝」は多分に無教会的であったということができ、オフィシャルな「教会」制度をとることができなかった時代に、プライベートな無教会的なスタイルを取ることで、政治的な圧力に屈することなく、そして教会の組織形成に関しても矛盾することなく行っていたことを指摘しておきたい。

おわりに――国際日語教会と当時の社会情勢

最後に当初立てた問いに答えつつ、この時代の台湾社会における日語教会の特徴と構造を指摘したい。まず、なぜ彼らは日本語で礼拝する必要があったのだろうかという点であるが、単に若いころに親しんだ懐かしい日本語で礼拝したいという人もいるのだが、本稿によってそれだけとはいえない状況が明らかになった。それは戒厳令・白色テロ下における消極的な反中表現としての日本語礼拝の機能である。もちろん本教会には独立派に共感する台湾人だけではなく、戦前戦後の混乱で台湾に暮らし続けた日本人妻や日本人駐在員・留学生といった日本語での礼拝を必要としている人たちもいた。彼らのための日本語礼拝だという側面もあるのだが、穿った見方をすれば、日本人をメンバーに入れることによって、日本語による礼拝を行うアリバイとするということもできるだろう。そうでなければ、台湾語やその他の、現地語を使うこと自体はばかられた時代にあって日本語で礼拝することが許されるわけがない。こうした表向きの複数の動機や目的もあるだろうが、むしろそれに紛れ込ませている親日的行為を通じた「消極的な反中活動・台湾独立運動」という側面を否定することはできない。

当時の社会的動向と日語教会の動向を表に示した。戒厳令期末から民主化に向かう時代に、プライベートで非公式な集まりだった日語礼拝が、オフィシャルな日語教会へという動きを見せたことは社会動向とパラレルな動きであったということが見て取れる。現在台湾には多くの日本語を介するグループ（例えば台湾歌壇や友愛グループ）が活動しており、本教会の事例は当時の台湾社会における日本語をめぐる動向を理解するうえでの比較対象にもなり、民主化初期の台湾社会の理解につなげることも可能である。

注

（１）引用元では台湾で使われている正字体の漢字で表記されているが本稿では新字体に改めた。
（２）現在は「台湾歌壇」と名称変更している。
（３）このころ日語教会に協力した在台湾の日本人宣教師は以下の通り。日本同盟基督教団から中華基督教協同教会、台湾基督教協同会に派遣されていた寺田由弘。国際ナビゲーターの都丸正史。日本イエス・キリスト教団から聖経学院に派遣されていた片山和郎・ノブ夫妻。ＪＯＣＳ（日本キリスト教海外医療協力会）から楽山園代理園長、玉蘭荘に派遣されていた堀田久子。玉山神学院の二宮忠弘。日本福音自由教会、アジア福音宣教会から玉山神学院に派遣されていた鷹羽富美子。日本イエス・キリスト教団から聖経学院に派遣されていた二宮一郎。
（４）日本人は口うるさいが法律を守っていれば逆に番犬のように役には立つ面もあったが、後から来た外省人は日本の残した財産を食い散らかすだけの豚のようだという意味。
（５）台湾の国際的な地位がどこに帰属するのかという問題。

文献

日文

赤江達也
　二〇一三『「紙上の教会」と日本近代　無教会キリスト教の歴史社会学』東京：岩波書店。
宇田進ほか編
　一九九一『新キリスト教辞典』東京：いのちのことば社。
片山和郎・ノブ
　一九九三「よろこびを共に」国際日語教会編『二〇年のめぐみ　二〇周年記念誌』国際日語教会。
何義麟
　二〇〇三『二・二八事件――「台湾人」形成のエスノポリティクス』東京：東京大学出版会。
胡茂生
　二〇〇八「台湾基督長老教会台北中会国際日語教会の成立は全く神の温寵と摂理」国際日語教会編『灯　台湾基督長老教会

国際日語教会　創立三十五周年記念』国際日語教会。
高俊明、岸本羊一
　一九八二『台湾基督長老教会説教集』東京：教文館。
国際日語教会
　一九九三『二〇年のめぐみ――二〇周年記念誌』国際日語教会。
　二〇〇八『灯　台湾基督長老教会　国際日語教会　創立三十五周年記念』国際日語教会。
阪口直樹
　二〇〇二『戦前同志社の台湾留学生――キリスト教国際主義の源流をたどる』東京：白帝社。
侵華日軍南京大屠殺遇難同胞紀念館編、加藤実訳
　二〇〇〇『「この事実を……」「南京大虐殺」生存者証言集』ストーク。
宋泉盛編、岸本羊一監訳
　一九八六『台湾基督長老教会獄中証言集』東京：教文館。
日本基督教団台湾関係委員会編
　一九八二『台湾基督長老教会の歴史と苦難』東京：日本基督教団。
　一九八四『共に悩み共に喜ぶ――日本基督教団と台湾基督長老教会の協約締結のために』日本基督教団台湾関係委員会。
日本基督教団台湾協約委員会編
　一九九七『台湾教会通信合本』日本基督教団台湾協約委員会。
鄭児玉著、吉田寅訳
　一九八一「台湾のキリスト教」呉利明他著『アジア・キリスト教史（一）――中国、台湾、韓国、日本』東京：教文館。
藤野陽平
　二〇〇八「台湾キリスト教の歴史的展開――プロテスタント教会を中心に」『哲学』第一一九集。
　二〇一二『台湾における民衆キリスト教の人類学――社会的文脈と癒しの実践』東京：風響社。
水野　誠
　一九八四「台湾讃美歌『わが郷土』」『台湾教会通信』七（『日本基督教団台湾協約委員会一九九七：五八』）。
楊啓寿
　二〇〇三『傷ついた葦と共に』「傷ついた葦と共に」刊行委員会。

中文

高李麗珍口述、謝大立採訪撰述
　二〇一〇『見証時代的恩典足跡──高李麗珍女士口述実録』台湾神学院出版社。
蘇慶輝著
　二〇一一『回憶録』私家版。
曹永洋
　一九九六『都市叢林医生──郭維租的生涯心路』前衛出版社。
鄭児玉編
　一九八二『行過死陰的幽谷──従林義雄律師的住宅到義光基督長老教会』義光教会籌建委員会。
鄭児玉著、呉仁瑟編
　二〇〇二『台湾翠青』望春風文化。
鄭連徳著、林恩明編
　二〇一二『人生二十──台湾生命線之父鄭連徳牧師蒙恩』前衛出版社。
杜英助
　二〇一二『愛熱台湾行義路──高俊明牧師訪談録』台湾基督長老教会総会出版。

ウェブサイト（二〇一三・九・六閲覧）
台湾基督長老教会
　　　http://www.pct.org.tw/
国際日語教会
　　　http://nichigo-church.com/
「台湾歌壇について」（台湾歌壇ウェブサイト内）
　　　http://www.taiwankadan.org/setsuritsu-kei

資料
「台湾基督長老教会信仰告白」　一九八五年四月十一日制定　日本語訳（改訳案）

前文

台湾基督長老教会は一八六五年イギリス長老教会のジェームズ・エル・マクスウェル医師によって、また、一八七二年カナダ長老教会のジョージ・エル・マカイ牧師によって宣教が始められ創立されたものである。これら二つの教会は、スコットランドの教会の信仰的伝統を受け継いでいる。それは、カルヴァンがジュネーブにおける宗教改革で、聖書に基づいて、『ただ神にのみ栄光あれ』と唱えた改革派教会の基本精神である。

我らの教会は、その当初から、初代教会の使徒信条とニカィア信条、および一六四八年に制定されたウエストミンスター信仰告白を受け継いでおり、今に至るまでこれらの信条と告白を信仰の規範として守っている。

今日我らは、工業化による生活形態の急激な変化、および内外情勢の衝撃と不安に直面しており、教会は、使徒信条・ニカィア信条・およびウエストミンスター信仰告白を継承するのみならず、さらに「誰が主であるか」また「教会は誰のために存在しているか」などの問いに直面して、信仰的決断を迫られている。それ故に我らは、台湾基督長老教会の教憲に基いてこの信仰告白を作り、前述の信条および告白と共に、教会の礼拝式文とし、また信徒個人、家庭、社会の生活の基準とするものである。この信仰告白の制定は、歴代キリスト者の告白する信仰の内容を強化するためであって、それに代るものではなく、これによって、我らの教会の普世的《エキュメニカル》な本質と宣教の使命を明らかにするものである。

信仰告白

私たち（Góan）は神を信じます：唯一の真《まこと》の神は、人とすべての物を創造し、これを治めておられます。神は歴史と世界の主として審きと救いを行われます。神の御子は、聖霊によって処女マリアに宿り、生まれて人となり、私たち（lán）の兄弟となられました。この方こそ人類の救い主イエス・キリストです。主は苦しみを受けて十字架につけられ、死んでよみがえり、神の愛と義をあらわし、私たち（lán）を神と和解させてくださいました。聖霊は神のみ霊であって、私たち（lán）のうちに宿って力を与え、主の再び来られる日まで、すべての民のなかで証しのわざをさせてくださいます。

私たち（Góan）は信じます：聖書は神の啓示であって、主の贖いによる救いを記し、私たち（lán）の信仰と生活との基準です。

私たち（Góan）は信じます：教会は神の民の群であり、イエス・キリストの救いを宣べ伝えるために召し出されて和解の使者となり、普世的《エキュメニカル》であると共に、その置かれている地に根をおろして、すべての住民と一つとなり、愛と苦しみを共にして希望のしるしとなるものです。

私たち（Góan）は信じます：人は神の恵みによって悔い改め、罪の赦しを与えられて、敬虔と愛と献身の生活をもって、神の栄光をあらわすものです。

私たち（Góan）は信じます：神は人に尊厳と才能と郷土とを与えて、その創造のわざにあずからせ、神と共に世界を治める責任を負わせておられます。

このために、人には社会、政治、経済的制度があり、文芸、科学もあり、真の神を追い求める心も与えられています。しかし人には罪があって、これらの賜物を誤用し、人間、万物、および神との関係を破壊しています。それ故に人は、イエス・キリストの救いの恵みに依り頼まなければなりません。主は人を罪から解き放ち、抑圧されたものに自由と平等を得させて、キリストにあって新しく創られたものとし、世界を、正義と平安と喜びに満ちた神の国とされます。　アーメン

台湾基督長老教会信仰と職制委員会日訳小組　一九八七・九・二九改訳、此の改訳は、尚検討・修整して、次の信仰と職制委員会に提出の予定

注『私たち』Góan（阮）＝一人称複数、lán（咱）＝一・二人称を含む複数

「現代」マヤイメージの生成と変容
――グアテマラ高地・女性の織りと装い

本谷裕子

はじめに

中米のグアテマラ高地に暮らすマヤ先住民女性は、「適当な長さや太さの木の棒から機を作り、布を織る」という手仕事を、先スペイン期から現代へと引き継いできた。木の棒に糸を渡しただけの簡素な織機（後帯機）から繰り出される数々の布が、衣（ころも）・テーブルクロス・入浴用のタオル・食べ物を包むためのふきん・赤子のおくるみ・市場で購入したものを運ぶための風呂敷などに姿を変え、マヤたちの日々の暮らしを彩る。その中でもとりわけ印象的なウイピルは、後帯機で織られた二枚の布を、両腕と頭を通す部分を残したまま縫い合わせて作られる衣であり、華やかで見栄えのする美しい一枚である。女性たちはこの衣の上に大型布を巻きつけ、腰帯で固定し巻きスカートのようにして装う。

手織りの布から作られる衣は、寒さや外部からの刺激から身体を守るだけでなく、細かな網の目のような人々のつながりを支えるコミュニケーションツールでもある。標高一五〇〇メートル以上の山あいに点在するマヤの村々では、高地という人々の自由な往来が阻まれる自然環境ゆえ、同じ村に暮らす者同士が必ずしも知り合いであるとは限らず、服装からどの村の者であるか、あるいは村のどこで生まれたかが判別されている。この地の約八〇のマヤ村落で、独自のデザインを配したさまざまな衣が作られている。

こうしたマヤの衣の醸す色彩には、争いとは無縁の穏やかな時間がこの地で刻まれてきたと思わせる圧倒的な力が宿る。それゆえ、グアテマラ高地に足を踏み入れた者は、似たような服装の女性たちが往来するさまに、二一世紀を生きる現代のマヤを強く印象づけられ、一九六〇年から三六年ものあいだ、この地で激しい内戦が繰り広げられていたとは想像しがたいにちがいない。だが、その煌めきの下には、内戦期の深い苦悩や悲しみ、そしてそれらがいまだ癒えることのないマヤたちの厳しい現実が横たわっている。

発言や手記などから、マヤ女性の目線でグアテマラ内戦の実態を捉えることは、同じ過ちを繰り返さないという意味において極めて重要であろう。しかしながら、本稿では、そうした公の場で語られる一部の限られた女性の言葉にではなく、内なる思いを口にすることのない女性の言葉に着目したい。その言葉とは、女性たちの織布であり、織布を取り巻く女性たちの言説であり、織布にちりばめられた数々の紋様である。内戦下のグアテマラ高地で、彼女たちはそれぞれが生まれ育った村で、終戦と平和を希求しながら布を織り続けてきた。ゆえに、その軌跡を振り返ることとは、近代国家グアテマラがもたらした近代性や他者性に、マヤの伝統社会がどう対峙してきたかを明らかにするものとなろう。そこで本稿は、グアテマラ中部高地のマヤ村落ナワラの事例をもとに、グアテマラ高地に暮らすマヤ女性の織りと装いが織りなすマヤイメージの生成過程とその変容の軌跡を辿っていきたいと思う。

一　現代マヤ――なぜ、彼女らを「現代」のマヤと称するのか

グアテマラは日本の四国と北海道を合わせて少し大きくした規模の国土面積（一〇万八八九〇平方キロ）を持つ中米の小国である。国土の約四分の一を占める中西部高地には、色とりどりの衣に身を包む女性たちが暮らしており、その衣服構成（ウイピル・腰帯・巻きスカート）が先スペイン期から変わらぬものであるかのような錯覚を起こさせることから、こうした女性たちは総じて「マヤ」と称されている。しかしながら、歴史を遡ると、その服装は先スペイン期のマヤの時代から変わっていないとは言い難いことが見えてくる。絵文書や石碑に描かれた先スペイン期の女性は、上半身裸である［Anawalt 1981］。また一八世紀末にグアテマラ高地のマヤ先住民村を訪ねたコルテス・イ・ララスは、サン・ペドロ・サカテペケス村やサン・フアン・コマラパ村にウイピルを着ていない女性がいたと述べるが［Cortés y Larraz 1958］、現在この二村は細かな紋様を配した精巧なウイピルを作ることで有名な村であり、ウイピルを着ていない女性を見つけるのは不可能に等しい。

時代の変遷とともに、女性の装いはさまざまな変化を遂げてきた。人々を魅了する色彩豊かな衣の世界とは、色糸の種類が増え、色糸を調達できる環境が整って可能となることから、服装のヴァリエーションが生まれる・増えるという現象が極めて現代的であることに着目していきたい。グアテマラ高地に色糸が出回るのは、今から六〇年ほど前の一九四〇年代のことであり［下部　一九九八］、それはこの国で色糸の大量生産が始まる時期と一致する。したがって、私たちが目にするマヤの衣文化とは比較的新しいものであることを念頭に置きつつ、そのうえで「変わらぬもの」だけでなく「変わりゆくもの」にも着目し、衣の変遷を辿らねばならないと考える。そこで、ナワラの事例から、織りと装いの「不変性」を導くことで彼女らがマヤと呼ばれる所以を示し、また「変

化」という視座から、彼女らがなぜ現代マヤと称されるのかについてその根拠を辿っていきたい。

二　織りの「不変性」

1　機織り

グアテマラ高地に暮らすマヤの人々は、腰に巻きつけた帯で機に張られた経糸の張りを保つこの織機を、棒の機と呼ぶ。材料となる木の棒は身近な場所で入手されることから、貧富に関係なく誰もが布の自給手段を確保できる。ゆえに、この機は、日々の暮らしを取り巻くさまざまな布を調達するうえで欠かすことのできない生活道具となっている。

布を織る際に初めにとりかかる作業が整経（せいけい）である。細長いテーブルを思わせる木製の整経台に糸をかけながら経糸の数を数えていく。その総数は二〇本分を一単位とし、二〇の倍数計算で数えられていく。同じ織り幅の布を作る場合、化繊のような太めの糸より、繊維の細い木綿糸を経糸にするほうが、当然のことながら経糸の総数は増えるため、女性たちは糸や織布の種類に応じて何本の経糸が必要であるかの知識を共有している。

整経が終わると、トルティージャ用のマサ（トウモロコシの粉をすりつぶしペースト状にしたもの）を溶かした水で糸を洗浄する。それは、小刀のようなかたちの刀杼（ひ）で経糸に緯糸を打ち込む際に、隣り合う経糸同士が摩擦をおこして絡まぬようにするためである。

洗浄し終えた糸の束を天日にさらして乾かしながら、機の製作がとりおこなわれる。経糸の上げ下げを円滑におこなうための綜絖づくりを中心に、半日ほどかかって機に経糸をかけ終えると、複数の木の棒が立派な織機へと姿を変える。こうして布を織るための準備が整う。

写真１　後帯機で布を織る女性

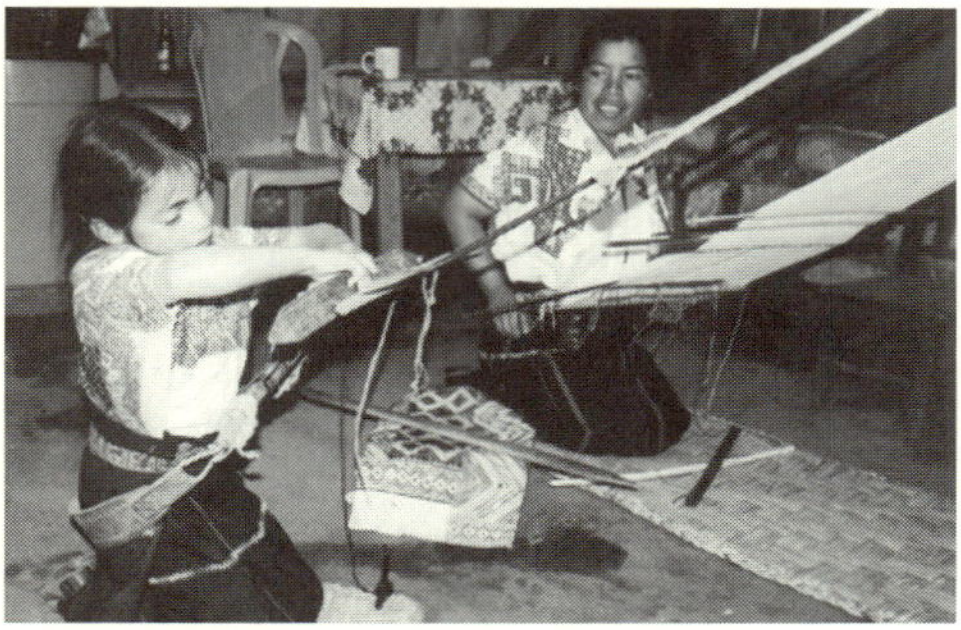
写真２　機織りをする母娘

娘たちは、食事の準備・洗濯・掃除といった一通りの家事労働ができるようになったのち、機織りを始める。家事の傍らで、母や祖母といった身近な女性たちの機織りを観察し、その所作をつぶさに盗み見しながら、織りの工程を覚えていく。「どうやって機織りを覚えたの?」と尋ねると、たいていの場合「見ていただけ」という答えが返ってくる。しかしながら「見ている」だけでは、機の準備、織りの工程を完全に再現することはできない。整経時の糸の数や機の組み立て方、機の操作などは、身近な女性たちと共に機を並べて、機織りをおこないながら少しずつ覚えていくようだ。その際、弟妹の多いマヤの村では姉が妹の隣に機を並べてつき添い、自分が覚えた工程の一つ一つを妹に教える。そのとき、妹が初めて織るのは、頭の上に荷物を乗せて運ぶための小さな布イシュパチェックである。そうした二人のやりとりを母親が見守る。

機織りのいとなみがごく身近にある生活環境の中で、娘世代の未来の織り姫は、頭布に始まり、トルティージャを包む布、寒さよけのショールあるいは荷物を運ぶのに使われる万能布スーテ、腰帯、最終的にはウイピル用の布といったように、少しずつ大きく、より複雑な紋様の配された布を織るようになっていく。

こうしたいとなみの継承を通じて、世代間の信頼関係が築かれ、その信頼関係とはやがて出産の場へと引き継がれる。出産は夫の自宅でおこなわれるが、その場にたちあうことができるのは、助産婦と妊婦と血のつながりのある女性、すなわちその妊婦が機織りを始めたときに自分の回りにいた女性に限られている。また、女性たちのあいだでは、日々の機織りが陣痛に耐えうる腰の力を養ってくれると考えられており、そこには出産と機織りとの深い関わりがうかがえる。

２　布の役割

日々の生活は、自分や家族のための衣をはじめ、さまざまな手織り布に彩られているが、そうした布の貸借は同性間では可能でも、異性間では禁じられている。

聖俗を結ぶ役割は女性の手織り布が果たす大切なものである。例えば、教会内に安置されているイエス＝キリストの像やカトリックの聖人像用の衣服、さらには十字架を包む布など、手織り布の用途は聖俗の枠を越える。村の祭礼時や聖週間（イースター）の頃には、村人たちがカトリック教会に安置されている村の守護聖女や聖像のために布や衣を作り、それを供物として捧げる姿が目にされる。

手織り布は贈答品としての役割も果たす。花婿の母親が花嫁に自分の作った（あるいは調達した）婚礼衣装を贈ることは、村の伝統的なならわしである。また洗礼をはじめとするカトリックの人生儀礼には、子供たちへのプレゼントとしてウイピルが贈られる。

このように、女性が後帯機を使って織る布は、村人のあいだに網の目のような紐帯を生み出し、それを維持するためのコミュニケーションツールとなって、村の文化・社会生活を支えていることがわかる。こうした織布の交換を通じて、人々の紐帯が作られ強化されていくのである。

写真４　マヤの女神イシュチェル

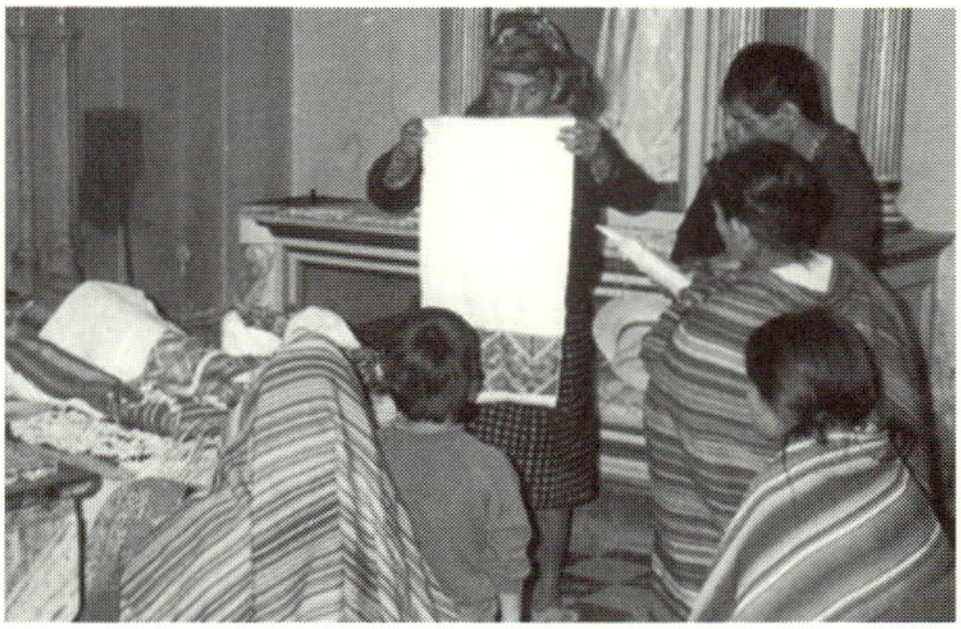

写真３　布の寄進

写真５　機織りをする現代マヤ女性

３　機織りの起源

「後帯機で布を織る」といういとなみは、その起源を先スペイン期へ遡ることができる。この二つの図を比較してみたい。後古典期マヤのマドリッド絵文書に描かれたマヤの女神と布を織る現代のマヤ女性である（二〇〇六年撮影）。両女性とも同じ形状の機を使って布を織っている。

先スペイン期から現代へと後帯機が使われ続ける中で、機と布をとりまく日常の光景もそのまま引き継がれてきたと思われる。そして機の準備、技術の継承を通して育まれる女性間の信頼関係、村の文化・社会生活の結節点となる手織り布の役割など、後帯機と織布は、二一世紀の今も村人たちの日々の生活に深く浸透している。

三　織りのいとなみに辿る「変化」

前節で辿った織りの「不変性」を踏まえ、次は素材と紋様に着目し、「変化」という視座からマヤ女性の織りのいとなみを辿っていく。

1　素材

ナワラでは、村の中心にハイウェイが敷設される前（一九六〇年以前）、女性たちは白と茶色の綿花を手で紡ぎ、糸を作っていた。ところが、ハイウェイの敷設を境に、工場生産の木綿糸が他村からナワラの市場へと持ち込まれ、糸紡ぎ用の綿花が姿を消していく中で、糸紡ぎのいとなみもまた徐々に廃れていった。それゆえ、かつては白や茶色の綿花で糸を紡いできた女性たちも、現在は糸紡ぎのできない女性と同様、村の市場で糸を調達している。現在この村で暮らす女性のうち、糸紡ぎのできる女性は皆老齢で、筆者が確認した最年少の女性でも一九五〇年生まれであった。また、こうした女性には紋様のない真っ白なウイピルを着装していること、彼女たちが織る布には紋様が織られていないという二つの共通点が確認された。六八歳以上の女性にも紋様織りのできる女性がいるが、それは一部に限られている。

2　紋様の複製と創造

〈二種類の刺繍針〉

機織りに必要な量の糸を調達すると、女性たちは整経にとりかかる。紋様の全体図は「一目落として、二目上げる」といったように、経糸の上げ下げとその数の組み合わせで記憶されており、整経の段階で、女性たちはどこにどの紋様を配置するかを決めている。経糸の計算を誤ると、紋様の配置だけでなく、スペースが足りなくなって紋様が途中で切れてしまい、その全体像を布面に描きだすことができなくなる。

後帯機で布を織る女性の横には、機織りの道具をしまう大きな竹かごが置かれ、その中には長いものから短いものまでさまざまな長さと色とりどりの糸が大切に保管されている。布に紋様を織る際、女性たちは全体の調和を考えながら、適当な色糸を選び出し、幾度となく色合わせをおこなう。そして、布面に紋様のかたちを正確に再現するために、刀杼や細い刺繍針の先で糸をすくって経糸の数を数え、綜絖を操作し経糸の上げ下げをおこないながら、紋様を描きだすための色糸を布地にかませる。こうして布面に村伝来の紋様が織り描かれていく。

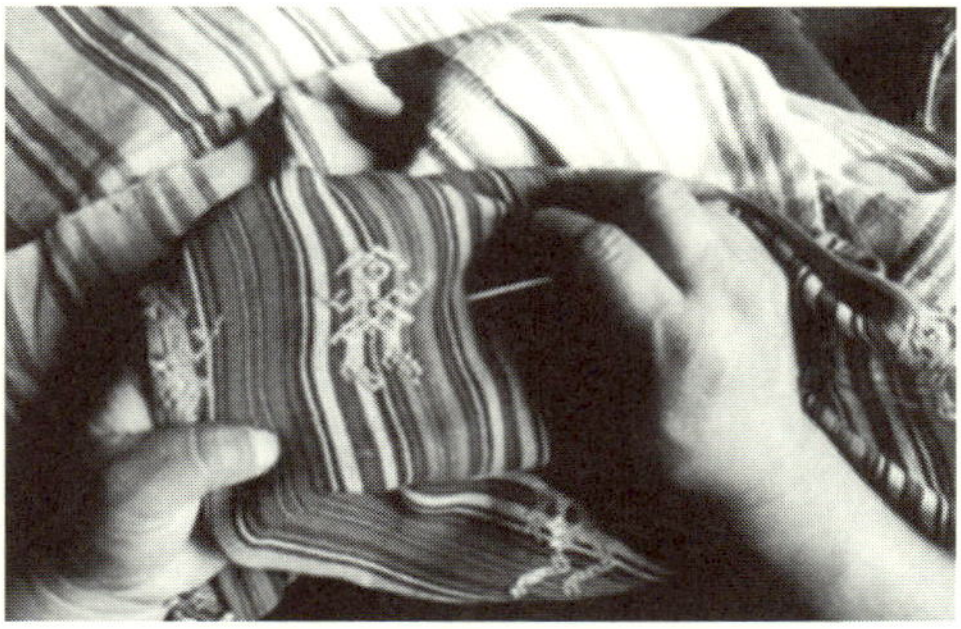
写真６　紋様の複製

村のいたるところで、こうした紋様織りの光景が見られるようになったのはそう昔のことではない。のちに触れるが、国内外の博物館が収蔵する資料を検証した結果、紋様の数と色の種類が格段に増えるのは村にハイウェイが敷設された一九六〇年以後であることが明らかになった。

現在、村では後帯機で布を織る際に二種類の針が使われている。その針とは牛の骨から作られる手作りの針バックと、市販の刺繍針ティスバルである。バックは経糸の数を数えたり、紋様織り用の色糸を経糸にからませるのに、古くから使われてきた道具である。一方のティスバルは、一九六〇年以降に現れた新たな商品である。

綿花が村の市場から姿を消し、手紡ぎではない工場生産の糸が村に出回るようになると、女性たちは糸紡ぎをやめ、そのかわりに紋様織りの技術を習得するようになった。糸紡ぎから紋様織りへの技術転換の中で、工場生産品の糸と共にこの村の市場に登場したティスバルは、女性たちが紋様織りを身につけていく過程で、三つの重要な役割を果たしていく。まず、複雑な紋様を布面に描くための予行練習である。複雑な紋様を後帯機で織る場合、女性たちはまず別布に手刺繍をおこない、紋様を布面に表すのに必要な糸の数を確認する。次に紋様の複製である。他の人の衣や布に気になる紋様を見つけると、女性たちはそれを借り、ティスバルを使ってその図柄を別の布に手刺繍し複製する。最後に対象の図案化である。布をカンバスに、色糸を絵の具に、ティスバルを絵筆のかわりとして、紋様化したい事物を手刺繍で図案化し、それを後帯機で復元するのである。

〈手刺繍と縫取織〉

こうして女性のあいだで手刺繍が広がった理由として、後帯機の織り技法「縫取織（ぬいとりおり）」との関連を指摘したい。縫取織とは手刺繍と同じ原理の織り技法である。そこで手刺繍で対象の図案化に成功すれば、後帯機を使ってその紋様を織ることが可能となる。こうした双方の技術の相似性が、どのような経緯から村の女性たちに認知されるようになったかは不明だが、紋様織りの技術が、ティスバルの普及とともに多数の女性へと広がった結果、さまざまな事物や事象が図案化され、数々の紋様が生み出されるようになったのである。

〈高機と後帯機〉

後帯機で織られる布の製作期間は、布の種類や大きさ、紋様の数によって異なる。紋様のないウイピルの場合、衣を構成する二枚の布は一週間もあれば織りあがるが、紋様で布面が埋めつくされたウイピルの場合には、完成に半年以上を要するものもある。

村では性差に応じて使う機の種類が異なる。先スペイン期から使われてきた女性の後帯機に対し、男性の使用する高機は、植民地期に宗主国のスペインから持ち込まれた織機である。高機からは、羊毛の毛織物と綿織物が作られている。双方の織機は、足元のペダルを踏んで機の綜絖部を上げ下げする点は同じでも、羊毛と綿という素材の違いにより形状が異なる。時間あたりの生産量は、毛織物用の機で後帯機の一〇倍、綿織物用の機で後帯機の三〇倍にあたる。布が必要ならば、生産性に優れた機械製の機で織られた布を使うことも可能であるにもかかわらず、女性たちはなぜ後帯機で織ることにこだわり続けるのか。

そこで、後帯機と高機で織られた布の違いを比較した。高機で織られた布には紋様が織られない。また布の扱いやその使用方法も異なる。高機で織られた布は裁断され、ズボンやシャツ、かばんなどに加工されるのに対し、後帯機で織られた布はウイピルのように一部を縫い合わせることはあっても、裁断されることなくそのまま使われる。こうした差異を踏まえつつ、女性の織布が村の文化生活・社会生活の結節点となって、人々の紐帯を支えてきたことに鑑みると、後帯機の手織り布には、裁断し加工することで商品となる高機の布とは異なる価値が見出されていることが見えてくる。

四　検証――ウイピルの変遷（一八世紀末から現代まで）

織りという観点からナワラの女性を壮観すると、「糸を紡ぐことはできるが、紋様織りはできない」、「糸を紡ぐことはできないが、紋様織りはできる」、「糸を紡ぐことも紋様織りもできる」といった三種の女性像が見出される。そこで、高機で織られた布とは異なる価値を持つ後帯機製の織布の役割を知る視座として、紋様という切り口からウイピルの変化を検証し、三種の異なる女性像が現れるに至った経緯を辿ってみたい。

1　ウイピルの変化

マヤ女性の装いを構成する衣（ウイピル・腰帯・巻きスカート）の中で、変化が最も著しいのがウイピルである。Tシャツのような形状のこの衣は、祭礼用の「ソブレウイピル」のようにカトリック教との関わりの深いものもあれば、リボン飾りやレースなどの装飾、あるいは授乳用のファスナー飾りといった現代的な変化を取り込んだものまで多岐に及ぶ。

二〇〇二年の国勢調査によると、グアテマラには二二のデパルタメント（県）とその下位区分にあたる三三〇のムニシピオ（市区町村）があり、ナワラはムニシピオという行政区分にあたる。村人たちは国家公用語のスペイン語ではなく、マヤ語起源のキチェ語を母語とする先住民である。この村は新たな村ボスに率いられて、一八六八年に隣村サンタ・カタリーナ・イシュタウワカンから分離独立した集落が構成する。その総面積は東京の山手線内の約一・五倍にあたる九七平方キロメートルと広く、標高二四七六メートルのポブラシオン（村の中心地区）を中心とする高地のナワラと、標高一〇〇〇メートル台の低地のナワラに分かれている。ポブラシオンから低地のナワラへは徒歩で一日以上かかるため、現在は高地と低地で半独立的な行政形態がとられている。

面積が広いにもかかわらず、ナワラでは高地と低地、共にウイピルの種類とその分類基準が同じである。それは農業をなりわいとする低地ナワラの人々のもとへと、高地の人々の作ったウイピルが運ばれ、そして売られているためである。そこで高地ナワラでのウイピルの流行がそのまま低地へと広がっていく。興味深いことに、隣村サンタ・カタリーナの人々もナワラと同じ服装をし、ウイピルの分類基準も同じである。ウイピルは村人たちの日常言語キチェ語でポットと呼ばれる。この二村には紋様の種類や配置によって分類される四種類のウイピルがある。

2　ウイピルの種類とその役割

〈サカポット〉

キチェ語で「白い」を意味するサカの語源からもわかるように、サカポットは二枚の白い布を縫い合わせて作る、普段使いのウイピルである。二枚の布の縫い合わせ部分には赤か紫の綿糸、あるいは光沢のあるレーヨン糸が使われ、そこに赤や紫色の染めジミが意図的につけられることもある。

この村の女性たちは「衣は自分で作る、作ることができなければお金を払って村の誰かに作ってもらう」という暗黙のルールのもと、「自分で作る」、「村人の誰かが作った衣を購入する」、「材料と手間賃を渡し、村人の誰かに委託して作ってもらう」といったいずれかの方法で、自身のウイピルを調達している。そこで、ウイピルの調達方法からこの村の女性を比較したところ、サカポットを着る女性には、「布を織ることはできる、だが紋様織りはできない」、「紋様入りの衣を着たくとも、自分で織ることはできない、そのうえ誰かに委託するだけのお金を持ち合わせていない」といった共通性が見られた。そこで、糸紡ぎと紋様織りとの関連からサカポットを着る女性を検証した結果、「糸紡ぎも紋様織りもできる」女性はごく少数であること、六五歳以上（二〇一三年時点）の老年世代には、「紋様織りはできないが糸紡ぎはできる」女性が、六五歳以下には「糸紡ぎはできないが、紋様織りはできる」女性が多く見られるという傾向が導かれた。

写真７　サカポット姿の女性

〈チョピンポット〉

チョピンポットのチョピンとは「動物」を意味するキチェ語に由来する。デザインはサカポットと同じだが、胸元や両肩の線に沿って動物紋様があしらわれる。このウイピルに織られる代表的な三種の紋様からは、この村がこれまで歩んできた足跡を辿ることができる。

写真8　馬紋様

(A) 馬

馬は、現存するチョピンポットの中で最も古い一枚（一九四六年収蔵品）に織られている紋様である。このウイピルが作られたと推定される一九四〇年代、山あいの道を徒歩で移動していた村人や近隣のマヤ村落の人々にとって、馬は外部社会からやってきた余所者の移動手段と見なされる動物だった。この紋様には、彼らとは違う生活様式を持つ他者の他者性やその権威を紋様化し、自分の装いへ組みこむ文化受容の痕跡が辿られる。

(B) ケツァル

チョピンポットに織られた動物紋様の中でとりわけ印象的なのが、グアテマラの国鳥ケツァルである。この紋様は本物のケツァルを模したものではなく、グアテマラ国旗に描かれたケツァルの姿を図案化し紋様にしたものである。

ケツァル紋様の図案化の過程は、かつてこの村の村長が使用していた一枚の布に辿ることができる。スーテと呼ばれるこの布には、グアテマラの国旗に描かれたケツァル、「municipio（ムニシピオ）」の文字、名前などが手刺繍されている。刺繍の文字から、この人物は競合選挙によって村長に選出された二代目の村長ファンであること、この布は村長室の壁に飾られていたことが推察される。スーテを村長室に飾るこうしたならわしは今も続けられている。

布にほどこされたケツァルの刺繍や「municipio」の文字からは、この布が作られた頃の政治状況がうかがい知れる。かつて村長とは村の長老たちによって指名され、村のために無償で奉仕することを義務づけられていた名誉職であった。ところが、それは一九七四年より政党に属する候補者の中から競合選挙で選ばれ、国から給与の支払われる行政職となった。選挙の折、村内にはたくさんの国旗がはためいていたという。グアテマラの国旗に描かれたケツァルは、まずは手刺繍で図案化され、その後布に織られる紋様となって、ウイピルにあしらわれるようになった。その後の調査から、現行紙幣のケツァルもまた紋様化され、ウイピルに織られていたことが確認されている。ケツァルの紋様が村内に広がりゆく背景には、国旗や紙幣などを介して、マヤの伝統社会に浸透していく国家権力の痕跡がうかがい知れる。

写真9　布に刺繍されたケツァル（国立民族学博物館所蔵品）

身近な動物や事象を紋様にする際、女性たちは手刺繍で紋様の図案化を試みる。そうして紋様を構成する糸の数が確認されると、次は後帯機を使い、布面に紋様を織る。その道程において、手刺繍とはあくまで紋様の数の構成を考え、確認するための作業にすぎず、最終的には後帯機で布地に紋様を織るところに、この村の女性ならではのこだわりがうかがえる。

装いの変化に敏感な女性たちは、新しい紋様の織られた布を見つけるとその紋様を複製しようと、その布の持ち主に布の貸借を依頼する。数多の女性たちが草の根で繰り広げる布の貸借を経て、一つの紋様が徐々に複製され、それがやがて村全体へと広がっていく。しかしながらその中で紋様が流布する速さは後帯機の機織りのそれと同じであるため、マヤの衣の流行もまたその速度が極めて緩やかである。

（C）勇敢な男性

グアテマラの内戦が最も激しかった一九七〇年代後半から一九八〇年代にかけて登場したウイピルには、内戦時代の記憶が辿られる。村内をパトロールする男性の姿をあしらったそのウイピルは「勇敢な男性」と呼ばれ、この紋様は動物紋様ではないものの、紋様の配置がチョピンポットと同じであることから、村の女性たちはこのウイピルをチョピンポットの亜種と捉えている。

このウイピルが生まれた頃、この村ではグアテマラ民族革命連合というゲリラ部隊による占拠により、自警組織（トゥルノ）が結成された。当時一六歳から六〇歳までの健康な男性は七日ごとに一晩、午後六時から翌朝六時までのパトロールをおこなっていたという。女性たちはパトロールそのものには参加しなかったものの、男性不在の家を守り、パトロール中の男性たちに飲み物や食べ物を差し入れ、村の自治を守る男性たちを支えていたにちがいない。［Fox and Gómez 2007］。村の治安のため、毎夜パトロールをおこなっていた男性の姿は、女性の目に「勇敢」と映ったにちがいない。こうした経緯からパトロール姿の男性の姿を模した紋様が生まれ、それは「勇敢な男性」と呼ばれるようになったのである。

また、この村では男性の勇敢さや頼もしさをライオンの強さになぞらえることから、ライオン紋様のチョピンポットも、男性の雄姿を表すウイピルの一つと考えられている。そもそもこの紋様は、村長を筆頭に村の重要職に就く男性が携帯する「ステ」という布にのみ織られるものであった。ところが、七〇年代中庸に洋装姿の村長が誕生したことから、権威の象徴としてのライオンが、この村長の出現を境に少しずつその意味を失っていくこととなる。彼は、村独自の価値観や古い因習を体現する手織り布の衣ではなく、「シャツにズボン」の新しい服装を好んだ。それによって、ライオン紋様の織られた布を携帯することで、村長の権威を示すというこの村のならわしが、村の長自身によって覆されたのだった。こうした価値観の逆転は、奇しくも村の伝統的な取り決めが、国家がマヤ社会に導入した「選挙」という近代的制度に取り代わったのとほぼ同時期におこっている。こうした経緯を経て、その後ライオン紋様の威信は緩やかに後退し、やがて女性のウイピルを彩る紋様へと移り変わっていったのである。

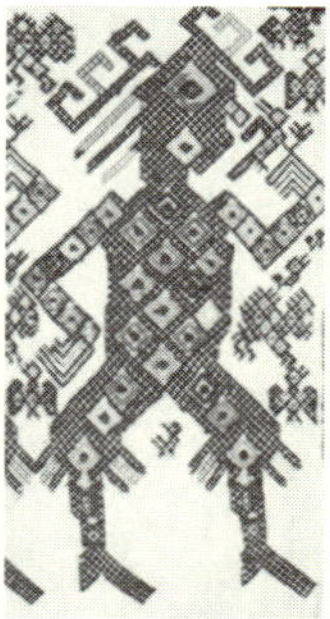

写真10　勇敢な男性

写真11　最古のポップポット（カルフォルニア大学バークリー校所蔵）

〈ポップポット〉

機織りの女性が足元に敷く座布団（ペタテ）を模したポップ紋様が胸元にあしらわれたウイピルはポップポットと呼ばれる。トランプのダイヤ柄を思わせるこの紋様は、四隅が東西南北の方角とこの村を取り囲む四方の山々を示し、その中心には布を織る女性自身が表されているのだという。このウイピルは、かつて村の重要職に就く男性の妻が着ていた衣であり、役職者の妻だけがポップ紋様のウイピルを継承し着装することができたことから、この紋様が何を意味するかは、当時の女性が皆理解していたものではなかったといえるだろう。

ところがそれに反して、現在のナワラでは、誰もがこのウイピルを作り、着装することができる。それはハイウェイの敷設以後、村の近代化とともに男性の民族衣装離れが進み、衣が権威の象徴としての役割を果たさなくなったこと、さらには他村出身の洋装姿の村長夫人が登場したこと（一九九〇年）で、村長夫人の権威を象徴するポップ紋様の意味が「公的」に否定され、その役割が形骸化したためである。しかしながら、為政者の妻が継承してきた紋様とその意味、紋様の使用をめぐる規範に従来の価値が見出されなくなる一方で、この紋様が「ペタテ」を表していることや、この紋様の織られたウイピルは「ポップポット」と分類されるといった知識は、村の女性たちのあいだでその後も共有され続けている。

調査の結果、現存する最古のポップポットは、一九〇二年のナワラで収集されたことが確認された［Schevill 1993］。このウイピルを閲覧した際、現在のような蛇とポップ紋様の取り合わせではなく、ポップ紋様のみが衣の胸元にあしらわれ、その織り方はとても粗く精巧さが感じられないものだった。国内外の博物館が収蔵するポップポットを総観した結果、このウイピルには二つのヴァリエーションが見られることがわかった。一つはポップ紋様のみを胸元にあしらったもの、もう一方はチョピンポットのように肩の線に沿って人物や動物紋様を配し、胸元にポップ紋様をあしらったものである。その一つにあたるポップポット（一九二八年収集品）には、胸元のポップ紋様に加え、肩の線にそってラディーナ（白人女性）の紋様があしらわれている［Tulane University 1976］。一九〇二年収集品を皮切りに現代のものまでポップポットの変遷を時系列に見ていくと、時代が下るとともに、紋様の数が徐々に増えていくさまが確認される。

〈カスランポット〉

カスランポットとは、他の三種より一回り大きいウイピルである。他の三種のように、二枚の布を縫い合わせて作られるのではなく、このウイピルは胴体部分を構成する一枚の大型布、そでの部分を構成する二枚の布、計三枚の布から作られる。胸元の大きな双頭の鷲紋様には、「村の子供を連れ去る大きな鷲を布に封じ込めて捕まえた」という謂れがあり、この鷲が二つの頭を持つのは「頭をキョロキョロさせて獲物を探している」からだという。このウイピルはそもそも祭祀集団コフラディアの女性成員が祭礼の際に着る衣だった。ところが、一九九三年の一一月の村の祭礼を最後に祭祀集団そのものが解散されたのを受け、今では誰もが着ることのできる衣になっている。

国立民族学博物館が収蔵するカスランポットには、国内外の博物館が収蔵するマヤ女性のウイピルの中で最も古いものにあたる一枚がある［国立民族学博物館　一九九四］。それは、手紡ぎの白い木綿糸の下地の上に、赤い木綿糸で双頭の鷲の紋様が織りこまれている。このウイピルが祝祭用の衣であること、それが労力と財を尽くして作られることに鑑みると、この衣が作られた時代は赤一色で紋様織りがなされていたと思われる。この衣に次いで古いポップポット（一九〇二年収集品）には、赤と黄色の木綿糸で紋様が織られている。このように紋様と色糸使いの関連を時系列に辿ると、ナワラに限らず、グアテマラ中西部高地のマヤ女性の衣が現在のように色鮮やかなものになるのは、今からわずか半世紀ほど前であり、比較的最近であることが見えてくる。

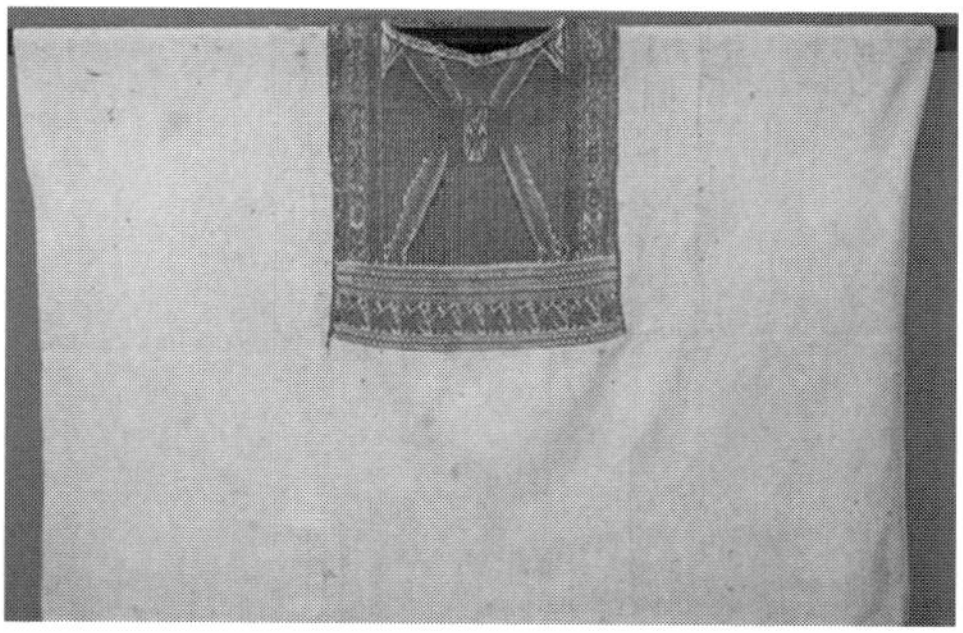

写真12　最古のカスランポット（国立民族学博物館所蔵）

3　ウイピルのヴァリエーション

四種のウイピルの中で、最も新しいのは一九四〇年代に登場したチョピ

写真13　猫のウイピル

ンポットである。老年世代の女性は、彼女らの母親・祖母たちが紋様のない白いサカポットを常用し、村長の妻やチュチュシェレスなど地位のある一部の女性だけが、ポップポットやカスランポットといった紋様入りのウイピルを着ていたと語る。ところがその後、チョピンポットの誕生を機に、その状況が少しずつ変わっていく。村の名誉職とは無縁の紋様入りウイピルであるチョピンポットが登場したことで、それまでは紋様のないサカポットしか着られなかった女性たちも、紋様入りのウイピルを着られるようになっていったのである。

老年世代の女性たちから寄せられた話をもとに、博物館収蔵品全五二点のウイピルを検証した結果、二つの形態的変化が確認された。一つ目の変化は、アクリル糸の登場とともに、それまでは白一色だったウイピルの下地が、一九七〇年ころから赤・緑・青へと変わる新たな発想である［Altman and West 1992］。それに次ぐ変化はウイピルの丈である。女性のあいだに下着の着用が定着したことで、ウイピルの丈が短くなった。そうした嗜好には、短い丈のほうがスタイルよく見えるという世代間の感性の違いがうかがえる。老年世代の女性は、重い荷物を運ぶために腹回りに腰帯を巻くのに対し、若い世代はウエストの一番細い部分を強調した腰帯の巻き方を好むといったように、若い女性の関心は、実用性よりも装いの美しさへと注がれている。

現在、村の女性たちが着ているウイピルには、先の四種にはおさまらないものもある。その一つが、一九九〇年代初めに登場した「猫のウイピル」である。猫の紋様が布全体にあしらわれたこのウイピルは、紋様の配置が従来のチョピンポットとは異なるものの、このウイピルの亜種と考えられている。ナワラのウイピルは、兄弟村にあたるサンタ・カタリーナでも着装されるが、糸の種類や色づかいが違えられている。両村の女性は糸と色で所属の違いを示しつつ、双方の村に生まれた新しい発想を享受し合っている。

4　紋様の文化的意味の変容

ナワラの女性は布に織られた紋様をツィフと呼ぶ。しかしながら、ツィフと呼ばれる紋様の種類には世代間の違いが見られるようだ。六五歳以上の老年世代の女性（「糸を紡ぐことはできるが、紋様織りはできない」女性たちと「糸を紡ぐことも紋様織りもできる」女性たち）は、村の権威を象徴する三つの特別な紋様——為政者を意味する「ライオン」、為政者の妻を表す「ポップ」、祭祀集団コフラディアを示す「双頭の鷲」をツィフと考える。これらの紋様は、夫や自身が特別な地位に就くことの決まった女性が、役職経験者からその紋様の織られた布を借りて複製し継承してきたものである。

ところが、現在の多数派にあたる「糸を紡ぐことはできないが、紋様織りはできる」女性は、祖先や村とのつながりを表す三紋様に加え、前出の馬・ケツァル・ラディーナのように、後世になって新たに生み出された紋様もツィフと捉える。このようにツィフの範疇が広がったのは、近代化とともに男性の洋装化が進み、衣が村の権威を象徴するという従来の価値が失われていく中で、女性が手刺繍と紋様織りを習得したことで、さまざまな種類の紋様が生み出されていったためである。一九世紀末から一九九〇年初頭にかけて収集され、そののち各国の博物館に収蔵されたウイピル五二点からは、六〇種以上の紋様が確認された。近代化の歩みとともにマヤ社会に浸透していく他者の存在を、手刺繍で図案化したのち、紋様に組み換えて布に織り、それを装ってしまういとなみは、まさに手織り布と紋様が生み出す他者性の自文化化の軌跡であるといえよう。

写真14　村の衣に包まれた聖人像二体

五　装いに見る「連続性」――異物を織り布でくるむ

最後に、装いという観点から「不変性」、すなわち手織り布の過去と現代をつなぐ「連続性」に立ち返りたい。マヤ女性の装いとは「後帯機で織った布でくるむ」行為である。ここで「くるむ」と称するのは、女性の手織り布（衣）を身にまとうのが人間だけではないためである。グアテマラ高地のマヤの村々では、カトリック教会に安置されている守護聖人像または守護聖女像が村人と同じ衣（布）にくるまれている。ナワラでは、祭祀集団コフラディアが有していた聖人像もまた、村人と同じ衣にその身をくるまれている。

コルテス・イ・ララスがこの村を訪ねた際、「寒くないように聖人像が衣を着ていた」という興味深い記述を残していることから［Cortés y Larraz 1958］、少なくとも一八世紀末には聖人像が布にくるまれていた可能性が示唆される。そして、コルテス・イ・ララスの来訪から二五〇余年たった現代においてもなお、この村では「布でくるまれた聖人像」が見られ、聖人像がくるまれている衣は村の女性が後帯機で織った布、あるいはその布から仕立てられている。

カトリック教という新たな価値体系が、植民地期のマヤ社会に持ち込んだ聖人像という彼らのシンボルを自分たちの衣（布）でくるみ、その聖人をカトリック教ではなく自分の村の守護聖人にする行為、すなわち異質な存在や価値観を自文化へと取り入れ、やがては自文化の一部にしてしまうやわらかでたおやかなこの文化受容は、後帯機で布を織る数多の女性たちの手で今日へと引き継がれている。そこには、過去と現在のマヤ女性を結ぶ地下水脈のような「連続性」が存在している。

まとめ

これまでナワラの民族誌資料と博物館資料をもとに、グアテマラ高地マヤ女性の手織り布と衣が、先スペイン期から現代へ引き継がれてきた足跡を辿ってきた。その道程とは、身近な木の棒から作られる織機、経糸と緯糸のハーモニーが生み出す織布とその手織り布にこめられた人々の思いに支えられながら、今日まで織りと装いが織り成すマヤイメージを生成し続けてきた。

織りと装いが醸すマヤイメージは、手織り布の持つ可変性や柔軟性ゆえ、さまざまな他者との邂逅・接触により、その内容をより豊かで多様なものへと変容させてきた。そして、それらはいつの時代も女性という主体を介して表され、現されてきた。ピラミッドをはじめとする石造建築物が想起させる固いマヤイメージに対し、布が織りなすやわらかなマヤイメージは、女性が後帯機で布を織り、その織布から衣を作り続けるかぎり、今後も変幻自在に広がりゆく可能性を秘めている。

文献

卜部澄子
　一九九八　「五色を染める今の染色」『五色の燦き――グアテマラ・マヤ民族衣装』東京家政大学博物館、一三八～一四一頁。
国立民族学博物館
　一九九四　『現代マヤ――色と織に魅せられた人々』、八杉佳穂編、大阪：財団法人千里文化財団。

Anawalt, Patricia

1981 *Indian Clothing before Cortés: Mesoamerican Costume from the Codices.* University of Oklahoma Press, Norman.

Cortés y Larraz, Pedro

1958 *Descripción geográfico-moral de la diocesis de Goathemala.* Biblioteca Goathemala de la sociedad de geografía e historia de Guatemala Volumen XX, Tipografía national, Guatemala.

Fox, Erich, and Julia Gómez Ixmatá

2007 "Junamaam Ib": Solidarity and collective Defense in Nahualá, Mesoamerica no.49, CIRMA, pp.59-81, Antigua, Guatemala.

Schevill, Margot Blum

1993 *Maya textiles of Guatemala-The Gustavus A. Eisen Collection 1902.* University of Texas Press, Austin.

Tulane University

1976 *Traditional Indian Costume of Guatemala: Textiles from the Matilda Geddings Gray Collection and other collections of the Middle American Research Institute.* Department of Art, Newcomb College, Tulane University, Louisiana.

メキシコ市内の旧先住民村落における情報空間
――誰に何を伝えられるのか

禪野美帆

一　旧先住民村落（プエブロス・オリヒナリオス）とは何か

メキシコ合衆国の首都メキシコ市内には、先住民村落[1]としての歴史を有する地区が多数ある。メキシコの人類学者モラはその数字を二九一とあげている［Mora 2007: 28］。現在は大都市の一部となっていて、人口の流動も激しい。しかしながら、そうした地区には、他州の先住民村落と共通する、いくつかの習慣も見られる。たとえば、カトリックの祭礼のプロセスや、その遂行組織の活動内容、あるいは墓地の管理の仕方などである。本稿では、まず、メキシコ市内で現在は高級住宅地となっているある旧先住民村落の居住者によるウェブサイトを例として取り上げ、同地区においてこれまで筆者が行って来たフィールドワーク[2]のデータとつき合わせながら、その内容について分析する。そうすることにより、政府による旧先住民村落に対する、いわば上からの施策だけでなく、旧先住民村落居住者がウェブサイトを通して発信する、下からの主張を明らかにすることができるに違いない。さらに、そうしたウェブ上での発信が、誰に対してどのような意味を持ち得るのか考察する。

メキシコでは、メキシコ市内の「旧先住民村落」を指して、今世紀に入る頃から、研究上、また政策上、「プエブロス・イ・バリオス・オリヒナリオス（pueblos y barrios originarios）」という用語が使われている。「プエブロ（プエブロスの単数形）」は「村」の意で、「バリオ（バリオスの単数形）」は歴史的にはプエブロに属していた集落である[3]。「オリヒナリオ（オリヒナリオスの単数形）」とは、スペイン語で「元々の」、「最初の」との意である。前述のようにモラはそのプエブロス・イ・バリオス・オリヒナリオスの数を二九一とあげているが[4]、「正確な」数は今日まではっきりわからない。数えるには定義が必要であるが、その定義を誰が決めるのか、政府が決めればそれをそのまま採用していいのか、それとも研究者なのか、しかし研究者が旧先住民村落の植民地時代、場合によっては先スペイン期から現在にいたるまでの歴史的なつながりを、全ての地区に関して的確に把握できるのか、こうしたことは疑問であり、課題は多い。結局のところ、「正確な」数字を出すこと自体難しいと思われる。

一方で、メキシコ連邦区[5]（＝メキシコ市）政府の「メキシコ連邦区旧先住民村落審議会（Consejo de los Pueblos y Barrios Originarios del Distrito Federal）」は、二〇一一年三月、どの地区がそうした旧先住民村落であるのか、公的に認定し、リストを作成した[6]。その数は一七八であるが、さらに増える可能性がある。なぜなら、現在リストに載っていない地区が認定される可能性があるからである。筆者はこの認定の場に参加していたが、「この数は確定ではない」ということであった。また、メキシコ市政府の別の機関である「農村開発と共同体公正局[7]（Secretaría de Desarrollo Rural y Equidad para las Comunidades: SEDEREC）」も一四五の旧先住民村落のリストを作成している［Gaceta Oficial del D.F., No. 1279 Tomo I, enero de 2012: 72–75］。それらの地区には、まだ森林、農地、牧草地などがあるところから、繁華街に近い住宅地になっているところまで含まれている。SEDERECの発表によれば、一四五の地区のうち、前者は四九、後者は九六である［Gaceta Oficial del D.F., No. 1279 Tomo I, enero de 2012: 143］。

メキシコ連邦区政府が「プエブロス・イ・バリオス・オリヒナリオス」を公的に認定した背景には、メキシコの国全体の先住民をめぐる施策や、それが同調しているはずの、世界全体における先住民の人権を擁護する動きが存在していると考えられる。この点について、筆者はすでに、メキシコ連邦区旧先住民村落審議会が公的リストを掲載した会議記録において言及されている三つの法や宣言、すなわち、(一)先住民の自決権を国家の統一を妨げないことを前提に認めたメキシコ合衆国憲法第二条、(二)先住民の権利に関する国際連合宣言、および(三)ＩＬＯ第一六九条(一九八九年の原住民及び種族民条約)を取り上げ、拙著でまとめた[禪野　二〇一二：六二七—六三四]。

さらに、メキシコにおける選挙方法の変更も影響しているはずである。メキシコの人類学者メディナは、メキシコ市長は一九九七年から、さらに、市内に一六ある区の区長が二〇〇〇年の選挙より、指名で決定されるという制度[8]から、住民の直接投票になったことを紹介しているが[Medina 2007: 80]、それによって、メキシコ市内旧先住民村落の居住者も、政党にとって「票田」として意味を持つようになってきたのだと言える[禪野　二〇一二：六二四]。

メキシコ連邦区政府は、旧先住民村落の公的認定を通して、居住者の自決権をはじめとする権利を、少なくとも建前の上では、ある程度擁護しようとしているように見える。その動きと連動しているかのように、最近、旧先住民村落の居住者によるウェブサイトやフェイスブックができつつあり、また、ユーチューブへの投稿もある。そこにはいったい何が書かれ、どのような映像が上がっているのか。それを検討する前に、メキシコ市内旧先住民村落に関する先行研究を概観する。

二　先行研究の傾向

メキシコ市内旧先住民村落を対象とした先行研究については、筆者はこれまでの業績でまとめている［禪野・井上 二〇〇五、禪野 二〇一二］ので、ここでは簡単にその傾向を記しておく。

旧先住民村落には、歴史学、社会学や文化人類学の知的好奇心を刺激する現象が多く存在していたにもかかわらず、今世紀に入るまで、メキシコにおけるこれらの学問分野で研究対象として取り上げられることはあまりなかった。その理由としてはおそらく、（一）法改正によって、一九二九年以来、メキシコ市における旧先住民村落の境界が消滅したことにともなって[9]、そうした地区からの人口流出・流入が容易になり、また都市内部に存在することもあって、地区および住人の「先住民的特色」が一見したところ薄れたこと、すなわち、「伝統」や「固有性」を求める傾向の強いメキシコの人類学研究の対象からはずれたこと、また、（二）国内の経済や機会の格差によって、農村地域から首都に流れ込む大量の人口をめぐる様々な社会的・文化的現象が「社会問題」として目立ち、それがメキシコの研究者によって調査・研究の対象として注目されてきたこと［e.g., Lomnitz 1975; Arizpe 1985］、のふたつがあげられるだろう。言い換えれば、旧先住民村落の文化は、それを調査・研究する「必要性」や「緊急度」が低いがために研究テーマとして取り上げられてこなかったと考えられる。また、（一）の理由でアメリカ合衆国の人類学者も注目してこなかったと想像できる。

一九九〇年代後半になってようやく、旧先住民村落を対象とした民族誌的な研究がいくつか出てきて、今世紀に入る頃から、業績の数はかなり増えてきた［e.g., Safa 2001; Mora 2003 / 2007; Yanes, Molina y González (coords.) 2004; Medina 2007; Mora 2007 and Romero 2009］。今やこの研究はメキシコにおいてブームといってもいいほどで、大学生の卒業論文や大学院生の修了論文にもなっている。

これらの業績の多くは、旧先住民村落が長い歴史に基づく文化を継承している点や、地元住人が結束している点、また、メキシコの民主化のプロセスに絡めてその政治行動に注目している。しかし、筆者の関心は、旧先住民村落の「伝統」や「文化」の固有性を強調することよりも、そのダイナミズムにあり、同じ地域に居住する「外来者」との関係にも焦点を当てている。また、「外来者」や行政との関係で、どのような時に、どのような内容で、「固有性」が主張されるのか、そのプロセスに興味を持っている。また、地元民同士の、時には葛藤を含んだ関係も視野に入れなければならないと考えている。

次節では、旧先住民村落の居住者が作成しているウェブサイトやフェイスブックについて具体的に説明していこう。

三　地元民（オリヒナリオ）が作成したウェブサイト

近年、様々な個人や組織が、ウェブサイトをもうけ、フェイスブックを開き、ユーチューブに動画をアップロードし、ツイッターで短いメッセージを発信しているが、メキシコ市内の旧先住民村落居住者にもその動きが見られる。それらを見れば、旧先住民村落の住人が何を「自分たちのもの」と主張し、また何を行政をはじめとする外部に求めているのかが、ある程度わかるはずである。

前述のメキシコ連邦区旧先住民村落審議会が公的に認めた一七八の旧先住民村落のうち、ウェブサイトのアドレス、フェイスブックおよびツイッターのアカウントを有している旧先住民村落の数は、二〇一三年五月に検索ができた限りでは一〇七にも及び[10]、市内旧先住民村落の人びとが、インターネットを通して外部に自分たちの歴史や慣習などを活発に発信していることがわかる。ではここで、筆者が二〇〇一年から訪れはじめ、二〇一〇年から調査しているサン・ヘロニモ・リディセ地区（Colonia San Jerónimo Lídice 以降、サン・ヘロニモ地区と略記する）のウェブサイトの内容について紹介する。このウェブサイトは掲載されている文書や写真の数が豊富である。

サン・ヘロニモ地区は、メキシコ市南西部のラ・マグダレナ・コントレラス区（Delegación La Magdalena Contreras）にある。この地区の人口は、二〇〇〇年の時点で約一万六〇〇〇人と公表されている[11] [Gaceta Oficial del D.F. 2005: 25]。この地区の特徴は、経済的富裕層が数多く流入していることである。居住者によれば、おもに一九七〇年代からそうした現象は起こり始めた。ルイス・エチェベリア元大統領（任期一九七〇―一九七六）や、有名な歌手やコメディアンも居住していて、メキシコ市の中でも高級住宅地となっている。しかし、地区を歩けば、質素な家もあり、それは、ほとんどの場合、「オリヒナリオ」や「ナティーボ」を自称する人々の家である。「オリヒナリオ」とは、メキシコ市内旧先住民村落ではその地区の「地元民」という意味で使われており、今世紀に入ってから使用頻度が高くなってきた用語である。それ以前は、「ナティーボ」という自称の方が、「地元民」を指す用語としてよく使われていた[12]。

まず作成者だが、この人物は五〇代前半の男性で、サン・ヘロニモ地区の「オリヒナリオ（ナティーボ）」のひとりである。この作成者は、この世代のオリヒナリオとしては珍しく大学を卒業している。オリヒナリオとは言っても、母親は他所の出身で、かつてサン・ヘロニモ地区の近隣にあった工場で働いていた。そこでこの地区出身の男性（つまり父親）と知り合って結婚したと言うので、両親ともにこの地区の出身者というわけではない。しかしこうしたことは、この地区に限らず珍しいことではない。

次にウェブサイトの内容について紹介する。これは、作成者がリーダーとなっている市民組織、「プエブロ・サン・ヘロニモ・アクルコ―リディセ近隣協議会[13]（Consejo Vecinal de Pueblo San Jerónimo Aculco-Lídice）」のサイトである。

この組織は、サン・ヘロニモのオリヒナリオ数人を中心として、二〇一〇年末に創設され、ウェブサイト、フェイスブックのページ、ユーチューブチャンネル、およびツイッターのアカウントを持っている。なかでもウェブサイトにはこの組織の主張や活動がよく紹介されており、以下のように七つの項目が設けられている。

（一）表紙：ようこそ　私たちの紹介（Bienvenido ¿Quiénes somos?）
（二）私たちの求めるもの（Qué buscamos）
（三）歴史（Páginas de la historia）
（四）写真（Galería）
（五）ビデオ（Videos）
（六）関連ウェブサイトリンク（Ligas de interés）
（七）以前の生活に関する証言（Vidas y testimonios）

ここで、それぞれの内容を見てみよう。まず（一）は、このウェブサイトを運営する近隣協議会の紹介である。要約すると、成員は、サン・ヘロニモ地区の「オリヒナリオ」と「アベシンダード（avecindado 外来者の意）」による市民組織であり、その目的は、歴史的な豊かさを取り戻すことと、生活レベルを改善していくことだと述べられている。文面では「外来者」や「この地区で生まれて流出した者」も含むとされているが、実際のところ、ウェブサイトには、オリヒナリオであるリーダーの意見がおもに反映されている。

（二）では活動目的が書かれている。ここでも（一）と同様に、「本当の歴史（historia verdadera）」を掘り起こして広めることと、社会・文化的な発展があげられているが、それ以外にあと二つの目的が記されている。そのひとつは、地区の名を、サン・ヘロニモ・リディセから、プエブロ・サン・ヘロニモ・アクルコ—リディセに公式に変更することである。もうひとつは、二〇一〇年にメキシコ連邦区選挙機関（Instituto Electoral del Distrito Federal）が、サン・ヘロニモ地区をふたつの選挙区に分割したのだが、それに反対し、ひとつに統一することである。

まず、地区名についてであるが、この地区は、一九四二年までは、サン・ヘロニモ・アクルコという地名だった。地名のうち、サン・ヘロニモは、日本では聖ヒエロニムスと呼ばれているカトリックの聖人名で、アクルコは、ナワトル語で、「水が曲がる所」という意味である。ナワトル語は、おもにメキシコ中央高原で現在でも一五〇万人以上の話者がいる先住民言語で、アステカ王国の人々も使用していた。メキシコの多くの町や村の名前が、植民地統治の歴史によって、カトリックの聖人名とナワトル語由来の地名の組み合わせになっている。改名の由来はこうである。第二次世界大戦中、ナチスによって破壊され、人々が虐殺されたチェコスロバキアの町の名である「リディツェ（Lidice）」を、メキシコ政府が追悼の意を表するために、サン・ヘロニモ・アクルコに付けたのである。元の地名も、改名の由来も、メキシコ市の人々には今やほとんど知られていない。

現在、元は川であったルイス・カブレラ大通りをはさんで、地区の南側に、サン・ヘロニモ・アクルコという名の別の地区があるが、ここは以前、サン・ヘロニモ・リディセがサン・ヘロニモ・アクルコという地名であった時代に、居住者の一部が集団として獲得したエヒード（共同利用地）であった[14]。しかしながら、居住地区として分離し、元の村の名前がエヒードの方についてしまった。ウェブサイト上では、それは一九九〇年代に起きたと記されている。しかし、この改名に、協議会は納得していない。そこで、前述のメキシコ市の政府機関、SEDERECの「メキシコ市内旧先住民村強化支援プログラム（Programa de Fortalecimiento y Apoyo a Pueblos Originarios、略称 PFAPO）に働きかけ、サン・ヘロニモ・リディセにナワトル語由来の地名と、「村」を意味する「プエブロ」を付け足そうとしている。

この件について、別にＰＤＦ書類が貼られているのだが、そこには、この地区がプエブロス・イ・バリオス・オリヒナリオスのひとつと認められ、先スペイン期に由来する元の名前を取り戻すことは、自分たちの集団的権利を国家が認め、住人自らが選びとる発展を保障するものだと記されている。

この地区は、すでに、メキシコ連邦区旧先住民村落審議会とSEDERECの両方から、プエブロス・イ・バリオス・オリヒナリオスのひとつであると認定されており、認定されたリストには、サン・ヘロニモ・アクルコ—リディセとして登録されている。また、SEDERECの助成を受けて、プエブロ・サン・ヘロニモ・アクルコ—リディセと彫り込んだ金属製のプレートを作成し、二〇一二年に地区内約二〇ヵ所に設置している。しかしながら、まだ完全に公式なかたちで地名の変更が認められたわけではない。たとえば、地図にはこの新しい名前が記載されていない。協議会は、引き続き、公式な地名変更を求めて活動を続けるであろう。

次に、この協議会のもうひとつの活動目的である、サン・ヘロニモ地区がふたつの選挙区に分断されたことに対して異議を唱える点について説明する。二〇一〇年、メキシコ市内を多数の選挙区に分け、各選挙区の代表を住民の投票で決める選挙があった。それは、選ばれた代表が、地区内で解決すべき公共サービス、土地利用問題、公共の安全などについて、それぞれが属する区の行政側と交渉するというもので、政党選挙とは別である。メキシコ市政府としては、民意をくみ上げる努力を市民に見せているのだが、代表を決めるプロセスで地区内の人間関係が悪くなることも当然ながら考えられる。この選挙の際、前述のように、サン・ヘロニモ・リディセ地区は二分割されてしまい、それぞれに代表者ができた。その代表者同士は元から仲が良くないので、何かを一緒にすることがない。それどころか、それぞれが代表になったことで、さらに関係が悪化しているように見える。これまでは独立記念日やクリスマス前の行事などひとつであったものが、二カ所に分かれてふたつになってしまっている。選挙区に合わせて他の行事を分ける必要は別にないはずだが、仲の悪いグループがそれぞれの選挙区代表になったせいで結果的にそうなってしまった。

この分割は、メキシコ連邦区選挙機関が、住人への事前相談なく、一方的に決めたことであり、協議会が目的とする「自治」とはそぐわないものである。そのために、協議会は異議を唱えていると考えられる。ただ、一度分割されたものをひとつにすると、今度は敵対するグループのどちらが代表になるのかをめぐって、より葛藤が深まるという可能性はあるだろう。

(三)では、この地区の歴史がＰＤＦで紹介されている。数例をあげると、二〇世紀の初めには少数の土地所有者に農地が集中していたことや、一九七〇年代まではまだ農地があったが今やみな住宅地になっていて、その固定資産税（impuesto predial）は高額であることなどが紹介されている。興味深いのは、外部から流入してきた経済的に富裕な外来者が、「塀に囲まれた住居に暮らし、他の住民と社会関係を持たない」と批判されている点である。協議会の求める「自治」や「集団的権利」の中に、こうした外来者は含まれていないと考えられる。

(四)のタブには、この地区の古い写真が載っている。それは、一九四〇年代前半から半ばの地区内小学校の教員と生徒たち、写真を提供した高齢女性の子供時代の写真などである。背景に木々が豊かに茂っている写真も複数あり、地区のオリヒナリオたちが、「以前はたくさん緑があって、とても美しいところだった」と言っていることが本当であると裏付けられる。

(五)のタブには、この協議会が作ったユーチューブ・チャンネルへのリンクが貼ってある。ユーチューブには、「プエブロ・サン・ヘロニモ・アクルコ—リディセ」の名でチャンネルがあり、一七のビデオが上げられている。その中には、高齢者が自分の人生を語るものや、先述の、「プエブロ・サン・ヘロニモ・アクルコ—リディセ」の地区名を記した金属プレートの最初の一枚の除幕式、カトリックの祭礼の様子、独立記念日の行事の様子などを記録した短いビデオがある。なかでもふたつ注目すべきなのは、二〇一一年にSEDERECのメキシコ市内旧先住民村落強化支援プログラム担当者が、つづいて二〇一二年にはメキシコ国立人類学歴史学研究所（Instituto Nacional de Antropología e Historia）の研究者である前述のモラがこの協議会のイベントに参加した際のスピーチの映像である。前者は、SEDEREC の支援プログラムの内容は、住人みずからが提案するものであると説明し、後者は、サン・ヘロニモ地区が先スペイン期および植民地時代からの歴史を有することと、それを多くの人が知るべきであるとの内容である。

（六）のタブでは、いくつかのウェブサイトへのリンクが貼られている。全部で九つのリンクがあるが、ひとつをのぞき、この地区や地区内居住者に関する新聞記事で、たとえば、エチェベリア元大統領の妻や、著名なアーティストの死亡を扱った新聞記事である。残りのひとつは、メトロポリタン自治大学（**Universidad Autónoma Metropolitana**）の社会人類学専攻の学生の卒業論文で、この地区の自然・社会環境や、祭礼、社会組織についてまとめられている。

（七）には、この地区の高齢者の思い出話が載っている。筆者が二〇一〇年九月から二〇一一年三月の間に現地で観察した限りでは、協議会は月に数回、地区のカトリック教会敷地内の部屋を借りて集会をしているが、ここで時々、高齢者が思い出話を語る会があり、それをリーダーがビデオ録画している。その内容が文章となってここに掲載されている。

以上が、サン・ヘロニモ地区の自称「オリヒナリオ」が中心的なメンバーとなっている組織のウェブサイトの内容を要約したものである。こうして見ると、協議会は、サン・ヘロニモ地区が、長い歴史を有した旧先住民村落（プエブロス・オリヒナリオス）のひとつであることを文書や映像を使って強調し、居住者の「自治」と「集団的権利」を求めているのがわかる。そして、その権利を主張する居住者のなかに、おもに七〇年代以降にやってきた裕福な「外来者」は入っていないということも読み取れる。オリヒナリオと結婚するわけではなく、彼らとは別の学校、職場、病院に出入りし、カトリックの祭礼遂行組織の成員にならない、そうした外来者は、むしろ「土地を浸食するネガティブな存在」ととらえられていることは明らかである。筆者が現地で数度参加した協議会の集会でもこうした反感が示されていた。

四　考察

サン・ヘロニモ地区の近隣協議会の人々が、ウェブサイトを通して、オリヒナリオの「自治」と「権利」を主張していることは、これまで述べてきたことから疑いない。しかしウェブサイトをメキシコ連邦区政府の役人が閲覧するかどうかはわからない。一方で、人類学者や歴史学者が見る可能性はある。[15] そして、そうした研究者たちがオリヒナリオの活動を支援し、連邦区政府にも影響を与えるかもしれない。しかし、旧先住民村落の公的リストを作成した連邦区政府自身が、高速道路建設をはじめとする、旧先住民村落の住環境にとって負の影響を与えかねない都市開発を推進しているのだから、オリヒナリオの、なかでも土地利用に関する自決権が強化されるという可能性は薄いだろう。その懸念は、筆者も傍聴した、メキシコ連邦区旧先住民村落審議会による二〇一一年三月の「認定」の場において、別の村のオリヒナリオも口にしていた。

一方で、市内に多数存在する旧先住民村落の居住者は、本稿の一で前述した選挙方法の変化によって、市長選挙や区長選挙の票田にもなっているので、「祭礼」、「伝統文化継承活動」、「遺跡保存」などの政治色の薄い、いわば、当たり障りのない支援だけが今より充実する可能性が高い。サン・ヘロニモの場合、現在、カトリックの祭礼における巡礼の際に交通整理を行う警察官の派遣を受け、また、祭礼にともなうイベントを行う教会前広場のテントや簡易トイレを区の支援を受けて設置しているが、そうした類の支援は今後も続けられるであろうし、増加するかもしれない。

さらに、旧先住民村落の町並みを「伝統がある美しい村」として演出できるように、古い教会を修復したり、家々の外壁を塗ることを連邦区政府や区当局が助成すれば、旧先住民村落が観光ルートのひとつとなり、市、区、そして当該地区の収入源になり得るので、そうした「政党や政治家に有利に働く」支援も今後広がっていくだろう。実際に、メキシコ観光局は、国内各地の村を「神秘的な村（Pueblos Mágicos）」として認定し、広告している。それに連動していると思われるが、メキシコ市観光局も、「メキシコ市神秘的観光地区（Barrios Mágicos Turísticos de la Ciudad de México）」を定めて紹介している。そうした地区の中には、旧先住民村落もいくつか含まれている。

ここまで考察したように、オリヒナリオ作成のウェブサイトが、メキシコ連邦区政府や区当局といった、外部の行政に対して持つ効果は、祭礼や行事支援を中心とした限定的なものであるかもしれない。しかし、旧先住民村落の住環境だけでなく、慣習や人間関係を含めた社会環境を保持、あるいは充実させたいのであれば、訴えるべき相手はむしろ、集会などに参加していないオリヒナリオではないだろうか。

サン・ヘロニモ地区の現在の問題は、オリヒナリオが土地を売り、そこに経済的に裕福な外来者が流入し、オリヒナリオの人口が減りつつあることである。元大統領も暮らすような高級住宅地と化したサン・ヘロニモ地区の土地は、固定資産税も高くなっているのと同時に、売れば高い値がつく。あるオリヒナリオの女性は、筆者にこのように述べた。

「私の弟は、お金がなくて、生活費も足りないと言っている。また彼と姉の土地の境界線がはっきりしない状況にあり、その姉と仲も悪いので、もう売ると決めてしまった。そのお金でもっと遠くに暮らすと言っている。」

このような決断を下すオリヒナリオが増えれば、旧先住民村落としての権利を求める母体そのものの力が弱くなってしまう。

一方で、サン・ヘロニモ地区におけるオリヒナリオの人口比率は、二〇一〇年の時点で、筆者の推計では約三〇％であった［禪野　二〇一二：六三六］。違う見方をすれば、これだけのオリヒナリオが、現在も高級住宅地に居住することができている、とも言える。おそらく、これを可能にしているのは、メキシコに相続税がないからだと筆者は推測している。東京都内の高級住宅地を例に考えてみれば明らかなように、地価の高い地域での土地の相続は金銭的にも困難をともなう。しかし、メキシコでは、ひとたび土地を買い、家を建てれば、それは下の世代に渡していくことができる。もし、ある程度の収入があり、生活費や子供の教育費、そして固定資産税が高くても払うことができれば、高級住宅地であっても住み続けることはできるのである。しかし、多くの者が、土地が高く売れるのであれば、手放すことを選択するのは自然である。サン・ヘロニモ地区が、少し経済的に余裕がなくても、あるいは大家族でひとつの家に暮らして個々人の居住スペースが少なくても、住み続ける価値のある土地だという認識を持たなければ、オリヒナリオの減少は続くであろう。ウェブサイトはそのために役立つ可能性がある。

拙著［禪野　二〇〇五］でも述べたが、多くの旧先住民村落のオリヒナリオは、守護聖人の祭礼や、死者の日、クリスマス、独立記念日など、様々な行事を通してお互いに顔のわかる存在となっている。行事の時には家の門とドアも開いており、治安の悪いメキシコで、知り合いに囲まれていることが治安の良さを保たせていることをうかがわせる。また、オリヒナリオの行事には必ず子供たちが参加していて、その子供たちをオリヒナリオの大人全体が見守っている。子供の社会化にはかなり安全で健全な場だと言える。

このようなオリヒナリオの数があってこその安全や連帯感といった利点を自ら認識し、土地の売却による大金の入手をあきらめなければ、二〇年後には、サン・ヘロニモ地区は、「旧先住民村落としての権利」どころか、オリヒナリオとしての日常生活をも失っているかもしれない。

現時点でのもうひとつの問題は、オリヒナリオみながパソコンなどでウェブサイトを見ているわけではないことである。より多くの人に見てもらえるように、地区にある学校や行事の場でウェブサイトの存在を知らせること、そして、ウェブサイト上や、他の様々な機会で、「ここで暮らし続けよう」というメッセージを強く発することが、今後のサン・ヘロニモ地区のオリヒナリオの日常生活の維持にとって必要だと思われる。

さらなる問題は、サン・ヘロニモ地区のオリヒナリオたちが、土地を売って転出した人々と積極的に関わろうとしないことである。政府に移住させられたわけでもなく、また筆者が以前調査したオアハカ州の村落のように、現金収入を得るために移住するのが普通であるような状態に置かれているわけでもないので、おそらく、転出した者に対する共感がないのであろう。あるいは、裏切り者という気持ちで見ているのかもしれない。しかし、前述のように、現金収入があまりない者が、売れば大金が入る土地を手放してしまうのは自然な流れと言える。今後、転出したオリヒナリオをどのように取り込んでいくかという点も、コミュニティ維持のためには必要になってくる可能性がある。

ウェブサイトの開設も、オリヒナリオの足並みがある程度そろうことに貢献するのか、あるいは、むしろ元からあった亀裂を深める可能性もあるのか、フィールドの生の声を聞きながら、さらに考察していく必要がある。

注

（1） メキシコの先住民村落は、一般には植民地時代初期の一六世紀半ばからスペイン人によって再編されたものが基礎となっている。支配者は人々を集住させ、居住地の中心にはカトリック教会を置いて支配（貢納徴収および労働力確保）と布教を行った［宮野　一九九二：一二三―一三三］。

（２）著者は、二〇〇二年九月以来、二〇一二年九月までの時点で、計八回の短期現地調査と、二〇一〇年九月から二〇一一年三月の半年間の調査を行い、先住民村落であった市内地区のうち二一地区を訪れ、さらに、二一地区のうちの四地区に隣接する旧エヒード（ejido、共同利用地の一種）も訪れた。なお、二〇〇二年、二〇一〇年、二〇一一年、二〇一二年の短期現地調査の一部は歴史研究者・井上幸孝氏と共同で行った。本研究の一部は、日本学術振興会科研費（課題番号 22401009 および 26101005）、また、関西学院大学二〇一〇年度秋学期短期留学制度の助成を受けて行われた。

（３）バリオには、単純に「地区」という意味もある。いずれにしても、現在、プエブロと比較して、外見、居住者の暮らし方、社会組織のあり方など、どの点に関しても違いは特に見られない。

（４）以下、特に必要でない限り、「プエブロス・イ・バリオス・オリヒナリオス」を指して、日本語で「旧先住民村落」と記す。

（５）メキシコ連邦区とメキシコ市（Ciudad de México）の地理的範疇は同じである。

（６）以下のＵＲＬ参照。http://www.cultura.df.gob.mx/transparencia2012/24plenariadelconsejo.pdf

（７）この局の名称に関して定まった日本語訳はない。国ではなく、メキシコ連邦区の機関であるので、「省」ではなく「局」と訳した。以後、本稿ではメキシコでよく知られた略称である SEDEREC を使用する。

（８）メキシコ市長は大統領から、各区長はメキシコ市長が大統領の同意を得て指名するというかたちで決定されていた。

（９）メキシコ市内には、メキシコ全土同様に、革命後の一九一七年憲法によって、ムニシピオ・リブレ（municipio libre 以下、ムニシピオと略す）という、ある程度の自治が認められた行政区が設置された。しかし、憲法改正によって、一九二九年以来、メキシコ市内のムニシピオは消滅した。すなわちその境界はなくなり、全てメキシコ市内の区（delegación）内部に取り込まれた。

（10）これらを、地元民を意味する「オリヒナリオ（ナティーボ）」を自称する人々が作成したかどうか、完全にはわからない。また、個人的に情報を得ていなければ、検索しても見つけられない場合もある。これらの数は変化するものであり、およその数である。検索にあたって、Alvaro Hernández 氏の協力を得た。ここに謝意を表したい。

（11）しかし、現在の国立統計地理情報院（INEGI）による人口統計は、なぜか、AGEB（Áreas Geoestadísticas Básicas）という、統計のためだけの地理的区分を採用している。AGEB は複数の地区（colonia）にまたがる場合もあるので、この地区の人口一万六〇〇〇人という数字が正しいかどうかは今のところ不明である。

（12）「ナティーボ」の範疇にどういった人々が入り得るのかについては、すでに拙著で述べている［禪野・井上　二〇〇五、禪野　二〇一一］。

（13）この組織のリーダーによれば、その前身として、すでに、一九八〇年代後半に、「サン・ヘロニモ・アクルコ─リディセ・ナティーボ協会（Asociación de Vecinos Nativos de San Jerónimo Aculco-Lídice）」という名の社会組織があった。それは、サン・ヘロニモ地区在住の裕福な外来者への対抗心から創られたと述べている。

（14）協議会のリーダーが国立メキシコ自治大学（UNAM）に提出した地理学の学部卒業論文によれば、一九二三年と一九三八年の二回に渡ってエヒードが与えられた［Martínez Salazar 1995: 78–80］。

（15）前述のサン・ヘロニモ地区の協議会はフェイスブックも持っている。内容のほとんどは地区の写真とそれに対するコメントであるが、そのフォロワーに、メキシコ大学院大学（El Colegio de México）の著名な国際政治学者の名が入っている。

参考文献

石井　章
　二〇〇八　『ラテンアメリカ農地改革論』東京：学術出版会。

鈴木正崇
　二〇〇四　「先住民の表象と言説──スリランカのウェッダーの場合」『慶應義塾大学大学院社会学研究科紀要』第五八号、一～一七頁。

禪野美帆
　二〇〇五　「メキシコ市内旧先住民村落における『地元民』コミュニティ」『三田社会学』一〇号、五七～六六頁。
　二〇一一　「メキシコにおける『先住民』の定義とメキシコ市内旧先住民村落の『地元民』」『史林』第九四巻一号、一五三～一八三頁。
　二〇一二　「メキシコ市内旧先住民村落の『公的認定』をめぐって──『地元民』が期待すること」『商学論究』第六〇巻一・二号、六二三～六四五頁。

禪野美帆・井上幸孝
　二〇〇五　「メキシコ市内旧先住民村落における『地元民』と『外来者』の関係」『メソアメリカにおける民族的アイデンティティの揺らぎ』神戸市外国語大学外国学研究所、一～二六頁。

宮野啓二
　一九九二　「スペイン人都市とインディオ社会」歴史学研究会編『他者との遭遇──南北アメリカの五〇〇年』第一巻、東京：

青木書店。

山崎眞次
　二〇〇八　「メキシコの先住民問題 一——集団権の見地から」『教養諸學研究』第一二四号、一〇九～一三三頁、早稲田大学。
　二〇〇九　「メキシコの先住民問題 二——チマラパス村の場合」『教養諸學研究』第一二七号、七七～九五頁、早稲田大学。

Álvarez E., Lucía (coord.)
　2011　*Pueblos urbanos: Identidad, ciudadanía y territorio en la Ciudad de México*. México, D.F.: CEIICH-UNAM/Miguel Ángel Porrúa.

Arizpe S., Lourdes
　1985　*Campesinado y migración*. México, D.F.: SEP.

Gaceta Oficial del D.F.
　2005　enero, No. 12-BIS.
　2012　enero, No. 1279, Tomo I.

Garza V., Gustavo (coord.)
　2000　*La Ciudad de México en el fin del segundo milenio*. México, D.F.: El Colegio de México. / GDF.

Lira G., Andrés
　1983　*Comunidades indígenas frente a la ciudad de México: Tenochtitlan y Tlatelolco, sus pueblos y barrios, 1812-1919*. México, D.F.: El Colegio de México.

Lomnitz, Larissa A. de
　1975　*Cómo sobreviven los marginados*. México, D.F.: Siglo XXI.

Martínez S., Manuel
　1995　*Urbanización y uso del suelo: El caso de San Jerónimo Aculco Lídice, D.F.*（メキシコ国立自治大学（UNAM）地理学学士号取得論文）

Medina H., Andrés
　2007　Pueblos antiguos, ciudad diversa: Una definición etnográfica de los pueblos originarios de la Ciudad de México. *Anales de Antropología* 41 (II): 9-52.

Medina H., Andrés (coord.)
2007 *La memoria negada de la Ciudad de México: Sus pueblos originarios*. México, D.F.: UNAM/UACM.

Mora V., Teresa
1996 *Nduandiki y la Sociedad de Allende en México: Un caso de migración rural-urbana*. México, D.F.: INAH.

Mora V., Teresa (coord.)
2003 *La fiesta patronal de San Bartolo Ameyalco*. México, D.F.: INAH.
2007 *Los pueblos originarios de la ciudad de México: Atlas etnográfico*. México, D.F.: INAH/GDF.

Portal A., María Ana
1997 *Ciudadanos desde el pueblo: Identidad urbana y religiosidad popular en San Andrés Totoltepec, Tlalpan, México, D. F.* México, D.F.: CONACULTA/UAM-I.

Robinson, Scott S. (coord.)
1998 *Tradición y oportunismo: Las elecciones de consejeros ciudadanos en los pueblos del Distrito*. México, D.F.: Colección Sábado Distrito Federal.

Romero T., María Teresa
2009 Antropología y pueblos originarios de la Ciudad de México: Las primeras reflexiones. *Argumentos* 59: 45-65.

Safa B., Patricia
2001 *Vecinos y vecindarios en la ciudad de México: Una construcción de las identidades vecinales en Coyoacán, D. F.* México, D.F.: CIESAS/Miguel Ángel Porrúa.

Yanes, Pablo, Virginia Molina y Oscar González (coords.)
2004 *Ciudad, pueblos indígenas y etnicidad*. México, D.F.: UCM.

参照ＵＲＬ

国際連合 General Assembly Adopts Declaration on Rights of Indigenous Peoples
http://www.un.org/News/Press/docs//2007/ga10612.doc.htm 最終アクセス二〇一四年五月二八日

ＩＬＯ駐日事務所　一九八九年の原住民及び種族民条約（第一六九号）
http://www.ilo.org/tokyo/standards/list-of-conventions/WCMS_239010/lang--ja/index.htm 最終アクセス二〇一四年五月二八日

Acta de la vigésima cuarta sesión ordinaria del Consejo de los Pueblos y Barrios Originarios del D.F.（メキシコ連邦区旧先住民村落審議会第二四回会議議事録）
http://www.cultura.df.gob.mx/transparencia2012/24plenariadelconsejo.pdf 最終アクセス二〇一三年五月二一日
Barrios Mágicos Turísticos de la Cd. de México（メキシコ市観光局）
http://www.mexicocity.gob.mx/barriosmagicos/ 最終アクセス二〇一四年五月二八日
Consejo Vecinal de Pueblo San Jerónimo Aculco-Lídice（サン・ヘロニモ・アクルコ―リディセ近隣協議会）
http://sanjeronimoaculcolid.wix.com/consejovecinal#! 最終アクセス二〇一三年五月二〇日
Elección de Comités Vecinales 1999（メキシコ連邦区選挙機関）
http://www.iedf.org.mx/sites/SistemaElectoralDF/es06.php?cadena=content/es/0606.php 最終アクセス二〇一四年五月二八日
Programa Pueblos Mágicos（メキシコ観光局）
http://www.sectur.gob.mx/wb2/sectur/sect_Pueblos_Magicos 最終アクセス二〇一三年五月二〇日

ストリートを彩る
――ブラジル・サンパウロにおける第一世代グラフィティ・ライターの実践

中野紀和

はじめに

ブラジルには日本ではほとんど知られていない魅力がある。ストリート・アートの一つ、「グラフィッチ」である。グラフィッチとはポルトガル語であり、日本ではグラフィティと呼ばれ、壁に描かれた「落書き」と認識されている。一九六〇年代後半から七〇年代にかけてニューヨークで始まり、いまやヨーロッパなど世界中の都市で見られる。

八〇年代に入るとグラフィティは芸術の一部として認められる動きもあったが、許可なく描かれたグラフィティは今なお違法であり、多くの国で社会問題となっている。ブラジルのサンパウロも例外ではない。サンパウロのグラフィッチは芸術性の高さに特徴があるが、その面白さは質の高さと量の豊富さだけでなく、グラフィッチをめぐる社会的な反応と、それに呼応して描き手であるライター（グラフィティの世界ではこう呼ばれる）がみせる多様な実践にある。

写真１　複数のグラフィテイロによるスローアップ、左下のデザイン化された文字はピース

ちなみに、本稿では欧米や日本を含めたこれらの行為一般をさす場合は「グラフィティ」、ブラジルでの行為をさす場合は「グラフィッチ」、ブラジルのグラフィティ・ライターをポルトガル語で「グラフィテイロ」と表記する。

本稿の目的は、グラフィテイロたちの行為を通して、逸脱の再定義や理論化を試みるわけではない。行政や警察といった権力や社会によるラベリングに対抗する若者たちのアンチテーゼとして捉えるのでもない。ここでは、精力的に活動するあるグラフィテイロの語りを取り上げる。彼は日系人であるが、日系人コミュニティ以外の地域で育ったため、同世代の多くの日系人とは異なる日常を生きてきた。日系人側からすると特殊な事例かもしれない。逆にいえば多民族国家ブラジルの普通の若者である。確認しておきたいのは、ここでの語りをもってサンパウロのグラフィッチの一般化を試みるわけではないということだ。彼がグラフィッチについて語るなかで、自らの活動をどのように捉えているのか、その動きを問題としたい。そこから新たな論点を見いだせるなら、グラフィッチを通して新たな都市論が展開できるように思う。これはそのための導入と位置付けたい。

ブラジルでの事例を取り上げる前に、グラフィティをめぐるこれまでの研究について整理しておこう。グラフィティを取り上げた研究自体はそれほど多くはない。研究の視点としては、ライター側に立つものとグラフィティを消去の対象として管理する側から論じるものに大別される。前者の場合は、グラフィティ発生当時から今日までの時代的変遷、タグやスロー・アップ、ピース（写真１、２）といったスタイルが含意する社会的意味の読み解き、既存の権力や体制との闘争、グラフィティされる場所やライター自身の社会的、文化的周縁性からの理解といった点に着目する傾向がある。近年は「アート」の側面からも論じられている[1]。一方で後者の視点では、グラフィティはヴァンダリズム（公共物破壊）として社会的脅威とみなされ、消去や排除の対象となる。これは都市空間を管理する側の視点であり、日本におけるグラフィティを取り上げた研究の大半はこの視点に立つ[2]。アンダーグラウンドで活動するライターたちとの接触が容易でないことも要因の一つであろう。このこと自体がグラフィティの置かれている状況を映しだしている。

調査にあたって

グラフィテイロとの接触の困難さは、グラフィッチに比較的寛容なサンパウロでも簡単とはいえない。それでもいったん彼らとつながる糸口を見つけると、国籍や人種を越えて近づくことができる。彼らとの会話のなかに知り合いのライターの名前を耳にすることもある。そこには都市における特定のネットワークのつながり様が表れる。筆者のブラジル滞在は、仕事の合間をぬっての毎年一カ月程度の短いものではあるが、グラフィテイロたちとコンタクトをとれるようになると、思いもかけない場所、たとえば日本で出会う機会もあった。それが日本のライターたちとつながる糸口にもなり、そこからグローバルに展開する彼らのネットワークの広さの一端を知ることができた。その一方で、サンパウロの日系人を介してグラフィテイロにつながる回路をそこに見出すことは難しかった。三〇歳代の日系の若者のなかにはグラフィテイロとして活躍する者が数人いるが、彼らについての情報は非日系人のグラフィテイロか

写真2　アーティストが集まる家の壁に描かれたタグ

らもたらされた。グラフィテイロに辿りつく回路もまた、当該社会の規範や価値を示している。

サンパウロのグラフィッチシーンを牽引するのは、一九八〇年代に一〇代半ばでいち早くグラフィッチを始めた「第一世代」と自称する若者たちである。現在、サンパウロで最も名の知られたグラフィテイロとして名前があがるのがオス・ジェメオス（Os Gêmeos、ポルトガル語で双子の意）で、メディアへの登場も多い。彼らとほぼ同時代にグラフィッチを始めたメンバーとしては、チニョ（Tinho）、ビニョ（Binho）、ビチェ（Viche）、スペト（Speto）の五人があげられる。いずれも三〇歳代の男性である。ここでは彼らのネットワークに沿いながらその活動をみていきたい。同時期から活動する者が他にもいると思われるが、彼らの活動がアートとして認められるようになると、多くの若者がグラフィテイロに憧れ、グラフィッチでの成功を夢見るようになるため、特にこの五人に着目し、また本稿ではチニョの活動に焦点を当てる。

チニョとは知り合いを介して連絡をとり、初めて会ったのは二〇一一年八月一六日、サンパウロ美術館であった。その後、八月一九日に改めて彼のアトリエ兼自宅に招待してもらうことになった。本稿はそのときのインタビュー内容が主であるが、それ以外の雑談で聞いた話も活用している。

インタビューにあたっては、グラフィッチ経験のある日系人の女子大学生の協力を得ている。筆者はサンパウロでは毎年地元の家庭を拠点にしているが、ポルトガル語による長時間のインタビューは難しく、彼女の協力は大きい。彼女はグラフィッチ初心者ではあるが、日系人で女性というのはサンパウロのグラフィッチの世界でも希少であり、彼女の存在と知識は、言葉の翻訳以上に多大な情報をもたらしてくれている。

グラフィテイロたちと話をすると、サンパウロのグラフィッチの世界は無秩序なようであっても、一定の暗黙のルールにのっとっていることがわかる。勢いに任せて描きなぐるのではなく、自分自身の活動を明確に意識し、描くことが社会的活動へとつながっていたりもする。貧困層が居住する地域の若者が麻薬等に手を染めないように、自らの環境を見直すきっかけとしてグラフィッチが用いられる等、ストリートの若者文化が社会の公的な活動の一部分を担うようになりつつある。つまり、サンパウロではグラフィッチは若者となんらかの接点を見つけ、彼らに働きかけようとするときに、最も身近で日常に浸透した資源の一つなのだ。

一　サンパウロのグラフィッチをめぐる状況

ブラジルのグラフィッチは、アメリカの影響を受けて八〇年代に拡がり、近年はより社会性を帯び始めている。既に拙稿［中野　二〇一二］で述べているため詳述しないが、二〇〇八年に開催されたブラジル日本移民百周年記念行事に、ある日系人企画者が申請したグラフィッチが許可された。日系社会のイベントにグラフィッチが登場したのはこの時が初めてで、極めて異例であった。行政、移民百周年記念協会、市民、メディアといったアクターを巻き込んで、それらが連関して作用した結果、サンパウロのグラフィッチの位置づけに大きな変化を及ぼした。近年ではパウリスタ大通り沿いのサンパウロ美術館（Museu de Arte de São Paulo）でストリート・アートの展覧会が開催され、その盛況ぶりはサンパウロにおけるグラフィッチ自体の浸透度の深さと、ストリートから新たな展開をみせはじめた若者文化の拡がりの一端を示していた。

ストリート空間におけるグラフィッチは、ストリート文化と社会とのせめぎあいのただなかにある。法律による規制は、グラフィッチが社会的緊張をはらんだ行為であることを改めて思い出させてくれる。二〇〇六年にサンパウロ市のジルベルト・カサビ市長のもとでつくられた「Lei da cidade limpa（サンパウロ市クリーンシティ法）」の施行が、グラフィッチに与えた影響は大きい。二〇〇七年一月一日から施行されたこの法律は、サンパウロ市内の公共区域における景観を規制するものであったが、その後、行政側もグラフィッチに対しての一定の理解を示す等、行政とグラフィテイロとは緊張関係のなかにもバランスを保っている。

二〇一一年五月には、ジルマ・ルセフ大統領によって、未成年者に対してグラフィッチを描くスプレー缶ペンキの販売を禁止する法律が認可され、連邦官報に掲載された（DIÁRIO OFICIAL DA UNIÃO, 26 de maio de 2011）。それによりスプレー缶に、「ピシャソン（pichação）は犯罪である。未成年者へのスプレー缶の販売を禁止する」という表記を義務付けられることになった。ピシャソンとは文字を並べたもので、そこには意味がないようで、実はメッセージ性をもった言葉が並んでいるとされる。ライターのサインのようなタグとも異なる。同じ文字を描くにしてもグラフィッチのような色彩やデザイン性に乏しく、絵画的な要素もないため、ピシャソンとグラフィッチを別のものとして区別している者も多い。同法律では「グラフィッチは国財、私財を装飾する目的で行われ、許可を得ている場合は犯罪ではない」とされている。ここでいうグラフィッチはスプレーで壁に文字や絵を描く行為を指している。すなわち、同じ壁に描く行為であっても、文字のみを殴り書きしたようなピシャソンと、絵画的な文字や絵を描くグラフィッチとの間に線引きをしたのである。

二　グラフィテイロの語り　第一世代の動き――チニョの場合

チニョは一九七四年生まれの日系三世で、二〇〇一年と二〇〇四年に日本の群馬県に出稼ぎにいった経験がある。母語はポルトガル語で日本語は話せないが、英語でのコミュニケーションは可能である。数学の教師である父親と美容院を営む母親の間に生まれ、仕事で忙しい両親にかわって祖父母に育てられた。やはりアーティストとして活躍するイギリス在住の妹がいる。

1　グラフィッチを始めた経緯

当時は軍事政権で、(3) そのときの大統領の終わり頃だった。若者たちがもっと自己表現できるような自由をほしがっている時代だったよ。自分も若かったので自己表現がしたかった。一九八〇年代初頭にティーンエイジャームーブメントが世界中に起こって、パンクロック、ヒップホップがはやっていた。ぼくはスケートボーダーだったんだ。

(グラフィッチを描いていたことは)親は知らなかった。ぼくは祖父母の家にいて、お母さんはその近くに住んでいたから。おばあちゃんには「お母さんの家に行く」って言うと、おばあちゃんはオーケーって言って。お母さんには「おばあちゃんの家に行く」って言って、ストリートに行ってたんだ。

お母さんは美容師で、近所の人がみんなその店に行ってたよ。あるとき、みんながぼくの話を始めてしまって、それでとっても困ったことになったんだ。一三歳のときだった。お母さんはぼくにいろいろと言い始めて、「明日から働きなさい、仕事をあげるから」って。ダウンタウン、セ(Sé)のあたりで働き始めたんだ。その頃は、ほとんどの男の子がストリートでピシャソンをやっていたよ。ピシャドーレスもいれば、スケートボーダーもいれば、パンク少年もいた。バッドガイ(不良)が集まってたよ。そのときに地下鉄やバスの乗り方を覚えたし、町の中でいろんなことをすることを覚えたんだ。近所の迷惑になることをやり始めたんだ。

少しだけ説明を加えておきたい。当時の遊び仲間を彼は「バッドガイ(Bad Guys)」と表現し、「ちょっとそのへんでスケートをしたり、パンクの人だったり、落書きをする人だったり、いたずらをする人たち」だと説明した。彼はコミュニティの若者の中では唯一の日系人であり、自分のことを「いつも違っていた。たとえ他の人と同じようにしたくても、それはできなかった。いじめられそうになっても、自分も乱暴だったので、いじめられる前に自分から喧嘩をうりにいった」と言う。

セントロで働いたときの経験は、後日、次のように教えてくれた。たとえば、「地下鉄の乗り方」は文字通りの乗り方とバッドガイの乗り方の両方を指す。現在のバスは前から乗り、真中で乗車賃を払い、後ろから降りるのであるが、当時は逆で、後ろから乗り、前から降りるというものであった。そこで、彼らは後ろから乗り、前まで行かずに終点でドアを無理やり開けて降りる、ということを繰り返していた。また、メトロの改札は一人が通ったときにまだ人が通れる隙間があり、それを利用して二、三人が一緒に通りぬけたりしていた。

２　ピシャソンからグラフィッチへ

アメリカのスケートボードの雑誌をみたときに、グラフィッチが載ってた。スケーターの後ろにグラフィッチがあったんだ。映画でも観たことがあって、それがすごく格好良かったから、ぼくもやってみたいと思ったんだ。でも、やり方を知らなかった。一九八六年に国際的なイベントのなかで映画があって、「ビートストリート」[4]っていう名前の。そのなかに四つの話があって、四つの要素が入っていた。グラフィティ・ライター、ＤＪ、ビーボーイ（ＢＢＯＹ、ブレイクダンス）、ＭＣ（ラップ）。で、ぼくもそういうふうになりたかったんだ。フォーレット・ハモンみたいにね。彼はグラフィティ・ライターで、この映画のなかでグラフィッチをたくさん集めてたんだ。グラフィッチがたくさん描かれていて、ぼくはそれを見て覚えたんだよ。映画だけで覚えた。誰にも習ってないよ。ぼくたちが最初だから。

オス・ジェメオス、スペト、ビチェ、ビニョもいっしょに始めたんだ。ほとんど同じくらいの頃、これより前にやっている人はいなかったんだから。ぼくたちはいっしょに始めたんだよ。オス・ジェメオスはぼくより一歳若い。でもグラフィッチを始めたのは、ぼくより一年早い。ビニョはぼくより二歳上。チチ（やはり日系人のグラフィテイロ）は第二世代。ぼくたちは第一世代、ヒップホップスタイル。ぼくたちよりも前の人はステンシル。形をきってそこにスプレーをふきかけて描くもの。ぼくたち第一世代はフリーハンド。

3　グラフィティロの世代と特徴

一九八〇年半ばは第一世代、第二世代は九〇年代半ば、第三世代は二〇〇〇年代半ば。世代の違いは見ていてまあまあわかる。基本的に違うのは、考え方。違いは考え方と何を参考にするかだね。政治批判はぼくだけ、ぼくはパンク。オス・ジェメオスはヒップホップ、ビニョとスペトはスケートでよく遊んでいた。でもパンクじゃなかった。ぼくはスケートで遊んでいたけど、パンクだった。パンクでもあり、スケートボーダーでもあった。自分たちの絵の参考にするものは、オス・ジェメオスとは違ってきた。それも世代によって違ってくる。ビニョはスケートボードだよ。

ヒップホップはカラフルで、パンクは暗くて、もっとアグレッシブなスタイル。スケートボードはパンクもヒップホップのグループもやっていた。パンクの人もスケートによってグラフィッチとつながっていたんだよ。グラフィッチはヒップホップの一つの要素。グラフィッチが一番古い。ほとんどの人がヒップホップからくるんだけど、ぼくはパンクから。それは第一世代ではぼくだけ。第二世代になると、ヒップホップは好きじゃないけどロックは好きっていう人が入ってきた。

ヒップホップは黒人にとってのパンク、パンクは白人にとってのヒップホップ。ヒップホップはぼくの言葉で、ぼくにとっては、パンクはヒップホップ。ヒップホップは白人にとってのパンクで、黒人にとっての言葉。両方とも同じ感覚なんだよ、最初は政治的なことから始まった。でも、八〇年代半ば、八〇年代後半あるいは九〇年代初めにかけて、別のこと、お金や音楽やドラッグのことに関心が移ったんだ。社会について考えなくなった。

音楽や良い服や車のことに関心が移った。それまではヒップホップの音楽やパンクを通して、黒人のセミグレーションや、社会についてよく話していたのに。お金を稼ぐこと、良い車やかわいい女の子に関心が移ったんだよ。

４　ブラジルのグラフィッチの特徴

第一世代は、最初はアメリカのグラフィッチの考え方そのものを描いていたけど、ある時点からアメリカについていくんじゃなくて、ブラジルの文化をもっと大切にしようって。ちょっと若い人たちがブラジルの文化を取り入れてグラフィッチを描くようになって、その面ではオリジナルだった。それで、ストリート・アートのなかではブラジルは尊敬されるようになって。それで他の国もブラジルと同じような……、それはブラジルと同じようなものを描くってことじゃなくてね。自分たちの文化をもっと大切にしよう、もっと自分たちの文化を取り入れようとしてるんだよ。

〈特徴は〉まず、スタイルが違う。ルールも違う。人の絵の上に描かないのはブラジルでできたルールだから、そこから違う。スタイルについてもグラフィテイロそれぞれで研究し始めた。ブラジルのスタイルを見つけ出すためにね。たとえばオス・ジェメオスはノルテ・レスチのスタイルを探してみたり、もう一人はコルデオというジャンルを研究してみたり。コルデオはスペトがやっていた。ビチェはサーカスとか、そういう研究をして取り入れた。ぼくはもっと都市的なものを取り入れたかったので、いろいろな研究をしてスプレーじゃないもので描いてみたり、貼ってみたり、本当にいろいろ試したよ。

５　グラフィッチと社会の関係

ルールは基本的に二つある。一番良いのは、誰にも許可をとらないで描くグラフィッチ。一番守らないといけないのは、他のグラフィティロの絵の上に自分の絵を描かないこと。ピシャソンでもそれは守らないといけない。それはブラジルのルール。他の国では守られないこと。そんなルールがあるんだ。ほとんどの場合は許可をもらわない。許可をもらわないのは、もらえないんじゃなくて基本を守りたいから。グラフィッチは、初めは許可なしでやっていたから、それを守りたい。市に申請しないといけないけど、市は許可してくれないからね。サンパウロではグラフィッチは禁止されているから。グラフィッチもピシャソンもダメだという法律は前からあったよ。（二〇〇六年の法律で）あの法律で全部消されてしまった。

〈法律については〉良い法律だと思うよ。最初の頃、八〇年代頃、ぼくみたいな人がグラフィッチを描き始めて、グラフィッチブームもあって、たくさんの人が始めて、サンパウロにグラフィッチが溢れてしまってね。それを止めて、ひどい状態をきれいにしたから良かったよ。でも、大抵の人はあの法律を嫌いだよ。それで、いくつものピースを描くんじゃなくて、ピースを一つ描いて壁をきれいにしていったんだ。町の人はグラフィッチを好きだから、やっぱりきれいな状態が良いよ。

三　公と私のはざまで

当事者の説明からサンパウロのグラフィッチの動向をみてきた。グラフィッチは好意的に受けとられるようになったとはいえ、社会との間にさまざまな反応を引き起こす。チニョの語りはストリートでの実践と、ストリート外で適用される自明性との間に生起するさまざまな矛盾を浮かび上がらせる。法律による規制に関していえば、その「規制」は曖昧なのだ。彼を含め、これまで筆者が出会ったグライフィテイロたちは、許可なく描いているところに警察がやってきても、その作品を見た結果、あるいは交渉の過程で納得する警察官も多いのだと教えてくれた。警察官がそれに芸術性や公共性を認めれば問題にしない。ストリート空間での当事者同士が共有する場においては法律の線引きは意味をなさない。

「許可をとらない活動」はチニョにとって欠かすことができない要素である。ストリートで無許可で活動している際に警察官がやってきた場合の交渉の仕方も、回を重ねるごとにうまくなるようだ。雑談のなかでわかったことだが、交渉の仕方にはコツがある。行政や企業の依頼で公的な仕事をするようになると、関係者との人脈もできて名前を知ることになる。無許可だとは言わず、その名前を出すことで、許可があるかのように思われて見逃されることもあるのだという。公的な仕事は経済的なメリットだけでなく、このように別の場面でも適用され、ストリートで活動する際の目には見えない戦略として活かされている。

「基本を守りたい」と無許可のストリートでの活動にこだわり続け、公のストリートにグラフィテイロの矜持が持ち込まれる。彼に限らず、商業的に成功しているグラフィテイロたちもストリートにこだわり続ける者は多い。このこだわりはグラフィテイロ同士からの尊敬を得る上では重要である。「グラフィッチのフィロソフィー［中野　二〇一〇：七］」として活動の根幹に関わるのだ。ここではストリートでの警察官や見物人とのやりとりも含めて、グラフィッチなのだから、むしろ警察官との交渉に成功することは一人前のグラフィテイロとして認められる過程でさえある。

彼にはストリートでの活動だけでなく、ギャラリーに展示したり美術展に作品を出品する等、芸術性と商業性を意識した活動も多い。自宅にアトリエを構えて作品制作に余念がない。生徒に絵画の指導もしている。描く内容はさまざまであるが、テーマは社会批判であることが多い。たとえば、サッカーをしている少年二人の絵について、次のように説明する。

「これはブラジルのサッカー選手のことについて描いたんだ。裸足でサッカーをしている貧乏な子どもたちのところに監督のような人がやってきて、この子は上手だな、と言って外国に連れていく。子どももお金をもらえるけど、一番もらえるのは最初に来た人。それに対する批判なんだ。これくらいの子どもは、楽しみたい、遊びたいっていう気持ちでサッカーをしていて、お金をもらうとか、プロになることは考えていないよ。あそこに書いてある文字は『一番安い』、こっちは『セール』だよ」といった社会批判が展開される。

商業的な活動をする彼らのなかに、「基本を守る」ことにこだわる非商業的な側面も共存している。ストリートとギャラリー、金銭に還元できないグラフィテイロとしての矜持と商業性が共存する。商業性は技術の高さと器用さも必要とする。チニョとその仲間はグラフィッチを通して自己を表現するために試行錯誤を繰り返し、独自のスタイルを確立し知名度を高めてきた。商業的な活動にも適合し、大きな壁にテーマ性豊かな作品を描く。そのためには時間と技術が必要で、昼間にゆっくりと描くことができ、技術を磨くことが可能なサンパウロの状況に支えられている。ギャラリーや美術展での活動はその延長線上にある。その際にはカンバスに描くため、ストリートとは異なる器用さが求められる。商業的に成功するには、グラフィッチの技術だけでなく状況に応じて適応できる器用さも必要となる。

さらに、チニョが説明する「世代」にも匿名性と固有性の両方が含まれる。世代の区切りは、考え方や描く対象に特徴として現れる。その違いが説明できるほどにグラフィテイロ同士は認識しあっているということなのだ。ブラジル日本移民百周年記念行事に約一五〇人のグラフィテイロを集めることができたのも、彼らが具体的なつながりを把握していたからだ。グラフィティの世界では、違法であるがゆえにライター同士のつながりを表面化させることを好まない。ライターは匿名で行動し、彼らの足跡はタグでのみ示される。ところが、サンパウロではタグがライターと連絡をとるための窓口でもある。作品は自己表現であると同時に、次の依頼を受けるきっかけにもなる。固有性をもった直接的なコミュニケーションを生み出すきっかけとして機能している。

このように、許可と無許可、匿名性と固有性、矜持と商業性、ストリートとギャラリーといった、相反する状況を共存させ、矛盾ともいえる状況を使いこなし、複数の状況を組み合わせて解釈し、自らの活動のなかで再文脈化していくグラフィテイロとしての実践は、多元的な価値に基づいたさらなる実践へと展開する余地をはらむ。

おわりに

サンパウロ市内にはグラフィッチが溢れかえり、スプレー販売を法律で規制せざるを得ない状況ではあるが、それは完全排除ではなく、法律で条件をつけながらもグラフィッチを都市空間に包摂しているとも言える。ここで見てきたように、公のストリートで展開されるのは行政や法律による公的な論理だけでなく、むしろ公と私の論理が交渉する余地を残していることが重要なのだ。行政やグラフィテイロたちの主張だけではなく、それを拒否したり後押ししたりする第三者の主張も受け入れる動きのなかに、より大きな民意を形成していく回路の鍵があるように思えてならない。

注

（1）たとえばニューヨークのグラフィティ・ライターを取り上げたRichard Lachmann［一九八八］、デンバーにおける現象を詳細に論じたJeff Ferrell［一九九三、二〇〇三］があげられる。さらに、『現代思想』の「特集＝グラフィティ　マルチチュードの表現」（二〇〇三年一〇月号）は、M・ウォルシュ［二〇〇三］、高祖岩三郎［二〇〇三］、酒井隆史［二〇〇三］等の論考があり、まとまった成果だといえよう。これに先駆けて二〇〇二年五月号の『現代思想』に「特集＝公共圏の発見」という特集が組まれ、グラフィティから「公共性」を論じた酒井隆史［二〇〇二］の論考がある。また、グラフィティはヒップホップ文化の一部であり、スケートボーディングとも深く結び付く。矢部恒彦［二〇〇二］の論考は日本を事例としたその少ない論考の一つである。この他に、日本のグラフィティを事例としたものとしては、グラフィティ・ライターのネットワークに着目した南後由和・飯田豊［二〇〇五］がある。

（2）たとえば、公共空間における秩序の崩壊過程と対処を検討したG・L・ケリングとC・M・コールズ［二〇〇四］や、グラフィティが記される場の具体的な検証を行った小林茂雄［二〇〇二、二〇〇三］、地域毎のグラフィティ対策を論じた武田尚子［二〇〇三］、大道芸というストリートに展開される行為に対しての規制を批判的に論じた雪竹太郎［二〇〇三］の論考があげられる。

（3）ブラジルは一九六四年以降、軍事独裁体制が確立していたが、一九八五年に軍政から民政に移管した。

（4）「BEAT STREET」は一九八四年のアメリカ映画で、グラフィティやブレイクダンス、DJ等のヒップホップ黎明期の映像が収められている。

参考文献

アンダーソン、イライジャ
二〇〇三『ストリート・ワイズ——人種／階層／変動にゆらぐ都市コミュニティに生きる人びとのコード』奥田道大・奥田啓子訳、東京：ハーベスト社。

上野俊哉・毛利嘉孝
二〇〇〇『カルチュラル・スタディーズ入門』東京：筑摩書房。

ウォルシュ、M
二〇〇三「グラフィティをめぐる断章」新田啓子訳、『現代思想』一〇月号、東京：青土社、四四〜六一頁。

ケリング、G・L／コールズ、C・M
二〇〇四『割れ窓理論による犯罪防止——コミュニティの安全をどう確保するか』小宮信夫監訳、東京：文化書房博文社。

小林茂雄
二〇〇二「都市の街路に描かれる落書きの分布と特徴——渋谷駅周辺の建物シャッターに対する落書き被害から」『日本建築学会計画系論文集』五六〇、五九〜六四頁。
二〇〇三「都市における落書きと周辺環境との適合性に関する研究——落書きが周辺景観に対して持つ否定的側面と肯定的側面」『日本建築学会計画系論文集』五六六、九五〜一〇一頁。

高祖岩三郎

二〇〇三「『その名』を公共圏に記しつづけよ！」『現代思想』一〇月号、東京：青土社、六二～七九頁。
酒井隆史
二〇〇二「タギングの奇蹟」『現代思想』五月号、東京：青土社、五二～七一頁。
二〇〇三「スタイルと『民衆』」『現代思想』一〇月号、東京：青土社、九六～一〇四頁。
武田尚子
二〇〇三「落書き問題と地域社会の対応」武蔵社会学論集『ソシオロジスト』五号、武蔵大学、四九～六六頁。
中野紀和
二〇一〇「グラフィッチ素描――ブラジル・サンパウロのストリート文化」大東文化大学経営研究所Ｗｅｂ版リサーチペーパー、二〇一〇―Ｗ―五九、一～一九頁。
二〇一二「ブラジル日本移民百周年記念行事にみる文化創造――サンパウロ市におけるグラフィッチと新世代日系ブラジル人の交わりから」根川幸男編『トランスナショナルな「日系人」の教育・言語・文化――過去から未来に向かって』東京：明石書店、二〇四～二一六頁。
南後由和・飯田豊
二〇〇五「首都圏におけるグラフィティの諸相――グラフィティ・ライターのネットワークとステータス」日本都市社会学会編『日本都市社会学会年報』二三、一〇九～一二四頁。
フェレル、Ｊ
二〇〇三「タワリング・インフェルノ」近藤真理子訳『現代思想』一〇月号、東京：青土社、八一～九五頁。
ヘブディジ、Ｄ
一九八六『サブカルチャー――スタイルの意味するもの』山口淑子訳、東京：未来社。
矢部恒彦
二〇〇二「東京スケートボーディング・スポット」『現代思想』五月号、東京：青土社、七二～八〇頁。
雪竹太郎
二〇〇三「東京都・ヘブンアーティスト制度についての私の見解」『現代思想』一〇月号、東京：青土社、一四九～一五五頁。
吉見俊哉・北田暁大編
二〇〇七『路上のエスノグラフィ』東京：せりか書房。

Jeff Ferrell
1993 *Crimes of Style: Urban Graffiti and the Politics of Criminality*. New York & London: Garland Publishing.
Richard Lachmann
1988 Graffiti as Career and Ideolgy. *American Journal of Sociology* 94(2): 229-250.

ベナンのメディアとパブリックなるもの——参加型番組の事例から

田中正隆

一　アフリカンメディアとオーディエンス

今日のアフリカ社会では、テレビやインターネット、携帯電話が普及する都市部だけでなく、村落部でも小型トランジスタラジオなどのメディアを目にしないことはない。人々はそこから流れる音楽に耳を傾け、日々の暮らしの一部としている。アフリカのメディアは、その社会的影響力の大きさが指摘されていながら、おおくが欧米の技術の単なる波及や流用という視点で論じられてきた。従来のメディア研究は、先進国たる欧米社会が基準であったからである。そこにおける、すでに大規模、多角化したメディア業界、複雑化した産業、政、官界を背景とする欧米社会に対して、物資機材でも技術や人的資源でも後発のアフリカ社会の分析はおのずと異なるものとなってこよう［Fardon & Furniss (eds.) 2000; Nyamnjoh 2005］。では、資本や技術のたんなる借用、流用としてのみアフリカンメディアをとらえるべきだろうか。それはどのような特異性をもつのだろうか。先行する欧米でのコミュニケーション論やカルチュラル・スタディーズ（ＣＳ）では、マスメディアの情報がどのように受け手に浸透するかについて、弾丸理論や限定効果モデルなどが論じられた。CSではその後、スチュワート・ホールのエンコーディング／デコーディング論によってオーディエンス重視の研究へ転回し、メディア自体の分析から、メディアと情報がオーディエンスにどのように（デコードされ）捉えられてゆくかが焦点となった。この視角は、特定の放送番組、たとえばニュースやドラマについての受け手の読みをエスノグラフィックに解くものであった［Askew & Wilk (eds.) 2002; Ginsburg, Abu-Lughod & Larkin (eds.) 2002; Spitulnik 1993］。

だが、より主体的なオーディエンス、たとえば特定の番組や人物にのめりこむ、いわゆるファンの活動についての研究も現れた。ルイスが編集した論集は［Lewis (ed.) 1992］、ファンがメディアを介した社会生活の産物であるということ、魅了や依存であれ、オーディエンスに固有のアクティヴィティがあることを明るみに出そうとした試みであった。ファンを逸脱的なものとして封じ込めるのではなく、近代の日常生活に浸透した社会的事象として捉え返そうとした(1)。また、CSと距離をとりつつ政治経済アプローチをとるカランと朴の論集［カラン・朴編二〇〇三（二〇〇〇）］は、非西欧社会におけるメディアの事例研究として、韓国、中国、台湾などから、オーディエンスのアクティヴィティを採りあげている。すなわち、抑圧的な国家のメディア規制に対して、その網をかいくぐり、言語を特異に読み替えたり、秘教的なコードを用いるようなオーディエンスが論じられた。

アフリカのメディア研究においても、二〇〇二年のメディアとデモクラシーに関する論集では、政治、経済、技術、文化という四区分のマトリクスの上で、それぞれ報道倫理、メディアのオーナー権、放送技術、価値観の変化といった多彩な論点が整理された［Hyden, Leslie & Ogundimu (eds.) 2002］。デモクラシーを支える権力への番犬という役割だけでなく、メディアが対話や討論の活動をひらく新たなコミュニケーション空間となることを同書は提言した。もっとも、一九九〇年代の民主化や自由化が進んだメディア機関だけでなく、非公式な街頭ラジオ（radio trotoire）やチラシ、張り紙や落書きなど、公的なメディアの外部の表現手段で、権力や体制を愚弄し、その意味をずらす営みが報告されていた。[2] 個人支配や一党制、権威主義的な政治体制が続いてきたアフリカ諸社会では、駄洒落や歌、噂話、ダンスなど、言語や映像には限定されない表現形式で、支配―被支配の関係をゆさぶる事例が蓄積されていた。つまり、公と私、送り手と受け手というメディア・コミュニケーション論に既定の区分を揺るがす営みは、民主化以前から存在していたのである［Bourgault 1995］。このような社会状況に根ざした特有のオーディエンスとメディアの関わりに着目した人類学的研究もある［Tacchi 2002、今関 二〇〇三、川田 二〇〇五］。

たとえば、スピトゥルニックはザンビアでの村落調査に基づいて、ラジオが生活の場でどのように用いられ、人々のつながりが生じているかを記述している［Spitulnik 2000］。通電設備の整っていない地域では、多くの人はバッテリー利用を工夫し、機材の周辺に人が集まり、子供たちがラジオの決まり文句や流行歌を真似して楽しむ状況が一般的である。ラジオは人の間を貸し借りされ、ときに数百キロ離れた親戚の家に渡ることもある。個人で放送を聴くだけでなく、集団で共有され、聴く人々がラジオとともに、ラジオの語りのように語りあうことが暮らしの一部となっている。

ところで、メディアを介したオーディエンスの活動や情報流通について、公共圏の視角からしばしば議論がなされる。公共圏とは、市民に平等に開かれた言論の場を意味する概念であり、メディアとオーディエンスがなす現代のデモクラシー論へと展開した。周知の通り、ハーバーマスは、この起源を西欧社会史では一七、八世紀のカフェ、クラブ、サロンに認め、その情報をまとめた新聞、パンフレットなどの印刷メディアが情報の共有を促進させたとした［ハーバーマス 一九九四（一九九〇）］。彼のいう市民公共圏は教養層、ブルジョアジー、男性性を前提としているとして多くの批判を浴びた［キャルホーン編 一九九九（一九九二）］。しかし、公と私、市民社会や承認についての議論を喚起した意義は大きい。メディア研究と関連しては、メッセージの発信・受容や解釈という固定的な対立図式のコミュニケーション論から、伝えられ共有されるべき内容とは何かといった社会学、政治学、政治哲学的な議論の可能性を開いた。そして、政治主体となるパブリック＝公衆がどのように生まれ、その間の対話がいかにして多元的で競合する公共圏を作り上げるのかという議論への途づけとなったのである。これは市民社会という枠組にメディアがどのような機能を果たしうるかという議論の突破口として注目された。メッセージの送り手と受け手、あるいは受け手同士がどのように関わり、多元的な、ときに競合する公共圏を作り上げる議論への途づけとなったのである。

本論はこうしたメディア研究をふまえつつ、西アフリカ、ベナンにおけるラジオ放送番組を検討する。とくに視聴者参加番組の具体に焦点をあて、参加者の活動からベナンのオーディエンス像を浮かび上がらせてみたい（三節）。本論はその事例にベナンにおけるパブリックなるもの＝公共を語る公衆の現れを読み取る（四節）。公共＝パブリックなるものとは、私的なだけでなく他者にも関わる社会的な事柄をさし、そのようなことに関心をもち、語り、互いに対話する人々を公衆＝パブリックとする［Ocwich 2010; Dahlgren 2002］。番組が呼びかける国の発展や民主化という公的な事柄に、人々がどう応え、どう関わってゆくのかを（五節）、以下では具体的な談話から明らかにしてゆく。

二　ベナンにおける民主化とメディア事情

ベナンのメディア史を整理、確認しておく。ベナンでは第一次大戦時から植民地情報を伝える活字媒体があったが、放送媒体は仏領統治期の一九五三年からラジオ放送が始まった。やがて、一九九〇年の民主化を前後して、政治を語る民営新聞が現れ、ラジオ、テレビも視聴者のニーズに合わせた複数民族語で放送された。現在でも放送事業の中核となっているのはベナンラジオ・テレビ放送公社（ＯＲＴＢ）である。そして、一九九七年以降に放送周波の開放（自由化）が施行されたことから民営放送が一気に増大した［Frère 2000; Perret 2005; Tudesq 2002］。

ベナンは一九九六年の政権交代をうけた放送周波の開放後、民営放送の開局ラッシュが生じた。同年に開局のゴルフＦＭ（一〇五・七ＭＨｚ）はもっとも注目を集めた。この局は、すでに民主化以前から月二回発行されていた民営新聞ガゼットゴルフを母体としていた。当時、国営ＯＲＴＢかフランス国営放送（ＲＦＩ）しかなじみのなかった人々のなかで、斬新な内容、音楽、娯楽性をともなったこの局は、多くの支持を得られた。その特徴とは、政府、官僚がソースの報道ではなく、独自の取材にもとづいて批判的視点を交えた報道を流したこと、リスナー参加型の番組を広く取り入れたことなどであった。続く一九九八年、九九年には、すでに民営新聞を発行していた企業やメディアでの就労経験のある個人事業主などが続々とラジオ開局に参入した。音楽やアート、ライブ・パフォーマンスなどを番組に連動させたり、マーケットで働く女性層に向けた番組など、独自色を出した放送が聞き手をひきつけている。現在では三局のテレビ局と七〇以上の民営ラジオ局が稼働している。

こうしたベナンのメディア業界において、ラジオ局の社主でもある著名ジャーナリスト、カルロスはデモクラシーを評価して次のようにいう。

「民主化の進んでいるところは表現の自由だ。この自由は完全ではないが存在している。良いと思う。ラジオではとくに自由に放送できる。［……また、］ベナンの民主化は入れ替わりがあり、しだいに良くなってきている。権力の交代があること、ベナンではこれがうまく起こっている。」

彼は留保をつけながらもベナンで根付きつつある表現の自由を評価する。そして、彼のいう権力の交代とは、軍出身のケレク（マチゥ・ケレク）と経済界出身のソグロ（ニセフォール・ソグロ）という二大政治アクターの政権交代をさしている。周知のとおり、権力者の交代はアフリカではしばしば微妙で不安定な状況をともなう。カルロスは言論の自由を支える安定した政治状況、つまり普通選挙制度、議会制や複数政党制といった制度的側面を重視したデモクラシー観をもっているといえよう。

一方、一般の人々はラジオをどう捉えているだろうか。コトヌ周辺在住者に二〇〇七〜八年度に行ったアンケート（回答総数一一六）では、暮らしのなかでのメディア（ラジオ）利用について、次のような結果が得られた。すなわち、ラジオについての質問とはいえ、全く聴かないという意見はほとんどなかった（五回答）。また、興味がある局や番組の名をあげて複数回答していることから、朝、晩を中心に暮らしのなかでラジオ聴取が定着していることがわかる。ふだん聴いている局や番組について尋ねると、国営のラジオナショナル（四六回答）よりも民放をあげる人が全般的に多い。たとえば、ゴルフFMやカップFMを日常的に聴いている人が国営よりもはるかに多い（六五、六二回答）。近年急速に普及する携帯電話の利用とともに、こうしたラジオから流れる番組に電話をする人々が増えている。よく聴く番組を問うと、特定のジャーナリストが担当する、参加型番組の名をあげる回答が目立った。また、テレビやインターネットなどの他のメディアと並存するなかでラジオの利点を認める回答が多数派となった（六七回答）。このような状況を念頭に、具体的な番組を検討してゆきたい。

三　参加型番組

民主化はメディア業界にとって、多彩な民営局開局という大きな転換点となった。しかし、放送周波開放は厳しいメディア間競争の幕開けでもあった。後発の民営局は個性的なジャーナリストや多彩な番組内容、聞き手の参加を促す企画構成によって市場を開拓した。民営局の、従来はなかった、今の政治や経済に対する辛口のコメントに人々は自由の息吹を感じた。そして、人々の声を番組にとりいれる参加型番組が、局とリスナーあるいはリスナーの間の対話を可能にしたといえる。その内容とは、一問一答のクイズに答えたり好みの曲目をリクエストすることから、情勢に関してのアンケート、日常生活での不満や考えを自由に発言させるなど、さまざまな形態が用意された。

対話やトークが主体の番組は一般に、talk radio や call in radio と呼ばれ、欧米では一九四〇~五〇年代から始まる。ホストによるゲストへのインタヴューや、リスナーも参加しての座談会などを主な内容とする［Dahlgren 2002; Mudhai 2011］。番組ではスポーツ、暮らしの事柄、教育などさまざまなトピックが設定され、トークが交わされる。とくにアクチュアルな話題や政治に関する討論は白熱するため、人々の思考や行動への影響が指摘されてきた［Mwesige 2009］。だが、番組の演出によって、争点が過度に誇張されたり娯楽色が強められる弊害も指摘された。公的な情報や教育的内容が娯楽の要素を強めて放送される、いわゆるインフォテイメント化である［カラン・朴編 二〇〇三（二〇〇〇）、Mwesige 2009］。このことも含めて、アフリカのラジオ番組の人々への影響やデモクラシーにはたす機能はこれまでも論じられてきた(3)。

写真１　トーク・ラジオはゲストや市民の声を放送にのせる

ベナンでは一九九七年以降の民営ラジオ局が参加型番組を導入し、多くのファン層を獲得している。こうした民営の参加型番組の一つをとりあげて、その特徴を読み取ってみたい。ゴルフＦＭで毎朝六時三〇分から三〇分間放送の「朝の不満 Grogne Matinal（以下、「不満」）」は、開局以来続いている看板番組である。リスナーが日々の暮らしで感じる不満を電話で話すという視聴者参加型の生放送だ。朝の支度をいそぐ人々の眠気覚ましとして今や定着している。番組名物のテーマソングは、次のように歌う。

「[……] 困ってることを打ち明けろ。不満に思うことを叫べ。[……] 表現の自由があるんだ。汚職、癒着、えこひいき……。黙ってることないさ。話す権利があるんだ。恨みっこなし、嘘つきもなし。ベナンのデモクラシーが進歩するのに協力しようじゃないか。[……]」

ベナンのミュージシャン、トオン TOHON, Stanislas がテンポの良いラップ調で「デモクラシー」を呼びかけるこの曲で、番組の趣旨はすでに明らかだ。世の中の虚偽や不正は必ず誰かが気づいていて、そして誰もが不満に思っている。それをまず話して公けにすることが、デモクラシーを進める身近な方法だというのだ。もちろんリスナーの電話がすべてデモクラシーについて語るわけではない。だが人々がメディアをとおして社会をどのように捉え、どう関わろうとしているのかが、それら生の声から伝わってくる。

参加型番組はこの一つだけではない。人々の興味をひき、多くの聞き手を得ようとして、各局は同様な形式の番組を放送している。先のアンケートで名があがった放送局のなかでは、アトランティックＦＭなら **J'aime pas ça**（気に入らないこと）、カップなら **Bruit dans la cité**（街の音）プラネットは **Opinion**（ご意見）といった具合である。すべて生放送であり、電話がかかってきた順に編集することなく電波にのせている。こうした番組はいうまでもなく、リスナーが主役である。アナウンサーは無理に話をさえぎったり議論したりせず、出来るだけ聞き役に徹し、不満を発散するままに任せる。だが、ときには相互のやりとりがある。話者はまず名前を述べるよう求められる。一人が話す時間は二～三分と決められており、そのなかで不満を伝えきる。そして一回の放送中には電話は各人一度限りで、何度も続けてかけてはいけない。アナウンサーは次々とかかってくる人々の不満を淡々とさばき、テキパキと次のリスナーへ切り替えてゆく。不満は日々の生活で困っていることなどの身近なものから、テレビ、ラジオを通じて知った政治や経済の動向まで、トピックに制限はない。ただ、個人的な連絡ごとやメッセージではなく、ラジオをとおして公けにすべき事柄のようだ。

各人一度の電話であるため、一日の放送では内容の重複はないが、毎日の放送を聞いていれば共通する話題が見つかる。つまり、不満が多彩であるほど、多くのリスナーが日ごろ気にかけていた問題について他の誰かが電話する声を耳にすることになる。そして、話者には発言の根拠やきちんとした証拠が求められる。放送での話者の名乗りや事実関係の確認は、告発の相手とのトラブルを避け、話者の身の安全を守ることにもなる。メディアを介してリスナーは問題を共有し、対話に参加する人々の声がパブリックなるものをたえず刷新している。ラジオの向こうでは賛成あり、反対あり、そして笑いや喝采も沸き起こる。生放送の緊張があるとはいえ、早朝のこの番組はなかなか熱気を帯びているのである。

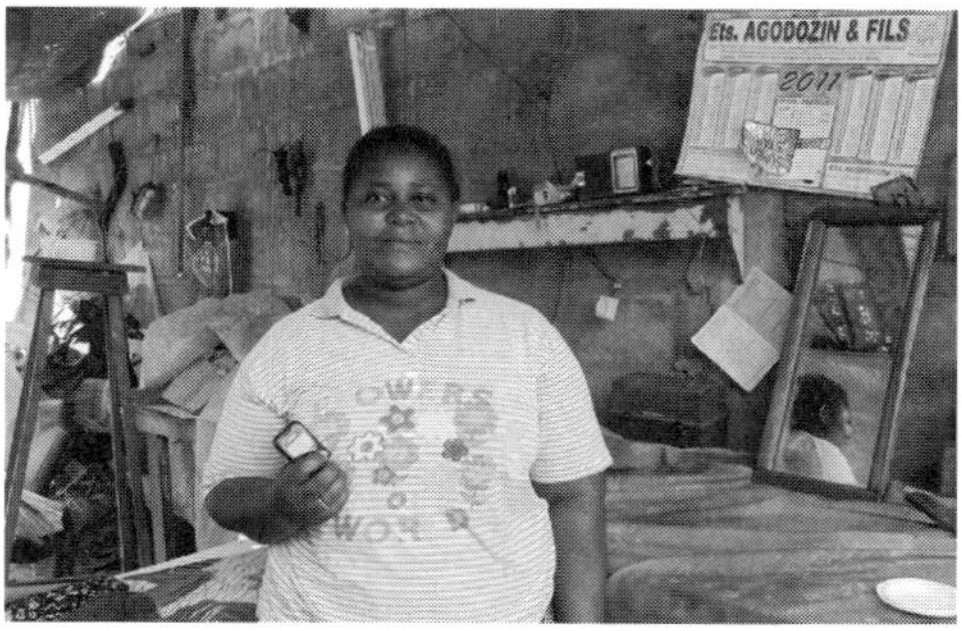

写真２　人々は携帯電話でラジオ放送を聴き、番組にアクセスする

四　電話参加の実態

1　おなじみの聴衆

視聴者参加番組には頻繁に電話をかける常連のオーディエンスがいる。自分が抱えた不満だけではなく、巷でくすぶる数々の不満をまくしたてる彼らの声は、毎日の番組で実によく耳にする。彼らは自らをおなじみの聴衆 **auditeur fidèle** と呼称する。彼らへの聞き取り調査の抜粋が以下に示した表である（表1）。ゴルフＦＭ、カップＦＭの参加型番組のオーディエンスを起点に人脈を

よく聴く局・番組、参加頻度	参加のきっかけ・話の内容
CAPP、Ocean、Atlantique、ORTB、okpa、Maranathaなど。Tokpa家族の問題について話す番組、平均で日に3回	電話するときは質問をする。ジャーナリストがゲストに質問するが、ときに不明瞭な隠れてしまう事柄があって、それを質問する。最近の話では、子供達は新学期をどう始めたらよいのか。教師は子供達にどう教え始めるのか。
ほぼ全局。はじめにGolfeが始まり、次いでTokpa、CAPP	GolfeFM が始まった当初から、電話をし始めていた（1997–)。ローカル言語の放送が好き。フォン語の「不満」や仏語、ヨルバ語のそれ。自分の名が放送を通して知れることで多くの顧客がくる。広告のようなものだ。
CAPPが最も好き、国際的なことが知れる。あるテーマで討論する番組、便利なこと。誰かが困ったことに陥っているとき、助言する。夫婦や家族の話し。	10 年聴いている。電話し出したのは 8 年ほど前。私は仕立て屋だが、一人で仕事を覚えたわけではない。知らないことがあると持ち寄って、 皆で助言する。[……] 何か問題があれば、それは皆の問題だ。答えを見つけるのだ　e nyin do probleme de wa mi we bi si ta we e non je.
とくにCAPPとGolfe カルロスの時評番組、ダウァウェやへマジェの参加番組、プレス批評 Golfeでは「不満」	1998 年から「不満」を聴いている。聴きだしたときから、 内容が気に入って、すぐに電話をかけはじめた。人として、他の人が苦しむのを見過ごせない。以前は何も手助けできなかった。だが、実際に手を下さなくともジャーナリストに伝えることで早くことが進む。
CAPPは10H-ダウァウェ CAPPで15-16H Grogneのフォン語版　街の音 月曜16-17H 仏語のOZIMOは良い番組。 CAPP FM は週一で 1 回「不満」に時々。	1999年ころから参加し始めた。街の音には5年前(2006年)から参加している。明らかにすべき多くのことがあるので電話するようになった。放送を聴いても全てのことに通じることはできない。地域の人々の間で起きている問題を知るには十分ではない。
CAPP、聴かないと気分が悪い。ほかにPlanete ORTB、火曜深夜ORTB 国について話す番組。Tocexo Totuexo　wa mi nin do（我が国のこと、あなたの国のことを来て話そう。）週8回ほど電話。	参加は1998年ころ ORTB CONAVABで、その後民間ラジオに電話。深夜番組に電話したのは3年前から。参加にあたって回線がつながらない人もいるし、話ベタなのもいる。回線がつながるまで根気よくしなくてはならない。電話がつながって参加できるのは幸せなこと、誇らしいことでもある。なかにはラジオで私の声をきけたので電話したという人もいる。だから参加する。
Tokpaから始めてGolfe、OceanFM、Planete　教育についてのラジオが好き。8時–10時 Contact en Fonアドゥコヌが担当。教育についての番組。週に少なくとも2回電話。番組のテーマが混乱しているとき、筋道をひくために電話する。	1999年の開局以来聴く。仕事を退職してからすぐにここでの仕事をして12–3年。家にいては落ち着かないのでここに来ている。 男の子の三つ子が生まれたとき、子供のことや仕事のことについてメディアのインタヴューを受けた。それからいろいろと援助がくるようになった。アメリカからも。ラジオがもとになったこうした人のつながり、この記憶は忘れられない。
どこでもラジオを聞いている。携帯電話でラジオを聴くことができる。 Tokpa、Golfe、Planeteなど。電話の回数は場合によるが、参加の電話をかけるのに日に5千から1万CFAチャージをする。	デモクラシという視点から聞く番組を選ぶ。市民が放送に自由に電話をかける。そこが好きなところだ。 番組に電話をすることはまずは名誉なことで楽しいこと。電話をすると、定期的に援助してくれる篤志家もいる。電機技師の仕事だが、人の紹介でコトヌでの多くの家建設の仕事に呼んでもらえた。(ラジオからの)声は多くの人々を変える　kplo n nye non nan mi edi o tovi bi

表1　電話参加者の対照表

名前	職業・社会活動(クラブ)	生年	性別	民族集団、言語	結婚、親族
2. AT	料理人	1964	男	フォン(ズゥ県生) 仏語、フォン語	妻1 子供3
3. 刺繍屋のAKA	刺繍職人	1969	男	ヨルバ、ポルトノヴォ近辺村　フォン、ヨルバ、仏語	妻3 子供5
4. GB	仕立て屋 CAPPでの会をたちあげようとしている。人数は前回集まりのときは60人ほど。	1976	男	ポルトノヴォ生、 グン、フォン、仏語	妻1 子供4
5. KJ	仕立て屋	1977	男	ウエメ フォン、仏語	妻1 子供1
10. OR	定職なし ロシア語を学んだ BAC+2	1980s	男	ナゴ ズゥ県サヴェ ヨルバ、フォン、 仏語	妻1 子供1
13. BR	仕立て屋 クラブ入っていない	1976	男	ナゴ(アボメ) ヨルバ、フォン、 仏語	未婚
18. HT	国営油脂製品会社退職 元事務局長 Tokpa友の会創設、議長	1942	男	フォン(アボメ生)、 フォン、ミナ、仏語	妻1 子供5 (うち、三つ子)
19. LH	電機技師 社会政策についてのNGOメンバー	1978	男	フォン (ウエメ、プラトー生) ミナ、仏語	妻1 子供4 兄が亡くなり、その子供5人も養う。

とくにORTB、Golfe、Ocean、Planet、Alladaの無原罪のお宿り。Ocean、LibreTribuneでは、与えられた主題で自分の考えを表明できる。参加番組が好き。	「不満」を聞き出したのはもう12年（2000−）。電話をかけだしたのも同じ。私は神学生で牧師になりたかった。だから無原罪の御宿りはよく聴いている。信仰からだ。毎朝4Hに目を覚まして聴く。良き振る舞いについての基本的な考えが身につく。電話で意見を述べるのは、一つの政治活動だ。第一に国の発展に貢献すること。第二にこの共和国の悪いところを直すこと。
6H30からのGrogne、8HからPlaneteのOpinion、9HからTado FM、10HからTokpa。Tado FM一日中。毎日およそ6−7回電話。	電話は10年前から。「不満」のなかでもせいぜい女性は2−3名の参加くらい。ベナンの人口の52％が女性だが、それが参加するようになれば、良くなるだろう。我が国ベナンの発展が私の関心。Grogneなら最低5千CFAのチャージ。同時に回線を捉まえるために電話をかけ続ける。はじめは少しずつかけだして、これが習慣になった。
Tokpa、Tado、Golfe、Ocean、Planete、Weke電話代はそれほどでもない。参加はせいぜい90秒。出費は150-300CFA。携帯は二台所有。MTNとMoov。	ラジオを聴くのは情報を得るため。電話参加するのは国の運営に参加するため。2003年から電話。国の運営にアクセスできないとき、「不満」をとおして参加する。朝、ラジオに参加すると、13Hには、電話があり、あなたが述べた問題は解消されたと言われることもある。これは楽しみであるし、とても意欲がわく。

たどったところ、他局の番組にも多く参加していることがわかった。各局の参加者は相互に重なっているため、この抜粋表からオーディエンス像のおおよその傾向を把握することはできよう。

彼らの特徴をいくつか抜き出してみたい。ベナン南部の放送局の聴衆であるため、民族集団はフォン、ヨルバなどが多いが仏語のほかにも複数言語を使用して参加している。参加者の大半は男性であり、女性は少数派にとどまっている。彼らは一つの参加番組だけでなく、同じ日に複数の番組をハシゴして電話をかける。談話のなかでは、（毎日ではなく）時間のあるときにと留保するが、一日に三〜五回と別々な番組に同じメッセージの電話をしている。一つの番組時間内では繰り返し電話はできない。社会に知らせたい不実な事柄、不満があるときは複数の番組で呼びかけようとする。

ラジオを通して問題を共有すること、埋もれた事柄を明るみにだす意義を彼らは語る。ＧＢ氏は、e nyin do ploblеme de wa mi we bi si ta we（何か問題があれば、それは私ら皆の問題だ）という。ここには、個人が関わる問題を集団に向けて開くという性向があらわれている。たしかに個人が抱える悩みはその人固有のことであるかもしれない。だが、親、兄弟姉妹、母系親族、地域の同じリニージ（アコ）や、同郷の親類縁者など、さまざまな血縁や地縁のつながり

22. LA	輸入品税関申告 Golfe友の会　AFASは出来て12-3年。創始時から入っていて、会員は200人以上。	1975	男	フォン（ズゥ生） フォン、グン、ミナ、仏語	妻1 子供2
25. SA	美容院 発展のための女性団体の議長。政府から認可。AFAS成員。1998年から9-12人。	1974	女	フォン（コトヌ生） フォン、デンディ、ミナ、仏語	既婚
31. EP	法律事務所勤務。 友の会には入っていない。皆が発言者であるべき	1981	女	ウエメ生、 ミナ、フォン、グン、仏語、英語	夫 会社秘書 子供2

にある彼らは、個人の問題を容易に切り捨てない。いいかえれば、個人が困っている悩みごとを集団の協力によって乗り越えてゆこうするのである［cf. 田中　二〇〇九］。

ラジオ番組で人々が不満を叫ぶのは、不正や汚職をなくすためではある。だが、より直接的には、発言へのレスポンスが大きなインセンティヴとなっている、と多くの話者は述べる。ＢＲ氏は自分の声を聴いて電話するようになったという別な人の発言が励みになっている。ＥＰ女史は朝ラジオで発言すると昼過ぎに反応があったという経験から電話をしている。ＬＨ氏はこう言う。**man do mon bo nan nu nyon bodu so minle ni n mon xo le nye do do radio bo do le**（自分の意見を出せば、他の人々がラジオでこの主題にどんなことがあるのかを知ってくれる）。情報を共有し、おなじ不満や悩みを抱える人が知り合うことで現状は変わってゆく。誤った工事の現場責任者はラジオの不満が自分のことだと気づくだろうし、さまざまな方面から改善の圧力がかかるかもしれない。だからＬＨ氏は次のようにも言う。**kplo n nye non nan mi edi o tovi bi**（発言は多くの人々〈の考え〉を変える）。

メディアをとおして発言することは、より広範囲の、意外な人の結びつきをもたらす。その発言がジャーナリストやメディアを動かしたり、政治家にまで伝えられる場合もある。ＥＰ氏は暮らしのなかで困った事柄を訴えたところ、実際にそれが改善されたという経験を語る。ラジオの発言を聞いた別な聴衆から支持を得たり、実際に連絡を受ける場合もあるという。人との語りあいやつながりを重視する社会では、多くの知人をえることが重要な財となる。たとえば、表中のＡＫＡ氏は電話参加が本職の刺繍業の宣伝になると述べている。ラジオで話を聞いたという人から、実際に本職の方への注文が多くくると彼は言う。だから、放送で彼がする「刺繍屋のＡＫＡ」という名乗りは、彼の知名度アップにつながっている。たしかに聴く方には呼びやすく、記憶に残る。このように、常連の中には、自己表現に工夫を凝らす人々もいる。ＡＴ氏は新たな情報を報告するオーディエンスと差別化して、当意即妙な質問をすることで参加するという。それが彼の特徴を示すからだ。言論の民主化、自由化に貢献する一方で、参加すること自体に人々は楽しみを見出している。

だが他方で、電話回線をつかまえることの困難さを共通して指摘する。何度もかけ直し、かけつづけるのは、時間がかかり、電話料金もかさむ作業である。表の職業欄に注目すると、自前の工房や店舗をもつ床屋、美容院（髪のトレス屋）、仕立て屋などの職人や商人が多い。技師や輸入品業務なども時間や場所において比較的自由度が高い。公務員や組織のなかで働く者はほとんどいない。むろん、ベナンでは都市居住民であっても、インフォーマル部門にくくられるような職や職探し中の人々が多い。でありながらも、おなじみの聴衆は歯に衣着せぬ不満を叫び、権威的な地位にある者の告発をしても支障のない人々といえる。

２　Ｈ氏事例

視聴者参加番組の常連のオーディエンスの例を以下で三例提示してみたい。

Ｈ氏（仮名）はラジオ・トッパ Tokpa の熱心なオーディエンスである（一九四二年生）。国営油脂会社の事務局長を長年務め、リタイアした。南部アボメ出身で子供達は五人、今はコトヌに住んでいる。放送の民営化以降、ゴルフＦＭも聞いているが、市場や経済、地域の情報に、より密着したラジオ・トッパを好んで聴くという。トッパは過度に政治的な発信はしないのが気に入っているようだ。彼は番組に電話をかけるだけでなく、市場区域の真ん中にあるこのラジオ局にしばしば訪れて意見するなど、積極的に関与している。局で働く者で彼の顔を知らぬ者はいない。彼はラジオ・トッパを支えるリスナーの会を組織して、その議長を務めているのである。

彼は三〇代のころ（一九七〇年代）ホテルレストランの給仕をしていた。パリで研修したあと、すぐに男の子の三つ子をさずかった。当時それがメディアで報道され、記者に子供のことや仕事のことについてインタヴューを受けた。それからいろいろな人や機関から援助がくるようになった。彼は人のつながりの有難さを強調する。

「放送に協力して得られるものとは知り合いや人のつながりだ。［……］一九七五年のこの出来事がきっかけで援助を受けたことは忘れられない。子供が大きくなり、ミルクがいらなくなっても薬屋や篤志のある人から援助がきた。これが人のつながりだ。」

そして、まさにそのときの担当記者であるギイ・カッポがラジオ・トッパを開局した。それゆえ、Ｈ氏は開局の一九九九年以来熱心に聴き、二〇〇二年に仕事をリタイアしてから、視聴者の会のまとめ役をしている。そして、開局時、まだ番組を記録・保存していなかったとき、彼は放送に電話してくるリスナーの意見を紙に書き留めて、ディレクターにその内容をまとめて伝えた。彼はこの国が、ラジオが発展するように、そうしていたという。彼自身電話参加するのは、自分の気晴らしのためだけではない。「番組のテーマの筋道がうまく出来てないとき、余分な脱線が多いとき、その話の線路をひくために電話する」という。

やがて彼は電話するリスナーの話の事実確認をしたり、悩み事相談の整理をするようになった。彼は五人の子供を育ててきた年長者として、家族のことや教育のトピックに関心がある。たとえば、次のような相談ごとがあった。

「ある夫婦の話だ。子供とその母が相談にきて、父親が何も面倒を見ないという。彼は養育の義務は果たさなくてはならない。子供はもう一八歳になり、さらに進学する準備も始めているが、盗みをはたらくようになっていた。その母にはこう助言したよ。子供が盗みをしたとき、なぜ子供が盗みをするのだと問いなさい。きちんと食べるものがあって、満たされているのなら盗みなどはしないものだ、とね。この件はラジオで継続して追っている。」

エピソードが豊富な彼の活動をみてゆくと、局と視聴者の会がもめごとの調停役や民事裁判の補佐のような役目を果たしていることに気がつく。ラジオ・トッパは政治問題は関与しないとはいえ、家族の不和や若者の非行、犯罪の相談が少なくない。それらの窓口役となり、事実確認をする立場となる彼は面倒に巻き込まれることもある。不必要なリスクを避けるために、Ｈ氏は警察や裁判所関係の人に多くの知り合いがいる。

３　Ａｂ女史事例

Ａｂ氏（仮名）は三八歳、美容師をしている。役所勤めの夫がいるが、子供はまだいない。ラジオもテレビも好きだが、仕事場ではラジオをかけている。プラネット、タド、トッパなどあらゆる局を聴き、朝から複数の局の番組をハシゴするという。そして、参加型番組に積極的に電話をする。

「一〇年以上まえ、ゴルフFMを聴きだしてから電話をしている。日によって異なるが、昼過ぎまでに三〜四件、一日に六〜七件ほどかけるときもある。原稿を用意してね。電話のチャージも、たとえば『不満』ならば五〇〇〇CFAは入れておく。つながったときのきまりで、発言の順番まで電話をきらないで待っていないといけない。だからチャージのための代金はとてもかかる。だが『不満』にはゴルフを聴きはじめたころから電話をかけている。チャージ代も自分で払っている。」

毎回五〇〇〇CFAは相当な負担だ。おおよそだが、小学校教師の月給が7〜8万CFAくらいなのだから。(4)ともあれ、彼女は「発展のための女性の団体」という市民団体の議長をしている。日々の暮らしや家のこと、商売のことなどで困っている女性たちをサポートする団体だ。コトヌの各地区に住む女性たちが入っており、政府に申請して市民団体として認可されている。何か困ったことがあったときに彼女に連絡が届き、事実確認がなされたうえで対策がとられる。たとえば「不満」に電話することもその一つだ。その例として道路環境の話をしてくれた。

「私の住んでいる地区のトグドに通じた道はひどくなっていて、完全に壊れていた。だから妊娠中の女性がその道を通るときには大変だった。何人もの人から相談をうけた。そこで不満を（放送で）言ったけど、すぐには対応してくれなかった。やがて、大統領が人を遣わして私たちの陳情を聞いてくれた。役場の人も少し動いてくれた。トグドから学校まで道路を舗装してくれた。これはごく最近、二〇一〇年の一二月末から二〇一一年の話さ。」

草の根の市民団体がメディアを通して声をあげることで、状況に変化をもたらした例といえよう。この事例だけでなく、政治家や国家元首もこの種の番組に耳を傾けている、と人々はいう。不満はつねに真剣なものだが、反応が得られることは視聴者にとって大きなインセンティヴであるに違いない。

彼女は女性団体の活動やラジオへの参加を国の状況を良くするため、発展させるためにしているという。とくに女性の参加を促して、次のようにいう。

「国の発展が私の関心にあるが、まだすべての女性にひらかれてはいない。ベナンは五二％が女性だが、それが参加するようになれば、良くなるだろう。『不満』のなかでもせいぜい二～三名のよく参加する人がいるくらいだ。全ての人というわけではない。だから、私は番組に参加するのだ。」

彼女は今、問題となっている事柄について政治家に呼びかける。ラジオの参加者は男性の割合が多い。「不満」でも毎回一〇人ほどの話者のうち、女性は二～三人にとどまる。話題が政治や汚職、企業の不正追求などが多いことも確かである。だが、家族や子供の教育、住環境のことなど、女性の声が望まれる場合もあろう。Ａｂ氏は五二％という、周知の人口比率を引用しつつ、みずからさまざまな案件についての女性の声をあげようとしている。

４　Ｍ氏事例

番組に頻繁に電話をかけるリピーターの典型であるＭ氏（仮名）は、ほぼ毎日「不満」に電話をかける。話すべき不満の種はつきない。彼がかけない日は一日が平和であったといわれるほどだ。彼はこういう。「良くないことがあったら、本当のことを暴くべきだ。八年前から電話をかけてる。不正なことがいっぱいある。私は自分の名前を名乗り、名指しで相手を批判する。私は決して怖がらない。(批判した)政治家に呼びだされて面と向って脅されたこともあったが決して曲げなかった。ラジオを聞く皆が私の名前を知っているからだ」

M氏は一九七七年生まれ、南西部ロコサの近くのヴェドコで生まれた。フォン、ミナ、フランス語を話す。彼の父はバス運転手、母は市場で雑貨商をしていた。妻一人、三人の子供の父である。彼は中等教育のみで高等教育は受けていない。彼の兄が港で中古車輸入業に携わっていたため、彼は学業よりもビジネスに興味を抱いて、港での仕事をしばらくしていた。二〇代から中型、大型機械を売買する代行業を転々とした。工事作業用の大型ブルドーザーのリース、販売をする会社に勤めている。並行して今は自ら二部屋の事務所をコトヌで開いている。二〇〇四~五年から中古のパソコンを仕入れてネットカフェを開いてもいたが、今は稼動していない。こうした仕事をしつつ、彼は不満の種をみつけ、調査をして確かめ、放送用にそれをまとめる。

放送への各リスナーの発言には時間制限がある。M氏はこの限られた時間内に伝えきるように、電話の前に内容を入念に下書きする。そのような原稿が彼の勤める事務所の棚を埋め尽くしている。こうした準備にも関わらず、いつ電話がつながるかは場合による。そこで、番組の電話回線のどれかにつながるように、複数の携帯電話を駆使する。彼は毎日四種の異なる会社の携帯電話に、総じて一万CFAのプリペイカードのチャージをするという。放送開始とともに、いろいろなリスナーがかけてくる。どの電話がつながるかはわからないため、ひたすらに回線がつながるまでかけつづける。彼は「お前が電話がつながるのに、局と何か共謀しているのだろうといわれたこともある。だが取引などはない。ただ電話をかけて、つながったら話をするだけだ。」という。

実際にどのような内容が話されてるのだろうか。二〇一二年七~八月に電話した内容は以下の表のとおりだ(表2)。七月中に一一日分、二九件の不満を準備し、電話している。役所や国営機関への批判、陳情が多いが、賞賛、応援もある。公的機関だけでなく、民間企業に対するものもあった。これらは南部都市コトヌ周辺の出来事が中

表2　Grogne Matinal「不満」への個人参加者の電話内容

日付	内容
0705	・バレーボールチャンピオン杯、2005年度から行なわれたが、現在まで報奨金が支払ハれず
0709	・文化省大臣に向けて、再びバレーボールの件
0711	・[……地区の]ベナン郵便局の局長の配属は規則にのっとっていない。 ・チャンピオン杯の件 ・港湾の屋台を職員が撤去している。婦人たち100人以上もが働いている。大統領への救助を乞う。
0713	・ベナン蹴球連盟について。A[…]とB[…]という二つのチームがあり、後者が勝ったが、単なる勝利でなく、蹴球の発展を願う多くのベナン人サポーターがいることを忘れてはならない。 ・陸上輸送局へ、欠員ポストがあるのだから、早急に人員補充してほしい。 ・夏休暇が近いが、若い女の子がアルバイトでなく、性的な付き合いでお金を得ることをしている。
0716	・トフォ村に健康センターを建設中だが、勤務する助産士や看護士がいないことを、大臣に陳情したい。 ・警察官1300人が賞与を受け取っていない。
0718	・[……民間某]社で大量の職員解雇があった。再雇用をお願いする。 ・[……国営某]社で27人以上が解雇された。彼らを再雇用してほしい。インドパキスタン人経営の[……某]社でも解雇が問題だ。
0719	・A[…]郡知事とE[…]大臣へ頼む。人々の解雇が続いている。10年後に自分の取り分がとれる社会保障の整備を。 ・[……某所] 建設工事でブルドーザーが家を(かなり乱暴に)壊している
0720	・A[…]氏の裁判の書類の件。よく審議してもらい、差し押さえを早くすべき。 ・OCBN(ベナン鉄道)社長対応を要請したい。線路の敷設について、社は報告書を出すべきで、労働組合の議論を混乱させるべきでない ・[……国営某]社の責任者への提言。27人の解雇者についての報告書を忘れずに提示せよ。
0725	・通産省の責任者は市民を尊重せず、家庭でのガスが供給されない。メーターを設置せよ。 ・国の経済状況が悪化している。不景気でどこに行っても金がない。大統領、IMFへの働きかけを強化せよ。 ・A氏事件の報告書を公けに開示せよ
0727	・電力水道局長へ。あらゆる努力をしてエネルギー使用料を安くしてほしい。電気代の請求は高すぎる。 ・アミティエ競技場に関して、照明をいれても、入場料は法外の額だ。SBEE(電力局)も配慮してほしい。 ・Godomeの警察署に移動手段を設置せよ。泥棒を警官がバイクタクシーで追うはめになっている。 ・Calaviで建設用地の問題が起きている。D測量士に、行って書類を整備してほしい。
0730	・先日、大統領はテレビで弁明をしたが、ICCサーヴィスの書類の疑惑については話さなかったのは遺憾。 ・HAACはある人の昇進を決定したが、内部の女性がお金を受け取っていた。HAACは公正を規していない。 ・テレビ協会に余剰資金の払い戻しを検討することを要請したい。 ・13区の区長に、洪水被害の修復に果たした貢献に賛辞を送りたい。 ・商取引をめぐる談合が政界にまで及んでいる。責任者は続けて務めてはならない。
0802	・経済政策は外国の経済政策と関係をもつ。外交との関係から国内の経済も考えよ。

0803	·13区区長へ、坂の勾配の道路工事を早く完了させてほしい。 ·線路(資材)の窃盗についての報告書をまとめよ。大臣はそれに目を通してほしい。
0808	·大統領が発した宣言で国が緊張している。ヒラリー・クリントンが立ち寄った際にさまざまなことを混同させず、まず経済政策の保護を訴えよ。
0810	·大統領に、クリントン氏の来訪を慎重に有益なものにして、外交の面から商活動を正常のものとせよ。 ·ICC事件に関して、被害者への払い戻しがなぜ遅れているのか問い正したい。 ·家庭用の(プロパン)ガスが使用できない。社会的な心配事となっている。
0813	·治安問題。Djako浜でおきてる荒廃と騒乱について。文化省大臣、内務大臣、観光省大臣、分権化大臣へ。視察せよ。コトヌの8区の街路も人々に荒らされている。
0817	·学生(若者)による警察官への殴打殺人事件について。まず遺族へお悔やみする。犯人は厳罰されるべき。 ·携帯会社ベナンテレコムが資金を浪費している。

心であるが、一個人が暮らす地域のなかで知りうる事柄というにはあまりに過剰である。これについて彼は説明する。

「人から話をしてくれと依頼される。依頼されるときは一つのラジオ局だけでなく、すべての局で、となる。ゴルフFMだけでなく、プラネット、タド、アゼケ、フラテルニテなど、フォン語とフランス語で話せるラジオ局すべてでさ。」

彼の言うとおり、彼の語りを頼って不満の内容を託す人が多くいる。そして、彼はこう説明する。

「もしもある人が言ってもらいたい問題があると私に頼んだら、払えるだけの分をもらう。ラジオで話す前に四台の携帯にクレジットをいれておくからね。とにかく電話をかけ、回線がふさがってたら、こちらでかける。簡単なことでないよ。回線がつながっても、またさらに待たなくてはならない。[……]十分にカネがない人が来るときもあるよ。だが、私は告発が好きだからね。私が告発した案件のうち九割方はうまくいっているよ。」

「不満」の電話のチャージ代は依頼者が支払っている。支払いに定額はない。

写真３　Ｍ氏の書棚はおびただしい「不満」の書類で埋め尽くされている

すなわち、仕事の合間での「不満」の下書き、不満内容の事実確認、発言への批判や応援する他のリスナーへの対応、これらはすべては自前でプリペイド・チャージ代を支払ってする趣味ではないことになる。二〇〇二～三年頃から始めた、こうした「ビジネス」は、先に始めていたある人物が、彼の語りを評価して勧めてくれたのがきっかけだという。

「電話をかけ出して月に三万から四万ＣＦＡをえた。そこで毎朝かけるようになった。彼こそが私に五〇〇〇ＣＦＡ、カードを買うのにくれた最初の人だ。それからは五万ＣＦＡ、一〇万ＣＦＡ、五〇万ＣＦＡまでにもなった。私には十分な顧客関係がある。」

記録をする性の彼は、不満電話の依頼で渡されたカドー（代金）をノートに記してあり、記録数は膨大な数にのぼる。この仕事を始めたきっかけを語る彼にとって、「デモクラシーに協力する」「不満」への参加は、いまや重要なビジネスになっているのである。

五　メディアをめぐるパブリックなるもの

本論は、ベナンのメディア状況の理解のために、視聴者参加番組とオーディエンスの活動をとりあげ、検討してきた。熱心に電話をするオーディエンス（auditeurs fidèles）のうち、代表的な人物像を提示した。語りの内容からも、実際の関わり方からも、ラジオへの入れ込みようが伝わってくる。職業人でもない彼らが電話を繰り返すのはＨ

氏のように局への個人的な関わりからでもあろうし、社会の不正に対する正義感、道徳心からでもあるだろう。その語りでもっとも多いのは、国の発展のため、デモクラシーのためという答えだった。

彼らの不満の電話その他の活動は、民主化を背景として活発となったことは間違いない。だが、いわゆる普通選挙の実施や複数政党制などの政治制度の変化とは異なる民主化が、人々の暮らしのなかに浸透してきているようだ〔田辺 二〇〇六、Ocwich 2010〕。本論はメディアに焦点をあてるなかで、民営放送がきりひらいた参加型番組という場に多くの人が電話をかけていることがわかった。彼らはなぜあれほど熱を入れるのだろうか。「おなじみ」たちの電話の頻度は過剰ともいえるほどだ。自分が黙っていられない不満を聞いてもらおうとして電話をかける、と彼らは説明するのだが。

すると、個的な問題を集団に開こうとする先のリスナーの語りが想起される。そして同時に、常連参加者のなりわいが職人や自営業などの自由度のある、もしくは不安定な人々であることと、M氏のいう匿名の依頼者像の関係がつながってくる。公務員や会社勤めなど組織のなかにいる者は軋轢や衝突をさけるため、おいそれと告発することはできない。こうした内部に滞る不満のうち、そのいくらかを周縁部の常連参加者が吸い上げる構図があるといえる。個人の不満が公共性を帯びるとき、それを表出する回路はメディアをめぐる固有の社会状況によるる。ベナンでは、民主主義、国の進歩、発展という説明の裏側に、威信や知名度向上というねらいや、電話の代理を依頼する人と常連参加者の取引が潜んでいると考えられる。

ベナンを代表するジャーナリストのカルロス（前出）は、ジャーナリズムの現状を批判して次のようにいう。

「権力は権力へと向かう。政治権力はメディアをおかかえにしておきたがる。メディアはお金の力に関心がある。〔……〕今日、多くのジャーナリストが仕事の精神に背いている。政治家や実業家にそれらを売り渡してしまっているのだ。そのことは強く言っておかなくてはならない。」

彼はベナンのメディア業界を内側から知る人物だが、その汚職体質を告発し、経済的自立、制度的な独立という視座から批判している。この指摘にかぎらず、一般の民衆のあいだにもメディアとジャーナリストへの不信感が広がりつつある。フランスのメディア業界における言論の生成についてのブルデューの議論には、次のような指摘がある。

「(この)職業は最も多く、不安、不満、反抗、あるいはシニカルなあきらめが存在している職業の一つです。人々が体験し続けている〔……〕労働の現実に対する、怒り、憤り、あるいは落胆は、ジャーナリズムのなかでは、極めて広範に表明されています。」〔ブルデュー　二〇〇〇：九七〕

自由な言論を尊ぶジャーナリズムが、番組の広告主に経済的に依存し、世論調査や発言の拘束を受けている。ジャーナリストが抱えるこうしたストレスが個人的、表層的ではなく、構造的な問題だということをブルデューは明るみに出した。だが、視聴者はこのような力関係の産物という前提を欠落させてしまう。

ベナンのメディア研究においても、ジャーナリズム業界にゆがんだ商業主義、金儲け主義があると指摘し、政治家と記者とのあいだの情報とワイロの取引きを告発する議論もある〔Adjovi 2003; Perret 2005〕。現場記者の給与は不安定なため、汚職とサイドビジネスが常態化している。だが、本論のM氏の実践で見たとおり、今日それはオーディエンスにも広がっている。参加番組には、ある種の暴露趣味やビジネス化、自己顕示などをまきこみつつ、多くの言論が交錯する場が生じている。そして、この清濁を併せた場においてベナンのパブリックなるものは日々人々から呼びかけられ、問い直されていることもまた事実である。こうした場は、ハーバーマス的な規範を重視し理性的討議をなすパブリックを想定する欧米型公共圏（一節）にはそぐわないかもしれない［Dahlgren 2002;Ocwich 2010; Gratz 2011］。だが、ベナンのメディア状況を理解するには感情や象徴、駆け引きや取引きという実践性をみてゆくことは避けられない(5)。こうした視座こそが、人々の側からのメディアの場やデモクラシーのありかたを理解する鍵となるはずだからだ。

注

（1）熱狂的なファンやその集団であるファン・コミュニティとは、ある対象に夢中になる点で、他の一般人と区別される［Lewis (ed.) 1992、今関 二〇〇三］。だが、その特異性、排他性や、ときに暴力性を帯びる特徴などから、社会学的には逸脱や病理とみなされてきた。本稿でのオーディエンスの展開とこれとの詳しい異同は省略する。

（2）カメルーン学者 Mbembe による詳しい事例紹介と議論の展開がある［Mbembe 2001: 129-133］。

（3）［Mwesige 2009］は、ウガンダにおける政治トピックに関わる参加型番組を報告する。ウガンダでは多くの参加型番組があり、人々の関心も高い。ラジオ・ワンの名物番組である Ekimeeza はそのうちの一つで、敷地の広いバーやビアホールなどを会場に、識者や政治家だけでなく、リスナーである市民を交えての公開放送が行われている。

（4）一ＣＦＡ≒四・五五円ほど。ＣＦＡ（アフリカ金融共同体通貨）はユーロと連動しており、六五五ＣＦＡ＝一ユーロである。

（5）メディア側の過度な誇張や情報のエンターテイメント化が、人々の自由な言論や意見交流の場を囲い込もうとすることを、ハーバーマスの議論に拠りながら、公共圏の再封建化とする論者もいる［Mudhai 2011］。オーディエンスは番組参加を通して、メディア側はインターネットなどのメディア間競争のせめぎあいのなかで、「パブリックなるもの」が模索されているように思われる。

文献

飯田卓・原智章編
二〇〇五『電子メディアを飼いならす』東京：せりか書房。

今関光雄
　二〇〇三「メディアによって生まれる対面的な個別性の関係——あるラジオ番組リスナーの『集い』について」『民族學研究』六七（四）、三六七～三八七頁。
川田牧人
　二〇〇五「聞くことによる参加」、飯田卓、原智章編『電子メディアを飼いならす』東京：せりか書房、一九七～二〇七頁。
カラン、ジェームス・朴明珍編
　二〇〇三（二〇〇〇）『メディア理論の脱西欧化』杉山光信・大畑祐嗣訳、東京：勁草書房。
キャルホーン、クレイグ編
　一九九九（一九九二）『ハーバーマスと公共圏』山本啓・新田滋訳、東京：未來社。
田中正隆
　二〇〇九『神をつくる——ベナン南西部におけるフェティッシュ・人・近代の民族誌』京都：世界思想社。
田辺明生
　二〇〇六「デモクラシーと生モラル政治——中間集団の現代的可能性に関する一考察」『文化人類学』七一（一）、九四～一一八頁。
ハーバーマス、ユルゲン
　一九九四（一九九〇）『公共性の構造転換——市民社会の一カテゴリーについての探究（第二版）』東京：未來社。
ブルデュー、ピエール
　二〇〇〇（一九九六）『メディア批判』櫻本陽一訳、東京：藤原書店。

Adjovi, Emmanuel V.
　2003　Liberté de la Presse et Affairisme médiatique au Bénin. *Politique Africaine* 92: 157-172.
Askew, Kelly and Richard R. Wilk (eds.)
　2002　*The Anthroplogy of Media: A Reader*. Massachusetts: Oxford: Blackwell.
Bourgault, Louise M.
　1995　*Mass Medias in Sub-saharan Africa*. Bloomington: Indiana University Press.
Dahlgren, Peter

2002　In Search of the Talkative Public. *The Public* 9 (3): 5-26.

Fardon, Richard. & Graham Furniss (eds.)

2000　*African Broadcast Cultures*. Oxford: James Currey Publishers.

Frère, Marie-Soleil

2000　*Presse et Démocratie en Afrique francophone*. Paris: Karthala.

Ginsburg, Faye, Lila Abu-Lughod & Brian Larkin (eds.)

2002　*Media Worlds: Anthropology on New Terrain*. Berkeley: University of California Press.

Gratz, Tilo

2011　Contemporary African Mediascapes: New Actors, Genres and Communication Spaces. *Journal. of African Media Studie*s 3 (2): 151-160.

Hyden, Goran; Leslie, Michael & Folu Ogundimu (eds.).

2002　*Media and Democracy in Africa*. London: Transaction Publishers.

Lisa Lewis (ed.)

1992　*The Adoring Audience*. London: Routledge.

Mbembe, Achille

2001　*On the Postcolony*. Berkeley: University of California Press.

Mudhai, O. F.

2011　Survival of 'Radio Culture' in a Converged Networked New Media Environment. In *Popular Media, Democracy and Development in Africa*. Wasserman, H. (ed) . London: Routledge, pp..253-268.

Mwesige, Peter

2009　The Democratic Functions and Dysfunctions of Political Talk Radio: the Case of Uganda. *Journal of African Media Studies* 1(2): 221-245.

Nyamnjoh, Francis

2005　*Africa's Media*. London and New York: Zed Books.

Ocwich, Denis

2010　Public Journalism in Africa: Trends, Opportunities and Rationale. *Journal of African Media Studies* 2 (2): 241-254.

Perret, Thierry

2005　*Le temps des journalistes*. Paris: Karthala.

Spitulnik, Debra

1993　Anthropology & Mass Media. *Annual Review of Anthropology* 22: 293-315.

2000　Documenting Radio Culture as Lived Experience: Reception Studies & the Mobile Machine in Zambia. In *African Broadcast Cultures*. Fardon, R. & G. Furniss (eds.) pp.144-163.

Tacchi, Jo

2002　Radio Texture: Between Self and Others. In *The Anthroplogy of Media: A Reader.* Askew, Kelly & Richard R. Wilk (eds.) pp. 241-257.

Tudesq, André-Jean

2002　*L'Afrique parle, l'Afrique écoute*. Paris: Karthala.

葬送儀礼についての語り

——ウガンダ東部・アドラ民族におけるオケウォの儀礼的特権

梅屋　潔

はじめに

本稿の目的は、アドラ民族の葬儀の一部について録音資料を書きおこし翻訳した「テキスト」に注釈を加えるかたちで紹介することにある。アドラ民族の人口は推計約三六万で、ウガンダ東部のトロロ県を中心に住み、西ブダマ郡をアドラの地（パドラ Padhola）と認識している。言語的には西ナイロート、南ルオに分類される。

資料とする「テキスト」の中心的な話題は、いわゆる「葬送儀礼」（カリエリ *kalieli*）だが、ルンベ（*lumbe*）といい慣わされている最終葬送儀礼ジョウォ・マサンジャ[1]（*jowo masanja*）や特に社会的に重要な位置にあった人物に対して行われるオケロ（*okelo*）儀礼については、触れられておらず、埋葬儀礼（*yikiroki*）とリエド儀礼（*liedo*：別名ピド pido）、ジョウォ・ブル儀礼（*jowo buru*）についての言及が中心である。

コイ＝カタンディ・クラン（Koi-Katandi clan）のオケッチ・ダンバ氏によると、人間は三つの世界を生きるとアドラ人は考えているという。ひとつ目が「子宮」（*iymini jo*）であり、次が「この世」（*ipynyi*）、そして「永遠の霊の世界」（*kwo ma kirumi*）である。人間の死は、この第二の世界から第三の世界への移行であるという。「埋葬」（*yikiroki*）は段階的に行われるこの移行の最初の一段階であり、それに続くリエド、ジョウォ・ブルは、いわゆる移行期間とみてよい。

一　埋葬（*yikiroki*）

「……人が死んだら（*dhano otho*）、まず仰向けに寝かせ、すべての関節をまっすぐに伸ばしてから、体を洗い、服を着せる（①）つぎに、死を知らせるユーヤレイション（*ululation*）だ。それから、死人が出たということを人々に知らせる太鼓（*nduri*）を鳴らすのだ（②）。このことを知ったオケウォ（*okewo*：オイのこと）が来て、ブッシュの中へ分け入り、屋敷を照らすために燃やす乾いた丸太（*kasik*）を探しに行く。この丸太は毎晩、葬式が終わるまでずっと燃やされる（③）。

Q*1*：なぜ、ユーヤレイションをしたり、太鼓を打ち鳴らしたりするのですか？

A*1*：それは、村の人々に誰かが死んだことを知らせるためだ（④）。……大人が死んだ場合、パドラ（アドラの場所の意。）では、遺体は埋葬の前に二日間小屋の中で安置されるが、[2]子どもの場合は一日と決まっている。親族たちは葬儀に使う白いシーツ[3]を持ち寄り、死者が大人であれば姻戚たちも毛布とシーツを持ち寄ることになっている。既婚の娘たちは山羊を持ってくるし、まだ花嫁代償を支払っていない者は、父親の埋葬儀礼のためにウシを買って持ってくる義務がある。実の息子たちも父をうしなった場合、同じようにしなければならない。故人がウシを残してなくなった場合には、そのウシを屠ることもできる（⑤）。パドラには五二の異なったクランがあり、特に埋葬の作法についてはちがった文化を持っている。埋葬の折に、頭が向く方向が、クランにより異なっているのだ。また、男性は左側が下を向くようにし、女性は右側が下に向くように安置しなければならない。クランによって安置されるときの遺体の頭の向きは、北のものもあれば、南のことも、東のことも西のこともある。コイ・カタンデ（Koi Katande）というクランの場合を例にとると、このクランから出たものを埋葬するときは西（*podho cheng*）向き。オルウァ・デンバ（Oruwa-Demba）クランの場合には東（*woki cheng*）で、ビランガ・オウィニィ（Biranga-Owiny）の場合には北（*yo malo*）、ゲミ・クランの場合には南（*samia*）に向けなければならない（⑥）。……」

写真１　ブリが鳴らされる

埋葬儀礼は、死者の屋敷で執り行われる。カンパラなど町で仕事を得て、町での生活が常態となっても、出身の村には屋敷を建てるのがふつうで、週末や休暇中のみ村に帰省する二重生活を送る者も、村の屋敷に埋葬される。病院で死亡しても、遺体は速やかに搬送されて埋葬される。霊の祟りによる攻撃はムウォンジョ（*mwonjo*）という。ムウォンジョを招かないためにも細心の注意を払ってそれぞれの儀礼が執り行われる。

まずは、女性たちの手で遺体（リエル〈*liel*〉）をバナナの絞り汁で洗いきよめ、盛装させる（①）。この一連の流れは、「遺体を洗いきよめること」（ルウォコ・リエル *lwoko liel*）および「遺体に衣服を着せること」（トゥエヨ・リエル *tweyo liel*）「遺体埋葬」（イコ・リエル *yiko liel*）からなる。この間、太鼓が打ち鳴らされ、近親の女性たちのユーヤレイションがこだまし、近隣の人々に死が伝えられる（②）。このとき叩かれる太鼓は、アドラで一般的なロングドラム、フンボ（*fumbo*）

ではなく、ブリ（*buli*）と呼ばれる銅の短いものである。太鼓の音色は、その場の雰囲気や感情をかなり細かく伝えることができる。（写真１）

儀礼執行責任者としてのオケウォの最初の仕事は、適当な乾いた丸太を探しにゆくことである。丸太は、葬送儀礼のあいだじゅう絶やさず燃やされる（③）。途中で消えたりすると、何らかの霊のメッセージが取りざたされる可能性がある。（写真２）

「死」の知らせを受けて立場に応じた対応が期待される（④）。死者が大人の場合には、姻族も含め親族が毛布とシーツを持ち寄る。婚出した娘たちは山羊を、息子たちはウシを持ちよる。広く義理の息子も含め息子（要するに死者の次世代の男子）の義務は、ウシを準備することである。テキストにあるように死者が牛を残して死んだ

写真２　小屋の前で丸太が燃やされる

写真３　楽団ジョンディジョ（*jondijo*）

写真４　集まった参列者たち

場合にはその遺産で代用してよい（⑤）。かつては雄牛を屠り、その革で遺体を包み埋葬したとの伝承もある。ウシを供する側である親族は、この料理は食べないことになっていた。

オケウォのリーダーシップのもとで、地域の議長、クラン・リーダーなどと相談しながら、埋葬の日程が決定され、発表される。死者の宗教に合わせて牧師などが呼ばれ、棺が注文され、墓を掘る労働者、「アジョレ」（*ajore*）を演奏する楽団が手配される。楽団は普通、ロングドラム、フンボと弦楽器トンゴリ（*tongol*）、そして打楽器テケ（*teke*）から構成されている。（写真3）

集まってくる参列者の居場所をつくるために、テントやブルーシートを張ったりして、日陰（キガンゴ *kigango*）をつくり、バナナの葉を敷き詰める。男性は椅子に腰掛ける慣例になっているので、近隣からできるだけ多くの

写真５　安置された遺体につきそう

写真６　マブゴの記帳

写真７　アジョレにあわせ踊る女たち

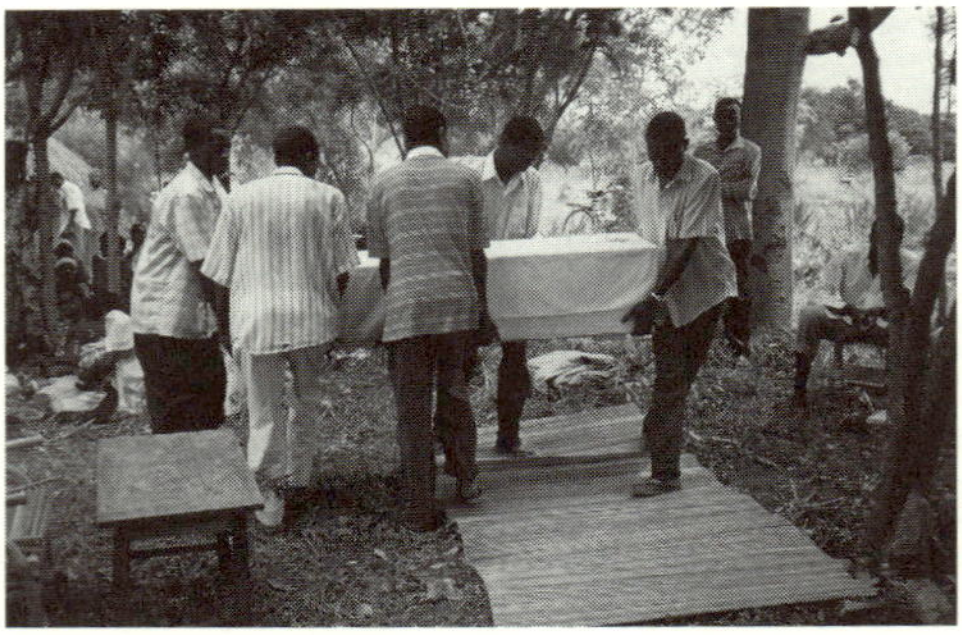

写真８　出棺ののち教会の儀式を行う例

写真９　土をひとつかみずつ振りかける

椅子をかき集めてくる必要がある。この間、女性たちは遺体のもとにつきそうことが期待される。（写真４、写真５）

埋葬当日、参列者が盛装で集まってくる。彼らにはペサ・マ・カリエリ（*pesa ma kalieli*：ガンダ語ではマブゴ *mabugo*）をおさめることが期待されている。[4] 会計担当が決められ、おおむね二、三種類の記帳所が設けられる。ノノ（*nono*：クラン関係）、モニ（*moni*：おつきあいのある人）、オリ（*ori*：姻族。忌避関係）の三種類である。ノートに名前とおさめた金額を記帳する。棺が町や近所のトレーディングセンターの大工から届けられ、屋敷の片隅には、墓穴が掘られ、昼前の儀式を待つ。墓穴を掘る作業は葬儀に参列しない近隣の者に依頼される。楽団が到着すると、数回、楽団の演奏するアジョレに合わせて女たちが踊る。[5] 地方行政職議長[6]の開会の式辞、クランの代表者の式辞、姻族の式辞、職場関係など社交上の関係者式辞、選ばれた長老によるバイオグラフィ朗読、死者の信仰していた各派教会のサービスへと続く。（写真６、写真７）

遺体は弔問客との対面の際はベッドやマットレスに仰向けに横たえられている。納棺の際には男性なら右側を下に、女性なら左側を下にして棺に納めることになっている。これは、ベッドで妻と寝ているのと同じ格好（*ngeri ma nyichwo nindo gi dhako ikanindo par jo*）である。毛布にくるまれて棺におさめられた遺体は親族の男たちの手で小屋から運びだされる。あらかじめ屋敷の庭の適当な場所に棺を安置し、その前でミサを行ってから埋葬する場合もある。墓穴のなかで遺体が頭を向ける方角は、死者の属するクランがどの方角からパドラに入ったかによって決められており、その方角に遺体の頭部が向くように埋葬する(6)[7]。シーツを結びつけて紐状にして棺を墓穴に下ろす。神父や牧師などにより、祈りが捧げられたのちに、参列者がひとつかみずつ土塊を墓穴にふりかける。ひとしきりすると、墓穴を掘るために雇われた人びとが鍬などの農具を使い棺の上に土砂をかぶせ、墓穴を埋める。埋葬が済むと墓穴を守るべき近親者を残して近隣の人びとは三々五々帰宅する。（写真8、写真9）

二　リエド（*liedo*）儀礼

「……また、アドラ民族では、親族に死者が出ると、頭髪を剃る習慣がある（1）。これをリエドという。

Q2：リエドとは何ですか？

A2：死者が出ると、親族は死者が男性なら三日間、女性なら四日間の間、水浴びを控えることになっている（2）。その間は、死者が出てしまったというまちがい、あるいは不幸のことを考え、そのようなことが二度と屋敷に起こらないような祈願をこめて、女性の手によって頭髪や身体に灰をふりかける（3）。リエドの日に集まったクランのメンバーと近隣の人々の前で、死者の屋敷の人々はオケウォの先導で水辺に行き、死者が出た日から振りかけられてきた砂や灰を洗い流し、髪の毛を剃りあげるのだ。アドラの人々は、人間が死に、埋葬されるとはじめに頭から頭髪が抜け落ちると信じているので（4）、その親族も同じように髪の毛を剃ることになっている。その日をリエドと呼んでいる（5）。

Q3：リエドの日には何が行われるのですか？

A3：死者の屋敷の人々が、そのクランの歌を歌いつぐオケウォに伴われて水辺に行き水浴びをするのだ⑥。帰ってくるときには、歌い、太鼓を打ち鳴らしながら走って帰ってくる。オケウォは、屋敷に残ったものが水浴びするための水を汲んで持ってくる。オケウォは、一本の棒を持って後からついてくる。屋敷に着くと、死者の小屋を死者が男性なら三回、女性なら四回練って回る⑦。その間オケウォは水浴びから帰った親族を屋敷まで送り届けると入り口のところにとどまり、棒を持って立っている⑧。クランの歌を歌いながら親族が水浴びをしている間、クウォン[8]（*kwon*）や鶏、肉が調理されているが、これは「誰かに食べることを教えるための食事」として知られている。これは、小屋の中で食べる決まりになっていて、食べ物をのせたバナナの葉や骨も外へ持ち出してはならず、残飯もその場にしばらくの間捨てずに置いておかなければならないことになっている⑨。食事が済むと、墓のあるところに皆出て行き、遺体の頭に当たるところに向かって座り、親族の頭髪を剃り上げる⑩。……」

死者の屋敷と近所の水場を舞台として、オケウォの指揮で親族たちが参加して行われるリエド儀礼の本質は、基本的には死の発生以来近親者を縛ってきたさまざまな禁忌からの解放であり、喪明けである。決められた服喪期間②、親族は女性たちにたびたびかがり火の灰で浄められる。親族は水浴びや清掃の他、さまざまな禁忌を守っている。その終わりを印づけるために、髪を剃るのである①、⑤、⑩。道具立てとしては、服喪期間中の灰と、それを洗い流す水浴び、それに続く共食と、そして剃り上げられる髪が象徴的意味を持つ。髪の毛が遺体から抜け落ちるさま④を模倣している、と解釈される。親族たちはオケウォの先導でクランの歌を歌いながら水辺に行き、水浴びをし⑥、灰を洗い流すのである。その間、遺体の脇にも必ず近しい親族が残って帰宅後の食事の準備をするが、遺体を守る意味合いもつよい。かつては肉食獣に遺体を食べられてしまった例もあったようだし、なによりジャジュウォク(*jajwok*：妖術師)に遺体を盗まれないように見張っていなければならない。水浴びを終えて走って屋敷に帰ってきた親族たちは死者の小屋を男性なら三回、女性なら四回列をなして回る⑦。その間、絶え間なく歌が歌われ、太鼓が打ち鳴らされている。オケウォは入り口で棒を持って屋敷を守護している⑧。

あらかじめ準備されていた料理をバナナの葉に乗せて死者の小屋のなかで共食する。食事は持ち出してはならず、骨などの残飯も小屋のなかにおいておかなければならない⑨。この食事は死者との最後の共食であると考えられるが、持ち出しの禁止と、残飯の遺留は、おそらく死をもたらした「何か」が他に波及するのを嫌うためであろう。

食事が済むと、墓の遺体の頭部に見当をつけて親族が向い、髪を剃る⑩。剃刀は伝統的には、ベンド・クランなど鉄器製造に定評のある人びとがつくったリルウェゴ(*lilwego*)をもちいる。この際、寡婦(*chitho* あるいは *chiliendi jaho*)は、頭頂部の髪を少し残す。このことによってクランの男性たちにとっては、彼女が花嫁代償なしに相続できる立場であることが示される。近年では髪の毛を剃ることはせずに、額のうぶ毛を少し刈り込むだけで「剃ったことにする」ことも多い。

三　ムシカ(*musika*)とムクザ(*mukuza*)の指名

「……それが済むと、クラン・リーダーとクランの成員そして近隣の人々が集まり、何が死をもたらしたのかを話し合うのだ。誰かが、いかに死んだか、つまり闘病した期間、生没年を公表するとともに①、土地や妻あるいは夫、子どもたち、ウシ、山羊などの個人的な遺産について説明する②。家族、あるいは子どもたちは死者が男性なら男性のムシカ（*musika*：後継者）を、死者が女性なら女性のムシカを一人選び出し、遺産を相続させるのである⑶。

Q*4*：もし死者が未婚だったら、誰が後継者になるのですか？

A*4*：その場合は、死者が男性なら兄弟が、女性なら姉妹がムシカに選ばれる⑷。結婚していても子どもが生まれていなかった場合には、死者が男性の場合兄弟の息子、女性の場合には姉妹の娘が後継者になる⑸。死者が既婚男性であっても娘しかいない場合には兄弟の息子が後継者となるし、既婚女性に息子しかいない場合には僚妻が後継者となる。

Q*5*：死者に兄弟も姉妹もいなかったら、どうなるのですか？

A*5*：クランの成員からひとり後継者が選ばれる。

Q*6*：どうやって選ぶのですか？⑹

A*6*：クランの責任で選んだ後継者候補を、後継者のためにあつらえた椅子に座らせ、死者の用いていた槍と杖、あれば盾やその他死者が残した品を持たせるのだ。これは誰が後継者となっても同じことである。これらの品がオケウォの一人の手から後継者に渡され、クランの前で、死者がそうであったようにそのあとを継ぐこと、死者がしていたのと同様人びとに尽くすことを誓う⑺。

Q*7*：どうして後継者が必要なのですか？

A*7*：死者が残した財産や、逆に残した負債の責任を持つためと、死者に対して負債をもつものがそれを返済することができるようにするためである。後継者は兄弟の花嫁代償を支払う義務があるし、兄弟に土地を分け与える義務もあるのだ⑻。

Q*8*：死者の財産を管理できるのはムシカだけなのですか？

A*8*：独断ではどうこうできない。ムクザ（*mukuza*）といわれる相談役と合議しながら管理することになっている。⑨

Q*9*：それは、どういう人なのですか？

A*9*：死者の兄弟か姉妹であることが多いね。

Q*10*：どんなことをするのですか？

A*10*：後継者と手を取り合って死者の家を盛り立てることだ。死者の妻、幼い子どもの面倒を見るし、土地の管理もする。後継者を意味する椅子や槍がないだけで、することは後継者とかわりはない⑩。ムシカとムクザは、そろってオケウォに誓いをささげ、屋敷のために必要なものを購入するための小額の資金を与えられる⑪。オケウォが人々に誓いをささげたあと、クランの代表者もまたオケウォに誓いをささげ、鶏を購入するための資金を提供する。クランの年長者たちが訪ねてきたときに屠って歓待するための雌鳥を購入するのである⑫。誓いが済むと、オケウォはムシカとムクザを死者の小屋の中へ導き、食事を与える。外にいる人々にも食事が振舞われ、祝福して共食する⑬。その後解散となる⑭。屋敷の者と親族は、灰を取り除く日までそこにとどまり、屋外に寝るきまりである。その日にはコンゴ（シコクエビを醸造した酒）がふるまわれ、ピドの終りが宣言される⑮。この役目を果たしたオケウォは、すべての行事が終わって家に帰るとき、雌鳥かお金をもらうことができる⑯。

Q*11*：もしオケウォが行事のあとにお金も雌鳥ももらえなかったらどうなりますか？

A*11*：そんなことがあれば、不幸が人々を襲うだろう。それはとんでもないことだ⑰。……」

リエドが済んでから続けて親族会議が開催される。公式的な原因説明（①）と遺品整理（②）、そして相続（③）

が焦点となる。①は、この地域では多くの場合、死亡確認に医師は介在しないので、遺族やコミュニティが納得するためにも非常に重要である。遺品整理の過程で借金などの「負の遺産」が表面化することもあるが、それらはすべて相続の対象となっている。⑧で指摘されるように花嫁代償や負債の返済などの義務をも負うことになる。相続人ムシカの指名にあたっては、介在する性の原理と親子ないし世代原理のうち、性の原理が優先されることが明らかになっている（③、④、⑤）。死者と同性のムシカを選ぶわけである。

Q5では、兄弟姉妹がいない場合にムシカを選ぶ基準について質問したが、明確な回答が得られなかった。上記の原則とこれまでの観察から考えると、親族関係的に最も関係の近い次世代の同性メンバーから選出されることが想像される。

また選出されたムシカが正式に就任する際の儀礼の様子が**A6**（⑦）で示されている。椅子に座り、槍、杖、盾などのレガリアをもちいた宣誓儀礼は、クラン・リーダーなどの就任式とほぼ同じ形式である。後見人としてムクザが任命され、レガリアがないだけで同様の儀礼を経て補佐役としてその後共同作業を行うことが確認される（⑨、⑩）。

屋敷のために初めての共同作業を行い（⑪）、代表者を通じて、いつでもクランのメンバーが訪れてもいいようにあらかじめ接待用の鶏を準備させる（⑫）。最後はオケウォがホスト役をつとめ、死者の小屋での最後の共食が行われる。今後の屋敷の運営体制が整ったことを祝福し、共食する（⑬）。その後屋敷の者、親族を残し、クランの構成員、そして近隣の人びとは解散となる（⑭）。だいたい一ヶ月後にオケウォによって「灰を集める」儀礼が執り行われ、ピドの終わりが宣言されると（⑮）、オケウォは雌鳥か現金を報奨として受けとり、帰宅する（⑯）。この間の儀礼の執行に関わるオケウォの役割は非常に重いもので、その労には充分に報われるべきであるとされる。オケウォをないがしろにされたりすれば、それが不幸の原因と考えられるようにもなる（⑰）。

四　喪の禁忌と喪明け

「……パドラで人が死んだときに行ってはならないことは、まだいくつかある。たとえば、耕作だ。死者の家族は、埋葬のあとコンゴかムウェンゲ[9]を飲まないうちは、畑を耕してはならない（①）。農繁期で、先延ばしできない仕事がたくさんあるときには、少量のコンゴなどを鍬に振りかけて畑に持っていく許しを乞う。

Q*12*：タンガ（*tanga*）とは何ですか？

A*12*：それは、炒っていないシコクビエを粉にして水と混ぜたもので、埋葬の日のあとこれを耕作用の鍬にふりかければ、家族が畑を耕しに出てもよいのだ（②）。

Q*13*：どうしてタンガのまじないをしないで耕作してはいけないのですか？

A*13*：家族の一員が死んだのだ。残された家族がその喪失感で幸せではないのは当たり前のことだろう。畑に行って何か仕事をするような気にはならないのは当たり前のことだよ（③）。畑仕事だけではない。ウシの乳搾りだってしない。埋葬儀礼がすべて済むまで仔牛は親の乳を飲み放題だ（④）。

Q*14*：なぜ死人が出たからといって乳搾りもしないのですか？

A*14*：家で死人が出たら誰一人として元気が出ない。何もする気が起きないのだ（⑤）。ここパドラでは、ニイレンジャ[10]（Niirenja）・クランのように、ウシをトーテム（*kwero*）のようにして非常に大切にするクランもある。そうでなくとも人びとはウシを大切にしている。人が死んだら搾乳などできるものではない。あまりに大切なのでときに憎らしくなるほどだ（⑥）。それ以外にも遺体を安置していた小屋だけでなくそれ以外の小屋掃き掃除も、通常リエドの日に行うことになっている。リエドの日に、オケウォや姪に命じて小屋と屋敷のなかを掃き清めるのだ（⑦）。パドラでは、家族のなかに死者が出ると埋葬儀礼が終わるまでは悲しみの時間である。したがって屋敷のなかを清掃したり、服を着替えたりする余裕はないし、靴も履かず、水浴びもしない、それがパドラの文化なのだ（⑧）。また、既婚者がなくなったとき、つまり父または母がなくなったときには、その息子や娘は、儀礼の義務をすべて果たすまで自分たちの小屋に戻るべきではないと考えられている。たとえば、娘の夫は儀礼で屠る山羊を持ってこなければならないし、息子もそうである。そうでなくては、自分たちのベッドのある小屋で眠ることは許されないのだ（⑨）。これら自分の親の名誉を文化的に尊重する行事のすべてが滞りなく行われ、宴会が終了してはじめてすべてが成功裡に終わることになるのだ。もし、娘がこれらの義務を果たさずに家路につくと、当然のことだが、母屋には入れず、キッチンの小屋で眠る羽目になる。夫はその気にならないはずだが、無理にでも性交渉を持とうものなら、死者の霊に襲われることだろう（⑩）。

Q15：ムコラを返す、とは何ですか？

A15：結婚した娘が嫁ぎ先に行き、牛肉、鶏、コンゴなどを整えて死者が横たわる小屋で食べるのだ。その後はビールが出て宴会になる。それが終わると帰ることが許される。もし、父母の屋敷から遠くに嫁に行っている場合には、シコクビエの粉、雌鳥を持ってきて肉を買い、父母の屋敷で調理して食べる（⑪）。

Q16：コンゴとムウェンゲで鍬を畑へ持ってゆけるようにするというお話でした。どのようにするのですか？

A16：このムウェンゲは、埋葬があったとき、時間を短縮し、老人と老婆が無事に帰りつくためにもつくられるものだ。酔うと死んでしまった人のことも、悲しみも忘れてしまい、ゆったりと自由な感じになる。飲み始める前に、祝福を意味するユーヤレイションが行われ、朝から飲み始められる。コンゴについても同様だ。どちらかをほんの少し墓と鍬に注げば、家族の成員は畑に行ってもいいことになっている（⑫）。

Q17：どうして墓に少し注ぐのですか？
A17：アドラの信仰では、死んだ家族の成員は、目には見えないけれども家族とともにとどまっていると考える。だから墓にコンゴやムウェンゲを注いで生者とともに幸せな気持ちになってもらおうとするのだ⑬。
Q18：なぜ、コンゴやムウェンゲを飲むのは朝早くでなければならないのですか？
A18：人々は鬱々たる心境で眠りにつき、重苦しい考えに支配されていた。これからは楽しむのだ、という気持ちで朝早く飲むのだ。また、人々が外で眠っていてどこへもいけなかったから朝早く飲む、ということもあるね⑭。
Q19：だれがお酒を用意するのですか？
A19：家族の成員と近隣の人々によって、飲む日を見て用意される。実際には、オケウォがこれらのことをすべて取り仕切り、全員に配る役目を果たす。コンゴのためのお湯を沸かすのもオケウォの役目だ。屋敷のなかで、朝飲むのだ⑮。コンゴとムウェンゲを飲み終わると、人々は畑へ出てもいいし、結婚しているものは帰って通常の生活に戻ってよい⑯。……」

喪の期間中には、耕作など農作業が禁じられている①が、農具にタンガのまじないをすれば、耕作してもよい、という例外規定がある②。また、搾乳も禁じられている④。⑥のように、もと牧畜民であるアドラにとっては、儀礼的な価値も含めて、ウシの大切さについては言い足りないことがたくさんあるようである。ただし、この禁忌の理由については、死による意気消沈などという心理学的な説明にとどまり（③、⑤）、説得的な説明を与えてはくれない。

それだけではなく、水浴び、着替えもせず、靴も履かない（⑧）、また自宅に帰って眠ってはならない（⑨）、セックスを行ってはならないなど（⑩）禁止事項について再確認し、それらがリエドの日に終わることが述べられている（⑦）。

Q*15*とA*15*では「ムコラを返す」ことについて述べられているが、これは、嫁に行った娘の義務であり、本来は嫁入り先で料理をあつらえて死者の小屋で共食するものであるが、遠方への嫁入りが増えて近年簡略化されていることに触れている。

コンゴやムウェンゲなど酒の心理的な意味についても解釈しつつ、墓と鍬に酒を捧げる、という例外規定についても繰り返し言及される（⑫）。また、飲んでいるときには死者と共にそれを飲んでいるという認識も語られるが（⑬）、平素とは異なり朝から飲むいわゆる「象徴的逆転」の意味についてはあまり考えたことはないようだ（⑭）。なお、これらの宴においても酒の準備と分配にかかわるオケウォの果たす重い役割が再度確認される（⑮）。既に述べたリエドの後、この酒を飲んではじめて参列者の帰宅が許されるのである（⑯）。

五　ジョウォ・ブル（*jowo buru*）儀礼

「Q*20*：「灰を集める」（*jowo buru*）についてお話されました。それはどういうものですか？

A*20*：人が死ぬと、人々が集まった死者の屋敷のなかでは葬送儀礼の間じゅう焚き火がともされている。これは料理のためではなくて葬儀に集まった人々が暖をとるためのものだ。前にも言ったとおり、死者が出た日にオケウォがブッシュに入り、乾いた丸太を探してきて火をともすのだ（①）。埋葬儀礼のあと雌鳥をもらったオケウォは、その丸太に雌鳥を打ちつけて殺し、焼いて食べる（②）。この火は「灰を集める」日までそのままともしておかれる。オケウォはシコクビエをあつらえて粉にし、それを炒ってコンゴをつくる（③）。

ふつうそれは土曜日と日曜日に飲まれる。死者の屋敷の門の前に壷がおかれ、人々にも飲んでもらう。日曜日になると、近隣の人々や親族も加わって死者の屋敷でビールを飲む（④）。

Q21：どこでコンゴをつくるのですか？

A21：「灰を集める」場合も、最終葬送儀礼（ジョウォ・マサンジャ）とまったく同じようにつくられる。死者の小屋で、三つの小さな壷をつかってつくるのだ（⑤）。

Q22：「灰を集める」とはいったいどのようなことをするのですか？

A22：死者の屋敷で炊かれていた丸太の灰を集めるのだ。土曜日の夜、コンゴの壷が一つ屋敷に運び込まれ、夜通し飲まれる。これは追加することは許されない（⑥）。人々は陽気に歌い踊る。朝が来る前に、オケウォが屋敷にある灰をかき集める。焼け残った丸太も運び出され、どこか遠くに打ち捨てる。帰ってくるとオケウォは、夜のあいだに呑み残したコンゴを壷から捨てる（⑦）。コンゴがいっぱいに入った新しい壷が運び込まれ、また飲み始める。これは飲み終わるまでは動かされることがない。オケウォも灰を取り除いた場所に壷を置いて飲み始め、鶏が彼に供される（⑧）。近隣の人々が集まってくるまでにオケウォは小屋と屋敷を掃き清める。人々が来るとオケウォはコンゴをふるまい、お湯を注いでもてなす。近隣の人々は終日コンゴを振舞われ、日が暮れて帰るとようやく小屋の扉を閉めて開放感を味わう。日常がまた始まるのだ（⑨）。

Q23：なぜ灰を集めるのですか？

A23：昔は灰を集めず、雨が洗い流すままにしていたらしい。最近は灰をごみと同じように考えて死者のことを忘れるために集めて捨てることにしたのだろう（⑩）。

Q24：もし小さな子が死んでも焚き火をして灰を集めるのですか？

A24：アドラは子どもが死んでも火はともさないし、喪にも服さない。埋めてしまえばそれまでで、葬送儀礼もしない⑪。

Q25：「灰を集め」たあと、死者の小屋に鍵をかけるのはなぜですか？

A25：結婚している者の片方が死んでも小屋に鍵はかけない。両方死んではじめて小屋に鍵をかけるのだ。まだ子どもが小さい場合には、親族とともに暮らすことになる。扉を閉めるのは、恐れもあるし、死霊も怖いということもある。また、彼らは彼らで安らかに過ごしてほしい、ということもあるね⑫。これらの死霊は、葬送儀礼の一環として人々が死者の住んでいた小屋を壊すときにどこかへ行くと信じられているのだ⑬……。」

ジョウォ・ブルには、ネコ・マッチ（*nako mach*）とネコ・カシック（*neko kasik*）と言う別名がある。まず「埋葬（*yikiroki*）」の③でみたオケウォのともす「丸太」（カシック）についての説明を確認する①。時系列的には遡るが、オケウォは埋葬が終わった後、雌鳥をもらい、丸太に打ち付けて焼き、食べるという②。別のインタビューによるとジョウォ・ブルの日にも雌鳥がオケウォに与えられ、この雌鳥によってその家族の不幸がすべて祓われるという。灰はオケウォによって取り除かれ、ブッシュか辻に捨てられる。このことにより、通りがかりの人に不幸を押しつけるのだ、という説明がなされることもある。オケウォはこの鶏を灰を捨てたあとに食べるのだが、他の者に鶏を分配することは禁忌である。「ミウォロ（エイジメイト）の山羊[11]」（*diel miworo*）にも、同様の考え方が見られる。リエドのあとの親族会議でのバイオグラフィ朗読は、クランのミウォロ（*miworo*）によって行われることになっており、その報酬として山羊が与えられるが、ミウォロにはそれを盗むようなかたちで奪って逃げることが期待されている。この際に親族は奪われないよう抵抗するので、怪我人も出る。山羊には死の原因を作り出した「不幸」が呪的に封じ込められていると考えられている。

コンゴは「灰を集める」日に飲めるように、埋葬の日からつくりはじめられるが、このコンゴ作成もオケウォの手によることが明らかにされる（③、⑤）。コンゴの作り方はオケウォが儀礼用につくる場合でも、通常と同じプロセスを経て行われる。まず、「粉にひく」（*rengo moko*）。現在では粉ひき機械を用いるが、かつては家の女性たちの手で石をもちいてひかれた。続いて、「粉を発酵させる」（*bako moko*）。粉を水と混ぜ、バナナの葉に包んで地面に掘った穴に埋め、五日から七日間おいて発酵をまつ。そして「粉を炒める」（*chielo moko*）。五日から長くて一四日め、オケウォの手で埋めておいた粉を取り出して開き、油で炒める。続いて「コンゴを醸す」（*dwoyo kongo*）。炒めた粉を天日に干して、大きな壺、ポリタンクあるいはバケツに入れて醸造される（伝統的には、テキストA21で述べられているように三つの壺をもちいる）。この場合には、オケウォが最初にきめられた壺で醸造作業を始めることになっており、このことが守られないと、予定通りに醸造できなかったり、できが悪くなったりするといわれている。そして飲む日当日が、「灰を集めるコンゴを本当に飲む日」（*delo ma madho kongo ma jowo buru*）という。飲み頃になるまで三日か四日かかるが、三日目のそれをコンゴ・リンゴ（*kongo lingo*）といい、四日目のそれをコンゴ・ンドト（*kongo ndoto*）という。酒が整って皆で飲む日が儀礼当日ということになる。最短で八日、長ければ一七日ほどかかることになる。飲み始められるのが土日であること、追加することなく夜通し飲み続けることにも言及される（④、⑥）。はじめに「柱のコンゴ（コンゴ・マ・ルシロ *kongo ma rusiro*）」としてオケウォが死者を慰撫し、死者の小屋の柱に注ぎつつ、飲み始める。これは深夜から始められる。かつては長老のみ参加していたが、現在では若者もこのコンゴをかまわず飲むようになった。朝が来る前にオケウォは灰を捨て、コンゴの飲み残しを処分し（⑦）、かがり火のあった場所に壺を置いてオケウォも飲み始める（⑧）。続く「死者の墓前で飲むコンゴ」（コンゴ・マ・ト・ピンウィンジョ *kongo ma to pinwinjo*）は壺を墓前に置き、死者が友人を酒に招くさまをイメージして朝飲まれるビールである。土中の遺体の頭部にねらいをつけてビールを注ぎ、死者の安寧を祈願する。屋敷の前にも壺が置かれ、近隣の人も招いての宴になる。夜通しアジョレが歌われ、踊られて（*miel ajore*）、翌日の昼食まで続けられる。終日飲んで客が帰ると、儀礼は終わり、死者の小屋の扉を閉めることができる（9）。昔は灰を集めることはなかったらしいこと（10）、子どもの埋葬に際しては服喪や儀礼はないこと（11）などが言及され、夫婦のいっぽうが生きている時には小屋の扉は閉めるが鍵はかけないこと（12）が指摘される。この場合には、死霊は小屋に住んでいるとの認識がうかがわれる。双方がなくなり、最終葬送儀礼で小屋が破壊されてはじめて死霊はこの小屋を離れるのである（13）。

おわりに

まとめよう。ここでは四点を指摘するにとどめる。まず、儀礼のなかでオケウォの示す特権的地位は明確である。シャーマンとアンダーソンは、「親族の通常のグルーピングと特定の団結や紛争の外部に存在すると見なされている。つまり、すべての紛争や病を収束させることのできる唯一の存在なのである。だから、その特別な位置ゆえに、多くの危険を潜在的に持っている儀礼に際して招聘され、儀礼の執行を補助するのである」［Sharman & Anderson 1967: 199, f. n. 16］と述べる。

第二にコンゴを共に飲むことが儀礼の節目に組み込まれていることである。性格の違うコンゴが供され、そのプロセスを経て、死の事実が受容されていく。そのすべてがオケウォによって取り仕切られることは、非常に深い意味がある。

第三点として、死者が女性でもムシカとムクザが任命される、ということである。父系社会であるアドラにとっては、妻の死を契機として妻方のクランの政治経済的介入を可能とすることになる。これを決定的な構造的脆弱性に結びつけないためには、寡婦相続と寡夫相続が推奨される。

第四の論点として注目されるのはオケウォが受け取った鶏や灰には、死の不幸が呪的に封じ込められていると考えられている点である。それに類似したミウォロの山羊の儀礼的意味については、今後の分析が必要である。双子儀礼など他の儀礼でも表現されるオケウォの儀礼的特権は、アドラの儀礼文化を検討するうえで避けて通れない論点である。実際には儀礼の現場は雑然としており、要点を観察により抽出することは困難である。今回はまず、「テキスト」にもとづいてアドラの人々が認識し語る儀礼の要点を、葬送儀礼の一部に限って確認したわけである。

注

（1）ガンダ語をもちいてルンベ（*lumbe*）と言い習わされている。

（2）子供（*nyathi*）は、一七歳ぐらいまで、つまり成人は一八歳から。

（3）シーツは遺体を包装するだけでなく、墓穴に棺を吊り下げる際にも使用される。

（4）一九九七年の調査開始時には五〇〇 UGX（ウガンダシリング）が相場だったが、二〇〇六年には一〇〇〇 UGX、二〇一二年には五〇〇〇 UGX となるなど、高騰している。

（5）歌詞は村により、楽団により若干の差があるが「兄弟たちよ、母よ」など親族を呼びながら、友人の戦死を悲しみ、死とその傷みを呪う歌詞が歌われる。アジョレは隣接するテソ民族の言語では「軍人」をあらわす。

（6）ウガンダの行政組織は LC システムにもとづいており、選挙で選ばれた議長を中心とした LC（Local Council）によって運営される。LC1（zone ないし village、ガンダ語名 *mutongole*）から LC2（parish, muluka）、LC3（sub-county, gombolola）、LC4（county, *saza*）LC5（district）まで数字が大きくなるほど範囲が広くなる。Local Government Act No.1 of 1997, Section 48（一九九七年三月二四日公布）によれば、副議長、書記、情報・教育・地域活性化、治安、財政、環境、女性委員会議長、青年委員会議長、障害者対策など国会や内閣を模した役職を設けることになっている。

（7）もっとも、伝承上の移住が史実かどうかという点には疑問の余地がある。それは、たとえば、一九四二年にクラン・リーダーを創設して分裂したオルワ・デンバ（Oruwa Demba）とオルワ・ラパ（Oruwa Lapa）は、デンバが東、ラパは正反対の西に頭を向けることになっている。

（8）シコクビエ（カル *kal*）を湯でこねた主食。

（9）バナナからつくる醸造酒。

（10）アドラ民族の五二のクランのうち、ムランダを拠点とするクラン。一説によるとソガ由来ともいわれるが、その説を唱えるオゴトはオボス＝オフンビ［Oboth-Ofumbi 1960］の歴史記述の無根拠性について批判するが、ニイレンジャがソガ由来であるという証拠を示してはいない［Ogot 1967: 21-22］。

（11）「ミウォロの山羊」については梅屋［二〇〇八］。

文献

梅屋　潔

二〇〇八　「ウガンダ・パドラにおける『災因論』―― *jwogi' tipo' ayira' lam* の観念を中心として」『人間情報学研究』第一三巻、一三一～一五九頁。

二〇一〇　「酒に憑かれた男たち――ウガンダ・アドラ民族における酒と妖術の民族誌」中野麻衣子・深田淳太郎編著『人＝間の人類学――内的な関心の発展と誤読』東京：はる書房、一五～三四頁。

Oboth-Ofumbi , A. C. K.

1960　*Padhola: History and Customs of the Jopadhola,* Nairobi, Kampala & Dar es Salaam: The Eagle Press, East African Literature Bureau.

Ogot, B. A.

1967　*History of the Southern Luo, Vol.1: Migration and Settlement1500-1900,* Nairobi: East African Publishing House.

Sharman, A & L. Anderson

1967　Drums in Padhola *Uganda Journal, 31, 2,* pp. *191-199.*

資料

The Republic of Uganda 1997, *Local Governments Act,* Acts Supplement No.1, Acts Supplement to the Uganda Gazette No.19, Vol. XC dated 24th March, 1997.

日常生活での文化的他者の構築
――シエラレオネでのハンドサニタイザーによる差異化を通して

ドーア根理子

はじめに

「文化的他者」は社会的に構築される。人間は皆、様々な面でお互いに異なっているのだが、その違いを語る場合、その中である種の違いのみが強調されることがよくある。人種、年齢、性別、社会的階級などがよく強調される違いだろう。どういう違いが強調されるかは、その社会の構造と深く関係がある。例えば、耳が聞こえない人々は「障害」があり耳が聞こえる人々と異なるとされるが、大半の人が手話を使えて手話が通常のコミュニケーション手段である社会では、耳が聞こえないこと自体はコミュニケーション上の障害にはならず、その為その違いは気づかれない事すらある。ということは、いわゆる「違い」（例えば耳が聞こえるか聞こえないかという違い）は絶対的な違いなのではなく、社会的な構造（例えば手話が通常のコミュニケーション手段とされているかどうか）によって注目されたり無視されたりするような流動的なものなのである。そして、社会の一員として私達は、そのような社会的構造を作り上げ、そしてその中で「違い」というものに気づき、再生産していくのである［McDermott and Varenne 1995]。

このような視点で考えると、文化的他者というものは社会的に構築されたものであり、いかにその文化的他者が私達と異なるかではなく、どういう過程を経て私達がある種の人々を「異なる」と感じ、その違いを強調していくかという差異化の過程を分析する必要があると言える。この章では、アメリカの大学生が二〇一二年五月から六月にかけて二週間シエラレオネに短期滞在した時に、いかにシエラレオネ人を文化的他者として差異化していったかというその過程に、民俗誌的フィールドワークの結果を元に注目する。特に、滞在中での私達のハンドサニタイザー（hand sanitizer　以下ＨＳと略す）の使い方に焦点をあて、それをアメリカとシエラレオネを差異化する為の集団儀礼として文化人類学的視点から分析する。

この短期滞在プログラムでは、シエラレオネの文化を学ぶと同時に、アメリカの産婦人科の医療管理の最新の技術や知識をシエラレオネに広めることを目的とした非営利団体を手伝う形で、アメリカの大学の看護学部の教授二人に連れられて八人の学生がシエラレオネに滞在した。その滞在中、私達は携帯用のＨＳをどこにでも持ち歩き頻繁に使った。ＨＳは石鹸水を使わずにこするだけで除菌できる消毒剤である。食事の前には必ず、そして病院を見学に行った後は、誰かがＨＳを取り出して皆で共用し、いつしかそれは集団儀礼のようになっていった。儀礼は新しい世界観を作り出すといわれるが、ＨＳを使うという集団儀礼は私達のシエラレオネ観を反映し、さらに再生産していったといえる。そして、この集団儀礼は清めると汚すという水の持つ二つの相反する性質を浮き彫りにした。

この章は、現在筆者が行っている、海外留学やボランティア活動の旅行を通して学生が何を学ぶか、そしてその過程でどのような場所概念、時間概念、そして主観性（subjectivity）が構築されて行くのかを分析する研究の一部である［Doerr　2012, 2013a, b］。次節では、文化的他者との関係についての従来の研究を概観し、フィールドワークの状況、私達が旅行中にどのようにHSを使い学生がそれをいかに語ったかを記述し、分析する。

一　文化的他者との遭遇と権力関係

文化的他者のイメージは、しばしば上下関係が明らかな中で様々な形で構築され、再生産されて行く。学術研究や文学を通しての文化的他者のイメージ構築は、オリエンタリズムという概念で分析されて来た。オリエンタリズムは「オリエント（東洋）」と「オキシデント（西洋）」という区別に基づき、オリエントは自分のことを表象し得ないという前提から、西洋がオリエントを観察し、記述し、それを権威のある見方だと主張し広めて行くことで、サイードはこれを批判的に分析する。また、その過程で西洋はオリエントを自己の逆のものとして定義して、同時に自己をも定義して行くとも指摘された［Said 1978］。

旅行記なども文化的他者のイメージ構築におおいに貢献した。メアリー・ルイーズ・プラット［Pratt 2008 (1992)］は、一八世紀ヨーロッパの旅行記は、ヨーロッパ以外の世界をヨーロッパの読者の為に構築することによって「帝国の秩序」を作り上げ、ヨーロッパの読者の中に植民地への所有権、権利、好奇心、冒険心、倫理観を育んでいったとする。デビー・リスル［二〇〇六］は、今日の旅行記にもこの名残りが二つ形で残っているという。一つは植民地主義的な視点で西洋の著者がエキゾチックな人々について書き綴るという書き方で、もう一つはコスモポリタンな視点である。後者は、植民地主義的な視点から距離を置き文化の差異を肯定的にみるのだが、自文化の標準をもって他者を測るという姿勢で、誰でも今は自由に世界中を動けまわれるという視点をもち、文化は常に変わらないというような本質主義の見方にのっとっている。このコスモポリタンな視点はいかに「文化的違い」というものが作り上げられ、注目されていくかという過程、そしてその過程への力関係の影響について触れていないとリスルは批判する。そして、旅行記は最近人気を高めているが、その理由は読者にはっきりとしたわかりやすい「文化の違い」を提供する事によって、グローバリゼーションへの恐怖心を押さえるからだという。

文化的他者のイメージは、植民地主義時代に非西洋の人々を動物園、サーカス、博物館等で見世物にすることによっても構築された［Fusco 1995］。「おり」にいれて見せ物にする事によって、文化的他者に対する不安はやわらげられたのである［Koritz 1997］。このような植民地主義的エキゾティシズムは、今でも少数民族の「文化パフォーマンス」等に名残りを見せる［Fusco 1995, Doerr 2008］。

植民地では、入植者にとって文化的他者である非西洋人の先住民は、「文明」の束縛から逃れた獰猛さかつ自由さを同時に体現するものとして、恐れとあこがれをもってとらえられた。そして、入植植民地国家の創立の言説では無視される一方で、ブランドネームに使われる（例えば、ポンティアック等）など表面的な文化の流用（appropriation）がされてきた［Goldie 1989］。

以上のような文化的他者との関係を分析した従来の研究は、学問、文学、パフォーマンス、シンボルなどでの文化的他者のイメージに焦点を当てている為、日常生活でいかに人々が文化の違いを構築し再生産していくかについては分析してこなかった。この章では、そのような日常生活での差異化の過程に注目し、シエラレオネでの滞在中にアメリカ人大学生が文化的他者を差異化した集団儀礼を分析する。

二　フィールドワーク

ケープカレッジ（本章の固有名詞は全て仮名）はアメリカ合衆国北東部の学生数約六〇〇〇人の公立の大学である。大学の国際教育センターは、海外からケープカレッジに留学してくる学生の世話をしたり外部の海外留学業者の中継ぎをしたりする他、ケープカレッジの教授が作り上げる独自の海外留学プログラムを提供する。一～二週間の短期留学プログラムでは、アルゼンチン、シエラレオネ、中国に行くものがあるが、この章で分析する海外留学は、二〇一二年五月一九日から六月二日にかけての二週間強シエラレオネに行ったもので、産婦人科系の医療管理の分野の向上を図る非営利団体と協働でケープカレッジの看護学部の二人の教授によって作られた四単位のコースだった。

その内容はコース案内に以下の様に説明されている：

「異なる社会的、政治的、そして医療管理の環境に触れ、文化の医療管理への影響を知る事を目的とする。最近の内戦とその後の政治経済がいかにシエラレオネの医療管理に影響を与えたかを理解する。ケープカレッジの看護学部教授がシエラレオネの看護学校のカリキュラムに与えた影響についても理解する。」

コースの一貫として、学生達は、出発前にレポートを書き、旅行中には日記を、そしてシエラレオネの医療管理を学生の身近な共同体での医療管理と比較するレポートを書いて提出する事が義務づけられている。留学を希望した八人の学生（履歴書、成績、留学する動機についての作文を提出）は全員参加を許された。その八人全員、そして二人の引率の教授と非営利団体を設立したローラは、全てこの調査に参加した。

留学参加者の民族的背景は多様で、引率の教授二人はそれぞれ自分の民族背景をジャマイカからの「黒人」と「白色人種（Caucasian）／アイルランド系アメリカ人」とし、学生達も自らを「白人／アイルランド系／チェコ系」、「オランダ系」、キューバからの「ヒスパニック系」、「白色人種」、ガーナから来た「アフリカ系」で「アメリカの市民権」をもっている、「ドミニカ系」、バングラデシュからの「アジア系」、そしてバングラデシュ系の「アメリカ人」と説明した。非営利団体の設立者ローラはシエラレオネ人で、二人の引率の教授、ローラ、調査者である筆者、そして六人の学生は女性で、二人の学生が男性だった。

滞在の数週間前に一時間のオリエンテーションが二回あり、引率の教授によるシエラレオネの歴史文化的背景についての説明と、ケープカレッジの国際教育センターのディレクターとアドバイザーによる滞在中の注意事項について説明がされた。

シエラレオネにはロンドン経由で飛び、初めの一週間は首都のフリータウン（Freetown）で過ごし、二週目は首都から二五〇キロ離れた町、ボー（Bo）で過ごした。ボーから日帰りで小さな村、ジミ（Jimi）にも行った。それぞれの町では、病院や医療管理センターを見学した。フリータウンでは、その他に看護学校、市場、海岸等をも訪れた。フリータウンとボーでは、無料身体検査を行い、シエラレオネの希望者の血圧や血糖値を測り、健康に関するカウンセリングをした。どちらの町でも、皆ホテルに泊まり、シエラレオネ人のドライバーや非営利団体の人々は滞在中いつも私達と過ごし、地元の習慣について説明してくれた。

フィールドワークは、出発前のオリエンテーションでの参与観察と調査参加者のインタビュー（それぞれのバックグラウンドや留学で楽しみにしている事や不安な事など、一五分から一時間にかけて。インタビューはすべて許可を得て録音）、滞在中の参与観察（筆者は全ての活動に参加し、フィールドノートをつけ、夕食後のミーティングの様子等を録音した）と調査参加者の一人三〇分ほどのインタビュー、そして帰国後の滞在中の経験についてのインタビュー（学生のうち二人は予定があわずメールでインタビューの質問を聞いた）からなる。

民俗誌のデータは常にそれぞれ主体的ポジションを持った調査者と被調査者とのかかわり合いの中からうまれて来るものである［Clifford 1986］。調査当時、筆者はケープカレッジで非常勤講師として働いていたが、この留学に参加した学生は誰も筆者の授業をとった事はなかった。筆者と学生の関係は、授業中の講師―学生の関係とは異なり、例えば、授業中に学生は筆者の事を「ドーア先生」と呼ぶのに対して、この留学の学生達は筆者の事を「ねりこ」とファーストネームで呼び、より平等な関係を持っていた。また、筆者が日本人である事も、シエラレオネ旅行中の筆者の立場を左右していたともいえる。

三　ハンドサニタイザーについてのコメント

シエラレオネ滞在中、私達はHSをよく使った。ほとんど全員が自分の携帯用HSを持ち歩いていたが、使うときは誰か一人が自分のHSを取り出し、それを皆で共用した。特に食事の前や病院を見学した後は、皆でHSを共有するのが儀礼の様になっていた。

帰国後のインタビューで、筆者は皆にいつ、どうしてHSを使ったか、そしてアメリカでも使うかについて質問した。八人の学生のうち、四人が「しょっちゅう使った」と答え、そのうちの三人はどういう時に使ったかを語った。何か汚いものを触った後、病院で患者に触った後、そして握手した後などである。

例えば、「白色人種」で生物化学専攻で大学三年を終わらせて留学していたブリタニーは、HSを使ったのは「しょっちゅう。しょっちゅう。病院の中で何度も、それから食事の前は必ず。随分沢山ピュレル（HSのブランド）を使った。シャワーを出たとたんに汗と虫除けのスプレーですぐ汚くなった気がしたから、少しでも清潔に感じるものが欲しかったんだと思う」と説明した。HSを使った理由としては更に、「微小生物体についてすごく敏感だから。そして、むこうにはいろんな種類のバクテリアがあるから。ただでさえ消化系のことで（下痢に）苦しんでいたから、バクテリアが少ないほどいいと。」ブリタニーはアメリカでもHSを使うが、「（シエラレオネにいたときと比べると）ずっと少ない。携帯用を持って歩いて、公衆便所で（使う）。使い方はきまってないけど、食事の前に手を洗ってなかったら使うとか。でも時々だけど」と答えた。アメリカでは大きいバッグを持っている時だけＨＳを持ち歩くと言った。

一五歳の時にガーナからアメリカに移民した生物化学専攻の大学三年を終えたエリアスは、ＨＳを「一時間に一回は使った。（時には）一〇分ごとに使った」と言い、その理由としては「ばい菌恐怖症というわけではないけど。でも（シエラレオネの）衛生管理に問題を感じたから。時々自己防衛をする必要を感じたから。だから、沢山使った。いつも誰かが持っていたし。誰かが皆に使わせてくれたから。ほとんど三〇分おきか一時間おきに使った。『あ、あの人今鼻くそをほった、で、その手を握手しちゃった。どうする？　ＨＳだ！』でしょ？　僕はばい菌恐怖症じゃないけど、そういう事を見たらやっぱり自己防衛したくなる。うん」と語った。アメリカではＨＳを使わず、一日に一～二回手を洗うという。

「白色人種」で看護学科の大学三年を終えたティファニーは、ＨＳは「い～～っつも使った」と言って笑った。「何の後でも使った。食べる前・食べた後、トイレに言った後、なんでもした後。市場に行った後。」それは、いろいろなものが汚いと思ったからだという。アメリカでのＨＳの使用は「あんまり。食事の前に使うか、ただ手を洗う。もし何か汚い事したら。うちではしょっちゅう手を洗っている。私の犬を触った後いつも手を洗う。においが好きじゃないから」と言った。アメリカではＨＳは持ち歩かないと言っていた。

看護学科の二年生を終わらせた「ドミニコ系」のリサは、メールでのインタビューでＨＳを「しょっちゅう使った。人と握手をした後」と書いている。理由は「病気等にかかるのを防ぐため」で、アメリカでも自分を「守る為」に「しょっちゅう」使うという事だった。

それほどしょっちゅうＨＳを使わなかった学生もいた。バングラデシュ系「アメリカ人」の生物学専攻の大学三年生を終えたムハンマドは、ＨＳを使ったのは「何かを食べる前。いろんな人と握手をしたら。特に病院で。

どんなものをその人が触ったか分からないし、その人がどういう病気を持っているか分からないから」と言った。アメリカではあまりＨＳを使わないと言い、「水を使えないときだけ使う。むこう（シエラレオネ）では石けんとか水を使える事が少なかったから（ＨＳを使った）」と説明した。アメリカではＨＳは持ち歩かないそうだ。

キューバからの「ヒスパニック系」で看護学科の二年生を終えたフェルンは「誰かが私を触ったから即ＨＳ、という感じではなかった。あまりＨＳは使わなかった。皆は沢山使ってたけど。でも、私はそうでもなかった。多分一日に一～二回。何か汚いものに触ったりした時、でもそのくらいで、もし誰かがハグしてくれたり握手をしたような場合は使わなかった。そうすると何だか失礼でしょ？」と言った。携帯用のＨＳを持ち歩いて、「自分の手が汚かったら」使ったが、「他の人の方が私より使っていた」と言った。アメリカでは、留学から帰ってから病院でインターンシップを始めたため、病院に行く木曜日は携帯用のＨＳを持ち歩くが、それ以外の日は持ち歩かないそうだ。その前は「もしそこにあったら使うけど」ということだった。

看護学科で二年生を終えた「白人／アイルランド系／チェコ系」のアリソンは、ＨＳを使った理由は「（触った人が）どんな病気やばい菌を持っているか分からないし、それを私にうつすかもしれないから。皆、手とか足とかあまりきれいでなかったから」とメールを通してのインタビューに書いた。アメリカでは「ほとんど使わない。ちょうど自分で持っているときとか、病院で働いている時使う」ということだった。アメリカでは普段は持ち歩かないと書いている。

シエラレオネでは病院訪問が多かったので、アメリカでの普段のＨＳの使い方とは上手く比較できないということを指摘した学生もいた。生物化学専攻で三年生を終えたバングラデシュ系の「アジア系」アンジャナは、ＨＳを使ったのは「誰かを触った後いつも、それから食べる前。人に触った後、特に病院では。アメリカではそういうこと（病院で人に触る）はあまりしない。向こうで人に触るときはだいたい病院でだった。だから病院ではＨ

Ｓが必要だし。こっちでも病院ではドアの所にＨＳがあるし、私はあまり病院に行っていろんな患者さんを触ったりしない。だから、それが大きな違いだと思う。でも、こっちでは、食べる前には手を洗うし、石けんや水がある。もしすごく汚いものを触った時の為に、バッグに携帯のＨＳを持ってる。でもあまり使わない」と言った。

引率の教授は、ばい菌については学生よりも気にしていないようだった。フィリップス教授は、ＨＳを使ったのは「食事の前、子供や患者を診察した後。他の人たちほど使わなかった。多分自分は恐怖感がなかったんだと思う。ばい菌に慣れているという訳ではなく、ばい菌に対しての恐怖感を感じなかった」と説明した。アメリカでも使うが「ここでは水があるので、手を洗う」と言った。

ビンガムトン教授もＨＳをそれほど使わなかったと言った。「使いはしたけど。何か汚いものを触った時等。でも一五秒おきにというような頻度では使わなかった。」今年の学生は、昔連れて来た学生程は使っていないらしい。かつては毎日一瓶ＨＳを使いきった学生もいたということだった。「何を触っても、すぐに使っていた。それでついに、ＨＳはそんなに効くものではないということを教えてあげた。何かとても汚いものを触った場合にはきれいになるけど、普通の日常触れるばい菌にはあまり効かないと。それでその学生はパニック状態になってしまった。」その学生はそれ以来、水で手を洗う様になったという事だった。ビンガムトン教授によると、学生達が頻繁にＨＳを使う理由としては「何でも触るものは消毒されて育って来た世代だから」ということと、旅行前に看護師が脅かしたからということだった。「（旅行前に予防接種等をした）看護師は学生達に新鮮な果物は食べるなと、ボトルに入っていないものは何も飲むな、食べるなと（注意していた）。行き過ぎ。沸騰されたものでなければ何も食べられないと言っているようなもの。」教授自身は、アメリカでは病院にいる時に携帯用ＨＳを使うが、それほど頻繁には使わないと言った。「出来る事なら、手を洗う。看護師だから。看護師は一五秒ごとに手を洗うもの。ＨＳもいいけど、手を洗う事は感染を防ぐには一番効果的」と言う事だった。

つまり、アンジャナやリサの様にアメリカでＨＳを使う学生もいたが、ほとんどはアメリカではあまり使わなかった。エリアス、ティファニー、モハンマド、アリソンの四人はアメリカではＨＳを持ち歩かず、ブリタニーは大きいバッグを持っている時に、フェルンは病院で働く時に持ち歩くと言う。リサはアメリカでも常にＨＳを使うと言っていたが、他の学生はほとんどたまにしか使わないという。とても汚い事をした時（ティファニー、アンジャナ）、病院で（アリソン、フェルン）、水や石けんがない時（ブリタニー、モハンマド、アンジャナ）等である。アーネストはＨＳの代わりに水と石けんで手を洗うと言っていた。教授達は食事の前と診断した後（フィリップス教授）と何か汚いものを触った後（ビンガムトン教授）にのみＨＳを使うという事だった。教授の二人とも学生達は清潔主義過ぎてパラノイア的だと語っていた。

四　「水による清め」対「水による汚し」

多くの学生（ティファニー、エリアス、ブリタニー、モハンマド、アンジャナ）や教授（フィリップス教授、ビンガムトン教授）は、水で手を洗う代わりにＨＳを使っていた。この背景には相反する二つの水のイメージがある。一つは、水は清めるものであるというイメージだ。つまり、手が汚れると水で洗ってきれいにするという構造である。だが、シエラレオネでは、水へのアクセスがない事もあり、そういう時には代わりにＨＳを使うこととなった。

もう一つの水のイメージは汚すものというイメージである。ビンガムトン教授が言った様に、旅行前にアメリカの看護師は、シエラレオネには私達の胃腸がなじんでいない細菌があるため、水道の水を飲まない様に、又水道の水で洗われたもので火が通っていないものは食べない様に、と学生達に忠告していた。この事はインタビューで何人かの学生も触れていた。ティファニーに滞在中にホームシックになったかと聞いたところ、ピザやサラダ等の食べ物が恋しくなったと答えた：「汚い水で洗ってないかとか心配しないでいいようなサラダを沢山食べたくなった。皆が『野菜は食べない方がいいよ。きれいな水で洗ってないから』と言うから。」又、エリアスはヤシの木の樹液から作った飲み物を大きなペットボトルで何本か買って飲み、ひどい下痢になった。それは、ヤシの木の樹液からだけ作られていると思って買ったのだが、普通の水道の水で薄められていたらしいと説明され、地元の細菌に胃腸が慣れていない旅行者にとって地元の水道の水はいかに危険かという事を証明する出来事の様に捉えられた。

水が汚いという事は、地元の人がどういう風に水を使っているかからも語られた。アンジャナはフリータウン中を流れる小川について「汚れていてすごく汚かったし、それなのにその中でシエラレオネの人たちが泳いだり行水したりしているのをみると、ちょっと。それをみてちょっと息がとまりそうになった」と語った。シエラレオネは貧しい国だと思うかという質問に、アンジャナはところどころそうだと答え、何が彼女にそう感じさせたかという質問に、「皆の生活の様子。人々の行動の仕方とかではなく、（汚い小川で）泳いだりしていることから」と答えた。水の汚さは人体への脅威のみでなく、社会の経済的状況につなげられて理解されていたのである。

つまり、シエラレオネでは、清めるものとしての水へのアクセスがないことと、汚すものとしての水という相反する概念から、私達はＨＳを使ったのである。このようなシエラレオネの水に関する見方はシエラレオネの衛生状態についての私達の印象を作り上げた一方で、その印象に基づく私達自身のＨＳの集団儀礼としての使用はその印象を強めて行った。

五　護符としてのＨＳ

生物医学では「汚い」ということと病気になることは関連していると考えられている。だが、何が「汚い」とされるか、そして何によって人は病気になるのかということは、共に文化的に決められる。今は古典となった『汚穢と禁忌』［Douglas 2002 (1966)］でメアリー・ダグラスが述べた様に、場違いなものは汚く、そして危険であると捉えられる。何が病気の原因になるかも、呪い、魔法薬、ばい菌等様々に捉えられ、文化的に決められる。

ニコラス・ローズ［Rose 2007］は、二一世紀になって健康というものは新しい見方で語られる様になったとする。その見方の一つは「健康促進」（optimization）で、健康対病気という二項対立で病気を治すということではなく、最もよい健康状態を作っていくことを目的とするものである。健康促進の為には、将来どういう病気にかかりやすいか（susceptibility）ということを遺伝子等から判断しそれを元に対処することと、精力、忍耐力、注意力、寿命などを最高に引き出す（enhancement）ことが重視されている。

つまり、健康状態の見方は、細菌の有無という視点から最近は少し離れて来ているというのだが、ＨＳの頻繁な利用からは、細菌や「汚さ」が私達の健康へ危害を与えるものであるという見方が根強くある事が浮き彫りにされる。細菌に関して言えば、地元の水は地元の人の胃腸にはあっていても、その細菌になれていない旅行者には危険で下痢をおこす為、ティファニーやビンガムトン教授のインタビューにある様に、私達は地元の水を避けた。ただ単に「汚い」からという意味で、それから身を守る為にＨＳが必要となることもあった。フリータウンの一見汚れた川の水はアンジャナにとっては泳いだり行水するには、ましてや飲むには汚すぎた。他に、ティファニーにとってマーケットは汚すぎた。リサ、モハンマド、アリソン、そしてアンジャナにとってシエラレオネの人々の手は汚いと捉えられた（フェルンはそうは感じなかったが）。

ここでHSはそのような細菌から私達を守ってくれるものと捉えられていた。ビンガムトン教授が言う様に、そう効き目はないので、集団儀礼としてHSを使う私達にとって、HSは護符的役割があった。つまり、これは、本当に細菌が多いかとか研究者はどういっているかという事とは関係のない、単に汚さや細菌への恐怖心からおこる精神的な不安を取り去ってくれる役割があったのだ。

六　文化的他者から差異化する為の儀礼

場所や社会関係の意味づけは、行動やものによってパフォーマティブに構築される。ミシェル・ド・セルトー［de Certeou 1984］は、人はある場所を歩くという行動を通してその場所に意味を与え自分の跡を刻印するという。鈴木正崇［鈴木　二〇〇八］は人形等の儀礼の道具は、その置かれた場所の意味づけをするという。会話中に使う言語の種類は、会話者の間の社会関係を作り出す［Urciuoli 1996］。同様に、HSの使用はパフォーマティブに社会関係の意味や場所の意味づけをするものだと捉えられる。

HSの使用は文化的他者とその他者が住む場所を私達から差異化する集団儀礼といえる。HSを使うたびに私達は自分達とHSを必要としないシエラレオネ人とを差異化する集団儀礼に参加していたのだ。その過程で、「地元の細菌に弱い為保護される必要のある私達アメリカ人」と「そういう細菌に慣れているシエラレオネの地元の人たち」という二項対立が打ち立てられて、その差異はHSを使用するたびに強調された。場所的には、「病院や公衆便所でのみ細菌が繁栄し、私達になじみのある細菌のみ存在するアメリカ」と「そこら中になじみのない細菌が繁栄するシエラレオネ」が差異化されていったのである。

アメリカ人とアメリカはここでは二重に表象されている。第一は、アメリカ人は清潔（好き）だというイメージである。第二ではアメリカの水は常に清潔であり、他のものを清める事の出来るような水である。つまり、アメリカは清潔な国であるというイメージである。反対に、シエラレオネでは清めるものであるはずの水が手に入らないか、あるいは汚かったため、HSが使用されたということから、シエラレオネ人とその国はあまりきれいでないものと二重に表象された。第一はより細菌に慣れているというイメージで、第二は衛生度の欠ける国というイメージである。

ここで重要なのは、この儀礼は集団儀礼だという事である。HSはしばしば共有された。それぞれの人が自分のHSを持って使うのではなく、誰かが自分のHSを取り出し、他に使いたい人がいないか皆に声をかけるのが通常であった。この文脈ではHSを使わずにはいられない圧力がしばしばかかっていた。人によっては、このように使用を促されなければHSは使っていなかったかもしれない。食事の前には必ずHSが皆で共用され、その使用を必要とする人たちという意味で一種の連帯感を生み出していた。

援助を与えるという立場から私達とシエラレオネ人の上下関係ははっきり存在してはいたものの［Sin 2009］、私達は、シエラレオネが内戦の引き起こした悲惨な結果から立ち直る途中であるという風に状況を理解し、共感的であった。ティファニーはインタビューでそのような理解を説明し、エリアスは多くの人の貧困は上部層の腐敗によるもので、資源は豊富であってもそこからくる富が上手く分配されていないと説明した。それにも関わらず、私達の健康管理という目的から、毎日ほとんど毎時間のようにHSを使うことにより、「私達」と「彼等」を差異化していたのだ。

おわりに

海外経験は、学生達が居心地のいい環境から外へ出て、新しい状況で試練を与えられる事によって人生経験を積んでいく為に重要な機会だとされている［Brockington & Wiedenhoeft 2009］。文化的他者との遭遇は自分にとって居心地のいい環境から出る為の重要な一歩である。そのような状況で、ＨＳの使用は、新しい環境に浸りつつ、居心地のいい清潔な場所に私達を連れ戻してくれる護符の役割を果したといえる。私達は、シエラレオネを蔑視している訳でもなく、内戦の結果に対して共感を抱いていた。それにも関わらず、シエラレオネを汚い水や細菌の存在という視点から捉えて、激しい下痢を引き起こすかもしれないという目に見えない危機感／恐怖心を持ち、ＨＳという護符にすがり、その使用という集団儀礼を毎日繰り返し、シエラレオネ人と彼等の国を差異化したのである。

文化的他者は、学問、文学、パフォーマンスなど様々な形で差異化されて来たが、この章ではいかに文化的他者が日常生活の活動を通して差異化されていくかを分析した。何が汚く、何が病気を起こすかというような文化的概念に支えられて、健康管理の名のもとに、アメリカ人とシエラレオネ人の差異は、ＨＳという護符を中心とした集団儀礼として浮き彫りにされ、かつ再生産されていったと言える。

文献

鈴木正崇
　二〇〇八　「空間の表象としての人形――山形県飽海郡遊佐町の場合」『哲学』一一九号、慶應義塾大学三田哲学会、一～三四頁。

Brockington, Joseph L. and Margaret D. Wiedenhoeft
2009 The Liberal Arts and Global Citizenship: Fostering Intercultural Engagement Through Integrative Experiences and Structured Reflection. In *The Handbook of Practice and Research in Study Abroad: Higher Education and the Quest for Global Citizenship*. Ross Lewin, (ed.), pp. 117-132. New York: Routledge.

Clifford, James
1986 On Ethnographic Allegory. In *Writing Culture: The Poetics and Politics of Ethnography*. Clifford, J. and Marcus, G., (eds.), pp. 98-121. Berkeley: University of California Press.

de Certeau, Michel
1984 *The Practice of Everyday Life*. Berkeley: University of California Press

Doerr, Neriko
2008 Global Structures of Common Difference, Cultural Objectification, and their Subversions: Cultural Politics in an Aotearoa/New Zealand School. *Identities: Global Studies in Culture and Power* 15(4): 413-436.
2012 Study Abroad as "Adventure": Construction of Imaginings of Social Space and Subjectivities. *Critical Discourse Studies* 9(3): 257-268.
2013a Damp Rooms and Saying "Please": Mimesis and Alterity in Host Family Space in Study-Abroad Experience. *Anthropological Forum* 23(1): 58-78.
2013b Do "Global Citizens" Need the Parochial Cultural Other?: Discourses of Study Abroad and Learning by Doing. *Compare* 43(2): 224-243.

Douglas, Mary
2002 (1966) *Purity and Danger: An Analysis of Concepts of Pollution and Taboo*. London: Routledge.

Fusco, Coco
1995 *English is Broken Here: Notes on the Cultural Fusion in the Americas*. New York City: The New Press.

Goldie, Terry
1989 *Fear and Temptation: The Image of the Indigene in Canadian, Australian, and New Zealand Literatures*. Montreal: McGill-Queen's University Press.

Koritz, Amy.

1997 Dancing the Orient for England: Maud Allan's The Vision of Salome. In *Meaning in Motion: New Cultural Studies of Dance*. Jane Desmond, ed. Pp. 133-152, Durham: Duke University Press.

Lisle, Debbie.

2006 *Global Politics of Contemporary Travel Writing*. Cambridge: Cambridge University Press

McDermott, Ray and Varenne, Herve

1995 Culture as Disability. *Anthropology and Education Quarterly* 26(3): 324-348.

Pratt, Mary Louise

2008 (1992) *Imperial Eyes: Travel Writing and Transculturation*. London: Routledge

Rose, Nikolas

2007 *The Politics of Life Itself: Biomedicine, Power, and Subjectivity in the Twenty-First Century*. Princeton: Princeton University Press

Said, Edward

1978 *Orientalism*. New York: Vintage Books.

Sin, Harng Luh

2009 Who are We responsible to? Locals' tales of volunteer tourism. *Geoforum* 41: 983-992.

Urciuoli, Bonnie

1996 *Exposing Prejudice*. Boulder: Westview Press.

●第二部　日本編

顕密のハビトゥス――修験道を再考する

白川琢磨

序――「修験道は民俗宗教である」という命題

修験道とは何だろうか？　昭和六一年〔一九八六〕に刊行された『修験道辞典』の中で宮家準先生自身がこう書いている。「修験道は日本古来の山岳信仰が外来の密教・道教・儒教などの影響のもとに、平安時代末に至って一つの宗教体系を作りあげたものである。このように修験道は、特定教祖の教説にもとづく創唱宗教とは違って、山岳宗教による超自然力の獲得と、その力を用いて呪術宗教的な活動を行なうことを旨とする実践的な儀礼中心の宗教である〔宮家　一九八六：一九〇〕」。この宗教システムとしての修験道とは別に、組織名称としての「修験道」があるのだが、こちらは「岡山県倉敷市林に教団本部を持つ修験教団」〔宮家　一九八六：一九一〕の名称で、宮家先生ご自身が、古代末期の熊野長床衆に由来する、五流尊滝院を筆頭とする由緒ある教団の第三七代住職及び管長〔法首〕に平成二四年〔二〇一二〕夏に就任されたことは誠に意義深いことである。後者と同じく、前者も実体概念と捉えて、慶應義塾大学宮家研究室の研究活動は半世紀近く続けられてきた。筆者もその末席を汚していた当時の研究室のメンバーは、先生の指導の下に理論的には主に文化人類学や宗教学の学問訓練を受けながら全国各地のフィールド調査（民俗調査）に勤しんできた。各々その力点の置き方は違うものの我々の学会活動は、文化人類学・宗教学・民俗学の三学会を循環するものとなった。

その研究活動を俯瞰するなら、その中心に「修験道は民俗宗教である」という命題が支柱となり、その周縁に向かって調査研究が展開されてきたともいえよう。民俗宗教（folk religion）とは、これまで民間信仰とか固有信仰、あるいは民衆宗教、さらに習合宗教などと力点の置き方の違いによって様々な名称を付されてきた概念である［島村　二〇〇二］。宮家は、それらを整理・統合し、研究領域や方法までをも包括する「宗教民俗学」という学問体系を樹立した［宮家　一九八九］。そこでは、民俗宗教は、「……柳田や折口が試みたように、外来のものをとり去っていって始原をなす固有のものを発見する方法ではなく、むしろ日本の民俗宗教が外来の諸宗教を摂取し変化させていく仕方、そこに見られる法則性を発見」［宮家　一九八九：一二］するというように、理論的モデル（範型）としての側面が強調されてはいるが、歴史的にもその形成主体が「民衆」である所の実体概念であることは変わらない。

つまり歴史的実体としての修験道は、仏教でも密教でも神道でもなく、日本の民衆が形成してきた民俗宗教であるという命題に支えられて、我々の研究活動は展開してきた。何よりもその後、先生ご自身による三大研究書の上梓、『修験道儀礼の研究〈増補決定版〉』（春秋社、一九九九）、『修験道思想の研究』（同、一九八五）、『修験道組織の研究』（同、一九九九）、によって、修験道の存在は、学界においても宗教界においても確立し疑念の余地を許さないものとなった。(1) ちょうどこうした研究がピークにさしかかる頃、筆者は中央を離れ、四国、その後九州へと移り、中央における研究とは「距離を置いて」修験や修験道に関わらざるを得なくなった。そこで経験したことは、一言で言えば「修験道は民俗宗教である」という基本命題が、修験道と民俗宗教という両極から次第に崩れていったのである。本論では、この経験の軌跡を辿ってみたい。

一　「修験道」から「顕密仏教」へ

もうかれこれ十年以上も前のことになるが、修験の調査で九州の国東半島、六郷満山と呼ばれる中の、ある山岳寺院に立ち寄った際に、私の度重なる質問に、年輩の無口な住職が感に堪えないようにこう漏らした。「あなたは先程から修験、修験とおっしゃるが、修験というのは行法の名前でありまして、私も修行して居る時は修験者かもしれませんが、経文を読んでいる時もありますので……どうもそう呼ばれるのは落ち着かない。[2]」また、F寺の住職は、住職という言い方に抵抗を感じてこう説明した。「住職というと檀家は何軒かということになるが、檀家はこのFという集落の二十軒ほどになる。この二十軒は今では農業だったり、御土産物屋だったりするが、元は坊であって、全部の坊でこのF寺という寺になるわけです。で私はその中の院主坊という一つの坊になるわけです。ではその坊とは何かということになると……山伏と言うか何と言うか……」と口ごもってしまった。どうも当時私の持っていた概念枠組と、僧侶たちの経験世界とが齟齬をきたしていた。P・ブルデューの言葉を借りれば、六郷満山の僧侶には歴史的に蓄積された実践経験の集約（ハビトゥス）があり、それが修験研究の枠組には適合しないのである。[3]

写真１　檜原山正平寺の「衆徒さん」

豊前地方には彦山を取り囲むように六つの山岳寺院が位置しており、豊前六峰とか彦山六峰と呼ばれてきた。そのうちの一つが檜原山正平寺《ひばるさんしょうへいじ》である。他の諸寺院が神仏分離・廃仏毀釈の影響で廃絶を余儀無くされたのに対し、正平寺は元来寺院としての色彩が濃く、神社の側面が表面化しなかったこともあって、廃絶を免れて今日に至っている。[4]この正平寺で桜花の頃に行なわれるのが「檜原マツ」である。「マツ」という名称からも類推されるように本来は「松会《まつえ》」であり、周辺の彦山や等覚寺と同じく正式な仏教法会が営まれていたのであろうが、現在は三所権現の三体の神輿と天台宗の組寺の僧侶らによる神前読経、そして安置された神輿の前での田遊び等の芸能が行なわれているに過ぎない。この行事の神輿行列を先導するのが、白装束で裹頭《かとう》（白い袈裟で頭を包む）姿、薙刀を担いだ数名の若者である。地元の若者が扮するのだが、彼らのことを土地の一般の人たちは「弁慶さん」と呼んでいた。義経／弁慶の、あの武蔵坊弁慶である。おそらくその扮装上の類似に由来する言い方であろう。ところが行列を熱心に見守っていた二人の老婆がいたので、そのことを聞くと、若い人は弁慶さんと呼んでいるが、あれは昔から「衆徒《しゅと》さん」と呼ばれていたと言うのである。なおも私があれは山伏かと確かめると、二人から明確に「山伏《やんぶし》じゃなか！」と断定されてしまった。

衆徒とは一体何者か？　その組織的実体は「寺社」という範疇で括られる。寺社の成立は、古代に遡るが、それが最も隆盛し、社会の確固たる基盤となったのは中世であり、歴史学者、黒田俊雄は、それを「寺社勢力」と呼んだ。それは、「……南都・北嶺など中央の大寺社を中心に組織され、公家や武家の勢力とも拮抗していた一種の社会的・政治的な『勢力』のこと」で、「ほぼ平安時代のなかごろから戦国時代の末まで約六百年ほど存続していた」とされる［黒田　一九八〇：ii］。戦国時代の末とは、黒田によれば、元亀二年（一五七一）の織田信長による比叡山焼き討ちをそれに当てるが、それは確固たる「勢力」としての終焉であり、寺社という組織形態そのものは、明治元年（一八六八）の神仏分離までは存続するのである。その組織の実態は、統率者として別当、座主、検校、長者などが位置し、寺務管理の役職として三綱、即ち、上座《じょうざ》・寺主《じしゅ》・都維那《ついな》があり、その下に政所や公文所といった寺務局が置かれた。そして寺院に所属する僧侶の全体が、大衆《だいしゅ》、あるいは衆徒《しゅと》と呼ばれたのである。その主な目的は「学（学解・学問）と行（修行・禅行）」であり［黒田　一九八〇：二六］、学に携わる場合は学衆《がくしゅ》・学《がく》侶《りょ》・学生《がくしょう》、行に携わる場合は行者《ぎょうじゃ》・禅衆《ぜんしゅ》・行人《ぎょうにん》などと呼ばれた。このような学僧や修行僧を中核部とすればその外側には、彼らに近侍する堂衆《どうしゅ》・夏衆《げしゅ》・花摘《はなつみ》・久住者《くじゅうさ》などが位置し、また特定の堂社や僧坊の雑役に従う承《じょう》仕《じ》・公人《くにん》・堂童子《どうどうじ》が存在し、さらにその外延には、仏神を奉じる神人《じにん》や、その堂社に身を寄せる寄人《よりうど》や行人の存在があったのである［黒田　一九八〇：二五―五五］。

この組織の意思決定は、別当や座主を頂点とする上意下達的な階層制ではなく、少なくとも重要な決定は僉議《せんぎ》や評定と呼ばれる大衆や衆徒の全体評議の場で為された。裹頭《かとう》とはその際誰の発言かを特定されない為の工夫であり、大衆僉議における発声にも声明に類似する独特の工夫があったといわれる。[5] また薙刀も、僧兵と呼ばれたように武装する衆徒を象徴する持ち物である。[6] このように見てくるなら、正平寺で神輿を先導する彼らを「衆徒」と呼ぶことは極めて真正な（authentic）呼称である。おそらく、近世期には数坊にまで減少していた山内の坊を象徴する存在なのである。また彼らを弁慶と呼ぶこともそれ程誤っている訳でもない。武蔵坊弁慶も平安末期に実在した人物であり、元来は比叡山の衆徒であったからである。ところが、『修験道辞典』では、弁慶は、その行歴のなかで「修験者的側面を濃厚に兼備した僧兵像が有名である」として取り上げ、山伏装束や山伏問答など「弁慶に仮託された『山伏像』を通して、当時の修験社会の一端を垣間みることができる」とされる［宮家　一九八六：三三七―三三八］。むしろ、弁慶に「山伏像」や「修験者的側面」を仮託しているのは研究者の側ではないかとも思えるのである。では、衆徒と山伏を明確に区別した檜原山の老婆の言う「山伏」とは何を指しているのだろうか。北部九州一帯における「山伏《やんぶし》」という民俗用語の指示対象は、少なくとも「修験道法度」（慶長八年一六一三）以降、本山派（聖護院）・当山派（三宝院）に分かれて地方に定着していった近世期の修験者がそのイメージの原型である。その意味で衆徒と山伏は異なるのである。

中世あるいはそれ以前に遡る衆徒の活動のほとんどは、上述したように「学と行」であり、学・行兼修を旨としていた。行といっても山岳抖擻《とそう》だけに限られるわけではなく、禅行も観法もある。前述した住職は、修験の語を山岳抖擻と捉えて行法としたのである。しかしながら中世以降、学行兼修を旨とした大衆や衆徒のあり方に大きな変化が生じてくる。それが組織的な変化にも徐々に繋がってくる。即ち、学僧（学侶）方と行人方への身分・役割の固定化である。黒田は、白山加賀馬場を事例としてその歴史的経緯を論証している［黒田　一九九五ｂ］。元来、学僧方に、貴族層や武士層、行人方に百姓、平民層という大まかな身分差はあったものの身分・役割の固定化にまで繋がった最大の要因は僧侶の「妻帯」にあったように思われる。(7)学僧方は、最後までこの流れに逆らい、妻帯せずに血脈（法脈）を継承していくのだが、行人方を中心とする世俗継承の怒涛の中で、本来出家集団において当然とされていた支配／被支配の関係は逆転していき、行人方への世俗権力の移行が生じていくのである。このような寺社組織の変移を通じて見ていくなら、修験霊山とされるような山岳における修験の隆盛とは、行人方の分離・独立とそれへの権力中心の移動とも捉えられるのである。

彦山（英彦山）は九州最大の修験霊山である。その組織は、長野覺が明治初期の史料から作成した図１に見られる。(8)近世後期の組織概要とされるが、それによると座主を頂点に全体は「衆徒」「修験」「惣方《そうがた》」に大きく三分されている。このうち、衆徒は、法華経書写の霊験功徳によって五穀豊穣を祈念する「如法経会（ねふぎょうえ）」及び釈迦の「誕生会」を中心に「修験・天台宗を兼勤し、年中大中四八座の本地祭主をつとむ」とされている。修験は、春・夏・秋三季の峰入り修行を行ない、大先達への昇進儀礼である「宣度祭《せどさい》」をはじめ「年中大小祭祀五十余座の祭主となる」とされる。一方、惣方は、色衆《いろしゅ》、刀衆《かたなし》と称される神事両輪組から成り、松会、御田祭、神幸式などやはり年中五十余度の祭主を務めるのである。

図1　江戸時代後期の英彦山の宗教組織(長野覚作成)

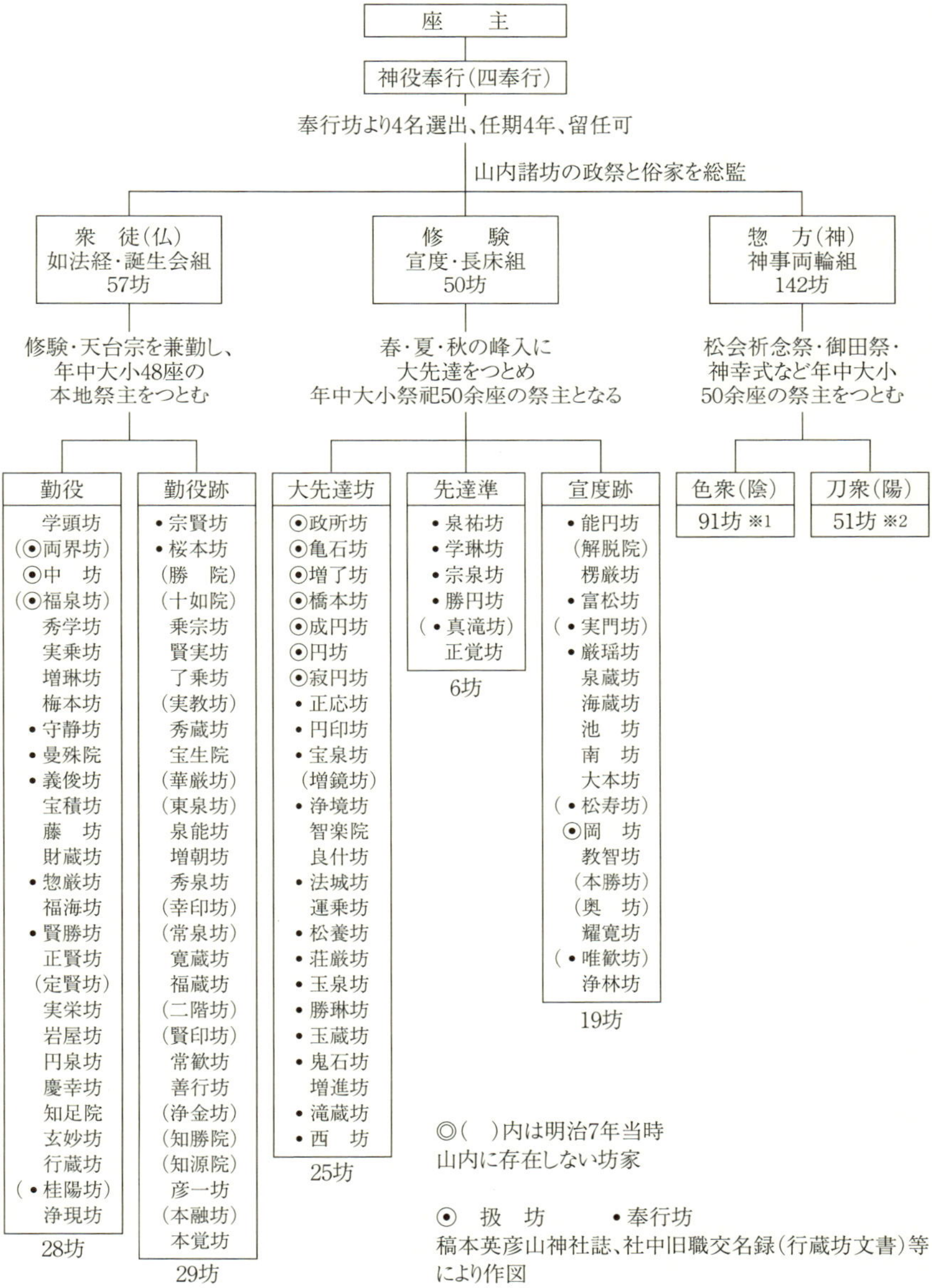

※1　色衆（陰）　91坊				
万行坊	（妙禅坊）	中門坊	（乗琳坊）	（最勝坊）
定久坊	（乗学坊）	通乗坊	光泉坊	（通妙坊）
金光坊	水口坊	祐泉坊	（三賢坊）	（了教坊）
了密坊	乗智坊	智泉坊	（滝泉坊）	（善知坊）
（真能坊）	（乗長坊）	（真蔵坊）	（当忍坊）	（円俊坊）
（常満坊）	（祐賢坊）	真行坊	（党乗坊）	（聖諦坊）
寂行坊	（長祐坊）	了智坊	（玉賢坊）	（通源坊）
（耀空坊）	（浄戒坊）	（円真坊）	（玉増坊）	真応坊
理行坊	正実坊	（長善坊）	（常行坊）	（十養坊）
乗願坊	杉本坊	明鏡坊	智幸坊	（浄祐坊）
善学坊	（福寿坊）	善明坊	多聞坊	（本通坊）
寿泉坊	（元皓坊）	（恵光坊）	（慶輪坊）	（山本坊）
（清栄坊）	萱　坊	（宝蔵坊）	（宗欽坊）	（蔵祐坊）
光明坊	巧賢坊	（円鏡坊）	鏡真坊	（知常坊）
大石坊	堯通坊	（畠性坊）	（鏡達坊）	（浄玄坊）
増印坊	（覚密坊）	•慈栄坊	（覚尊坊）	
（善勝坊）	俊実坊	（玉等坊）	（玉乗坊）	
智幸坊	集蔵坊	（当智坊）	（財徳坊）	
浄本坊	（真徳坊）	（智俊坊）	吉祥坊	

※2　刀衆（陽）　51坊		
本落坊	（浄玉坊）	本蔵坊
智妙坊	良玉坊	実行坊
宝厳坊	鏡徳坊	良品坊
偏善坊	顕揚坊	理現坊
即中坊	浄光坊	（善光坊）
正直坊	覚賢坊	乗泉坊
（義秀坊）	•了玉坊	宗真坊
慶覚坊	増智坊	実宗坊
集寂坊	勢堂坊	（•石仏坊）
（増光坊）	教授坊	（教観坊）
（谷口坊）	（乗達坊）	祐玉坊
円覚坊	増亀坊	泉鏡坊
密乗坊	財式坊	定覚坊
光飲坊	本徳坊	（慶実坊）
良順坊	（法輪坊）	（祐学坊）
善能坊	常薬坊	仙命坊
慈飲欽坊	真光坊	新　坊

この図を、坊数から捉えれば、衆徒五七坊、修験五〇坊に対して惣方は一四二坊と圧倒的ではあるが、図中に示されるように、座主との血縁関係が認められる「扱坊《あつかいぼう》」の数では、衆徒＝三、修験＝八、惣方＝〇、政治的に上位の役僧である「奉行坊」の数では、衆徒＝八、修験＝二一、惣方＝三とその分布に偏りがあり、政治的権力関係においては、修験―衆徒―惣方の序列的関係が見て取れる。

さて、これを先述した寺社組織と重ねれば、彦山の組織的特徴が明らかとなる。彦山で言う衆徒とは「学僧方」であり、修験が「行人方」、通常、ここまでが寺院大衆と呼ばれる中核層であるが、彦山では、それらより下位に位置する「神人」層を格上げし、山内に取り込んだ形となっているのである。また、彦山の衆徒が「修験・天台宗を兼勤」するとされていることも「学行兼修」のハビトゥスを継承するものとなっており、また組織全体としても、数年で各坊がこの三区分の所属変更を行なう「性替《しょうがえ》」という制度があるが、それもまたその伝統に沿うものであろう。長野は、行人方、即ち修験が、檀家数の増加による経済的優位によって、組織全体の支配を確立する過程があった点を指摘しているが、彦山霊仙寺という中世寺社が本来の形として生粋の修験組織ではなかっ

た点には留意しなければならない。(9)

顕密仏教とは、歴史的に言う旧仏教と同義語であり、中世寺社が奉じた教義内容を当時用いられていた「顕密」という言葉で表したに過ぎない。字義通りには「顕教《けんぎょう》」と「密教」を表す。(10) 顕教とは、南都六宗と言われる三論《さんろん》・成実《じょうじつ》・法相《ほっそう》・倶舎《ぐしゃ》・華厳《けごん》・律《りつ》の六宗である。歴史的には、法隆寺や大安寺を拠点とする三論宗が成実宗を付置し、元興寺や興福寺を拠点とする法相宗が倶舎宗を従え、やや遅れて東大寺を中心にした華厳宗と唐招提寺を中心とする律宗がそこに加わったという形をとる。密教とは、いうまでもなく天台（台密）と真言（東密）の二宗である。顕密とは、これら八宗の各々、そしてその総和を指すと同時に、さらにそれを越えた圧倒的な密教の優位をその意味内容に含むとされる。黒田の表現によれば、以下の通りである。

> ……顕密各宗派の敵対的でない競合、したがって並存が承認される。奈良の六宗と平安の二宗つまり「八宗」が、公認された体制となる。……各宗は、それぞれ独自の教理をもつ。教理はむろん精緻な論理によって構成されているが、しかし「顕密」体制のもとでは論理主義は貫徹せず、かならず心理主義的な神秘にぼかされる。そして密教の神秘の坩堝《るつぼ》で溶接されることで、すべてが包摂されることになる。顕密仏教は、すべての論理を貪欲に包摂し溶解し吸収する不思議な思想的生体である［黒田　一九八〇：二一二］。

こうした顕密仏教が先述した寺社組織を支えていた教義体系なのである。正確に言えば、顕密寺社という歴史上実在した組織の中で、顕密仏教は単なる教義ではなく、儀礼や修行の中で実践的な役割分化を担ってきた。豊後、国東半島に分布する六郷満山と称される寺院群は、そのほとんどが、養老二年（七一八）の仁聞《にんもん》菩薩の開基を伝え、本尊と並んで「六所権現」を祀るのであるから、そうした顕密寺社の典型と言っても過言ではない。その中核寺院の一つである長安寺に、安貞二年（一二二八）の「六郷山諸勤行并諸堂役祭等目録写」が伝えられている［渡辺　一九八五］。これは、時の執権北条家の祈願に対して、諸寺院が行なった祈祷や六所権現に対する祭儀を列挙してあるものだが、その末尾に諸寺院の活動に対して注目すべき記述がある。

　右、当山霊場於テ御祈禱致ス所ノ目録、斯ノ如シ。仍テ顕宗学侶ハ　観音医王宝前ニ跪キ　一乗妙典ヲ開講シ　仏賢ヲ増ス。密教仏子ハ　八幡尊神ニ屈シ　六社権現ノ社壇ニテ　神咒ヲ唱ヘ　法味ヲ備フ。初学行者ハ　人聞菩薩ノ旧行ヲ学ビ　一百余所ノ巌窟ヲ巡礼ス。是レ偏ニ三道ヲ兼ネ……祈精之状　件ノ如シ。[11]

　まず、「顕宗学侶」は観音菩薩や薬師如来に膝まずいて「一乗妙典」、即ち法華経を学ぶとされ、「密教仏子」は、八幡神を崇め、六社権現の社壇において「神咒」を唱える。さらに「初学行者」は仁聞菩薩に縁《ゆかり》のある百余りの巌窟を回峰修行する。そしてこれら「三道」を兼ねて祈精することが明確に述べられている。ここから、顕密仏教が寺社組織において実践体系としてどう具体化されていたかを読み解くことができる。理念的な学行兼修は、学侶／行者の軸だけなく、顕教／密教、仏／神の軸と織り成されて展開されていたのである。修験道においても、その教義の要、即ち教相判釈（教判）として、「顕密不二」が説かれてはいるが［宮家　一九八六：八五］、それは顕密仏教全体をカバーするものではない。

　さて、ここまで北部九州の事例で検討してきたが、上述した鎌倉時代の宗教実践の伝統はその形態に変化が生じているとはいえ、概ね今日まで持続しているのである。例えば、「初学行者」についての回峰行は、当初は個人行として実践されていたようであるが、元禄年間になって両子寺を中心に約一ヶ月をかけた集団峰入りとなり、さらに戦後は十年に一度六日間をかけた回峰行となっており、寺院を継いだ住職にとっては必ず果たすべき義務とされている。また、「顕宗学侶」と「密教仏子」に関する修行の形態は、旧暦一月七日夜に、実施されている「修正鬼会」にその集約された表象を見て取ることができる。[12]

ともあれ、顕密仏教と修験道の関係について言えば、前者は後者を包摂するものであるが、その逆はない。全国的にそれが妥当するかどうかは定かではないが、少なくとも北部九州については、歴史的に実在した顕密仏教の概念枠を適用したほうが有効であると思われる。しかしながら、それに反する事例が生じていることも報告しておかねばならない。六郷山の前回の峰入り（回峰行、平成二二年）の際に立てられた多数の幟に「天台修験道」の文字が明記されていたのである。この幟を用意したのが、役所であるのか、寺院側であるのかは不明である。この逆説的な表現をどう理解すべきか、困惑する所であるが、やはり顕密仏教に比して活発な修験道「研究」の影響力が六郷山にも及んでいると見て間違いはないであろう。六郷山寺院の諸種の儀礼に新たに参入することになった一般の人々や観光客にとって修験道のほうが遥かに馴染みがあり、分かり易いのである。それが、逆に僧侶たちに影響し、修験道の研究書を備えて再帰的にそれを学ぶという事態が徐々に進行中なのである。

二 「民俗宗教 folk religion」から「宗教民俗 religious folklore」へ

「修験道は民俗宗教である」という当初の命題に戻ろう。どのように修験道を顕密仏教から説明しようとしても、修験道にはそれに帰せられない面が残る。それが、民俗宗教としての側面である。民俗宗教とは、「民間信仰にかわって一九七〇年代以降使用されるようになった」〔新谷　二〇〇六：五三八〕概念で、「生活慣習の中に伝えられている非体系的な民間信仰」と成立宗教を対立と捉えるのではなく、その両者の習合（syncretism）の動態を包括的に捉える概念である。[13] これがあるが故に、修験道は成立宗教である顕密仏教とイコールではなく、民衆の側

写真２　ダム水没集落の最後の鬼火焚き（福岡県朝倉市栗河内 2010 年１月７日）

からの相互交渉の結果として派生した宗教と説明され、成立宗教には決して還元され得ないのである。しかしながら、成立宗教と民間信仰の「間に」存在する動態であるにせよ、folk religion という名称からも推察できるように、その宗教システムの形成主体が「民衆 folk」であることは変わりない。その点においては、柳田や折口の固有信仰とも通じているのである。そしてそれ故に民俗宗教は、民俗学において最重要な概念の一つとして地歩を得ているのである。

筆者は、民俗（folklore）の存在を否定するものではない。「伝承と慣習の複合体」である民俗は、我々がフィールドで日々直面し、考察と研究の対象としているものである［平山　二〇〇六：五二八］。それは、人類学で言えば、長い歴史過程の中で蓄積・蒸留された実践（practice）の集約であるハビトゥス（慣習）と同義である。そしてその総体としての民俗から、近年疑義が示されているとはいえ、[14]「宗教的」な領域を定めることも可能であり、宗教民俗を研究対象とすることもできると考える。だが、民衆が形成主体である所の「民俗宗教」というシステムが実在し、それが今日実践されている諸種の宗教民俗を説明できるということになるとそこに大きな違和感を覚えるのである。

具体的な事例で考えてみたい。正月に火を焚く行事は、一般に「とんど」とか「どんど」と呼ばれることが多いが、「小正月の火祭行事」であることは確かで、民俗学の枠組では、正月に迎えた歳神を、注連飾りなどを燃やすことで「送る」という基本的な意味が認められている［倉石　二〇〇六］。一般に正月行事というものが、歳神の迎え送りに関係するのであるから、基層的な民俗宗教が措定されていると見て差し支えないであろう。ところが北部九州では面白い事例に出くわす。糸島市のある公民館でこの行事を案内する立て札に、「どんど焼き（ホウケンギョウ）」と記されていた。早速係りの人にその意味を問うてみると、どんど焼きだけにすると若い人には分かるが年寄りには何のことだか分からないと思ってホウケンギョウの文字を添えたというのである。年寄りの理解では、どんど焼きとはホウケンギョウのことなのである。どちらが基層にあるかは明白である。

このホウケンギョウ、ホンゲンキョウやホッケンギョウなどと転訛して北部九州の広域に分布している。現在では、大体、一月一四日前後、即ち小正月に火を焚く行事がこう呼ばれることが多いが、ほぼ同じ範域に「オーネビタキ」という呼称も重複している。こちらは一月七日前後のことが多いが、そう整然と区別されているわけではない。両者は混在し、地域によっては錯綜して用いられている。つまり、正月に火を焚く行事は、七日と一四日の二系統が存在しているのである。[15]

これらの呼称の意味は何であろうか？　ホウケンギョウは、「法華行」あるいは「法華経会」に、そしてオーネビタキは「鬼火焚き」に由来することは明らかである。佐々木哲哉によれば、ホウケンギョウ呼称地域は、安楽寺信仰圏とほぼ重なってくるという。[16]安楽寺とは、安楽寺天満宮、即ち太宰府天満宮の神仏分離以前の名称であり、典型的な顕密寺社であった。「鬼火焚き」も鬼と火から類推されるように、顕密寺社における「修正鬼会」に関係している。仏教の正月法会である「修正会」と直接結びつくわけではないが、ここに認められる二系統、即ち七日と一四日の節目は修正会の儀礼過程における節目と密接に関連している。つまり、修正会における顕密修行の「結願《けちがん》」や「満願」の日に相当するのである。この修正会と民間で行なわれるホウケンギョウやオーネビタキの間に介在するのが地域祭礼として大規模に実施される幾つかの行事である。前述した太宰府天満宮では、現在でも一月七日夜、火と鬼の祭礼である「鬼すべ」が行なわれているし、久留米市の大善寺《だいぜんじ》玉垂宮《たまたれぐう》では、同日同時刻に勇壮な「鬼夜《おにょ》」が催されている。また、かつては旧暦一月一〇日前後に行なわれていたのが、筑後市の

写真３　大善寺玉垂宮の「鬼夜」

熊野神社（元は坂東寺の一部）の「鬼の修正会」である。詳述する余裕はないが、同種の儀礼は北部九州一帯に散在している。[17]

さて、正月に火を焚く行事をまとめてみよう。一方の極には、ホウゲンキョウとかオーネビタキと呼ばれる七日と一四日を軸とする民間の火焚き行事が広く分布している。次にそれより数は少ないが、地域の中核となる寺社を中心に、「鬼すべ」や「鬼夜」など祭礼が存続している。そしてもう一方の極には、六郷山の「修正鬼会」など現在では少数しか残存していない顕密寺院の「修正会」が位置する。全体の布置をこのように捉えるなら、正月の火焚き行事の系譜は、地域中核寺社の祭礼に繋がり、さらにその淵源は中核寺社を統括する大規模な顕密寺社の修正会に行き着くのである。つまり、正月の火焚き行事という民俗に我々が見るものは、かつて人々を物心両面にわたって支配した顕密寺社という「権力の痕跡」なのである。[18] 黒田は寺社勢力の存立期間を信長の比叡山の焼き討ち（一五七一）までの約六百年としたが、それは寺社が「勢力」として政治的・経済的にも社会を支配したという意味であって、その後は、武装解除され（刀狩）、近世幕藩体制の中で、政治経済的実権は剥奪されるものの、「祈祷系寺社」として地域の宗教的支配権を存続させていったことを考えれば、神仏分離（一八六八）までの約千年にわたって支配した顕密という宗教権力の影響力の大きさを考えざるを得ないのである。正月や新春の宗教民俗として我々が出くわす様々な事例、「火」や「鬼」は言うに及ばず、裸の若者や、女性への悪態、餅や酒、大飯や強飯などの食事慣行など、あらゆるものをもう一度、民衆が担ってきた民俗宗教としてではなく、「顕密のハビトゥス」として考え直してみる必要があるのではないだろうか。[19]

最後に、もう一例だけ検討してみたい。今度は秋である。北部九州で「おくんち」と言えば秋祭りの代名詞である。各地で華やかな祭礼が繰り広げられている。「おくんち」の原義としては、「供日」、「宮日」などの字も当てられるが、やはり「御九日」で、旧暦九月九日を指すのが妥当であろう［西日本新聞社・福岡県　一九九七：九二―九三］。今では祭礼期日はばらばらではあるが、旧式を守る地域では旧九月九日に収斂する傾向が認められる。福岡県朝倉地方の由緒ある神社も旧暦を守ってきた神社の一つである。その神社の現在の宮司から以前、疑問をぶつけられたことがある。その疑問というのはこうである。先代から宮司を継承する際に、当然のことであるが神官（神主）の免許が必要であり、彼としては力を入れて秋祭りの意義、収穫感謝の祭りであることを学んだ。ところが先代から引き継いで彼自身も丹念に付けてきた覚え書によると、統計上、旧暦九月九日に、収穫を終えている年の方がむしろ少ない。収穫を終えていないのに収穫感謝の祝詞を上げることに矛盾を覚えたりするのだが、これは祝詞が誤っているのか、それとも九月九日という祭日が誤っているのかと言うのである。(20)

この疑問にどう答えればいいのだろうか。まず、九月九日という祭日について、顕密寺社のハビトゥスにおいてどう位置づけられているのか。これについては、先述した安貞二年（一二二八）の長安寺文書が参考となる［渡辺　一九八五：一四―一二］。ここに計三三の寺社や岩屋が列挙されているが、そのうち一八ヶ寺において、神祭についてては「二季五節供」という定型的な表現が用いられている。五節供とは、一月一日、三月三日、五月五日、七月七日、九月九日の節会を表しており、九月九日は各寺社において遷座や神輿の動座を伴う最終節会として重要な位置を占めている。二季についてては定型的な表現だけでその内容が分からないのであるが、そのうち、二ヶ寺についてのみ記載がある。「後山石屋」では「二月十一月初午勤也」、「辻小野寺」では「二季祭　二月十一月中午日勤」とされている。二季祭とされているように、本来季節の祭りとされているのはこちらであり、「初」か「中」かの違いはあるが、二月と一一月の午の日に執行されていたことが分かる。筆者は、ここから着想を得て、英彦山（彦山）の山麓の幾つかの大行事社（現・高木神社）で、現行の祭日と比較検討してみた[21]。すると興味深い結論が得られた。一一月の祭りは、「霜月丑祭」として幾つかの各地域で宮座を伴う代表的な祭礼として存続する一方、地域によっては宮座を伴う祭礼が「おくんち」に移行しつつあったのである。つまり、収穫感謝の秋祭りは、本来、完全に刈入れの終わった一一月、即ち霜月祭の系譜に位置づけられるものであったが、五節供のうちの盛大なおくんちが根強く存続することで、やがては霜月祭の衰退を招きそれを吸収や合併、あるいはそれとの混同をもたらしたのではないかということである[22]。

結——顕密のハビトゥスをめぐって

かくして筆者は「修験道＝民俗宗教」論から大きく外れ、「宗教民俗＝顕密のハビトゥス」論へと大きく舵を切ることになった。敢えて修験道や民俗宗教に批判的な立場をとろうとしたわけでもそれらを否定しようとしたわけでもない。偏に北部九州というフィールドの力によるものである。「どんど焼き（ホウケンギョウ）」の例からも分かるように、もし柳田の「固有信仰」のような基層を設けるとすると、ちょうど表層と基層の関係が逆転しているのである。しかしながら、北部九州の民俗文化は「顕密のハビトゥス」がそこかしこに見出されるような中世以来の不変性が優越する文化ではない。それは大きな変動の最中にある。民俗宗教について言えば、人々は単に「どんど焼き」と名称変更するだけではなく、その背後に在る「歳神の送迎」を民俗学から「学ぶ」かもしれない。また秋祭り＝収穫感謝という意味づけは、田の神・山の神交替説も含めて既に神官たちの知識体系の中に定着している。六郷山の峰入りに平成二二年（二〇一〇）に出現した「天台修験道」の幟は、修験道の学説が新たに流入し定着しつつある「兆し」であるかもしれない。そうして見ると北部九州の現代という構図は、フィールド固有の「顕密のハビトゥス」というベクトルと修験道や民俗学という研究上のベクトルが、ちょうど拮抗した状態にあることが大きな特徴であるといえるかもしれない。

因みに、北部九州の民間信仰を探っていくと顕密のハビトゥスに似た仏教（密教）的鉱脈に突き当たることを最初に指摘したのは筆者ではない。最後にその例を報告して本稿を終わることにしたい。松岡実は、大正八年（一九一九）生まれの郷土の、そして在野の民俗学者である。彼は自らの職に関しては、大分県別府の「修験道鶴見山寺住職」と記している。『九州の民間信仰』は、昭和四八年（一九七三）に全国各地方の一巻として刊行されており、松岡はその中で「大分県」を担当している。[23] 松岡は、「はしがき」で、大分の特徴を長い歴史の中で培われてきた神仏混淆の形が「神仏分離後百年を経た今日でもなお、……県民の民間信仰の中に生きつづけている」として、本論が「そうした姿をありのままに述べたものである」（傍点筆者）ことを強調している。実態に基づく民間信仰の諸相を網羅的に検討・記述した後で、彼はこう結論づけている。「私が述べてきたさまざまの民間信仰は、ほとんどがこれら民間宗教家の関与によって成立をみたことを断言してはばからない」（傍点筆者）。彼の言う民間宗教家とは、近世期の盲僧や修験者、そしてその受け皿となった祈祷系寺院に拠った宗教的職能者を指すが、その淵源は中世の「天台・真言勢力」、即ち筆者が言う顕密寺社勢力に遡るというのである。さらに彼は結論を続ける。「……江戸時代再編成された宗教界は、死者儀礼を主とする滅罪寺院と、御日待や作祭など農耕儀礼や病気平癒祈願など現世利益を主に扱った祈祷寺院とに二分化され、後者は仮に長男が庄屋となれば、弟は修験者となって、いずれも世襲制によって相続されてきたというような例が極めて多」く、今日の我々が重視してしまう神社の「神官の抬頭は幕末から明治以後のことであって、それまでは余程の大社でない限り神職はいなかった。大部分の神社には別当寺があったり、あるいは逆に神社は寺院の鎮守であったりしている。したがってこれら神道家が民間信仰や屋敷神の造立にそう強い影響力をもったとは思えない」というのである。大分県の民間信仰をつぶさに、そして「ありのままに」調べ上げて得たこの結論を、彼は当時の日本民俗学会で自信を持って発表した。ところが和歌森太郎から手厳しい批判を受けた。それは完膚なきまでの叱責であったという。同席した佐々木哲哉は、「学会とはかくも厳しいところか」と驚いたそうである。何が和歌森を激怒させたのか。おそらく松岡の結論が、民俗宗教（民間信仰）や修験道に関する和歌森の「教義」と食い違ったからであろう。だが筆者はこう考える。彼は、民間信仰の地層をありのままに掘り下げていって、「顕密のハビトゥス」という鉱脈に突き当たったに過ぎない。ただ和歌森の「教義」ではそうした鉱脈は存在するはずがないのである。

注

（１）主要著作の位置づけと評価については、［宮家　二〇一三：三三七—三八七］。また「修験道を民俗宗教の典型」と捉える宮家の立場については、［宮家　二〇一三：三八九—四七一］参照のこと。
（２）二〇一三年二月にお会いして確認したら、高齢のためその事は忘れたということであった。
（３）［ブルデュー　一九八八］を参照のこと。
（４）それでも山内の院・坊や堂などは破却され、今日では寺院本体を残しているに過ぎない。
（５）［黒田　一九九五ａ］を参照のこと。
（６）［日置　二〇〇三］を参照のこと。
（７）この「妻帯」の問題は研究上、もう少し注目されても良い重要な問題である。それが、日本の仏教の最大の特徴であると同時に、仏教教義上、全く説明がつかない妻帯が山内に持ち込まれたことの反動が、我が国に点在する山岳寺院の「女人禁制」という抵抗の表象を形成していったのではないだろうか。例えば、［鈴木　二〇〇二］を参照のこと。
（８）［長野　一九七七］。なお、図１は、八四頁から引用した。また本記述については、［白川　二〇〇六］を参照のこと。
（９）［長野　一九七七］を参照のこと。
（10）［白川　二〇〇七］を参照のこと。
（11）［渡辺　一九八五：二〇］。原文は漢文であり、筆者が書き下した。
（12）［白川　二〇〇七］を参照のこと。また、本節初めに触れた坊集落に関しては、［飯沼　二〇一一］を参照のこと。

(13) ［新谷　二〇〇六：五三八］。また［宮家　一九八九：一一三〇］を参照のこと。
(14) ［池上　二〇〇三］を参照のこと。
(15) ［西日本新聞社・福岡県　一九九七：一四六—一四七］では、「ほうけんぎょう」と「おおねびたき」が一月七日、一方、一月一四日が「どんど焼き」と「左義長」と分けているが、その後の調査で混在していることが分かった。しかし、本来、ここでは七日の系統しかなく、一四日系統についてはその呼称と共に後から移入された可能性もある。
(16) 同氏からのご教示による。
(17) ［白川　二〇一〇］を参照のこと。
(18) 宗教を権力との関係において捉える見方については、［アサド　二〇〇四］を参照のこと。さらにそこから敷衍すれば、宗教とは権力の落差、つまり権力の強弱から派生するともいえるもので、民衆から自然発生的に生まれたとする民俗宗教とは対極に位置するものである。
(19) くれぐれも誤解がないように願いたいのだが、筆者は、宗教民俗が顕密仏教の「教義」から説明できると言っているのではない。約千年にわたって日本社会に君臨した顕密仏教は、その当初から民俗化の過程にあった。換言すれば、大陸から伝来した大乗仏教が日本社会に定着する中で、即ち幾分民俗化した形態が顕密仏教に他ならないのである。こうした側面を強調するために黒田は「顕密主義」という語を用いている。
(20) この点については、以下の論考で詳しく論じられている。［中西　二〇〇七］を参照のこと。
(21) ［白川　二〇一二］を参照のこと。
(22) 補足して置きたい。二季祭のうち、二月の祭りはどうかという点については、彦山周辺の大行事社については、歴史上相当早い段階で、彦山本山における松会に収束し、周辺の村落では「彦山参り」の習俗に転化したのではないかと考える。また松会の際に「種籾」が配布されていたことも注目される。霜月祭と対比させて考えれば、それは単に「収穫を感謝する」機会であるよりも、荘園領の収穫から「税を徴収する」場であったのではないかと考えられる。［白川　二〇一二：一一二—一二五］を参照のこと。
(23) ［佐々木ほか　一九七三］。松岡執筆の「大分県」は二二九—二七三頁である。

文献

アサド、タラル

飯沼賢司
　二〇〇四　『宗教の系譜――キリスト教とイスラムにおける権力の根拠と訓練』中村圭志訳、東京：岩波書店。
　二〇一一　「『くにさき』と六郷山」『遺跡学研究』第八号、一一四～一一九頁。
池上良正ほか編
　二〇〇三　『宗教とはなにか』岩波講座宗教第一巻、東京：岩波書店。
倉石忠彦
　二〇〇六　「とんど」『精選日本民俗辞典』東京：吉川弘文館、三九九～四〇〇頁。
黒田俊雄
　一九八〇　『寺社勢力――もう一つの中世社会』岩波新書。
　一九九五ａ　『顕密仏教と寺社勢力』黒田俊雄著作集第三巻、京都：法蔵館。
　一九九五ｂ　「白山信仰の構造――中世加賀馬場について」『顕密仏教と寺社勢力』黒田俊雄著作集第三巻、京都：法蔵館、二四一～三一〇頁。
佐々木哲哉ほか
　一九七三　『九州の民間信仰』東京：明玄書房。
島村恭則
　二〇〇二　「民俗宗教」『新しい民俗学へ』小松和彦・関一敏編、東京：せりか書房、二三三～二四一頁。
白川琢磨
　二〇〇六　「〈落差〉を解く――豊前神楽をめぐる歴史人類学的一解釈」『国立歴史民俗博物館研究報告』第一三二集、二〇九～二四二頁。
　二〇〇七　「神仏習合と多配列クラス」『宗教研究』三五三、二五～四八頁。
　二〇一〇　「修正会」『福岡の祭り』アクロス福岡文化誌編纂委員会編、アクロス福岡文化誌四、東京：海鳥社、一八～三三頁。
　二〇一二　「湖底に沈んだ文化資源――地域開発と文化保存」『地域共生研究』創刊号、福岡大学福岡・東アジア地域共生研究所、九九～一三二頁。
新谷尚紀
　二〇〇六　「民俗宗教」『精選日本民俗辞典』東京：吉川弘文館、五三八頁。
鈴木正崇

二〇〇二『女人禁制』歴史文化ライブラリー一三八、東京：吉川弘文館。
中西裕二
二〇〇七「十月と注連縄——福岡県北部の事例から」『市史研究ふくおか』第二号、福岡市史編纂室編、九一～一〇〇頁。
長野　覺
一九七七「英彦山山伏の在地活動」『英彦山と九州の修験道』中野幡能編、山岳宗教史研究叢書一三、東京：名著出版、八〇～一二二頁。
西日本新聞社・福岡県編
一九九七『福岡県文化百選　くらし編』福岡：西日本新聞社。
日置英剛編著
二〇〇三『僧兵の歴史——法と鎧をまとった荒法師たち』東京：戎光祥出版。
平山和彦
二〇〇六「民俗」『精選日本民俗辞典』東京：吉川弘文館、五二八頁。
ブルデュー、ピエール
一九八八『実践感覚』1、今村仁司・港道隆訳、東京：みすず書房。
宮家　準編
一九八六『修験道辞典』東京：東京堂出版。
一九八九『宗教民俗学』東京：東京大学出版会。
二〇一三『修験道と児島五流——その背景と研究』東京：岩田書院。
渡辺澄夫編
一九八五「豊後国荘園公領史料集成二」『別府大学史料叢書第一期』一四～二一頁。

神社の儀礼にみる歴史性と政治性――能登一宮の鵜祭を事例として

市田雅崇

はじめに

本論では、大社の儀礼を事例として、さまざま集団の伝承とその世界観がせめぎ合いながら、地域社会の世界観が形成された過程を追ってみることにしたい。ここでいう大社とは古くから地域社会の中心にあり崇敬を受けた神社であり、本論では一宮を事例としてとりあげる。大社の儀礼は神話的な始原を演じるもので地域社会の世界観をあらわし、統一性をもたらしている。宮田登は村落の鎮守の氏神祭祀圏で規制される以上の広がりを想定した「神社祭祀圏」を提示し、そのなかで「地域住民の心意を規制する軸」としての民俗を明らかにし、それによって連帯し得る範囲を地域社会として理解すべきと説いた〔宮田　一九八五：一五〇〕。本論では能登一宮の気多神社の鵜祭を事例として見ていくが、この儀礼は能登の神話的始原を演じており、気多神社の「神社祭祀圏」は鵜祭を軸に連帯していると見ることができる。とはいえ多様な地域性や歴史性を含みつつゆるやかなまとまりである点は指摘しておかなければならない。ここでは鵜祭の中心的役割を担う鵜捕部という祭祀集団を中心に、関連する土地ごとの集団を採りあげる。これらの集団に潜在する「小さな物語」の世界観と大社の儀礼の「大きな物語」の世界観との社会的文脈・政治的文脈の差異のなかで理解することで考察を進めたい。この視点に立つと、社会集団での人々の結集の場である儀礼はそれを担う社会のあり方を象徴的に世界観として表出し、儀礼を再演することによって現前化する。由来などの伝承はそれらに正統性を与える歴史的な物語と見ることができる。以下では、現地調査および文献から地域社会の世界観を提示し、さらに近代国家の神社政策における儀礼の意味づけの変化を追いながら、歴史性と政治性との関係を視野に入れつつ考察を進めていくことにする。(1)

一　鵜祭

1　鵜祭概略

一二月一六日早朝、気多神社（石川県羽咋市）で鵜祭が行われる。神前で鵜を放ち、本殿内の神鏡前の案上にとまると取り押さえ、その鵜の動きで吉凶を占う。鵜はそのまま抱きかかえられて、気多神社の前に広がる海浜に放たれる。鵜祭で有名なのはこの神託の場面である。しかし一連の儀礼の過程として見ると七尾市鵜浦《うのうら》町における鵜の捕獲、鵜浦から気多神社に至る道中、そして気多神社での神事の三つに大きく分けることができる。現在でも鵜の捕獲から、鵜の様子、神事での鵜の動きおよび神託が石川県の新聞やテレビで報道されるなど地域の関心を呼ぶ儀礼となっている。とはいえ鵜祭に関する伝承や習俗は地域ごとに多様であり、さまざまな要素が入り交じっている。そこで鵜祭の儀礼と由来や伝承、それらに関連する習俗を詳しく見ていこう。(2)

2　鵜祭の由来とその叙述

鵜祭の由来は、気多神大己貴命《おおなむち》が「高志《こし》の北島」より神門島《かど》（鹿渡島）に着いたとき、この地の御門主比古神《みかどぬしひこ》が鵜を捕らえて気多神に献上したことによるという［小田吉之丈他編　一九二八：一六四～一六五］。気多神はその後、鹿渡島から七尾へ移り、さらに能登半島北部の鳳至・珠洲郡を平定して現在の一宮の地（羽咋市）に鎮座したと伝えられる［羽咋郡編　一九一七：七六〇～七六一］。一方で外来の神と土着の神々との出会いとその関係性をめぐっていろいろな物語があり、それらが鵜祭の習俗や神事として行われている。たとえば気多神と御門主比古神について見ても以下のような伝承がある。気多神が鹿渡島で化鳥を退治し、助けてもらった鵜が御礼として気多に詣でた(3)（「御尋随由来条々」元和五年）、櫛八玉神（御門主比古神社相殿の神）は気多神の御子神であり、鵜となって海底に入り、魚を捕らえて父神に献上した(4)（「能州一宮鵜祭之規式」）、御門主比古神と謀った櫛八玉神が鵜となって海中に入り、魚を捕らえて献上した［羽咋郡編　一九一七：七七五］、など。また鵜は元来人身御供であったが後に生贄として鵜を捧げるようになったという伝承もある［中山太郎編　一九三三：二四九］。これらは外来の神である気多神と土着の神である御門主比古神が対となって能登を平定するという由来の物語が基調にあり、そこに土地ごとにさまざまな伝承が付随している。

これらがいつごろから語られ、鵜祭の伝承の一つとなっていたかは定かではない。しかし鵜祭は古くから能登一宮の儀礼として重視され、中近世の寺社縁起類や近世の地誌や紀行文に記されている。中世末の「気多神社古縁起」(5)、謡曲「鵜祭」(6)、「能登国祭儀録」(7)（享禄四年〈一五三一〉）、近世では気多神社が加賀藩に提出した「能州一宮鵜祭之規式」（天明七年〈一七八七〉）などに現在の鵜祭につながる儀礼の記述が確認できる。なかでも詳細な『能登名跡志』（安永六年の序文〈一七七七〉）には次のように叙述されている(8)。

毎年十一月中の巳の日は鵜祭とて、昔は代々の帝より勅使有て、四方にかくれなき祭礼也。同国鹿島郡中山の郷鵜浦村より鵜を取て捧ぐ。一宮まで十一里道の程あり、道すがら勧進す。所口本宮にて卯の日新嘗の祭礼とてあり。夫より良川村の宮にて一宿し、己午の日一宮にて清の祓あり、丑の刻に神前へ鵜をはなつ。鵜自ラ本社の階を登る。戸帳の前にて羽叩して跪く所をとらへて海へ放つ。此鵜極めて越後国中山の神社能生権現の磯に寄る。其時能生権現の祭礼也。此謂は近き浦にもあるべきに、遠き鵜浦より鵜を捧る事、或時北島の女神此鵜の浦の磯辺へ寄給ひて、一宮の御神と夫婦になり給ふ。其後御中あしく成給ひ、女神又越後の能生へ飛給ひて、ある社地をかり跡を垂れ給ふ。能生権現も中山の郷中山の神社、又鵜浦も中山の郷也。今も鵜田とて神田ありて、当屋の者此田を作て鵜を取て捧る也。則利家公御御墨付あり。

ここには現行の儀礼のかたちや伝承とほぼ同じ内容が記されており、現在一般的に語られるような鵜祭を中心とした民俗社会の世界観を確認することができる。では次に、鵜祭の儀礼の過程を追いながら、習俗や伝承を詳しく見ていくことにしよう。

二　儀礼の過程

鵜祭は（一）七尾市鵜浦町（鵜捕り）、（二）鵜浦から気多神社（羽咋市）に至る道中、（三）気多神社（鵜祭）という三つの場面に分けられる。（一）では鵜捕部《うとりべ》と鵜捕神事、（二）では鵜と鵜捕部が移動する沿道各地における習俗・伝承、（三）では気多神社における神事がある。

1 鵜捕部・鵜捕神事

鵜捕部が居住し、鵜が捕獲されるのは、七尾市の中心部から北東に一〇キロメートル程離れた、七尾市鵜浦町鹿渡島である。鹿渡島は崎山半島の北端に位置し、東は富山湾、西は七尾湾、北は小口瀬戸を隔てて能登島と接し、三方を海に囲まれた地理的環境にある。鹿渡島の産土社は御門主比古神社で、御門主比古神と櫛八玉神を祀る。相殿の櫛八玉神は、はじめ鵜浦の山崎地区にある阿於《あお》谷に鎮座していた阿於社の祭神で、寛政年間に御門主比古神社に合祀されたという。御門主比古神社は明治初年に阿於社と改称されたが、同一六年現社名に復した。

鵜祭地図

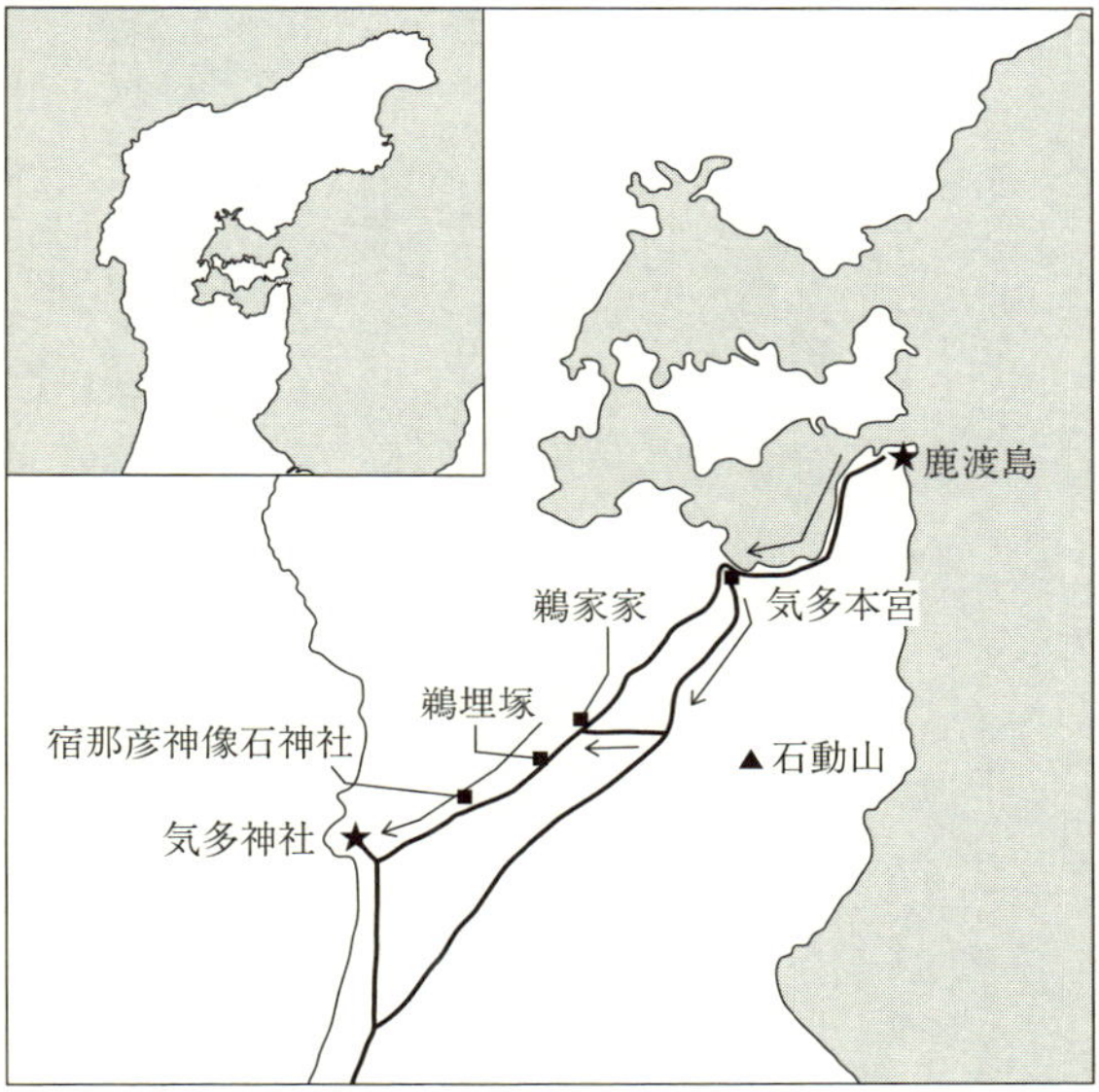

近世期には矢田村天神社（現七尾市矢田町の松尾天神社）の大森氏が兼帯し、鵜捕部の長であった江澤氏が社務職を勤めていたが、明治以後は鵜祭の関係から気多神社の付属社となった。同社の社伝によれば、各地を巡幸して妖賊を誅討していた大己貴命が高志の北島から船で神門島（鹿渡島）にたどり着いたとき、土地の神である御門主比古神が鵜を捕り大己貴命に饗した。これ以来、神門島の岩壁にすむ鵜を捕らえて毎年気多神社に奉献することになり、今日の鵜祭として伝えられている［小倉　一九八五b］。同社の祠官大森但馬守による貞享二年由来書上には「同郡鵜浦村氏神御門主阿於大明神、同末社ニ御門津波久志社・門嶋鼻社・阿於野辺社と中候而御座候、鵜浦之門嶋ゟ（異）一宮鵜祭之節、鵜

今ニ取上ケ申候」とある。[9]

鵜捕部は近世以来二一戸あったが現在は二〇戸で、鹿渡島の旧家である。近世には気多神社に参向する当番の者を「鵜取兵衛」、鵜を捕獲する家柄の者を「與四兵衛」と呼んでいた。また「鵜浦村百姓之内当番之者弐人宛」（「能州一宮鵜祭之規式」）とあり、明治六年の記録にも「年番ノ鵜取部二人」（「気多神社年中行事」）と二名充てられていたが、現在は鵜捕部二〇戸内の決まった順番に従って毎年三戸がつとめ、それぞれ一人ずつ計三人の鵜捕部が気多神社に参向する。[10]なんらかの理由で参向できない場合には、基本的には山口家が代役をつとめるが、親戚や他の鵜捕部に頼むこともできる。当番のうちの一戸を鵜宿とし、鵜を参籠するための鵜籠を製作する。当番の家は一一月半ばに材料の茅を伐採して陰干し皮を剥き、一一月末から籠を編む。大きさは高さ、直径とも一尺八寸で竹によって補強し作製される。これに榊・御幣をくくりつけ、茅で編んだ蓋をつける。鵜籠ができると、鵜籠と酒を持って小西家を訪れ、鵜捕りを依頼する。小西家は明治二〇年に気多神社から鵜捕部の主任を命じられ、以後現在まで一子相伝の方法により鵜を捕獲している。鵜が捕獲される場所は鹿渡島の観音崎の断崖で鵜捕崖と呼ばれており、崖には幅約五〇センチメートルの鵜休み岩が帯状に約一〇メートル形成されている。こうして捕獲された鵜は鵜宿の鵜籠に入れられて気多神社への参向を待つのである。

このほか、鵜捕部が鵜祭を行なうための田地が鵜浦にあり、鵜田と呼ばれている。これは前田利家が天正一三（一五八五）年、戦乱のため絶えていた鵜祭を再興させるために、鵜捕部に対し鵜田二反を与えたことによる。[11]この鵜田の三石は草高から免除されていた。現在聞く話によると、前田利家が鵜捕部に欲しいだけ与えるとしたところ、当時の鵜捕部が二反を所望し、この大きさの田地になったという。外見の上は他の田地と変わりはないが、現在も二〇戸内の決まった順番で四戸ずつ一組となり、毎年耕作して鵜祭に関する費用に充てている。

2　鵜祭道中

《鵜様と鵜捕部》

鵜捕部の出立は必ず一二月一二日と決まっており、早朝に鵜浦を出発する。最近では鵜の捕獲が難しくなり、平成一二年には一二日正午頃に鵜が捕獲され、その日の午後に出発となった。平成二四年には鵜が捕獲できなかった。こうした鵜の捕獲に関する状況は例年新聞やテレビで報道され、現在でも鵜祭への関心が高いことがうかがえる。

鵜捕部は気多神社から送られてきた烏帽子と白丁を着用し、そのうちの一人が鵜籠を背負って道中を行く。鵜籠のなかの鵜が座っているときは軽く、立っているときは重く感じられ「肩にくる」という。道中は「うっとりべー(うっとるべー)」と連呼しながら歩く。白丁を着用するようになったのは四〇年ほど前からで、それまでは籠を担ぐ人は簑と竹の傘、他の二人は農作業に着るようないでたちに白い布を肩からかけるのみであったという[12]。白丁の装束は遠くからでも目に止まるため、沿道の人々は「白装束の方は鵜様や」と口々にいい、「鵜様」の目印となっている。

鵜を「鵜様」と呼ぶのは神格視して神と崇めているからであり、鵜のしぐさや行動は敬語で表わされる。また毛色で翌年の天候を占う伝承もある。「鵜様」を一目見ようと、鵜捕部の参向する沿道には人々が立ち並び、鵜に対して手を合わせ祈ったり、賽銭をしている。こうした光景は道中のいたるところで見ることができたが、年々寂しくなっているのが現状である。

《鵜祭道中》

鵜捕部三人が鵜浦を出発すると、櫛八玉神の墓と伝えられる鵜塚が鵜田の近くにあり、ここを拝礼する［七尾市史編さん専門委員会編　二〇〇一：五三六〕。鵜捕部は崎山半島の西側を南下し、七尾市三室町、大田町、矢田新町を経て鹿渡酒造店（七尾市木町）に立ち寄る。この店には鹿渡島出身の人が開いた由縁から立ち寄ることになっている。このほかにも道中には鹿渡島出身者が鵜捕部を迎えることが何軒かあったという。七尾市今町の春成酒店で昼食をとり、御幣を鵜籠につけかえる。先々代の祖母が、御幣が汚かったので取り替えたのが最初という[13]〔石川県教育委員会編　一九九八：九六〕。この日は夕方になるまで旧七尾町の東側（御祓川より東）をまわり、大手町にある旅館さたみやで一泊する[14]。

一三日は朝より旧七尾町の西側をまわり、正午頃気多本宮に到着した。中門で鵜と鵜捕部の祓いを行った後、拝殿に進み鵜籠を供える。本宮での鵜祭は柏祭あるいは能登の大御供祭とも称され、スズヒコ神、ヘクラ神、タケクラ神、ケタ神という能登の主要な神々が召され祭祀が行われる。このとき神饌として供えられるのが稲穂、白酒、柏餅、鮑そして鵜であり、このうちヘクラ神に対して舳倉（輪島）の鮑、タケクラ神に対して能登部の稲穂、そしてケタ神に対して鹿渡島の鵜が神饌として供えられ、能登の新嘗祭として鵜祭が行われる[15]。享保一六（一七三一）年の「気多本宮縁起」には「当月初の丑より未の日まで一七日の間は、国中の貴賤男女共に潔斎して、俗語に是を能登神の大御供《おごく》と云」と記されている[16]。かつては夜中に祭祀を行い、本宮で一宿したという。現在では本宮での鵜祭のあと、白酒、鮑、小豆汁で直会が行われる。

午後二時頃気多本宮を出発し、七尾市古府町、飯川町などを通って東往来（現在の国道一五九号線旧道）を南下、鹿島郡中能登町に入る。同町二宮で西に進路をとり、同町徳前を経て同町良川に到り鵜家氏宅で宿泊する。この家は鵜と鵜捕部が一泊することから鵜宿と呼ばれている。鵜捕部は普通の挨拶ではなく「うっとるべー」といって家に入る。鵜の餌は千路の潟でとれた鮒を生きたまま与え、鵜捕部には専用の衣服、布団で休んでもらう。かつて当家に不幸があったとき、他の家に鵜宿をしてもらったが気多神社での神事が順調にいかなかったため、この家が鵜宿をしなくてはならないといわれている。鵜捕部が気多神社まで行くのに中能登町二宮あたりまで来て、反対側の西往来（現在の県道二号線旧道）にあかりが見えたのが現在の鵜家家で、その明かりを頼って泊まったのが鵜宿のはじまりで、明治になってからという。もともと「オーエ」を名乗り、鵜が泊まる由縁から鵜家という名字になったという(17)［鳥屋町教育委員会編　一九九五：一二八～一二九］。現在では人が住んでいないため、鵜祭に際して親戚が戻って来て饗応している。

一四日午前八時半鵜宿を出発し、中能登町良川の白比古神社で修祓後、西往来を進む。沿道の同町西馬場には鵜埋塚がある。気多神社に向かう途中、鵜が死んでしまったので埋葬した場所と伝えられている。同町金丸の宿《すく》那《な》彦神像石《ひこのかみのかたいし》神社宮司梶井家宅に到着し、ここで昼食をとり、修祓し御幣をとりかえる。梶井家を出ると程なくして鵜石と呼ばれる石が沿道の辻にあり、ここでかつて「卜喰《うらはみ》の神事」という鵜に鯉を与える神事があった。現在では梶井家で邑知潟の鮒一〇匹を鵜に与える(18)。以前は鵜石のあたりまで湖水が来ていたが昭和二三～四三年の邑知潟の干拓事業で水辺であったおもかげはなくなっている。しかしこの石はこの土地の人に「鵜様の休む石」といわれており、現在でも鵜捕部は鵜石に鵜籠をおいて一休みをするのが慣例である。西往来をさらに西へ進み、午後五時頃気多神

写真１　鵜石

写真２　鵜捕部と鵜を拝む人たち

社に到着、神門で祓をして境内に入り、神饌所の天井に縄をかけて鵜籠をつるす。近世より「鵜祭相済候迄、一山鳴物ヲ厳重ニ禁候事」（「能州一宮鵜祭之規式」）となっており、鵜が驚かないようにと太鼓など一切の鳴り物が停止となった。現在ではこの時期、初詣に向けた設営工事が行われているが、鵜祭が終わるまで休止となる。

翌一五日は、午前一〇時頃水垢離をして餌止め、拝殿にて習礼をした後、午後五時潔斎する。鵜祭までの間、鵜捕部は気多神社内の参集殿に泊まるが、かつては気多神社に近い與四兵衛という屋号の旅籠に宿泊していたという[19]。

３　気多神社での神事

一六日午前三時より気多神社で鵜祭が行われる。社務所で神職と鵜捕部が八神式を行い、これが終わると神職が拝殿に行き所定の座に着く。式次第は中祭で行われ、開扉、献饌の後、宮司による祝詞を奏上、玉串、撤饌と進行する。その後、内陣の鏡の前に案一台を置き、灯二台のロウソクの火を残して消灯する。そして執事役の神職が「寝覚の神楽、寝覚の神楽」と発し、さらに「鵜捕部、鵜捕部」と呼ぶ。ここで別の神職が拝殿入口に戸を開け「鵜捕部、鵜捕部」と叫ぶと、外に待機している鵜捕部が「おお」と答え鵜の入った鵜籠を携えて拝殿に入る。そして執事役と鵜捕部との間に問答が行われる。

【執事役】「鵜は新鵜《荒》かと宣う」、【鵜捕部】「おお」、【執事役】「羽そそげたるか足痛みたるか、よく見よと宣り給う」、【鵜捕部】「鵜は新鵜にて安くけげしく候」、【執事役】「鵜をよく神前に供え奉れと宣り給う」、【鵜捕部】「おお」、【執事役】「鵜籠を静かに下し、籠をとりすて、鵜をそのところに放てと宣う」、【鵜捕部】「おお」

問答が終わると鵜籠の蓋をとって神前に鵜を放つ。放たれた鵜が階上にある案上にとまったとき、神職が忌柴で鵜を押え捕まえる。鵜が案上に上がらない場合には、清めの神楽と清めの祓を交互に行う。捕まえられた鵜は、神職によって拝殿より神門まで抱きかかえて籠（鵜籠ではない）に入れられる。そして参道を通って気多神社の前の海浜に運ばれ、そこで籠を開け鵜が放たれる。このとき神職は後ろを振り返らずに帰社する。鵜が運ばれた拝殿では浅略神楽を奏し他の神職は退出する。神事がすべて終わると、神前での鵜の動きによって占われた神託が年長の崇敬者あるいは神職によって出され、新聞記者などに公表される。このあと、鵜捕部、神職を交えて参集殿で直会が行われる。神事をすませた鵜捕部はその日のうちに鹿渡島に帰り、夜には鵜宿をつとめた家に鵜捕部の全戸から代表者が集まって鵜祭の報告が行われる。

三　民俗社会の世界観の形成

鵜祭は能登の始原を語る由来を持ち、これを基本のかたちとして土地、集団ごとにいろいろな伝承や習俗があり、それぞれの世界観を形成している。ここでは鵜祭に携わる集団の世界観が、地域社会の世界観とどのように関連しているのかを見ていきたい。

諏訪信仰の要素について、前述した金丸での「卜喰の神事」があげられる。この卜喰の神事は貞享二年由来書上および近世末の「梶井家年中行事記」に以下のように記されている。[20]一一月巳日に鵜捕部が金丸に到着し、一宮・宿那彦社の神職立合のもとで卜喰の神事が行われた。まず竹ヶ浜の船戸石（鵜石）の上に鵜を置く。この石の近くに鎮座する鎌宮諏訪神社の洲端大神から、宿那彦神像石神社の少彦名命へ鯉を四〇余尾、一宮の大己貴命へ一〇余尾を奉る。そして一一尾をこの石の上で鵜に食べさせる。このとき鯉を空中に投げ（投飼《なげい》）、鵜が空中で受けて飲み込まないときには鵜捕部が鵜の口へ鯉を入れる（養飼《かいい》）。投飼は来年の国土が安穏の予兆であり、養飼は不穏の予兆であるという。諏訪信仰に関してはこの他にも気多神社での鵜祭が執り行われた後、一宮の海浜に放たれた鵜が諏訪に飛んでいくという伝承もある。「能州一宮鵜祭之規式」には「則此鳥、即時ニ信濃国諏訪之社江参ル由ニ而、越後国鵜之社之海辺江着候者、其社ニ茂祭有之、又諏訪之社江到着仕候得者、信濃国ニ茂鵜之祭有之由及承申候」とあり、鵜は越後から信濃の諏訪に飛んでいくと記されている。越後の飛来地は前述の『能登名跡志』には能生と記されており、一宮の神と夫婦であった北島の女神との仲が悪くなってしまって飛び去ってしまったという理由をあわせて説明している。近世には鵜祭によって形成された民俗社会の世界観のなかに諏訪信仰の伝承・習俗は体系づけられていたことがわかる。[21] このように鵜祭に対しては個々の集団が各々の伝承と習俗に基づいた独自のまなざしと価値観を持ち、それにもとづいて儀礼に接している。とするならば、鵜祭にまつわる土地ごとの伝承と習俗からなる「小さな物語」は、気多神を主人公とした「大きな物語」によって形成された世界観のなかに位置づけられていると見ることができる。

鵜捕部の保持する鵜祭の由来も同様であり、地域的に共通性をもった由来の物語のヴァリエーションの一つである。能登半島は海に突き出て海流があたる地理的な環境のため、神が海から流れ着いたという漂着神の伝承、あるいは海のむこうからやってきた外来の神が土着の神の助けを借りて土地を平定したという伝承が数多くある［小倉　一九八五ａ］。能登の主要な神々の由来の場合、これらの物語が気多神に集約し、外来神である気多神を助け（あるいは気多神に助けられ）、能登を平定する一役を担うという物語のかたちを共有している。先にあげたスズ（珠洲）の神やヘクラ（重蔵）の神、そして御門主比古神もこれにあたる。[22] 一方、鵜捕部という集団においてこの由来は、鵜捕部が奉祀する御門主比古神を媒介とした「歴史」となっており、鵜祭に奉祀し実践する理由を説明している。この外来の気多神と土着の御門主比古神の物語は神話上の出来事である。しかし鹿渡島という土地の由来とそこに鵜捕部の存在する理由はこの鵜祭の由来によって語られている。つまり鵜捕部は儀礼を行うことで始原にたちかえり、自らの存在を再確認する神話は社会集団の「歴史」となっている。このように気多神と御門主比古神にまつわる神話上の出来事は鵜捕部という集団に特有な世界観と「歴史」――「小さな物語」――を有するが、それは地域的に共通性を持った民俗社会の世界観――「大きな物語」――に埋め込まれている。

四　近代の鵜祭

前節で見た鵜祭に象徴される地域社会の世界観がどのように形成されていったか歴史性に照らして考えていきたい。すなわち、明治以降、国幣中社となり官社として国家が管理するようになった気多神社は神社神道を中心とした政策のもとで国家や地域での役割や位置づけが変わっていった。とするならば鵜祭をとりまく環境も変化し、儀礼の意味も再構築されたと捉えなくてはならない。

明治四年、気多神社は国幣中社に列格したが、社領三五〇石の上知、世襲の神官廃止などの改変をともなった。神社祭祀も、たとえば鵜祭の際には石動山衆徒が入峰と称して気多神社奥宮に参るなど、修験との関連や仏教的要素も色濃くあったがすべて廃絶された[23]。そして官選された宮司の荒地春樹によって年中行事の日時・内容を定めた「気多神社年中行事」（明治七〈一八七四〉年）が著され、儀礼の内容や日程といった年中行事の大枠が決められた。これは『羽咋郡誌』（大正六年）や『官国幣社特殊神事調』（昭和一六年）に継承され、鵜祭をはじめとした現在の気多神社の祭祀もこのかたちを踏襲している。こうした背景をふまえて本節では、近代での鵜祭の再編について、多様な由来の一元化と祭祀組織の再編という二点から見ていきたい。

１　由来の一元化と儀礼の連続性

前述したように鵜祭の由来は土地ごとにさまざまなものになっている。ここでは多様なかたちが国幣中社の重要な儀礼の由来として一元化されていく過程を概略する。[24]

気多神社では「国幣中社気多神社社伝来之祭典儀式」（明治二五年）など明治二〇年代に、自社の由来や神事・宝物などの由来を調査しまとめあげる作業が進められた。明治二六年、内務省社寺局は第三七号通達により神社創立の縁起・祭神の由緒の提出を求めた。これに対して気多神社は翌二七年に宮司加藤里路のもとで「国幣中社気多神社創立由緒等記録」を作成し、神事の由来のみならず、神社の由来・歴史から社殿等造営物、社領地、宝物・古文書等の所蔵品にいたるまで、古社寺としての気多神社に関わる事柄を報告している。同書では「本社伝来ノ祭典ニテ最モ古式ヲ存シ、且、他社ニ類例ナキ特典タルハ鵜祭ヲ以テ第一トス」と記されている。加藤里路は石川県の神職界の要職や主要神社の宮司をつとめた県内の有力な神官であり[25]、こうした神道家によって仏教色を排した「最モ古式」をもつ神社としての位置におかれた。

明治二八年には宮司佐伯有義のもと「古社并宝物等取調書」が作成された。同年内務省より出された「古社寺調査事項標準」を受けたものであり、明治三〇年に制定された古社寺保存法との関連、すなわち国家の示す歴史的・文化的価値にしたがって地域社会や神社の既存の論理が再構築されていく過程と見ることができる。同書では鵜祭の由来が「上古」にはじまる時系列に沿って、気多神の来る経過と理由、到着地、平定地、鎮座地、そして気多神が能登の人々を教化していくという一線的な時系列にそって叙述されている。この叙述は『羽咋郡誌』の「気多神社・創立の由緒」と同文であり、この時代の郡誌がナショナリズムに影響された近代国家の歴史観の地方的展開であるということを勘案すると、近代国家の文化政策にそって古社寺に位置づけられて行く過程で鵜祭の由来が近代の歴史叙述として再編集されていったことを示す。

こうした動きは明治三〇年に始まる社格昇格の運動においてさらに展開していく。近代社格制度は明治四年、太政官布告「官社以下定額・神官職制等規則」の公布によって制定され、気多神社は国幣中社に列格した。しかし社格の基準は厳密な考証の結果ではなかったため、後に全国の神社で社格昇格願が出されるようになった。気多神社も明治二九年の神宮号の許可を請願し（「神宮号復旧之儀ニ付請願」）、翌三〇年には官幣大社昇格の請願運動を始め（「社格昇進願」）、官幣大社にふさわしいことを前述の「国幣中社気多神社創立由緒等記録」「古社并宝物等取調書」の内容を根拠に立証しようとした。この運動は国幣大社昇格（大正四年）として結実したが、社格昇格という政治的な目的の過程において、国家の意図する官国幣社にふさわしい社殿など外見的なモノが整備されただけではなく、自社の歴史や儀礼とその由来といったモノが再編纂されていった。

このようにして鵜祭の多様な由来は、神社をめぐる文化政策や政治的な動きにおいて気多神の物語に束ねられて叙述された。鵜祭の由来は気多神による能登平定を演じる気多神社の平国祭（鹿島郡・羽咋郡を巡幸する神幸祭。現行三月一八～二三日）の由来と融合し、能登の始原を語る気多神の神話として叙述された。ここには在地の多様な信仰（諏訪信仰や白山信仰）との結びつきが入り込む余地はなく、「建国ノ大業ニ参シ」「国家ノ大事ニ与ル等国家ニ対スル神功」（「社格御昇進之義再願」、明治三一年）という近代国家の歴史観との関連から意味づけられて叙述された。

2　祭日の確定と祭祀集団の組織化

明治以後改変が加えられた鵜祭だが、祭日は「気多神社年中行事」に一一月午日と記されているものの、明治七年には一二月一六日に行われ、明治一一年の社務日誌には例年一二月一六日に行うべき旨が記されており、他の年中行事と同様に新しい暦に応じて祭日が変更されたことが確認できる（ただし明治一一年の鵜祭は翌年一月一一日に行われた）。

しかし野生の鵜を捕獲し、規定の祭日に神前に供することは不確実にならざるを得ず、祭日を定めてもその通りに実施することが難しかったであろう。明治一〇年代規定通りの祭日に行われたのは明治一三年のみであり、それ以外は翌年の一月に延期されて行われていた（明治一〇、一九年は記録なし）。明治一七年の場合を見てみると年内の執行ができず、翌一八年一月になっても鵜が捕獲できなかった。鵜捕部はその旨を気多神社に手紙で連絡し、気多神社も再三にわたって鵜の捕獲を促し、出仕を鵜浦へ遣わすなどしてできるだけ早く執り行おうとつとめた。四月一三日にようやく鵜を捕獲した連絡が入り、翌一四日気多神社に鵜と鵜捕部が到着、神事は一六日に行われた。

こうしたことから、鵜の捕獲に確実を期し規定の祭日に儀礼を行うため、祭祀集団の再組織化が行われた。前述のように鵜捕部は近世二一戸からなっていたが、気多神社により明治二〇年三月に再編が行われた。すなわち、小西忠蔵が気多神社より鵜の捕獲を行う鵜捕主任に任命され、また鵜を捕獲する崖の修繕も行うなど、「鵜鳥捕獲ノ上、保護ハ勿論、定祭日ニ不違様急度相守」ために整備が行われた。一方その他の鵜捕部二一人は「毎年一層尽力ノ上厳重定祭日ニ不違様」と記した義定書を同年三月九日付けで気多神社に提出したが、同月一五日付けで気多神社より鵜捕部の職を解かれ、一六日付けで三名が鵜捕り部に再任された（「鵜捕部改正記録」）。こうした状況で鵜田の管理に分裂問題が生じ、鵜捕部のあいだで五箇条からなる取り決めと分筆の契約書が交わされた[26]（「鵜捕田分裂ニ付地所売渡証」）。明治二六年鵜浦のある崎山村長のとりなしもあり（「鵜捕部改正記録」）、翌二七年に二一人が気多神社より改めて鵜捕部に任ぜられて鵜捕部が再興された[27]（「鵜捕部再任状」）。

「能登国祭儀録」、「鵜祭之規式」には祭日が一一月午日と記されており、近世以前から行うべき日は決まっていたことが確認できる。しかし明治前半の状況から見ても、一一月午日に行えない年もしばしばあったと思われる。近世末に神代神社（羽咋郡志賀町）の神職水野三春が著した『能登国神異例』には、鵜祭の日は必ず雪が降り、事情により翌年の六月に延期されたときにも雪が降ったという伝承が記されている[28]。この伝承からわかるように、民俗社会の人々は鵜の習性や動きを経験的に知り、捕獲されること自体に神意を感じとっていた。すでに見たように鵜を神格視したさまざまな伝承や習俗があるが、元来は祭日を厳重に規定して時間を重視するのではなく、神の示現である鵜とその動きに対する神意が重視されていたことがうかがえる。しかし国幣中社の重要な儀礼として位置づけられていくにつれて「定祭日ニ不違様急度相守可事」が徹底されていき、規定の祭日通りに儀礼を行わなければないという考えが強くなっていった。この背景には、全国の神社を対象に行われた神社神道の国家体制内への位置づけとしての祭式の整備という点も考慮しなくてはならないだろう[29]。鵜祭の場合、こうした標準的な祭式から逸脱した「特殊神事」として意味づけられていく過程も重要である。いずれにしても鵜祭を構成する意味がこの過程で変わっていったと見ることができる。

おわりに

鵜祭には能登の始原を語る由来譚があり、これを物語の基本のかたちとして土地、集団ごとにいろいろな由来や習俗がある。これらが束ねられて地域社会の世界観が形成されている。能登の、とりわけ鵜祭に直接関わる地域においては、鵜祭に関する多様な集団独自の伝承と習俗が存在するが、他の集団の伝承や習俗に対しては認識がない。それらは異質の、ともすればお互いに矛盾を含む場合もある。しかし個々の集団は伝承や習俗からなる「小さな物語」を、それらを包括する鵜祭の世界観によって意味づけ、全体として鵜祭による「大きな物語」としての地域社会の世界観を形成している。つまりこの世界観は集団間でお互いに異質となっている伝承や習俗を想起するための参照系といえるだろう。そして「大きな物語」に応じて各々の集団の伝承や習俗は付置され、意味を与えられつつも、逆に各集団は自ら「小さな物語」に引き寄せて再解釈し実践している。

これらはときの社会背景や権力の動向によって意味を与えられて変容してきた。古くは、能登に入国した前田利家が気多神社の正大宮司宛の書状で「殊ニ勝例年鵜鳥神前ニ能参候由、国家之吉事不可過之候、尚以無由断祈念肝要候」と書き送っている。[30]鵜がとどこおりなく神前に進んだことを確認することによって、外来者として能登を領有して間もない前田利家が不安定な立場に安心感を得ていたことがうかがえる。また前田利家が鵜祭のために鵜田を寄進して鵜祭を再興したことはすでに見た。これらは権力側が地域社会の世界観にある土着の論理を無視するのでなく、逆に領内を経営していく上での文化装置として有効的に活用したことを示している。近代国家による文化政策、神社政策における鵜祭の再編も、土着の論理を用いたものだといえる。能登の始原の由来譚は近代の神社政策や文化政策のなかで新たに意味づけられ再編集され、それと連動するかたちで祭祀集団の改変と儀礼の近代的な意味づけがなされた。一方、地域社会の人々も外部の世界との関連において土着の論理を用いて対処してきた。特に神前での鵜の動きは地域社会の先行きを占うものとして注目を集めてきたため、外部の世界との関連が顕著に表れる。日中戦争勃発の年には神前に放たれた鵜が階を上がったり下がったりしたので清めの祓いをしたが案上に上らなかったといい、太平洋戦争の前年には鵜がロウソクをくわえて放り投げたという。ここでは戦時期の不安定な社会情勢が土着の論理によって説明されている。このように外部権力の側も地域社会の側も、地域社会の「大きな物語」に立脚した土着の論理をそれぞれの立場で巧みに用いてきた。各集団に目を移せば、そこの人々の解釈と実践の立脚点はそうした「大きな物語」との関連において付置された「小さな物語」であった。

近年の鵜祭をとりまく環境の大きな変化として文化財化との関連がある。気多神社での神事は羽咋市の無形民俗資料（昭和三六年）に、また鵜捕神事と鵜捕部は七尾市の無形民俗文化財（平成二年）に指定されており、さらに平成一三年には「気多の鵜祭の習俗」として国指定重要無形民俗文化財に指定された。鵜祭についての「伝統儀礼」と文化資源および民俗社会における世界観の動勢に注目していきたい。

注

（1）鵜祭の基調データは平成一三年に現地調査を行ったものを中心とするが、筆者のこれまでの調査での聞き書きによるデータも付け加えて記述している。

（2）気多神社の表記について、古くは「気多社」等の表記もあり、現在では「気多大社」と称するが、本稿では「気多神社」に統一した。また参照した史料は注記がないものについては気多大社所蔵文書による。

（3）［太田敬太郎校訂　一九四〇：一三四］。

（4）［羽咋市史編さん委員会編　一九七五：四二四—四二五］。

（5）「気多神社古縁起」［神道大系編纂会編　一九八七：三五一—三五三］。

（6）［佐々木信綱他編・校注　一九一四：二四一—二四五］。

（7）「大宮司櫻井家文書三三」［小倉学・藤井貞文校訂、一九七七：一六〇］。

（8）『能登名跡志』は太田道兼（頼資）著、安永六年の序。ここでは［日置謙校訂　一九三一　石川県図書館協会刊］を用いた。

（9）「松尾天神社貞享二年由来書上」［神道大系編纂会編　一九八七：二八九］。

（10）これは垣内の近所の家同士で構成される［七尾市史編さん専門委員会編、二〇〇一：五三二—五三三］。

（11）「鵜田宛行状」（天正一三年）［七尾市史編さん専門委員会編　二〇〇一：五三四］。

（12）聞き取りでは衣装についてこのような話が聞けたが、「気多神社年中行事」（明治七年）には「祭儀中鵜取部ハ白丁ヲ着ス」と記されている。

（13）平成一三年に当家の人に聞き取りをしたが、こうした話はすでに聞くことはできなかった。

（14）元来は鵜浦宿に泊まっていたが、それが大津屋に代わり［小倉　一九五二：四］、現在のさたみやになった。なお三月に行われる気多神社の神幸祭平国祭でも七尾駐泊の際にはこの旅館に気多神社の一行が宿泊する。

（15）鮑は輪島のものを用いるが、稲穂は現在では能登部のものに限定されていない。また白酒は近くの酒屋から調達する。

（16）「気多本宮縁起」［神道大系編纂会編　一九八七：三六〇—三六七］。

（17）近世の記述をみると「良川村の宮にて一宿」（『能登名跡志』）、「良川村ニ一宿仕」（「能州一宮鵜祭之規式」）とある。しかし、鵜家氏はもともと良川に居住とも、鵜浦に住んでいたともいわれる。『鹿西地方生活史』（明治四二年）には「良川村鵜兵衛はもと鵜浦村の住人なりと言ひ伝ふ。鵜捕兵衛の一人此地に移住せしものなるを以て（捕の字を脱し）鵜兵衛と呼べるにや。又鵜捕兵衛の宿る家なるが故に鵜家の転じて鵜兵衛と呼べるにや。しかして今鵜家を以て姓とし当主を鵜家与吉と言ふ。代々与吉と称す之本名なり」と説明している。『官国幣社特殊神事調』（昭和一六年）には、鵜捕部は良川で「鵜の屋」という宿に宿泊するとあり、「この鵜の屋と称する農家は、往古よりの定宿にて維新の後百姓町民に姓を許されし時、鵜家を其の姓となせり」と記している。

(18) 鮒は羽咋市鹿島路の魚屋で購入したものである。一時期、河北潟まで鮒を求めたこともあったという。

(19) 與四兵衛という屋号は、小西家以前の鵜捕り主任、また鵜家家ともに同じ屋号であった［石川県教育委員会編　一九九八：九七］。

(20)「宿那彦神像石神社貞享二年由来書上」［神道大系編纂会編　一九八七：二六九］、「梶井家年中行事記」［若林喜三郎編　一九五九：四九一］。「梶井家年中行事記」は金丸の宿那彦神像石神社など近隣数十社を兼帯してきた梶井家の近世末ごろの年中行事を記したもの。

(21) 中村生雄は神饌と放生という観点から、鵜祭と諏訪信仰との関わりを捉え、鵜祭に「神仏習合的な日本宗教の特質」を見ている［中村　二〇〇一：一六〇］。

(22) ヘクラ（重蔵）の神が気多神の体系に組み込まれていった過程は［西田　一九六八］を参照。

(23) 神仏分離にともなう気多神社の祭祀の変容については［市田　二〇〇七］を参照。

(24) 近代国家の文化政策や社格昇格にともなう気多神社の動向と儀礼・由来の再編の過程については［市田　二〇〇八］を参照。

(25) 加藤里路は加賀藩士の家に生まれ（天保一一年）、国学歌道を狩野竹鞆に学んだ。明治以後、金沢藩宣教掛、神祇官宣教師、白山比咩神社宮司、射水神社宮司、気多神社宮司（明治一六年五月就任）などを歴任した。晩年は興道社をおこして国学を講じた［日置　一九四二：一九二］。明治維新後、少講義として教導職につき教部省に出仕、最終的には石川神道事務分局局長となり権少教正になっている。県参事桐山純孝らとともに石川県内の神社改革を行った。

(26)［七尾市史編さん専門委員会編　二〇〇一：五三五―五三六］。

(27)［七尾市史編さん専門委員会編　二〇〇一：五三三］。

(28)『能登国神異例』は天保一五年成立。気多神社や能登の九つの神社の神異、霊験譚が集められている。

(29) 特殊神事とは神社の伝統に基づいて行われる一般的ではない神事であり、大正以降全国の神社の神事の調査が行われ、昭和一六年に『官国幣社特殊神事調』として完成した。特殊神事の成立と鵜祭との関連については別稿を期したい。

（30）「気多神社所蔵文書四三」［小倉学・藤井貞文校訂　一九七七：六五］。

文献

石川県教育委員会編
　一九九八　「鵜祭の道」『信仰の道』（歴史の道調査報告書第五集）、石川県教育委員会。
市田雅崇
　二〇〇七　「気多の神と石動の神――一宮祭祀と二宮の出成り」、宮家準編『近現代の霊山と社寺・修験』（「神社と民俗宗教・修験道」研究報告Ⅲ）、国学院大学21世紀ＣＯＥプログラム。
　二〇〇八　「民俗宗教空間の歴史性――気多神社の官国幣社昇格運動と気多神の物語の変容」『哲学』第一一九集、慶應義塾大学三田哲学会。
太田敬太郎校訂
　一九四〇　『気多神社文献集』石川県図書館協会。
太田道兼
　一九四一　『能登名跡志』石川県図書館協会（原本　安永六年の序、日置謙校訂）。
小倉　学
　一九五二　「鵜祭考」（一）（二）、『加能民俗』一二・一三、加能民俗の会。
　一九八五ａ　「漂着神」『信仰と民俗』東京：岩崎美術社、六～一八頁。
　一九八五ｂ　「御門主比古神社」式内社研究会編『式内社調査報告』一六、伊勢：皇學館大學出版部、三六四～三七三頁。
小倉学・藤井貞文校訂
　一九七七　『気多神社文書』一、続群書類従完成会。
小田吉之丈他編
　一九二八　『石川県鹿島郡誌』鹿島郡自治会。
佐々木信綱他編・校注
　一九一四　『校注謡曲叢書』一（復刻版一九八七、臨川書店）、二四一～二四五頁。
神祇院編

一九四一　『官国幣社特殊神事調』神祇院。
神道大系編纂会編
　一九八七　『神道大系』神社編三三、神道大系編纂会。
鈴木正崇
　二〇一四　「伝統を持続させるものとは何か――比婆荒神神楽の場合」『国立歴史民俗博物館研究報告』第一八六集。
鳥屋町教育委員会編
　一九九五　『能登鳥屋町の昔話・伝説集』鳥屋町教育委員会。
中村生雄
　二〇〇一　「祭祀のなかの神饌と放生」『祭祀と供儀』法蔵館、一五六～一七八頁。
中山太郎編
　一九三三　「ウマツリ（鵜祭）」『日本民俗学辞典』梧桐書院、二四八～二四九頁。
七尾市史編さん専門委員会編
　二〇〇一　『新修七尾市史』一三、七尾市。
西田長男
　一九六八　「重蔵神社管見」二、『神道及び神道史』六号、国学院大学神道史学会。
野田源助他編
　一九六五（一九〇九）『校訂鹿西地方生活史』鹿西町教育委員会。
羽咋郡編
　一九一七　『石川県羽咋郡誌』羽咋郡役所。
羽咋市史編さん委員会編
　一九七五　『羽咋市史 中世・社寺編』羽咋市。
日置謙編
　一九四二　『加能郷土辞彙』金沢文化協会。
水野三春
　一九六五（一八四四）『能登国神異例』石川県神社庁。
宮田　登

一九八五　『日本の民俗学』（新版）、東京：講談社。
若林喜三郎編
一九五九　『金丸村史』金丸村史刊行委員会。

祭壇となる盆飾り——葬祭業の関与と葬儀化する盆行事

山田慎也

一　拡大する葬儀業務

近代化過程においては職業が分業化し、専門職への依存度が高くなっている。人の死に際しても例外なく専門化が進んでおり、臨終を迎える場においては医療施設における医師の介在や［新村　二〇〇一：一三八―一四六、浮ヶ谷　二〇一三：一〇〇―一〇三］、葬送の現場においても、葬儀に関する知識への依存など葬祭業者という専門家への依存度は高くなっている［田中　二〇〇八：一〇六―一〇八］。

葬祭業の成立に関しては、すでに近世期に葬具を販売、賃貸する龕師、龕屋、乗物屋などという業者が誕生し、都市部を中心に社会の上中層だけでなく下層民などまで、その利用が広がっていたことが指摘されている［木下　二〇一〇：五二―五四］。さらに明治中期には、「葬儀社」という名称が生まれ本格的に葬儀を業務とする職種が成立していった［井上　一九八四：九一―九二］。ただし当時の葬儀社は葬儀の請負といっても、おもに葬列に必要な道具とそれを担う人足の手配であった。大正期になると葬列が廃止されるようになり、それとともに次第に業務が拡大し、葬儀式場の準備や役所の届出、また納棺などの遺体の取り扱いに拡大していく［村上　一九九〇：四六―四七］。ただしこの当時は、葬儀そのものに関連する業務であり、その周辺の食事の仕出しや生花等までは拡大してはいなかった。

しかし第二次世界大戦後になると、従来の専業の葬祭業者だけでなく、一九四八年に冠婚葬祭互助会が誕生し、葬儀を扱う新たな業種が誕生することとなった［全日本冠婚葬祭互助協会編　一九八九：一七―二二］。この冠婚葬祭互助会は、一定の掛け金を積み立ててそれを葬儀や結婚式などの費用の一部として充当する仕組みで、葬儀だけでなく結婚式も取り扱うことに大きな特徴があり、事業が拡大していった。一方、従来からの専業業者も次第に葬儀時の生花や仕出しなどから、葬儀後の法要や仏壇など関連業務へ拡大していった。それは都市部を中心に、葬祭業への依存度が高まっていくときでもあった［山田　二〇〇七：一八九―一九八］。

さらに地方では農業協同組合などの参入も生じており、特に一九九〇年代以降顕著になっていく。そうした中で専業業者、冠婚葬祭互助会、農協などそれぞれが業務を拡張し葬儀プロセスのトータルな事業化へと進んでいった。

業務の伸張は、具体的には葬儀前、葬儀後の事業への拡大である。葬儀の前段階の事業化は最近のことで事前相談や生前予約などが現在行われている。それに対し葬儀後の業務については、かなり早い段階から業務化されており、墓や仏壇の紹介や販売、また法要や初盆など、葬儀後の供養に関する業務請負なども行っている。

葬儀後の供養の中で、盆行事は葬儀以上に地域的なバリエーションが大きく、それに関する葬祭業者の関与の度合いが幅広い。東京などのようにせいぜい盆提灯の販売程度しか葬祭業者が関与しない地域から、関与なしには初盆行事ができない地域までかなり多様である。だがこうした実態については調査報告も少なく、あまり明らかになっていないのが現状である。例えば長崎県では初盆の精霊流しが広く行われており、特に長崎市の精霊流しは巨大な精霊船を用意して市内を引き回す。その準備には親族等の協力もあるが葬祭業者などさまざまな業者が介在している。

したがって今後は、各地の調査を積み重ね、葬儀およびその後の儀礼の産業化と専門化について明らかにすることによって、現代の消費社会の中での死に対する観念を見いだすことも可能になると考える。

本稿では、葬儀だけでなく初盆においても葬祭業者の関与が不可欠な静岡県の遠州地方を事例に取り上げ、盆行事の産業化と儀礼の変容について検討していきたい。第二次大戦後から次第に葬祭業者が業務を拡張し、現在では盆棚や供物、仕出し、返礼品など盆行事に関わるあらゆる業務を対象とするようになった。こうした関与が可能となった要因とそれによる初盆の位置づけの変化についてみていくことで、盆における死者の有り様の変化を検討していきたい。

二　遠州地方の初盆の概要

ここで取り上げる地域は静岡県の西部、西は湖西市の一部から浜松市、磐田市、袋井市、東は掛川市、森町までの地域で、ここでは亡くなってから初めて迎える盆を「ショボン（初盆）」、「ゴショボン（御初盆）」と称して大規模な盆行事を行う。浜松市や磐田市、袋井市、掛川市の市街地などでは七月一三日～一五日を中心として盆行事を行い、都市部以外の村落部では八月一三日～一五日に行っている。

まずは具体的にショボン行事の過程についてみていきたい(1)。例年三月ごろになると、各葬祭業者はショボンの受注のための展示相談会を行い、喪家はそこに赴いて相談依頼をする。そして五月のゴールデンウィークになると人気のある盆祭壇は予約でいっぱいになるものもあるため、ショボンを迎える家ではなるべく早めに契約するという。そのほか「ウチセガキ（家施餓鬼）」という初盆の法要の料理や引き出物なども予約しておく。

盆の月となる七月ないし八月に入るとまずウチセガキを行う。菩提寺の僧侶がショボンの檀家の自宅に赴いて行うため、檀家の多い寺院などでは、かなり早い時期からウチセガキが始まるという。喪家は通常の年忌法要のように親族を招待する。自宅で施餓鬼法要が行われた後、僧侶や親族にはお膳を出して接待するため、自宅で仕出し料理をとったり料理屋に移動しての会食となる。参列する親族は香典を供え喪家はは引き出物を渡す。

一方、菩提寺でも盆の前後に一般に「テラセガキ（寺施餓鬼）」という施餓鬼法要が行われ、とくにショボンを迎える檀家とその親族は、サラシに入った袋米と籠盛などを供えて参列する。

そして、一三日には迎え火を焚き、故人の霊を迎える。葬儀の祭壇のような大型の盆棚を座敷いっぱいに飾り、白木位牌と遺影を安置し供物を供える。一三日から一五日までの三日間は喪家には親族が詰めており、近所や友人など多くの人々から盆義理を受ける。盆義理は外から拝礼できるよう縁側に香炉を出して、参列者は盆供と書いた金封を供え、順次焼香をしてお返しをもらって帰る。盆義理の訪問はおもに夕方から夜に掛けて行われるため、この三日間は黒い礼服を来た人が街の中を行き交い、街中が葬儀のような状況になっている。また遠州大念仏やカサンブク（傘鉾）などを招いて供養してもらう家もある。一五日晩には送り火を焚いて盆行事は終わりとなる。

盆の期間中は親族が喪家に詰めているため、喪家は昼食や夕食も用意することとなる。また親族もウチセガキの香典だけでなく、盆棚の両脇に生花の盛花や缶詰や乾物などの籠盛などを供えたり、そのほか供物を持参する。

以上のように、こうしたかなり大規模な初盆行事であるため、葬儀産業への依存が大きく、巨大な盆棚、盆義理のお返しやウチセガキの引き出物、生花や籠盛の供物、会食のお膳やオードブルなどを依頼することとなり、葬儀産業の側でもそれらについて積極的に対応し、盆の売り上げが年間の売り上げの相当額を占めることとなる。

三　巨大な盆祭壇の使用

1　従来の盆祭壇

人々の盆義理の拝礼の対象となり、また葬儀産業への依存の中で最も重視されているのがこの盆棚である。盆棚はこの地域特有の形態をしており、現在「盆祭壇」といわれている。三段から五段程の雛段状の棚を中心に脇には行灯や灯籠などが並べられる。これらは、喪家が葬祭業者に依頼して準備をするものである。さらに両脇には近しい親族などから送られる生花の盛花や缶詰や乾物の籠盛などをならべて、まるで葬儀のような装飾となる。

写真１　従来の盆祭壇（三木屋葬礼）

中央の盆祭壇は、白布や金襴を掛けたものや近年では塗装彩色された幕板祭壇である。最上段には牌堂と呼ぶ宮殿様の位牌を納めるための厨子を置き、その中に葬儀に用いた白木位牌を納める。中下段には小型の灯籠や行灯、回転灯や蓮華の造花、菊や百合などのシルクフラワーなどで取り囲み、中央には遺影が安置される。下段には三段盛と呼ぶ三段の棚状の供物台に菓子や果物を供え、また食事を盛った霊具膳、さらに真菰の茣蓙を敷いて茄子とキュウリで作った牛馬を並べる。(2)

その祭壇の両脇には高さ二メートル程度の細長い長行灯を置き、上部には扁額のような形をした額行灯を置いてちょうど祭壇を取り囲むアーチのような形態となる。この長行灯は、細長い四角柱に寒冷紗を張って、仏語の切り抜きが張られ、ちょうど禅宗寺院の対聯のような形態になっている。また額行灯も、寒冷紗を張った額様の行灯であり、扁額のように仏語や絵が張ってあり祭壇の上部の鴨居に掛ける。

さらに天井からはドウバンと呼ぶ灯籠を下げる。これは寺院の荘厳具の幢幡から派生したものと思われ、六角柱状の本体部に紙を張って火袋としており、さらにその周囲を瓜実型に膨らませて寒冷紗を張って灯籠にしている。火袋の周囲からは蓮華の造花が六方に伸び、その先端と火袋の下部からは、瓔珞として紙やプラスチック製の風鐸やガラス状のビーズがすだれ状に下がっている。

以上のような形態の盆祭壇が一般的であった。これは第二次世界大戦後、葬祭業者がショボンの業務を積極的に行うようになってからの形態である。

2　戦前の盆飾り

ところで戦前にも盆飾り自体はあったものの、現在とはだいぶ様相が異なっていたようである。戦前期の盆飾りの様子をうかがわせるものが、青山盆飾店の『盆飾定価表』であり、昭和初期[3]に浜松市伝馬町の青山商店が発行した冊子である[4]。この青山商店は一九五〇年発行の『遠州商工案内』[松井　一九五〇]では「伝馬町　青山人形店」と登録されており、盆飾りとともに人形店でもあったことがわかる。

『盆飾定価表』によると、「仏壇飾一揃」として最高価格六四円の「優逸別上之部」から三円六五銭の「並之部」まで一二段階の組み合わせが掲載されている[5]。そして上から一〇段階目までのセット品目は、灯籠一対、蓮華一対、牌堂一個、位牌一個、ケショク飾一組、額行灯一本、長行灯二本、掛行灯二本となっている。そして残りの二段階である並上之部、並之部だけは、灯籠一対、蓮華一対、位牌一個、ヨーヒ一組、牌堂一個だけとなり、上位一〇段階にある額行灯、長行灯、掛行灯を含んでいない。さらに「門徒用」は灯籠だけであり、「極上の部」

二〇円から「並の部」三円五〇銭まで五段階ある。このうち業者の売り切り品は灯籠、蓮華、位牌であり、そのほかの行灯などは損料をとっての貸し出しであった。

これらセット品目をみると、現行のドウバンにあたるものが灯籠であり、牌堂と位牌はやはり祭壇最上段に使用されているものである。蓮華の造花は現在でも用いている。また祭壇を取り囲むように長行灯と額行灯を飾ることとなる。

ただし掛行灯は、かつて門や玄関などに飾り付ける行灯であり、現在は必ずしも使われるわけではない。森町の亀八では今でも門口などで使用する家には任意で貸し出しており、現在でも使用される場合もある。ケショク飾り(6)は供物をのせる華足と考えられるが、具体的な形態ははっきりしない。現在、盆祭壇で必ず用いられるのが三段盛りであるが、華足を用いた供物があったことが推察される。

以上のように、当時の盆飾りは灯籠、行灯など明かりを中心とした構成であり、現在の盆祭壇と決定的に異なるのは、飾り付ける基盤となる祭壇がないことである。かつては各家で茶箱に布を掛けて飾ったとも箪笥なども用いたといい、喪家であり合わせの台を用いて位牌等を置いていたことがうかがえる。

実はこうした明かりを中心とした盆飾りは、葬祭業者ではなく際物業という業種が扱ったものである。際物とは時節に使用する物であり、それを季節に応じて扱うのが際物屋である。この『盆飾定価表』を発行した青山商店は盆飾製造元となっているが、前書きには取扱品目として「盆飾、雛人形、軍人旗、花環商」となっている。このように盆飾りは、従来葬祭業者ではなく、際物屋に依頼するということが一般的な認識であった。

四　葬祭業と盆飾りの変化

1　祭壇の変化

前述のように盆飾りは、際物屋がかつておもに扱ってきたが、戦後になると次第に葬祭業者に移行していき、現在では葬祭業者の業務として不可欠になっている。そこで葬祭業が関与することで大きな変化が生じてきた。それは灯籠と行灯を中心とした盆飾りから、次第に葬儀祭壇の影響を受けて、盆飾りにも祭壇が導入され中心的存在となり、葬儀祭壇と類似の様相を持つようになったことである。

現在、盆祭壇ともいうように雛段状の祭壇を用いて、基本的な形態であった白布と金襴を用いた布掛祭壇のほか、高級感を出すため、蒔絵や彫刻を施した幕板祭壇が使用されるようになった。

たとえば浜松市の冠婚葬祭互助会のイズモ葬祭では、通常の盆祭壇九種類の内、上位六等級が黒塗りの幕板祭壇であり、七番目が金襴幕板祭壇、八番目と九番目が金襴祭壇である。そのなかで、上から五番目までは蛍光灯式格子祭壇であり、幕板の中央部は格子にレリーフを貼り付けてある。しかも上位のランクに行くに従って巨大化し、上位二つは生花のスロープが付くため、幅が三六〇センチメートルまで大きくなっている。このほかにも七段階の小型の黒塗り祭壇や生花祭壇などもある。

また浜松市の三木屋葬礼では、従来の伝統的な白布祭壇を基本として四段階の盆祭壇を用意しており、さらに生花祭壇や白木の盆祭壇なども扱っている。さらに森町の亀八では、金襴祭壇を基本として四段階あり、白布に白木道具を使った祭壇や塗段祭壇、生花祭壇などの種類を設置している。布掛祭壇や幕板祭壇など、何を基本とするかはそれぞれの業者の考え方によるが[7]、基本的に開発の順番は白布祭壇から金襴祭壇へ、そして幕板祭壇、現在の生花祭壇へと変化していった。

こうした祭壇の形態の変化は、そのまま葬儀祭壇の開発の順番を追って流用したものである。葬儀祭壇の場合には昭和初期に白布祭壇が登場した。そして戦後、より高級感を出すために白布の代わりに金襴を掛けた金襴祭壇が使用されはじめた。さらにより付加価値を付けるために白木の彫刻幕板祭壇を使用するようになる。こうした葬儀祭壇の開発が盛んになるのは昭和三〇年代であった〔山田　二〇〇七：二六九―二七八〕。

しかし盆祭壇の幕板が登場するのは、昭和五〇年代以降であり、葬儀祭壇として白木の幕板祭壇が普及していったあとであった。そして葬儀の幕板祭壇の場合には白木が主であったが、盆祭壇の場合には白木の幕板祭壇は少ない。これは牌堂がすでに塗り物であることや葬儀と盆との差異を出すためであったと考えられる。

写真２　幕板式の祭壇（イズモ葬礼）

２　灯籠や行灯の変化

このように祭壇が巨大化する一方で、従来の明かりの中心であった灯籠と行灯はむしろ変容し簡略化されていった。まず第一がドウバンの変化である。依然としてドウバンを使用している業者もあるが、その形態が変わったものを使用している場合も多い。ドウバンは六角柱の火袋に寒冷紗を張った本体部から、ガラスビーズ等で作った瓔珞がすだれ状にさがっているものである。だが現在、このガラスビーズの入手が困難になっており、新規のドウバンはほとんど作られることなく、従来の物を修理して使用しているという。そしてドウバンに代わるものとして、六角形の行灯や山鹿灯籠のような屋根付きの六角の火袋のみの灯籠が使用されるようになった。そして瓔珞もガラスビーズの代わりに木製の風鐸やプラスティックのチェーンで代用しているものもある。

ドウバンの代用としての灯籠を使用せず、円筒形の住吉提灯を使うケースも増えてきている。住吉提灯は岐阜県岐阜市や福岡県八女市など盆提灯産地での既成品であり、遠州地方特有というわけではないが、ドウバンのように天井から長くつり下げることが可能な形態なので、ドウバンの代用灯籠と併用したり、ドウバンの代わりに使用するようになってきた。さらにこうしたドウバンや住吉提灯も、天井からつり下げるのではなく、スタンドを置いてつり下げたり、灯籠などに足を付けて置き灯籠のようにした形態も増えている。これは近年新築の家などは天井に灯籠をつるすような仕様になっておらず、顧客側も穴を開けて金具などを取り付けることを望まないという。

扁額の形態を採っていた横長の額行灯もだんだん横幅が短くなっていく。また長行灯は柱隠しとも言われ、対聯の額のように幅は狭いが背の高い柱状の行灯であったが、次第に高さが低くなると共に幅広となり置き行灯のような形態も登場している。このように従来重要な構成要素であり、位牌を取り囲むアーチのような形態であった長行灯、額行灯は、小規模化していった。それに対して祭壇が巨大化し次第に重視されるようになる。

３　盆祭壇の道具の変化

伝統的な盆飾りの中で一貫して使用されている牌堂は、位牌を納めるため従来のものはそれほど大きくなく、せいぜい幅五〇センチ程度の物であった。しかし葬儀祭壇の最上段に置く飾り輿（棺かくし）のようにだんだんと巨大化し、祭壇の幅である一間（一八〇センチメートル）にあわせて、中央の牌堂の両側に袖となる塀状の建物を設置したり、また牌堂と両袖が一体化したものであったりと、最上段はすべて牌堂で占められるようになっている。

また盆祭壇の道具も、葬儀祭壇の道具からの影響を受けている。盆祭壇の上に置かれるものとしてよくみられるのが六丁である。六丁とは、三連の蝋燭や行灯を対にして外側になるにつれて高くなる電飾の飾り物である。これは葬儀祭壇で使用される六丁を基にしている。この六丁は伝統的な葬具である「六道」を葬儀祭壇にとりいれたもので、葬儀の引導の折、墓地の入口や棺前に立てる六本の蝋燭をいう。近世期にはすでに使用されているようで、六道救済の六地蔵を象徴し、死者を浄土に導くためのものであるため、葬儀の引導の際に用いられたものと考える。よって従来、盆に六丁を使うことはあまりなかった。

さらに登場するのが龍頭である。龍頭もまた荘厳具であり古くは葬儀だけに限定されたものではなかったが、一般には葬列道具として浸透し、葬儀祭壇の道具としても使用されてきた。龍が立ち上がり灯籠を下げる意匠は、葬儀祭壇でよく用いられたデザインである。ただし葬儀の祭壇道具が白木であるのに対し、盆の祭壇道具の多くは金や朱、黒漆などで彩色を施している。

以上のように、盆祭壇は基本的に葬儀祭壇を模倣し、祭壇自体も白布から金襴の布掛祭壇へ、そして蛍光灯などの電照を用いた格子の幕板祭壇となり、近年は生花祭壇も使用されるようになった。また盆祭壇の道具も、牌堂という位牌のための厨子が、次第に葬儀用の飾り輿（棺かくし）のように輿の意匠をとるようになっている。さらに他の祭壇道具も、葬儀で使用していた六丁や龍頭などが取り入れられ、葬儀祭壇の形態を流用している。つまり、葬儀祭壇の変化に並行して盆祭壇も変容しているのである。一方、従来の盆飾りで使用してきたドウバンや長行灯、額行灯はあまり重視されなくなり、その形態は大きく変わることとなった。

五　周辺業務の拡大

このような変化はそれを専門とする業者の業務内容とその関与の仕方に影響を受けていると考えられる。現在、遠州地方の葬祭業者は営業売り上げのかなりの部分をこの盆業務で占めることとなる。

例年三月に入ると、各葬祭業者が盆の展示会を行いその年の盆の注文を受ける。その中心はやはり盆祭壇で、自社の葬儀専門斎場や社屋を使って展示会を行うことが多い。ただし斎場の場合には、葬儀をおこなうため長期の展示会は難しい。また郊外や村落部では、公民館など公共施設を利用して展示会を行い、ショボンを迎える周辺地域の人々を呼び込むことになる。イベント前には葬祭業者が葬儀を行った喪家に対しイベントの案内をして来場を勧誘するという。

こうして五月のゴールデンウィークまでにおもだった展示会は終わるが、お盆期間まで展示を続ける業者もある。それは五月以降に葬儀を出した喪家が注文するためであった。また展示会の開催は年々早くなっているという。

祭壇のつぎに重要なのがウチセガキ用の料理や引き出物である。これは法要業務と一緒であるが、ウチセガキは基本的に自宅でするため仕出し料理やその引き出物が必要となる。この地域では、引き出物は三品ないし五品を用意するという。かつては五品が基本で、寝具や台所用品など後に残る記念品、饅頭やカステラなどの菓子折、海苔や椎茸などの乾物、さらにオヒラパンというこの地方独特の焼き菓子にお酒の五品である。オヒラパンとは、かつて葬儀や法要などのお膳の平皿に料理の代わりに盛りつけた菓子であり、持って帰るものであった。近年はオヒラパンとお酒を略して、三品の引き出物の場合も増えているという。ウチセガキはそれぞれの家庭にもよるが、一〇人分から五〇人分ほどの間であり、二〇人分以下が多いという。つまりこの数が法要に招く家の数となる。

さらに盆の期間中、盆義理にきた一般の拝礼者にも返礼をする。これを「お返し」といっており、素麺と缶入り飲料、挨拶状を用意する。素麺は六束程度入った千円以下のものであり、来訪した拝礼者にお茶を出す代わりに缶入り飲料を添えて渡すのであった。こうした盆義理のお返しも、葬儀の会葬お礼と同じ形態をとっている。それは素麺ではないが、ハンカチ等の簡単な会葬御礼の品物であり、そこに会葬礼状を添える方式である。さらに盆の期間中には喪家に親族等が詰めて一般の拝礼者を迎えるので、その昼食や夕食に食べるオードブルなども葬儀社が扱うようになっている。

このように葬儀に準じる形態が、盆の中に導入されるようになっている。盆祭壇の拝礼の方式も、盆祭壇を座敷の縁側に向けて飾り、外に焼香台を置いて下足のまま外から拝礼するようになっており、時には縁側にテントを張って拝礼者の焼香を行いやすくしている。七月の盆の期間はまだ梅雨明けしていないことが多く雨よけとなり、また八月は日よけとしても使用される。これらもみな葬儀の準備と同様である。

さらに、近親者は祭壇の両脇に盛花や籠盛を供えることになる。これは喪家以外の故人の子供や兄弟等近親の人々である。こうした供物は名札を付けて飾るため、それがないことは恥ずかしいという感覚もあり、またテラセガキの時には、喪家が寺に対して供物として籠盛を持参するため、どうしても必要な物として親族から供えてもらうことになる。これらの供物も、基本的には葬儀と同じ物であるが、夏で長期にわたって飾っておくため、果物は用いない。

これらは基本的に葬儀の業務内容の流用である。祭壇は先に述べてきたように、葬儀祭壇を完全に模倣しているが、祭壇を中心に周辺の供物も盆特有というよりは、葬儀の供物をそのまま初盆でも用いるようになっている。むしろから伝統的に供えられていた米袋や素麺などは祭壇周辺にはあるもののあまり目立つ物ではなくなってしまった。

またウチセガキは、葬儀後の精進落としの膳、三日、七日の法要後や年忌法要における親族への引き出物と同様である。さらに盆期間中のオードブルも通夜振舞のオードブルからの援用である。さらに盆義理のお返し品は、会葬返しと形態は同じであり、礼状をそえる点も相同である。

つまり、葬祭業者に盆の業務が移行することで、盆の儀礼がシステマティックに整えられるようになり、しかもそのモデルは告別式であった。そして盆義理にまわる人々も、礼服を着て「盆供」と書いた不祝儀袋をもって縁先で焼香しお返し品をもらって帰ってくるようになっているのは、まさに自宅告別式の形態をモデルとしているのである。

六　業者の類縁性と依存

盆飾りは、第二次世界大戦後しばらくは、おもに際物屋が扱ってきたということは前にも述べたとおりである。森町の亀八は盆飾りも扱うが、一般には人形店であり祭礼の山車人形をつくっている。しかし張り子や提灯などの製造など、季節に合わせて装飾品を扱っており際物屋と人々には認識されている。さらに際物屋という業種が一般的であったのは人々の認識だけでなく、『遠州商工案内』などの職業分類にも「際物業」というカテゴリーが掲載されており、かなり当時浸透した業種であったことがうかがえる。

『遠州商工案内』の「際物業」には一四店舗が登録されている〔松井　一九五〇：一四六―一四七〕。「ますや際物店・高部際物店・倉橋際物店・横田際物店」と直接的な表現で登録されている店が四店、既出の青山商店は「青山人形店」であり、元城町の「すみだや」は、「襖屏風表具凧幟盆飾」で、襖、屏風など表具業と凧、幟など節供品とともに盆飾りを扱っている。

また現在、浜松で人形店として著名であるすみだやは『遠州商工案内』では連尺町「すみだや」と記載されている。『浜松商工名鑑』の広告では「人形花環際物商」と称しており、取扱品目に「雛人形、五月人形、破魔弓、クリスマスデコレーション、岐阜提灯、消防纏装飾品、趣味玩具、人形全般、結納品、絵ビラ、大入額〔山内編一九五一：四一九〕と正月や節供、結納といった儀礼の装飾品が中心であり、盆飾りもその一環であることがわかる。ところで、この際物業のなかに四件の葬祭業者も含まれている。既出の三木屋葬礼も元の店のあった池町の三木屋として登録されている。三木屋葬礼ではすでに戦前期から盆飾りを扱っていたという。そのなかで神明町の博善舎は「葬具花環盆飾霊柩車」を扱い、際物業である青山商店が『盆飾定価表』の前書きで盆飾りのほか花環も扱っていることで共通商品が見られる。つまり葬祭業者は、葬儀の花環を通して際物屋と類縁性を持つようになり、次第に盆飾りも通常の業務範囲として取り入れていったことがうかがえる。

それでも当時盆の業務における際物店と葬祭業者との相違はあまりなかったと考えられる。盆飾りの取扱品は一定の形態を保っており、青山商店の『盆飾定価表』にもあったように、長行灯や額行灯、ドウバンに位牌、牌堂、蓮華等であり、祭壇自体がメインとなることはなかった。そして料理や返礼品などは葬祭業者ではなく、喪家が知り合いの菓子店や雑貨店、食料品店などから適宜調達していたのであった。

しかし高度経済成長期を経て、次第に葬祭業者が葬儀に関するさまざまなサービスを展開するようになると、盆の業務も拡大していった。かつて盆飾りは、個別の部品を組み合わせ単価を積算して販売していたが、後に祭壇を含めて一式として飾り付けや片付けを含めた一式の費用として請求するようになっていく。

そうして盆祭壇だけではなく、業務展開をしていく中で、他のサービスも扱うようになっていった。生花や籠盛も基本的には葬儀の模倣であり、当初は一般的な花屋や八百屋で扱っていたが、これも葬祭業者を通して依頼するようになっている。ただし現在でも、葬儀と異なり初盆はある程度の準備の期間があるため、盆祭壇は葬祭業者に依頼しても、料理や引き出物は知り合いの仕出し業者や寝具店、食料品店に頼む家もまだみられる。

際物屋でもある森町の亀八では、直接盆祭壇の依頼を受ける場合もあるが、むしろＪＡの葬祭部と業務提携し、ＪＡを通して受注するケースも増えている。これは、かつて際物屋が盆飾りをするという時代とは全く逆転し、葬祭業者が盆祭壇を扱うようになった時代を反映しているものと思われる。

こうして盆の業務が、葬祭業に移行していくに従い、近親者の供える盛籠も、果物の缶詰だけでなく、酒や米、雑貨、乾物など多彩になっていく。さらに菊などの生花は夏の暑さですぐ萎れてしまうため、かわりに鉢植えの胡蝶蘭なども使用されるようになっている。こうした流れも、実は葬儀における供物の変化を受けての展開である。

つまり初盆の取り扱いは、本来際物業という全く別業種の取扱範囲であり、葬祭業者の業務ではなかった。しかし戦後、葬祭業者に業務が移行するに従って、次第に盆の行事自体が葬儀の形式を流用するようになり、その形態は告別式のようになっていった。そして初盆が葬儀に準じた扱いとなり、それは業者だけでなく、一般の人々にとってもモデルとなっている。

こうして現在では、盆行事においては葬祭業者の存在が不可欠となった。このような専門業者への依存が生じているのは、古い時代から一般の人々が際物屋など常に業者を利用して初盆を行っていたからであった。そして葬儀が葬祭業者に一括して依頼していくことでその執行が容易になっていくのと同様に、盆も葬祭業者に依頼することでその準備が容易になった。葬祭業者への移行に伴ってその参照点は葬儀になっていったのである。よって、近年の葬儀の小規模化とともに、初盆も小規模化する傾向が生じているのも、盆が葬儀に連動しているゆえと考えられる。

七　祖霊への成長から死者との別れ

遠州地方の盆飾りは、基本的に死者の依り代となる位牌とそれを納める牌堂、そして両脇にはドウバンとよぶ盆灯籠を提げる。そしてそれらを取り囲むように置かれる額行灯と長行灯が用いられ、基本的には精霊を招く明かりに囲まれたものであった。額行灯は扁額のようであり、長行灯は柱隠しともいわれ、寺院の水引幕と柱隠しおよび対聯の板のように、仏を祀るための聖なる空間を作り出す境界の荘厳具であった。かつては灯籠ではなく、こうした水引幕や柱隠しを使ってショボンをしていた地域もあった［森町史編さん委員会編　一九九二：三五］。ただし、その基壇となる祭壇は全く重視されずあり合わせのもので代用していた。

こうしてみると、闇の中で明かりで照らし出された位牌に祀られるショボンの霊は、死後間もない荒忌のみたまであり［柳田　一九九八（一九四六）：六八］、その後の供養で次第に浄化し祖霊となっていく存在であった。ショボンのために改めて盆用の白木位牌を作り、おぼろげな明かりの中に置かれるその様相は、まさに不安定なアラショウリョウそのものと捉えられる。初盆は祖霊となるための出発点であり、親族や近隣など多くの関係者が揃って供養し慰めることで、次第に祖霊化していくのであった。

しかし、高度経済成長期を経て、盆飾りに祭壇が用意されるようになると、白布祭壇、金襴祭壇を経て幕板祭壇となり、葬儀祭壇に準じて形態が整えられ、ついには生花祭壇まで登場するようになった。一方で従来の盆特有のドウバンや額行灯、長行灯はその形を変えていき、祭祀空間は豪華な盆祭壇に限定されていく。その上段には位牌が祀られるが、葬儀の白木位牌をそのまま用いるようになった。位牌よりも中心に安置され目を引くのが遺影である。遺影は死者の生前の面影であり、故人の個性が前面に出てくるものである。

こうした儀礼空間において故人は、祖霊へのプロセスの始まりというよりも、まさに葬儀の延長上にあり生前の個性を表出した死者として位置づけられている。盆義理に来た人々も告別式に準じて拝礼していくことで、まさに最期の別れとしての側面が強調されている。それは家の先祖になっていくよりも、家族の中で情愛をとおして結びついていく故人［スミス　一九八三：三五四］に位置づけられていく社会状況にまさに適合した盆飾りである。つまり死者は、明かりを中心とした盆飾りの中で、祖霊化を歩み始めるアラショウリョウという位置づけから、生前の個性をもったまま亡くなった情愛を寄せる故人として位置づけられていく過程の中で、初盆の行事も変化していったのである。

［付記］本稿執筆に際し、イズモ葬祭の浅井秀明氏、新井春好氏ほか会社の方々、三木屋葬礼の高林美代子氏はじめ会社の方々、人形工房亀八の村松照好氏及びご喪家の方々には大変お世話になりました。心よりお礼申し上げます。

注

（1）今回調査を行った業者は、浜松市で一八八三（明治一六）年創業の専業業者である三木屋葬礼、遠州地方で広域で業務を展開する冠婚葬祭互助会のイズモ葬祭、および周智郡森町の人形製造業である人形工房亀八である。あわせて初盆を迎えた家庭での調査も行った。

（2）これは精霊を迎え送るための乗り物とされているが、ショウショウサマと称する場合もある。土器に茄子やキュウリをさいの目に切った水の子を添えるが、それは牛馬のえさという。また向きにこだわる場合もあり、お迎えの時には馬を東向きに、送りの時には牛を西向きにという場合がある。これらのことについては、葬祭業者の作成したパンフレットに掲載されている。

（3）これを昭和初期としたのは、前書きに「時局柄」との表現があり、またこれを発行した青山商店の取扱品目に軍人旗もあるためである。時期的にはより軍事色が強くなる日中戦争以降の可能性が強い。

（4）浜松市立図書館所蔵

（5）上位から優逸別上之部六四円、優逸上之部五五円、優逸之部四九円、極上之部三九円、特別上之部二八円五〇銭、上之部

二二円五〇銭、上並之部一八円四〇銭、中上之部一三円二五銭、中之部一一円二五銭、中並之部八円七〇銭、並上之部四円五五銭、並之部三円六五銭となっている。また門徒用として五種類の灯籠がある。

（6）塚本五郎「子供念仏「笠んぶく」」によれば「華燭飾り」と書いてある［塚本　一九八七：一〇五］。ただし一対で使用されているため、華と蝋燭つまり花瓶と燭台ではないと思われる。むしろ華足は華飾と書くこともあるためケショクとしたとも考えられる。

（7）また通常の盆祭壇を用いない創価学会や浄土真宗系の家庭用に、仏壇周りに飾るための低い祭壇も用意されている。また神葬祭の家庭でも神葬祭用の盆祭壇がある。

参照文献

井上章一
一九八四『霊柩車の誕生』東京：朝日新聞社。

浮ヶ谷幸代
二〇一三「産むことと産まないことからみる「近代化」の多元的状況」国立歴史民俗博物館・山田慎也編『近代化のなかの誕生と死』東京：岩田書院、九九～一三〇頁。

木下光生
二〇一〇『近世三昧聖と葬送文化』東京：塙書房。

社団法人全日本冠婚葬祭互助協会十五周年記念事業特別委員会編纂委員会編
一九八九『冠婚葬祭四十年の歩み』東京：社団法人全日本冠婚葬祭互助協会。

新村　拓
二〇〇一『在宅死の時代——近代日本のターミナルケア』東京：法政大学出版局。

スミス、R
一九八一『現代日本の祖先崇拝』（上）前山隆訳、東京：お茶の水書房。
一九八三『現代日本の祖先崇拝』（下）前山隆訳、東京：お茶の水書房。

田中大介

二〇〇八「葬儀と葬儀社——死ぬこと、はたらくこと」春日直樹編『人類学で世界をみる』京都：ミネルヴァ書房、九五～一一〇頁。
塚本五郎
一九八七「子供念仏『笠んぶく』」土のいろ集成刊行会編『土のいろ集成』第一一巻、浜松：ひくまの出版、一〇三～一一二頁。
村上興匡
一九九〇「大正期東京における葬送儀礼の変化と近代化」『宗教研究』六四巻一号、三七～六一頁。
松井巨巌
一九五〇『遠州商工案内』浜松：遠州商工案内社。
森町史編さん委員会編
一九九二『静岡県周智郡森町の民俗　年中行事』森：天方地区、森町史編さん委員会。
山田慎也
二〇〇七『現代日本の死と葬儀——葬祭業の展開と死生観の変容』東京：東京大学出版会。
柳田国男
一九九八（一九四六）「先祖の話」『柳田国男全集』東京：筑摩書房。

ケガレの発生と操作——近世伊勢の御師史料の解読

濱千代早由美

一　伊勢参宮とケガレ

近世以降、伊勢神宮が庶民に開かれるようになると、伊勢の神は、皇祖神から、現世利益的流行神のような存在に変質し、広範な社会層に受容されるようになった。そして、伊勢の町は、宗教都市であるとともに、ホストとしてゲストを受け入れる機能をあわせ持つことも求められるようになった。

伊勢信仰が全国に浸透していった背景には、御師の働きがあった。伊勢の御師は、平安時代より神宮の神人《じにん》として五位の位を与えられ、「〇〇大夫」と称して神宮と信仰者との仲介をしてきた。庶民の参宮が盛んになると、神人としての性格が薄くなり、「口入れ神主」となっていく。毎年冬になると、手代たちが祓や大麻、伊勢土産を持って諸国に赴いて御祓いをし、伊勢参宮を勧めた。そして、各地で伊勢講の形成を促し、全国的に師檀（御師と檀家・檀那）関係を組織化していった。檀那の参宮の際には、御師邸を講宿としてもてなし、神楽殿での太々神楽の奏行、両宮参拝や志摩への遊覧などの便宜も図った。檀那の参宮に関する手配の全般が、御師の重要な活動だった。このように、宗教的職能者でも旅行業者でもあった御師は、伊勢参宮隆盛の重要な立役者であった。

檀那の伊勢への旅の進捗は、途中で出迎えた手代や宿からの飛脚便などによって、随時御師の元に知らされた。近世以降、伊勢参宮に限らず社寺への参詣が盛んになると、その途中での行き倒れ人も増えたが、御師への報告は、順調な旅の報告ばかりではなく、時には体調を崩したために旅を取りやめざるを得ないというものも含まれたであろう。

参宮人が伊勢の清浄な領域に入ってから体調を崩した場合、伊勢での宿となるのは御師邸であるから、救療を受け養生する場所は御師邸ということになり、もし、そのまま亡くなるようなことになれば、御師邸で死のケガレが発生してしまう。そのような場合、伊勢の町の特質の一つである「清浄性」との兼ね合いは、どのようにとられていたのだろうか。

本稿では、安政四年（一八五七）に武州埼玉郡羽生領からの参宮人が伊勢で客死したことに関する諸記録をもとに、清浄性を重視する宗教都市である伊勢（宇治・山田）における死穢の操作について扱う。この記録は、神宮の御師で祠官もつとめた岩井田家所蔵の資料[1]の一部である。

岩井田家は、鎌倉時代以降、近世まで内宮大物忌父《おおものいみのちち》を家職とした。大物忌父は、神宮祭祀のうち、神饌や玉串の奉典、正殿の鍵の取り扱いなどの重要な役割を担う童女（物忌、子良）の補佐役とされ、神宮内で重要な地位にあった。中世頃より、大物忌父は権禰宜を兼務し、長官禰宜の被官として公文などの職にも携わった。しかし、明治四年（一八七一）、新政府の宗教政策の一環として、神宮の制度改革が断行されると、旧来の祀職家や御師などは廃絶することとなり、岩井田家も例外ではなかった。しかし、岩井田家一六代尚行《ひさゆき》の場合は、その後、再度神宮主典に任じられ、遷宮などにも関わり、後には権禰宜となっている。御師制度は表向きには廃止され、岩井田家も神札配札を廃止したが、旧御師と旧檀家とのつながりは、実際には昭和一〇年代ごろまで続いていたようである。

岩井田邸は三重県伊勢市館町に位置するが、「館町」とは、内宮神主や物忌の童女らが日夜斎宿する「館」のあったことによる名称である。「宇治郷之図（横地長重筆、文久元年〈一八六一〉、神宮文庫所蔵）」によると、岩井田家は、近世末には五十鈴川に架かる宇治橋を渡った場所（下館）にあり、現在の所在地よりも神宮に近い場所にあったことがわかる。現在、この地域は内宮の神域となっているが、明治中頃の財団法人神苑会による宇治橋内の整備に際して撤去されるまでは、家屋が並んでいた。神楽は御師邸に神楽職が出向いて執り行われたが、どの御師邸にも神楽殿があるわけではなかった。岩井田家の場合は、南側に神楽殿が併設されており、整備後、現在の場所に移転するまでは、自邸で神楽を奏行することが可能だった。

岩井田家の檀那である参宮人が瀕死の状態になったとき、岩井田家当主は神宮祀職であり、岩井田邸は現在の内宮の神域内にあった。常に神と接する神職は、触穢状態では神事が行えない。神職にとって、ケガレを避けるのは重要なことであり、岩井田邸のあった場所を考えても、なおさらケガレの発生は避けたかったはずである。本稿では、最初に、死という人間が避けることの出来ないケガレの発生に対して、伊勢ではどのような方法をもって対処したのか、外来者の死がどのように扱われたのかについて整理する。次に、岩井田邸で起こった東国からの参宮人の客死を事例として、参詣観光の隆盛と大衆化の中で発達した、清浄性を保つためのケガレへの対応を通して、宗教都市のありようを考えてみたい。

二　死への対処法——伊勢のハヤガケ

伊勢には、死のケガレを避けるための特有の技法があった。神宮改革のなかで明治五年（一八七二）に廃止されるこの習俗は、ハヤガケ（速懸、速掛、早駆、速駆）と呼ばれた。人が亡くなっても「死去」とは言わず「葬式」は行わない。死者の親族たちは、「病気大切に及ぶ」と唱えながら、死者にまだ息があり、死に瀕して病床にあるように振る舞い、ただちに墓地に運び入れ、そこで初めて死者として葬った。瀕死の状態ではあるものの、まだ「病体」であるという建て前のもとに、死をなかったことにして、死を押し隠す演技を行い、一定の領域の外に運び出してしまってから、死のケガレが発生するようにして、触穢を避けようとした。

触穢思想が蔓延していた中世の京都では、貴族たちは、死という現象が起こってしまってからでは遅いので、瀕死者を死なないうちに他の場所に出してしまい、邸宅や役所・寺院等を死穢から守ったという(2)。このような習慣と伊勢のハヤガケは類似しているように見える。中世貴族のそれは、死のケガレが生じる前にとる、実務的・官僚的な厳しい措置であった。しかし、伊勢のハヤガケの場合は、死という現実が起こってしまってから、そのことを皆が知っている状況で、それをなかったことにして振る舞うという演劇的措置である。これが成立するためには、この儀礼を行えば死がなかったことになる、死のケガレが操作できるという共通認識が、伊勢の人々の間で共有されていなければならない。

中世における宗教都市・伊勢を描いた西山克は、ハヤガケという習俗は、一四世紀後半をさほど遡らない時期の伊勢で発生して、そのまま死の習俗として固定したとする［西山　一九八七］。中世と近世の連続性を前提とする西山に対して、塚本明は、近世に入っての伊勢の都市社会の発展は、住民のみならず諸国からの参宮客をも巻き込んだ中世とは比べものにならないものであり、その中にあって、中世に成立した便法がそのまま通用したとは考えられないと疑義を呈している。さらに、塚本は、外宮長官の本葬礼の記録等の分析を通して、速懸が宇治・山田において死の送りとして一般化するのは、一八世紀になってからであり、以後、社会的規範として「行わなければならない」ものに転化し、清浄さを維持する象徴として語られるようにもなるとしている［塚本二〇〇四]。ハヤガケを実施したとしても、死という現象が起こったということは認識されており、ハヤガケの実施によって、死が「なかったこと」であるという認識が演劇的に共有されたにすぎない。そして、近世の伊勢では、このような「ケガレがない」「清浄である」という認識の共有が対外的にも対内的にも「行わなければならない」ものとなっていたというのである。近世期におけるハヤガケの実態とその変容について明らかにすることは、伊勢[3]の都市形成の過程を明らかにする上でも重要な意味を持つ。

三　神主の死への対応

参宮人の客死について論じる前に、「伊勢の」人間がどのように葬られたのかについてみておこう。岩井田家資料には、大物忌父一﨟徳輝神主の死去についての記録[4]（『一﨟得輝神主御逝去ニ付萬控』）も含まれており、その中にハヤガケ（ここでは「早懸」と表記）が行われたという記述がある。亡くなったのは、岩井田一五代目当主・大物忌父一﨟徳輝神主である。資料では、享和三年（一八〇三）一〇月一四日に生まれ、安政六年（一八五九）一〇月九日に亡くなった「ことになって」いる。

徳輝神主は、安政六年一〇月四日に不調を訴え、医師が呼ばれて介抱を受けるが、一〇月八日、養生かなわず、「八日朝五ツ日御病気差重り候事」となった。実際には八日には亡くなっているのだが、八日の段階では直接的に死を示す言葉が使われていない。「安政六巳未年十月九日御逝」と記され、記録上はまだ亡くなっていないということになっている。しかし、記録の内容は、物忌仲間、親類、大子良の親元等[5]への諸届、ハヤガケの具体的な実施にかかる人（御輿形を作る大工など）集め、必要な品々（祭服、木綿布、苧、人足に着せる肌着など）の手配など、葬儀を行う上での実務についての記述が続き、徳輝神主の死という事実は関係者の間で受容されていたことがわかる。

あけて一〇月九日に、「岩井寺への奉下」とあり、箱提灯を先頭に、継上下《つぎかみしも》で手提灯を持った侍二名が横に従い、家来四人が「御乗物」に「乗った」神主をかつぎ、さらに、「御介抱人」数名が続いた。これは、いわゆる「葬列」にあたる。このときの記述方法が注目に値する。岩井寺までの奉下では「病体」で「乗り物」に乗っていると記されているが、岩井寺から「遺体」となり、「乗り物」にかわって「棺」と表記される。つまり、岩井寺までは、医者が介抱すべき患者であったものが、寺を境に亡くなった者として扱われているのである。神宮に空間的に最も近い館町では、ハヤガケの準備を自宅では行わず、寺へ送ってそこからハヤガケにするということもあった［塚本　二〇〇四：八］。

四　行き倒れ人の死への対応

伊勢にやってきた人が、行き倒れ人となって死のケガレを発生させる恐れが出てきた場合はどうだろうか。行き倒れ人は、人間が移動する以上、時代を問わず発生してきたが、元禄期から明和期にかけて、街道で行き倒れ人が発見された場合の処理システムが確立された[6]。発見者には、行き倒れ人の救療と役人への報告義務があり、役人は、医者の派遣・投薬の手配を行い、旅籠屋や民家で全快するまで養生させなければならない。行き倒れ人が見つかると、往来手形によって身元確認が可能な場合、または本人が望む場合は、宿継、村継によって国元に送還した。手当のかいなく、行き倒れた村で亡くなってしまった場合は、検死の後、埋葬をした。これらにかかった費用は国元が支払うのが基本だが、生国もわからないまま亡くなることも多く、その場合は行き倒れ人が亡くなったところの村が負担することになった。この時に、発見者の口書、医師の診断書、村役人への届書などの書類が作成されたため、下書きや写しが残されることも多く、これらをもとに近世の「行き倒れ」研究が進められ

ている。(7)

松本純子は、近世の奥州郡山（福島県郡山市街）における行き倒れ人について、男女別・年齢・身分・渡世に注目して整理し、「行き倒れ」の直接の発生原因である移動の理由や、行き倒れ人が発生するときの状況を検討した。行き倒れ人の離郷理由は、商いや手職、日雇取などの仕事のための移動に次いで、庶民の参詣の旅、武家奉公人の江戸と国元との行き来というものが多かった［松本　二〇〇〇］。仕事のためであっても、参詣のためであっても、行き倒れ人には原則として同様の措置が取られた。近世の郡山［松本　二〇〇〇］、沼津（静岡県沼津市）［高橋　一九九三］の例では、行き倒れ人の死亡後に国元に知らせるという言及があり、これらの行き倒れ人の離郷理由には参詣も含まれている。しかし、四国遍路で亡くなった行き倒れ人の史料では、そのような言及がほとんどないという［西　二〇一〇］。このことは、巡礼者の中には病気や貧困を理由とする「死にに行く旅」に出た者があったことにもよるだろう。伊勢への旅にも、娯楽、息抜きといった生活の余裕に裏付けられた旅ではなく、野宿を重ね、柄杓を手に物乞いしながら旅をするという形態があった。このような人々が、旅の途中で倒れた場合、身元が判明せず、発見された村に経済的負担がかかる危険もあった。また、参詣という明確な目的を掲げ、出立時には元気であっても、旅の途中、もしくはたどり着いた聖地で、命を落とした者も少なからずいた。旅は困難なものであったからこそ、代参者が村に帰れば「お伊勢様のおかげである。めでたい」と祝われたのである。参詣の旅といえども、死という現象が発生するリスクを伴ったものだった。

行き倒れ人の発生は、行き倒れ人が発見された村にとっては、経済的リスクだけでなく、死によるケガレの発生というリスクもともなった。視点を変えてみれば、参詣のための旅が盛んになればなるほど、その目的地である聖地には、ケガレを発生させる可能性を持った人々が押し寄せてきていたと見ることもできる。これは伊勢も例外ではない。伊勢の人間の死に対して「なかったこと」にする演技をしてきた町において、客死者に対して、どのような対応の仕組みが用意されていたのかを知ることによって、ホストとしての伊勢が持つ特質の一端がうかがえるだろう。

五　東国からの参宮の実態

本稿でとりあげる伊勢で客死した松助は、武州北埼玉郡羽生領稲子村（現在の埼玉県羽生市稲子）の出身であった。「旧師職総人名其他取調帳」[8]によると、岩井田家の檀那場は、山城国、河内国、摂津国、丹波国、伊賀国、伊勢国、尾張国、駿河国、武蔵国、下総国、上野国、下野国、信濃国の十三国にまたがっていたようだが［皇學館大学史料編纂所編　一九八〇：七八―七九］、現在、岩井田家に残っている史料は、北関東の日光街道周辺（現在の茨城県古河市、埼玉県加須市、行田市、羽生市、久喜市に含まれる）の檀那場に関するものが大半である[9]。

東国からの参宮人は、春先の農作期前（旧暦一二月頃から一月頃）に村を出て伊勢をめざし、参宮を済ませた後は、熊野や京阪へも足を延ばし、西国三三か所の札所をめぐり、さらには四国に渡って金毘羅へも詣でるという大旅行を行った。岩井田家の檀那場でも盛んに伊勢参宮が行われたようで、自治体史等の記述[10]に参宮記が散見されるほか、絵馬や参宮講碑、参宮記念の敷石奉納等が残っている。

岩井田家の檀家による伊勢参宮の記録として、文久二年（一八六二）正月に行った大利根町道目（現埼玉県加須市道目）の「伊勢参宮道中日記」がある［大利根町　二〇〇〇：五九一―六一一］。これによると、代参者は正月九日に出発し、東海道を西へたどり、水天宮や秋葉山、豊川稲荷、津島神社などへも参拝しながら、二四日には佐屋（現愛知県愛西市佐屋町）に至って一泊している。七里の渡し[11]の風雨による欠航や船酔いを嫌う旅人は、東海道の脇往還として佐屋街道を利用した、佐屋街道は佐屋宿から次の宿場である桑名宿まで川船による三里の渡しで結ばれていた。岩井田家の檀家も佐屋街道を利用したようで、佐屋から佐屋街道を進み、三里の渡しを利用した一行は、桑名宿に至る。ここでは、岩井田家の手代二名による、酒や饅頭でのもてなしを受ける（「岩井田右近手代弐人をり酒を出シ、其外酌まんじふう弐重運（ママ）中江出シ」）。

この後、東海道から分かれ、四日市の日永追分からはじまる伊勢街道をたどり、最初の宿場町である神戸（現三重県津市神戸）で一泊した。二七日に雲出川を舟で渡って松坂（現三重県松阪市）で一泊した後、櫛田川、宮川を舟で渡る。宮川を渡ったところは中川原といい、ここで御師の出迎えを受けるのが通例であった。『伊勢参宮名所図会』には、「中諸国の参詣人を御師より人を出しここに迎う。その御師の名、講の名、組頭の姓名を書して、この所の家毎に招牌《しょうはい》を出せし事、竹葦のごとし」とあり、招牌（看板）を探し出して、講の名を告げると、御師宅に知らせが走り、そこで一休みしているうちに手代が迎えにくるという段取りだった。

ここでの昼食時には「岩井田右近手代」が酒肴を用意して出迎え、「出迎え駕籠」で宇治の岩井田邸へと案内した。宇治に到着した二六日の夜は、岩井田邸にて豪華な膳で食事をとり、その後は、二八日夜に太々神楽を奏行し、御祓いを受ける。明けて二九日の朝、内宮参拝の後、さらに祝膳が出る。三〇日には「磯部太神宮（伊雑宮　現三重県志摩市磯部町）」、二月一日には朝熊山に参拝し、昼食を岩井田邸でとった後に、手代の案内で二見浦に遊ぶ。この日の昼食までは岩井田家のもてなしだが、二見浦からの舟渡しからは三日市大夫の手代の案内となり、二日の朝は三日市大夫より膳付きのご馳走でもてなされ、三日に神宮に参詣している。(12) 参詣後は朝飯をとり、手代一名が宮川（中川原）まで案内している。

宮川を渡ってしまうと、そこから先は「伊勢」の範囲外となる。田丸を経て熊野街道をたどり、尾鷲から、熊野本宮、新宮、那智山を参拝し、さらには西国三三番の札所をめぐり、京都では祇園で昼食をとり、北野天満宮にも詣でている。さらに、西宮から淡路、長浜、金毘羅、備前、姫路、福知山、宮津、小浜と足を延ばし、関ケ原から中山道をたどり、帰郷したのは四月三日である。およそ三か月にわたる大旅行だった。関東地方から一般的なルートをたどった場合、およそ二か月と言われるので、この旅行は、かなり大規模なものと言える。

武州北埼玉郡羽生領稲子村からの伊勢参宮が、これほどまでの規模の旅程を予定したものだったかどうかは分からないが、伊勢では、同じく岩井田家のもてなしを受けており、手順等に大きな違いはないだろう。松助一行も通例の通り、中川原から岩井田家の手厚い援助を受け、参宮を果たす。しかし、その中の一名は手当のかいなく岩井田家で亡くなり、ハヤガケをもって葬られた。

六　ある参宮人の死

岩井田家に残る稲子村からの参宮人の死に関する史料は、「安政四丁巳年二月一三日死　武州埼玉郡領稲子村岡本松助大病萬控　行年廿九歳（以下「萬控」）」と「武州埼玉郡稲子村　松助早懸寺方小遣（以下「小遣」）」（安政四年二月）の二点（いずれも横帳）である。「萬控」は、事の経緯や諸届の控えが書きとめられており、「小遣」は経費の覚えである。

亡くなったのは、武州埼玉郡羽生村稲子村出身の岡本松助（卒年二九歳）である。風邪が流行っており、道中より体調がすぐれなかったようだ。安政四年（一八五七）二月七日に中川原より通し駕籠で岩井田家に到着し、二月一一日の夜から様態が悪化し、岩井田邸で亡くなった。

一行は、山田与右衛門を講元とする講中二八人での参宮だった。一行には、旦那寺の僧源昌院、山伏大教院、松助の親類にあたる正蔵が含まれていた。松助が体調を崩すも、一行は太々神楽をあげ、参宮も果たし、古市遊びもしたようだ。しかし、二月一一日夜に松助の容態が悪化したため、岩井田家では通し駕籠を手配し、手当金を大教院と講元へ貸して送り出している。一行は中川原に投宿したが、松助の容態がさらに悪化したため、講元講中親類四人が付き添って岩井田邸に戻ってくる。そして、同日夜、「参宮人大病に付」と言う文言を含む二五通の届けが認められた。内訳は、御役所へ写を含めて一〇通、会合へ五通、町内へ五通、長官へ五通となっている。直接「亡くなった」という表現はないが、松助が亡くなったことを示している。

一二日四ツ時に提出に出かけ、七ツ時に帰宅している。朝四ツ、昼七ツとすると一〇時頃出かけて一六時頃に戻ったということになる。そして、「早々早懸ケ取計、夕方に岩井寺出門、五ッ時、万端相済事（傍線、筆者）」とあるので、夜五ツ、つまり二〇時頃に松助のハヤガケが完了した。参宮人の内、八人は寺山まで同行し、一人は中川原止宿の連中へ注進状を届け、六人は中之切町にて風呂に入り、浦田六右衛門方にてうどんを食し、岩井田家に止宿した。そして、翌朝、講中が全員岩井田家に集まり、食事をとった後、改めて出立した。この後の旅程については不明である。

岩井田家には、ハヤガケを実施したという届けを出し、国元との間で精算を行う仕事が残っている。以下がその一部である。控えのため、ところどころ中略がある。

〈安政四年二月一三日　奉行所宛の届〉（「萬控」）

松助ト申者、途中より病気差発候　通し駕籠にて罷越候間、早速医師江見守尾相頼、為被服薬暫逗留養生仕候、仍此段乍恐、御届奉申上候

・

〈届の写し〉（「萬控」　傍線は筆者）

乍恐御届奉申上口上

今十三日、御届奉申上候私旦所武州埼玉郡……村病人松助儀、種々年手祓介抱仕候得共、段々病気重々、養生不相叶、暮九つ時、相果申候、依之当所仕来り通り、早懸取仕舞仕候。尤国元より申分為無之、同所親類之者共より一札取置申候、仍て此段御届奉申上候以上。

・・・・　下・・岩・・・印

伊勢で参宮人が行き倒れるという事件は、少なくはなかったようで、松助のハヤガケを実施する際に、いくつかの先例を参照している。たとえば年代は記されていないものの、井面五神主、佐八六神主、中川采女といった御師邸で参宮人が亡くなっていたことが「萬控」に記されている。岩井田家でも文政二年（一八一九）、武州埼玉郡羽生村中手古林村からの参宮人・清八が亡くなっており、このときの届けの控えも岩井田家に残っている。この場合は同行二四人の内、途中より一九才の晴八が病気になったため、松助の時と同様に通し駕籠にて搬送し、医師の診断を仰いで服薬・養生させるが、六月二〇日、様態が悪化し、「病気段々大切に」及んだため、「式法通り早懸取計申し候」とある。亡くなってから国元へ「早懸」の報告をし、それに対して、費用の精算について総代からの書簡が届いた。松助のハヤガケは、これらの先例に従って手配された。

七　死をめぐる「内」と「外」

行き倒れ人に対しては、届が出されてから検死を行い、埋葬をすることになっていたが、ハヤガケは、書類に死亡確認がなされたことを明確に記せないため、通常の行き倒れとは異なった手順がとられていた。届け先は、月行事、家司大夫、奉行所、会合、長官で、これらの諸機関は神宮の運営と直結していた。伊勢の各機関に対しての届では、「至極大病」等の言い回しを使い、「死」という言葉をさけているという点が特徴的である。

一方、伊勢の「外」、つまり松助の国元に対して、事の顛末を報告するときは書簡の中では、「御病死」「御葬式」という語を用いている。

〈国元への報告〉（「萬控」傍線は筆者）

一筆致啓上候、寒に御座候得共益々御清栄之儀、尚又奉賀候、然ば御子息松助様、此度大々御執行に付去ル七日当地御着に相成、御連中より御病気之由に付、医者等相頼御服薬等いたし候、御介抱申上御執行も御執相済、御参詣も無滞相済申候得共、兎角御本服にも相成不申、乍去少々御快気之様子にも見受候間、昨日、中川原迄御出立候処、何分無心元奉存候間、役人共一人御付附申上止宿仕居申所、昨夜■更に相成、弥御大病にて御養生相叶不申、御病死、■ニ申上御■も無之次第、誠に驚入御仕間御座候御講元始御世話人御講中共、種々御心配被下候得共御寿命に御座候■、右の次第無拠仕合御愁傷之致察入奉存候、残念至極、不返々々奉存候、■当地におゐて無之■御葬式仕候、此段御承引申上候、右の段申上度、■懸札■■に御座候、甚取混じ中に付、態筆御高免申上げ候、余て近々御同道度。

早々頓首

二月十三日夜

つまり、伊勢の「外」に対しては、通常の死として扱っていたということになる。

「小遣」の記述の諸経費では、駕籠代、樋代、酒、米、醤油、味噌、薪代の他に、墓掘り専従者、医者への謝礼という項目が目につく。医者は寺に着くまでは病人として扱うために必要である。また、死穢を避ける手法や規則があったとしても、遺体の処理、すなわち、墓穴を掘って埋葬するという過程では、ケガレを避けることができない。墓掘りは、元々は死者の近親者が勤めたが、触穢の規定と日常生活の両立が困難になるにつれて、専門集団がになうようになる。[13] 参宮人のハヤガケの場合にも、同様に依頼している。規模は違っても、基本的な実施方法は伊勢の人間のハヤガケと変わらなかったということである。

また、ハヤガケの実施意義の一つに仏教色を排除するというものがある。松助一行の中には、旦那寺の僧源昌院、山伏大教院が含まれていたが、記録中でこれらの人物が葬儀に関わったという記述はなく、伊勢側の宗教的職能者によって葬儀（ハヤガケ）が行われたようである。このように意識的に「内」と「外」を使い分け、徹底して伊勢の体系で葬ることの意味は重い。

結――「清浄性」をまもるということ

中世貴族は、瀕死者を特定の場の外へ運び出すことによって、死そのものの内部での発生を未然に防いだ。[14] 中世貴族に習えば、瀕死の状態であるとわかっている者を伊勢に入れてはならないということになる。岩井田家の手代は、伊勢が近くなってから何か所かで出迎えているはずで、道中、ずっと体調がすぐれない松助の状態は把握していたことだろう。それにもかかわらず、宮川を渡る前に容態が思わしくないことが分かっている松助を自邸に迎え入れたのはなぜだろうか。

まず、経済的リスクについて考えてみるとどうだろう。御師は道中の要所要所で旅の進捗を把握し、国元との連絡も随時取れる状態である。行き倒れ人は、その出郷理由によっては、身元不明者として埋葬される場合も多い。そうなると、行き倒れ者を発見してしまった村（町）には大きな負担となる。しかし、参宮人の行き倒れは、確実に行き倒れ者の本籍地をたどって費用の精算ができる。講の場合は、親類縁者が一行に含まれていることもある。御師宅を利用する参宮人は、師檀関係によってあらかじめ組織された、系譜のたどれる人物[15]で、経済的リスクについては心配がいらない。松助の場合は、親戚を含む講員たちとの伊勢参りであり、路上で看取られることなく亡くなる路上死・野外死ではなく、屋内で看取られつつ息絶えた。このように、伊勢での客死は、「つながりが見える」死者である可能性が高かった[16]。

では、ケガレの発生リスクについてはどうだろう。伊勢の場合には、死がすでに起こってしまっていて、「死んでいる」という認識は共有されていても、「死をなかったことにする」ハヤガケというシステムが確立されていた。このシステムがあれば、瀕死の参宮人本人とその同行者たちの、伊勢参宮という「一生に一度」の希望を叶えることも可能である。

塚本も指摘する通り、近世期のハヤガケは、伊勢の住民のみならず諸国からの参宮人に対しても清浄さを維持する象徴として機能し、だからこそ、社会的規範として「行わなければならない」ものであった。実質的には葬送儀礼であっても、演劇的に行うことによって、「死んでいない」という認識を共有し、清浄な「内」と「外」との境界を作りだしている。日本の都市は明確な城壁で区切られることはないが、伊勢のような宗教都市では、儀礼を行うことによって、清浄な領域が作り出されるのである。実際には死んだ人を「死んでいない」とする建て前を共有する共同体が創出される。

宮川を渡るか渡らないかということの意味も大きい。参宮人たちが宮川を渡ってすぐに降り立つ中川原は、茶屋が立ち並ぶ祝祭空間の始まりであり、終わりである。容態のすぐれない松助が伊勢の「外」で亡くなってしまうと、一行にはケガレがかかってしまい、参宮が難しくなる。したがって、伊勢の「内」へ早急に運び込まなければならない。一行の参宮が無事に終わると、瀕死の松助はまず中川原まで送り出される。この意図は、いくつかの解釈ができよう。中世貴族のように、伊勢の領域内で亡くなることのないようにと早々に送り出したと考えることもできる。しかし、送り出した時間が遅かったことから、最初から宮川は渡れないことが予想されていたとみることもできる。中川原は「内」であっても「外」という「境界空間」で、「死でいるのに死んでいない」者の居場所としては最適の場所であり、中川原へ送り出すことも含めて、ケガレを操作する演劇の一環だった可能性もあるのではないだろうか。

伊勢（宇治、山田）は、神宮の鳥居前に発達した宗教都市であり、近世日本における民衆的巡礼の中心である。したがって、ことさらに清浄であることが重要視された。しかし、伊勢参宮が盛んになり、全国から様々な人が押し寄せて来るようになると、それだけケガレの発生リスクの増大にもつながる。江戸時代は、ケガレ観が変化し、希薄化しつつある時代でもあった。参詣の一般化によって、ケガレに対して無頓着な外来者が訪れることも増えた。宗教都市は、ご利益を求めて集う様々な人々が集まる場所である。宗教都市には、ご利益を必要とする人々が、「悪いもの」を祓ってご利益を得ようと集まる。神威が高ければ高いほど、ケガレや悪いものが集まる危険性も高まるという矛盾する場所が宗教都市である。伊勢参宮に娯楽的要素や現世利益を求めて集まる人々の出現は、清浄である場所にケガレが持ち込まれる可能性が高まり、神威が損なわれる危険も出てくる。そのために「参拝心得」等が書かれるようになった。その中には様々なケガレについての記述が見られ、川や海で区切った伊勢の空間が、清浄な空間であるということを盛んに表明しはじめる。特に、宮川を越えるかどうかは重要視された。川や海は、結界とみなされ、禊を行なうことや、結界を越えての神域への出入りが、重要な意味を持つようになる。伊勢参宮やおかげ参りでは、様々な不思議な現象が起こり、その中には、ケガレを持ちこんだ人にふりかかる現象も含まれた。それらは人々の口伝えに語られていったが、そのうちのいくつかは、「神異記」に見ることができる。「神異記」には、奇瑞を知らしめて、神宮の清浄性も周知させる意図もあった。このような状況の中での外来の参宮人に対してのハヤガケの実施は、伊勢の清浄性を示す「説得の語り」として機能した面があった。そして、ハヤガケと言う儀礼自体も、伊勢に清浄性を期待するまなざしによって、社会規範となっていった。

行き倒れの処置には、それぞれの地域社会のありようが映し出されるが、伊勢の場合は、清浄性への配慮が必須であった。また、行き倒れ人の素性がわかっているだけでなく、死後も行き倒れ人を取り巻く共同体との関係が続くという特殊な例である。様態が悪化したときに、急いで中川原に送り出そうとするが、手当金を貸すという檀那への配慮も忘れない。なぜなら、この場合の行き倒れ人は、根無し草の行き倒れ人ではなく、国元とはっきりとつながった存在だからである。死んでいるのに、死んでいないことにして葬るという作法を、旅人に対しても行うことは、伊勢の清浄性が守られることを示すことにもつながった。清浄な範囲を明確にするためには、「内」と「外」を意識的に使い分けることが必要で、伊勢が全国からの参宮人を受け入れる宗教都市として展開していくときに、重要な戦略として機能した。このような手続きは、死者に対する酷い仕打ちとも受け取れる。しかし、このハヤガケの仕組みがあったからこそ、瀕死者は参宮の悲願を果たすことが可能となり、旅先であるにもかかわらず、実質的な葬儀が受けられたと見ることもできる。死のケガレによって同行者達に神罰が下る可能性があっても、死がおこっていないならば、その心配も軽減される。ハヤガケは、死のケガレを操作する、伊勢で生まれた便法であるが、近世の一時期、伊勢参宮に出たまま郷里へ帰ることの出来なくなるかもしれない人々の、最期の望みをかなえる仕組みとしても機能していた。

〔附記１〕本稿は、平成二三年度～二五年度科学研究費助成事業（学術研究助成基金助成金（基盤研究（Ｃ）（一般）「近代の伊勢神宮改革と御師制度廃止に伴う伊勢信仰の相克に関する基礎的研究」課題番号二三五二〇〇八八）による研究成果の一部である。

［附記2］現御当主である岩井田尚正氏には、多大なるご理解とご協力を得て、調査を継続させていただいたことに感謝申し上げます。

注

（1）岩井田家資料は、①御師活動、②御師廃絶後の殖産興業、下宿業（神宮皇學館の学生対象）、③神宮、④家乗に関する資料からなる。時代的には、中世も含むが、近世から昭和一〇年代にかけてが中心である。これらの内、四三四点が、昭和四〇年（一九六五）に神宮文庫に寄贈され、西川順土によって整理された。その残余の部分について、筆者を含むグループが『伊勢市史・民俗篇』の編さん事業（二〇〇一年度～二〇〇八年度）、財団法人福武学術文化振興財団助成（二〇一〇年度）、科学研究費助成事業（二〇一一年度～二〇一三年度、二〇一四年度～二〇一六年度）等の資金を得て、調査を継続している。

（2）高田陽介は、『実隆公記』文明一七年三月二二日条や、『親長卿記』文明四年七月二九日条、同記文明六年七月三日条、同記長享元年八月九日条、同記長亨二年六月二七日条、『実隆公記』永正二年十一月六日条、同記永正六年正月二八日条、『康富記』嘉吉四年正月一一日条などの例をあげ、このような行為が貴族たちの間で常識として実行されていたことを指摘している［高田　一九八六：五八―五九］。

（3）いわゆる「伊勢」は内宮を中心とする宇治と外宮を中心とする山田から成り、内宮と外宮では、葬送の実施規定が異なる。山田におけるハヤガケの習俗に言及した研究は、西山克、塚本明らによってなされている。宇治については内宮一禰宜を務めた荒木田経高による「神宮早懸大概」［國學院大學日本文化研究所編　一九九五：三三五―三四四］などの式次第書があるが、岩井田家資料と同様に、神宮祀職家という特殊事例であり、事例の偏りがあることも否めない。

（4）本資料には、徳輝神主の死去に関連して、家人の月経のケガレ、大物忌の触穢についての諸問題についての記述もあるが、この点については、別稿を参照［濱千代　二〇一四］。

（5）大物忌父と子良の間には擬制的親子関係が結ばれるため、大物忌父の死穢は子良にもおよび、子良は解任された（「子良放」）ため、親元への連絡は必須であった。

（6）元禄元年（一六八八）、徳川綱吉による「生類憐みの令」に伴って、東海道の宿々に病気の旅人と牛馬の扱い方についての幕令が発令されたことが一つの端緒となった。

（7）行き倒れ人に対する村の処理手続きについては、［高橋　一九九三］、［松本　二〇〇〇］、［藤本　二〇〇八］、［西二〇一〇］等を参照。

（8）明治の神宮改革にともなって御師は廃絶される。明治十一年（一八七八）に救済策として扶助金が交付されたが、本資料はその際の調査資料として提出されたもので、明治二・三年（一八六九・一八七〇）の配札の実態を記したものである。

（9）資料の偏りが起こった理由は、確かなことはわからない。手代は複数いたと考えられるが、現存資料には「岡部眞七郎」という名の手代の署名入りの書類が多く、この人物が北関東を担当していた可能性もある。

（10）檀那場における伊勢講に関しては、大利根町（現加須市）については、『大利根町の絵馬』（大利根町文化財保護審議委員会編、大利根町教育委員会、一九八四）、『大利根町史　民俗編』（大利根町教育委員会編、大利根町、一九九九）などにも記述がみられる。羽生市の伊勢講碑については、『近世羽生郷土史続編』（平井辰雄編、羽生市古文書に親しむ会、一九八七）、『羽生市史　追補』（羽生市史編纂委員会、羽生市役所、一九七六）などで扱われている。また、慶應義塾大学文学部古文書室所蔵史料には、岩井田家の檀那場（武蔵国埼玉郡樋遣川村、久喜新町、栗原村、麦倉村、岡古井村、飯積村等）、及び隣接する地域の史料が含まれており、外宮御師・龍大夫が檀那場とした下総国葛飾郡土與部新田の史料には、伊勢講畑の記録等がある。なお、龍大夫、ならびに後述の三日市大夫などの御師は、関東地方に広い檀那場を持っていた外宮の御師である。

（11）宮宿（現名古屋市熱田区）と桑名宿（現三重県桑名市）との間は、江戸時代の東海道唯一の海路で、その距離が七里（約二八キロ）あることから、七里の渡と呼ばれた。

（12）史料では、「内宮太神宮　御参詣」となっているが、三日市大夫は外宮の御師であるため、外宮への参拝だったと考えられる。内宮への参詣は岩井田家、外宮への参詣は三日市家が案内した可能性がある。また、伊雑宮や新宮などでは、それぞれの御師が檀那の世話をしている。このように、他の神社の御師、内宮と外宮の御師の間には、お互いに提携関係があったようである。

（13）この点に関しては、［塚本　二〇〇五］に詳しい。

（14）［高田　一九八六］。

（15）清八や松助の国元である埼玉県羽生市に彼らの痕跡が認められるかというと、残念ながら確認することはできなかった。松助と共に旅をした人物として、源昌院、山伏大教院等の名が登場する。羽生市稲子には、源昌院（曹洞宗）が現存するが、該当する僧・山伏の存在は確認できない。また、羽生市稲子の諏訪神社の別当に大教院という名がみられるが、本件との関連は確認できていない。

（16）松助の場合は、死後、何年かたってから、追善供養が依頼されており、明治一五年（一八八二）三月二三日付の霊祭祀料の領収書も残っている。

文献

井上頼寿
　一九五五『伊勢信仰と民俗』伊勢：神宮司庁教導部。
宇治山田市編
　一九二九『宇治山田市史』伊勢：宇治山田市役所。
大利根町教育委員会編
　二〇〇〇『大利根町史　資料編（上巻）』、大利根町（埼玉県）：大利根町。
皇學館大学史料編纂所編
　一九八〇『神宮御師資料内宮篇』伊勢：皇學館大学出版部。
國學院大學日本文化研究所編
　一九九五『神葬祭資料集成』東京：ぺりかん社。
蔀関月編画、秋里湘月撰
　一七九七『伊勢参宮名所図会　巻四・五』大阪：塩屋忠兵衛ほか。
高田陽介
　一九八六「境内墓地の経営と触穢思想――中世末期の京都に見る」日本歴史学会編『日本歴史』四五六、東京：吉川弘文館、五七～七四頁。
高橋　敏
　一九九三「近世民衆の旅と行旅病死」『沼津市史研究』二、沼津：沼津市教育委員会、一一～三三頁。
塚本　明
　二〇〇四「速懸――近世宇治・山田における葬送儀礼」『三重大史学』四、津：三重大学人文学部考古学・日本史研究室、一～一四頁。
　二〇〇五「拝田・牛谷の民――近世宇治・山田の非人集団」『人文論叢』二二、津：三重大学人文学部文化学科、三三～五〇頁。
西　聡子
　二〇一〇「近世後期における行き倒れ遍路と村の対応――阿波の村落の人々が残した行き倒れ人の事例を手がかりに」菅原憲二編『記録史料に関する総合的研究Ⅵ』千葉：千葉大学大学院人文科学研究科、二六～八三頁。
西山　克

一九八七　『道者と地下人』東京：吉川弘文館。
濱千代早由美
二〇〇七　「幕末期における伊勢神宮師職の葬儀――『一臈得輝神主御逝去ニ付萬控』、『徳輝神主列帳』」『三重県史研究』第二二号、津：生活文化部文化振興室県史編さんグループ、六一～八〇頁。
二〇一四　「宗教都市におけるケガレの操作と『清浄』概念の共有」鈴木則子編『歴史における周縁と共生――女性・穢れ・衛生』京都：思文閣出版、一三九～一六〇頁。
藤本清二郎
二〇〇八　「近世城下町の行倒死と『片付』――和歌山の場合」『部落問題研究』一八四、京都：部落問題研究所、三～三八頁。
松本純子
二〇〇〇　「行き倒人と他所者の看病・埋葬――奥州郡山における行き倒れ人の実態」『東北文化研究室紀要』第四二集、仙台：東北大学大学院文学研究科東北文化研究室、五三～八二頁。

穢れの統御——尾張大國霊神社の儺追神事を事例として

谷部真吾

はじめに

愛知県稲沢市には、かつて尾張国の国府がおかれていた。また同市には、尾張国の総社、尾張大國霊神社が鎮座している。(1)尾張大國霊神社は国府宮とも称され、毎年、旧暦一月に儺追《なおい》神事が行われる。本稿では、国府宮はだか祭とも呼ばれる儺追神事を取り上げ、この祭りの意義や特徴について明らかにしていく。

儺追神事については、これまでにも、いくつかの論考が公にされてきた。例えば、尾張大國霊神社の宮司であった田島仲康は、数々の文書類をもとに、近世期におけるこの祭りの諸行事を再構成している［田島 一九六八、一九八三］。また、茂木栄は、現在の儺追神事の行事構成や神社側の史料などの詳細な分析を通して、この祭りが「潜在的にしろ稲魂誕生のドラマ」としての意味をもっていたと指摘しつつ［茂木 一九九一：一四六、茂木編 一九九一：一〇〇］、こうした祭りの構成が近世中期以降に変容・喪失していったとしている。さらに、稲葉伸道は、主として近世期に編纂された地誌類の分析から、この祭りが「追儺と修正会の混合したもの」であろうと類推している［稲葉　一九九〇：三〇二］。似たような指摘は山路興造にも見える。山路は、『尾張名所図会』の記述を引きながら、この祭りを「正統なる修正会結願の鬼追い」であったと捉えている［山路　二〇〇〇：八〇〜八二］。近年では、藤原喜美子が、儺追神事で中心的な役割を果たす儺負人《なおいにん》——神男《しんおとこ》とも呼ばれる——の性格について考察している［藤原　二〇一二］。このような先行研究を前にして、新たな提言を行うことは容易ではないが、本稿では改めて諸史料にあたりながら、儺追神事の特質について考えてみたい。

一　儺追神事の概要

本格的な分析に入る前に、祭りの現在の様子について記しておく。儺追神事に関する行事は、旧暦一月二日に始まる。[2] 最初の行事は、一月二日午前九時から始まる儺追神事標柱建式である。この行事では、高さ約三メートル、幅約九〇センチ四方の標柱を第二鳥居前と楼門前の二ヶ所に建てる。標柱建式に続いて、午前十時になると儺負人選定式が行われる。儺追殿と呼ばれる建物に志願者を集め、籤によって儺負人を決定する。儺負人に選ばれると、その証である差定符《さしさだめふ》が渡される。

選定式終了後、儺負人はいったん自宅に帰るが、一月一〇日に参籠のため再び神社にやってくる。午後五時に差定符をもって姿を現した儺負人は、白衣に着替えると儺追殿に移動し、三日三晩籠ることになる。参籠中、儺負人は多くの人々に加持を施す。

翌一一日には、注目に値する行事が行われる。この日の朝、裏庭に特別に設けられた祭場で宮司自らが餅を搗く、土餅搗《つちもちつき》神事が行われる。この行事は秘儀とされ、宮司の他には、作業を手伝う神職以外、祭場に立ち入ることは許されない。餅には、神灰《じんばい》と呼ばれる灰が搗きこまれる。神灰とは、前年の一月一四日未明に行われた夜儺追神事の際に、儺負人に投げつけられた礫を焼いた灰であり、この灰は、一年間、司宮神の箱の中に納められていた。搗き上がった餅の表面には、さらに古い注連縄を焼いた灰を塗りつけることで、直径三〇センチほどの真っ黒な丸餅にする。この餅は、土餅《どべい》あるいは儺追餅と呼ばれ、夜儺追《よなおい》神事の際に儺負人に背負わせる。土餅には、あらゆる罪穢れが搗きこまれているという。土餅搗神事が終わると、秘符《ひふ》認《したため》となる。宮司が、神前で四柱の神の名を紙に記し、秘符を作る。このとき紙に記される四神は、尾張一宮の真清田神社、同じく二宮の大縣神社、三宮・熱田神宮、最後に総社・尾張大國霊神社である。秘符は、大鳴鈴《おおなるすず》という鍛鉄製の鈴と木刀とともに大榊に結びつけられる。この大榊は三メートルほどあり、鉄鉾《てっしょう》と呼ばれる。

一月一二日には庁舎《ちょうや》神事が執り行われる。この行事は、庁舎という神社境内東南隅にある建物で行われる。庁舎はかつて政所とも呼ばれた。午後七時過ぎ、庁舎に司宮神が迎え入れられる。[3] その後、真清田神社、大縣神社、熱田神宮、尾張大國霊神社が招かれ、神事が行われる。

一月一三日は、いよいよ儺追神事当日である。儺負人は、この日の朝五時に神職による祈祷を受けるという。やがて昼近くになると、褌姿の裸男たちが続々と集まってくる。午後四時ごろ、儺負人が一糸まとわぬ姿で参道に現れると、儺追神事の開始となる。裸男たちは儺負人の体に触れようと殺到する。儺負人に触れると「厄が落とせる」といわれているからである。儺負人は、押し寄せる裸男たちをかきわけるようにして進み、儺追殿を目指す。彼が無事、儺追殿に引き上げられると、この行事も終了となる。

日付も改まった一月一四日午前三時、庁舎で夜儺追神事が行われる。祝詞の奏上後、儺負人の背中に土餅が結びつけられ、その上に人形と紙燭が突き立てられる。次いで、神職が儺負人の頭の上で司宮神の入った木箱を三回まわし、紙燭に火をつける。このとき参拝者には、三センチ角に切った桃と柳の枝を和紙にくるんだ礫が配られる。やがて、神職の一人が立ち上がり、大鳴鈴を鳴らしながら庁舎の周りを三周する。神職が四周目に入るとき、儺負人も両脇を抱えられながら立ち上がり、庁舎の周りを三周する。その後ろを、大鳴鈴をもった神職が追いかける。儺負人が三周目に入ると、参拝者は配られた礫を儺負人めがけて投げつける。その後、儺負人は両脇を抱えられたまま、暗闇の中に消えていく。庁舎を出ていった儺負人は、ある程度行くと、土餅や人形を投げ捨てる。この土餅と人形は神職によって土に埋められる。そうすることで、平穏な国土が現出すると考えられている。一方、儺負人が出ていった庁舎では、すぐに礫が拾われる。礫は庁舎から見て東南方向の繁みの中で焼かれ、神灰となる。神灰は司宮神の箱の中に納められ、来年の儺追神事まで取っておかれる。(4) 神灰が納められると、庁舎の北西方向に散米がなされ、その年の儺追神事も終了となる。(5)

二　近世における儺追神事

以上、尾張大國霊神社で行われる儺追神事の現在の様子について概観した。このように見てくると、この祭りは、儺負人に厄や罪穢れを背負わせて追放することで、平穏をもたらそうとする儀礼であると解釈することができる。だが、残された史料を丁寧に読み説いていくと、この祭りの特徴がもう少しはっきりとしてくる。管見の限り、儺追神事の行事構成を確認できる最古の史料は、元禄一一年（一六九八）に書かれた中上書である〔尾張大國霊神社一九七七：八九九～九〇二〕。この文書は、尾張大國霊神社の社僧であった威徳院と正・権神主が、寺社奉行所に提出するために書いたものであり、そこには詳細に当時の儺追神事の様子が記されている。(6) ここでは、行事内容を表にして提示することにする（表１）。この表を見ると、一七世紀末の儺追神事が、現在と比べ少々異なっていたことに気づかされる。その違いを列挙すると、儺負人は籤で選ばれるのではなく一三日の朝に行われる儺負取りによって捕らえられてくること、褌姿の裸男たちが儺負人に触れることで自らの厄を落とそうとする行事――現

表1　元禄11年の上申書に見られる儺追神事の行事一覧［尾張大國霊神社　1977：899-902］

日時	行事
正月13日 明け六つ	大鳴鈴を内陣から取り出す
	秘符認
明け六つ半	儺負取り
	牛王、紙燭作り
	小人形作り
	儺負人を大日堂（儺追殿）に入れる
	代象（人形）作り
	代象に秘事にて六根現す（？）
	儺負土餅を秘事にて認め政所へ
	儺負人垢離
	儺負人に秘密之飯 その後、大日堂へ
夜	大鳴鈴を政所仮屋に移す
	司宮神遷座
	七度半の使い
	稲田姫（吉祥天）遷座・掲示
丑ノ刻（？）	祈祷、祓、祝文
	神名帳読み上げ
	白紙祝詞
	翁の舞
	儺負人を政所へ連れて行く

日時	行事
（左段の 続き）	牛王《（ママ》をもち、仮屋を無言で3周
	牛王をもち、神語を唱えて仮屋を6周
	儺負人の髪を結う
	儺負人に土餅を負わせる
	儺負人に司宮神を「頂戴」させる
	小人形渡し
	大鳴鈴をもって仮屋を3周（空追）
	儺負人に代象を負わせ紙燭に点火
	儺負人を追う （大鳴鈴をもち仮屋を3周）
	儺負人を追う （牛王、錫杖、刀・脇指）
	儺負人を追う （小人形を打ち付ける）
	小人形を焼き神灰作り
	反拝（反閇）
	散米
	種蒔
	牛王渡し
	當社之寶印
	長追の者が帰ると寶印を与える
	稲田姫（吉祥天）遷座

注　本表を作成する際、茂木栄らの論考を参考にした［茂木編　1991：69-70］。

在、一月一三日の日中に行われている儺追神事——が見当たらないこと、さらには、現在では見ることのできない行事があること、などである。本稿では、現在では見られなくなってしまった行事についてのみ考察していくことにする。

元禄一一年の申上書に記されていたものの、現在ではまったく見られなくなってしまった行事として、七度半の使い、稲田姫の図像掲示、神名帳読み上げ、翁舞、種蒔、牛王《（ママ）》渡し、宝印（授与）などをあげることができる。このうち、稲田姫の図像掲示については異論が存在する。例えば、『尾張志』には、「国府宮の廳に用る尊像は唐畫の吉祥天女なり　社家は稲田姫の像といふ笑ふへし」とある［愛知県郷土資料刊行会編　一九七九：二四五］。また『張州府志』には、「今儺追之時、廳舎懸吉祥天女像唐畫也。社家誤為稲田姫像」と記されている［愛知県郷土資料刊行会編　一九七四：五三六］。この『張州府志』の記述とほぼ同じような文章は、『尾張徇行記』や『尾張国地名考』にも見られる(7)［名古屋市教育委員会編　一九六六：四〇八〜四〇九、愛知県郷土資料刊行会編　一九七〇ｂ：三六九〜三七〇］。確かに、『尾張志』や『張州府志』の指摘するように、儺追神事の際に掲げられる図像を稲田姫とする記述は、社家すなわち神社関係者によるものが多いように思われる。図像は吉祥天であるとする当時の知識人らに対し、神社側が強く反発していたのではないかという印象を強くする。

また、申上書によると、近世期の儺追神事では翁舞が舞われていたようである。翁舞の舞い手は宮福太夫であった。宮福太夫については、『尾張年中行事絵抄』の正月一三日の条に「十三日　国府宮　難追（ママ）祭―中略―未明になって　拝殿に於て　宮福太夫熱田の猿楽なり　翁の舞をなす」とあることから［名古屋市蓬左文庫編　一九八八：三〇〜三一］、この人物が熱田神宮の猿楽者であったことがわかる。

さらに、上申書には、種蒔という行事が記されていた。文政七年（一八二四）に大國霊神社の権神主であった蜂須賀常栄によって著された「諸事内記留」には、「政所ニ而翁舞相済正神主より助左衛門人をはらへと申付ル其後儺追神事始るナヲイ追拂小形拾神灰をやく畢而　田祭ニかゝる権神主七太夫権神（ママ）主ハ榊を持鍬也□種まき」と記されている［尾張大國霊神社　一九七七：一六五］。あるいは、同じく「諸事内記留」の別の箇所には「又榊の枝ハ田祭祈祷之節鍬になぞらへ、田を耕すまねをする也、七太夫ハ種をまく」とある［尾張大國霊神社　一九七七：一五五］。こうした内容からすると、どうやら種蒔とは田祭の中の一演目であり、鍬に見立てた榊によって田を耕すという所作の後に行われていたようである。これら一連の所作は、田遊びのような予祝儀礼であったのではないかとも考えられる。

三　儺追神事とはいかなる行事か

1　修正会との関連性

このように、一七世紀末の儺追神事と現在のそれとの間には違いがあった。そうした違いを踏まえて、近世期の儺追神事を簡単に再構成してみると、正月一三日の朝、儺負取りによって儺負人が連れてこられ、大日堂（儺追殿）に入れられる。儺負取りと並行して、神職や社僧たちは朝から祭りで使う諸用具を準備する。土餅も、このとき搗かれる。夜になると、吉祥天（稲田姫）の図像が掲げられた政所で神名帳が読み上げられ、熱田の猿楽者による翁舞が舞われる。次いで、儺負人は土餅と人形を背負わされ、小人形――茅で作られた礫のこと――を打ちつけられて追い払われる。その後、反閇、散米、さらには田遊びを思わせる田祭と続き、牛玉と宝印が渡され、終了となるのであった。

以上のような行事構成をしていた儺追神事について、稲葉伸道や山路興造は、前述の通り修正会と関係する儀礼として理解していた［稲葉　一九九〇：三〇二、山路　二〇〇〇：八〇〜八二］。修正会とは、正月に修する法会であり、その目的は天下泰平、国家安穏、寺内静謐、五穀成熟などであるとされている［酒井　一九八〇：二］。鈴木正崇によると、修正会は、古代の国家仏教の流れを引く仏教寺院にとどまらず、民間で村人が祀る村堂に至るまで、さまざまな場で広く行われており、そのあり方は多彩であるという［鈴木　一九八九：一二六］。さらに、鈴木は、「修正会には、鏡餅・造花・乱声・悔過・反閇・参籠・火祭り・裸祭り・牛玉《ごおう》（護符）など色々な要素が」行事の中に混在していると指摘している［鈴木　一九八九：一二〇］。この他にも、修正会では、結願の日に鬼が出たり、牛玉宝印が配布されたりする。また、歴史的には翁猿楽の発生とも深く関わっているといわれている。さらに、神名帳の読み上げがなされたり［山路　二〇〇〇：五三］、東海道・北陸道・近畿・出雲などでは、修正会に関連して田遊びが行われたりするところもあるという［新井　一九八一：六五〇～六七〇］。このように述べてくると、修正会で確認される行事の数々が、近世期の儺追神事でも見られたことが理解できる。

加えて、修正会には、ある時点で追儺の要素が取りこまれた。廣田律子は、その時期を平安時代の終わりとしている［廣田　一九九四：三三六～三三七］。しかし、当時の記録からすると、修正会に鬼が登場するのは明らかであるが、その鬼が追われていたかどうかは定かではないという(8)。それがはっきりするのは、廣田によると、鎌倉時代に入ってからであるらしい。例えば、『勘仲記』弘安二年（一二七九）正月一四日の条には、「入夜參御堂、修正竟夜也、―中略―大導師退下之後、龍天進、次毘沙門、次追儺、予於凡僧床以杖打鬼、追儺以前東南兩面扉閉之、爲無狼藉也」と記されている［増補「史料大成」刊行会編　一九六五b：八二］。あるいは、同じく『勘仲記』正応二年（一二八九）正月一八日の条に、「次龍天、自左右參進、予催促之、次毘沙門、次追儺、鬼三人匝、龍天持桙追之、更還佛前取餅退下」とある［増補「史料大成」刊行会編　一九六五c：七七］。これらからすると、一三世紀後半の修正会では、鬼が杖によって打たれたり、桙によって追われたりしていたことがわかる。丹生谷哲一は、こうした所作について、「これは明らかに、鬼に象徴化された障碍・穢悪を打ち払うことを意味する」と指摘している［丹生谷　二〇〇八：一二三五］。このことを逆にいえば、鬼とは障碍・穢悪といった広い意味での穢れ――もしくは災厄――の象徴であり、鬼は打ち払われなければならない存在であった。

また、丹生谷によると、修正会の追儺の際には充満した群衆の中から礫が打たれ、一種の狂躁状態が現出したという。つまり、このとき鬼は、杖や桙を手にした堂内の参列者によって打たれただけでなく、堂外の群衆からも礫によって打たれたのであり、これら二つの行為は不可分であった。こうした丹生谷の指摘は、近世期の儺追神事を髣髴させる。先に紹介した元禄一一年の上申書には、「次ニ七左衛門難(ママ)負之諸屬大鳴持、假屋ヲ三度廻り候内ニ、正権神主ハ牛王《ママ》持、社僧ハ錫杖持、長太夫を初惣社家共ニ刀脇指抜、難負ニ小人形ヲ打付ケ、追拂申候」とある。このような記述は、丹生谷の指摘と似ており、その意味からすると、儺追神事の最後に礫（小人形）のみならず、牛玉や錫杖、さらには刀、脇差（脇指）によって追い払われる儺負人は、修正会における鬼そのものであったと考えていいだろう。

ところで、こうした修正会の起源は、奈良時代に行われていた悔過会であるといわれている［酒井　一九八〇］。悔過とは、元来三宝に対して罪過を懺悔することであったが、そこから懺悔すると同時にさまざまな祈願をこらす修法へと発展したという。悔過には、本尊とする仏の種類によって、吉祥悔過、薬師悔過、十一面観音悔過などが存在する。この悔過会は、もともと東大寺や法隆寺、薬師寺といった南都の大寺で始まった法要であったが［鈴木　二〇〇〇：一〇〇］、神護景雲元年（七六七）正月に勅が出され、諸国の国分寺で正月に吉祥悔過を行うようになった［黒板編　二〇〇〇：三三九］。そうした歴史は、儺追神事の起源に関する社伝を想起させる。儺追神事の起源は、社伝によると、神護景雲元年に称徳天皇が勅令によって悪疫退散の祈祷を全国の国分寺に行わせた際、この祈願を尾張国の国司が大國霊神社でも行ったことにあるという。この社伝が事実であることを裏づける史料は見つかっていないが、儺追神事が修正会やその原型とされる吉祥悔過の流れをくむ行事であることを示唆しているようで、きわめて興味深い。

さらに、よくよく考えてみると、地誌類の中にもこの祭りが修正会や吉祥悔過であるとする記述を見出すことができる。例えば、天野信景による『塩尻』には、「中島郡尾張大国《ママ》霊神社―中略―正月追儺《ママ》はもと浮屠脩正の法也」と書かれている［日本随筆大成編輯部編　一九九五：三五九］。また『尾張国地名考』には、「正月十三日儺追祭は密家の僧、修する吉祥悔過の法也此を修正會と云或は驅儺ともいう則天下泰平五穀成熟兆民快楽の爲行ふ事とかや」［愛知県郷土資料刊行会編　一九七〇b：三六九～三七〇］とあり、儺追神事は修正会や吉祥悔過であるとする指摘は近世からあった[9]。

以上からすると、尾張大國霊神社の儺追神事とは、修正会の流れをくむ行事であり、儺負人は、仮面こそつけていないが、障碍・穢悪の象徴として追い払われる鬼であると解釈できる。

２　儺追神事の特徴

だが、儺追神事は、中央の寺院で行われていた修正会の単なる写しではない。この神事に特徴的な要素もある。例えば、儺負人が追い払われる際に背負う土餅や人形が、それにあたる。これら二つのうち、前者の土餅については、寛保三年（一七四三）の奥書をもつ「儺追由来神事次第」に、「儺負人ニ土餅ヲ負スル事、権神主家之秘事ナリ、此餅ハ八万八千之疫儺ヲ封シタル物ナリ」とある〔尾張大國霊神社　一九七七：四〇三〕。あるいは、享保一三年（一七二八）に寺社奉行に提出されたと考えられている文書にも、「天下國家御災難深《ママ》秘之土餅ニ封」という一文が見られる〔尾張大國霊神社　一九七七：四九二〕。他方、人形に関しては、元禄一一年の上申書の中で「代象」とも記され、茅で作られるとされていた〔尾張大國霊神社　一九七七：九〇〇〕。また、上述の「儺追由来神事次第」には「芝人形ヲツクリ、天下國家之疫儺ヲ封込メル事」と書かれている〔尾張大國霊神社　一九七七：四〇三〕。このように、儺負人が背負った土餅や人形には、疫儺（疫鬼）や災難といった天下国家に災いをもたらす広義の穢れや災厄が封じ込められていた。

すでに述べたように、儺追神事が修正会の流れをくむ行事であるとすると、儺負人は仮面をつけていない鬼であった。新井恒易によると、修正会では、「魔障を除き吉祥を得る結願の成った証として、シンボルの鬼を登場させて追う」のだという〔新井　一九八一：六六七〕。つまり、修正会の世界観では、広義の穢れや災厄として可視化される存在は基本的に鬼であるといえる。それに対して、儺追神事の場合、穢れや災厄は鬼である儺負人だけでなく、土餅さらには人形と、三つも存在したのである。[10] これら三つは、儀礼の場から追い払われたり、土の中に埋められたりすることによって、国土に平穏がもたらされると観念されていた。儺追神事では、きわめて念入りに穢れや災厄を祓おうとしていたのである。あるいは、この祭りの後に、穢れや災厄が祓いきれずに残ってしまうことを、極端に恐れていたともいえる。こうしたことは、儺追神事の根底に、穢れや災厄に対する強い忌避感と、その裏返しとしての清浄性を求める心性とが存在していたことを示している。

まとめにかえて

ここまで、史料から再構成することのできる儺追神事の意義や特徴について論じてきた。だが、以上のような解釈は、さらなる疑問を生む。なぜ、儺追神事では、広い意味での穢れや災厄をこれほどまで忌避し、清浄性を希求するのであろうか。それは、総社の祭り、もしくは国府と何らかの意味で深く関わる祭りであったからではなかろうか［谷部 二〇一〇］。国府、とりわけ中世の国府（府中）が穢れや災厄を嫌っていたことを示す有名な事例の一つに、豊後の国司・守護であった大友氏が、仁治三年（一二四二）に豊後府中に出した次のような法令がある。

一、府中墓所事

右、一切不可有、若有違亂之所者、且改葬之由被仰主、且可召其屋地矣［佐藤編 一九五五：一三八］

この法令の意義として、義江彰夫は次の二点を指摘している［義江 一九八八：一五一〜一五二］。第一に、こうした法令の存在は、その反対の状況、すなわち府中内に墓をつくるものがいたことを示しており、第二に、国司のイニシアチブによって、そのような行為を穢れとして忌み、府中外に墓を築かせる動きが推し進められていたことを意味しているという。要するに、義江は、国府（府中）の中に墓をつくることは穢れであるから、そうした行為は忌むべきであるとする観念および実践が、国司のように中央とのつながりの深い人物によって、上から広められていったと見ているのである。さらに、石井進は、この法令は豊後国の特殊な事情によって定められたものではなく、当時の鎌倉幕府の一般的な原則であったのではないかとしている［石井　一九九三：一八四～一八五］。石井の見解を敷衍するならば、この種の法令が他の国府（府中）にも出されていたと考えることができる。

あるいは、伊藤喜良によると、中世の京都では四角四堺祭と呼ばれる儀礼が行われていたという。四角四堺祭とは、疫病、疫鬼が平安宮や山城国に入ってくるのを阻止するために行われた儀礼であり、平安宮の四隅で行われる四角祭と、山城国境四ヶ所で行われる四堺祭とに分けられる［山下　二〇一〇：一四七］。これらの儀礼は、都の清浄を図るために行われたものであるが、その根本は天皇の「浄」や「聖」を守ることにあったと伊藤は主張している［伊藤　一九八六：一七］。また彼は、このような儀礼が中世に幕府のおかれた鎌倉でも見られたことを指摘した上で、他の地方都市でも似たような儀礼がなされていたことは明らかだろうとしている。さらに、斎藤利夫の研究を引用しつつ、多賀国府では国衙政庁を中心に東西南北に明神がおかれ、国府（府中）の四境を祭っていたとも述べている［伊藤　一九八六：三二～三三］。伊藤は、こうした事例を提示することで、国府（府中）にも京都と同じように四境を守ることによって、域内を清浄に保とうとする思想が存在したことを示そうとした。

以上のように、中世の国府（府中）に見られた、穢れや災厄を忌み、域内を清浄に保とうとする思想は、尾張国にもあったものと思われる。だからこそ、障碍・穢悪の象徴である儺負人を追い払うだけでよしとせず、さらに疫儺（疫鬼）や災難を封じ込めた土餅と人形をも土の中に埋めるという念の入れ方で、広い意味での穢れや災厄を祓い清める祭りが成立したのではないかと考える。今後は、尾張国の国府に関する史料、とりわけ触穢思想に関わる史料を再検討するとともに、他の国府所在地の祭りや各地の修正会などを調査することで、この見通しの可否を多角的に検証していきたいと考えている。

［謝辞］本稿を執筆するにあたり、調査にご協力いただきました尾張大國霊神社のみなさまに、心より御礼申し上げます。また、本稿で扱った文書や地誌類につきましては、佐藤安久「能楽『翁』発生時における宗教的役割」（名古屋大学大学院文学研究科提出、二〇一二年度修士論文）より多くの示唆を受けましたことを明記しておきます。

注

（1）古代から中世にかけて、尾張国の国衙がおかれた場所は、稲沢市の松下町・国府宮町に比定する説と、同市下津町に比定する説の二つがある［稲葉　一九九〇：二七四〜二七七］。ただ、どちらの説をとるにせよ、国衙は尾張大國霊神社の近くにあり、より遠くに位置する後者でさえ神社からおよそ二キロしか離れていない。

（2）儺追神事を構成する諸行事は、大鏡餅奉納関連行事と儺追神事関連行事の二つに分けることができる。本稿では、後者についてのみ簡単に説明する。なお、大鏡餅奉納関連行事を含め、儺追神事全体の行事構成について、詳しくは茂木栄らの研究を参照のこと［茂木編　一九九一］。

（3）司宮神は、この日から旧暦一月一七日の的射神事まで庁舎にとどまる。

（4）『張州年中行事鈔』や『張州府志』によると、司宮神には面があったとされている。その面は、司宮神仮面とも猿田彦とも呼ばれていたようであるが、方相の面であったとも記されている［名古屋市蓬左文庫編　一九八二：八五、愛知県郷土資料刊行会編　一九七四：五三四］。方相氏は、日本において、穢れと関わる存在として忌避されていた［鈴木　二〇〇〇：九九〜一〇〇］。そうした方相氏の面が司宮神に納められていたことと、土餅に搗きこまれる神灰が司宮神のもとで一年間保管されることとの間には、何らかの関連性があるように思われてならない。それにしても、司宮神とは、いかなる神格なのであろうか。司宮神とは、仏教が浸透する前の在地の神ではないかという指摘をいただいた。きわめて刺激的な指摘であるが、今後の検討課題としたい。

（5）この後、尾張大國霊神社では、旧暦一月一七日に的射《まとい》神事が行われ、また新暦三月三日には、なおい茶会が開かれる。神社では、これら二つの行事をも儺追神事に関係した行事と捉えている。

（6）近世期の行事構成を知ることのできる史料について、詳しくは茂木らの研究を参照のこと［茂木編　一九九一：六八〜

七三］。

（7）この他、『尾張名所図会』でも、この画像を吉祥天であるとしている［愛知県郷土資料刊行会編　一九七〇a：一〇一］。

（8）具体的には、『中右記』大治五年（一一三〇）正月一四日の条に見られる、「參圓宗寺、修正結願也、次第如常、龍天毘沙門鬼走廻之後、受牛王《（ママ）》印」という記述などが、それにあたる［増補「史料大成」刊行会編　一九六五a：一四九］。

（9）さらに『張州府志』には、「儺負。或以爲㆓追儺之遺風㆒非也。是眞言僧所㆑修吉祥悔過之法也」とある［愛知県郷土資料刊行会編　一九七四：五三五］。もちろん、こうした指摘とは逆に、儺追神事は神道の行事であり悔過の類ではないとする地誌も、数は多くないが存在する。例えば、「尾張八丈」などがそうである［東海地方史学協会編　一九八一：五四六］。

（10）これに対して、山路興造は「罪穢れを塗り込めた餅を背負わせて追いまわすという方式も、決して新しいものではない」としている［山路　二〇〇〇：八二］。その論拠として、彼は、神戸市長田神社の追儺式で鬼に割られる鏡餅や、本文中でも紹介した『勘仲記』正応二年正月一八日の条で鬼が持ち去っていった餅――山路は、仏前の餅を取って退下するのは鬼であると解釈している――の事例を取り上げ、これらの餅にも象徴的に邪悪が封じ込められていたはずだとしている。そのように考えると、罪穢れを搗きこんだ餅を鬼に負わせて追放する所作は、儺追神事の際立った特徴であると指摘することが難しくなる。だが、山路の見解については、いま少し検討が必要なのではないだろうか。例えば前者に関して、中澤成晃は、鏡餅を――邪悪を封じ込めた餅ではなく――神霊や祖霊の象徴であるとしている［中澤　一九九五：二二一～二二二］。また後者に関しても、仮に仏前の餅を取って退下するのが鬼であったとしても、その餅は修正会の供物として加持されたものであり［中村　二〇〇二：八七～九〇］、鬼がこれを持ち去ることは、仏法によって鬼が鎮められることを暗示しているとも考えられる。修正会における餅の性格については、これらの点をも踏まえて、再検討されるべきである。

文献

愛知県郷土資料刊行会編
一九七〇a　『尾張名所図会　中巻』。
一九七〇b　『尾張国地名考』。
一九七四　『張州府志』。
一九七九　『尾張志』。
新井恒易

一九八一　『農と田遊びの研究　上巻』東京：明治書院。
石井　進
一九九三　「中世墓研究の課題」石井進編『中世社会と墳墓』東京：名著出版、八一～二〇一頁。
伊藤喜良
一九八六　「四角四堺祭の場に生きた人々」『歴史』六六、一七～三七頁。
稲葉伸道
一九九〇　「国衙・守護所周辺の社会と文化」新修稲沢市史編纂会事務局編『新修稲沢市史　本文編上』、二七四～三一二頁。
尾張大國霊神社
一九七七　『尾張大國霊神社史料』。
黒板勝美編
二〇〇〇　『新訂増補　國史体系　二　續日本紀』東京：吉川弘文館。
酒井信彦
一九八〇　「修正会の起源と『修正月』の出現」『風俗』一九―一、一～一二頁。
佐藤進一編
一九五五　『中世法制史料集　一』岩波書店。
鈴木正崇
一九八九　「修正会」山折哲雄他『岩波講座東洋思想　一五　日本思想　一』東京：岩波書店、一一六～一五二頁。
二〇〇〇　「追儺の系譜」松岡心平編『鬼と芸能』東京：森話社、八七～一二一頁。
増補「史料大成」刊行会編
一九六五ａ　『増補　史料大成　一四　中右記　六』東京：臨川書店。
一九六五ｂ　『増補　史料大成　三四　勘仲記　一』東京：臨川書店。
一九六五ｃ　『増補　史料大成　三六　勘仲記　三　冬平公記　匡遠記』東京：臨川書店。
田島仲康
一九六八　「尾張大国霊神社」稲沢市役所編『稲沢市史』、三三五～三九二頁。
一九八三　「尾張大国霊神社記」新修稲沢市史編纂会事務局編『新修稲沢市史　研究編　五』、三九五～四六四頁。
東海地方史学協会編

一九八一　「尾張八丈」『尾張旧事記』、四七一～五六七頁。
中澤成晃
一九九五　『近江の宮座とオコナイ』東京：岩田書院。
中村茂子
二〇〇二　「追儺・修正会結願の鬼行事　その地方的受容と展開」『芸能の科学』三〇、七一～九七頁。
名古屋市教育員会編
一九六六　『名古屋叢書続編　六　尾張徇行記　三』。
名古屋市蓬左文庫編
一九八二　『名古屋叢書三編　八　張州年中行事鈔　尾張俗諺　尾張童遊集』。
一九八八　『名古屋叢書三編　五　尾張年中行事絵抄　上』。
丹生谷哲一
二〇〇八　『増補　検非違使』平凡社ライブラリー。
日本随筆大成編輯部編
一九九五　『日本随筆大成　新装版　一三　塩尻〈一〉』東京：吉川弘文館。
廣田律子
一九九四　「追儺の鬼」『日本民俗学』二〇〇、三二六～三四八頁。
藤原喜美子
二〇一一　「愛知県国府宮の夜儺追神事」『流通科学大学教養センター紀要』一、二九～四八頁。
茂木　栄
一九九一　「『国府宮裸まつり』――呪祭の伝承と変容」『国立歴史民俗博物館研究報告』三三、一二九～一六九頁。
茂木　栄編
一九九一　『「国府宮裸まつり」構成の持続と変化』東京：國學院大學日本文化研究所。
谷部真吾
二〇一〇　「町を浄化する祭り」『HERSETEC』四―二、七七～九三頁。
山下克明
二〇一〇　『陰陽道の発見』ＮＨＫブックス。

山路興造
　二〇〇〇「修正会の変容と地方伝播」小松和彦編『鬼』東京：河出書房新社、五二～八九頁。
義江彰夫
　一九八八「国府から宿町へ」『歴史と文化XVI　東京大学教養学部人文科学紀要』、一一七～二四六頁。

日本近世の寺社参詣の文化人類学的考察——行動文化論の深化

原　淳一郎

はじめに

日本史学における寺社参詣史は決して体系化されているとはいえない。たとえば巡礼論は、文化人類学や宗教学、民俗学など学際的な視野から着実な進展を続けているが、これにも日本史学の積極的な参加はみられない。日本の近世宗教史は、八〇年代までの仏教史偏重から九〇年以降神道・神職・修験・民間宗教者に注目した研究へと転回を遂げた。また宗教的社会関係から地域社会の構造的把握を図ろうとする宗教社会史も活発である。しかしながらやはり「信仰」の問題を排除しては宗教史としての意義が達成されないだろう。歴史学である以上、できうる限り歴史学的手法で実証的に具体像を浮かび上がらせ、その上で、民俗学、文化人類学などの成果を取り入れ、歴史記述の新しい次元を切り拓く試みが必要である。なぜなら宗教や信仰、習俗などを課題とする場合、歴史学的手法だけでは限界があるからである［折口・柳田・穂積　一九四七］。本論文では、近世の寺社参詣史研究における基礎的考察による事実を文化人類学に学びつつ読み解き、行動文化論を発展させることを目的としている。

一　行動文化論の再検討

西山松之助は、江戸及びその近郊の寺社へ頻繁に出掛ける江戸町人の行動様式を「行動文化」の一つと評価した。「行動文化」とは、寺社参詣、湯治、納涼、花見、縁日、開帳、茶の湯、おどり、音曲など多様な文化的行動に多くの人が参加した現象であり、それはまた参加者にとっては自らの解放の行動であり、人間としての原点回帰とでもいうか、自由なる世界にあそぶことを目指した行動であるとしている。この行動文化において達成される「自己解放」には、次のような二通りの過程が想定されている。

①現実を遮断する変身の論理によって別世界を組織し、身分階層をさえ逆転させるもの
②文化的行動の群衆の中に埋没して差別そのものの現実的存在を消すことによって人間本来の自己に回帰するもの

西山は明記していないが、寺社参詣は②の「自己解放」に属するものと思われる。ここで重要な点は、自らの解放であるため、それは即時的で無目的な行動であるとしている点である［西山　一九七五：四五九―四六二］。つまり、ふと思い立って出掛けるというイメージである。抑も行動文化論は、町名主斎藤月岑の日記に依拠して構想されたものである。この「行動文化」について、宮田登は、特定の心願で行われたわけではないことは明かであるとした上で、「斎藤月岑のような数多くの神仏巡りは、あるいは特例のような理解の仕方もあるだろうが、どうもそうではなく、大なり小なり規模の差こそあれ、江戸町人と一括できる人々の日常生活は、江戸という都市

空間の中で、それを特徴づけるような神仏巡りを行事化していた」〔宮田　一九八一：一九三〕と述べている。しかし、ここに一つ大きな問題が潜んでいる。従来江戸における寺社参詣史といえば、随筆や名所記の類から「老若男女問わず参詣群集す」とか「都下の貴賤を問わず参詣夥し」といった言葉を引用し、ある種イメージによって参詣現象を捉えようとするものが多かった。つまり行動文化論は、斎藤月岑という一人の行動に右のイメージを重ねたものであると言える。先の宮田の論も、実証をされた上での言説ではなく、こうした感覚を基にしたものであろう。文化、あるいは文化論というものは、その対象とする社会を均質なものとみなすことを前提とする。西山の行動文化論も、宮田の行動文化論理解も江戸町人社会を均質なものとして議論を進めているのである。とりわけ文献史料で明らかにすることに限界がある江戸中下層民の参詣行動、参詣意識を分析する際、上層町人が残した史料を用い、それを一般化するのは慎重でなければならない。史料的限界を克服するためには、まずあらゆる史料を駆使して具体像を復元した上で、民俗学、文化人類学との狭間で、その復元された参詣行動を構造レベルで分析をしなければならない。

二　欧州の聖俗論と死・再生論

本節では欧米の文化人類学、社会学、宗教学における巡礼（寺社参詣）に関わる議論を大まかに振り返り、都市中・下層民における寺社参詣を繙く手掛かりとしたい。まず後世に大きく影響を与えたのがアルノルト・ファン・ヘネップである。ヘネップは、それまで人生における多彩な儀礼が無関係に研究されてきたものを、「通過儀礼」として考察することにより、諸儀礼を総体的に捉え、体系化することに成功した。通過儀礼は、分離儀礼、過渡儀礼、統合儀礼の三段階に分析されるとし、これらの諸段階は、諸民族の様々な儀礼、たとえば出生、妊娠、加入礼、結婚、養子縁組などに顕著に見られるとした。ヘネップは、通過儀礼を、人生における死と再生観念、聖俗観念によって論旨を進めているが、聖観念について可変的であるとも述べている。聖と俗は、「物の見方や分類の仕方によって、今まで俗であったものが、あるときには聖になったり、またその逆にもなる」［ファン・ヘネップ　一九〇九：八―一二］という価値の転換が起こると述べている点は、注目される。その後の通過儀礼研究は、このヘネップ理論に少なからず影響を与えられ、大きく言って二つの流れを作っている。

その一つがエミール・デュルケームからエドモンド・リーチへと継承され発展された「振り子運動」説である。聖観念の考察は、宗教の非合理性的要素の解明を行ったルドルフ・オットー［オットー　一九一七：九―一三］と、聖観念の社会学的考察を行ったデュルケームらによって深められた。デュルケームは、聖観念・宗教・儀礼（行事）・呪術の定義をおこなう一方で、聖と俗との間の移行が可能であり、若者の通過儀礼の場合、俗的存在から聖的存在として生まれ変わるのであり、そこには「死と再生」が表現されているとする［デュルケーム　一九一二：上巻七五］。その上で、儀礼は周期的形態をとり、社会生活にリズムを与え、時の運行を正確にする機能があると指摘する［デュルケーム　一九一二：下巻二〇七―二〇八］。

レヴィ＝ストロースにはじまる構造人類学を代表するリーチは、儀礼はひとつの社会的地位から別の地位へと社会的境界を越えるものであるが、同時に時間の流れに節目をつけるものであることに着目し、通過儀礼のプロセスを説いている［リーチ　一九七六：一五七―一六二］。第一に、入会者には通常の社会からひとまず隔離させる分離儀礼が行われる。第二に、日常から隔離された聖なる空間において、神聖さによって穢されたことにより、日常へ戻すため、その穢れを取り除く儀礼的洗浄が行われる。第三に、普通の社会へと復帰する統合儀礼が行われるとしている。そしてそこには死と再生のシンボリズムが用いられている。つまり、大人に生まれる前には子供が死なければならず、その象徴儀礼としてこの過程を行なうと説いた。リーチによれば、通過儀礼の過程は、次の二つの図（図1・図2）によっておおよそ示される。ただし彼は、時間の流れを秩序付ける、節目を付けるものとして儀礼を考えている。それは〈振子型〉の時間概念である。祭儀のため聖と俗の交代が繰り返しなされることにより、時間・年の進行が啓発されるのであるとした〔リーチ　一九六一：一二六―一二八〕。儀礼を単に象徴的なものとして捉えていたヘネップに対し、時間の流れのなかでの儀礼の機能に着目した点で斬新なものである。ちなみに、リーチのモデルを観光論に応用したのが、ネルソン・グラバーンである（図3）。

図1

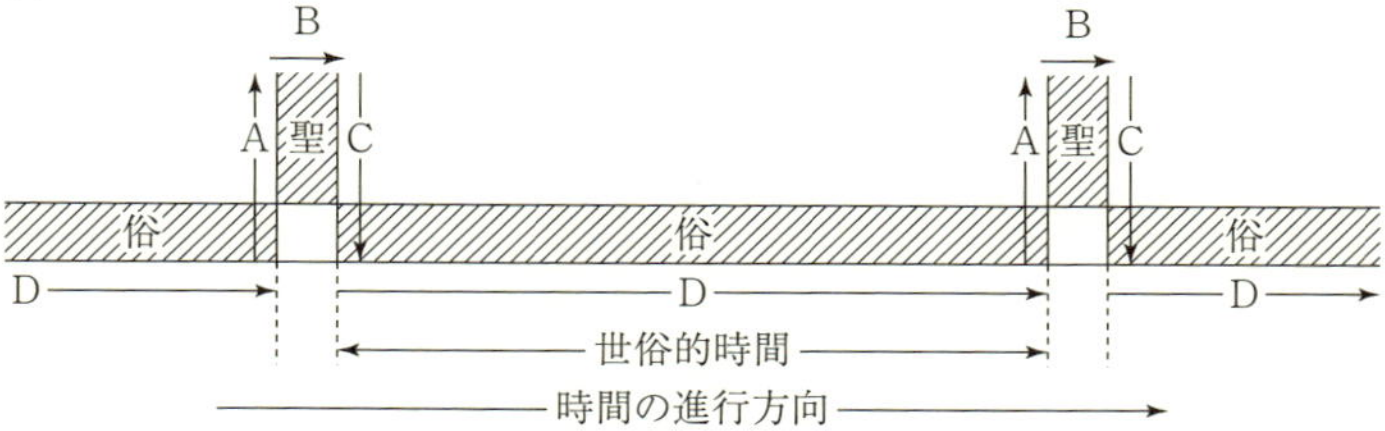

註）エドモンド・リーチ『人類学再考』（1961）、思索社、1974、第17図

図2

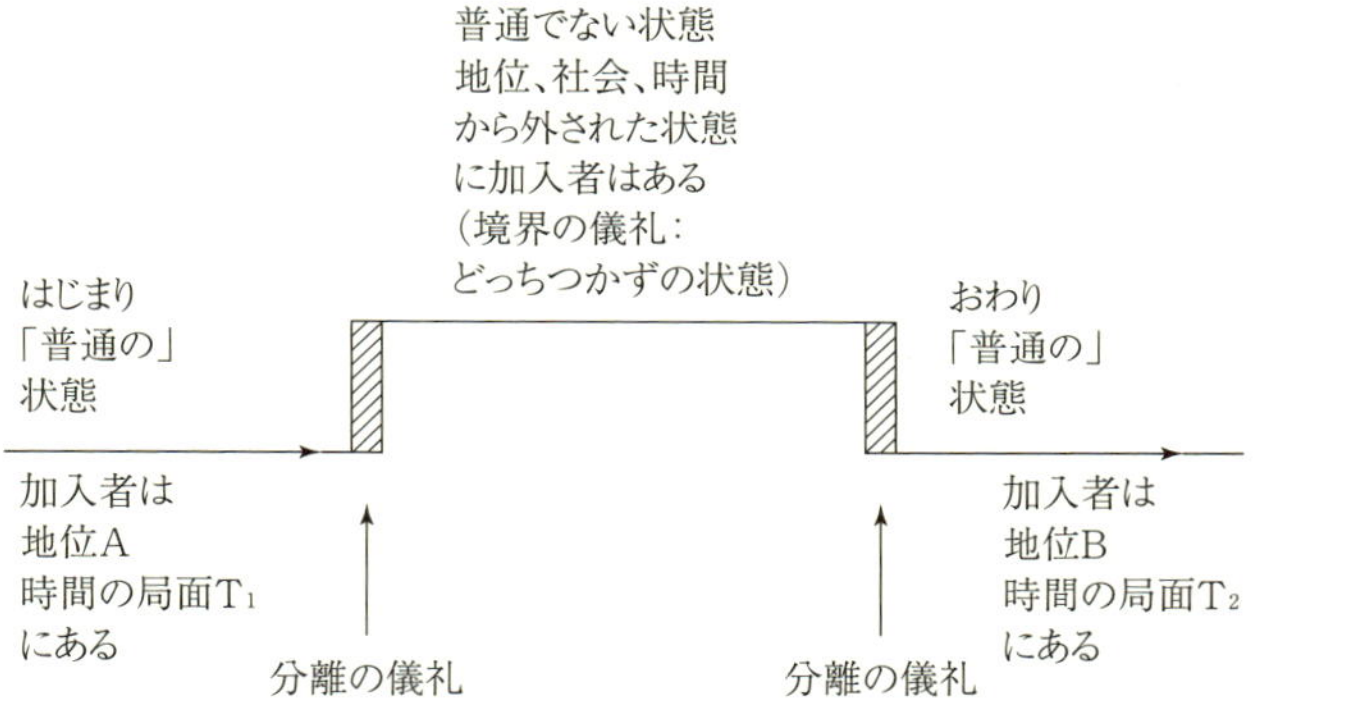

註）エドモンド・リーチ『文化とコミュニケーション』（1976）、紀伊國屋書店、1981、第7図

　二つ目の流れは、よりヘネップの強い影響を受けたヴィクター・ターナーによるものである。ターナーは、従来の通過儀礼論、聖俗論のようにレヴィ＝ストロースの言う意味での構造、無意識レベルにおいて儀礼の持つ意味を問う研究スタイルから脱却し、意識レベルでの考察を推しすすめた。ターナーが作りだした概念に〈コミュニタス〉がある。ターナーによれば社会には二つの様式がある。そのひとつが社会的地位の構造化され分化さ

図3

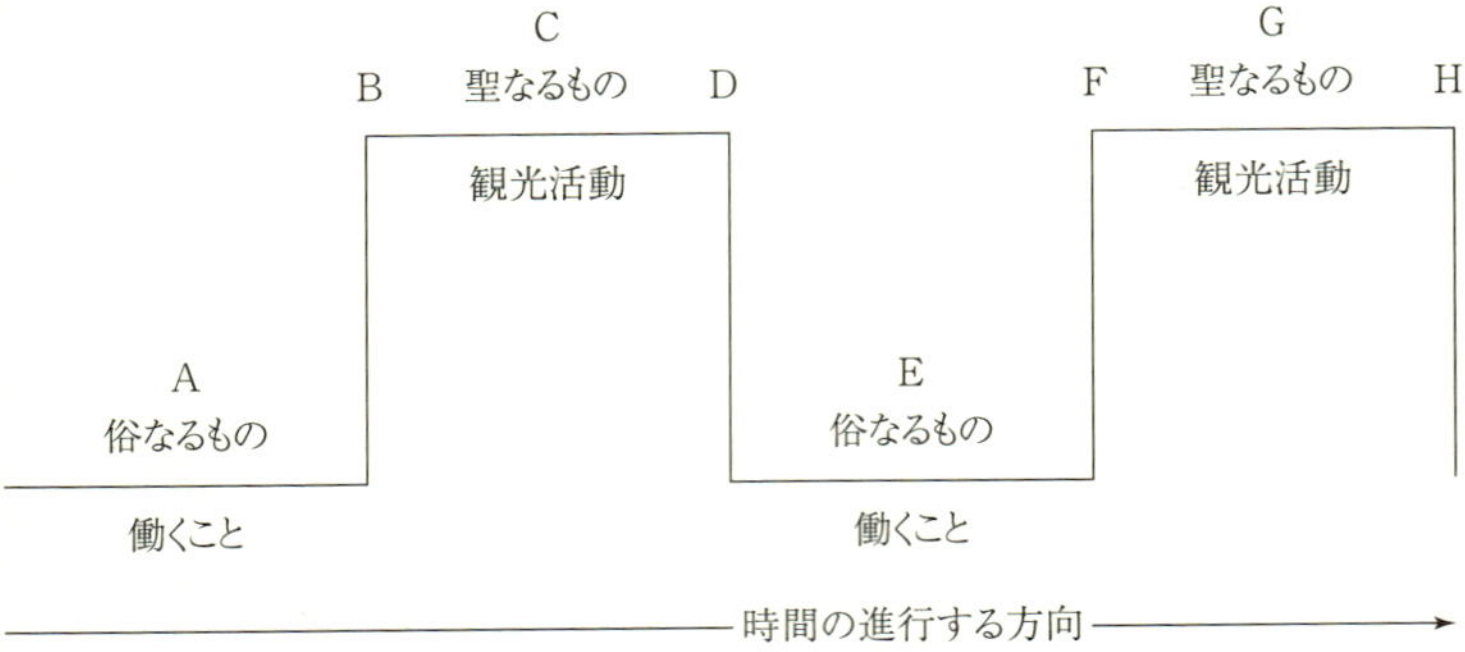

註）ネルソン・グラバーン「観光活動」（1989）、（『観光・リゾート開発の人類学』、勁草書房、1991）図-2

れた、しばしば階級的な体系としての社会様式である。もう一つは平等な個人で構成される未組織、未分化な社会様式であり、ターナーはこれをコミュニタスとする。すなわちコミュニタスは均質的な社会形態で、反構造的なものであり、それはどっちつかずの境界的な時期に認識される[1]［ターナー　一九六九：一二八―一二九］。

ターナーは、ヘネップの通過儀礼論に影響を受け、ヘネップが通過儀礼の三段階とした「分離」「境界」「再統合」のうちとくに「境界」の状態にあることを〈リミナリティ〉と呼び、このリミナリティな状態において取り結ばれる人間関係が〈コミュニタス〉であるとする［ターナー　一九六九：一二五―一三〇］。地位の変化に注目すれば、低い地位から高い地位へと移行する際、いちど地位のない過渡期（リミナリティ）をへる。ここでは日常対立するものであっても相互に構成し合い協力しあう。つまり構造的な人間関係はいったん解消されるのである。このような過渡期をへて再び構造のある社会へと引き戻され、新たなる地位へと就くのである。

ターナーの大きな業績は、このコミュニタス論を巡礼に適用したことである。彼は、巡礼も境界的現象であるとして、コミュニタス性が見られるとした［ターナー　一九七四：一二二］。そして、「巡礼は一般に実存的コミュニタス[2]の生成を促すといえようが、実は規範的なコミュニタスこそが巡礼者のあいだに独特の社会的紐帯を作り出す」［ターナー　一九七四：一二六］という。つまり「巡礼には、ある程度の組織と規律が不可欠なのである」［ターナー　一九七四：一二八］とする。さらに義務と自発性について論じている。巡礼における義務と自発性の関係は、巡礼の境界的性格のゆえか、どっちつかずで曖昧なものである。ただし、義務的な面も内包しつつも、日常の社会構造から比べれば「巡礼には自由と選択それに自発的な意志、さらには非構造性といったものがかなりの程度まで表現されていた」［ターナー　一九七四：一三八］ことを強調している。すなわち、巡礼によって「地位や役割でがんじがらめになった日常生活の圧迫から解放され、自由な選択を行なえ」、「人間みな兄弟といった連帯感を示すモデルを提供してくれる」のである［ターナー　一九七四：一七九―一八〇］。

またターナーは「巡礼の境界状態は加入儀礼の場合よりもずっと長期にわた」り、「聖なる場所に到る長旅に年月がかかる」ことも重視する［ターナー　一九七四：一四六］。つまり、彼は、「構造」から「過程」へ視点をずらし、巡礼センターを含む巡礼路を研究対象としたのである。巡礼者が特定の場所を往復する過程において、いくつかの過程がネットワークとして結ばれる。具体的には、巡礼の過程で築かれる友好関係、商業的関係、情報の伝達などにより地域と地域が結び付けられていく。一方巡礼者自身にとって、遠距離にある聖地への巡礼の旅は、次から次へと聖なるものに出会うものであり、巡礼路は神聖なものとなる。やがて聖地へ近づくにつれ神聖の観念は個人にとどまらず集合表象となり、強い信仰心を抱かせるのであるとした［ターナー　一九七四：一五七、一六六］。

三　日本の聖俗論

日本の聖俗論は、柳川啓一［柳川　一九七二］、堀一郎［堀　一九七二：三五―四七］などにより論議が重ねられた。

その一方で、日本独自に聖俗論に近い形での論争が行われた。言うまでもなく「ハレ・ケ論」である。この概念を設定したのは柳田国男である。柳田は日常を示す語として「ケ」、非日常性を「ハレ」という語で示した。日本で活発化した議論は、聖＝ハレ、俗＝ケを二項対立的に理解するのではなく、それらの相互規定性を議題としたものだった。聖と俗の関係において、聖には浄と不浄の二つの側面があるとした原田敏明［原田　一九七二］の概念を一歩すすめ、ハレとケの転換性からハレとケを近いものとして捉える岩田慶治［岩田　一九七〇］、伊藤幹治［伊藤　一九七三］を批判したのが波平恵美子である。波平はハレとケは場合によっては入れ代わったとしても、それは儀礼により厳然と区別されているとした。そして其処に「ケガレ」という概念を持ち込み、ハレ・ケ・ケガレという三極構造を打ち出した［波平　一九七四］。その三つはいずれも対立し合いながらも、相互補完的な観念で、極めて柔軟性に富んだ関係であるとする。すなわちハレとケガレがともに非日常性において成立し対立する概念であり、ハレは清浄性・神聖性、ケガレは不浄性を示すものであるとした上で、しかしこの関係は固定したものではないとした［波平　一九七四：二三八］。結果的に不浄の観念であるケガレ観念を主体に分析し、その複雑さ、多面性を強調することによって民間信仰の核心に迫ろうとした。

これに対し、桜井徳太郎は、ケガレは「ケ」が枯れた状態、つまり生命エネルギーが枯渇した状態を示す語であるとした［桜井　一九七四：四四］。そして、ハレの行事は日常態のケの生活を回復し、活性化させるものとして設定されているとした［桜井　一九七四：四四―四五］。この説は、ハレもケも稲作農業を基盤とした農村社会を念頭においた概念であり、ケは農業生産を可能ならしめるエネルギー、根源的霊力であるとする。

宮田登は、桜井らのハレ・ケ論を継承した上で、都市民俗学的立場から近世の寺社参詣についていくつかの言及をしている。宮田は、ハレ・ケ・ケガレのうちとくにケガレとハレを取り出して寺社参詣を読みとろうとした。なぜなら、農村の民俗文化はハレとケに容易に区分されるが、都市ではきわめて多様化し、混乱しているからである〔宮田　一九八一：一三〕。こうした指摘は、日本文化を構造的に見ようとし、その一例として「ハレ」と「ケ」を取り上げ、二つの概念を対立ではなく、対比・対偶するものとして捉え、互いに転換しうるとする「イレカワリ」理論を提示した伊藤幹治にも見られる〔伊藤　一九七三：一三―一四〕。また宮田は、農村は共同体全体でハレが創出されるが、都市では個人の意志に基づくとする。農村では「ハレとケが農耕生産リズムに合わさって巧みに織りなされている」のであり、都市では「病因の発見とその除去のくり返しがリズムの基本にあったとみられる」のである。つまり、都市ではケガレ＝気枯れが基準となっているとする〔宮田　一九八一：一三〕。

こうした都市民俗のあり方を前提として、寺社参詣にも言及する。主に都市内部で催される開帳や縁日について、「江戸歳時の折り目として一時のハレの空間として機能」しており、都市民は「実際の日常生活の同じ空間の中に、もう一つ別の聖なる場を設定し、容易にそこへはいりこむことが自由」であったとする〔宮田　一九八一：一四二〕。これに対して、遠隔地の霊場や山岳信仰は、「俗的世界での日常的なケガレの堆積を、いっきょに消滅させる機会」であり、江戸を離れることが「ハレの空間への突入を強烈に印象づける機会」であったとする〔宮田　一九八一：一五六〕。従来の聖俗論、ハレ・ケ・ケガレ論を寺社参詣に適用したこと、特にケガレの除去という都市的な存在形態に着目した点は評価される。

一方で、聖俗論、ハレ・ケ・ケガレ論、死と再生論を主導してきたのは巡礼論である。日本で言う巡礼は欧米の巡礼とは異なる。とは言うものの、いずれにしても四国遍路や西国巡礼などは、それらが持つ特徴ゆえに、やがてその成立年代やその後の歴史的変遷を対象とするものから、人類学と接近して行為自体の意味を問う分析視覚へと転じていったのはむしろ必然的なものだったのであろう。ここに初めて欧米人類学の成果が本格的に巡礼論ないし参詣論に導入された。山口昌男は、P・E・デ・ジョセリン・デ・ヨンクが紹介したマレー半島ミナンカバウの王朝において、伝説時代の英雄の起源伝説における行程を再現するものとしての巡礼があったことを事例に、「最短距離を経ずに、迂回して歩くという行為には、日常生活では、あまり体験しない時間体験を実現するという意図性」があるとし、このような儀礼的行為によって、王権は秩序を創成するとした［山口　一九七二：一二四］。

真野俊和は、この説を継承し、四国遍路において「順拝とはいわば神話的時間と空間に自己とその肉体を投入することにより、彼らの信仰が達成されるという構造をもっている」［真野　一九七五：一二〇―一二一］という論を展開した。この場合、神話的とは弘法大師の行為を追体験するという意義であろう。だが、そもそも真野自身も述べるように、巡礼行為に神話的世界を追体験する意義を見出す説も、弘法大師という特定個人と直接的に結びついた四国遍路でしか妥当性はない。また真野は死と再生論も援用し、日常的な生活秩序から一時離脱し、「死」の装束にみられるように一時非日常性の中で死に、再び日常性の中に生まれ変わって回帰すると述べる［真野　一九七五：一二〇］。このように真野は、巡礼（四国遍路）には死と再生の過程が存在し、神話的（非日常的）時間・空間に心身を投入する意義を有していると説いた。その他四国遍路分析にターナーのコミュニタス論を導入した星野英紀［星野　一九七七］も含め、ターナー、あるいはミルチャ・エリアーデ(3)［エリアーデ　一九五八］のように儀礼に象徴的意義を見いだす研究スタイルを受け継いだものといえる。

こうしたヘネップ、ターナーの儀礼論・巡礼論に則して日本の「巡礼」「参詣」を理解しようとする方向性に対して疑問を投げかけたのが青木保である。青木は、ターナーの「死と再生」をテーマとする「通過儀礼」論を継承しつつも、木曽御嶽山登拝を事例に、そこには別の儀礼の構造が現れているとする。すなわち御嶽登拝の後草津温泉などに泊まり観光して帰ることに着目し、全体が、厳粛な沈黙の信仰部分と、俗的で無礼講に近い騒音部分とに分かれているとした［青木　一九八〇：一〇二―一〇三］。そしてリーチの振り子運動論をモデルに、さらに細かく見れば、二つの部分の過程においてもめまぐるしく「聖」と「俗」の転換が行われており、少しずつ「静」

と「騒」を転換させながら登拝巡礼儀礼の全体を「厳粛から乱痴気へ」ともっていく儀礼としての枠組を示しているとした［青木　一九八〇：一〇四］。

また青木は個にも注目する。「巡礼はその共同体と個人の全体（集合）への埋没とが強調されるが、実際にはむしろ個人が更めて自己を確認する場となっている」［青木　一九八〇：一〇五］とし、それを「自己覚醒」とする。ターナーのコミュニタス論が集団への埋没と均質性あるいは無階層性を重んじるのに対し、一石を投じた格好であるが、あくまでも現代巡礼の事例であり、近世に即援用可能とは言うわけにはいかない。すなわち、「巡礼は超俗的な目的があり、その達成には多くの場合苦難がともなう故に、やはり旅や観光とは異なるレベルを含む」［青木　一九八〇：一〇七―一〇八］という指摘は、近世の旅の多くが寺社参詣であること、また遥かに現代に比して困難な過程であったことに鑑みると、そのまま受け入れがたいことは明らかである。なおかつ、聖と俗との均質化ないしは聖への俗の凌駕の状況にある現代社会だからこそ、青木の述べるパーソナル・シンボルや身体運動をことさら強調しなければならないという社会的制約もあろう。木曽御嶽山は明治維新後教派神道を生み出した地でもあり、近代以降の宗教的動向からすれば、山岳登拝による自己覚醒、自己の救済も、新宗教と連動したもので、現代にあっては奇特な信仰のあり方といえる。またこの青木論に対し、霊的な体験が個人的ではあることは認めるものの、それは「集合的な承認を得、宗教的に正しい経験だと認められるのが、巡礼の場」［橋本　一九九九：七四］だとする橋本和也の批判もある。

四　自己解放論の有効性――「精神的自己解放」と「身体的自己解放」

文化史的立場から言えば、「自己解放」は意識レベルの用語であり、少なからず参詣者の個人性・自主性を重んじることを前提としている。しかし、自己解放は差別そのものをなくす大衆行動のなかに身を投ずることによって達成される〔自己解放②〕。したがって、参詣講は無論のこと、個人参詣の場合でも、集団性の中において、〈他者〉の目を意識することにより〈自己〉の解放が達成されるという基本的構造があることを確認しておきたい。

だが青木保の指摘にあるように、寺社参詣にはもう一つ別の儀礼の構造が隠されている。つまり「精進落とし」と銘打たれた集団的昂揚の場である。俗的で無礼講のような儀礼が用意される。これは西山のいう①の「自己解放」の特性に近く、身分階層を逆転させるものである。まさしく無礼講なのである。結局、近世の寺社参詣は、西山説の二つの自己解放の論理〔①②〕の両方が達成される機会であったのである。薗田稔は、リーチの振り子運動論に依拠しつつ、祭りは、日常に内在する規律を極端なほど厳密に強調した行為を通して日常性を超える「祭儀」（ritual）と、日常の規律を逆転する破戒行為に徹して日常性を突破する「祝祭」（festivity）の二つの要素により構成されている、とする。この相反する二つの要素が複合して初めて祭りの超越的な表象力が発揮されるとした〔薗田　一九九〇：六〇〕。この祭りモデルに学べば、近世の寺社参詣は全体として「祭儀」から「祝祭」へともっていくなかで、そこに集う人々の間に埋没するとともに、同時に「如実知自心」の場であり、その個人的体験を集団から承認をえる場であるといえよう。

ところで、中世後期から寺社への参詣が上流階級のもの、特定の宗教者のものから徐々に民衆のものへと変容した。また現世利益的傾向が、寺社側、参詣者側双方に強まり、さらには物見遊山的な要素が加わっていくこととなる。こうした動向を信仰的か遊山的かという視点で分析していくことは極めて困難である。ここでは両者ともに併存したものであると理解し、その上で、それぞれの要素が如何に存在したかを論点に据えることが重要であろう。

そこで分析概念として、「自己解放」を精神的なものと身体的なものとにわけて論じた。本源的な寺社参詣における自己解放は、差別そのものをなくす大衆行動のなかに身を投ずることによって達成される。だが、自己解放によって何が達成されるのかについては、未だ議論さえなされていない。自己を解放するとはどういうことか。道元の『正法眼蔵』の「現成公案」には仏道の解脱の過程が説かれる。

仏道をならふといふは、自己をならふ也。自己をならふといふは、自己をわする丶なり。自己をわする丶といふは、万法に証せらる丶なり。万法に証せらる丶といふは、自己の身心および他己の身心をして脱落せしむるなり。悟迹の休歇なるあり、休歇なる悟迹を長々出ならしむ(4)

道元による説明は、西山の「自己解放」に通ずるものである。即身成仏、天台本覚論流に言えば即身即仏することが仏教の行の目的のひとつであるならば(5)、寺社参詣における神仏との結縁も道元の説明するような形で達成されるはずである。すなわち自己は森羅万象のすべてのものに生かされているという真理を知ることで我執を捨て去り、また己の真の姿、肉体のあり方を知ること（如実知自心）であろう。聖性が維持されていればいるほど寺社参詣における「自己解放」は心身一元的なものとして果たされたであろうが、徐々に物見遊山化していく近世の寺社参詣にあっては心身が乖離し二元化していった。

本論文では、寺社参詣という儀礼的行為を果たすことによって得られる無意識的達成を「身体的自己解放」と呼んだ。いっぽう、実際的に得られる意識的な達成を「精神的自己解放」と呼んでいる。いずれも日常を離れた聖なる空間・時間において達成されるが、近世にあっては「身体的自己解放」とは信仰性の保持を重んじる概念であり、「精神的自己解放」は行楽性を重んじる概念となる。青木の説にしたがえば、「参詣」の過程で「俗」と「聖」が交互に立ち現れ、こうした過程を繰り返すうち、次第に聖性が増すということになる。いわば「精神的自己解放」と「身体的自己解放」の蝉聯《ぜんれん》たる交換である。中世の熊野詣にみられるように、幾度となく旅の過程で禊行を重ねていき聖地にたどり着くというあり方には、こうした聖性を高揚させる構造が投影されているのである。また昂揚した聖性をいかに減じて日常に統合させていくかについては、かつて二ヶ月近くおこなわれていた正月儀礼のように、緩やかに聖性を増し、目的を達成後、けっして急速に終わらせるのではなく、同じく緩やかに終息させていく構造も近世の寺社参詣にはみてとることができる。

五　日本近世寺社参詣の儀礼過程

日本で巡礼といえば西国巡礼や四国遍路であるが、むしろ欧米の巡礼に近いのが伊勢参宮である。これは伊勢神宮だけを往復することは少なく、往路・帰路ともに複数の寺社参拝を含み、「聖」と「俗」の絶え間ない交換をおこなっている。また往路と帰路を違えるため、周回コースとなり、「巡礼」と「参詣」に区別することは困難である。構造からすれば、聖性を維持するため、あるいは聖性を増すために周回していると言える。だが意識的には、多くの寺社を見ようという知的充足感への欲求が働いているとも言える。これは合理的な観念に基づくものである。道中日記を分析すれば、近世社会の情報や経済、交通の制約下でも、個々の名所の選択にあたって紛れもなく自律性がみてとれる。伊勢参りのように周回性をもつ参詣は、現代より遙かに情報が少なく、道中の危険も大きいという社会的制約を考えれば、そのなかで最大限に合理的観念と知恵を働かした自律的行動であった。

おなじく出羽三山や富士山、相模大山においても、出発地によっても異なるものの、周回性は認められる。ただし、これら山岳信仰には別に「単一の山岳登拝モデル」が存在したように考えられる。すなわち真っ先に主目

図4　近世寺社参詣の儀礼構造

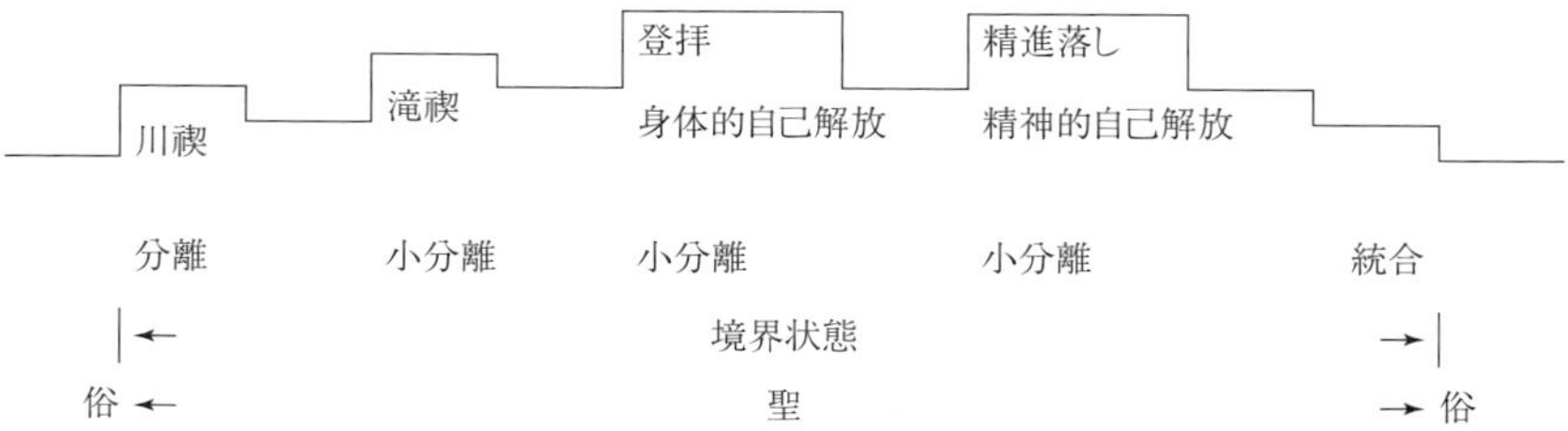

的地を目指し、登拝を終えた後に、物見遊山的性格が強い場所へと移動し、「精進落とし」という民俗的名分のもとに遊興に耽るのである。この基本的モデルは、大方の寺社参詣に適用できるのではないだろうか。これを、先の青木保の巡礼論をもとに図式化してみると、図4のようになる。

大川（現隅田川）など、江戸町人にとって日常的生活空間の場末にある川での禊行（分離儀礼）にはじまり、道中における行楽的要素によりわずかに聖性が弱められるが、大山山麓での滝行や、山中の艱難を踏破することにより徐々に聖性が高められる。これにより身体的解放が達成される。その後場所を移し、精進落しが行われる。これにより再び聖性が頂点に達し、精神的自己解放が達成される。そして帰路につき、次第に聖性が弱められ、サカムカエ（坂迎え）から代参の報告（配札）などの一連の行事（統合儀礼）を終えて、再び日常生活へと埋没していくのである。青木保は、巡礼の長期間性に着目して、そこにリーチの聖と俗の振り子運動説を導入した［青木一九八〇：一〇二―一〇四］。しかるに、近世の寺社参詣は、あくまでも分離された時点から再び統合されるまで一貫して聖性の境界状態にあるのである。つまり、参詣道中における非信仰的要素もやはり「聖なるもの」なのである。そして精進落としも象徴的に「聖なるもの」なのである。この点は現代の巡礼との大きな違いとして述べておきたい。

その反面、聖性の低下も見受けられる。それは精進落しの機能の変容である。本来精進落としは、俗空間への〈統合儀礼〉として役割を付されていた。ところが、近世において次第にその役割が変容し、俗空間からの〈分離儀礼〉としての機能を受け持つようになった。これは、参詣行為のみでは充分なる自己解放が達成されなくなってきていたからである。相模大山では、一九世紀にはいると、「精進落し」が頻繁に登場する。この時期には山岳登拝のみでは自己解放が達成されず、精神的（この場合実質的と言って良いが）に自己が解放される場を目指し、そのような儀礼を用意したのである。

結論

このように、近世の寺社参詣には、その参詣行動の構造をみれば、非合理的観念、信仰的意義、民俗的意義などが十分に内包されている。だが一方では、その中にあっても、実に巧みに合理的観念を持ち込み、経路の周回性や非信仰的要素を包摂していった。こうした合理的観念と民俗的知の葛藤が、寺社参詣が民衆生活に取り込まれる中で生じていたのである。伊勢参りの際、古市なり河崎において「精進落し」が声高に叫ばれるのは、聖性の維持が困難になりはじめていたからであり、そうでもせねば参詣者が聖性を感ずることが困難であったからであろう。その背景には、宗教全体の現世利益化への趨勢が強まったことも、当然ながら介在する。ひいては参詣者は、山岳登拝してもなお日常生活を脱却しきれないという自己矛盾に陥ったのである。日常生活に関連する祈願では、参詣者が日常生活から完全に隔離されることはむずかしい。

伊勢参宮や相模大山参詣にみえる〈構造〉と〈意識〉の対立だが、実は両者が不即不離の関係にあり、ふたつが機能的に複合することにより「寺社参詣」という儀礼全体が系統立てられるのである。いわば〈構造〉は「形式的修行儀礼」であり、〈意識〉は「仮装的集団昂揚儀礼」とでも呼ぶことができよう。そしてそれぞれにおいて「身体的自己解放」と「精神的自己解放」が達成されるのである。前者においては、参詣者は一見、西山の想定する身分階層差をなくす大衆運動へ身を投じているようである（自己解放②）。本来は、これに加えて大衆運動のなかでの個人的な宗教体験による「如実知自心」と周りからの承認がともなうはずである。しかしながら、近世の寺社参詣では、現世利益的な祈念行為を行うことにより、日常社会のなかの秩序がそこに持ち込まれ、山岳登拝が完全に階層差をなくす儀礼とはならない。ただし儀礼の過程として必要な手続きをきちんと踏んでいるため、形式的に「身体的自己解放」が達成される。また集団的昂揚の場にあっては、身分階層差をなくすどころではなく、身分逆転でさえ起こりうるような日常性の破壊行為（自己解放①）がおこわれる。ここに至って「精神的自己解放」が達成されるのである。長年の物見遊山か信仰かという議論はこのように結論付けられる。ただし本来「実質的修行儀礼」と「仮装的集団昂揚儀礼」の両輪が相俟って秩序付けられるはずが、「実質」が「型式化」し、また後者に重きが置かれていったのが近世中期以降の状況であった。

その一方で、都市内部に目を移せば、日常のなかに創出した非日常への参詣行動は、西山氏以来の自己解放（②）の特質と捉えて差し支えない。その主体は、やはり都市上層民であり、あるいは知識人層であることには変わりがないが、都市中下層民も参加しうる状況にあったであろうと推察される。ただし、知識人層の参詣行動・参詣意識には、行動文化に自己を投入しながらも「個」であることを享受する側面もみえる。日常の人間関係から離れた大衆行動に参加することによって、「個」になれるという逆説がそこに存在する。つまり、自己解放（②）についても、文化的行動の群衆に埋没することにより、集団的行動そのものをたのしむ方向と、「個」をたのしむ方向とがあるのである。ここまでの論証を小括すると、寺社参詣における行動文化は以下のようにまとめることが可能である。

自己解放の形態ａ身体的自己解放

b精神的自己解放

自己解放の論理①変身、身分階層の逆転…………………中下層民の仮装的集団昂揚儀礼
②群衆への埋没―群衆行動の享受…………中下層民の形式的修行儀礼、都市内の行動文化
―自己覚醒・集団による承認‥中下層民の実質的修行儀礼
―群衆のなかの「個」の享受‥知識人層

注

（1）ターナーはリミナリティには、身分を逆転させるものと、身分を昇格させるものと二つの主要な型があるとしている［ターナー　一九六九：二三六―二三七］。

（2）さらにターナーは、コミュニタスには三つの規定があるとする。一つが実存的コミュニタスである。二つ目は規範的コミュニタスであり、本来自然発生的なはずの実存的コミュニタスが、それを持続するために組織化されたものである。三つ目がイデオロギー的コミュニタスであり、実存的コミュニタスが目指すべき、そして最適と期待されるユートピア的社会様式であり、青写真のようなものである。そして歴史上すべての実存的コミュニタスは、型に嵌められ、構造や法律へと後退していくとする［ターナー　一九六九：一八二―一八三］。

（3）エリアーデは『生と再生――イニシエーションの宗教的意義』の中で、前近代社会において第一義的な重要性を帯びていたイニシエーションは、儀礼と口頭教育から成り立っていると述べた［エリアーデ 一九五九：四］。つまり、社会が保有する神話的世界―宇宙・世界・部族全てが神の創造物であるという聖なる歴史―が加入者へと啓示されるという重要な意味合いを持っており、加入者は、イニシエーションを通じて、自身も神の被造物であり、その存在は連綿と続いてきた聖なる歴史の帰結であることを知らされるとする［エリアーデ　一九五九：四五―四六］。この神話的世界観は、知識としてのみならず、伝授された者にとって模範となるのであり、社会の文化、制度、慣習の基盤を構成するための基礎となっている［エリアーデ　一九五九：五―六四］。すなわち通過儀礼は、神話に啓示された理想的な宗教的人間像を志向し、自己を高めようと努力をする儀式だとする［エリアーデ　一九五七：一七七］。

（4）［道元　一二三二―一二五三：五四―五五］。

（5）『大乗起信論』に代表される、大乗仏教の如来蔵思想や本覚思想は、中国のみならず日本をも席巻したが、これらの思想は

本来の仏教のあり方からすれば、仏教ではないとする主張がある［松本　一九八九］、［袴谷　一九八九］など）。また袴谷は道元を本覚思想に位置づける従来の説を覆して、道元を本覚思想を批判した正統な仏教者として位置づけている。

文献

青木　保
一九八〇「現代巡礼と日本文化の深層」ヴィクター・ターナー・山口昌男編『見世物の人類学』東京：三省堂（後に同『境界の時間』岩波書店、一九八五年に「現代巡礼論の試み」と改題して収録）。

伊藤幹治
一九七三「日本文化の構造的理解をめざして」『季刊人類学』四―二。

岩田慶治
一九七〇『カミの誕生――原始宗教』京都：淡交社（後に同『岩田慶治著作集二　草木虫魚のたましい――カミの誕生するとき・ところ』講談社、一九九五年）。

エリアーデ、ミルチャ
一九七一（一九五八）『生と再生――イニシエーションの宗教的意義』堀一郎訳、東京：東京大学出版会。
一九六九（一九五七）『聖と俗――宗教的なるものの本質について』風間敏夫訳、東京：法政大学出版会。

オットー、ルドルフ
一九一七『聖なるもの』山谷省吾訳、東京：岩波書店（一九六八）。

折口信夫・柳田國男・穂積　忠
一九四七「仙石鼎談」『民間伝承』一一―一〇・一一。

グラバーン、ネルソン
一九八九「観光活動」バーレン・スミス編著『観光・リゾート開発の人類学――ホスト&ゲスト論でみる地域文化の対応』三村浩史監訳、東京：勁草書房（一九九一）。

桜井徳太郎
一九七四「結衆の原点――民俗学から追跡した小地域共同体のパラダイム」鶴見和夫・市井三郎編『思想の冒険――社会と変化の新しいパラダイム』東京：筑摩書房（後に桜井徳太郎『結衆の原点』東京：弘文堂、一九八五年に収録）。

真野俊和
　一九七五「四国遍路への道　巡礼の思想」『季刊　現代宗教』秋季号一―三、東京：エヌエス出版会。
薗田　稔
　一九九〇『祭りの現象学』東京：弘文堂。
ターナー、ヴィクター
　一九六九『儀礼の過程』富倉光雄訳、東京：新思索社（一九九六）。
　一九七四『象徴と社会』梶原景昭訳、東京：紀伊国屋書店（一九八一）。デュルケーム、エミール
　一九四一（一九一二）『宗教生活の原初形態』上下、古野清人訳、東京：岩波書店。
道元
　一九九〇（一二三一―一二五三）「現世公案」『正法眼蔵』水野弥穂子校注、東京：岩波書店。
波平恵美子
　一九七四「日本民間信仰とその構造」『民族学研究』三八―三・四。
西山松之助
　一九七五「江戸の町名主斎藤月岑」同編『江戸町人の研究』四、東京：吉川弘文館。
袴谷憲昭
　一九八九『本覚思想批判』東京：大蔵出版。
橋本和也
　一九九九『観光人類学の戦略――文化の売り方・売られ方』京都：世界思想社。
原田敏明
　一九七二『日本古代思想』東京：中央公論社。
ファン・ヘネップ、アルノルト
　一九九五（一九〇九）『通過儀礼』綾部恒雄・綾部裕子訳、東京：弘文堂。
星野英紀
　一九七七「比較巡礼論の試み――巡礼コミュニタス論と四国遍路」仏教民俗学会編『仏教と儀礼』東京：国書刊行会（後に同『四国遍路の宗教学的研究』京都：宝蔵館、二〇〇一年に収録）。
堀　一郎

一九七二「聖と俗の葛藤」『自由』(後に同『聖と俗の葛藤』東京：平凡社、一九七五年に収録)。
松本史朗
一九八九『縁起と空――如来蔵思想批判』東京：大蔵出版。
宮田　登
一九八一『江戸歳時記』〈江戸選書五〉東京：吉川弘文館。
柳川啓一
一九七二「聖なるものと俗なるもの」『伝統と現代』一三(後に同『祭と儀礼の宗教学』東京：筑摩書房、一九八七年に収録)。
山口昌男
一九七二「王子の受難――王権論の一課題」古野清人教授古稀記念会編『現代諸民族の宗教と文化――社会人類学的研究』東京：社会思想社。
リーチ、エドモンド・R
一九八一(一九七六)『文化とコミュニケーション』青木保・宮坂啓造訳、東京：紀伊国屋書店。
一九七四(一九六一)『人類学再考』青木保訳、東京：思索社。

「地域活性化」の担い手としての修験集団
——近代の鳥海修験を事例として

筒井　裕

はじめに

これまで、修験集団は明治初期の一連の宗教政策——主に神仏分離令と修験道廃止令——によって衰退したと論じられてきた。このため、近代以降の山岳信仰に関しては、「神仏分離を境に信仰が急速に消失したかのような解釈」が一般的になっている〔菅根　一九九六〕。しかし、斎藤〔一九七〇〕、千葉・山口〔一九八六〕、宮家〔二〇〇〇〕などの論考から、近代以降においてもなお、修験者たちが山岳信仰の神社に神職として奉仕する、あるいは、檀廻・宿坊経営などの修験的な活動を通して、山岳信仰に関与し続けてきたことが明らかになりつつある。また、明治・大正期に、宗教制度上は山岳信仰の神社の監督下に置かれていたはずの修験集団が、神社の運営方針について歴代の宮司を凌駕するほどの発言力を有していたという報告もなされている〔筒井　二〇〇七〕。

これらの研究成果は、近代以降も修験集団が崇敬者との人脈（以下、これを「宗教的なネットワーク」と記す）を維持しながら、山岳信仰の寺社の運営に関与していたことを示す証拠だと言える。したがって、今後、我々は修験集団を「明治初期に急激に衰退した存在」としてではなく、「近代以降も山岳信仰の寺社と崇敬者に対して影響力を有していた存在」として捉えていくべきではなかろうか。さらに、明治期以降、山岳信仰の寺社や崇敬者との関わりの中で、彼らがどのような役割を果たしていたかについても検討を重ね、その実像を浮き彫りにする必要があるものと思われる。

以上を受けて、本稿では現代においても山岳信仰が盛んな地域のひとつ――すなわち山形県庄内地方――に注目し、同地方の代表的な霊山「鳥海山《ちょうかいさん》」と、この霊山を活動拠点とした修験集団「鳥海修験」を事例に、上記の点の解明を試みることとしたい。本論では最初に、鳥海山信仰に関する先行研究をふまえながら、鳥海山信仰史と鳥海修験の概要について述べる（第一節）。次に、近代以降、鳥海修験を監督下に置いた鳥海山信仰の神社「国幣中社大物忌神社《おおものいみじんじゃ》（現「鳥海山大物忌神社」）」の社務所資料、および、当時の新聞記事などを分析し、その成果をもとに、彼らが同社や崇敬者との関わりの中で、いかなる役割を担っていたかについて検討を試みる[1]（第二・三節）。なお、本稿の考察に用いた大物忌神社の社務所資料はいずれも、二〇〇二（平成一四）～二〇一〇（平成二二）年の間に、筆者が同社において実施した現地調査の際に閲覧したものである[2]。

一　鳥海山信仰史の略歴と鳥海修験

秋田県と山形県の境界に位置する鳥海山（二二三六メートル）は、東北第二の標高を誇る霊山である（図1）。コニーデ型をしたその秀麗な山容から、鳥海山は「出羽富士」とも呼ばれ、山麓の人々の崇敬をあつめてきた。鳥海山信仰史については、姉崎［一九四七］、神田［一九九七］、岸［一九九七］、鈴木［二〇一二］、戸川［一九七七］、山形県遊佐町教育委員会編［二〇一二］をはじめとする多数の報告・論考が既に著されており、研究の蓄積がみられる。

図1　研究対象地域の概要と鳥海修験の布教範囲(昭和初期)

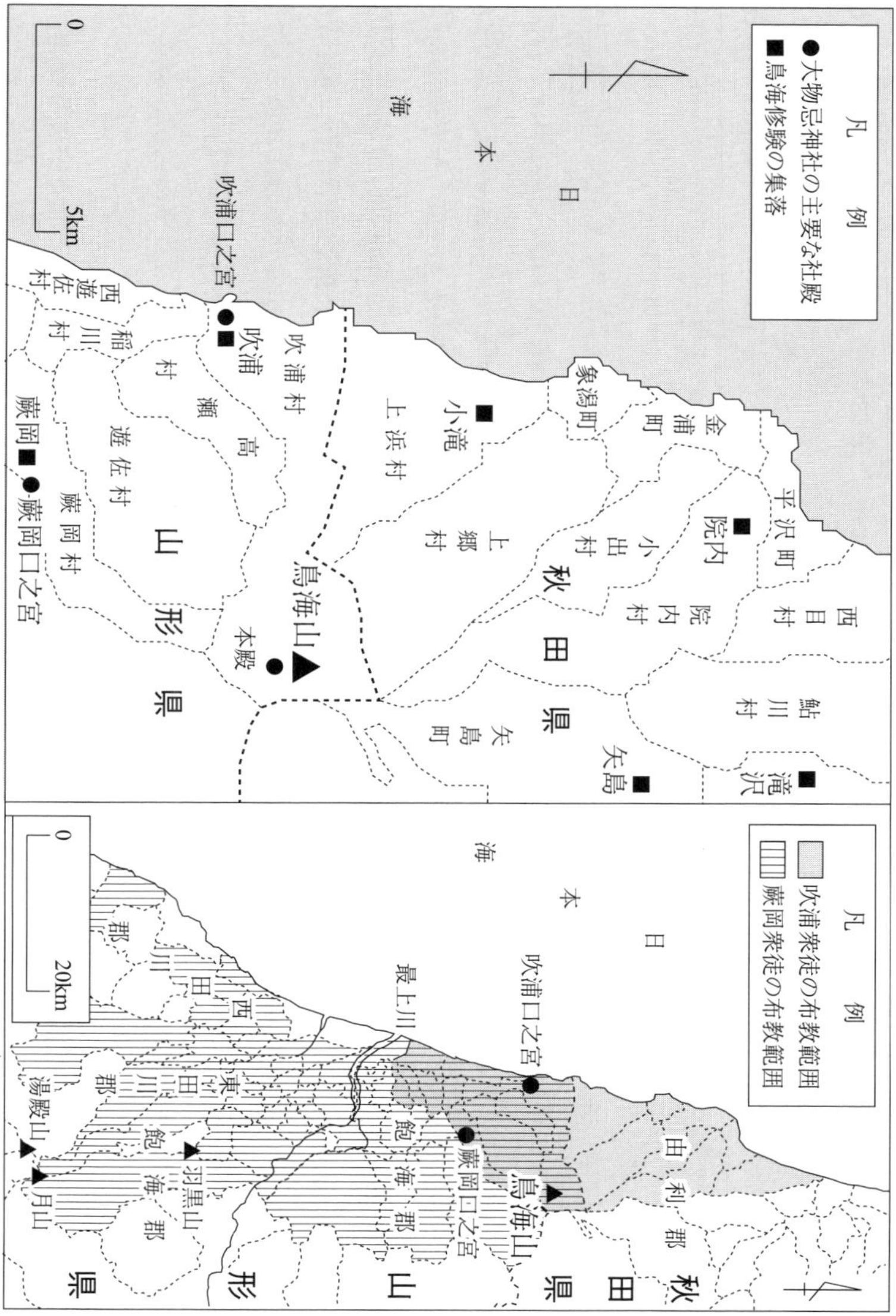

注:本図の町村界は1930(昭和5)年当時のものである。鳥海修験の布教範囲について、詳しくは筒井(2004)を参照。
出典:5万分の1地形図、および鳥海山大物忌神社所蔵『旧社関係書類綴』をもとに作成。

大物忌神社の社伝によると、同社は五六四（欽明二五）年の創設とされるが、その起源は詳らかではない。ただし、鳥海山の神「大物忌神《おおものいみのかみ》」の名が六国史に一三回も登場していることや、朝廷が同神を慰撫すべく、数度にわたって神階の昇格や封戸の授与を行った点から、古代において鳥海山が国家の重要な祭祀対象となっていたことがわかる［伊藤　一九九七］。

鳥海山信仰史がより鮮明なものとなるのは、中世以降の時代においてである。民俗学者の戸川安章は鳥海山から出土した鰐口の銘文を手掛かりとして、中世には修験集団が鳥海山山麓に定着し、この霊山を仏式で祀るようになったと推測をしている［戸川　一九七七］。鳥海修験は、現在の秋田県由利地方の小滝・院内・矢島・滝沢、および、山形県庄内地方の吹浦《ふくら》・蕨岡《わらびおか》に修験集落を形成した。近世期には、蕨岡の修験集団（蕨岡衆徒）が鳥海山山頂部の堂宇の祭祀権を独占し、多数の参拝者を吸引して強勢を誇った。(3)ところが一八世紀初頭に、矢島衆徒・吹浦衆徒がその祭祀権を主張して蕨岡側と激しく衝突する。このような衆徒間の対立の影響もあり、鳥海山山麓の修験集落は連携して一山組織を形成することなく、修験集落ごとに鳥海山祭祀や布教活動を展開していく。吹浦衆徒と蕨岡衆徒の年中行事を紹介した神田［一九九七］によると、近世期に、吹浦衆徒は秋田県由利地方と山形県飽海《あくみ》郡（最上川以北の庄内地方）において、そして蕨岡衆徒は庄内地方一円で檀廻（後述）を行っていたという。

先述のように、近世期には蕨岡衆徒が鳥海山祭祀の中心的な存在となっていた。しかし、一八七一（明治四）年の近代社格制度の施行にともない、鳥海山の祭祀権は、蕨岡衆徒から神職が組織・運営する吹浦鎮座の「国幣中社大物忌神社」へと移行することとなる。この時、吹浦衆徒と蕨岡衆徒は「国幣中社大物忌神社」の「旧社家（旧社）」として位置づけられた。彼らの中の幾人かは同社の神職となり、官吏待遇の宮司（他地域出身者）のもとで鳥海山祭祀・神社運営に関与し得た。しかし、それ以外の大部分の鳥海修験は、鳥海山祭祀や神社運営からは遠ざけられてしまう。上記の経緯により鳥海山の祭祀権を喪失した蕨岡衆徒は、一八七七（明治一〇）年に、その奪還のために訴訟を起こす。この訴訟は一八八〇（明治一三）年に、内務大臣松方正義から、鳥海山山頂部の社殿を「本殿《ほんでん》」とし、さらに吹浦・蕨岡鎮座のふたつの大物忌神社を里宮「吹浦口之宮《ふくらくちのみや》」・「蕨岡口之宮《わらびおかくちのみや》」とし、以上三つの社殿をもってひとつの神社「国幣中社大物忌神社」として運営すべしという通達を受けてようやく収束する[4]（両口之宮制）。

両口之宮制の採用以降、吹浦と蕨岡の修験世帯の後継者（男子）は、一六歳になるとそれぞれ吹浦口之宮と蕨岡口之宮に非正規の職員「出仕」として奉仕し、大物忌神社の宮司の命令に従うことが義務付けられた［神田、一九九七］。また、大物忌神社の所蔵資料から、一八八三（明治一六）年には吹浦衆徒が「報徳社」と、一八八四（明治一七）年には蕨岡衆徒が「共栄社」と呼ばれる互助組織を既に結成していたことが明らかになっている[5]。吹浦衆徒と蕨岡衆徒は両社の社長（各一名）を大物忌神社との交渉の窓口とし、前者は吹浦口を、後者は蕨岡口を拠点に山先達を務める、あるいは茶屋・宿坊を経営するなどの夏山運営に係る修験的な活動を継続していった。

これに加え、吹浦衆徒と蕨岡衆徒は、秋田県由利地方・山形県庄内地方の崇敬者を対象として鳥海山信仰を定期的に布教していた（檀廻）。我々は、一九二九（昭和四）年から一九四五（昭和二〇）年にかけて作成された『旧社関係書類綴』（大物忌神社所蔵）より、その様子を垣間見ることができる。これは吹浦衆徒と蕨岡衆徒が大物忌神社に提出した様々な書類（布教活動の報告書・申請書・書簡など）を綴った帳面で、昭和初期の彼らの動向を把握できる数少ない貴重な資料となっている。『旧社関係書類綴』によると、一九二九（昭和四）年当時、同社に神職として奉仕していた者の世帯を含め、吹浦には一七の、蕨岡には三〇の修験世帯が存在していた。吹浦衆徒は山形県飽海郡を中心に九二一世帯の、蕨岡衆徒は同庄内地方一円に一万二八一一世帯の檀家を抱え（合計一万三七三二世帯）［筒井　二〇〇四］、これらの崇敬者に対して年に二～三回（春・夏・秋季）の頻度で鳥海山信仰の神札を配布していた（配札、図1参照）。さらに、両衆徒は「御頭連中《おかしられんちゅう》」と呼ばれる集団をそれぞれ組織し、毎春、秋田県由利郡南西部と山形県飽海郡の檀家を戸別に訪問し、そこで獅子舞「御頭舞《おかしらまい》」を奉納し[6]（御頭巡幸《おかしらじゅんこう》）、各崇敬者と極めて強固な「宗教的なネットワーク」を形成していた。このように昭和初期の段階において、鳥海修験は秋田県由利地方南西部・山形県飽海郡を中心に布教活動を最も積極的に行っていた。その結果、鳥海山から三〇キロメートル圏内に位置するこの範囲は、大物忌神社の崇敬者が集中的に居住する、いわば「鳥海山信仰圏の中核的地域」となっていた[7]［筒井　二〇〇四］。

二　蕨岡衆徒による「修験者の特性」を活用した地域活性化

先節では、明治初期に、吹浦衆徒・蕨岡衆徒が鳥海山祭祀と神社運営から遠ざけられた一方で、大物忌神社の運営組織や崇敬者との関係を維持しながら、夏山運営、および、鳥海山信仰圏の中核的地域の維持に寄与していたことについて述べた。筆者が昭和初期の大物忌神社の社務所資料と新聞記事を分析した結果、当時、両衆徒が同社や鳥海山信仰圏内の個人・団体と連携しながら、多数の鳥海山参拝者（観光客）の獲得――すなわち鳥海山山麓域の活性化――を試みていたことが明らかになった。その際に、近代以降も修験者としての宗教的な伝統を重視していた蕨岡衆徒は「修験者の特性を活用した方法」を、また、時流に対して敏感な感覚を有していた吹浦衆徒は「マスコミのイベントを活用した方法」を選択していた[8]。それでは第二・三節において、両衆徒が鳥海山山麓域の活性化をどのように進めていたかに関して報告を行うこととしよう。

筆者が『旧社関係書類綴』（第一節参照）を分析したところ、一九三〇（昭和五）年一月から夏季にかけて、大物忌神社では多数の参拝者を獲得すべく、三名の蕨岡衆徒を鳥海山信仰圏内の各地に派遣し、そこで鳥海山参りや講の組織化を促す活動を行わせていたことが明確になった（以下、これを「勧誘活動」と記載する）。昭和初期に大物忌神社がこのような行動に出た最大の理由として、同社が当時の経済的不況による鳥海山参拝者数の減少――つまり歳入の減少――を予測していた点を指摘できる。近代の大物忌神社は、国庫から毎年一定額付与される国庫供進金・神饌幣帛料、および、夏山運営で得られる初穂料（祈祷料、神札などの授与料）を主要な歳入源としていた［筒井　二〇〇四］。一九二四（大正一三）年・一九二五（大正一四）年の夏季には、四〇〇〇人以上もの人々が鳥海山山頂の本殿に参拝していたが、一九二六（昭和元）年～一九二九（昭和四）年の間、その数は三三〇〇～三八〇〇人程度に減少していた。このような状況を受けて、大物忌神社の宮司はより多くの参拝者を獲得して神社経済の基盤を強化すべく、蕨岡衆徒に勧誘活動を命じたものと考えられる。

次に示す史料1～3（『旧社関係書類綴』）は、三名の蕨岡衆徒（A・L・M）が勧誘活動後に大物忌神社の宮司に提出した出張報告書の一部である。[9] これらには出張の概要（期間・訪問先・成果など）が記されており、その内容から、当時、彼らがどのように勧誘活動を展開していたかをある程度把握することができる。

【史料1】『旧社関係書類綴』（大物忌神社所蔵）

昭和五年四月十八日　A

大物忌神社宮司B殿

新潟縣参拝者勧誘ノ件

三月十一日　①新潟縣中蒲原郡新津町修験者Cヲ訪問セシニ折悪信者檀家ヲ巡回之為留守ナリシヲ以テ御家内ニ其由ヲ告ゲ本年夏季中良時期ニ於テ前年ヨリ多数信者ヲ引率是非御参拝相成様委細…（略）…

三月十五日　②仝郡黒川村大字熱田坂豪農者昨年講社世話方トシテ大ニ力ヲ注ガル、D氏ヲ訪問　講員及有志信者ニ対シ神札三十枚授与シ本年ハ前年ヨリ多数鳥海山ニ参拝スル様御願致シ□ニ　是非参拝スル旨申

サレ講員ハ更ナリ　有志其他モ参拝スル旨ヲ拝聴　喜ビ勇ンデ氏ヲ辞シタリ
三月十六日　③仝村豪農E氏ヲ訪問　参拝スル様申上神札ヲ授与シ講社結成ヲ依頼セリ　氏モ是ヲ了トシ盡力スル旨申サレタリ…（略）…

【史料２】『旧社関係書類綴』（大物忌神社所蔵）
宮城縣地方鳥海講社結集調…（略）…
（※筆者注　第一回目）
第六日　①仝郡（※筆者注　志田郡）荒生村大字馬寄F殿へ一泊ス　三山講社員五拾名ト鳥海山へ来ル事ヲ約束ス　御礼攸五拾枚呈ス…（略）…
第九日　②仝郡仝町大字□□G殿へ面會　五拾名ノ講中当年ニテ登拝済ニ付キ又五拾名カ七拾名位ノ講社成立方依頼ス　御礼攸五拾枚呈シ宿泊ス
第十日　③仝郡小牛田駅前朝日旅館へ宿泊ス　神職H氏ニ面會ス
第二回目…（略）…
第八日　④仝郡（※筆者注　岩手県東磐井郡）薄衣村外山I氏に面会　壱百名ノ講中世話方九名ト面会外九十枚之御礼攸ヲ依頼シ宿泊ス…（略）…
第十二日　⑤仝郡薄衣村赤沢旅館へ宿泊ス　神職J氏ニ面会ス
第十三日　⑥仝郡藤沢村西口K氏ニ面會　本年ニテ前講中参拝済ニ付後又講中ヲ継續セラレンコトヲ依頼シテK氏外三拾名ニ対スル御礼攸ヲ呈シテ宿泊ス…（略）…
右鳥海山参拝者勧誘出張概況御報告申上候也

国幣中社大物忌神社宮司B殿

蕨岡村大字上蕨岡　L

【史料3】『旧社関係書類綴』（大物忌神社所蔵）

報告書…（略）…

①右之各方面巡廻勧誘致候　従来講中ナルモノ存スル方面ハ□□明ヲ以テ再組織シ継続ヲ依頼シ亦講中ノ存セサル方面ニハ新タニ組織スルコトヲ依頼シタリ　②然レトモ目下不景気ノ為直チニ新組織ハ到処□スル□□様ニ有之候間是などハ時勢ノ行直ヲ待チテ組織セシムルノ外ナキモノト存候　昨今ノ如キ不景気ノ場合ナレバ参拝者ノ数ハ想像ヨリモ下ルベクト存候　尚本年本吉郡宮城郡名取郡并ニ岩手縣気仙郡方面及秋田縣平鹿郡雄勝郡方面ニモ出張勧誘可致見込ヲ以テ…（略）…右大要御報告申上候也

昭和五年七月二日二十五日

M

大物忌神社社務所御中

史料1～3から、三名の蕨岡衆徒が各地の豪農や鳥海山信仰の講の代表者である世話方（史料1②・③、史料2①・②・④・⑥、史料3①）、そして、在地の宗教者（修験者・神職）のもとを訪問していたこと（史料1①、史料2③・⑤）がわかる。[10] また、この時、蕨岡衆徒が訪問先の人々の鳥海山信仰に対する関心の高さに応じて、彼らへの依頼内容を変えていた点も把握できる。すなわち蕨岡衆徒は、鳥海山信仰が強固に浸透し、講の活動が盛んな地域に対しては集団での参拝を求め（史料1②、史料2①）、これとは逆に、信仰の定着が不十分なために講自体が存在しない、あるいは、講組織の維持が困難な地域に関しては、講の新規結成・再結成を促していたのである（史料2②・⑥、

図2　蕨岡衆徒による勧誘活動の実施地域（1930年）

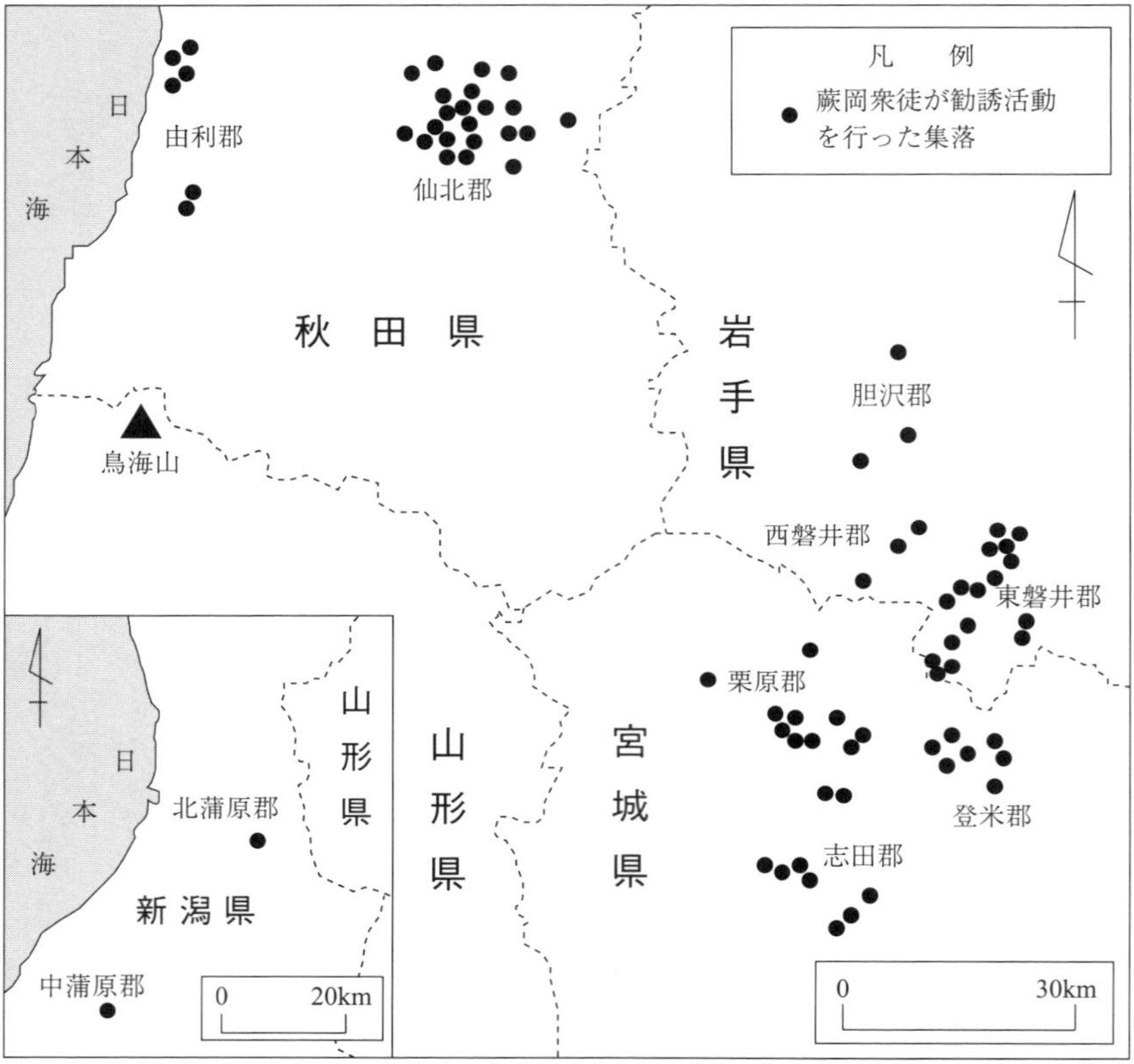

出典：鳥海山大物忌神社所蔵『旧社関係書類綴』をもとに作成。

史料３①）。よって、蕨岡衆徒は各地の鳥海山信仰の定着状況を鑑みながら、在地の有力者や宗教者がもつ人脈を利用して参拝者を吸引しようとしていたと考えられる。

それでは一九三〇（昭和五）年に、蕨岡衆徒はどの地域において勧誘活動を展開していたのであろうか。[11]『旧社関係書類綴』の記述を手掛かりとして、当時、彼らが勧誘活動を実施していた集落の分布を図２に示した。この図をみると、蕨岡衆徒が秋田県由利郡北部・仙北郡、岩手県胆沢郡・西磐井郡・東磐井郡、宮城県栗原郡・登米郡・志田郡、そして新潟県北蒲原郡・中蒲原郡で勧誘活動に

表1　各県における大物忌神社本殿の参拝者数と利用登拝口（1908年）

県名（参拝者数）	利用登拝口（人）			
	矢島口	吹浦口	蕨岡口	その他
青森県（103人）	85	4	14	0
岩手県（456人）	264	0	190	2
秋田県（1,210人）	1,029	122	4	55
山形県（1,982人）	3	362	1,551	66
宮城県（144人）	1	8	135	0
福島県（10人）	0	0	10	0
新潟県（55人）	0	6	49	0
合　計	1,382	502	1,953	123

（鳥海山大物忌神社所蔵『明治四十一年　参拝人名簿　御本殿』をもとに作成）

従事していたことが理解できる。上記の地域はいずれも鳥海山から三〇キロメートル以遠に位置している。第一節で述べたように、昭和初期の鳥海山信仰圏の中核的地域は秋田県由利郡南西部と山形県飽海郡——つまり、鳥海山から三〇キロメートル圏内——に形成されていた（図1参照）。この事実から、大物忌神社の宮司は、蕨岡衆徒による鳥海山信仰圏の中核的地域の周縁部での勧誘活動を通して、同社の経済的基盤——信仰圏の中核的地域——の拡大を図っていたと考えられる。その際に、大物忌神社の宮司が蕨岡衆徒を勧誘係としたのは、近代以降も彼らが他県の人々との間に「宗教的なネットワーク」を構築していたためだと推察される。

たとえば、一九〇八（明治四一）年夏季に作成された本殿の参拝者名簿『明治四十一年　参拝人名簿　御本殿』（大物忌神社所蔵）をもとに、当時の本殿の参拝者の居住地と利用登拝口の関係性をみると、各県の鳥海山参拝者はおおよそ次の登拝口を利用していたことがわかる。すなわち、鳥海山の北側に位置する青森・秋田両県からの参拝者は矢島口を、同じく南側の宮城・山形・新潟県からの参拝者は蕨岡衆徒の管理下にある蕨岡口を利用する傾向にあった（表1）。また岩手県からの参拝者は、その五七・九パーセントが矢島口を、そして四一・七パーセントが蕨岡口を起点として鳥海山参りを行っていた。

以上から、吹浦衆徒は遠方の崇敬者と接触する機会が乏しかったのに対し、蕨岡衆徒は山形県に近接する岩手・宮城・新潟の各県の崇敬者と接触し、彼らと「宗教的なネットワーク」を構築する機会を数多く有していたと言える。大物忌神社の宮司はこの点を考慮し、蕨岡衆徒に勧誘活動を命じたものと考えられる。

またここで我々は、蕨岡衆徒Mが出張報告書の中で、不景気の影響により講の新規結成が困難であることや、今後、鳥海山の参拝者数が自分たちの想像を下回るであろうという予測を大物忌神社の宮司に率直に述べている点に留意したい（史料3②）。この記述は、昭和初期に蕨岡衆徒が鳥海山信仰圏内の社会や崇敬者の動向に関する情報を同社に提供するという、神社運営上、極めて重要な役割を担っていたことを示す証拠だと言えよう。

蕨岡衆徒が鳥海山信仰圏の中核的地域の周縁部において勧誘活動を展開した結果、一九三〇（昭和五）年夏季に、大物忌神社は本殿の参拝者数を四一一三名にまで回復させた（大物忌神社所蔵『昭和六年二月起　庶務諸帳簿目録社務要覧綴』）。この事実から、蕨岡衆徒は自らがもつ機動性と「宗教的なネットワーク」という修験者としての特性を活かして鳥海山信仰圏の中核的地域の拡大を促し、同社を含む鳥海山山麓域に対してある程度の経済的効果をもたらしたと結論できる。

三　吹浦衆徒による「マスコミのイベント」を活用した地域活性化

第二節では、一九三〇（昭和五）年一月から夏季にかけて、蕨岡衆徒が鳥海山信仰圏の中核的地域の周縁部で自身の修験者としての特性を活用して参拝者の吸引を図っていたことについて論じた。筆者が大物忌神社の所蔵資料を分析したところ、これとほぼ同時期——すなわち一九三〇（昭和五）年の夏季——に、吹浦衆徒の互助組織「報徳社」も多数の参拝者（観光客）を獲得すべく、景勝地「鳥海山」の知名度を高めるための活動を展開していたことが浮き彫りとなった。その際に、報徳社は、河北新報社（現宮城県仙台市）が地方紙『河北新報』の紙面上で開催した景勝地の人気投票イベント「東北十景」を利用していた。本節では、吹浦衆徒がマスコミ主催のイベントを通して、景勝地「鳥海山」の知名度をいかにして向上させたかに関して報告を行う。それに先立ち、ここでは「東北十景」の概要について述べておく必要があろう。河北新報社は一九三〇（昭和五）年七月一五日の『河北新報』の紙面において、「東北十景」の開催趣旨・実施方法に関して次のように説明を行っている（史料4）。

【史料4】

東北十景投票募集

一九三〇年の日本はツーリスト・ランドとして新たなる道に踏み入らうとして居ります、国際観光局の新設、国立公園の選定等々みな此の歩みの一ステップと云ふ事が出来ませう。自然の美、それが如何に他に絶してゐても紹介宣傳に當を得なければ、その風光を活かしその眞のよさを發揮する事は出来ません。①東北の地は絶佳な風光を誇りながら宣傳の不足の故に、關東から西にのみ名勝の地が存する如くに思はれ、一般からかへりみられなかつたのであります、然るに實際において東北の風光は關東以西の俗化された所謂名所に比してはるかに優れてゐるばかりでなく自然の美が自然のまゝに残されてゐる點に於て最も現代人が求むる所のものと合致してゐるやうに考へられるのであります。本社はこゝにその優れたものの中から更に絶勝十景をすぐつて廣く天下に紹介し、東北の自然の美しさを徹底的に知らせ度い趣旨から、東北十景投票の企てを致しました。東北に住み東北を愛する諸君は、己が郷土のために、名實共に東北の代表たるべき名勝を選び振るつてこの企てに参加していたゞきたいと思ひます。左の投稿規定御熟讀の上即刻御投票あらん事を。

投票規定　②△山岳、海岸、湖沼、温泉、溪流（瀑布を含む）の五項に分ち、各項につき最高得票地及第二位まで都合十景を當選とす。

△投票は官製はがきに限り一枚一景だけ記入の事（二景以上の際は無効）

③△〆切は八月廿日午後十二時（但し八月二十日附の消印あるはがきは八月二十三日正午到着の分まで有効）

△上記の五項に該當せざるもの、例へば神社、佛閣、古城、櫻の名所と云ふ類は遺憾ながら無効とす。

△投票は必ず仙臺市河北新報社東北十景係宛の事。

△投票成績は、前日正午まで到着のものを毎日誌上に發表。

以上

七月十五日

河北新報社

後援　仙臺鉄道局　青森營林局

史料４①から、河北新報社が後進的な東北地方の観光産業を振興させる目的で、同地方の景勝地を対象とした人気投票イベント「東北十景」を企画・開催したことが理解できるであろう。このイベントは次の(a)〜(c)の手順にしたがって行われた。まず、(a)読者が、自らが支持する東北地方の景勝地一カ所の名称を官製ハガキに記載し、河北新報社本社へと送付する。次に、(b)同社の職員が、送付された投票ハガキの記載内容をもとに、これらを山これを岳・海岸・湖沼・渓流・温泉の五つの部門に分類し、そのうえで、投票ハガキ一枚を一票として各景勝地の得票数を集計する。そして、五部門のそれぞれ上位一・二位を獲得した景勝地に「東北十景」の称号を与えた（史料４②）。さらに(c)投票終了後、河北新報社は「東北十景」に当選した一〇の景勝地、および、これらに準ずる票を獲得した二五の景勝地「東北二十五勝」を同社刊行のカラーグラビア冊子『東北新風景』（一九三〇年一一月刊行、二〇万部）で紹介した（表２）。

河北新報社は「東北十景」の投票開始日を一九三〇（昭和五）年七月一五日とし、同八月二一日までの消印が

表2　東北十景・東北二十五勝の投票結果と各景勝地の主な支持者(1930年)

部門		景勝地の名前	所在県	得票数	主な支持者
東北十景	山岳	鳥海山	山形・秋田	230,407	在仙台・東京・京阪山形県人会、村助役(村名不明)、飽海郡(余目局・遊佐局・吹浦局・酒田局の消印)
		蔵王山	山形・宮城	224,582	仙南温泉軌道会社、仙南温泉軌道会社の沿線町村(小泉・村田・大河原)、自動車会社
	海岸	志津川	宮城	166,281	代議士
		高田松原	岩手	129,943	県議、高田町町長、高田郵便局長、青年団幹事、在仙台の出身者(商店店主)
	湖沼	十和田湖	青森・秋田	5,004	十和田世界公□館、十和田保勝会
		猪苗代湖	福島	4,870	猪苗代町、後援会(翁島・郡山)
	渓流	厳美渓	岩手	102,785	—
		秋保大滝	宮城	54,476	—
	温泉	鎌先温泉	宮城	279,744	—
		鳴子温泉	宮城	210,677	—
東北二十五勝	山岳	篦嶽山	宮城	215,808	愛郷会(湧谷町)、篦嶽山の参道整備を要望する住民
		七ツ森	宮城	212,235	前代議士、仙台鉄道、宮床小学校校長
		泉ケ岳	宮城	177,397	根白石小学校校長・職員、自動車店、産婆
		薬莱山	宮城	165,234	小野田村青少年、薬莱山崇敬者
		栗駒山	宮城	118,047	代議士、前代議士、栗駒山の山麓町村
		旭山	宮城	110,381	村会議員、北村小学校教職員、青年団、旭山保勝会
	海岸	野蒜海岸	宮城	128,581	宮城電気鉄道社長・庶務長、宮城電気鉄道沿線の各駅・村
		大谷海岸	宮城	113,878	宮城県図書館長、在仙台の出身者
		深沼海岸	宮城	85,260	乗合自動車会社
		千歳海岸	岩手	26,225	—
		金華山	宮城	12,341	東北旅行協会、金華山神社、旅館(塩釜・石巻方面)、三陸汽船
		亘理荒浜	宮城	10,407	—
	湖沼	田沢湖	秋田	4,215	—
	渓流	滝の口	宮城	53,623	仙台市内有力者(6名)
		抱返り	秋田	41,613	—
		牛淵の滝	宮城	24,022	—
		高瀬川上流	福島	1,451	浪江町町長、浪江駅長、営林所長、手倉神社社掌、浪江町の有力家
		奥入瀬川	青森	1,141	—
		広瀬七石狭	宮城	876	—
	温泉	花巻温泉	岩手	109,620	個人(1名)
		川渡温泉	宮城	83,609	—
		作並温泉	宮城	9,048	—
		御殿場温泉	宮城	5,024	—
		中平山温泉	宮城	4,555	村議、不動産関連会社
		浅虫温泉	青森	3,694	遊郭の女性、旅館

(『河北新報』1930年8月23日〜9月10日の紙面もとに作成)

ある投票ハガキの本社到着をもって投票を締め切った[12]（『河北新報』一九三〇年八月三〇日）。最終的に一五二カ所の景勝地が「東北十景」の候補となり、これらに対して三一九万二九一八もの票が投じられた[13]（一九三〇年九月二日『河北新報』）。一九三〇（昭和五）年当時の東北六県の全人口が六五七万四三五九人〔内閣統計局編、一九九五〕であった点を考慮すると、その四八・六パーセントに該当する人々が「東北十景」に一票を投じた計算になる。このことから、「東北十景」は多数の人々——とくに東北地方の住民——が参加した一大イベントであったと捉えることができる。

投票が開始されると、『河北新報』の読者の間では「東北十景」に対する関心が徐々に高まっていった。投票第一日目の段階で、河北新報社は二八五八票の投票ハガキを受理したが（『河北新報』一九三〇年七月一九日）、それ以降、投票の締め切りまで、同社の職員は殺到するハガキの集計作業に多くの時間と労力を費やすこととなる。たとえば、同社編集部はその様子を「十景投票調査部の採點また日と共に眩ぐるしい繁忙を極め整理夜に及ぶの有様となつた」（『河北新報』一九三〇年七月二一日）と紙面で紹介している。当初、河北新報社では職員六名で投票ハガキの集計作業を行っていたが、投票数が激増したことを受け、最終的にその担当者を二四名に増員している。なお、投票期間終盤の集計作業は、「遂に三十日目あたりから採算打切りまで六名の部員が脳貧血で倒れるに至」るほど過酷なものとなったという（『河北新報』一九三〇年九月一日）。

「東北十景」への投票は、すべて個人によってなされていた訳ではない。一九三〇（昭和五）年七月二一日の『河北新報』の中の「縣下（筆者注　宮城県）在住の各縣人會が郷土のため必勝の意氣物凄く、おの〳〵その景地支持のため、前哨に任じて電話その他をもつて状勢を照會して來る向もあり、その他からも同様の問合せをして來る方々もある」という一文からも把握できるように、県人会などの団体が、郷土の景勝地を「東北十景」に当選させるべく「組織的な活動」を展開し始めていた。これらの団体は、先述の「状勢の照會」のほかに、史料5にみられるような「組織票の取りまとめ」も行っていたのである。

【史料5】『河北新報』一九三〇年八月四日

…（略）…村會の選挙にもお尻を持ちあげやうとしない土地の古老が、手製の草鞋履きで村々を駆けまわつて「落とすでないぞ、落とすでないぞ」と戸毎に聲を涸らすもの　村役場前に戸板を敷き詰めて青年団はハガキの蒐集、役場書記は大汗になつて握り飯を齧ぢりながらの代筆に一村をあげて必死の活動を續けるもの、幼い義憤の燃え立つ所、郷土教育のため□然起つた師弟の渾和「先生僕にも書かして」「僕にも」と週日の得票記録を氣にしながら休暇中の學校にイソ〳〵と集まり参ずる兒童の熱に先生ホロ〳〵となつて、村々を狂奔しながら「皆さん、御願ひだ、この子供達の熱を見てやつて下さい」何で堪まらふ忽ち降るやうな端書の雨を餓鬼の如くすくひつ受けつ一散走りシャツ一枚の大肌脱ぎで學校へ駆けつける劇的シーンもあり、卵売りの婆アさんが賣金全部で町から端書を買ひ込んで、端書拂底の村々へ配りながら居催促で投票させそれを虎の子のやうにかき集めながら投函するのを昨今の楽しみとしてゐるもの…（略）…。

右に掲げた史料5から、東北地方の老若男女が郷土の景勝地を「東北十景」に当選させるために、精力的に「組織票の取りまとめ」を行っていたことが理解できるであろう。このような動向は、東北地方の各地においても確認された。『河北新報』（一九三〇年八月～九月）の記事より「東北十景」・「東北二十五勝」に当選した各景勝地の主な支援者――つまり、組織票の取りまとめ役――を抽出し、整理した結果を表2に示した。この表をみると、東北地方の各地で、代議士（代議士経験者）・町長・村長・村会議員・校長・会社経営者・郵便局長・交通機関・旅館経営者・青年団・宗教者などが中心となり、組織票の獲得を試みていたことがわかる。

東北地方の人々が投票イベント「東北十景」に熱中した理由として、次の三点を挙げることができる。それはすなわち、①人々が地元の景勝地の知名度を高め、多数の観光客を吸引しようと考えていたこと、②投票期間中、河北新報社編集部が「會津東山猛進して鳴子（宮城）と白兵戰を展開」（『河北新報』一九三〇年七月一九日）、「溪流に現はれた秋田縣の抱返り　ひそむ影武者手具脛ひいて不意をしかけて驚かす」（同一九三〇年八月九日）などのように、各景勝地の得票状況を戦争に喩えて面白おかしく見出しに書き連ね、地域間の対抗意識を強く刺激したこと、そして、③河北新報社が「東北十景」の当選地を予想させる懸賞を企画したことである。[14]

一九三〇（昭和五）年夏季の山形県飽海郡吹浦村においても、鳥海山を「東北十景」に当選させるべく、「組織票の取りまとめ」が行われていた。その牽引役となったのが、吹浦衆徒の互助組織「報徳社」である。[15]これを裏付ける資料が、大物忌神社所蔵の五点の台帳『東北十景投票　鳥海山後援者芳名簿　報徳社』（第一・二・三・五・六号）である。[16]これらの台帳には、報徳社に対し、「東北十景」投票用の官製ハガキや現金を寄付した個人・団体の名前、寄付を行った個人の居住集落・団体の所在地、納められた官製ハガキの枚数・寄付金の額、そして寄付の受付日などが比較的詳細に記録されている。また、『東北十景投票　鳥海山後援者芳名簿　報徳社』のすべての台帳には、当時の大物忌神社宮司・吹浦村村長・吹浦郵便局長の三名の氏名が後援者として明記されている。以上から、報徳社が吹浦村村長と大物忌神社の宮司の認可を得て「東北十景」投票用の官製ハガキの寄付を「公的」に募っていたことや、郵便事情に精通した吹浦郵便局長に協力を求めて官製ハガキの入手・送付の効率化を図っていたことが十分に想定できるであろう。

筆者が『東北十景投票　鳥海山後援者芳名簿　報徳社』を分析した結果、一九三〇（昭和五）年夏季に、報徳社は確認し得るだけでも五二三件の寄付を受け、四万四七一四枚もの官製ハガキと一円八〇銭の寄付金を獲得していたことが明らかになった。同資料をもとに、報徳社に寄付を納めた個人の居住集落と団体の所在地を図3に示した。この図から、報徳社に寄付を行った個人や団体が、主に飽海郡に分布していたことが理解できる。寄付の大部分は同郡の住民が個人単位で行ったもので、彼らは一人あたり二〇～一〇〇枚程度の官製ハガキを報徳社に提供していた。また団体としては、村役場（西遊佐村・稲川村）・飽海郡農会・遊佐郷七カ村農会などの公的機関、酒田市の旅館組合と五軒の宿泊施設（ホテル・旅館）をはじめとする観光関連業者、そして鳥海山山麓の集落（大字）が、報徳社にそれぞれ一〇〇～一〇〇〇枚の官製ハガキを寄付していた。したがって、この当時、吹浦衆徒は自身が布教活動（配札・御頭神幸）を最も積極的に行い、住民と強固な「宗教的なネットワーク」を形成していた範囲――すなわち、鳥海山信仰圏の中核的地域――を景勝地「鳥海山」の支持基盤とし、大量の組織票の獲得を試みていたと言える。

一九三〇（昭和五）年八月一三日の『河北新報』に、投票締め切り前の吹浦口周辺の様子を伝える一文が掲載されている。これによると、それは「福島の磐梯組、猪苗代組、秋田の抱返り組、山形の鳥海組等の遠征軍恐ろしくラストヘビーをかけ出しグイ〳〵と先進を□して行くのが著しく目に立つてきた　殊に鳥海の吹浦口支持者はその集結した票数を一旦鳥海の頂上に担ぎ上げ山霊に必勝を盟つて投函するといふ火の出るやうな熱で裾野一帯を沸き立、せ」るほど熱狂的なものであったという。吹浦口周辺の人々による上記のような熱心な投票活動もあり、鳥海山は八月一九日午前九時の時点で山岳の部門において「当選圏外」の八位（得票数三万四五〇四票）であったが、その翌日午後六時には得票数を一気に一〇万一一三八票までのばし、同部門の第一位へと躍進した（『河北新報』一九三〇年八月二一日・二二日）。最終的に、鳥海山は二三万三四〇七もの票を得て全部門の中で二位、そして山岳の部門においては第一位となり、「東北十景」への当選を果たした（表2参照）。

先述のように、報徳社は鳥海山信仰圏の中核的地域での寄付の募集活動を通じて、少なくとも四万四七一四枚の官製ハガキを入手していた。これは、鳥海山の総得票数のうち一九・四パーセントを占める数字である。この

図3　報徳社にて「東北十景」投票用の官製ハガキ・現金を寄付した個人崇敬者・団体の分布（1930年）

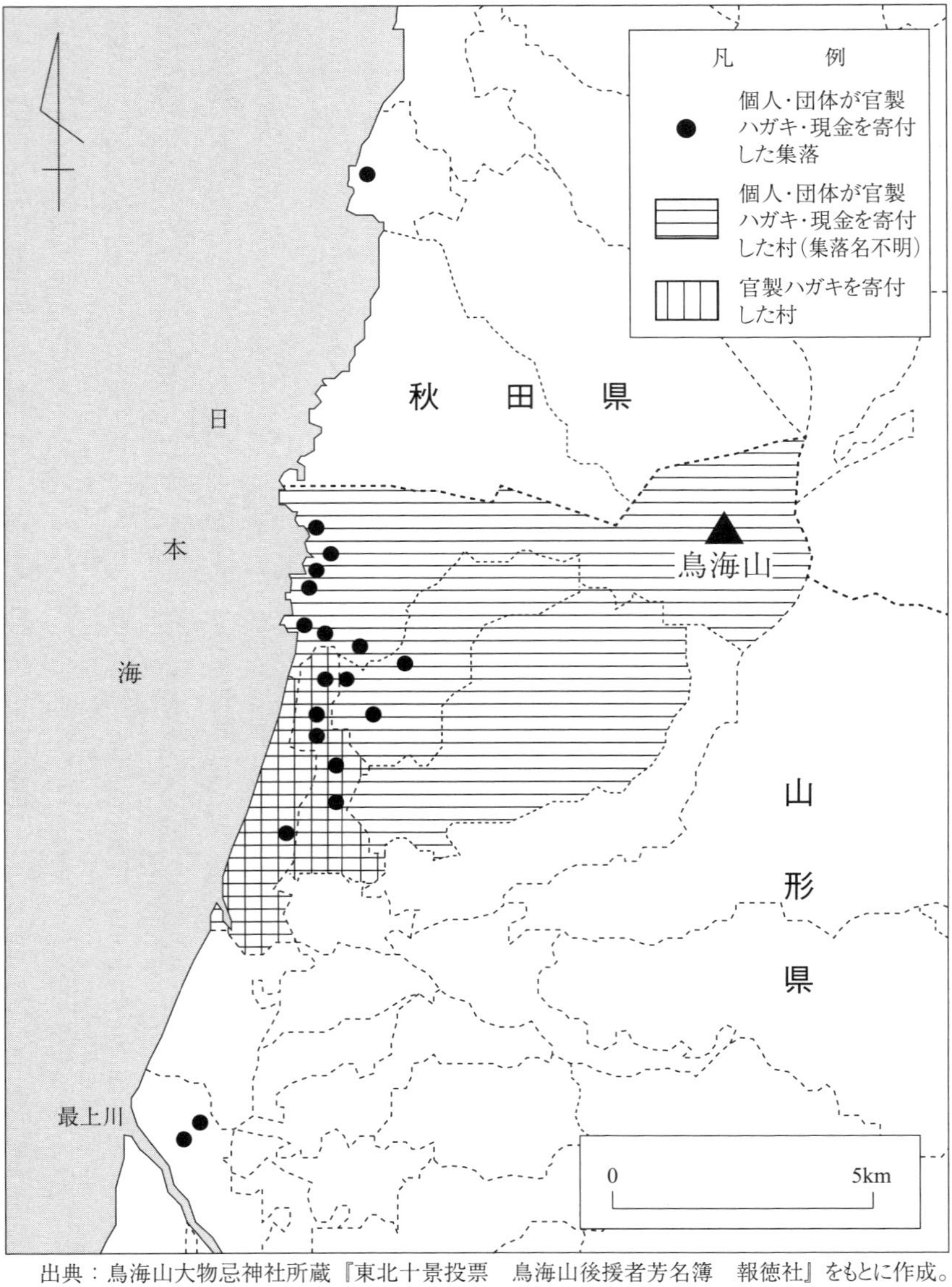

出典：鳥海山大物忌神社所蔵『東北十景投票　鳥海山後援者芳名簿　報徳社』をもとに作成。

事実から、報徳社は、大物忌神社や鳥海山信仰圏の中核的地域の個人・団体と連携して大量の組織票を得ることにより、鳥海山を人気景勝地「東北十景」のひとつに据え、マスコミを通じてその存在感を東北地方全域に知らしめることに成功したと言えよう。

おわりに

本稿では、明治初期に衰退したとされる修験集団が、近代以降、山岳信仰の神社や崇敬者との関わりの中でいかなる役割を果たしていたかについて、山形県庄内地方の霊山「鳥海山」を活動拠点とした修験集団「鳥海修験」を事例に考察を試みた。その結果、以下の知見を得ることができた。

一九三〇（昭和五）年一月から夏季にかけて、蕨岡衆徒は大物忌神社の宮司の指示に従い、鳥海山信仰圏の中核的地域の周縁部にあたる秋田県由利郡北部、ならびに岩手・宮城県・新潟県——すなわち、おもに蕨岡口の利用者が居住する地域——において、在地の有力者・宗教者に対し、鳥海山参りや講の組織化の依頼を行った（勧誘活動）。当時の大物忌神社にとって、この作業は鳥海山信仰圏の中核的地域を拡大し、同社の経済的基盤を強化するという非常に重要な意味をもつものであった。また、この時、蕨岡衆徒は自らが収集した鳥海山信仰圏内の社会や崇敬者の動向に関する情報を大物忌神社の宮司に提供することも行っていた。蕨岡衆徒による勧誘活動の結果、一九三〇（昭和五）年夏季の鳥海山の参拝者数は大正末期の水準にまで回復を遂げた。

蕨岡衆徒による上記の活動とほぼ同時期に、吹浦衆徒も参拝者獲得のための活動を展開していたが、その際に彼らは蕨岡側とは異なる方法を選択した。それは、河北新報社が地方紙『河北新報』の紙面上で開催した景勝地の人気投票イベント「東北十景」に鳥海山を当選させ、この霊山の知名度を高めるというものであった。吹浦衆徒はこれを現実のものとすべく、大物忌神社、および自身が積極的に布教を行ってきた鳥海山信仰圏の中核的地域の個人・団体と連携して多数の組織票を鳥海山に投じ、この霊山を人気景勝地「東北十景」に当選させることに成功した。

以上から、山岳信仰が急速に衰退したとされる明治初期以降において、鳥海修験は、鳥海山信仰圏内の社会や崇敬者の動向に関する情報の収集、そして多数の参拝者（観光客）の吸引を直接的に担う、いわば、鳥海山山麓の「地域活性化の推進役」として機能していたと結論できる。ここで我々は、彼らの活動の中に、檀廻形態による勧誘活動や「宗教的なネットワーク」の活用という「宗教的な側面」とともに、マスコミのイベントを利用した観光ＰＲという「非宗教的な側面」がみられる点に注目すべきであろう。当時、鳥海修験――とりわけ吹浦衆徒――が参拝者（観光客）獲得のために「非宗教的な方法」を選択し得たのはなぜか。それは、近代以降、彼らの大部分が「霊山の公的な祭祀」と「神社運営の実務」から遠ざけられ、「公的な宗教者」としての社会的位置づけを喪失した一方で、定期的に鳥海山信仰を布教する「宗教者」であり続けたことから、彼ら自身が「聖」と「俗」の両極の間に置かれた「揺らいだ存在」になっていたためだと考えられる。

近代以降の修験集団の動向については、資料の制約により、未解明な点が極めて多い。今後はこの点を明らかにすべく、日本各地の修験集団を事例として調査・研究を進めていく必要があろう。上記の点を研究課題として掲げ、本稿を終えることとしたい。

＊本稿を作成するにあたり、伊藤眞垣前宮司をはじめとする鳥海山大物忌神社の職員の皆様より、多大なるご協力を賜りました。皆様に厚く御礼申し上げます。

注

（1）以下、本稿では、「国幣中社大物忌神社（鳥海山大物忌神社）」を「大物忌神社」と記載する。
（2）大物忌神社で実施した所蔵資料調査の概要については、筒井［二〇一一］と山形県遊佐町教育委員会編［二〇一一］を参照。
（3）以下、本稿においては、鳥海山山麓に定着した修験集団を、たとえば「蕨岡衆徒」・「吹浦衆徒」・「矢島衆徒」などのように表現し、識別していく。
（4）明治期における大物忌神社の運営体制の成立過程については、岸［一九九七］が詳しい。
（5）一八八三（明治一六）年に作成された『報徳録――丸池神社拝殿修復』、および、同じく一八八四（明治一七）年の『取換セ定約証（共栄社）』（いずれも大物忌神社所蔵）による。
（6）御頭舞に用いられる獅子頭は「御頭様」と呼ばれ、大物忌神（鳥海山大権現）の化身だとされる。近代に、御頭舞を奉納する「御頭連中」は、太夫（修験世帯出身の神職一名以上）、舞手（二名以上）、伶人（笛・鉦・太鼓各一名）、そして荷物持ち（一名）の七名以上の男性で構成されていた。大物忌神社の関係者によると、一九九〇年代以降、御頭巡幸は舞手の後継者不足・高齢化という深刻な問題に直面している。平成期の御頭巡幸の実施状況については、筒井［二〇一二］を参照。
（7）筒井［二〇一二］によると、明治末期の段階で、鳥海山信仰圏は北海道から静岡県にかけて半径約六〇〇キロメートルに及ぶ空間的広がりを有していた。しかし、鳥海山参拝者の約八〇パーセントは秋田県・山形県の住民で占められていた。
（8）岸［一九九七］から、明治前期に、蕨岡衆徒が修験者としての宗教的伝統の維持を強く志向していたのに対し、吹浦衆徒は自身の活動方針を時流に合致させるという柔軟な姿勢を示していたことがわかる。
（9）史料1～5の中の数字・傍線・□・筆者注は筆者による。また、これらの史料では個人名（大物忌神社の神職、鳥海修験、在地の修験者・崇敬者など）をすべてアルファベットで表現し、識別することとした。
（10）以下、本稿では、鳥海山信仰の講を単に「講」と記す。
（11）『旧社関係書類綴』によると、蕨岡衆徒Aは新潟県内で六日間、蕨岡衆徒Lは岩手県東磐井郡と宮城県志田郡・登米郡において四〇日間、勧誘活動に従事した。なお、蕨岡衆徒Mの出張報告書は、彼が訪問した集落の名前のみが記載された極めて簡潔なものとなっている。このため、Mの出張日程を正確に把握することは不可能であった。しかしながら、Mの担当地域は秋田県由利郡北部・仙北郡、宮城県栗原郡、岩手県西磐井郡・胆沢郡という広域に及んでいたことから、勧誘活動には相当の日数を要したものと思われる。
（12）当初、河北新報社は投票の締め切りを一九三〇（昭和五）年八月二〇日消印有効と定めたが（史料4③）、日本各地から投票が行われたことを考慮し、後に、これを若干延長する措置をとった。また、湖沼の部門の景勝地は全体的に獲得票が少なかったため、同部門からは一カ所のみが「東北二十五勝」に選出された（『河北新報』一九三〇年八月三〇日）。

（13）「東北十景」の候補となった景勝地の数は、山岳の部門が四二カ所と最も多く、以下、海岸（四一カ所）、温泉（三一カ所）、渓流（二二カ所）、湖沼（一六カ所）となっていた（『河北新報』一九三〇年八月三〇日）。

（14）この懸賞は、読者に「東北十景」の当選景勝地一〇カ所すべてを予想させるという趣旨のもとで行われた。河北新報社編集部は『河北新報』の紙面で「本社の東北十景投票は益々白熱の度を加へ、最後の決戦の日が近づいて來ました……（略）……はたして何れが東北十景の選に入るでせうか、此處に諸君の判断をわづらはして東北十景豫想懸賞募集をいたします」（『河北新報』一九三〇年八月八日）とユーモアを交えながら、読者に懸賞への参加を呼びかけた。なお、同社はこれを的中させた読者に対し、腕時計などの豪華景品を贈呈した。ちなみに、この懸賞には約一〇万通の応募があったという（『河北新報』一九三〇年九月一日）。

（15）『河北新報』（一九三〇年九月一〇日）によると、鳥海山を支持した投票ハガキは「餘目局、遊佐局、吹浦局、酒田局」の消印があるものや、差出人名に「在仙山形縣人會、在京、在京阪の縣人會等」と記載されているものが数多くみられたという。

（16）大物忌神社での所蔵資料調査では、『東北十景投票　鳥海山後援者芳名簿　報徳社　第四号』の所在を確認することができなかった。この資料は散逸してしまったものと考えられる。

文献

姉崎岩蔵
　一九五二　『鳥海山史』秋田県：矢島観光協会。
伊藤清郎
　一九九七　『霊山と信仰の世界――奥羽の民衆と信仰』東京：吉川弘文館。
河北新報社編
　一九三〇　『東北新風景』仙台：河北新報社。
神田より子
　一九九七　「鳥海山の修験」式年遷座記念誌刊行会編『鳥海山――自然・歴史・文化』山形県：鳥海山大物忌神社、二一九～三二〇頁。

岸　昌一
　一九九七　「鳥海山信仰史」式年遷座記念誌刊行会編『鳥海山――自然・歴史・文化』山形県：鳥海山大物忌神社、一一一～二一八頁。
斎藤典男
　一九七〇　『日本史研究叢書五　武州御嶽山史の研究』隣人社。
菅根幸裕
　一九九六　「近代の大山講と大山御師――上総国作田村の大山講史料を中心に」『山岳修験』一八号、三〇～四六頁。
鈴木正崇
　二〇一二　「山岳信仰の展開と変容――鳥海山の歴史民俗学的考察」『哲学』一二八号、四四七～五一四頁。
創刊百周年記念事業委員会編
　一九九七　『河北新報の百年』仙台：河北新報社。
千葉徳爾・山口昭博
　一九八六　「武州御嶽御師の檀廻活動――天保期を中心として」『歴史地理学』一三三号、三一～三七頁。
筒井　裕
　二〇〇四　「山岳信仰の神社における講組織の形成――国幣中社大物忌神社を事例に」『歴史地理学』四六―一号、三二～四九頁。
　二〇〇六　「鳥海山大物忌神社吹浦口ノ宮所蔵資料に関する調査報告――明治期を中心に」『地域と環境』六号、六八～九三頁。
　二〇〇七　「近代の大物忌神社の運営組織内における社家集団の位置づけ」『日本民俗学』二五〇号、六八～八五頁。
　二〇一二　「鳥海山信仰の地域的展開」地方史研究協議会編『出羽庄内の風土と歴史像』東京：雄山閣、六一～八〇頁。
戸川安章
　一九七七　「鳥海山と修験道」月光善弘編『東北霊山と修験道』東京：名著出版、三三四～三六一頁。
内閣統計局編
　一九九五　『日本人口統計集成別巻1』東京：原書房。
宮家　準
　二〇〇〇　『羽黒派修験――その歴史と峰入り』東京：岩田書院。
山形県遊佐町教育委員会編
　二〇一一　『史跡鳥海山保存管理計画書』山形県遊佐町教育委員会。

巡礼の力学

中山和久

序論

日本では数多くの聖地を一連のものとして順番に礼拝し巡る形式の巡礼が、平安時代以来現在に至るまで千年以上の長きに渡って実践され続けている。日本人はなぜ巡礼という営みを続けているのであろうか。人々は巡礼にいったい何を見出しているのだろうか。本稿では巡礼実践の動態を検討することで、巡礼者が巡礼によってどのように変化するのか、すなわち、巡礼の作用の力学（dynamics）を明らかにする。

ここで言う「力学」とは、人間の行動や心理の運動、および、個人と社会と環境との間に見られる動的な関係の、傾向または過程を比喩的に表現したもので、主にその傾向と過程の強弱または力関係、生理・心理・文化的な諸力による挙動・移行（相互作用）の因果関係または法則を把握するために設定された視角である。人類の文化は、個々の人間の意味的・主体的な行為の連関と過程において、動態的に把握すべきなのである。

「伝承」という出来事を考察する際には、人々による民俗の利用が前提となる。民俗は最初は誰かによって創造されたものであり、それを人々が受容し、利用することで、様々な作用を巻き起こしながら、また誰かによって新たな様相へと変化させられて人々に再提示され、それをまた人々が受容して作用を及ぼしていくという繰り返しが連続することで伝承たりえている。伝承に盛衰があるのは、このためである。そうした展開は巡礼という民俗においても見ることができることから、力学という分析視角が有効なのである。

ところで、なぜ巡礼という現象が生じているのかを考えるとき、そこには二つの視角がある。一方は巡礼地が生じたからであり（巡礼地の誕生）、他方は巡礼者が生じたからである（巡礼者の登場）。従って、巡礼の力学を考える場合には、巡礼対象が創設される力学（創設の力学）と、巡礼対象が利用される力学（利用の力学）を考える必要がある。前者は巡礼の生産局面であり、後者は巡礼の消費局面であると言い換えてもよい。巡礼対象は多くの人々に巡礼されることによって、初めて現実的な巡礼対象として立ち上がってくるのである。

人はなぜ巡礼に出るのかという問題については、その人が持っている動機・欲求・主体性や、時代性や地域性といった背景を探究することが重要ではあるが、他方で、その人を巡礼へと駆り出してしまう巡礼対象の持つ魅力や引力を究明することも重要なのである。それらは微細な交流を孕みながら、巡礼現象を生み出す原因として表裏一体をなしている。言い換えれば、巡礼とは、巡礼者と巡礼対象創設者との相互交渉によって引き起こされた、諸々の出来事の総体なのである。

利用の力学については、さらに、創設された巡礼対象を受容する局面と活用する局面とに大別できる。前者は巡礼者が発生する力学（受容の力学）であり、後者は巡礼者が変化する力学（作用の力学）である。人が巡礼で何を得ているのかという問題を考える際には、巡礼の過程を追いながら何がどのように作用しているのかを見ていく必要がある。

巡礼には人を変える力があるが、それは巡礼者のみならず、被巡礼者、すなわち巡礼対象を管理したり巡礼者を世話したりする人々にも当てはまる。巡礼者の動向によって被巡礼者の意識や経済状況が変化させられ、巡礼地および巡礼対象には創設後も次々と変化が加えられていく。こうした「再創設の力学」は創設の力学に含めることができる。

以上の巡礼の力学を時系列で並べると、①巡礼地が発生する力学（創設の力学）、②巡礼者が発生する力学（受容の力学）、③巡礼地が巡礼者を変える力学（作用の力学）、④巡礼者が巡礼地を変える力学（再創設の力学）、と整理し直すことができる。①と④は巡礼地の力学（巡礼地創設論）、②と③は巡礼者の力学（巡礼地利用論）と整理することもできる。なぜ巡礼が伝承されてきたのかを考える際には、③を明らかにすることが最も重要となる。

本稿で事例とするのは現代日本の不動巡礼、特に関東三十六不動霊場への巡礼である。日本における巡礼の多くは観世音菩薩を祀る霊場群を対象とするものであったが、戦後の高度経済成長を経てからは、不動明王や薬師如来など観世音菩薩以外を礼拝対象とする巡礼地が全国各地に次々と開創され、巡礼されるようになっている。関東三十六不動霊場もそうした新しい巡礼地の一つで、昭和六一（一九八六）年に創設された。開創後数年で巡礼者がほとんどいなくなってしまう巡礼地が多い中、発足以来二五年以上を経て少なからぬ巡礼者を集め続けており、巡礼の実態を詳細に分析するための格好の事例の一つとなっている。[1]

一　巡礼が巡礼者を変える力学

巡礼対象を内面的に受容した人は実際に巡礼へと旅立つことで外面的にも巡礼者となる。巡礼者は巡礼を実践することによって様々に変化するが、それらの変化が「御蔭」や「霊験」などと肯定的に評価されることで、他の人々をも巡礼へと駆り立てたり、新しい巡礼対象の創設を導き出すなど、巡礼の伝承が現実のものとなる。したがって、なぜ巡礼という営みを続けているのかを明らかにするためには、巡礼者の変化についての検討が必要である。

しかし、巡礼者の変化の過程や経緯を考察することは、個々の巡礼者が持つ背景の多様性や、彼らの内面の状況に応じて取られる行動や行為の多様性、実際の巡礼現場で観察できる儀礼や象徴の多様性、それに対する巡礼者の認識や解釈、意味付けの多様性、それらの多様性のほとんど無限ともいえる組み合わせを考えただけでも、全く不可能なことであると思われる。また、個々の巡礼者がどのような文化的背景を持ちながら、ある行為や行動を取り、その結果についてどのように感じたり考えたりしているのかを的確に把握することは、時空間の違いによる内面の変化や調査者の言動に応じて異なる返答などの現実の調査上の問題を併せ考えても、全く無理なことだろう。加えて、巡礼者が実際の巡礼で何を体験するのかは偶然によるところが大きく、普遍化を目指す科学的な分析には馴染まないという困難もある。

そこで本稿では、巡礼者の変化の過程を、現実の変化とは一旦切り離して理念的に単純化し、大筋・大枠でありふれた変化というものを想像しながら、巡礼が伝承されてきた原因を探るという方法を取る。巡礼という営みの大きな全体を、まずは数多くの小さな単位へと理念的に分割し、それぞれの単位ごとに変化の過程を理念的に想定し、各単位について変化の過程の検証を重ねることで、上記の困難を切り崩していこうとするのである。そして、最終的には、個別の要素に分解して加えた検討を総合することで、丸ごとの全体［鈴木　一九九八：一～一四］として巡礼を把握する作業へと入るのである。

巡礼者の変化の力学については、大枠としては〈巡礼→作用→変化→結果〉という過程を仮定することができる。すなわち、巡礼の営みにおける複雑多様な物事が、巡礼者の五感を入口として巡礼者の心身へと入力され、巡礼者の心身において様々に作用し、巡礼者の心身に連鎖的な変化を引き起こし、結果としてその物事が入力される以前の巡礼者とは異なる心身を持つ巡礼者が出力される、と仮定できるのである。

巡礼での物事とは、巡礼の道具であったり、儀礼であったり、出来事、出逢い、発見、行為、行動、動作、言動、象徴、音、景色、環境など、複雑かつ多様である。

作用とは、そうした物事が巡礼者に力を及ぼして影響を与える、その物事の働きである。身体における生理的な作用は把握しやすいのであるが、巡礼の過程では意識における心理的な作用を把握することがとりわけ重要である。ここでの意識は心とも重なる部分が大きいが、その意識が何かを感じたり思い浮かべたりした場合に、その感じられた意識の働きそのものが、作用を検討する際の中心的な課題となるのである。なお、作用には、知覚、想起、判断、解釈、表象、欲求、反省、反応、反作用、機能、適用、活用などの多くの種類がある。

こうした作用を受けて、巡礼者の心身には様々な変化が生ずる。巡礼者の心身が、巡礼での物事が入力される以前の状態から、他の状態へと移行することが変化である。変化には、変動、運動、転化、転換、感化、浄化、酸化、消化、生成、縮合、消滅、誕生、死、遷移、影響などの種類がある。従来、巡礼研究で指摘されてきた「擬死」は、巡礼に見られる最も重要な変化の一つであろう。巡礼者が象徴的・社会的に死亡するのが擬死なのである。なお、この変化においては、心が神経細胞の働きの内にあるとして、体内にある無数の原子の関係の結節態を恒常的実体（変化の当体）とし、その布置的配列が変化するとみなしている。

最後の結果であるが、これは、巡礼の物事が原因となって巡礼者において実を結び、生み出された状態や物事である。結果には、成果や効果などの種類がある。先に挙げた擬死と組み合わされる「再生」とは、巡礼者が新しい心身を獲得して象徴的に生まれ変わったことを指しており、やはり巡礼に見られる最も重要な結果の一つである。ただし、結果には、良い結果ばかりではなく、悪い結果も含まれる。悪い結果が多くなれば、その民俗は伝承されなくなるのである。

不動巡礼は、メッカ巡礼のように礼拝場所や礼拝方法が明確に定められているものではなく、何を行うかは巡礼者自身の自由意思に任されている。そのため以下では、巡礼者がどのような体験をするのかについては出来るだけ多くの可能性を想像しながらも、それらの体験がどのような作用を及ぼすのかについてはなるべく限定的に見積もることで、まずは巡礼の作用を考察する基礎または出発点となる論点を抽出・整理してみたい。

二　外（ソト）の力

巡礼の作用の基盤をなしているのは外出する作用であろう。心の中で巡礼を想念して一つ一つの霊場への参拝を観想する作用も決して小さいものではないだろうが、やはり実際に自分の体を使って霊場へと移動し、自分の手足や耳目で現実に巡礼を体験し、その体験への感情を心の中へ還元しながら次の心身を形成して行く作用は大きい。巡礼は「聖地への旅」や「聖なる旅」などと表現されるように、「旅」の一種として捉えられることが多いが、それは巡礼が外へ出ることを大きな柱に据えているからだと思われる。

単に外出するだけなら多くの日本人は通勤や通学で毎日のように実践しているが、そのように日常的に体験している自宅外の世界は、当事者にとっては慣れ親しんだ世界であり、ほとんど「内の」と言えるような世界になっている。本稿で「外の」と位置付けたいのは、普段とは異なる準備や心構え、心理的・生理的・時間的・金銭的な負担を必要とする、非日常的な世界である。慣れない事に取り組む心理的負担や、あれこれと調べる時間的な負担は、必ずしもマイナスの負担を強いるばりではなく、気持ちが盛り上がって胸躍るプラスの刺激でもありうる。外の世界は心身の高揚を引き起こし、それが外の作用を根底から規定することになる。

日本人の外での心身状態を表す言葉に「旅の恥は掻き捨て」がある。晴れ晴れしい気持ちから、つい調子に乗って大胆になり、羽目を外してしまうが、日本では非日常の時空間における自己解放が文化的に相当容認されているのである。日常生活で抑圧している内心や本性も旅先では吐露しやすい雰囲気があり、それが気分転換やリフレッシュをもたらしている。

日本人の旅の特徴には「観光」もある。日本人は、外の美しい風景や珍しい物事の輝きを自分の目で見たいという好奇心が強く、多くの人が「百聞は一見に如かず」と信じている。中でも霊山を遊行しつつ見物することが昔から盛んで、両者を合わせて「物見遊山」と呼んできた。普段は足を運ばないような時空間を光の世界と観じて新鮮な気持ちになるのである。

非日常の外での出逢いは、日常の内に気付かされる良い機会となる。色々な人間、様々な物事との接触・交流は人間の心を強く揺さ振り、自己の個別性や独自性への内省を促進する。外を知ることで視野が広がり、内への洞察が深まるのである。この効果は特に、まだ視野が狭いが外の世界へと旅立たねばならない青年期の若者に顕著で、「可愛い子には旅をさせよ」と言い伝えられている。

外の作用は準備段階から始まっている。巡礼受容の契機となったパンフレットやガイドブックを熟読し、関連する情報を調べるなど、いろいろと考えるべきことが多く、脳に良い刺激となり、期待に胸が膨んで心拍数も上がる。また、必要な道具を用意したり、写経を墨書したり、納札に願意や氏名を記入したりする作業は、外への意欲も掻き立ててくれる。心身の働きは次第に鋭敏になっていき、小さな力も増幅するようになる。

そしていよいよ、巡礼の意図をもって実際に自宅等を出発すると、現実の外界が巡礼者に作用し始める。日本人の心身に大きな影響を与える環境としては、まず天気が挙げられる。日本人の天気への関心は高く、天気次第で気持ちも上下してしまう。巡礼者が多い春は、花粉症の人には辛い季節だが、芽吹きの季節であり、気温が外出に適して、風も穏やか、晴天も多く、日も長くなり、高気圧の影響もあって気持ちは上向く傾向にある。秋は日が急に短くなって草木が枯れ行く季節で気持ちは後ろ向きになりがちではあるが、外出には適した気候であり、晴天時には空が一段と高くなって気持ちが伸び上がる傾向にある。

非日常の外出は、慣れない環境が緊張を強いることで心身が覚醒状態となるため、日常よりも運動量が多くなる傾向にあるが、巡礼の場合は歩くことはもとより、各霊場に階段が多いために昇り降り運動も足腰に負荷をかける。筋肉は動かさなければ衰える一方なので適度な運動は推奨される。緊張と運動は空腹と疲労をもたらし、食欲と熟睡の喜びを促す。体との対話は生命の歓喜である。

こうした外の力は旅行やハイキングにも認められるが、実際に霊場に到着して様々な儀礼を行うと巡礼特有の力学が作用する。

三　巡礼の力

巡礼では、観光旅行やアウトドアスポーツなどとは異なって、宗教的な衣装や持ち物、行為や行動などが推奨されており、それに則る巡礼者は少なくない。霊場という特殊な環境において、象徴を多用した宗教儀礼を実践することは、巡礼に特有の作用を引き起こす。ここでも、カタ（型／形）を摸倣することによるウツシの力学が作用している。カタはある特定の心身状態を獲得するための最短距離を示す上に、正統性・真正性の源泉ともなって権威を持っている。人は巡礼のカタにはまることで、巡礼の心身を比較的簡単に会得することが出来るのである。

そのカタの最たるものが純白の巡礼衣を身に着けることである。白装束は日常生活では異様な姿であるため、承認も拒否も含めて周囲からの眼差しは強いものとなる。そのため、白衣に着替える行為は巡礼者の心に強く作用して、名実ともに変身をもたらすのである。衣裳には力がある。白は清浄の象徴であり、罪穢れの祓い清めによる心身の浄化を促す。白衣は行衣としても用いられることから、修行の精神も喚起する。禊や祓い、不殺生・不悪口、禁酒・禁煙、生臭を断つなどの精進を伴えば、浄化作用はさらに強化される。

白装束はまた死に装束でもあるため、巡礼者に象徴的な死（擬死）をもたらす。巡礼者は社会的な死者として扱われるのである。巡礼用の杖と笠も、死人に対して用いられる道具を摸しており、自身の死を想起させる。

首に掛ける輪袈裟は袈裟を略したものであり、自らが仏道修行者となることを象徴している。袈裟は「忍辱袈裟」とも呼ばれるように、どんな苦難にも他人からの迫害・侮辱にも耐え忍んで心を動かさない忍辱行（忍波羅蜜）の宣言である。巡礼者には覚悟の気持ちが芽生えている。

数珠（念珠）を手にすることも仏を念ずること（念仏）への意欲の表れであり、仏事に専念する気持ちが芽生える。

四　霊場の力

巡礼の目的地となる霊場は、神仏の霊験が得られるとされる場所であり、現代では「パワースポット」と呼ばれることも多い。不動巡礼では霊場のほとんどが寺院となっている。寺院とは、仏像を安置し、僧尼が住し、仏道を修行し、仏事を行う建物であり、病院や修道院などと同様、周囲に塀を巡らせて日常の俗界とは隔絶された聖なる閉鎖空間を作り出している。独特の霊妙な雰囲気は、入場者を厳かな、あるいは清らかな、落ち着いた気持ちにさせる。巡礼では、寺院や仏像の縁起を見聞きする機会も少なくないことから、仏の広大無辺な慈悲と霊験を心中に想起することもあるだろう。仏の世界と観ずれば、「ありがたい」「かたじけない」といった気持ちが湧き上がって来るかもしれない。

日本の寺院はほとんどが山号を冠しており、象徴的に山を意味している。寺院に入ることは、穢れ多い人間の世界である町や里から一時脱出し、神仏霊が坐す山に入ることと同義であるという。実際に寺院の背後に山が聳えていることも多い。こうしたことから寺院の入口を「山門」などとも呼んでいる。

山門には巨大な仁王尊像を左右に安置する寺院も多い。その忿怒の表情に圧倒され、合掌一礼して阿吽の像の間を通り抜けて入山すれば、巡礼者は生死を潜ったことになるとされる。密教では、阿を万物の根源となる本不生（胎蔵界）、吽を一切が帰着する智徳（金剛界）とし、それぞれ人間の誕生と死去になぞらえている。仁王門が生死の門とも呼ばれる由縁である。巡礼者の入山と下山は擬死再生を象徴している。

境内には清らかな玉砂利が敷かれ、あるいは掃き清められ、石仏や奇岩なども配されている。山と呼ぶに相応しく樹木や草花が植えられていることも多い。水屋（手水舎）で手を洗い、口を漱いで参道を進むと、足裏には心地良い刺激があり、耳には清々しい音が入る。空気も澄んで深呼吸できる。巡礼者の体からは緊張が緩んでいき、心は自然と浄められていく。

日本の寺院は滅罪寺が多く、境内に墓地や納骨堂、位牌や供養塔のある景色が普通に見られる。それらは死を想起させ、自身の未来の往く末に思いを馳せ、現在の擬死状態を直視し、過去を振り返る契機となる。鐘楼に釣られた梵鐘を撞けば、その響きは彼の世に暮らす故人の耳にも届くともいわれる。先に旅立った親や子や伴侶や友人らが身近に感じられる。

不動巡礼では密教寺院が多いことから、祈祷寺の境内を歩む機会も少なくない。そこでは、死の世界よりも仏の世界を想起させるような、金銀極彩色の煌びやかな荘厳が溢れており、本尊の神秘的な霊験を期待させる。

こうして巡礼者が巡礼対象へと辿り着く頃には、神仏霊への意識は相当に高められている。

五　礼拝の力

巡礼対象である仏像を祀る堂宇に着くと、巡礼者はまず小さな蝋燭に火を点して御灯明を仏前に献ずる。そして、ゆらめく炎を見詰めながら線香に火を移して仏前に供える。蝋燭や薫香は催眠術にも用いられるほどで、心拍数を低下させ、心を落ち着かせる作用がある。

堂内は薄暗く、その奥で鈍く輝く仏像や仏具は神秘的で、仏の光明を発しているように見える。夥しい数の仏像が祀られているのも密教寺院の特徴で、堂内は仏菩薩明王らのパンテオンとなっており、曼荼羅世界に呑まれたかのような気持ちになる。

ついに目的の仏像に対面すると、巡礼者は賽銭や供物を捧げて合掌礼拝する。このとき、「本日は何卒よろしくお願い申し上げます」の拝む気持ちが最高潮に高まり、巡礼本尊との対話が始まる。合掌とても立派な印契である。密教では、身密（手に印を結び）・口密（口に真言を唱え）・意密（心に本尊を念ずる）の三密（有相の三密）の行を修することによって、行者は即身成仏を果たすことができるという。

巡礼者は巡礼本尊を念じつつ「御勤め」に入る。仏前で行う礼拝・読経・回向（祈願文・回向文）のことで、「勤行」とも呼ばれ、仏道修行に勤め励む行為の代表格とされている。「勤」には「力が無くなるほどつとめる」との意味がある通り、御勤めは簡略版でも息切れするほどの疲労をもたらす。また、読経の中心となる経典・偈文・真言は、音読のために意味の把握が難しく、呪文を唱えるのと似た瞑想効果がある。御勤めは巡礼者を無心・無我にしてくれるのである。鉦や木魚や太鼓の単調な連続音が伴えば、その効果も高まると考えられる。僧尼らの仏道修行の道場だけに、邪念・雑念を払い、精神を統一させる仕掛けが確立されている。

御勤めは法楽であり、尊崇する本尊に全てを委ねて罪業を懺悔することで救われるという思想を実現するための中核となる儀礼と目されている。従って、それによる作善の功徳を故人へと回向して供養する力も十二分にあると解される。読経で気持ちが浄化されて安らぎが得られるといわれるのも、そうした思想を背景に持つからであろう。本尊に氏名と願意を書いた納札や写経を奉納する行為も、我が身は去るとも本尊への法楽は行い続けるとの気持ちの表れであり、安らぎが得られる。

巡礼対象への御勤めを終えると、巡礼者は寺院に住する僧尼から朱印と御影とを頂く。この二つはともに本尊を勧請したものであり、崇敬・礼拝の対象であり、巡礼者を加護して下さる御札や御守りであると見なされる。本尊の分身を頂き祀ることで、巡礼者は巡礼対象への親しみや期待を高めることが出来るのである。

六　巡る力

礼拝の力は参詣にも認められることであるが、巡礼の場合は数十ヶ所もの霊場で幾度も繰り返されることで、これらの作用が連続的に積み重ねられていくという点に大きな特徴がある。巡礼者の心身の変化は一ヶ所一ヶ所で少しずつ積み重ねられ、徐々に心身の浄化も深まっていく。祈りを重ねることで仏心が心中に沁み込んでいけば、心の奥から感謝の念が湧き上がって来る。

そうした作用は、似たような霊場を数多く訪れることで、個々の霊場で抱いた固有の具体的な印象が散漫となっていくことと無関係ではない。巡礼者の記憶と関心は、献灯や読経、朱印、巡礼本尊など、各霊場に共通する物事や主題へと収斂していき、思いを凝らすようになる。中でも不動巡礼の主題である不動明王へと意識が没入していく。注意力や思考力などのエネルギーをあちこちに振り向けるのではなく、一つの方向に束ね、一点に集中させることで、祈り念ずる力は強まるのである。

長期に亘る巡礼の旅で巡礼対象である本尊を念じ続けることは、その本尊への親しみを深め、常に本尊と共にある気持ちが増し、本尊との一体感が得られることへと導かれる。広大無辺な仏の慈悲を浴びていると想像することで、心は安らかになる。

本尊を念ずる機会が継続することで、霊場から霊場へと進む道中までもが聖なる雰囲気を帯びてくる。この聖なる道中では、直面する出来事が単調であるために、色々なことを思い出すようになる。自らの来し方を振り返る体験では、それまで気付かなかったことに気付く思い直し・捉え直しの反省が生ずることも少なくない。とりわけ供養の巡礼では故人を思い出すことが多く、心の中での対話から故人とのつながりを深めることもある。仏への供養を重ねることで得た功徳を故人へと振り向ける回向によって、故人への申し訳ない気持ちは徐々に和らいでいき、故人の後生善処を仏へと託すことで自らの悲しみも癒されていく。供養とは、自らの内面の傷を外在化して、仏への奉仕という形式を借りて浄化する方法ともいえる。巡礼は心の傷を癒す旅として適している。

神仏霊の世界への没入は、それらへの親近感や信仰心を深める結果をもたらす。信ずるとは、物事を真実として心から受け入れることである。巡礼中に得た体験や出会った出来事を、「不思議」「奇妙」「神秘」なことと感じ、神仏霊の「御導き」「御蔭」と解釈・理解することもあるだろう。神仏霊の霊験を信じることで、自分の心の中にある罪悪感やストレスから次第に解放され、心を正しく働かせ、体の節制や養生を促し、回復力や自然治癒力を活性化させることは充分に考えられる。自分が明るくなれば、周囲も明るくなる。その結果は心から有り難いと思える。

巡礼は聖なる数だけ霊場を巡ることで完結する。「上がり」の結願（満願）霊場を目指す双六のようであり、「関与（commitment）の一貫性」の効果もあって、一旦巡り出すと巡礼を続ける力学が働き始める。その追い風となるのが各霊場で頂く朱印や御影である。聖なる数だけ全て揃えるという目標に向かって集めることで巡礼は楽しみともなり、一歩一歩完成へと近付くことで喜びも高まってくる。「継続は力なり」の自己成長感も湧く。朱印帳や掛け軸が完成すれば満足感が得られるとともに、一生の守り本尊となる曼荼羅を自分のものとすることが出来た感激の念も湧いて来る。とりわけ掛け軸は、中央に本尊の姿を描き、その周囲に各霊場の本尊を配置した一幅の大曼荼羅として、素晴らしく魅力的である。

なお、関東三十六不動霊場では三六ヶ所の霊場を四つに区分して、番号順に発心・修行・菩提・涅槃の四つの道場を経る道のりを設定している。巡礼者は、各道場で説かれる精神や供養の内容や課題に対して、自分なりに取り組むことで、それぞれの意義について何かを掴むであろう。

こうした巡礼儀礼の作用は、観音巡礼や四国遍路など日本の巡礼全般に見られる作用と共通するのであるが、巡礼対象となる本尊が異なることによって違いが生ずる。それが本尊像と対面する作用である。

七　本尊像の力

巡礼者にとって関東三十六不動霊場への巡礼は、「関東巡礼」というよりは「不動巡礼」と観念される場合が多い。日本では観音巡礼の歴史が長い故に「関東巡礼」と言えば関東地方の観音霊場巡りが想起されてしまう。不動巡礼は広く普及した巡礼とは言えないため、逆に巡礼者にとっては、不動明王への関心が高まることも予想される。無論、不動明王への信仰から不動巡礼を始めた巡礼者の礼拝本尊への関心は強い。また、キリスト教徒が「悪魔的」とも表現した、およそ崇拝対象としては似つかわしくない異形な姿は、自然と見る者の関心を引いてしまう。以上のことから不動巡礼においては、観音巡礼や新四国巡礼よりも、本尊への礼拝が強く巡礼者に作用することが考えられる。

不動明王像と対面して最初に注目されるのは、その怒りに満ちた恐ろしげな形相である。両眼をカッと見開いて怒らせ、あるいは左眼だけ半ば睨むように細め、烈しく唇を結んで鋭い牙を剥き、額に皺を寄せた表情は、見る者を畏怖させるのに充分である。憤怒暴悪形とも言われる忿怒相は、「明王」と呼ばれる一群の仏全般に見られるほか、仁王や四天王、閻魔王、馬頭観音、青面金剛（庚申様）、荒神様（竃神様）、鍾馗様などでも造形される。いずれも日本では、邪気・魔障・悪霊・妖怪・憑物・呪詛・怨念・餓鬼・魑魅魍魎などを退散させ、信心する人々を守護し、危難や災厄から救い出す力強い霊験が期待されている。

歴史的にも日本では信者を守護する尊格として数多くの霊験が語られてきた。弘法大師空海を海難から守ったという波切不動、その甥である智証大師円珍を助けたという黄不動（金色不動）、興教大師覚鑁を救ったという錐揉不動、西山上人証空の身代わりとなったという泣不動のほか、那智の滝で荒行をした文覚上人や成田山仁王門の大工など不動明王に救われた話は数多い。真言・天台の密教をも包摂した修験道では、行者の多くは不動明王を守り本尊として祀っている。

その表情は、観音巡礼で拝される慈母の如き観世音菩薩に比して、厳父の如き存在ともいえる。同じ慈悲に発するのではあるが、柔和な表情で優しく導く菩薩とは異なり、捻くれ者・愚か者・頑固者を叱って導く役割を担わされているのである。闘って我が子を守る頼もしい父性が投影されれば、守ってくれるという安心感や、縋ることでの安堵感が生ずるであろう。不動明王に直面する者は、父親に怒られる子のように隠し事や嘘偽りが出来ない心境となり、素直な気持ちになれるのである。それゆえ反省・懺悔・正直・潔白・純粋・清浄・克己・持戒へと身を濯ぐ滝行の本尊は不動明王なのである。

次に印象的なのは、後背で赫々と燃え盛る熾烈な大火炎である。それは信ずる者を守護する情熱に燃えている姿と見える。猛焔はまた、信者の罪業と煩悩を焼き尽くす大智慧であるといわれ、不動明王に縋ることで己が清められる気分となる。実際、日本で護摩祈祷の本尊として最も人気があるのは不動明王である。人々は護摩木一本一本に己の苦悩を込め、これを秘法によって燃やし、息災・増益・降伏・敬愛の霊験を求めているのである。

この赤黒い火炎後背と対をなすのが青黒い体躯である。不気味さも覚えるが、金色に輝く如来や菩薩がどこか遠い浄土の存在と感じられるのとは異なって、私たち大衆が暮らす身近な穢土の存在と感じられる。神仏の天上界と人間の地上界の両方に通じ、私たちを神仏へ取り次いで下さる大悲の徳を持った媒介者との説も頷ける。

像の台座も、煌びやかな金色の蓮華座ではなく、苔生した自然の岩盤であり、より身近な存在と感じられる。金剛石を象徴した瑟々座は、どっしりとした盤石の安定感を醸し出し、重々しい「不動如山（動かざること山の如し）」の大定徳を感じさせる。

右手には長い諸刃の利剣を持っているが、これは智剣や慧刀とも呼ばれるように、迷える凡夫の貪瞋癡を断ち切る智慧の象徴である。文殊菩薩・虚空蔵菩薩・秘鍵大師が持つ剣と同じである。それはまた全ての障礙・邪霊・悪因縁を一刀両断に切り裂き、一切の災厄を打ち払う降魔の宝剣とも思える。

左手に持つ縄は、伏し難い者を縛る三昧索であるとされ、やはり私たちの暴走する欲望を縛りつけて正しい道へと導く慈悲の象徴である。不動明王は金縛法の本尊とされることも多い。この縄は羂索（鳥獣を捕える罠）とも呼ばれるが、それは不空羂索観音が持つ縄と同じで、もれなく人々を救うとの誓願を表している。

関東三十六不動霊場の不動明王像は、美術品や展示品として鑑賞や見学の対象とされることはほとんどなく、拝む対象、加護を祈る信仰の対象となっている。そして、それぞれの霊場で祀られている具体的・個別的な不動明王像を何体も礼拝することは、それらの背後にある一般的・抽象的な不動明王へと関心を昇華させていく。これは参詣・参拝と比較したときに大きく異なる巡礼特有の作用である。不動巡礼で拝する数々の不動明王像が以上見て来たような特徴を有するとき、拝む者の心には不動明王の強い霊力が想起されるようになる。「御不動様からパワーを頂く」となどの縋る気持ちが生じれば、弱い心が支えられ、心が落ち着き、安らぎが得られ、頑張らねばと勇気を持つことも出来る。心の動きは体へと作用して、自然治癒力の向上など種々の変化をもたらす。そして､身の回りに生じた何らかの変化や出来事が「御不動様の御蔭」と解釈されたとき､「信じる者は救われる」世界が実現する。嫌なこと、苦しいこと、悔しいこと、悲しいこと、それら全てを「御不動様の御計らい」と信じ、ひたすら合掌の気持ちで有り難く受けることができるようになるのである。

人間には自らを変化させる力があるが、その力は日常生活での内省と努力だけでは得難い。人間は良心を貫き通すことが難しいのである。その力の発揮を促すのは、突然に外部から働き掛けてくる絶対他力、これまでしっくりこなかった出来事を全て説明し全てに意味を与える何か、つまり神仏霊などの聖なる超自然的存在なのである。

八　人の力

巡礼では、神仏霊とのかかわり以外でも、様々な人々とのかかわりによって、巡礼者の内面が甚だしく変化することがしばしば見受けられる。相手に応じて様々に自分を変えながら世間の中で生きている日本人にとって、誰とかかわるかは人間性を規定する大きな問題である。

たとえ一人で巡礼していても､霊場では様々な人との出逢いが待っている。巡礼の霊場となっている寺院には、原則として朱印を授与する人間が常駐している。その多くは霊場に住む僧尼で、茶菓の接待や声掛け・話し掛けなど、巡礼者への積極的な働き掛けを常に心掛けている人が多い。霊場の宗教者だけに巡礼や仏教に関する知識や経験も豊富で、保護司や教誨師など人生経験を相当に積んでいる人格者も多く、その応対は巡礼者を優しく包み込むようである。巡礼者は温かく迎えられることで、身の上話や巡礼に出た理由などについて個人的な心情を表出し、自己解放が促され、心が軽くなるとともに、新しい角度から物事を考えられるようになり、自身を見詰め直すことが出来るのである。

霊場では自分と同じ巡礼者にも巡り合うことが多々ある。巡礼では「心を同じくして仏道修行する者」を「同行」と呼んで尊ぶ。多くは目礼や会釈程度のかかわりしか持たないが、同行の格好や行動は気になるもので、見習うべき点を感じては「人のふり見て我がふり直せ」と反省し、自らを改めていく。「人こそ人の鏡」なのである。

同行には「相伴って巡礼の旅を共にする者」という意味もある。この同行に該当するのが、複数人による巡礼において一緒に巡礼する人々である。夫婦や友人同士で、あるいは菩提寺の団参で、または旅行代理店が募集したツアーでと、巡礼の一行には幾つかの類型がある。不動巡礼では単独の巡礼者が目立つのではあるが、実数としては複数人による巡礼者の方が多いだろう。団体巡礼は一度にやって来て、添乗員一人が朱印をまとめて受けて効率良く参拝して去って行くため、人数としては印象が薄いのである。それに、巡礼者の付き添いも巡礼者と判断できる場合は少なくない。いずれにせよ同行には、互いの苦楽を分かち合い共感し合うという情意的な原理が働く。

夫婦や親子、兄弟姉妹、友人など、気心の知れた者同士での巡礼では、いわば身内が同行となるが、非日常の時空間では色々な気付きがあり、意外な側面を知って見直したということも多々ある。日常では表出され難い内面を垣間見ることで、相手への新たな思い遣りが芽生え、気持ちが穏やかになり、つながり・絆は一層深まるのである。

寺院の檀信徒一行で巡る団参では、同行は身内とは言い難いが、お互い知り合い同士である人々も少なくはない。また、同じ寺院の檀信徒ということで、元々同じ信仰を抱く仲間であるため、読経の唱和なども美しく、連帯感で心強くなれる。巡礼体験を共有することで仲間意識は強化され、助け合い・支え合いの交流も深まるのである。

旅行会社が募集する巡礼ツアーでは、同行は基本的に知らない者同士であるが、席が隣合わせになったり、宿で相部屋になったりすると言葉を交わすこともある。互いの背景を知らないという状況は、同行のよしみという安心感や、日常とは異質な時空間で聖なる宗教儀礼の数々を体験した高揚感もあって、逆に赤裸々な本心を打ち明けやすいという状況でもある。そこでは、語ることで気が晴れるという以上に、相手の苦悩を知ってショックを受けるという作用がしばしば巡礼者に大きな変化をもたらす。最も大きな変化は、自分よりもずっと悲惨で不幸な人を目の当たりにしたときである。自分の苦悩など大した事ではないと愕然とし、むしろ自分が幸せであることに気付き、感謝の気持ちが湧いて来るという、価値基準の大幅な変化が生じるのである。それに次ぐ大きな変化は、自分と同じ境遇を相手に見出したときである。不幸なのは自分独りでは無いと感じられれば、孤立感も疎外感も吹き飛んでしまう。世界との断絶は埋まり、不安が解消し、「同病相憐れむ」ことで勇気がもらえるのである。

団体での巡礼の場合は先達の力も大きい。先達は僧尼のほか、行者や霊能者、何年も巡礼を続けている在家のベテラン巡礼者などが務めている。多くの先達は風貌や持ち物が神秘的で、個性的な魅力を持っており、中にはどこか異様な独特の雰囲気を醸し出している先達もいる。自らの人生の苦境を厳しい仏道修行によって脱した先達は、神仏霊の力を借りて巡礼者の不幸を受け止める能力に長けている。通り一遍の慰めや励ましをするのではなく、相手と同じ立場に立ち、相手の身になってその苦悩に共感共苦し、いてもたってもいられない気持ちになるくらいの深い思い入れをもって全てを理解し、きっと幸せになれると救いの手を差し伸べる。絶望のどん底に沈んでいた巡礼者の心にも一筋の光明が射し込み、未来に希望が持てるのである。

なお、巡礼中の作用ではないが、巡礼者が日常でも仏事や供養に励むようになると、家族や同僚からの視線も変化し、そこで承認や肯定が得られれば、巡礼は巡礼者の自尊心や自負心を支える柱として追加されることとなる。やがて、親族や仲間のために神仏霊とかかわる仕事を任されるようになれば、それは喜びや嬉しさ、生き甲斐ともなっていくのである。

注

（１）本稿は筆者の博士学位論文『巡礼と現代――関東三十六不動霊場を中心として』（平成一五年度、慶應義塾大学大学院社会学研究科、主査・鈴木正崇教授）の結論部分を大幅に改稿したものである。なお、紙幅との兼ね合いから本稿では「作用の力学」のみを掲げ、結論部分の全体像を提示するために序論を付した。

文献

鈴木正崇
一九九八「総説」『日本民俗学（特集 日本民俗学の現在）』第二一六号、東京：日本民俗学会、一～一四頁。

篠栗新四国霊場における現代の修行活動

ラモット・シャールロット

はじめに

福岡県の東北部に位置する篠栗新四国霊場は「日本三大新四国霊場」の一つで、本四国のウツシ霊場である。[1]篠栗町内に八十八ヶ所の札所があり、年間に篠栗を訪れる人々の数は二〇万人を超える。全国から多くの参拝者や遍路[2]が集まり、南蔵院を総本寺とする「地方霊場」として栄えている。[3]天保六年（一八三五）に尼僧の慈忍が創設し、藤木藤助が完成させたと伝わる。[4]元来は本四国へ行けない人のために創設され、当初は弘法大師信仰に支えられていたが、時代と共に人間の願いも変わり、現在では現世利益の願いが多く、併せて追善供養が行われ癒しの場としても機能している。篠栗は大都会の福岡市の近郊に位置し、都市部から比較的近い距離にあるにもかかわらず、時代の変化に合わせて、一般の人々から宗教的職能者に至る幅広い宗教活動の場になってきた。八十八ヶ所の札所や、番外[5]、そして巨大な仏教寺院で多くの納骨堂を持つ南蔵院、数多い小祠や小堂など、狭い地域に集中した宗教施設があって独特の雰囲気を作り上げ、修行者や霊能者を惹きつける空間として現代社会に適応した祈願が行われている。[6] 最近でも、福岡市では霊能者と呼ばれる民間宗教者が活躍して、誰にも言うことができない心配事や悩みを持つ人々が篠栗の札所や寺院に相談にくる場合も多いという。現代ではスピリチュアルな活動と呼ばれているが、篠栗にもその影響が及びつつある。こうした動きは現代の特徴といえるが、類似した動きは歴史的に長く継続してきたのであり、多くの宗教的職能者がその担い手であった。

篠栗の場合、宗教的職能者のうち修験の役割が大きかったが、僧侶、盲僧、巫者などもおり、半僧半俗の祈禱師が活躍してきた。彼らは流動的で、地域社会のウチとソトを往来し、宗教世界を活性化してきた。篠栗では新四国霊場によって外部世界とのチャンネルが生まれ、時代の変化に応じて宗教性を変容しつつ維持してきた。特に、春と秋を中心に、定期的に訪れる講集団の遍路と地元との交流は、札所巡りに伴う「接待」の慣行で結びつき、地域社会のウチとソトの連関を強化してきた。小規模で密度の高い霊場は、常に動態的な状況を維持する場として凝集性を発揮してうまく機能したといえる。霊場の一番札所の南蔵院は真言宗寺院で、高野山の権威を背景に卓越した指導力を駆使して、時代に対応し、良くも悪くも、全体を統合する役割を果たしてきた［鈴木二〇一四］。現在でも、多様な宗教的職能者は、「霊能者」や「拝み屋さん」などと呼ばれ、地域社会に根付いている。また、「行者」と言われる人々も多く活動して、本人自身は霊感がないと考えていても、また信者がついていなくても「修行」を行う人たちとして個人的に活動している。ただし、時には「霊感」を得るための修行も行うので、霊能者になる可能性もある。篠栗では「拝み屋さん」と「行者」の区別は流動的である。篠栗は時代の変化に対応し宗教的職能者との関係性を巧みに保ちつつ、地域社会として生活を維持してきた。[7]

霊場形成の初期には、札所の堂守は農家などの在家の人々が主体になって運営していたが、世代が変わると、宗教的職能者が次第に担い手になってきた。札所も初代以降の次の世代になると、担い手を得度させて僧侶とし、正式に寺院になっていく所もある。堂守には篠栗町のソトから移り住んできた者が多い。ソトから来た遊行宗教者（行者・修験・巫女）が、篠栗に定着して自分のお堂を建てたり、札所の管理人の堂守として活動を継続してきたという伝承は数多く聞く。最近では福岡市の発展で篠栗はベッドタウンとなって団地が増え、普通の町と同じようになってしまったが、随所に霊場の面影は残っている。巡礼者、参拝者、行者、堂守、僧侶、巫女などを介したウチとソトとの頻繁な交流と往来は減少傾向にあるが、現代でも姿を変えつつ確実に継続しているのである。篠栗は神仏混淆の世界から観光や癒しの場所へ、霊場からパワースポット(8)へと姿を変えて宗教性が広く浸透し、独自の地域社会を形成しているといえる(9)。

本論文では篠栗における宗教活動、特に現代の「修行」と呼ばれる行為を主体として検討したい。霊場は特別な場所で、巡礼の実践が伴うことは普通であるが、篠栗は四国遍路のウツシ霊場として名高いだけでなく、近くの町や福岡市内の人々の「行場」とも考えられている。修験の拠点ではないが、篠栗霊場の奥の院とされる若杉山（六八一メートル）は宝満山修験の峯入りの道の途上にあって、中腹の石井坊は中世後期以来の記録が残る修験であった。伝承では真言宗の開祖、空海が寺坊を開創したとも伝えられ、古い山岳信仰の霊山で山麓の若杉集落が信仰を支えてきた［鈴木　二〇一三］。現在では若杉山は霊場というよりも、福岡市内の人には人気のあるハイキングコースとして観光地になっている。しかし、若杉山の中腹にある番外の霊場で、明王院、通称「養老の滝」には、多くの行者が集まって滝行を行っている。若杉山の山林での自然との交流、霊場で「エネルギー」を浴びる活動が展開し、占い師やヨガ講師の訓練場として山林を巡ったり滝場での修行が行われる。最近は、若杉山や篠栗での「森林セラピー」や「遍路体験」などの新しい活動が始まり、現代の修験道に顕著な「体験修行」［長谷部　二〇一二］とも共通する様相がある。近年になって篠栗の霊場を巡る大きな遍路団体や講集団は少なくなったが、新しいタイプの遍路や行者が生まれて篠栗に向かう。篠栗では多様性を基盤に、時代の移り行きと共に、遍路や修行の意味が急速に変化してきた。本稿では篠栗の現代の修行活動を通して、宗教性を再考する。

一　篠栗の概要

篠栗町は九州北部に位置し、行政上は福岡県糟屋郡篠栗町に所属し（図1）、面積は三八・九〇㎢、人口は三万一六三四人（二〇一〇年四月現在）である。県庁所在地の福岡市は一四二万人を超える大都市であるが、篠栗町とは一四キロ離れているだけで、快速電車で二〇分ほどで到達する。篠栗は田舎や都会との風景の興味深い混淆を示しており、福岡市のベッドタウンにもなっている。篠栗の特徴はその宗教的風景にある。篠栗は九州北部ではよく知られている新四国霊場、つまり四国遍路の「ウツシ霊場」（ウツシ＝写し・移し・映し）で、多くの巡礼の講集団や宗教的職能者を集めている。[10] 霊場は、天保六年（一八三五）に、早良郡姪浜出身の遊行の尼僧であった慈忍が、四国遍路の帰途に篠栗に立寄り、村人の辛苦を見て弘法大師に祈願をすると霊験があり、そのご利益で霊場作りを始めたとされる。しかし、慈忍は霊場を完成せずに行方知れずになる（死亡説もある）。その志を継いで、篠栗村田ノ浦に住む大師信仰に篤い藤木藤助が、嘉永三年（一八五〇）に村の有志と相談し、浄財を集めて仏像を彫り、安政二年（一八五五）に五人の同行と共に本四国霊場を巡拝し、持ち帰った砂を仏像の中に納め、村内の八十八ヶ所に祀ったのが霊場の起源であると伝わる。篠栗の各札所では弘法大師との繋がりを強調し、真言宗の札所は全体の過半数に達する。また、篠栗町には、八十八ヶ所の霊場の他に、三十五ヶ所の番外札所、二四〇の寺院、一二の神社、数多くの小祠小堂があり、道端には十三仏や地蔵が至る所に祀られ、無数の石碑や様々な石仏なども数多い。近年は霊園の建設も盛んである。また、霊場の第一番札所の南蔵院は、明治期の霊場の再興にあたって高野山から明治三二年（一八九九）九月に寺格を移された真言宗寺院であるが、東洋一の巨大な寝釈迦仏（涅槃仏）を安置していることで知られ、日々の参拝者でにぎわっている。目を見張るような仏像は篠栗の聖俗両面の証拠に違いない。

修験との関わりもある。石槌山信仰関係の第一二番札所千鶴寺《せんかくじ》と若杉山の金剛頂院は特に修験と深い関係がある。若杉山は弘法大師開創と伝える古い霊山であるが、江戸時代末期の篠栗新四国霊場の成立以後は篠栗霊場の「奥の院」とされて、巡礼道に組み込まれた。現在は、一番人気のある番外であり、月例護摩供養には、仏のお告げを伝える女性の行者も来る。若杉山の中腹にある明王院は番外であるが、通称「養老の滝」[11]と呼ばれる滝があり、多数の行者・霊能者がきて、修行したり祈禱したりする。また、多くの行者は自分の信者を「養老の滝」に連れて来て修行させる。ここで活動する行者や信者団体の大半は地元の篠栗や近くの人ではない。

篠栗では、多くの札所や番外は「拝み屋さん」などの宗教的職能者によって、創始、或いは開山されている。

図1　篠栗新四国霊場の位置

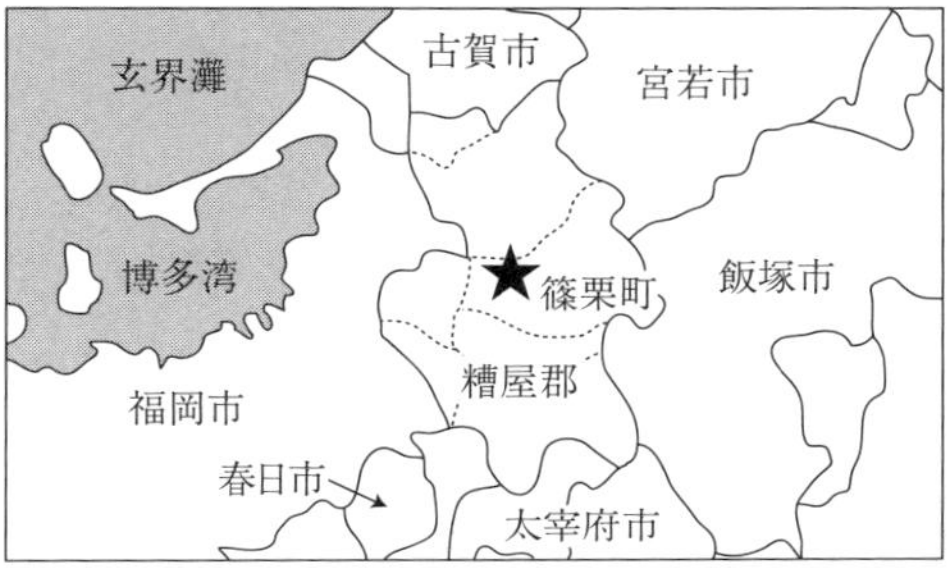

例えば、長崎から来た修験者（山伏）は、第一二番札所の千鶴寺を開山した。篠栗は修験と深い関係があるが、石槌山の影響が大きい。元々、本四国巡礼と石槌信仰とは歴史的関係が深い。千鶴寺では、時代の流れの中で修験の影響が強まってきたが、現在の住職は山伏ではなくなっている。修験の果たした役割、特に民間への独特の接近法は好都合であったが、世代交替の流れの中でカリスマ性は薄れてきた。他方、番外であるが、明王院は大分県の尺間《しゃくま》山で修行した修験の僧侶の開山で、活発な活動を展開して、特別な祈禱を行ってきている。

また、天台宗の盲僧による「荒神祓い」は広がりがあり、篠栗の札所を拠点として継続して行われてきた[12]。現在では、盲僧はいないが、その技法を受け継いで、晴眼（目が見える）の僧侶が、第三三番札所本明院と第一八番札所恩山寺で荒神祓いを行っている。篠栗では特別な祈禱を行う宗教的職能者が活動していて、「拝み屋さん」と呼ばれる。事故や病気などの不幸なことで頭が一杯で、何もする気になれず、落ち着かずにいる人々の悩みに答えようとする。やり場のない惨めな思い、悔しくてたまらない出来事や、子育て、不登校、仕事、商売、病気、夫婦、嫁姑などに関する心の悩みに応える。御霊降ろしなども行う。多くの信者は市内からこういう職能者を訪れる動機で篠栗に来る。篠栗の札所の多くの堂守の話では、篠栗では「拝み屋さん」を「霊感」という力を持ち、信者や信徒を伴う、あるいは験力を得るためか信者の願い事を祈願する目的で修行をする宗教者とし、「行者」については多目的の「行」を行う在俗の人々として区別する。また、「身体を鍛えて霊力を得る動機で本格的に修行する人」と「修行が目的ではないが漠然と修行や参詣をする人」を区別する。後者は観光が目的ではなく修行をしているが「昔の行者と違う」と言われている。多くの場合には、現在では「拝み屋さん」という活動をしている人たちも、最初は「行者」の立場から始めたという共通認識がある。いずれにせよ、多くの人が「修行」する目的で篠栗にお参りに来ることは事実である。遍路は当然だが、水行でも同様である。本発表ではこの二つの宗教者の活動を分けて検討したい。

二　「体験修行」の概念

長谷部八朗［二〇一二］によると宗教的な修行の概念は近代化を通して大きな変化を受けた。「修行」、いわゆる「心身の修練を積む行為」は宗教学では「ある深い宗教的体験の境地」［岸本　一九七五］と意味付けされ、専門的な宗教者の「神や超自然的力との合一」という特別な行為と考えられていたが、最近になって新しい動きが現れた［長谷部　二〇一二：二〇四―二〇五］。それは近年一般な広がりを見せている「体験修行」という新たな状況である。修験の霊山の社寺や、山麓の御師の活動を通して、或いは一般寺院などが主宰して、宗教的な修行経験のない一般人に一日から三日間の修行へと導くのである。事例として挙げると、羽黒山手向の宿坊である大聖坊が組織する体験修行は、二日間で出羽三山の世界や秋の峰の修行の一部を新客《しんぎゃく》に体験させて紹介している。「体験修行」の参加者の年齢は一つの特徴で、専門的な宗教者や在俗信者とは異なり、二〇代の参加者が多い。修行の内容の厳しさは本来の修行と余り変わらないが、都会の生活や社会人の都合に合わせて、凝縮されたコースになっている。参加者の経歴は様々で、色々と異なる環境や場所からやってきて聖地を訪ね歩いている。長谷部は、「体験修行」の特徴は近代社会の「無縁化・無機質化というべき時代相である」と述べている。「自己を見失わせ、先行きへの不安を増幅させる、そうした閉塞感や不透明感を脱して、自己と向き合い、改めて気持ちを再起動したいとする現代人の思いに、体験修行は一つの場を提供してくれる。」［長谷部　二〇一一：二〇八］という。この修行は現代人の山や修行に対する考え方やものの見方を映し出している。

一方、『山伏と僕』［坂本　二〇一二］という作品では、羽黒で「山伏をしている」三〇代の作家・坂本大三郎が自分自身の経験を語っている。この記録が出版される以前に、本人と筆者は一緒に武州御嶽山《ぶしゅうみたけさん》の「体験修行」に参加して、色々な話をしていた。坂本の最初の山伏修行のきっかけは「体験修行」であった。その時は、「ほとんど動機もなく、〈面白そう〉という思いつきだけで修行にきていました。」と述べている［坂本　二〇一二：二四］。羽黒の体験修行で異常に苦労していたというのに、次年、秋の峰に参加した。それから毎年参加することになった。この事例をあげるには理由がある。参加の動機や意味について、坂本は以下のように述べている。

「複雑なプロセスを経て、再び自我が構築され、前面に顔を出すとき、何事も無かったような自分がそこに存在している……。そんな気持ちがしました。一度バラバラになった自分自身が、再び結合したようです。秋の峰入りは、擬死再生の修行とも言われますが、僕は自分の身体を通じて、それを感じられたように思いました。」［坂本　二〇一二：二二四］。

出羽三山や修験の霊山の事例は篠栗とは関係がないと考える人もいるかもしれないが、実は同じような現象が篠栗でも見られる。篠栗新四国霊場に訪れる遍路も札所巡りをすることで人生のあり方を変えるのであり、それと連動して札所や寺院などの活動も変化してきた。篠栗でも「体験修行」という言葉が使われ、一般向けの新しい「体験遍路」や、座禅、滝行なども行われている。以下ではその事例を紹介する。

三　水行・滝行・修験

篠栗霊場には滝が多く、札所も滝に隣接している所が数多くみられる。滝を利用した滝行場も非常に多く、水行や滝行と呼ばれる修行を行っている人々が目立つ。篠栗には、霊能者、力士、僧侶、行者、修験など特殊な力を持つとされる職能者が以前から多く来ていて、水行を行っていたという。一般の人々で水行をする人もいて、最近でもかなり多い。こうした人々は近辺や福岡市内の在住者で、話を聞くと水行の動機は「行者」と呼ばれる人の目的とは違う。

篠栗で一番よく知られている霊場は第一番札所の南蔵院である（写真１）。ただし、この寺院では巡礼による遍路とは別に、昔から境内にある第四五番札所の城戸ノ滝（不動堂）で水行をする様々な職業の人たちがいた。佐賀県や福岡市内など北九州を中心とした「裏の世界で生きている人たち」が多かったと言われている。近くに相撲部屋があった関係で、自分の修行として滝行を行った力士もいた。芸者、踊子、肉屋などは、芸や技能の上達や商売繁盛の祈願にやってきた。こういう人たちは朝早く滝にきて、札所の電気を切って暗くして入った。拝み屋さんなどは腰巻きや褌で入ったが、彫り物が身体にあった人たちは体を隠して入った。現代風にシャワーキャッ

写真1　第1番札所・南蔵院の釈迦涅槃仏

プを被って滝に入る人たちもいた。水行の動機は子供の入学を祈る、願い事を叶えてもらうなど様々であった。時代が変わるにつれて、行者の性格や立場も変わってきた。最近は「滝行の人が変わった」という話はよく聞く。参加者の職業は、「もっと普通」なものに変わったという。

　篠栗では最高の行場と考えられている滝は自然の滝である。行場としては、町場から少し離れた深い森の中に囲まれた場所の滝が選ばれていて、番外札所の明王院の「養老の滝」（写

写真2　若杉山明王院の養老の滝での修行者

真2）と第一二番札所の千鶴寺の奥の「千鶴《ちずる》ヶ滝」（写真3）が、篠栗の近辺で活動している行者には行場としてよく知られている。この二ヶ所は修験とも深い関係があり、歴史的な背景を持っている。「養老の滝」が行場として使用されたのは現在の堂守の二世代上からであるが、昔から行場とされてきたという。初代は盲目の僧侶の高瀬無染《たかせむせん》で、滝に参籠して修験の行を行い、弘法大師の霊夢を得て不動明王の霊像を祀れと言われ、明治三八年（一九〇五）に通夜堂が完成した。既にこの地には大分県佐伯市の尺間《しゃくま》山で修行していた行者がいた。無染はこの行者の娘と結婚し、「養老の滝」の堂守になった。尺間山は険しい山で、山頂の尺間神社は元は尺間権現や釈魔権現で、「魔を釈く」、魔を祓うとして信仰を集めた。大峰山で修行した高司盛雲が、天正元年（一五七三）に山頂で奇瑞を得て祠を建立した修験の霊山である。

写真３　第 12 番札所・千鶴ヶ滝での修行者

千鶴寺の由来も同様に修験が関係しており、四国の石鎚行者であった七条智山が「千鶴ヶ滝」に籠って修行した後に御堂を立てた。智山の修験の行者姿の像が境内にある。虚空蔵菩薩を本尊にする。千鶴寺では石鎚山信仰が強く、「千鶴ヶ滝」に入る行者は、主には石鎚山行者であった。現在でも四月と一一月の第一日曜に行う大きな柴燈護摩の時には、石槌山の行者が参加する。石槌権現のご神体による身体加持は毎月第一日曜の定例護摩で行っている。現在の活動の中心になっているのは先代住職の弟子で、先代住職の娘で現在の住職の妻も女性行者である。個人的に早朝に「千鶴ヶ滝」に入りにくる人もいるというが、最近はあまり多くない。[13]「千鶴ヶ滝」では、新しい形式の行者はあまり見られないという。

一方、番外札所の「養老の滝」には色々な人たちが修行にやってくる。若杉山の奥の院や金剛頂院の参拝と組み合わせてセットにして参拝する信者や行者が多く、篠栗新四国霊場には全く関心がないという人も多い。明王院の住職、「養老の滝」の堂守の話では、熱心な行者の滝行の目的は「自分を清めること」か「自分の願い事を願う」または「力を頂く」ことであるという。滝行の参加者の話は少し違っている。堂守には「信仰心が強い」と見られていても、特別の信仰上の理由のような明確な目的を述べる人は少ない。「元気になる」、「ストレス解消」、「健康のために」などを滝行の目的としてあげる人は多い。「養老の滝」には、若い人が多く参拝にくる。堂守に聞くと、これは最近の大きな変化であるという。宗教団体ではない大規模な団体も来る。それは会社関係の組織、クラブ、青年会議所などの団体で規模が大きく、近辺の町や福岡市内から滝行に来ることが多いという。彼らに言わせれば、「修験とは修行かお参りをする」とことだという。もちろん、新宗教団体や個人の行者も来ている。

「養老の滝」に通う一番熱心な行者の集団は、隣接する宗像市の先達とその弟子たちから構成される小さな団体で、先達は四〇代の女性、「霊能者」のMさんである。信者さんや水行の体験希望者や知り合いを連れてくる。毎月法螺貝を持って必ずお参りに来ている。篠栗ではあまり許されていない方法であるが、夜遅くに滝に入る。このように真暗闇の中で滝行をする理由は参加者の意志による。先達の娘以外の全員が明王院で得度をしているが、職業は会社員で、普通に働く人たちである。女性と男性の割合は三人と二人である。ある女性行者は自分の子供を連れてきて、お堂の周りの掃除をさせて供え物などを手伝わせる。修行は深夜の一二時過ぎに終わることが多いため（午後九時に集合）、途中でお堂の中で子供を休ませる。勤行の時には大人は経を熱心に唱えているが、子供たちは行場の境内で自由に遊んでいる。参加者の年齢はバラバラで、二〇〇七年調査時点で最も若い人は一四才で修行を始めて二七才の「若先生」であり、一番年上は五七才であった。この人たちは「尺間権現」も祀る。水行をする動機は幅広い。癌を治したい人たち、願い事をかなえたい人、ただの体験をしたい人たちなどである。先達も子供の悩み（一人で育てた娘の精神病・いじめの問題）がきっかけで解決策を探そうとして、知り合いに相談して博多の観音協会に入った。そこで「養老の滝」で行をしていた人たちと出会って、滝行を始めた。「気持ちが良かった」と思って、修行を続けた。本人は「よい気持ちに戻りたいから滝を続ける」のが滝行の主な理由であると述べている。悩みがあるからこそ滝行をやりたいという人たちが多いが、Mさんが滝行をするのは「自分の意識が必要」と個人的に思っているから、「かかれる」恐れがあったり気分が悪くなったりする時など気持ちがよくない場合には、滝に入らない。「かかれる」とは憑依される状態である。

ここに紹介した二つの滝とは別の場所であるが、篠栗には「かかれる」場所とされる滝があって行場になっている所もある。特に番外札所には何カ所もある。滝は篠栗に多いが、全部が行場とされるのではない。自然の滝と人工の滝を区別して行場となるかどうかが変わるだけでなく、モノに「かかれやすい」といわれる滝があり、第七五番札所薬師堂の紅葉ヶ滝が「かかれる」とされ、現在では誰も行場として使用しない。第七〇番札所の馬

写真４　第 14 番札所・二ノ滝寺

写真５　佐賀県小城町清水観音での滝修行

頭観世音菩薩の横にある五塔の滝は、流れが五段になっている綺麗な自然の滝だが、行場とされていない。夏になると、地元の子供たちはそこでよく泳いでいる。御手洗の滝と神代の滝など山奥の滝もあり、行場であったらしいが、現在では使用されていない。

一ノ滝や二ノ滝は行場として使用されている。二〇〇九年の夏の水害によって第四〇番札所の一ノ滝寺の一ノ滝や知恩ノ滝は破壊されて、修行をすることができなくなった。第一四番札所二ノ滝寺の二ノ滝も水害で大きく破壊されたが、早くに復活した。二ノ滝寺は札所として重要な役割を果たしている寺院である（写真４）。札所巡り、本四国遍路、座禅・写経などの活動や、子供むけに「寺子屋」を開催するなど幅広く活動し、住職は篠栗の札所の若手の僧侶の会「法青会」で頑張っている。ただ、本人は寺の水行場を危険な所と見ていて、滝行をあまり推奨してない。しかし、先代住職の時代から引き続いて滝を訪れる行者が多い。昭和四八年（一九七三）に八〇才で亡くなった尼僧、「慈光さん」は先代の住職で以前の堂守であった。南蔵院初代の林覚運も御堂の管理人になっていた時があるという。現在の二ノ滝寺の住職は地元出身の桐生公俊で、[14]「慈光さん」を次いで堂守になった。「慈光さん」が亡くなった夏には水害が起こって、そこにあった滝は二つに分かれたと伝えられる。これが「二ノ滝」の名称の由来とされている。「座禅の岩」と言われる岩が滝の中にあり、供え物を置く場として使用されている。日曜日の朝は水行をする人が最も多い時間帯である。長崎からくる団体が多くあって、宿坊に一泊から三泊して滝行や札所巡りを行う。こういう大きな団体は遍路の季節とされる春の期間にやってくる。昔は一〇〇人以上だったのに、最近では人数は劇的に減った。逆に、生活方向を決めるため、ストレス・悩み解消という動機で、個人として滝を訪れたり修行したりする若い人たちは増えてきたらしい。「先生」と言われる拝み屋さんも自分の小さな団体を連れて来る。

篠栗の札所の信者が外部に出かけて行って水行を行う事例もあり、個人として修行に行く人もいる。特に第一八番札所大日寺は堂守の庄崎良清は霊能者として知られ、多くの信者をもっていて、篠栗を起点に佐賀県や福岡市の霊場や聖地でも修行を行っている[15]（写真5）。篠栗のウチとソトを巡る宗教者や民間の人々の動きは活発なのである。

四　札所巡りの実践

篠栗では巡礼者を「お遍路さん」と呼んでいる。当然のことだが、九州各地からの巡礼者が多い。福岡県の場合、福岡市、北九州市、宇美町、太宰府市などから巡礼者が来て、佐賀県や長崎県からもやってくる。かつては福岡県の嘉穂郡方面からの遍路は、八木山峠を歩いて越えてやってきた。これは大分方面からの通り道でもある。九州の外では山口県下関市や本四国からの巡礼者もいる。近県はもとより全国各地から訪れる。巡礼者の大半は篠栗町の外部の住民であることが大きな特徴で、地元の人はあまり多くない。篠栗の町内の人々は、札所巡りをすることはほとんどない。地元の組織である霊場会の活動は各所を巡拝するぐらいで、後は個人的な活動になる。創設の当初は地元の人々に御利益をもたらす地方霊場として始まったはずの篠栗は、現在では事実上、「地方」

の霊場の形ではなくなっているといえる。

遍路の人数は毎年二〇万人を超えるという。それでも第六二番札所の遍照院の住職によると、一九七五年頃から遍路の人数が減ってきたという。一番人気がある季節は弘法大師の縁日の三月二一日前後の春である。篠栗の巡拝は、第一番札所から第八八番札所へと順番に巡るのではなく、交通事情を優先して順番にこだわらずに廻る。通常は第三三番札所の本明院から打ち始めて、最後はここに戻って打ち終わるという方法になる。徒歩で霊場を全て歩くとすれば、三日間かかり、車でも二日間はかかる。第三九番札所の延命寺によくやって来る巡礼団体のやり方は、毎月一日を巡礼にあてて半分だけ参って、次の月には終わる。巡礼は「歩く宗教」であるが、現在ではマイクロバスや自分の車で巡るのがほとんどで、歩いて巡る人は少ない。歩いての札所巡りは「えらい」と言われる。いずれも参拝時間は早い方がいい。衣装はそれぞれであるが、今も基本は金剛杖を持ち白衣を着て菅笠で参る。札所に着くと蝋燭や線香を立てお賽銭を上げて南無遍照金剛と唱えて拝み、般若心経や光明真言「オンアボギャ、ベイロシャナ、マハボダラ、マニハンドマ、ジンバラハラバリタヤ、ウン」を唱える。御朱印帳に朱印を授与される。これが参拝者の普通の作法である。賽銭は一〇〇円、五〇円、一〇円、五円を納めるのが普通であるが、篠栗新四国霊場では各札所の本尊のほかに、境内の沢山の石仏、地蔵・観音・十三仏に参拝するので、一円玉を豊富に用意して一つの石仏に一枚ずつ納めるのが普通である。ただし、巡礼者の中にはこういう習慣に反対する者もいる。札所にある仏像は死者供養として奉納された場合も多く、死霊の憑依を恐れて、札所の本尊にしか参拝しない参拝者も多い。参拝の仕方は個性的で各人が自分に合うやり方をする。

数年前からかなり厳しく個人的な修行をする人々が現れた。この人たちは普通の白衣の上に摺衣や袈裟を羽織っている。歩き方はかなり速く、札所での勤行の時間は一般の遍路と比べて長いのである。そして、野宿もする。この人たちは鹿児島枕崎市にある高野山真言宗の国見山大国寺の信者である。[16] 篠栗で「修行」をする時には、都合が良い時を選んで、男性の場合は一人（女性は三人）で篠栗新四国霊場の札所を宿坊や宿を使わずに二日間か三日間で巡る。お賽銭以外は、できるだけに金を使わないことが決まりである。食事は接待によって賄うべきであるとされる。ただし、篠栗では接待の習慣は「お気持ち」だけであり、札所を管理して生活している地元の人たちは、こういう参り方を歓迎してくれない。ソトからの新しい修行形態に対しては地元では違和感がある。

一般に修行者は篠栗だけで滝行を行うのではなく、外部の滝も修行場としている。遍路として篠栗に来る団体や信者は、篠栗だけでなく他の所に出かけていくことが多い。篠栗の各寺院や札所も篠栗だけを巡るのではなく、外部の寺院や霊場への参拝と合わせての巡礼や参拝を提唱している。こうしたいくつかの双方向の動き、篠栗の地域社会を巡る、ソトからウチ、ウチからソト、ウチからウチの動きこそが、篠栗に活力を与えている。

五　森林セラピー

最近、篠栗の遍路道と札所などで、植物を各所に挿しながら歩くという新しいタイプの「先達」による団体が見られるようになった。人数は大体一〇人以下、年齢は一般的に高い。札所の宿坊に止まって、一般の遍路と同様にお参りもする。この人たちは「森林セラピー」の人である。「森林セラピー」とは、篠栗の植物や札所を案内して、遍路道を通って行くので、森の中にある寺院や札所で様々な活動を行う。札所ではお参りも行うので、篠栗の場合には、「森林セラピー」の内容は半分位が宗教性を帯びることになる。活動の主体である「森林セラピーソサエテイ」は東京で二〇〇九年にＮＰＯ法人として成立した。「ドイツの自然療法」という基本観念を思想にして、「森の力」を浴びて「五感で心も体もリフレッシュをする」ヒーリング活動で、キャッチフレーズは「森の力が心と身体を癒す」である。全国には五三ヶ所の「森林セラピー基地」を設けて、散策路の「セラピーロード」

を設定した。森林セラピー基地とはホームページには「リラックス効果が森林医学の面から専門家に実証され、さらに、関連施設等の自然・社会条件が一定の水準で整備されている地域のことです。」と定義されている。[17] 森林セラピーとは癒し効果が科学的に検証された「森林浴効果」をいう。現代の科学に基づくという点が重要である。

篠栗でも役場の援助を受けて、二〇一〇年に開始した。篠栗は「自然と文化」の豊かな場所で、森の巨人たち一〇〇選[18]に選ばれた「トウダの二又」や「大和の大杉」がある若杉山も町内にあって、「森林セラピー基地」に相応しいと考えられたのである。篠栗町は産業観光課に森林セラピー事業担当を設けて篠栗町も協力して「森林セラピーガイド」と「森林セラピスト」を養成するために、五〇人の地元の人を募集して基地登録講座を主催し、一年間かけて植物の知識を勉強させて、篠栗の環境に適応したガイドになるための訓練を施した。[19] 篠栗での訓練の特徴は札所の霊場会が重要な役割をしたことである。遍路道と札所の案内、遍路の参拝の仕方から経文まで教えて、宗教性の醸成へと導いた。ガイドと呼ばれる人たちも、森林セラピーの活動を開始して初めて遍路や修行をすることになった。各人が森林セラピーに関わった動機は様々だが、都会から離れたかった、自然が多いところで「人生をリセット」したい、篠栗の発展に協力したいといったことが主だった。森林セラピーの活動への参加者の動機は多くの場合は「ヒーリング」である。喪に服す人たち、精神の病いに悩む人々、人生の悩みをもつ人々などが、気分を転換したいという気持ちで参加することが多い。地域別で見ると、一番多いのは福岡市内や近隣の町の出身であるが、篠栗町内の参加者もいる。「森の風・篠栗」（森の案内人の会）を組織して一緒に森を歩いて「癒しの旅のお手伝い」をする活動が続いている。

篠栗の森林セラピーの特徴はその宗教的な部分にあるのかも知れない。霊場会の力を借りて、宗教的な活動を体験させる。自分の「修行」として、「森の案内者」と呼ばれるガイドたちは毎月お遍路もする。二ノ滝寺や延命寺などの札所では、水行、写経、座禅、ヨガ、経典の説明会などの講座が開催されている。このような活動は森林セラピーに限定されずに、一般の個人や団体からも歓迎されている。「長い間、流れていく時間を静かにみつめていく点で、森も札所も同じなのですよ」と述べている案内者が多い。札所の人に聞くと、こういう活動にガイドとして参加する人たちは「信仰関心」を全く持っていないという。「体験」や「リフレッシュ」という目的で参加するので、宗教的な内容をできるだけ短くするか、「簡単」に案内して済ませる。それでも、時々は、もう少し深く体験したいという人たちも現れるので、宗教性の内容も大切だと考えられているといえる。

六　体験遍路

篠栗町役場や霊場会が組織して、篠栗の学校などで遍路をさせる活動も行われている。篠栗では霊場会の寺院の全ては自分たちだけの「遍路」を行っているが、寺院の信者・檀家・知り合いに限る活動になる。「体験遍路」というのは普段はお参りを全くしない一般人を対象とする。篠栗町の周りの学校・老人クラブなどが「体験遍路」に参加する。「遍路」は篠栗町と隣の町との関係性の構築に重要な役割を果たしている。「地元の人は札所に行かない」とよく聞くが、「体験遍路」に参加する人たちは主に篠栗町とその隣接する地域が中心である。それは、「森林セラピー」などのような活動と同じく、昔の大きな遍路団体とは違っている。札所の堂守の語りでは「昔の遍路」は、六〇人以上が集まって、長崎県・佐賀県・熊本県・鹿児島県・山口県などの地域から鉄道でやって来ていたが、現在では、マイクロバスに乗れる人員の小さな団体が普通になった。福岡市内と隣の地域の人たちも多いため、一日だけの遍路をする人も少なくない。こういう形で札所参りをする人たちは、多くの場合には、友達か知り合いの誘いがきっかけとなって、一つの札所で座禅や滝行などを「体験」したうえで、「気持ちがよかった」という理由で続いてくるようになることも多い。もちろん、一度だけ「体験」をしても修行が続いていない場合もあるだろう。ただ、この人たちが諦めた理由は色々あって個人的である。

地元の札所の堂守や霊場関係者によると、遍路の仕方や遍路の形態はここ一〇年間に大きく変化してきたという。遍路の場合は、きちんと参詣して巡るという拝み方が減ってきて、「スタイル」（衣装）も変わってきた、といわれる。遍路は「自由なスタイル」で巡るようになり、「登山かハイキングの格好をしている」と言う。現代は「車社会」になったので、遍路の交通手段も車かマイクロバスを使って、篠栗に宿泊しないことも一般的になった。一方では、子供や若者が増えてきたともいい、歩いて参る「歩き遍路」をする人たちも再び見られるようになった。ここには健康ブームの影響もみられるようだ。

まとめと考察

本論文では現代における様々な修行や遍路の形態を述べてきたが、その中核にある「行」の思想について検討してみたい。長谷部は「行」とは「悟りや成仏、あるいは神や超自然的力との合一と形容されるような境地である」と述べる［長谷部二〇一一：二〇五］。「俗界から隔絶した霊山の聖なる時空で行を修めてきた」のが修験や行者たちであった。行場や寺社での修行や行法は、高い専門性を特徴としており、口伝・密法の相承であった。しかし、最近は「体験修行」という新しい形態が顕著になってきた。長谷部は「体験修行」の定義を提案する。それは「専門的な宗教者や篤信の在俗信者など宗教に深くコミットする人々を対象とするのではなく、広く一般向けに設けられた修行の形態を指している」［長谷部　二〇一一：二〇五］のである。その内容としては、修行の内容や行法をやりやすい形にアレンジしたものが多い。参加者は信仰者に限らず、「ストレス解消、健康志向、自分探し、関連書籍などを通しての興味・関心等々」という理由から修行をする［長谷部　二〇一一：二〇六］。その中には一度の体験で終わらず、その後にも何回も続ける例もみられ、「特定の信仰の道を進むケースも出てくる」。さらに、「体験修行」の思想においては、「新たな俗界との向き合い方を見出そうとするところ」にも特徴がある。

近年になって、「体験修行」に関心を持つ人々が増えている。その盛況は世界遺産やパワースポットという話題性を持って、寺院をはじめとする聖地が取り上げられたり、あるいはメディアの影響があったりすることが原因である。それでも、寺院の座禅会・阿字観・写経教室、巡礼・遍路などの盛況は「昭和の段階とりわけ戦後の高度成長期に当面して、心の豊かさを求める風潮が高まるとともに、根強く一般に支持されるようになった」という。「体験修行」の背景には、熊野に典型的にみられるように、世界遺産、パワースポット、癒しや健康を巡る現代人の新たな欲求がある。その上、現代社会の「無縁化・無機質化」の現状もある。人々との繋がりを保つことの難しさ、自己を見失い、将来の不安を持つ人々が、「自己と向き合い、改めて気持ちを再起動したいとする現代人の思いに、体験修行は一つの場を提供してくれる」と述べる。しかし、スポーツのような心身の爽快感への期待だけではなく、修行の場合は宗教的な意味もある。宗教的修行とスポーツ修行の区別を説明するために、長谷部は岸本英夫の修行論に影響を与えたアメリカの哲学・心理学者、ウイリアム・ジェイムズ（W. James）の『宗教的経験の諸相』の議論をとり上げる。「宗教的経験とは自己より大きい或るものとの合一を意味し、人々はその合一体験に最大の平安を見出すのだ」〔長谷部　二〇一一：二〇八〕とジェイムズは述べる。この解釈の大切な部分は「非日常な体験」ではなく、「自分よりは大きいと意識される或るものとの交流という緩やかな非日常感覚」である。修行者の語る「自然と一体になる」という体験と同じに見える。

最近、修行の中でも特に山の修行は人気がある。人々が山を志向する理由は色々な観点から考えられる。その一つは現代社会に生活する人々にとっての山の環境観である。すなわち、広大な自然、清浄な空気や水、風景などである。その上に、山は感情的（エモーショナル）に訴えかける面がある。長谷部は、ルドルフ・オットー（Rudolf

図2　磁場としての篠栗

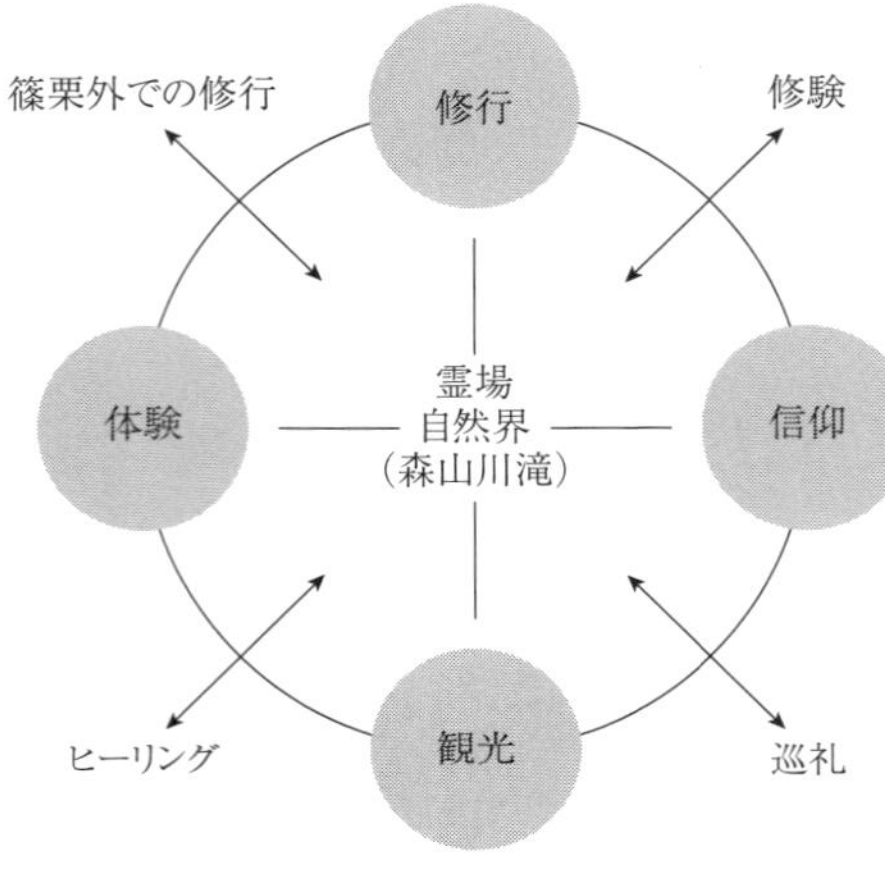

Otto）の『聖なるもの』の概念を利用して山の聖性を論じている。「景観のもたらすエモーショナルな訴求力と呼応して、こうした宗教的感情をとりわけ激しく呼び起こす」と述べている。

篠栗の事例では大きな変化が見られる。一般的に言えば、「近代化」を通じて伝統な宗教的慣行や実践を喪失してきた社会の様相の現れと考えることが出来る。しかし、最近では霊地で修行をする人たちや巡礼や修行の活動が増えてきた。篠栗と同じく、日本の各地では新しい概念を借りて、以前から存在したものに新たな意味付けを施し、地域を復活させる試みが行われている。もちろん、「体験修行」を一度だけ体験して諦める人たちは多いかも知れない。しかし、その中の三分の一くらいは何らかの形で続けていくようである。こういう選択には個人的な状況や事情が大きな役割を果たす。行者の道に入る動機は、以前とそれほど違わないかもしれない。現代人の多くは宗教か信仰という用語を使いたくないという気持ちがある。「体験」や「セラピー」という用語を借りて、従来の思想や実践を再構築していこうとしているのであろう。

篠栗は本四国の「移し霊場」として、凝縮した「意味空間」を形成している。また、人々が暮らしを営む「里山空間」の中に八十八ヶ所が点在し、日常と非日常性が連続性を帯びている。寺社や祠が至る所にありながらも、人々が暮らしている生活世界でもある。篠栗は多様な目的を持つ人々をひきつける「磁場」（magnetic field）として作用するといえる。体験と信仰、修行と観光という二つの軸を想定してみると、修行と信仰に関わる「修験」、信仰と観光に関わる「巡礼」、観光と体験に関わる「ヒーリング」、体験と修行に関わる「体験修行」という四つの方向性を設定できる。本論文で強調した、篠栗の外との交流、特に行者や拝み屋さんの活発な活動は、まさしく最後の「体験修行」であった。こうしたウチとソトの交流が複雑に展開しているのが篠栗という地域社会である。篠栗は凝縮した「霊場」であるだけでなく、森と山と川と滝など魅力的で身近な自然にあふれ、人間味ある場所で、多くの人々を引き寄せる（図2）。

「霊場空間」を舞台として、ウチとソトの交流は様々な次元で「コンタクト・ゾーン」（contact zone）を形成し、多様な思想や実践がまじりあう異種混淆（hybrid）の状況が展開している。ウチとソトの関係は優劣の関係ではなく、非対称的ともいえないのであり、関係性と状況に応じて複雑に展開し、思いもよらないような想像力が生まれる。篠栗新四国札所第一番で本格的な仏教寺院である南蔵院でもこの傾向は顕著である。「コンタクト・ゾーン」では、真正性（authenticity）や非真正性がまじりあい、明確に区別できない中で新たな創造力が発揮されている。こうした現象は現代社会の特徴であるともいえる。「磁場としての篠栗」を、今後もさらに深く探究してみたいと考えている。

注

（1）三大霊場は知多四国霊場（愛知県）と小豆島四国霊場（香川県）と篠栗である。
（2）四国八十八ヶ所の札所を巡礼でめぐる人々を遍路といい、篠栗も同じ名称で呼ばれる。
（3）各札所の状況については［井上　一九九三］を参照のこと。
（4）『篠栗町誌　民俗編』一九九〇、『篠栗町誌　歴史編』一九八二に詳しい。
（5）八十八ヶ所以外の拝所を番外や番外札所という。
（6）一九八〇年代の篠栗の実態については、［読売新聞社出版局・宗教考現学研究所編　一九八六］で知ることが出来る。現在と比較すると、急速に変化しているが、したたかな持続性もある。
（7）篠栗の民俗については［西　一九八二］が詳しい。

（8）パワースポットは一九九〇年代の初めに超能力者と自称する清田益章が「大地のエネルギーを取り入れる場所」として提唱したが定着しなかった。二〇〇四年頃からスピリチュアリティを実践する江原啓之の影響やメディアを通じて広まり、二〇一〇年代以降はブームを引き起こした［菅　二〇一〇］。

（9）巡礼の新しい捉え方や、地域社会との関係性については前稿で検討した［ラモット　二〇一三］。

（10）ウツシ霊場の捉え方については、［中山　二〇〇八］を参考にした。

（11）明王院はさほど古い寺院ではないが、養老の滝は善無畏三蔵が養老二年（七一八）に開創して不動明王を祀って修行したことに因む名称と言う。弘法大師が唐から戻った時にはこの滝で修行したとされている。

（12）最後の盲僧は、第一五番札所、妙音寺の先代住職であった。ここの本寺は高宮の成就院で玄清法流の琵琶を伝えていた。現住職は晴眼で、少数の家の竈祓いに琵琶を使う。

（13）五剣ノ滝、紅葉ヶ滝と共に郷ノ原川の禊の三滝といわれる。名称は黒田藩の食客であった三宅千鶴がこの滝に打たれて、剣の極意を会得して、この地に居住したことに由来する。

（14）昭和三七（一九六二）年に二ノ滝寺を継いで改築した。布教活動を積極的に行っている。

（15）本人からの聞書による個人史に詳しい実態が描かれている［庄崎　二〇〇七］。

（16）一九六四年に川上英明が大日如来を感得して創建した寺院で、南薩八十八ヶ所を作り積極的に活動する。日本各地に分院があり、海外でもイギリス、カナダ、アメリカ、イタリアに別院がある。

（17）http://www.fo.society.jp　二〇一三年九月三〇日最終アクセス。修験との関係で言えば、奈良県吉野町と和歌山県高野山町も指定されている。

（18）二〇〇〇年に林野庁が次世代への財産として残すべき「国民の森林」を選び保護活動を進める事業を行い、全国の国有林から直径一m以上の樹木や地域の象徴の樹木を候補として、百本を選定した。

（19）篠栗町は「森林セラピー基地」のホームページを開設して情報発信もしている。

文献

井上　優
　一九九三『篠栗八十八ヶ所霊場めぐり』福岡：西日本新聞社。
岸本英夫

一九七五　『信仰と修行の心理』（岸本英夫集　第三巻）東京：渓声社。
坂本大三郎
二〇一二　『山伏と僕』東京：リトル・モア。
篠栗町教育委員会編
一九八二　『篠栗町誌　歴史編』。
一九九〇　『篠栗町誌　民俗編』。
庄崎良清
二〇〇七　『おみくじ――神仏の器となりて』（藤田庄市・聞き書き）篠栗：私家版。
菅　浩子
二〇一〇　「パワースポットとしての神社」石井研士編『神社はどこへ行くか』東京：ぺりかん社、二三二～二五二頁。
鈴木正崇
二〇一三　「民俗社会の持続と変容――福岡県篠栗町若杉の事例から」『人間と社会の探究　慶應義塾大学大学院社会学研究科紀要』七六号、八三～一四〇頁。
二〇一四　「仏教寺院の近代化と地域社会――福岡県篠栗町の事例から」『人間と社会の探究　慶應義塾大学大学院社会学研究科紀要』七七号、一七七～二一一頁。
中山和久
二〇〇八　「模倣による巡礼空間の創造――篠栗四国霊場の表象と実践」『哲学』一一九集〈文化人類学の現代的課題Ⅱ〉慶應義塾大学三田哲学会、六五～一〇九頁。
西　義助
一九八二　『ささぐり　くらしの四季』篠栗：私家版。
長谷部八朗
二〇一一　「山の聖性と体験修行」宮家準編『山岳修験への招待――霊山と修行体験』東京：新人物往来社、二〇四～二一〇頁。
読売新聞社出版局・宗教考現学研究所編
一九八六　『九州・篠栗霊場の旅――弘法大師の世界』東京：東京読売新聞社。
ラモット、シャーロット
二〇一三　「巡礼と地域社会に関する方法論的考察――篠栗新四国霊場の事例を通して」『人間と社会の探究　慶應義塾大学

大学院社会学研究科紀要』七五号、六七～八〇頁。

＊本稿は『人間と社会の探究　慶應義塾大学大学院社会学研究科紀要』七七号に掲載された論文を再録して修正を加えた。

歩き遍路と海の風景——現代四国遍路のコスモロジー

浅川泰宏

一　問題の所在

1　聖地と海

海と聖地とは深い繋がりをもつ。例えば上田篤は、山や岬、巨木、巨岩、そして古墳などの聖なる場所が漁民のヤマアテに用いられることに注目し、海上交通のランドマークとなる自然あるいは人工の事物が聖地化されるという視点を示した〔上田　一九九三〕。日本の巡礼のなかでも、四国遍路や熊野詣はとりわけ海との関係が深い。四国遍路については、『梁塵秘抄』の「我等が修行せしやうは、忍辱袈裟をば肩に掛け、又笈を負ひ、衣はいつとなくしほたれて、四国の辺地《へち》をぞ常に踏む」という歌が有名である。五来重は、辺地を岬や岩をめぐる行道や洞窟での禅定、海の龍王に献灯する龍灯信仰などの要素をもつ修行形態であり、海上他界観に立脚する「海の修験」と捉え、四国遍路の原型にこの辺地修行を位置づけた〔五来　一九八九〕。熊野も辺路《へち》と呼ばれる巡礼路を持つ。近藤喜博は熊野と四国の関連性に注目し、ともに海の辺地をめぐる巡礼で、四国遍路の「八十八」の札所群の成立と普及に、熊野の「九十九」王子という概念が影響を及ぼしたという説を提示した［近藤　一九七一、一九八二］。四国と熊野に共通して重要なのが補陀落信仰である。熊野では那智の補陀洛山寺、四国では足摺岬、室戸岬、志度寺などに補陀落渡海に関する伝承がある［根井　二〇〇八］。

五来や近藤に共通するのは、四国遍路の聖地性を海の他界に見いだす視点である。いわば四国遍路のコスモロジーを、海の風景が喚起する想像力に引きつけ、これを歴史的かつ俯瞰的な理解を試みたと言えるだろう。五来においては、この視点から四国遍路の全札所を再考する試みもなされた［五来　二〇〇九（一九九六）］。そこではしばしば札所の空間的変遷への留意が指摘され、海の他界との回路を保持した始原的聖域として「奥の院」への注目が促された。

五来の指摘は四国遍路の成立を考える上では興味深いが、現代の四国遍路の解釈に適用するのは少々無理がある。というのも、第一に、奥の院まで足を伸ばす巡礼者は稀少であること、第二に、特に歩き遍路では、札所での参拝よりもむしろ、巡礼路を歩く道中が重視される傾向があること、という二つの実態があるからである。一方で、現代の四国遍路と海とが切り離されているわけでもない。四国遍路を表象する風景として、春の菜の花畑と同様、しばしば海の風景が取り上げられる。そこで本稿では、現代の歩き遍路の実践的な視点から、海の風景が喚起する想像力とコスモロジーの問題を再考してみたい。

２　歩き遍路のコスモロジー

ここで重要なのが、星野英紀の現代歩き遍路の意味づけ論である。星野は「四国遍路全体を悟りへと至るプロセスと考える意味づけがかなりの説得力を持っている」と指摘する［星野　二〇〇一：三二四］。すなわち、四国遍路には八十八の札所を、徳島県の二三ヵ寺（一番～二十三番）を「発心の道場」、高知県の一六ヵ寺（二十四番～

三十九番）を「修行の道場」、愛媛県の二六ヵ寺（四十番〜六十五番）を「菩提の道場」、香川県の二三ヵ寺（六十六番〜八十八番）を「涅槃の道場」に割り振り、菩薩の修行階梯に見立てるという考え方が定着しており、この「意味づけ（見立て）」が巡礼体験の重要な解釈枠組みになっているというわけである。

さらに巡礼では、このコスモロジーが移動のなかで段階的に読み取られるという点が重要である。この点については、長田攻一、坂田正顕らが、社会学の立場から、〈道空間 road space〉という概念を設定し、道を空間的に理解する視点を打ち出した。坂田によると、道空間は、移動にともなう①物質の補給と排出の処理、②ヒト・モノ・カネ・情報の移動と伝達、③人間同士の社会的相互作用の生成、④象徴的・心理的意味作用を促す場の提供、の四つの機能を持ち、これらはパーソンズのAGILにおおよそ対応するという［坂田 二〇〇三：七〇―七二］。本稿に関連が深いのは④の「意味生成機能」である。とりわけ、道中に濃厚な遍路体験の契機があるとされる現代の歩き遍路においては、道空間は巡礼の実践によって意味が織りなされる、「体験される空間」と理解できる。

このように考えるとき、空間を人々の暮らしの経験や記憶の累積する「生きられた空間」と理解し、祭祀を通して表象されるコスモロジーの動態的な読み解きを行った鈴木正崇の試み［鈴木 二〇〇四］が、ここに重なる。すなわち、歩き遍路という儀礼の実践によって「歩かれた空間」において、海はどのように体験され、意味化されるのか。(1) 以下、本稿では、筆者のフィールドワークをもとに、巡礼の行程と、それに伴う海の風景の変化を確認する。その上で、歩き遍路における意識の変容と海の風景の変貌がどのように関連づけられ、四国遍路のマクロなコスモロジーに接続されるのかという問題を考察したい。

二　調査方法

二〇〇九年から二〇一二年にかけて、一番から昇順に巡礼する「順打ち」を基本とし、七回の「区切り打ち」を重ねるという方法で、歩き遍路の参与観察を行った。

四国遍路の巡礼路は遍路道と呼ばれる。巡礼対象の札所を歩いて巡拝するという、歩き遍路に目的合理的な道が遍路道として認識され、整備され、利用されている。遍路道のあり方は多分に認識論的で相対的である。歴史的にも変遷するし、認識主体、整備主体の違いによって複数のルートが提供されることもある。こうした遍路道のあり方の詳細な議論は別稿に譲るとして、ここでは遍路道は、八十八の「本札所」間を直結する幹線的なメイン・ルートと、番外札所などを経由する支線的なサブ・ルートがあることを押さえておきたい。メイン・ルートも一本道ではなく、新道と旧道の併存などオルタナティヴなルートがある場合もある。

巡礼者は、これら複数のルートから、自らの遍路道を選び取っていく。どの道が遍路道かという情報は、地図やガイドブック、現地に設置された道標などから得られる。地図や道標などの作成者を遍路道の提供者、巡礼者を遍路道の利用者ととらえることもできる。巡礼者は一般に、事前に地図等である程度ルートを選定し、現地の道標で確認・補正しながら巡礼を進める。つまり、歩き遍路とは、自覚的、あるいは無自覚的に自らの道を選び取り、歩かれた道としてつなげていく行為とも考えられる。

現代の歩き遍路に、もっとも支持されているのが、へんろみち保存協力会が整備するルートであろう。歩き遍路の詳細な地図を掲載する『四国遍路ひとり歩き同行二人』（以下、『同行二人』）は、一九九〇年の初版以降、改訂を重ね、二〇一三年三月現在の最新版は第一〇版となっている。へんろみち保存協力会は、道標の設置にも積極的である。現地でも、シールや掛札などの簡便な形式から石像物などの重厚なものまで、同会が設置した多種多様な道標を目にする。道標との連動という点でも、『同行二人』は、使い勝手が良い。本調査では、調査開始時の最新版であった第八版（二〇〇七年）を利用し、事前に歩くべきルートを計画しつつ、現地で随時、道標の指示に従うという形をとった。メイン・ルートが複数ある場合については、第一に歩き遍路向けと案内されるルートを選び、それが複数ある場合においては、目的地への距離や所要時間がより短いルートを選んだ。さらにメイン・ルートが複数ある区間で、その選択によって、海の体験に著しい差異が生じると考えられる場合は、後日、追加調査を行った。

三　歩き遍路と海の風景

1　徳島県・阿波

一番から順打ちの四国遍路は、海が見えない状態で始まる。海に出会うのは、巡礼開始から約一週間後、阿波最後の札所の前後においてである。海沿いの町、美波町日和佐にある二十三番薬王寺では、山門から厄除坂を登って、本堂・大師堂に参拝し、振り返ると東に開けた境内から日和佐の港を望むことができる。実は、山岳霊場の十二番焼山寺の山門前の参道や、二十一番太龍寺の多宝塔前や南舎心ヶ嶽などでも、鳴門海峡や紀伊水道を遠望できる場所がある。とりわけ、太龍寺の南舎心ヶ嶽は、空海が虚空蔵求聞法を修した場所とされ、東方の紀伊水道に向かう空海像が設置されるなど、宗教的コンテクストを持った海を見るスポットになっている。ただし、焼山寺はやや気づきにくく、太龍寺は、山門、納経所、本堂、大師堂といった巡礼の基本的な動線からは外れたところにある。

薬王寺から室戸岬の二十四番最御崎寺までは約七五キロメートルの長丁場である。しばらくは山間部を歩いた後、牟岐町内妻で海沿いの道となる。ここから海陽町にかけて、峠と海浜が交互に織りなす「八坂八浜」があり、途中の鯖瀬には鯖に関する弘法大師伝説を伝える番外札所の鯖大師がある。平等寺から薬王寺までの区間で、山間部を通る国道ルートではなく、海岸部を通る由岐ルートを選択していた場合、田井ノ浜、白浜、恵比須浜、大浜と、八坂八浜に似た風景を先取りすることになる。海陽町では、那佐湾や宍喰で海の間近を歩き、水床トンネルを越えて高知県に入る。

写真1　室戸岬への道

2　高知県・土佐

東に室戸岬、西に足摺岬を擁する土佐では、遠く水平線まで見渡せる雄大な太平洋を、常に身近に感じながら歩き続ける感覚がある。渡船で海上を渡る「海の遍路道」や、砂浜の上を歩く大岐浜など海に近接するスポットに加え、足摺・室戸の補陀落信仰や、「楫取地蔵」（二十五番津照寺）、「船霊観音」（三十二番禅師峰寺）、「波切不動」（三十六番青龍寺）など、海に関連する宗教的コンテクストも濃厚である。

室戸岬をまわる遍路道は太平洋沿岸をひたすら歩く。とりわけ、安芸郡東洋町の伏越の鼻から淀ヶ磯を経て入木までの約八キロメートルは、海と空と道以外に何もない虚空の空間が連続する。ここはかつて飛石・跳石、ゴロゴロ石と呼ばれた道無き道であった（写真1）［浅川　二〇一一b］。路面と海面の高低差も小さく、波の音や潮の香りも強い。室戸岬をまわった後も、遍路道は海岸線に近い場所を通る。防波堤道や海沿いのサイクリングロードが遍路道として案内されており、接待所や善根宿も設置されている。

二十八番大日寺の手前、香南市赤岡町付近から遍路道は高知平野に入り込むが、三十二番禅師峰寺で再び海岸線に近づく。三十三番雪蹊寺との間にある浦戸湾では県営渡船が、三十六番青龍寺近くの浦の内湾では須崎市営巡航船が、「海の遍路道」として利用されている。四国遍路には渡船が多くあったが、現在は、この二つが残されているのみである。[2]

四万十川中流の台地にある三十七番岩本寺から足摺岬の三十八番金剛福寺への八〇キロメートル超は札所間の最長区間である。幡多郡黒潮町佐賀から浮鞭までほぼ海沿いの遍路道が続くほか、土佐清水市下ノ加江からは足摺岬の半島部に入り、久百々、大岐、以布利と次々に海を見る（写真2）。なかでも大岐海岸は、海岸に降りて砂浜の上を歩く遍路道が案内されており、現代の歩き遍路が、もっとも印象深く海を体験する場所といえよう。

写真２　足摺岬への道からみる太平洋

以布利からは、窪津・津呂経由の東回りと、清水・中浜経由の西回りがある。どちらも断続的に海を眺めながら金剛福寺に至る。足摺は室戸に比べて地形が複雑である。岬の先端を見据えながら、平坦な海沿いの道を延々と歩く室戸への道に対して、足摺は起伏のある道で、海岸線に接したり離れたりを繰り返す。路面と海面との高低差も比較的大きく、波の音や潮の香りも室戸のほうが強い。足摺から三十九番延光寺へのルートは複数ある。下ノ加江や番外札所の真念庵まで打ち戻り、内陸を進むルートと、清水経由で番外札所の月山神社に立ち寄るルートに大別されるが、後者は海沿いの道を歩く区間がある。

海が見える札所も多い。海岸線に近い札所に加えて、海に向かって開けた山腹にある二十七番神峯寺と三十五番清瀧寺でも境内から海が見える。さらに室戸の御厨人窟、不動岩、夫婦岩（鹿岡鼻《かぶかのはな》）、足摺の白山洞門など、海が作った地形が聖地化されている事例も多く、そのいくつかは四国遍路の番外札所になっている。

3　愛媛県・伊予

延光寺から宿毛を抜け、松尾坂峠を越えて伊予に入ると、雄大で荒々しい太平洋から穏和な内海へと海の表情が激変する。その嚆矢が、松尾坂峠の登り道で見る宿毛湾であり、峠の中央部から望む宇和海である。

伊予最初の札所、四十番観自在寺のある愛南町御荘平城を出発してほどなく、八百坂峠で御荘湾・内海を見る。さらに愛南町柏〜宇和島市津島町には、柏坂が遍路古道として整備されている。五〇〇メートル以上の標高差のある峠道を半日がかりで越える難所であるが、古道の雰囲気を体験できるとして人気が高い。この柏坂からも海が見える。標高四五〇メートルの地点にあって宇和海が一望できる「つわな奥展望台」（写真3）には、内海商工会青年部によって「癒しの椅子」が設置されている。海は鑑賞の対象であり、また「癒し」を喚起する装置でもある。四十二番仏木寺から四十三番明石寺の途中にある歯長峠においても、急な登り坂を上がったところで宇和海が見える。

明石寺から先は久万高原を目指すため、しばらく海から遠ざかる。海に再会するのは、松山市中心部を過ぎた後である。(3) 松山から先は、今治方面の札所群を目指して高縄半島の沿岸部を歩く。ここでは瀬戸内海の穏和な海が身近に確認できる。とくに堀江〜粟井坂や浅海〜菊間の海と山との僅かな空間に敷設された国道五六号線を歩く区間は、室戸岬への道を彷彿させるが、海の風景はまるで異なる。瀬戸内海の斎灘はなだらかで、波の音も小さい。室戸や足摺の海は、島々や人工物がほとんどなく、ただ海と空が広がるのみであるが、ここでは、芸予諸島の島々に加えて、太陽石油菊間製油所のコンビナートなどの工場や港湾施設、大型の船舶などの工業的な港湾風景が見られる点も異なる。

海が見える札所は少ない。観自在寺や五十五番南光坊は海に近いが高低差がないために海は見えず、逆に高所にある五十八番仙遊寺、六十番横峰寺、六十五番三角寺などで、登山道や宿坊、駐車場などから、本四連絡橋「しまなみ街道」をランドマークとする来島海峡の風景や、コンビナートと燧灘が遠望できる。だが、本堂や大師堂等の境内主要部から海が眺められる札所はない。

伊予の海は南予と中予・東予での微妙な違いもある。リアス式海岸の南予では、松尾坂、八百坂、柏坂、歯長峠などの峠からみる宇和海の風景を特徴とする。中予・東予では斎灘や燧灘の鏡のような海面が見られる。松山、今治、西条、新居浜、三島・川之江は瀬戸内工業地域の主要工業都市でもあり、大規模な港湾風景も特徴といえる。

写真３　柏坂峠から見る宇和海

４　香川県・讃岐

讃岐の海の風景は、①瀬戸内海のなだらかな海面、②塩飽諸島や小豆島などの島々や対岸の本州が見えること、③港湾施設や船舶など人工物が多い、などの点で伊予と類似する。だが遍路道は、多度津、丸亀、宇多津、坂出、高松と港町を通過するが、埋立てで海岸線が遠ざかったり、構造物に視線が遮られたりなどで、ほとんど海は見えない。東讃の牟礼〜志度で遍路道は海岸線に近づくが、海は僅かに見える程度である。

札所からの眺めも同様である。六十八番神恵院、六十九番観音寺、七十七番道隆寺、八十六番志度寺は海に近く、八十一番白峯寺、八十二番根香寺、八十四番屋島寺、八十五番八栗寺は瀬戸内海に突き出た半島や岬に位置する。

写真４　雲辺寺下山道からみる瀬戸内海と讃岐平野のため池

とりわけ、志度寺は全札所で最も海岸線に近く、境内でも潮の香りが感じられる。藤原不比等と海女の伝説や補陀落信仰など、海との意味的なつながりも深い。屋島も源平の合戦で海のイメージが強い。しかし、いずれも、立地条件等から境内の主要部から海を見ることはできない（白峯寺、屋島寺、志度寺では、駐車場等からは見える）。

むしろ讃岐で特筆すべきは「ため池」の存在である。標高九一〇メートルの六十六番雲辺寺は、境内が山の南側に展開するために海を見渡せないが、徒歩五分程度の山頂やロープウェイ駅、六十七番大興寺に向かう下山道から、海原に島々が浮かび、平野に多数のため池が浮かぶという独特の風景が眺望できる（写真４）。とくに雲辺寺山頂からは、西側の伊予三島・川之江方面から、県境の山地を挟んで、北側の観音寺・善通寺方面までパノラマで見渡せるため、両者の違いが明瞭にわかる。香川県に約一万四六〇〇あるため池〔香川県農政水産部土地改良課Ｗｅｂサイト〕は、降雨の少ない讃岐平野において水資源確保に重要な役割を果たしてきた。讃岐の歩き遍路は、多くのため池を目にし、その側を歩く区間も少なくない。この意味で、海に陸（島）、陸に海（池）が浮かぶ、すなわち両者が混交し、反転する讃岐の海の風景は、土地の暮らしが作り上げた文化的景観である。

志度寺から先は内陸部にある。最後の札所、八十八番大窪寺の本堂は女体山を借景に山中に入峰するような構図になる。遍路行の果て、海は最後に消滅するのである。

四　海の想像力とコスモロジー

1　札所と海

四国八十八カ所のうち、本堂・大師堂周辺から海が見えたのは、薬王寺、津照寺、神峯寺、禅師峰寺、清瀧寺である。これら五ヵ寺では巡礼者のほとんどが海を目にするだろう。さらに阿波の焼山寺、太龍寺、土佐の最御崎寺、金剛頂寺、金剛福寺、伊予の仙遊寺、横峰寺、讃岐の雲辺寺、曼荼羅寺、出釈迦寺、郷照寺、白峯寺、屋島寺、志度寺では宿坊、駐車場、登山道、ロープウェイ駅などから海を望むことができた。

これらの札所は、①海との距離が近い、②海面を見下ろす高度がある、のいずれかまたは両方の立地にある。海岸線まで直線距離で一キロメートルをひとつの基準とすると、①に該当するのは、薬王寺、最御崎寺、津照寺、金剛頂寺、禅師峰寺、郷照寺、屋島寺、志度寺である。とりわけ、津照寺と志度寺は約一〇〇メートルときわめて至近にある。津照寺は高台にある本堂からの帰路で、室津港の風景が自ずと目に入るが、平地にある志度寺の見えるポイントは境内内部ではなく、裏側の駐車場である。青龍寺、観自在寺、太山寺、円明寺、南光坊、神恵院・観音寺、道隆寺も、海岸線から約一キロメートル圏内に位置するが、立地条件や遮蔽物の存在から海を見通すことはできない。

歴史的経緯から排除された海の風景もある。現在の六十八番札所は、観音寺境内にある神恵院だが、近代以前は琴弾八幡宮であった。両者は海岸沿いの琴弾山（標高五〇・三メートル）にあるが、内陸側の山腹に位置する観音寺からは海は見えないのに対し、山上の琴弾八幡宮からは有明浜と伊吹島が浮かぶ燧灘を一望できる。この眺めは「四国中佳景多シト云トモ当山ハ無類ノ境地也」［澄禅　一九九七（一六五三）］など、遍路たちにも名勝として親しまれていたが、神仏分離によって、遍路体験から排除された。五十七番栄福寺においても、旧札所である石清水八幡宮にも参拝する遍路は現代では希であり、同所から見える来島海峡の風景はほとんどの遍路に体験されない。五来が重視した奥の院からの海の風景もこれに類するといえる。青龍寺や太山寺の奥の院は、海を拝する立地にあるが、札所寺院は海が見えない場所にある。

このように見てみると、海が見える札所の条件はなかなか複雑かつ繊細であり、印象深い海の風景を持つ札所は、むしろ少数である。つまり、五来の言うような辺地信仰の世界は、現代の遍路には体感されにくいことが再確認される。

２　海の風景とコスモロジーの段階的変容

むしろ、それぞれの札所単体から四国遍路世界全体へと視点を広角的に移したとき、海の風景が地域ごとに変化することが重要である。四国そのものが多様な「海」に囲まれているため、四国を周回する四国遍路では、巡礼の進行に伴って、徳島県北部では東に紀伊水道、徳島県南部と高知県では南に太平洋、愛媛県南予では、西に宇和海、愛媛県中予・東予と香川県では北に瀬戸内海と、地域ごとに異なる方角に異なる表情の海を見ることになる。[4]ここに、星野が重視した四国霊場を発心・修行・菩提・涅槃の小世界の段階的集合ととらえるようなコスモロジーを重ねてみたい。

阿波・発心の道場では、当初、海の存在は明確ではない。焼山寺や太龍寺から海は遠望できるが、誰の目にも明らかなものではなく、意図的に探したり、南舎心ヶ嶽などに足を伸ばしたりする巡礼者にのみ姿を見せる。しかし、薬王寺では、海の存在は疑いなきものになる。その前後、八坂八浜や由岐ルートでも、海は断続的に姿を見せる。つまり、意識されないものから意識されるものになる阿波の海は、無から生じた有であり、「発心」の象徴と解釈できる。

土佐・修行の道場では、海は圧倒的な一元的世界として巡礼者に迫る。対岸がなく、水平線まで広く果てしなく見渡せる太平洋は、未知なる無限の世界を象徴する。太陽に直接照らされ、ぎらつく海面と、荒ぶる波は身体の限界への挑戦を鼓舞し、日差しや風雨に曝される海沿いの道は、巡礼者に避けようのない試練を課す。こうした道空間のあり方は、土佐が「修行」の道場であることを巡礼者に印象づけるのに十分である。室戸岬への道、土佐湾東沿岸、浦戸湾・浦の内湾、足摺岬への道と次々に迫る試練をすべて乗り越えた後、土佐の最後の札所を越えて目にする海は、その表情を変貌させている。

伊予の海は宇和海・瀬戸内海である。海面が穏やかな内海で、多数の島々が浮かぶ多島海であり、九州・本州という対岸によって切り取られた、有限の多元的世界を提示する。島々を諸仏に見立てると、曼荼羅的風景の出現ということもできる。土佐では南側に見た海が西側・北側に転じ、太陽に間接的に柔らかく照らされるようになるという変化も見逃せない。また島々や対岸は、人間の暮らしを想起させ、それらが多くの人工物によって確証づけられる。海は人を寄せ付けない未知・未踏の他界では次第になくなっていく。海岸沿いの遍路道は少なく、むしろ海は峠道から見下ろされるものになる。ここにおいて、もはや海は克服すべき対象ではなく、既に飼い慣らされたものになっている。海は峠道という試練のなかの休息の局面において開示される鑑賞の対象であり、修行を乗り越えて到達した、穏やかな「菩提」の境地の象徴に変貌しているのである。

さらに、讃岐では、無数のため池が出現する。海に島が、陸に池が浮かぶ様は、彼岸（海）と此岸（陸）とが混交・反転する、始原的混沌への回帰を象徴するような宇宙論的風景である。この風景は、最終的な消滅、すなわち「無」への帰結という神話的メッセージも携えている。此岸のなかにも彼岸、すなわち「涅槃」の境地があるという「悟り」を喚起するものとして、ため池をとらえることもできよう。

このように、四国遍路の海の風景は、発心・修行・菩提・涅槃という巡礼のプロセスに同期して変容すると解釈できる。巡礼路が高低差を持ち、また部分的に内陸に入りこみ、海が不可視化される区間を持つことで、海の風景は文節化され、その変化は遠望と近接の両方の視点から立体的に確認され、体感される。巡礼者は海と向かい合うことで、自らの到達した巡礼のステージを体感的・説得的に理解しうるのである。この意味で、四国遍路に他界観を歴史的に供給してきた海は、現代においても、巡礼者の意識とその変容を映し出すものであり、巡礼者が潜在的に求める聖なるものの象徴ともとらえられるのである。

3　歩き遍路における意識の変容とその構造

歩き遍路は反復の要素が強い。札所での参拝行為は八八回繰り返される。四国遍路では、本堂と大師堂の両方に同じ様式で参拝するため、納札や読経はその二倍の一七六回繰り返される。なにより一歩一歩の歩み自体が何万回、何十万回という気が遠くなるような反復の動作である。これらは変わらない自己であり、変わらない日常である。その反復の輪を断ち切る変化が、本稿で着目した「海」である(5)。

反復される変わらない自己は、突如、外界から変化を突きつけられる。その読み解きこそが気づきであり、ここから新しい人生観や自然観が生成される。これらは巡礼者の個別の経験に基づくミクロなコスモロジーであるため、全体への位置づけが模索される。このとき、大きな枠組みとして機能するのが、仏教的権威に支えられたマクロなコスモロジーとしての「発心・修行・菩提・涅槃」である。この図式は、そもそも菩薩の修行階梯とされるが、菩薩が遍路と読み替えられることで、脱宗教的な巡礼者にも受容できるレベルまで単純化された点が重要であろう。

さらに、海の風景には、不変の自然として、空海の原初的遍路体験と接続されるような、時間を超越する超人間的権威が見いだされる。室戸岬の御厨人窟から見る風景を、かつて空海が見たであろうものと重ね合わせる読み解きが一例である。ここに自然景観と仏教的言説が融合し、巡礼者が体得したミクロコスモスを、四国遍路のマクロコスモスへと強力に接合させ、自身の変化や成長が受容できるという、現代の歩き遍路における意識変容の構造が成立するのである。

こうしたコスモロジーの読み解きの、事例に則しての検証については、紙幅の都合上、次なる課題として別項に譲りたく、本稿では二例を簡単に紹介するにとどめる。星野が参照したある体験記は、太平洋から宇和海への変化を「別世界」と題して、「修行」から「菩提」への移行として解釈している［小林　一九九〇］。さらに、大正期に歩き遍路を行った、アルフレート・ボーナーは、独特のユーモラスな表現で、土佐から伊予への変化を記述しているほか、薬王寺からみる港風景についても、発心の芽生えととらえている［ボーナー　二〇一二］。星野は四階梯論を戦後昭和期に広まったとするが［星野　二〇〇一］、ボーナーの記述はそれに大きく先んじるものとして興味深い。

＊本研究は埼玉県立大学奨励研究費（平成二一～二三年度）、およびJSPS科研費24320020の助成を受けたものです。

注

（1）このような関心から、かつて筆者は科研費基盤研究C「道の宗教性と文化的景観」（研究代表者：鈴木正崇）の助成を受け、土佐の導入部、室戸岬への遍路道の宗教的景観を分析し、単調で空虚な道空間が修行と気づきの舞台となるという考察を行った［浅川　二〇一一a］。本稿は、この試みを発展させ、四国遍路全体を対象とするものである。

（2）四万十川河口にも、四万十市営の「下田の渡し」があったが二〇〇五年一二月に廃止された。二〇〇九年四月に、「下田の渡し保存会」により復活し、予約制で利用できる。これを加えると三ヵ所となるが、いずれも高知県であることにかわりはない。

（３）久万高原から道後平野に下る三坂峠からも海が見える可能性がある。江戸中期の『四国遍路図絵』は挿絵つきで、「此所より見渡ス景色よし」「絶景いわんかたなし」として、道後平野の松山城、道後、三津浜と芸予諸島、対岸の長門、周防、安芸を描いている。筆者も複数回調査したが、松山市街は一望できたものの、その先にあるはずの海は霞んで視認できなかった。もしこの風景が観察可能であれば、現代でも都市化が進み、人々の生活の息づかいが確かに感じられる道後平野（此岸）が、彼岸（海）と隣接した世界であるという気づきをもたらす風景として読み解きたい。

（４）それぞれの海域の呼称は、法的にも慣習的にもさまざまである。概ね四国の北側は瀬戸内海、南側は太平洋に面しているといえるが、本稿では、東側の紀伊水道と西側の宇和海（豊後水道）を独立して扱う。また土佐湾は太平洋に含めるものとする。

（５）本稿の主題からは逸れるが、「接待」も同様の要素を持つ。歩き遍路において、参拝行為よりもむしろ接待が、巡礼体験を印象づけ、「生かされている自己」の発見のような、さまざまな気づきを生み出す契機となるのは、それが海の風景の変化と同様に、巡礼の反復を食い破って、外界から進入するものであるからである。また海の風景は、天候や時刻、季節、草木の繁茂具合といった諸条件や、巡礼者の視点の取り方によって、その見え方は一定ではない。本稿の記述はあくまで筆者のフィールドワークに基づくものであり、場合によっては異なる読み解きも可能であることも、念のため注記しておきたい。

文献

浅川泰宏

　二〇一一ａ「虚空の道の宗教的景観――四国遍路二三番薬王寺から室戸岬に至る道を歩く」鈴木正崇編『道の宗教性と文化的景観』（平成二〇～二二年度科学研究費補助金基盤研究Ｃ研究成果報告書）、五六～七〇頁。

　二〇一一ｂ「虚空の道のかなたに」星野英紀・浅川泰宏共著『四国遍路――さまざまな祈りの世界』東京：吉川弘文館、一七六～一九四頁。

上田　篤

　一九九三『海辺の聖地――日本人と信仰空間』東京：新潮社。

小林淳宏

　一九九〇『定年からは同行二人――四国歩き遍路に何を見た』東京：ＰＨＰ研究所。

五来　重

一九八九『遊行と巡礼』東京：角川書店。
二〇〇九（一九九六）『四国遍路の寺』上・下、東京：角川書店。
近藤喜博
一九七一『四国遍路』東京：桜楓社。
一九八二『四国遍路研究』東京：三弥井書店。
坂田正顕
二〇〇三「道の社会学と遍路道」長田攻一・坂田正顕・関三雄編『現代の四国遍路　道の社会学の視点から』東京：学文社、五八～一〇四頁。
鈴木正崇
二〇〇四『祭祀と空間のコスモロジー——対馬と沖縄』東京：春秋社。
澄　禅
一九九七（一六五三）「四国遍路日記」伊予史談会編『四国遍路記集』増訂三版、松山：愛媛県教科図書、二三一～六七頁。
根井　浄
二〇〇八『観音浄土に船出した人びと——熊野と補陀落渡海』東京：吉川弘文館
ボーナー、アルフレート
二〇一二『同行二人の遍路——四国八十八カ所霊場』佐藤久光・米田俊秀共訳、東京：大法輪閣。
星野英紀
二〇〇一『四国遍路の宗教学的研究——その構造と近現代の展開』京都：法藏館。
宮崎建樹（へんろみち保存協力会編）
二〇〇七『四国遍路ひとり歩き同行二人〈地図編〉第八版』松山：へんろみち保存協力会。
香川県農政水産部土地改良課「ため池について」
https: //www.pref.kagawa.lg.jp/ tochikai/tameike/（二〇一四年八月一一日閲覧）
四万十市「下田・初崎渡し」
http://www.city.shimanto.lg.jp/simanto/simoda.html（二〇一四年八月五日閲覧）

芸術としての青森ねぶた

阿南　透

はじめに

青森ねぶた祭は、青森県青森市で毎年八月二日から七日まで開催される、大行燈が市内を巡行する祭礼である。毎年三〇〇万人以上を動員し、日本最大の規模を誇っている。

「ねぶた」「ねぷた」等の名称で呼ばれる類似行事は、他にも青森県津軽地方を中心に、青森県から秋田県にかけて分布している。青森市のねぶたの特徴は、大行燈であるねぶた本体に加え、囃子、ハネトと呼ばれる踊り子、この三要素から構成されている点にある。このうち囃子は、笛、太鼓、手振り鉦により演奏され、メロディーとリズムは青森市独自のものである。それに現在では「ラッセラー、ラッセラー、ラッセラッセ、ラッセラー」という掛け声がつく。ハネトの大群も青森市のねぶたに独自の存在である。現在、ハネトは決められた衣装を着ていれば誰でも参加できる。決まった踊り方はなく跳ねるだけなので、参加は容易であり、団体間の移動も自由である。このため青森市内だけでなく周辺町村から、さらには観光客も数多くハネトに参加する。

さて、ねぶたの先行研究としては、行事の起源を検討し、「眠り流し」等と称する行事の一つとした柳田国男の研究が著名であり［柳田　一九九〇ａ］、眠り流しに精霊送りの灯籠が合体し、灯籠の風流すなわち飾り物に発展したとする［柳田　一九九〇ｂ］。以後の研究は、柳田説を継承し、都市部の風流として祭礼が発展したという観点から行われている［池上　一九八六］［小松　二〇〇〇］。私もそれらを尊重しながら、戦後の祭りの変化について［阿南　二〇〇〇ａ］［阿南　二〇〇三］［阿南　二〇一二］等の論考を発表している。

元来、ねぶたは地域の人々が集まり共同作業で作りあげるものであった。ところが青森では、ねぶたの出来映えを審査し、優秀作を表彰する制度が設けられた。このため団体間の競い合いが過熱していった。こうした競い合いは都市祭礼の特徴であり、地域の実情に応じた競い合いが成立する。青森市では賞を巡る争いに人々が熱中し、このことが祭礼を発展させた。このため戦後になると、賞を目指す団体は次第に専門家「ねぶた師」に制作を委託するようになり、受賞したねぶた師の知名度が上がった。審査はねぶたの芸術性が重視されるため、受賞ねぶたは優れた作品として観賞の対象になっていった。さらには祭礼以外の時期にも観賞できるように、ねぶたが展示され始めた。こうして今や、ねぶたは作品として「芸術」的な面を持ちつつある。

そこで本稿は、祭礼における造形が「芸術」として評価され、祭礼から独立しつつある過程について論じてみたい。

一　青森ねぶたの現状

1　青森ねぶたの造形

さて、青森市におけるねぶた祭の特徴がねぶた本体、囃子、ハネトの三要素からなるとはいうものの、中心はねぶた本体である。そこでまず、ねぶたの造型面の特徴を近隣の行事と比較してみよう。

弘前市の「ねぷた」はほとんどが扇形であり、平面に「ねぷた絵師」が錦絵風の武者絵を描く。毎年数多くのねぷたが登場するが、形態には差がなく、もっぱら絵の違いが個々のねぷたを特徴付ける。この扇ねぷたは、黒石市、平川市をはじめ津軽平野の各地に存在する。五所川原市の「立佞武多」は、高さ二二メートルという細長い形に特徴がある。黒石市では、弘前風の扇ねぷたと青森風の組ねぷた（青森よりは小さい）が混在する。

これに対して青森市のねぶたは、一人ないし二人の人物（三人以上のこともある）を造形した行燈である。針金を曲げて枠を作り、和紙を貼り、彩色し仕上げることから、「紙のオブジェ」という側面も持つ。針金を曲げれば自由に形を作ることができるので、制作者の能力次第では芸術性の高い作品を作ることも可能である。ねぶたはねぶた師とよばれる専門家が毎年新たに制作する。二〇一三年は一三人のねぶた師が大型二二台を制作した。主催者が毎年発行するパンフレット等にはねぶた師と作品名、団体名が掲載されるため、ねぶた師は青森市ではよく知られた存在である。

ねぶたの大きさは、高さ五メートル（台車を含む）、幅九メートル、奥行き七メートルという制限がある。この規格いっぱいに作られるのが大型ねぶたである。幅に比べて高さが低い、横長の空間に収めなければならないため、重心の低い、這うような姿勢が特徴である。一台を運行するためには毎年二〇〇〇万円近い費用がかかると言われ、現在では大型ねぶたを運行する団体は企業や行政などがほとんどになっている(1)。

青森のねぶたがこのような形になった理由は、信号機や歩道橋、広告アーチなど道路上の障害物によって高さが五メートルに制限されたのに対し、青森市が戦災復興の際に道路を拡幅したため、横幅を広げることができたことによる。

ねぶた師は団体から依頼を受け、毎年新たにねぶたを制作する。従ってねぶたは、ねぶた師の創造力が生み出す造形作品である。ねぶた師はまず題材を決めるが、日本・中国の故事来歴、伝説、物語などに取材したものが多い。最近では青森県内の伝説に取材したねぶたも増えている。(2) 題材が決まると、ねぶた師は下絵（原画）を描き、それを立体的な造形にする。制作過程は、まずねぶたを支える角材を組んだあと、針金を曲げてねぶたの骨組みを作り、角材に取り付ける。骨組みが完成すると内部に照明器具を取り付け、電気配線をし、外側に和紙を貼る。墨で線を描き、部分的にロウを塗ったあと、彩色する。こうして完成したねぶたを台車に載せ固定すると完成である。大きなねぶたを約三ヶ月で制作するため、ねぶた師は手伝いの弟子や電気の専門家、紙貼りのアルバイトなど、一〇数名からなる制作チームを率いて制作に当たる。

２　祭礼の現状

次に、現在の祭礼がどのように行われているか、様子を述べてみよう。

ねぶたの制作は冬に始まる。注文を受けたねぶた師が自宅で下絵を描き、細かなパーツを針金で作り始める。五月連休明けには、青森駅に近い青い海公園にねぶたの制作小屋が作られる。二二台の小屋が建ち並ぶエリアはラッセランドの愛称で知られている。七月下旬まで、ねぶた師はラッセランドで少しずつ制作を進め、市民はそれを見ながら祭礼の到来を待ち焦がれる。七月下旬にはねぶたが完成し、団体の人々の手によって台の上に固定される。これを台上げという。台上げが済むと祭礼は間近である。

祭礼の開始に先立ち、八月一日にはラッセランドで前夜祭が行われる。さまざまなステージ行事が行われるほか、ねぶた小屋に置かれたねぶたが一斉に点灯する。この日はねぶたの運行も囃子の演奏もないが、点灯された二二台のねぶたを見るために多くの市民でラッセランドが賑わう。

八月二日から六日までは夜のねぶた運行が行われる。大型ねぶたは午後六時前頃から順番にねぶた小屋を出て、運行コース近くで待機する。七時前に運行コースに進入し、再び待機する。出発直前にねぶたに明かりを点けると、詰め掛けた観客から大歓声が上がる。そして七時一〇分に花火の合図で運行が始まる。三・一キロメートルの周回コースを一周するのが現在の運行形態である。終了時刻は九時と決まっており、花火を合図に、運行団体はコースを離れ、ラッセランドへ帰って行く(3)。

最初に述べたように、各団体はねぶた本体のほか、囃子とハネトの大部隊を引き連れている。ねぶたは約二〇名の曳き手が、扇子持ちと呼ばれる指揮者の合図で動かす。トラックのゴムタイヤがついた二輪の台車に載せているため、前進、左右への振り向け、回転、上下動などの細かい動きが可能である。扇子持ちは、道路標識や街路樹などの障害物をかわしながら、観客の歓声に応じて自在にねぶたを動かす。動きすぎて障害物にぶつかり、ねぶたが破損することもまれではないが、その場合は翌日の昼にねぶた師が修理する。観客は次々にやってくる光のオブジェとしてのねぶたを観賞し、その動きを楽しむだけでなく、勇壮に跳ね回るハネトや囃子の演奏も楽しむ。

一方、その中では審査員による審査が行われている。出場団体にとって、祭礼にはコンクールの一面がある。審査は、ねぶた本体、囃子、運行・ハネトの三項目について行われ、合計点による総合評価で、一位のねぶた大賞（一九九四年までは田村麿賞と呼ばれた）以下、五位までが受賞する。三項目のうちねぶた本体の評価が六〇パーセントを占めるため、ねぶたの善し悪しは団体にとって非常に重要である。また、ねぶた本体の得点だけで決まる最優秀制作者賞もある。審査結果は八月五日の運行終了後に発表される。この日は制作者や運行団体などの関係者にとって最も緊張する日であり、運行終了後は小屋の前で発表を待ち、受賞が決まった団体はその場で祝杯を挙げる。八月六日には、受賞ねぶたは賞の額を飾って運行する。観客の関心も受賞作に集まる。

八月七日はナヌカビといい、昼に運行を行う。そして七日夜には海上運行と花火大会がある。海上で花火が盛んに打ち上げられる中、青い海公園に面した青森湾の海上を五台のねぶたが船に乗って進む。この行事が青森ねぶた祭のフィナーレである。翌日、展示用に残す一部を除き、大部分のねぶたは解体される。

二　ねぶたにおける針金使用と照明の変化

戦前のねぶたは竹で組んだ骨組に紙を貼っていた。戦後になると骨組に針金を導入する。これによりねぶたの造形が大きく変わったのである。最初は針金を細部にのみ部分的に使い始めた。これにより一番変わったのが手足の作り方である。竹を使った時代には手足を丸く作り、指は墨書きしていたが、針金になってからは指も一本一本作った。武者の鎧も昔は墨で書いた。こうした工夫により現代のねぶたの基礎を築いたねぶた師が北川金三郎であるという（『東奥日報』一九七三・八・六）。

こうして針金の使用により、以前は墨で書いていた歯、舌、眉、爪など体の細部を立体的に作るようになり、手の指を一本ずつ離して作る、体の筋肉を表現する、羽織の紐など衣装の細かな造作を表現する、といった表現が可能になった。髪の毛も細かく作るようになった。次第に針金の使用が増え、胴体も含めてすべて針金で組むようになった[4]。これにより体をひねる姿勢など複雑な表現が可能になった。こうして竹から針金への変化が、自由自在な造形を可能にした。竹と針金の併用時代を経験しているねぶた師によれば、最初は「針金を使うのは良くない」「竹は面倒くさいから針金を使う」というような意識があったという。また、竹の利点はふっくらとした丸みのある線を出せること、のりしろを取れるので紙を貼りやすいことだという。しかし、元々青森には竹がなく、竹籠を作る人に注文して竹を割ってもらったが、ちょうどその頃、竹籠を作る人が減ったこともあって、針金に切り替えたという。

また、戦前までのねぶたは照明にロウソクを使用していた。ロウソクの炎が引火する危険があるため、炎のすぐ上には紙を貼れない。竹の使用に加え、このことからもねぶたの造型が大ざっぱな作りになった。つまり材料の竹と照明のロウソクがねぶたの形を規定していたのである。当時のねぶたを「正月の鏡餅のような形」(『東奥日報』一九五四・八・二)とする新聞記事がある。ちなみに、戦前はロウソクの火が引火してねぶたが燃えることは決して珍しいことではなかった。

戦前にも一部でロウソクに変えてアセチレン灯を使った。しかしそれは長続きせず、電球が導入される。しかし、電球を数百個も使うほどの経済的な余裕がないため、戦前のねぶたはほとんどがロウソクを使っていた。電球を照明に使えるようになったのは、電球が安価になった戦後のことである。

造形が細かくなると、電球であれば指先などねぶたの隅々まで入れることができるため、ねぶた全体が明るくなった。また、ロウソクのような炎の揺れやきらめきがないため、全体が均質な明るさになった。さらに、電球の導入はねぶたの色使いにも変化をもたらした。かつて、「ねぶた色」といわれるのは赤、青、紫、黄、緑の五色で、これにオレンジと焦げ茶を加えた七色が使われた。光を通しやすい染料が主流だった。ところが光量のある電球の使用により、光を通しにくい顔料も使えるようになり、ポスターカラーが普及し、パステル調の中間色も登場した。これによって色彩表現の幅が拡がり、ねぶた師によって個性的な色使いが可能になった。このことがねぶたにもたらした変化を、あるねぶた師は「電球革命」とさえ表現した。

さらに蛍光灯も使われ始めた。蛍光灯を初めて使ったねぶたと考えられているのは、一九五七年の東北電力「勧進帳」(北川金三郎作)である。このねぶたは造型のすばらしさで現在まで名を残しているが、当時を知る人は、蛍光灯を使った明るいねぶたであったという印象を持っている。蛍光灯は電球に比べて高価であるが、東北電力が蛍光灯の普及のため宣伝効果を考えて使ったのではないかという。その後蛍光灯の使用は一般化する。しかし電球に比べて高価なことと、電球の赤みのある色調が好まれることから、蛍光灯は刀や波しぶきなど白く光らせる部分を中心に、特定部分に限って使うのが一般的である。

電球を点すためには電気が必要である。このため電源として、まずはねぶた本体の台車にバッテリーを積み込んだ。自動車のバッテリーが主に使われたが（船舶や客車のバッテリーを使った団体もあった）、これは一個当たりの発電量が少ないため、ねぶた本体を照らすに十分な電力を得るためには、数十個のバッテリーを積んで直列に接続する必要があった。しかしこれは決して簡単な作業ではなく、「毎日出陣前のあの忙しい時、二十～三十キロもあるバッテリーを四十個も積むのは、本当に大仕事でした。あのバッテリーは一人で持つと腰骨がつぶれる思いがするほど重いのですから。そしてその四十個のバッテリーを結線するのもまた一苦労だったんです」［私たちのねぶた　一九九三：六］という回顧談がある。また、運行を終えてねぶた小屋に戻ると、翌日の運行に備えてただちにバッテリーを充電しなくてはならない。バッテリーを降ろすのも同様に重労働であった。

しかも、バッテリーの発電時間はさほど長くなかった。例えば一九五九年に『東奥日報』に掲載された関係者の座談会では、当時の様子が次のように語られている。「バッテリーの保てる時間が二時間で、一番制約される。塩町や栄町からもこちらへ持ってこいと言われるが、それではバッテリーがもたない。日没が七時一五分頃で、古川陸橋の下で明かりを入れ、新町～大町と通り、途中下新町の交番前で審査が行われる」（『東奥日報』一九五九・七・二二「座談会　青森ネブタと観光資源」より、青森観光協会長・室津哲三氏の発言）。ここではバッテリーの持続時間を二時間としているが、これでは夜遅くまでの運行は行えるはずもなかった。また、線がはずれるなどして運行中の停電も珍しいことではなかった。

バッテリーが不便であることから、一九八〇年頃から各団体が一斉に発電機を電源として使用し始めた。最初は小型の発電機を一〇台ほど載せたという。しかし問題点として、まず排気ガスをどこに排出するか、運行に携わる人々がガス中毒を起こさないような配慮が必要であった。次に、騒音が大きく、扇子持ちの声がねぶた引きに聞こえなくなったという。しかし建設用の大型発電機の導入により、一台で必要な電力をまかなえるようになった。その大型発電機も次第に小型・軽量化していった。また、発電量が増えたため、使用できる電球の数も増加した。バッテリーを使っていた一九七三年頃には、「現在では三〇Wの電球を三百〜四百個使っている」[長沢一九七三：五二]という状態であったが、現在では二〇から一〇〇ワットの電球と蛍光灯を場所に応じて適宜使用する。総電力一万八〇〇〇ワット、電球八〇〇個が平均的であるというが、中には一〇〇〇個を超えるねぶたも珍しくない。また、二〇一〇年からはLED電球を使う団体も現れた。

なお、照明に関する規定として、二〇〇九年に制定された「青森ねぶた祭保存伝承の基準」において、「内側から灯りをともす灯籠のつくりとする」「灯りを点滅させないものとする」の二点が定められた。こうしてねぶたは「紙のオブジェ」であると同時に「光のオブジェ」になったのである。

三　審査と表彰

ねぶた師の存在が注目されるようになったのは、表彰制度と関係が深い。ここでねぶたの表彰制度の変遷をまとめてみよう。戦後の審査制度は一九四八年から開始された。当時は出陣した全団体について優秀、優良、佳良の三段階で評価するというものであった。ところが次第に賞に対する不満の声などが目立ったことから、一九五八年からは無審査とし、全団体に参加賞に相当する賞を与えた。

ところが無審査になったためにねぶたのレベル低下が見られたことから、一九六二年からは最も優れた一団体に、最優秀賞にあたる「田村麿賞」を授与することにした。当時の審査方法は審査員の合議によるものであった。当時の様子を『青森民報』に掲載された選評から紹介しよう。審査は青森ねぶた奨励委員の肴倉弥八（郷土史家）、浜田英一（画家）、南了益（正調ねぶたばやし研究家）、品川弥千江（東奥日報写真部長）、工藤貞二（青森民報編集長）の五人であった。

「魚河岸の『加藤清正』（北川啓三作）は、虎の舌をつかんでげんこつで殴るという奇抜な図柄で、今までにない新解釈であるとともに、今一歩戯画化された表現が清正に見られた場合、すばらしい新作となったが、惜しいところで踏みとどまったというのが審査員の評であった。結局、東北電力の『巌流島の決斗』（北川啓三作）が、図柄は従来からのものであるが、佐々木小次郎の面に見られる新味や、宮本武蔵の飛び足の軽妙さ、色つけと柄のキメこまかさなどが決定打となった。しかし、総合賞である以上、はねと、はやし、運行を加えた場合、はやしでは荒川青年団がずば抜けており、運行はやしも他に優秀なものが見られたが、四つの観点が揃っているものは皆無といってよく、結局ねぶたに大きくウェートが置かれたようだ。東北電力の『巌流島の決斗』（北川啓三作）に次ぐものとしては米穀卸会社の『大江山』（佐藤伝蔵作）、木材青年会の『三国志』（秋田覚四郎作）、県庁の『曽我物語由来』（同）、荒川青年団の『源三位頼政と猪早太もどりの出合い』（鹿内一生作）があげられたが、昔ながらの造りと華麗な色彩の千葉作太郎作『怪猫佐賀の夜桜』のような青森ねぶたの味を生かすことも考えられるべきだとの声もあった。」（『青森民報』一九六三・八・七）

このように審査では、ねぶた本体の出来映えに重点が置かれ、芸術作品として捉えて、評価を議論して受賞作を決めた。芸術的評価の中でも「新解釈」「新味」といった評価が見られるように、制作者の独自性が重視されたことがうかがえる。

受賞できるのは一団体だけであるため、賞の権威が高まった。また、ねぶたの出来映えを重視することから、制作者への注目がこれまでになく集中したことは言うまでもなかった。この「田村麿賞」の制定により、賞を目指す団体間の競争がいっそう激しくなり、このことがねぶた本体のレベルアップにもつながっていくのである。

こうして田村麿賞の権威が高まったが、一団体だけの賞では何かと不都合だと、徐々に二位以下の賞が登場する。まず一九六七年に、二位の賞として「制作賞」が設けられ、一九七一年には「知事賞」と名を改めた。また一九六九年からは、囃子だけの部門賞として「囃子賞」が設けられた。一九七九年には、ねぶただけの部門賞として「制作賞」が設けられたが、二年連続で田村麿賞とのダブル受賞になったため、一九八一年からは総合三位の賞に変わった。一九八二年にはハネトの部門賞として「跳人賞」、一九八四年には運行の部門賞として「運行賞」が設けられ、総合賞三賞、部門賞三賞になった。一九九〇年には、総合賞に市長賞と商工会議所会頭賞が加わり五賞になった。一九九五年には、田村麿賞の名称を「ねぶた大賞」に、制作賞を「観光協会会長賞」に変更した。一九九八年には、運行賞と跳人賞を統合して「運行はねと賞」とした。

この間に、一九九五年から審査方法が大きく変更になった。以前には審査員による合議制を基本としていたが、ここからは三十名以内の審査員がそれぞれねぶた本体、囃子、運行、ハネトの四部門を採点し、ねぶた本体六〇パーセント、囃子一五パーセント、運行一五パーセント、ハネト一〇パーセントという比率で集計して、合計得点順に総合賞、部門賞を与えるという方式になった。

こうして、総合賞一位の田村麿賞・ねぶた大賞を獲得することが団体の目標となり、団体間の競争が盛んになった。しかし審査ではねぶた本体の占める比率が高いため、総合賞一位のねぶたが最も優れたねぶたと見なされる風潮が出てきた。ねぶた本体を評価する賞は一九八〇年以来中断していたが、ねぶた本体の部門賞として制作賞が二〇〇三年から復活した。これは二〇〇五年から最優秀制作者賞と名称変更した。二〇〇七年からはねぶた本体二、三位のねぶた師にも優秀制作者賞を受賞することになった。

現在のねぶたの審査のうち、ねぶた本体については、主催者から次のような評価項目と内容が示され、ホームページでも公開されている（青森ねぶた祭オフィシャルサイト）。

一、表現（発想企画、勇壮華麗、躍動感）
二、構図（全体的な見栄え、バランス、見送りの工夫）
三、色彩（効果的な色づかい、色彩の調和）
四、明暗（効果的照明）
五、繊細度（有効な細やかさ）

ただし五項目について別々に採点するのではなく、「それぞれの項目及び内容を勘案し、審査員の感性をもとに総合的に評価し採点する」ことになっている。具体的には、約三〇人の審査員が一〇〇点満点で採点した点を合計する。従って審査員は、評価項目はあるものの、各自の芸術的感性に従って採点する。その総意としての合計点が賞を決めることになる。ただし審査員の総意が個々の観客の感性と一致するとは限らないため、審査結果に対する一定の不満の声は常に存在する。この点は芸術に対する一般的な審査と同様である。

四　ねぶた師の地位

1　制作者の明示

さて、ねぶたのような造形が芸術と考えられていく過程は、個々のねぶたの相違が注目され、制作者の個性や作品の独自性が意識されるようになった過程であると考えられる。

まず、ねぶた師という専門職の発生について、成田敏の研究を紹介しよう。成田によれば、もともと各地域のねぶたは、手が器用とか絵をよくする人などが中心に、ねぶた好きの人々が手伝いをして自分たちで手作りしたという。中心になってねぶたを作った人を「ねぶたこへ」「ねぶたこさえ」と言った。この言葉には、ねぶたの時期になるとろくに仕事もしないでねぶた制作に没頭する道楽者という蔑んだニュアンスを含んだという。ところが戦後になって、ねぶたの制作技術が向上した結果、「ねぶた師」という制作のプロが登場する。これは電球と針金の使用により造形技術を高めることが可能になったためであり、それについていけない人はねぶた制作から手を引いた。こうしてねぶた師という専門家が運行団体から制作費を取って請け負う形で作るようになった〔成田　二〇〇〇：一六七〕。

なお、ねぶた師という名称は一九七〇年頃から新聞紙上で見受けられるが、普及するのは一九八〇年頃からという。当時、ねぶた制作者で作っていた組織内で呼称を決めることになった。その際、鹿内一生が「ねぶた師」を提案したが、佐藤伝蔵などが異議を唱えた。ねぶた師では表具師などのような職人の呼称のようであるというのが理由であった。当時から職人ではなく芸術家という意識を持った制作者がいた。そこでは決着がつかなかったものの、その頃からねぶた師という呼称がマスコミを中心に定着したという〔成田　二〇〇〇：一六八〕。

なお、ねぶたを自分の作品として意識し、ねぶたの題名に自ら作者名を表示したのは、鹿内一生と佐藤伝蔵が始めたといわれている（それ以前も団体で作者名を表示したことはある）。作者名の表示は、制作者の「作家性」を示す基準となるものである。その時期については今後明らかにしていきたい(5)。

2　ねぶた名人の顕彰

優秀なねぶた師に主催者が与える評価として「ねぶた名人」の称号がある。一定の基準を満たしたねぶた師に対して贈られるもので、現在までに六人が受賞している。こうした称号は、ねぶた師の地位を高めるだけでなく、その芸術性に注目を集める点で重要である。

ねぶた名人は一九五八年八月二二日に北川金三郎を認定したことから始まり、これまでに北川啓三（一九八五年六月七日）、佐藤伝蔵（一九八六年八月一日）、鹿内一生（一九九〇年八月一日）、千葉作龍（二〇一二年八月一日）、北村隆（二〇一二年八月一日）、以上六人が認定されている。このうち最初の四人は、大型ねぶたの制作から引退した後（もしくは没後）に功労を評価しての表彰であった。これに対して二〇一二年の二人は現在も現役として制作を続けている。

二〇一二年の名人位授与に先だって、青森ねぶた祭保存会では認定基準を制定した。それによると、ねぶたの最優秀賞（現在は最優秀制作者賞。過去の田村麿賞などを含む）を七回以上受賞し、後継者の育成に携わり、祭りの振興と発展に寄与したことが条件とされる。ここで、最優秀賞七回という回数が名人位の基準として登場したのである。このことから、今後も新たな名人が登場する可能性が明確になった。

五　ねぶたの展示

青森ねぶた祭は一週間にも満たない祭礼であるが、終了後はねぶたを解体するため、期間中しか見ることはできない。祭礼の知名度が増すにつれ、ねぶたをいつでも見ることができる施設を求める声が高まった。

博物館での展示は、一九七三年に開館した青森県立の総合博物館「青森県立郷土館」（青森市本町）が最初である。ここには開館時からねぶたを一台展示している。一九七二年の田村麿賞（当時の最優秀賞）受賞作、日立連合の「国引」（佐藤伝蔵作）の中心部分である。当初はねぶた全体を展示する予定であったが、展示場所に入らないために中心部のみ展示したという。展示場所は二階と三階を結ぶ階段の踊り場である。ただ階段の構造に合わせて、右向きのねぶたを左向きに変えて、佐藤伝蔵が改めて構成し直したという。現在は、実物は痛みが激しいため収蔵庫に保管されており、複製が展示されている。ただ、複製もねぶたと同じく針金に和紙を貼ったため耐久性はなく、時折修理されている。最近では二〇一三年に全面修復が行われた。五月一八日には点灯式が行われて完成を祝った（『東奥日報』二〇一三・五・一九）。

ちなみにこのねぶたは運行時から傑作の呼び声が高かったが、博物館に収蔵されたことが更に価値を高めた。裸の男の筋骨隆々たる造型、迫力のある表情、逆立つ髪など、その後のねぶた造型の方向性を決定づけていくことになる。ちなみに郷土館におけるねぶたの収蔵はこの一台だけで、他のねぶたを入れる予定はない。

一九七七年五月には、民間の観光施設「ねぶたの里」が青森市郊外の横内に開園した。ここではねぶた一〇台を展示するとともに、ねぶた運行体験、バーベキュー、冬には雪で作った「かまくら」等の観光を組み合わせ、娯楽性を持たせた施設としている。構想に一〇年かけ、ねぶた一〇台を収容する広大な敷地を求めて郊外に立地したという。青森市を代表する観光施設として、ピーク時には年間約三〇万人近い入場者数を集めてきた。ただし青森駅から約一〇キロメートル離れており、車で三〇分かかるのが難点であった。このため近年は入場者数が減少し、二〇一三年一二月に閉園した。

ねぶたの里が娯楽性を打ち出した施設であるため、ねぶたを展示する博物館的な施設を求める声は古くから出ていた。青森市議会では、一九八二、八三年に鹿内博市議（現青森市長）がねぶた資料館の建設を訴え、以後もさまざまな議員が同様の質問をしている［澤田　二〇〇四］。また、一九九〇年に青森観光協会・ねぶたビジョン委員会がねぶた祭の問題点と今後の方向性を整理検討した中で、「ねぶた会館」の設立が提言された。これは一九九二年に青森観光協会がまとめた「青森観光ビジョン」に引き継がれ、その中で「ねぶた会館」の内容が具体的に提唱されている。ここでは観光面での貢献だけでなく、文化的意義として、「ねぶた祭が、我国を代表する規模の祭となっていながら、ねぶた祭の歴史、或いは社会・文化的意義について整理された資料、及びこれを保存しているところはない。これを後世に正しく継承し、新たな発展を期するためには、これらについて研究・整理・保存し、かつ、普及・啓蒙するセンターが必要である。併せて、ねぶた製作、囃子、運行の技術の保存・研修の場もまた必要である。これらの機能を受け持つ『ねぶた会館』の建設が望まれる」として、「ねぶた会館」の建設がキープロジェクトの筆頭に位置づけられている。ここでは、展示の役割だけでなく、ねぶた祭りを体験する役割、歴史的、社会的、文化的意義を研究する役割、資料を保存する役割、ねぶた制作や囃子を研修する場の役割なども列記して、それらの複合施設にねぶた「会館」という名称を与えている。

また、一九九一年には青森商工会議所青年部が「ねぶたミュージアム（仮称）基本提案書」をまとめた。さらに一九九三年に、名称を引き継ぐ形で発足した「（仮称）ねぶたミュージアム検討会議」が、一九九五年に「ねぶたミュージアム基本構想書」を答申した。ミュージアム事業、商業サービス事業、マネジメント事業の三本柱からなる内容だけでなく、立地、経費、経済効果等まで目配りした答申であった。

こうした議論ののち紆余曲折を経て、東北新幹線青森開業と時期をほぼ同じくして、二〇一一年一月に青森市の文化観光交流施設「ねぶたの家　ワ・ラッセ」が開業した。敷地面積一万三〇一二平方メートル、延床面積六七〇八平方メートルという規模で、大型ねぶた五台を展示するほか、イベントホール、交流学習室、ねぶた歴史展示コーナー、ねぶたアーカイブシステムなどを備えている。「青森駅周辺整備基本計画」によれば、同施設の基本コンセプトは「ねぶたがつなぐ、街、人、こころ：青森市の誇る文化資源としての『ねぶた祭』の伝承と活用を通じて、地域経済の活性化、地域コミュニティ再生の原動力となる拠点施設の創造」を掲げている。

「ねぶたの家　ワ・ラッセ」の最大の目玉は、五台の大型ねぶたの展示である。これは、実際にねぶた祭に登場した二二台の中から五台を選定し、祭礼の終了直後に前年のねぶたと入れ替え、一年間展示する。展示ねぶたの選定にあたっては選定基準が設けられている。展示説明パネルによれば「制作者の技能の向上と系譜を伝承することを目的に一制作者一台とし、より多くの制作者のねぶたを紹介する」として、「技能伝承」「系譜伝承」という二つの基準によって選定するとしている。「技能伝承」で選出されるのは、祭りの審査においてねぶた本体の得点で決まる、最優秀制作者賞と優秀制作者賞を受賞したねぶた三台である。「系譜伝承」は、制作歴一〇年以上の制作者の中から、「制作者の系譜の伝承を考慮した上で」二台を選定する。すなわち、受賞しなかった制作者のうちベテラン二人の作品を選んで展示する。このように展示ねぶたの選定は受賞作品を優先するため、連続して受賞した制作者は、作品が展示され続けることになる。

このほか、ねぶた展示スペースの隅にねぶた師紹介のコーナーがある。現役ねぶた師が一人一つずつ制作したねぶた面がずらりと並び、パネルで各ねぶた師のプロフィールを紹介することで、制作者の存在を強調している。

ワ・ラッセ開業一年目の二〇一一年の入場者数は三〇万人を超えた。青森市内の有料観光施設の入場者数と比較すると、青森県立美術館の三四万人、三内丸山遺跡の三二万人には及ばないが、浅虫水族館三〇万人に匹敵する数である（平成二三年　青森県観光入込客統計）。しかし二年目の二〇一二年の入場者数は二〇万人にとどまった。とはいうものの青森市を代表する観光施設として多くの観客を集め、大型ねぶたの実物を見せている。

現在、青森市内の各地で展示ねぶたを目にすることができる。一九八六年に開業した青森県観光物産館「アスパム」にも中型ねぶたが展示されている。また空港、駅、市役所、主要ホテルなどで小型のねぶたを展示している。このほかにも、市内にねぶたイメージを普及させる施策がある。例えば二〇一二年に始まった「青森市ねぶたのある商店街つくり推進事業」は、商店街や店舗が、ねぶたを活用した広告装飾を設置したり、ねぶたを活用したイメージアップ事業を行う場合、補助金を交付するというものである。ねぶたの活用で地域色豊かなまちづくりをし、市民や観光客の回遊性の向上を図り、商店街のにぎわいの創出、活性化を目的とする事業である。

なお、二〇〇六年には青森県立美術館が開館したが、ここにねぶたはない。これに対し二〇〇九年八月に、青森県立美術館にねぶたの原画を常設展示して欲しいという声が寄せられたことがある。これに対し、青森県観光企画課（美術館）は次のように回答している。

「県立美術館では、青森の美術を中心テーマとして、青森県出身作家の作品あるいは青森ゆかりの美術資料を収集し、展示替えをしながら常設展示を行っています。ご提案のありました、ねぶたの原画につきましては、それ自体が目的ではなく、ねぶた師がねぶた製作依頼者へのプレゼンテーションとして、最近になって描かれるようになったものと聞いています。この種の作品が、美術的また歴史的に評価が定まるには、時間を要することと思われ、県立美術館としましては、現在のところ収集対象としていません。なお、県立郷土館では、民俗資料的な観点から、ねぶたに関する資料を収集し、ねぶたの時期には毎年展示しています。また、青森市では、東北新幹線新青森駅開業に向け、青森駅前に青森ねぶたの保存及び伝承を目的とした文化観光交流施設『ねぶたの家ワ・ラッセ』の整備を進めており、通年で、ねぶた関係の資料展示なども計画していると聞いています。[6]」

ここではねぶた本体ではなくねぶたの原画が問題にされたのであるが、美術館としてはねぶたは「民俗資料」であり、「美術」として収集するには至っていないのが現状である。

しかし、二〇〇一年には大英博物館で「世界最高のペーパークラフト」という評価を受けて、運行を行わずにねぶたを作品として展示した。このように、祭りから離れて造形として評価される動きもあることから、今後は運行しないねぶた、観賞用のねぶたが登場する可能性もある。今のところそうしたねぶたは、駅などに飾られる装飾用の小型ねぶたに限られている。しかし今後は、芸術作品として鑑賞することのみを目的とした作品が作られるに違いないと考えられる。

注

（1）戦後の運行団体の変遷については［阿南　二〇〇〇a］参照。このほか地域で小型ねぶたを作ることもある。
（2）題材の変遷については［阿南　二〇一一］を参照。
（3）運行コースの変遷については［阿南　二〇〇三］を参照。
（4）ねぶたの骨組みに竹を使わず、針金だけで組んだのは、一九五六年に織田智一が制作した「戦国武士の華」（青森駅前海産物商業協同組合）、が最初とする説［成田　一〇〇〇：一七六］、佐藤伝蔵の考案とする説［澤田　二〇〇六］などがある。
（5）本来ならばここで、形態の変遷や、個々のねぶた師の作風を美術史風に述べるべきであろうが、紙幅の関係で割愛する。なお、ねぶた師の評伝としては［澤田　二〇〇四］［澤田　二〇〇六］が優れており、基礎資料として重要である。私も作風の変遷を［阿南　二〇〇三］の中でまとめている。
（6）青森県ホームページ「アナタの声を県政へ」における二〇〇九年一〇月五日の回答 http://www.pref.aomori.lg.jp/kenminno-koe/21K34.html（最終アクセス　二〇一四年五月二八日）

文献

阿南　透
　二〇〇〇a　「青森ねぶたの現代」宮田登・小松和彦編『青森ねぶた誌』青森市、二五二～二九五頁。
　二〇〇〇b　「青森ねぶたとカラスハネト」日本生活学会編『祝祭の一〇〇年』東京：ドメス出版、一七五～一九八頁。
　二〇〇三　「青森ねぶたの現代的変容」『国立歴史民俗博物館研究報告』一〇三、二六三～二九七頁。
　二〇一一　「青森ねぶた祭におけるねぶた題材の変遷」『情報と社会——江戸川大学紀要』二一、一六一～一七四頁。
池上良正
　一九八六　「ネブタの文化」弘前大学人文学部人間行動コース『ネブタ祭り調査報告書——文化・社会・行動』。
小松和彦
　二〇〇〇　「都市祭りとしての青森ねぶた」宮田登・小松和彦監修『青森ねぶた誌』青森市。
澤田繁親
　二〇〇四　『龍の夢——ねぶたに賭けた男たち』青森：ノースプラットフォーム。

二〇〇六『龍の伝言——ねぶた師列伝』青森：ノースプラットフォーム。
長沢義男
一九七三「名人北川啓三氏に聞く」『東北三大まつり　青森ねぶた祭り』第六号。
成田　敏
二〇〇〇「青森ねぶたの形態とそれを支えた人々」宮田登・小松和彦編『青森ねぶた誌』青森市。
柳田国男
一九九〇a（一九一四）「ネブタ流し」『柳田国男全集』一一、ちくま文庫。
一九九〇b（一九二六）「眠流し考」『柳田国男全集』一六、ちくま文庫。
私たちのねぶた
一九九三『私たちのねぶた二十周年記念誌』。

「青森駅周辺整備基本計画」平成一八年七月、青森県青森市。
「平成二四年度青森市ねぶたのある商店街づくり推進事業補助金交付要綱」青森県青森市。

「船型だんじり」の地域的展開——徳島県の事例より

髙橋晋一

はじめに

近年、とくに都市部の祭礼を中心として、各地の祭礼山車に関する歴史学的・民俗学的研究が進みつつある（［植木　二〇〇一］［植木・田井　二〇〇五］など）。各種の調査報告書・論考の積み重ねにより、全国の山車・山車祭りの実態に関する情報も次第に集積されつつある。しかし、都市部・村落部を含めたより広い範域（たとえば都道府県レベルやそれを超えた文化圏）における山車の形態やお囃子などを、実証的なフィールドワークをふまえ比較検討した研究はさほど多くない(1)［髙橋　二〇〇八］。

特定のタイプの山車（たとえば鉾、太鼓屋台、つくりものなど）に注目した広域的な比較研究も、祭礼文化の伝播と受容・変容という文化交流史的観点からすると重要な研究テーマといえる。しかし、本稿でとりあげる「船型だんじり」（ここでは、船の形をしただんじりをその地域での呼称にかかわらず一括して論じることができるよう、「船型だんじり」と総称しておきたい）については、その全国的、あるいは地域的な展開のあり方を詳細に検討した論考はほとんど見られない[2]。本稿では、徳島県の祭礼における船型だんじりの概況を文献と現地調査に基づき整理するとともに、その地域的な展開の様相を明らかにし、今後の「船型だんじり」「船の祭り」の歴史・民俗研究の端緒としたい。

一　参勤交代の御座船と船型だんじり

徳島県の船型だんじりの基本形は、四つの車輪の付いた台座の上に船型の本体を載せて曳くタイプで、本体は朱塗り、両舷に「垣立」を有し、船上に大型の屋形（唐破風屋根）をしつらえたものである。船上に吹き流しや幟、短冊や提灯を結んだ笹竹などの飾りを付けている場合もある。後に述べるように、これは藩主が参勤交代の際に用いる「御座船」を模したものである。こうした「御座船型」とも言うべき船型だんじりは西日本を中心に広く分布しており、船型だんじりの一つの基本形といってもよいものであろう。

三〇〇年に及ぶ蜂須賀氏の藩政時代の間、徳島藩の水軍（阿波水軍）を統率したのが森一族である（ために森水軍と呼ばれる）。阿波水軍の根拠地は御城下安宅・阿南市椿泊・淡路洲本・淡路岩屋の四ヵ所であったが、最大の基地は御城下安宅（現在の徳島市福島付近）であった。安宅には藩の安宅役所をはじめ造船や修繕をする御船役場、御船屋（艦船の格納庫）などが置かれ、一大軍港の様相を呈していた。沖洲から安宅にかけては加子屋敷が建ち並び、水軍に従事する加子たちが住んだ。加子は普段はそれぞれの浦村で船乗り・漁民として漁業に従事していたが、藩の召集があれば水軍の本拠地である安宅に召し出され、御座船（関船）以下の船の艪を漕ぐ役を務めた。阿波・淡路の六八浦から召集された加子は二〇〇〇名に近かったという［森　一九七七：二三九］。

徳島藩の持ち船は、寛永一八年（一六四二）の森家の記録では二〇六隻となっている。大小の艦船多数を有しており、軍事力の大きさがうかがえる。なかでも至徳丸、飛鴎丸は一六反帆の藩主御召船（関船）で、総朱塗り

写真１　『蜂須賀家御船絵巻』（明治28年、徳島城博物館蔵）に描かれた御座船「至徳丸」

写真２　徳島藩参勤交代渡海図屏風（部分）（伝森崎春潮作、蓮花寺蔵）

の豪壮な造りであった（写真1）［団　一九五八：一六］。

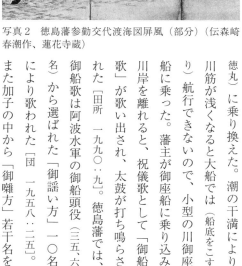

関船は中世から近世にかけて水軍で使われた中型の軍用船で、船体に矢倉を有し、艪の数が四〇挺以上のものを指す。世の中が平和になると、水軍の主たる任務は参勤交代の際の海上輸送に移行していく。軍用船であった関船も、もっぱら藩主の参勤交代用の船（御座船・御召船）として使われるようになる。

江戸時代の大名は一年交代で江戸と国元を往来した。参勤交代の基本は陸路であるが、四国・九州・瀬戸内の西国大名は大坂までは海路を許されていた。徳島藩でも大船団を組んで大坂まで船で行き（鳴門沿岸から洲本沖を通過、二日で浪速の安治川口に着いた）、大坂から京都の伏見まで川御座船、伏見から陸路をたどって江戸に向かった。藩主は徳島城鷲の門を出て徳島本丁筋を東進、福島橋東詰から川御座船に乗船し、さらに沖合で海御座船（至徳丸）に乗り換えた。潮の干満により川筋が浅くなると大船では（船底をこすり）航行できないので、小型の川御座船に乗った。藩主が御座船に乗り込み川岸を離れると、祝儀歌として「御船歌」が歌い出され、太鼓が打ち鳴らされた［田所　一九九〇：九］。徳島藩では、御船歌は阿波水軍の御船頭役（三五、六名）から選ばれた「御謡い方」一〇名により歌われた［団　一九五八：二五］。また加子の中から「御囃方」若干名を選び、御船歌の囃子を務めた［団　一九五八：二二五］。

藩主が乗る海御座船を中心に、家臣団が乗る六〇挺立前後の関船のほか、多数の小早や荷船、水船、連絡用の鯨船などが「海の大名行列」に従った。徳島市住吉町の蓮華寺所蔵「徳島藩参勤交代渡海図屏風」（一九世紀、伝森崎春潮作）には、一一〇隻あまりの大船団が海を越える勇姿が見られる（写真２）。

こうした御座船（関船）を模して船型だんじりが造られた。また各地の祭礼に残る御船歌は、船頭や加子が参勤交代の際に習い覚え、故地に持ち帰り伝承したものと考えられる［森　一九七七：二三九］。そのため、各地に伝わる御船歌の歌詞は、『徳島藩御船歌』のそれと共通する部分が多い［芸能史研究会　一九七三：七二八～七四六］。このように、徳島県の船型だんじりとそれに付随する芸能の根底には、参勤交代の歴史・文化の存在があるのである。

二　県内の船形だんじりの事例

本節では、徳島県内における船型だんじりの概要について紹介する。徳島県内における船型だんじりの分布状況を図１に示したが、東部海岸地域に分布が集中していることが見て取れる。また一覧表を表１に示したが、同じ船型だんじりが複数の神社祭礼に曳き出されるケースや（№12および13、№17および18、№28および29）、他の神社から船型だんじりを譲り受けるケース（№１→№３、№４→№５）も見られるので、純粋にカウントすると徳島県の船型だんじりの台数は、現在確認できている範囲では二九地点二七台ということになる。しかしその後、本体の老朽化や曳き手の不足などの要因により廃絶・休止となったところも少なくなく、現在も祭礼に出ているのは一一地点一四台となっている。

〈二〉四所神社（徳島市福島二丁目、旧郷社）の船だんじり

四所神社は旧徳島藩崇敬社。もと大亀島に鎮座していたが、大同年間（九世紀）に現社地に遷座したと伝える［徳島県神社庁教化委員会　一九八一：三七］。

一九世紀初めに書かれた『諸国風俗問状答　市中歳節記』(3)には、四所神社の祭礼における神輿渡御の隊列構成が以下のように記されている［林ほか　一九六九：一〇四］。

九月（中略）福島四所明神祭礼は、七日より九日迄也。当家餝方、其外前祭の通りの仕成にて候。九日邌物第一番、猿田彦、額台（中略）船弾扇　綱にて曳、但太鼓うち五人、尤も長さ五間ばかりの御座造にて大八車を仕かける、船中いろいろかざり、小童楽の装束を着用し、太鼓・笙・篳篥などにてはやす。

図1　徳島県における船型だんじりの分布

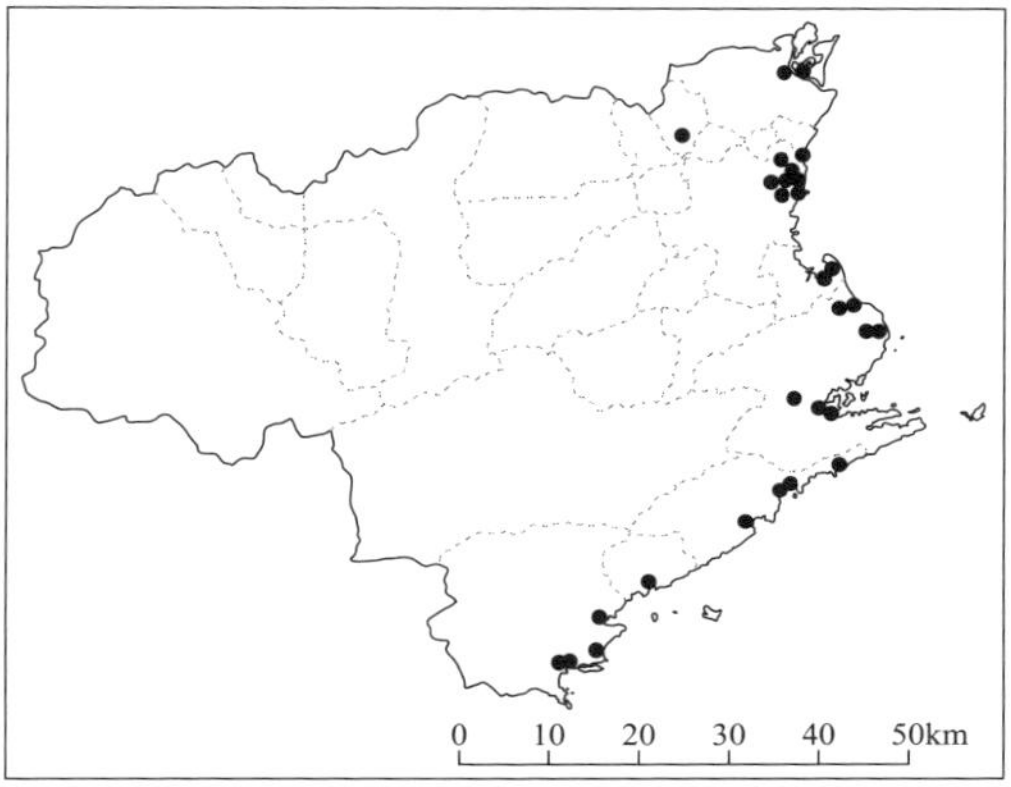

船だんじり（船弾扇）は長さ五間（九メートル）ほどの御座船造で船中に飾り物があり、綱で曳き、乗り子は楽の衣装を着た五名で、太鼓・笙・篳篥などで囃したという。

四所神社に船だんじりができたのは宝暦年間（一七五一～六三）といわれている。かつての祭礼では「額」を先頭に「御座船」が続き、その両側を「お鹿」と「兜」が固め(4)、その後に子どもの神楽だんじりが従った［辻　二〇〇一：三二八］。これはまさに、御召船を中心とした「海の参勤交代」の様子を再現したものにほかならない。現在は大和町（大

日程	名称、台数、現在の状況	囃子	備考
日暦9月7～9日→10月27・28日	船だんじり3台(現在は人手があるときに出る)	あり	川御座船を模したもの。宝暦年間(1751-1763)の建造か。御船歌(廃絶)、御座船太鼓。
日暦9月11～13日→11月2・3日	船だんじり1台(廃絶)	あり	
0月24日	船だんじり1台(廃絶)	あり	四所神社の船だんじり(No.1)のうち1台を譲り受けたとの伝承あり。
日暦9月15～17日→10月17日	船だんじり1台	あり	2013年復原
日暦8月13～15日→11月2・3日	船だんじり1台(廃絶)	あり	春日神社の船だんじり(No.4)を譲り受ける。
日暦4月13～15日→5月15日	船だんじり1台(廃絶)	あり	
1月11日	船の屋台1台(廃絶)	あり	徳島市内から中古の船だんじりを購入、屋台に改造。
0月16日	船だんじり1台(かつて3台)	あり	
0月14日	船だんじり1台(廃絶)	あり	
1月3日	船だんじり1台	あり	明治初期に建造。
0月23日→10月第3日曜	船だんじり1台(廃絶)	あり	
0月5～7日→10月第1金土日曜	船だんじり1台	あり	
月14・15日→9月第2土日曜	船だんじり1台	あり	春日神社の船だんじり(No.12)が出る。
0月14・15日→10月第2土日曜	船だんじり1台	あり	天保4年(1833)建造。
0月14・15日→10月第2土日曜	船だんじり1台(現在休止)	あり	享保14年(1729)以前に建造か。
月3日	船だんじり(宝船) 1台	なし	昭和48年、地域おこしのため製作。
月14・15日→10月5・6日→10月第2土日曜	船だんじり1台(廃絶)	あり	後戸地区(住吉神社)の船だんじり(No.18)が出ていた。
10月第1土日曜	船だんじり1台(廃絶)	あり	
10月2・3日→10月第2土日曜(春日神社)、9月13・14・15日→9月10・11日(八幡神社)	船だんじり1台(廃絶)	あり	安永年間(1764-1780)に建造。御船歌あり。

表1　徳島県における船型だんじり(船だんじり・関船)一覧

	神社	所在地	祭神	旧社格	船型だんじりが出る機会
1	四所神社	徳島市福島二丁目3-40	武甕槌命、天児屋根命、斎主命、比売神	郷社	例祭
2	住吉神社	徳島市住吉一丁目6-55	底筒男命、中筒男命、表筒男命、神功皇后、大国主命、事代主命	村社	例祭
3	国瑞彦神社	徳島市伊賀町一丁目6	蜂須賀家政公ほか歴代徳島藩主	県社	例祭
4	春日神社	徳島市眉山町大滝山1	武甕槌命、斎主命、天児屋根命	県社	例祭
5	八幡神社	徳島市伊賀町一丁目7	武甕槌命、天児屋根命、斎主命、比売神	郷社	例祭
6	日枝神社	徳島市助任本町六丁目4	大山咋神、豊国神、東照神	村社	例祭
7	金刀比羅神社	徳島市川内町宮島字本浦128	大物主命ほか	郷社	例祭
8	阿波井神社	鳴門市瀬戸町堂浦字阿波井56	天太玉命、大宣都比売命	郷社	例祭
9	八幡神社	鳴門市鳴門町高島字山路57	応神天皇、仲哀天皇、神功皇后、大山祇命、事代主命、足利義稙公	村社	例祭
10	若宮神社	板野郡松茂町長原字中州81-1	仁徳天皇	村社	例祭
11	香殿神社	板野郡板野町唐園字香殿北18	天忍穂耳命、大年神ほか4柱合祀	村社	例祭
12	春日神社	小松島市和田島町字明神北129	天児屋根命、上筒男命、中筒男命、底筒男命	村社	例祭
13	八幡神社 ※春日神社の境内社	小松島市和田島町字明神北129	誉田別命	無格社	例祭
14	蛭子神社	阿南市出来町23	事代主神	無格社	例祭
15	蛭子神社	阿南市原ヶ崎町居屋敷128	事代主命	村社	例祭
16	蛭子神社 ※轟神社の境内社	阿南市新野町北宮ノ久保4	事代主命	無格社	例祭
17	大宮八幡神社	阿南市福井町下福井字大宮100	誉田別命	郷社	例祭
18	住吉神社	阿南市福井町椿地字浜田162	上筒男命、中筒男命、底筒男命	無格社	例祭
19	春日神社	阿南市那賀川町北中島字二反畑64	天児屋根命	村社	例祭、八幡神社例祭（那賀川町三栗）

)月8・9日 →10月 第2日曜（蛭子神)、10月7･8日→10月第1土日曜（若 宮神社）	船だんじり1台（現在休止）	あり	
)月14・15日	関船1台（現在休止）	あり	
月14 ～ 16日→9月敬老の日前後の 土日月曜（三連休）	関船1台	なし	御船歌あり。
月24 ～ 26日	関船1台（現在休止）	なし	御船歌あり（現在休止）。
)月9・10日→10月体育の日の前の 土日曜	関船1台（廃絶）	不明	
)月1・2日	関船1台（現在休止）	なし	御船歌あり（現在休止）。
)月24・25日→10月第4日曜	関船1台（現在休止）	なし	御船歌あり（現在休止）。
月24・25日 →10月14・15日 →10月 第3土日曜	関船2台	なし	享保年間（1716–35）には祭りに出ていたか。
月16・17日	関船1台	なし	関船は八幡神社と兼用。御船歌あり(現在休止)。
)月21・22日	関船1台	なし	関船は八阪神社と兼用。御船歌あり(現在休止)。

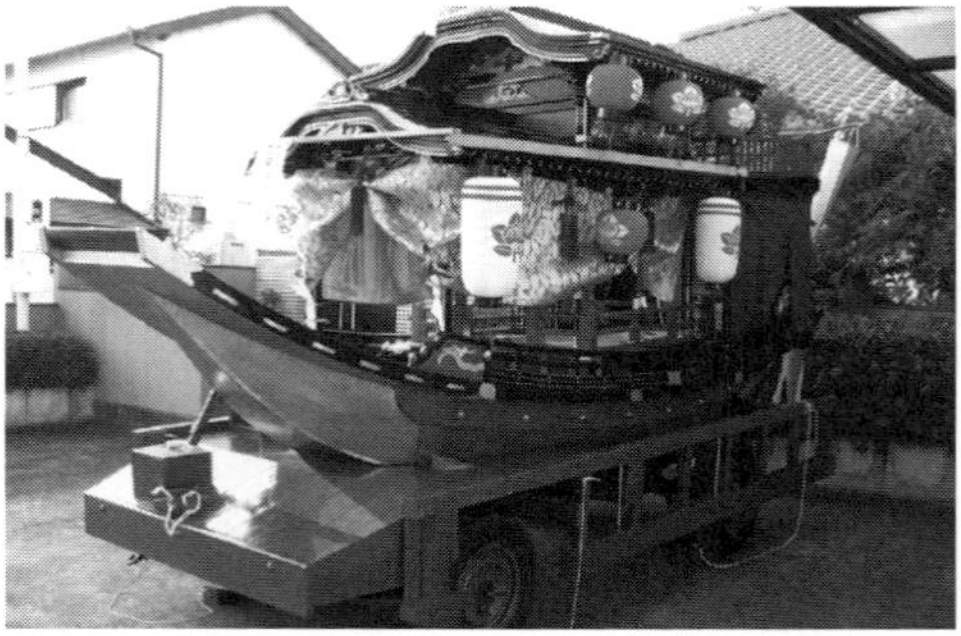
写真３　徳島市福島二丁目･四所神社の船だんじり（大和町の「額だんじり」）

工島）に「額」、南福島（築地）に「お鹿」と「兜」の計三台の船だんじりが伝えられ、秋祭りの際、神輿渡御に供奉している（写真３）。大工島・築地はいずれも、近世期、船大工の居住地だったところである。

御座船には、海上をゆく海御座船と、瀬の浅い川をゆく川御座船があるが、四所神社の船だんじりは川御座船を模したものである。朱塗りで垣立など部分的に黒い漆が塗られ、船上に唐破風屋根の屋形を設けている。屋形の屋根の周りに赤い丸提灯を吊し、四隅に長提灯を付け、周囲に幔幕を張り巡らせる。屋形の後ろに五色の吹き流し二本と「御座船太鼓」と書かれた幟二本を立てる。

船だんじりの巡行の際、「御座船太鼓」と呼ばれる大太

20	蛭子神社	阿南市那賀川町中島字蛭子原663	事代主命	無格社	例祭、若宮神社例祭（那賀川町中島）
21	新田八幡神社	海部郡美波町伊座利字向山1-1	品陀別命、息長足姫命、竹内宿禰命	村社	例祭
22	八幡神社	海部郡美波町西由岐字後山25-1	品陀別命、息長足姫命、武内宿禰命	村社	例祭
23	天神社	海部郡美波町東由岐字本村28-1	菅原道真公	村社	例祭
24	日和佐八幡神社	海部郡美波町日和佐浦369	誉田別命、玉依姫命、気長足姫命	郷社	例祭
25	八幡神社	海部郡牟岐町牟岐浦字八幡山1	誉田別命、気長足姫命、玉依姫命	郷社	例祭
26	天神社	海部郡海陽町浅川字太田34	菅原道真公	郷社	例祭
27	八幡神社	海部郡海陽町大里字松原1	誉田別命、天照大神、天児屋根命	郷社	例祭
28	八阪神社	海部郡海陽町久保字久保3	健速須佐之男命、稲田姫命、八柱御子神	郷社	例祭
29	八幡神社	海部郡海陽町久保字久保99	誉田別命、気長足姫命、玉依比女命	村社	例祭

鼓のお囃子が船中で奏される。カラカラとテンポが速く複雑なリズムのお囃子で、県下でも当地にしか伝えられていない。これは藩政時代、藩主が御座船に乗って出発する際にたたかれた勇み太鼓の名残であるという(5)［田所一九九〇：八］。なお戦前まで、船だんじりが出る前に御船歌が歌われていた。四所神社の船だんじり（御船歌、御座船太鼓）は、以上のような「阿波水軍の本拠地」「参勤交代の出発地」という地域の歴史を反映したものといえる。

（二） 住吉神社（徳島市住吉一丁目、旧村社）の船だんじり

住吉神社は社記によると、もと「住吉四所大明神」と称し渭山（現在の城山）にあったが、元和九年（一六二三）藤五郎島（現在の住吉島）に移転した。代々の藩主の崇敬が篤く、海上安全の祈祷所とし、藩公出府上下の際は船中においても祈祷させた［徳島県神社庁教化委員会　一九八一：三六］。

秋祭り（例祭）には、戦前まで船だんじり一台が出ていた。船だんじりは朱塗りの御座船をかたどったもので、上に屋形が設けられており、小学生男子が乗り込んで楽を奏した。鳴り物は大太鼓一・小太鼓二・鉦四・鼓四といった

構成であった。

『諸国風俗問状答　市中歳節記』には以下のように一九世紀初頭の住吉神社の神輿渡御の行列の様子が紹介されているが、「船弾扇」（船だんじり）の記載もある［林ほか　一九六九：一〇四］。

九月（中略）　住吉島住吉大明神の祭は、十一日より十三日迄也。当家餝方其外、前祭礼の仕成にて候。十三日邌物　第一番、神号額・猿田毘古・毛槍八本・幟一本・船弾扇、大八車にて曳　幟一本・神楽弾扇・邌子・船御輿。大八車綱にて曳　綱、船の長さ五間許、真中御輿をすへ、船には卒乗、穂には半月・吹ぬき、并、弓・鉄炮をかざり、禰宜二人乗。

〈三〉　国瑞彦神社（徳島市伊賀町一丁目、旧県社）の船だんじり

国瑞彦神社は蜂須賀家政公ほか歴代徳島藩主を祀る。文化三年（一八〇六）、一二代藩主蜂須賀治昭が藩祖蜂須賀家政を偲び、伊賀町の八幡神社の北隣に祀り創建。盛大な祭典を営み、封建秩序を維持するための精神的支柱とした。明治維新まで蜂須賀家より祭祀料銀三貫一〇匁を受け、維新後は金三〇〇円を祭典諸費として奉納、社殿建造物の修理にいたるまで一切を同家が支弁していた［徳島県神社庁教化委員会　一九八一：四七］。例祭の神輿渡御は全市中にわたるなど、同社は城下の中でも重要な位置を占めていた。とくに供奉のだんじりには藩主の御座船を模した立派な船だんじりが出たが［金沢　一九六三］、これは福島二丁目の四所神社の船だんじり（御座船だんじり）を譲り受けたものと言われている［辻　二〇〇一：三二八］。

囃子のほか、猿のいでたちをして片手に唐扇子を持った町内の子どもが船の舳先に立ち、両手を交互に振って踊った。参勤交代の際、加子のうち三、四人が日和猿役として選ばれ、御座船の水押部分で御船歌に合わせて芸

をした。もとは日和見（天気を見る役）から派生した芸能だが、単なる余興ではなく、フカ除けの呪いあるいは悪魔払いとして航海時の厳粛な儀式でもあった［田所　一九九〇：一二］。国瑞彦神社の猿芸はこの参勤交代の習俗を伝えたものといえる。

〈四〉　春日神社（徳島市眉山町大滝山、旧県社）の船だんじり

春日神社は天正一四年（一五八六）、藩主蜂須賀家政が徳島城築城とともに城下の鎮守として名東郡田宮村より現社地に奉遷したものと伝えられ、蜂須賀家代々の崇敬が篤い社であった［徳島県神社庁教化委員会　一九八一：四六］。同社は徳島城下の総鎮守であり、祭礼は「当国第一の神事」と称されるほど盛大で、神輿が城下全域を練り歩いた。

『諸国風俗問状答　市中歳節記』に当時の例祭における神輿渡御の隊列構成が紹介されているが、船だんじりに関する記載はない［林ほか　一九六九：一〇五］。しかし明治二七年頃の春日神社秋祭りの神輿渡御の行列を描いた『春日神社祭礼絵巻』（森魚渕の筆とされる）には船だんじり一台が描かれている［須藤　一九九五：八〇］。朱塗りの船型だんじりの上に屋形を設け、四名の着飾った乗り子が中央に据えた太鼓をたたいている。船尾には吹き流しと幟が立てられ、二〇人ほどの男性が曳いて動かしている様子がわかる。藩主の権力の象徴として祭礼の中に取り入れられたものであろう。船だんじりは長らく廃絶していたが、二〇一三年、『絵巻』を元に復原された。

〈五〉　八幡神社（徳島市伊賀町一丁目、旧郷社）の船だんじり

八幡神社は、伊予国の河野氏が天文年間（一五三二〜五五）に現社地に遷座したと伝えられる。武門の神として藩主の信仰が篤かった。

前項で述べた『春日神社祭礼絵巻』当初の詞書に「此列中の船屋台ハ、現無、富田八幡神社に使用せる物也　昭和一二年二月　表装す　春日宮　早雲正延」とある〔須藤　一九九五：七九〕。昭和一二年当時、春日神社では船だんじりは出ておらず、八幡神社に移して使われていたことがわかる。

〈六〉　日枝神社（徳島市助任本町六丁目、旧村社）の船だんじり

日枝神社は旧蜂須賀家の造営にかかり、蜂須賀家の守護神として崇敬された。文化一二年（一八一五）の『阿波志』によると延宝三年（一六七五）の創設といい、明治維新前は山王権現と称した〔徳島県神社庁教化委員会　一九八一：三八～三九〕。

『諸国風俗問状答　市中歳節記』には下記のようにある〔林ほか　一九六九：九五―九六〕。

四月（中略）　大岡山王権現祭礼は十三日より十五日までにて御座候。（中略）十五日　邌物　第一番神号之額（中略）　船車楽組　長さ二間ばかり、艪には吹抜きの類をかざり、太鼓を中に据え、是も童四人、神楽車楽の通り、楽の衣装を着、右船は車仕懸にて曳申候。

船だんじり（船車楽）の長さは二間（三・六メートル）ほどで、艫に吹き流しの類を飾っていた。車仕掛けで綱で曳くようになっており、乗り子は子ども四人で、中央に据えた太鼓をたたいたという。

〈七〉　金刀比羅神社（徳島市川内町宮島字本浦、旧郷社）の船だんじり

金刀比羅神社は慶長六年（一六〇一）の創建。もと金刀比羅大権現と称し海上安全の神として信仰が篤く、蜂

須賀家の崇敬社であった〔徳島県神社庁教化委員会　一九八一：六五〕。宮島浦は近世を通じて板野郡の加子の中心地であり、藩主が参勤交代のときは当浦の四〇人ほどの加子が動員された。参勤交代の際、藩主は必ず当社で航海安全の祈祷をした〔角川日本地名大辞典編纂委員会　一九八六：六八七〕。また藩政時代、吉野川河口の宮島浦は阿波特産の藍の積み出し港として栄えた。境内には藍商人が海上安全を祈り寄進した石鳥居、石灯籠などが残り、かつての繁栄ぶりをしのばせる。

昭和二六年頃まで、秋祭りにはだんじり、船の屋台（金比羅丸）、よいやしょ各一台が出た。船の屋台（写真4）は昔、徳島の町の方から中古の船だんじりを買ってきて（形態から見て四所神社の船だんじりか）、かき棒を前後左右に入れて屋台（担ぐタイプの山車）に改造したといわれている。御座船型で上に屋形が設けられ、屋形の軒には丸に金の社紋の入った提灯を吊した。小学四～六年生の男子四人が乗り込み、「乗れよ、金比羅丸に」というかけ声に続き、トントントンと中央に据えた太鼓一を打った。金比羅丸は重さが一トン以上あり、青年団が中心に四〇～五〇人でかいた〔川内土地改良区　二〇〇一：六二六―六二七〕。

写真4　徳島市川内町宮島・金刀比羅神社の船の屋台（金比羅丸）（昭和25年）

〈八〉　阿波井神社（鳴門市瀬戸町堂浦字阿波井、旧郷社）の船だんじり

阿波井神社の創立年代は不詳だが、もと古跡谷にあったものを天正一三年（一五八五）現社地に遷した。藩主蜂須賀公累代の崇敬社となり、社殿の修築をはじめ数々の奉納物がある〔徳島県神社庁教化委員会　一九八一：九五〕。秋祭りには、神輿のお供によいやしょ一台、船だんじり一台が出る（写真5）。船だんじりはやや小型のものが東・中・西の町内に一台ずつあったが、現

写真5　鳴門市瀬戸町堂浦・阿波井神社の船だんじり

在は、平成一三年に新調した一台を合同で曳くようになっている。朱塗りの御座船型で、船上に笹竹四本を立て、寄進者名を書いた長提灯、蜂須賀家の家紋の入った丸提灯を屋形の周囲に吊す。乗り子は鉦二・小太鼓三・大太鼓二。

堂浦は小鳴門海峡に面した漁村である。船だんじりの由来は、藩主蜂須賀公が当浦の前のウチノ海に釣り船を浮かべ、海の守護神である阿波井神社を崇敬したことに始まったという。当時の釣り船が屋形船であったので、船だんじりもそれに倣って造られたと言われているが〔徳島県教育委員会　一九六五：三八六〕、実際には御座船を模した造りになっている。

〈九〉　八幡神社（鳴門市鳴門町高島字山路、旧村社）の船だんじり

八幡神社は慶長三年（一五九八）一二月、高島塩田築造の際、淡路塩屋村に鎮座の八幡宮の分霊を勧請し氏神として祀った〔徳島県神社庁教化委員会　一九八一：九四〕。高島は漁村であり、かつてだんじりが二台、船だんじりが一台あった。船だんじりは中島のもので、だんじりを上荷船に載せたものであった。一三日の宵宮に鳥居前まで来て帰った。祭りの日は中島で打った〔岩村　一九五三：八〇〕。

〈一〇〉　若宮神社（板野郡松茂町長原字中州、旧村社）の船だんじり

若宮神社は寛政九年（一七九七）創建とされるが、一説には天正五年（一五七七）創建ともいう〔徳島県神社庁教化委員会　一九八一：二五九〕。

当地の船だんじりは、明治初期に豊漁と漁の安全を祈願して始められたとされ、現在使われているだんじり

は戦前に作られた二代目のものである。長原は吉野川河口に古くから開かれた浦村であり、阿波淡路六八浦の召集権を持って羽振りをきかせた。定数の加子役を受け、船乗りを稼業とした［松茂町誌編纂委員会　一九七五：四四五］。長原は吉野川を上流にさかのぼる出発点であり、交易の要所でもあった。

秋祭り（例祭）には、船だんじり（八幡丸）一台（写真6）とよいやしょ二台が神輿とともに氏子区域を巡行する。船だんじりは御座船を模したもので長さ五・六メートル。全体的に朱塗りであるが、垣立と水押の部分のみ水色に塗られている。船上に屋形が設けられ、周囲に赤い幔幕を垂らし、四隅に長提灯を吊す。乗り子の小学生は所定の赤い衣装を着けて乗り込む。鳴り物は大太鼓一・小太鼓二・鉦二。

写真6　板野郡松茂町長原・若宮神社の船だんじり

〈一一〉香殿神社（板野郡板野町唐園字香殿北、旧村社）の船だんじり

香殿神社の創立年代は不詳であるが、文化三年（一八〇六）には六社大明神と称えていた［徳島県神社庁教化委員会　一九八一：二七〇］。当地は海に面さない内陸地にも関わらず、船だんじりがあったことは興味深い。神社の社殿は昭和五四年にコンクリート造りに改築されたが、古い社殿の頃は、船だんじりの舳先の部分を天井から吊り下げていたという。

香殿神社の船だんじりは、地元の坂東氏という造り酒屋が寄進したという伝承がある。板野郡古城村の坂東孝兵衛（組頭庄屋、酒造業）は天保一一年（一八四〇）、四国霊場五番札所・地蔵寺の仏像建立にも関わっており［滝二〇〇五：五七］、あるいはこの時代に船だんじりを独力で寄進したものであろうか。唐園村には有名な大工もおり、当地は一〇代藩主蜂須賀重喜の六男・

写真７　小松島市和田島明神北・春日神社の船だんじり

蜂須賀隼人（中老、一三〇〇石）の知行地であった。また唐園地区は吉野川に近く、船（水運）との関わりもあった。こうしたことから、内陸部でありながら船だんじりが出ていたものと考えられる。

〈一二〉　春日神社（小松島市和田島町字明神北、旧村社）の船だんじり

春日神社は寛政年間（一七八九～一八〇一）の創建とされ、古くから漁業者の崇敬が篤い［徳島県神社庁教化委員会　一九八一：一二七］。

秋祭り（例祭）の神輿渡御に船だんじり一台が供奉する（写真７）。和田島は漁業の盛んな町で、船だんじりは豊漁の象徴ととらえられている。船体は御座船型で白木（塗装はしていない）、船上に大型の屋形を設けている。屋形の前後左右に紺色の幔幕を張り（後部には「大漁」の文字）、「わ」の文字の入った赤い丸提灯を左右の軒先に並べて吊す。前面上部に日の丸と日章旗を交差して立てる。また船名（繁盛丸）を書いた幟四本を艫の部分に立て、舳先水押の先端と中ほどに白、金の御幣を挿し、先端にさがりを垂らす。小学生約一〇名が乗り込み、大太鼓・小太鼓・鉦・大鼓・小鼓で楽を奏する。

〈一三〉　八幡神社（小松島市和田島町字明神北、旧無格社）の船だんじり

八幡神社は春日神社の境内社で、九月第二土日曜の例祭の際、春日神社の船だんじりが曳き出される。

〈一四〉　蛭子神社（阿南市出来町、旧無格社）の船だんじり

蛭子神社の創立年代は不詳。往古より蛭子大明神と称する〔徳島県神社庁教化委員会　一九八一：一二八〕。阿南市有形民俗文化財指定の壮麗な御座船型の船だんじりがある（写真8）。製作は天保四年（一八三三）、長さ七・四メートル。船の上に唐破風屋根の屋形を有し、背後の船屋には毛槍・鉾・鳥毛・吹き流しなどを立て、屋形の前には朱塗りの角樽に酒を入れて据え、周囲四隅に「神力丸」と書かれた高張提灯を立てる。右舷・左舷には丸提灯を吊し、船体台座の右舷・左舷部分には朱色の幔幕を吊す。垣立の横桁は黒漆と金箔塗りを交互に組んでいる〔條一九九九：二四〜二五〕。

出来町の船だんじりは、近隣他地区のだんじりとともに阿南市西路見町（黒津地）の八幡神社の秋祭りに参加していた。一〇月一四、一五日の両日とも船だんじりを八幡神社まで曳いていき、境内で「曳き回し」をした。船だんじりは袢を着た二名の船頭（小学生男子）が先導、大太鼓・小太鼓・鉦・大鼓・小鼓の計一〇名ほどで囃子を入れた。

写真8　阿南市出来町・蛭子神社の船だんじり

那賀川河口に位置する黒津地には、藩政時代から流域の物資を運搬する廻船業者が多かった。また黒津地は加子浦でもあり、享保六年（一七二一）の「黒津地浦棟附人数改帳」によれば、家数一六〇のうち加子一一〇、漁船一七、廻船三七となっている。

〈一五〉　蛭子神社（阿南市原ケ崎町居屋敷、旧村社）の船だんじり

蛭子神社の創立年代は不詳であるが、往古より蛭子大明神と称した〔徳島県神社庁教化委員会　一九八一：一二八〕。原ケ崎の船だんじりは、前項で紹介した出来町の船だんじりなどとともに黒津地の八幡神社の秋祭りに参加、境内を

曳き回していた。鳴り物は大太鼓一・小太鼓二・鉦二・大鼓二・小鼓四で、幼稚園～小学生の男子が担当した〔高橋　二〇〇七：一九〇〕。

船体は御座船型で長さ約七メートル、唐破風屋根の屋形を持つ。大太鼓の胴の裏側に享保一四年（一七二九）の墨書がある。一部に補修の跡は見えるが、ほぼ昔の船だんじりの姿をとどめている点で貴重である〔高橋　二〇〇七b：一八九〕。出来町と同様、原ヶ崎は水運・漁業の基地であり、宝暦六年（一七五六）には黒津地同様に加子浦となる。同年の検地帳には船屋敷の名も見える。文化八年（一八一一）の棟附帳には加子家数六四と見える〔角川日本地名大辞典編纂委員会　一九八六：五八四―五八五〕。

写真９　阿南市新野町宮ヶ久保・蛭子神社の船だんじり

〈一六〉　蛭子神社（阿南市新野町北宮ノ久保、旧無格社）の船だんじり

蛭子神社は轟神社（旧村社）の境内社で、例祭は一月三日。古くは祭りは行っていなかったが、昭和四八年、轟神社総代・町の商工会・老人会などが徳島市の「えびす祭り」などに倣い、町の活性化のために祭りを創始した〔新野郷土史研究会　一九九三：二三〕。その際に商工会が中心となって船だんじりを新たに造り、曳き出すようになった（写真９）。オート三輪の周りにベニヤ板や木材を張って船型とし、黄色や白、赤、青などのカラフルなペンキで彩色し（船体には「恵比寿丸」と書いてある）、中央に帆柱を立てて「宝船」と書かれた帆を張り、船の周囲に「五穀豊穣　えびす祭」と書かれた幔幕を垂らしてある。祭り当日は船の上に氏子扮する七福神が乗り込み、近隣地区を巡行する。

戦後に地域振興を目的として新造されたこと、内陸地域の船型だんじりであること、商売繁盛の宝船として位置づけられていることなど、他地域の伝統的な船型だんじりと比べると、きわめて特異な存在といえる。

〈一七〉大宮八幡神社（阿南市福井町下福井字大宮、旧郷社）の船だんじり

大宮八幡神社の創立年代は不詳であるが、応永二年（一三九五）の棟札がある。藩政期、蜂須賀家より毎年米七斗五升の寄進があった［徳島県神社庁教化委員会　一九八一：一三八］。

秋祭り（例祭）には、かつて椿地・後戸・中連・山下・大西・大原・内歩の七台のだんじりが集結し、お練り（神輿渡御の行列）に供奉したが、うち後戸（橘湾に面した漁村）のみ船だんじりを出していた［髙橋　二〇〇六　九二］。だんじりには乗り子の子どもが乗り込んで楽を奏した。戦後、船だんじりとだんじり三台は老朽化してなくなった。

写真10　阿南市那賀川町北中島・春日神社の船だんじり（昭和20年）

〈一八〉住吉神社（阿南市福井町椿地字浜田〈後戸〉、旧無格社）の船だんじり

住吉神社は後戸地区の氏神で、明和八年（一七七一）四月に勧請された［徳島県神社庁教化委員会　一九八一：一三八］。前項で述べた大宮八幡神社の例祭とともに、地元・住吉神社の例祭でも船だんじりを曳き出していた。

〈一九〉春日神社（阿南市那賀川町北中島字二反畑、旧村社）の船だんじり

春日神社の創立年代は不詳であるが、寛保三年（一七四三）の『阿波国神社御改帳』に「北中島村春日大明神」とある［徳島県神社庁教化委員会　一九八一：二〇五］。

昭和二二、三年頃まで、旧平島村の総氏神である三栗の八幡神社例祭（九月一三〜一五日）に船だんじり（宮市丸）（写真10）を曳いていった。船だんじり

は安永年間（一七七二〜八〇）に造られたといい、総漆塗りの立派なもので「加護船」とも呼ばれていた。加護船は「籠船」のことと思われるが、この名称は船型だんじりの文化交流史を考える上で興味深い。

艫と舳先に羽織・袴姿の船頭（四、五歳の男の子）が乗り指揮をした。神輿が出る前と馬場先の御旅所に着いたときに、船だんじりの上で一〇名くらいの男の子が船歌（吾いら節）を歌った［那賀川町史編さん委員会　二〇〇二：九一三］。『北中島現代史』は、船歌は江戸中期に紀州・周参見の水軍が当地に移り住んで以来広めたものではないかとしている［辰井　一九九五：一六］。船歌は文化一一年（一八一四）、三栗八幡神社に初めて奉納されたとの記録がある。

〈二〇〉　蛭子神社（阿南市那賀川町中島字蛭子原〈蛭子町〉、旧無格社）の船だんじり

中島（中島港）は那賀川河口に位置し、近世には上流から運ばれてくる木材の集散地、廻船業の基地として賑わった。住吉神社付近には加子屋敷があって加子が六〇人ほど住んでいた［角川日本地名大辞典編纂委員会　一九八六：五一七］。

かつては一〇月七、八日の中島字西久保（里）の旧村社・若宮神社の秋祭り（オオマツリ）、八、九日の蛭子神社の秋祭り（コマツリ）に船だんじりを出した。若宮神社は旧中島村の総氏神であり、秋祭り（例祭）には中島の六傍示のだんじりが寄ってきた。蛭子町のだんじりは船だんじりで、上に小学生の男子が乗り込み、大太鼓・小太鼓・鉦・大鼓・小鼓で拍子（お囃子）を入れ、若い衆が長い綱を引っ張って動かした。

戦後は中島六傍示のだんじりが若宮神社に寄ることはなくなったが、昭和三五年頃まで蛭子神社のコマツリに船だんじりを出していた。

〈二一〉　新田八幡神社（海部郡美波町伊座利字向山、旧村社）の関船

伊座利は純漁村であり、三方を山に囲まれ、古くから近隣の各浦々と海上交通があった。出買船による阪神地方からの物資の移入もあった。新田八幡神社の創立年代は不詳であるが、寛保三年（一七四三）の『阿波国神社御改帳』に「伊座利浦新田八幡宮　別当伊座利極楽寺」とある［徳島県神社庁教化委員会　一九八一：二二九］。

例祭の宵宮と本祭の両日、関船が神社と浜の間を往復していた。関船には小学生二名が乗り込み、鉦一、太鼓一をたたいた［高橋　二〇〇四：三五］。関船は四〇年ほど前まで曳き出していたが、傷みがひどくなったため休止。しかし平成一七年に新調して復活した。朱塗りの御座船仕立てで、船上に唐破風屋根の屋形を有する。船体の右舷・左舷には青色の波をあしらった幔幕を垂らす。

写真11　海部郡美波町西由岐・八幡神社の関船

〈二二〉　八幡神社（海部郡美波町西由岐字後山、旧村社）の関船

八幡神社は天正一七年（一五八九）創建、石清水八幡宮の分霊を祀るという［徳島県神社庁教化委員会　一九八一：二三〇］。

現在の関船（常盤丸）は明治二八年（一八九五）に造られたものである（写真11）。朱塗りの御座船仕立てで、唐破風屋根の屋形を有する。屋形の周りに赤・黄の丸提灯を吊し、紺の幔幕を吊す。舳先に短冊や提灯を飾り付けた笹竹二本を挿し、艫に長さ二メートルほどの舵棒をはめ込む。船体の長さは約一〇メートル。関船は漁師、だんじり（現在はない）は商売人がお世話していた。

秋祭り（例祭）の宵宮の晩に、御旅所前から神社まで関船の巡行が行われる。「引き出し」（出発）に古老数名が船の中で御船歌を斉唱する。船に乗り込んだ

船頭二人（小学生男子）がザイを振ると、二本の綱を曳き関船を動かす。大練り・小練りが関船を先導する。道中の数ヵ所で関船を止め、たたら音頭を歌い、最後、神社前の坂を引き上げ関船を境内に据え置くと（宮入り）、古老たちが納めの御船歌を歌う［髙橋　二〇〇五　一三九―一四〇、一四四―一四七］。

文化九年（一八一二）の棟附帳では、浦方の家数二四二、人数一一二七、廻船八、漁船三七、家数のうち二二五戸が加子となっている［角川日本地名大辞典編纂委員会　一九八六：五五九］。当地の漁民は明治中期以降九州方面の漁場開拓に進出、以西底引網漁業の基礎を築いた。

〈一三〉　天神社（海部郡美波町東由岐字本村、旧村社）の関船

口伝では大阪天満宮の分霊を祀るといわれ、社殿は古くは山腹にあったが、元禄一一年（一六九八）現社地に遷宮したという［徳島県神社庁教化委員会　一九八一：二二九］。七月二四～二六日の例祭には関船の巡行が行われていたが、現在、関船は飾り付けをして倉庫の前に曳き出すのみである。関船は朱塗りの御座船仕立てで、上に唐破風屋根の屋形を有する。舳先に提灯を結び付けた二本の笹竹を挿し、船の中央に「神篤丸」と書かれた幟を立てる。船の右舷・左舷には赤い幔幕を垂らす。

昔は関船・だんじりが三日間とも出た。関船は漁師、だんじりは商売人が担当していた。関船は昭和二四、五年に道路がアスファルトになると、道路が傷むというので曳かなくなった。船には船頭二人（小学生男子）がザイを持って乗っていた。関船の中には関太鼓（大太鼓）が一台あり、子どもがたたいたが、とくに決まったたたき方はなかった。関船が出るときと最後に、船の中で漁師の古参四、五人が「船歌」を歌った［髙橋　二〇〇五：一五五］。

文化九年（一八一二）の棟附帳では、東由岐浦の家数は一八五うち加子一六三、人数八一九、廻船三、漁船一一

であった［角川日本地名大辞典編纂委員会　一九八六：六〇八］。明治以降沿岸漁業が盛んになり、明治後期には九州五島方面にまで出漁する者が続出した。

〈二四〉　日和佐八幡神社（海部郡美波町日和佐浦、旧郷社）の関船

日和佐八幡神社は正平六年（一三五一）の創祀といわれ、もと八幡宮と称した［徳島県神社庁教化委員会　一九八一：二三四］。

秋祭り（例祭）には太鼓屋台（ちょうさ）八台が出る。関船も一台あって大正年間まで使っていたが、その後は使わず自然に壊れてしまった［笠井　一九五七：一五六］。

文化九年（一八一二）の棟附帳では家数二六七、加子二三一、廻船五、漁船三九。古くから沿岸漁業が発達、漁民には藩から加子役が課せられるとともに、参勤交代の際は徴発を受け、中には徳島城下の安宅に専従加子として詰める者もあった。また日和佐浦は徳島藩南部の廻船業の一大拠点で、近世中期から発達し、文久三年（一八六三）には日和佐浦の廻船は一四艘を数えた。大坂・堺・兵庫方面と盛んに交易を行ったが、太鼓屋台もそうした文化交流の産物である。明治中期以降、九州方面への出漁も盛んになった［角川日本地名大辞典編纂委員会　一九八六：六二四―六二五］。

〈二五〉　八幡神社（海部郡牟岐町牟岐浦字八幡山、旧郷社）の関船

八幡神社は承久二年（一二二〇）、ときの地頭某が奈良出身の縁故により奈良八幡宮より勧請。牟岐旧八ヵ浦村の総氏神である［徳島県神社庁教化委員会　一九八一：二三七］。

毎年一〇月一日、二日の秋祭りの際、だんじり、太鼓台（ちょうさ）とともに関船一台が曳き出されていたが、

写真12　海部郡牟岐町牟岐浦・八幡神社の関船

曳き手の不足などから現在は休止している。同神社の関船は全長一四メートル、幅三メートル、高さ四メートルと、県下の船型だんじりの中で最大のものである（写真12）。朱塗りの御座船仕立てで、唐破風屋根の屋形の軒には赤い丸提灯を並べて吊し、紫色の幔幕を吊す。舳先側にご祝儀のお花や色紙を結びつけた笹竹二本を挿し、右舷・左舷には波に魚の幔幕を垂らし、艪には赤地に白く「八幡丸」と染め抜いた幟を立てる。

関船は漁業組合の管轄で、飾り付けや曳航などすべてを担当する。祭り当日は神輿の御旅所渡御があるが、神輿が西牟岐浦を周り神社に戻ってくると関船が境内を走り回った。神輿が港の御旅所から戻ってくると、関船の上で数名の古老が御船歌を斉唱した［高橋・西田　一九九八：一〇二―一〇四］。

文化九年（一八一二）の棟附帳によれば、東浦の家数一〇四うち加子六三、西浦の家数一八六うち加子八三であった［角川日本地名大辞典編纂委員会　一九八六：六九八］。藩政期、牟岐にも相当数の廻船があり、出買船（イサバ）によって阪神圏との交通もあった［『阿波の交通』編集委員会　一九九〇：七二］。

〈二六〉　天神社（海部郡海陽町浅川字太田、旧郷社）の関船

天神社は天正一一年（一五八三）、修験者吉祥院興栄が磯ヶ浦（後の浅川浦、浅川村）住民に諮り、丸山へ奉祀した［徳島県神社庁教化委員会　一九八一：二四一］。かつて天神社の秋祭りには、太田・稲・浜の三台のだんじりと関船一台が、提灯や幟、造花で美しく飾り立てられ、鳴り物を鳴らしながらにぎやかに曳き出されていた。

現存する関船は昭和五二年に新造したものである［海南町史編さん委員会　一九九五：五三四］。船体は御座船造りで、

船上に唐破風屋根の屋形を設け、周囲に丸提灯を吊す。船体の両舷には豪華な幔幕を垂らし、舳先には船名の入った番傘と高張提灯を付け、提灯や造花などを飾り付けた長い笹竹二本を挿し、船首にはさがりを吊り下げる。海部地方の関船の形態は、ほぼどの地域も似通っている。

本祭の日の午後、神輿が出る前に、社前に据え置かれた関船の中で御船歌が歌われた。神輿が船渡御をしている間、関船・だんじりは海岸（浅川港）沿いの通りを蛭子神社まで楽を奏しながら巡行した。関船は漁師のもので、四〇～五〇人で曳いた。関船の上には地元の歌の上手な人五、六人が乗り込み、巡行中「御船歌」を歌った［高橋　二〇〇九　二二二―二二四］。

明暦四年（一六五八）の棟附帳では、三枚帆以上一二反帆の廻船四八艘とあり、徳島藩の中でも海運の盛んな浦方であった［『阿波の交通』編集委員会　一九九〇：七二］。

写真13　海部郡海陽町大里・八幡神社の関船

〈二七〉　八幡神社（海部郡海陽町大里字松原、旧郷社）の関船

八幡神社の創建時期は不明であるが、慶長九年（一六〇五）、鞆浦大宮（那佐浦）から現社地に遷座したという。二代徳島藩主・蜂須賀至鎮はたびたび修復の料を献じた［徳島県神社庁教化委員会　一九八一：二四〇］。

秋祭り（例祭）にはだんじり五台、関船二台が神社に集結する。関船は、鞆浦東町の「神通丸」、鞆浦南町の「八幡丸」の二台があるが、漁師町の気風を反映して飾り付けも豪華である（写真13）。関船は朱塗りの御座船を模したもので、四つの車輪を付けた台車の上に全長約七・二メートルの船型を載せ、さらにその上に長さ約四・七メートルの屋形を載せている。屋形の正面には日章旗一対を交差して掲げ、上部には万国旗を張り渡す。船の周囲には町名を書いた丸提灯を吊す。舳先と艫にはそれぞれ長さ四、五メートルの笹竹一対を挿し、金銀のモールや五色の紙テープ、造花、電飾などで飾り立てる。舳先には船名の入った番傘と高張提灯を付け、後部には弓矢を飾り、笹竹に船名を書いた幟と吹き流しを吊す。左右の船べりには赤い緞子の豪華な幕を張り、車輪を覆うように青い波模様の幕を垂らす。船首にさがりを吊り下げ、艫に長さ二メートルほどの舵棒をはめ込む。満艦飾の姿になると、関船は長さ一四、五メートル、高さ三、四メートルあまりになる。

八幡神社祭礼に関船やだんじりが曳き出されるようになった経緯や時期については明らかではないが、鞆浦の浅川初夫氏は、少なくとも享保年間（一七一六〜三六年）には鞆浦の氏子（阿波水軍の加子役を多数務めていた）によって三、四台の関船・だんじりが阿波水軍の様子を模して曳き出されていたと推察している［高橋　一九九九：一六］。

関船やだんじりは、当時の鞆浦の船持ちや廻船問屋など、豪商の寄進によったものと思われる。海部川流域の豊富な山林資源と水運の発達により、鞆浦付近の経済状況は古くから非常に良好であった。海部川流域の物産の積出港でもあり、文化一〇年（一八一三）の棟附帳に大坂廻船二九艘、漁船九〇艘があったと記されている［『阿波の交通』編集委員会　一九九〇：七二］。

〈二八〉　八阪神社（海部郡海陽町久保字久保、旧郷社）の関船

八阪神社の創建年代は不詳であるが、鎌倉時代に手写の大般若経が奉納されており、大永六年（一五二六）再建の記録がある。「日本三祇園」の一つに数えられる古社で、古くから京都方面との文化交流もあった［徳島県神社庁教化委員会　一九八一：二五三］。

七月一六、一七日の例祭には大山・小山と呼ばれる山鉾が曳き出され、「お能」（風流囃子物の系統を引く芸能）

の奉納もある。また神輿巡幸に合わせ、三台のだんじり、一台の関船が曳き出される［髙橋　二〇〇三：一四三―一四四］。関船（写真14）は朱塗りの御座船型で、屋形の両側には「大漁」と書かれた赤い丸提灯をずらりと飾り付け、艫には華やかな大漁旗をくくりつけた長い笹竹を挿す。船内に「八幡丸」の幟を立て、船の右舷・左舷には水色の幔幕を垂らす。艫に長さ二メートルほどの舵棒をはめ込む。現在の関船は昭和三〇年頃に造られたものであるという。

本祭の日の午後、神輿の御旅所渡御（お浜出）が行われる。だんじり、関船は神輿が御旅所に着いた頃を見計らって神社を出発し、列次をなして浜崎の御旅所までゆっくりと進んでいく。関船の上ではかつては古老により御船歌が歌われ、沿道の氏子からご祝儀をいただいていた［宍喰町教育委員会　一九八六：一八二七―一八二八］。

写真14　海部郡海陽町久保・八阪神社の関船

文化九年（一八一二）の棟附帳によると宍喰浦の家数は三三四戸、うち二六八戸は加子であった。また船数五九艘うち三艘廻船、五六艘漁船となっている［角川日本地名大辞典編纂委員会　一九八六：三六四］。

〈二九〉　八幡神社（海陽町久保字久保、旧村社）の関船

八幡神社の創立年代は不詳であるが、慶長一四年（一六〇九）、大字日比原の中川原から現社地に遷座したとされる［徳島県神社庁教化委員会　一九八一：二五三］。前項で述べた八阪神社と八幡神社の氏子は重なっており、だんじり・関船は両神社の兼用となっている。秋祭りには八阪神社例祭と同様の形で神輿渡御にだんじり、関船が付き従う。かつて道中で御船歌が詠唱されていたことも同じである。

おわりに

以上、文献と現地調査に基づき、徳島県内二九ヵ所の神社祭礼における船型だんじりの概要について記述してきた。あらためて整理してみると、次のようなことがいえる。

①　徳島県下の船型だんじりは、ごく一部の例外を除き、参勤交代の際に藩主が乗る御座船（御召船）を模して造られたものである。

②　船型だんじりの分布は、徳島県東部海岸地域（徳島城下、および沿岸の主要な浦村）に集中している。

③　船型だんじりの名称は、阿南市以北の地域では「船だんじり」、県南の海部地方では「関船」となっている。なお、海部地方ではお囃子を伴う事例が少ない一方、御船歌を伴う事例が多い。

④　船型だんじりは、氏子規模の大きな神社の祭礼に多く見られる（表１でも旧郷社、県社が目に付く）。その建造には巨額の資金と技術が必要であり、当時の神社の権勢（藩権力との関係を含む）、氏子や地域の社会経済状況を反映しているものと考えられる。なお、海部郡の関船は、阿南市以北の船だんじりと比べると、より大型で装飾が華美である。

⑤　徳島市中（城下）で船型だんじりを有する神社は、いずれも徳島藩主と深い関わりを有し城下の宗教的な核となる大社であり、祭礼も殷賑をきわめていた。城下において船型だんじりは徳島藩の権力構造と結びつく象徴（藩主の御座船）ととらえられ、例祭での船だんじりを含む神輿渡御の行列（練り物）は、「海の参勤交代」の風景を再現し、藩主の権威を再確認する機能を有していたと考えられる。近世における都市の経済的発展（近世期

の徳島城下は藍により隆盛を極めた）と、それにともなう祭礼の華美化・肥大化も当時の社会的背景としておさえておく必要がある。

⑥　城下から離れた沿岸の浦村は、加子制度を通じて藩の参勤交代システムに組み込まれており、そのことが各地における船型だんじり受容の素地となったが、それ以上に地域の海運（廻船業）や漁業の繁栄に関わる象徴、あるいは地域の経済力（ときに寄進した豪商や漁民）を反映する象徴、神社の権威を示す象徴として意味づけられ、受容されたと考えられる。なお、近代に入り参勤交代・加子の制度がなくなると船型だんじりの本来の意味（藩主の御座船）が忘却される傾向はさらに強まり、現在は海（漁師）との関係で説明されることが多い。

⑦　少なくとも一八世紀前半から中頃には船型だんじりが祭りに登場していた。

⑧　地域によっては、御船歌や御座船太鼓など、参勤交代に関連した民俗芸能が船型だんじりとセットになって伝承されている。これらは、参勤交代のために各浦村から出仕した船頭や加子が故地に持ち帰り伝えたものと考えられる。

徳島県の船型だんじりは、そもそも城下における藩主の参勤交代の御座船にちなみ、藩の権力の象徴として造られ祭りに引き出されたものであるが、沿岸の浦村では、むしろ地域の生業（海を通じた交易、漁業）や社会構造といったローカルな文脈において再解釈され、受容されている点が興味深い。

御船歌や御座船太鼓など船型だんじりに関連する諸芸能の検討、それぞれの地域社会の歴史・政治（権力構造）・社会経済的文脈と照らしつつ船型だんじりが造られること／祭りに曳き出されることの意味を考えること、他地域の船型だんじりの調査研究とそれらの比較などの作業は、今後の課題としたい。

［付記］本研究は、平成二三～二五年度科学研究費助成事業（学術研究助成基金助成金（基盤研究（Ｃ））、研究課題名「祭り囃子のデジタルデータ化と比較研究の試み――徳島県を事例として」、課題番号：二三五二〇九八七七）に基づく研究成果の一部である。

注

（１）四国について見ると、『四国民俗』三五号掲載の各県の山車の概況報告は、その分布状況を知るのに参考になる。

（２）個々の祭礼調査報告の中で船型だんじりに触れるケースは多く見られるが、船型だんじりのみに焦点を当てた研究は少ない（個別研究としては［明珍ほか　二〇〇〇］［髙橋　二〇〇七ｂ］など）。それらを地域横断的に論じた研究はほとんど見られない。

（３）『諸国風俗問状答』は、幕府の儒者屋代弘賢（一七五八～一八四一）が藩命により『古今要覧』を編纂するにあたり、庶民生活の実態、風俗習慣を調査するため、文化一〇年（一八一三）頃から全国に「諸国風俗問状」を送付して回答を求めたものの答書である。

（４）いずれも船だんじりであるが、四所神社の御神体とされる額・鹿・兜をそれぞれ載せて巡行したことから、このように呼ばれる。

（５）的場正三郎氏の談として「蜂須賀公が船にお召になつて御出発といふ時には船歌をうたひ太鼓の打ち方なぞも実に勇ましいもので太鼓のふちをカラカラと鳴らしドンドンやつさソレやつさと盛んな者であつたさうであります」とある［田所一九九〇：八］。

文献

新野郷土史研究会編
　一九九三『新野町祭あれこれ』阿南市新野公民館。

『阿波の交通』編集委員会編
　一九九〇『阿波の交通（上）古代から明治維新まで』徳島市立図書館。

岩村武勇
　一九五三『祖父聞書――昔の高島』自刊。

植木行宣
　二〇〇一　『都市の祭礼――山・鉾・屋台と囃子』東京：岩田書院。
植木行宣・田井竜一編
　二〇〇五　『山・鉾・屋台の祭り――風流の開花』東京：白水社。
海南町史編さん委員会編
　一九九五　『海南町史　下巻』海南町。
笠井藍水編
　一九五七　『日和佐郷土誌』日和佐公民館。
角川日本地名大辞典編纂委員会編
　一九八六　『角川日本地名大辞典　徳島県』東京：角川書店。
金沢　治
　一九六三　『阿波民俗資料（年中行事）昭和三八年度』自刊。
川内土地改良区編
　二〇〇一　『川内土地改良区史』川内土地改良区。
芸能史研究会編
　一九七三　『日本庶民文化史料集成五（歌謡）』東京：三一書房。
『四国民俗』編集部編
　二〇〇二　「特集＝四国の祭礼山車」『四国民俗』三五、一～八〇頁。
宍喰町教育委員会編
　一九八六　『宍喰町誌　下巻』宍喰町教育委員会。
條　半吾
　一九九九　「出来町の船だんじり」『阿南市の文化財』阿南市教育委員会、二四～二五頁。
須藤茂樹
　一九九五　「徳島市大滝山・春日神社の祭礼をめぐって――『春日神社祭礼絵巻』の紹介をかねて」『神道宗教』一六〇、六四～八八頁。
髙橋晋一

一九九九　『大里八幡神社祭礼』徳島大学総合科学部文化人類学研究室。
二〇〇三　「宍喰町八阪神社の祇園祭」『徳島地域文化研究』一、一四〇～一五六頁。
二〇〇四　「祭礼の地域的展開――徳島県海部郡由岐町の事例より（一）」『徳島地域文化研究』二、一二一～四六頁。
二〇〇五　「祭礼の地域的展開――徳島県海部郡由岐町の事例より（二）」『徳島地域文化研究』三、一三七～一八〇頁。
二〇〇六　「阿南市福井町・大宮八幡神社祭礼」『徳島地域文化研究』四、八四～一〇四頁。
二〇〇七ａ　「海部地方の祭礼山車」『徳島地域文化研究』五、七九～八八頁。
二〇〇七ｂ　「阿南市原ヶ崎町・蛭子神社の船だんじり」『徳島地域文化研究』五、一八六～一九三頁。
二〇〇八　「徳島県における祭礼山車の展開――文化交流史の視点から」地方史研究協議会編『歴史に見る四国――その内と外と』雄山閣、二一七～二四〇頁。
二〇〇九　「海部郡海陽町浅川・天神社祭礼」『徳島地域文化研究』七、二一〇～二一九頁。

高橋秀雄・西田茂雄
一九九八　『都道府県別祭礼行事　徳島県』東京：おうふう。

滝よし子
二〇〇五　「四国八十八ヵ所第五番札所地蔵時奥の院五百羅漢造立の由来」『徳島地域文化研究』三、四八～五九頁。

辰井伯美編
一九九五　『北中島現代史』北中島協議会。

田所市太（元木久二郎編）
一九九〇　『家政公法要誌』自刊。

団　武雄
一九五八　『阿波蜂須賀藩之水軍』徳島市立図書館。

辻　保雄
二〇〇一　「近世における四所神社の活動について――『諸事記録』を中心として」『徳島の考古学と地方文化』小林勝美先生還暦記念論集刊行会、三二三～三三八頁。

徳島県教育委員会編
一九六五　『阿波の民俗』徳島県教育委員会。

徳島県郷土文化会館民俗文化財集編集委員会編

一九八五　『阿波の船』徳島県郷土文化会館。
徳島県神社庁教化委員会編
一九八一　『徳島県神社誌』徳島県神社庁。
徳島城博物館編
二〇〇五　『特別展　大名の旅』徳島城博物館。
那賀川町史編さん委員会編
二〇〇二　『那賀川町史　下巻』那賀川町。
林　鼓浪ほか
一九六九　『阿波の年中行事と習俗の研究』五読会。
松茂町誌編纂委員会編
一九七五　『松茂町誌　上巻』松茂町誌編纂室。
一九七六　『松茂町誌　下巻』松茂町誌編纂室。
明珍健二・緒方裕子・谷　直樹
二〇〇〇　「天神祭の曳き船――天神丸の沿革と復元に関する研究」『大阪市立大学生活科学紀要』四八、一九～二八頁。
森　甚一郎
一九七七　「御船歌について」『総合学術調査　牟岐町〈郷土研究発表会紀要二三〉』徳島県立図書館、二三七～二四〇頁。

鬼のイメージ変遷——酒呑童子を中心として

コジューリナ・エレーナ

はじめに

古代からあらゆるジャンルにおいて登場してきた鬼のイメージを見極めることで日本文化の変遷の理解に近付くことができる。現代の鬼のイメージは十分はっきりしている。「身の丈は八尺（約二四二センチ）以上。筋骨隆々で、全身は毛むくじゃら。頭髪は縮れ毛で、頭に二本か一本の角を生やし、大きな鼻をもち、二つ目か一つ目で眼光は鋭い。大きな口には二本の鋭い牙がある。腰には虎の皮の衣をまとい、手には大きな鉄の棍棒を持っている」［笹間　二〇〇五：四］。「怪力で性質が荒い」［『広辞苑』第五版　一九九八］。鬼は恐れられる存在や退治すべき存在でありながら、人間はその力にあやかりたい気持ちを持っている。

一〇世紀前半の『倭名類聚抄』は、日本語固有の「オニ」は、隠字《おん》の訛りで、隠れて目に見えないものを指しているという説を引用している。隠れて目に見えない、恐れられる存在は神であって、したがって鬼も神の一部と見なすことができる［村山　一九九五：三二］。また「鬼」の漢字は、「招魂によって帰ってくる死者の魂」［馬場二〇〇一：三九］である。早期の日本文学において、鬼の字は多様な意味で使用されている。

鬼のイメージが形成される中で仏教と陰陽道思想の影響が大きかった。鬼のいる方角が北東であるため、その姿には、北から東へ三十度の方角を表す丑と、東から北へ三十度の方角を表す寅、牛と虎の要素が見られる。仏教の広まりの過程において地獄の鬼のイメージが流布した。平安時代中期の『往生要集』に描かれた恐ろしい獄卒が鬼の確定したイメージ定着を促した。『日本霊異記』に獄卒の鬼に御馳走を出し、死の国へ連れて行かれるのを免除してもらう話があり、これは疫病が流行るとき家の入口に赤い旗を立てて疫神に食物を捧げる風習を連想させる。赤色はまた稲妻を連想させ、雷神のシンボルでもある。従って鬼は疫神でも雷神でもある［村山一九九五：三四］。雷神はまた龍神（または蛇神）、つまり水神、五穀の神として解釈できる。このように鬼のイメージに様々な要素が見えてくる。

酒呑童子《しゅてんどうじ》(1)説話は中世、鬼の隆盛期の産物である。本稿で文献の中の酒呑童子のイメージについて考察する。

一　酒呑童子説話

「酒呑童子」の典型は享保年間（一七一六―一七三六）に渋川清右衛門が刊行した『御伽草子』に収められている。渋川板『御伽草子』は高価な写本で伝わっていた物語を印刷本の形で広く流通させた。「酒呑童子」は一条天皇の時代に丹波国大江山の鬼、酒呑童子を源頼光らが退治する話である。

酒呑童子物で最古なのは逸翁美術館蔵の『大江山絵詞』絵巻（逸翁本）で、成立年代は南北朝・室町初期と推定される。『大江山絵詞』以降「酒呑童子」絵巻・絵本が数多く作られた。酒呑童子の退治譚は、演劇、浮世絵や草双紙の作品の基となった。酒呑童子の話は近現代においても童謡唱歌、映画、コミックなどの素材になっている。

酒呑童子の住処を大江山とする大江山系統の他に、近江国の伊吹山とする伊吹山系統もある。伊吹山系統で最古なのはサントリー美術館所蔵『酒伝童子絵巻』（室町時代）である。

新潟県燕市の分水地区には酒呑童子伝説の前身譚が伝わっている。酒呑童子は旧分水町の砂子塚で生まれた。母親の胎内に一年六ヶ月も宿り、腹を蹴破って出た。生まれてすぐ歩き、言葉も分かる天才だったが、子供ながら大酒を飲み、女に手を出していた。国上寺の稚児になって、乱暴を慎んでいたが、美男子だったため村娘から大量に届いた恋文を整理しようとしたとき、異様な煙に包まれ、鬼の顔になった[2]［小山　一九九六：一八二—一八三］。

京都府には京都市西京区と亀岡市の境に位置する大江山と、京都府北西部の大江山連峰がある。京都府北西部の大江山連峰周辺には、酒呑童子関連の伝説と旧跡が残っている。中世における酒呑童子の山は、より都に近い、前者の京都市西京区と亀岡市の境に位置する大江山だったと思われる。

二　『大江山絵詞』

「酒呑童子」の最古伝本『大江山絵詞』の中の鬼のイメージは様々な解釈ができ、あらゆる要素を吸収しながら形成されてきた鬼のイメージを反映している。逸翁本の詞書［横山・松本編　一九七五］に見える酒呑童子のイメージについて考察したいと思う。

酒呑童子退治に向かう頼光らが出会う洗濯老女は城と酒呑童子の様子について教えてくれる。彼は鬼であるが、童子に姿を変えている。酒を愛し、さらってきた人間を包丁で切って食べる。安倍晴明の陰陽術だけには敵わなく、晴明が武神と護法を国土に配置していると、人をさらうことができなくなる。そのとき酒呑童子は胸を叩き、歯を食いしばり、目を怒らせる。それから暇つぶしに笛を吹いて遊んで時間を過ごす。酒呑童子のイメージには二つの異なる側面、人肉を食べる恐ろしい鬼の姿と笛を吹く優雅な遊びにふける童子（稚児）の姿が含まれている。洗濯老女は鬼王にさらわれてから、二〇〇年以上もの歳月が経っている。これは酒呑童子の大変な年齢を物語っている。彼の童子姿も神のような不老不死の性格を表す。

ようやく酒呑童子の城の前に辿り着く頼光一行はその美しさに圧倒される。

門の柱、扉は、うつくしく、殊勝にして、あたりも、かゝやく程也。四方の山は、瑠璃のことし、地は、水精のすなを、まきたるに似たり

「瑠璃や水晶が、門や砂を修飾する語として登場するのは仙境の常である」［高橋　二〇〇五：一二九］。鬼ヶ城にも酒呑童子のイメージと同様に両義性が見える。城は鬼の住処であると同時に、神仙境のような美しさで輝いている。

頼光一行の前に登場する酒呑童子は、背の高さが三メートルぐらいの童子として描写されている。恐ろしい声と眼差しを持っている。手には稚児の象徴、笛がある。

美しい女性に囲まれた酒呑童子は頼光らのために豪華な酒宴を開く。そのとき酒呑童子は知恵深く見えるという。

たけ一丈なるか、眼井《眼居》、ことから、誠にかしこく、智ゑふかけにて

酒呑童子は大江山に辿り着いた成り行きを話す。平野山を私領としていたが、比叡山を開いた伝教大師最澄に追い払われた。この話から酒呑童子は仏法の力に負けた先住の神で、樹木の精霊であったと考えられ、「障碍」をなしたが、仏法で鎮められたことがわかる。

酒宴の御馳走「なにの肉やらん」や生臭い酒は、鬼かくしの里のイメージが持つ恐ろしい側面が感じられる。鬼ヶ城の仙境的性格を表す美しい四季の庭とともに、地獄を思わせるさらわれた人たちの苦しみや転がっている骸骨の様子が書かれている。鬼たちが田楽を演じ、行列をする場面は、鬼ヶ城の仙境のイメージと裏腹の地獄的なイメージをさらに強く表現している。

頼光一行が酒呑童子の寝所に侵入する。寝ている酒呑童子は背が一五メートルにも及ぶ巨大な鬼の姿になっている。身体が五色に染められていて、一五個の目と五本の角を持っている。五色に分けられた身体は陰陽道の五行説を反映している。「森羅万象を五つに分け把握した、その五つのすべてが酒呑童子の身体に当て嵌められているということは、つまり、彼による時間的・空間的な支配を表しているということであり、彼の身体は、彼の空間・時間を支配するカミの証しとして、五色であったのではないかと考えられる」［中西　一九八九：一四］。この五色は仏教の五大観による発想とも考えられ、「酒呑童子自身の身体に宇宙全体が表現されているということには違いはない」［中西　一九八九：一四］。

超自然的な性格を持つ酒呑童子は普通の人間の手によって倒すことができない。その名が雷公（雷神）を連想させる頼光は普通の人間ではない。さらに、頼光一行は神仏の力を借りている。四神に導かれ、鬼王の住処に辿り着き、酒呑童子の鉄石の室に入り込む。酒呑童子説話は「荒ぶるカミを神々の援助を受けた人間が（実質的には神々が）倒す物語であった」［中西　一九八九：二］。

逸翁本における酒呑童子のイメージには様々な要素が合わさっているが、不老不死の神のような性格が強い。

三　サントリー本とその系統

サントリー美術館所蔵『酒伝童子絵巻』（サントリー本）は大永二年（一五二二）頃に作成されたとされる。漢画風の手法に大和絵を加えているもので、古法眼（狩野元信）の筆であると思われる。伊吹山系統の中で一番古い。サントリー本以降はその写しと思われる作品がたくさん作成された。詞書がほぼ同文で、絵もサントリー本の伝承を受け継いでいる。東洋大学附属図書館所蔵絵巻『酒伝童子絵』（東洋大本）もその一つである。東洋大本は寛永年間（一六二四―一六四四）頃に作成された。

酒呑童子のイメージに注目しながら、『室町物語草子集』［大島他校注・訳　二〇〇二］の翻刻を読み解いてみたいと思う[3]。

東洋大本では、酒呑童子がさらうのは「容顔よかりける女房」ばかりである。川辺で出会う洗濯女は老女ではなく、「みめかたち人にすぐれたる」「年一八九ばかりなる女房」である。酒呑童子の女好きな性格が逸翁本より強調されている。

頼光らは洗濯女から酒呑童子と彼が住む「岩屋」について教えてもらう。

この川上に、石の築地、大きな門ある内外に、恐ろしげなる者ども、二三〇人番して、その奥に、石を畳み壇を築き、その上に、石の築地を築きまはし、鉄の扉立てて、その内の四方四角には、春夏秋冬を作り逸翁本の同じ場面では、鬼ヶ城の八足の門とそれにかかる「酒天童子」の額のことしか言われないが、東洋大本のこの場面では、鬼の岩屋の様子について細かく説明されている。鬼の住処の丈夫な造りと厳しい警備が強調されている。四季の庭の美しさも同時に語られていて、その描写は逸翁本に劣らない。

逸翁本においては酒呑童子の残酷さについて述べられるが、笛を吹く上品な趣味も語られる。東洋大本の酒呑童子にはこの上品さがなく、様々な遊びにふけって、欲望ばかりを満たしているイメージが強い。

明けても暮れても、眷属どもに舞ひ遊ばせて、もてなしかしづかれて、山海の珍物飽き満ちて候へば、天上の楽しみと申すとも、いかでこれにまさるべき。

残酷な面もさらに強調されている。

かやうに取りおきて、愛すべき程愛して、飽き候へば、人屋といふ所に入れておきて、身をしぼり血を出して、酒と名付けてこれを呑み候ふ。殺しては、肉を切りて、餌食とし候ふなり。

「まことに力強く、いかめしげに候ふ」という酒呑童子の強さを表現する言葉がある。逸翁本には登場しなかった酒呑童子の四天王のことが述べられる。頼光にも四天王がいるので、酒呑童子対頼光という対立関係がはっきりしてくる。

逸翁本では、頼光一行が鬼ヶ城に辿り着き、その仙境的な美しさに驚く。東洋大本の場合は、洗濯女の話に四季の庭のことがあるものの、頼光たちが鬼の住処の入口にとどまり、圧倒されるのは、門や四方の山の美しさではなく、飛び出してくる眷属の鬼の恐ろしさである。

異類異形の鬼かと見れば、人なり、人かと見れば、鬼なり、眼大きに鼻長く、恐ろしげなる者ども　走り出て、中に取り籠めて、食らはむやうにありける。

逸翁本の鬼たちはこの場面に登場しない。後に頼光らをたぶらかそうとするが、積極的に攻撃しない。東洋大本の鬼は酒呑童子本人よりも早く登場し、各人を食べようとするぐらい攻撃的である。

眷属の鬼が酒呑童子に訪問者のことを伝え、頼光らの扱い方に関して指示を受けるやりとりも逸翁本にはなかった。東洋大本の酒呑童子と彼の眷属は、逸翁本に比べて、訪れてきた人間に対し非友好的である。女ばかり食べていた酒呑童子は男の肉が食べられると喜んで、配下の鬼に頼光らをだますように命令する。頼光一行が怖がると、肉がまずくなるので、やさしく扱うように指示する。都の情報を聞き出し、最終的には料理するつもりである。逸翁本では、酒呑童子が一方的にだまされるが、ここでは酒呑童子自身も頼光一行をだます計画を立てている。東洋大本で頼光たちが途中で出会った神も酒呑童子の狡猾な性格について戒めている。

様々のちかひをなし、種々のはかりことをいたして、人をよく試みる者にて候ふなり。かの鬼だしぬき候はんに、おぢ給ふべからず

しかし、頼光一行の計略も逸翁本に比べて、もっと残酷なものである。彼らが酒呑童子を飲ますために持ってきた酒は毒の酒なのである。

酒呑童子本人が登場する場面は以下の通りである。

奥の方動揺し、暖風しきりに吹きて、人々、身の毛いよだつ。肝を消し侍りける。ややしばしありて、日の出るごとく、輝ききらめきたるを見れば、高さ一丈ばかりもあるらんと見え、髪は禿に、白く肥え太り、容顔美麗にして、年四一ばかりに見えたる、織物の小袖に、赤袴を踏みくくみ、童子二人の肩にかかり、小牡鹿の歩むかごとく、左右を見まはし、時々眼蔭を指し、ゆすめき出でたる景気、事柄、あたりを払ひて、まことに伝へ聞きしよりまさりて、恐ろしさ申すはかりなし。

逸翁本では酒呑童子が大きくて恐ろしいと述べられるが、東洋大本では、この恐ろしさはさらに強く表現されている。逸翁本では大きな稚児の姿だった酒呑童子は、ここでは顔立ちの美しい太った四〇代の男として描写されている。一番大きな違いは、この初登場のエピソードにすでに酒呑童子の妖怪変化としての性格が感じられることである。振動となまあたたかい風がそれをよく表している。また酒呑童子が雄の鹿にたとえられることは、彼のイメージに動物的な特徴を加えている。

酒宴が始まる。逸翁本と違って、御馳走について具体的に語られる。それは血の酒と塩に付けて食べる「血にまみれた股の肉」である。酒呑童子は頼光らの意図を読み取ろうとしているが、頼光は神からもらった本当の考えを見えなくする帽子甲を被っている。酒呑童子は何でも見通す力を持っているとされているのである。逸翁本に登場した酒呑童子は酒宴のとき知恵深く見えたが、東洋大本の酒宴ではその恐ろしさと疑い深さが語られる。

逸翁本の酒呑童子の身の上の話は土地の神が追われて、山を転々と移るうちに、恨みを持って、鬼になった話だったのに、東洋大本の酒呑童子が語るのは彼を完全な否定的主人公として性格付ける。弘法大師に呪いをかけられた事件があったものの、誰にも妨げられることがなく、都の女性を誘拐し、宝を奪い、好き勝手に遊んで楽しんでいるのである。

頼光一行が酒呑童子の寝所に侵入し、目にした彼の鬼の姿は、東洋大本には、次のように描写されている。

髪はてんはいさうのごとく、睫は針を並べ立てたるごとく、手足にも毛生ひて、熊のごとし。長一丈ばかりに見えしが、今は二丈あまりはあるらんと覚えたり。

逸翁本の鬼姿の酒呑童子は背が五丈（一五メートル）にも達していて、身体が五色に染められているという神のような存在だったのに、東洋大本では背が二丈（六メートルぐらい）の熊のような毛深い怪物になっている。酒呑童子の部屋に多くの武器が置かれているのは、東洋大本の鬼の好戦的で、疑い深い性格を表している。

逸翁本では、先に眷属の鬼が殺されてから、酒呑童子が退治されるのに対し、東洋大本では、酒呑童子が退治され、次に配下の鬼が殺される。しかも、東洋大本では、眷属の鬼との戦いについてより細かく書かれている。鬼は逸翁本と違い、逃げようとせず、一生懸命戦っている。サントリー本の眷属の鬼は逸翁本の鬼たちと違って、まとまった一団として登場する。武士のような眷属の鬼や戦闘の場面が長いという特徴は、サントリー本が戦国時代という武士が一番活躍していた時代に武家向けに書かれたことによるだろう［奥田　二〇〇七：四一―四二］。サントリー本の注文主が武家の北条家であったと考えられる。「描き手の狩野元信の出自が武家と関わる（父の狩野正信が武家の出であった）こと」［奥田　二〇〇七：三四］も重要である。

酒呑童子が打たれると、四季の庭や宝が消えてしまい、大石が畳み重ねられ、人間の骸骨がたくさん転がっている様子となる。眷属も酒呑童子の死によって超自然的な能力を失ってしまい、最終的に頼光一行に打たれる。

酒呑童子がこれだけ大きな力を持っていた。逸翁本では童子の死とともに、彼の力によって命が保たれていた洗濯の老女も死ぬが、四季の庭などがなくなるということは語られていない。すでに述べたように、逸翁本に描写されている鬼ヶ城は両義的であり、鬼の住処の特徴を持ちながら、同時に瑠璃や水晶で輝いている、四季の庭がある仙境的な世界である。東洋大本の四季の庭は酒呑童子が死ぬと、死体が転がっている恐ろしい風景に変わるので、幻に過ぎなかったということが分かる。入口の門は最初から瑠璃や水晶で飾られたものではなく、恐ろしい鬼が番をする鉄の門となっている。東洋大本における酒呑童子の世界は仙境的な特徴をほぼ持たない、地獄的な世界として描写されている。

東洋大本（サントリー本系統）の酒呑童子は逸翁本において見られたその神的性格を失い、彼の怪物として特徴が強調される。鬼の残酷さと人間に対する非友好性が強く感じられる。酒呑童子とその眷属は完全な否定的主人公である。逸翁本とサントリー本系統の作品を見比べると、酒呑童子とその眷属のイメージがこれだけ大きく異なっているのは、逸翁本とサントリー本の間にある半世紀〜一世紀が鬼に関する意識において革命が起こった時代だったことを意味する。

四　『御伽草子』「酒呑童子」

手書きの写本によって伝えられていた酒呑童子物語にとって新しい展開となったのは、一七世紀の後半頃から始まった大坂の版元渋川清右衛門によって印刷本としての出版である。この出版は伝説がもっと広く流布するようになり、江戸時代を通じて一番有名な鬼退治の物語となったきっかけであった。

『御伽草子（下）』〔市古校注　一九八六〕を参考にし、『御伽草子』の「酒呑童子」の文章に見える酒呑童子のイメージの分析、そして逸翁本と東洋大本に見るイメージとの比較を行いたいと思う。

『御伽草子』「酒呑童子」は酒呑童子の住処を丹波国大江山とし、大江山系統の作品として分類されるが、サントリー本系統の影響が強く感じられる。逸翁本にもサントリー系統にもなかった描写を見出すこともできる。サントリー本と『御伽草子』「酒呑童子」の間の作品における変遷が反映されている。

逸翁本でも、サントリー本でも、『御伽草子』「酒呑童子」でも頼光一行が神から酒呑童子を飲ますための酒を授かる。しかし、この酒の奇跡的な特徴は伝本から伝本へと増してくる。逸翁本では普通の酒だったのがサントリー本では毒の酒となっている。『御伽草子』でのそれは鬼が飲むと毒となり、頼光らが飲むと良薬となるという神便《じんべん》鬼毒酒《きどくしゅ》である。酒呑童子の大酒飲みの性格、そして物語における酒の役割が時代に連れて重視されるようになる。

頼光一行が川辺で出会う洗濯娘が鬼の住処と酒呑童子について話す内容は東洋大本の同じ場面とほぼ同じである。東洋大本は、逸翁本に比べて鬼の住処の描写に鉄でできたものが多かったが、さらに多くの鉄製のものが登場する。若尾五雄［若尾　二〇〇〇］が指摘するように、日本各地の鬼伝説は鉱山と関係がある。鉄は人々に富をもたらすと同時に、鉱毒によって命の水を汚すものでもあった。従って、製鉄は人々にとって恐怖や嫌悪感の対象であった。またタタラ師たちの炎に焼けた表情も鬼に見えたのかも知れない。物語の中の鉄の登場が伝本毎に多くなってくるのは、逸翁本で見られた酒呑童子の神に近い曖昧な性格がだんだん純粋な鬼らしくなってくる印であろう。

> 鉄《くろがね》の築地《ついぢ》をつき、鉄《くろがね》の門《もん》をたて、口には鬼が集まりて番をしてこそ居《を》るべけれ。いかにもして門より内へ忍び入りて御覧ぜよ。瑠璃《るり》の宮殿玉《くうでんたま》を垂れ、甍《いらか》を並べたておきたり。四節《しせつ》の四季をまなびつつ、鉄《てつ》の御所《ごしょ》と

名づけて、鉄《くろがね》にて屋形《やかた》を建て

頼光一行の前に登場する酒呑童子は次のように描写されている。

その後《のち》なまぐさき風吹きて、雷電稲妻《らいでんいなづま》しきりにして、前後を忘《ぼう》ずる其中に、色薄赤くせい高く、髪は禿《かぶろ》におし乱し、大格子《おほがうし》の織物に、紅《くれなゐ》の袴《はかま》を着て、鉄杖《てつぢゃう》を杖《つゑ》につき、辺《あたり》をにらんで立つたりしは、身の毛もよだつばかりなり。

東洋大本に見られた酒呑童子の変化の物としての性格がさらに強くなっている。彼の登場とともに生臭い風が吹くだけでなく、雷が鳴り、稲妻も光る。酒呑童子は人間の姿で現れたが、体色が「薄赤く」なっている。これは、彼が人間ではないことを意味していて、手には鉄杖を持っている。逸翁本では笛を持っていた酒呑童子と大違いである。これは「地獄絵」の鬼が持っている様々な武器や道具を思わせ、酒呑童子の鬼性を表している。

頼光一行が酒呑童子に出された御馳走、血の酒や人間の生肉を飲んだり食べたりする場面が東洋大本に比べて、さらに細かく描写されている。頼光らが肉を切る様子とわざとおいしそうに食べる様子が書かれている。

『御伽草子』における酒呑童子の身の上の話は、伝教大師に追われたことも、弘法大師空海に呪いをかけられ大峯・葛城・高野山など修験の霊山の山の神となって隠れ、現在地に落ち着いた。さらに酒呑童子は元々越後の山寺育ちの稚児であり、憎んでいた法師を刺し殺し、比叡山に逃げたという新しい伝説が加えられている。逸翁本では酒呑童子の代々の領地となっていた比叡山が、『御伽草子』では罪を犯し、逃げてきた山となる。比叡山から伝教大師に追われたという逸翁本と同じ設定が見られるが、異なる文脈の中で違う印象を与える。『御伽草子』

での酒呑童子の話は彼を否定的に性格付けている。またこの話の内容から彼は元々寺の稚児、つまり人間だったということが分かる。この稚児が心に恨みを持ち、鬼になった。

頼光たちが酒呑童子の寝ている鉄の屋形に侵入したときの彼の様子は次のように描写されている。

童子が姿を見てあれば、宵《よひ》のかたちと変わり果て、そのたけ二丈《にぢやう》余りにして、髪は赤く逆様《さかさま》に、髪の間《あひ》より角生《つのお》ひて、鬚《ひげ》も眉毛《まゆげ》もしげり合ひ、足手は熊の如くにて、四方《しはう》へ足手をうち投げて、臥《ふ》したる姿を見る時は、身の毛もよだつばかりなり。

東洋大本の描写を思い出させるが、髪の赤さと角が加えられていて、酒呑童子の鬼らしさが強くなっている。酒呑童子は頼光一行に攻撃されるとき、だまされたと知って、「情《なさけ》なしとよ客僧たち、いつはりなしと聞きつるに、鬼神に横道《わうだう》なき物を」と叫ぶ。これは酒呑童子への思い入れの強い謡曲『大江山』(室町時代)から採り入れられた「情なしとよ客増達、偽りあらじといひつるに、鬼神に横道なきものを」と頼光一行の行動の狡猾さを訴え、童子の運命を気の毒に思わせる箇所である。この言葉は「鬼神は正道にはずれたことはしない」という意味で、これまでの物語の流れによって築き上げられた酒呑童子の否定的なイメージと矛盾している。『御伽草子』の酒呑童子像が一貫性を欠くことが分かる。

逸翁本、サントリー本などの室町時代と江戸時代の手書きの絵巻や奈良絵本には注文主がいて、作品は注文側の影響で作られていた。例えば、逸翁本の場合は、裕福層か権力層の者と思われる注文主の感化で王権説話［小松　一九九七］としての色彩が加えられ、絵巻が成立したのであろうという事情がある。サントリー本は武家の注文で作成された。『御伽草子』「酒呑童子」の場合は手書きの写本で伝わっていた物語をより広く一般向けに流布させ、印刷本を売り出すという目的だけがあって、具体的な注文主の影響はなかった。従って、『御伽草子』「酒呑童子」は従来の諸伝本をまとめた集大成的なものである。

逸翁本とサントリー本の間に鬼に関する意識の大きな変化が起こった。『御伽草子』「酒呑童子」はサントリー本以降の描写の傾向をさらに強くし、逸翁本系の伝承も残している。一貫性のない酒呑童子のイメージであるが、サントリー本以降の形象の定着傾向が見られる。

五　江戸時代の絵本——赤本・黒本・黄表紙

江戸時代の絵本、草双紙は江戸時代の大衆向けの絵入りの読み物で、表紙の色や製本によって赤本・黒本・青本・黄表紙・合巻などと呼ばれている。酒呑童子説話を題材にした作品が多い。

「赤本」は草双紙の総称であるが、もともとの赤本は遅くとも宝永（一七〇四—一七一一）には存在し、享保（一七一六—一七三六）頃に盛んだった表紙の赤い草双紙である。桃太郎・猿蟹合戦などの昔話を材料とし、子供向けのものであった。赤本の酒呑童子ものは、説話をそのまま絵本にしている。当時の酒呑童子説話の定番だったのは渋川板『御伽草子』「酒呑童子」である。酒呑童子ものの赤本の例としては、題名は版心によって違っているが、『らいこう山入』や『山入』などが挙げられる。これらの本はおそらく、渋川板『御伽草子』やそれと前後する絵巻・奈良絵本を基に作られ、『御伽草子』の中の酒呑童子イメージを採り入れている。題名から酒呑童子の名前がなくなるのは、本来の物語の中では彼がほぼ主人公だったのに対して、後には退治されるだけの役割を与えられるようになったことを示している。

赤本に続いて、延享・寛延年間（一七四四—一七五一）の頃に黒い表紙で中本形の「黒本」が流行った。萌葱《もえぎ》色表紙の青本は黒本と前後して盛んだった。内容的には両方とも歌舞伎・浄瑠璃・歴史・伝記物の粗筋を材料としている。黒本・青本の酒呑童子ものは酒呑童子説話だけを題材にしているものはほとんどない。［斎藤　一九八七：七〇］。しかし、他の話が一緒に題材となっていても、酒呑童子説話は、赤本と同じように、ほぼ定番の形のまま伝えられている。例えば、斎藤が挙げている『子持童子　四天王再　攻《にどのいさおし》』（富川吟雪画、安永三年〈一七七四〉刊）には酒呑童子退治と鬼同丸退治という二つの話が見られるが、元々の粗筋に近い。

黄表紙は黒本・青本の次に、安永年間（一七七二―一七八一）頃から文化年間（一八〇四―一八一八）初年にかけて出版された黄色表紙の本である。黄表紙は人気の話をパロディー化したものが多い。黄表紙には当時の江戸の流行が積極的に採り入れられている。これは子供向けではなく、大人向けに作成された作品である。酒呑童子の話も人気の物語の一つとして黄表紙でパロディー化された。黄表紙の酒呑童子ものの特色は「説話の細かい筋ではなくイメージを利用し、見たてやすり換えを用いてもとの説話をパロディー化し、新たな作品世界を作り出している点」［斎藤　一九八七：七〇］である。この段階で酒呑童子とその眷属のイメージも新しく作られる。この新しいイメージを確かめるために、二つの草双紙の作品に注目したい。

『新板　酒呑童子廓　雛形《くるわひながた》』［小池他　一九八七］は黒本・青本であるが、黄表紙に近い性格を持っている。『酒呑童子廓雛形』の内容は次の通りである。

酒呑童子は鬼ヶ城の中で遊郭を構えようと思い、遊女たちをさらってくる。さらわれた遊女たちは鬼を酒に酔わせ、だまそうと計画する。酒呑童子と茨木童子が酔い潰れ、眠ってしまうと、遊女たちは頼光に鬼の居場所を知らせようと逃げてしまう。目を覚ました茨木童子は遊女たちがいないことに驚き、彼女たちを捜すために羅生門に通うようになる。

この作品には絵巻や『御伽草子』で知られる酒呑童子説話の定番である人肉が食べられる場面や鬼退治の場面もなく、説話の断片しか見出すことができない。断片とは次のようなものである。

酒呑童子とその眷属の登場
女性がさらわれること
鬼を酒に酔わせる計画
酒呑童子が酔い、眠ると、その鬼の正体を現すこと
鬼の敵としての源頼光に関する言及

酒呑童子を性格付ける描写は少ないが、イメージに前時代の作品で定着した女性と酒に弱い特徴が見える。酒呑童子は時代の流行を気にしている。大都市と同じように、鬼の住処にも廓を作るという彼の希望からうかがわれる。

アダム・カバットは、江戸の流行に敏感な「大通」に憧れる野暮な化け物たちが失敗を繰り返し、読者を笑わせる黄表紙の種類を分けている［カバット　二〇〇三］。第一の『酒呑童子廓雛型』は黄表紙以前の黒本・青本だが、このパターンを採り入れている。遊廓を作った鬼たちも、遊女にだまされ、失敗する。酒呑童子とその眷属は、以前の酒呑童子物におけるイメージとは裏腹に、恐怖の対象ではなく、「化け物づくし」の黄表紙の化け物と同じような笑いの対象である。

第二の『うどん　そば　化物大江山』［小池他編　一九八〇］は当時の江戸のそばブームを反映し、羅生門説話と

酒呑童子説話をそばの一党がうどんの一党を退治する「異類合戦物」として書き改め、パロディー化している。黄表紙の異類合戦物は、『化物大江山』と同じように、日常的な似たもの同士が対立するパターンがよく見られる［カバット　二〇〇三：二三］。『化物大江山』の内容は次の通りである。

うどん童子の配下、夜そば童子が、夜ごとに都に現れ、悪事をはたらく。そば粉の四天王の一人、渡辺の陳皮[4]が夜そば童子の腕を切り落とすが、夜そば童子は陳皮をだまし、腕を取り返す。そば粉は陳皮と他のそばに添える薬味の四天王を集め、うどん童子を退治する。

うどん童子は酒呑童子の姿を変える特徴を受け継いでいる。

うどん童子は、一通りの変化にあらず、ある時は干うどんとなり、またある時は焼餅となり、変化《へんげ》きわまりなし。

先行の作品において酒呑童子が童子と鬼という両義的な性格を持っていたことが、様々なものに化ける能力と簡略化された。

そば粉たちを迎えるうどん童子については次のように言われている。

背の高さ三一六文、盛り位もありて、色白く、力逞しく、中々一通りにて延び難し。

先行の酒呑童子作品に見られるこの場面の童子姿の酒呑童子の背の高さ、身体の大きさと力強さを強調する描写をまねながら、うどん童子のうどんとしての性格も積極的に表している。三一六文は当時最高値だった小田巻《おだまき》うどんの値段である。酒呑童子が鬼の中でもランクの高い鬼だったので、うどん童子もうどんの中のうどんの性格を与えられている。また盛り位があるというのは、小田巻を、他のうどんやそばが平皿や平椀に盛ってあったのに対し、大茶碗に盛ったことによる表現である［小池他編　一九八〇：五二］。絵巻や『御伽草子』の斬られた首が兜に食らい付く場面や童子の眷属との戦いの場面がなく、酔い潰れて寝ているうどん童子が簡単に倒されるどころか、謝りの言葉さえ口にする。

「あ、御免、〳〵。向後《きょうこう》、慎みまして、そばを目に付けますまい。こりゃかなわぬ、相かなわぬ」

『化物大江山』は、『酒呑童子廓雛形』と同じように、羅生門説話と酒呑童子説話の要素を題材としているものの、まったく新しいストリーを作り出している。このパロディー作品では、酒呑童子は典型的な悪党のリーダー、退治される者としての性格が定着していた。しかし、うどん童子は否定的な主人公であっても、恐怖ではなく、笑いを呼び起こしている。

六　『日本昔噺』「大江山」

巌谷小波が子供向けに書き直した物語を集めた『日本昔噺』（一八九四年から一八九六年にかけて発行）［巌谷　一八九四］が有名である。酒呑童子の話を基にした「大江山」は渋川板お伽草子の影響が大きい。しかし、子供という読者を意識した教育的な配慮がはたらいている。『日本昔噺』［上田校訂　二〇〇二］に従い、「大江山」の文章の分析を行いたいと思う(5)。

「大江山」には小説家眉山人と教育者作曲家中邨秋香による短いはしがきが付いていて、その中で酒呑童子は鬼のように恐ろしいが、実は鬼ではなく、皆が恐れている鬼のような盗人として解釈されている。話の最後に小波自身が同じようなことを言っている。

> 大江山の酒呑童子と云つても、お話では鬼ですが、元より此世に鬼の居そうな筈はありませんから、是はほんの譬喩で、実は鬼の様に恐ろしい大盗賊が、子分を大勢連れて、其山に立て籠もつて居た

恐ろしくて、退治すべきものとしての鬼のイメージがすでに定着していた明治という啓蒙の時代には鬼の論理的な解釈が求められるようになったり、酒呑童子は実は盗賊だったという説がはやるようになった。子供を啓蒙する目的で書かれた「大江山」はもちろん鬼の存在を否定した。

「大江山」の酒呑童子のイメージに注目してみよう。この酒呑童子は「恐しい鬼」である。「時々姿を人間に化けて、都《みやこ》の市中《まち》へ這入《はい》り込《こ》み、大切《だいじ》な御曹司《ぼつちやま》や、御秘蔵《ごひぞう》のお嬢様《ぢやうさま》」をさらう。さらった人間を召使いにし、最終的には食べてしまう。「毎日毎晩の酒宴《さかもり》」で「人間の生血《いきち》」を飲み、「人間の肉」を食べる。前代の諸作品に登場する酒呑童子の面影が感じられるが、「大江山」の酒呑童子は、童子と鬼という二つの顔を持っていた逸翁本やサントリー本の酒呑童子と違って、純粋な鬼としての側面しか残さず、人間に化けるだけである。「大江山」で頼光一行の前に現れる酒呑童子は次のように描写されている。

見ると背の高さは一丈ばかりもありましやうか。色は薄赤く髪毛《かみのけ》は椶梠箒木見《しゅろぼうきみ》たやう。大格子《おほがうし》の衣服《きもの》に、緋《ひ》の袴《はかま》を穿《は》いて、脇息《けふそく》と云ふ肘突《ひぢつき》にもたれながら、皿のような眼を剝《む》いて、ギョロ〳〵四辺《あたり》を見廻《みま》はして居る塩梅《あんばい》、見たばかりでも身毛《みのけ》が立つて、気の弱いものは直《す》ぐに目を廻《ま》はしさうな勢《いきほひ》です。

ここでは童子姿のことも語られていなくて、その後も酒呑童子が鬼に姿を変えたことも書かれていない。従って、酒呑童子は最初から最後まで鬼姿である。服装だけが前代の諸作品の童子姿を思わせる。引用箇所に、酒呑童子の体色が「薄赤く」、髪の毛が逆立っているとあったのも、彼が最初から鬼として登場する印である。酒呑童子が人間の血を飲み、人間の肉を食べることが書かれているが、残酷な箇所はこれにとどまる。サントリー本以降の定番だった頼光が人間の股の肉を切って、塩を付けて食べる場面などは採用されていない。これは読者に子供が設定されているからであろう。また、引用箇所から明らかであるように、前代の諸本における酒呑童子の被害者だった若い姫君が子供に変えられているのも読者層を意識した工夫である。

鬼の住処の描写は四季の庭などの仙境的な特徴を完全に失っている。入口は大きな鉄の門で、「其側《そのそば》には黒鬼と赤鬼とが、太い鉄棒《かなぼう》を突いて」立っている。中は「宮方《みやかた》の御殿《ごてん》」のような広い「黒鉄《くろかね》の御所《ごしょ》」になっている。逸翁本では酒呑童子の部屋だけが「鉄石の室」だった。サントリー本と『御伽草子』では、さらに鉄製のものが多くなる。「大江山」では、鬼の住処全体が鉄からできている。門番の鬼たちも鉄棒を持っている。この頃には鉄棒が鬼の持ち物として定着していた。

『御伽草子』を基に書かれた「大江山」は、酒呑童子が首を斬られ「鬼神に横道《わうだう》なき物を」と口にする箇所を採り上げていない。酒呑童子の「退治されるだけの悪者」という新しいイメージにはこの彼を正当化する言葉が必要ではなくなった。

おわりに

文献の中の酒呑童子について述べたが、現代の酒呑童子は、断片的な形で様々な漫画などの娯楽のジャンルに登場している。町おこしにもそのイメージが使われている。鬼は今「現代的な意味での「キャラクター」の仲間入りをすることになったのである［香川　二〇〇五：二九九］。

注

（１）「シュテン童子」の表記は「酒天童子」・「酒典童子」などもあるが、本稿では「酒呑童子」と統一する。引用は引用文献通りにする。

（２）酒呑童子退治の前日譚には「伊吹童子」の話もある。「伊吹童子」は、東洋大学蔵絵巻（一）、国会図書館蔵絵巻（二）、大英博物館蔵絵巻（三）と赤木文庫旧蔵絵巻（四）がある。（一）・（二）・（三）の内容は酒呑童子が伊吹弥三郎（スサノオノミコトに退治されたヤマタノオロチが変じた伊吹大明神）と大野木殿の娘の子で、生まれた時に髪が伸びていて、歯が揃えている性質を持つ鬼子として生まれ、山中に捨てられるが、山の神に守られながらたくましく育つ。（四）では、酒呑童子は捨てられるのではなく、比叡山に預けられるが、鬼おどりを演じていた鬼の面と衣装のまま酒を飲み、寝てしまう。面がとれなくなり、鬼になる。

（３）『室町物語草子集』通りに翻刻の文章を引用するが、振り仮名は省く。

（４）蜜柑の皮を乾かした生薬。

（５）引用箇所において振り仮名の一部を省く。

文献

市古貞次校注

一九八五『御伽草子』上、東京：岩波書店。
一九八六『御伽草子』下、東京：岩波書店。
巌谷小波
一八九四『日本昔噺』東京：博文館。
大島建彦・渡浩一校注・訳
二〇〇二『室町物語草子集』東京：小学館。
奥田陽子
二〇〇七「〈修士論文〉逸翁本『大江山絵詞』の酒天童子とその眷属に見る中世的性格——サントリー本との比較から」『文化学研究』一六。
香川雅信
二〇〇五『江戸の妖怪革命』東京：河出書房新社。
カバット、アダム
二〇〇三『江戸滑稽化物《ばけもの》尽くし』講談社選書メチエ。
小池正胤・宇田敏彦・中山右尚・棚橋正博編
一九八〇『江戸の戯作《パロディ》絵本（一）初期黄表紙集』現代教養文庫一〇三七、東京：社会思想社。
小池正胤・叢書の会編
一九八七『江戸の絵本　初期草双紙集成』一・二・三・四巻、東京：国書刊行会。
小松和彦
一九九七『酒呑童子の首』東京：せりか書房。
二〇〇三『異界と日本人——絵物語の想像力』角川選書三五六。
小山直嗣編
一九九六『新潟県伝説集成〔下越篇〕』恒文社。
斎藤幹宏
一九八七「〈翻・複〉酒呑童子廓雛形」小池正胤・叢の会編『江戸の絵本　初期草双紙集成』二巻、東京：国書刊行会。
笹間義彦
二〇〇五『絵で見て不思議！——鬼とものののけの文化史』東京：遊子館。

佐竹昭広
　一九九二『酒呑童子異聞』東京：岩波書店。
サントリー美術館事務局編
　一九八一『サントリー美術館100選』東京：サントリー美術館。
高橋昌明
　二〇〇五『酒呑童子の誕生――もうひとつの日本文化』東京：中央公論新社。
中西陽子
　一九八九「酒呑童子の神性――表現と変遷」『明治大学　日本文学』第一七号、東京：明治大学日本文学研究会。
日本の鬼の交流博物館編
　一九九六　大江町発足四五周年記念限定出版『鬼力話伝45』大江町役場総務企画課。
日本の鬼の交流博物館編
　二〇〇一　大江町発足五〇周年記念限定出版『鬼力話伝　其の弐』大江町役場総務企画課。
馬場あき子
　二〇〇一（一九八八）『鬼の研究』東京：筑摩書房。
松村聡美
　二〇〇三「「酒呑童子」の特性――諸本間の変遷をめぐって」『国文目白』四二。
村山修一
　一九九五「オニの観念とその源流」吉成勇他編『日本「鬼」総覧』歴史読本特別増刊　事典シリーズ二三、東京：新人物往来社。
横山　重・太田武夫編
　一九六〇『室町時代物語　第四』古典文庫。
横山　重・松本隆信編
　一九七四『室町時代物語大成　第二』東京：角川書店。
　一九七六『室町時代物語大成　第三』東京：角川書店。
若尾五雄
　二〇〇〇（一九七〇）「鬼と金工」小松和彦編『怪異の民俗学④　鬼』東京：河出書房新社。

民俗芸能を取り巻く視線——広島県の観光神楽をいかに理解すべきなのか

川野裕一朗

序——問題の所在

今日、中国地方、特に広島県内の神楽が大変な隆盛を見せている。平成一四年度（二〇〇二）の広島県政世論調査では、「あなたがこの一年間に、映画館、ホール、美術館などの文化施設等へ出かけて鑑賞・見学した文化・芸術に関する催しは何ですか」という問いに対し、「神楽」は広島県全体の中で「映画」「日本画」「洋画」に続く第四位にランクされた。さらに特に神楽が盛んとされる備北地方では「神楽」は第二位にランクされ、広島県の県民の多くが神楽に触れている現状を示している。

平成二四年（二〇一二）三月には、国土交通省中国運輸局により「中国地方神楽観光振興協議会」が設立された。国内外に向け「神楽観光」による地域活性化を進めるという趣旨のもと、広島県、岡山県、島根県、山口県の各市町村の首長を集めての設立総会が開催された。同年の九月には「中四国神楽フェスティバル・inひろしま」と題し、広島市内の上野学園ホールにて中国地方や四国地方の一二の神楽団体を招き神楽大会が開催された。こちらは今後も、中国四国地方各地の持ち回り制で大会を開催するとの事で、中国地方の神楽の盛んな様子がうかがえる。

筆者は、中国地方の神楽に関心を持ち、特に広島県内でも大変な人気を集め、神楽ブームの中心となっている「芸北神楽」の調査を進めている。その調査の最中、著者は芸北神楽の関係者から以下の話を聞かされた。著者が以前、岡山県の備中神楽や広島県庄原市東城町の比婆荒神神楽の調査を行っていた事を神楽関係者に話したところ、「あちらの神楽は『本物』の神楽」と語ったのである。この「本物」とは何なのか、著者は興味を引かれた。

また芸北神楽に対し研究者から、しばしば「見世物化した神楽」という否定的評価を耳にする。(1) この「見世物化」という評価は、芸北神楽に見られる優勝を競い合う競演大会への出場や、今日盛んな観光神楽の文脈においてしばしば耳にする。しかし神楽の演者はこの「見世物化」に対し何を考えているのかを議論せず、ただその観光に利用されているという諸相から一方的に「見世物化」と評する事には、いささか不公平な印象を受ける。

本論文は、以上の問いを出発点とし、中国地方の神楽、特に広島県の芸北地方を中心に行われている芸北神楽に注目し、従来の民俗芸能研究が抱えている諸問題について検討するものである。

一　民俗芸能を取り巻く環境――民俗芸能研究の動向

鈴木正崇は民俗芸能研究に対し、以下のように述べている。

「民俗芸能は、芸能史や芸態論が主流で歴史的変遷にこだわり、社会的機能も宮座などに焦点があった。（中略）問題点として、審美性・身体技法・個人への着目の不十分さ、儀礼の社会的脈絡を無視する傾向、民俗芸能の概念の曖昧さ、学習過程の未考慮などがある。（中略）民俗芸能は、歴史的変遷・分布・地域的特権・組織の考察だけでなく、映像民俗誌への展開、博物館展示への取込み、国家による保護・育成政策の影響、無形民俗文化財の指定、『ふるさと』再生に絡むイベント化、観光資源化の中でのモノ化などに広い視野からの接近が可能である」〔鈴木　一九九八〕。

従来、芸能史、芸態論に着目されがちであった民俗芸能研究は、民俗芸能に関わる行政の政策が多様化するに伴い大きく変化することになる。今日民俗芸能は観光資源として活用される一方、無形民俗文化財指定、さらにはユネスコの無形文化遺産代表一覧表記載といった国際的な文化財政策の流れに乗せられている。特に前者の観光資源化の流れに影響した平成四年（一九九二）「地域伝統芸能等を活用した行事の実施による観光及び特定地域商工業の振興に関する法律」（通称お祭り法）の制定には、それまで地域の宗教活動や娯楽活動として住民が自分たちのために行っていた民俗芸能を、観光や商業目的で上演することで、上演の在り方や演出方法などを変化させ、地域の生活から切り離し、変質させてしまうという指摘が研究者から相次いだ。それは観光化に伴い、神楽ショーなどの形に民俗芸能が堕落するという批判であった。しかしこの批判は、「何より問題なのは、文化庁の方々などのご努力にもかかわらず、こういう文化の問題を、国が文化の問題として取り上げているよりはるかに大きな規模の予算で、観光事業の一環に組み入れられてしまうという事である」〔小島　一九九二〕といった、文化財行政が進める民俗芸能の保護は評価し、観光事業に民俗芸能を用いることは批判するという二面性を持つ議論に結びついている。

文化財保護法を中心とする一連の文化財行政は、才津祐美子がその歴史的変遷を整理している〔才津　一九九七〕。それによると昭和二五年（一九五〇）に成立した文化財保護法は昭和二九年（一九五四）、昭和五〇年（一九七五）と改正が続き、その中で民俗芸能に向けられる視点は変化した。無形の民俗資料をそのままの形で保存することは、自然的に発生し、消滅していく民俗資料の性格に合わないため、保護よりも記録作成を重視するという視点から、民俗芸能に「正しい信仰の古い姿」という不変の価値を見出し保護・保存しようとする視点に変化した。この文化財行政の動向からは、民俗芸能の中に「変えてはいけないもの」＝「正しい信仰の古い姿」を想定し、それを保護するものという文化財行政の目的が見えてくる。不変の価値を持つ「変えてはいけないもの」を保護する文化財行政とそれを破壊する民俗芸能を用いた観光事業といった表裏の関係がこうして生み出された。

この一連の観光事業に対する研究者の態度や、文化財行政の背後に見られる本質主義的な態度に関しては、橋本裕之による民俗芸能研究に関する再検討の中で批判されている［橋本　二〇〇六］。だがより重要な点は、本質主義批判ではなく、「保護」するにしても「活用」するにしても、民俗芸能を地域の文脈から切り離して扱っている点であろう。

「研究者が民俗芸能を『文化財』として認知した時点で民俗芸能は伝承者の手を放れ、これを『もの』として扱う態度になっていないか（中略）『もの』は、観光資源と文化財との違いはあるにせよ、伝承者の手を放れて、研究者が勝手に設定する次元のものになっているとは言えないか」［大石　一九九八］という大石泰夫の指摘は無視できない。文化財指定といった「保存・保護」と、観光資源化という「活用」の二つの流れは、地域社会の民俗芸能の存在形態に影響を与え、新しい文化現象を生み出す事さえある。しかし、大石が指摘したように伝承者や地域の文脈から切り取られ、その「本質」について議論を割いてきた民俗芸能研究は、民俗芸能を取り囲む新しい文化現象を扱い切れてこなかったように思われる。橋本は「こうした文化現象は専ら本来の社会的な文脈を失い真正性を欠いた偽物として等閑視されてきた」［橋本　二〇〇〇］と述べ、従来の民俗芸能研究が等閑視してしまっていた民俗芸能を操作する主体の戦略性や創造性の重要性を指摘する。「こうした主体の真正性を正当に評価することによって、われわれは無形民俗文化財か観光資源か、本物の民俗か偽物の民俗かというような単純な二項対立の図式を克服して、過去・現在・未来における民俗芸能を再想像する手がかりを得ることができる」［橋本　二〇〇〇］という指摘は、今日盛んになっている観光神楽を民俗芸能研究の俎上に載せる上で重要な提言である。

本論考は以上の研究動向の流れを踏まえ、芸北神楽の主体となる神楽団の人間や、神楽の活動に関わる関係者に注目し、議論を進めていく。

二　芸北神楽の現在

広島県の神楽は三村泰臣によれば「芸北神楽」「安芸十二神祇」「芸予諸島の神楽」「比婆荒神神楽」「備後神楽」の五つに分類される〔三村　二〇〇四〕。その中でも芸北地方および石見地方に伝わる芸北神楽や石見神楽を観光振興に活用し、広島市内のホール等での上演が活発になるにつれ「ひろしま神楽」という呼称が生まれた。

この「ひろしま神楽」の中で、広島の芸北地方で行われている神楽が芸北神楽である。特に安芸高田市や山県郡を中心に行われ、熱狂的な神楽の支持者に支えられその活動は活発である。舞は戦前から同地方に伝わっていた「旧舞」と、戦後直後に創作された「新舞」の二種類が存在し、特に「新舞」は後述する県内各地で開催されている競演大会で好評を博し、神楽ブームの中心的存在となっている。

戦前から行われている「旧舞」には二系統存在する。一つは「六調子」と呼ばれるテンポのゆったりとした神楽で、島根県邑智郡阿須那地方から文化文政期頃、石見神楽の系統として伝わった。「阿須那手」とも呼ばれている。もう一つが明治初期頃に誕生した「八調子」あるいは「梶矢手」と呼ばれる系統で、舞の調子が速く、備後神楽の影響を受けている。梶矢手には、演劇性が強く、神以外にも武士や鬼、姫など多くの役柄が登場する、口上の一部に方言が使われる、他の神楽には見られない舞台構造（上段や花道の存在）などの特徴があげられる。梶矢手はテンポの速さ、内容のドラマチックさなどから急速に普及し、芸北神楽の中心となっていった。

芸北神楽の大きな転機が「新舞」として知られている「新作高田舞」の誕生である。戦後直後昭和二二年（一九四七）頃、安芸高田市美土里町で生み出された。戦後直後、神楽は存続の危機に直面した。進駐軍ＧＨＱが日本の神国思想や封建思想を撤廃しようとする動きをみせ、日本神話を演目の主軸にすえた、宗教的要素が強いとされる神楽に様々な規制が加えられた(2)。これに対し当時高田郡北生中学校校長であった佐々木順三（一九〇八―二〇〇六）は従来の記紀神話に結びつく神楽の内容を修正し、新たに歌舞伎などの演目も取り込んだ演劇性の高い神楽を創作した。それは舞の作法を省き、口上を多く取り入れ、華やかで、親しみやすい神楽であった。衣装も金糸や銀糸を多用する豪華な衣装を用い、面も和紙で作られた五〇センチ以上もある巨大なものを使い、時には煙を焚いたり、和紙を蜘蛛の巣状にした「くも」を脇から舞台上に投げつけたりと派手な演出が特徴である。この「新舞」が、戦後に盛んに行われるようになった神楽競演大会で人気を博す事になっていく［美土里十三神楽団編　二〇〇七］。

安芸高田市には現在、二二の神楽団が存在し、特に神楽が盛んな美土里町では一三の神楽団が活動し、各々が地元の氏神社に組織されている。氏神社の例大祭で神楽を奉納すると共に、「美土里神楽」として美土里町の観光施設「神楽門前湯治村(3)」にて定期公演を行い、また県内各地で開催される神楽競演大会に参加するなど活発な活動を見せている。

神楽団の参加する神楽競演大会であるが、今日、数多くの大会が広島県の県内各地で開催されている。平成一二年（二〇〇〇）から平成一三年（二〇〇一）にかけて中国新聞に掲載された神楽競演大会だけでも三三あり［三村二〇〇四］、ＮＰＯ法人広島神楽芸術研究所が紹介する神楽日程表によると、ほぼ毎週末に広島各地で何らかの神楽の大会が開かれている状況が確認できる。その中でも昭和四六年（一九七一）から続く広島市内で開催される「広島県神楽競演大会」、県内最古で昭和二二年（一九四七）から続く安芸太田町の「西中国選抜神楽競演大会」、「中国地方選抜神楽競演大会」、昭和二四年（一九四九）から続く山県郡北広島町の「芸石神楽競演大会」や美土里町の「さつき選抜神楽競演大会」、「美土里神楽発表大会」等は代表的な競演大会である。競演大会には毎回十数団体が参加し、旧舞、新舞ごとに団体の部と、個人の部に分かれてその神楽の技を競い合う。競演大会であるためそれぞれの神楽は審査員による審査を受け、優勝を争う。この審査は広島県の文化財保護委員や大学の研究者、神社庁の関係者などの学識経験者が行っている。競演大会は神楽団の士気を高め、神楽団の存続や発展に大きく寄与すると共に、今日の神楽ブームを牽引する役割を担っている。

神楽ブームに大きな影響を与えた出来事として平成五年（一九九三）、山県郡北広島町の中川戸神楽団による自主公演「ＳＵＰＥＲ　ＫＡＧＵＲＡ　神々の詩」があげられる。いわゆる「スーパーカグラ」の登場である。大蛇の首が吹き飛んだり、鬼の口から花火を吹いたり、音響や照明に演出が加えられ、また舞台表現の邪魔になる事から神楽の舞台に見られる天蓋が外されるなど、舞台芸術としての神楽の誕生であった。「ひろしま神楽」の観光利用の過程を論じる高崎義幸は「これは新舞が作られたときと同じように、舞手が自由に自己表現できることの喜びだけでなく、観客も満足でき、舞手と観客との更なる興奮へと変わっていく象徴的なできごとであった」と述べているが〔高崎　二〇一二〕、今日の「ひろしま神楽」と呼ばれる神楽ブーム興隆の大きな転機であった。

神楽を舞う神楽団員の構成にも変化が見られる。かつては神楽団の団員となるには、氏子の長男でなければ入団できないといった厳しい規定を設けていた神楽団も存在していたが〔迫　二〇〇三〕、現在は、女性の神楽団員の活動や子ども神楽、高校生のクラブ活動といった神楽団以外での伝承も盛んに行われている。神楽団の中には女性だけの神楽団女性部を設立し活動を行っていたり、また「美土里こども神楽発表大会」や、平成二三年（二〇一一）に始まった中国地方各地の高校の神楽部の発表会「高校生の神楽甲子園」など、神楽団以外による共演大会も開催され、伝承の裾野を広げている。

三　芸北神楽に注がれる視線

芸北神楽は現在、「神楽門前湯治村」にて開催される定期公演を始め、県内各地で開催される競演大会、都市部での観光神楽大会など活発な活動を見せている。「神楽門前湯治村」に関しても年間一八万人の観光客を集め、四〜五億円ほどの売り上げを記録している。

この盛況を見せる芸北神楽の諸相に関して、現在はＮＰＯ法人広島神楽芸術研究所や広島修道大学を中心に、「ひろしま神楽」の観光振興に関して盛んな議論がなされている。[4] また平成二四年（二〇一二）七月に設立された日本地域資源開発経営学会（会長・赤岡功）は、「神楽による　ひとづくり・地域振興を考える」をテーマに据えて第一回創立大会を開催している。

著者もまた神楽の資源化といった諸相に関心を持ち、中国地方の神楽をフィールドとして調査を行っているが、その過程で冒頭に記した神楽関係者から「あちらの神楽は『本物』の神楽」という話を聞いた。具体的には広島県比婆郡に伝承されている比婆荒神神楽や岡山県に伝承されている備中神楽を「『本物』の神楽」と評したものである。これは安芸高田市内の高校の神楽部顧問をされた高校教諭から伺ったものであるが、著者はこの言葉から今日の芸北神楽を取り巻く一つの特徴を読み取ることができると考えている。

教諭は顧問をされていた経験から芸北神楽以外の神楽にも関心を持ち、ＮＨＫ中国放送局が制作した「新日本風土記　シリーズ山の祈り　神の子の舞　中国山地」（平成二四年三月二一日放送）を見て、同番組が取り上げた広島県庄原市東城町の比婆荒神神楽を見に行きたかったと語っていた。この番組は鈴木正崇が「映像ウィキペディア」と評しているが［鈴木　二〇一四］、芸北神楽や石見の大元神楽、安芸の十二神祇、そして荒神神楽といった中国地方の神楽を広く紹介するものである。荒神神楽についた説明は「三三年に一度の大神楽。亡き人の魂を集め、土地の神へ昇華する。全員で愛しい人を見送る舞」であり、番組内のナレーションでは「三三年に一度しか行われない」や「何百年もの間、繰り返されてきた風景」などその伝統性が強調された。また信仰という側面を強調するために地元の人も研究者も誰一人として口にしなかった「神の子の舞」という言葉を用いて、「亡き人の為に捧げる神楽」というストーリに沿って紹介された。(5)

一方で芸北神楽に関しては、「週末ともなるとあちこちで競演大会が開かれる」「伝統だけでなく観客を虜にする新しい仕掛け」「若者の自由な創作神楽」「伝統を絶やすまいと神々の名が出てこない新たな神楽を創作」「必死の思いで生み出した新しい神楽」と紹介され、新しさや、戦後に生まれ変わった神楽という点が強調されている。

「本物」という発言は、著者が東城町の荒神神楽を調査していた時、同番組の取材も行われていた事などを教諭と話していた時に聞いたものであるが、この番組では荒神神楽に歴史や伝統、信仰という側面が強調されていたのに対し、芸北神楽はその新しさという側面が強調されていた。教諭の「本物」という言葉の背後には、この歴史や伝統、信仰という番組によって強調されていた荒神神楽の特徴が見受けられた。

なぜ著者がこの言葉に注目したのか。それはこの「本物」(=「歴史」「伝統」「信仰」)への注目、さらに言えばこの「本物」とは逆に「本物ではない」ものが設定され、それが=「新しいもの」、「創作されたもの」とする見方が、芸北神楽を取り巻く研究者の目に広く共有されているように見受けられたからである。

平成一七年(二〇〇五)に開催された第五五回全国民俗芸能大会には「安芸の美土里神楽」として芸北神楽が出演したが、山路興造はその出演理由を「近年文化庁では、民俗文化財の保存に加えて、活用をいうようになっている。全国民俗芸能大会は、これまで無形民俗文化財の保存という立場に立って演目を選んできたが、今回美土里神楽に上京を願ったのは、この活用という側面をも視野に入れてのことである。」[山路 二〇〇五]と述べている。ここで山路は芸北神楽の活用という側面に注目して出演してもらったとあるが、山路にとっての活用の対比となる保存とは何なのか。

平成四年（一九九二）の「お祭り法」の制定の際に民俗芸能学会が同法に関するシンポジウムを行っているが、その際山路は「芸能ですから、生きているものですから動いていく、それはあたりまえなんです。でも国としてもし指定するんだったら、県として指定するんだったら、これはどことどこが大切でどこを変えちゃいけないから文化財として指定するんですよ、ということを伝承者にきちんとわからせて、何が大切で何が変えていいのかということ、そのようなことをきちんと踏まえた上でやっていく」〔民俗芸能学会　一九九三〕と述べている。この際に山路が強調している「どこが大切でどこを変えちゃいけないから文化財に指定する」という点が「保存」の意味であろう。

変えてはいけないという観点に基づいて芸北神楽に「見世物化した神楽」という否定的な評価が下されることがあった。小島美子は平成二五年（二〇一三）二月の「神楽フォーラム――神楽として受け継ぐもの（全国神楽協議会主催）」の全体討議にて、神楽の変化、芸能化に対し芸北神楽に触れ、今の人に理解してもらうための変化は認めるが、いわゆる観光化に伴う派手な神楽や、見世物化に対し否定的見解を示している。この場合も、芸北神楽に対して変化の在り方を示唆し、その許容される変化を超えてしまったものを「見世物化」として否定する。

ここで見てきた二つの例は共に、保存と活用を二つの次元に分けて考えており、その中で芸北神楽は「保存」と対極の存在に位置付けられ、変化したもの、見世物化したものに位置付けられている。この事は何を意味するのか。

大石泰夫は平成五年（一九九三）の民俗芸能学会のシンポジウムの際、伝承者ではない人々に短期間で効率よく舞を伝承させるシステムを確立させている「中野七頭舞」の事例や、伝承者ではない人たちによって再興された「多賀神楽」の事例を紹介し、「民俗芸能を〈変化するもの〉としてとらえ、変化したものに対して〈価値意識を持つことなく〉捕捉」することを提言した。しかし参加者であった岩田勝から中野七頭舞を「フェスティバルか余興の場で観衆も演者もともに楽しむことができる〝少女歌劇〟化した、おどりとしか思えなかった」「民俗芸能研究という学問的次元で本格的な考察の対象となりうるものなのであろうか」との批判を受けたと述べている。大石はこの批判の背景には「民俗芸能の不変性を論理的には否定しながらも、『変わらない民俗芸能こそ民俗芸能らしい』というような認識を多くの民俗芸能研究者が意識の深奥に潜ませているのである」〔大石　二〇一〇〕と指摘している。

著者は大石が指摘した「変わらない民俗芸能こそ民俗芸能らしい」というような認識が、この芸北神楽の事例にも強烈に作用しているように思われる。それは研究者に限定されず、例えばＮＨＫの番組に見られたような番組構成にも影響を与えている。

結果として芸北神楽には「新しいもの」「創作されたもの」という性格が付与され、その為、議論は観光振興における「活用」という方向を主流として議論を進めるしかなくなるのである。

四　神楽団員にとっての神楽

本稿で著者が問題にしたい事は、その「歴史」「伝統」／「新しいもの」「創作されたもの」という見方の妥当性ではない。無批判にその二項対立の構図の片方に芸北神楽を押し込めてしまう事にある。

確かに、今日の神楽競演大会における活発な活動の歴史は浅く、また芸北神楽の主流となっている「新舞」も戦後に生み出されたものである。神楽に見られる演出も構成も、平成五年（一九九三）の「スーパーカグラ」登場により大きな影響を受けている。かつては、各神楽団の活動は各神楽団の組織されている氏神社の例大祭、神楽衣装のお披露目を意図した「衣装揃え公演」、衣装を納める前の「衣装納め公演」の三回しかなかった〔新藤　一九七三〕。

しかし現在は例大祭での公演以外にも、「神楽門前湯治村」などで行われる定期公演や競演大会など、公演の回数は多いところで三〇回以上行っている。祭りで舞う神楽よりもイベントで舞う回数の方が多いという状況である［ＮＰＯ法人広島神楽芸術研究所　二〇〇六］。この芸北神楽の現状は地域の外部から眺めている限りは、観光神楽に変化した「見世物」なのかもしれない。しかし、この公演に関しても、神楽を舞う神楽団団員側の感覚から考えてみると違った見方も見えてくるのではないだろうか。

はたして神楽団の団員にとって氏神社に奉納する神楽と舞台の神楽は全くの別物なのだろうか。以下の話は、平成一六年（二〇〇四）一〇月に開催された「芸北神楽フォーラム二〇〇四」にてパネリストとして登壇した神楽団団長の話である。

「今の若い人には『どの場所でやってもお宮の拝殿の前でやる気持ちでやらんと神楽にならん』と話したことがあるんですが、神楽というものはそういうもんだと思うんですね。とにかく私自身の考えは神楽はお宮の前で氏子さんとみな和気あいあいに酒を飲み、食べ、舞う人も酒を飲んでも天下御免、というような状況でやるのが神楽だと思っておるのです」［日隈　二〇一〇］。

この話をしている団長の所属する神楽団は、競演大会で数々の優勝を飾っている県内でも知名度の高い神楽団である。競演大会で優勝するためには大変な努力が必要である。大会の規定により舞台上で神楽を披露する時間は秒単位で決まっており、審査員による厳しい審査が行われる。しかしその団長が、地元の氏神社にて舞う気持ちを、どの舞台でやる時も持ち続ける必要性を語っている。そこには形式の違いはあっても心構えだけは氏神社で行う奉納神楽との繋がりを持とうとする意識が読み取れるのである。

観光神楽の進展に伴う神楽の変化に関しては、どのように感じているのか。続いて紹介するのは、現在安芸高田市の高校の神楽部の指導を担当している神楽団のベテラン団員からの話である。

「新しい神楽もあるけれど、伝えていかなければならない核のようなものを大切にしたい。新舞も旧舞も新しい事をやる事も大切だけど、舞の所作や面の見せ方、見得を切る時の足運びとか、神楽で歌われる神歌の意味なども、ただ暗記して言うんじゃなくて、意味を解ったうえで歌うように伝えていかなければならない。ともすると派手な見せ方に流れがちな最近の風潮ではなく、奏楽は一音一音をしっかりと丁寧に出すこと、舞も一つ一つの動きを丁寧にやる事が大切である。」

神楽歴四〇年以上のベテランの話だが、高校生や子ども神楽の指導にもあたる中で、神楽を舞う中でともすると派手な神楽になりがちな若者に対し、伝えていかなければならない「神楽の核」を伝えていこうとする姿勢を語っている。神楽の中に伝えていかなければならないものを意識し、その伝承を大切にしているという話は、NPO法人広島神楽芸術研究所の平成一八年（二〇〇六）のアンケート調査にも見られ、「昨今の神楽舞の芸能化に危惧を感じている。本来の神楽のあるべき姿がきちんと伝えられていないのでは？　もっと神楽に対する知識の底上げを神楽団員レベルから図っていくべきではないだろうか」という意見や、「若者（現在の）達が伝統の楽や舞い方があるにもかかわらず、最近の芝居調の舞を好み奏楽がくずれ、舞もがたがたになってしまった。最近はどこの神楽を見ても同じ舞になっているのが残念です。足の踏み方、腰の落とし方、手・顔の所作などもう一度基本に戻って、昔の出羽神楽（阿須那手）を舞える事を願っている」という意見が寄せられている［NPO法人広島神楽芸術研究所二〇〇六］。これらの意見には、観光神楽化、イベント化の流れの中で、自分たちが前の代から伝承され、今日まで伝承してきた神楽をいかに次世代に伝えていくのか、世代間の舞の継承を意識し、単なる「見世物化」した神楽にならないよう奮闘する姿が見えてくる。

次世代の継承者である高校生にとって神楽とは何なのか――高校の神楽部にて神楽を舞う高校生に、著者が「なぜ神楽を始めたのか」と問いかけたところ以下の回答があった。

「神楽を始めたのは神楽が『格好良かったから』。子どもの頃から地元の祭りで神楽を見てきて、いつかあの舞台に立って舞いたいと思っていた。」

「子どもの頃から当たり前に神社の神楽を見てきていたし、やってきたから、なぜ神楽を始めたのかと聞かれてもよくわからない。」

これらの回答からは、彼らが神楽をやろうと考えたきっかけが、華やかで年中目にしやすい競演大会やイベントの神楽ではなく、年に一度の氏神社の奉納神楽であったという事、そしてその舞台で舞いたかった、あるいはその舞台で舞う事が「当たり前」であったという奉納神楽との精神的距離の近さが読み取れる。もちろん神楽部の生徒は一人一人が違った色々な経歴で神楽を始めており、全員が奉納神楽をきっかけにしているわけではない。しかし生徒の多くが地元の子ども神楽団から神楽を始めたり、地元の神楽団との掛け持ちで神楽を舞っていたりと地元とのつながりの強さが見えてくる。

以上、簡単にだが神楽を舞う神楽団団員の話を見てきた。しかしこれだけでも、無批判に二項対立の図式に芸北神楽を押し込んでしまうと見逃してしまうであろう興味深い事象が見えてくる。

最後にNPO法人広島神楽芸術研究所の平成一八年（二〇〇六）アンケート調査に残されていた地元の言葉を紹介したい。

「あなたがたが、下記のごとく、神楽といえばすぐ新・旧の『神楽』と思っているように、神楽の事をその意味を知らず、『ええ』とか『つまらん』で見られることがさえん（いけない）。たとえおもしろくない神祇舞でも、人知れずそれが好きで三〇～四〇年続けている人がいる事をあなたがたが現場へ来て見るべきじゃ」［NPO法人広島神楽芸術研究所　二〇〇六］。

結び――民俗芸能の現場から

本稿は民俗芸能研究が文化財行政や民俗芸能の観光利用といった事態を前に陥った「本物」／「偽物」、「伝統」／「創作」といった二項対立の諸相について整理し、その二項対立的視点が研究の方向性に大きな影響を与えている事、そして単純な二項対立的理解が生み出す問題点について明らかにした。

しかし、まだ検討すべき課題が残されている。それは民俗芸能の関係者の話に見られた、世代を超えて伝えていこうとする「伝えていかなければならない核」といった言葉の理解である。この言葉を安易に本質主義的発言として理解する事はできないし、あるいは関係者の戦略的な語りとして構築主義的に理解する事も、その言葉に含まれている世代間を超えての伝承という心意をくみ取れていない。つまり民俗芸能を関係者の心意と共に、民俗芸能の行われている場そのものに乗っ取って議論するための枠組みが求められている。

芸北神楽には観光神楽の諸相以外にも議論するべき課題が豊富に存在する。例えば迫俊道は十二神祇神楽を伝承していた団体が、演目に芸北神楽を取り入れて活動の範囲を拡大する様子を述べている［迫　二〇〇九］。そして広島県内の神楽団が保持する演目や、その構成人数といった基本情報に関しては調査されているが、その演目の内容自体の動態に関してはまだ明らかにされていないと述べる。演目自体に関して注目するならば、戦後直後、ＧＨＱによる神楽規制に関する政治性なども注目すべきであろう。著者は岡山県の備中神楽の調査の際にも、ＧＨＱの神楽規制の話を聞いたが、備中神楽には芸北神楽ほどの規制は存在しなかった［川野　二〇一〇］。この規制の違いはなぜ生じたのか。

今日の神楽は平成二四年（二〇一二）九月に開催された「中四国神楽フェスティバルｉｎひろしま」のように、地域の枠に限定されない幅広い文脈において影響を及ぼし合い、時に交流を図りながら活動を続けている。平成二四年（二〇一二）、著者は島根県松江市の佐太神能の調査を行ったが、その際保存会の方から、「佐太の神楽は良くも悪くも『つまらない』でしょ。石見や安芸の神楽が羨ましい」という話を聞いた［川野　二〇一四］。これは今日、石見神楽や芸北神楽が観光神楽として大いに注目され、後継者となる若者に神楽をやりたいという熱意が見られる事に対しての発言であったが、地域には他地域の神楽と自分たちが伝承する神楽を同じ遡上に乗せて考えるという思考形態が存在している。佐太神能は歴史が深く、文化財にも指定されている信仰行事としての民俗芸能、芸北神楽は創作された観光神楽というように別々の文脈に分けて考えることは難しくなっている。研究者による価値判断に左右されず、「生の伝承の現場」から神楽を捉えていく視点が今後求められているのではないだろうか。

注

（１）小島美子、平成二五年（二〇一三）二月「神楽フォーラム――神楽として受け継ぐもの（全国神楽協議会主催）」の全体討議での発言。

（２）規制の内容は多岐にわたる。「神楽」という名称は「舞楽」に改められ、また演目の一つである「塵倫」には、大空を飛び回り軍勢を率いて日本を攻めてくる鬼が出てくるが、その鬼の面が白塗りで彫の深い事から西洋人を連想させ、内容的にも仇討を意識させるため規制が加えられた。

（3）神楽門前湯治村は、竹下内閣時の「ふるさと創生一億円事業」を発端とし、神楽と温泉を観光のメインテーマとして平成一〇年（一九九八）七月に設立された。年間約一八万人の観光客を集め、全国初の神楽専用舞台「神楽ドーム」（三〇〇〇人収容）では毎週末安芸高田市の二二の神楽団による定期公演が開催され、また年五回ほど大きな神楽大会が開催される。特に毎年の一一月に開催される「ひろしま神楽グランプリ（ひろしま神楽グランプリ実行委員会主催）は、県内各地の競演大会の優勝神楽団を一堂に集め、その年のナンバーワン神楽団を決める大会として、大変な盛り上がりを見せている。

（4）高崎義幸、日隈健壬など。

（5）番組内容に関して都合の良いように内容が繋ぎ合わされているという、歪曲に満ちた内容に反発が起こり、東城町の神楽関係者などからＮＨＫへの抗議が行われている［鈴木　二〇一四］。

参考文献

ＮＰＯ法人広島神楽芸術研究所
　二〇〇六『第四回マイクロソフトＮＰＯ支援プログラム　神楽活動団体調査報告書（広島・島根）』。
大石泰夫
　一九九八「民俗芸能と民俗芸能研究」『日本民俗学』二一三。
　二〇〇七『芸能の〈伝承現場〉論――若者たちの民俗的学びの共同体』ひつじ書房。
川野裕一朗
　二〇一〇「高度経済成長による備中神楽の変遷――神楽会計帳の分析から」『人間と社会の探究　慶應義塾大学大学院　社会学研究科紀要』七〇。
　二〇一四「文化財行政の抱える問題――島根県佐陀神能の事例から」『人間と社会の探究　慶應義塾大学大学院　社会学研究科紀要』七七。
小島美子
　一九九二「民俗芸能が観光の材料にされる」『芸能』三四（三）。
才津祐美子

一九九七　「そして民俗芸能は文化財になった」『たいころじい』一五。
迫　俊道
二〇〇三　「芸北神楽におけるフロー」今村浩明、浅川希洋志編『フロー理論の展開』世界思想社。
二〇〇九　「伝統芸能の継承についての一考察――広島市における神楽の事例から」『大阪商業大学論集』五（一）。
新藤久人
一九七三　『広島の神楽』広島文化出版。
鈴木正崇
一九九八　「日本民俗学の現状と課題」福田アジオ・小松和彦『民俗学の方法』雄山閣。
二〇一四　「伝承を持続させるものとは何か――比婆荒神神楽の場合」『国立歴史民俗博物館研究報告』一八六集。
高崎義幸
二〇一二　「「広島神楽」の伝承過程と興隆に関する社会学的研究」『広島修大論集』五三（一）。
橋本裕之
二〇〇〇　「民俗芸能の再創造と再想像――民俗芸能に係る行政の多様化を通して」香月洋一郎・赤田光男『民俗研究の課題』雄山閣。
二〇〇六　『民俗芸能研究という神話』森話社。
日隈健壬
二〇一〇　「いわゆるいまの『ひろしま神楽』の今日的位相」『広島修大論集』五〇（一）。
美土里十三神楽団編
二〇〇七　『ひろしま美土里神楽帖』。
三村泰臣
二〇〇四　『広島の神楽探訪』南々社。
民俗芸能学会
一九九三　「民俗芸能とおまつり法」『民俗芸能研究』一七。
山路興造
二〇〇五　「安芸の美土里神楽〈第五五回全国民俗芸能大会特集〉」『民俗芸能』八六。

「船乗りの村」の戦後——大分県臼杵市諏訪津留の場合

厚　香苗

はじめに

かつて広島県三原市幸崎能地（以下では能地とする）を根拠地として移動的な船上生活をしていた、いわゆる能地漁民は瀬戸内海沿岸部に多数の枝村をつくった。それらの枝村では高度経済成長期に根拠地その他の陸地への定住が進んだようだが事例研究は乏しく実態はよくわかっていない。本稿が対象とする大分県臼杵市諏訪津留（以下では津留とする）は、一九六〇年代後半に宮本常一らが執筆した『家船民俗資料緊急調査報告書』の「能地・二窓移住寄留地図」をみると、瀬戸内海沿岸部の移住村、寄留村の群れから離れて、ただ一カ所ぽつりと臼杵湾に面した場所にある。ユニークな成立を彷彿とさせるこの集落は、二〇世紀の初頭から文化人類学、民俗学、人文地理学などの研究者に注目されてきた。

津留の集落が成立した時期は不明だが、臼杵市立図書館所蔵の『臼杵領内沿岸図　中津浦〜新地』（弘化四・一八四七年）には津留が描かれている［臼杵市教育委員会二〇〇五：口絵一四］。この絵図にある津留の集落と、近隣の大浜その他の集落の人家の描かれ方を比較すると、津留の集落では、あきらかに人家が過密な状態にあることを表現する描かれ方になっている。[1] また津留に隣接する碄江区の区有文書には天保一四年（一八四三年）に津留村総代二名と小庄屋一名の連名で碄江村小庄屋に差し出された覚があり、家数が増えた津留が「屋敷替」を望んでいるが、近隣に適地がないため難儀していたことが記録されている。

そもそも津留の人びとは一九一〇年代、雑誌『郷土研究』に掲載された論考によって「津留のシャー」として研究者の知るところとなった［柳田　一九一五、喜田　一九一五、土居　一九一五、伊東　一九一五、喜田　一九一六］。柳田はいわゆる毛坊主考の一篇「護法童子（毛坊主考の十）」で、「関秘録」に津留の人びとが「事捨」として記録されていることを紹介した。[2] 柳田は「事捨」に「じしや」と仮名を振り、「事捨」は「侍者」に通じるとして、侍者が零落した姿が津留の人びとをいうシャーという語に転訛したと述べている。

柳田の経歴と「関秘録」諸本の所蔵先を照らし合わせると、柳田は内閣文庫の「関秘録」を参照した可能性が高い。[3] 柳田が内閣文庫以外の史料を閲覧した可能性も否定はできないが、内閣文庫本には「事捨」に「じしや」と仮名を振っている部分はなく柳田の仮説の説得力はいささか弱い。[4] いまのところ能地の善行寺の過去帳に津留の記述を発見して、津留を能地漁民の枝村とした河岡武春の見解が、津留での伝承とも矛盾せず最も説得力がある［河岡　一九八七：四三］。

筆者は、このように人文社会学の研究史に早くから登場しているにもかかわらず不明な点の多い津留で二〇〇八年からフィールドワークをおこなっている。そして強い結束力をもつ津留の人びとが伝えてきた事象が次第にあきらかになってきた。[5] 本稿では集落の人びとが「船乗りの村」という、船と不可分に展開されてきた生活と伝承の一部を紹介して若干の考察を加えたい。

一　同郷者意識と親族観

能地漁民をはじめとする前近代からの水上居住民は仲間意識が強く、仲間内で婚姻関係を結ぶとされてきた。津留でもかつては集落内での婚姻が好まれた。一九七〇年代くらいまでは、津留の男性が津留以外の女性と結婚すると「津留から嫁も貰えない」と津留の人から非難されたという話もあるように、集落の若者同士で結婚するのが望ましいとする価値観が根強かった。(6)

周囲の期待に答えるようにして、津留の人同士で結婚して共白髪になった夫婦は現在でも多い。その一人である女性は「ここではみんなが親戚」と笑顔で語る。その言葉を裏付けるように、昭和一〇年代生まれくらいの人までは、自分より年長の親しい津留の女性を、「〇〇ねえさん」「〇〇ねえ」、男性を「〇〇にいさん」呼ぶ。これは本人に呼びかけることもあるし、本人がいない場所でも同じである。いくら親しくても年下を妹、弟のようにはいわない。この姉さん、兄さんという呼び方は特定の親族関係と結びついていないようで、少子高齢化が進む現代の津留では、日常会話のなかで頻繁に姉さん、兄さんという呼称が出てくる。

津留では父方平行イトコを「コメのイトコ」、母方平行イトコを「ムギのイトコ」といい、この別が結婚の際、問題にされていた。「コメのイトコは血が濃い」ので結婚は避けた方が無難で、「ムギのイトコは血が薄い」ので、結婚に支障はないと考えられていたのである。つまり父方平行イトコとの結婚はインセスト・タブー（近親相姦の禁忌）とされていた。交叉イトコをいう語はないようである。イトコを米と麦に分けるという津留の慣習を知っているのは昭和一〇年代の生まれくらいまでの一部の人で、北九州や大阪に長く暮した人や、若い世代のほとんどは知らない。父方を米、母方を麦と表現して、米の方に姓の継続がゆだねられるのは、心意では米が麦より上位にあるのだろう。しかし結婚に際しては米ではなく麦の関係が選択されてきた点が興味深い。

「コメのイトコ」の「血が濃い」理由を夫（故人）も津留の人だった昭和一八年生まれの女性に尋ねると、「父親同士が兄弟のイトコは苗字が同じになるから関係が近い。母親同士が姉妹のイトコは苗字が違うから」と説明してくれた。この説明から推察すると交叉イトコも姓が違うので関係が遠いのだろう。

姓をめぐるこのような伝承は津留の場合、集落形成時からあった可能性がある。なぜならば伝承によると津留の草分けは平家の落人で、彼らには後にあげる「津留物語」に謡われているように、近藤、森川といった姓があったからである。しかし、いくつかは現存するそれらの姓の家が本家のようになっている訳ではなく、「古い家」とされる家はあるが本分家関係はあまり意識されていない。本分家関係といったイエ同士の関係よりも、たとえばAは自分の母の弟の嫁のイトコであるというような個人間の複雑な関係が各人によく記憶されているし日常会話にもよく出てくる。また理由は分からないが、現在の津留では伝承にあらわれる草分けたちの姓よりも、日高、東、板井といった大分県で一般的な姓がめだつ。

このように、かつては集落の慣習として「血が濃く」ならないような配慮があった。しかしながら現在の津留の人びとは「血の濃さ」を強く意識しているようで、そのイメージは津留にいる猫にまで無意識のうちに投影されている。ある日、あきらかな部外者である筆者が調査に付き合ってくれていた女性と集落を歩いていると、筆者は会ったことがない津留の女性と出会い、女性同士の立ち話が始まった。出会った女性は自宅の近くに猫が居ついたので仕方なく面倒をみているが、その猫は両方の鼻の穴から、いつも汚い鼻汁を口に入るくらい垂らしていて困ったものだと猫の話を始めた。彼女は猫の様子をジェスチャーつきで説明して、いかにも困っているようだった。その話を受けた筆者と一緒にいた女性は、自分の妹も外猫に餌をやっているが、その猫は片方の手先が生まれながらにない、それでもとても可愛がっているのに、その猫が最近帰ってこないので妹が気をもんでいる、私は猫は嫌いだなどと返した。

かたわらで話を聞いていた筆者には、たわいのない猫をめぐる会話に聞こえたが、出会った人と分かれてから、私と一緒にいた女性は急に「血が濃いからだ」と、猫の体調不良と手先の欠損を「血の濃い」ことが原因だと説明してくれた。猫は出身地で交配相手を選ばないので自由に近隣を移動して子猫を産んできたはずである。体の不調があると、その理由として「血が濃い」ことを真っ先に考える習慣があるように筆者は感じた。

津留の高齢女性の有志が早朝、アンデラ（庵寺）に集まって阿弥陀様を拝む通称「アミダサマ」でも猫の話を聞いた。「アミダサマ」に来る女性が猫を飼いたがっていたので、「アミダサマ」に来る別の女性が子猫を見つけてきてあげたのだが、その猫の体が弱くて病院通いばかりだという話であった。子猫のときから病弱な気の毒な猫の話なのに妙に場が盛り上がっていた。「アミダサマ」は若くても六〇歳代という高齢女性の任意の集まりで、アミダサマに呼ばれるようにして津留の高齢女性が随時入ってくるという。したがって「アミダサマ」に入っていない高齢女性もいる。

「アミダサマ」では先達の女性（昭和三年生まれ）が中心となってアンデラのアミダサマの前で般若心経を唱えながら数珠繰りをする。数珠繰りが終わると先達の補佐役が数珠をひとまとめにして、集まった人びとの体の悪いところ、たとえば足の悪い女性に対しては、「なかなか出て行かないね」などといいながら数珠で軽く足を叩く。悪いものがついて体の不調を引き起こしており、それを数珠で叩きだすイメージのようであった。

なお筆者は津留に体の不調を感じさせる猫が多いという印象をもったことはない。もちろん体の不調に見舞われている人が多いという印象もない(7)。津留には集落の外から養子を迎えることも多く、「産んだ子よりも抱いた子」といって養子も津留の子として養育する慣行があった。したがって集落内での婚姻が続いていたとしても生物学的に近親交配の弊害が出るほど「血が濃く」なることはなかったと推測される。

二　外海の貨物船と大都市港湾のハシケ

昭和ひと桁から一〇年代くらいまでに生まれた人びとは「男は零細漁業、女は行商」という生活を送っていない。それは親の世代で終わった。

かつての区長、日高登氏が執筆した文章には「平家滅亡後海上漂泊の民であったために、農林産業に従事する機会に恵まれないので、当初は幼稚な魚介類の採取から出発し、刺し網、打瀬網等に発展するのであるが、周辺地区の漁業が遠洋を指向するようになって、海運業と上方と称する廻船商業と従来の打瀬網漁に分かれていった。最も隆盛であった海運業は、昭和五年から大東亜戦争開始の頃は大小百数十隻の運送船を擁して一大偉観を呈したのであるが、殆どの船が軍に徴傭《ママ》され六十数名の戦死者と共に国難に殉じて壊滅的な打撃を蒙ったのであった」。そして第二次世界大戦後は「海運業の復活も十指を屈する程度に留まり、青壮年者の多くは一家を挙げて阪神地方或は北九州方面に出稼に行き、老人のみ留守に残る過疎の村に転落したが、戦後三十年経過したこの頃には、職場を定年退職した出稼の人々が徐々に帰村して、家屋を新築し面目を一新する兆候が現れた。昭和五十二年十一月現世《ママ》世帯数一八〇戸」とある〔記念事業実行委員会編　一九七八〕。

現区長の日高一氏によると、津留の船は打瀬船→焼玉エンジンを積んだ木造船→エンジンを積んだ機帆船と変化して、戦争で機帆船の大半が失われると津留を根拠地とする船での生活はほぼ終了した[8]。しかし夫婦と子どもが船に乗って生活する慣習は、戦後も姿を変えて昭和五〇年代までは続いていた。戦後、津留の人びとが乗ったのは貨物船とハシケであった。

血気盛んな何人かの若い男性たちは、自分の貨物船を手に入れて再び海運業に乗り出した。彼らは船員としての経験を積み、船長としての資格をとり、津留の女性と結婚し、自分の船を手に入れると妻を船に乗せた。そして若い夫婦は日本各地の港でさまざまな荷物を上げ下ろししながら新婚生活を送り、子どもができて、その子が学齢期にさしかかると、子どもを預けられる人が集落にいる場合は子どもだけを船から下ろし、いない場合には妻子だけが船を降りた。(9)

内航はソトウミ(日本海、太平洋)に出るので、海が荒れた日には船酔いがひどかった。結婚してから内航船に乗り、昭和四四年〜四五年くらいの間に降りた女性(昭和一〇年生まれ)によると「ハシケは楽だけどソトウミ走る人は大変」で、「ローリングはいいけれどもピッチングはひどい」船酔いを引き起こしたという。(10) ひどく荒れたあとに上陸すると二日間くらいは足元が揺れているような感覚になったもので、船から降りて陸で生活するのは波がないだけで嬉しかったという。

妻子を船に乗せるのは船長だけで、船員は津留の人であっても妻子を船に乗せることはなかった。また船長の妻以外の女性が船員として貨物船に乗ることはなかった。(11) 小さい貨物船なら夫が船長として甲板の免許を、妻が機関長の免許をとることで運航に必要な人員が揃うので、妻は機関士をしながら船員の食事の世話をした。やや大きい貨物船では船長の妻は家族として乗っているだけで船員としての役割がないこともあった。(12)

ソトウミで貨物船にのっている人たちの楽しみには食事のほかに、船から釣り糸を垂らして遊び半分に魚を釣ることがあった。船尾から釣り糸を垂らすことを「ヒッパル」と表現した。ソトウミでよく釣れたのはマンビキ(シイラ)で「マンビキはヒッパルとよく引っかかった」。下関あたりではマンビキは人を喰うからという理由で食べなかった。カツオも釣れたがカツオは身が柔らかいので高速で走る鋼船でヒッパルと鰓のところでちぎれてしまって、船にあげると頭だけになっていることがしばしばだった。船員はヒッパルことを楽しみにしていたが、魚が引っかかると船の速度を落として引き揚げなくてはいけないので船長は嫌がった。タチウオなどはソトウミではなく臼杵湾などでヒッパッた。

このように津留を根拠地として自立した船乗りになった人はいたが少数派で、大半は関西や北九州に出稼ぎにいった。大都市で津留の人びとがついた仕事は、初めのうちはハシケ乗務が多く、洞海湾や大阪湾に浮かぶハシケで家族が生活し、沖合に大型船が到着すると動力船に引かれてそこまで行き、大型船から荷物をおろすと、また動力船に引かれて岸に戻る生活をしていた。しかし昭和五〇年代になると港湾の整備が進んで、本船が着岸できるようになったのでハシケは不要になり、ハシケでの生活も次第に姿を消していった。また子どもをハシケにのせていると学校に行かせにくいので、水上居住者向けの児童養護施設に子どもを預けることもさかんに行われた。児童養護施設が整備される前は、子どもを「船に積んじょって海上（警察）に怒られた」人も少なくなかった。

戦後すぐの時期には洞海湾に行く人が多かったが、やがて石炭関連の産業が振るわなくなると大阪方面に行く人が増えて、大阪府大阪市港区に津留の人びとが集まるようになった。大阪では津留出身の独身の若者たちの親睦会「諏訪総合親睦会」も作られて、その住所録（昭和四七年二月二〇日現在）には、四七名のプロフィール（男性三〇名、女性一七名）が紹介されている。最年長の会員が昭和一二年生まれ、最年少の会員は昭和二九年生まれのこの親睦会の会員たちの趣味の欄には、食べ歩きやビリヤードなどとあり、都市生活を楽しむ流行に敏感な若者の姿が想像できる。この親睦会のメンバーが盆に帰省せず、大阪で盆踊り大会をおこなったこともある。

初めは港区に集中していた津留の人びとは次第に大阪府内の各地に散っていったが、それでも大阪移住者と故郷との関係は細く、長く保たれてきた。たとえば津留のアンデラ（庵寺）に掲げられている、建て替え時（平成五年）の寄附者の氏名と寄附金額を示したプレートでは寄附者が「津留区居住者」と「阪神・区外寄附者」に分けられている。建て替えが決まった際に、津留の外に出ていて所在が分かる人には寄附を呼び掛けたという。その結果「津留区居住者」から一三五二万四四三七円、「阪神・区外寄附者」から六〇三万五千円の寄附があった。「津留区居住者」が「阪神・区外寄附者」の倍以上の金額を負担したことになる。だが寄附者の人数は「津留区居住者」一一九人、「阪神・区外寄附者」一七一人で「阪神・区外寄附者」の方が多い。

三　盆踊り――戦没者供養、初盆供養、先祖供養

普段は大都市で生活する人びとも、盆の時期にはできるだけ津留に戻ろうと努力してきた。現在でも津留では正月には帰省しなくてもかまわないが、八月一五日前後の盆には必ず帰るべきだとされている。八月の中旬、大阪や北九州から戻った人で賑わう津留の集落でおこなわれる中心的な行事が盆踊りで、かつて若い者は夜通し踊ったという。盆踊りは年に一度しか顔を合わせない人びとが楽しく過ごす非日常的な機会で、独身者にとっては配偶者を見つける機会でもあった。普段は各地に散らばって生活しているので、盆踊りで初めて会って結婚にいたるカップルもいた。

二〇一〇年まで盆踊りは三日間行われていた。盆に供養する死者を三通りに分けて、八月一三日は戦没者供養、一四日は初盆供養、一五日は先祖供養のために踊る。盆踊りの口説と踊りは連日同じだが、一五日の先祖供養では場を盛り上げるために「仮装踊り」として各自が趣向を凝らした仮装をする。(13)

戦没者供養は第二次世界大戦のあと毎年欠かさず続いてきた。しかし二〇一一年(平成二三)、もう戦争が終わって六六年経つから、戦没者供養はいいだろうということになって、二〇一一年六月二八日付で区長から各家に配布された「七月八月行事のお知らせ」には一三日の戦没者供養が明記されていたものの実際には一三日の盆踊りは行われなかった。

もともと津留では初盆供養として、家族が死亡してから一年以内で初めて盆を迎える家に津留の人たちが集

まって家の中で輪になって盆踊りをしていた。踊りに来る人を迎える家ではふすまなどを取り払い、部屋だけでなく台所や廊下などすべての住空間をつかって、できるだけ大きな踊りの輪ができるように工夫した。また事前に「口説く人」に声をかけて初盆に来てくれるように頼み、当日は太鼓や返礼の品を用意した。口説ける人は限られているので、初盆の家では早めに声をかけ、また他の家と時間が重ならないように配慮するなど、経済的な面以外での負担も大きい。そのため集落全体の盆踊り会場に臨時の祭壇を設けて合同での初盆供養もおこなっているものの、瀬川清子が津留を訪ねた一九三〇年代から共同供養と個人宅での供養は併存してきた[14]。

二〇一三年（平成二五）の盆では、自宅で初盆の供養踊りをする家が少なくとも二軒あった。初盆の家に盆踊りに行くことはなによりの供養になると考えられているようで、踊りに来てくれた人に対して遺族たちは心をこめたお礼をいう。津留にかぎらず臼杵市界隈では葬式にいったら必ず初盆にも出かける慣習である。しかし初盆の家で踊るのは津留だけである。

集落全体の盆踊りが行われるのは東浜（ひがしはま）といわれる津留の集落で唯一、広々とした場所である。現在は護岸工事を経てしっかりとした平らな陸地になっているが、かつては東浜の名のとおり波打ち際の広場で、船で集落に戻る場合、集落の入口にあたるような場所だった。津留の集落は、津留の人の感覚だと西と東にわけられているようで、広場にはなっていないが西浜といわれる場所もある。ただし西浜には戦死者を埋葬したという伝承があるため、西浜で盆踊りをしてはいけないという。

四　なにを口説くか――叙事歌謡と流行歌

津留のクドキは歌謡研究や口承文芸研究でいう盆踊口説（音頭口説）である。つまり、七七調の文句を反復する旋律にのせて謡い手が先祖供養のために謡い、それに合わせて多くの人が輪になって踊る。津留では歌詞そのものをクドキということもあるし、歌詞と旋律を合わせてそう呼ぶこともある。このようなクドキは西日本に広く分布している[15]。

　これまで筆者が津留で接したクドキの記録は二〇点ある。演目ごとに整理すると、「津留物語」が七点、「巡礼くどき」が三点、「佐倉宗五郎義民くどき」、「鈴木主水白糸くどき」がそれぞれ二点、残りはすべて一点ずつで「お吉清三心中ばなし」、「ぼたん長者」「鬼神のお松」、「お染久松くどき」、「(前節)」、「石童丸刈くどき」である。これらを見るかぎりでは、①叙事歌謡「津留物語」が重視されている、②「津留物語」のほかは近世の流行歌である、③演目のつなぎ目の文句と謡い収めの文句がある、この三点が都留のクドキの特徴と言えそうである。

「津留物語」は、平家の落人が津留の地に流れ着いて、土地の女性と結ばれて子孫が増えて集落ができあがったという伝説的な集落の起源をいう前半部分と、海運業、行商などで生計をたてるという具体的な近代の暮らしをいう後半部分を合わせた叙事歌謡である〔厚　二〇一〇〕。口説く人ごとに若干文句は違うが、近年、よく口説かれるのは次にあげるような前半部分のみである。

　国は九州　豊後の国よ　臼杵城下の　向いの部落　津留の先祖の　いわれをきけば　昔平家の　おんさむらいに　近藤小郎に　浦戸のハヤ人　森川左源に　篠田の主繕　源氏平家の　合戦城へ　駒を進めて　あの壇の浦　なびく赤旗　目印高く　海の戦い　得意の□手　潮風まき上げ　変化の波に　特に利あらず　公達哀れ　海のもくずと　消え果てにけり　祇園精舎の　あの鐘の音は　諸行無情　ひびくも悲し　栄枯盛衰　世のならわしか　お□□平家も　はかなく破れ　瀬戸の島影　日向の山路　行方定めぬ　落人暮し　来るか時節が　時節が来ずに　遂いに弓矢を　ろかいに変えて　猟師家業も　命の手段　住みてなれたる　能持の村

を　立ちて船旅　潮路もはるか　波にただよう　あの浮世船　津留に落付く　五人の先祖　今も残りし　金剛興十郎　家庭惣兵衛　大内源兵衛　樋口新五衛　竹永六郎　友に手を取り　相たずさえて　頃は慶長　巳年の春に　臼杵城下は　鎮南山の　麓（トモエ）米山　浪打きわに　船をこぎよせ　しばしの世すぎ　年を重ねて　子に子が出来て　地付人との　折合悪るく　所替えする　定めとなりぬ　硴江わたな□　的場が浜は　白砂青松　潮風晴れて　岩にくざくる　波音高し　臼杵川風　まともにうけて　潮の満干に　船あやつりて　苦労するのも　我が身の因果　磯にあされば　魚貝に海草　沖に打瀬や　もや引き網と　ちしどの銀りん　大漁の旗は　市の相場も　千両に万両　漁師男にあきない女　意気もとけ合ふ　あの松がはな　春は嬉しや　正月祭り　岩戸神楽に　祈願をかけて　主の船路が　ご無事のように　夏はたのしや　御祇園様の祭行列　瓢箪かんむり　ゆれるみこしに　拍手を打て　なげる塞銭　ジャラジャラひしやく　秋の祭は　氏神様の　奉納すもうで　男のみせ場　娘見たかや　あの晴姿　冬が来たなら　上方船の　嫁ぎ時だよ　国東あたり　塩の干物に　昆布にわかめ　はんぼうかんげて　村々廻り　買っておくれと　ふれ売りすれば　お家繁盛　舞ふ福の神

このように津留のルーツを説く「津留物語」は先祖供養に欠かせない演目である。また「巡礼くどき」（「鳴門詣で」ともいう）は「お鶴」という娘が幼いころに生き別れた両親を訪ねて阿波を巡礼する物語、「ぼたん長者」は鶴姫という名の女性が牡丹長者に嫁ぐまでの物語である。いずれもツルという女性が主人公だが、集落としての津留とは関係のない物語である。「津留物語」以外の演目は近世以降の流行歌で、近隣の集落にも同様の演目が伝わっている。これらを一人の「のど自慢」が太鼓にあわせて口説いていき、疲れると「されば皆さん　ここいら辺で文句切れめが　口説きのつぎめ　御免被り　交代します　終わり」といって次の人につなぐ。

引き継いだ方は「先の太夫さん　長々ご苦労　長の口説きで　退屈であろう　煙草ふかんせ　お茶召あがれ　お茶のあい間を　一寸かしなされ　声の悪いは　あの御免なれ　揃うた揃うたよ　踊り子が揃た　音頭とる人はやしの方も　調子あわせて　品よく踊れ　品のよい子を　嫁子に貰う　平家太鼓の　旋律（リズム）にのせてされば今から　問句にかかる」「先の太夫さんは長々御苦労　長の御苦労で退屈様よ　たばこ吹かのせお茶あがらのせ　お茶の仲間にゃちょっとかしなされ　盆の踊りは伊達ではないよ　先祖萬祖の供養の踊り　老も若きも踊りておくれ　娘や子供ははやしておくれ　さればこれから文句にうつる　鈴木主水の白糸くどき」などいう文句で引き取る。

やがて盆踊りを終える時になると「もはや時間と　なりまして　皆様長らく　お疲れさまよ　鶴と亀とが　あの舞を舞う　千寿万寿を　言わせてもらう」という文句で盆踊りは終わる。

おわりに

第二次世界大戦後の津留は、おもに大都市港湾労働を担う集落になり、健康を害するほど劣悪な環境で仕事をした人も多かったが、私生活でも仕事上でも同郷者で協力しあっていた。婚姻関係も協力を望める範囲内で結ぶことが望ましいとされていた。そして婚姻に際しては、父方平行イトコとの結婚を避けるインセスト・タブーが守られてきた。しかし二〇世紀の末、急速に市民に普及したゲノム中心主義的な新しい知識は長らく津留の人びとが受け入れてきた親族観を退けた。そのため体調が悪くなると「血が濃い」ためではないかと、津留の伝統的な慣行をネガティブに捉える風潮が生じた。非血縁者もイエの構成員にするような伝統的なイエ意識が忘れられつつある今、「血の濃さ」の弊害はしきりに言われるが、今後の生命科学の発達は「血の濃さ」への理解に少なからぬ影響を与えると考えられる［仲野　二〇一四］。「血が濃い」という語りをタブー視するのではなく、現在の津留の人びとにとって、合理的な説明が思い浮かばずネガティブに考えざるを得ない慣行があるにもかかわらず、盆踊りのように同郷意識を強める習慣が続いており、大都市と小さな集落が連絡を保ち続けていることを重視するべきである。非定住的な人々が根拠地としてきた津留に伝わる慣行には、大都市人口が増大して人の移動が激しくなる現代社会に適した渡世術が込められているのだろう。

注

（１）この絵図の調査に参加した三河雅弘氏の御教示による。

（２）この論考の起稿にあたって、柳田文庫の「海部記事」（一九一一年）が参照された可能性がある。柳田が閲覧した可能性のある史料は他に、大分県立先哲史料館所蔵の「臼杵博識誌」（成立年不明）、「御領分并村村本高合」（天保一一年）、「臼杵諳」（成立年不明）がある。「海部記事」は『諸国叢書』の一点で内題は「特殊部落調査」、外題はない。

（３）大島建彦氏、福田アジオ氏の御教示による。「関秘録」の所蔵状況は『国書総目録』を参照した。

（４）現在、内閣文庫には「関秘録」の写本が三点所蔵されている（請求番号二一一―〇二九〇、二一一―〇二九一、二一一―〇二九二。以下では写本を請求番号で記述する）。二一一―〇二九一は柳田が引用した巻五を欠いているので、柳田が参照したとすれば二一一―〇二九〇か二一一―〇二九二である。だがその二点の該当部分は、どちらも「事捨」ではなく「車捨」になっている。さらに二一一―〇二九〇には「車捨」の「捨」に「ステ」と振り仮名がある。また羽原又吉の『日本古代漁業経済史』（一九四九年）でシャーという呼称が福建省に多い水上居民シヤに通じるとし、谷川健一もそれを支持して津留の人びとの出自を南方と推定した［谷川　一九九五：二〇―二二］。しかし現在の中国の少数民族ショオは、ヤオ系統の一グループで主に東南中国丘陵に分布している。したがって水上居住との接点は薄い（瀬川二〇〇五：二九〇～二九九）。

（５）調査期間は二〇〇八年二月四日～七日（第一回）、二〇〇八年八月一七日～二三日（第二回）、二〇一一年七月一〇日～八月一六日（第三回）、二〇一三年五月一九日～二一日（第四回）、二〇一三年八月一一日～一一日（第五回）、二〇一四年三月一七日～二〇日（第六回）である。調査にあたっては公益財団法人福武学術文化振興財団、公益法人福武財団、一般財団法人住総研より研究助成を受けた。調査協力者は三〇名（男性一六名、女性一四名）で、最年長者は大正六年生まれ、最年少者は昭和二六年生まれである。

(6) 昭和一六年生まれの女性は、愛媛県出身の男性と結婚して集落の人たちに驚かれた。この女性の両親は津留の人で、父親は釜山に出稼ぎに行き漁船に乗っていた。ある時、釜山に津留の女性たちが遊びに来たのがきっかけで知り合って結婚した。この女性たちの釜山旅行で出会って結婚した男女は一組だけだったという。昭和二六年生まれの男性は津留の人と結婚するのが当たり前だったので、それ以外考えられなかったという。

(7) 高齢者が語る、鼻汁が出る、結核やコレラなどの伝染病にかかる、眼が悪いといった体の不調は、都市港湾労働者の劣悪な生活環境が原因だったのではないかと考えられる。たとえば洞海湾では雪のような黒い塊が空から落ちてきて、それが服をかすめると黒い線を引いたようになったという。ハシケ生活者の船のトイレは、ただ船に穴が開いていただけなので排泄物が船のまわりを漂い、そこで子どもが泳いで遊んでいたという。

(8) 「大東亜戦争の前に、津留には機帆船が二〇〇パイくらいあったが、大東亜戦争に一〇〇パイくらいがいって、シナで駄目になって五、六パイしか帰ってこなかった。人も帰ってこなかった」。津留では船をイッパイ、ニハイと数える。

(9) 昭和一九年生まれの女性は、自前の船をもつ津留出身の夫との間に三人の子ども(昭和四三年、昭和四五年、昭和四七年生まれ)に恵まれた。このうち長子のみが生まれてからしばらく船に乗っていた。夫の船は自分と長子のほかに数人の船員が乗る比較的小さい船で、種子島から大黒町(神奈川県横浜市)の間を移動していた。女性は食事の支度のほか、船ではトモイカリを引いたり、洗濯や買い物をしたりしていた。長子が育ったので二年保育に入れようとしたが船の飯炊きがいなくなるのは困るということで一年だけ幼稚園に通わせることになり、それをきっかけに昭和四八年に船を降りた。同じように船に乗っていた昭和一〇年生まれの女性は機関長の免許をとって夫を助けるため、昭和五二〜三年くらいまで保育園に通う子どもをお婆さんにあずけて船に乗っていた。

(10) 津留の人は北海道から沖縄までさまざまな物資を運んでいた。「襟裳のハナ」を越すときはいつもしけて、大きなうねりですぐそこに見えた別の貨物船が、見えたり見えなくなったりした。そんなうねりには耐えられたが、船底が海面に叩きつけられるようなシケのときには、ピッチングで船底が海面に叩きつけられる衝撃のたびに嘔吐して苦しんだ。

(11) 女性、子どもが乗っている津留の貨物船は珍しいので、港につくとそこの子どもたちに「女と子どもが乗っている」と笑われたりもした。珍しいという自覚は本人たちもあって、ソ連の大きな貨物船には「トウモロコシの船に襟に勲章のようなものをたくさんつけたおばちゃんが乗っていた」などと、女性が乗っていた他の貨物船のことをよく覚えている。乗組員たちは単身男性ばかりなので陸に上がると女遊びをしたがった。太平洋を北海道に向かって北上する際に荒天になると宮古の先には避難のために停泊できる良港がなかった。船長は荒天でも先を急ごうとするので、宮古に避難しないことがわかると乗組員はがっかりしていた。

(12) そのような船ではシチョウジといわれる「飯炊きのトップ」が船員の食事の世話をした。シチョウジは食糧の仕入れから片付けまで取り仕切ったので、仕入れ先から金券をもらうなど大きな役得があった。また船長から渡された予算内で節約して美味しい料理を作るのが腕の見せどころで、余った予算は懐に入れることが黙認されていた。船員から苦情も出るので楽な仕事ではなかったがシチョウジを勤め切った人はお金持ちになった。

(13) 二〇一一年にはハワイ出身の力士の柄の男物浴衣（高齢の女性）、アオザイ（中年の姉妹）、サンタクロース（自作のサンタクロースの衣装に大きな布製のプレゼント袋を担ぐ。高齢の女性）、ウェディングドレス（若い女性）、男性の女装（真っ赤な口紅を塗るなど派手な化粧もする。中年男性）、刀を差した武士（兵庫県から帰省したという男児）などの仮装が見られた。二〇一四年には、若い人にハロウィンの仮装が目立った。盆踊りを楽しくするための仮装なので面白ければどんな仮装でもよい。

(14) 一九三八年の年末から翌年の正月にかけて津留を訪れた瀬川清子「採集手帖」には、「昔は新盆の家の中で踊ったが、今は庵に位牌をもって行って踊る。」（調査項目番号七二）、「昔は正月と九月の二十五日《ド》祭には朝鮮に行って居っても帰った。盆には帰らんでも。それは海上無事を祈るオヤガミ様（氏神）の事だからで、モロラン人は『あんな者は人ぢやない犬や猫みたいに金儲けるばかりだ』と悪く云はれた。今はかへらぬ。」（調査項目番号七三）とある。これらの記述から一九三〇年代には津留の集落に定住している人がいたことが伺える。

(15) 盆踊口説の民俗学的な調査報告があるのは大分県南海部郡蒲江町（一九七二年調査）［倉田　一九七四］、熊本県小国町西里岳ノ湯（一九七〇年調査）［倉田　一九七二］、長崎県西彼杵郡瀬戸町（一九四六年から一九四八年調査）［井之口　一九六〇］などである。井之口章次は、瀬戸町を含む大瀬戸地方を「殊のほか盆踊りの栄えるところ」としている［井之口　一九六〇：一五五］。大瀬戸町地方は「九州の家船」が分布する地域であった［野口　一九八七：五］。

文献

浅川滋男
二〇〇四『東アジア漂海民の家船居住と陸地定住化に関する比較研究』（二〇〇一―二〇〇三年度科学研究費補助金基盤研究〈C2〉報告書　課題番号一三六五〇七〇七）。

厚　香苗
二〇〇九「『北海邊郡海邊村津留部落改良計劃書』解題・翻刻」『日本学』二八、ソウル：東国大学校日本学研究所。

二〇一〇「先祖に口説く村の歴史――大分県臼杵市諏訪津留の叙事歌謡」『民俗文化の探究』東京：岩田書院。
厚香苗・藤原美樹・藤川美代子
二〇一五「水上生活者の子どものために設置された児童福祉施設の研究――『住むための船』から『学ぶための寮』へ移った子どもの視点から」『住総研研究論文集』四一、東京：一般財団法人住総研。
池田彌三郎
一九五五「くどき語原《ママ》説」『國學院雑誌』一四―三五〇六、東京：國學院大学綜合企画部。
板垣俊一
二〇〇九『越後瞽女唄集　研究と資料』東京：三弥井書店。
伊東　東
一九一五「豊後シヤア村の事ども」『郷土研究』三―八、東京：郷土研究社。
井之口章次
一九六〇「盆踊り口説」『國學院雑誌』六一―五、東京：國學院大学綜合企画部。
井野辺　潔
一九八二「口説の成立と形式」『大阪音楽大学研究紀要』二一、豊中：大阪音楽大学。
臼杵市教育委員会
二〇〇五『臼杵市所蔵絵図資料群調査報告書』大分：臼杵市教育委員会。
河岡武春
一九八七『海の民――漁村の歴史と民俗』東京：平凡社。
喜田貞吉
一九一五「シャと海部」『郷土研究』三―二、東京：郷土研究社。
一九一六「豊後シャア部落民赤色を好むという事に就いて」『郷土研究』三―一〇、東京：郷土研究社。
記念誌編集委員会編
一九九〇『社会福祉法人若松児童ホーム六〇周年記念誌』社会福祉法人若松児童ホーム。
記念事業実行委員会編
一九七八『臼杵市立海辺小学校開校百周年記念誌［非売品］』臼杵市立海辺小学校。
金柄徹

　二〇〇三　『家船の民族誌――現代日本に生きる海の民』東京：東京大学出版会。
倉田隆延
　一九七二　「肥後・岳ノ湯盆踊口説をめぐって」『日本歌謡研究』一二、草加：日本歌謡学会。
　一九七四　「蒲江の音頭口説をめぐって」国学院大学文学第二研究室記念論文編集委員会編『口承文芸の展開』上、東京：桜楓社。
倉田隆延編
　一九七三　『蒲江音頭口説集』東京：倉田隆延（謄写版）。
グローマー、ジェラルド
　一九九五　『幕末のはやり唄――口説節と都々逸節の新研究』東京：名著出版。
酒井董美
　一九九四　「『巡礼お鶴くどき』などについて」『島根大学法文学部紀要文学科編』二一、松江：島根大学法文学部。
桜田勝徳
　一九五四　「豊後の津留」『民間伝承』一八―一二、東京：六人社（再録：桜田勝徳、一九八二『桜田勝徳著作集』七、東京：名著出版）。
瀬川清子
　一九三八　「採集手帖：沿海地方用　三一　大分県北海部郡海辺村字津留：附・大浜、中浦」成城大学民俗学研究所所蔵。
瀬川昌久
　二〇〇五　「一六ショオ 東南中国丘陵の民」綾部恒雄監修、末成道男・曽士才編、二〇〇五『講座世界の先住民族――ファースト・ピープルズの現在　〇一東アジア』東京：明石書店。
谷川健一
　一九九五　『古代海人の世界』東京：小学館。
津民公民館編
　一九七五　『つたみ盆くどき』大分：津民公民館。
土居暁風
　一九一五　「豊後のシヤ」『郷土研究』三―六、東京：郷土研究社。
長沼さやか
　二〇一〇　『広東の水上居民――珠江デルタ漢族のエスニシティとその変容』東京：風響社。

仲野　徹
二〇一四　『エピジェネティクス――新しい生命像をえがく』東京：岩波書店。
成田　守
一九七四　「盆踊口説考」『口承文芸の総合研究』東京：三弥井書店。
二〇〇四　「『音頭口説』風聞抄」『日本文学研究』四三、東京：大東文化大学日本文学会。
野口武徳
一九八七　『漂海民の人類学』東京：弘文堂。
羽原又吉
一九六三　『漂海民』東京：岩波書店。
広島県教育委員会編
一九七〇　『家船民俗資料緊急調査報告書』広島：広島県教育委員会。
淵　誠一
一九四一　「海邊村の津留部落」『臼杵史談』三八、大分：臼杵史談会。
真鍋昌弘
一九七二　「近世盆踊口説歌考『鶴姫講釈』」『研究論集』一九、枚方：関西外国語大学。
宮本常一
一九八六（一九四九）「五　大分県北海部郡海辺村津留」『宮本常一著作集』二三、東京：未来社。
柳田国男
一九一五　「護法童子（毛坊主考の十）」『郷土研究』二―一一、東京：郷土研究社。
吉田敬市
一九三〇　「家舟的聚落の生活を見る（上）」『歴史と地理』二五―四、京都：星野書店。
一九三〇　「家舟的聚落の生活を見る（中）」『歴史と地理』二五―五、京都：星野書店。
一九三〇　「家舟的聚落の生活を見る（下）」『歴史と地理』二五―六、京都：星野書店。

見世物興行の民俗誌

門伝仁志

はじめに

本稿は見世物小屋を興行する最後の人々である大寅興行社で行ったフィールドワーク[1]（一九九七〜二〇〇三年）を中心にして仮設興行の実態を明らかにする。一般には仮設興行はタカモノと呼ばれ、前近代では寺社の勧進を目的とし、近代ではサーカス、お化け屋敷、移動動物園、ストリップ小屋、芝居、浪曲など多様なものを含んでいた。見世物小屋は規模が小さくコモノと称される形態である。仮設興行に関わる人々はかつてはヤシ（香具師）、現在はテキヤ（的家）とも呼ばれる。彼らが営み演出する興行はショウバイと言われており、生きていくための収入源であった。

筆者は大寅興行社の共同性に注目した。特に商売のあとに大き目の座卓を囲んでもたれる宴の中に顕著に現れる。その日一日、それぞれに割り当てられた作業を上手くこなせたかどうか。呼び込み[2]は上手く人垣をつくれたかどうか。あるいはお客さんを上手く笑わせていたか。しかし、他者である私には分からないように、早口の隠語混じりの会話のなかで論議される。このときには私は彼らの会話に異人として臨席するほかにはない。

ところが、たまに彼らが私にも分かる語で何かを話す瞬間があって、このとき私はキョトンとしていた。その時座卓の上では湯気の立った大鍋がぐつぐつ言っていて、若い衆の席で私はビールの入ったグラスを片手に「は?」と心の中で聞き返しながら話者のことばを聞いていた。「大分ベテランになってきたナア」と隠居分の裕子ネエサンが言う。彼らの身分（役割）は「分」「方」という語とともに言及される。ここからは家族集団からの類推で成り立つ彼らの組織の特徴が察せられる〔門伝　二〇一二〕。裕子ネエサン、つまり大野裕子氏は親方職から退いた文字通りの「隠居」である。彼女は男性中心社会の興行社会では珍しいことだが、一時は親方を「代行」として務めていた。それは病気に倒れた先代の父親の跡を息子（当時は高校生）が継ぐまでの間で、昭和四〇年代（二七歳当時）から五〇年代中盤である。

ヤブとはお化け屋敷をイメージした符牒で、水戸黄門の「八幡のヤブくぐり」の逸話から借りている。シンウチとは興行で入口にあたる木戸口にいて直接に観客と接する木戸番を言うが、裏方に対する表方（役者）を言うこともある。興行時での役割区分の用語である。「シンを打つ」という言い方もある。シンの語源については、色々なイメージが浮かび、中心かと推定しているが、確証はない。なお興行の慣行では、ニヌシ（荷主）とブカタ（歩方。ジカタ〈地方〉ともいう）との関係が重要である〔鵜飼他編　一九九九：八六～一〇六〕。ニヌシは興行を打つ、つまり見世物を演じる人々であり、これに対してブカタは土地の興行権を持ち仮設の材料を整え、ニヌシから分配金を貰うかわりに面倒を見る。ニヌシは各地のブカタとの関係をうまく保つことで流動する芸人として生活を維持した。筆者はニヌシについて全国各地を巡った。

彼らの談話への注意が高まったその時、符牒ではない「ノッてた」とか「ノル」などといいながら、何人かが商売中のお客さんの様子について何ごとか言いはじめた。笑っているから、ネガティブな評価ではないはずだ。

「ノル」というキイワードをめぐる経験則がはじめて開陳されたのも、このときだった。感覚的には分かるものの、理詰めで考えるとどうにもわからない。「ノルってどういうことですか?」親方「分かるだろう、フツウ? ノルだよ、ノル」。質問ばかりするのにいつもの閉口した様子を見せる親方を見て、裕子ネエサンが私に助け舟を出してくれる。ネエサンはいつもこうして、私に何かを教えてくれるのである。「自分が楽しめば、お客さんも楽しいのョ」。

ヤブのシンウチを任されてから一年半も過ぎ自信もついてきた頃だったから、ネエサンの言うことも、よく分かった気がした。だからこそ「ふんふん」と鼻先で相槌を打ちもしたのである。しかし、現地調査をきりあげ、「こちら側」(外部)に戻った今、[3] なぜ相槌を打てたのかということそのものが不思議なのである。

情報の送り手と受け手という二分法にもとづき、送り手のメッセージに他者の印象の原因を求める従来のコミュニケーション論の視点が過去の遺物となって久しい。[4] つまり、送り手と受け手は一方向的にメッセージを送受信するのではなく、双方向的なコミュニケーションによって別次元の関係性や情報空間を創造するのである。二分法や因果論にもとづく理解は身体感覚としては了解できるものの、理詰めの理解は難しい。再び調査時の記憶を思い起こし、ヤブで働きはじめた頃をふりかえりながら見世物とは何だったのかを考え直してみたい。

一 「用語集」としつらえ

見世物・興行には独特の基本用語とでも呼ぶべき語彙の一群「用語集」が使用されている。彼らの使う言葉に注目し、仮設のしつらえや装束と併せて考察を進めていくことにする。最初にオバケ屋敷の事例を取り上げて基本的な流れを概観しておく。直接に観客と接するシンウチに求められる作業の中核は、親方が言明する一種の相互交換がある。自分自身の体験によれば、働き始めてまだ間もない頃は右も左もわからず不安を覚える。第一、何をすればよいのかわからないまま、見知らぬ人の前にわが身をさらさねばならない。親方は暗闇にぽつねんと佇む私を見て、いたわりと風刺を込めて、シンウチの果たす役割を、独自の「経済原則」に則って微笑混じりに語った。

「人をオドカしてお金をもらうなんて、なんていい仕事なんだろうね」

この言葉には、ヤブについての人びとの独自の認識が映し出されている。それは、彼らにとってヤブで対価をもらう手段が、よく言われるような「娯楽の提供」ではないという点だ。[5] 娯楽と対価の交換とは、「外部」に身を置くことによって初めて見えるようないわば外在的な認識であろう。文化の内側からみれば、あくまでも「人をオドカす」ことが彼らの商売を成立させる方法である。私たちにとってどちらが重要かといえば、「内部」にいる親方の考えである。

親方の言う「人をオドカす」ことが、ヤブのシンウチに期待されることだとして、その詳細を記述する。シンウチの作業は、複数の隠語（ジャーゴン）[6]によって確定されていて、記述も彼らの隠語に従うのが近道である。隠語は複数あり、「オドカす」作法に関するものと、作法の周辺にかかわるものに大別できる。双方を関わらせてみていく。

1「呼び込み」と「シンウチ」

最初に挙げるべきは作業場において割り振られる役割である。ヤブは呼び込みとシンウチという二者の共同作業を前提として成り立つ「商売」である。呼び込みはあらかじめ定式化された物語りによって、[7]小屋を通りがかるジン[8]をしばしば「オイデオイデ」の所作を交えて集客する役である。呼び込みが鉦を「ゴーン」とハンマーで鳴らせば入場の合図で、ヤブに潜むシンウチは「オドカす」体勢を作ることができる。

ヤブの呼び込みはコモノ（見世物小屋）と異なり、女性があたることが好まれるようだ。「下手でもオンナ」[9]と言われる。またシンウチは、若い衆でも男性が勤めるのが普通だ。なぜなら、ヤブの接客には身体的な危険があり得るからである。ただ、大寅興行社の場合は、男性は親方を除くと、先代からの若い衆であるヨッちゃん（田村芳三郎氏）しかいない。ヨッチャンは高齢のため、シンウチは難しい。それゆえ、外部からリクルートするのが現在では普通である。同業の他社から「借りる」場合が多かったが、最近では演劇実践の場として大寅興行社を選ぶ者が若者を中心として多いので彼らに任せる。[10]また筆者も現地調査当時にはシンウチ・リクルートの一端を任されていた。[11]

未経験者のことが多いシンウチの管理は、親方に一任される。賃金はパート・アルバイトの常識に則ったものでそれ以上でも以下でもなく、作業後に交通費と「ラーメン代」の心づけとともに手渡される。親方はヤブ興行の全体的な管理をし、そこには休憩の指示など細かい配慮が含まれる。

2 「一丁目」「二丁目」「三丁目」

どこかの所在地の住所表記のようだが、これはシンウチの作業場についての語彙である。どこに誰を配備するかによって観客の印象が決まる。たとえば「三丁目」（出口）には、昭和五〇年代に大寅興行社がヤブを始めた頃からのベテラン・シンウチの玲子姉さんが入る。[12]また一丁目（入り口）は、男性が務めることがほとんどである。ヤブで最も大切なのがこの二箇所だといわれる。理由は特に聞いていないが、想像することは易しい。入口を男

写真1　ヤブで用いられるマスク。マスクには蛍光塗料が塗られ、ブラックライトに映えるように配慮されている。

性が務めるのは、万が一お客さんに暴力を振るわれたことを想像してのことだ。また、出口を玲子さんが務めるのは、玲子さんの「オドカシ」方に年季が入っているからである。出口で「お客さん」に強烈な印象付けを行い、満足して帰ってもらうのが狙い。

入口と出口をしっかりとしたシンウチが務めるとすると、二丁目（迷路）は未経験者や女性、あるいは管理者である親方の持ち場である。親方の語をかりて言えば、二丁目のシンウチの人選は「二丁目はやさしいオバケさん」となる。

ヤブの中間（二丁目）は大抵、迷路になっており、迷った揚句立ち往生するお客さんがしばしばだ。その案内役を務めるのが、「やさしいオバケさん」である。道に迷って大泣きしている幼いこどもにとってはありがたい存在となる。

3　衣装とマスク

シンウチには作業の前、玲子さんから衣装が配られる。ハワイの民族衣装「ムームー」のような貫頭衣で、着脱が簡単である。白色は、照明で用いられるブラックライト（照明具の一種）に映えるようにする効果が求められているようだ。

シンウチは「衣装」のほかに「マスク」を身に着ける。ゴム製で、派手な殺害シーンを繰り広げるスプラッター映画（splatter movie）に登場するような怪物の意匠をかたどったものである。[13] モチーフにも変遷があるようで、ヤブをはじめた昭和五〇年頃は、「猫娘」などのアニメから取ったモチーフをマスクではなくメイクで演じていた。マスク化したのは、簡略化のためである。

二　禁止

「オドカす」ことを記述するうえでの隠語のうち、所作と直接には関らない周辺にあることがらをあげれば以上のようになる。なおここに「用語集」として記載した語彙群は、調査にあたった平成九年（一九九七）から現在までの間に収集した語彙に限られ、おそらく彼らのヤブ興行に関わるすべてに言及しきれてはいない。また、大道具小道具や「小屋」についても紙数の関係上、言及することができない[14]。

それでは、次に「オドカす」ことをめぐる、中心的語彙群を見てゆこう。「オドカす」ことの中心には身体の所作があり、それゆえまた、語彙も所作についての規則であるということになる。「衣装」を身につけたシンウチはたいてい、親方からこう教示されるはずである。

「お客さんにはぜったいにさわっては駄目」

ここには二つのリスクを予防する目的があって、重要度から見て順にまず、女性客との折衝に起因するものがある。もうひとつは男性客にかかわるもの（リスク）ということになる。女性客に「さわらない」理由はいわずとも明らかで、不必要な誤解を避けるためである。こちらがそう考えていないのにも関らず、痴漢などといわれるのは実に不愉快なものである。また男性客に起因するリスクというのは、いままでも何度か言及した観客の暴力をさけ、シンウチが怪我をすることがないようにするためである。

ヤブのシンウチはつねにそうした観客との間で生じるトラブルが身辺に生じることを想定していなければならない。また、シンウチの被るリスクは観客との間に限られるものではない。ヤブ（小屋）のなかには危険がいっぱいである。興に乗った役者が、小屋内に縦横に差し渡された丸太にのぼり「オドカす」とする。しかし、飛び降りてつぎの行動にうつろうとするときに、足を捻挫する。あるいはまた、差し渡された丸太を結びつける針金（バンセン）にひっかけ、引っかき傷を作るなどの事件がおこる。禁止に関する点でもう一つ挙げれば、次のようなものがある。

「マスクをはずしちゃダメ」

この禁止の事由は「マスクをはずす」ことによって、シンウチの振舞いが、「仕事」としてではなく、身の危険として誤解されてしまうことで生じるトラブルを回避するためである。おそらく、これによって生じるシンウチと「お客さん」とのトラブルが、もっとも厄介で、かつ解決するのが難しいのだろう。

私は以上の二つの禁止を、仕事をはじめるにあたっての大原則として示されたことを覚えている。「ぜったい」との強調からも、この原則の重要度がうかがえる。

三　作法へ

以上をふまえて、シンウチの「オドカし」方の作法が示される。もっとも初めは、きわめて大雑把に、つぎのように指示されるに過ぎない。

1 「あとは好きにしていいから」[15]

シンウチに演劇の経験がある場合などは、適当なオドカし方も思い浮かぶだろう。しかし私の場合にはそもそも、何をすべきか、ということすら分からなかった。相手を前にして「オバケー」とうらめしそうにいったところで、失笑されるのが「オチ」というものだ。またもうひとつ、親方の方針として彼はあまりくどく所作を指示しない。詳しいいきさつを忘れてしまったが、たしか親方は「あとは好きにしていいから」といった後、私の前から一度姿を消した。ただ、私が「オドカし」あぐねているのを見て、身振りそのものによって、だいたいの所作を〈型〉として示してくれた。[16]

2 さけんだり、叩いたりする

初太郎親方の教示は、冒頭の裕子ネエサンと同様にそれとなく相手に気付かせる、丁寧な語りかけにもとづく。親方はまず、「一丁目」の私の頭上にある「拡声器」（集音装置つきのマイク）を指差し、「オバケ屋敷のなかで何をやってるか、これがあるとすぐわかっちゃうね」と言うのである。

つまり、大きな声を出してヤブの内部の雰囲気を音声で察してもらい、「お客さんになってもらうように仕向けよ、と暗示するわけだ。声のほかに通路の壁を叩くことでも音が出る。従って、ヤブで「お客さん」が「オドか」されるのは、まず音声によって認識されていることが分かる。さらに、壁をたたくと同時に、すばやく身を動かすべしというのが親方に示された〈型〉だ。静止した状態から急激に動作することが、「お客さん」に驚きを生むことを親方は長年の観察から発見したのだろう。

ヤブにはシンウチの身体を中心として広がる独自の意味の世界があり、またそれは「用語集」に照らして表現されるので、一群の規則として記述され得る。これはシンウチの所作を自由な創造とみる（ウラメシヤー式の）、広くゆきわたった観念の誤謬をつくものだろう。バケモノ役者（シンウチ）の所作は音声と視覚効果に頼った体系（システム）であり、教授学習過程の中で獲得される儀礼的行為だということにもなる。

親方の示した所作の〈型〉を、「音声」と、静止から動作への急な切り替えとしてまとめておく。ただ、所作はシンウチの個々人が創作することを期待されている。この所作の創造についても述べておこう。

３　所作の創造

ヤブで過ごした数年というものを自分なりに振り返ると、二〇歳代という年齢のせいもあり、比較的素直にバケモノ役者（シンウチ）に取り組んでいた。

シンウチの所作は千差万別である。それはそうだろう、今は情報も豊富で、「オドカす」にあたってのイメージの選択は、所作の見せ方を考える上でのモチーフがそれこそ無限にあり幅広いといえる。シンウチの所作について次の点を指摘することができる。私の仲間もふくめ、シンウチに成り立ての頃こそ借り物のイメージを演じて満足できるものの、いずれ飽きられてしまう。そして、シンウチのアルバイトを繰り返す中で、自分独自の「オドカし」方を模索するようになる。これは多分妥当な見方であると思われる。

実は自慢になってしまうが、私の「オドカし」方は堂に入ったものと自負している。かなり真剣に取り組んだこともあり、一家の中でもなかなかに評判が良く、お客さんもかなり喜んでいたと聞る。お客さんと交わるなかで、顔色を伺いながら、振舞いを作り上げる。ここに創造の楽しさを見つけることができたのが、功を奏したのではないか。

なお、シンウチの所作については既に「あとは好きにしていいから」という親方の指南を示した。つまり何でもありということだ。ただ、親方はこんなふうに方向付けしてくれたことも事実である。

4 「オドカすときには徹底的にオドカす」

私自身の創造は、新参のシンウチに親方がよく言っていたこの言に従った。音声と視覚の二つの大原則をさきに示したが、右の言はこれに続く創造にかかわる第一の原則となる。なお創造にはもうひとつ、「無駄な動きを極力排除する」という経済原則がある。それぞれについて詳しくみてみよう。「オドカすときには徹底的にオドカす」は、シンウチの作業を充分なものとするための叱咤激励（動機付け）であるが、ヤブの興行に生じがちなトラブルを回避するための教示でもある。ヤブにおいて「お客さん」は、オドカされることによってシンウチの仕事ぶりをいつもチェックしている。中途半端な作業によって馴れ合いを示されるよりも、しっかりと「オドカす」ことで、仕事ぶりを示さなくてはならない。この言には、そうしたシンウチという仕事の特殊な性格が映し出されている。「オドカす」ことは、悪ふざけや犯罪として見なされかねないからである。

私は当初、「徹底的に脅かすこと」を字義通りに実践していたが、次第にあることに気付くことになった。それは、「オドカし」たあと、いつもではないが、「しつこい」という否定的なことばを「お客さん」が残すことだ。それゆえ、次第に私は、「お客さん」との交わりをもつ際に、ぎりぎりの間合いをとり、「しつこい」といわれないように務めた。結果的にこのことは、自分なりのシンウチの所作を決める大きな契機となった。なぜならば、この間合い[17]によってはじめて、私はシンウチを楽しめるようになったのである。そして、所作に制御（コントロール）を加えること、たとえば、従来、首を一八〇度曲げていたとするならば、六〇度程度にすることなどが、「お客さん」の評価を左右することにも気付くことになった。

私の創造にかかわるもう一つの原則は、体の無駄な動きを極力抑えることで、疲れないようにするという合理性にかかわっている。この点に関しては次の言によって、確認できる。

「お客さんのいないときは、お面を取って休んでいていいから」

四　自省作用

私は自分のシンウチとしての所作を観察する機会を持たないが、お客さんの残した言葉や、お客さんの振舞いからこう判断している。「お客さん」は、まるで自分の油断したちょっとした隙を狙って、「オバケ」が向かってくるように思ったはずである。もっとも簡単な例は、動かず、じっとしたまま佇み、「お客さん」が、「オバケ」の動かないのを見て油断した隙を見ての急発進する。

このとき「オバケ」は姿を現していてもまったく差し支えない。要は隙を見て驚かすことである。すると、同じお客さんでも、何度も繰り返して驚きたのしむのに気付く。私の創造は、いま述べたような、観客の反応についての洞察（予測）をもとに行動に制御（コントロール）を加えることにあるといえるだろう。隙を見出しえるのは、お客さんの反応を類型として予測できたからである。これを一種の「熟練化」〔福島編　一九九五〕として、以下ではこの「洞察」そのものに焦点をあてる。

ショウバイをいつ開始するのかという判断はニヌシに任されていない。あくまでも地元のブカタから呈示されるのが普通である。[18] 開始時間は仮設興行組合の慣例にしたがったもので、ショウバイの成功に必要な〈お客さん〉の多寡を映し出したものではない。こうした事情によって、ヤブには繁忙の時間帯とそうでない時間帯が生じる。なお忙しい時期を、人びとは「お客さん」が「ツッカケてきた」ということがある。

親方の言うように、シンウチは「お客さん」との折衝の機会にのみ動けば良い。それゆえ、シンウチの動きはまず、外部の社会的時間によって制御されていると言える。直接意味するのは、まず子供の登下校時間であり、ついで、社会人の就業時間である。時間帯に応じ、シンウチは、動作する頻度を高めたり、動作そのものを止めたりする。これに関して私自身を振り返ってみると、もっとも疲れるのは、さみだれ式に「お客さん」がやってくる時間帯である。その一方で、「ツッカケテきた」と言い表される時間帯では、それほど疲れを感じない。ここにはシンウチの心理的要因が関与していると考えられる。以上を所作の量に関わる統御とすると、以下はシンウチが自らの所作に対して質的に制約を与える条件となる。

大寅興行社は先代の父の時代から、北海道、東北、東京における巡回を好み、私のヤブのシンウチの記述も、北海道、東北での観察に基づいている。しかし、北海道、東北、東京以外の地区でシンウチを務めたこともあった。大寅興行社の巡回に限って言えば、兵庫県神戸市での年末年始の興行である。両者を比較したうえで、しばしば関西地区での商売がやりにくいといわれることがある。シンウチに対して態度が好ましくないというのが関西地区の特徴だという。私はそれほど「お客さん」の違いを感じなかったが、いろいろなエピソードを総合すると、自分の学んだシンウチの所作を全的に遂行するのに躊躇した。つまり、所作を手控えたのである。

すでに指摘したように、シンウチは「お客さん」の気の緩んだ間隙を突いて、一つの折衝のなかで、何度も繰り返し「オドカす」ことができる。しかし、たとえば関西地区のように「態度の悪い」といわれるような「お客さん」の存在が示唆される場合、不要なリスクを回避するために、「オドカす」のを、出会いがしらの一度だけにとどめたことがある。〈質的に〉制約を加えるのは、符牒による連絡をうけた場合も同様である。呼び込み役は興行の最中よどみなくヤブの魅力を外部にアナウンスする。その中で「酔っ払い」と「変態」、それからヤクザの入場をそれとなく知らせることがある。この場合に使用される語は、通例用いられる符牒と区別し、「ローツウ」と呼ばれる[19]。

「よっぱらい」についての「ローツウ」を受けた場合、シンウチはそれぞれの持ち場のなかにあつらえられた柵へと逃げ込み、ヤブの興行に不必要なトラブルの生じるのを回避するようにいわれている。これは「やくざ」の入場が知らされたばあいも基本的には同じことである。ただ「変態」の場合には逃げることよりもむしろ、他の「お客さん」への迷惑を予防することが期待される。なお、成人男性で、ひとりで入場してくる場合に注意するようにいいつかったものの、いまのところ「変態」によってトラブルが発生したことはなかったと記憶している。仲間のアルバイト・シンウチの様子を観察した経験からいえば、「ローツウ」があった場合には「柵の中」で待機しているのが無難だ。ただ、私の場合、「ローツウ」のあった場合でも、「オドカす」ことにした。そうすることで、彼らがそれまで築き上げたであろう、「お客さん」の信用を貶めないように心がけていた。

さて、シンウチの所作はまずもって、この外的な要因によって制御されているといえるだろう。ただ、これだけでは記述は不十分である。

こうした記述からはヤブの醍醐味を想像できない。ヤブの醍醐味は、機械仕掛けのオバケ屋敷とは異なった、フェース・トゥ・フェースの「こわさ」にある。今日のシンウチを用いたヤブは、機械仕掛けのオバケ屋敷との違いを意識したうえで通常「イキバケ」と呼ばれている。「生きた＋バケモノ」ということだ。ヤブの面白さと不安定さをよく表す言葉である。

五　ある日の出来事

シンウチは繰りかえしヤブ興行に加わるなかで、「お客さん」の反応についての洞察を次第に獲得できるようになる。平成一一年（一九九九）青森県北津軽郡金木町内で開催の観桜祭りにおける大寅興行社のヤブ興行での参与観察を事例とする。この間、私は一日の時間の流れをメモにとって、ヤブへの入場者の観察記録をつけていた。そこには、「オドかし」たときに、どのような表情を「お客さん」たちが見せるのかが幾分詳細に記されている。質的制御をもたらす指標として個人と集団の差に注目した。率直にいって、ヤブは集団で入ったほうが楽しいということである。

私の所作は親方の模倣である。直立した状態から、背後の壁の反発を利用し、急に身体を前屈姿勢にする。そのとき、壁と臀部が衝突し、バリバリっという音がする。また、このバリバリっという音とともに、こっそりと握った手で思い切り壁を叩く。さらに、奇声を発する。オバケ屋敷というと、「わー」っという叫び声とともに追いかけるイメージを想起されるかもしれないが、このように身体を全的に動かす所作は、平常時の人間の所作からの類推を呼び起こさせ、かえって嘲笑の的となることがあるため、慎んだほうがよい。

総じて、大寅興行社のヤブは、身体の全的な動きの可能性を制御する点から、所作を作り出している。所作への影響としては、前屈の程度を緩やかにしたり、急にしたりすることで、印象に差をつけることを意図している[20]。以下フィールドノートからの引用である（※は筆者の注記）。

〈事例1〉二〇歳代カップルの場合（オシャレ、ベルボトムのパンツ）

女性「なんかあれ、『バイオハザード』みたい」（※ビデオゲームのタイトルを指す）

男性「ええー（笑）」

「やらせだよー」（※演技ではないという意味であろう。「やらせ」という語の乱用）

女性「ちょっとコワイ、さわんないで」（手で追い払うしぐさ）

（※男性の威厳を傷つけないように留意するべきである。しかし、女性には限りなく不気味に接するべきだ。「うへへへ」といった不気味な声色を使った。）

〈事例２〉二〇歳代女性が複数

一斉に「わー」（※シンウチの所作をまね、笑いあう様子。女性客は目いっぱいオドカす。そうすることを期待しているから）

〈事例３〉三、四歳ぐらいの娘と父親

「うわー本物のおばけだ」

（※父親に甘えながら笑っている。子供が泣かない程度に。父親の威厳を損なわないように。）

〈事例４〉小学校六年生ぐらい　４人

「おらおらおら」とボクシングのまねをする男の子。

「ごめんなさい」

「いも！、いも！　でぐちどこ！?」（※「もう結構」といっている。小学生高学年の男の子もまた、存分にオドカす対象である。ただ、女性客とは少し理由が違っていて、中途半端な仕事ぶりを見せると、後にヤブのシンウチをからかったり〈シンウチの威厳の失墜につながるリスク〉、極端な場合には暴力を振るうことがあるからである。）

〈事例5〉二〇歳代男性ふたり（労働作業着）

「おどかさねでね、パンチすっかんね、けがしたくなかったら……」（※真剣におびえている。真剣に怖がる場合には男性客であっても最後に笑ってもらえるように務め、暴力沙汰を避ける。そのためにはきびきびした仕事ぶりを見せるのが近道である。そうすることによって「仕事」であることを印象づけることができる。）

〈事例6〉六〇歳位のおばあちゃんと小学六年生ぐらいの男の子

「おばあちゃん、こわい」
おばあちゃん「（わらいながら、やや甲高く）ここあるってでるんですか？」
おばあちゃん「どこさいくのかおしえてください」（※つとめて丁寧に対応する。年齢に配慮してのこと。）

次の事例は、ヤブの楽しみをうまく伝えている。

〈事例7〉三〇歳ほどの父と子。子は三、四年生

一丁目で（大学院生と二人で）

子「わー、ごめんなさい、ごめんなさい」
父「この人たちは仕事なの」
子「ごめんなさい」
父「なーに、ごめんなさい、お父さんが一緒に……」（※「なーに」は東北弁）
私が存分にオドカす
父と子「（一緒に）わー」
お父さんに胸倉をつかまれる
父「どっちさ」
私は（黙しつつ）道を教える
子「ガムおとしちゃった」
父「ガム、あとで買ってやるから」
父「ひろいなさい」
私は拾ってあげる
子「どうもありがとう」
父「ほら、だっこしてもらえ」
抱き上げる。おろす
そして再度おどろかす
父と子「わー」

六　考察――構成的規則と型

以上に記述されたヤブのシンウチの所作を整理しておきたい。まず指摘すべきは、シンウチの所作は、親方の指示に象徴される解釈の世界のなかで構築されるという点である。親方の指示は、説明的ではなく、直接に行為の内容を指示する種類の〈型〉を示すことでなりたった「構成的規則」として示すことができるものである。[21]こうした観点によって、ヤブのシンウチの所作は、宗教儀礼と同様に、規則の遵守として記述することができる。

親方はまず禁止を示している。興味深いことを指摘すれば、ヤブへのインストラクションはこの時点でほぼ終了することである。ただ、シンウチによって求められれば、親方はそれに応じる。つまり、かなりの程度、シンウチには、個人的に規則を作ることが求められているということになる。

記述の中で筆者は自分自身の体験を明らかにして見せたが、これはシンウチの個人的規則の作成の一例である。「私」の所作はまず、親方に模範としての〈型〉を示してもらうことから始まった。そして、その結果、型の遵守から、環境に応じ、制御する必要を見出す。制御の細部は、ヤブを出た後にフィールド・ノートをもとに検証し、また新しくヤブで実践されることを繰り返す。このことが意味するのは、あらかじめ「お客さん」の反応が予測可能になるということだ。ヤブのシンウチとはつまり、環境に応じた所作の制御として記述することができるだろう。

「制御」という観点からシンウチの所作を眺めることによって、[22]これまでのオバケ屋敷の常識的説明は再考を迫られる。オバケ屋敷のシンウチは、棒を持っておいかけまわす、身体の可能性の全的表現としてではなく、想定し得るリスクを予防するための「制御」として記述しなければならない。これは、文化人類学における儀礼的行為の理解とも通底し、最終的にはヤブを含めた見世物を、儀礼的行為論の枠組みから捉え直す必要を我々に迫る。

「……儀礼とは、我々の生存にかかわる、さまざまなタイプの不確実性に対する、身体的過程を媒介とし、文化的に構成された制約の装置であるからである。儀礼的行為が集中しているのは、……生存のサイクルの結束点であり、それらは常にある種の予測不能な困難や災害、病といった、生存そのものへの脅威となるような状況と密接に関係している。……こうしたタイプの行為は、人間と環境のインターラクションの中にいわば偏在するという立場を取る。」［福島　一九九五：一〇〜一一］。

また、ヤブを含めた仮設興行についての次のような言説についても、「制御」によって説明できるだろう。実存主義演劇を中心として、演劇家はしばしば、見世物[23]を再現しようとつとめてきた。しかし、常に演劇は見世物へ近づきながらも平行線をたどり、見世物と演劇は異なると言われている。制御は、この限界をうまく説明するだろう。演劇には、見世物と同様には、制御する必然を基本的に持ちえない。

幾度もヤブ巡業に加わる中で、所作の制御が観客の驚きと結びついていることを発見した。そのとき、自分にもはじめて楽しみが生まれる。それは表現する喜びとは異質の、予測の成功する楽しみだといえる。そしてこの予測を〈わざ〉とすることによって、「自分が楽しめば、お客さんも楽しい」という見世物固有の解釈学的世界がひろがるということになる。次の当事者の語りは、こうした見方を裏書するものだろう。

「お客さんがうちらを見ているのと同じように、うちらもお客さんを見ている。それが見世物の面白いところ。」

近代以降、見世物は実存主義演劇をはじめとする他者の表象を装い、あるいはまた、その他の社会的レッテルを押し付けられ、そのため当事者の解釈世界へと分析のメスを進めることが非常に困難な領域とされてきた。しかし、フィールドワークを根幹にすえ、文化的他者の理解へと向かう文化人類学や民俗学にとっては重要な研究課題であり、見世物の文化人類学が本格的に展開するのはこれからである。

注

(1) 東京都町田市在住の仮設専門の興行社で、広島県内の香具師一家に稼ぎ込みをした先代の兄、大野長太郎（東京都豊島区目白の家具職人の子弟）にはじまる。現在、見世物小屋を興行する最後の興行社となる。

(2) タンカともいう。タンカは目的に応じ「ナキダンカ」（泣きを主体とする）「アラダンカ」（淡々と説明する）「ダラダラダンカ」などがある。たとえば［渡辺　二〇〇二］を参照されたい。

(3) 中川敏の儀礼的行為論に示唆を受け、見世物小屋でのフィールド体験は「構成的規則」の横溢する解釈の世界への参与であったと振り返る。中川の次のサイトを参照。http://bunjin6.hus.osaka-u.ac.jp/~satoshi/anthrop/works/articles/tiger.html# 規範の階層。最終アクセス　二〇一二年二月。

(4) たとえば［吉見・水越　一九九七］を参照のこと。

(5) たとえばパチンコ屋の謳い文句には「娯楽の殿堂」がある。

(6) 意味不明の語を指示するが、「集団にとっての新参者にとって」という点を断って置きたい。

(7) 水戸黄門の物語はその一つである。なおコモノの呼び込みは技術を要することを、鵜飼正樹［鵜飼　一九八八］は指摘している。ヤブについては特に触れられていない。むしろ策を弄してはいないことを強調すべしというのが人びとの見解としてあった。

(8) 符牒で通行人はジンと称される。また呼び込みの誘いにつられるのをカマルと称する（「ジンがカマル」）。小屋の中にいて外の様子が分からない成員が「ジン、カマッとる?」と言い呼び込みの動員を尋ねるなど。関連する語に、たとえば素人を意味するネス。

(9) この「下手　へた」には二つの意味が同時に込められているようだ。一つは「呼び込みが下手」という意味で、もう一つは「見た目が悪い」という意味である。

(10) 人びとの言い方をかりれば「アングラ」出身の若者たちということにもなる。

(11) 当時所属していた慶應義塾大学の学生たちの協力による。この時のアルバイト経験をもとに、映像作家奥谷洋一郎は、当時の縁を用いてドキュメンタリーを撮影・公開した、奥谷洋一郎監督『ニッポンの見世物屋さん』（二〇一二年）。渋谷アップリンク等で公開された。

(12)　田村芳三郎さんの長女である。補足すると田村さんの妻は見世物小屋で太夫をつとめる「お峰太夫」こと田村正子さんで、夫妻はサーカス興行をしていた昭和二〇年代からの仲間である。

(13)　親方が海外旅行の際に購入することが多い（写真１）。

(14)　大寅興行社の大道具は、彫刻家の松崎健三による蝋人形など優れた作品が展示されており「経費がかかっている」というのが彼らの弁である。

(15)　二つの禁止を守ったならば、という条件を示されているものと解することができる

(16)　教育学者の生田久美子は伝統芸道の教授―学習場面で用いられる「わざ言語」のメタファー群に注目し、その遡及不可能性を〈型〉の伝承として説いている［生田　一九九六：二三～四四］。

(17)　私はこの距離のとり方を、仲間との談話のなかで剣術における太刀筋の見切りに見立てていた。

(18)　ニヌシ数の減少により、ニヌシ間での競合を想定する必要がない現在では、ニヌシ側が開始時間を決める場合もある。

(19)　内部情報の流出を意味する、「漏れる」イメージの所在を想像させる。

(20)　見る側からいうと、この制御によって、機械仕掛けのギクシャクした動きが生身の人間の動きに加算されて、不気味さをかもし出すということになるだろう。

(21)　構成的規則／規制的規則については、中川敏の儀礼規則論を参照した。

(22)　［福島編　一九九五］は、認知科学への文化人類学的な応答であり、ルーティン化された行為としての儀礼の特徴として、環境との相互作用への注視が説かれている。

(23)　見世物は演劇学や文化人類学では国内に限定されず、グローバルな研究対象となっている。たとえばヴィクター・ターナーの晩年の論集を参照されたい［Turner 1985: 291-304］。

文献

生田久美子
　二〇〇七　『わざから知る』東京：東京大学出版会。
鵜飼正樹
　一九八八　「大衆演劇と見世物」現代風俗研究会編『大衆演劇と見世物』八巻、東京：新宿書房。

鵜飼正樹、北村皆雄、上島敏昭編
一九九九「分方の世界」上島敏昭・北村皆雄編『見世物小屋の文化誌』東京：新宿書房。
木村義之・小出美河子編
二〇〇〇『隠語大事典』東京：皓星社。
福島真人編
一九九五『身体の構築学』東京：ひつじ書房。
門伝仁志
二〇一二「病理集団からアジールへ」見世物学会学会誌委員会編『見世物』五、東京：新宿書房。
渡辺隆宏
二〇〇一「タンカという〝ことば芸〟」見世物学会学会誌委員会編『見世物』一、東京：新宿書房。
吉見俊哉・水越 伸
一九九七『メディア論』東京：放送大学教育振興会。
Turner, Victor
1985 *On The Edge Of The Bush: Antholopology as Experience.* Arizona: The University of Arizona press.

開かれる聖地――沖縄宗教文化の観光活用をめぐって

塩月亮子

はじめに――日本におけるパワースポット・ブーム

最近、パワースポットやスピリチュアリティという宗教的な用語が、観光資源を生みだす際のキーワードとして注目を集めている。本稿では、このような動きが顕著である地域のひとつとして沖縄の事例を取りあげ、沖縄の宗教文化的要素がいったん日本本土からの視点でパワースポットやスピリチュアリティという概念を通して再認識され、観光資源へと活用される様相を明らかにする。

今やパワースポットと目される場所には霊場や聖地をはじめ、磁場の強いところ、風水の良いところ、気が巡るところ、大地の力のみなぎるところ、あるいは温泉、繁華街、テーマパークまでもが挙げられており、その内容は多様で明確な定義はないといえる。たとえば、『現代用語の基礎知識』(自由国民社)にパワースポットという用語が初めて収録されたのは、昭和六一年(一九八六)であった。そこにはパワースポット(ｐｏｗｅｒ ｓｐｏｔ)は「聖なる中心」に向かって「力」が収斂・放射する「聖地」あるいは「聖なるトポス(場)」であり、そこでは「宇宙との交信の霊感を授けられ」、「巡礼」や「寺社めぐり」も（その意味において）なされるという定義が載っている。それが同書の平成二四年（二〇一二）版の解説では、パワースポットは「心身を癒してくれる自然のエネルギーに満ちた場所」となっている。

これら二つの定義を比較すると、「宇宙」が「自然」に変わり、「力」は「エネルギー」となり、「聖地」という用語は消え、「癒し」という用語が新たに加わったことがわかる。そこには、パワースポットは「宇宙との交信」をおこなう「聖地」という、いわゆる宗教的・能動的な意味解釈が希薄化し、その範疇が伝統的寺社や巡礼地を超えて拡大し、その内容は世俗化・大衆化、あるいは受動化したことが見てとれる。パワースポットが「癒し」の場というように万人に受けるマイルドな定義へと変化したことは、その用語を用いて地域活性化を図ろうとする地方自治体や観光関連産業、宗教団体などにとって、大いに追い風になったと推察できる。

今日のパワースポット・ブームを生みだしたのは女性誌であり、若い女性たちがこのブームを牽引しているといわれている。神社とパワースポットの関係を研究した宗教学者の菅直子によれば、パワースポット・ブームの起こりとその後の経緯は、次の通りである［菅　二〇一〇：二三一～二五二］。

女性誌（主に二〇～三〇代の働く女性を読者イメージにもっている雑誌）が企画するパワースポット特集は平成一四年（二〇〇二）に始まり、平成一六年（二〇〇四）～平成一七年（二〇〇五）にかけて、そのような特集は増加傾向を示した。平成一七年（二〇〇五）以降、パワースポットへの関心が急速に高まった。平成一八年（二〇〇六）～平成二〇年（二〇〇八）の三年間で女性誌におけるパワースポット特集は飛躍的に増加したが、それは四〇～六〇代を対象とする女性誌をはじめ、女性誌以外の情報誌や週刊誌などにも広がり、観光ＰＲや旅行案内の記事のキャッチコピー、また、ドラマのロケ地や行列のできる店などを紹介する記事の見出しにもなった。同じ時期、聖地巡礼という用語も新語・流行語となったが、これは本来の「信者が聖地に赴くこと」から転じて、映画・ドラマ・漫画・アニメなどで「物語の舞台となった地」や、「スポーツの名勝負の舞台となった地」を実際に訪れることを指すようになった。

さらに、菅によれば、女性誌におけるパワースポット特集以前にも、パワースポットの記事は散見されるが、そこではパワースポットの効果や発見方法が中心に述べられており、具体的なパワースポットの紹介は副次的な扱いだった。また、パワースポットの語も、読者にとり一般的ではない前提で書かれていた。それが一般化するにつれ、女性誌では「幸運・開運、元気、癒しをもたらしてくれる場所」として期待されるようになり、神社が多く取りあげられるようになったという。これらは、先ほど『現代用語の基礎知識』を用いて述べたパワースポットの定義の変化とほぼ一致する見解といえよう。

さらに、パワースポット・ブームの背景には、スピリチュアル・ブームが深く係わっていると考えられる。パワースポットはまた、スピリチュアル・スポットともよばれてきた。平成二二年（二〇一〇）九月九日の『朝日新聞』（朝刊　徳島全県・1地方）には、「スピリチュアルカウンセラーの江原啓之や手相占い芸人の島田秀平たちが（このブームの）火付け役」とあり、スピリチュアリティとパワースポットの密接な関連がうかがえる。

スピリチュアリティの定義は多様である。たとえば、宗教学者でスピリチュアリティ研究者の堀江宗正は、「現代日本の大衆レベルでのスピリチュアリティは、西洋のオカルト思想やニューエイジ思想と、従来から日本にあった民俗宗教との融合という面が大き」く、そういったものに興味がある人は、「教団にコミットするよりも、『宗教』とは無関係だとうたう組織のイベントに、その場限り、一時的に関与する」と述べている［堀江　二〇一一：一三〇〜一三一］。そして、その担い手は、今や若者ではなく中高年の女性が多く、彼女たちは「若い頃から占いに親しみ、仕事の疲れから癒しに触れ、ヨガを学び、パワースポットを旅するという、徹底的に消費化されたスピリチュアリティ」を志向・体験すると論じている［堀江　二〇一一：一六五］。また、「現在、『スピリチュアル・

ブーム』は『パワースポット・ブーム』に移行」していると述べていることから［堀江　二〇一一：一三八］、スピリチュアルという宗教色を感じさせる用語が、より宗教的色合いを脱したようにみえるパワーという用語へと変わったことがわかる。

このように、教団や制度との完全なコミットメントを望まない、個人主義的なスピリチュアル・ブームは、パワースポットにゆるやかな集団として個々人が集まり、そこを一過性のものとして観光し、また解散していくという、現在のツーリズムの動きに影響を与えているとみなせる。以上を踏まえたうえで、次にパワースポットやスピリチュアリティといった概念を観光促進に活用する試みについて、沖縄を事例にみていきたい。

一　スピリチュアリティと観光の接合——沖縄県南城市の事例から

近年、特に昭和四七年（一九七二）の本土復帰以降、近代化・観光化が急速に進んでいる沖縄で、自らの文化を表象するキーワードのひとつに最近はスピリチュアル、あるいはスピリチュアリティ、またはスピリットという用語が目に付くようになった。

スピリチュアリティの特徴は、民俗宗教のなかのシャーマニズム（民間巫者をめぐる信仰）と重なる部分が大きい。シャーマニズムは、超自然的存在との直接的な交流を通して得た神秘体験や巫病経験に焦点を置く。ニューエイジ（一九七〇年代以降、アメリカを中心に広まった対抗文化のひとつで、東洋思想の影響を受け、人間に内在するスピリチュアルなものを重視し、意識変容による社会革命を目指そうとする文化・運動）の用語で言いかえれば、「自己変容」や「霊性の覚醒」に焦点を置く。また、シャーマニズムには固定的な教義や教団組織がなく、権威的な教祖もいない。このような非制度的な点も共通している。

確かに、シャーマニズムは文化的に規定された神や精霊により構成される世界観を重んじる一方、スピリチュアリティは特定の神を想定するより、個人の内面を深く見つめ、自己、あるいは文明の進化を目指すという違いがあるようにみえる。しかし、アニミズム的な特徴をもつシャーマニズムでは、神や精霊はまた、動物や草木、自然、宇宙でもあると捉えられることが多い。それらと繋がることにより、自己変容と自他の救済をシャーマニズムでも目指すとすれば、ますます両者の違いは少なくなっていく。

島薗進は、グルーバル化のもと、一九七〇年代に日本でも盛んになったスピリチュアリティを重視するニューエイジ的な運動を、「新霊性運動」とよんだ［島薗　一九九九］。特に日本の宗教の場合、その基層にシャーマニズム的要素が見られるものも多いため、日本の新霊性運動は欧米のそれとは違い、「日本の主流の宗教や文化伝統と対立するどころか、たいへん近いところに位置している」という［島薗　一九九九：六二］。実際、日本では、シャーマニズムやそれをベースとして出現したさまざまな宗教とスピリチュアリティの思想が融合し、新たな宗教的様相を呈するケースが多々見られる。

このように、日本にはスピリチュアリティの思想が受け入れられやすい土壌があり、なかでも今なおシャーマニズムが盛んな沖縄では、シャーマニズムと親和性の高いスピリチュアリティが文化再生の要として活用されている。そして、スピリチュアリティを用いた新たな文化創出は、民間企業のみならず、南城市など行政によっても観光開発や地域再生の目玉として積極的に展開されている。そこで、ここでは南城市が促進してきた「琉球のスピリチュアリティを求めて」［沖縄県南城市ホームページ　二〇一一］というテーマのツーリズム創出についてみていくことにする。

南城市は、平成一八年（二〇〇六）一月に旧佐敷町、知念村、玉城村、大里村の四町村が合併して誕生した。『南城市地域再生マネージャー事業　二〇〇六―二〇〇八年度活動報告書』［沖縄県南城市　まちづくり推進課編　二〇〇九：一］によれば、「南城市には、緑、水、海、風、太陽といった恵まれた自然環境と、琉球民族発祥神話の地、五穀栽培発祥伝説の地としての長い歴史」があり、「世界遺産に登録された斎場御嶽（せーふぁーうたき）、神々の島・久高島に代表される、沖縄の精神文化を象徴する歴史遺産」があるという。そして、このような地域資源のネットワーク化を「見る」、「癒す」、「学ぶ」をモットーにおこない、観光・保養の拠点づくりを目指そうとしている。その際、（Ⅰ）豊かな自然や聖地と（Ⅱ）免疫力や治癒力を高める統合医療との考え方を結び付け、南城市ならではのツーリズムを確立したいとする。これらの構想に基づき、平成一九年（二〇〇七）四月には「琉球のスピリチュアリティを求めて」と題した冊子やウェブサイトの作成をおこない、「拝所巡礼の東御廻り（あがいうまーい）と統合医療をキーワードにした今後の取り組みを紹介した」［同報告書　二〇〇九：一二］。

また、「内閣府　政府の沖縄政策　南城市」のホームページには、次のような文化資源が挙げられている。

①　世界遺産斎場御嶽をはじめとした豊かな歴史文化遺産
②　観光資源を活かした充実した観光施設
③　沖縄の空、海、緑が満喫できる観光スポット
④　おもてなしの心を大事にする温かい人情

そして、これらの文化資源を活かすことのできる次のような体験型観光プログラムが紹介されている。

体験できるプログラム（例）

・農業体験：沖縄（南城市）の農業を体験しよう。

・健康料理体験：沖縄の長寿食を実際に作ってみよう。
・歴史体験：先人たちが残した歴史に学ぼう。
・海人体験：うみんちゅ（海人）と一緒に漁業を体験しよう。
・絶景体験：沖縄の青い空と海、そして緑を自由に感じよう。（無料）

これらの体験型観光は、「がんじゅう駅・南城」と呼ばれる体験滞在交流センターをはじめ、「緑の館・セーファ」という歴史学習体験施設や、「海の館・イノー」という愛称の海洋体験施設が拠点となっており、そこでは観光人材バンクを通じた様々な体験プログラムが提供されている。

写真１「パワースポット　幸せの架け橋」の看板（2009 年 9 月 9 日筆者撮影）

写真２「幸せの♡架け橋」（2012 年 3 月 25 日筆者撮影

さらに、南城市は外部にも目を向け、斎場御嶽（せーふぁーうたき）と同じように世界遺産に認定された聖地、熊野古道との連携を図ったり、現在パワースポットのひとつとして有名な宮崎県の高千穂との姉妹都市化を進めたりもしている[1]。

以上から、南城市は地域再生に景観や聖地、歴史などの伝統文化を活用し、統合医療を含むスピリチュアリティの思想とそれらを積極的に接合させることで、新たな文化創造を試みていることがわかる。斎場御嶽と久高島を結ぶ中間地点にパワースポットの看板を市が掲げたのも、このような戦略の一環と考えられる（写真１）。ただし、平成二三年（二〇一一）八月一三日現在、風雨で傷んだためこの看板は撤去され、現在は斎場御嶽入口の「緑の館・セーファ」の中に写真として掲げられている。また、看板があった場所には、「幸せの♡架け橋」が今も設置されている（写真２）。

続いて、南城市が平成一六年（二〇〇四）から始めた聖地巡拝慣習の現代版、「東御廻い国際ジョイアスロンin南城市」、そして平成二四年（二〇一二）年以降始められたその発展形の「ECOスピリットライド&ウォークin南城市」（現在は「おきなわECOスピリットライド&ウォークin南城市」に改称）というスポーツイベントについてみていきたい。

二　聖地巡拝慣習の観光活用――「東御廻い国際ジョイアスロン・in南城市」および「おきなわECOスピリットライド&ウォーク・in南城市」の事例から

沖縄には、聖地を「門中」（父系親族組織）や家族単位で巡る伝統がある。たとえば「東御廻り」（あがいうまーい）とよばれる慣習は、琉球開闢の神「アマミキヨ」の伝説に基づく聖地に、歴代の琉球国王が国の繁栄と豊穣を感謝して巡拝したことがその始まりといわれる。現在はこのような伝統行事が、行政により観光・スポーツ・歴史・文化の体験学習を目的とした新たな複合型イベントとして活用されている。

南城市は平成一六年（二〇〇四）から平成二三年（二〇一一）まで、「神の島」久高島や世界遺産となった斎場御嶽などの聖地を徒歩や自転車で巡る「東御廻い国際ジョイアスロン・in南城市」を企画・開催してきた。筆者が参加した平成一七年（二〇〇五）は、「琉球王朝聖地巡拝　東御廻り二〇〇五」というタイトルも付けられ、一泊二日（一日のみの参加も可）にわたり実施された。パンフレットには「RYUKYU　RESPECT」、「―癒しの空間― 感じよう　神々の息吹き。」と記載されていた。参加者はまず「〝癒しの体操〟健美操」というオリジナル体操をしたあと、「SPIRITUAL　WALKING」とプリントされたTシャツを希望者は着、久高島や斎場御嶽をはじめとする聖地を廻った。宿泊地となった久高島では、地元の伝統行事を見学し、地元の素材を用いた料理も食した。イベントの最後では、「愛の種・健康の種・平和の種」を表す五穀の入ったお守りと、「神々の印」として「風の神・火の神・水の神」のロゴが入った「完歩証」をもらった〔塩月　二〇〇六：二七―三二〕。

南城市はさらに、平成二三年（二〇一一）年四月二三～二四日に沖縄タイムス社主催で開催された「ECOスピリットライド・in南城市」第一回大会という新たなイベントにも共催者として係わった。これは南城市にあるホテル（ウェルネスリゾート沖縄休暇センター　ユインチホテル南城）を宿泊先とし、小・中学生から大人までを対象にしたサイクリング・イベントで、「世界遺産コース」（一六〇キロ……勝連城や中城城跡、首里城、斎場御嶽、平和祈念公園などの広域を廻るコース）、「首里城・平和祈念コース」（八〇キロ）、「琉球王朝聖地巡礼　東御廻りコース」（四五キロ＋二三キロ）という三種類から好きなコースを選択できるようになっていた。実際は三月下旬におこなわれる予定だったが、東日本大震災のため、実施は一か月延期された。

筆者はこのうち「琉球王朝聖地巡礼　東御廻りコース」に参加し、八〇キロコースの参加者も含めたアンケートによる予備調査をおこなった。東御廻りコース参加者は全員で一三名、アンケート回答者も一三名、うち二〇代の男性が多く、参加理由は自転車に興味があるからという回答が九名と最多で、聖地や世界遺産に関心があるからという人は約半数（五名）だった。次回も参加したいという人の割合は三分の二ほどだった。

また、八〇キロコースに参加した人は一六九名で、一二〇キロの一五二名より多く、そのうち五五名がアンケートに回答してくれた。その結果、参加者の大部分が男性で、年齢は三〇～四〇代が最も多く、参加理由は自転車に興味があったからとした人がほぼ五〇％、続いて健康のためが二〇％強と多く、エコロジーや世界遺産に関心があるからと回答したのは、約一〇％と少なかった。さらに、このような自転車イベントに既に参加したことがある人が大部分で、また参加したいという人が四分の三以上だったこともわかった。

以上から、本イベントの参加者には自転車に興味がある人が大変多く、世界遺産や聖地、エコロジーへの関心はまだ薄く、地元の文化や歴史のＰＲは今後さらに強化する必要があることがうかがえた［塩月・丹野・渡辺　二〇一二：三五―四九］。

続いて、平成二四年（二〇一二）三月二五日（日）に実施された「二〇一二　ＥＣＯスピリットライド＆ウォークｉｎ南城市」での調査結果を報告する。本大会は、前回まで別々に行われていた「ＥＣＯスピリットライドｉｎ南城市」（沖縄タイムス社主催）と「東御廻い国際ジョイアスロン・ｉｎ南城市」（南城市主催）の二大会が統合されたかたちとなった。本イベントの目的は、順位やタイムを気にせず、本島南部に点在する琉球の聖地や東海岸の風光明媚な景色に存分に触れ、家族でスポーツに親しみつつ健康増進を図り、スピリチュアルセレモニーで琉球の心を伝え、環境保全を訴えることにあった［沖縄タイムス社　二〇一二：五］。自転車で聖地や遺跡を巡るライド部門は一六〇キロ、八〇キロ、五〇キロ、三〇キロの四コース、徒歩で巡るウォーク部門は二〇キロ、一四キロ、七キロの三コース（同距離コースが設定されたノルディックを入れると計六コース）が用意された。ライド部門はユインチホテル南城前がスタートおよびゴール地点で、五三二人が参加した。一方、ウォーク部門はグスクロード公園がスタート地点、ユインチホテル南城がゴール地点で、七三九人が参加し、大会参加者は計一二七一人であった［沖縄タイムス社　二〇一二：六〇］。筆者はそれぞれのスタート地点に集合した双方の参加者に対して事前アンケート調査をおこなった。ここではこれら二部門のアンケートを比較しながら、本イベントの特徴を分析していく。

事前アンケートに回答した人数はライド部門が一一四人、ウォーク部門が一九六人で、計三一〇人であった。

まず、参加者の年齢と性別を比較すると、ライド部門に参加したのは圧倒的に男性が多く、八〇％を超えるのに対し、ウォーク部門は女性が七〇％を超えるという逆の結果となった。これは、当然ながら女性にはウォーキングのほうが体力的・機材的にも敷居が低く参加しやすいからとみることができる[2]。

次に、年代に関してはライド部門では三〇代が約三一％と一番多く、ウォーク部門では四〇代が約二八％と一番多かった。ウォーク部門には中高年の参加者が多いことも、特徴のひとつである。

また居住地に関しては、両部門とも沖縄県内が九〇％を超えており、県外の参加者が少ないことがわかった。

職業に関しては、ライド部門では七〇％以上が会社員・公務員だったが、ウォーク部門では会社員・公務員は約四五％で、ライド部門ではほぼいなかった専業主婦も約一七％参加していた。

写真３「スピリチュアルセレモニー」の様子（2012年３月25日筆者撮影）

平成二三年（二〇一一）の調査に引き続き、平成二四年（二〇一二）の調査でも一番重視した事項は「参加理由」であった。ライド部門では「自転車で走ることに興味を持ったから」が約三九％と最も多く、次いで「体力づくり」が約三二％であった。主催者の趣旨のなかでも重要な要素である聖地やスピリチュアリティ、あるいは沖縄の世界遺産や歴史・文化に対する興味はそれぞれわずか二〜三％台に過ぎなかった。主催者側はライド部門のスタート前に沖縄の神女（ノロ）役による「スピリチュアルセレモニー」と称する安全祈願をおこない、琉球の心を伝えることを目指した[3]［沖縄タイムス社　二〇一一：五、三二］。このセレモニーにより参加者が沖縄の精神文化

図1　ライド部門参加者の参加理由

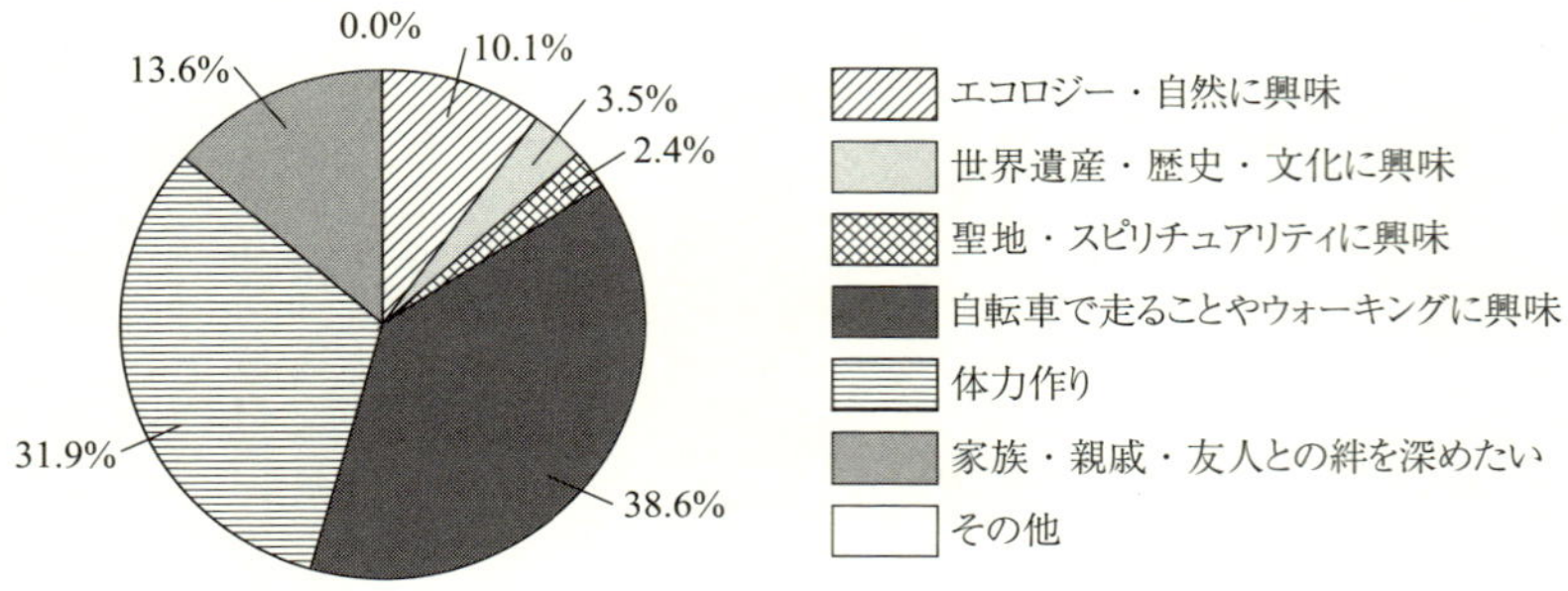

図2　ウォーク部門参加者の参加理由

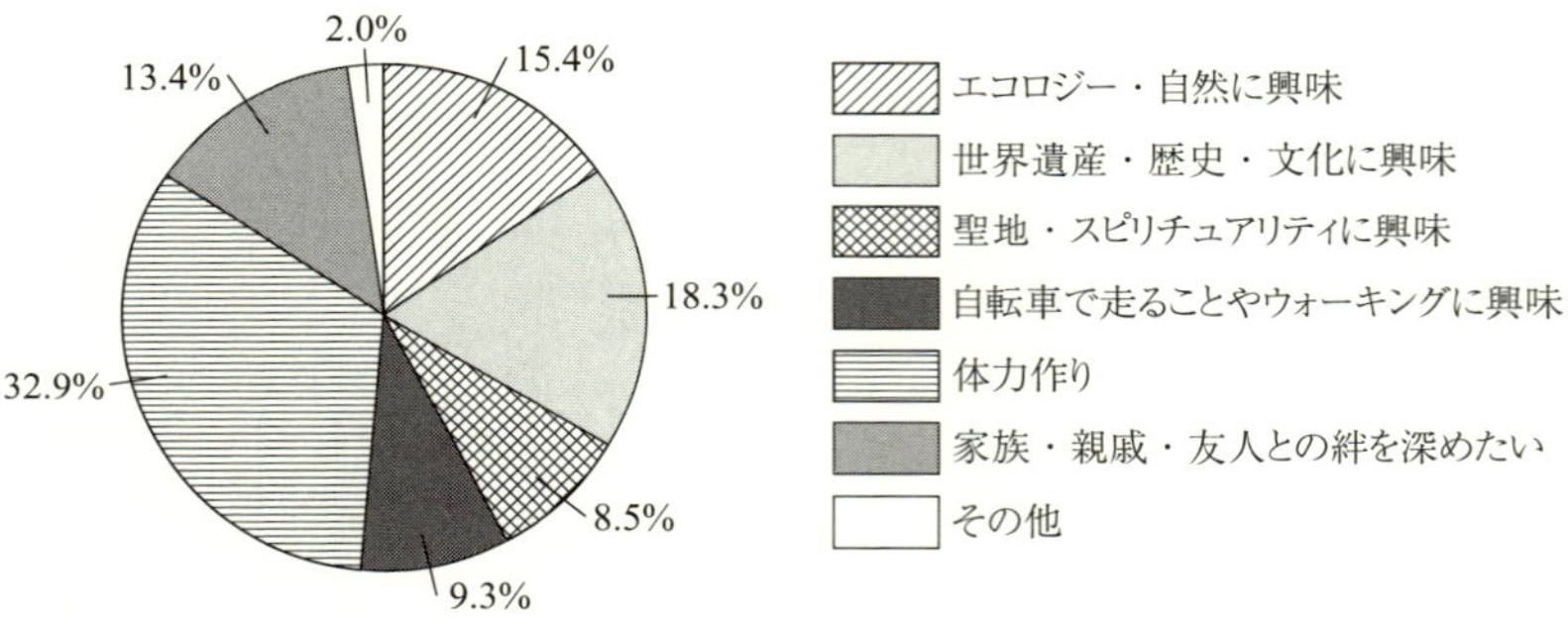

に興味をもつようになることに繋がれば、この数字は改善されると考えられる（写真3）。

エコロジーや自然への興味に関しても、約一〇％と少ないことがうかがえた。従って、ライド部門参加者は、単に自転車で走ることに興味があるから参加しただけで、沖縄の自然や歴史、文化などの地域資源をあまり重要な参加理由と捉えていないことがわかった（図1）。

一方、ウォーク部門での参加理由は、ウォーキングそのものに興味を持って参加したのは約九％と少なく、体力づくりが約三三％と最も多く、次に世界遺産や歴史・文化への興味からが約一八％、エコロジーや自然に興味をもったからが約一五％、聖地やスピリチュアリティに興味があったからと答えた人は約八％強いた。エコロジーや自然、世界遺産や歴史文化、聖地などをあわせた数は四二%で、これはちょうどウォーキングに興味があるからと答えた人と体力づくりと答えた人の総和四二%と同数だった。従って、ライド部門参加者よりウォーク部門参加者のほうが、沖縄の自然や歴史文化、聖地など、地域資源により興味を持って参加したといえる（図２）。

両部門の参加者に他の場所での世界遺産や聖地巡りの経験の有無を聞いたところ、ライド部門では「ある」と答えた人が約四〇%だったのに対し、ウォーク部門では五〇%が経験者であった。ウォーク部門のほうが多いということは、今回の大会への参加理由で世界遺産や聖地に興味があると答えた人がウォーク部門に多かったことと関連すると考えられる（写真４）。

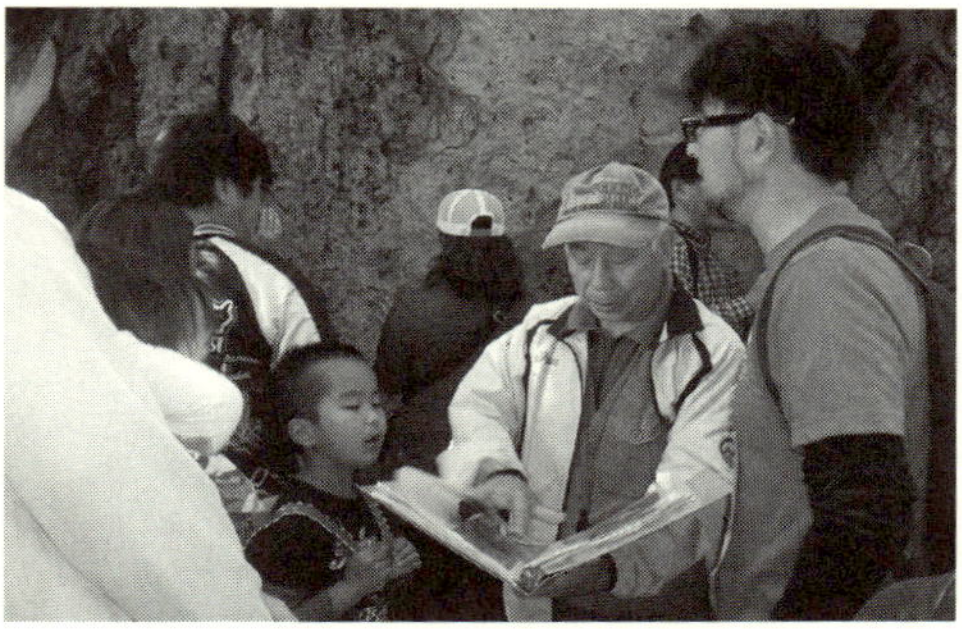
写真４　斎場御嶽でガイドから説明を聞くウォーク部門参加者（2012年３月25日筆者撮影）

さらに、今回以外で世界遺産や聖地巡りをしたことがあると答えた人に関してその理由を聞いたところ、ライド部門では約六〇%の人が観光が目的で、約一八%強の人が伝統的習慣に興味があったからと答えた。一方、ウォーク部門の参加者も、約六一%の人がライド部門と同じく観光を第一の目的にしているものの、約二一%の人が伝統的習慣に興味があったからと回答し、その数字はライド部門よりも若干高くなっている（図３・４）。

アンケートの最後に、両部門の参加者に「今後どのような世界遺産や聖地巡りをしてみたいか」について聞いたところ、国内では屋久島や長崎の軍艦島、熊野、富士山、海外ではマチュピチュやフランスの修道院、ピラミッド、エルサレム、グランドキャニオン、イエローストーン等が挙がった。また、今回の大会に参加して感じたことについても自由回答で聞いたところ、「世界遺産や聖地の保存・維持は大変だ」「パワーをもらえた」「聖地を巡りな

図3　ライド部門参加者で、これまで世界遺産や聖地を巡った理由

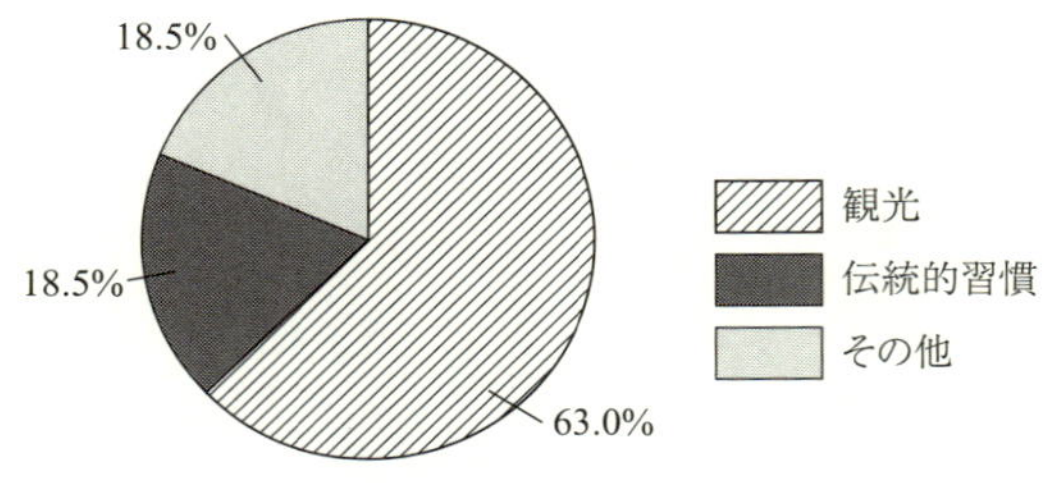

図4　ウォーク部門参加者で、これまで世界遺産や聖地を巡った理由

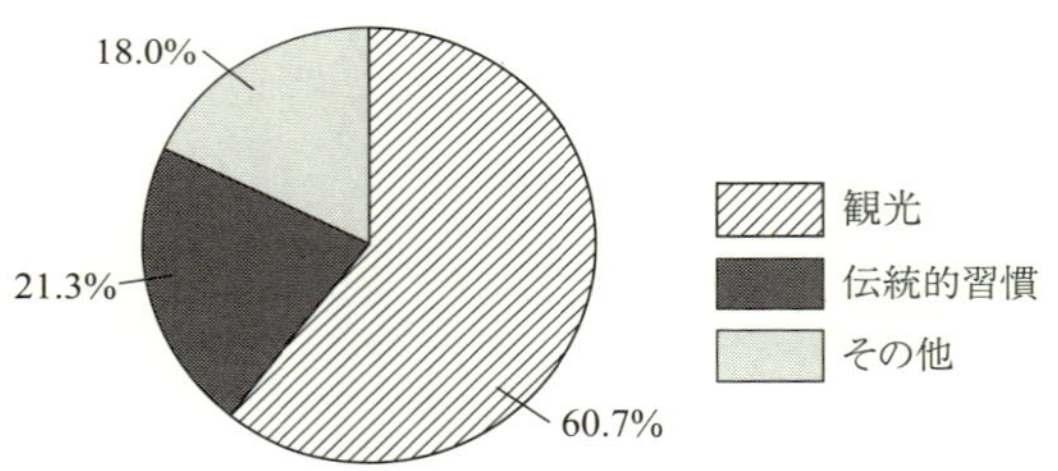

がら勉強も体力づくりもできて幸せ」「知らなかった遺産を間近にみられてよかった」「癒される穴場をさがしたい」「沖縄にも素晴らしい遺産があり、もっと勉強しなければならないと思った」「御嶽に行きたい」「聖地の大切さを感じる」などの意見・感想があった。

　これらをまとめると、両部門の大きな相違点は、まず、その参加理由にみられる。ライド部門では、単に自転車で走ることに興味があるから参加しただけで、沖縄の自然や歴史、文化的なものをあまり重要な参加理由としていない。だが、ウォーク部門では、エコロジーや自然、世界遺産や歴史文化、聖地など地域資源にも興味を持ち参加していた。

　以上、平成二三年（二〇一一）の調査結果と同様に、平成二四年（二〇一二）の調査でも、特にライド部門の参加者は沖縄の聖地を含む歴史・文化面に対する興味が薄いという結果が出た。

　さらに、平成二五年（二〇一三）二月二四日に開催された「二〇一三　おきなわＥＣＯスピリットライド＆ウォーク・ｉｎ南城市」のアンケート結果にも簡単に触れたい。これも前年度大会と同じく自転車のライド部門は沖縄タイムス社、ウォーク部門は南城市が担い実施された。ライド部門参加者は計五〇一人に対し、ウォーク部門に一〇六〇人、計一五六一人がエントリーした。これは前年の大会より参加者が二九〇人増加したことになる。

そのうちアンケート回答者数はライド部門一八八人、ウォーク部門一一五人であった。部門ごとの内訳をみていくと、ライド部門は参加者の約八八%が男性だったが、ウォーク部門では約七四%が女性だった。また、年代もライド部門は三〇代が約三一%、続いて四〇代が約二六%であった。一方、ウォーク部門は四〇代が約二八%と最も多く、続いて五〇代が約一九%であった。従って、ウォーク部門の方がライド部門より年齢が高いことがうかがえた。これは前回大会と同じ傾向であった。また、居住地はライド部門では約九四%が沖縄県内、ウォーク部門でも約九七%が県内と、前回と似たような傾向を示した。

続いて参加理由だが、ライド部門では最も多いものが「自転車ではしること」で約三九%、続いて「体力作り」約三二%、「世界遺産・歴史・文化に興味」を持ち参加している人はわずか三%強、「聖地やスピリチュアリティに興味」ある人は約二%しかいなかった。ウォーク部門も参加理由として「体力作り」が約三三%と一番多いものの、次に「世界遺産・歴史・文化に興味」が約一八%、続いて「エコロジーや自然に興味」が約一五%、「聖地・スピリチュアリティに興味」も約九%あった。

また、世界遺産や聖地巡りの経験に関しても前回と同様、ライド部門は「ある」と答えた人が約四〇%だったのに対し、ウォーク部門では約五〇%の人が「ある」と答えた。

以上から、平成二五年（二〇一三）開催の第三回大会においても第二回大会と同様の傾向を示すことがわかった。すなわちライド部門では単に自転車で走ることに興味があるから参加しただけで、世界遺産をはじめ、開催地の歴史や文化、スピリチュアリティに関心を持つ人が少ないのに対し、ウォーク部門ではエコロジーや自然、世界遺産や歴史文化、聖地など地域資源に関心を持つ人が多いことが明らかとなった。

しかしながら、自由記述をみると第二回のときと同じく、世界遺産や聖地に興味がある人も少なくないことがうかがえる。従って、ホストである主催者側の意図と参加者との意識のずれを解消するためにも、今後は大会前後を通じて沖縄の自然や歴史、文化、世界遺産、聖地など地域資源により一層の興味を持つよう仕向けることで、両部門とも参加者、およびリピーターのさらなる増加を目指すことが可能となろう。

おわりに――観光化による「沖縄化」の促進

日本で今、パワースポットとよばれて注目されている場所は、神社や山岳など、古くからの聖地が多い。だが、伝統的な聖地であっても、婚活や恋愛、アニメの聖地など、新しい意味付与がなされる場合も少なくない。本稿で紹介した沖縄県南城市で開催されている「おきなわＥＣＯスピリットライド&ウォークｉｎ南城市」という世界遺産を含む伝統的聖地を徒歩や自転車で廻るイベントでも、スピリチュアリティの高まりが期待されるようなネーミングがなされ、琉球王朝に関係する神話的・歴史的な場所を巡拝する慣習である東御廻り（あがいうまーい）を現代のツーリズムとして活用し、そこにエコロジーやスピリット、癒し、統合医療などの新たな意味付与をおこなっていることが見てとれる。

また、それとは別に、現代になって新しく創造された聖地もある。事例で紹介した久高島と斎場御嶽（せいふぁーうたき）を結ぶ中間地点に、パワースポットと書かれた看板を掲げたり橋を設けたりすることは、新たな聖地創造の例といえる。

これらのパワースポットは、マス・メディアや旅行業者など、外部者により意味付け・紹介がなされたものと、神社の神主や地方自治体など、内部者により意味付け・紹介がなされたものとに分けられる。そのいずれもが意図的で計画的な宣伝・集客である。一方、口コミで広まるなど、その仕掛けが無意図的で非計画的な場合もある。今回取りあげた事例は、日本本土のパワースポット・ブームを受け、主に沖縄側、すなわち内部者が意図的・計画的に沖縄にある世界遺産化された聖地を巡るイベントを作りあげたといえる。

そもそも聖地のパワースポット化は、ある場所をめぐるイメージの編集といった場所の再表象戦略でもあり［岡本 二〇一二］、忘れられた場所や普通の場所がパワースポットとなったり、新たな巡拝路が創造されたりしている。さらに、たとえば「熊野セラピー」という観光プログラムでは、セラピストとして地元ガイドが観光客を案内し、瞑想や五感エクササイズなどをおこなうなど、スピリチュアリティを重視した地元ガイドの雇用・育成も進められている［天田 二〇一二］。このように、パワースポット・ブームは観光業に新たな可能性を与えるものとみなすことができる。

それと同時に、聖地のパワースポット化はまた、地元の人々による文化表象の機会を提供する。パワースポットの観光資源化は、文化表象創出の契機となるのである。たとえば、沖縄における聖地の観光化は近代化・本土化のあらわれでもあるが、沖縄ではそれを自らの文化表象を創出する機会と捉えている面がある。特に琉球王朝時代、最も霊威の高い聖地とされ、現在は世界遺産の一部となっている斎場御嶽がある南城市では、これまでみてきたようにスピリチュアリティと従来の民俗宗教を接合させ、沖縄の宗教文化的要素のひとつである聖地巡拝慣習を活用しながら、新たな聖地巡拝文化を生み出している。そしてそれが、「霊威の高い、パワースポット沖縄、南城市」というイメージの創出にも繋がっている。

沖縄は、御嶽信仰をはじめとする伝統文化の保持と、近代に始まる観光化・本土化とのはざまで揺れているということもできる。だが、本稿で取りあげたような、伝統行事を基に遺跡や聖地を巡ることで歴史や文化を学び、スピリチュアリティを高め、同時に健康を促進し、観光を楽しむ、あるいは地域経済を活性化することを意図した新たな行事の創出は、先述したような外部に対する単なるイメージの創出に留まらず、沖縄の人自身の「沖縄（あるいは自分の住む場所）は霊威が高い」というアイデンティティ形成にも寄与している。このような地元の参加率の高い大会を開催することは、参加者の大多数を占める沖縄の人々の足元にある宗教文化を見直す契機を与える。また、同じく沖縄の人が大部分を占める大会主催者側も、開催直前に沖縄の民間巫者であるユタとともに安全と成功を祈願するため沖縄の様々な聖地を廻ることで、沖縄の神や信仰を再認識する機会を得ることになる。

事例で取りあげたイベントは、聖地を用いた経済活性化という意味合い以上に、宗教文化そのものの活性化を第一に目指しているようにもみえる。実際、そのように開催目的を説明する主催者もいる。また、どの聖地をコースとしてピックアップするかに関して、聖地の霊威の高さや優越性など、霊的観点から意見を言うイベント関係者もいる。(4)

従って、地元の人々にとってみれば、本イベントは単なるレクリエーション以上の意味を持つものであり、沖縄では聖地の観光化・本土化が進んでいるのみならず、それはまた沖縄の宗教的側面の再活性化も促している。その結果、沖縄では観光による聖地の開放を通して新たなローカリゼーション、すなわち再帰的「沖縄化」が進んでいるとみることもできる。

今後の課題としては、イベント参加者のみならず、主催者をはじめホストとなる地元の人々の意識調査をより詳しく実施することが挙げられる。その際、ガイドをはじめとする観光人材バンクに登録した人々の間にみられる歴史・神話の真正性をめぐる葛藤に着目しつつ、地元の人による観光を通した自分たちの歴史・文化の再認識・再構築のより詳細な様相を明らかにしたい。

注

（1）　南城市は平成二〇年（二〇〇八）、「熊野で健康プログラム」を調査し、当時企画中だった「健康ウォーキング南城」と比較したりしている。このような熊野との連携の動きに関しては、［沖縄県南城市　まちづくり推進課編　二〇〇九：二五、九一一〇四］に詳しい。また、平成二二年（二〇一〇）一二月二四日に筆者が実施した南城市総務企画部　観光・文化振興課主幹兼係長M・T氏へのインタビューにおいても、熊野および高千穂との提携に関する話を教えていただいた。

（2）筆者自身も、敷居の低いウォーク部門二〇キロコースに家族と参加してみた。こちらはライド部門と比べて家族での参加が多く、その点は大会目的に適っていた。

（3）昨今のパワースポット・ブームやNHKドラマ「テンペスト」（原作：池上永一）の放映などにより、南城市にある斎場御嶽には年間三五万人もの観光客が訪れる［沖縄タイムス社　二〇一二：六］が、そのような貴重な地域資源が本イベントの参加者の関心をそれほどひかない理由を、今後考察していく必要があるだろう。

（4）筆者は実際に、今回の東御廻り（あがいうまーい）のコースに南城市の百名にある藪薩御嶽（ヤブサチウタキ）が入っていないことに苦言を呈しているイベント関係者の話を聞いた（平成二三年（二〇一一）四月二二日　K・S氏へのインタビュー）。

文献

天田顕徳
　二〇一二「現代の聖地にみる『癒し』と『蘇り』――熊野セラピーを事例に」『宗教研究』三七一号。
岡本亮輔
　二〇一二「聖なる観光地――宗教ツーリズム論からみたパワースポット」『宗教研究』三七一号。
沖縄県南城市まちづくり推進課編
　二〇〇九『南城市地域再生マネージャー事業　二〇〇六―二〇〇八年度活動報告書』。
沖縄タイムス社
　二〇一二『平成二三年度　スポーツツーリズム戦略推進事業（モデル事業実施業務）二〇一二　ECOスピリットライド&ウォーク実施報告書』。
塩月亮子
　二〇〇六「沖縄のスピリチュアリティ――シャーマニズム・インターネット・ローカリティをめぐって」『アジア遊学』第八四号、東京：勉誠出版。
塩月亮子・丹野忠晋・渡辺律子
　二〇一二「沖縄の世界遺産と観光――聖地を用いたスポーツイベントの事例から」『跡見学園女子大学観光マネジメント学

科紀要』第二号。
島薗　進
　一九九九『精神世界のゆくえ――現代世界と新霊性運動』東京：東京堂出版。
菅　直子
　二〇一〇「パワースポットとしての神社」石井研士編『神道はどこへいくか』東京：ぺりかん社。
堀江宗正
　二〇一一『若者の気分――スピリチュアリティのゆくえ』東京：岩波書店。

ホームページ
沖縄県南城市ホームページ「沖縄県南城市　琉球のスピリチュアリティを求めて」
　http://www.city.nanjo.okinawa.jp/agarimawari/revival/index.html（最終アクセス日：平成二三年〈二〇一一〉二月五日）
内閣府ホームページ「内閣府　政府の沖縄政策　南城市」
　http://www8.cao.go.jp/okinawa/4/414_02nan.html（最終アクセス日：平成二三年〈二〇一一〉二月五日）

なお、本稿は平成二四年度（二〇一二）跡見学園特別研究助成【課題】「沖縄の世界遺産と観光――聖地を用いたスポーツイベントの事例から」、および平成二五年度（二〇一三）の同研究助成【課題】「沖縄のエコツーリズムによる地域活性化に関する比較研究」による研究成果の一部である。ここに厚く御礼申し上げる。

〈せめぎあう場〉としての門中――慣習と近代法、そして系譜意識の錯綜

宮下克也

はじめに

一九八〇年元日の地元新聞社朝刊に、それまでタブー視されていた沖縄社会における、いわゆる「トートーメー問題」が特集されてから三〇年以上の月日が経った。本稿では、この「トートーメー問題」の再考を目指す。また、この問題を再検討することにより、沖縄の文化的・社会的固有性を改めて垣間みることができると考える。

方法論的には、前半部で位牌や財産の相続における沖縄の慣習と国家法である旧民法との関係をマクロレベルで考察し、後半では門中成員個人に沈殿している無意識レベルの系譜意識をミクロに描くことによって、門中という〈場〉に生じる伝統的価値観と近代的価値観の接合やせめぎ合いをダイナミックに呈示することを試みる。

一　男児出産の期待

超少子高齢化社会において、数少ない子どもは男児が好まれるのか、女児が好まれるのか。厚生省の統計によると、一九八二年を境に「男児を希望する」が減少し始め、九〇年代になると三〇％を切っているが、「女児を希望する」が九〇年代以降七〇％を越えている（図1参照）。発達心理学者の柏木惠子は、この原因を日本社会の構造的変化にあることを指摘している。工業化があまり進んでいない社会では肉体労働が中心となり男児が好まれ、加えて戦前の「家」制度においては長男が家を継ぎ親の老後の面倒をみるという慣習が存在したため男児の価値が高かった。それが戦後、都市を中心としてサラリーマン世帯が急激に増加し子供に相続させる財産も家業も少なくなってきた。親は、子供に老後の経済的サポートを望まなくなるかわりに、精神的サポートを期待するようになった。この点から、結婚後あまり寄りつかなくなる息子よりも、頻繁にやってきて一緒に買い物や料理をする密度の濃い交際を期待できる娘を欲しいと思うようになってきた［柏木　二〇〇一：一七―二六］。

少子化社会が進行するなかで女児出産を期待する傾向がみられるが、沖縄社会はそれとは異なる様相を呈している。沖縄では第一子が女児であると、「次は男の子だね」といわれるという。二〇〇一年にある沖縄女性が「私は家やトートーメーのために子供を産む機械じゃない」と発言した［沖縄タイムス　二〇〇一年三月二六日夕刊］。この女性が第一子として女児を出産すると、夫の実家から「今度は男だはずね」といわれた。この発言に関わってくるのがトートーメーである。トートーメーとは沖縄の方言で位牌を意味し、祖先祭祀の念が強い沖縄では「正しい」方法で位牌を継承していくことが慣習的に求められている。一九九二年に筆者が沖縄那覇市内でインタビューした門中の大宗家（ムートゥヤー）の三〇代後半の女性には一四歳の娘と四歳になる息子がいた。門中とは

図1　男児と女児、どちらを望むのかの推移（1998年厚生省）

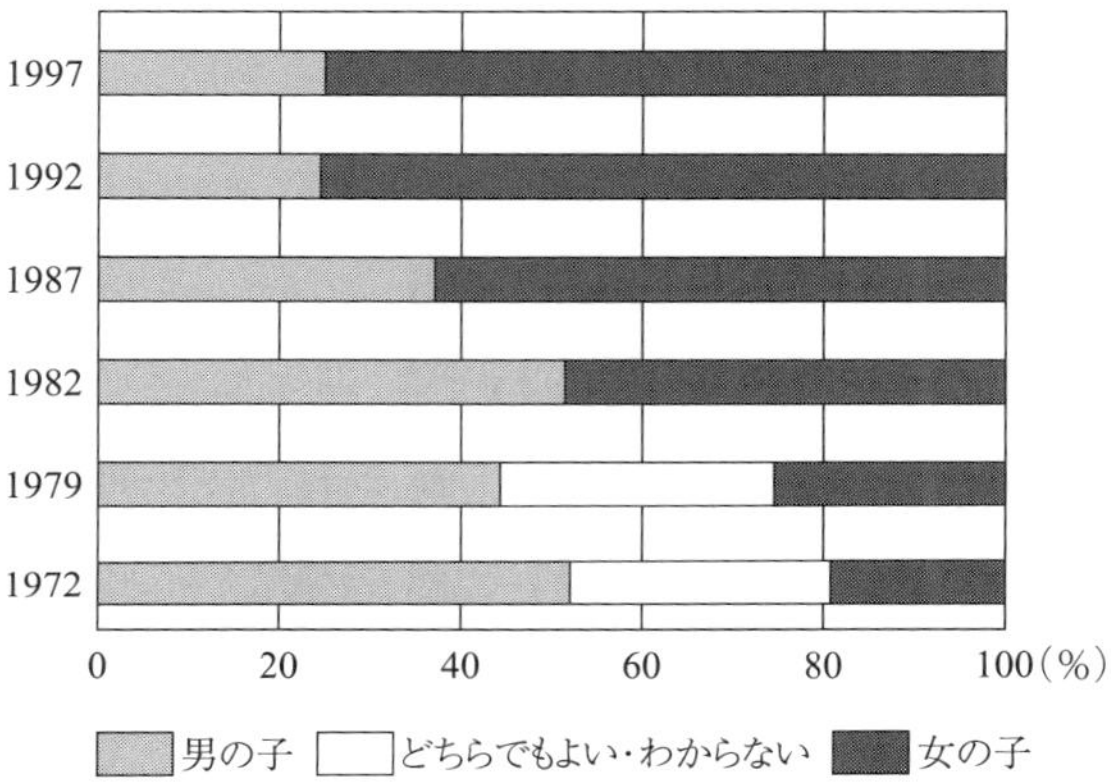

沖縄の伝統的父系親族組織である。彼女は大宗家の長男と結婚し、義理の両親はもちろん門中の人々から男児出産を期待され、彼女自身も「男の子を産むのが当然」と思っていたが、子をなかなか授からない状況が続き「男の子を産まなければ」という義務感にかられるようになったという。こうした状況下で初めての子どもが女児であった。男児が生まれるまでの一〇年間は相当なプレッシャーを受けたという。この女性が男児を出産したのは一九八八年である。図1では八七年は「男児を希望している」は三七・一%となっており、この女性や彼女の周囲の期待は全国的な傾向に逆行していることになる。さらに男児出産に関して沖縄県糸満市の産婦人科医は次のように述べている［琉球新報社編　一九八〇：三〇—三一］。

うちの病院でも、二、三人の女の子がいて、また女の子が産まれたりすると、お祝いに来たおばあさんの中には「またイナグヤリー（女）」といって見もしないで帰っていく人もいます。九人女の子ばかりという人もいました。最後は四四歳でしたかね。三、四人からは本人が子どもを欲しがるというより周囲にいわれて産む人が多いみたいです。（中略）こちらへ来る妊婦の中にも「こんど、女だったら出されそう」とびくびくしている人も。また妊娠中なのにサンジンソウ（占いを主とする宗教的職者）に「お腹の子は女」といわれ、「おろしてほしい」といって来る人もいる。母体保護の立場からもこういうことはよくないことですが……。

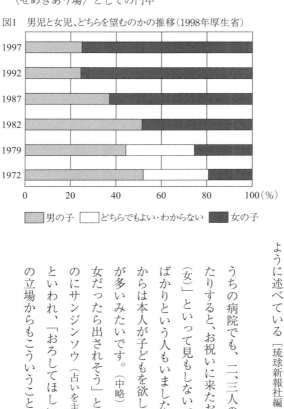

図2　母親の年齢別出生割合（平成12年）

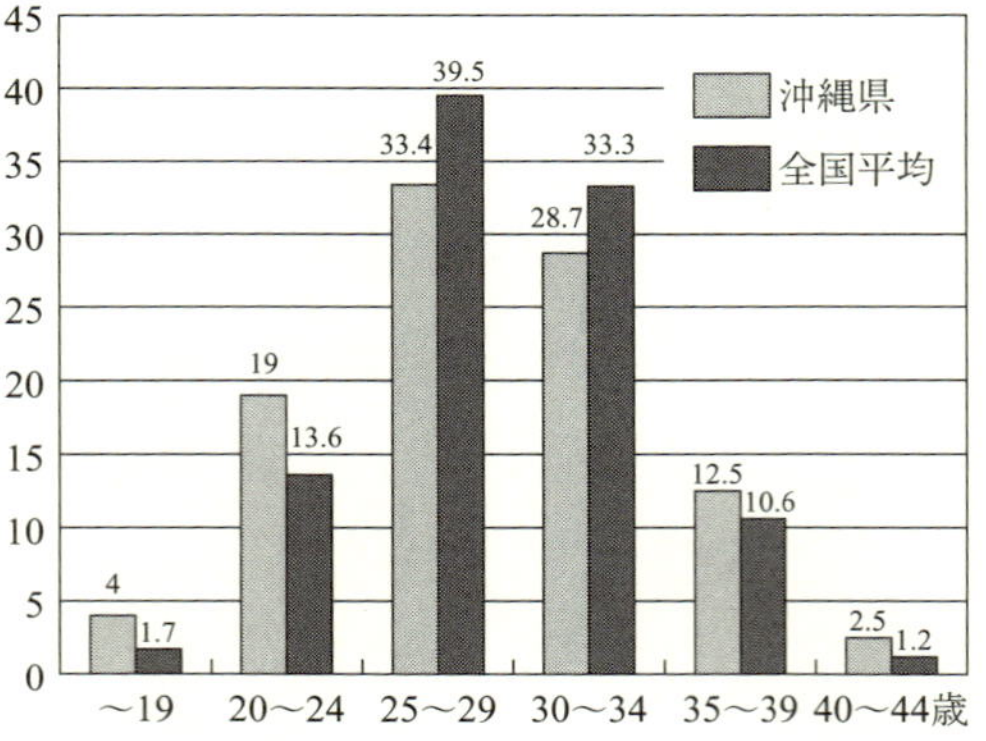

出所：沖縄県福祉保健部「衛生統計年鑑（人口動態編）

この言説は一九八〇年のものであるが、沖縄社会の女性に対する男児出産への過度の期待と、女性の精神および肉体にのしかかる大きな重圧がみてとれる。沖縄の女性は全国平均と比べて出産年齢（三五歳以上）が顕著に高いが、これは男児を産むまで出産し続ければならない状況に一部起因していると考えられている（図２参照）。

一九九四年の国際人口開発カイロ会議と九五年の第四回世界女性北京会議以来、性と生殖に関して国際的に連帯して取り組まれるようになった［小松　二〇〇三：三三―三四］。両会議で提起され合意をみた「セクシャル・ライツおよびリプロダクティブ・ヘルス」では、「人々が安全で満ち足りた性生活を営むことができ、生殖能力をもち、子どもを産むか産まないか、いつ産むか、何人産むかを決める自由をもつこと」と定義されている［柏木　二〇〇一：五八―五九］。生殖・出産における沖縄女性が置かれた状況は、まさにこの「性と生殖に関する自己決定権」に反している。

女児出産志向、少子化といった日本の全国的な潮流に反する沖縄の男児出産の期待や多産傾向は、沖縄の伝統的社会構造に深く根付いた問題である。つまり、門中のトートーメー（位牌）、さらには財産の相続が男子でなければならないという慣習に起因している。この慣習に対して地元新聞社が憲法や民法の男女平等の理念に反するとして一九八〇年に「トートーメー　女が継いでなぜ悪い」キャンペーンを展開した。このキャンペーンに法曹界や婦人団体が連動し「女でも継げる」という世論が形成されるようになった。本稿では、「両性の平等」という近代法知識の普及やメディアによる世論形成といったマクロな視点と沖縄の人々の日常的実践というミクロな視点の双方から、沖縄の「セクシャル・ライツおよびリプロダクティブ・ヘルス」を侵害する特殊な構造的問題について言及する。

二　伝統的イデオロギーと現代社会のはざまに生きる女性

1　門中と位牌継承

門中は歴史的には琉球王国時代に士族にのみ認められた親族制度であり、王国崩壊後、民俗社会に普及した。社会人類学的には、「父系出自をたどって互いに結ばれている人々からなり、その組織は家（ヤー）の男子規定・長男規定相続にもとづく家のハイアラキーを形成し、多くの分節・分家をかかえた排他的出自集団」である［渡邊　一九九〇：六九］。そして門中の主な機能は祖先祭祀である。現在、門中には祖先祭祀の継承、特に位牌の継承に関して四つの禁忌がある。「タチー・マジクイ（他系混合）」、「チャッチ・ウシクミ（嫡子押し込め）」、「チョーデーカサバイ（兄弟重合）」、「イナグ・ガンス（女元祖）」の各禁忌である。これらの禁忌内容は以下のとおりである［比嘉　一九八七：一九九―二〇〇］。

①タチー・マジクイ：父子血縁のつながらないものが、自己の祀るべき先祖の位牌のなかに混じっていることであり、父系にことなるものが門中に入ってくることを禁止することである。

②チャッチ・ウシクミ：長男優先の原則を侵して次男に相続継承さすことをいう。例えば、長男が不在だったり、病弱であったり、成人した後継者がなかったりした場合に、本来ならば次男がその後継者になるべきだが、原則として養子は、息子の世代からとられるため次男が継承者になることを禁じたのである。

写真１　沖縄の仏壇と位牌

③イナグ・ガンス：女子が祭祀承継者になることを禁止することである。例えば、分家の長男を本家の養子にするとチャッチ・ウシクミになるので、分家の次男を本家の養子にすることによって同門からの承継者を出した。

④チョーデーカサバイ：兄弟の位牌が並び立つことである。例えば、死んだBの位牌は現在Aが保持しているが、Aが死亡すると一家に兄弟の位牌が並ぶことになる。それを避けるためにBの位牌は将来Aの次男が持って分家することになり、Bの遺産も次男が受けることである。

　上記の禁忌の遵守が女性による祖先祭祀の継承を不可能にさせる。現代沖縄では、祖先祭祀の継承は位牌の継承によって象徴的になされる。だが、その行為は位牌継承に止まらず、財産の相続をも意味するのである。門中の慣習に従うと、女性は位牌のみならず、財産までも相続できないことになり、憲法の男女平等の理念や現行民法（沖縄では一九五七年に改正）の共同均分相続の理念に反することになる。それゆえ、八〇年代に入り、この門中の慣習を非合理的迷信として反対キャンペーンが展開された。「合理的近代法」と「非合理的慣習法」の対立図式として描かれた位牌継承が、婦人団体や法曹界を巻き込み大きな問題となった。また、男子のあいだでも嫡出子と庶子をめぐる相続の問題が生じた。というのは、ユタのハンジによっては庶子でも年長であれば相続できるケースがあったからである。［江守　一九八一、和田　一九九四］。

　このような位牌継承のめぐる門中の禁忌が沖縄の女性に男子出産を過度に求める原因となっており、結果的に女性のセクシャル・ライツおよびリプロダクティブ・ヘルスを侵害することになった。本土には同族（「家」連合）

や「家」制度がかつて存在し、また現在でもその意識が残存している場合があり、それゆえ本土でも女性は子どもを「産むこと」によって「一人前」「人並み」と評価されることもある。すなわち、女性に対して「子産み」が社会的評価の基準となっているのである［浅井　一九九六：二六九―二七四］。しかしながら、門中と同族は決して同じものではない［比嘉　一九八七：一六―一七］。同族の場合、継承者が血縁であることを必ずしも条件としないで非血縁分家も含んでいるのに対して、門中は父系血縁に厳格なこだわりがある。また、玉城隆雄は、家父長制における「家」との比較において、門中を形成する単位である「家（ヤー）」は、本土の「家（イエ）」と違って制度的にも観念的にも家業に依拠していないことを指摘している。つまり、沖縄の家（ヤー）の連続・不連続は経営の論理では説明できず、男系原理を貫徹した系譜関係による超世代的な家族の連続が制度の核となっている。こういう徹底した男系血縁意識のなかで「男子を産めない症候群」に苦悩する女性が誕生するのである。［玉城　一九九七：二〇一―二〇五］。

このように門中が本土の「家」と異なるとの指摘がある一方で、「家」イデオロギーを体現している明治民法と門中との関係性を指摘する声も多い。明治民法は「家」制度の下に、男子本位・嫡出本位、年長本位の相続形態を具体化して、第九七〇条に家督相続人は、「被相続人ノ家族タル直系卑属」として詳細を下記のように定めた。

一　親等ノ異ナリタル者ノ間ニ在リテハ其ノ近キ者ヲ先ニス
二　親等ノ同シキ間ニ在リテハ男ヲ先ニス
三　親等ノ同シキ男又ハ女ノ間ニ在リテハ嫡出子ヲ先ニス
四　親等ノ同シキ間ニ在リテハ女ト雖モ嫡出子及ヒ庶子ヲ先ニス
五　前四号ニ掲ケタル事項ニ付キ相同シキ者ノ間ニ在リテハ年長ヲ先ニス

そして、明治民法における相続は家督相続と遺産相続に分類された。前者は戸主の地位及び財産などの相続を表し、後者は戸主以外の親族で戸主の家に同居している者及びその配偶者などの家族の財産の相続を指した。また、祭祀条項である第九八七条には、「系譜・祭具及ヒ墳墓ノ所有権ハ家督相続人ノ特権ニ属ス」と規定されており、祭祀承継を家督相続人の特権とした［福里　一九八一：七六―七七］。すなわち、家督相続という名の下で財産と位牌が一体となったのである。

沖縄では琉球王国時代より一八九九年から一九〇三年にかけての土地整理事業までは地割制が実施され、農民にはほとんど私有財産が存在しなかった。しかし、土地整理事業を契機に資本主義的な要素が農村に流入し、稲作に代わり商品作物であるサトウキビの生産が急激に増加した。そして、シマ（地域共同体）には商店が作られ商品購入による消費生活が浸透した。つまり、沖縄の民俗社会では明治時代後期から私有財産という観念が登場し、その私有財産の相続の仕方と、明治以降に普及しつつある門中の位牌相続慣行、そして同時期に施行された明治民法の家督という概念とがリンクしていったという説である。由井晶子は、「（明治民法の）沖縄の受け皿はどうだったか。女性たちは、家のなかで火の神と祖霊に関する宗教的な力を持った。だが、彼女たちが守る祖先の霊（位牌＝トートーメー）と財産を相続するのは長男子で、女性は家主（戸主）に従属し……。民法は、旧慣と摩擦を起こさない形で入ってきた。……民法の導入によってそれが強化されていった。」と述べている［由井　一九九八：五〇―五一］。

２　沖縄社会における女性の地位

それでは、そもそも門中における女性の地位とはどのようなものだろうか。大胡欽一は沖縄における兄弟姉妹の紐帯の在り方に着目し、女性の家族や親族における位置のアンビバレントな位置に言及している［大胡一九八〇：二八七―二九五］。前述の通り同性の兄弟間には「チョウデーカサバイ（兄弟重なり）」と称して兄の生家の相続・継承と弟の分家・出婚が規定されている。大胡は、これを家族構造における〈散開・分散〉の動因としている。他方、男性にとっての姉妹は呪的霊的世界における「オナリ神」として家族の〈連帯〉を促進している。「オナリ」とは姉妹を意味し、沖縄の女性は婚姻後も日常的に兄弟との互助・協同の関係を展開し、また、儀礼的象徴的場面では「カミ」との交渉を通じて兄弟（とくに自己の生家の後継者）の繁栄を祈願し庇護するのである。また、女性は婚姻を通して婚家に移動し「婚姻家族」に属することになる。婚家ではその後継者たる男子の出産が期待され、死後は婚家の墓に入ることになる。本土の伝統的な「家」における女性より、門中の女性は生家と婚家のいずれにも強い絆を維持しており、女性の二重の帰属がみて取れるのである。

次に出産をめぐる女性の状況をみることにする。前述したように、沖縄県も少子化が進行しているものの、合計特殊出生率は他の都道府県よりかなり高く一九七五年より現在二〇一三年まで全国で一位を維持し続けている。例えば、少子化が社会問題化し始めた一九九〇年のデータでは、全国平均一・五七に対して沖縄県は一・九五であった。沖縄県において子ども数が全国平均より高い原因として、親族からの社会的サポートがあげられる。沖縄県は狭い地域であり、県内就業者比率が全国で一番高いゆえ、近居の親族がいる割合が高い。門中を中心とした血縁の結束力も高く、親族からのサポートが期待でき出生率の高さに貢献していると推測される［松田二〇一二：一一六］。

さらに、注目すべきは母親の出産年齢である（図2）。全国平均と比較して顕著なのは、「一九歳以下」と、「三五～三九歳」そして「四〇～四四歳」の割合が高いことである。その結果、出産年齢の幅が広くなっている。「図1　男児出産の期待」で記したとおり、男児が期待されるがゆえ、男児が生まれるまで女性が「出産機械」となるケースがある。このことが、晩産傾向と高い出生率に影響しているとも考えられる。

３「女でも継げる」――言説空間の形成

一九八〇年元旦の朝に沖縄の家庭に配達された新聞が沖縄の女性たちに立ちあがる勇気を与えた。地元の大手新聞社の琉球新報が「うちなー　女男」という連載を開始し、女性排除のトートーメー継承をテーマとして取り上げた。四〇回にもわたるこの連載は、「国連婦人年行動計画を実践する沖縄県婦人団体連絡協議会」（婦団協）や沖縄弁護士会と結びつき「トートーメーは女でも継げる」という大キャンペーンに発展していった。

戦後の米軍統治時代にも妻を法的無能力にする明治民法が継続されていた沖縄において、婦団協は一九五四年に民法改正運動を展開し、五七年に男女平等を理念とする新民法が施行された。その時、女性たちは「妻たちも人間に昇格した」と喜んだ〔宮城　二〇〇一：五六九―五七九〕。また、一九六〇―七〇年代には婦団協はレイプ事件や売春問題に取り組み女性の地位の向上や人権の保障に努め、こうした社会的文脈のなかで八〇年にトートーメー問題に関して「沖縄における祭祀継承の慣習は強固な男系相続で、男女平等を著しく拒んでおり、婦人の自覚をもうながしつつ、根気よく運動を進めていかなければならない」と唱えた。また、沖縄弁護士会も「トートーメーと男系相続問題に関する声明」において、トートーメーの継承が憲法二四条の「両性の平等」に反して、人権擁護と社会正義の実現のために婦人団体等と連携する姿勢を示した。

くわえて、女性たちのネットワーキングと活動の場として「うないフェスティバル」が一九八五年から始まった。「うない」とは沖縄方言で「女兄弟」を意味し、ラジオ沖縄が一年に一回、九四年まで後援し、その後地元新聞社の沖縄タイムスが代わって後援している。このフェスティバルの特徴は、メディアが後援しているものの市民が主体となって企画・運営していることである。九五年の米兵による少女強姦事件の「基地・軍隊を許さない行動する女たちの会」は、このネットワークが基礎となっており、沖縄の女性問題解決の推進に大きく貢献している。また、このフェスティバルでは「トートーメー」問題もたびたび扱われた。

このような社会的な一連の流れの中の核として前述の新聞社によるトートーメー・キャンペーンを位置づけることができる。仕掛人は社会部男性記者であった。彼は県外出身者であり外部の視点からトートーメーの慣習に対して疑問を持ち続けていたが、一九八〇年以前にトートーメーの連載企画を提案したときは、時期尚早と周囲に反対された。七〇年代の沖縄は本土復帰問題や本土復帰後の経済的な問題などを抱えており人々は生活に追われていた。八〇年代を迎える頃には世の中が安定しつつあり、このタイミグで彼はまさに「仕掛けた」のであった。担当記者は「(トートーメー・キャンペーンは) 自然に火がついたわけではなく、多くの住民は身動きがとれず我慢しながら慣習に従っていた」と述べている。[1] このキャンペーンの特徴の一つは、ユタ批判であった。沖縄では女性を中心に災いごとがあるとユタに相談する習慣がある。実際に一九九〇年のあるアンケート調査では、約七割の女性がユタのところに行った経験があると回答している[兼村　一九九二：七三～七六]。ユタの多くが女性であり、彼女たち(彼らは)災因や病因を先祖へのウガンブスク(御願不足)や先祖の祀り方が間違っているといい「シジ(筋)タダシ」を行う。このシジタダシは、前述のトートーメー継承に関する禁忌に基づいて行われる。ユタのこうした活動に対して、このキャンペーンでは「ユタは女でありながら、女を苦しめている」「ウソをついているユタを取り締るべきだ」などの批判がなされた[琉球新報社編　一九八〇：三〇～三一]。

その後、民間の動きに連動し行政も活発に背策を投じた。那覇市は一九八八年に女性行政の窓口として「女性室」を設置し、九〇年には那覇の女性史の研究を開始し、後にその成果物として『なは女性史証言集』や『なは・女性のあしあと』などの雑誌や書籍が出版されるに至った。そして、この事業は編纂事業にとどまらず、研究の成果を報告する研究会や交流会の開催を通じ市民あるいは県民の意識を啓発することを目的としていた[長谷川　二〇〇一：二四四—二四六]。また、県内の各自治体は日本政府の男女共同参画社会基本法に基づき男女共同参画行

図3　トートーメーの継承についての考え方

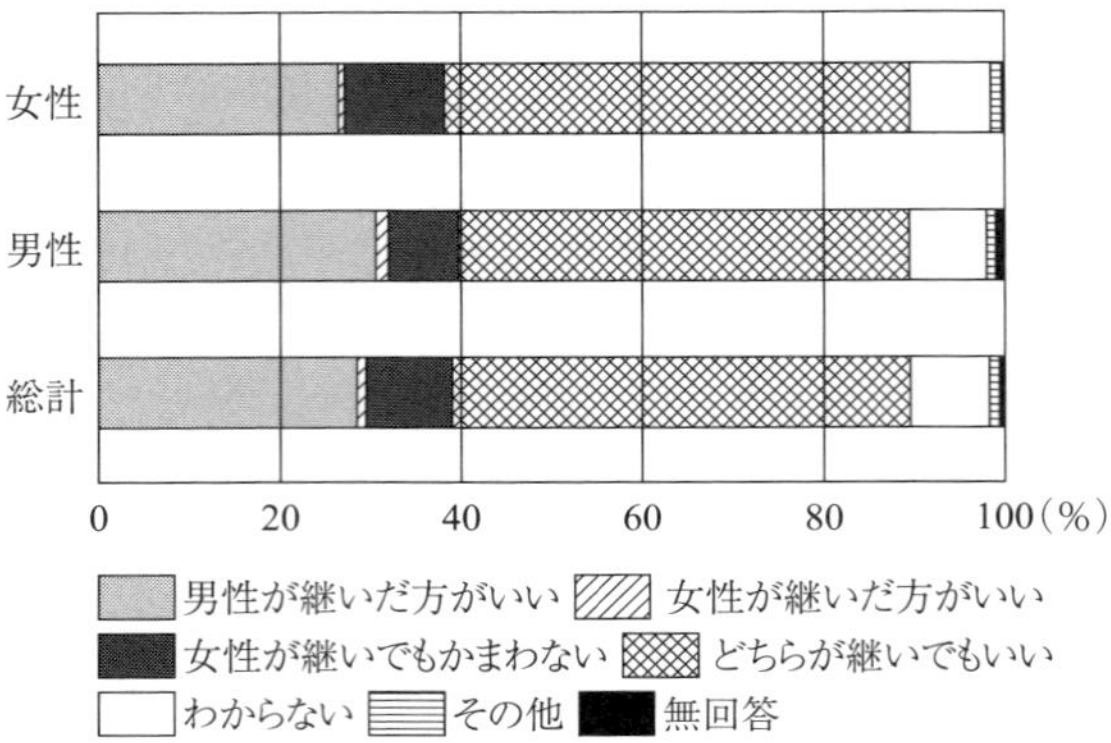

出所：「沖縄県民意識調査報告書」琉球新報社

動計画を策定したが、その中でトートーメー問題を具体的に取り扱った。

こうしたメディアと諸団体の運動、そして行政の施策により沖縄の人々の意識が明らかに変化し始めた。ここで沖縄婦人少年室協助員会が一九七七年と八五年に行った「婦人に関する生活と意識のアンケート」を紹介する。両年の調査とも一八歳以上の男女六〇〇人を対象とし、七七年の調査は総数四九二人（男二二八、女二六四）、八五年の調査は総数五三七（男二四六、女二九一）であった。質問項目「家（位牌）の跡継ぎについてどうお考えですか」に関して、七七年では「娘でもよい」との回答は男性一四・五％、女性は二〇・三％に過ぎなかった。他方、八〇年のトートーメー・キャンペーンを経た八五年においては男性二六・四％、女性四二・六％となり、「娘でも継げる」が男女ともおよそ二倍に増加した。

また、琉球新報社による二〇〇一年の「沖縄県民意識調査報告書」では「トートーメーの継承についての考え方」に関して、「女性が継いだ方がいい」「女性が継いでもかまわない」「どちらが継いでもいい」を合計すると、男性は五八・八％、女性は六三・一％となる（図３参照）。トートーメー継承に関して男性の考え方が随分と軟化していることがわかる。

三　言説空間と日常的実践

男児出産への過度の期待、さらには出産をめぐる自己決定権の否定の一原因となってきたトートーメー男子継承の実践に対して、「女性でも継承できる」は、新聞や本などのマス・メディア以外でも、筆者自身が日常生活のなかで出会う人々（そしてそれも老若男女を問わず）の口から発せられるのを実際によく耳にする。この節では、こうした「女性でも継承できる」という言説空間のなかで実際にトートーメー継承がどのように実践されているのかをみていくことにする。

1　判決の効果と日常的実践

トートーメー・キャンペーンが勢いを持ち始めたとき、それを加速させる衝撃的な出来事が起きた。那覇家庭裁判所においてトートーメーの女性継承が認められたのである。

那覇市在住の女性Ａ（五五歳）は四人姉妹で独身であった。一九六四年に父親が死亡するまで一緒に生活し父の死後、トートーメーや墓地の管理などの祭事を執り行ってきた。しかし、突然、従兄弟のＢが「トートーメーは女が継げないから、祭祀承継人に自分がなるのが相当である」と主張し始めた。その理由は、Ａが未婚で子がいないため彼女の死後に祭祀の継承が不確定になること、トートーメーの男系相続が沖縄の習慣になっていることである。このＢの主張に対して、Ａは父の死亡後の前述の実情および父が生前にＡに祭祀を継ぐことを希望していたことを理由として、その継承者としてＡが指定されるべき旨を申し立てた［及川　一九九二］。

トートーメー・キャンペーンが展開されるまで女性自身が「女性が継げる」と主張できる状況ではなかった。

しかし、この女性が慣習を打ち破る行動をとる契機となったのが、このキャンペーン中に婦団協が開催した「男女平等に向けて沖縄の慣習を見直そう・トートーメーは女でも継げる」というシンポジウムであった。Aの妹がこのシンポジウムに参加してパネリストの弁護士に継承問題を質問し、弁護士から「女でも継げるのだからいまからでも話し合った方がいい。ラチがあかなければ家裁に申し出ることだ。」とアドバイスをもらったことから発展していった［堀場　一九九〇：二一八］。Aは提訴を決意し、結果、勝利を勝ち取り、「『沖縄の習慣』そのものが法によって裁かれた」かたちとなった。

このトートーメー・キャンペーン中の勝訴は、Aを一躍社会のヒロインにした。例えば、琉球新報紙上では「裁判で弾みのついた〝女性の地位〟」という見出しが踊り、Aをモデルにした映画が製作され二〇〇箇所以上の公民館で上映された。しかしながら、Aは三年後には沖縄から東京に「祭祀亡命者」となっていた。祝福や激励の声以外にも嫌がらせの声もそれ以上に多かったのである［堀場　一九九〇：二二二―二二七］。

裁判所の判決理由に「（トートーメー継承は）は、あくまでも習慣であるから私人を法律的に拘束しないのは明らか」とあるが、(2) このAさんの事例は、「沖縄の習慣」が法やメディアによって裁かれ、その瞬間は消滅したかのように思えても何世代にわたって日常的に実践されてきた慣習は、なかなか人々の意識や身体から消滅しないことを物語っている。トートーメー継承が社会に沈殿した「慣習」であるのに対して、トートーメー・キャンペーンは「一過性の現象」であったといえよう。

２　「語り」と「実践」の矛盾

次にM門中の事例を紹介する。M門中の始祖は琉球王国時代の士族で由緒ある門中である。第二次世界大戦後、祖先たちが模合で蓄えた資金を元手に門中会を近代的組織に再編した。詳細な定款を作成し、その中に会員資格を明記し、会長を頂点とし、その下に事務局長を中心とした理事会を置き、M門中は近代的組織に再編された。現在、会員子弟への学事奨励や育英事業、不動産事業、そして文化事業を展開している。

二〇〇四年まで一〇年近く門中会の事務局長を任されていたGY（一九三七年生まれ　男性）は、青年期に農林学校に進学し、将来は南米へ移住することを計画していた。当時の彼の座右の銘は「雄飛」であり、学校で移民クラブを自ら設立し実際に石垣島で開墾を経験したり、ポルトガル語やスペイン語も独学で勉強したりしていた。だが結局、南米に移民として雄飛することなく地元で社会保険の仕事に携わってきた。彼の雄飛の夢は妹が引き継いだ。彼の妹は一九六〇年頃に「軍作業」の仕事をしている時に、彼曰く、「GI（米軍将校）とfalling in love」し、現在、シカゴで暮らしている。当時、朝鮮戦争による兵力増強の影響もあり国際結婚の数は増加し、混血児・無国籍児とその母親たちに向けられる非難や差別が、貧しい沖縄人を支配する米軍への不満や敵意の表現として復帰の頃まで続いた［長谷川　二〇〇一：二三二］。しかし、彼は在沖縄米軍将校と妹の結婚には一切反対しなかった。当時の沖縄には「GIがたくさんいましたよ。軍作業しているんだからさ、妹がGIと結婚してもおかしくないですよ」と説明してくれた。

また、仕事の傍ら彼は門中会事務局長として門中会の改革を断行した。具体的には定款を改正し女性にも会員資格を与えた。従来の会員資格は次の通りであった。

第二条　M門中である満二十歳以上の男子で、M門中会の会員になろうとする者は、次の事項を記載した入会申込書に、戸籍謄本を添え理事長に提出しなければならない。（以下略）

男系組織の門中であるゆえ、従来は第二条にみられるように成人男子のみを会員としてきた。しかし、門中の法人化を目指すべく準備を進めていた事務局長は、この機会に女性にも会員資格を与えるように理事会並びに門中総会で提案し承認された。というのは、この男女同権が唱えられている時代に法人になるためには、会員から女性を排除していることは認可を得るのに支障があると、彼なりに判断したからである。

しかし、この過程において門中の長老たちは「のうがぁいなぐの？（なんで女性が？）」と否定的であった。そして、総会で承認を得たものの長老たちの不満が消えた訳ではなかった。事務局長自身は、「男女平等の時代に女性が会員になれないのはおかしいですよ」と常々語っていた。彼は、前述のように若い頃から時代に対して柔軟な発想をする人物である。だからこそ現代社会において門中の活動がスムーズに進められるように法人化を目指し、その過程において近代法の男女平等のイデオロギーを意識して会則を改正したのである。この他、彼は少子化時代の到来に備え、門中のなかで預かる者がいなくなったトートーメーを門中会で大きな廟を作り預かるというプランを提案するほど現実的思考をするタイプである。彼は「世の中の流れには乗る」という理念を掲げ、伝統的な門中組織を近代的な法人に変えるという大胆な改革を行っていた。

いわゆるトートーメー問題に関しても、彼は男女平等の時代に女性が相続できないのは理に適わないとよく口にしていた。女性が継ぐとタタリがあるというのはユタの迷信だといい、彼自身はユタを信じていない。しかしながら、彼はM門中の大宗家の位牌継承に関しては女性の相続を認めない。M門中の大宗家K家の一一世には女子は三人いたが男子がおらず、沖縄の慣習に則した位牌継承ができない状態となっていた。戦後、K家は門中の長老たちと相談して中宗家（ナカムートゥヤー）の男性を養子とした。しかし、その養子は大宗家の財産の放蕩を極め大宗家を潰しかねない状態であったため養子縁組を解消された。当時、娘三人のうち二人が他界してしまい、生存している女性も高齢であった。事務局長は、〈大宗家はM門中のなかから改めて男性養子を迎えて位牌を相続させるか、あるいはM門中会の事務局内の廟に祀るべき〉という考えであった[3]。言い換えると、女性には継がせないという考えだった。一方で彼自身の家の位牌は長男でなくて次男でも、あるいは女性でも相続してよいという。

また、M門中会の前会長のYE（一九二九年生まれ　男性）は、少子化社会において位牌相続が男子に限定されてしまうと預かり手のいない位牌が大量にでてしまうことを危惧しながらも、〈せめて大宗家の位牌に関しては男性が継承して欲しい〉と述べる。彼は、「給料がよかったから」との理由から米軍で働き、次に運送業を営む。その間に「本土復帰の暁には地価が高騰するだろう」との考えから琉球政府の第一回宅地建物取扱主任者試験を受験して合格し、六五年に不動産会社を設立し、その後順調に事業を展開して、県内の不動産業界の要職を歴任するに至った。こうした経営のノウハウを活かして彼もまたM門中の法人化に尽力してきた。会社の設立や経営を通して彼は近代法を熟知したうえで、また、ユタのいうことを迷信だと認識したうえでトートーメーの継承に関して、「たしかに近代法にしたらおかしな話だが、とにかく本土とは違ってトートーメーは男なのさ」と述べている。

法人化を目指し会員資格を女性に開放するなど時代に適応しながらM門中運営をしてきた二人の男性を紹介した。両者の共通点は以下の通りである。

①両者とも戦後沖縄の劇的な社会変化に巧みに適応しながら生きてきたこと。

②メディアや自分の仕事を通じて経験した男女平等イデオロギーを理解していること。

③しかし、大宗家のトートーメーにおいては女性の相続人を認めず、門中のなかから男性を養子にとるべきと考えていること。

④宗教的職能者ユタのいうことは迷信であると考えていること。

以上の共通点がある一方で、彼らの認識には意識、無意識という点において差異がある。

ＧＹは、常々、門中の行事や組織運営に関して「男女平等」の理念を唱え、彼は「（門中会員資格について）のうがぁいなぐの？（なんで女性が？）」と発言する長老を非難する一方で「大宗家の継承者は男性でなくてはならない」と発言し、彼は自分の発言に矛盾があることをまったく認識しておらず（彼自身には矛盾がない）、語りと実践にズレがみられる。彼には自分のアイデンティティーの根幹たるガンス（元祖）への特別な思いが無意識のなかに沈殿しているのかもしれない。他方、ＹＥは「大宗家は男性が継いでほしい」という自分の発言が、自分が推し進めている門中会の女性への門戸開放や自分が日頃実践している近代法の理念と一致していないことをしっかりと認識している。

ここに沖縄社会の文化的特殊性をみることができる。彼らの認識は、自覚、無自覚という点において差異はあるが、本質的には差異は存在しない。ＧＹは、大宗家に関しては「琉球の時代からの継ぎ方だから。これまでの系図どおりに」という。一九八〇年のトートーメー・キャンペーンのときに問題になったのは、ユタの「正しい継承をしないと（女性が継ぐと）タタリがある」というハンジであった。しかし、ＧＹやＹＥは「タタリ」を信じている訳ではなく、拘っているのは正統的系譜意識、すなわち、アイデンティティーの問題なのである。しかし、ＧＹは「四〇〇年続いた流れをわれわれの時代に変えていいのか」と常にことある度に悩んでいるという。しかし、「折り合いをつけられる部分は折り合いをつけて、譲れる部分は譲っていくしかない」ともいっている。彼は、門中という「伝統的」な組織が現代社会に適応しない部分があることを十分に承知している。だからこそ、近代法をもちいて法人化を企て、女性にその門戸を開放しようとしているのだ。しかし、琉球王国のガンス（元祖）からの直系である大宗家に対してだけは、正統な相続を期待し、移ろう時代を超越した不変性を求めているのである。この系譜の正統性への拘りが「譲れない」部分なのである。

3　日常的実践に沈殿する系譜意識

李鎮栄によると、それまで門中組織をもっていなかった者（つまり旧士族でなく農民）の「新しい門中」が今なお量産されているという［李鎮栄　二〇〇三：三四─四〇］。門中を創ろうとする者は門中の象徴である系図作りに奔走している。系図作成の際には、もともと士族ではなく系図がないのだから、霊的な力、つまりユタなどの宗教的職能者に頼らざるをえない。トートーメー・キャンペーンではユタは批判の対象となり「ユタ狩り」の様相を呈していた。しかし、現在、ユタは系図作成には欠かせない存在である。批判されていた（現在も批判されている）シジタダシの実践によって、男系中心の系図が作成されている。

では、なぜ系図が必要とされるのだろうか。李の調査している村では、「新しい原理」である門中は「親族集団」としての実体は乏しく、王族などと結びつく系図の所有が、現代沖縄社会における社会的威信の象徴となっている。以前より沖縄の門中の特徴として始源志向性（origin directed）がしばしば指摘されてきた［伊藤　一九八〇：三〇］。自分たちの門中の先祖、さらに先祖、さらにその先祖……という具合に、先祖の出自の原点を遡って求めるという志向性を潜在させているのである。そして、最終的にたどり着くのが、琉球王朝の士族門中なのである。渡邊欣雄は、このことを「王朝志向」、「首里志向」と呼んでいる［渡邊　一九九〇：七三］。

地縁や血縁をベースにして生活していた人々が、都市化や産業化によって、その紐帯が希薄化してきた。この系図を拠り所とした系譜意識からわかることは、こうした社会構造の変化の過程で、門中という親族組織において現在生きている人々の連帯（横の関係）は弱体化してきているが、個人と先祖との一対一関係（縦の関係）はむしろ強化しつつあるということである。そして、新たな系図が宗教的職能者を媒介に作成されていくのである。昨今、系図屋が法人化されるほどますます盛んになっている。門中のシンボルである位牌の継承において「女性で継げる」という言説が展開される一方で、門中の系譜意識もまた高まっている。

おわりに

「私は家やトートーメーのために子供を産む機械じゃない」という言説に凝縮される沖縄文化・社会の特殊性を考察してきた。親族からの男児の出産に対する過度の期待、そしてその期待が実質上、出産の自己決定権を女性から奪っている現実がある。この問題の原因は、沖縄の伝統的親族組織である門中の位牌継承の慣習にある。しかし、「女性が継承できない」という慣習に対して、一九八〇年以降、憲法や民法の理念に反するということで官民一体の取り組みにより、「女性でも継げる」という言説空間が形成されるようにまでになった。

それでも、この言説空間のなかで伝統的な慣習はなおも実践されている。日頃、日常生活において「男女平等」を唱えている人でも、ガンス（元祖）との系譜関係においてはだけは女性の継承をめぐって無意識的にあるいは意識的に語りと実践が一致していない。これには、自分の出自を琉球王国に結びつける系譜意識が関係しており、くわえて「大宗家（ムーウトゥヤー）意識」の強さも一因となっている。こうしたことは、既述した首里の名門門中に嫁いだ女性、ＧＹやＹＥの大宗家の例からもわかる。[4]そして、これが「セクシャル・ライツおよびリプロダクティブ・ヘルス」問題をめぐる沖縄の特有な事情なのである。

韓国には沖縄と同様の父系親族組織の門中（ムンジュン）がある。韓国の門中は明確な系譜関係により族外婚の単位となっており、結婚はもちろんのこと性的関係も「同じ祖先からの近親」とのあいだでは慣習的そして民法的に禁止されていた。規模の大きさで有名な金海金氏は全国に七〇〇万人いるといわれ、国民の六分の一の割合となる。この規範は一九九九年に憲法裁判所で違憲とされ、法的には民法の禁婚規定は無効となったが、社会的認知を得ている状況、すなわち、社会的実践がなされている状況ではない［李鎮栄　二〇〇三：三九］。

沖縄では女性をめぐる法的・政策的環境は整備され、世論も形成されてきた。しかし、忘れてならないのは法や世論は言語的存在であることだ。それを「読み」「想起する」そして「実践する」過程を経て初めて生成するのである。一方、実践されてきた慣習は、人の意識に沈殿しており、あるいは身体化されている。法の言説が日常的に実践されるようになるには、それが人々の無意識の層に沈殿していなければならない。このような意味において、沖縄の「セクシャル・ライツおよびリプロダクティブ・ヘルス」問題の解決はもう少し時間が必要であろう。

注

（1）一九九二年八月六日琉球新報社での筆者によるインタビュー。このキャンペーンの反響の大きさに一九八〇年二月二五日付の琉球新報紙上で安里彦紀人権協会理事長は「問題の深刻さに驚かされた」と語り、大田昌秀琉球大学教授（後の県知事）も「手落ちだったとはっきりいえます」と述べている。

（2）判決理由は、「裁判所は沖縄の一部、かつ、随所の地域においてBのいう習慣があることは承知しているが、この習慣に従わず、また女性が承継しているところも見受けられる。そしてBの主張するのはあくまでも習慣であるから私人を法律的に拘束しないのは明らかであり、また、相手が主張する習慣は男女の平等を規定した憲法及びその他の法令に違反するものであるから到底法の是認するところでないから、相手の主張自体失当というべく採用の限りではないし、また相手方がいうように中立人死亡後の祭祀承継についてまで現段階において考慮すべきものではない」、ということであった［及川　一九九一］。

（3）M門中会はビルを所有しており、そのうちの一つのフロアーが事務局となっている。そして、そこには元祖（ガンス）の位牌（新しく作られたもの）が祀られている。オリジナルの元祖の位牌は大宗家にある。二〇一三年一二月の段階では廟は実現されていない。

（４）二〇〇一年四月一六日の沖縄タイムス夕刊でムゥトーヤーに嫁ぎ一歳の娘がいる女性が「門中の中心となるムートゥヤーの嫁は人生の墓場」と述べて、その特殊事情を嘆いている。

文献

浅井美智子
一九九六「生殖技術と家族」江原由美子編『生殖技術とジェンダー』東京：勁草書房、二五五～二八四頁。
伊藤幹治
一九八〇『沖縄の宗教人類学』東京：弘文堂。
江守五夫
一九八一『家族の法と歴史』京都：法律文化社。
及川　伸
一九九一『新訂　法社会学入門』京都：法律文化社。
小田　亮
一九九八「民衆文化と抵抗としてのブリコラージュ――ベナンダンティと沖縄のユタへのまなざし」田中雅一編『暴力の文化人類学』京都：京都大学学術出版会、一八九～二一五頁。
大胡欽一
一九八〇「沖縄家族の社会構造――女性の族的位置をめぐって」『明治大学社会科学研究所年報』第二一号：東京、二八七～二九五頁。
柏木惠子
二〇〇一『子どもという価値』東京：中央公論新社。
兼村芙美子
一九九二「ユタ受容とアンケートのまとめ」『沖縄女性史研究』第八号、五七～七六頁。
小松満貴子
二〇〇三『ジェンダー・セクシャリィティ・制度』京都：ミネルヴァ書房。
玉城隆雄

一九九七「伝統と変革の間でゆれる沖縄県の家族」熊谷文枝編『日本の家族と地域性（下）』京都：ミネルヴァ書房、一八九～二一〇頁。

長谷川曾乃江
二〇〇一「沖縄における女性政策のあゆみ――基地とトートーメーのはざまで」植野妙実子編『二一世紀の女性政策』東京：中央大学出版部。

比嘉政夫
一九八七『女性優位と男系原理――沖縄の民俗社会構造』東京：凱風社。

福里盛雄
一九八一「沖縄のおけるトートーメー（位牌）承継をめぐる問題点」『沖縄法学』第九号：沖縄、七五～九二頁。

堀場清子
一九九〇『イナグヤナナバチ』東京：ドメス出版。

松田茂樹
二〇一二「都市と地方における子育て環境の違いから得られた知見」『都市と地方における子育て環境に関する調査報告書』内閣府政策統括官（共生社会政策担当）、一一五～一二四頁。

宮城晴美
二〇〇一「トートーメー継承の歴史」那覇市役所女性室・沖縄女性史編集委員会編『「那覇女性史（戦後編）なは・女のあしあと』東京：ドメス出版、五六九～五七九頁。

由井晶子
一九九八「制度の変革と女性」那覇市役所女性室・沖縄女性史編集委員会編『那覇女性史（近代編）なは・女のあしあと』東京：ドメス出版、四八～五三頁。

李鎮栄
二〇〇三「門中の伝統と創造」『アジア遊学』五三号、東京：勉誠出版、三四～四〇頁。

琉球新報社編
一九八〇『トートーメー考――女が継いでなぜ悪い』沖縄：琉球新報社。

和田仁孝
一九九四「法の言説と権力」『法社会学』四六号：東京、七三～七八頁。

渡邊欣雄
一九九〇『民俗知識論の課題――沖縄の知識人類学』東京：凱風社。

●第三部　理論と実践

嫉妬と民俗

中西裕二

本稿は、民俗調査中に得られた嫉妬に関する語りを、言説理論をもとに考察することを目的としている。

私はかつて佐渡島の憑きもの信仰を考える際、このテーマについて若干ながら論じたことがある［梅屋・浦野・中西　二〇〇一：一六一―一八〇］。しかし、その中で嫉妬は中心的なテーマではなく、機会があればその観念を軸に自らの調査資料を見直したいと考えていた。私は民俗調査というものを初めて経験した学部生時代から、フィールドの聞き書きの場面で、嫉妬の話をよく耳にしてきた印象を抱いていたからである。だが民俗学において、この問題が正面から論じられることはあまりなかったよう思える。それは、例えば山の神が嫉妬深いといった伝承が、あまりにありふれた民俗知識であるからかもしれない。

しかし現在でも、例えば東京の住民の間に「井の頭公園[1]でデートをしたカップルはその後別れてしまう。それは井の頭公園の中には弁天様が祀られていて、それが嫉妬するからだ」といった都市伝説がまことしやかにささやかれているのをみると、嫉妬というモチーフは今でも根強く生き続けていることがわかるし、民俗文化研究において看過されるべき問題とはいえないだろう。さらに、嫉妬という観念を軸に民俗文化を再考することは、この問題にあまり向き合って来なかった民俗学の学的特徴を考える良い機会にもなる。以下では、かつて私が使用した枠組みを少し広げ、また私が出会った嫉妬に関する民俗を振り返り、この概念の考察から民俗学的な貢献が可能かどうかを考えてみたい。

一　モチーフとしての嫉妬――レヴィ＝ストロースの神話研究から

嫉妬は、敢えて定義する必要もない言葉だが、人間関係において生じる感情の一種であり、怒りの特殊な表出形態ともいえ、(2)我々の日常生活ではネガティブな含意をもつ。そして個人的感情ゆえに、嫉妬はフィールドの日常生活において重要であっても、フィールドワークの際の調査項目には入らない。だが前述の通り、私はフィールドにおいて幾度となく嫉妬の話を聞いてきた。これは、どういうことだろうか。

民俗調査において嫉妬は、実際に観察されるものというより、民俗的な事象の説明として、語りとして聞く領域である。それは民俗学でいえば伝承という領域であり、文化人類学でいえば災因論、あるいは言説《ディスコース》の領域と言ってもいいかもしれない。この点について、嫉妬が概念上包摂される怒りという感情を例に考えてみよう。

私が最初に民俗調査をした、和歌山県南部の古座川流域で聞いた伝承の中に、古座川町池野山になぜ水が少ないのか、というものがあった。(3)次のような話である。「弘法大師が池野山を訪れた際、水を飲みたいと池野山の人に頼んだ。しかしながら大師の姿が乞食のようだったので、水を与えなかった。そのため、池野山川には雨が降ったとき以外、水が流れない」［中西　一九九一：一二三］。

池野山の近辺には、この伝承の異なる型も存在していた。それは、弘法大師が池野山で所望したのが水と大根だったが、村の人はそれをあげなかったため池野山は水の便が悪く大根もできない、というものである。また、近村の月野瀬には弘法大師伝承が多くあり〔中西　一九九一：一二―一四〕、月野瀬に水が豊かで温泉がわき出る理由は、池野山における弘法大師の扱いと対比して現地で語られていた。つまり月野瀬では、乞食のような格好であったにもかかわらずお大師様を丁重に扱ったので、池野山とは違うんだという語り方である。同種の伝承は日本各地にあり、またその中には「弘法大師が怒ったため」水が出なくなった、大根ができなくなったという話もあることから、(4)この型の伝承は、大師の怒りにより現状（水が少ない、大根が育たない）が説明されているといって良い。

民俗調査の経験者なら、一度はこれに類似した話を聞いたことがあるだろう。このような伝承において怒りや嫉妬という感情は、説明される対象ではなく、それらによって事象を説明する媒介的な概念である。これは、対象を出来事として言説化することで、一つの意味世界を構築する作業といえるだろう。前述の例でいえば、池野山が水の便が悪く、大根の出来が悪いという自然科学的な事象を、分離を意味する一つの物語（弘法大師の物語）として、あるいは近隣の村落である月野瀬と対比させ（コード化し）その差異を物語として語ることで、村の自然条件を一つの意味世界（民俗世界）に組み込む作業なのである。だが、このような伝承の目的は、あくまでその自然条件を説明することであり、怒りや嫉妬は説明される目的ではなく、あくまで言説化するための述語的な機能を担っている。(5)

この嫉妬の機能を鮮やかに説明したのはレヴィ＝ストロース〔一九九〇〕だろう。南北アメリカ大陸の神話分析において、彼は混沌から秩序への媒介項としての動物に注目した。この動物の神話上の機能を、彼は神話素になぞらえ《動物素《ゾエーム》》と呼んだが、この役割を担う動物――具体的にはヨタカとナマケモノ――に欲望と嫉妬という意味が付与され、現在の秩序を創出する媒介として神話において語られる点を指摘している。その際、彼は嫉妬について次のように述べている。「もし、嫉妬を、人が奪おうとする物または人を保持したいという欲求から生まれる感情、もしくは、持っていない物または人を所有したいという欲求から生まれる感情と定義するなら、次のように言うことができる。すなわち、嫉妬は、分離の状態があるか分離のおそれが生じたとき、結合の状態を保持し、生み出そうとする傾向を持つ」［レヴィ＝ストロース　一九九〇：二四三―二四四］。

伝承世界における、モチーフとしての嫉妬の機能は、このレヴィ＝ストロースの言葉に集約されるといってよい。これは、言い換えれば、「嫉妬する」という述語が、その主体と世界との関係、意味を隠喩的につなぐ機能を担っているのである。前述の弘法大師伝承でいえば、大師が「怒る」ことは、逆に関係の分離、切断を隠喩的に表象することになる。

レヴィ＝ストロースに従えば、嫉妬は分離と結合という矛盾を包摂する隠喩として用いられる。これに対し、怒りは分離を隠喩的に表すといえる。ここで注目したいのは、嫉妬にしても怒りにしても、それらは「～が嫉妬した」「～は怒った」というように述語的機能をもつ、あるいは言説の最小単位である文を構成する述語として機能している点である。だとすると、嫉妬や怒りが構造的に何を意味するかという問題がある一方、それらがどのような場面で、何を主体として、文字あるいは口頭で語られるのだろうか、そしてそれはどのような機能を持つのか、つまりパロールとしてどのように運用されるのか、という問題も併せて考えねばならない。この点について、私の経験した民俗調査の中から事例を拾っていってみよう。

二　船霊の起こしかた――和歌山県東牟婁郡古座の事例から

山の神、海の神が嫉妬深いというのは、特別この種の項目を立てる必要もないほど、民俗学においては一般的な言説である。山と海は村落社会の内部ではないが、村落から連続した延長上にある外部で、かつ生活に必要な資源を獲得する場でもあった。前述のレヴィ＝ストロースの言葉を使えば、分離と結合双方を包括する場である。日本において、海の神、山の神は嫉妬深いと言われるのは、このような構造が背景にあるからだと考えることができる。

和歌山県東牟婁郡の古座川河口に位置する漁村である古座において、海の神や船霊さま[6]は嫉妬深いという話を多く耳にした。とくに船霊さまは女性だから、船に女性を乗せると船霊さまが嫉妬するので良くない、悪いことが起こる、という話は、老若男女誰からも聞くことができた。ここで非常に興味深かったのは、不漁への対処方法である。他の漁村と同じく、古座の漁師も死のケガレ、血のケガレには非常に敏感であった。例えば、漁に出るため港に向かう途中、寺の僧侶と出会ったらもう漁には行かない、という注意深い人さえいた。そして、漁に使う船にはもちろん女性を乗せない。だが、タブーを厳密に守っていても、また漁にかかわる神々を熱心に信心したとしても、もちろん不漁になることもある。そのときは、船霊さまが「寝ている」ので不漁になるのだ、だから船霊さまの目を覚まさせれば漁は回復する、と説明された。

船霊さまの目を覚まさせる方法には、何段階かのレベルが設定されていた。かつての和船の場合は、メインマストの下に船霊さまが祀られていたため、木槌か何かで「船霊さま、目を覚ませ」と言いながらメインマストを叩く。それでも不漁が続くと、船霊さまがまだ目を覚まさないということで、今度は「船霊さま、目を覚ませ」と言いながら船ごと港の岸壁にぶつけるという。これでも駄目な場合は、いよいよ最後の手段として、人目につかない時間に不漁の船に女性を乗せ、船霊さまの前で着物の前をまくり、性器を露出させるという。このとき船に乗せる女性は、月経が始まる前の少女か、閉経後の女性だという。

さすがに最後の方法はめったにおこなわれない、という説明であったが、敢えてタブーを犯すこの最後の手段は、船霊をめぐる信仰のあり方を考える際に、文化人類学的枠組みで分析可能なようにも見えてくる。例えば古座の漁師の間には、水死体をエビス神とみなし、それを丁重に引き上げエビス神として祀れば大漁をさずかる、という考えがあったという。漁師の間で最も強いタブーをもつ死のケガレを、大漁を呼び起こすポジティブな力に転化させる論理と、船に女性を乗せるというタブーの侵犯をあえて犯すという論理は、一見すると構造的に類似しているように思えるからだ。

既に波平［一九八四］は、三〇年近く前にこの点について指摘している。日本の漁村に見られる、水死体をエビス神と見なす民間信仰を、ダグラス［一九八五］、ターナー［一九七六］といった文化人類学者が提出した両義性、境界性という概念、またそこに見られる象徴的逆転という枠組みから分析し、かつそれを日本に見られるハレ／ケ／ケガレの転換の構造と結びつけた波平の論は広く知られているが、その中に、やはり船霊信仰の事例が登場してくる。彼女の調査した長崎県の壱岐島勝本浦において、女性が船に乗らないのは、船霊さまは女で、女性が乗船すると船霊さまが嫉妬するからであり［波平　一九八四：一六六］、前述の不漁への対処法（女性を乗せ着物をはだけ性器を見せる）についても、高知県におけるこの種の事例を示し、また紀州でも一般に、船霊さまに女の内股を見せると喜ぶという伝承を挙げている［波平　一九八四：一七五］。

そして波平は、この事例をケガレのもつ力の儀礼的転換として、ケガレが「ハレ⇅ケガレ」の価値体系の中で、価値の逆転が生じ、ケガレの持つ力が逆にハレの力へと転換する可能性を見いだす一方、なぜこのような儀礼的転換が生じるのかという疑問も同時に指摘している［波平　一九八四：一七五―一七六］。船霊さまの分析では、波平はやや慎重な姿勢を示している。

さて、ここでもう一度古座の事例に戻ってみよう。波平の議論とは別に、私は異なる論理でこの事例を説明する可能性を探ってみたい。なぜならば、古座では、船霊さまに性器を露出させる儀礼には明確な目的があることを、その話者は語っていたからである。その目的とは、寝ている船霊さまを起こすことである。前述したその手順は、いつまでも寝ている子供を起こそうとする親のそれに似ている。最初は子供部屋をノックするが、それでも起きてこないときは部屋に入り直接子供の身体を揺らし、最後には怒りを発動させることで是が非でも目を覚まさせようとする経験を、親の立場であれ子供の立場であれ、誰もがしたことがあるだろう。

これは、あくまで古座で私が聞いた事例に限られるが、寝ている船霊さまを最も驚かせ、船霊さまの目を開かせること、それが女性を船に乗せ、性器を露出させるタブーの侵犯につながるのではないだろうか。そしてこの慣習の成立は、船霊さまをめぐる漁民の民間信仰の構造というより、船霊さまの嫉妬深さ、そして船霊さまが寝ているという、語の恣意的連合（隠喩的思考）に基づいているように思える。

この隠喩的思考の型は、かつて発達心理学においてヴィゴツキー［一九六二］が指摘した複合的思考、またその発達過程で見られる連鎖的複合を想起させる。とくに連鎖的複合は、かつて文化人類学者R・ニーダムが提起した「多配列分類」の下敷きとなった理論の一つとして知られている［ニーダム　一九九三：八九―九〇］。ヴィゴツキーによれば、「たがいに論理的に一致する統一したタイプの結合」が「概念」の基礎にあるのに対し、「しばしばたがいになんの共通性も持たないような多種多様な事実的結合」による事物の一般化あるいは統合を引き起こすのが複合的思考だと述べ［ヴィゴツキー　一九六二：一九四］、その「もっとも純粋な形態」を連鎖的複合としている［ヴィゴツキー　一九六二：二〇〇］。連鎖的複合には構造的中心はなく、ヒエラルキー的関係も欠如し、連鎖の末端は最初のものとはなんら共通するものをもたないかもしれない関係なのである［ヴィゴツキー　一九六二：二〇〇―二〇一］。

この考えで、古座の事例を見てみよう。最初に、不漁という状態を解決しなければならないという課題がある。ヴィゴツキーによれば、「課題の解決の過程において機能する思考様式」［ヴィゴツキー　一九六二：一七四］の、概念的思考とは異なる型が複合的思考であり、その解決の第一歩として船霊と「寝ている」状態が結合する。もちろん、これは本質的な結合ではなく恣意的、隠喩的であり、ヴィゴツキーの言葉を借りれば「直感的―具体的、形象的性格」［ヴィゴツキー　一九六二：一九九］により導かれた連合といえるだろう。そして、不漁と「船霊が寝ている」状態が結合し、その解決として「船霊を起こす」ことで不漁が解消されるだろう、という連鎖へとつらなる。そして「船霊を起こす」ために、具体的にメインマストを叩いたり、船ごと岸壁にぶつけるという、我々が普段人を起こすような行為を引き起こす。そして、それでも不漁が続くのであれば、最後に船霊さまの「嫉妬深さ」を利用し、女性を船に乗せ船霊さまを驚かせ、その目を開かせるという連鎖になるのである。

これは、漁師は赤不浄を極端に避ける傾向にある、という一般的な日本の慣習と確かに矛盾する。しかし、ヴィゴツキーは複合的思考から導かれた、一見すると概念に似た複合の範疇＝擬概念の説明において、そこにはそもそも内的矛盾が含まれており、また概念とは異なる法則により構成された一般化だと述べている［ヴィゴツキー　一九六二：二〇八―二〇九］。赤不浄は、概念に限りなく類似した擬概念（文化人類学や民俗学でいえば民俗概念に近い）と見なせるが、赤不浄を生み出す意味の連鎖と、前述の船霊さまを起こす連鎖は異なる文脈から導かれたことは想定できる。それゆえ、連鎖的複合（あるいは擬概念）間の矛盾を最小限に止めるため、船に乗り性器を露出するのは生理前、あるいは閉経後の女性とされているのではないだろうか。なぜなら、古座で私が聞いた船霊さまの起こし方の中で、上述の連鎖的複合と関係してこないのが、生理のない女性を船に乗せるというくだりだけだからである。

ここでは複合的思考、連鎖的複合という用語で一つの民俗事例の解釈を試みたわけであるが、連鎖的複合は、名詞と動詞、あるいは主述の関係において見られる点、具体的には異なる主体（人間／神）を類似したものと見なし、本来は神の説明には適当とは思われない述語を当てはめていく、という点に特徴がある。神が寝たり起きたりする、あるいは嫉妬深いという主述の関係は、象徴人類学の用語でいえば隠喩的思考、ヴィゴツキーの用語では連鎖的複合であり、それにより言説が創造されている。そしてこの点は、私が経験したもう一つの嫉妬の事例、つまり憑きものの解釈にも適用可能に見えるのである。

三　嫉妬する動物霊と生霊――新潟県佐渡島の事例より

次に私が出会った嫉妬の事例は、佐渡島の憑きもの信仰の調査において得られたものである。日本においては、嫉妬が生霊憑きを引き起こす要因と考えられることは周知の点であり、既に私が報告した、佐渡島の膨大な憑きものの事例においても、嫉妬は憑きものを引き起こしたり、人間が動物に化かされたりする原因の最たるものであった［梅屋・浦野・中西　二〇〇一：一五―八八］。佐渡島の憑きもの信仰の中心にあるのは、ムジナ、あるいはトンチボ、山の神さんと呼ばれる狸である。(7)この動物と嫉妬の関係は、既に報告を済ませているが［梅屋・浦野・中西　二〇〇一：一五―八八、一六一―一八〇］、嫉妬を軸に再度これらの資料を見てみたい。

この調査の報告をしていた当時、私がまず前提とし、かつ私を悩ませたのは、ムジナは狸という動物であるという事実であった。この動物が妖怪のような超自然的存在であれば、従来の憑きもの筋研究において出てくる想像上の動物、例えば犬神、オサキ、外道、クダ、人狐など［石塚　一九七二：二〇―七四］と同列に論じることができるが、佐渡の博物館には狸の剥製が「ムジナ」として展示されているし、何よりもムジナを見た、食べたという人がごく普通に村にいるのである。(8)フィールドの人々の間では、ムジナは確かに動物なのである。

では、なぜこの動物は人に憑くのだろうか。この質問をすると、判を押したように返ってくるのが「ムジナは嫉妬深いからだ」という答えであった。例えば、ムジナが出るといわれる場所を人が食べ物を持って通り過ぎると、ムジナはその食べ物が欲しくて、妬んで人に憑いたり化かしたりするのだ、と言われる［梅屋・浦野・中西二〇〇一：三二〕。また、この嫉妬深さを、ムジナの生態と結びつけて説明する人もいた。ムジナは雑食で何でも食べる、とにかく食い意地が張っているんだといい、その証拠としてムジナの糞を見ればわかる、その中には木の実から野ウサギの毛まで、様々なものが含まれている、最近は野ウサギが減ってきたせいか、その毛がムジナの糞の中にあまり見られなくなった、と言われたこともあった。つまり、ムジナの嫉妬深さは、食い意地という点から人々が実証的に観察可能だということである。

従って、ムジナをめぐる憑きものを考える場合、この動物を超自然的存在とあえて位置づける必然性はなくなる。フィールドの人々の言葉そのものに従い、嫉妬深いから人間に憑くのだと考えれば良い。そしてこの理解の構造は、まったく同じ形で女性の生霊憑きにも適用されていた。生霊となるのは圧倒的に女性である、それは女性が嫉妬深いからだというのである。

私が聞いた話では、嫉妬深さの他に気性が荒い、意地が悪い人間も生霊になると言われるが［梅屋・浦野・中西二〇〇一：六四］、それがなぜ生霊憑きと結びつくのであろうか。これについては、佐渡島で共同調査をおこなった梅屋［二〇〇五］の論考の示唆するところが大きい。佐渡島の調査地では、人間の魂が「軽い」とか「魂が足らん」と表現する人がいるという。それは、本来十なら十あるはずの『魂』が軽かったり、数が不足したり、あるいはうかつにも「ゆりこぼし」て、その人格が完全なものではない状態を指す言い方のようだ、と彼は指摘する［梅屋　二〇〇五：一〇］。

ここでいう「本来十なら十あるはずの『魂』」とはどういう状態だろうか。これは、梅屋氏から直接聞いた話であるが、例えば人間の身体をコップ、魂を水とすると、普通の人間の状態はコップいっぱいに水がある状態をさす。しかし、そのコップが揺れてコップいっぱいに注がれた水がこぼれる（＝ゆりこぼす）と、水の量は他の人より軽くなる、これが「魂が軽い」という状態の説明だったという。魂が軽いがゆえに、生霊になって人に憑くよう移動することが可能であり、またこの不十分な魂が、嫉妬深い、意地悪い、性根が悪いといった性格と類比的に語られていたという。[10]

では、佐渡島の憑きものの語りで最も重要な存在、ムジナの魂はどうだろうか。ムジナの場合も、やはり魂は軽いと言われることがあり、これは狸がしばしば仮死状態に陥りやすい動物学的特性に由来しているという［梅屋　二〇〇五：一二］[11]。つまり、ムジナが気を失いやすいのは、魂が軽いことに起因しているという現地の解釈なのである。そして、私と梅屋氏が佐渡島でフィールドワークを進めていた一九九〇年前後、当地における民間信仰のキーパーソンの役割を担っていたアリガタヤ、またはドンドコヤと呼ばれる宗教職能者（おもに女性）も、しばしば魂が軽いと見なされていた［梅屋　二〇〇五：一二］。

改めて説明するまでもなく、前述の諸事例は、部分的に相互に関係し、前節で述べた連鎖的複合ともいうべき環を形成していることがわかる。ムジナのもつ嫉妬深さと、魂の軽さは、どちらかが一方を規定する観念ではなく、憑きものという範疇の中で部分的に接合している。また、ムジナの嫉妬深さや雑食性は、その食性や糞の観察から導かれるが、そもそも雑食性と嫉妬深さは何の関係もない。そして、ムジナがしばしば仮死状態に陥ることと、魂の軽さの関係も同様である。これらは、「直感的―具体的、形象的性格」による連鎖的複合といえる。そして、本来、人間の性格を説明する「嫉妬深い」という語は、女性と強く結びつき、生霊憑きという憑きものの範疇に位置づけられ、魂は軽いと見なされ、その憑きものに対処するシャーマンも同様に見なされるのである。

かつて佐渡の憑きものを考えるに当たり、私は非常に奇妙な感覚を抱いていた。憑きものの話を聞いていると、話が本題からどんどんずれていくように感じられたからである。それは、私がムジナや生霊「の」話を聞きたいと質問しながら、話者の方々はみなムジナや生霊「で」何かを語ろうとしたからで、話が終わっても、いったいムジナや生霊とは何かわからず、ほとんど「狐につままれた」ようだったからだ。仕方なく私は、これを「トートロジー」とか「奇妙な循環」と表現した［梅屋・浦野・中西　二〇〇一：二〇］。実は、このずれこそ憑きものという連鎖的複合の特徴ともいえ、梅屋の言葉を借りれば「パッチワークの作業」［梅屋・浦野・中西　二〇〇一：一五六］なのである。

このとき、前節で分析したように、この連鎖の中で述語は重要である。憑きものという連鎖的複合の中で出てくる、嫉妬深い、妬む、食い意地が張っている、重い、足りない、等々の語が人間や動物と結びつくことで、憑きものの世界は具体的に人々が理解し、了解可能な連鎖の環に組み込まれるからである。ここで、例えば「ムジナは嫉妬深い」という主述の結びつきは、ムジナそのものの本来的な説明ではなく、憑きものをめぐる連鎖的複合の環に様々な出来事——病気になった、悪いことがあった、等々——を結びつける、言説を作り出す述語である点を、改めて指摘しておきたい。従って、この言説はムジナの説明のように見えながら、そうではないのである。

四　まとめ

本論は嫉妬の話から始まり、やや拡散した議論となってしまったが、二点のみを指摘し、簡単なまとめとしたい。本稿ではまずレヴィ＝ストロースの「構造」における嫉妬の隠喩的意味から始め、船霊信仰と憑きものの事例を通し、嫉妬をはじめとする言葉が民俗的世界の言説でどのように運用されるかを見てきた。そしてヴィゴツキーの複合的思考、連鎖的複合という概念を用い、カミや人、そして動物が、この種の様々な述語と連結することで、その言説が隠喩的意味を帯びながら他の言説や行為と結びつき、民間信仰のある範疇を形成する可能性を提示できたと考える。ここで一旦、構造と言説の関係を整理するのが良いだろう。

この両者の関係を考えるには、リクール［一九八四：四六—六三］による言説[12]の理論的考察が有効と思われる。彼は、古典的な構造言語学＝言語《ラング》の言語学(13)が記号を基本単位とするのに対し、これとは別の規則をもつ、文を基本単位とするディスクールの言語学・解釈学を提唱した。これは、フランスの言語学者エミール・バンヴェニストの言語学に従うものであるが、そこでリクールは、ディスクールとその言語学の特質をラングと対比させて説明している。その第一は、ラングの記号は潜在的で時間の外にあるのに対し、ディスクールは時間的出来事として顕在的にそのつど実現される点、第二はラングが主体を持たないのに対し、ディスクールは人称代名詞のような指示詞の複雑な働きによって、それ自身の話者と関係づける点、第三はラングが時間性も主観性ももたず、ゆえに世界をもたないのに対し、ディスクールは常にあることについて述べ、世界を指示する点、そして第四は、ラングはコミュニケーションにコードを提供するだけであるのに対し、ディスクールにおいてはメッセージが交換される点、である。そしてリクールは、言語活動の象徴機能が実現されるのはディスクールにおいてであると述べている。

レヴィ＝ストロースによれば、嫉妬は分離と結合という矛盾を包摂する隠喩となるが、それは右記の対比においては、時間性や主体とも関係なく、提供されるコードという意味で、ラングに位置づけられることがわかる。それに対し、私が提示した諸事例は、リクールのいうディスクールの言語学の範疇にある。

リクールによれば、ラングの言語学とディスクールの言語学は、異なる規則から成り立つ。嫉妬でいえば、そのコードは提供されるが、それが運用される世界＝ディスクールの言語学の領域では、ラングとは異なるメカニズムに従いディスクールは生み出される。これは、バンヴェニストが提唱し、リクールの分析にしばしば登場する「ディスクールの審級」（ラングの体系が出来事となること）の事例といえるだろう。この「審級」のプロセスに類比すると考えられるのが、本論で取り上げた、ヴィゴツキーが連鎖的複合と呼ぶ方法なのである。

民俗宗教的な含意をもつ伝承を考察するにあたり、それらをディスクールという独自の領域、つまりリクールのいうディスクールの言語学の領域として対象化することは、嫉妬の例を引くまでもなく、あまりおこなわれていない。しかし民俗研究が、その地域に伝承される独自の生活世界を記述し、考えるものであるなら、普遍的な規則に基づくラングではなく、それが出来事として意味を帯びるディスクールの世界こそ、この学の対象となるべき世界なのではないだろうか。一九八〇年代、民俗学は構造人類学・象徴人類学の手法を積極的に摂取したが、そこで見られた諸研究は、言説を単純にラングに還元するようなものが多かった。そもそも、民俗的事象や語りをラングという、普遍的規則に還元するありきたりの演繹法では、隠喩的思考により様々なディスクールを生み出す民俗文化の創造性は説明できない。本論の例でいえば、なぜある地域にだけ、不漁の解決方法として女性を船に乗せ、船霊さまの前で性器を露出させる慣習があるのか、佐渡島においてタヌキは嫉妬深いと見なされるのに対し、なぜ島原半島ではタヌキではなくヤコ（野狐）にその性格が付与されるのだろうか〔石毛・松原・石森・森一九七四：一一〇―一一四〕。民俗学では、この種の差異を地域性といった曖昧な概念で処理することが多いようだが、本論の文脈でいえば、この差異は、ある地域において独自の連鎖的複合、あるいは「審級」による新たなディスクールの誕生を示す例とも考えることが可能である。さらに、このディスクールが日本全体として類似しているのなら、そのとき、宗教民俗文化のもつ類似性を改めて問題として対象化することができるだろう。

最後に、心理学者であるヴィゴツキーの考えを本論の分析に用いた理由に触れてみたい。それはもちろん、彼の提示した複合的思考・連鎖的複合の概念が民俗的なディスクールの分析において有用だったからであるが、それ以上にそれらの概念が、分類に関する課題を子供に与える実験から導かれた理論に基づく、という点にある。本稿で扱った、船霊さま、憑きものという「呪術的思考」も、実は課題解決のための民俗的な実践的思考といえるのである。この、心理学的実験で見られる思考のパターン、とくに複合的思考、連鎖的複合が、呪術のような課題解決のための民俗的手法と類似してくるのは、必然であり、かつ示唆的なのである。(14)

注

（1）正式名称は井の頭恩賜公園。東京都三鷹市と武蔵野市にまたがる都立公園で、JR中央線吉祥寺駅の南、徒歩数分に位置している。

（2）平凡社編［一九五七：六五五］。幼児期の発達段階において見られる情緒で、愛情への欲求が阻害されるときに起きる感情とされる。ちなみに心理学の事典・辞典類で、嫉妬という独立項目はあまり見あたらない。精神分析学者である荻野恒一（一九二一―一九九一）も嫉妬の心理学的・精神分析学的な研究が少ない点を指摘している［荻野　一九八三：一二］。荻野は文化精神医学の専門家で、日本、ニューギニアなどで調査研究に携わっていた。ちなみに、荻野は一九八三～一九八七年に慶應義塾大学文学部の客員教授を務めた。

（3）古座川流域での民俗調査の内容に関しては、石橋・中西・中西［一九八八：一九二―一九三］、中西［一九九一：三一―三二］参照。ちなみに本稿で提示する事例は、すべて一九八三～一九八五年頃におこなった現地調査において得られたものである。

（4）国際日本文化研究センターが作成した「怪異・妖怪伝承データベース」（http://www.nichibun.ac.jp/YoukaiDB/）で、「弘法大師怒った（怒って）」というキーワードで検索してみると、この種の伝承が幾つかヒットする。

（5）私はかつて、和歌山県古座川町月野瀬に伝わる怪力伝承について、このような視点から分析をおこなったことがある［中西　一九九一］。その論文では、リクールの解釈学を多く援用し、discourse の日本語訳に言述という語を当てた。本論では言説という訳を使用する。

（6）船の神のこと。日本の他地域の船霊信仰と同じく、古座ではご神体として男女一対の人形、サイコロ、銭などが船霊さまとされた。船の動力が機械化される前は、船のメインマストの下部に収められ祀られたという。

（7）調査時（一九九〇年前後）、佐渡のムジナは狸とは異なるというのが一般的な佐渡の人々の意見であったが、動物学的にはムジナは狸である。

（8）私は生きているムジナを見たことはないが、共同調査者であった梅屋潔はムジナに三回遭遇している。梅屋・浦野・中西［二〇〇一：六―七］参照。

（9）憑く動物（想像上の動物）と嫉妬深さの関係性は、石毛・松原・石森・森［一九七四：一〇―一九］による、長崎県島原半島のヤコ（野狐）の事例にも詳しく報告されている。

（10）これについては、梅屋の口頭発表「魂の重さ――新潟県佐渡島における憑依観」（第四八回日本人類学会・日本民族学会連合大会、鹿児島大学、一九九四年一〇月八日）で既に指摘されている。ちなみに、私は「魂が軽い」という表現を佐渡島で聞いたことはないが、後述する、ムジナが気を失いやすいという特性を、ムジナの魂の特徴と捉える言説は耳にしたことがある。

（11）動物学者の小原［一九七二：四四―四五］は、この、周囲の刺激に対して仮死状態に陥る狸の特性が「狸寝入り」の由来ではないかと述べている。

（12）ここ以降、リクールの言説理論に触れる箇所ではディスクールと表記する。

（13）以下の箇所では「言語《ラング》」は全て「ラング」と表記する。

（14）もちろんヴィゴツキーはこの点に気づいており、その著書では、レヴィ＝ブリュールの「融即」と複合的思考の関係について一つの章を割いている［ヴィゴツキー　一九六二：二一九―二二四］。

文献

石毛直道・松原正毅・石森秀三・森和則
　一九七四「カミ、つきもの、ヒト」『季刊人類学』五巻四号、三〜七一頁。
石塚尊俊
　一九七二『日本の憑きもの――俗信は今も生きている』東京：未来社。
石橋邦也・中西紹一・中西裕二
　一九八八「祭礼の重層的構成――和歌山県東牟婁郡古座・河内祭の事例より」吉田禎吾・宮家準編『コスモスと社会――宗教人類学の諸相』東京：慶應通信、一六七〜一九三頁。
梅屋　潔
　二〇〇五「魂の重さ――霊魂観と身体観」国立歴史民俗博物館編『歴博』一三三号、一〇〜一四頁。
梅屋　潔・浦野　茂・中西裕二
　二〇〇一『憑依と呪いのエスノグラフィー』東京：岩田書院。
荻野恒一
　一九八三『嫉妬の構造』東京：紀伊国屋書店。
小原秀雄

一九七二『続日本野生動物記』東京：中央公論社。
ターナー、ヴィクター・W
一九七六（一九六九）『儀礼の過程』富倉光雄訳、東京：思索社。
ダグラス、メアリー
一九八五（一九六六）『汚穢と禁忌』塚本利明訳、東京：思潮社。
中西裕二
一九九一「怪力を求めた社会——伝説研究再考のための一試論」『日本民俗学』一八五号、一〜三二頁。
波平恵美子
一九八四『ケガレの構造』東京：青土社。
ニーダム、ロドニー
一九九三（一九七九）『象徴的分類』吉田禎吾・白川琢磨訳、東京：みすず書房。
平凡社編
一九五七『心理学事典』東京：平凡社。
柳田國男
一九六三「口承文藝史考」『定本柳田國男集 第六巻』東京：筑摩書房。
リーチ、エドマンド
一九九〇（一九六一）『人類学再考』新装版、青木保・井上兼行訳、東京：思索社。
リクール、ポール
一九八四（一九七五）『生きた隠喩』久米博訳、東京：岩波書店。
レヴィ＝ストロース、C
一九九〇（一九八五）『やきもち焼きの土器つくり』渡辺公三訳、東京：みすず書房。
ヴィゴツキー、レフ・セメノヴィチ
一九六二（一九五六）『思考と言語（上）』柴田義松訳、東京：明治図書出版。

世界観に表出する野生

織田竜也

一　世界観への接近

文化人類学者はフィールドで他者と出会い、交流する。未知の世界観に触れ、学ぶ。フィールドワークを介した情報化は、複数の世界観が交錯した地点で行われる。文化とは共有された世界観であり、集合的な現象である。世界観は人間の内面に構築されるが、外的な存在として様々な表象が創造される。音、形、色、声、それらが線を結びメロディ、絵画、言葉として、さらには多数の人間の経験を含み込み、絡まり合って顕現する。フィールドで得られた様々な経験は、調査者の個人的な経験と混交し、オリジナリティを持った特殊な経験として自覚される。

これまで、調査者の経験を情報化する手法として、幾多の「民族誌」が書かれてきた。個人的な経験として創造された「民族誌」はときに小説のような作品として流通し、不定形かつ多義的な情報として処理されてきた。他者の世界観であれ、混交した自分の世界観であれ、広大な領域全てを記述することはできない。私が特に関心を持つのは世界観の動態であり、異質な要素が結びつき、変容し、目の前の世界が別のものに姿を変えてしまう様子である。

世界観を記録／記述する方法の一つに、民俗分類学（Folk taxonomy）がある。集合的な認知の結果として、複数の人間に承認された表象を研究する分野である。松井は琉球諸島での生物世界の民俗分類体系を調査し、一つの村落には複数ではなく一つの民俗分類体系が存在すること（一意性）、また、特定の民俗体系では一つの語彙が一つの上位カテゴリーに属すること（類別性）などを明らかにした［松井　一九八三］。

たしかに植物や動物の名称であれば、物と名称が一義的に対応することが多いだろうし、松井のいう「一意性」や「類別性」には説得力がある。しかしながら、民俗語彙は体系的な知識として人々に記憶されていないことは松井も指摘する通りで、俗称や新たな名称に着目して調査を継続すれば、例外的な多くの事例が収集されるかもしれない。ここで注目されるのは、現地の人々が使用する名称の生成や変容の過程である。名称によって世界を認識し分けた「結果」が分類体系と呼ばれるのだが、認識し分ける「過程」はどうなっているのだろうか。松井はこの点にも注意を向けている。

民俗分類の手順そのものは、島の人たち自身にさえ自覚されず、彼らもうまくその手順を言葉で説明できないため、調査する側では、その分類の手順やその基礎になっている論理を探るために、えられた調査結果を検討してモデルを考えてみるということになる［松井　一九八三：八二］。

認識や分類の現場では、手順や過程は無自覚的に進行することを松井は指摘する。したがって調査者である我々が意識的に、認識や分類の論理をモデル化しなくてはならない。

二　世界観と概念の関係

現地で収集された語彙が相互に関係し、集合的な体系として記録されるならば、効果的な記録方法が検討されなくてはならない。近年、工学や情報学の分野で「概念の設計図」といった意味で使用される「オントロジー（Ontology）」は［溝口　二〇〇五：七］、事象の名称を確定し、名称同士の関係を明示するという点で興味深いツールである。

オントロジーでは「クラス」という器に「インスタンス」という中身が入ると考える。例えば「学問分野」という「クラス」に「文化人類学」という「インスタンス」が入る。「学問分野」の上位クラスとして「人文科学」、下位クラスとして「神話研究」などを設定することができる。

オントロジーで使用される用語は語彙ではなくて概念だとされるが、語彙と概念を明確に区別できるかどうかは微妙である。「インスタンス」であれ語彙であれ、人間に認識された対象の名称は、認識する視点に深く関わる。目の前の事象を言語化し、「部屋の中で音楽が流れている」などと表現する場合、「部屋」「中」「音楽」「流れる」は語彙と概念が混交した表現である。さしあたっては、語彙を一段階抽象化したものを概念としておけば良いだろう。

認識する対象が同じであっても、視点が異なれば異なった表現で描かれる。逆に、異なる対象が同一の名称で表現されることもあり得る。例えば「水」は「流水／静水」と概念化される場合もあれば、「河川／貯水池」と概念化される場合もある。「雨」も「水」であり、「海」も「水」である。表現の妥当性はコンテクストに依存する。

松井は「島の人たちの彼らの自然環境についての知識や自然認識のあり方は多面的で変幻自在である」という

〔松井　一九八三：七九〕。そのような複雑な認識のあり方を丁寧にフォローする可能性をオントロジーは持っている。「概念の設計図」としてのオントロジーは、調査者がインフォーマントの世界観を記述するに際して、「世界をどのような視点から概念化したのか」を説明するツールとして有効である。

オントロジーの面白さは、概念同士の関係を階層構造で示す点にもある。例えば、「リンゴ」の上位概念は「果物」のこともあれば、「アップルパイ」のこともある。場合によっては「ニュートン」「白雪姫」「マッキントッシュ」がセットされることもあるだろう。オントロジー研究者の中には、概念のツリー構造を固定的に捉えて一義的な構造を好む者もいるが、私はむしろ隣に並ぶ概念によって、上位概念がくるくると変化するようなオントロジーを開発すべきだと考える。

この場合の多義性は必ずしも玉虫色といった意味ではなくて、それぞれのコンテクストに応じて意味を変化させる性質のことである。特定の対象物について、異なる視点から複数のオントロジーを構築することができれば、民俗分類学と神話学を直接的に結びつけるような意外性のあるオントロジーが登場するはずである。

語彙や概念のもつ意味については一概に定義できず、解釈の余地が多分に残される。例えばベネットは地理学で使用される概念の曖昧さを論じた〔Bennett 2001〕。ある調査における「ロード（Road）」の定義「乗り物のための舗装された道（A metaled way for vehicles）をとりあげて、「Metaled」「Way」「Vehicles」などの定義の曖昧さを指摘する。こうした問題は「森林（Forest）」や「砂漠（Desert）」においても同様であり、ファジー理論を用いた解決策を提案する。

ヴァルツィも地理学で使用される概念の曖昧さを指摘する〔Varzi 2001〕。「地球上で最も低い山は？」と質問した場合、我々はどのように答えることができるのか。「山（Mountain）」はどの高さから「山」になるのか。周囲から少しでも高ければ「山」なのか。厳密に回答することは難しい。たしかに地面のでっぱりや書類の山はいわゆる「山」ではない。同様に「町（Town）」はどのくらいの規模なのか、「河川（River）」はどのくらいの長さなのかなど、地理学で使用される概念を論理学の観点から考察する。

しかしながらこのような語彙の意味の扱いについては、定義の厳密性を問うよりは、コンテクスト依存的であると考えておくのが好ましい。複数のオントロジーを併記することで、コンテクストに応じた語彙や概念の意味を明確に示すことができるだろう。

三　概念の転換学

オントロジーは語彙や概念のツリー構造として、世界観の一部を明確な形式で提示する。階層構造によって分類体系の上位—下位の関係が示される。松井が分類体系の研究に際して注意を促すのは、分類するという行為が持っている「まとめる」性質と「分ける」性質である〔松井　一九八三：六〇〕。これらの性質はオントロジーに即して言い換えれば、「上位に統合する機能」と「下位に展開する機能」である。

概念の下位への展開は比較的容易である。例えば「車」からは「タイヤ」「ハンドル」「エンジン」と派生したり、「トヨタ」「日産」「ホンダ」、「ガソリン」「ディーゼル」「ハイブリッド」など、様々な展開が可能である。

興味深いのは上位への統合であり、ここでは常に、新たな意味が創発する可能性を秘めている。このことは人間の知的活動として、他者を発見して認識するまでの過程と結びつく。とりわけ推論的な思考は概念の上位への統合を伴う。事例としてスペルベルの考察〔Sperber 1996: 120〕を参考に考察してみよう。

スペルベルは「認知過程（Perceptual process）」と「概念形成過程（Conceptual process）」を分別する。前者は感覚器官による情報のインプット、後者は認知された対象を表象するアウトプットであるとする。具体的には「あ、雲だ（Here is a cloud.）」が「認知」であり、「雨が降るかも（It might rain.）」が「概念形成」だと説明する。この区分と他者の発現としての「雲」を事例として、過程を図式化してみよう。スペルベルの主要な関心は「因果的認知（Causal cognition）」にあるが、ここでは認識の過程を示すことを主眼とする。

他者の発現―認知「青と白」
↓①雲だ
↓②ああ（綺麗だ）
↓③ソフトクリームみたい
↓④何だ？（UFO？）
↓⑤雨が降るかも

①から⑤までの全てが「結果」としての「認識」である。獲得された「認識」をそれぞれ①概念、②情緒、③類似、④非知、⑤推論と仮に名づけておこう。順序を入れ替えて「②→③→①→⑤」と読みかえれば、「ああ」→「ソフトクリームみたい」→「雲だ」→「雨が降るかも」と、階層的な認識回路が成立する。「矢印」の段階において新たな認識が生成し、上位への統合された「結果」が次の認識となっている。

だがここでの「矢印」は常に失敗の可能性を孕んでいる。すなわち「ソフトクリームみたい」→「お腹すいたな」→「ラーメン食べよう」と展開する可能性である。こうなると「青と白」の結果的な「認識」は随分と変わったものになってしまう。だがその場合には「ソフトクリームみたい」は「青と白」の最終段階であり、「ソフトクリーム」という新たなスタートから「ラーメン食べよう」までがスペルベルの説く「因果的認知」として展開していると考えておこう。

このように、世界観を「概念の設計図」として描く試みは常に思考の流動性を保有すべきであり、複数の概念の組み合わせによって新たな概念が創発する記述ツールは、必ずしも不可能ではない。その萌芽的アイディアは、文化人類学において既に示されていた。レヴィ＝ストロースの提案した「トーテム操作媒体(L'opérateur totémique)」である［レヴィ＝ストロース　一九七六：一八二］。

「トーテム操作媒体」は種から個を繋ぐ情報群を、多次元的なツリー構造の組み合わせで表現する概念ツールである。当然ながら、文化人類学が収集するあらゆる資料が「トーテム操作媒体」に収まるものではない。しかしながら複雑な分類体系を記録するには有効なアイディアであり、現代的な観点と組み合わせれば、複数のオントロジーを三次元的に結びつけた思考のデータベースとして再生できるように思われる。

現地で収集される語彙は一応は「フォークターム」である。しかしながら、インフォーマントは新聞やテレビなどのメディアが創出した言葉を使用する場合もある。このとき、現地の世界観は集合性を帯びている。すなわち、より広域的な、ときにはナショナルな、あるいはグローバルな言説空間と接合している。それ故、現代の文化人類学的調査においてはインフォーマントの使用する言葉の普及範囲には一層注意しなくてはならないが、そのような複雑な状況においてこそ、現代的な「トーテム操作媒体」は有効な役割を果たすだろう。

図1　トーテム操作媒体

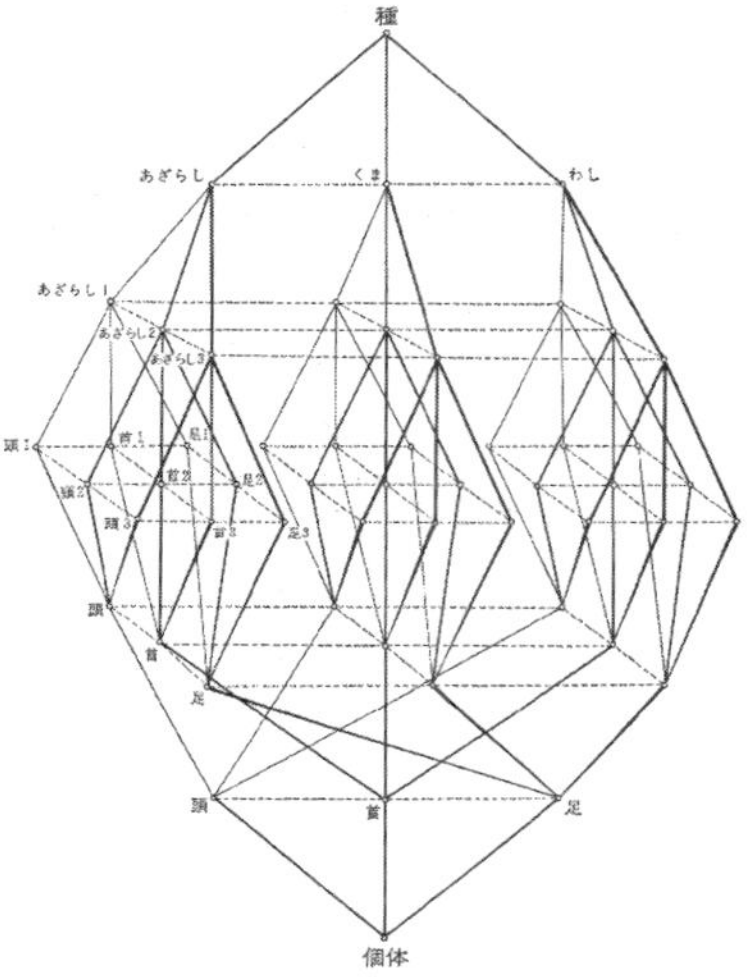

四　フィールドでの出会い

唐突だが、あるエピソードを紹介したい。二〇一三年三月、僕は文化人類学者、山口昌男の訃報（二〇一三年三月一〇日逝去）を知り、あれこれに思いを馳せながら、寂しい気持ちで石垣島を歩いていた。「南ぬ島（ぱいぬしま）石垣空港」が開港したばかりだったが、オフシーズンのためか、人影はまばらだった。今回の滞在では特別な調査目的はなく、積極的なフィールドワークを自重し、海を眺めながら文化人類学の未来について想像しようと企んでいた。

昼飯を済ませ、どこかで本でも広げようかと彷徨っていると、異様に真っ青に塗られた建物が目に入った。空の色、海の色、僕は青が好きだ。建物に貼られた木の板には「出会い大事にしたい！」と書いてある。出会いは大事だ。さらには「よい子が良く読むよい本を！」とある。意味はよくわからない。

しばし立ち止まって、僕は手にしていた本に目を向けた。アン・アリスンの「ミレニアル・モンスターズ」を邦訳した『菊とポケモン』［アリスン　二〇一〇］だった。文化人類学の中枢概念である「野生（Sauvage）」は日本において、マンガ、ゲーム、アダルトビデオの分野で世界的な進化を遂げた、と僕は考えてきた。この問題に文化人類学的接近を試みるには、どんな方法が望ましいのだろうかと、長い間、頭を悩ませてきた。前日の夜も、その日も目が覚めてからずっと、頭のどこかで「野生」に意識が引っ張られていた。

僕は『よい子』で『よい本』を『良く読む』タイミングで、店の前を通りかかったのか、などとぼんやりと考えながら立ちすくんでいると、建物の中から親父さんが出てきた。

「お兄さん、どっから来た？」

僕は東京生まれの東京育ちだが、大学を卒業してから横浜で一〇年、長野で三年暮らしている。

「あー、長野」

「そうかぁ、長野は寒いだろ」

たしかに長野は寒い。僕は寒さから逃れて、石垣島にやってきたのかもしれない。メニューに「ピパチチャイ」とあるのが目に入ったので、「チャイが飲みたいな」と告げると、親父さんは了解して、道端に椅子とテーブルを用意してくれた。屋根のない場所で本とチャイ。好きなものが二つ並ぶシチュエーションは、僕にとって最高の部類に属する。

親父さんは僕の向かいに座り、僕はスペインに、親父さんはアルゼンチンに滞在した話を交わした。店の前の道路で信号待ちの車が停まると、親父さんが立ち上がって叫んだ。

「アミーゴ！　こんにちは！」

覗きこむと、車内にいるのは外国人のようだ。親父さんの知り合いなのか、助手席側の窓が開き、何か言っている。すかさず親父さんは僕に言った。

「お兄さん、何か言ってるよ」

スペイン語が聴こえたのか？　どうやら僕が対応しなくてはならないらしい。

「どうかしましたか？　スペイン語を話しますか？」

と尋ねると、助手席の婦人が「ポストオフィス」と言う。

「親父さん、郵便局はどこよ？」

「あー、そこ曲がって、そんでまた信号曲がって」

「じゃあ、ここの裏っ側だね」

僕は言われた通り、外国人に英語で道順を伝えていると、親父さんは「お兄さん、どっから来たか聞いてくれ」と言う。尋ねてみると運転手は「イングランド」と答えた。彼は最初から英語を話していたのだ。

「イングランドだってさ」

「へー、そーかい」

僕はこの親父さんとは気が合いそうだと思い、長話の心構えをして椅子に座り直した。

五　考察

石垣島で出会った外国人が発した「イングランド」という表現を、日本人はしばしば「イギリス」と混同して理解する。それはつまり、ネイション（民族）とステイト（国家）の差異について曖昧であることを意味する。ここで言えることは、調査者あるいは概念を整理するオントロジーの設計者の知的態度によって、「分類体系」「オントロジー」「トーテム操作媒体」は姿を変えてしまうということである。

語彙のヴァリエーションについて次のような例がある。石垣島では「八重山そば」が名物であり、青い建物の栄福食堂のメニューにも「八重山そば」がある。しかしながら、看板に大書された独自のメニューは「トニーそば」である。「八重山そば」と「トニーそば」はともに「そば」からの合成語彙として同種の性質を持つが、後者については説明が必要だろう。

写真　栄福食堂

　トニーとは昭和の映画俳優、赤木圭一郎の愛称を意味する。栄福食堂の親父さんは赤木圭一郎の大ファンであり、店内には数十枚のポスターが貼られている。来店した客は好むと好まざるに関わらず、ビデオテープに録画された古いテレビ番組の赤木圭一郎特集を観せられるほどである。

「親父さん、トニーそばってのは八重山そばと何が違うの？」
「うーん、おんなじだよ」

別の物だと思って注文すると、同じ「そば」が出てくる。同じ物に別の名称を付けても構わない。そしておそらく、この「トニーそば」は世界で栄福食堂にしかないオリジナルな名称であり、少数の人々しか理解していないという意味で集合性を帯びていない。しかしながら、「トニーそば」は栄福食堂の親父さんの生命が投影された世界観の表出であって、僕はこれこそが「野生」ではないのかと自問する。「野生」はときに道化的である。道化的知性は予測不可能だが、二一世紀の「トーテム操作媒体」には、変換可能な概念が相互に結びついた自由が保証されなくてはならない。

僕は日本文化人類学会の第四一回研究大会〔二〇〇七年〕で「知識表現としてのオントロジー」という発表を行ったことがある。その際、「概念化」という思考作用は普遍性を持ち得ないと考えるならば、「参入（Participation）」「フェティッシュ（Fetish）」といった現象を考慮したオントロジー的思考が必要だと述べた。未だその課題に応じ切る準備はないが、本稿ではその途中経過を示そうと試みた。

鈴木正崇が「自然と人間がいのちを共有する連続体で、時には人間の身体の中に自然の力が入り込み、再びその力を自然の中に解き放つような共生感覚［鈴木　二〇〇四：二〇］」というのは、モダニティのエッジを突破して、「野生」の世界観へと溶けこんでいくような、人間が自らの境界を溶かして、世界と一体化できるような思考の技術のことだと僕は思う。

参照文献

アリスン、アン
二〇一〇『菊とポケモン――グローバル化する日本の文化力』実川元子訳、東京：新潮社。（Allison, Anne. *Millennial*

Monsters: Japanese Toys and Global Imagination. University of California Press, 2006.）

鈴木正崇
　二〇〇四　『祭祀と空間のコスモロジー——対馬と沖縄』東京：春秋社。

松井　健
　一九八三　『自然認識の人類学』東京：どうぶつ社。

溝口理一郎
　二〇〇五　『オントロジー工学』東京：オーム社。

レヴィ＝ストロース、クロード
　一九七六　『野生の思考』大橋保夫訳、東京：みすず書房。（Lévi-Strauss, Claude. *La Pensée sauvage*. Librairie Plon, 1962）

Bennett, Brandon
　2001　What is a Forest?: On the Vagueness of Certain Geographic Concepts. *Topoi* 20: 189-201.

Sperbel, Dan (eds.)
　1996　*Causal Cognition*. Oxford University Press.

Varzi, Achille C.
　2001　Vagueness in Geography. *Philosophy and Geography* 4(1): 49-65.

親族研究の現在――「親族に代わる新しい概念」と「親族の新しい概念」

仲川裕里

はじめに

どの学問においても、程度の差こそあれ、流行り廃りのある研究分野は存在する。廃れた後、そのままになってしまう場合も多いが、なかには、流行り廃りを経た後、再度復活を遂げる場合もある。人類学における親族研究は後者の好例である。人類学の創始以来、親族研究は長年にわたって、いわゆる「花形」研究分野であり続けていたが、一九七〇年代から一九八〇年代にかけて低迷し衰退していった。しかし、一九九〇年代に入って親族研究は再び勢いを取り戻し始め、一九九〇年代半ば頃から親族研究が復活あるいは再生したと言われるようになってきた。[1] 以来、二〇年近くが経過しているが、現在も親族研究はその勢いを失っていない。

親族研究が復活した要因は複数存在する［Carsten 2000: 3; Schweitzer 2000: 6-13; Strathern and Stewart 2011: 5］。例えばフェミニスト人類学においてジェンダー的視点による親族研究が活発に行なわれたことにより、親族研究に新しい展開がもたらされた。また、社会の変化に伴って、親族研究の対象となるような新しいテーマないし領域――例えば新生殖技術によって生じる新しい親子関係——が、特に欧米先進国で見出されるようになり、その結果、これまであまり人類学の対象とされていなかった欧米社会の親族が盛んに研究されるようになった。さらに、重要な要因として、親族という概念そのものに疑問が投げかけられ徹底的に批判されるなかで、親族研究自体が、伝統的な親族研究では親族として説明できなかったような現象や関係も対象とする、いわゆる「新しい親族研究 new kinship studies」〔Carsten 2000: 3; cited by Shapiro 2012: 191〕に変容したということが挙げられる。新しい親族研究では、当然のことながら、旧来の親族概念の見直しが迫られ、そのなかから新しい概念や定義が生まれている。

本稿では、親族研究の低迷から再生に至るまでの流れを、低迷においても再生においても主要因となったと認識されているシュナイダーの論考を中心にたどる。そして、再生後の新しい親族研究において、親族に代わる新しい概念として提唱された「つながり relatedness」〔Carsten 1995, 2000〕と、親族の新しい概念として定義された「存在の相互性 mutuality of being」〔Sahlins 2011, 2013〕を検討し、その有用性と問題点について考える。

一　親族研究の消滅と再生

親族研究は、人類学という学問が誕生してから一九六〇年代まで一世紀以上にわたって、人類学において中心的な位置を占めてきた。米国、英国、フランスのいずれにおいても、著名な人類学者のほとんどが親族研究に携わり(2)、その結果、親族に関する膨大な民族誌的データが蓄積され、多くの親族理論や分析概念が生み出された。ある社会の親族体系を理解することはその社会を理解することとほとんど同義のように考えられ、人類学における親族研究史はそのまま人類学の学説史とさえいえるような様相を呈していた。一九六〇年代後半、フォックスは「人類学における親族というのは、哲学における論理あるいは芸術におけるヌードに等しい。つまり、この学問における基本的な分野である」とまで述べている［Fox 1967: 10］。

親族研究が重要視されてきた理由として、「親族」はどの社会にも必ず存在する、したがって、通文化的比較研究を主要な方法論とする人類学に最も適した研究対象であると考えられてきたことが挙げられる［Barnard and Good 1984: 2］。また、人類学ほど集中的に親族研究を行なう学問分野が他にはないため、親族研究こそが人類学の代表的分野とみなされ、その結果、さらにまた親族研究が重要視されるという、いわゆる正のフィードバックもあった。

しかし、このように隆盛を極めた親族研究は一九七〇年代に入ってから衰退し、その後、約二〇年間、廃れた領域として、人類学の中で周辺的な位置に置かれていた。のちに振り返った時に「親族の消滅 demise of kinship」とまで言われることになったこの時期、学会発表、大学の授業、出版物や博士論文、研究者の専門領域のリストから「親族」という語が消えていった［Weston 2001: 149］。

多くの人類学者が、親族研究の低迷に最も大きな影響を与えた人物としてシュナイダーの名を挙げている［Carsten 2000: 9; Feinberg 2001: 2, 24; Fogelson 2001: 41; Kuper 1999: 131; McKinley 2001: 134; Schweitzer 2000: 3; Stone 2001a: 4-6, 2004: 241; Weston 2001: 149］。同時に、後述するように、シュナイダーは閉塞していた旧来の親族研究に新しい道を開き、親族研究が再生するきっかけになったとも指摘されている［Carsten 2000: 8-9; Feinberg 2001: 24; Parkin and Stone 2004: 18-19; Stone 2004a: 248-252, 2004b: 331; Strathern 1992: XVIII; Sahlins 2013: 12, 15］。

一九六八年に発表した *American Kinship*［Schneider 1980 (1968)］で、シュナイダーは、アメリカ人[3]の親族を社会構造や機能からではなく、文化的に構築された象徴と意味の体系として分析し[4]、その結果、以下のことを提示した。アメリカ人にとって、文化的システムとしての親族は生物学的な「自然の理法 order of nature」と社会的な「法の理法 order of law」に基づくものであり、前者は「血」で象徴される「生物生成物質 biogenetic substance」

の共有を、後者は「愛」＝「拡散する持続的な連帯 diffuse, enduring solidarity」を示す「行為の規則 code for conduct」を意味する。このような親族観念の核となるシンボルは婚姻関係にある夫と妻の性交である。すなわち、婚姻という行為の規則によって結ばれた男女の性交の結果として、その男女と「血」を共有する子どもが生まれるということが、アメリカ人の親族観念の中核にある。アメリカ人はこの生殖から派生する親族関係を「生物学的」と捉えているが、そのような捉え方自体が文化に包摂されるものであり、アメリカ人が「生物学的」親族関係と考えているものは、「血の共有」という比喩で象徴されるアメリカ人の民俗観念に過ぎない。

以上の考察は、その後のシュナイダーの論文と著作のなかで、人類学の親族研究批判へとつながっていく。シュナイダーは、文化的相対主義の立場から、先人ならびに彼と同時代の人類学者による親族研究が、親族を究極的には生物学的なつながりとして捉える西洋的な民俗観念に縛られていることを徹底的に非難した。

一九六九年の論文では、アメリカ文化において親族、ナショナリティ、宗教はともに「共有の物質[5]」と「拡散する持続的な連帯」に基づいており、それゆえ、この三つの文化的領域には、それを他の二つから区別できるような示差的特徴はない、したがって、アメリカ文化には「親族」に該当する個別の領域は存在しないと述べた[Schneider 1969; cited by Feinberg 2001: 9]。

さらにシュナイダーは一九七二年の論文で、アメリカ文化においてさえ「親族」は独立した文化的領域としては存在していないのだから[6]、*American Kinship* というタイトルや、そのなかで用いた「純粋な親族のレベル」といった表現は誤りであるとして、一九六八年の自著を批判した[Schneider 1972: 50]。そして、「親族」はモーガンが発明し、それ以後、人類学的親族研究で用いられてきた、欧米的民俗概念に基づいた分析概念に過ぎず、モーガンや彼の弟子たちが用いたような形での「親族」は「人類の知るところのいかなる文化的カテゴリーにも一致しない」[Schneider 1972: 50]、したがって「親族」は「人類の知るところのいかなる文化にも存在しない」[Schneider 1972: 59]「それ（「親族」）は人類学者の頭の中にあるが、人類学者が研究する文化には存在しない」［Schneider 1972: 51］と述べ、モーガンから当代に至るまでの親族研究に潜む欧米中心主義を痛烈に批判した。

さらに、一九八四年の著作 *A Critique of Kinship Studies* でも、シュナイダーは、欧米的親族観念に縛られている親族理論を通文化的比較に用いることはできないと断じた［Schneider 1984］。そして、これまでの親族研究が親族理論をいかに無理やり他の文化にあてはめてきたかを明らかにするために、シュナイダー自身が書いた、ミクロネシアのヤップ島（Yap）の社会関係に関する二つの記述を対比してみせた。一つ目の記述は初期のもので、ヤップの社会体系を人類学的な親族概念や親族理論を用いて説明し、ヤップに存在するのは父系出自集団であるとしている。二つ目は、ヤップの民俗概念であるタビナウ[7]（tabinau）を用いて記述したもので、自身が以前に父系出自集団として記述していたのは、実際は、土地利用と土地所有に基づく文化的単位であると結論づけている。この二つの記述の比較によって従来の親族概念や親族理論を異文化の記述に用いることの不毛さを示したシュナイダーは、親族研究に希望はなく、人類学は親族研究を放棄するべきだと主張した。

シュナイダーのこうした一連の批判は人類学における親族研究に大きな影響を与え、親族研究における「シュナイダー的転回 Schneiderian Turn」とさえ言われている［Parkin and Stone 2004: 18］。しかし、その背景には、この時期の人類学全体に見られた大きな変化――人類学的関心にみられた「構造から実践へ、実践から言説へ」の転換［Carsten 2000: 2］、ポスト・モダン批判に基づく他者表象に関する問題意識の強まり、文化相対主義や再帰人類学（reflexive anthropology）の広がり――があったことも事実である。

さらに言えば、親族研究に批判の目を向けた人類学者はシュナイダーだけではない。シュナイダーより早く、あるいはほぼ同じ頃に、彼と同じような親族研究批判を行なった人類学者もいる。例えばリーチは、一九六一年に、親族研究において行き過ぎた通文化的比較が行なわれていることを、婚姻や出自の概念を例に取りながら批判している［Leach 1961］。ニーダムも、親族研究で用いられる「出自」「婚姻」「インセスト」「親族用語」といった分析概念は普遍理論への過度な志向から作り出されたもので、欧米の人類学者自身の民俗概念に拘束されており、通文化的比較に耐えうるものではないと主張し［Needham 1971a, 1971b］、シュナイダーよりも前に「親族などというものは存在しない、したがって親族理論などというものも存在しない」と述べている［Needham 1971b: 5］。実際、一九七〇年代から一九八〇年代にかけての英国では、シュナイダーよりもリーチやニーダムの親族研究批判の影響の方が強かった［Stone 2004a: 242］。

ではなぜ親族研究の低迷を招いた人物として、他の親族研究批判者ではなく、シュナイダーの名が挙げられるのだろうか。その理由として以下の二つが考えられる。

ひとつには、シュナイダーが親族研究批判の過激さにおいて他の批判者を圧倒していたということである。リーチもニーダムも親族研究で用いられる分析概念や理論に疑問を投げかけながらも、親族研究そのものを否定するというところまではいかなかった。「親族などというものは存在しない」と言ったニーダムですら、親族研究そのものを否定するまでには至らず、その代わりに親族の通文化的比較における過度な一般化を避け、より厳密な通文化的比較ができるような基準を設けることを提唱するに留まった(8)［Needham 1971a, 1971b: 10-13］。

もうひとつは、先に述べたように、シュナイダーが親族研究の低迷だけでなく、親族研究の再生のきっかけにもなったということである。シュナイダーが*American Kinship*で行なった、親族を文化的に記述するという試みは、親族研究の新たな展開の可能性を示唆するものとなり、他の人類学者に大きな影響を与えた(9)。また、旧来の親族研究では、親族は社会的関係であると理解しながらも、やはり基盤になるのは生殖という生物学的事実であり、その生物学的事実に社会的意味や解釈を付与したものとして捉えてきたのに対し(10)、親族の概念構成のなかで「自然」あるいは「生物学的」と考えられてきたものも実は文化的に構築されたものであると主張するシュナイダーの議論は、親族と同様に「自然」と「文化」が交差するジェンダーの研究にも刺激を与え、フェミニスト人類学において親族とジェンダーを主題とする研究が盛んになった。(11)さらに上記のようなシュナイダーの議論によって、親族研究に構築主義的アプローチが取り入れられ、後述のように、生物学的要素が介在しない関係も親族研究の射程に入ってくるようになった。

冒頭で述べたように、社会の変化に伴って親族研究の新しい対象・領域が生まれてきたことも親族研究復活の要因となった。新しい対象・領域の例として、新生殖技術によって生じた新しい親子・親族関係のほか、同性間の婚姻やパートナーシップが認知されることによって生まれるゲイ/レズビアン家族、離婚・再婚が繰り返されることによって、特に欧米先進国で見られるようになった拡大家族、グローバル化による成員の移動や国際養子縁組で生まれるトランス・ナショナル家族といった新しい家族形態などが挙げられる。

このような人類学内外の状況が相俟って、一九九〇年代半ば頃から親族研究は復活を遂げたが、復活した親族研究は「親族の消滅」以前の親族研究とは異なる、新しい親族研究となった。新しい親族研究では、生物学的要素がモデルとしてすら介在しない関係も対象としているため、伝統的な親族概念は必然的にその見直しを迫られることになった。

ある概念を見直す時には二通りのアプローチが考えられる。ひとつは古い概念に代わる新しい概念を設定すること、もうひとつは古い概念を新しく定義し直すことである。新しい親族研究ではこの両方が行なわれており、親族に代わる新しい概念と親族の新しい定義がそれぞれ提示されている。

前者はカーステンが提唱した「つながり relatedness」という概念であり［1995, 2000］、後者はサーリンズが提示した「存在の相互性 mutuality of being」という親族の定義である［2011, 2013］。次項ではこの親族に代わる新しい概念ならびに親族の新しい定義の概要とその問題点について見ていくことにする。

二　「つながり relatedness」と「存在の相互性 mutuality of being」

カーステンは、彼女がフィールドワークを行ったマレーシアの漁村を始めとする多くの社会において、人々が生殖や系譜的認識に基づく関係がない場合でも、さまざまな要素を通して親族と類似した関係を構築していることを指摘した。そして、このような関係をも包摂する概念として、親族に代わる「つながり relatedness」という概念を新たに提唱した［Carsten 1995, 2000］。この生殖や系譜的認識に基づかない要素は、同居・授乳・食餌・養育・共食・協働・相互扶助・同じ土地から取れたものや同じかまどで調理されたものを食べること・特定のもの（例えば土地など）の共有や交換など多岐にわたっており、これらのなかの何によって「つながり」を持つかは社会によってさまざまである。

初めて「つながり」という語を用いた一九九五年の論文で、カーステンは、この語を用いる目的は、調査地での人びとの関係の実践や概念化の仕方が旧来の親族理論に基づく概念とは異なっていることを明らかにすることであると説明している［Carsten 1995: 223］。「つながり」を提示するにあたって、カーステンは「より柔軟性のある親族の定義を提案する」と述べている［Carsten 1995: 224］。したがって、少なくともこの論文においては、「つながり」は「親族に代わる新しい概念」としてではなく、「親族の新しい定義」として提示されている。しかし、旧来の概念を包摂する、より広い概念に新しい語をあてたならば、それは新しい定義というよりは新しい概念設定であり、実際、他の人類学者からも「つながり」は親族に代わる新しい概念として受けとめられている(12)［Holy 1996: 167-168; Parkin and Stone 2004: 5; Stone 2004a: 251］。

カーステンの「つながり」という新しい概念にすばやく反応し、その問題点を指摘したのはホリーである［Holy

1996: 167-168]。ホリーは「つながり」という概念の明らかな問題点として、「つながり」とは何なのか、親族以外の社会的関係とどのように区別されるのかが明確でないため、空疎な分析概念になってしまうことを挙げている。人びとは、友人・隣人・国民・同じ宗教の教徒・同じ民族集団の成員等々、さまざまな形で社会的関係を結んでいる。「つながり」を、こうした無数に存在する社会的関係と区別しようとすると、結局、それは、旧来の親族と類似する関係に限定されてくることになる。「親族」という概念を「つながり」という概念に置き換えても、それは「親族」の定義に関する問題に対して意味論的解決を与えただけで、概念化に関する問題の解決にはならない。「親族」の代わりに「つながり」という概念を使えば、「親族」とは何なのかという議論が過去に延々と繰り返されてきたのと同様に、今度は「つながり」とは何なのかという議論が始まることになる。

カーステンは二〇〇〇年に出版した編著 *Cultures of Relatedness* のイントロダクションの中で、ホリーの指摘を率直に認め、「つながり」の問題点は、この概念が何らかの系譜的なつながりに基づく関係を示唆するような限定的な意味で使われて、親族と同じような問題に晒されてしまうか、さもなければ、他の社会関係も包摂する漠然とした意味で使われて、ホリーの言うところの「空疎な分析概念」になってしまうことだと述べている［Carsten 2000: 5］。その上で、カーステンは、「つながり」はきれいな解決策にはならないかもしれないが、「つながり」を用いることによって、従来の親族の前提を一時的に保留することができ、従来の親族につきまとう特定の問題をひとまず埒外に置くことが可能になるとしている。つまり、「つながり」は、生物学と文化の恣意的な区別に依拠したり、何が親族を構成するかという前提を立てたりすることなく、それぞれの社会における「関係のあり方 being related」の比較を可能にするのである［Carsten 2005: 5］。実際、親族研究が低迷していた期間、親族の通文化的比較が行なえるような論文集はほとんど刊行されていなかったが、*Cultures of Relatedness* は「つながり」の通文化的比較を目指した論文集となっており、アフリカ・中国・インド・マダガスカル・アラスカ・ヨーロッパにおける「つながり」に関する論文が収められている。

もちろん、カーステンの主張は、ホリーの批判に正面から応えるものになっていない。「つながり」という概念を用いることにより、旧来の親族概念では不可能だった、親族に類する多様な社会関係のあり方を記述・比較することが可能になったことは事実だが、「つながり」の最大の問題点、すなわち、「つながり」とは何なのか、他の社会関係とどう区別されるのかという問題は依然として残っている(13)。

カーステンが親族に代わる新しい概念を提唱したのに対して、サーリンズは親族の定義から生物学的要素を排除することによって、カーステンの「つながり」と非常に近い、人びとの多様な社会的関係を包摂した概念を、新しい親族概念として提示してみせた［Sahlins 2011, 2013］。

サーリンズは、親族の特質とは「存在の相互性 mutuality of being」であり、親族とは「互いの存在（existence）とアイデンティティに内在的・間主観的に参与する人びと」と定義した。そして、民族誌に記述された親族が生殖によって構成されたものであろうと、社会的に構築されたものであろうと、あるいはその組み合わせによるものだろうと、「存在の相互性」は、そうした多様な親族に適用可能な概念であると主張した［Sahlins 2011: 2, 2013: 2］。

サーリンズが示した事例は多岐にわたる。彼は地理的にはアフリカ・オセアニア・北米・南米・東南アジア・アジアといったさまざまな地域の民族誌から例を引き、時間的には最新の民族誌に記述された親族から、一八六五年にタイラーが記述した南米の部族にみられる親族間の間主観性［2013: 31-32］、さらにはアリストテレスの親族観にまで遡り［2013: 20-21］、「存在の相互性」の例証を試みた。これまでの民族誌的資料が示すように、親族の要件は社会によってさまざまである。出生によって親族になる社会もあれば、カーステンが「つながり」を提唱する際に論じたように、出生後の行為（同居・共食・養育・協働・記憶・苦しみ・名前等の共有など）によって親族になる社会もあり、また、出生と出生後の行為の組み合わせによって親族になる社会もある。しかし、サーリンズは、どのような社会においても、互いに親族であると認めあう関係にある者は、互いを互いの存在に関与しあっている者として言及しているということを、さまざまな事例から示し、生物学的関係を包含しながらも、そうでない関係にも適用できる新しい親族の定義として「存在の相互性」を提示した。

では、「存在の相互性」は、ホリーが指摘した「つながり」の問題点を解決しているだろうか。「つながり」という概念は、何によってつながっているかということを限定するのを避けることによって、従来の親族研究では不可能であった、親族に匹敵するさまざまな社会的関係の記述や比較を可能にしたが、その代償として、無限に広がり得る漠然とした概念になってしまった。それに対して、互いの存在に内在的・間主観的に参与することと説明されている「存在の相互性」は「つながり」よりは限定された関係を示す概念となっている。しかし、「存在の相互性」も、「つながり」と同様、似たような他の社会的関係とどのように区別されるのかが明確でないという問題点を解決してはいない。確かにサーリンズは、「存在の相互性」を有する人びとが親族として認識されることを、広範な民族誌的資料を用いて充分に例証している。しかし、「存在の相互性」を有しながらも親族とは認識されない社会的関係もまた多く存在する。刎頸の交わりの友、永遠を誓った恋人、苦楽死生を共にする君臣、弾圧に耐える民族集団や宗教集団の成員——こうした関係にある人びとは、互いの存在に内在的・間主観的に参与しているが、親族とは認識されない。「存在の相互性」によって定義された親族はこのような社会的関係とどのように区別されるのだろうか。それが明確にされていないため、「存在の相互性」もまた、程度の差こそあれ、「つながり」と同様に、分析概念としては空疎なものになってしまっていることは否めない。(14)

三　結び

低迷・衰退期を経て復活した新しい親族研究では、生物学的要素が介在しない関係も含めた多様な社会関係が記述・比較されるようになり、豊かな民族誌的資料が蓄積されてきている。しかし、その一方で、親族に代わる新しい概念である「つながり」や親族の新しい定義である「存在の相互性」には、それが類似の社会的関係とどのように区別されるのかという問題が依然として残されている。

親族研究を低迷させた親族研究批判の核となったのは、従来の親族概念は生殖を親族の中核と考える欧米の民俗概念に過ぎないという議論、そして、他の領域と区別できるような「親族」という個別の領域は存在しないという議論であった。親族研究は、生物学的要素が介在しない関係も対象とすることで前者の問題を克服し、これまでとは異なる新しい親族研究として復活を遂げたが、後者の問題は、新しい親族研究においては、さらに解決が困難になってしまっている。

そういう意味では、新しい親族研究は従来の親族研究が抱えていた問題の「きれいな解決策」[Carsten 2000: 5]にはなっていない。親族概念（あるいは親族の代替概念）から生殖や出生といった生物学的要素を排除するのは行き過ぎであるとして、伝統的な親族研究へのアプローチへの回帰を呼びかける研究者もいるし[15] [Parkin 1997: ix, 3, 137-138]、もっと過激に新しい親族研究を批判する研究者もいる［Shapiro 2008a, 2008b, 2009, 2012］。

しかし、新しい親族研究は民族誌的記述が先行しており、理論的概念化はまだ端緒についたばかりである。旧来の親族研究においても、親族概念やその他の理論は多大な時間をかけ、膨大な民族誌的資料に基づき、さまざまな批判を受けながら形成されてきた。前述のように、現在、新しい親族研究による民族誌的資料の蓄積が進行していることろであり、理論的発展の余地は残されていると考えられる。

注

（1）一九七〇年代から一九八〇年代にかけての親族研究の衰退、ならびに一九九〇年代に入ってからの復活は米国の人類学界で最も顕著にみられた現象であるが、英国や欧州でも米国ほどではないにしても、似たような現象があった。一方、日本では欧米から十数年遅れて類似の現象が起きた。日本の状況については、小川が日本の人類学の教科書の記述を手がかりとして検証している［小川　二〇〇八］。

（2）ここではこれらの人類学者の名前や親族研究における業績を逐一挙げることはしない。ファインバーグが簡潔にまとめているので参照されたい［Feinberg 2001: 1-2］。

（3）*American Kinship* の執筆において基礎的資料になったと言われていた、シカゴにおけるインタビュー調査は、実現はしなかったがもともとはファースとの共同プロジェクトとして、ファースのロンドンにおける中・上流階級の親族研究［Firth et al. 1969］と比較することを予定していたため［Fogelson 2001: 34］、被調査者はシカゴの白人の中・上流階層であった。したがって、ここでいう「アメリカ人」とは実際には白人の中・上流階層を指している。なお、晩年のインタビューで、シュナイダーは *American Kinship* の執筆中にはこのインタビュー調査の結果は参照せず、アメリカ人の親族観念は多分にシュナイダー自身の経験に依拠することを明らかにしている［Schneider 1995: 209-211］。

（4）シュナイダーはパーソンズの社会学の影響を強く受けており、社会システムと文化システムを明確に区別し、注6でも言及するように、親族を論じるに際には文化システムとしての親族に限定していた。

（5）シュナイダーは、一九六九年の論文では「共有の物質」を「生物生成物質 biogenetic substance」から「自然物質 natural substance」に変えて、論を展開している［Feinberg 2001: 13］。

（6）シュナイダーは、彼が論じている「親族」は文化的システムにおける「親族」であることを明示している［Schneider 1972: 39］。

（7）シュナイダーによれば、タビナウ（tabinau）はヤップの文化的単位で、家屋と屋敷地、それを媒介としてつながっている人ないし人々、家屋の礎石、そこで行なわれる結婚といったように、異なる文脈によって多義的に用いられる概念である［Schneider 1984: 21］。

（8）そして、ニーダム自身も認めたように、これは通文化的比較をいっそう難しくするものとなった［Needham 1971b: 13］。

（9）例えば、マリリン・ストラザーンは、生殖医療の発展に起因する英国の親族ならびに親族観の変化を取り扱った著書の前書きで、シュナイダーは「この本の（人類学という）学問上の父」であると書いている［Strathern 1992: XVIII］。

（10）例えば旧来の親族研究では、養子は、生物学的関係のある親子をモデルとして、生物学的関係のない二者の間にあたかも生物学的親子関係があるかのように社会的に擬制したものと解釈されている。

（11）代表的なものとして Collier and Yanagisako［1987］がある。

（12）カーステン自身も二〇〇〇年に出版した編著［Carsten 2000］のイントロダクションで、「この論文集の執筆者たちは「つながり」という語を「親族」に対立させて、あるいは「親族」と並行して使っている」と述べている［Carsten 2000: 4］。

（13）近年刊行された『つながりの文化人類学』［高谷・沼崎編　二〇一二］は、カーステンの「つながり」を共通項として編まれた論文集であるが、ここでもさまざまな社会関係が取りあげられている。

（14）「存在の相互性」については他にも問題点が指摘されている［Shapiro 2012; Parkin 2013］。そのうちのいくつかは「つながり」、さらには新しい親族研究に対しても向けられているものだが、紙数の関係もあるため、ここではホリーの指摘した問題点に絞って検討し、他の問題点については別の論稿で検討することにしたい。

（15）こうした動きは親族研究やジェンダー研究における「自然」と「文化」という二分法からの脱構築を妨げるものとして、フェミニスト人類学者から批判されている［Franklin and McKinnon 2001: 7, 20; Franklin 2001: 318］。

文献

小川正恭
　二〇〇八　「親族研究の消滅はあったのか——日本の教科書の記述から」『ソシオロジスト』一〇、武蔵大学社会学部、五一〜七二頁。

高谷紀夫・沼崎一郎編
　二〇一二　『つながりの文化人類学』仙台：東北大学出版会。

Barnard, Alan and Anthony Good
　1984　*Research Practices in the Study of Kinship* (ASA Methods in Social Anthropology 2). London: Academic Press.

Carsten, Janet

1995 The Substance of Kinship and the Heat of the Hearth: Feeding, Personhood, and Relatedness among Malays in Pulau Langkawi. *American Ethnologist* 22: 223-241.

2000 Introduction: Cultures of Relatedness. In *Cultures of Relatedness: New Approaches to the Study of Kinship*. Janet Carsten (ed.), Cambridge: Cambridge University Press.

Carsten, Janet, ed.

2000 *Cultures of Relatedness: New Approaches to the Study of Kinship*. Cambridge: Cambridge University Press.

Collier, Jane F., and Sylvia J. Yanagisako, eds.

1987 *Gender and Kinship: Essays toward a Unified Analysis*. Stanford, Calif.: Stanford University Press.

Feinberg, Richard

2001 Introduction: Schneider's Cultural Analysis of Kinship and Its Implications for Cultural Relativism. In *The Cultural Analysis of Kinship: The Legacy of David M. Schneider*. Richard Feinberg and Martin Ottenheimer (eds.), Urbana and Chicago: University of Illinois Press.

Firth, Raymond William, Hubert Firth, Jane Hubert, and Anthony Forge

1969 *Families and Their Relatives: Kinship in a Middle-class Sector of London: An Anthropological Study*. London: Routledge & Kegan Paul.

Fogelson, Raymond D.

2001 Schneider Confronts Componential Analyses. In *The Cultural Analysis of Kinship: The Legacy of David M. Schneider*. Richard Feinberg and Martin Ottenheimer (eds.), Urbana and Chicago: University of Illinois Press.

Fox, Robin

1967 *Kinship and Marriage: An Anthropological Perspective*. Harmondsworth: Penguin.

Franklin, Sarah

2001 Biologization Revisited: Kinship Theory in the Context of the New Biologies. In *Relative Values: Reconfiguring Kinship Studies*. Sarah Franklin and Susan McKinnon (eds.), Durham, NC: Duke University Press.

Franklin, Sarah, and Susan McKinnon

2001 Introduction. In *Relative Values: Reconfiguring Kinship Studies*. Sarah Franklin and Susan McKinnon (eds.), Durham, NC: Duke University Press.

Holy, Ladislav

1996 *Anthropological Perspectives on Kinship*. London: Pluto Press.

Kuper, Adam

1999 *Culture: The Anthropologists' Account*. Cambridge, MA: Harvard University Press.

Leach, Edmund

1961 *Rethinking Anthropology* (London School of Economics Monographs on Social Anthropology No. 22). London: Athlone Press.

McKinley, Robert

2001 The Philosophy of Kinship: A Reply to Schneider's Critique of the Study of Kinship. In *The Cultural Analysis of Kinship: The Legacy of David M. Schneider*. Richard Feinberg and Martin Ottenheimer (eds.), Urbana and Chicago: University of Illinois Press.

Needham, Rodney

1971a. Introduction. In Rodney Needham ed., *Rethinking of Kinship and Marriage* (ASA Monographs 11). London: Tavistock.

1971b. Remarks on the Analysis of Kinship and Marriage. In *Rethinking of Kinship and Marriage* (ASA Monographs 11). Rodney Needham (ed.), London: Tavistock.

Parkin, Robert

1997 *Kinship: An Introduction to Basic Concepts*. Oxford: Blackwell.

2013 New Release Book Review: Marshall Sahlins, What Kinship Is — And Is Not. *Anthropological Quarterly* 86: 293-302.

Parkin, Robert, and Linda Stone

2004 General Introduction. In *Kinship and Family: An Anthropological Reader*. Robert Parkin and Linda Stone (eds.), Malden, MA: Blackwell Publishing Ltd.

Sahlins, Marshall

2011 What Kinship Is. *Journal of the Royal Anthropological Institute* (N.S.) 17: 2-19, 227-242.

2013 *What Kinship Is — And Is Not*. Chicago: The University of Chicago Press.

Schneider, David M.

1969 Kinship, Nationality, and Religion in American Culture: Toward a Definition of Kinship. In *Forms of Symbolic Action*.

Proceedings of the 1969 Annual Spring Meeting of the American Ethnological Society. Robert F. Spencer (ed.), Seattle: University of Washington Press.

1972 What Is Kinship All About? In *Kinship Studies in the Morgan Centennial Year*. Priscilla Reining (ed.), Washington, D.C.: Anthropological Society of Washington.

1980［1968］ *American Kinship: A Cultural Account*. Chicago: University of Chicago Press.

1984 *A Critique of the Study of Kinship*. Ann Arbor, MI: University of Michigan Press.

1995 *Schneider on Schneider: The Conversion of the Jews and Other Anthropological Stories by David Schneider, as Told to Richard Handler*. Ed. by Richard Handler. Durham, NC: Duke University Press.

Schweitzer, Peter P.

2000 Introduction. In Peter P. Schweitzer ed., *Dividends of Kinship: Meanings and Uses of Social Relatedness*. London: Routledge.

Shapiro, Warren

2008a What Human Kinship is Primarily About: Toward a Critique of the New Kinship Studies. *Social Anthropology* 16(2): 137-153.

2008b New Misdirections in Kinship Studies. *Quadrant* October: 61-63.

2009 A. L. Kroeber and the New Kinship Studies. *Anthropological Forum* 19(1): 1-20.

2012 Comment: Extensionism and the Nature of Kinship. *Journal of the Royal Anthropological Institute* 18: 191-193.

Stone, Linda

2001 Intoroduction: Theoretical Implications of New Directions in Anthropological Kinship. In *New Directions in Anthropological Kinship. Lanham*. Linda Stone (ed.), MD: Rowman & Littlefield.

2004a Introduction (Part II: Kinship as Culture, Process, and Agency, Section 1: The Demise and Revival of Kinship). In *Kinship and Family: An Anthropological Reader*. Robert Parkin and Linda Stone (eds.), Malden, MA: Blackwell Publishing Ltd.

2004b Introduction (Part II: Kinship as Culture, Process, and Agency, Section 2: Contemporary Directions in Kinship). In *Kinship and Family: An Anthropological Reader*. Robert Parkin and Linda Stone (eds.), Malden, MA: Blackwell Publishing Ltd.

Strathern, Andrew and Pamela J. Stewart

2011 *Kinship in Action: Self and Group*. Boston: Prentice Hall.

Strathern, Marily

1992　*After Nature: English Kinship in the Late Twentieth Century*. Cambridge: Cambridge University Press.

Weston, Kath

2001　Kinship, Controversy, and the Sharing of Substance: The Race/Class Politics of Blood Transfusion. In *Relative Values: Reconfiguring Kinship Studies*. Sarah Franklin and Susan McKinnon (eds.), Durham, NC: Duke University Press.

医療人類学教育の実践——その課題と授業研究の提示

濱　雄亮

本稿では、医療人類学の「義務」としての医療専門職教育の方法と課題を論じる。

医療人類学は、医療専門職の視点の狭さや病いをもつ人とのズレを問題にしてきた。その問題への対策として、医療専門職への文化人類学・医療人類学の普及が求められてきた〔星野　二〇〇〇〕。また近年では、医療専門職からの人類学やエスノグラフィへの興味が高まっている〔水野　二〇〇七〕。実際に著者も、先方からの求めでいくつかの医療専門職養成の大学で医療人類学の講義を行う機会を得ている。

このように医療人類学は、他の現象を対象とする人類学に比べて、人類学の視点の普及・教育といった実践性を最も志向する分野である。しかし、人類学の視点の普及・教育をいかにして行うべきなのかという点についての議論の蓄積は、十分であるとは言いがたい。特に、これまでの人類学教育論は、人類学を専門的に学習・研究する学部上級生や大学院生の教育についての議論に偏っており、将来人類学を専門としない者への人類学教育論は貧困であった〔岡田　二〇〇三〕。現今の状況、すなわち医療専門職への教育を目指す医療人類学者と、（医療）人類学の視点を学ぼうとする医療系の大学の教員と学生がいるという状況を視野に入れた人類学教育論が不可欠となってきている。なぜなら、現代医療のあり方について人類学的な視点による批判を行う以上、医療専門職やそれを目指す学生に人類学的視点を伝えるための方法についての議論が必要だからである。先方には理解が容易ではない表現で遠くから非難するのではなく、生産的な批判と協働に向けての方策の一つとして、先方の置かれた状況を理解しつつ人類学的視点を伝えていくことが切に求められる。先方に変わって欲しいのであれば、先方の耳に入る言葉で批判しなければ意味が無いからである。私見によればこれは、医療人類学の成果を還元する方法の一つでもあり、「義務」であるとさえいえる。

そこで本稿では、この「義務」をいかにして遂行しうるのかについて、つまり医学生を対象とした医療人類学教育の実践と課題について、具体例に基づいて検討する。そのために、著者が医療系の大学生に対して行った医療人類学教育の方法・成果を論じ、人類学の普及・活用の課題を考察する。授業においては著者がこれまでに行ったフィールドワークに基づく研究成果を活用している。医療人類学的研究の直接的な応用の試みであるという点と、これまでの人類学教育論において取り上げられづらかった対象の学生についての人類学教育論であるという点の二点において意義を有するものである。

こうした目的と意義を達成するために、まず第一節において医療専門職や医療専門職を目指す学生を対象とした医療人類学・文化人類学教育の現状と課題を文献から明らかにし、次に第二節で著者自身による医療人類学教育の概要を、第三節でそれに対する医学生の反応を分析することで、医療人類学教育の実践事例を提供する。あわせて、同様の授業に対する総合大学の学生の反応も対照例として検討する。最後に第四節において、その事例から現在の達成点と今後の課題を整理する。

一　医療系学生に向けた医療人類学・文化人類学教育の現状と課題

1　医療人類学教育論の必要性

まず、医療人類学教育を論じる意義について述べる。医療人類学者の池田〔二〇〇一〕は、近年の医療人類学研究の潮流を以下の三つに整理した。第一は、フィールドワークに基づくエスノグラフィによって各種の医療文化や病い・病者の実態を報告し分析・解釈しようとする「モノグラフ志向」である。第二は、臨床人類学や開発医療人類学に見いだせるような、医療の現状への批判よりもその枠組内での改善を目指す「体制順応志向」がある。第三は、「批判的医療人類学」である。これは、政治経済に組み込まれた医療状況を広い文脈の上に配置して批判的に論じるもの、近代医療による身体（観）について構築主義的視点を援用して批判的に論じるものなどの領域が含まれる。

これらのうち、日本の人類学者が避けがちなのは、二つめの「体制順応志向」の研究である。つまり、医療の現状に対して、具体的かつ相手に届く形でのアドバイスや提案をしてこなかったのである〔仲川　二〇〇九〕。しかしそれでは、「モノグラフ志向」によって描き出された現状や「批判的医療人類学」によって分析されたその構図を、医療の現状の変革という形で生かすことが出来ない。医療という大きなテーマを人類学的に分析することができるのだということを示すこと自体には依然として意義があるが、「言いっぱなし」では「批判」として不十分である。では、どうすればよいのか。

現状・体制とは医療のそれに限らず常に再生産される。であるならば、医療の現状に変化を求めるときに「教育」という方法は有効である。そこで可能性としてあり得るのが、医療専門職や医療専門職を目指す学生に対する医療人類学・文化人類学教育である。この選択肢において見いだされる課題は、彼らを対象とした医療人類学・文化人類学教育はいかにして可能なのか、ということである。

2　医療人類学教育の現状

そもそも、医療系学生を対象とした医療人類学・文化人類学教育はどの程度の規模で行われているのだろうか。ここでは、札幌医科大学の看護学研究者の福良ら［二〇〇六］による、全国一五五の医療系大学（医学・看護学・理学療法・作業療法）における多文化医療教育(1)の実施状況調査を手がかりにする。(2)多文化医療教育の全てが人類学的視点でなされるものではないが、発想において人類学と近似した部分や共通した部分があり、その動向の把握は有益である。

福良らの調査は、一一の科目の開講の有無・位置づけ・担当者・実際の科目名についてなされた。文化人類学（医療人類学を含む）の開講率はおおむね半分程度で、そのほとんどが一年生向けの教養分野の選択科目としての設置であり、人間の文化的側面への理解を促すことや人類学という分野そのものへの理解を促すことが目的とされているという。おおむね半分程度という開講率を高いとみるか低いとみるかは難しいところであるが、「社会学」、「心理学・行動科学」、「生命倫理」が七から九割であることと比べると低いと言わざるを得ない。また、「選択科目」という位置づけからは、カリキュラム上で確固たる位置を与えられていないということがうかがえる。(3)

3　人類学に寄せられる期待

以上のように、公的なカリキュラム上の位置づけは確固たるものではない。しかし、期待がないわけではない。医学部で人類学教育に当たる星野［二〇〇〇］によれば、人類学には医学・保健の様々な分野から期待が寄せられている。例えば、医療の社会文化的レベルでの検討を行う者としての期待である。具体的には、医療内部は非常に専門分化が激しく、臓器移植などの先端医療はただの技術であるにとどまらず社会・文化的なレベルでの検討を必要とするものであるにも関わらず、その検討を行える医療者が圧倒的に不足している現状にあって、その検討をなし得る者としての期待である。また、国際保健・医療協力の場面においての、現地の伝統医療の状況調査や現代医療との関係の構築の基礎付けを行う者としての期待である。これは、問題としての文化の発見とそれへの「処方箋」としての人類学（者）への期待である。

4　医学部・医学生の現状

先方の期待は以上のようなものであった。一方、医学部で教える人類学者は、大学医学部や学生の状況をどのように見ているのだろうか。星野〔二〇〇四〕によると、医学生は、社会や文化を個々人の心の延長線上にのみ位置づける傾向があるという。これは準備教育コア・カリキュラム(4)において心理学・行動科学のみが取り上げられる現状と相似形をなしている。また、学習内容の増加に伴って余裕を失っており、まだイメージの中にのみある「臨床」に「役に立つ」かどうかを優先して科目・学習内容を判断する傾向もあるという〔星野　二〇〇九〕。

5　人類学者の貢献可能性

以上のような状況認識に基づいて、私たち人類学者はどのような役割を果たすことができるだろうか。星野〔二〇〇〇〕によると人類学が提供できるのは、病い（illness）や健康を総合的にとらえる視点、病い観や保健行動やそれらの根底にある死生観や社会関係、さらには現代医学・医療の相対化の視点などであるという。医学・医療でさえも一つの「文化」であることを実感できるよう、輸血を嫌う架空の少数民族に対していくつかの状況を想定してとるべき対応をグループで検討するという授業も行ったという。こうした授業実践を通して星野は、人類学の貢献可能性を二つ見いだしている。「保健医療と一般社会の間を取り持つ役割」と、「総合人間学としての医学・医療のモデル構築を手伝うこと」［星野　二〇〇〇：五五］である。

星野［二〇〇九］はその後の実践においても人類学の専門知識の教育ではなく、「社会や生活」の中に人は生きているという認識を根付かせていくことを重視したという。これは、目の前の患者をあくまで「個人」としてしか見られず、その人が埋め込まれている「社会や生活」、すなわち社会的文脈まで見通せない学生が多いことからなされた選択であるという。

６　医療系学部における人類学の位置づけ方

なぜ、人類学者が考える適切な位置づけがなされないのか。星野［二〇〇四］によると、科学的臨床を目指す際に求められるのは、生物学的普遍性をもった人体と、個別の患者がもつ身体の双方についての理解・対応力であり、「標準化された（科学）知識に基づいて、疾患が見出される多様な患者個人を扱うのが臨床」［星野　二〇〇四：三八］である。この普遍性と個別性に折り合いをつける役割を果たす概念が「患者」である。そこで「個人」としての患者理解に役立ちそうであると第一に要請される学問が、心理学や行動科学であるという。

しかし、「患者」というだけでその人全体を説明しきれるわけではない。人は、ある生態学的・社会的条件の下で様々な役割を担って日常生活を営む「生活者」であり、その「生活者の life」が身体的事情で脅かされた際に医療を求める。医療者はこうした意味での「life」を扱う以上、文化・社会についての理解が必要なのだと説くと、実学志向の医学生にも通じやすいという［星野　二〇〇四：三九］。「身体」についても、身体の認知と運動や非言語コミュニケーションから始めて社会・文化的身体へといった大きな枠組から身体をとらえ直す流れを提示するいと思われる。

なお、「生活者」という概念は看護学においても注目され始めており［黒江ほか 二〇〇六］、説得力を持ちやすいことが有効であるという。[5]

7 医療人類学教育論の必要性と方向性

ここまで、医学部・医学生がどのような状況に置かれているのか、人類学をどのように実践していけばよいのかについての議論を整理した。しかし、「日本では医療人類学の教育方法についての組織的な検討はほとんどされていない」［道信 二〇〇四：五〇］状況も改善する必要がある。そこで最後に、人類学内部ではどのような議論や検討を積み重ねる必要があるのかについて整理する。

まず、人類学の他分野における「応用」を一種の「異文化交流」と捉える認識の転換の必要性である。この点については、医療に限らず人類学の応用が求められる際の問題について欧米の事例を渉猟した仲川［二〇〇九］の論考が示唆的である。仲川は人類学の応用を二つのタイプに分けて論じている。まずは、「何らかの実際的な問題が生じている領域において人類学者が人類学を応用し、その問題の解明・解決をはかる場合」［仲川 二〇〇九：三九］の「派遣・参入型」である。次に、「他分野・他領域の専門家が人類学の方法論や理論を自分たちの研究に用いる」［仲川 二〇〇九：四二］場合の「レンタル型」である。相手方の人類学への過剰な期待やただのアリバイ作りのための雇用という場合もあれば、人類学者がプロジェクトの役割を理解していない場合もあり、元々の期待通りにいかないことが多いという。双方とも相手への理解不足が根底にあり、人類学者の能力が生かし切れていないことに原因があるという。この状況を脱するには、相手のスタイルにある程度合わせつつ独自性を維持するという離れ業が要求されるという。医療者教育は、まさにこの「離れ業」の一種である。

次に、実務的な準備の必要性である。星野［二〇〇四、二〇〇九］は、医療者教育に携わる人類学者のネットワーク作りによって教育方法の情報交換・検討、さらには教材の共有を行うことを提案している。また、臨床での出来事と人類学的アプローチに基づく解釈の間の関連性のチャート作りや具体例を人類学者間で共有することも提起している。著者もこれに全面的に賛成であるが、人類学「内」の連携に加えて、人類学「外」との連携も必要であり有効であると考える。人文・社会科学の諸学問が医療者教育に対して何をなし得るか・何をしたいかを、理念のレベルから授業案・教材のレベルまで含めて互いに開陳し合い高めていき、自然科学系の教育者との対話に備える場の創設が、中長期的には求められるのではないだろうか。

二　医療人類学教育の実践——医学生を対象として

本節では、著者による医学生を対象とした医療人類学教育の実践例を詳述する。これは、次節における、学生からのリアクションの紹介と分析とともに、医療人類学教育の成果と課題を検討する際の基礎資料となる。

1　自治医科大学の概要と特徴

まず、舞台である大学および授業について概観する。著者が授業を行った自治医科大学（以下、自治医大）は、僻地医療の向上を目指して一九七二年に都道府県による共同によって設立された全寮制の私立大学で、栃木県に所在している。自治医大における授業は一コマが七〇分であり、この授業一〇回から一学期が構成される。一年度は三学期から構成される。

著者は、一年生を対象とした「医療人類学Ⅰ」の一〇回の授業のうちの三回分ないし四回分を担当した。こ

表1　医療人類学授業実践の内容

	自治医大2011年度	自治医大2012年度	総合大学2012年度
第一回	患者会の歴史 キャンプにおける交流	数値の二面性	身体観の変化の歴史 キャンプにおける交流 内視鏡日記
第二回	数値の二面性	数値の二面性 キャンプと初の自己注射	
第三回	内視鏡日記	キャンプと初の自己注射	
第三回	内視鏡日記		

の授業は、シラバスによると「病や死に対する『より広い柔軟な視点』、すなわち文化人類学的視点の獲得を目指す」ものと規定されている。この目標を受けて著者は、受講者が従事することになる現代医療を客観化する視点を養うことと病者の視点の発見と理解の必要性についての自覚を促進することを目指した。二〇一一年前期には四回、二〇一二年前期には三回の授業を担当した（表1参照）。以下では二〇一一年を例にとり、授業内容を詳述する。

2　第一回授業――患者会の歴史と現状の一例

この回には患者会での交流のあり方を理解することを目指して、日本における患者会の歴史の概要と、著者が当事者・研究者として参与した患者会の実例について講じた。はじめに、近代日本における患者会の歴史について、担い手と目的に注目しながら解説を行った。これは、多くの学生たちはこれまでに大きな身体の不調を経験することなく生活を送ってきており、また今後医師になってから患者会に関わることがあったとしても、患者会の歴史的背景について知る機会は少ないと想定されるため、日本における患者会の実情について整理して提示する必要があると考えたために説明を行った。

なお、近代日本における患者会の歴史とは、具体的には以下の通りである。まず明治期から一九四八年まではハンセン病療養所の施設内自治会などに限られていたこと、広義にはコレラ罹患者への隔離政策の撤回を求めるコレラ一揆も含まれるとした。次に一九四八年から一九五〇年代にかけては、結核やハンセン病などの長期の療養を必要とする疾患に罹患して療養所に入った人々による診療所・病院単位の自治会の結成が見られた。さらに、一九五〇年代から七〇年代にかけては、水俣病などの公害病患者や薬害被害者、職業病患者などによる疾患別患者会の結成が見られ、情報交換や行政との交渉などが手がけられた。一九八〇年代以降は、患者の意見を治療に反映させることの要求や、予防・リハビリテーションを目指すことが重要な位置づけを占めるようになってきた。こうした歴史について、講義形式で説明した。

次に、小学生から高校生までの一型糖尿病児を対象とした患者会主催のサマーキャンプの特徴と意義について、著者によるインタビュー資料という実例を用いて解説を行った。このキャンプは、三〇人前後の参加者（小学生から高校生）と医療スタッフ（医師・学生）、看護スタッフ（看護師・学生）・栄養スタッフ（栄養士・学生）・生活スタッフ（一般大学生・社会人）からなる。

一〇万人に一人程度という低い発症率のため日常において同じ病気をもつ人との偶然の出会いはないため、同じ病気をもった人が大勢いるという環境への驚き、それに伴う安心感と緊張感について紹介した。「緊張感」とは、日常においては「病気があるから」という形で自分にであれ他人にであれ言い訳をすることがある意味で可能であるが、誰もが同じ病気をもつキャンプ地においてはその言い訳は無効化され、自らの意志や現状認識を無意識的にであれ問われる状況を指している。また、キャンプ地では子どももスタッフもあだ名（キャンプネーム）が書かれた名札を着用し、その名前で呼び合い、敬語は互いに使わないというルールがある。これは、小学生と高校生や子どもとスタッフ間など、通常は敬語でコミュニケーションする間柄の人間同士のやりとりを生みやすくする装置といえる。キャンプにおけるコミュニケーションは偶発的なものばかりでなく、こうした意識的な装置によっても支えられていることを強調した。[6]

次に、病いの経験は自然科学的理由以外の要素によっても大きく左右されることを強調した。これは、根拠に基づく医療（evidence based medicine）を求める風潮の高まりにみられるように、自然科学的、特に数量的に計量可能な要素への注目が過剰になっているという現状認識に基づいている。そこで、自然科学的理由以外の要素が病いの経験に大きな影響を与えることを、具体例に基づいて説明した。用いた例は、毎日数回使う注射器の形状と注射液の種類と血糖測定に要する時間の変遷である。注射器の形状は、誰が見ても注射器に見える形状から一見万年筆やボールペンのように見えるファッショナブルな形状に変化し、手間も大幅に減った。これによって、慣れれば人前でも気付かれずに注射が出来るようになった。注射液は、生活に合わせたフレキシブルな使い方が出来るように様々な作用時間のものが発売されるようになった。生活を注射液に合わせる時代から、注射液を生活に合わせる時代への変化である。血糖測定に要する時間は、二分程度から数秒程度にまで大幅に減少した。こうした変化によって外出先での注射や血糖測定は容易になったため、外出や仕事や飲食のコストが大幅に下がり、病いの経験が部分的に変容した様子を述べた。

最後に、患者会における人間関係や交流のあり方は患者会に特有なものばかりではなく、広く人間社会一般に見られるものであることを強調するために、近接した年齢の若者同士による知識や経験の再生産装置としての若者宿との共通点を指摘した。これは、現代医療とその周辺の事象と経験を理解する際に歴史的視野も必要であることを強調するという意図による。

3　第二回授業——病いと身体感覚の（再）獲得

この回は、本授業の科目責任者の教員と著者の共通の知人である医療人類学者の浮ヶ谷幸代による人類学の入門書［浮ヶ谷　二〇一〇］のうち、糖尿病患者会を扱った第五章「身体感覚を研ぎ澄ます」に準拠して授業を行った。この章は、糖尿病をもつことになった人の、医療機関や自己測定で明らかになる血糖値をはじめとした数値と身体の意識のし方について、六人の具体例に基づいて記述されている。そこで授業では、糖尿病医療の現場で頻繁に参照される検査結果の数値が果たす働きの二面性について中心的に取り上げた。肯定的な面はどのような場合か。たとえば、異なる家庭環境や生活習慣の中にいる者同士が、血糖値をはじめとした数値という共通のトピックを得ることで、互いの生活や身体のことを想像し思いやる「のりしろ」、あるいは「リンガフランカ（共通語）」のような役割を果たす場合である。一方否定的な面はどのような場合か。医師などから「目標」の数値を一方的に掲げられ、それが達成出来ない場合にその背景にあるいかんともしがたい生活の実情への視点を欠いて数値のみが取り上げられる場合である。

以上のような数値の二面性を具体例に基づいて紹介することで、統計的検証にたえるといった数値データ利用の一般的にイメージされるメリットとは異なるメリットや、ときとして生じうるデメリットについての認識を深めることを目指した。

４　第三・四回授業——当事者による病いの経験の分析

第三回と第四回には、「医療専門職の視点」と「患者の視点」の意識化と両立を目指して、著者自身の内視鏡検査に伴う病いの経験を分析した文書を配布して授業を行った。

具体的には、「内視鏡日記」と題した著者の体験談を学生に配布し、内容についての感想・意見を発表させた。この「内視鏡日記」は、二〇一〇年に著者が体験した痔の初期症状とその検査・治療の一連の流れをＡ４で二枚のボリュームに日記風にまとめたものであり、「自己エスノグラフィ」の一種である。

便に血が混じっていることに気付くことから始まるこの語りは、以下のような経験についての「患者の視点」に彩られている。

〇医師と患者の性別の組み合わせによる相談依頼行動への影響の存在
〇受診・薬の使用のモチベーションとしての「痛み」
〇広告による疾病イメージの水路付け
〇「病人」以外の社会的属性による受療行動への影響
〇医療機関における接遇の影響力
〇病人役割の積極的流用
〇いったん決まった検査への感情的躊躇
〇対処法に対する家族の状況の影響力の存在
〇検査準備としての食事制限に伴う剥奪感の存在
〇不意に想定してしまう患者にとっての緊急事態
〇個人情報管理のアンバランス
〇視覚的デバイスの活用
〇医師による患者との距離の調整の巧みさと患者側の満足度・信頼度の影響関係の存在

こうした経験を、実体験者が医療人類学的視点を用いながら解説を加えることで、医学生自身が内面化し始めている「医療専門職の視点」に自覚的になり、彼らの中で「医療専門職の視点」と「患者の視点」の両立が出来るようになることを目指した。

5　構成の意図

いずれの回についても、当事者性と学問性を両立させ、医療及び医学と病いの社会性を意識できるようになることを念頭に置いた授業構成とした。これは、医学に期待や憧れをもち、予期的社会化されつつある医学部低学年性に向けて、医師ではない医療人類学者としての著者がなしうる有益な授業とはいかなるものかを検討して採用したスタイルである。臨床現場の経験に基づいた授業は医師によってなされるべきであるし、当事者としての経験を語るだけでは無責任であろう。また医療人類学の最新の研究事情の解説は、彼らにはリアリティを伴って実感できるものではない。そこで、当事者として自己の経験を医療人類学的視点に基づいて分析して提示したり、他の研究者によるエスノグラフィックな記述を当事者兼研究者の視点から解説したりする、というスタイルを選択したわけである。この授業実践に対して学生がどのような受け取り方をしたのかについては、次節で検討する。

三　学生からのリアクション

1　リアクションの概要

本節では、まず本授業に対する医学生のリアクションをトピックごとに考察する。そこで資料として用いるのは、授業の最終回に課したミニレポートである。ミニレポートは、自治医大においては、「授業の中で最も興味を持ったトピックについて学習した内容と感想・意見」を書くものとし、授業最終回の最後の一五分程度を記述にあてた。あわせて、総合大学において前節の二項及び四項を中心とした授業を行った際のリアクションを対照例として検討し、医療系学生向け医療人類学教育の課題を明確化する一助とする。

2 「患者会における交流・キャンプ」についてのリアクション

「患者会における交流・キャンプ」に対するリアクションでは、糖尿病をもつ人の生活の様子・患者会の具体例・気持ちや方法の多様性を知ることが出来て良かった、といった実情についての知識獲得を挙げる学生が多かった。また、仲間との交流や糖尿病への向き合い方の変化などに見られるキャンプの意義や環境の重要性を認識したという回答も見られた。医師になったときに一般の人の感じ方を忘れないようにしたい、といった、「医師になった自分」を明示的に想定している回答も散見された[7]。具体的には以下のような記述が見られた。

○糖尿病の人が普段、どのようなことを考えたりしながら生活しているのかを具体的に聞けて良かったです

○同じ病気と戦っているお兄さんお姉さんが側にいたからできるようになるというのは、このキャンプの大きな意義だと思う。（中略）医師となった時、患者と同じ経験をすることは無理だが、その気持ちを理解し共感しようとする姿勢はとても大切だと思った。

3 「数値の二面性」についてのリアクション

次に、「数値の二面性」に対するリアクションには、数値の影響力の大きさを実感したという意見や、医師と患者の信頼関係の重要性を認識したとの意見が多く見られた。また、医師として数値の否定的な面が出ないような雰囲気作りや患者同士の人間関係の発生を手助けできるように心掛けたい、といった医師になった自分を直接想定した上でのコメントも、一定程度みられた。具体的には以下のような記述が見られた。

○数値の制限があるがために、健常者である友人との関わりが希薄になってしまうこともあると知り、とても

辛いことだと感じた。数値は人をつなぐ、へだてると同時に、自分を縛ってしまうものでもある、と思った。
○医療者側が現在行っている医療のスタイルが必ずしも患者から見て最善でない場合があることがわかった。
○医師と患者の信頼関係がいかに大切かを学ぶことができました。医師の態度ひとつで患者さんに不安も安心も与えられるんだなあと思うと、将来自分も患者さんに安心と元気を与えられるような医師になれるように、普段から意識して人への対応をしようと思いました。

４　「内視鏡日記」についてのリアクション

最後に、「内視鏡日記」に対するリアクションには、原因究明や検査・治療に対して不安や恥ずかしさによって著者が躊躇している様子への着目が多かった。不調を訴える人の感じ方を理解する際には、論理的な理解だけでは不十分であるという点は、よく伝わっていたように思える。具体的には以下のような記述が見られた。

○原因が分からないという不安と場所が場所なだけに恥ずかしいという複雑な心理状況が印象的でした。医師になれば、似たシチュエーションに出くわすこともあると思うので忘れないようにしたいです。
○「悪かったら嫌だ↓だから知りたい」という単純なものではなく、知るのを先延ばしにしたくなったり、家族の反応を気にしたり、様々な感情が交錯している。患者さんのそんな心理状態を理解しようと努力し、その心に寄り添って治療を進められる医師になりたいと思った。

５　医学生のリアクションの特徴

以上のようなリアクションから、「病いの経験と自然科学的数値の社会性」および「医療専門職の視点と患者の視点の存在」を意識化するという当初の目的はおおむね達成されたものといえる。これは、星野［二〇〇九］が挙げる人類学の役割を達成できていることを示している。

さらに上記の回答から明らかになるのは、一つは具体例や実情に対する興味の旺盛さである。ここからは、本授業のように講義形式を用いる際には、具体例を人類学の枠組みを使って分析して提示するという形式が比較的有効であることが明らかになった。また、予期的社会化に基づくシミュレーションを行う姿勢、換言すれば自らの役割に直結させて考える傾向も明らかになった。ここからは、星野［二〇〇九］が指摘した、「臨床」に「役に立つ」かどうかを考える傾向の存在が追認できる。そのため、この傾向の存在を前提に授業を構成することが必要であることが分かる。

以上のような傾向が明らかになったものの、人類学から医学そのものへの積極的関与という課題までは達成できなかった。

こうした結果から本授業は、人類学「外」に対する「異文化交流」の役割を一定程度果たせたといえよう。また、授業の概要と学生からのリアクションを資料として示したことで、人類学「内」の準備に一定の参考資料を提示することもできた。人類学「内」の準備の精緻化が、今後の課題として残されている。

6　総合大学学生への講義の概要とリアクションの特徴

医学生のリアクションの特徴をより明確化するため、最後に対照例として総合大学の学生に同様の講義を行った際のリアクションを確認する。

総合大学においては、九〇分の一回の授業の中で、大きく三つの項目を扱った。まず、日本における身体観の変化の歴史である。前近代は身体の中心として腹（肚）がイメージされていたことに対して、生物学をはじめとした近代科学の流入に伴って身体の中心として頭がイメージされるようになったことを、医学史の知見［酒井二〇〇四］を参照して解説した。次いで、身近な身体観・病い観の変化の例として、病人役割理論に基づく体調不良時の身体の扱い方の特徴とキャンプにおける交流の特徴を解説した。最後に、前節四項で述べた「内視鏡日記」に基づく解説を行った。

リアクションペーパーの記述内容に関して医学生と比較しての特徴はどのようなものであったか。まず、「具体例や実情に対する興味の旺盛さ」は共通していた。対照的なのは、自らの医療者役割に直結させて考える医学生に対して、総合大学の学生は、自らが検査を受けたときの経験や慢性の病いをもっている知人の経験を想起するといったように、自らの身体に直結させて考える傾向をもつという点であった。こうした対照性は予想がついていたものではあるが、事実として確認できたことは成果である。この医学生文化・医療従事者文化の存在を、具体例を伴って医学生に伝えることも有意義であると思われる。

四　人類学的医療者教育の今後の課題と展望

本稿では、これまでの医療系学生を対象とした人類学教育の意義と著者の実践の報告・分析を行った。医療系学生を対象とした人類学教育の先行研究群が教えるとおり、著者の実践においても、生活者としての病む人や文化的身体といった切り口は有効であることが再確認できた。そこから見出される今後の課題は、対象・内容・方法を明確化した教材研究と情報交換・共有である。

医療系学生を対象とした人類学教育に際しては、これまでの人類学教育論が前提としてきたような、今後人類学を専門的に学ぼうとする学生に対するものとは、自ずと異なった授業の方法が求められる。しかし人類学の側にはその授業の方法の蓄積が十分であるとは言いがたい。そこで医療系、および理系一般の学生への教育の方法の探究による人類学教育論の豊饒化が求められる。何を（内容）どのように（方法）提示することで異分野の人々に通じるコミュニケーションができるか、ある種の異文化交流が課題として浮かび上がる。同じ内容を呈示した場合であってもリアクションが異なることは、前節でも確認することが出来た。そこからスタートする教材研究の試行錯誤の実践は、隣接分野である社会学や歴史学の研究者も含めた情報の共有によって加速・充実させることができるものと予想される。

人類学の社会的プレゼンスの維持・向上のためにも、こうした異文化交流が切に望まれる。医療人類学と医療系学生への教育を行う人類学者は、実はその先鞭をつけつつあるのである。

注

（1）福良らのいう「多文化医療」とは、「複数の人種、民族、社会階層、職業など特定の集団が持つ固有の思考や行動およびそれらを支える価値を十分に理解し、尊重して提供される健康維持・回復過程への支援」［福良ほか　二〇〇六：四八］のことである。

（2）有効回答は九六大学（一八四学部・学科）より寄せられた。一一科目は、文化人類学、社会学、心理学・行動科学、生命倫理、多文化・異文化理解、他者理解・人間関係、患者・医療者理解、病気・健康観、ライフサイクル・ライフステージ、ジェンダー、家族・親族論、からなる。

（3）人類学に比べれば高い開講率の社会学にしても、医師であり社会学者として医学部に勤務している佐藤［二〇〇〇］は、医学部及び医学生の間にある「医師至上主義」ゆえに理論的・制度的・感情的に排除されやすい状態に置かれていると指摘している。

（4）準備教育コア・カリキュラムとは、医師が身につけるべき知識の加速度的な増加、患者の消費者意識の高まりやインフォームド・コンセントの常態化などの状況の変化に応じて、医学生に求められる教養教育のモデルを示したものである。

（5）ただしここで星野が求めているのは、「患者」概念の放棄ではなく、「総合的な人間理解に基づくヘルス・ケアのあり方を共に考えていくこと」［星野　二〇〇四：三九］である。

（６）この段落は当事者の実感を紹介する部分であるため、医療人類学における用語法とは異なり、民俗語彙・日常用語としての「病気」という語を用いている。
（７）なお、明示的に「医師至上主義」的な回答はなかった。しかしこれは、選択科目である「医療人類学Ｉ」に意義を見いだして履修している学生による回答であることなどの事情があるため、これをもって医学生一般において「医師至上主義」的発想が退潮していると判断することは出来ない。

参考文献

池田光穂
　二〇〇一　『実践の医療人類学』京都：世界思想社。
浮ヶ谷幸代
　二〇一〇　『身体と境界の人類学』神奈川：春風社。
岡田浩樹
　二〇〇三　「はじめに　『教科書・概説書の分析を通して見る戦後日本の民族学・文化人類学教育の再検討』プロジェクトについて」ＴＩＧＡＲ研究会編『教科書・概説書の分析を通して見る戦後日本の民族学・文化人類学教育の再検討』一～八頁。
酒井シズ
　二〇〇四　「頭痛の誕生と腹痛の変容」栗山茂久・北山一利編『近代日本の身体感覚』東京：青弓社、八三～一〇二頁。
佐藤純一
　二〇〇〇　「医師養成課程における社会学」『社会学評論』六一巻三号、三三一～三三七頁。
仲川裕里
　二〇〇九　「『応用する』人類学と『応用される』人類学――人類学の応用に関する諸問題」波平恵美子編『健康・医療・身体・生殖に関する医療人類学の応用学的研究』国立民族学博物館調査報告八五巻、三五～五二頁。
濱　雄亮
　二〇〇七　「自己注射の経験と〈つながり〉――一型糖尿病者の事例から」浮ヶ谷幸代・井口高志編『病いと〈つながり〉の場の民族誌』東京：明石書店、一二七～一五三頁。

福良　薫・坂上真理・青山　宏・丸山知子
二〇〇六「医学・看護・保健医療系大学における多文化医療関連科目実施状況に関する調査」『札幌医科大学保健医療学部紀要』九巻、四七～五一頁。
星野　晋
二〇〇〇「医学および医学教育における人類学の役割と可能性——総合的な人間理解に基づく保健・医療開発に向けて」青柳まちこ編『開発の文化人類学』東京：古今書院、三九～五八頁。
二〇〇四「医学教育と文化人類学が出会うところ」医療人類学ワーキンググループ編『公益信託渋澤民族学振興基金　民族学振興プロジェクト助成ワークショップ〈医学・医療系教育における医療人類学の可能性〉』三三～四一頁。
二〇〇九「医学教育における文化人類学の関わり方についての一考察」波平恵美子編『健康・医療・身体・生殖に関する医療人類学の応用学的研究』国立民族学博物館調査報告八五巻、七七～九二頁。
水野道代
二〇〇七「研究の実際　エスノグラフィーを用いて質的看護研究を行なう——研究理念と研究方法の概要」『看護研究』四〇巻三号、二二三～二三八頁
道信良子
二〇〇九「実践の文化人類学におけるプロセス推論——日本の医療系大学における多文化医療教育プロジェクトを事例として」波平恵美子編『健康・医療・身体・生殖に関する医療人類学の応用学的研究』国立民族学博物館調査報告八五巻、五三～七六頁。

［付記］本研究は、「大学院生等に対する研究活動助成」（公益信託澁澤民族学振興基金　二〇一二年度）及び「笹川科学研究助成学術研究部門」（公益財団法人 日本科学協会　二〇一三年度）の援助を得て行われた。

日本仏教の現実を求めて——現代から近代へ

碧海寿広

はじめに

いったい、何について語れば仏教を論じたことになるのか。仏教なのだから、その開祖であるブッダ（釈迦如来）の教えについて語ることこそがやはり本筋だろうか。あるいは、その後の仏教史のなかで複雑・深化していった、空や唯識といった理論的な教説の展開について議論すべきか。それとも、著名な高僧たちの思想や生涯をたどっていけばよいのか。仏教における戒律の意味を問い直すか。各種の経典の編纂過程を明らかにするか。仏像や仏教美術の来歴を跡付けるか。いや、やはりブッダという原点を離れて仏教はありえないのではないか——。

こうした仏教をめぐる主題の探究に人が取り組み、本題探しに難渋するとき、だが、その人が現在の日本で暮らしている場合には、おそらくまた別の困難を抱え込むことになるだろう。そこでは、天台宗、真言宗、浄土宗、浄土真宗、曹洞宗、日蓮宗といった様々な宗派が並びたち、それぞれが互いに矛盾しあうように思える教義や修行法を唱えている。また、それらの宗派に所属している僧侶たちは、自己の宗派の教えを学び深め世に広めることよりもむしろ、葬儀や年回法要といった儀式の遂行にこそ自らの本分を見出しているのではないかと思わせるような活動を日々行っている。しかもあろうことか、仏教では戒律的に否認されているはずの妻帯をしている僧侶が当たり前のように社会生活を送っており、僧侶として出家をしているはずが、それぞれの家庭の事情を抱えるという、ほとんど絶対的な矛盾を生きている。このような日本の仏教界の現状は、だが、確かに「仏教」として世間的な認知を得ているのである。これについて語ることも、いや場合によってはこれについて語ることこそ、日本において仏教を論じるという営みの、いわば本流なのではあるまいか。

しかし、この種の日本仏教の現実について語ることは、仏教について論じることの本流では必ずしもなかった。少なくとも学問的な語りにおいては、決して本流ではなかった。仏教を学問的に語るという行為の、その最も代表的なスタイルは、たとえば各種の経典や高僧の著述のような過去の文献から仏教の真相を明らかにすることであって、目の前に広がっている現実の「仏教」について深く考えることでは断じてなかったのである。そうした「仏教」は、学問的な語りの外部に追いやられることが多く、ときには「本当の仏教」からの逸脱として批判的に論じられることすらあった。

果たしてそれでよいのだろうか。いまここにある現実をちゃんと見つめ、じっくりと考え、反省的に言語化することをしないで、なにが学問か。といったようなアクチュアルな感性に基づく誠実な動機から、日本仏教の現実に切り込もうと試みた研究が、この二〇年ぐらいの間に、少しずつ出現してきた。人類学的なアプローチによるものがその中心であるが、本稿の目的は、そうした日本仏教の「いま・ここ」にある現実に向き合おうとしている諸研究の動向を整理し、その意義について考察することにある。

だが、それだけではない。本稿ではさらに、これまで仏教について論じるという営みが、なぜ、「いま・ここ」に向かうことなく、過去の文献等に遡及しやすかったのか、その理由についても検討したい。こうした検討課題に関しては、やはりここ最近のあいだに目に見えて増えてきている、近代仏教（学）に関する研究が大きな示唆を与えてくれる。それらの最先端の研究のうち、上記の問いに対して答えていくのに参照可能なものをいくつか取り上げ、反省材料として吟味していくことが、本稿の第二の目的となる。

なお、筆者が本論集に以上のような目的を掲げた論考を寄稿するのは、ほかでもない、鈴木正崇の研究のなかにも、上記の問題関心から目を引くものがいくつか存在しているからである。たとえば、その浩瀚な博士論文『スリランカの宗教と社会』［鈴木　一九九七］は、フィールドは日本ではないにせよ、「仏教人類学」の代表的な成果の一つであり、特定の仏教の「いま・ここ」について考え抜いた研究として、他国の仏教の現在を見直す際にも大いに参考になる。あるいは、日本の山岳宗教等におけるジェンダー秩序の問題について論述した『女人禁制』［鈴木　二〇〇二］は、フェミニズムの賛同者などから糾弾されがちな日本仏教（宗教）界の女性に対する認識や態度が、歴史的にどのようにして形成されてきたのかを明快に論じており、日本の仏教が今まさに抱えている問題に対して、学問的な応答をする際に「使える」重要な書物の一つである。日本仏教に関する研究をめぐり、現代から近代へと遡行していく以下の論考も、仏教をはじめとする宗教を、理念的ではなく、人々が生きている現実において考えることを徹底してきた鈴木の研究スタンスに大きな感化をうけながら執筆されることを確認した上で、それでは本題に入っていこう。

一　生活仏教論の射程

既存の仏教学がほとんど手を付けてこなかった、我々の目前に広がる仏教の現実的な姿の探究。その近年における代表的な成果が、宗教人類学者の佐々木宏幹による「生活仏教」論である。佐々木の「生活仏教」

論は、一九八〇年代の後半以降の彼の一連の論考において試論的に展開された後［佐々木　一九八九、一九九三、一九九六］、二〇〇二年の『〈ほとけ〉と力──日本仏教文化の実像』において、研究視座や課題が明確に自覚化され表現されるに至った［佐々木　二〇〇二］。さらにその後の著書のなかでも少しずつ議論の進展がみられるが［佐々木　二〇〇四、二〇一二］、ここでは彼の問題意識が最も先鋭的に示されていると思われる、二〇〇二年の著書を参照したい。

同書にいわく、いわゆる仏教学は、文献研究を通した仏教の教理の解明にその目的が傾斜しがちであり、それに対して、多くの人類学者や民俗学者は、シャーマニズムや葬送習俗の研究にばかり熱心でありすぎた。であるがゆえに、佐々木のいうところの「生活仏教」の実態、すなわち、寺院や僧職者の現実的な仕事や役割、あるいはそれらとの関係で生じてくる檀信徒（お寺に関与する一般人）の実際的な活動や心意について、学問的な注視が注がれることが少なかった。この学問上の盲点を的確に射程に収めるためにも、佐々木は、「縁起や空を説く教理仏教が、しばしば非仏教と目されるアニミズムや呪術を主とする民俗宗教とかかわり複合化して『生活仏教』として現象するメカニズムやダイナミズムを重視する視点」［佐々木　二〇〇二：一〇九］を採用した研究をすすめていくべきだと主張し、彼自身、先述した一連の著作を通して、その具体的な成果を提示している。

佐々木が日本における「生活仏教」の「メカニズムやダイナミズム」について論じる際、最も重視しているのが、「ほとけ」という概念である。日本語の語彙のなかでこの概念は、仏教における悟りの達成者である「仏」と、死者（霊）や先祖の言い替えである「ホトケ」の両者にまたがる意味を持っており、この本来はまったく別様の存在である二者を、融合させながら人々の認識を形作り続けてきた。前者の背景にある仏教教理の世界は、それについて詳しく学ぶ機会のない一般の檀信徒にはどうしても縁遠い。しかし仏教が仏教であるためには欠かせぬ要素であり、そして、その遠い世界を、死者や先祖という意味での「ホトケ」という、身近で感じ取りやすい世界へとつなぎ、仏教の教説を人々に伝達してくれるのが、「ほとけ」という多義的な概念なのである。すなわち、『ほとけ』は実に『仏』と『アニマ』、『仏教』と『民俗』、『エリートの思考』と『民衆の感覚』などを包蔵するダイナミックな性格をもつがゆえに、一般の人びとを仏教に誘う動機づけの役割を果たしていると言えるのではなかろうか」〔佐々木　二〇〇二：四三〕というわけだ。

このようにして展開される佐々木の「生活仏教」論のねらいについて、的確な分析を行ったのが、矢野秀武であった。矢野によれば、佐々木の「生活仏教」論の根底には、「伝統仏教の教理と民俗的な宗教観念の矛盾の解決に挑むという自覚」〔矢野　二〇〇二：二一四〕があるという。そしてその自覚ゆえに、佐々木の研究には、性質がそれぞれ微妙に異なる二種類の目的を読み取ることができる。すなわち、一つには寺院の現場の「実際的な状況における両者〔教理仏教と民俗仏教〕の矛盾に無自覚な人びとが創出した『巧妙なからくり』を明らかにするという『生活仏教』の実態把握」の試みがあり、二つには「その実態を踏まえて知的に矛盾を解決するいわば『応用教理学』的な営み」がある。そして矢野の見るところ、佐々木による「生活仏教」論の最たる目標は、後者の側にこそある。つまり、「近代の教理学を学ぶことによって教理と実際の矛盾に気づいた人が、現場を踏まえた教理学的営みを展開すること」こそが、この新しい研究分野を開拓した佐々木が追及したいと考えている真の目的ではあるまいか、と矢野は指摘するのである。

まったくその通りだろう。自身も曹洞宗の僧籍を有する佐々木の本望は、日本の仏教界における宗派ごとの現場である、寺院をはじめとするフィールドにおいて実際に行われている普通の人々のありのままの実践の諸相を、それとは明らかに矛盾する部分を多く持っている特定宗派の教理と比較しながら、そこにある確かな矛盾を、しかし矛盾のまま放置しておいてよしとせず、何らかの学問的な解決案を示すことにある。つまり、その両者は、表面的な相違にとらわれることなく双方が融合している点をよく見つめ直していけば、「複合化し『生活仏教』

として現象」していることがきっと理解できるのであって、必ずしも矛盾してはいないのだという事実を説得的に論証し、これを宗派の教理学のなかに適切に位置づけること。それこそが、佐々木の「生活仏教」論の最大の到達課題に他なるまい。もしもこの学問的な論証の作業に成功したならば、その宗派の教理学が今まで以上に充実することは間違いないだろうし、何より、それまで当該の宗派が抱え込んできた、そしてその対応に少なからず苦慮してきたであろう教理と現実の矛盾の問題は、見事に解消されることになる。であればその種の取り組みは、今後のさらなる発展をめざす意欲的な宗派にとっては是非とも試みておかねばならない、重要な学問的挑戦となるはずである。

だが、ここで大きな疑問が生じてくる。この「応用教理学」的な営みである「生活仏教」論において、教理と現実の表面的な矛盾が、深層で「複合化」することなく、あくまでも矛盾でしかないことが判明してしまった場合、「教理学」としてはどのような処理をすればよいのだろうか。佐々木の一連の議論においては、幸いにも、現実の民俗的な次元と教理的な次元が調和し、「民俗宗教」もまた教理学の枠内に収まりうる、という解釈が提出されているわけだが、しかし、これは果たして妥当な見解なのだろうか。「生活仏教」の現場において展開されている民俗的な実践に、宗派の教理と調和するような意味が見出せるとは、必ずしもいえないのではないか。場合によっては、むしろ、教理とは何の関係もないことが学問的にはっきりとしてしまい、なぜそのような矛盾がこれまで放置されてきたのかを、それこそ「教理学」的に問題化する必要に迫られるはずである。

「応用教理学」的な意図のもと、教理と現場の矛盾を解決する意欲に満ちた佐々木の研究は、熟練の宗教人類学者らしいその学問的な「解決」の手際のよさによって、多くの読者の蒙を啓き、日本仏教に関する理解の深化にも大きく貢献してくれる。しかしその一方で、佐々木の議論からは、日本仏教が抱えている教理と現実の矛盾という問題が、ひたすらありのままに追及されることなく、拙速に「解決」されてしまっているような印象を受けることもまた確かである。日本仏教の現実は、そう容易には解決されることのない矛盾や困難を、佐々木が考える以上に数多く抱えているのではあるまいか。そのようなよりリアルな見識へと我々を導いてくれるのが、次に検討する、国外の研究者による現代日本仏教論である。

二　異邦人の視点から

現代の日本仏教に関する実証的な真相究明、その今日における最も優れた成果は、国外の研究者たちによってなされているといってよい。『*Japanese Temple Buddhism*（日本の寺院仏教）』〔Covell 2005〕という著作をものしたアメリカの宗教学者、スティーブン・コヴェルは、その筆頭にあげられるべき人物である。関東の天台宗寺院での二年間にわたる参与観察に基づき、寺院仏教をめぐる諸制度と、現代の日本社会にみられる数々の変化に直面した寺院仏教の制度的なレベルでの対応について多角的に検討した同書は、国外研究者としての少し突き放した視点から、日本仏教の現状を冷静に分析している。

コヴェルの関心の中心は、日本の寺院仏教の抱えている、まさに解決不能そうな矛盾の数々にある。その主な担い手である僧侶たちが、「出家者」であると同時に「家庭人」として生活している、という点こそがその矛盾の核心であるとコヴェルは喝破するが、この矛盾の本質から様々に派生してくる問題の実態把握と構造の解明が、彼の研究の骨子となっている。

たとえば、僧侶は「出家者」なのだから世俗的な暮らしとは距離を取るべきだ、という理想論から、結婚し家庭生活を送っている日本の僧侶は「堕落」しているとしばしば批判される。こうした堕落論に対抗するため、各宗派が厳格な修行をする出家者のイメージを提示してみるが（天台宗の回峰行や禅宗の摂心など）、ごく少数の理念的な僧侶の存在を強調することで、平均的な僧侶の「堕落」に対する批判に拍車がかかってしまう。また、停滞しつつある宗派の活性化を目指して、一般信徒を教団にコミットさせるための新しい活動を推進するも、既存の檀信徒の大多数は受動的な態度で寺院仏教に接しており、また仮に信徒の積極的な参加を呼び込めたとしても、出家主義の理念を掲げる宗派は在家の者たちを完全には統合しきれないというジレンマに直面する。あるいは、寺院を経営し自らとその家族を養うためにも、僧侶は何らかの経済活動を行わなければならないわけだが、それも仏教に対する理想論の立場からは批判の対象となる。しかも寺院の最大の収入源である檀信徒からの布施が、社会の変化のなかで、信仰的な行為というよりも、ある種のサービスに対する対価としてみなされる風潮が広がってきたため、僧侶の生活は次第に商業主義の波にのまれ、「真摯な修行者」という理想像からはますます遠のいていく傾向にある。まさに前途多難である。

コヴェルは、こうした寺院仏教の困難に対して安易な解決策を提示しようとはせず、その困難にまみれた「複雑な現実」と渡り合っていくことが今後の研究者にとっての課題である、といったような禁欲的な結論をするのみである。だが、現代社会を生きる僧侶たちの置かれている葛藤に満ちた状況と、彼らの日常的な実践において成り立っている日本の寺院仏教が抱える複数のジレンマを、ありのままに理解しようとした彼の研究は、日本仏教に対するリアルな認識を獲得するのには大いに役に立つ。

現代日本仏教のリアルなあり様については、コヴェルに続いて、やはりアメリカの宗教学者であるマーク・ロウが、また別の視点から探究し、その研究成果を書物として結実させている。『*Bonds of the Dead*（死者の縁）』［Rowe 2011］と題されたその本は、死者（先祖）供養という、日本の仏教界が伝統的に担ってきた宗教実践の現代的な展開についておもに追跡することから、日本仏教の現在を論じた作品である。

現代仏教に関心のある向きには周知のごとく、檀家制度をその経営的な基盤としている日本の寺院仏教は、少子化のような人口学的な要因や、「家」の伝統よりも「個」の意志を重視する社会規範の変化をうけて、危機的な状況にある。こうした苦境を強く意識しながら、檀家制度ではなく、個人単位の契約制による死者供養のサービスを新たに開発・提供している先進的な寺院・僧侶の活動の実情や、その種のサービスを利用している当事者たちの心情の解明こそが、ロウの研究の中心的な主題である。縦方向の家族関係の希薄化や寺院仏教の衰退が露見してきている昨今、だが、人々は依然として自分が死後に「無縁」になることを恐れ、子孫のつながりが途絶えてもなお今生において続く絆を確保しようとして、これまでとは別のかたちで寺院に関わろうとしている。そうした人々のニーズに即応した働きをみせる日本の仏教界の試みについて細かに論述することで、ロウは、空前の社会変動のなかで危機感をつのらせる仏教者たちの焦燥と、だが、その危機のなかで改めて露わになる、日本仏教の核心的な機能――死者と生者の「縁」を結ぶ力――を鮮やかに浮き彫りにしていくのである。

コヴェルやロウのように国外から来たフィールドワーカーというわけではないが、しかし半ば異邦人の視点から、そしてフェミニストとしての立場から、現代仏教のエスノグラフィを記述し続けているのが、川橋範子である。川橋は、アメリカで研究者としての訓練を受けた宗教学者であるが、現在は曹洞宗の寺族として、僧侶である夫とともに寺院を運営している。そして、曹洞宗をはじめとする仏教界の、いたるところにみられる女性差別やジェンダー不平等の問題に批判的なまなざしを向け、その改革を目指す女性たちの運動を、自らもそれに参加しつつ、いわば実践的な研究対象としている〔川橋・黒木　二〇〇四、川橋　二〇一二〕。

川橋はコヴェルと同様に、僧侶が「出家者」でありながら妻帯しているという、大きな矛盾を、「虚偽の出家主義(fictious celibacy)」という言葉を用いて焦点化する。この虚偽によって割を食らうのは、「出家」という理念をまっとうしきれない僧侶自身である以上に、「出家」という建て前のもとでは存在を認められない、僧侶の妻たちである。実際、曹洞宗をはじめ、浄土真宗を除く出家主義の仏教教団では、女性の地位が不安定な状況にあり、その不安的さを解消し女性差別的な教団の構造を改めるためにも、在家主義の教学を構築していく必要があることを川橋は主張する。川橋はまた一方で、在家主義を全面的に採用している浄土真宗においても、女性が男性に対して従属的な立場を求められがちであることや、戒律を順守し正しく「出家」している女性（尼僧）にしても、男性僧侶よりも劣る存在とみなされる場合が多いなど、伝統仏教界にはびこる様々なジェンダー非対称性を問題化しながら、その具体的な問題を批判的に記述する。そしてその批判のなかから、女性が主体的にかかわることのできる新しい仏教のかたちを模索しようとしている。

以上、三人の「異邦人」の視座からの調査研究を参照してみた。いずれの研究も、佐々木がやや理念的ないしは調和的に描きすぎる「生活仏教」とは異質の、解決の見通しのつきにくい矛盾や困難を抱え、また急速に変化する社会への即応を目指すがゆえに意想外の変貌すら予感させる、まさにありのままの現実としての日本仏教を把握しようとしている。こうした国外における日本仏教研究は、日本にずっと住んできた筆者の目には極めて新鮮に映るわけだが、それはなぜかといえば、この種の現在性や現場性を十分に備えた仏教研究が、これまでほとんど存在せず、読む機会を持ち得なかったからである。言い換えれば、日本における従来の仏教研究は、ありのままの現実とは遠く離れたところで行われるものが非常に多かった。

なぜそうであったのか。その理由を、近代仏教学のイデオロギー性という側面から、さらには近代日本における仏教研究の来歴という視角から、次節以降で考えていく。

三　近代仏教学のイデオロギー

近代仏教学の形成過程を辿ることで、同時にそのイデオロギー性についても考察を加えている研究が、この四半世紀ほどの間にいくつか現れてきた［Almond 1988; Lopez 1995; Amstutz 1997; King 1999］。仏教学の形成期における西洋の学知の偏向性や、西洋の東洋に対する支配的な認識の構造（オリエンタリズム）などを主題としている諸研究であるが、ここでは特に、近代仏教学のイデオロギー性を真正面から批判的に検討しているグレゴリー・ショペンの論文［Schopen 1991］について少し詳しく言及したい。

「インド仏教学における考古学とプロテスタント的前提」と題されたその論考において彼は、インド仏教の研究者たちが奇妙なまでに文献資料を偏愛し、考古学的な資料や碑文については、文献から得られた知見を裏付けるための二次的なデータとしてしか扱わない、という仏教学の研究方法にみられる問題を告発した。彼らインド仏教の研究者たちは、文献資料にこそ仏教の理念が文字通り書き込まれており、それを解読することこそが正統な仏教学だと思い込んでいるが、その前提は果たして妥当なのか、と問うたのである。そうした文献的なものを何より重視する傾向によって、たとえば、考古学的な資料や碑文から明らかになった古代の仏教徒の実践が、学問的に真剣に考慮されず、仏教史から排除されてしまうことすらある、という状況を目の当たりにしたうえでの、疑義の提示である。

文献解読を通してのみ仏教が正しく理解できる、というこの偏った思い込みの背景をなしているのは、西洋のインド仏教学における「プロテスタント的前提」であるとショペンは指摘する。すなわち、一九世紀前半にはじまる西洋の仏教学の研究者たちは、彼らにはお馴染みのキリスト教とは異なる、しかし同じようにある特定の原理に導かれた仏教の、その中心的な理念を解明しようと試みた。そしてその際に彼らは、ちょうど一六世紀の宗教改革者たちのように、「真の宗教」が発見できる場所は「聖なる書物」の中だけであって、それ以外の外面的なところでは決してない、という命題にとりつかれた。宗教改革に先立つカトリックの歴史にみられる多彩な宗教文化に対する反感が、近代仏教学のなかにも取り込まれてしまったのである。かくして「宗教を定義するにあたって、現実の実践という場に意味を見出すことには消極的であり、そこから現れ出てくるいかなる情報源もあまり評価しない」という態度が、西洋の仏教学の規範となった。

この論文でショペンが批判対象としているのは、あくまでも西洋のインド仏教学の前提をなすイデオロギーであるが、しかしこのような、仏教を論じるにあたり「聖なる書物」としての文献類に重きを置き、現実の仏教徒の実践に関しては、過去と現在を問わずあまり重視しない、という偏構性は、どこの国の仏教学にも多かれ少なかれ共通してみられる特色であろう。ショペンの論文に触れながら下田正弘が的確に述べているように、「彼が指摘する仏教研究方法の特異性は、現在の日本における仏教研究にそのまま当てはまるばかりでなく、その特異性がほとんど意識されていない点では日本の学会の方が欧米よりもむしろ深刻でさえある」［下田　二〇〇二：二］のであって、日本の仏教学もまた、仏教を論じるにあたり文献を著しく尊重し、生活世界の仏教については当然のごとく軽視してきたのであった。その日本の近代仏教学の実情について、節を改めて論じよう。

四　日本の近代／仏教／学

日本の仏教学に特有の事情として、近代的な仏教学が形成される以前に、宗派ごとの教理学が、奈良時代後期から江戸時代まで綿々と展開されてきたという経緯がある。そして、後者の宗学・教学において各宗の学僧らが行っていた漢文の文献を用いた注釈的な研究に関しては、前近代の段階ですでにほぼ頂点的な水準に達しており、ゆえにこの分野の研究については、サンスクリット語の原典との対照という新たな方法が導入されたこと以外には、近代における変化はごく乏しいものであった［末木　一九九三：九―一〇］。

だが、西洋留学を経験した学僧や知識人によって特定宗派の教理学とは異質の仏教学が輸入され発展するようになったことは、やはり近代以降の新たな動向である。また林淳が詳しく論じたように、仏教が大学という世俗的な教育制度のなかで様々に研究・教育されるようになったことは、まぎれもなくかつてない事態であった［林二〇〇二］。すなわち、明治後期以降、東京帝国大学などの帝大系では主としてサンスクリット語とパーリ語の学習やインド仏教学の研究が行われ、大正年間の頃より設立が認可されていった仏教系の私立大学では、前近代からの宗学と漢訳経典の研究・教育が主に実施される、という大学制度とそのもとで展開される学問をめぐる二重体制がみられたのである。そして、本稿の関心からして重要な点は、そのいずれの体制下においても、同時代の日本仏教に関する社会科学的な研究の入り込む余地がなかった、という事実である。学問的な「すみわけ」を考慮した場合、それでは、民族学や社会学の理論や調査方法を採り入れていた宗教学が、そうした研究領域の穴埋めを行うべきだったのかもしれないが、こちらはこちらで仏教に関しては仏教学に丸投げしてしまったため、仏教の現実態に関する研究には誰も取り組まない、という不毛な状況がもたらされた。

あるいは、文献学として確立した仏教学ではなく、歴史学との交錯ジャンルである仏教史学が、歴史なのでむろん過去についての話であるとはいえ、仏教徒の生活実践を研究対象にすることができたのかもしれない。だが、近代日本の仏教史学にもまた、研究対象の設定やその言説化の仕方をめぐる、固有のイデオロギー性に拘束されていた。オリオン・クラウタウが緻密に検証したように、近代日本の仏教史学の最たる目的は、仏教を日本という国民国家の歴史の中に位置付けていくことであり、また、現在においては「堕落」していると僧侶たち自身がみなした日本仏教の展開を、その「堕落」の源流としての近世仏教を批判的に意味づけながら歴史化していくことであった［オリオン　二〇一二］。日本の仏教史学は、国民国家という大きな物語に意を注いだがゆえに仏教徒たちのミクロな生活実践にはあまり関心を払ってこなかったし、あるいは関心が向けられたとしても、同時代に連なるような過去の僧侶らの生き方は、仏教の理想からの「堕落」とみなされたから、それが非難の対象として論じられることはあっても、中立的に評価されることはあまりなかったのである。

戦後になると、それまでの近代仏教学や、古代や中世に関する仏教史学に加えて、「近代仏教」という、直近の仏教の歴史を研究対象とする新しい研究領域が生成してくる。吉田久一、柏原祐泉、池田英俊といった学者たちによって確立してきたジャンルだが、この近代における仏教史を主題とする学問分野もまた、それ自体が近代的な動機や意図を強固に持っていた。大谷栄一は、近代仏教研究の形成過程を再検討することで、そこに近代主義的な研究姿勢の蔓延を読み取っている［大谷 二〇一二］。すなわち、上記したような近代仏教研究の創始者たちは、宗教を論じるにあたって慣習的な実践の次元（プラクティス）よりも自覚的な信仰の次元（ビリーフ）を著しく重んじるという、近代的な宗教観に基づきながら「仏教」というものを思い描き、またそうした仏教観に適合的な明治以降の「仏教」に関する思想や運動を、「近代仏教」の特権的な研究対象として選んできた。しかも、そうしたビリーフ中心主義的な仏教観から、近世以来の各宗派における伝統の継承や変遷よりも、内面的な反省を深めた僧侶や在家仏教徒らによる、現状改革的な思想や運動こそを高く評価してきた。ありのままの現在に向き合うよりも、過去や未来のここではないどこかに理想を求めるという態度は、近代仏教学のみならず、近代仏教に関する戦後の学問においても、そしてその近代仏教研究が取り上げてきたような近代の改革的な仏教者たちにおいても、共通してみられる近代性の本質であったというわけだ。

もっとも、昨今の近代仏教研究は、こうしたややバランスを欠いているように思える研究姿勢からの脱却を目指している。少なからぬ研究者たちが、現在の日本仏教が抱えている現実的な問題が日本の近代化の過程においていかに構成されてきたのかという関心のもと、今までほとんど顧みられてこなかった日本仏教の近代史に目を向け始めている。

たとえば、アメリカの日本仏教研究者であるリチャード・ジャフィは、僧侶の妻帯という、現代仏教が抱えている最たる難題について、近代仏教の歴史的文脈のなかで実証的に考察し直している［Jaffe 2001］。近世の身分制度を廃止し国民統合を推進しようとした明治政府の宗教政策のもと、僧侶を一般人から区別する戒律について、国家はあえて介入しなくなった。こうした政府の意向に対して、戒律の順守を再び義務づけるよう国家に働きかける出家僧がいたり、普通の人間と立場を同じくすることをよしとして新たな在家教学を模索する仏教者がいたりと、仏教界の対応は様々であった。だが、明治も終わりの頃になると、そうした戒律の順守／破棄をめぐる運動や議論は次第に衰退していき、むしろ、なし崩し的に普及していった僧侶の妻帯を前提として、僧侶の妻や家族の立場をどのように位置づけるか、という問題について考えることが各教団の課題となった。戒律という、仏教者の生き方をめぐる教義的かつ実践的な闘争は、次々と家庭を築いていく僧侶たちの存在という現実を前にして、歴史の表舞台から次第に後退していったのである。

ジャフィが着目したのは出家僧の妻帯という日本仏教の奇妙な風習をめぐる近代史であったが、では、近代以前より僧侶の妻帯を肯定し在家主義を徹底していたがゆえに、近代においては戒律をめぐる闘争に巻き込まれることの少なかった浄土真宗の場合はどうであったか。真宗は、これまで、近代仏教を代表する存在として研究されることが多かった。在家主義、プラクティスよりもビリーフの重視、教団機構の近代化への素早い対応、明治政府とのパイプの太さ等々の特質から、近代仏教の典型として、他の宗派に対し圧倒的な優位性を示していたからである。だが、そうした特色にばかり「近代性」を認めるのは、大谷が指摘するような近代主義的な狭隘さではないかという疑義から、筆者は、これまで見落とされてきた近代真宗の「前近代」と「近代」の交錯する諸事情について実証的に研究した［碧海　二〇一四］。近代の著名な真宗僧侶による布教や教化には、たとえば、西洋哲学やキリスト教からの影響のもと外形的には近代化しているも、あからさまに前近代的な信仰の残影が見て取れることや、真宗教団の組織構造を裏側で規定しているのは、「家」制度をベースとした排他的な血統主義であることなど、従来は看過されてきたが、しかし近代真宗の本性を考える上では決して見過ごせない現実を、多角的に検証したのである。

以上のように、近代仏教研究が厚みを増していくなか、かつてのように過去の文献や改革的な仏教者の活動のみを特権的に評価するのみではない、学問的には隠されてきたような部分である現実の日本仏教の近代史が、正面から扱われるようになってきた。日本の近代の仏教の学をめぐる実践は、紆余曲折を経ながら、いま、新たな段階に突入しようとしているのである。

おわりに

何について語れば仏教を論じたことになるのか。その起源であるブッダについて語ることや、歴史の中で正統性を確立してきた経典類や高僧の思想について研究することは、いまも仏教を学問的に論じることの主要な行き方であることは、間違いない。だが他方で、「いま・ここ」にある仏教の現実を、あるいはその現実を成り立たせている仏教の来歴を、ありのままに理解し、そこから今後の仏教のあり方を考えていこうとするような研究が、本稿で見てきたとおり、近年急速に増えてきている。経典等に記されている仏教の理念もむろん大事である。しかしながら、その理念は現実との交渉のなかでいかに屈折し、あるいは現実からの挑戦を受けているのか、その実情について真摯に考究することなしに、この現実を否応なく生きていくしかない我々にとって仏教が持つ意義や可能性を、正確に認識することはできないだろう。

宗教の理念は、現実に生かされることがなければ何の意味もない。理念が現実化していく経路について反省することなしに、ひたすら理念だけを論じていても虚しい。たとえその経路が、当初の理念を押しつぶしていくような圧力に満ちたものであったとしても、その道のりでなお圧殺されざるものを、我々は探し求めて、そこにこそ当の宗教にそなわっている力や意味の本性を読み取っていくべきだろう。仏教については、ではその圧殺されざるものとは何か。それを探究していくための学問は、あるいは、ここにきてようやく本格的に始まったばかりであるように思える。

文献

大谷栄一
　二〇一二『近代仏教という視座――戦争・アジア・社会主義』東京：ぺりかん社。
碧海寿広
　二〇一四『近代仏教のなかの真宗――近角常観と求道者たち』京都：法藏館。
川橋範子
　二〇一二『妻帯仏教の民族誌――ジェンダー宗教学からのアプローチ』京都：人文書院。
川橋範子・黒木雅子
　二〇〇四『混在するめぐみ――ポストコロニアル時代の宗教とフェミニズム』京都：人文書院。
クラウタウ、オリオン
　二〇一二『近代日本思想としての仏教史学』京都：法藏館。
佐々木宏幹
　一九八九『聖と呪力――日本宗教の人類学序説』東京：青弓社。
　一九九三『仏と霊の人類学――仏教文化の深層構造』東京：春秋社。
　一九九六『神と仏と日本人――宗教人類学の構想』東京：吉川弘文館。
　二〇〇二『〈ほとけ〉と力――日本仏教文化の実像』東京：吉川弘文館。
　二〇〇四『仏力――生活仏教のダイナミズム』東京：春秋社。
　二〇一二『生活仏教の民俗誌――誰が死者を鎮め、生者を安心させるのか』東京：春秋社。
下田正弘

二〇〇二「生活世界の復権——新たな仏教学の地平へ」『宗教研究』三三三号。

末木文美士
一九九三『日本仏教思想史論考』東京：大蔵出版。

鈴木正崇
一九九七『スリランカの宗教と社会——文化人類学的考察』東京：春秋社。
二〇〇二『女人禁制』吉川弘文館。

林　淳
二〇〇二「近代日本における仏教学と宗教学」『宗教研究』三三三号。

矢野秀武
二〇〇二「『生活の宗教』と応用教理学」『宗教研究』三三三号。

Almond, Philip C.
1988 *The British Discovery of Buddhism*. Cambridge University Press.

Amstutz, Galen
1997 *Interpreting Amida: History and Orientalism in the Study of Pure Land Buddhism*. State University of New York Press.

Covell, Stephen G.
2005 *Japanese Temple Buddhism: Worldliness in a Religion of Renunciation*. Hawaii. Hawaii University Press.

Jaffe, Richard
2001 *Neither Monk Nor Layman: Clerical Marriage in Modern Japanese*. University of Hawaii Press.

King, Richard
1999 *Orientalism and Religion: Post-Colonial Theory, India and "The Mystic East"*. Routledge.

Lopez, Donald
1995 *Curators of the Buddha: The Study of Buddhism Under Colonialism*. University of Chicago Press.

Rowe, Mark
2011 *Bonds of the Dead: Temples, Burials, and the Transformation of Contemporary Japanese Buddhism*. Chicago, University of Chicago Press.

Schopen, Gregory

1991 Archaeology and Protestant Presuppositions in The Study of Indian Buddhism. *History of Religions* 31: 1-23.

アニミズムの地平——岩田慶治の方法を越えて

鈴木正崇

はじめに

アニミズムについての論考は多い。日本の研究者では岩田慶治ほどこの用語にこだわり続けて来た人はいない。しかし、岩田慶治の思想について真っ向から取り組んだ人も多くはない。本論の意図はこの空白を埋めてアニミズムの新たな地平を切り開くことである。

アニミズムとはタイラーが『未開文化』〔Tylor 1871〕で宗教を進化主義の観点から把握した時に最も原初的な形態として提唱した概念である。一般に霊的存在（spiritual beings）への信仰と定義される。未開人は動植物から無生物に至る全てが生命や霊魂を持ち作用を及ぼすと考えているとして、ラテン語で生命や霊魂を意味するアニマ（anima）にちなんでアニミズムと名づけた。アニマは気息も意味する。霊的存在とは神霊、霊魂、精霊、死霊、祖霊などを指す。人間の場合は霊魂が身体に宿ることで生命を維持し、身体から霊魂が離れると生命を失うと考える。霊魂そのものを強調するか、生命に重点を置くかによって内容が異なってくる。アニミズムの訳語は精霊信仰であるが、現在は余り使用されない。

タイラーによれば、霊魂を認識するに至った理由は、第一は生と死の問題で、未開人は肉親の死に遭遇した時に、生から死への劇的な変化の衝撃を緩和するために、死は霊魂が肉体から離れることで生じると考えたこと、第二は幻覚や夢などの体験に基づいて、自分の身体の外から働きかける存在を認知するようになったことを挙げる。霊魂は身体にあって生命と思考の根源として働きながら、身体から離れることが出来る。人間の死は霊魂の身体からの遊離で起こり、霊魂は死後も存在するという霊肉二元論である。霊魂は人間や動物やモノに侵入・憑依し、生命体とも見なされる。未開人は、夢・病気・死などの現象を理解するために霊魂を仮定し、動物・植物・非生物まで理解を拡大適用し、霊魂観念を拡張して「万物に霊魂が宿る」と考えた。タイラーは、一九世紀の進化主義の立場から、原始宗教や未開宗教はアニミズムの段階で、次第に霊魂が機能分化し、霊魂が宿主を離れて独立して、個性や居所を持ち一定の姿をとる精霊（spirit）となり、更に人格化が進むと多神教の神々（gods）、最後に唯一の神（God）の観念になるという宗教の進化を提唱した。西欧社会では、アニミズム→多神教→一神教という進化図式の呪縛は大きく、現代でもアニミズムは未開宗教や原始宗教として低く評価される。中国では「万物有霊」と訳したが、進化主義の影響で遅れた段階の人々が信じている迷信活動であるとする見解も根強い。しかし、タイラーのアニミズム論は南アフリカのズールーの民族誌をもとに構想され、地域の文脈が消去されている。[1] 植民地言説の落とし子ともいえる。

自然界の山川草木から岩石まで全てに霊魂が宿るとする考え方は、日本では馴染みがあり、全てのものに仏性が宿ると考える天台本覚論にも展開した。アニミズムは、未開人の思考に限定されず、人間観・世界観・生死観・他界観を理解する概念として現在でも有用である。世界各地には、タイのピー、ビルマのナッ、イスラーム世界のジン、日本のカミやタマなどのように、体系化された宗教とは対極の場にある自明の観念が存在する。こうしたアニミズム的なるものは、あらゆる宗教の基盤をなす、あるいは宗教以前とも考えられ、教義や教団にとらわれず、個人の体験に深く関わる。全てのものに「いのち」を認める思考として評価すれば、我々の生き方を考え直す原点になる。「生命」とは生物学的な生命現象を指す用語なので、文化や社会の文脈では「いのち」と呼ぶほうが好ましい。そして、岩田慶治もまた「いのち」を根幹に据えたアニミズムを普遍的な人類の思考の根源にあるものとして把握しようと試みて独自の思考を展開した。

一　アニミズム

岩田慶治のアニミズム論の根源にあるのは、カミと神の区別である。体験知によってアニミズムの再考を試みた岩田慶治は、「カミは名前をもっていない。すくなくとも固有名詞をもたない。東南アジアの僻地の村びとと一緒に歩いていると、さまざまな経験を共有することがある。たとえば大樹のそばを歩いていて、相手が急に押し黙ってしまうことがある。あの木の、あそこの葉の茂みにカミがいるというのである。木のカミなのである。サラサラと心地よい音を立てて流れる川に対面して、そこに川のカミがいるという」[2]「出逢いの驚きと、そのときの異様な体験、しかもその異様なものの姿に対面したときのなんとも不思議な親しさとやすらぎ。それを、そのときの大いなるもののなかに包まれている感じをカミと呼んだのである」と述べる。ここでいうカミとはラオスやタイの村々のピーのことだが、畏怖や驚愕の体験がカミであり、だからこそ「トカゲがカミである」という言い方が自然に口をついてあらわれるのだという。「カミは教義をもたない。このようなカミ体験を核として、それが文化のなかに固定して、のちには宗教儀礼や世界観を構築することもあるが、それはカミが神になってからのちのことである」〔岩田　一九八四：二四五～二四六〕として、出没去来の時を定めないカミから、名前を持ち儀礼や教義を身にまとう「神」へという進化の図式をとりあえず設定する。しかし、岩田はこれを逆転して、神からカミへと遡及し、カミの発端、カミの見える場所を探り当てることで人間の生き方を考え直す。カミは向こう側から、あるいは自然から突出してくる。そこにはカミ以前と言っても良い場所があるかもしれない。岩田慶治の詩的イメージは草木虫魚に畏怖と親しみを読み取る独自のアニミズム世界への回帰と超克の試みである。[3] 明るいアニミズム論である。

岩田慶治のアニミズムの特徴や基本について覚書風に幾つかの事を検討しておきたい。[4] 主な論題は以下の通りである。①カミと神の議論の位置付け、②モノ概念の持つ地平の広がり、③アニミズムの中にある「霊」と「力」の相互浸透、④主体の解体、⑤受動と能動が共に表裏をなす世界の構築、⑥仮面という語を学術用語として使う場合の価値付加の問題、⑦アニミズムを語ることが西欧の知にからめとられるというメタレベルの自覚、⑧自然や環境という用語の超克、⑨アニミズムの明と暗である。

第一はカミの捉え方であるが、カミとは驚きと出会いの体験の表現と言える。岩田慶治風に考えれば、カミ以前→カミ→神とたどる進化の法則性を検討した後に、全体を反転させて神→カミ→カミ以前と逆転する往復運動が原点だと思う。神＝文化、カミ＝自然、カミ以前＝トポスと展開してみたくなる。しかし、「＝」は揺らぎの中に置かれる、恐らくは究極的には自然の中のトポスの発見が目的で、それが「不思議の場所」になるのだろう。[5]「目のさめるような」場所への到達とも言い換えられる。それは視覚が研ぎ澄まされること、その多次元的な見え方、つまり単なる視覚ではなく観・視・見を総合化する。それは原風景としても体感される。或は記憶の中の特別な風景とも言い換えられる。カミは関係性の網の目を作り出す「眼」なのかもしれない。人は時にカミとなり、カミは人となる。人の眼とカミの眼が重なる。地と柄という言い方は、カミと人、自然と人、カミ以前とカミ、タマとモノに照応し、相互のメタモルフォーゼは無限に続き終わりはない。[6] 常にあるのは関係性の組替えである。奥三河の花祭りの最高神は「切目《きるめ》」と「見目《みるめ》」という。悪霊を切り祓い見ることこそ祭りの本質とも思える。目に見えない世界を見ることが極意であり、眼の力こそアニミズムの原点であったのかもしれない。

第二はモノの捉え方である。モノは多義的で、精神と物質、眼に見えるものと見えないものが重なり合う。目に見えないモノは、タマ・カミ・オニと通底しあう連続性の運動体の世界であって、モノの流動性の中にカミが顕現する。折口信夫のタマフリ、タマシズメという身体を出入するタマについての考え方は、モノとタマの相互浸透への共感に基づく。モノの認識の根底には、霊や魂のような実体を想定する存在論だけでなく、力、生命力を認めるという認識論がある。現代の針供養や眼鏡供養などモノが生きているという感覚が強い。一方、モノノケという言葉は平安時代に流行し、正体不明の超自然的な霊が人間に憑依して病気にしたり死に至るとされ「物の怪」と表記して邪悪な霊の発現をいった。『付喪草紙《つくもそうし》』（室町時代）の器物の妖怪はモノが古びて放棄された後の霊の発現で少し異なる。宮崎駿がモノノケ姫でイメージを逆転させた。モノの内容は時代や文脈で変化するがタマと通底する。

第三はアニミズムの中に含まれる「霊」と「力」の相互浸透についてである。アニミズム論には霊魂と生命の二重性があった。ラテン語のアニマの考え方にこの発想は含まれていた。生命に強調点を置けば、人間と自然を貫く「いのち」の共有感覚に目覚めて世界の見方が一挙に変わる。森羅万象のささやきを体感する。霊魂に強調点をおけばモノと身体と場所との連続性が立ち現れる。モノと「霊」は二にして一つであり、モノの根源に「力」があり、「霊」はモノを介して「いのち」とつながる。「いのち」は「場所」やモノや身体に宿る。根源には生物と無生物、自然と人間の区別なく「いのち」を持つという思考がある。非人格的な力のマナよりも、(7)「いのち」という表現のほうが根源的である。

第四は主体の解体についてである。岩田流の人間観の根源に「主体」の解体がある。「からだ」と「たましい」

と「こころ」からなる人間は常に外界へと開かれることによって「生かされる」存在となる。そして自然と一体になることで宇宙の全体が一挙に「直覚」できる「場所」に出られる。自然は一枚岩ではなく、「尽十方世界是一顆明珠」で、「三千世界一度に開く梅の花」の世界が出現する。自然も環境も解体される。人と自然とカミは「一体」になるというよりも、心身脱落、即非、如、として語られ、「一体」を越える世界を出現させる。「主体」という言葉への囚われを捨て、新たな知の世界を構築する。学術用語としての「融即（participation）」〔レヴィ＝ブリュール　一九五三〕は表現として満足できない。岩田慶治の言葉を借りれば「無限に表裏なき宇宙のすべてが同時に見えてくる」。無心に一つになることは禅だけでなく、芸の世界に通じる。茶の湯の「一座建立」「一味同心」「一期一会」、あるいは世阿弥の「初心忘るべからず」「花」「離見の見」にしても、言語表現の世界の巧みさに感嘆する。歌舞伎の「見顕し」も同じかもしれない。従って「見立て」「擬人化」「意識化」という主体中心の見方は乗り越えることが望まれる。主体と客体を単に越えるだけでなく、双方を一挙に止揚して別の世界へ抜け出る。そのための方法は難しい。

　第五は受動と能動が共に表裏をなす世界の構築へと進むことでカミが見える場所に立てるという発想についてである。自然との驚きと出会いの場は能動と受動の方向性が無化する。自然から突出するカミの世界に向かいあう。見えない世界を見たいという欲求があって、初めて向うから「突出」してくるカミと出会うことができる。ただ待つだけではカミとの出会いはない。カミの体験や経験は、「共にある」地平の中から生まれてくるのであり、現われてくる過程の初動は受動である。しかし、能動と受動という対立図式が無化した場に佇む。岩田慶治からドリアンの実が落ちてくるのを、一日中、木の下で待っている男の話を聞いたことを想い出した。恐らく、この微妙な時間感覚は、親鸞の言う「生かされている」という絶対他力に近い。他力から自力へ反転する潜在力に賭ける。一般の祈願では「願かけ」であるが、「待つ」ことで得られる果報も大きい。「願掛け」は「願ほどき」と表裏一体である。ここにも反転を含む受動があり、それが本音のように見える。日本の民俗社会は長い間、神仏やカミ・ホトケへの「願」を生き方の中核に据えてきたのである。

第六は「物」と「霊」の二にして一、一にして二の世界を喚起させるイメージとしての仮面の表象についてである。仮面のもたらすイメージの喚起力には圧倒される。そこに別の世界を確実に垣間見るからである。かつて八重山群島の新城《あらぐすく》島（パナリ）で見たアカマタ・クロマタの凄さが時々甦る。仮面の来訪神が各家を訪れて祝福し、最後は村の十字路で皆が涙を流して見送る光景に圧倒された。外来者の見学を拒否し、ひたすら秘儀を維持し続けようとする。ニライの世界から来るニイルピトゥ。祭りのたびごとに森の中で、ナビンドゥと呼ばれる洞窟の中でスデル（孵る）のだという。祠に祀られる神像とは異質のリアリティを感じ取る仮面とは何か。仮面について語ることは、洗練させれば仏教の教理や哲学の思想を呼び寄せる。一にして多、多にして一の仮面は、大乗仏教の華厳思想や「空」や「無」と共鳴する。一方、これと対極にあるのがタイのピーで、祠には何も置いていない。しかし、空っぽの「空」ではなく、見えないものが充満しているという感覚がある。

第七はアニミズムを語ることが、結果的に西欧の知にからめとられてしまう危険性である。西欧の知が如何にローカルで、特定の時代の中で生まれたのかを提示して、世界の知の相対化を図ろうとする我々にとって、永遠の課題である。本居宣長がいう「さかしら心」や、「道といふことの論《あげつら》ひ」（『直毘霊《なおびのみたま》』）をどのように克服するかが問われる。西欧を世界の周縁へと見なす知の用語法の転換をしないといけない。日本では、山や川や石を拝み、鎮守の森に神々を祀り、針供養ではいつも硬い布に頭を当てて苦労している針を一年に一度軟らかい豆腐に刺して休ませる。こうした生活は西欧世界から見ればアニミズムの典型である。アニミズムに日本の自然崇拝を含める発想は、西欧の枠組みに包摂されている［保坂　二〇〇三］。進化主義の観点を脱却してアニミズムの復権を説いたとしても、アニミズムの用語を使い続ける限り超克は難しい。別の用語も見当たらない。二〇〇九年に西アフリカのトーゴ北部のクータマクーに行く機会があり、改めて土地の人々の世界を、フェティシズムとかアニミズムという概念で切り取ろうとした西欧人の知の営みとは一体何だったのかと思った［鈴木　二〇一四a］。他者理解とは難しい。

第八にアニミズムは生活世界を全体的に把握して自然との共生を求め、環境や自然を考え直す志向を持つ。山川草木全てに霊魂や「いのち」が宿るという生活世界や暮らしの経験に根ざした発想は、生命観や環境観を再考する出発点ともなる［鈴木　二〇〇四］。しかし、自然にしても環境にしても、概念自体が外界を一元化して多様性を平板にする。自然や環境の概念は西欧思想に由来する。環境の用語は新しく二〇世紀にはいってエコロジーと共に普及した。一方、自然の概念はギリシャ以来の「自然」（ピュシス）と「人為」（ノモス）を区別する西欧社会の自然観、特に人間中心主義が基本にある。自然には守るべき価値が与えられるという人間中心の見方が生まれてきた。自然保護や環境倫理の思想がこれで、人間と自然の二元論が前提に組み込まれてしまう。その根底には神が世界を造ったというユダヤ・キリスト教的世界観の浸透がある［White 1968］。非西欧世界では自然という画一的概念はなく、近代になって西欧経由で入って来たのであり、前近代では外界を一元化する発想は殆んどない。アニミズムは地域の生活世界に根ざし、多様な外界との関わりを巡る思考と実践であり、人間は個ではなく外界や宇宙、地縁や血縁、他界や異界との繋がりで生きることを常に再確認する。自然や環境という画一化された近代概念をアニミズムを通じて再考することは、自然を対象化して操作し地球温暖化を齎した人間の倫理を問い直すことにもなる。

第九はアニミズムの明と暗についてである。岩田慶治は明るいアニミズム論を展開した。しかし、翳りのあるアニミズムもある。自然は魔物に満ちている。人間の周囲に魑魅魍魎がうごめいていて、死や怨念などの感情や悪霊・死霊を含めた「いのちのカオス」とでも呼ぶべき世界が拡がっていると考える。そこから日常世界を見直すと、宇宙や世界の見方が一挙に変わるかもしれない。日本の四国でいざなぎ流と呼ばれる祈禱に携わる太夫は自然の中に潜む魔物やスソ（呪詛）にこだわり、人間の心の闇に関わる嫉妬や妬みに正面から立ち向かおうとする。日常的実践と宗教的職能者の語りは微妙に異なるが示唆することは深い。太夫はいう。「祭文を読むことは、その中の語りの主人公になりきることだ。スソの取り分けの場合は、高田の王子、病人祈禱の時は博士」「ミコ神を取り上げる時は、本当に神がくる」「この祭りでは人間とうまくつきあうことが重要だが、最も大切なのは魔物たちとうまくやっていくことだ」「川、山、木には悪さをするものが満ちている。いまでは森の木を沢山伐ったので、山の奥深く住む。こちらがしっかりしていないと、とりついて何をするかわからない」。自然界の神霊の眷属は悪さをするので、魑魅魍魎を鎮めることが祭りの基本だという。また、人々が口論したり争ったり嫉妬するとスソとなる。スソは神霊とゴチャゴチャに混じっているので、「読み分け取り分け祓い分け」して、定期的にコトバと呪文でスソ林に封じ込め、スソの島へ送り返す。自然の中の負性に異様にこだわる太夫たちの真剣な語りは、聞く者をとりこにする。「自分たちの跡を継ぐことは勧めない。もし、そんなことをしたら、かつえる（飢える）」。しかし、「この地球上のどこかにいざなぎ流を残したい」と語った（小松豊孝太夫。一九九九年）。自然との密接なつきあいの中で濃密な知識を形成し、人間の心の闇について深い洞察をする人々。その言葉は貨幣経済に翻弄される我々への深い忠告を含む。自然と人間の共生、大地や神々との共生という調和に満ちたノスタルジックな語りを乗り越える叡智を探し求めなければならない。自然の概念の解体はその前提かもしれない。

二　フィールドワーク

岩田慶治はユニークなフィールドワーク論を展開した。「自分自身にとっては、人類学のフィールドワークと『正法眼蔵』の探究とは、やはり、別のことではなかった。私にとっては、異民族と異文化のなかで経験をつみ、それらについてしらべることが、もう一冊の『正法眼蔵』を読むことであった。フィールドワークがそのままで私の座禅であった。……私はフィールドワークにしたがいながら、異国の山河大地、草木虫魚が、そして人間生活の諸相が語りかけてくる問題を、自分で納得のいくように解こうとしただけである」〔岩田　一九八四〕。「正死一如」の世界を追い求めていた様子がひしひしと伝わってくる。独自のフィールドワークを展開しえた背景には独自の戦争体験がある。軍隊に入っても『正法眼蔵』を詩集のように愛読して、身近にあった無数の死を克服しようとしたという。ある日、海岸で透き通ったクラゲを見てこんな単純な身体にも「いのち」が宿ることに感心したという。迫りくる死の体験との緊張感ある対峙こそ戦後の東南アジアでの無数の「いのち」との出会いを大切にした岩田慶治の原点であった。『日本文化のふるさと』〔岩田　一九六六〕の後書で自分の旅の食事に供せられ犠牲となった動物達に愛おしみのコトバを投げかけていた文章が印象に残る。自らが生き延びたことで出会った「いのち」への共感にうたれる。

『正法眼蔵』の屹立した言葉の数々、そこに多くの智慧がある。道元はアニミズムの言葉をアフォリズムの詩として「表現」した人かもしれない。「語り」ではなく、「表現」にこだわる。コトバが大事だ。そこに岩田慶治もこだわった。「知はもとより覚知にはあらず、覚知は小量なり、了知の知にあらず。了知は造作なり、かかるがゆえに、知は不触事なり」「山これ山といふにあらず、山これ山といふなり」（山水経）。「時すでにこれ有なり。有はみな時なり」（有時）。「同時」の世界に生きた道元のコトバは心の奥底に突き刺さる。

還暦の時に自費出版した『牆壁瓦礫集』〔岩田　一九八二〕にはアジア各地を経巡った体験に基づいた歌の数々が収められていて、フィールドワークの極意がアフォリズムのようにちりばめられている。本書の題名は、『正法眼蔵』の「牆壁瓦礫これ心なり。更に三界唯心にあらず。法界唯心にあらず。牆壁瓦礫なり」（仏教）に由来する。仏とは瓦や石で、瓦や石も成仏するという意味である。「如何是古仏心。牆壁瓦礫」。同じ趣旨は道元の「峰の色　谷の響きも　皆ながら　吾が釈迦牟尼の声と姿と」という道歌に歌われている。全てに仏性ありとし、「山川草木悉皆成仏」を説く天台本覚論の影響がある。日本化した仏教を外被とする「ローカル・アニミズム」である。岩田慶治は『正法眼蔵』をアニミズム論として読み直し、あるいは誤読し、自然と人間が照応する「呼べば応える世界」を探求して人間の在り方を考えようとした。「ローカル・アニミズム」を通して地域を越え、国家を越えた普遍的な地平を目指す岩田慶治の方法は、細かいことにこだわり過ぎる我々の地域研究の方法論、認識論、存在論の相対化を迫ったと言える

　戦後、岩田慶治は京都大学に通いながら、天龍寺や林丘寺に下宿し、お茶の稽古には嵯峨野の厭離庵に通った。ちなみに、厭離庵では薄茶の手前で、畑でとれた芋を茶菓子に出したという。[8]「平常心是道」。禅は体験を通してしか会得できない。本格的に禅の世界には踏み込まなかったが、山田無門との対話は血となり肉となり、体験による禅の会得へ向かった。禅では「以心伝心」を説く。文化人類学と禅はどこで結びつくのだろうか。岩田慶治にとっても究極の問いであったかもしれない。他者理解という遠回りの道をたどっての自己理解という文化人類学の世界では、究極の他者と身近な他者との終わりなき対話の旅が続く。果てなき彷徨を通じて、最後に自他を越える地平が見えてくる。岩田流のフィールドワークの極意は「飛び込む」「近づく」「もっと近づく」「共に自由になる」の四段階を経るという。しかし、最後は自己に帰る。フィールドワークによる記憶の中の過去と現在の対話、そして風景との対話、原風景へのこだわりは自己省察の原点であった。岩田慶治の方法は、地域研究を手段とし、それを反転させて自己の探求に向かったと言える。しかし、もう一度、自己から社会へと開かれた場に戻してほしかったという思いは残る。

三　地域研究

自然の中に「いのち」の顕れを読む。地域ごとに個性豊かに展開する「ローカル・アニミズム」は人間の普遍的想像力の顕示の場ではないか。徹底して個別をつきつめて普遍に至る。それは人類の思考の基底にあるものと通じるのではないか。「人間の霊魂もやがては自然に帰入する。山川草木全て物言う『いのちの循環』の中に、人間の霊魂も組み込まれていくのかもしれない。かくして、人間も自然の一部であることを自覚し、いのちを共感しあう世界が回復する。遠山霜月祭の中には普遍的な民俗知が隠されているのではないだろうか」［鈴木二〇二一a：二六五］。かつて霜月祭を見ていてそう考えた。遠山霜月祭は冬の到来を告げる祭りとしての性格が強い。全国の神々を迎える「神名帳」の奉読の冒頭の神歌で、「冬来ると誰が告げつら北国の　時雨の雲に乗りてましますと」と歌われるとおり、風と雲と雨に乗って神がやってくる。「峯は雪　夜中はあられ　里は雨　谷は氷の八重がさね」（かす舞・下栗）。高い山に雪が降り、里は雨、谷に氷がはる季節、麦が芽吹き、里芋の串刺しや御幣餅で「山の神講」を終えた後に、霜月祭の準備が始まる。祭りは八重河内梶谷の一二月一日を始まりとして、一二月一七日の大町天満宮まで、半月間にわたって行われる（かつては下栗が最後）。「山の神育ちはいづく奥山のそやまの奥の榊にまします」「水の神育ちはいづく河下の　七瀬やしもの榊の葉にまします」（十六の御神楽・木沢）。山神と水神を本源から呼び戻し村人と共に楽しむ。最後にヤマからタケへ高い山へ神送りして、元の場所に鎮まることを願う。ヤマはサト近くの生活場としての森林、タケとは遠くに聳える聖嶽や赤石嶽をいう。「神はゆけモリは止まれこの里に　また来る冬も神呼び返す」（祓い・木沢）。遠くの山々に神は戻るが、モリ（社・森・守）で祀られ、村人を守護する。冬に訪れる神々が人々の生活の支えになっている。祭りが終わると「よいお年をお迎え下さい」と挨拶があり、新年を迎える。祭りは繰り返す自然の営みの循環の中で、受け継がれてきたのである。そこに実現するのは、山川草木全てモノ言う世界、呼べば応える世界であり、「いのちの哲学」「存在の哲学」が問われる。西欧由来の一元的な自然概念を解体し、大地と身体と宇宙が「いのち」を介して連関する世界への道である。自然への回帰、出会いと驚き、不可視の力、その表現を日本語ではカミという。かつてはカミやモノやタマとの刺激に満ちた遭遇が生活世界に埋め込まれ、想像力豊かな世界が広がっていた。昼と夜がくっきりと分かれ、真の闇の体験も身近であった。しかし、科学の発達によって、人類は引き返すことのできない、人工的な世界、成長を目標に生きる現世中心の世界の構築に向けて突っ走っていく。人類が何百年もかけて、体験や経験に基づいて培ってきた豊かな智慧や知識は急速に衰退しつつある。

私の基本はやはり地域研究である[9]。特に、言語以前、宗教以前、カミ以前の世界との出会い、眼が覚めるような体験を求め歩く旅を続けてきた。ヒトとモノとカミが出会い、根源的な何かが顕現する場を今も求め続けている。地域研究から人間の理解へ、そして個人から再び社会に回帰する道筋も残しておかねばならない。地域研究にとって最も重要なことは人間との出会いの場を大切にすることである。インフォーマントと呼ばれる一方的な情報提供者に終わらせない。現地で世話になる人々の親切さにほれ込む。その過程で人生の究極の師と出会うこともある。師匠は学問上の師よりも無数の土地の人々である。「一期一会」の出会いで、学問よりももっと大切な人生の生き方を探求したいと願う。

そのためには長期の時間がかかる。そして、時には思いもかけないようなフィールドワークの醍醐味を経験する。日本の場合、広島県北部の東城・西城（現在は庄原市に編入）で行われてきた比婆荒神神楽に長く関わって来た。「名《みょう》」を単位として祀られる本山三宝荒神を主神として式年ごとに「大神楽」を行い、明治以降は複数「名」が合同して一定の「地区」を単位に、一三年ないしは三三年に一度行ってきた。最後には神柱《しんばしら》による神がかりの託宣を聞き、藁の龍は荒神社に納められて再び招かれる日を待つ。二〇一一年一二月には東城町竹森で三三年の式年の大神楽が行われた。私は前回の一九七九年（昭和五四）の大神楽を見学しており、長い歳月を経て同じ場所、同じ当屋での大神楽に巡り合った。そして、伝承を持続させるものとは何かについて想いをめぐらした［鈴木　二〇一四b］。

中国貴州省の黔東南や黔南の山地に住むミャオ族（苗族。自称ムー）は、祖先祭祀のノンニウ（nongx niel）を一三年に一回、父系血縁集団が合同で行う。木鼓や銅鼓を叩いて祖先や死者の霊魂を呼び覚まして村に招いて歓待し、蘆笙の音で慰撫して、最後に数十頭の水牛を供犠して祖先を故地に送り返す。山地に散在して生活する人々が大規模に交流し、死者を祀ると共にこの機会に新たな配偶者を見つけて社会の存続を図る。ノンニウは一九四九年以来の社会主義化、大躍進、文化大革命、改革開放などの政治・経済・社会の大規模な変動の中で「迷信活動」として禁止されたが命脈を保った。一九八〇年代後半以降の経済成長の波に翻弄されつつも復活を遂げ、一部は急速な観光化の波の中で巨大イベントに変貌した。ノンニウに関しては一九八五年、一九九七年、二〇〇九年の各丑年ごとに変化を追いかけた。烏流寨で一九九七年と二〇〇九年、小脳寨で一九九九年と二〇一一年のノンニウを見学してイデオロギーとコスモロジーのせめぎ合いを検討した［鈴木　二〇一二b］。

地域研究の面白さは全体を一挙に把握する地平に立つことである。[9] 時間をかけて要素よりも総合へ、分節よりも全体へと向かう。デカルト以来の心身二元論を無化して体験知や直観に浸る。柳宗悦の「見テナ知リソ。知リテナ見ソ」（心偈《しんげ》）という言葉は座右の銘である。岩田慶治は「道はこちらからつけるのではなくて、向こうからついてくる」といった。多元的にものを見る。最小限でも人類の生き方を「近眼鏡」と「遠眼鏡」の併用で見通す。その探求の根源にある目に見えないものとの交流が私の究極の研究主題であった。基本は「地域に寄り添って生きる」ことである。常に好奇心を持って地域を広く歩き、多くの人々との対話を通じて問題意識を研ぎ澄ます。対象地域に応じて方法を変える。許容度を高め、パイオニアワークに挑む。特定の村なり町なりに住み込み往復運動で長く付き合う。よそ者と地元の視点を相互に交換することは難しいが、限りなく近づく。そして最後に「跳ぶ」。

フィールドワークの方法の基本は土地の人々の思考の核心となる言葉や概念を解き明かすことである。現地の言葉を知る、現地の言葉を翻訳する。完全に言語を習得できなくても、文脈に添って使われる言葉を確定し、行動を細かく観察し言葉と照合する。そうすれば地域や人間を理解する突破口は得られると信じている。ただし、言葉の理解の制約は常にあるので、相手に応じて物の見方のレンズを変える。そして、徐々に「無限の多様性を持った事実」を概念化していく。地元との往復運動を通じての相互変容で総合的な理解への道が開けると信じてひたすら継続する。アニミズムはそのための魅力溢れる羅針盤であった。フィールドワークは人生そのものである。全ては人との出会いに尽きる。

［追書き］本来は尊称をつけるべき岩田慶治先生であるが、文中では略させて頂いた。御寛恕を乞う次第である。岩田慶治先生は二〇一三年二月一七日に亡くなり（享年九一）、追悼行事としては「岩田慶治先生を語る会」（六月一日、河道屋養老）、「岩田慶治先生追悼シンポジウム　草木虫魚と向き合う」（一〇月一九日、国立民族学博物館）が開催されて共に参加した。東京工業大学工学部の文化人類学研究室に一九七九年四月に助手として採用されて以来、長い間お世話になった。ここに学恩を深く感謝申し上げたい。ささやかではあるが本論考は追悼論文である。

注

（1）タイラーは南アメリカのズールーで夢の研究を行った英国国教会の伝道師、キャラウエイ（Callaway, H）の記録を第一次資料としてアニミズム論を構築した。夢見人ジェームズの記録から「原始的心性」を抽出したが、本人がキリスト教を棄教して病気と闘っていた時の報告であり、コンタクト・ゾーンの文脈が消去されている［チデスター　二〇一二：七六］。

（２）一九五八年に初めて村に滞在してフィールドワークを行ったパ・タン村での体験が語られている。岩田慶治から何度も聞かされて、私自身は一度も訪問したことがないのに、具体的な風景が想い浮かぶようになった。松本博之らが二〇〇九年に再訪した記録がある［松本・池口・岡本・野中　二〇一〇］。インフォーマントの何人かは健在であった。

（３）代表作は『草木虫魚の人類学』［岩田　一九七三］とされることが多いが、個人的には『日本文化のふるさと』［岩田　一九六六］が好きである。

（４）論題設定に際して［長谷　二〇〇九］に示唆を受けた。立場は違うが考察自体は面白い。

（５）「不思議」は一即多、多即一を説く華厳に近い。「同時」という時間の場でもある。目の覚めるような不思議の「場所」で「身体」の「体験」を通じて世界を探求したのである。

（６）岩田はよく親しみを籠めて「カミサン」と呼んだ。関西風のカミ観念の影響と思う。

（７）マナ **mana** はコドリントン［**Codrington 1891**］の概念でよく使われるが、人格概念は西欧の知の投影である。日本では折口信夫が影響を受けた。岩田慶治は折口のタマの運動論に共鳴している。タイラーの主知主義的発想にはマレット［**Marett 1914**］の批判もある。思考以前の畏怖の感情や身体の感性を重視するプレ・アニミズム論で、岩田説はこれに近い。

（８）岩田慶治は淡交社からよく本を出版したが、茶の湯の繋がりである。私も二〇年近く東京四谷の即日庵で戸田宗安（勝久）宗匠から茶の湯を習った。ある日、孫娘が精神科医になったがお茶を習いたいとの電話があり、即日庵に紹介したこともある。

（９）慶應義塾での地域研究については［鈴木　二〇一四c］、個人の研究史については［鈴木　二〇一四d、二〇一五］を参照されたい

文献

岩田慶治

一九六六　『日本文化のふるさと――東南アジアの稲作民族を訪ねて』東京：角川書店。

一九七三　『草木虫魚の人類学――アニミズムの世界』京都：淡交社。

一九八二　『牆壁瓦礫集』私家版。

一九八四　『カミと神――アニミズム宇宙の旅』東京：講談社。

鈴木正崇

二〇〇四　「宗教の生命・環境観」池上良正・島薗進・末木文美士・小田淑子・鶴岡賀雄・関一敏編『生命』（岩波講座　宗

教　第七巻）東京：岩波書店、五九～八九頁。

二〇一二ａ「湯立神楽の意味と機能――遠山霜月祭の考察」『国立歴史民俗博物館研究報告』一七四号、二四七～二六九頁。

二〇一二ｂ『ミャオ族の歴史と文化の動態――中国南部山地民の想像力の変容』東京：風響社。

二〇一四ａ「フェティッシュ・マーケット瞥見――トーゴでの体験から」田中雅一編『越境するモノ』（フェティシズム研究二）京都大学学術出版会、二一三～二一七頁。

二〇一四ｂ「伝承を持続させるものとは何か――比婆荒神神楽の場合」『国立歴史民俗博物館研究報告』一八六号、一～二九頁。

二〇一四ｃ「地域研究と慶應義塾――人文社会科学の視座から」『三田評論』（特集　地域研究の軌跡と展望）東京：慶應義塾、一一八二号、三二～三七頁。

二〇一四ｄ「シルクロードから学んだもの――私の研究小史」篠田知和基編『神話・象徴・図像』Ⅳ、千葉、楽瑯書院。

二〇一五「東アジアと南アジアのはざまで――地域研究の行方を探る」『アジア・アフリカ研究』東京：慶應義塾大学出版会。

チデスター、デヴィット
二〇一二「コンタクト・ゾーンにおける夢見――一九世紀南アフリカのズールーの夢・幻視・宗教」藤原久仁子訳、田中雅一・小池郁子編『コンタクト・ゾーンの人文学』第三巻（宗教実践）、京都：晃洋書房、六五～八七頁。

長谷千代子
二〇〇九「『アニミズム』の語り方――受動的視点からの考察」『宗教研究』日本宗教学会、三六二号、一～二三頁。

保坂幸博
二〇〇三『日本の自然崇拝、西洋のアニミズム――宗教と文明／非西洋的な宗教理解への誘い』東京：新評論。

松本博之・池口明子・岡本耕平・野中健一
二〇一〇「五十年目のラオス――岩田慶治先生調査村の再訪」『地理』五五巻、二号～六号、東京：古今書院。

レヴィ＝ブリュール
一九五三『未開社会の思惟』山田吉彦訳、岩波文庫、上下巻。

Codrington, R. H.
1891 *The Melanesians: Studies in their Anthropology and Folk-lore.* Oxford: Clarendon Press.

Marett, R. R.

1914　*The Threshhold of Religion.* London: Methuen.

Tylor, E. B.
1871　*Primitive Culture: Researches into Development of Mythlogy, Philosophy, Religion, Art and Custom.* London: J. Murray（タイラー『原始文化』比屋根安定訳、東京：誠信書房、一九六二）

White, Jr Lynn
1968　*Machina ex deo: Essays in the Dynamism of Western Culture.* Cambridge, Mass. MIT Press（『機械と神——生態学的危機の歴史的根源』青木靖三訳、東京：みすず書房、一九七二）。

●鈴木正崇　履歴

生年月日　一九四九年（昭和二四年）一一月二一日生（東京都台東区上野）

〈学歴〉

一九五六年三月　神田寺幼稚園卒園
一九五六年四月　東京学芸大学附属竹早小学校入学
一九六二年三月　東京学芸大学附属竹早小学校卒業
一九六二年四月　慶應義塾中等部入学
一九六五年三月　慶應義塾中等部卒業
一九六五年四月　慶應義塾高等学校入学
一九六八年三月　慶應義塾高等学校卒業
一九六八年四月　慶應義塾大学経済学部入学
一九七二年三月　慶應義塾大学経済学部卒業
一九七三年四月　慶應義塾大学文学部学士入学［東洋史専攻］
一九七四年四月　慶應義塾大学大学院文学研究科修士課程入学［東洋史専攻］
一九七六年三月　慶應義塾大学大学院文学研究科修士課程修了
一九七六年四月　慶應義塾大学大学院文学研究科博士課程入学［東洋史専攻］
一九七九年三月　慶應義塾大学大学院文学研究科博士課程修了

〈職歴〉

一九七二年四月　三菱銀行入社

一九七三年三月　三菱銀行退職

一九七九年四月　東京工業大学工学部人文社会群助手［文化人類学］

一九八六年三月　東京工業大学工学部人文社会群助手退職

一九八六年四月　慶應義塾大学文学部専任講師［社会学専攻］

一九八八年四月　慶應義塾大学文学部助教授

一九九六年四月　慶應義塾大学文学部教授（現在に至る）

〈塾内役職〉

一九九三年一〇月　慶應義塾大学地域研究センター副所長（二〇〇三年九月迄）

二〇〇三年一〇月　慶應義塾大学東アジア研究所副所長（現在に至る）

二〇〇七年一〇月　慶應義塾大学大学院社会学研究科学習指導（二〇〇九年九月迄）

一九九七年四月　慶應義塾大学大学院社会学研究科委員（現在に至る）

〈非常勤講師〉

一九八五年四月　慶應義塾大学文学部［社会学特殊］（一九八五年九月迄）

一九八六年四月　放送大学［地域社会学］（一九八八年三月迄）

一九八九年四月　法政大学文学部［民俗学］（一九九〇年三月迄）

一九九〇年四月　慶應義塾大学環境情報学部・総合政策学部［文化人類学］（一九九四年三月迄）
一九九〇年四月　立教大学文学部［地理学特講］（一九九二年三月迄）
一九九二年四月　立教大学文学部［共通講義］（一九九三年三月迄）
一九九二年四月　國學院大學文学部［民俗学特論］（一九九三年三月迄）
一九九四年四月　立教大学文学部［地理学演習］（一九九五年三月迄）
一九九五年四月　立教大学文学部［地理学特講］（一九九六年三月迄）
一九九七年四月　東京大学文学部・大学院人文研究科［地域宗教学］（一九九八年三月迄）
一九九八年四月　東北大学文学部・大学院文学研究科［宗教人類学／宗教学特論］（一九九九年三月迄）
一九九八年四月　筑波大学第一学群人文学類［民俗学史］（一九九九年三月迄）
一九九八年四月　武蔵大学人文学部［アジア宗教文化論］（二〇〇〇年三月迄）
二〇一三年四月　東洋大学大学院社会学研究科［文化人類学特講Ⅷ］（二〇一四年三月迄）

〈共同研究員等〉
一九七九年四月　国立民族学博物館共同研究員（一九八四年三月迄）
一九八六年四月　東京外国語大学アジア・アフリカ言語文化研究所共同研究員（一九九六年三月迄）
一九八六年四月　国立民族学博物館研究協力者（現在に至る）
一九九五年三月　国際日本文化研究センター共同研究員（一九九六年三月迄）
一九九五年四月　フランス国立極東学院共同研究員（現在に至る）
一九九七年一一月　貴州省社会科学院客座研究員［中国］（現在に至る）

一九九九年三月　フランス国立社会科学高等研究院客員教授（一九九九年四月迄）
二〇〇〇年四月　国立民族学博物館共同研究員（二〇〇二年三月迄）
二〇〇七年四月　国立歴史民俗博物館共同研究員（二〇一一年三月迄）
二〇一〇年五月　日韓次世代学術フォーラム諮問教授［韓国東西大学校日本研究センター内］（二〇一二年五月迄）
二〇一一年一〇月　山東大学哲学与社会発展学院客座教授［中国］（現在に至る）

〈学外委員等〉

一九八一年四月　台東区商業近代化協議会調査員（一九八二年三月迄）
一九九八年六月　日本学術振興会　特別研究員等審査会専門委員（二〇〇〇年五月迄）
一九九九年一月　文部省　学術審議会専門委員［科学研究費分科会］（二〇〇〇年一月迄）
一九九九年一月　ユネスコ・アジア文化センター委員（二〇〇〇年五月迄）
二〇〇〇年四月　日本藝術文化振興会　国立劇場専門委員会委員（二〇〇三年三月迄）
二〇〇三年六月　日本学術振興会　大学評価委員会評価員（二〇〇五年一二月迄）
二〇〇四年一月　日本学術振興会　科学研究費委員会専門委員（二〇〇五年一二月迄）
二〇〇四年八月　日本学術振興会　特別研究員等審査会専門委員（二〇〇六年七月迄）
二〇〇七年一月　日本学術振興会　科学研究費委員会専門委員（二〇〇七年一二月迄）
二〇〇七年六月　山形県世界遺産育成学術研究会委員（二〇〇八年三月迄）
二〇〇七年一一月　鳥海山史跡調査報告書作成委員会委員［山形県遊佐町］（二〇〇八年三月迄）
二〇〇八年一月　日本学術振興会　科学研究費委員会専門委員（二〇〇八年一二月迄）

二〇〇八年一一月　山形県世界遺産学術研究会委員（二〇〇九年三月迄）
二〇〇八年一一月　史跡「鳥海山大物忌神社境内」保存管理計画策定委員［山形県遊佐町］（二〇一一年三月迄）
二〇〇九年四月　日本芸術文化振興会　民俗芸能公演・琉球芸能公演専門委員会委員（二〇一二年三月迄）
二〇一一年四月　宗教文化教育推進センター連携委員（現在に至る）
二〇一一年八月　日本学術振興会　特別研究員等審査会専門委員・国際事業委員会書面審査員（二〇一三年七月迄）
二〇一一年一〇月　第二二期日本学術会議連携会員（二〇一四年九月迄）
二〇一四年一〇月　第二三期日本学術会議連携会員（現在に至る）

〈学会役員等〉

一九八五年一一月　民俗芸能学会　理事・『民俗芸能研究』編集委員（現在に至る）
一九八八年四月　日本民族学会　評議員（一九九〇年三月迄）
一九八九年一〇月　日本民俗学会　理事（一九九二年四月迄）
一九九二年四月　日本民族学会　『民族学研究』編集委員（一九九四年三月迄）
一九九二年九月　日本宗教学会　評議員（一九九八年九月迄）
一九九三年六月　「宗教と社会」学会　『宗教と社会』編集委員長（一九九八年六月迄）
一九九三年九月　日本宗教学会　『宗教研究』編集委員（一九九九年九月迄）
一九九四年四月　熊野学研究センター（仮称）構想実行委員会委員（一九九五年三月迄）
一九九四年一〇月　日本山岳修験学会　評議員（一九九九年一一月迄）

一九九五年四月　日本印度学仏教学会　評議員（二〇〇一年六月迄）
一九九五年一〇月　日本民俗学会　理事・『日本民俗学』編集委員（二〇〇一年九月迄）
一九九七年七月　アジア民族造形学会　副会長（二〇〇一年九月迄）
一九九八年四月　日本民族学会　評議員（二〇〇二年三月迄）
一九九八年九月　日本宗教学会　理事（二〇〇一年九月迄）
一九九九年一〇月　日本山岳修験学会　理事（二〇〇七年一一月迄）
二〇〇一年三月　駒澤宗教学研究会　理事（現在に至る）
二〇〇一年六月　日本印度学仏教学会　理事（現在に至る）
二〇〇一年九月　国立歴史民俗博物館第二期展示委員（二〇〇二年三月迄）
二〇〇一年九月　日本宗教学会　常務理事（現在に至る）
二〇〇三年四月　第一九回国際宗教学宗教史会議東京大会（ＩＡＨＲ二〇〇五）実行委員（二〇〇六年三月迄）
二〇〇四年四月　日本文化人類学会　評議員（二〇〇八年三月迄）
二〇〇四年一〇月　日本民俗学会　理事・『日本民俗学』編集委員（二〇〇七年九月迄）
二〇〇六年二月　神奈川大学二一世紀ＣＯＥプログラム外部評価委員
二〇〇六年四月　民族藝術学会　理事（二〇〇九年三月迄）
二〇〇七年二月　神奈川大学二一世紀ＣＯＥプログラム外部評価委員
二〇〇七年一一月　日本山岳修験学会　副会長（二〇一一年九月迄）
二〇〇八年六月　日本宗教民俗学会　委員（二〇一四年六月迄）
二〇〇八年七月　三田社会学会　会長（二〇一一年七月迄）

二〇一〇年四月　日本文化人類学会　評議員（二〇一四年三月迄）
二〇一〇年一〇月　日本南アジア学会　常務理事（二〇一四年九月迄）
二〇一一年四月　説話・伝承学会　委員（現在に至る）
二〇一一年四月　宗教文化教育推進センター　連携委員（現在に至る）
二〇一一年六月　国際熊野学会　委員（現在に至る）
二〇一一年一〇月　日本山岳修験学会　会長（二〇一五年一〇月迄）
二〇一二年一〇月　第四七回日本文化人類学会研究大会実行委員長（二〇一三年六月迄）
二〇一二年一〇月　日本民俗学会　理事・『日本民俗学』編集委員長（二〇一四年九月迄）

〈学位〉

文学博士　慶應義塾大学（一九九五年三月七日）
『スリランカの宗教と文化に関する人類学的研究――シンハラ人を中心として』

〈賞罰〉

義塾賞　『スリランカの宗教と社会――文化人類学的考察』
（春秋社、一九九六）の業績に対して（一九九七年一一月二五日）
第一一回木村重信民族藝術学会賞　『ミャオ族の歴史と文化の動態――中国南部山地民の想像力の変容』
（風響社、二〇一二）の業績に対して（二〇一四年九月二一日）

●鈴木正崇　研究業績一覧

●著書（単著）

『中国南部少数民族誌――海南島・雲南・貴州』三和書房、二五一頁、一九八五年八月二五日

『山と神と人――山岳信仰と修験道の世界』淡交社、一九八頁、一九九一年一二月六日

『スリランカの宗教と社会――文化人類学的考察』春秋社、一〇一六頁、一九九六年二月二九日

『祭祀と空間のコスモロジー――対馬と沖縄』春秋社、六一六頁、二〇〇四年二月二九日

『神と仏の民俗』吉川弘文館、三五八頁、二〇〇一年二月二〇日

『女人禁制』吉川弘文館、二三〇頁、二〇〇二年三月一日

『ミャオ族の歴史と文化の動態――中国南部山地民の想像力の変容』風響社、五六〇頁、二〇一二年四月二八日

『山岳信仰』中央公論新社、二〇一五年三月二五日

●著書（共著）

『スリランカの祭』（岩田慶治・井狩彌介・鈴木正崇・関根康正共著）工作舎、一七六頁、一九八二年九月一〇日

『西南中国の少数民族――貴州省苗族民俗誌』（鈴木正崇・金丸良子共著）古今書院、一八二頁、一九八五年五月一六日

●著書（編著）

『大地と神々の共生――自然環境と宗教』昭和堂、二六二頁、一九九九年一〇月二五日

『東アジアの近代と日本』慶應義塾大学出版会、四五一頁、二〇〇七年九月二九日

『神話と芸能のインド――神々を演じる人々』山川出版社、二五六頁、二〇〇八年八月三一日

『東アジアの民衆文化と祝祭空間』慶應義塾大学出版会、四五六頁、二〇〇九年一二月二五日

『東アジアにおける宗教文化の再構築』風響社、四八四頁、二〇一〇年一二月一五日

『南アジアの文化と社会を読み解く』慶應義塾大学出版会、四七六頁、二〇一一年一一月三〇日

『森羅万象のささやき――民俗宗教研究の諸相』風響社、一〇〇〇頁、二〇一五年三月二七日

●著書（共編著）

『東アジアのシャーマニズムと民俗』宮家準・鈴木正崇編、勁草書房、三九四頁、一九九四年一一月一五日

『ラーマーヤナの宇宙——伝承と民族造形』坂田貞二・金子量重・鈴木正崇編、春秋社、二五六頁、一九九九年一月三〇日

『民族で読む中国』可児弘明・国分良成・鈴木正崇・関根政美編、朝日新聞社、四四四頁、一九九八年三月二五日

『仮面と巫俗の研究——日本と韓国』鈴木正崇・野村伸一編、第一書房、四八二頁、一九九九年五月二二日

『〈血縁〉の再構築——東アジアにおける父系出自と同姓結合』吉原和男・鈴木正崇・末成道男編、風響社、三五六頁、二〇〇〇年一一月三〇日

『拡大する中国世界と文化創造——アジア・太平洋の底流』吉原和男・鈴木正崇編、弘文堂、五〇六頁、二〇〇二年一二月一五日

●著書（監修）

『祭・芸能・行事大辞典』小島美子・鈴木正崇・三隅治雄・宮家準・宮田登・和崎春日監修、朝倉書店、二二〇〇頁、二〇〇九年一一月二〇日

●翻訳

『羽黒修験道』宮家準監訳、弘文堂、三四四頁、一九八五年五月三〇日

●論文

「波照間島の神話と儀礼」『民族学研究』日本民族学会、四二巻一号、二四〜五八頁、一九七七年六月三〇日

「空間構成論——修験集落八菅山を中心として」『民族学研究』日本民族学会、四三巻三号、二二一〜二五〇頁、一九七八年一二月三一日

「南西諸島に於ける方位観の研究——空間認識の視点から」『人文地理』人文地理学会、三〇巻六号、六一〜七四頁、一九七八年一二月二八日

「八重山群島に於ける時間認識の諸相」『南島史学』南島史学会、一三号、四〇〜六七頁、一九七九年二月一〇日

「来訪神祭祀の世界観――赤マタ・白マタ・黒マタ再考」『社会人類学年報』東京都立大学社会人類学会編、弘文堂、五号、六九～一〇五頁、一九七九年五月三〇日

「荒神神楽にみる自然と人間」『日本民俗学』日本民俗学会、一二五号、一～一七頁、一九七九年一〇月一日

「象の巡行――スリランカの古都キャンディのペラヘラ祭」『季刊　民族学』民族学振興会千里支部、一七号、三八～四八頁、一九八一年七月二〇日

「キャンディ・エサラ・ペラヘラ祭――その構成と意味についての考察」『スリランカの宗教と文化』岩田慶治編、国立民族学博物館、一〇七～一三三頁、一九八二年三月三一日

「スリランカ南部農村の宗教儀礼」『スリランカの宗教と文化』岩田慶治編、国立民族学博物館、七～五二頁、一九八二年三月三一日

「対馬・木坂の祭祀と村落空間」『日本民俗学』日本民俗学会、一四〇号、一～二〇頁、一九八二年三月三一日

「世界観の解読――沖縄・波照間島の世界観」『生活の学としての社会学――人間・社会・文化』宮家準・山岸健・平野敏政編、総合労働研究所、二九九～三二二頁、一九八二年五月一日

「東大寺修二会の儀礼空間」『民族学研究』日本民族学会、四七巻一号、七一～一〇〇頁、一九八二年六月三〇日

「対馬・青海の祭祀と村落空間」『稲・舟・祭――松本信廣先生追悼論文集』六興出版、四六五～四八九頁、一九八二年九月一五日

「対馬・仁位の祭祀と村落空間」『日本民俗学』日本民俗学会、一五一号、一～二四頁、一九八四年一月三一日

「中国貴州省苗族の村」『季刊　民族学』千里文化財団、二七号、一〇〇～一〇九頁、一九八四年一月二〇日

"Rituals of Rural Highland Village in Sri Lanka", *Religions and Cultures of Sri Lanka & South India.*（Keiji IWATA & Yasuke IKARI eds.）National Museum of Ethnology　国立民族学博物館、六七～九八頁、一九八四年三月三一日

「山伏の峰入――大峰山の峰入りと灌頂」『山の祭りと芸能』上巻、宮家準編、平河出版社、四二～六三頁、一三〇～一三二頁、一九八四年七月一〇日

「山伏の託宣と修法――葉山の神懸りと託宣」『山の祭りと芸能』下巻、宮家準編、平河出版社、一三四～一四八頁、一九八四年七月一〇日

「茶の湯の象徴的世界――儀礼としての茶の湯」『比較文化雑誌』東京工業大学比較文化研究会、二号、一〇四～一二三頁、一九八四年一二月一日

「シンハラ人の成女式」『子ども文化の原像――文化人類学的考察』岩田慶治編、日本放送出版協会、三六三～三九一頁、一九八五年三月二五日

「死と社会、そして自然――シンハラ人の死についての諸考察」『生と死の人類学』岩田慶治・佐々木高明・石川栄吉編、講談社、一七七～二〇四頁、一九八五年一〇月二五日

「スリランカの神観念と儀礼についての諸考察――シーニガマのデヴォル崇拝を中心として」『スリランカと南インドの宗教と文化』岩田慶治編、国立民族学博物館、一九～六〇頁、一九八六年三月三一日

「『相模國八菅山略縁起』考」『民俗と歴史』民俗と歴史の会、一八号、一～七頁、一九八六年四月二五日

「弓神楽と土公祭文――備後の荒神祭祀を中心として」『民俗芸能研究』民俗芸能学会、三号、七～二九頁、一九八六年五月二〇日

「日本の修験道」『文化人類学』〈特集　宗教的シンクレティズム〉アカデミア出版会、三号、九〇～一〇三頁、一九八六年六月三〇日

「スリランカの悪霊ガラー Gara についての考察」『民族学研究』日本民族学会、五一巻一号、七三～八〇頁、一九八六年六月三〇日

「茶事の意味と構造」『茶湯』思文閣出版、二〇号、四八～五六頁、一九八六年九月二五日

「社会変動下の民衆文化とエリート文化――スリランカのカタラガマ祭祀を中心として」『哲学』三田哲学会、八三号、一三七～一七二頁、一九八六年一一月二五日

「民族芸術学の方法――内と外を越えて」『民族藝術』講談社、三号、一九九～二〇一頁、一九八七年三月二五日

「祭祀・村落・空間――対馬・豆酘のケース」『民俗宗教』〈特集　漂泊と定住のはざま〉創樹社、一号、一七三～二〇一頁、一九八七年四月一日

「荒神神楽にみる現世と他界」『祭りは神々のパフォーマンス』守屋毅編、力富書房、一二七～一七四頁、一九八七年五月一〇日

「時間とコスモロジー」『日常生活と社会理論――社会学の視点』山岸健他と共著、慶應通信、三〇七～三三三頁、一九八七年七月一日

「祭祀空間の中の性――後戸の神をめぐって」『文化人類学』〈特集　性と文化表象〉アカデミア出版会、四号、二三一～二四九頁、一九八七年一〇月三〇日

「龍船節についての一考察――貴州省・苗族の事例研究」『漢民族を取り巻く世界』学習院大学東洋文化研究所、一〇五～一二二頁、一九八八年三月三〇日

「山岳信仰と村落――ハヤマ籠りをめぐって」『季刊　自然と文化』〈特集　古代祭祀の時空〉日本ナショナルトラスト、二一号、三二～四二頁、一九八八年六月一五日
「婚姻儀礼の社会・宗教的側面――スリランカのシンハラ人の事例から」『コスモスと社会――宗教人類学の諸相』吉田禎吾・宮家準編、慶應通信、三〇三～三三六頁、一九八八年六月二〇日
「山住みの民――広西壮族自治区の瑶族」『季刊　民族学』千里文化財団、四五号、一〇四～一一一頁、一九八八年七月二〇日
「神楽と鎮魂――荒神祭祀にみる神と人」『芸能と鎮魂』〈大系　仏教と日本人　第7巻〉守屋毅編、春秋社、九三～一三七頁、一九八八年九月二〇日
「非日常的世界の構成――茶の湯の人類学的考察」『日本民俗学の伝統と創造――新・民俗学の構想』櫻井徳太郎編、弘文堂、二五一～二八〇頁、一九八八年一一月一〇日
「修正会」『岩波講座　東洋思想』一二巻〈日本思想二〉長尾雅人・井筒俊彦・福永光司・上山春平・服部正明・梶山雄一・高崎直道編、岩波書店、一二巻、一一六～一五二頁、一九八九年二月一五日
「大峰山戸開式」『仏教歳時記――五月・峰入』第一法規出版、二一～三六頁、一九八九年四月二〇日
「聖地における宗教の融合と対立――スリランカのカタラガマの事例をめぐって」『宗教間の協調と葛藤』中央学術研究所編、佼成出版社、二〇三～二二八頁、一九八九年五月一五日
「天道念仏に関する宗教民俗学的考察」『船橋の天道念仏』小西正捷編、船橋市教育委員会、一六七～二〇五頁、一九九〇年三月三一日
「修正会と芸能――王朝時代を中心として」『芸能』桜楓社、三二巻三号、一七～二三頁、一九九〇年三月一〇日
「白褲瑤の銅鼓」『季刊　民族学』千里文化財団、五二号、七四～八三頁、一九九〇年四月二〇日
「弓神楽の祭祀と祭文――備後の荒神・土公神信仰の事例から」『語りと音楽』鈴木道子編、東京書籍、一五～三六頁、一九九〇年四月一六日
「悠紀主基小考――大嘗祭の二元的世界観」『國学院雑誌』國學院大學、九一巻七号、九七～一一一頁、一九九〇年七月一五日
「神がかり――備後の荒神祭祀から」『修験と神楽』〈大系　日本歴史と芸能――音と映像と文字による　第八巻〉網野善彦・大隈和雄・小沢昭一・服部幸雄・宮田登・山路興造編、平凡社、九九～一三〇頁、一九九〇年八月二〇日
「東の国・西の国――悠紀国と主基国」『大嘗祭を考える』國学院大學院友会編、桜楓社、三四～七三頁、一九九〇年一〇月五日

「対馬における村落空間の社会史——豆酘と木坂の事例から」『玄界灘の島々』〈海と列島文化　第三巻〉網野善彦・谷川健一・森浩一・大林太良・宮田登編、小学館、四三一～四六三頁、一九九〇年一一月一〇日

「大嘗祭試考——王権の人類学的考察」『民俗宗教』〈特集　王権とシャマニズム〉東京堂出版、三号、一～四六頁、一九九〇年一二月一五日

「儀礼的殺害の論理——羽黒山松例祭」『哲学』三田哲学会、九一号、四三九～四六一頁、一九九〇年一二月二〇日

「八重山群島に於ける時間認識の諸相」『神々の祭祀』〈環中国海の民俗と文化　二〉植松明石編、凱風社、四四二～四八三頁、一九九一年一月三一日

「スリランカの王権神話と現代」『近現代南アジアにおける社会集団と社会変動』内藤雅雄編、東京外国語大学アジア・アフリカ言語文化研究所、三三～六〇頁、一九九一年二月二八日

「村落における祭祀と社会構造——対馬・吉田の事例を中心に」『儀礼文化』儀礼文化学会、一五号、一二六～一四六頁、一九九一年三月二五日

「カマド神」『悠久』〈特集　家の神々と祭〉桜楓社、四五号、六六～七七頁、一九九一年四月二五日

「スリランカの教訓——国家と民族対立」『創文』創文社、三二五号、一六～二〇頁、一九九一年九月一日

「人類学と仏教」『ブッダから道元へ——仏教討論集』奈良康明監修、東京書籍、三九五～四一〇頁、一九九二年五月七日

「銅鼓と魚と馬——水族の端節にみる世界観」『季刊　自然と文化』日本ナショナルトラスト、三七号、一四～二七頁、一九九二年六月一五日

「アジアの民俗宗教の比較研究」『宗教研究』日本宗教学会、二九二号、一二五～一四八頁、一九九二年六月

「苗族の神話と祭祀——鼓社節を中心として」『日中文化研究』〈特集　神話と祭祀〉勉誠社、三号、一一一～一一八頁、一九九二年七月一〇日

「対馬の山岳信仰」『文明のクロスロードMuseum Kyushu』博物館等建設推進九州会議、四一号、三九～四五頁、一九九二年七月三一日

「大峰修験」『季刊　自然と文化』〈特集　出羽三山信仰と山岳信仰胎内化の実現〉日本ナショナルトラスト、三八号、三九～四一頁、一九九二年九月一五日

「日本の神楽における龍と蛇――荒神信仰を中心として」『アジアの龍蛇――造形と象徴』アジア民族文化造形研究所編、雄山閣、四一～五七頁、一九九二年一一月五日

「創られた民族――中国の少数民族と国家形成」『せめぎあう「民族」と国家』飯島茂編、アカデミア出版会、二一一～二三八頁、一九九三年五月三〇日

「大地への祈り――北インド・ミティラー地方の祭り」『早蕨』メディカルレビュー社、一六号、四三～四七頁、一九九三年一〇月一日

「モウコウとマンガオ――苗族の正月の来訪者」『季刊　民族学』千里文化財団、六七号、九四～一〇四頁、一九九四年一月二〇日

「ケーララ地方の祭りと芸能」『ドラヴィダの世界』辛島昇編、東京大学出版会、八三～九六頁、一九九四年三月一一日

「祭りと象徴」『宗教人類学――宗教文化を解読する』佐々木宏幹・村武精一編、新曜社、七九～八九頁、一九九四年六月二五日

「女人禁制の宗教論――山岳信仰と性」『日本の美学』〈特集　性〉ぺりかん社、二一号、二八～五五頁、一九九四年七月一五日

「神話・芸能・儀礼に見るナーガ――スリランカの場合」『日吉紀要　言語・文化・コミュニケーション』慶應義塾大学（日吉）、一四号、五五～九八頁、一九九四年九月三〇日

「天皇と米――大嘗祭をめぐって」『フォークロア』本阿弥書店、四号、六六～六九頁、一九九四年九月一日

"Sri Lankan Studies in Japan: Social Sciences and Humanities".『南アジア研究』日本南アジア学会、六号、一一三～一三七頁、一九九四年一〇月五日

「苗族の来訪神――中国・広西融水苗族自治県の春節」『東アジアのシャーマニズムと民俗』宮家準・鈴木正崇編、勁草書房、三六二～三九一頁、一九九四年一一月一五日

「インド・スリランカの祭祀と芸能」『民俗芸能研究』民俗芸能学会、二〇号、一四九～一五三頁、一九九四年一一月一五日

「民族学と民俗学」『日本民俗学』二〇〇号、一四五～一六一頁、一九九四年一一月三〇日

「スリランカの山岳信仰と聖地」『インド・道の文化誌』小西正捷・宮本久義編、春秋社、一六七～一八一頁、一九九五年二月三日

「修験道の教義と実践――人類学的アプローチ」『日本の仏教』〈アジアの中の日本仏教〉日本仏教研究会編、法藏館、二号、二〇二～二一七頁、一九九五年三月一日

「スリランカの聖地と巡礼――スリー・パーダを中心として」『南アジア、東南アジアにおける宗教、儀礼、社会――「正統」、ダ

ルマの波及・形成と変容』石井溥編、東京外国語大学アジア・アフリカ言語文化研究所、一七三～二〇三頁、一九九五年三月三一日
「民族の境界――少数民族」『アジア読本　中国』曽士才・西澤治彦・瀬川昌久編、河出書房新社、三九～四五頁、一九九五年四月二五日
「銅鼓の儀礼と世界観についての一考察――中国・広西壮族自治区の白褲瑤の事例から」『史学』三田史学会、六四巻、三・四号、一三～三二頁、一九九五年四月
「鮭と民俗社会――岩手県宮古市津軽石の又兵衛祭りをめぐって」『民俗学の視座――堀田吉雄先生カジマヤー記念論文集』伊勢民俗学会編、光書房、四九六～五一九頁、一九九五年九月二三日
「日本の神楽」『日中文化研究』八号、勉誠出版、一一三～一二三頁、一九九五年一二月一日
「立山信仰――天空の浄土の盛衰」『季刊　民族学』千里文化財団、七五号、六～二一頁、一九九六年一月二〇日
「瑶族の民族動態に関する諸考察――中国・広西大瑤山の調査から」『アジアの民族造形文化』《金子量重先生古稀記念論集》刊行委員会編、徴蔵館、九四～一一三頁、一九九六年一月二〇日
「祭りと水」『水の原風景――自然と心をつなぐもの』福井勝義編、ＴＯＴＯ出版、二三三～二六五頁、一九九六年三月二五日
「苗族春節的来訪神」『民族藝術』四四期、広西芸術研究所（南寧）、一八五～一九八頁、一九九六年九月
「神楽と儺戯――日中比較の可能性を求めて」『日中伝統演劇比較討論会・中日演劇比較討論会報告書』（上海）、二一一～二四頁、一九九六年一〇月二二日
「橋をめぐる神事――雨宮の祭りを中心に」『悠久』〈特集　神の橋〉、鶴岡八幡宮悠久事務局、六七号、二四～三九頁、一九九六年一一月二五日
「森町の舞楽と祭祀の基盤にある世界観について」『森町史　資料編』〈舞楽・民俗芸能・民俗資料〉森町史編さん委員会、五号、五～二四頁、一九九七年三月三一日
「人の一生――理念的背景」『アジア読本　インド』小西正捷編、河出書房新社、五四～六二頁、一九九七年七月一〇日
「スリランカのラーマーヤナ」『ラーマーヤナの宇宙――伝承と民族造形』坂田貞二・金子量重・鈴木正崇編、春秋社、二二一～二五一頁、一九九八年一月三一日

「『民族意識』の現在――ミャオ族の正月」『民族で読む中国』可児弘明・国分良成・鈴木正崇・関根政美編、朝日新聞社、一四三～一八二頁、一九九八年三月三一日

「観音と性」『国文学――解釈と教材の研究』〈特集　女のテクスチュアリティ〉学燈社、四三巻五号、一〇～一六頁、一九九八年四月一〇日

「通過儀礼」『時間の民俗』［講座　日本の民俗学6］赤田光男・福田アジオ編、雄山閣、二〇五～二二四頁、一九九八年四月二〇日

「伝統儀礼の変容と観光化」『アジア読本　スリランカ』杉本良男編、河出書房新社、二〇三～二一一頁、一九九八年一〇月二〇日

「日本民俗学の現状と課題」『民俗学の方法』福田アジオ・小松和彦編、〈講座　日本の民俗学1〉雄山閣、二六八～二八四頁、一九九八年一一月二〇日

「総説　日本民俗学の現在」『日本民俗学』日本民俗学会、二一六号、一～一四頁、一九九八年一一月三〇日

「祖先祭祀の変容――中国貴州省苗族の鼓社節の場合」『民俗宗教の地平』宮家準編、春秋社、三〇一～三一六頁、一九九九年三月一三日

「神楽の構成と世界観――銀鏡神楽の体系的考察」『仮面と巫俗の研究――日本と韓国』鈴木正崇・野村伸一編、第一書房、三九九～四六七頁、一九九九年五月二一日

「日本の神楽と韓国のクッ」『仮面と巫俗の研究――日本と韓国』鈴木正崇・野村伸一編、第一書房、四六九～四七九頁、一九九九年五月二一日

「茶事の構造」『茶事・茶会』〈茶道学大系第三巻〉戸田勝久編、淡交社、三九七～四二七頁、一九九九年七月二四日

「大地から神へ」『大地と神々の共生――自然環境と宗教』鈴木正崇編、昭和堂、六～二八頁、一九九九年七月二五日

"The Present Condition of Japanese Studies: From the Perspective of Folklore Studies", *Asian Research Trends*, The Center for East Asian Cultural Studies for UNESCO, Tokyo. No. 11, pp. 20-23, 2000/5

「追儺の系譜――鬼の変容をめぐって」『鬼と芸能――東アジアの演劇形成』松岡心平編、森話社、八七～一二一頁、二〇〇〇年七月七日

「巫女と男巫のはざま――神子と法者を中心に」『アイデンティティ・周縁・媒介』脇田晴子、アンヌ・ブッシィ編、吉川弘文館、一九三～二二一頁、二〇〇〇年八月一日

「中国貴州省の祭祀と仮面——徳江儺堂戯の考察」『東アジアの身体技法』石田秀実編、勉誠出版、三一七〜三九三頁、二〇〇〇年一〇月一〇日

「来訪する神霊——中国・広西のモウコウとマンガオ」『歌・踊り・祈りのアジア』星野紘・野村伸一編、勉誠出版、六六〜九五頁、二〇〇〇年一一月一日

「苗族の巫女さんたち——中国・湖南の場合」『歌・踊り・祈りのアジア』星野紘・野村伸一編、勉誠出版、一五二〜一七五頁、二〇〇〇年一一月一日

「仮面と境界——スリランカの場合」『アジアの仮面——神々と人間のあいだ』廣田律子編、大修館書店、二一三〜二五四頁、二〇〇〇年一一月一〇日

"Le Chamanisme Japonais en Transition", *Identités, Marges, Mediations: Regards Croisés sur La Société Japonaise*, edités par Jean-Pierre Berthon, Anne Bouchy, Pierre F.Souyri, No.10. l'École française d'Extrême-Orient, Paris, pp. 225-249, 2001/4

「スリランカの龍」『アジア遊学』〈特集　ドラゴン・ナーガ・龍〉勉誠出版、二八号、一三〜三二頁、二〇〇一年六月五日

「儀礼から絵画へ、そしてナショナリズムへ——インド民衆世界の変容」『Science of Humanity BENSEI〈人文学と情報処理〉』〈特集　せめぎあう官と民〉勉誠出版、三八巻、七二〜七六頁、二〇〇一年一一月一〇日

「文化人類学の再生産——慶應義塾大学の場合」『哲学』〈特集　文化人類学の現代的課題〉三田哲学会、一〇七号、二九三〜三二〇頁、二〇〇二年一月二一日

「死者と生者——中国貴州省苗族の祖先祭祀」『日吉紀要　言語・文化・コミュニケーション』慶應義塾大学（日吉）、二九号、五五〜一〇二頁、二〇〇二年一〇月三一日

「漢族と瑤族の交流による文化表象——湖南省の女文字『女書』を中心として」『拡大する中国世界と文化創造——アジア・太平洋の底流』吉原和男・鈴木正崇編、弘文堂、五五〜八七頁、二〇〇二年一二月一五日

「女人禁制と現代」『女の領域・男の領域』〈いくつもの日本Ⅵ〉赤坂憲雄・中村生雄・原田信男・三浦佑之編、岩波書店、五七〜八四頁、二〇〇三年二月六日

"Rites, Royaute et Villages: Un Exemple de Culte des Daiva au Tulunadu dans le Sud du Karnataka de'Inde", *Mythes Symboles Literature* III『神話・象徴・文学』Ⅲ、楽瑯書院、七九〜一〇九頁、二〇〇三年一二月二五日

「女神信仰の現代的変容――中国貴州省侗族の薩瑪節をめぐって」『東アジアの女神信仰と女性生活』野村伸一編、慶應義塾大学出版会、二〇九～二七三頁、二〇〇四年一月二〇日

「祭祀伝承の正統性――岩手県宮古市の事例から」『法学研究』慶應義塾大学法学研究会、七七巻一号、一八五～二三五頁、二〇〇四年一月二八日

「首狩りからツーリズムへ――ナガランドの現在」『インド考古研究』インド考古学研究会、二五号、四一～七〇頁、二〇〇四年六月三〇日

「宗教の生命・環境観」『岩波講座　宗教』第7巻〈生命――生老病死の宇宙〉池上良正他編、岩波書店、五九～八九頁、二〇〇四年八月二六日

「先住民の表象と言説――スリランカのウェッダーの場合」『人間と社会の探究――慶應義塾大学大学院社会学研究科紀要』慶應義塾大学大学院社会学研究科、五八号、一～一七頁、二〇〇四年一一月三〇日

「冬の峰のコスモロジー」『千年の修験――羽黒山伏の世界』島津弘海・北村皆雄編、新宿書房、二五四～二八三頁、二〇〇五年四月一〇日

「儀礼と祭」『文化人類学入門――古典と現代をつなぐ二〇のモデル』山下晋司編、弘文堂、二四四～二五六頁、二〇〇五年四月一五日

「修験道霊地――山林抖擻」『国文学――解釈と鑑賞』〈特集　聖地と巡礼〉至文堂、七〇巻五号、八七～九四頁、二〇〇五年五月一日

“Le Saumon et la Fête de Matabei: Généalogie et Légitimité des Traditions Rituelle-l'exemple de Miyako”, *Légitimités, Légitimations: La Construction de L'autorité au Japon*, ; l'École française d'Extrême-Orient. No. 16; École Française d'Extrême-Orient. pp. 241-278, 2005/12

「民族・宗教から見た東アジア」『世界のなかの東アジア』国分良成編、慶應義塾大学出版会、一〇三～一四六頁、二〇〇六年二月一〇日

「流転するラーマーヤナ――叙事詩と説話と芸能」『説話・伝承学』説話・伝承学会、一四号、二三二～二五三頁、二〇〇六年三月一五日

「舞楽と民俗――静岡県周智郡森町の事例から」『儀礼文化』儀礼文化学会、三七号、五九～七八頁、二〇〇六年三月二〇日

「鮭と人の生活史――山形県飽海郡遊佐町の事例から」『人間と社会の探究――慶應義塾大学大学院社会学研究科紀要』慶應義塾大学大学院社会学研究科、六一号、八七～一〇八頁、二〇〇六年三月三一日

「日本の祭祀芸能における遠山霜月祭の位置」『遠山霜月祭の世界――神・人・ムラのよみがえり』飯田市美術博物館、九四～一〇〇頁、二〇〇六年一〇月一日

「象徴人類学」『文化人類学二〇の理論』綾部恒雄編、弘文堂、一二六～一四三頁、二〇〇六年一二月一五日

「占いの世相史」『都市の暮らしの民俗学』第三巻〈都市の生活リズム〉新谷尚紀・岩本通弥編、吉川弘文館、九一～一一九頁、二〇〇六年一二月二〇日

「念仏と修験――千葉県船橋市の天道念仏の事例から」『巫覡・盲僧の伝承世界』第三集、三弥井書店、八六～一三五頁、二〇〇六年一二月二〇日

「祖先祭祀的変移」『採風論壇』貴州黔南文学藝術研究所主編、中国文聯出版社、七号、二九二～三〇五頁、二〇〇六年一二月

「ラーマーヤナの伝播と変容――海と陸のシルクロードの芸能誌」『「海の道」からみたアジアの太鼓の伝統的伝承システムの形成に関する国際共同研究』岡山大学山本宏子研究室、一五六～二一三頁、二〇〇七年五月七日

「神楽の中の目連とその比較」『東アジアの祭祀伝承と女性救済――目連救母と芸能の諸相』野村伸一編、風響社、四六九～五〇三頁、二〇〇七年八月三〇日

「修験道と唱導」『国文学――解釈と鑑賞』〈特集　唱導文化の展望〉至文堂、七二巻一〇号、六四～七三頁、二〇〇七年一〇月一日

"Mountain Religion and Gender", *SANGAKU SHUGEN* (Japanese Mountain Religion) Special Issue of IAHR (Association for the History of Religion), NIHON SANGAKU SHUGEN GAKKAI (Association for the Study of Japanese Mountain Religion)Special Issue. pp. 57-83, 2007/11/3

「山岳信仰とジェンダー」『山岳修験』別冊〈IAHR特集〉日本山岳修験学会、三九～五四頁、二〇〇七年一一月三日

「ハヌマーンとサルタヒコ――構造論的比較の試み」『神話・象徴・言語』篠田知和基編、楽瑯書院、一二五～一六八頁、二〇〇八年三月二五日

「空間の表象としての人形――山形県飽海郡遊佐町の場合」『哲学』〈特集　文化人類学の現代的課題Ⅱ〉三田哲学会、一一九号、一～三四頁、二〇〇八年三月二八日

「ウェッダー――スリランカの先住民の実態と伝承」『南アジア』〈講座　世界の先住民族――ファースト・ピープルズの現在〉三巻、金基淑編、明石書店、一九二～二一二頁、二〇〇八年三月三〇日

"Bhūta and Daiva: Changing Cosmology of Rituals and Narratives in Karnataka", *Senri Ethnological Studies* (Music and Society in South Asia: Perspectives from Japan) ; Osaka, National Museum of Ethnology. No. 71, pp. 51-85, 2008/3/31

「神がかりから芸能へ――カルナータカのブータ」『神話と芸能のインド――神々を演じる人々』鈴木正崇編、山川出版社、一五五～一七九頁、二〇〇八年八月三一日

「神話と芸能のインド――神々を演じる人々」『神話と芸能のインド――神々を演じる人々』鈴木正崇編、山川出版社、三～九頁、二〇〇八年八月三一日

「南インドのシャーマニズム――カルナータカの場合」『宗教史とは何か』上巻〈宗教史学論叢一三〉市川裕・松村一男・渡辺和子編、リトン、三四七～三七〇頁、二〇〇八年九月三〇日

「熊野信仰と湯立神楽」『宗教民俗研究』日本宗教民俗学研究会、一八号、二六～四六頁、二〇〇八年一一月二〇日

「日本宗教と儀礼テクスト」『日本における宗教テクストの諸位相と統辞法』阿部泰郎編、名古屋大学大学院文学研究科、一〇七～一一二頁、二〇〇八年一二月三一日

「大峯山の修験道――自然と共に生きる信仰の実践」『季刊　民族学』千里文化財団、一二七号、三～二九頁、二〇〇九年一月二〇日

「聖地・熊野の真髄」『天空の神話――風と鳥と星』篠田知和基編、楽瑯書院、一三九～二〇六頁、二〇〇九年三月二五日

「宗教演劇から世界遺産へ――南インド・ケーララのクーリヤーッタム」『現代宗教二〇〇九』〈特集　変革期のアジアと宗教〉秋田書店（国際宗教研究所編）、二三二～二五四頁、二〇〇九年六月一日

「慶應義塾における文化人類学の研究と教育」『三田社会学』〈慶應義塾の社会学――回顧と展望〉、一四号、五八～七〇頁、二〇〇九年七月一日

「生と死の超克――熊野からのメッセージ」『国文学　解釈と鑑賞』〈特集　続・「生と死」を考える〉ぎょうせい（編集　至文堂）七四巻八号、一三二～一四五頁、二〇〇九年八月一日

「苗族的神話與現代――以中國貴州省黔東南為中心」『人類学與人群的遷徙與重構――國立台湾大學人類學系慶祝成立六〇週年国際会議　論文集』國立台湾大學人類學系（台北）、四五～五三頁、二〇〇九年一一月一三日

「神話の変貌と再構築――中国貴州省黔東南の苗族を中心に」『神話・象徴・言語　Ⅱ』篠田知和基編、楽瑯書院、二六三～二七六頁、二〇〇九年一二月二〇日

「祭祀と世界観の変容――中国貴州省苗族の龍船節をめぐって」『法学研究』慶應義塾大学法学研究会編、八三巻二号、一八一〜二五四頁、二〇一〇年二月二八日

「湯立神楽のコスモロジー――遠山霜月祭を中心に」『水と火の神話――「水中の火」』篠田知和基編、楽瑯書院、三二一〜三六〇頁、二〇一〇年三月二〇日

「女人禁制をめぐる諸問題」『石川県の歴史遺産セミナー講演録』（白山　第五回〜八回）六六〜八〇頁、二〇一〇年三月三一日

「中国貴州省の観光化と公共性――ミャオ族の民族衣装を中心として」『東アジアにおける公共性の変容』藤田弘夫編、慶應義塾大学出版会、三〇三〜三二九頁、二〇一〇年六月二五日

「苗族的神話与現代――以中国貴州省黔東南為中心」『苗学研究』貴州省苗学会（貴陽）一九巻三号、二八〜三三頁、二〇一〇年九月二〇日

「『澁澤民間学』の生成――澁澤敬三と奥三河」『国際常民文化研究機構年報』神奈川大学国際常民文化研究機構、一号、一七〇〜一八二頁、二〇一〇年一〇月三〇日

「日本民俗学的現状与課題」『現代日本民俗学的理論与方法』王暁葵・何彬主編、学苑出版社（北京）、一〜二〇頁、二〇一〇年一〇月

「祖先祭祀的禅変――一九九七年参加烏流寨鼓蔵節紀実」『雷山苗族鼓蔵節』中国人民政治協商会議雷山県委員会編、中国文化出版社（北京）、二三五〜二四九頁、二〇一〇年一一月

「ミャオ族の神話と現代――貴州省黔東南を中心に」『東アジアにおける宗教文化の再構築』鈴木正崇編、風響社、一四七〜二一一頁、二〇一〇年一二月一五日

「スリランカの女神信仰――パッティニを中心として」『アジア女神大全』吉田敦彦・松村一男編、青土社、三二七〜三四四頁、二〇一一年二月二五日

"Kumano Beliefs and Yudate Kagura Performance", *Cahiers d'Extrême-Asie*, l'École française d'Extrême-Orient, Centre de Kyoto, No. 18. pp. 195-222, 2011/2

「熊野における聖地の特性と道の宗教性の変容」『道の宗教性と文化的景観』鈴木正崇編、慶應義塾大学文学部鈴木正崇研究室、八〜五四頁、二〇一一年三月一日

「修験霊山の『場の力』の根源をさぐる――出羽三山を事例として」『山岳修験への招待――霊山と修行体験』宮家準編、新人物往来社、

三一～四六頁、二〇一一年三月一四日

「バリ島村落の儀礼と世界観に関する考察――トゥガナン・プグリンシンガンのウサバ・サンバーの事例から」『愛の神話学』篠田知和基編、楽瑯書院、三四五～三九三頁、二〇一一年三月二五日

「少数民族の伝統文化の変容と創造――中国貴州省トン族の場合」『現代宗教二〇一一』〈特集　現代文化の中の宗教伝統〉秋田書店（国際宗教研究所編）、二五八～二八二頁、二〇一一年五月三一日

「祈りのコスモロジー」『遺跡学研究』日本遺跡学会、八号、四八～五七頁、二〇一一年一一月二〇日

「山岳信仰の展開と変容――鳥海山の歴史民俗学的考察」『哲学』三田哲学会、一二八号、四四七～五一四頁、二〇一二年三月二三日

「湯立神楽の意味と機能――遠山霜月祭の考察」『国立歴史民俗博物館研究報告』国立歴史民俗博物館、一七四号、二四七～二六九頁、二〇一二年三月三〇日

「韓国の正月の祭りに関する省察――蝟島（ウィド）の場合」『国際常民文化研究機構年報』神奈川大学国際常民文化研究機構、三号、一一七～一三六頁、二〇一二年九月二八日

「神楽の中の巫者」『木曾御嶽信仰とアジアの憑霊文化』菅原壽清編、岩田書院、三五一～三七六頁、二〇一二年一〇月一日

「中国ミャオ族の洪水神話」『神話・象徴・図像』Ⅱ、篠田知和基編、楽瑯書院、五一～六六頁、二〇一二年一二月二〇日

「中世の戸隠と修験道の展開――『顕光寺流記』を読み解く」『異界と常世』篠田知和基編、楽瑯書院、二三九～三三〇頁、二〇一三年三月二五日

「山岳信仰から修験道へ――戸隠の場合」『儀礼文化学会紀要』儀礼文化学会、一号、一〇九～一三二頁、二〇一三年三月二五日

"Kagura: Dramatic Interplay between Nature and Humanity", *Dharma World.* 佼成出版社、四〇号、一二～一五頁、二〇一三年四月

「南インドの村落における儀礼と王権――カルナータカ州南部のブータの事例から」『人間と社会の探究――慶應義塾大学大学院社会学研究科紀要』慶應義塾大学大学院社会学研究科、七五号、一四九～一八五頁、二〇一三年五月二〇日

「南インド・ケーララ州の祭祀演劇――クーリヤーッタム」『暮らしの伝承知を探る』〈フィールド科学の入口〉野本寛一・赤坂憲雄編、玉川大学出版部、二〇四～二一七頁、二〇一三年一〇月二五日

「民俗社会の持続と変容――福岡県篠栗町若杉の事例から」『人間と社会の探究――慶應義塾大学大学院社会学研究科紀要』慶應義塾大学大学院社会学研究科、七六号、八三～一四〇頁、二〇一三年一二月一五日

「バリ島村落の儀礼と世界観に関する考察（２）――トゥンガナン・プグリンシンガンのウサバ・カサの事例から」『神話・象徴・図像』Ⅲ、篠田知和基編、楽瑯書院（千葉）、一〇三～一八四頁、二〇一三年一二月二五日

「日本における目連の受容――仏教と民俗のはざまで」『神話のシルクロード』篠田知和基編、楽瑯書院、二〇九～二五四頁、二〇一四年三月二五日

「伝承を持続させるものとは何か――比婆荒神神楽の場合」『国立歴史民俗博物館研究報告』国立歴史民俗博物館、一八六号、一～二九頁、二〇一四年三月二六日

「仏教寺院の近代化と地域社会――福岡県篠栗町の事例から」『人間と社会の探究――慶應義塾大学大学院社会学研究科紀要』慶應義塾大学大学院社会学研究科、七七号、七七～一二一頁、二〇一四年五月三〇日

「中国福建省の祭祀芸能の古層――『戯神』を中心として」『国際常民文化研究叢書』神奈川大学国際常民文化研究機構、第七巻〈アジア祭祀芸能の比較研究〉二三一～二七二頁、二〇一四年一〇月三一日

「シルクロードから学んだもの――私の研究小史」『神話・象徴・儀礼』篠田知和基編、楽瑯書院、二四五～三一六頁、二〇一四年一二月二五日

「東アジアと南アジアのはざまで――地域研究の行方を探る」『アジア・アフリカ研究――現在と過去の対話』［慶應義塾大学東アジア研究所一〇周年（地域研究センター三〇周年）記念講演集］慶應義塾大学東アジア研究所編、慶應義塾大学東アジア研究所、一一一～一五二頁、二〇一五年二月二八日

「神話から伝説へ、そして史実へ――西南中国のヤオ族の場合」『森羅万象のささやき――民俗宗教研究の諸相』鈴木正崇編、風響社、二五五～二七九頁、二〇一五年三月二七日

「アニミズムの地平――岩田慶治の方法を越えて」『森羅万象のささやき――民俗宗教研究の諸相』鈴木正崇編、風響社、九一一～九二八頁、二〇一五年三月二七日

「神話と儀礼の海洋性――中国ミャオ族の場合」『東アジア海域文化の生成と展開――〈東方地中海〉としての理解』野村伸一編、風響社、二〇一五年三月三一日（印刷中）

「創世神話と王権神話――アジアの視点から」『古事記学』第一号、國學院大學二一世紀研究教育計画委員会編、國學院大學、二〇一五年三月三一日（印刷中）

「スリランカの呪術とその解釈――シーニガマのデウォルを中心に」『「呪術」の呪縛』（宗教史学論叢一九）久保田浩・江川純一編、リトン、二〇一五年四月（印刷中）

「中国・貴州省水族の民族文化に関する一考察――端節・銅鼓・水書を中心に」『史学』第八四巻一・二号合併号［文学部設立一二五年記念号第一分冊］、二〇一五年四月、三田史学会（印刷中）

"Continuités et transformations de la société locale : le fait coutumier dans le village de Wakasugi" *Cahiers d'Extrême-Asie* 22, EFEO, Kyoto, 2015.(in press)

"Modernisation des temples bouddhiques et société locale : le Nanzō-in de Sasaguri" *Cahiers d'Extrême-Asie* 22, EFEO, Kyoto,.2015"(in press)

●研究ノート・報告・その他

「うわなり打ち神事」『まつり』まつり同好会、二五号、七三～八〇頁、一九七五年三月一五日

「柳田國男『日本の祭』の宗教学的再構成の試み」『宗教民俗』まつり同好会、一号、七頁、一九七六年三月二〇日

「国頭村安田のシヌグ」『まつり通信』まつり同好会、一八六号、二～三頁、一九七六年七月二〇日

「波照間島の儀礼と干支」『宗教研究』日本宗教学会、五〇巻三号、一九〇～一九一頁、一九七六年一二月三〇日

「八重山の時間感覚」『沖縄文化』沖縄文化協会、四七号、一～九頁、一九七七年四月三〇日

「近親相姦の禁忌をめぐる諸学説」『フォクロア』ジャパンパブリッシャーズ、一号、一五九～一六〇頁、一九七七年七月一一日

「色のシンボリズム〈一〉」『フォクロア』ジャパンパブリッシャーズ、二号、一六四～一六五頁、一九七七年九月一八日

「色のシンボリズム〈二〉」『フォクロア』ジャパンパブリッシャーズ、三号、一四六～一四七頁、一九七八年一月三〇日

「人間諸科学と無文字社会――川田順造『無文字社会の歴史』に寄せて」『史学』三田史学会、四八巻四号、七九～八八頁、一九七八年二月二一日

「民俗時間論」『フォクロア』ジャパンパブリッシャーズ、四号、一三一～一三四頁、一九七八年五月一五日

「八菅山の地理と伝承」『修験集落　八菅山』宮家準編、愛川町、七～二八頁、一九七八年六月三〇日

「西城町中野の年番大神楽について」『郷土』西城町郷土研究会、一二号、一二三～一三三頁、一九七八年六月三〇日

「来訪神祭祀の世界観――西表島古見の事例から」『フォクロア』伊勢民俗学会、三六～三八号、四三～五〇頁、一九七八年一一月

二八日
「神観念と祭祀組織――住谷一彦／クライナー・ヨーゼフ『南西諸島の神観念』の検討」『沖縄文化』沖縄文化協会、五一号、一〇一～一一四頁、一九七九年三月三一日
「西金砂神社祭礼記」『まつり通信』まつり同好会、二二一号、四～五頁、一九七九年六月二〇日
「波照間島の盆とムシャーマ」『まつり通信』まつり同好会、二一八号、五～六頁、一九七九年八月二〇日
「山と人、そして生と死」『忍ぶ草――榎本雅己　遺稿・追悼集』KCC、三三六～三三九頁、一九七九年九月二三日
「茶の湯の人類学」『淡交』淡交社、三三巻一二号、一五〇～一五一頁、一九七九年一二月一日
「久高島の神話と儀礼」『宗教研究』日本宗教学会、五三巻三号、五八～五九頁、一九八〇年三月三一日
「木之本町杉野のオコナイ」『まつり文化』まつり文化史の会、九号、八～一〇頁、一九八〇年三月二六日
「精霊・魔術・王国」『遊』工作舎、九～一六頁、一九八一年七月四日
「海南島民俗ノート」『季刊　人類学』講談社、一二巻四号、一九八～二四〇頁、一九八一年一二月五日
「対馬・木坂八幡宮の祭祀と神観念」『まつりと芸能の研究』まつり同好会編、第Ⅱ集、錦正社、二巻、三四七～三七二頁、一九八二年二月二〇日
「豊玉町仁位の祭祀と伝承」『環東シナ海文化の基礎構造に関する研究――壱岐・対馬の実態調査』岩田慶治編、国立民族学博物館、一一七～一六四頁、一九八二年三月三一日
「谷中文化試考」『台東区商業近代化計画報告書』（資料編）、東京商工会議所、九五～九六頁、一九八二年三月三一日
「岩木山神社七日堂の神事」『あしなか』山村民俗の会、一七四号、一～四頁、一九八二年六月三〇日
「西城の鍛冶とその周辺」『郷土』西城町郷土研究会、二四号、二一～二二頁、一九八二年七月一五日
「大戸の神楽その他」『郷土』西城町郷土研究会、二四号、三一～三三頁、一九八二年七月一五日
「近畿・中国・四国の祭り風土記」『祭りのふるさと』〈美しい日本一六〉世界文化社、一〇五～一〇九頁、一九八二年
「神人交流する祭――花祭りと修験の祭」『神々と仏――祭とマンダラ』田中日佐夫編、講談社、一二五～一三九頁、一九八三年一月二〇日
「新年――年の初めの意識・南アジア（スリランカ）」『季刊　民族学』国立民族学博物館、二三号、七四頁、一九八三年一月二〇日

「ある僧との対話――スリランカの人と仏教」『月刊百科』平凡社、二四七号、二一～二五頁、一九八三年五月一日
「対馬・佐護の天道信仰」『まつり通信』まつり同好会、二七一号、七頁、一九八三年八月二〇日
「雲南省民俗ノート」『季刊 人類学』講談社、一四巻三号、二〇二～二五二頁、一九八三年九月二〇日
「生きている銅鼓――中国・昆明の雲南省博物館」『月刊みんぱく』国立民族学博物館、一四頁、一九八三年一〇月一五日
「対馬・仁位の年中行事」『まつり通信』まつり同好会、二七五号、五～六頁、一九八三年一二月二〇日
「対馬・佐護湊の民間信仰」『民俗と歴史』民俗と歴史の会、一五号、一～二二頁、一九八三年一二月二五日
「陸前浜の修験と法印神楽――雄勝町大浜旧市明院を中心として」『あしなか』山村民俗の会、二八～三五頁、一九八三年一二月
「スリランカの仮面」『まつり通信』まつり同好会、二六九号、二～四・一二頁、一九八三年
「②蘆笙舞と敬酒歌」『歴史公論』雄山閣、一〇〇号、一三二～一三三頁、一九八四年三月一日
「スリランカの女神信仰」『宗教研究』五七巻四号、三〇一～三〇二頁、一九八四年三月三〇日
「③雷公山の麓で」『歴史公論』雄山閣、一〇一号、一二〇～一二一頁、一九八四年四月一日
「④祖先祭祀と招魂」『歴史公論』雄山閣、一〇二号、一一二～一一三頁、一九八四年五月一日
「陸前浜・法印神楽資料――旧市明院蔵『御神楽之大事』」『民俗と歴史』民俗と歴史の会、一六号、一～一九頁、一九八四年六月
二一五日
「⑤姉妹飯」『歴史公論』雄山閣、一〇三号、一四八～一四九頁、一九八四年六月一日
「⑥木鼓と龍船節」『歴史公論』雄山閣、一〇四号、一一八～一一九頁、一九八四年七月一日
「⑦穀物倉のある風景」『歴史公論』雄山閣、一〇五号、一二四～一二五頁、一九八四年八月一日
「⑧神樹と墓と」『歴史公論』雄山閣、一〇六号、一二七～一二八頁、一九八四年九月一日
「⑨香炉山の爬坡節」『歴史公論』雄山閣、一〇七号、一四七～一四八頁、一九八四年一〇月一日
「雲南省彝族民俗調査ノート」金丸良子と共著、『東アジアの古代文化』大和書房、四一号、一六九～一八八頁、一九八四年一〇月
二一日
「⑩西族の村」『歴史公論』雄山閣、一〇八号、一三四～一三五頁、一九八四年一一月一日
「⑪青苗・花苗・老漢族」『歴史公論』雄山閣、一〇九号、一三二～一三三頁、一九八四年一二月一日

「⑫布依族と銅鼓」『歴史公論』雄山閣、一一〇号、一二九～一三〇頁、一九八五年一月一日
「⑬撒尼族の火把節」『歴史公論』雄山閣、一一一号、一三〇～一三一頁、一九八五年二月一日
「楓と蝶と鼓――貴州・苗族の神話と祭祀」『グリーンパワー』森林文化協会、七四号、三八～四一頁、一九八五年二月二日
「志賀谷のオコナイ」『まつり通信』まつり同好会、二九一号、五～六頁、一九八五年四月二〇日
「民間信仰――研究動向（昭和五八年―五九年）」『日本民俗学』日本民俗学会、一六〇号、六四～七九頁、一九八五年七月三一日
「世の思想――琉球世界観の時間論的考察」『歴史手帖』〈特集　沖縄の神々〉名著出版、一三巻一〇号、一〇～一六頁、一九八五年一〇月一日
「少数民族の世界」『ピュクシス』東京工業大学生活協同組合、二号、四～五頁、一九八六年一月一日
「山中に出会う仏と神」『智山報』真言宗智山派、二号、一四～一五頁、一九八六年二月
「『鬼』を解説すると」『キンダー・ブック』フレーベル館、四二巻一一号、三一頁、一九八六年二月一日
「スリランカ」『日本の民族学　一九六四―一九八三』日本民族学会編、弘文堂、二四〇～二四二頁、一九八六年三月一五日
「宗教人類学」佐々木宏幹、阿部年晴と共著、『日本の民族学　一九六四―一九八三』日本民族学会編、弘文堂、四二～四八・五二～五五頁、一九八六年三月一五日
「七二歳の出家僧との対話」『季刊　民族学』千里文化財団、三六号、五七頁、一九八六年四月二〇日
「日本語にならない言葉――ドーサ」『翻訳の世界』日本翻訳家養成センター、一一巻五号、一〇六～一〇七頁、一九八六年五月一日
「想像力の社会史へ」『日本民俗学』日本民俗学会、一六六号、五～六頁、一九八六年七月三一日
「スリランカ――東アジア仏教圏と日本の民俗宗教」『歴史手帖』名著出版、一四巻一〇号、五四～五六頁、一九八六年一〇月一日
「弓神楽の祭祀」『MINZOKEN NEWS』アジア民族造形研究所、一号、二～三頁、一九八六年一一月一〇日
「スリランカの聖地――シーニガマのデヴォル崇拝」『インド考古研究』インド考古研究会、九・一〇号、五一～五四頁、一九八七年三月三一日
「乱後の世界――在地武士団の活動」〈奥州の動向――伝説と史実〉『日本の歴史』週刊朝日百科　日本の歴史　五九〈承平・天慶の乱と都〉朝日新聞社、五八七号、一二四～一二五頁、一九八七年五月三一日
「神楽」『コンソート』〈特集　音のトポス〉草楽社、五号、四六～四八頁、一九八七年五月二五日

「スリランカの僧侶と私」『三色旗』慶應通信、四七四号、一三～一五頁、一九八七年九月一日

「山岳信仰・修験道」『民間信仰　調査整理ハンドブック』上巻・理論編、圭室文雄・平野榮次・宮家準・宮田登編、雄山閣、一三五～一四七頁、一九八七年一〇月五日

「宗教」『もっと知りたいスリランカ』杉本良男編、弘文堂、九五～一二五頁、一九八七年一〇月一〇日

「サバラガムワ――宝石・紅茶・巡礼」『もっと知りたいスリランカ』杉本良男編、弘文堂、二二三～二四〇頁、一九八七年一〇月一〇日

「僧の生きている風景――スリランカでの対話」『仏教』法蔵館、二号、五八～六五頁、一九八八年一月二五日

「銅鼓についての断章」『季刊　自然と文化』〈雲南・貴州と古代日本のルーツ〉日本ナショナルトラスト、二四号、一八～二三頁、一九八九年三月一五日

「追悼」『追悼　坪井洋文』坪井洋文追悼文集刊行会〈国立歴史民俗博物館〉、一一八～一一九頁、一九八九年六月二五日

「平将門」『小説新潮』臨時増刊号〈時代小説特集・名作短編で読む日本の歴史〉新潮社、一九八九年一〇月一六日

「山岳信仰と村落――ハヤマ籠りをめぐって」『民俗宗教の構造と文化変容に関する総合的調査研究』真野俊和編、〈平成元年度科学研究費補助金（総合研究A）研究成果報告書〉上越教育大学真野俊和研究室、七三～七九頁、一九九〇年三月三一日

「スリランカの宗教、仮面劇の世界、キャンディアン・ダンス、ペラヘラ祭、スリランカの仏教」『地球の歩き方六〇　スリランカ』〈初版〉、ダイヤモンド・ビッグ社、一九九〇年六月一日

「人生のゆくえ――天道念仏の場合」『伝え』日本口承文芸学会、七号、一九九〇年九月

「修験道における儀礼的殺害と民俗の諸相」『季刊　自然と文化』〈特集　カミ殺し――殺害と再生の儀礼〉日本ナショナルトラスト、三一号、三〇～四三頁、一九九〇年一二月一五日

「龍の顕現――貴州苗族の世界観の諸相」『文化人類学』〈特集　中国研究の視角〉アカデミア出版会、八号、九八～一〇三頁、一九九〇年一二月二〇日

「キャンディの町とペラヘラ祭」『東南アジア至宝の旅』〈聖地スリランカ、カンボジア・アンコールワット〉日本放送出版協会、一巻、五六～五八頁、一九九一年二月二〇日

「米と日本人」『三色旗』慶應通信、五一七号、一五～一七頁、一九九一年四月一日

「洞窟葬のムラ——青瑶の婚姻と葬制」『春秋』春秋社、三二八号、一九～二三頁、一九九一年四月二五日

「小さな少数民族——白褲瑤再訪」『春秋』春秋社、三三一号、一七～二一頁、一九九一年八月二五日

「異装は時空を越える」『ナーム』〈特集　仮面と異装〉水声社、二二九号、二五～三三頁、一九九一年九月一日

「人生の移ろい——水族の婚姻と葬制」『春秋』春秋社、三三四号、二六～三一頁、一九九一年一一月二五日

「伝承と事実の間——岩手県宮古市津軽石の又兵衛祭りの事例から」『民俗宗教の西日本と東日本における構造的相違に関する総合的調査研究』武蔵大学人文学部宮本袈裟雄研究室、一〇一～一〇九頁、一九九二年三月三一日

「『ミャオ族』その他」『中国に関する文化人類学的研究のための文献解題』東京大学東洋文化研究所末成道男研究室、一九九二年三月三一日

「弓神楽——土公祭文」『文字のない伝承——音楽の霊力』国立劇場、一九九二年四月二四日

「ヤオ族の地に民族博物館」『朝日新聞』朝刊、三八二七六号、七頁、一九九二年八月一八日

「バリ・フィールドノート一九九二」『ＣＡＳニューズレター』慶應義塾大学地域研究センター、五三号、一～二頁、一九九二年一一月一〇日

「津軽石の年中行事」『宮古市史民俗編』宮家準編、宮古市、下巻、六一七～六四八頁、一九九四年三月三一日

「津軽石の又兵衛祭り」『宮古市史民俗編』宮家準編、宮古市、上巻、五六五～五七四頁、一九九四年三月三一日

「バリ島で考えたこと——異文化の理解」『儀礼文化ニュース』儀礼文化学会、七四号、七頁、一九九三年一一月

「インドの影絵芝居」『スラット・バリ SRAT BALI』バリ芸能研究会、一七号、二～三頁、一九九三年一一月

「天と地を結ぶ七つの聖地」『太陽』〈特集　日本聖地観光〉平凡社、小松和彦と共著、三九一号、二〇～三二頁、一九九四年一月一二日

「北インドの暮らしと祭り——ミティラー地方の場合」『三色旗』慶應通信、五六〇号、七～一一頁、一九九四年一〇月一日

「アニミズムの再考」川喜田二郎・関根康正・澤田昌人と共著、『宗教の未来』（日本未来学会編）東京書籍、一一六～一二五頁、一九九四年一二月二七日

「水子供養」『三田評論』慶應義塾、九六四号、四八～四九頁、一九九四年一二月一日

「研究の流れ『ミャオ族』」曽士才・谷口裕久と共著、文献解題「内田智雄『中国農村の家族と信仰』、鎌田茂雄『中国の仏教儀礼』、

張有雋『瑤族宗教論集』、徳江県民族事務委員会編『儺戯論文選』、高倫『貴州儺戯』、後藤淑・廣田律子編『中国少数民族の仮面劇』、de Beauclaire, Inez: A Miao Tribe of Southeast Kweichow and Its Cultural Configuration, 李瑞枝編『節日風情与伝説』、Graham, David Crokett: Songs and stories of the Ch'uan Miao. 貴州省編写組編『苗族社会歴史調査』、中国西南民族研究学会編『西南民族研究』、楊鵑国『苗族舞踏与巫女文化』、范禹編『水族文化史』、史継忠「貴州史料目録」『民族研究参考資料』三号、中国民族研究会編「中国文献紹介」『中国民族研究通信』一号、松岡正子「氐羌族関連文献史料選目」『中国民族研究通信』五号、『中国文化人類学文献解題』末成道男編、東京大学出版会、四六～五〇頁、一九九五年二月二八日

「熊野学ネットワーク基本計画策定調査委員会議事録」『博物館の復権、もしくは「新・博物学」の確立に向けて』熊野学研究センター（仮称）構想実行委員会、山折哲雄・白幡洋三郎・高田公理・武田博清・中田尚子・林信夫・彦坂裕・鷲田清一と共著、ＣＤＩ、一五九～一九八頁、一九九五年三月三一日

「荒神信仰について」『安芸・備後の神楽』国立劇場事業部宣伝課、一二～一三頁、一九九五年六月三〇日

「山川草木ことごとく物言う」『宗教学がわかる』AERA Mook 11、朝日新聞社、九七～一〇一頁、一九九五年一二月一〇日

「霊地にみる日本人の霊魂観・他界観」『日本「霊地・巡礼」総覧』〈別冊歴史読本〉新人物往来社、二六四～二六九頁、一九九六年九月二日

「宗教人類学の立場から〈新しい学問の流れを探る〉」『Guideline』河合塾、一一号、六八頁、一九九六年一一月

「神子と法者――巫女と男巫のはざま」『神子シンポジウム報告書』宮古市教育委員会、岩手県立宮古短期大学、一九九七年三月三一日

「大元神楽の神懸かり」『季刊　文化遺産』島根県並河萬里写真財団、三号、五四～五五頁、一九九七年四月二〇日

「インドの影絵人形劇」『三色旗』慶應義塾大学通信教育部、五九五号、二～七頁、一九九七年一〇月一日

「対馬の芸能資料展」『日本民俗学』日本民俗学会、二一三号、一九九八年二月二八日

「追悼――姫野さん」『スラット・バリ SRAT BALI』バリ芸能研究会、二六号、七～八頁、一九九八年三月

「スリランカの音楽舞踊の魅力――悪霊との対話と遊戯」『スリランカ・ブダワッタ民族舞踊団』民主音楽協会、一〇～一一頁、一九九八年五月一一日

「来訪神の諸相――中国の苗族の調査から」『文明のクロスロード Museum Kyushu』博物館等建設推進九州会議、六〇号、六〇～六四頁、一九九八年五月二〇日

「椎葉民俗芸能博物館の開館」『地方史研究』名著出版、四八巻三号、一一五～一一六頁、一九九八年六月一日

「アジアの中のインド」『春秋』〈総特集　中村元と現代〉四〇〇号、三〇～三三頁、一九九八年六月二五日

「祭礼行事」総覧』〈別冊歴史読本〉新人物往来社、九六～一〇三頁、一九九九年一月三日

「相性占いと姓名判断」『幸福祈願』飯島吉晴編〈民俗学の冒険1〉筑摩書房、九五～一〇〇頁、一九九九年四月二〇日

「手草祭文　弓神楽解説」『日本音楽の表現』国立劇場、六～七頁、一九九九年四月二七日

「王権と祭祀」『岩波講座　世界歴史6』岩波書店、月報、三～五頁、一九九九年七月一九日

「自然との語らい」『大地と神々の共生――自然環境と宗教』鈴木正崇編〈福井勝義他との討論〉昭和堂、二三三～二五三頁、一九九九年一〇月二五日

「『役行者と修験道の世界』の開催」『日本民俗学』日本民俗学会、二二〇号、一三一～一三三頁、一九九九年一一月三〇日

「巫覡についての私見」『巫覡盲僧学会会報』一二号、一～四頁、二〇〇〇年三月

「立山信仰・白山信仰」『北国と日本海』〈日本民俗写真大系8〉網野善彦・色川大吉・大林太良・宮田登監修、日本図書センター、一二三・一三六頁、二〇〇〇年四月二五日

「東北日本・山々にひらけるまつり――映画『金沢の羽山ごもり』『陸奥室根の荒まつり』をみて」『民映研通信』民族文化映像研究所、七〇号、三～八頁、二〇〇〇年七月一日

「祭祀と演劇――鬼神と翁の源流へ」『鬼と芸能――東アジアの演劇形成』松岡心平編〈松岡心平その他との対談〉森話社、九～八六頁、二〇〇〇年七月七日

「回想の中の地域」『CASニューズレター』〈一〇〇号記念特集　地域研究の課題〉慶應義塾大学地域研究センター、一〇〇号、二〇～二一頁、二〇〇〇年八月二八日

「修験と芸能」『山の宗教――修験道とは何か』〈別冊太陽〉平凡社、一一一号、一〇六～一一二頁、二〇〇〇年一〇月二五日

「山と海、火と水――修験と巡礼の熊野」『熊野シンポジウム――祝祭の地、熊野への誘い』和歌山県熊野学シンポジウム実行委員会「熊野学」友の会、三二～三八頁、二〇〇〇年一二月

「追悼・本田安次先生」『民俗芸能研究』民俗芸能学会、三二号、三八～四〇頁、二〇〇一年三月三〇日

「彼岸と太陽信仰と花」『雑賀崎のハナフリ』雑賀崎の自然を守る会、一三頁、二〇〇一年三月三一日

「姫田さんとの出会い――祝賀会に寄せて」『民映研通信』民族文化映像研究所、七三号、八頁、二〇〇一年七月一日
「文化人類学の現代的課題」『哲学』〈特集　文化人類学の現代的課題〉三田哲学会、一〇七号、i〜iii頁、二〇〇二年一月二一日
「著者に聞く『女人禁制』」『東京新聞』二〇〇二年三月二四日
「宗教が創り出す新しい絆、ワークショップ〈一〉、二〇〇一年度ワークショップ記録、趣旨説明、コメント」『宗教と社会』「宗教と社会」学会、八号、一三一〜一三三・一三五・一七六〜一七八頁、二〇〇二年六月二九日
「ハヌマーンとサルタヒコ」『サルタヒコ』猿田彦大神フォーラム、二〇〇二年九月
「教育現場から　慶應義塾大学」『日本における文化人類学教育の再検討――新たな社会的ニーズのなかで』〈平成一三―一四年度科学研究費補助金研究成果報告書〉山下晋司編、東京大学大学院総合文化研究科、一八〜二〇頁、二〇〇三年三月二〇日
「移動するアジア人のエスニック・アイデンティティ形成を通して諸民族の心性を探る」鈴木正崇・吉原和男・柳田利夫編『心の解明に向けての統合的方法論構築：平成一四年度成果報告書』慶應義塾大学二一世紀COE人文科学研究拠点　心の統合的研究センター事務局、一〇六〜一一〇頁、二〇〇三年三月三一日
「大峯山の女人禁制」『増補吉野町史』吉野町、三〇一〜三一六頁、二〇〇四年三月二五日
「来訪神と祖先祭祀――西南中国の事例から」『巫覡盲僧学会会報』巫覡盲僧学会、一六号、九〜一二頁、二〇〇四年三月三一日
「世界遺産を語る・紀伊山地の霊場と参詣道〈下〉『女人禁制』」『毎日新聞』夕刊、四頁、二〇〇四年七月三〇日
「世界遺産と女人禁制」『三田評論』慶應義塾、一〇七四、四八　二〇〇四年一二月一日
「総合コメント二：『宗教文化の歴史地理学』シンポジウム」『歴史地理学』歴史地理学会、二二二号、一〇二〜一〇四頁、二〇〇五年一月三一日
「森町の舞楽について」『先人の足跡』第二東名記念誌編集委員会、二一〇〜二一二頁、二〇〇五年六月一日
「都市人類学の再構築」『三田社会学』三田社会学会、一〇号、一〜三頁、二〇〇五年七月九日
「鮭と共に生きる――遊佐の鮭漁の歴史と現在」『鳥海山麓遊佐の民俗』遊佐町教育委員会、上巻、一五〇〜一八六頁、二〇〇六年三月三一日
「やさら――人形の民俗」『鳥海山麓遊佐の民俗』遊佐町教育委員会、上巻、三三二〜三五六頁、二〇〇六年三月三一日
「サンニ・ヤカーの仮面」『月刊みんぱく』国立民族学博物館、三〇巻六号、一一頁、二〇〇六年六月一日

「東アジア研究所講座『東アジアの近代と日本』」『ＯＰＥＮ』慶應義塾大学広報室、四五号、一〇頁、二〇〇六年九月一八日
「デイユーの信仰」『南アジア史三』〈南インド〉山川出版社、三四〇〜三四二頁、二〇〇七年一月三一日
「はじめに――空間と文化をめぐる断章」『哲学』〈特集　文化人類学の現代的課題Ⅱ〉三田哲学会、一一九号、ⅰ〜ⅲ頁、二〇〇八年三月二八日
「苗族の正月風景――来訪神と祖先祭祀」『口承文芸研究』日本口承文芸学会、三一号、一六二〜一六六頁、二〇〇八年三月三一日
「コメント：シンポジウム「仏教と民俗」『日本民俗学』日本民俗学会、二五三巻、一二八〜一三三頁、二〇〇八年二月二九日
『空間の表象に関する宗教民俗学的研究』〈平成一七―一八年度科学研究費補助金研究成果報告書〉鈴木正崇編、慶應義塾大学鈴木正崇研究室、一六〇頁、二〇〇八年一月三一日
「神話と芸能のインド――神々を演じる人々」『神話と芸能のインド――神々を演じる人々』鈴木正崇編、山川出版社、三〜九頁、二〇〇八年八月三一日
「弓神楽『手草祭文』」『国立能楽堂』日本芸術文化振興会、三〇八号、一三頁、二〇〇九年四月八日
「弓の祈禱と神楽の諸相」『国立能楽堂』日本芸術文化振興会、三〇八号、一八〜二一頁、二〇〇九年四月八日
「『シラタカのお告げ』の現代的意義」アンヌ・ブッシィ『神と人のはざまに生きる――近代都市の女性巫者』東京大学出版会、二五七〜二七〇頁、二〇〇九年五月二二日
“The History of Japanese Folklore Studies”, *Japanese Book News*, Japan Foundation. No.61, pp. 12-14, 2009/9/1
「お彼岸の意義――宗教学・民俗学の立場から」『日本経済新聞』一一〜一二頁、二〇〇九年九月一一日
「女人禁制をめぐる諸問題」『石川県の歴史遺産セミナー講演録』〈白山　第五回〜八回〉、石川県立歴史博物館、六六〜八〇頁、二〇一〇年三月三一日
「地域研究とオーラル・ヒストリー」『三田社会学』三田社会学会、一五号、一〜二頁、二〇一〇年七月一〇日
『道の宗教性と文化的景観』〈平成一九―二一年度科学研究費補助金研究成果報告書〉鈴木正崇編、慶應義塾大学文学部鈴木正崇研究室、一七四頁、二〇一一年三月一日
「フォーラム慶應義塾大学東アジア研究所」『日本民俗学』日本民俗学会、二六六号、一一四〜一一八頁、二〇一一年五月三一日
「山の民の想像力――銀鏡神楽の世界」『銀鏡神楽』日本芸術文化振興会、六〜七頁、二〇一一年六月二五日

「山岳信仰」『大法輪』大法輪閣、七九巻一号、一〇八〜一一三頁、二〇一二年一月一日

「教授に訊く　学生時代の旅」『塾生新聞』慶應義塾大学塾生新聞会、二頁、二〇一二年五月一〇日

「民俗社会の色彩感覚」『日本史色彩事典』丸山伸彦編、吉川弘文館、四一一〜四一三頁、二〇一二年五月一〇日

「東アジアの日常生活の根底に潜むもの」『東アジアの伝統と挑戦——東アジア研究への第一歩』〈極東証券寄附講座二〇一一〉慶應義塾大学文学部、六四頁、二〇一二年六月三〇日

「吉野晃『タイ北部、ユーミエン（ヤオ）の船送り』」『〈カラダ〉が語る人類文化——形質から文化まで』国際常民文化研究機構・神奈川大学日本常民文化研究所、一五五〜一五六頁、二〇一二年七月二四日

「巻頭言——『山岳修験』五〇号に寄せて」『山岳修験』山岳修験学会、五〇号、一〜二頁、二〇一二年八月三一日

「神楽——自然と人間の交流のドラマ」『山と森の精霊——高千穂・椎葉・米良の神楽』ＬＩＸＩＬ出版、七二〜七五頁、二〇一二年九月一五日

「富士山と修験道」『環——歴史・環境・文明』〈特集　今、なぜ富士山か〉藤原書店、五五号、一〇二〜一〇三頁、二〇一三年一〇月三〇日

「グローバル化の中のアジアの伝統文化と民衆文化」『東アジアの伝統と挑戦——東アジア研究への第一歩』〈極東証券寄附講座二〇一二〉慶應義塾大学文学部、八八〜八九頁、二〇一三年一〇月三一日

「フェティッシュ・マーケット瞥見——トーゴでの体験から」『越境するモノ』〈フェティシズム研究二〉田中雅一編、京都大学学術出版会、二一三〜二一七頁、二〇一四年二月二八日

「研究動向に寄せて」『日本民俗学』日本民俗学会、二七七号、二〜五頁、二〇一四年二月二八日

「小京都としての遠州森」『三木の里』遠州森町教育委員会、二二号、八〜一一頁、二〇一四年三月二五日

「成田山門前町調査研究事業報告——平成二十四年度・平成二十五年度」『成田市史研究』成田市教育委員会、三八号、九九〜一〇六頁、二〇一四年三月三一日

「『宗教と社会』の創刊とその時代」『宗教と社会』「宗教と社会」学会、二〇号、一八九頁、二〇一四年六月二一日

「門前町に生きる——過去・現在・未来　第二回　お大師参り」『広報なりた』成田市、一二七五号、一〇頁、二〇一四年九月一五日

「地域研究と慶應義塾——人文社会科学の視座から」『三田評論』〈特集　地域研究の軌跡と展望〉慶應義塾、一一八二号、三二〜三七頁、

二〇一四年一〇月一日

「流動する東アジア」『東アジアの伝統と挑戦――東アジア研究への第一歩　二〇一三』〈極東証券寄附講座二〇一三〉五六～五七頁、二〇一四年一〇月三一日

「二〇一四年度東アジア研究所講座の終了にあたって」『慶應義塾大学東アジア研究所　ニューズレター』慶應義塾大学東アジア研究所、二三号、一頁、二〇一四年一二月一〇日

「シャクンタラー姫の物語――サンスクリット劇の魅力」『ラ・バヤデール　新国立劇場バレエ公演二〇一四／一〇一五シーズン』新国立劇場運営財団営業部編、新国立劇場運営財団、二五～二七頁、二〇一五年二月一七日

●書評・書誌紹介

「窪徳忠編『沖縄の外来宗教――その受容と変容』弘文堂」『沖縄文化』一四巻二号、二六頁、一九七八年四月二〇日

「コルネリウス・アウエハント著『鯰絵――民俗的想像力の世界』せりか書房」『民族学研究』四五巻二号、一九〇～一九三頁、一九八〇年九月三〇日

「五来重編『修験道の美術・芸能・文学』名著出版」『日本読書新聞』二一一〇号、六頁　一九八一年

「佐々木宏幹『憑霊とシャーマン――宗教人類学ノート』東京大学出版会」『日本読書新聞』二二五三号、二頁、一九八三年

「新井恒易編『騎西町史　民俗編』騎西町」『芸能』二八巻六号、二五～二六頁、一九八六年六月一〇日

「小松和彦『異人論――民俗社会の心性』青土社」『日本民俗学』一六六号、八三～八六頁、一九八六年七月三一日

「G・オベーセーカラ『メドゥーサの髪――エクシタシーと文化の創造』渋谷利雄訳、言叢社」『朝日ジャーナル』六八～六九頁、一九八八年六月一〇日

Ouwehand, C., Hateruma: Socio-Religious Aspects of a South Ryukyuan Island Culture, Leiden, E. J. Brill, *Asian Folklore Studies*, Vol. 47. No. 2, pp. 335-336, 1988

「岩田勝編『中国地方神楽祭文集』三弥井書店」『民俗芸能研究』一二号、一一六～一二四頁、一九九〇年一月二〇日

「永留久恵『海神と天神』白水社」『民族学研究』五四巻一号、一〇七～一〇八頁、一九八九年六月三〇日

「北原淳『タイ農村社会論』勁草書房」『社会学評論』四一巻四号、四四〇～四四二頁、一九九一年三月三一日

「宮家準『宗教民俗学』東京大学出版会」『民俗文化』三号、二六二〜二六頁、一九九一年三月二五日
「内藤正敏『修験道の精神宇宙——出羽三山のマンダラ思想』青土社」『山岳修験』一〇号、六六〜六八頁　一九九二年一〇月一一日
「岩田勝編『神楽』岩田書院」『民俗芸能研究』一六号、四三〜四五頁、一九九二年一一月一五日
「倉林正次『冬から春へ』桜楓社」『日本民俗学』一九六号、一三四〜一四一頁、一九九三年一一月三〇日
「竹沢尚一郎『宗教という技法』勁草書房」『宗教研究』二九八号、一三五〜一四〇頁、一九九三年一二月三〇日
「少数民族研究の新時代を告げる論文集——竹村卓二編『儀礼・民族・境界』風響社」『東方』東方書店、一六六号、二三〜二六頁、一九九五年一月五日
「民俗芸能研究の会・第一民俗芸能学会編『課題としての民俗芸能研究』ひつじ書房」『民俗宗教』東京堂出版、五号、二八四〜二九三頁、一九九五年五月三一日
「福原敏男『祭礼文化史の研究』法政大学出版局」『日本民俗学』二〇五号、一一〇〜一二〇頁、一九九六年二月二八日
「橋本裕之『王の舞の民俗学的研究』ひつじ書房」『日本民俗学』二一二号、一九五〜二〇六頁、一九九七年一一月三〇日
「斉藤卓志『刺青　TATOO』岩田書院」『日本民俗学』二二〇号、一七二〜一七三頁、一九九九年一一月三〇日
「山口昌男『敗者学のすすめ』平凡社」『東京新聞』朝刊、二〇〇〇年二月
「下野敏見編『民俗宗教と生活伝承——南日本フォークロア論集』岩田書院」『日本民俗学』二二二号、一七三頁、二〇〇〇年五月三一日
「安田夕希子『穢れ考』国際基督教大学比較文化研究会」『日本民俗学』二二五号、一三二頁、二〇〇一年二月二八日
「服部英雄『地名の歴史学』角川書店」『日本民俗学』二二五号、一三四頁、二〇〇一年二月二八日
「山口保明『宮崎の神楽』鉱脈社」『日本民俗学』二二六号、一四〇頁、二〇〇一年五月三一日
「前橋松造『奄美の森に生きた人』南方新社」『日本民俗学』二二六号、一四一頁、二〇〇一年五月三一日
「田中文雄・丸山宏・浅野春二編『講座道教』第2巻〈道教の教団と儀礼〉雄山閣」『東方宗教』九七号、三七〜四二頁、二〇〇一年五月
「市川秀之『広場と村落空間の民俗学』岩田書院」『日本民俗学』二二八号、一二三〜一二八頁、二〇〇一年一一月三〇日
「大林太良『私の一宮巡礼記』小学館」『東京新聞』二〇〇一年

「宮家準『宗教民俗学入門』丸善」『学燈』九九巻一二号、五二〜五三頁、二〇〇二年一二月一日

「斎藤英喜『いざなぎ流　祭文と儀礼』法藏館」『週刊　読書人』二四八一号、二頁、二〇〇三年四月四日

「佐藤弘夫『霊場の思想』吉川弘文館」『山岳修験』三二号、七四〜七六頁、二〇〇三年三月三一日

「田中雅一『供犠世界の変貌──南アジアの歴史人類学』法藏館」『宗教研究』七七巻一号、一八二〜一八七頁、二〇〇三年六月三〇日

「根井浄『補陀落渡海史』法藏館」『宗教民俗研究』一三号、一一〇〜一一七頁、二〇〇三年一二月一日

「松崎憲三『現代供養論考──ヒト・モノ・動植物の慰霊』慶友社」『日本民俗学』二四二号、八六〜九一頁、二〇〇五年五月三一日

「筑波大学民俗学研究室編『都市と境界の民俗』吉川弘文館」『日本民俗学』二四〇号、一二六頁、二〇〇四年一一月三〇日

「姫野翠『異界へのメッセンジャー』出帆新社」『民族藝術』二一号、二一九〜二二三頁、二〇〇五年三月三一日

「アウエハント・コルネリウス『HATERUMA──波照間：南琉球の島嶼文化における社会＝宗教的諸相』榕樹書林」『文化人類学』七〇巻一号、一三九〜一四〇頁、二〇〇五年六月三〇日

「井上隆弘『霜月神楽の祝祭学』岩田書院」『日本民俗学』二四四号、一六六頁、二〇〇五年一一月三〇日

「酒井正子『奄美・沖縄　哭きうたの民族誌』小学館」『日本民俗学』二四五号、一二七頁、二〇〇六年二月二八日

「川田順造『母の声、川の匂い──ある幼児と未生以前をめぐる断章』筑摩書房」『神奈川大学評論』五三号、一九一頁、二〇〇六年三月三一日

「植木行宣・田井竜一編『都市の祭礼──山・鉾・屋台と囃子』岩田書院」『日本民俗学』二四六号、一〇二頁、二〇〇六年五月三一日

「岸上興一郎『海港場横浜の民俗文化』岩田書院」『日本民俗学』二四八号、一一五頁、二〇〇六年一一月三〇日

「荒川章二・笹原恵・山道太郎・山道佳子『浜松まつり──学際的分析と比較の観点から』岩田書院」『日本民俗学』二四九号、一四四頁、二〇〇七年二月二八日

「今里悟之『農山漁村の〈空間分類〉──景観の秩序を読む』京都大学学術出版会」『日本民俗学』二五〇号、一〇五〜一一二頁、二〇〇七年五月三一日

「矢野秀武『現代タイにおける仏教運動──タンマガーイ式瞑想とタイ社会の変容』東信堂」『宗教と社会』一三号、一七六〜一八四頁、二〇〇七年六月九日

「藤原喜美子『オニを迎え祭る人々——民俗芸能とムラ』岩田書院」『日本民俗学』二七六号、一四五〜一四六頁、二〇〇七年八月三一日

「園田学園女子大学歴史民俗学会編『漂泊の芸能者』岩田書院」『日本民俗学』二五一号、一二〇〜一二一頁、二〇〇七年八月三一日

「小松和彦編『日本人の異界観』せりか書房」『宗教民俗研究』一七号、二〇〇七年一〇月二六日

「上原輝男『曽我の雨・牛若の衣裳——心意伝承の残像』暮らしの手帖社」『日本民俗学』二五二号、二四一頁、二〇〇七年一一月三〇日

「『上井久義著作集』全7巻、清文堂」『日本民俗学』二五三号、一二七頁、二〇〇八年二月二九日

「都市と祭礼研究会編『天下祭読本——幕末の神田明神祭礼を読み解く』雄山閣」『民俗芸能研究』四四号、六一〜六二頁、二〇〇八年三月三〇日

「鈴木正崇編『神話と芸能のインド——神々を演じる人々』」『三田評論』一一一八号、九三頁、二〇〇八年一二月一日

「松村一男・山中弘編『神話と現代』〈宗教史学叢書一二〉リトン」『宗教研究』八二巻三号、一二七〜一三二頁、二〇〇八年一二月三〇日

「高梨一美『沖縄の「かみんちゅ」たち——女性祭司の世界』岩田書院」『民俗芸能研究』四七号、八一〜九〇頁、二〇〇九年九月三〇日

「由谷由哉・時枝務編『郷土史と近代日本』角川学芸出版」『宗教と社会』一七号、一〇八〜一一一頁、二〇一一年六月一一日

「福田晃・金賛會・百田弥栄子編『鉄文化を拓く　炭焼長者』三弥井書店」『図書新聞』三〇二九号、二〇一一年九月一〇日

「宮家準『修験道の地域的展開』春秋社」『山岳修験』五一号、五七〜五九頁、二〇一二年八月三一日

「三村泰臣『中国地方民間神楽祭祀の研究』岩田書院」『宗教民俗研究』二一・二二号、一七四〜一八〇頁、二〇一三年一月一〇日

「松崎憲三『地蔵と閻魔・奪衣婆——現世・来世を見守る仏』慶友社」『日本民俗学』二七六号、一四五〜一四六頁、二〇一三年一一月三〇日

「林承緯『宗教造型與民俗伝承——日治時期在臺日人庶民信仰世界』藝術家出版社（臺北市、中華民国臺灣）」『日本民俗学』二七六号、一四五〜一四六頁、二〇一三年一一月三〇日

「福岡県文化財調査研究委員会編『豊前神楽調査報告書——京筑地域の神楽を中心として』福岡県」『日本民俗学』二七六号、一四三

〜一四四頁、二〇一三年一一月三〇日
「パーシヴァル・ローエル『オカルト・ジャパン――外国人の見た御嶽行者と憑霊文化』岩田書院」『日本民俗学』二七七号、二四八頁、二〇一四年二月二八日
「小松和彦『「伝説」はなぜ生まれたか』角川学芸出版」『日本民俗学』二七八号、一四七頁、二〇一四年五月三一日
「市川秀之『「民俗」の創出』岩田書院」『日本民俗学』二七八号、一四八頁、二〇一四年五月三一日
「小島美子・鷹田治子・沢井邦次・中山一郎編『イタコ　中村タケ』アド・ポポロ」『日本民俗学』二七九号、九七頁、二〇一四年八月三一日
「上村遠山霜月祭保存会『遠山霜月祭〈上村〉』飯田市美術博物館」『日本民俗学』二七九号、九八頁、二〇一四年八月三一日
「宮本袈裟雄『里修験の研究　続』岩田書院」『日本民俗学』二七九号、九九頁、二〇一四年八月三一日
「和歌山県教育委員会編『熊野三山民俗文化財調査報告書』和歌山県」『民俗芸能研究』五七号、五二〜五四頁、二〇一四年九月三〇日
「渡辺伸夫『椎葉神楽発掘』岩田書院」『日本民俗学』二八〇号、一一五頁、二〇一四年一一月三〇日
「日本宗教史懇話会編『日本宗教史研究の軌跡と展望』岩田書院」『日本民俗学』二八一号、二〇一五年二月二八日（印刷中）

●辞典・事典項目

「アマミキュ・シネリキュ、沖縄神話」『日本大百科全書〈ニッポニカ〉』小学館、一九八四年
「験者、強力、廻国雑記、笈、最多角念珠、兜巾、火渡り、山開き、法螺、土公神、結袈裟、篠懸、錫杖、胎内潜、三隣亡、重日、姓名判断、大安、断物、辻占、二十三夜、友引、橋占、虫封じ、耳塞、初夢、仏滅、六曜、方位、洞窟、金神」『世界大百科事典』平凡社、一九八四年一一月二日
「修験道――儀礼と芸能」『日本宗教事典』弘文堂、四六八〜四七三頁、一九八五年二月一〇日
「荒神、庚申、金神、星、妙見、兜率天、補陀落、浄土変相図、海上他界、山中他界、他界、浄土、入定、地獄、火定、入水」『修験道辞典』宮家準編、東京堂出版、一九八六年八月三〇日
「シンハラ人、洞窟、虹、ヴェッダ、セイロン人、チェンチュ」『文化人類学事典』石川栄吉・大林太良・佐々木高明・梅棹忠夫・蒲生正男・祖父江孝男編、弘文堂、一九八七年二月一〇日

「暗闇祭、神田祭、三社祭、山王祭、御魂祭、氷川祭、住吉祭、阿佐ケ谷七夕祭、高円寺阿波踊り、鞴祭」『江戸東京学事典』小木新造・陣内秀信・竹内誠・芳賀徹・前田愛・宮田登・吉原健一郎編、三省堂、一九八七年一二月一〇日

「ウェーサク祭、カタラガマ、神話（スリランカ）、ダルマパーラ、パッティニ信仰、ピリット儀礼、ムルガン信仰、ラトナプラ」『南アジアを知る事典』辛島昇・江島恵教・小西正捷・応地利明・前田専学編、平凡社、一九九二年一〇月一日

「秋葉隆、因縁、回向、縁起、戒律、改宗、加持、儀礼、祈祷、供犠、供養、原始宗教、業、再生運動、此岸／彼岸、修行、寺院、出家／在家、巡礼、自力／他力、シンクレティズム、神仏習合、神仏分離、神話、神話学、僧伽、タブー、超自然／超人間、デュメジル、土着主義的宗教運動、トーテミズム、マナ、未開宗教」『新社会学事典』森岡清美、塩原勉、本間康平編、有斐閣、一九九三年二月一〇日

「廻国雑記、験者」『日本史大事典』第二巻、平凡社編、平凡社、一九九三年二月二四日

「出羽三山信仰、大山信仰、富士信仰」『神道事典』國学院大学日本文化研究所編、弘文堂、三二九〜三三八頁、一九九四年七月一五日

「修験道の祭祀、修験道の芸能、荒神信仰、自然崇拝、太陽崇拝、呪物崇拝、動物崇拝、蒼前様、籤」『日本民俗宗教辞典』佐々木宏幹・宮田登・山折哲雄編、東京堂出版、一九九八年四月三〇日

「青、神、神遊び、喫茶、儀礼、空間認識、荒神神楽、神殿、牛玉杖、祭礼、作法、柴挿し、修二会、数寄」『日本民俗大辞典』〈上巻〉、吉川弘文館、一九九九年一〇月一日

「他界観、綱引き、天蓋、土公神、那智扇祭、柱松、火祭、白蓋、祝、松本信広、祭、民俗的方位観、八岐大蛇、弓神楽、来世観、礼儀」『日本民俗大辞典』〈下巻〉吉川弘文館、二〇〇〇年四月二〇日

「ワフンプラ、ウェッダー、コラガ、チェンチュ、ゴウダ、ナールケ、パラワン、バント、パンバダ、ビッラワ、デーヴァディガ、デーヴァンガ、ホレヤ、パルカヴァクラム、スリランカ」『世界民族事典』綾部恒雄監修、弘文堂、二〇〇〇年七月一五日

「修正会、年占、マレビト、巫女、民間信仰」『日本歴史大事典』全四巻、永原慶二編、小学館、二〇〇一年六月二七日

「役小角、出羽三山信仰、御嶽信仰、修験道、山伏」『日本思想史事典』子安宣邦監修、ぺりかん社、二〇〇一年六月一日

「大峯山、大峯山寺、七大童子、八大童子」『日本の神仏の辞典』大島建彦・薗田稔・圭室文雄・山本節編、大修館書店、二〇〇一年七月一日

「石鎚信仰、神道と人類学、大山信仰、立山信仰、出羽三山信仰、英彦山信仰」『神道史大辞典』薗田稔・橋本政宣編、吉川弘文館、

二〇〇四年七月一日

「柳田國男『妹の力』『日本の祭』『海上の道』、松平齊光『祭』、原田敏明『村の祭と聖なるもの』、鈴木正崇『スリランカの宗教と社会』」『文化人類学文献事典』小松和彦・田中雅一・谷泰・原毅彦・渡辺公三編、弘文堂、二〇〇四年一二月一五日

「修験道、呪術」『現代宗教事典』井上順孝編、弘文堂、二〇〇五年一月三〇日

「祭祀圏、大峯信仰、御嶽信仰、津島信仰」『郷土史大辞典』歴史学会編、朝倉書店、二〇〇五年六月二〇日

「来世観」『民俗小辞典　死と葬送』新谷尚紀・関沢あゆみ編、吉川弘文館、二〇〇五年一二月一日

「神、荒神神楽、祭礼、他界観、綱引き、柱松、火祭、白蓋」『精選　日本民俗辞典』福田アジオ・新谷尚紀・湯川洋司・神田より子・中込睦子・渡邊欣雄編、吉川弘文館、二〇〇六年三月一日

「他界観、色彩認識、ヒジャイ、方位観、ムシャマ、来世観、綱引」『沖縄民俗事典』渡邊欣雄・岡野宣勝・佐藤壮広・塩月亮子・宮下克也編、吉川弘文館、二〇〇八年七月一日

「岩田慶治『コスモスの思想――自然・アニミズム・密教空間』、坪井洋文『イモと日本人――民俗文化論の課題』『神道的神と民俗的神』、鈴木正崇『スリランカの宗教と社会――文化人類学的考察』『神と仏の民俗』」『宗教学文献事典』島薗進・石井研士・下田正弘・深澤英隆編、弘文堂、二〇〇七年一二月一五日

「信じる、宗教、アニミズム、トーテミズム」『文化人類学事典』日本文化人類学会編、丸善、二〇〇九年一月二五日

「庚申信仰、四国霊場、胎内潜り、憑物落し、土公神、流灌頂、火渡り、山伏」『日本思想史辞典』石毛忠・今泉淑夫・笠井昌昭・原島正・三橋健編、山川出版社、二〇〇九年四月二二日

「アジール、異界、後戸の神、運勢、易、小笠原流礼法、オヒデリサマ、お水取り、オロチョンの火祭、神態、血液型占い、験競べ、荒神神楽、四柱推命、修正会、修二会、樹木崇拝、上座部仏教、清拭、姓名判断、西洋占星術、赤山明神、占星術、津島信仰、津島祭、手相、天蓋、十日夜、土公祭文／土公神、日本民俗学会、女人禁制、人相、年中行事、比婆荒神神楽、方相氏、神葭流し、民俗芸能学会、ヤクシャガーナ、弓、弓祈禱、レヴィ＝ストロース」『祭・芸能・行事大辞典』朝倉書店、小島美子・鈴木正崇・三隅治雄・宮家準・宮田登・和崎春日監修、二〇〇九年一一月二〇日

「神遊び、綱引き、土公神、柱松、荒神神楽、白蓋、弓神楽、神、祭礼、修二会、火祭、祭、シャーマニズム、修験道、摩多羅神」『民俗小事典　神事と芸能』神田より子・俵木悟編、吉川弘文館、二〇一〇年一〇月一〇日

「クーリヤーッタム」『新版　南アジアを知る事典』辛島昇、応地利明、坂田貞二、前田専学、江島恵教、小西正捷、山崎元一編、平凡社、二〇一二年五月二五日

「修験道、山岳信仰」『世界宗教百科事典』井上順孝編、丸善出版、二〇一二年一二月三一日

「修験道」『日本思想史事典』石田一良・石毛忠編、東京堂出版、二〇一三年九月二〇日

「インドという聖地」『人の移動事典——日本からアジアへ、アジアから日本へ』吉原和男・蘭信三・塩原良和・関根政美・山下晋司共編、丸善出版、二〇一三年一一月二五日

「民族宗教」『世界民族百科事典』丸善出版、二〇一四年七月一〇日

「循環する時間、祭りから祭礼へ」『民俗学事典』丸善出版、二〇一四年一二月二五日

●口頭発表

「波照間島の神話」日本民俗学会第二八回大会、一九七六年九月

「波照間島の神話と儀礼」日本民族学会第三〇回連合大会、一九七六年一〇月

「儀礼と干支のシンボリズム——波照間島の事例」日本民族学会第一六回大会、一九七七年五月

「象徴空間論——相模國、八菅・大山を中心として」日本民族学会第三一回連合大会、一九七七年一〇月

「民俗時間学の試み——八重山の事例から」日本民俗学会第二九回大会、一九七七年一〇月

「兄妹相姦神話の論理」日本民族学会第一七回大会、一九七八年五月

「儀礼空間としての東大寺修二会」日本宗教学会第三七回大会、一九七八年九月

「荒神神楽にみる自然と人間」日本民俗学会第三〇回大会、一九七八年一〇月

「自然方位と民俗方位の収斂モデル」日本地理学会一九七八年春季大会、一九七八年一〇月

「修験集落の比較研究——八菅・日向・大山」日本地理学会一九七九年春季大会、一九七九年四月

「久高島の神話と儀礼」日本宗教学会第三八回大会、一九七九年九月

「色と方位のシンボリズム——空間認識の視点から」日本地理学会一九七九年秋季大会、一九七九年一〇月

「対馬の聖地」日本地理学会一九八〇年春季大会、一九八〇年四月

「山と神と人――羽黒派修験道の世界」日本民族学会第一九回大会、一九八〇年五月
「対馬・木坂の祭祀と村落空間」日本宗教学会第四〇回大会、一九八一年九月
「海南島と西双版納の少数民族」仙人の会、上智大学、一九八一年一一月八日
「スリランカ南部農村の宗教儀礼」日本民族学会第二一回大会、一九八二年五月
「スリランカの女神崇拝」日本宗教学会第四二回大会、一九八三年九月
「茶事の意味と構造」シンポジウム「茶の湯と日本文化――その過去・現在・未来」大阪国際会議場、一九八四年五月一五日
「スリランカの女神崇拝」日本民族学会第二三回大会、一九八四年五月
「西南中国の少数民族」展覧会「中国広西少数民族くらし」講演会、國學院大學、一九八六年一二月
「東の国・西の国――悠紀国・主基国」大嘗祭を考える講座、たばこと塩の博物館、一九八九年一〇月一五日
「東南アジア諸民族の生活と文化」展覧会「インドシナ半島の陶磁器」講演会、町田市立博物館、一九九〇年九月一六日
「アジアの少数民族について　概説1」平成二年度「市民大学講座」文化人類学　第一回、大和市つきみ野文化会館、一九九〇年九月二七日
「アジアの少数民族について　概説2」平成二年度「市民大学講座」文化人類学　第二回、大和市つきみ野文化会館、一九九〇年一〇月四日
「対馬の祭りと民俗」儀礼文化講座、儀礼文化学会、明治神宮、一九九一年一月一九日
「誕生の祭り①」朝日カルチャーセンター「まつりの文化人類学」：朝日カルチャーセンター（横浜）、一九九二年二月一四日
「誕生の祭り②」朝日カルチャーセンター「まつりの文化人類学」：朝日カルチャーセンター（横浜）、一九九二年二月二八日
「テイヤムを中心とするケーララの芸能」日本民族学会第二七回大会、南山大学、一九九二年五月三一日
「山岳修験・自然と人間」出羽三山開山一四〇〇年祭・記念プレシンポジウム（山折哲雄・内藤正敏・真野俊和・山本ひろ子と共同）、いでは文化記念館（羽黒町）、一九九二年六月二八日
「祭りと水」シンポジウム「水の原風景――自然と心をつなぐもの」全国清水寺ネットワーク会議、安来市民会館、一九九二年七月一八日
「中国――村と祭り」朝日カルチャーセンター「アジアの文化人類学Ⅱ――生活と信仰」朝日カルチャーセンター（横浜）、一九九三

年二月二六日
「アニミズムの再考」シンポジウム〈宗教の未来〉日本未来学会、学士会館本館、一九九三年七月八日
「スリランカのナーガ」シンポジウム〈ナーガの造形と象徴〉永ノ尾信吾、小倉泰、河野亮仙と共同、アジア民族造形研究所、國学院院友会館、一九九三年七月一〇日
「修験と芸能」出羽三山開山一四〇〇年記念「出羽三山芸能シンポジウム」いでは文化記念館、一九九三年八月一七日
「93秋・ガルンガン・クニンガン報告」鈴木正崇・野村伸一・石井達朗、バリ芸能研究会第一一回例会、東長寺、一九九三年一一月二一日
「周縁からみたインド」日本南アジア学会第七回大会　シンポジウム「新しいインド像を求めて」日本南アジア学会、東海大学、一九九四年一〇月二日
「インド・スリランカの芸能」民俗芸能学会平成六年度大会　シンポジウム「アジアの民俗芸能」慶應義塾大学、一九九四年一一月二七日
「日本の神楽と韓国のクッ」日韓民俗共同調査研究「神楽とクッの対照研究」シンポジウム　延世大学（韓国・ソウル）、予稿集、八～一三頁、一九九五年六月二日
「南インドのくらしと女神信仰」展覧会「原インド――いのちの鼓動展」講演会　フジタヴァンテ、一九九五年一〇月七日
「南インドのコスモロジー――北インドとの比較」展覧会「インド・ミティラー美術展――母から娘へ伝えられた民俗画とテラコッタの世界」講演会　すみだリバーサイドホール・ギャラリー、一九九六年二月一五日
「南インドのコスモロジー」アンマ来日プログラム講演会　横浜市教育会館、一九九六年五月二七日
「アジアにおける宗教観と日本の宗教観」第一回いではサマーアカデミ　いでは文化記念館、一九九六年八月三〇日
「スリランカの聖地」日本南アジア学会第九回学術大会、シンポジウム「南アジアの聖地」大正大学、一九九六年一〇月六日
「神楽と儺戯――日中比較の可能性を求めて」『日中比較演劇シンポジウム』復旦大学（上海）、一九九六年一〇月二二日
「神子と法者――巫女と男巫のはざま」神子シンポジウム　宮古市教育委員会、岩手県立宮古短期大学、一九九六年一〇月二七日
「インドに暮らす」大和市市民大学講座　大和市つきみ野文化会館、一九九七年三月九日
「南アジアにおけるジェンダー研究の現在――イギリス社会人類学の視点から」高原久美子、西村祐子、アンソニー・グッド、ロジャー・

ジェフリー、パトリシア・ジェフリー　シンポジウムと共同、慶應義塾大学地域研究センター、一九九七年三月二二日
「アジアの獅子と龍」展覧会「獅子頭――西日本を中心に」講演会　町田市立博物館、一九九七年五月
「修験と芸能――儀礼文化講座、儀礼文化学会　明治神宮、一九九七年一〇月一二日
「スリランカの仮面芸能」神奈川大学公開講座「仮面にみるアジアの民俗と文化」神奈川大学、一九九七年一〇月二三日
「スリランカのラーマーヤナ」スリランカ研究フォーラム　和光大学総合文化研究所、一九九七年一〇月二五日
「南インドの基層文化」展覧会「蘇るインドの伝統芸術」講演会　たばこと塩の博物館、一九九八年六月一四日
「シャーマニズムの身体論――南インドのブータとテイヤム」国際交流基金アジア理解講座〈アジア舞踊の現在　インド編〉国際交流基金国際会議場、一九九八年一〇月
「山と日本人」森町市民講座　森町文化会館、一九九八年一一月一三日
「巫女と男巫のはざま」研究プロジェクト〈アイデンティティ・周縁・媒介〉フランス国立極東学院との共同討論会　第三回「表象体系と社会」フランス極東学院、パリ日本文化会館（パリ）、一九九八年一一月一七日
「来訪神」国際交流基金アジア理解講座　国際交流基金国際会議場、一九九九年二月一五日
「神がかり・人・自然」成城大学特別講義、一九九九年七月五日
「神・身体・自然」日本民俗学会第五一回大会シンポジウム　神奈川大学、一九九九年一〇月
「追儺の系譜」大宰府講演会　大宰府市中央区民館、一九九九年一二月四日
「民俗芸能〈調査研究の最近の動向（四）〉」平成一一年度歴史民俗資料館等専門職員研修会　国立歴史民俗博物館、一九九九年一二月一二日
「修行――己を鍛える①」朝日カルチャーセンター「日本宗教文化の諸相」朝日カルチャーセンター（横浜）、二〇〇〇年五月一二日
"The Present Condition of Japanese Studies: From the Perspective of Folklore Studies", Colloquium: Perspective on Asian Studies: In commemoration of the One-Hundredth Anniversary of L'Ecole française d'Extrême-Orient, Japan Fpoundation International Conference Hall, 2000/5/25　「日本研究の現状――民俗学を中心として」フランス国立極東学院創立百周年記念コロキアム　国際交流基金国際会議場
「修行――己を鍛える②」朝日カルチャーセンター「日本宗教文化の諸相」朝日カルチャーセンター（横浜）、二〇〇〇年六月九日

「霊と神」日本南アジア学会第一三回学術大会・シンポジウム「霊と神」東京大学、二〇〇〇年一〇月八日
「神楽の諸相」南山大学人類学研究所談話会　南山大学、二〇〇〇年一〇月二一日
「山と海、火と水——修験と巡礼の熊野」熊野シンポジウム——祝祭の地、熊野への誘い　銀座ガスホール、二〇〇〇年一〇月二五日
「コメント：宗教が創り出す新しい絆」「宗教と社会」学会第九回学術大会、ワークショップ「宗教が創り出す新しい絆」慶應義塾大学、二〇〇一年六月一七日
「コメント：歴史における空間と境界」シンポジウム「歴史における空間と境界」日仏会館、二〇〇一年七月七日
「神楽と巫覡」巫覡盲僧学会シンポジウム「神楽と巫覡」盛岡大学、二〇〇一年七月二九日
「ハヌマーンとサルタヒコ」サルタヒコ・シンポジウム「世界神話とサルタヒコ」井深ホール、二〇〇一年一〇月四日
「首狩りからツーリズムへ——ナガランドの現在」インド考古研究会二〇〇三年夏期セミナー　八王子大学セミナーハウス、二〇〇三年九月一三日
「南インドのシャーマニズム——カルナータカ州のブータの場合」駒沢宗教学研究会公開講演　駒澤大学、二〇〇三年一〇月一六日
「来訪神と祖先祭祀——西南中国の事例から」巫覡盲僧学会二〇〇三年度大会　公開講演会、石垣市市立図書館視聴覚ホール、二〇〇三年一一月
「民族・宗教から見た東アジア」慶應義塾大学東アジア研究所講座「世界のなかの東アジア」慶應義塾大学、二〇〇四年六月二三日
"Mountain Worship and Gender", 19th, The International Association for the History of Religions (IAHR)「山岳信仰とジェンダー」第一九回世界宗教学宗教史会議　高輪プリンスホテル、二〇〇五年三月二七日
「流転するラーマーヤナ——叙事詩と説話と芸能」説話・伝承学会二〇〇五年大会　立命館大学、二〇〇五年五月一日
「遊佐の村々の祭り——人形の民俗」遊佐文化塾　遊佐町市民会館、二〇〇五年六月二五日
「コメント：東アジアにおける宗教の位置」日本宗教学会第六四回学術大会　関西大学、二〇〇五年九月一〇日
「人形の民俗——遊佐のヤサラの場合」日本民俗学会第五七回年会　東京大学（駒場）、二〇〇五年一〇月九日
「日本の山岳信仰——自然観と他界観をめぐって」船橋市民講座　船橋市郷土資料館、二〇〇五年一一月二六日
「ナガランドを旅して」ナマステ・インディア二〇〇六　たばこと塩の博物館、二〇〇六年九月二四日
「苗族の正月風景」第五二回日本口承文藝学会例会　慶應義塾大学、二〇〇六年一〇月二一日

「日本の祭祀芸能における遠山霜月祭の位置」企画展「遠山霜月祭の世界——神・人・ムラのよみがえり」講演会、飯田市美術博物館、二〇〇六年一〇月二九日

「湯立神楽と熊野信仰」国際熊野学会・日本宗教民俗学会合同研究会　国際熊野学会・日本宗教民俗学会、大谷大学、二〇〇六年一一月二五日

「神がかりから芸能へ——カルナータカのブータ」国際交流基金異文化理解講座「インド・神話と芸能——神々を演じる人々」国際交流基金国際会議場、二〇〇七年九月二七日

「コメント：仏教と民俗」日本民俗学会第五九回年会　シンポジウム「仏教と民俗」大谷大学、二〇〇七年一〇月六日

"Kumano Beliefs and Yudate Kagura Performance", Shugendo: the History and Culture of a Japanese Religion ; Columbia Center for Japanese Religion, Columbia University, New York. 2008/4/26

「慶應義塾大学における文化人類学の研究と教育」二〇〇八年三田社会学会大会　慶應義塾大学、二〇〇八年七月一二日

「日本宗教と儀礼テクスト——テクストとして読む民俗宗教」日本における宗教テクストの諸位相と統辞法、名古屋大学グローバルCOE「テクスト布置の解釈学的研究と教育」第四回国際研究集会　名古屋大学、二〇〇八年七月二〇日

『田公堂』木偶戯について」首届・上杭水竹洋「田公堂」木偶芸術節既学術討論会　中共白砂鎮委員会、上杭白砂鎮政府（福建省）、二〇〇八年七月二七日

「聖地・熊野の真髄」第二回熊野学フォーラム「熊野の世界遺産の魅力を語る」国際熊野学会　明治大学、二〇〇九年一月一〇日

「企画公演『特集・梓弓』解説」企画公演「特集・梓弓」国立能楽堂、二〇〇九年四月二九日

「コメント：地域研究とオーラルヒストリー」二〇〇九年三田社会学会大会　シンポジウム「地域研究とオーラルヒストリー」慶應義塾大学、二〇〇九年七月一一日

「女人禁制をめぐる諸問題」女性をとりまく宗教世界〈第七回　石川の歴史遺産セミナー〉石川県立歴史博物館、二〇〇九年七月二九日

「湯立神楽のコスモロジー——遠山霜月祭を中心に」比較神話学シンポジウム　比較神話学研究会、南山大學、二〇一〇年一月五日

「聖地・熊野の真髄」熊野三山歴史講座　世界遺産熊野本宮館、二〇一〇年一月二一日

「変貌するインドの民衆文化」平成二二年度沼津市民大学　沼津市役所、二〇一〇年七月一五日

「神話の歴史化と民族の再構築――中国ミャオ族の変容」早稲田文化人類学会第一四回研究集会　早稲田文化人類学会、早稲田大学、二〇一一年七月二三日

"The Study on the Landscape in Japan"　道の宗教性と聖地景観が創り出す想像力の比較研究、トゥールーズ大学社会人類学研究所 Universite de Toulouse-le-Mirail, 2011/09/12

"The Cosmology of the Yudate Kagura: Reflections on the Toyama Shimotsuki Matsuri", Japanese Buddhism and Folk Performing Arts (Geino) コロンビア大学日本宗教センター Columbia Center for Japanese Religion: Columbia University, Proceedings.pp. 237-261, 2011/10/15

「神話的歴史化与民族的再構築――中国苗族的変容」西南民族文化与教育的人類学研究・西南大学西南民族教育与心理研究中心（重慶）、二〇一一年一一月五日

「コメント：「吉野晃『タイ北部、ユーミエン（ヤオ）の船送り』」シンポジウム「カラダが語る人類文化――形質から文化まで」国際常民文化研究機構、神奈川大学、二〇一一年一二月一一日

「湯立神楽のコスモロジー――遠山霜月祭の考察」シンポジウム「花祭の保存・伝承と地域連携Ⅰ」「日本文化人類学会中部地区例会　野依記念学術交流館、二〇一二年一月二一日

「修験道」儀礼文化講座、儀礼文化学会　儀礼文化学会研修室、二〇一二年二月一二日

「山と日本人――修験道を中心として」浅草寺仏教文化講座　明治安田ホール、二〇一二年五月二一日

「変貌するインドの民衆文化」日印協会講演会　日印協会事務所、二〇一二年六月二九日

「戸隠信仰と修験道」平成二四年度国際熊野学会・東京例会　旅館松倉（長野市戸隠）、二〇一二年八月一日

「伝承を持続させるものとは何か」日本民俗学会第六四回年会・シンポジウム「伝承」、東京学芸大学、二〇一二年一〇月〇六日

「中世の戸隠と修験道の展開――『顕光寺流記』を読み解く」東京大学東洋文化研究所セミナー「仏教儀礼の成立と展開に関する総合的研究」　東京大学東洋文化研究所第一会議室、二〇一二年一一月二五日

「コメント：シンポジム『民族学と民俗学の相互連関』」国際常民文化研究機構　神奈川大学、二〇一二年一二月九日

「修験道は民族宗教か?――宗教人類学の立場から」日本宗教学会第七二回学術大会　國學院大學、二〇一三年九月七日

「コメント：岩田慶治先生追悼シンポジウム『草木虫魚と向きあう』」国立民族学博物館、二〇一三年一〇月一九日

「コメント：シンポジウム『太宰府をめぐる山々と海彼』」第三四回日本山岳修験学会　大宰府・宝満山学術大会　国立九州博物館、

二〇一三年一〇月二六日
「シルクロードから学んだもの——一九七一年の旅から」比較神話学シンポジウム——シルクロードの神話学、比較神話学研究会　奈良新公会堂、二〇一三年一二月二三日
「東アジアと南アジアのはざまで——地域研究の行方を探る」慶應義塾大学東アジア研究所一〇周年〈地域研究センター三〇周年〉記念講演会「アジア・アフリカ研究——現在と過去の対話」慶應義塾大学、二〇一四年二月二八日
「コメント：湯殿山信仰と即身仏」日本宗教・日本文化研究専攻の大学院セミナー〈CIRセミナー二〇一四〉宗教情報センター（友心院）、二〇一四年六月一五日
「仏教寺院の近代化と地域社会——福岡県篠栗の事例から」東北民俗の会公開講演会　東北大学、二〇一四年六月二一日
「ミャオ族の歴史と文化の動態——中国南部山地民の想像力の変容」第二九回雲南懇話会　JACA研究所国際会議場、二〇一四年六月二八日
「山岳信仰から修験道へ——出羽三山と鳥海山の縁起を読み解く」企画展「未来に伝える山形の宝——精神と美」記念講演会　山形県立博物館、二〇一四年八月二三日
「羽黒修験」第五回　庄内セミナー「生きることを考える——庄内に学ぶ生命」慶應義塾大学教養研究センター主催　国民休暇村羽黒、二〇一四年八月三〇日
「創世神話と王権神話——アジアの視点から」『古事記』の学際的・国際的研究講演会　國學院大學、二〇一四年一〇月二五日
「門前町に生きる——過去・現在・未来」成田市歴史講演会　成田市役所、二〇一四年一一月三〇日
「講集団と門前町——成田の調査から見えてきたもの」講研究会第一回公開シンポジウム　駒澤大学、二〇一四年一二月一三日
「コメント：大元神楽の今」文化科学研究科学術交流フォーラム二〇一四研究公演『石見大元神楽』国立民族学博物館、二〇一四年一二月二一日

●**メディア監修・協力**（テレビその他）
「聖地キャンディ（スリランカ）」ＴＢＳ世界遺産　第一七五回、一九九九年一〇月三一日
「古代都市シーギリヤ（スリランカ）」ＴＢＳ世界遺産　第一七六回、一九九九年一一月七日

「ゴール旧市街地と要塞（スリランカ）」ＴＢＳ世界遺産　第一九二回、二〇〇〇年三月五日
「ダンブッラの黄金寺院（スリランカ）」ＴＢＳ世界遺産　第二五三回、二〇〇一年五月二〇日
「古都ポロンナルワ（スリランカ）」ＴＢＳ世界遺産　第二五九回、二〇〇一年七月一日
「宗教都市アヌラーダプラ（スリランカ）」ＴＢＳ世界遺産　第三七六回、二〇〇三年一一月三〇日
「スリランカ・聖地キャンディーゾウ七〇頭がキラキラ輝く夜に」ＮＨＫ総合・探検ロマン世界遺産、二〇〇八年一〇月二五日
「古代都市シーギリヤ（スリランカ）」ＮＨＫ総合・世界遺産　第五四回、二〇一二年五月六日
「中国貴州省・長角ミャオ族」ＴＢＳ　所さんの世界のビックリ村七――こんな　トコロになぜ？、二〇一四年一二月二七日

●鈴木正崇研究会の歩みと関係者一覧

鈴木正崇研究会の歩み

鈴木正崇研究会は文学部に一九八六年四月に開講された。文化人類学・宗教学・民俗学を主体に本の講読やフィールドワークを行い、二〇一四年三月までに二七期生までを輩出し、二〇一五年一月現在、二八期生と二九期生が在学中である。二〇一六年三月に全て終了する。三〇年間継続し、最終的な学部卒業者数は三八一名になる予定である。この間、学部とは別に通信教育の卒論指導を一九名担当した。大学院社会学研究科の授業の担当は一九八六年四月に始まったが、一九九九年三月までは宮家準が指導教授を務め、鈴木は二〇〇〇年四月から二〇一五年三月まで指導教授として研究会の指導にあたり、その間の修士課程修了者は八六名、博士課程修了者は二二名である。

文学部の本ゼミでは毎年テーマを決めて本を講読することと、卒業論文の指導が主であった。文献を読むだけでなく、フィールドワークによって体験を通じて人間や社会の理解を深めるために、合宿では地域社会の人々と話の出来る機会を設けた。春合宿と夏合宿があり、祭りの見学を兼ねてフィールドワークの入門とする企画を多く盛り込んだ。合宿は、穂高の御船祭り、小諸の道祖神祭り、諏訪の御柱祭、飯田のコト八日、浦佐の裸押し合い、奥三河の花祭り、豊橋の鬼祭り、忍野の獅子舞、遠野の鹿踊り、跡部の踊り念仏、森町の山名祇園祭、能登のお熊甲祭り、相馬の野馬追い、藤守の田遊び、遊佐の番楽など多岐に亘った。海外に関しても、インドネシアのバリ島の村でホーム・スティをしてフィールドワークを数回にわたって行った。南インドでのフィールドワークも試みたことがある。

本ゼミとは別に、サブゼミを設定して大学院生やＯＢ、非常勤講師が指導にあたってきた。サブゼミでは春学期は文献の輪読を行い、主に日本文化を主題として、秋学期の準備とした。秋学期は調査地を設定してフィールドワークを行った。主な調査地は、代官山、麻布十番、浜松町、浅草、高円寺、秋葉原、下北沢、戸越銀座、原宿、上野、新大久保、御茶ノ水、月島、巣鴨、築地等で、毎回冊子を作成して記録に残した。健康観、口頭伝承、身体論など共通主題を設定したこともある。サブゼミは基本的には学生の自主的活動であった。

学内では慶應義塾大学東アジア研究所を拠点として、他学部や他大学との共同研究や、海外の研究機関及び研究者との交流を進めて、研究会や講演会を開催した（http://www.kieas.keio.ac.jp/）。一般向けには、隔年ごとに行われる東アジア研究所講座の企画に参画し、二〇〇六年度は「東アジアの近代と日本」、二〇〇八年度は「東アジアの民衆文化と祝祭空間」、二〇一〇年度は「南アジアの文化と社会を読み解く」、二〇一四年度は「アジアの文化遺産――過去・現在・未来」と題した連続講演を設定した。また、慶應義塾大学人類学研究会と木曜会（民俗学の研究会）を開催して、学外の研究者との交流を深めた。学部の卒論、大学院の修士論文と博士論文の題名一覧、研究会の記録、合宿地の記録はホームページで公開しており、鈴木正崇研究会の歩みの全容を知ることができる。

http://keioanthropology.fc2web.com/

鈴木正崇研究会関係者一覧（氏名は在籍当時）

●大学院社会学研究科

・博士課程（二三名）

二〇〇〇年、中山和久、宮下克也、古賀万由里。二〇〇一年、谷部真吾、門傳仁志、織田竜也。二〇〇二年、浅川泰宏、市田雅崇。二〇〇三年、宮坂清。二〇〇五年、藤野陽平。二〇〇七年、陶冶（TAO Ye 中国）。二〇〇八年、碧海寿広。二〇〇九年、濱雄亮。二〇一一年、中原逸郎、コジューリナ・エレーナ（KOZHURINA, Elena ロシア）。二〇一二年、坪内俊行、宇田川飛鳥。二〇一三年、脇田道子、川野裕一朗。二〇一四年、澁谷俊樹、長坂契那、ラモット・シャールロット（LAMOTTE, Charlotte フランス）。

・修士課程（八六名）

一九九五年、中野麻衣子。一九九七年、田熊啓。二〇〇〇年、輿水辰春。二〇〇一年、田村智明。二〇〇一年、古坂（服部）真由美。二〇〇三年、森章恵。二〇〇四年、山口俊樹、遠藤協。二〇〇五年、今川彩、小川修、西村理、三谷香子。二〇〇六年、天川遙。二〇〇七年、平野由梨子、福迫正。二〇〇八年、吉村直子、戸谷健吾、吉田周平。二〇〇九年、稲森真希子。二〇一〇年、大坪秀喬、三浦悠太。二〇一一年、蛇沼卓矢、辻陽佑。二〇一二年、松崎圭、鈴木昂太。二〇一三年、金鈴（JIN, Ling 中国）、松浦晴実。二〇一四年、菊田祥子、ナザリア・クルニア・デウィ（Nazalia Kurnia DEWI インドネシア）、程毅（CHENG, Yi 中国）、戸松寛尊、尹怡景（YOON, Ekyung 韓国）、吉川侑輝、張理礼（ZHANG, Lili 中国）

●文学部

・一期生（昭和六三年・一九八八年三月卒、一一名）
板垣太郎、小澤貴男、小林憲一、斎藤俊哉（御逝去）、蘇麗文（SU, Liwen 台湾）、田村岳男、土井育佳、中村俊介、西村道子、野中俊宏、森田邦彦

・二期生（平成元年・一九八九年三月卒、一六名）
細矢潔、落合睦臣、黒澤礼子、古志正彦、阪之上玲子、佐藤寿明、志水かず美、志村真樹、鈴木順子、田村陽子、外川昌彦、松崎由美子、皆川文子、森木華子、家頭《やがしら》恒雄、安室敏

・三期生（平成二年・一九九〇年三月卒、一三名）
庵谿寛子、濱島幸治、桂祥子、中川原）江利子、野田あかね、太田紀子、瀬川貴、斎藤尚子、高橋真理子、立石優子、渡辺英恵、萩本隆正、春日井明子

・四期生（平成三年・一九九一年三月卒、一五名）
鈴木十元《みつもと》、府川真紀、後藤朗子、石井友美、風間大、松井史、宮本忠明、塩田信司、武者根理子、野内百代、水高満、早川（小野田）裕子、沢辺伸政、滝口聡子、日高美帆

・五期生（平成四年・一九九二年三月卒、一七名）
赤羽真弓、新居《にい》久朋、浅野沙和子、藤原桂子、原口和幸、本田宗徳、伊沢晶子、前嶋文恵、森本日高、中川敬介、大海茎子、尾崎清香、杉本浩、寺田貴子、吉田渉、吉原由香里、河東紀子

・六期生（平成五年・一九九三年三月卒、一〇名）
今村安伸、北村貞彦、北島在子、岡村千衣、斉藤淳、佐藤光子、霜田亮太、梅屋潔、上野真理子、下村祐子

・七期生（平成六年・一九九四年四月卒、一六名）
蕗谷有毅、今泉信義（御逝去）、岩附輝剛、榎本真弓、大和田美紀、尾崎彩子、小野佳津子、加藤文、菊池克利、越沢明子、小林亜子、白木雄三、杉崎貴子、竹澤公健、中田美紀、谷部真吾

・八期生（平成七年・一九九五年三月卒、一五名）

荒木幸葉、石塚充、打越和茂、岡田明子、太田徹、小川理子、金田清彦、真鍋桃子、関順子、高山裕美、野村保、花好大輔、村瀬景子、高田厚代、湯浅永子

・九期生（平成八年・一九九六年三月卒、一六名）

チェン・ソックレン（Cheng Sock Leng 鍾雪玲 マレーシア）、違浩司、井上由紀子、神田有里子、小島若奈、松田倫子、長本木敬子、井口由美、ニーシャオチュアン（Ni Xiao Juan 倪小娟 中国）、嵯峨雄一郎、齊藤依里子、佐藤弥生、品田あづさ、柴田優、山田はるな、山名陽子、山中香織

・一〇期生（平成九年・一九九七年三月卒、二一名）

青木貴志、飯田久美子、石井葉子、大西美香、岩本英二、大橋ひろみ、岡本宜子、笠原工輔、神山文子、指澤慶子、島田亜希、城尾ふみ子、鈴木麻由子、宗像正敏、土田菜摘、土谷幸弘、松田道子、見田裕子、山崎義明、吉積伸介、茌本太郎

・一一期生（平成一〇年・一九九八年三月卒、一三名）

荒木真理子、石井三映子、井出晋平、大沢緑、鹿島千穂、栗原理絵、佐藤由比、菅原秀典、濱口礼美、松谷暁子、宮山香里、寺田雅樹、八束有希子

一二期生（平成一一年・一九九九年三月卒、一〇名）

浅井英明、市川杏子、井原理恵、大城健太郎、輿水辰春、高橋直美、手塚有果、那須紀子、三好志奈（御逝去）、富樫健一

・一三期生（平成一二年・二〇〇〇年三月卒、一三名）

内田和歌子、小川恵介、河西理恵子、田村智明、加藤千春、久世紀子、嶋田浩子、千葉真実、中島沙織、村上綾、山崎淳子、ラム・エミー（林嫒莉 LIN Aili 香港）、広瀬一成

・一四期生（平成一三年・二〇〇一年三月卒、二一名）

永井聡明、原裕子、伊藤浩子、岩崎七重、内山淳介、大矢真理子、越智康之、掛川晶子、兼松芽永、塩谷郁子、武市園子、藤間《とうま》朝子、鳥本大輔、野宗《のそう》麻衣子、橋本美和、宮前亜紀子、吉村知香、劉向紅（Lau Shian Horng マレーシア）、鈴木高志、

山口俊樹、山田詩織

・一五期生（平成一四年・二〇〇二年三月卒、一六名）

石井亜希、石川優薫《ゆうか》、金子裕佳《ひろか》、志村祐子、立花慎太郎、谷重崇、塚田淳一、寺尾久美子、仲真由美、中谷《なかや》佳代、信《のぶ》本《もと》まゆみ、平塚涼子、八木由紀子、山﨑《やまさき》真理子、山下みほこ、山本潤

・一六期生（平成一五年・二〇〇三年三月卒、一〇名）

大東秀昭、川島美香、佐藤雅之、菅原亮、中島未恵、永田敦子、福島宏人、宮下彰仁、湊和修

・一七期生（平成一六年・二〇〇四年三月卒、二名）

濱雄亮、岩楯磨州《ましゅう》

・一八期生（平成一七年・二〇〇五年三月卒、四名）

川野由記子、半田沙智、八重樫智子、吉田伸

・一九期生（平成一八年・二〇〇六年三月卒、二一名）

新津《にいつ》茉莉花、四ツ橋憲彦、内田友美、大川友香、河野《かわの》陽俊《はるとし》、菊池萌《めぐみ》、古賀真由美、潮崎央《ひさし》、冨田大和、中村清香、橋田泉、長谷尾遥、原山朋子、土方裕美、古田航一、水野槙子、森下達之、森谷美紀子、吉村直子、宮嶋伸

・二〇期生（平成一九年・二〇〇七年三月卒業、一一名）

中川百合、伊藤由理子、臼井真理子、宇田祥子、笠原詩織、河野奈美子、園部幸平、仲智里、後田紗也加、堀井友梨子、松尾茜

・二一期生（平成二〇年・二〇〇八年三月卒業、一七名）

和泉裕子、今井立展、小原由花子、成相通子、立川仁美、野崎春香、赤壁恵、小川佳子、小泉佳奈子、河野ちあり、佐藤美穂子、中塚孝幸、中野利慶太、牧野浩介、深川知美、横山さやか、劉梅娟（リュウモイケン LIEW Moi Kien マレーシア）

・二二期生（平成二一年・二〇〇九年三月卒業、八名）

荒木結香、清水健之介、辻美聡、濱野智子、林加奈子、藤田恵弥子、若松信平、長田好未

・二三期生（平成二二年・二〇一〇年三月卒業、一六名）

赤井澤沙紀、天宮由季、梅原真希、金澤良太、工藤希望、塩谷昌之、末恵理香、戸塚詠美子、中川智博、成瀬綾、福

田弥生、水谷南海子、加納千沙都、佐藤章、伊東恵理、中村亜美

・二四期生（平成二三年・二〇一一年三月卒業、九名）

加藤寛子、木村絵里、仕道由貴、鈴木昂太、田村多枝子、中村麻里、結城龍之介、小島《おじま》夏輝、渡邊未来

・二五期生（平成二四年・二〇一二年三月卒業、八名）

林茜、小倉万里奈、辰巳裕子、吹野泰伴、倉持翔平、兵頭美子、土谷理人、狭間大志

・二六期生（平成二五年・二〇一三年三月卒業、一二名）

伊藤悠史、片山萌子、桑畑《くわばた》璃慧子、関詩織、千葉緑、角田幸子《つのだゆきこ》、土井啓太郎、宮本佳奈《かな》、村松香苗、山木恵理、永易里美、鈴木春香

・二七期生（平成二六年・二〇一四年三月卒業、一一名）

岩田美緒、太田栞里《しおり》、千貫将都《ちぬきなおと》、都梅《つばい》織恵、堀田健斗、松岡陽恵《あきよし》、松田峻平、宮前美希、村井佑里恵《ゆりえ》、藤原瑠衣《るい》、遠野花林

・二八期生（平成二七年・二〇一五年三月卒業見込、一五名）

岩本洋祐《ようすけ》、大森柚希《ゆき》、小林瑞佳《みずか》、駒崎靖史、高梨杏光《あずみ》、武川紗良《たけかわさら》、比留間心之介、峰尾旨成《むねなり》、村上隆仁、山内萌、若槻咲英《さえ》子、山内盛貴、岩田望生《のぞむ》、葛西優智《まさとし》、幸山和史《こうやまかずし》

・二九期生（平成二八年・二〇一六年三月卒業予定、一四名）

国枝奈々、大西奈緒、荻野汐理《しおり》、東野《とうの》隆弘、冨澤奈央、中村馨、三野《みの》莉莎子、村上祐紀《ゆうき》、山田真美、吉田遙、進藤優貴、石井翔太郎、三井裕美子、石谷光

●**通信教育課程**（一九名）

一九九四年、竹中隆司、尾形かおり、浦上裕子。一九九六年、佐藤祐子。一九九七年、森島裕子。一九九七年、三浦公子。一九九八年、関口武三郎。一九九九年、小峯雪、藤井美保、添田麻利子。二〇〇〇年、和田宏子。二〇〇二年、竹内さち子。二〇〇四年、天野まり。二〇〇五年、木内和子。二〇〇五年、長谷川洋子。二〇〇七年、溝部美絵子。二〇一〇年、高田由美。二〇一一年、澤悠貴。二〇一五年、太田寿恵男。

●研究生・留学生・訪問教授

金姫貞（KIM Heejung 韓国、梨花女子大学校修士課程。二〇〇六年四月一日~二〇〇七年二月二八日）、トゥリオ・ロベルティ（Tullio, LOBETTI イタリア、ロンドン大学・アジアアフリカ学院〈SOAS〉博士課程。二〇〇六年六月四日~二〇〇七年五月三一日）、陳玨勲（TAN Kakhun 台湾、台湾大学博士課程。二〇〇六年九月一日~二〇〇七年八月三一日）、レナータ・チオンパーラ・カタルチナ（Renata, Ciompala KATARZYNA ポーランド、パリ大学高等研究院博士課程。二〇〇六年一〇月一日~二〇〇七年九月三〇日）、陶冶（TAO Ye 中国、中央民族大学、埼玉大学大学院修了。二〇〇四年四月一日~二〇〇八年三月三一日）、ロミ・ベネデッタ（Lomi, BENEDETTA イタリア、ロンドン大学 SOAS 博士課程。二〇〇八年三月二〇日~二〇〇九年一月一九日）、マルタ・ドロタ・ウィジェコフスカ（Marta, Dorota WOJCIKOWSKA ポーランド、ヤゲロニア大学中東・極東研究所修士課程。二〇一二年四月一日~二〇一三年九月三〇日）、デミアン・クニック（Damien, KUNIK スイス、ジュネーヴ大学博士課程。二〇一二年九月一日~二〇一三年八月三一日）、ケーレブ・カーター（Caleb, CARTER, S アメリカ、カリフォルニア大学ロサンゼルス校博士課程。二〇一一年八月三一日~二〇一三年八月三一日）、アンドレア・カスティリオーニ（Andrea, CASTIGLIONI イタリア、ヴェニス大学卒業。二〇〇六年四月一日~二〇〇八年三月三一日）、アレクサンドル・ベノー（Alexandre, BENOD フランス、リヨン第三大学博士課程在学中。二〇〇八年九月二二日~二〇〇九年七月三一日）、パドゥアン・タツマ（Padoan, TATSUMA イタリア、カフォスカリ大学大学院博士課程。二〇〇九年四月一日~二〇一〇年三月三一日）、アルノー・サルニゲ（Arnaud, SARNIGUET フランス、パリ第七大学大学院日本学科修士課程修了。二〇〇九年一〇月一日~二〇一〇年三月三一日）、ヤナ・オドノポゾフ（Yana, ODONOPOZOV イスラエル、テルアビブ大学大学院修士課程。二〇一一年四月一日~二〇一二年九月三〇日）、アンナラウラ・ヴァルトゥッティ（Annalaura, VALITUTTI イタリア、ローマ大学ラ・サピエンザ校修士課程。二〇一一年九月二一日~二〇一二年六月三日）、李鳳娟（LI Fengjuan 中国、北京大学大学院後期博士課程。二〇一二年九月二一日~二〇一三年九月二一日）、イリット・アヴェルブフ（Irit, AVERBUCH イスラエル、テルアビブ大学准教授。二〇一四年九月一日~二〇一五年八月三一日）、マルジリエ・コランタン（Margirier, CORENTIN フランス、リヨン第三大学大学院博士課程。二〇一四年九月二二日~二〇一五年九月二二日）

あとがき

本書は、鈴木正崇先生の定年退職に際して編まれた論集である。鈴木先生は、一九八六年に母校・慶應義塾大学の文学部に着任され、一九八八年三月に初めてゼミ生を世に送り出された。以来三〇年近くにわたり、多くのゼミ生・受講生の指導に当たられた。二〇〇〇年度からは、大学院においても修士論文・博士論文の主査としての指導を開始された（一九八六年より講義は担当されていた）。また、多くの非常勤講師の招請、慶應義塾大学人類学研究会や木曜会、東アジア研究所（旧・地域研究センター）の講座などの形で、塾内外の多彩な研究者の謦咳に接する機会も、惜しみなく作って下さった。

激動の時代にユーラシアを放浪された鈴木先生のゼミにおけるテーマ設定の自由度は、文学部においても抜群であった。先生は、学生・院生の自由な発想に基づく研究を常に後押しして下さった。そのためであろう、本書の目次からもうかがえるように、多くの研究者が巣立ち、様々な領域で活躍している。そこからうかがえるテーマとフィールドの広さは、そのまま先生のそれを反映している。広大なテーマとフィールドを縦横無尽に歩かれるさまは、さながら現代の「旅する巨人」である。

本書は、鈴木先生が慶應に着任されてから慶應で文化人類学・民俗学を学んだ者を中心に執筆されている。そのため、学位論文指導を受けた者、という狭義の「弟子」によるものではない。とはいえ先生の幅広い交友関係からみれば限られた範囲のものであるが、いずれの執筆者も何らかのかたちで先生の薫陶あるいは影響を受けているといってよい。

刊行からさかのぼること五年あまり前、二〇一〇年に立教大学にて開催された日本文化人類学会研究大会の会場において、鈴木先生の退職の際に論文集を献呈しようではないか、との声が上がった。実際にはその前年ほどから声が上がっていたが、あまりに若々しい先生を前にして「還暦」のことを言い出す者はいなかったことを、その年に気づいた。あとの機会は「退職」しかない。しばらくは、現代風の表現を用いるならば「サプライズ」扱いとして、先生には本書の企画の存在は秘匿していた。そのため、二〇一〇年及び二〇一一年の研究大会の際の会合は先生があらわれそうもない場所で集まる、という、さながら「秘密結社」めいたものとなった。機が熟したと判断され、また、最後の「締め」は先生にお願いするしかない、ということもあって、先生に本書の企画の存在を明かしたのは、広島大学で開催された二〇一二年の研究大会の際であった。その後は、「献呈」される側である先生に編集、さらには「査読」の労もとっていただくこととなった。なおも指導していただけることに、執筆陣の感慨は深かった。

さて、鈴木先生を除き四〇名に及ぶ執筆者による本書の刊行は、先生の研究の理解者の一人であり、本書の刊行を快く引き受けてくださった風響社社主・石井雅さんのおかげである。石井さんのお力添えがなければ、本書が日の目をみることはなかった。石井さんは本書の企画を最初に持ち込んだとき、「鈴木先生もそのなかに連なる、慶應の学統を示すようなものにしなければ」とわれわれより先に抱負を語られた。論文集編集委員会一同、深く感謝の意を表したい。

鈴木正崇先生の退職の日を前にして

鈴木正崇先生退職記念論文集編集委員会

碧海　寿広（おおみ　としひろ）
1981年生まれ
龍谷大学アジア仏教文化研究センター博士研究員
『近代仏教のなかの真宗―近角常観と求道者たち』法藏館、2014年。

KOZHURINA Elena（コジューリナ・エレーナ）
1983年生まれ
慶應義塾大学大学院社会学研究科博士課程修了
「酒呑童子伝説の地域的研究―首塚大明神の生成と変容」（『人間と社会の探究―慶應義塾大学大学院社会学研究科紀要』第70号、2011年）。

川野　裕一朗（かわの　ゆういちろう）
1984年生まれ
平成国際大学法学部非常勤講師
「高度経済成長による備中神楽の変遷―神楽会計帳の分析から」（『人間と社会の探究―慶應義塾大学大学院社会学研究科紀要』第70号、2011年）。

厚　香苗（あつ　かなえ）
1975年生まれ
立教大学文学部兼任講師
『テキヤ稼業のフォークロア』青弓社、2012年。

門伝　仁志（もんでん　ひとし）
1972年生まれ
見世物学会事務局
「大衆文化の展示―見世物絵看板を事例として」（『人間と社会の探究―慶應義塾大学大学院社会学研究科紀要』第58号、2004年）。

塩月　亮子（しおつき　りょうこ）
1965年生まれ
跡見学園女子大学マネジメント学部観光マネジメント学科教授
『沖縄シャーマニズムの近代―聖なる狂気のゆくえ』森話社、2012年。

宮下　克也（みやした　かつや）
1968年生まれ
北里大学一般教育部非常勤講師
「記憶の刻印・喚起と自己確認―現代沖縄社会の金武御殿巡拝」（『日本民俗学』206号、1996年）。

中西　裕二（なかにし　ゆうじ）
1961年生まれ
日本女子大学人間社会学部教授
梅屋潔・浦野茂・中西裕二『憑依と呪いのエスノグラフィー』岩田書院、2001年。

織田　竜也（おだ　たつや）
1971年生まれ
長野県短期大学多文化コミュニケーション学科准教授
織田竜也・深田淳太郎〔編著〕『経済からの脱出』春風社、2009年。

仲川　裕里（なかがわ　ゆり）
1965年生まれ
専修大学経済学部教授
「『行ったり来たりする人たち』―1990年代韓国農村社会における移動と定住」（専修大学人文科学研究所〔編〕『移動と定住の文化誌―人はなぜ移動するのか』彩流社、2011年）。

濱　雄亮（はま　ゆうすけ）
1981年生まれ
慶應義塾大学文学部ほか非常勤講師
「自己エスノグラフィの実践と医療人類学における活用」（『文化人類学研究』第13巻、2012年）。

研究大学院大学日本歴史研究専攻准教授
国立歴史民俗博物館・山田慎也・鈴木岩弓〔編〕『変容する死の文化―現代東アジアの葬送と墓制』東京大学出版会、2014年。

濱千代　早由美（はまちよ　さゆみ）
1969年生まれ
帝塚山大学・奈良大学・日本福祉大学非常勤講師
「宗教都市におけるケガレの操作と『清浄』概念の共有」（鈴木則子編『歴史における周縁と共生―女性・穢れ・衛生』思文閣出版、2014年）。

谷部　真吾（やべ　しんご）
1970年生まれ
慶應義塾大学文学部非常勤講師（2015年4月より）
「町を浄化する祭り」（『HERSETEC』Vol.5 No.2、2011年）。

原　淳一郎（はら　じゅんいちろう）
1974年生まれ
山形県立米沢女子短期大学日本史学科准教授
『江戸の旅と出版文化―寺社参詣史の新視角』三弥井書店、2013年。

筒井　裕（つつい　ゆう）
1976年生まれ
帝京大学文学部講師
「山岳崇敬者の参拝活動にみられる地域的差異とその形成要因」（原淳一郎・中山和久・筒井裕・西海賢二〔共著〕『寺社参詣と庶民文化』岩田書院、2009年）。

中山　和久（なかやま　かずひさ）
1969年生まれ
人間総合科学大学准教授
「巡礼と現代―関東三十六不動霊場を中心として」（『日本民俗学』第211号、1997年）。

LAMOTTE Charlotte（ラモット・シャールロット）
慶應義塾大学大学院社会学研究科博士課程
「巡礼と地域社会に関する方法論的考察―篠栗新四国霊場の事例を通して」（『人間と社会の探究―慶應義塾大学大学院社会学研究科紀要』第75号、2013年）。

浅川　泰宏（あさかわやすひろ）
1973年生まれ
埼玉県立大学准教授
『巡礼の文化人類学的研究―四国遍路の接待文化』古今書院、2008年。

阿南　透（あなみ　とおる）
1958年生まれ
江戸川大学社会学部現代社会学科教授
「『東北三大祭』の成立と観光化」（『観光研究』22巻2号、2011年）。

髙橋　晋一（たかはし　しんいち）
1963年生まれ
徳島大学大学院ソシオ・アーツ・アンド・サイエンス研究部教授
「徳島県における祭礼山車の展開―文化交流史の視点から」（地方史研究協議会〔編〕『歴史に見る四国―その内と外と』雄山閣、2008年）。

「観光開発に見る『民族文化』の表象」(『人間と社会の探究—慶應義塾大学大学院社会学研究科紀要』第69号、2010年)。

藤野　陽平（ふじのようへい）
1978年生まれ
東京外国語大学アジア・アフリカ言語文化研究所研究機関研究員
『台湾における民衆キリスト教の人類学—社会的文脈と癒しの実践』風響社、2013年。

本谷　裕子（ほんや　ゆうこ）
1970年生まれ
慶應義塾大学法学部准教授
「マヤ先住民女性の衣文化の謎を探る」（青山和夫・米延仁志・坂井正人・高宮広士〔編〕『文明の盛衰と環境変動—マヤ・アステカ・ナスカ・琉球の新しい歴史像』岩波書店、2014年）。

禪野　美帆（ぜんの　みほ）
1964年生まれ
関西学院大学商学部准教授
『メキシコ、先住民共同体と都市—都市移住者を取り込んだ「伝統的」組織の変容』慶應義塾大学出版会、2006年。

中野　紀和（なかの　きわ）
1967年生まれ
大東文化大学経営学部教授
『小倉祇園太鼓の都市人類学—記憶・場所・身体』古今書院、2007年。

田中　正隆（たなか　まさたか）
1967年生まれ
高千穂大学人間科学部准教授
「ジャーナリストと生活戦略—民主化以降ベナンにおける人とメディアの関わり」(『文化人類学』第77巻1号、2012年)。

梅屋　潔（うめや　きよし）
1969年生まれ
神戸大学大学院国際文化学研究科准教授
梅屋潔・浦野茂・中西裕二『憑依と呪いのエスノグラフィー』岩田書院、2001年。

ドーア　根理子（どーあ　ねりこ）
1967年生まれ
ラマポ大学サラメノ人文グローバル学部（Ramapo College, Salameno School of Humanities and Global Studies）非常勤講師
『Meaningful Inconsistencies: Bicultural Nationhood, the Free Market, and Schooling in Aotearoa/New Zealand』Berghahn Books、2009年。

白川　琢磨（しらかわ　たくま）
1953年生まれ
福岡大学人文学部教授
「神仏習合と多配列クラス」(『宗教研究』第81巻第2輯353号、2007年)。

市田　雅崇（いちだ　まさたか）
1973年生まれ
国学院大学日本文化研究所共同研究員
「近代神社の講的組織」(長谷部八朗〔編〕『「講」研究の可能性Ⅱ』慶友社、2014年)。

山田　慎也（やまだ　しんや）
1968年生まれ
国立歴史民俗博物館研究部准教授・総合

執筆者紹介（掲載順）

脇田　道子（わきた　みちこ）
1951年生まれ
日本ブータン研究所研究員
「ブータン東部におけるツーリズム導入に関する一考察―メラとサクテンの事例から」（『人間と社会の探究―慶應義塾大学大学院社会学研究科紀要』第70号、2010年）。

宮坂　清（みやさかきよし）
1971年生まれ
名古屋学院大学法学部講師
「ラダックにおけるルー信仰と病い」（『人間と社会の探究―慶應義塾大学大学院社会学研究科紀要』第64号、2007年）。

外川　昌彦（とがわ　まさひこ）
1964年生まれ
広島大学大学院国際協力研究科准教授
『聖者たちの国へ―ベンガルの宗教文化誌』日本放送出版協会、2008年。

澁谷　俊樹（しぶや　としき）
1982年生まれ
慶應義塾大学大学院社会学研究科博士課程
「インド・コルカタの都市祭礼の変容―カリ女神祭祀を中心として」（『人間と社会の探究―慶應義塾大学大学院社会学研究科紀要』第70号、2011年）。

古賀　万由里（こがま　ゆり）
1972年生まれ
慶應義塾大学文学部非常勤講師
「儀礼と神話にみる神と人―ケーララのテイヤム」（鈴木正崇〔編著〕『神話と芸能のインド―神々を演じる人々』山川出版社、2008年）。

久保田　滋子（くぼた　しげこ）
千葉商科大学非常勤講師
「アジアの外部のアジア」（片岡樹・シンジルト・山田仁史〔共編〕『アジアの人類学』春風社、2013年）。

高田　峰夫（たかだ　みねお）
1957年生まれ
広島修道大学人文学部教授
『バングラデシュ民衆社会のムスリム意識の変動―デシュとイスラーム』明石書店、2006年。

床呂　郁哉（ところ　いくや）
1965年生まれ
東京外国語大学アジア・アフリカ言語文化研究所准教授
『越境―スールー海域世界から』岩波書店、1999年。

中野　麻衣子（なかの　まいこ）
1970年生まれ
慶應義塾大学文学部非常勤講師
「モノの消費のその向こうに―バリにおける顕示的消費競争と神秘主義」（吉田匡興・石井美保・花渕馨也〔編著〕『来たるべき人類学③　宗教の人類学』春風社、2010年）。

陶　冶（Tao Ye）
1969年生まれ
山東大学哲学与社会発展学院人類学系副教授

編者紹介

鈴木正崇（すずき　まさたか）
1949年、東京都生まれ。慶應義塾大学大学院文学研究科博士課程修了。文学博士。
専攻：文化人類学、宗教学、民俗学。
現在、慶應義塾大学文学部教授。慶應義塾大学東アジア研究所副所長。
著書：『山岳信仰—日本文化の根底を探る』（中央公論新社、2015年）、『ミャオ族の歴史と文化の動態—中国南部山地民の想像力の変容』（風響社、2012年）、『祭祀と空間のコスモロジー—対馬と沖縄』（春秋社、2004年）、『女人禁制』（吉川弘文館、2002年）、『神と仏の民俗』（吉川弘文館、2001年）、『スリランカの宗教と社会—文化人類学的考察』（春秋社、1996年）、『山と神と人—山岳信仰と修験道の世界』（淡交社、1991年）、『中国南部少数民族誌—海南島・雲南・貴州』（三和書房、1985年）。
共著：『西南中国の少数民族—貴州省苗族民俗誌』（古今書院、1985年）、『スリランカの祭』（工作舎、1982年）。
編著：『南アジアの文化と社会を読み解く』（慶應義塾大学出版会、2011年）、『東アジアにおける宗教文化の再構築』（風響社、2010年）、『東アジアの民衆文化と祝祭空間』（慶應義塾大学出版会、2009年）、『神話と芸能のインド—神々を演じる人々』（山川出版社、2008年）、『東アジアの近代と日本』（慶應義塾大学出版会、2007年）、『大地と神々の共生—自然環境と宗教』（昭和堂、1999年）
共編著：『拡大する中国世界と文化創造—アジア・太平洋の底流』（弘文堂、2002年）、『〈血縁〉の再構築—東アジアにおける父系出自と同姓結合』（風響社、2000年）、『仮面と巫俗の研究—日本と韓国』（第一書房、1999年）、『民族で読む中国』（朝日新聞社、1998年）、『ラーマーヤナの宇宙—伝承と民族造形』（春秋社、1998年）、『東アジアのシャーマニズムと民俗』（勁草書房、1994年）。

森羅万象のささやき　民俗宗教研究の諸相

2015年3月17日　印刷
2015年3月27日　発行

編　者　鈴木正崇
発行者　石井　雅
発行所　株式会社　風響社
東京都北区田端4-14-9（〒114-0014）
TEL 03(3828)9249　振替 00110-0-553554
印刷　モリモト印刷

ISBN978-4-89489-212-5 C3039